U0006657

百衲本二十四史

隋書

上海涵芬樓影印元大
德刻本並借北平圖書
館江蘇省立國學圖書
館藏本配補原書版高
廿二公分寬十六公分

《百衲本二十四史》新版刊印序

《百衲本二十四史》是近百年來校考最精良、版本最珍貴、蒐羅最廣泛的二十四史，先父王雲五先生於一九七六年〈重印補校百衲本二十四史序〉中已有論證。

一八九七年商務印書館在上海創立，創館元老張元濟先生於一九○二年正式主持商務印書館編譯所，將商務帶入「出版好書、匡輔教育」的出版之路。一九二一年(民國十年)王雲五先生經胡適先生推薦，接替主持商務印書館編譯所，並於一九三○年兼任總經理，與張元濟先生共同為商務印書館的百年大業作出貢獻。

張元濟先生入館後，積極蒐購民間珍貴藏書，一方面用來印製、廣泛發行，另一方面也為成立「涵芬樓」藏書室(後來開放為「東方圖書館」)預作準備。當年他並積極向各公私立圖書館商借影印各種版本的二十四史，逐一比較補正缺漏，然後在一九三○年開始付印，至一九三七年全部出齊。校印工程之艱鉅與可貴，從他所撰寫的《校史隨筆》可以了解。

商務涵芬樓所珍藏的二十四史及各種珍貴版本，可惜在一九三二年日本發動淞滬戰爭時，被日軍炸毀，化為灰燼。《百衲本二十四史》的傳印，就顯得格外有意義。

王雲五先生於一九六四年在臺重新主持臺灣商務印書館，與當時總編輯楊樹人教授，依據臺北故宮博物院和中央圖書館珍藏的宋元版本，修補校正《百衲本二十四史》，並於一九七六年重版印行。

《百衲本二十四史》初印至今，已經八十年，雖經在臺補正重版，舊書均已售完，而各界索購者絡繹不絕，不得已先以隨需印刷供應，但仍然供不應求。

為了適應讀者的需要，本公司由副董事長施嘉明先生、總編輯方鵬程先生和舊書重印小組一起規劃，決定放大字體，以十八開精裝本重印《百衲本二十四史》，每種均加印目錄頁次，讓讀者方便查考，也讓我們與《百衲本二十四史》共同邁向百年大慶。值此付印前夕，特為之序。

臺灣商務印書館董事長王學哲謹序

二○一○年三月二十五日

一

隋書八十五卷

唐魏徵等奉敕撰。

貞觀三年，詔徵等修《隋史》，十年成紀傳五十五卷。十五年又詔修梁、陳、齊、周、隋五代史志。顯慶元年，長孫無忌上進。

據劉知幾《史通》所載，撰紀傳者為顏師古、孔穎達。（案《集古錄》據穎達墓碑，謂碑稱與魏鄭公同修隋書，而傳不著。蓋但據舊唐書言之，未考知幾書也。）撰志者為于志寧、李淳風、韋安仁、李延壽、令狐德棻。案宋刻《隋書》之後，有天聖中校正舊跋。稱同修紀傳者，尚有敬播。至每卷分題，舊本十志內，惟《經籍志》題侍中鄭國公魏徵撰。《五行志》序，或云褚遂良作。紀傳亦有題太子少師許敬宗撰者。今從眾本所載，紀傳題以徵，志題以無忌云云。

是此書每卷所題撰人姓名，在宋代已不能畫一。至天聖中重刊，始定以領修者為主，分題徵及無忌也。其紀傳不出一手，閒有異同，如文帝本紀云，「善相者趙昭」，而藝術傳則作來和。又本紀云，「以賀若弼為楚州總管」，而弼本傳則作吳州。蓋卷帙浩繁，牴牾在所不免。

至顧炎武《日知錄》所摘，突厥傳中，上言沙鉢略可汗擊阿波破擒之，下言雍虞閭以隋所賜旗鼓，西征阿波，敵人以為隋兵所助，多來降附，遂生擒阿波一條，則疑上文本言擊阿波破之，傳寫誤衍一擒字。炎武以為一事重書，似未必然也。

其十志最為後人所推。而或疑其失於限斷。考《史通》古今正史篇，稱太宗以梁、陳及齊、周、隋氏，並未有書。乃命學士分修，仍以祕書監魏徵總知其務，始以貞觀三年創造，至十八年方就，合為五代紀傳，並目錄凡二百五十二卷。書成，下於史閣，惟有十志，斷為三十卷。尋擬續奏，未有其文。太宗崩後，刊勒始成，其篇第編入隋書，其實別行，俗呼為五代史志云云。

是當時梁陳齊周隋五代史，本連為一書，十志即為五史而作，故亦通括五代。其編入隋書，特以隋於五史居末，非專屬隋也。後來五史各行，十志遂專稱《隋志》，實非其舊。乃議其兼載前代，是全不核始末矣。

惟其時《晉書》已成，而〈律歷志〉所載備數、和聲、審度、嘉量、衡權五篇，〈天文志〉所載地中晷影、

漏刻、經星中宮二十八舍、十煇諸篇，皆上溯魏晉，與晉志複出，殊非史體，且同出李淳風一人之手，亦不應自勦己說。殆以《晉書》不在五史之數，故不相避歟。《五行志》體例，與〈律歷〉、〈天文〉三志頗殊，不類淳風手作，疑宋時舊本題褚遂良撰者，未必無所受之。〈地理志〉詳載山川，以定疆域。〈百官志〉辨明品秩，以別差等，能補蕭子顯、魏收所未備。惟〈經籍志〉編次無法，述經學源流，每多舛誤。如以《尚書》二十八篇為伏生口傳，而不知伏生自有書教齊魯閒。以《詩序》為衛宏所潤益，而不知傳自毛亨。以小戴《禮記》有月令、明堂位、樂記三篇，為馬融所增益，而不知劉向別錄《禮記》已載此三篇，在十志中為最下。然後漢以後之藝文，惟藉是以考見源流，辨別真偽，亦不以小疵為病矣。（摘自景印《文淵閣四庫全書》總目史部卷四十五，二一－二十七頁）

三

重印補校百衲本二十四史序

百衲本者何？彙集諸種善本，有闕卷闕頁，復多方蒐求，以事配補，有如僧衣之補綴多處者也。

我國正史彙刻之存於今者，有汲古閣之十七史，有南北監之二十一史。清高宗初立，成明史，命武英殿開雕，至四年竣工；繼之者二十一史。其後又詔增劉昫唐書，與歐宋新唐書並行，越七年遂成武英殿二十三史。及四庫開館，諸臣復據永樂大典及太平御覽，冊府元龜等書，裒輯薛居正舊五代史，得旨刊布，以四十九年奏進；於是二十四史之名以立。

武英殿本以監本為依據。清高宗製序，雖有監本殘闕，併勅校讎之言，始意未嘗不思成一善本也。惟在事諸臣，既未能廣蒐善本，復不知慎加校勘，佚者未補，譌者未正，甚或彌縫缺乏，以譌亂真，誠可惜也。

本館前輩張菊生先生，以多年之時力，廣集佳槧，審慎校讎，自民十九年開始景印，迄二十六年甫竟全功。雖中經一二八之劫，抱書而走，亂定掇拾需時，然景印之初，海宇清寧，亦緣校讎精審，多費時日。嘗聞菊老茸印初稿，悉經手勘，朱墨爛然，盈闌溢幅，點畫纖細，鉤勒不遺，與同人共成校勘記，多至百數十冊，文字繁冗，尚待董理。爰取原稿若干條，集為校史隨筆，而付梓焉。

就隨筆所記，殿本訛闕殊多。分史言之，則史記正義多遺漏，漢書正文注文均有錯簡，三國志卷第淆亂，宋書誤註為正文，南齊書地名脫誤，北齊書增補字句均據北史，而仍與北史有異同。魏書考證有誤，舊唐書有闕文，訂正錯簡亦有小誤，唐書有衍文，舊五代史遂於嘉業堂劉氏刊本，元史有衍文及闕文，且多錯簡，重出之傳，亦未刪盡。綜此諸失，殿本二十四史不如衲史遠矣，況善本精美，古香古色，尤非殿本所能望其項背。

茲將百衲本二十四史據以景印之版本列述於後：

史　記　宋慶元黃善夫刊本。

漢　書　北宋景祐刊本，瞿氏鐵琴銅劍樓藏。

後漢書　宋紹興刊本，原闕五卷半，以北平國立圖書館元覆宋本配補。

三國志　宋紹熙刊本，日本帝室圖書寮藏，原闕魏志三卷，以涵芬樓藏宋紹興刊本配補。

晉　書　宋本，海寧蔣氏衍芬草堂藏，原闕載記三十卷，以江蘇省立圖書館藏宋本配補。

宋　書　宋蜀大字本，北平國立圖書館吳興劉氏嘉業堂藏，闕卷以涵芬樓藏元明遞修本配補。

南齊書　宋蜀大字本，江安傅氏雙鑑樓藏。

梁　書　宋蜀大字本，北平國立圖書館及日本靜嘉堂文庫藏，闕卷以涵芬樓藏元明遞修本配補。

陳　書　宋蜀大字本，北平國立圖書館及日本靜嘉堂文庫藏。

魏　書　宋蜀大字本，北平國立圖書館江安傅氏雙鑑樓吳興劉氏嘉業堂及涵芬樓藏。

北齊書　宋蜀大字本，北平國立圖書館藏，闕卷以涵芬樓藏元明遞修本配補。

周　書　宋蜀大字本，吳縣潘氏范硯樓及自藏，闕卷以涵芬樓藏元明遞修本配補。

隋　書　元大德刊本，闕卷以北平國立圖書館江蘇省立圖書館藏本配補。

南　史　元大德刊本，北平國立圖書館及自藏。

北　史　元大德刊本，北平國立圖書館及自藏。

舊唐書　宋紹興刊本，常熟鐵琴銅劍樓藏，闕卷以明聞人銓覆宋本配補。

新唐書　北宋嘉祐刊本，日本岩崎氏靜嘉堂文庫藏，闕卷以北平國立圖書館江安傅氏雙鑑樓藏宋本配補。

舊五代史　原輯永樂大典有注本，吳興劉氏嘉業堂刻。

五代史記　宋慶元刊本，江安傅氏雙鑑樓藏。

宋　史　元至正刊本，北平國立圖書館藏，闕卷以明成化刊本配補。

遼　史　元至正刊本。

金　史　元至正刊本，北平國立圖書館藏，闕卷以涵芬樓藏元覆本配補。

元　史　明洪武刊本，北平國立圖書館及自藏。

明　史　清乾隆武英殿原刊本，附王頌蔚編集考證攜逸。

上開版本之搜求補綴，在彼時實已盡最大之能事。惟今者善本時有發見，前此認為業已失傳者，漸集於一隅，尤以中央圖書館及故宮博物院在抗戰期內，故家遺族，前此秘藏不宣，因播遷而割愛者不在少數；盡量收購，寄存盟邦，以策安全。近年悉數運回，使臺灣成為善本之總匯。百衲本後漢書原據本館前涵芬樓所藏宋紹興本影印，益以北平圖書館及日本靜嘉堂文庫殘本之配備，當時堪稱人間瑰寶；且志在存真，對其中未盡完善之處

一仍其舊。然故宮博物院近藏宋福唐郡庠覆景祐監刊元代修補本及中央圖書館所藏錢大昕手跋北宋刊本與宋慶元

間建安劉元起刊本，各有其長處。本館總編輯楊樹人教授特據以覆校百衲本原刊，計修正原板影本因配補殘本而致

首尾不貫者五處，其中重複者四處，共圈刪衍文三十六字，補足脫漏一處，缺文二字，原板存留墨丁四十六處，

補正五十二字。另有顯屬雕刻錯誤者若干字，亦酌為改正。於是宋刊原面目，大致可復舊觀矣。又前漢書原景本

闕漏目錄全份，亦據故宮博物院珍藏宋福唐郡庠覆景祐監刊元代修補本補印十有四頁，以成全璧。校書如掃落

葉，愈掃愈落，礙難悉數掃清，然多費一番心力，對於鑽研史籍者，定可多一番裨益。區區之意，當為讀者所樂

聞，亦可稍慰本館前輩張菊老在天之靈，喜其繼起有人也。

本館衲史原以三十二開本連史紙印製，訂為八百二十冊，流行雖廣，以中經多難，存者無多，臺省尤感缺

乏，各國亦多訪購，爰應各方之需求，改訂為十六開大本，縮印二頁為一面，字體較縮本四部叢刊初編為大，用

上等印書紙精印精裝，訂為四十一鉅冊，以便檢閱，經重版數次。茲為謀普及，再縮印為二十四開本五十八冊，

字體仍甚清晰，而售價不及原印十六開本之半，莘莘學子，多有購置之力，誠不負普及之名矣。付印有日，謹述

概要。

中華民國六十五年雙十節王雲五識

股東會全體股東獻禮

本公司董事長王岫廬（雲五）先生，學界巨擘，社會棟樑，歷任艱巨，功在國家。一生繫中國文化出版之命脈，惠澤士林。本公司三度罹國難而得復興。咸賴 先生之大力。每次復興，莫不聲光煥發，蔚為奇蹟。民國五十二年冬， 先生退出政壇。次年秋重主本公司，謀慮擘劃，晨夕辛勞，不取分文之酬，而甘之如飴；蓋純出於愛護本公司與宏揚文化之心願。無 先生之犧牲精神與卓越領導，不能有今日之商務書館，已為識者之定評。今歲欣逢 先生八秩華誕，社會同慶。股東會同人本崇功報德之念，群思有以祝賀。 先生謙辭至再至三，當以恭敬不如從命，爰於五十六年股東會議席上全體決議，利用重印之百衲本二十四史，作為 華誕獻禮。要不過體認先生造福文化界之功績，聊表嵩祝悃誠於萬一耳。

中華民國五十六年四月十五日

臺灣商務印書館股份有限公司
股 東 會 全 體 股 東 謹 啟

七

高祖上　特進臣魏徵上

【隋帝紀】

高祖文皇帝姓楊氏諱堅弘農郡華陰人也漢太尉震八代孫鉉仕燕為北平太守鉉生元壽後魏代為武川鎮司馬子孫因家焉元壽生太原太守惠嘏惠嘏生烈烈生寧遠將軍禎禎生忠忠即皇考也皇考從周太祖起義關西賜姓普六茹氏位至柱國大司空隋國公薨贈太保謚曰桓皇妣呂氏以大統七年六月癸丑夜生高祖於馮翊般若寺紫氣充庭有尼來自河東謂皇妣曰此兒所從來甚異不可於俗間處之尼將高祖舍於別館躬自撫養皇妣嘗抱高祖忽見頭上角出徧體鱗起皇妣大駭墜高祖於地尼自外入見曰已驚我兒致令晚得天下為人龍顏額上有五柱入頂目光外射有文在手曰王長上短沈深嚴重初入太學雖至親暱不敢狎也年十四京兆尹薛善辟為功曹十五以太祖勳授散騎常侍車騎大將軍儀同三司封成紀縣公年十六遷驃騎大將軍加開府周太祖見而歎曰此兒風骨不似代間人明帝即位授右小宮伯進封大興郡公帝嘗遣善相者趙昭視之昭詭對曰公當為天下君必大誅殺而後定善記吾言武帝即位遷左小宮伯出為隋州刺

【隋帝紀】

史進位大將軍後徵還遇皇妣寢疾三年晝夜不離左右代稱純孝宇文護執政尤忌高祖屢將害焉大將軍侯伏侯壽等匡護得免其後襲爵隋國公武元皇帝娶高祖長女為皇太子妃益加禮重然高祖每懼不自安皇太子妃言於帝曰普六茹堅相貌非常臣每見之不覺自失恐非人下請早除之帝曰此止可為將耳帝後徵高祖會於河橋除定州總管先是定州城西門久閉不行齊文宣時或請開之以便行路帝不許曰當有聖人來啟之及高祖至而開焉莫不驚異尋轉亳州總管宣帝即位以后父徵拜上柱國大司馬大象初遷大後丞右司武俄轉大前疑每巡幸恆委居守時帝為刑政苛刻高祖以法令滋章非興化之道切諫不納高祖位望益隆帝頗以為忌嘗有四幸姬並為皇后諸家爭寵數相毀譖帝每忿怒謂后曰必族滅爾家因召高祖命左右曰若色動即殺之高祖既至容色自若乃止大象二年五月以高祖為揚州總管將發暴有足疾不果行乙未帝崩時靜帝幼沖未能親理政事內史上大夫鄭譯御正大夫劉昉以高祖皇后之父眾望

州石愻以建州席毗以沛郡毗弟義羅以兖州皆應於迥
魏之士從者若流旬日之間眾至十餘萬又宇文冑據於
州總管尉遲迥自以重臣宿將志不能平遂舉兵東夏趙
月趙王招陳王純越王盛代王達滕王逌並至于長安相
志至是高祖大崇惠政法令清簡躬履節儉天下悅之六
昉為司馬具置僚佐帝時刑政苛酷群心崩駭莫有固
百官總己而聽焉以正陽宮為丞相府以鄭譯為長史劉
詞以徵之丁未發庚戌周帝拜高祖假黃鉞左大丞相
王在藩者高祖悉恐其生變稱趙王招將嫁女於突厥為
所歸遂矯詔引高祖入總朝政都督內外諸軍事周氏諸

《隋帝紀一》 三 ▽

亂命亳州總管賀若誼討之消難奔陳荊鄖蔡等應淮南乘輿多
同之命襄州總管王誼討之先是上柱國王謙為益州
初迥之亂也葦州總管司馬消難
義討平之葦孝寬轉擊破迥於相州傳首闕下餘黨悉平
吳州總管于顗擊破之廣陵人杜喬生聚眾及剌史元
殿入朝不趨用安其心七月陳將陳紀蕭摩訶等寇廣陵
謀作亂高祖執賢斬之寢趙王等之罪因詔五王劍履上
雍州牧畢王賢及趙僭等五王以天下之望歸於高祖因
迥遣子賁賀於陳請援高祖命上柱國鄖國公韋孝寬討之
總管既見幼主在位政由高祖遂起巴蜀之眾以匡復為

辭高祖方以東夏山南為事未遑致討進兵屯劍閣階
始州至是乃命行軍元帥上柱國梁睿討平之傳首闕
巴蜀阻險人好為亂於是更開平道毀劍閣立銘垂於
誠為五王陰謀滋甚高祖齋酒肴以造趙王第欲觀所為
是誅趙王越王盛高祖幾危賴元胄衛傳於
趙王伏甲九月以世子勇為洛州總管東京小
冢宰壬子周帝詔曰假黃鉞使持節左大丞相都督內外
諸軍事上柱國大冢宰隋國公堅膺星辰
氣道高雅俗德協幽顯釋巾登仕搢紳傾屬而
野承風受詔先皇弭諸篡簿薄吳天地而生萬物順陰陽而

《隋帝紀一》 四 ▽

撫四夷近者內有艱虞外聞妖寇鷙鷗之志運帷帳之
謀行兩觀之誅掃萬里之外遐邇清肅庸賞所賴為四海之
廣百官之富俱實天訓咸賚至道洽定功成棟梁斯託神
獻盛德莫二於時可授大丞相罷左右丞相之官餘如故
冬十月壬申詔贈高祖曾祖烈為柱國太保都督徐兗等
十州諸軍事徐州剌史隋國公諡曰康祖禎為柱國太傅
都督陝蒲等十三州諸軍事同州剌史隋國公諡曰獻考
忠為上柱國太師大冢宰都督襄定等十三州諸軍重雅
州牧諡陳王純癸酉上柱國鄖國公諡曰襄十一月辛
未誅代王達滕王逌十二月甲子周帝詔曰天地大合

其德者聖人〔陰〕陽調其氣者上宰所以降神載撰陶
鑄羣生代蒼蒼之〔王成魏〕業假黃鉞使持節永相
郁督內外諸軍事上柱國大家宰隋國公應百代之期當
千齡之運家隆昌祚〔非〕盛〔文武〕初入仕風流映世公卿
堯舜之類孔子憲章文武楚門出居藩政芳猷茂績朗望
軺物摺紳請為師表人〔廕〕楚聞〔勳〕有弼贊勤心同伊丑必致
彌遠往平東夏人情未安燕南鄴北實為天府擁節杖旄
仕當連率柔以德導之以禮畏之若神仰之若日芳風
美迹歌頌獨存淮海無多歷年代作鎮南鄙選眾惟賢
感震殊俗化行黔首任掌銅陳職司邦政國之大事朝寄

更深鑒駕怒遊留臺務廣周公陝西之任僅可為偏漢臣
關內之重未足相況及天朋地坼先帝乃遐朕以眇年奄
經荼毒親受顧命保乂皇家姦人乘釁院潜圖宗社無君之
意已成稱發一期有日英規潜運大略川廻匡國庇人罪
人斯得兩河溝亂三魏稱兵羊天之下洶洶鼎沸祖宗之
基巳庶生人之命特思安保儀養南通吳越蜂飛萬蠹聚江
漢驍然巴蜀鴟張鵬翔開關鼎秦塗更阻漢門重閉晝籌帷
帳建出師軍諸將稟其謀壯士感其義不達時日感得清
蕩九功遠被七德允討百僚師師四門穆穆光景照臨之
地風靈至臺來之所允武九文幽明同德驟山驪水遐通歸

心使朕纘踵王皇無為以治聲高宇宙道格天壤伊呂輔
殷霍光佐漢方之懇忽忘昔營丘曲阜地多諸國重耳小
白錫用殊禮華關何優拜君越公侯爵姬劉以
隆代有令謨且崇典禮憲章自昔可授相國總百揆夫都
權為外諸軍事大家宰之號進公爵為王以隋國之汲
郡之新蔡建安豫州之汝南潁川廣寧初安蔡州之汝陽
州之安陸城陽溫州之宜人應州之崇業
淮南吉州之永川昌州之廣昌安昌申州之義陽順州之
郾州之漢東二十郡為隋國朝上殿入朝不趨贊拜不
名備九錫之禮加璽綬遠遊冠相國印綠綬位在諸侯
王上隋國置丞相已下一依舊式高祖拜謙不許乃受王
爵十郡而已韶進皇祖苯為爵並為王夫人為王妃辛巳
馬消難以陳師寇江州刺史窨擊却之大定元年春
二月壬子令巳前賜姓普者皆復其舊是日周帝詔曰伊周

作輔不辭殊禮之錫桓文為霸允膺異物之典所以表格
天之勳彰不代之業相國隋王前加典禮固守謙
光絲言經申顯命一如往百王功必先賞大禮固宜
讓為本誠珉朕意宜命百辟盡詰王宮眾必感克令已退
納如有表奏勿復通聞癸五文武百官詣閤歡勸高祖乃
受甲寅策曰咨爾假黃鉞使持節大丞相都督內外諸軍

車上柱國大冢宰隋王天覆地載精人事以財成日往月
來由王道而盈昊天氣陶鑄萬物流飛誰代上玄之工斯
則大聖而已曰惟先正刑其皇朝種德載善戴誕上相精
采不代風骨異人匡國濟時除凶撥亂百神奉職萬國宅
心殺相以禮其敬聽朕命以德早承丕緒上靈降禍鳳
遭愍凶妖醜覬覦窺圖社稷言旨之內疑庸驚心公受命
先皇志在匡弼輔翊內外潛連機衡茲人慴憚謀用不顯
俾賢旅之危為太山之固是公重造皇宗先作霸之基也伊
我祖考之代任寄巳深僉舉某兵外司藩政文經武畧父

播朝野戎軒大舉長驅盟平陽震熊羆藝襄部耀貔貅
豹之威初平東夏人情未叢臺之比昜水之南西距井
陘東至滄海比數千里委以連城建旌杖節教
因其俗刑用輕典如泥從印猶草隨風此又公之功也其
越不賓多歷年代文以懷遠羹女盜自奔外戶不閉人黎義裕
亳武以威物文化行南國此又公之功也宣帝御寓寵任
重宗臣入典八代禁衛勤從警蹕之務治兵得寇
符之禮此又公之功也鑾駕遊幸頻委以留臺文武注意軍
國說辯票萬事咸理及顧無憂此八公之功也朕在諒闇公
定讓既授首此亦梟懸此又公之功也司馬消難與國親

海之饒荷連山之險望三輔而將逐鹿指六國而頽連雞
風雨之兵助鬼為虐本根既拔枝葉自殘用法恩示以
大信此又公之功也申部殘賊充斥一隅蠅飛蟻聚攻城
略地播以玄澤迷更知及服而捨之無費遺鏃此又公之
功也宇文胄親則宗枝外藩嚴邑影響鄭賊有同就燋迫
內陳韓梁鄭榮衛鄰之薦薦泉麛之壘人庶為犲狼雞眾強
以陵大則吞小城有書閉巷無行人授律出師降機掃
外司陳人叛換城成偏師討蹴遂入網羅東之武牛有同圖

寶總巳磐石之宗夤回者飛招引無賴連結基小徒者國
衰甫爾巳劍陞謀積黥旬昆五方稔逆誅釁回宗廟以
寧此又公之功也尉迴徂往稱兵鄴邑欲長戰而指比闕
強弩而圍南斗惠陵三親之間實叢驚九州之半聚徒百萬
建饒水於東山口授兵畫早畫行陣量敵制勝指日荒期
悉成蛇豕淇水洹水一飲而竭人之死生輕翻繁凶暨壽之
長短不由司命公乃戒彼鷹揚練卒哲蒼兕死於河朔
奮發如火燎毛毛黃緣潼河之水京觀而爵臺之岐百城
諸將連其成旨壯士感其大義輕死忘生轉鬪千里雅鼓
氣祓一旦鄴清此又公之功也青土連率跨據東泰籍

加大典憲章在昔謙以自牧未雍朝禮日月不居便已隔
薄劓王朕以眇身託于兆人之上求諸故實甚用懼焉往
藩昇作固垂拱責成沈嘿嚴廊不下堂席公道高徃烈賞
王設官胙土營丘四侯參得征五侯參墟寵章異其禮物故
亡繼絶寬猛相濟彝倫攸叙敦睦帝親崇奬王室至徽象不
拆陰陽自調玄祝融如奉太公之召兩師風伯似應成
王之宰祥風嘉氣觸石搖林瑞獸異禽內遊園囿閣至功
德可大可久嘉品物之和究杳冥之極朕之聞之昔者明
四門恥一匡之舉九合尊賢崇德尚齒貴功錄舊旌善典
庸素業清徽聲掩廊廟雄規神略氣蓋朝野序百揆而穆

九

之宇自謂五丁復起萬夫莫向分闔推轂官不

崇山之罰僅可方此又公之功也是亦相四通逃入數
動而內畏戀食郡縣鴆毒華夷聞有王師自投匹通逃入數
貨財多少具整檀誅剃舉之使專殺儀台之臣懼罪畏威
姻作鎮安陸性多著欲意好貪聚屬城子女刼掠廉餘題

荊郢之罰僅可方此又公之功也是亦相匹
門塞靈關之扞自謂五丁復起萬夫莫向分闔推轂官不
功也陳項因循僞業自擅金陵虞遺醜徙趙江北公指
塵藩鎮無不摧殄方置文深之柱未止尉佗之拜此又公
之功也公有濟天下之勤重之以明德始於辟命屈己登

之樂六佾之舞公仁風德教覃及海隅荒忽幽遐迥首內
向是用錫公朱戶以居公水鏡人倫銓衡庶職能官流詠
遺賢必舉是用錫公納陛以登公執釣於內正性率下犯
義無禮罔不屏黜是用錫公武賁之士三百人公元本闡
聊天壤掃清安宄抗衝無外是用錫公鈇鉞各一公威嚴夏日精厲秋霜獮夏必誅顧
弓十盧矢千惟公抗通神明蕭恭祀典尊嚴如在情切幽
明是用錫公鬯圭瓚副焉隋國置丞相以下一遵
舊式往欽哉其敬徇徃柬祀服大典簡恤爾庶功對揚我
太祖之休命於是建臺置官景辰詔王晃十有二旒建天

是用錫公玄牡二駟四公勤心地利所寶人無異志
聽朕後命以公執律修德慎獄刑爲其則範人無異志
是用錫公大輅戎輅各一玄牡二駟四公勤心地利
天崇伯大將軍金城公趙嬰授持節太傅上柱國公椿
任惣舉舊職官典宜與筆革昔兵臣太尉舜佐司空姬
旦相周霍光輔漢不居藩國唯在天朝其以相國總百揆
且相號爲上所假節大丞相大冢宰印綬文加九錫其敬
去殷號爲上所假節大丞相大冢宰印綬文加九錫其敬
大崇伯大將軍金城公趙嬰授持節太傅上柱國公椿
陽等二十郡爲隋國公命使持節太傅上柱國把國公椿
歲時談物議其謂朕何今進授相國總百揆以申州之義

樂以移風雅以變俗遐邇胥悅天地咸和是用錫公軒懸

十

十一

子挺旗出警入蹕乘金根車駕六馬備五時副車置旄頭
雲罕樂舞八佾設鐘虡宮縣王妃為王后長子為太子前
後三讓乃受俄而帝以眾望有歸乃下詔曰元氣肇闢
樹之以君有命不惜所輔惟德天心人事選賢與能其四
海而樂推非一人而獨有周德將盡妖孽遞生晉肉多虞
藩維橫鯁鄉曲同惡萬物其如已任兆庶以
祖宗之業不絕如線相國隋王敞聖自天英華首出兆姓以
與禮儀同運文德共武功俱遠奕萬物其如已任兆刑彌
威震幽遐虞舜之大功二十未足相比姬發之合位三五

隋帝紀一

〈十一〉　　三五

宜可足論況木行巳謝火運旣興河洛出圖革命之符星辰
表代終之象煙雲改色笙簧變音獄訟咸歸謳歌盡至旦
天地合德日月貞明故以稱大為王照臨下土朕雖寡昧
未達纘通幽顯之情欽若易識全便祇順天命出遜別宮禪
位於隋一依唐虞漢故事高祖三讓不許遣兼太傅上
柱國杞國公椿奉冊曰咨爾相國隋王于戲勖哉
啟清濁降符授聖為天下君事上帝而理兆人和百靈而
利萬物非以區寓之富未以辰極為尊天庭軒以前驅
未達纘通幽顯之情欽若易識全便祇順天命出遜別宮
連赫奕之日咸以無為無欲不將不迎哉其詳不可聞
巳厭有載籍遺文可觀聖人無逾於舜舜未過於舜舜得太

極九野萬方四裔圓首方足閠不樂推性蔵長皇晨晷經
天書見八風比夏后之作五緯同漢帝之聚除舊之徵昭
然在茲近者赤雀降社玄龜効靈鍾已鑾音蚯魚出穴布
新之眹煥焉在下九區歸往百蠻恊贊人神萬為我我不獨
知仰祇皇靈府順人額令敬以帝位禪於爾躬天祚吉窮
天祿永終於戲王宜允執厥中儀刑典訓升圓丘而敬薦
昊御皇極而撫黔黎副率土之心怯無疆之祚可不盛歟
遣大宗伯大將軍金城公趙煚奉皇帝璽綬百官勸進高
祖乃受焉

隋帝紀一

〈十二〉

開皇元年二月甲子上自相府常服入宮備禮即皇帝位

〈隋帝紀一〉 〈十三〉

於臨光殿設壇於南郊遣使柴燎告天是日告廟大赦改
元京師慶雲見易周氏官儀依漢魏之舊以柱國相國司
馬渤海郡公高熲為尚書左僕射兼納言相國內郎咸安
縣公虞慶則為內史監吏部尚書相國司錄沁源縣男
李德林為內史令上開府漢安縣公韋世康為禮部尚書
上開府義寧縣公元暉為都官尚書開府民部尚書昌國
縣公元巖為兵部尚書上儀同司宗長孫毗為工部尚書
上儀同司會楊尚希為度支尚書上柱國雅州牧邗國公
楊惠為左衛大將軍乙丑追尊皇考為武元皇帝廟號太
祖皇妣為元明皇后遣人使巡省風俗景寅修廟社立王

四五六

后獨孤氏為皇后王太子勇為皇太子丁卯以大將軍金
城郡公趙䂊為尚書右僕射上開府濟陽侯伊婁彥恭為
左武候大將軍己巳以周帝為介國公邑五千戶為隋室
賓椎梶車服禮樂一如其舊上書不為表答表不稱詔周
氏諸王盡降為公辛未以皇弟邵國公慧為滕王同安
公廣為晉王俊為秦王秀為越王諒為漢王皇子俊以上
柱國幽州總管任國公于翼為太師上柱國公千翼為
太尉觀國公竇熾為太傳上柱國幽州總管任國公于翼為太傅
太子太師武德郡公柳敏為太子太保濟南郡公孫恕為

〈隋帝紀一〉 〈古〉

太子少傅開府府蘇威為太子少保丁丑以晉王廣為并州
總管以陳留郡公楊智積為蔡王興城郡公楊靜為道王
戊寅以官牛五千頭分賜貧人二月辛巳高平郡公楊
原襄葉烏長安懷白崔弘度仁門槐樹連理疲枝內附
壬午白狼國獻方物甲申太白晝見乙酉又晝見以上柱
國元景為安州總管丁亥詔大馬器玩口味不得獻上
連理樹植之宮庭辛卯以上柱國神武郡公竇毅為定州
總管戊戌以太子少保蘇威兼納言吏部尚書餘官如故
戊子弛山澤之禁以上開府當寧縣公賀若弼為楚州
管和州刺史新義縣公韓擒為廬州總管

四四六

庚子詔曰自古帝王受終革代建侯錫爵多與運遷勝廢
錄受圖君臨海內載懷沿革何莫由斯則前帝後王俱
在兼濟立功立事爵賞乃行苟利於時其致一揆何謂
我之異無計今古之殊其前代品爵悉可依舊丁未梁主
蕭巋歸使其太宰蕭巋嚴司空劉義求賀四月辛巳大赦壬午
太白晝見皇書見戊戌太常散樂並放為百姓禁雜樂百戲
辛丑陳散騎常侍韋鼎兼通直散騎常侍王瑈來聘于周
至而上已受禪致之介國公是月發稽胡修築長城二旬而
罷五月戊子封邗國公楊雄為廣平王永康郡公楊弘為
河間王辛未介國公嚳上與哀於朝堂以其族人洛嗣焉

六月癸未詔以初受天命赤雀降祥五德相生赤為火色
其郊及社廟依服晃之儀而朝會之服旗幟犧牲尚
赤戎服以黃秋七月乙卯上始服黃百寮畢賀庚午尚
酋長貢方物八月壬午廢東京官突厥
方物甲午遣行軍元帥樂安公元諧擊吐谷渾於青海破
而降之九月戊申戰士之家遣使賑給庚午陳將羅
度諸軍突厥沙缽略可汗遣使貢方物是月行五銖錢冬
封爲蜀王壬申以上柱國醉國公長孫覽左僕射高熲節
攻陷胡野蘭摩訶討寇江北辛未以越王秀爲益州總管改
封元景山爲行軍以代陳仍命尚書左僕射高熲宋安公
永昌郡公寶梁定爲右武候大將軍二月乙卯遣兼散騎侍郎
同帶方郡公戊子行新律壬辰行幸岐州十月乙卯以
鄭携使於陳巳有流星聲如頹牆光燭千地十一月戊
十月乙酉百濟王扶餘昌遣使來賀授昌上開府儀同三

寅以申州刺史爾朱敞爲金州總管甲申以禮部尚書韋
世康爲吏部尚書己丑以柱國元爻爲鄜州總管典魏郡
公衛玄爲淮州總管庚子至自岐州壬寅高麗王高陽遣
使朝貢授陽大將軍遼東郡公太子大保柳敏卒
二年春正月癸丑辛上柱國王誼第弟康申辛安成長公主
第陳宣帝祖子牧寶立辛酉置河北道行臺尚書省於并

州以晉王廣爲尚書令置河南道行臺尚書省於洛州以
秦王俊爲尚書令置西南道行臺尚書省於益州以蜀王
秀爲尚書令戊辰陳遣使請和歸我胡野陀第辛未高熲
並遣使貢方物甲戌詔舉賢良二月巳丑詔高熲等班師
庚寅以晉王廣爲左武衛大將軍秦王俊爲右武衛大將
軍餘官並如故辛卯幸趙國公獨孤羅陀第庚午京師雨
三月戊申開渠引杜陽水於三時原四月乙五以寧州刺
史竇榮定爲左武候大將軍庚寅以河北山東以破突厥
於難頭山上柱國李充破突厥於馬邑

柱國開府長孫平爲度支尚書己酉上親省囚徒甘日

大雨巳未高寶寧寇平州突厥入長城庚申以豫州刺史
皇甫續爲都官尚書壬戌大尉任國公于翼薨甲子改傳
國璽曰受命璽六月壬午以太府卿蘇孝慈爲兵部尚書
雍州牧衛王爽爲原州總管甲申使弗於陳乙酉上
柱國李充破突厥於馬邑戊午以上柱國叱李長叉爲蘭
州總管辛卯以上開府爾朱敞爲徐州總管昌景申詔曰朕
祇奉上玄君臨萬國屬生人之故寮前代官常以爲作
之者勞寮之者逸政剗之事心未遑也而王公大臣陳謀
獻策咸云羲農以降至于姬劉有當代而不革命而
不從曹馬之後時見因循乃未代之宜安非佳聖之宏義

此城從漢廢殘日久屢為戰場舊經喪亂今之宮室軍近
權宜又非謀謨矩從龜瞻星揆日不足建皇王之邑合大衆
所聚論變通之數具幽顯之情同心固請詞情深切然則
京師百官之府四海歸向非朕一人之所獨有苟利於物
其可違乎且殷之五遷恐人盡死其則以吉凶之土制長
矩之命謀新去故如農望秋雖暫勤勞其究安宅今區宇
寧一陰陽順序安邑以遷勿懷晉焚龍首山川原秀麗開
物滋阜卜食相宜定鼎是

射高熲將作大匠劉龍鉅鹿郡公賀婁子幹太府少卿高
斯公私府宅規模遠近營構資費隨事條奏仍詔左僕
龍義等創造新都秋八月癸巳以左武候大將軍實榮定
為秦州總管十月癸酉皇太子勇屯兵咸陽以備胡庚寅
上表愈章百官於觀德殿賜錢帛皆任其自取盡力而
出辛卯以營新都副監賀婁子幹為工部尚書十一月景
午高麗遣使獻方物十二月甲
柱國竇毅名新都曰大興城乙酉遣沁源公虞慶
則屯弘化備胡突厥冠周槃行軍總管達奚長儒擊之為
虜所敗府景戌賜國子生經明者束帛丁亥親錄囚徒
高麗遣使來朝二月己巳朔日有蝕之壬申宴玭道勳人
三年春正月庚子入新都大赦天下禁大刀長矟癸亥

癸酉陳遣兼散騎常侍賀徹兼通直散騎常侍蕭褒來聘
突厥寇邊甲戌涇陽獲毛龜癸未以左衛大將軍李禮成
為右武衛大將軍三月丁未上柱國達奚長儒為蘭州常服入新
己酉以上柱國達奚長儒為蘭州總管景辰常服入新
都京師醴泉出丁巳詔求遺書於天下庚申宴百寮班
賜各有差癸亥城慉開夏四月已巳上柱國建平郡公于
義卒庚午吐谷渾冠臨洮州刺史皮子信死之辛未高
麗遣使來朝壬申以尚書右僕射趙煚兼內史令丁丑以
勝王贊為雍州牧已卯衛王爽破突厥於白道庚辰行軍
總管陰壽破高寶盤於黃龍甲申旱上親祈雨於國城之

西南景戌詔天下勸學行禮以滏比郡公梁遠為汶州總
管已丑陳郢州城主張子譏遣使請降上以和好不納辛
卯遣兼散騎常侍薛舒兼通直散騎常侍王劭使於陳癸
巳上親雩甲牛突厥遣使來朝五月癸卯行軍總管李晃
破突厥於摩那渡口甲辰高麗遣使來朝乙巳梁太子蕭
琮來賀遷都丁未韓貢方物戊申幽州總管陰壽卒辛
酉有事於方澤壬戌行軍元帥竇榮定破突厥及吐谷渾
於涼州景寅赦黃龍突厥死罪已下六月庚午以衛王爽子集
為遂安郡王戊寅突厥遣使請和吐谷渾
吐谷渾於爾汗山斬其名王壬申以晉州刺史燕榮為青

州總管己丑以河間王弘為嘗州總管乙未辛安成長公
主弟秋七月辛丑以豫州刺史周搖為幽州總管壬戌成詔
曰行仁蹈義名教所先厲俗敦風宜見褒獎往者山東河
表經此妖亂孤城速守多不自全濟陰大守柳猛身隕賊
徒命縣冠手郡省事范誾則出原州道並為行軍元帥以擊
節賞有司嘉宜超悼賞用明沮勸寰致可大都督假湘州
胡戊子上有軍事於大社九月壬子幸城東觀稼穀癸丑大
刺史丁卯日有蝕之八月乙丑靺鞨貢方物己卯以右武
衛大將軍本禮成為襄州總管壬午遣尚書左僕射高頻
出嘗州道內史監賀慶則出原州道尚書右僕射以武
總管十一月甲戌廢河南道行臺省以秦王俊為秦州

赦天下冬十月甲戌廢河南道行臺省以秦王俊為秦州
總管十一月己酉發使巡省風俗因下詔曰朕君臨區宇
深思治術欲使生人從化以德代刑求草萊之善旌閭里
之行民間情偽咸欲備聞已詔使人所在賑恤揚鑣分路
將遍四海必令為朕耳目如有文武才用未為時知以
加旌異令一行一善獎勸於人遠近官司遄邇風俗巨細
禮義遺朕將銓擢其才志節高妙越等超倫亦仰使人就
必紀還日奏聞庶使不出戶庭坐知萬里庚辰遣散騎
常侍周墳通直散騎常侍杜彥賚璽書聘陳主知上之貌異世
人使彥畫像持去甲午罷天下諸郡閏十二月乙卯遣兼

散騎常侍唐令則通直散騎常侍魏澹使於陳戊午以上
柱國竇榮定為右武衛大將軍刑部尚書蘇威為民部尚
書〇四年春正月甲子日有蝕之己巳以有事於太廟辛未
而罷壬午齊州水辛卯渝州獠叛來朝甲戌大射於比苑十日
有事於南郊壬寅梁主蕭歸來朝一角同蹄壬辰班
新曆二月乙巳上餞夏四月己亥勑總管刺史父母及子年十
五巳上不得將之官更部尚書虞慶則為尚書右
僕射瀛州刺史楊尚希為工部尚書毛州刺史劉仁恩為
蘇冠部男女萬餘人來降庚戌幸隴州突厥
珮率其屬男女萬餘人來降

刑部尚書甲辰以上柱國叱本丁義為信州總管丁未宴
突厥高麗吐谷渾使者於大興殿丁巳以上大將軍賀婁
子幹為榆關總管五月癸酉勑弗遣使請降拜
大將軍景子以柱國馮昱為汾州總管乙酉以汴州刺史
自渭達河以通運漕戊午秦王俊來朝是日以秦王俊納
呂仲泉為冀州總管上柱國旦盧勣為夏州總管乙
弗寶為冀州總管六月庚子降四徒乙巳以鴻臚卿
兼散騎常侍謝泉兼通直散騎常侍賀德基來聘八月甲
午遣十使巡省天下戊戌衛王爽來朝是日以秦王俊
妃宴百寮班賜各有差壬寅上柱國大傅鄧國公竇熾薨

丁未宣素王官屬賜物各有差壬辰陳使夏
侯甫請降上以通和不納九月甲子幸襄國公乙丑
幸霸水觀漕渠賜督役者帛各有差巳巳上親錄囚徒庚
午癸丑內附甲戌駕幸洛陽關內飢也癸未太白晝見冬
十一月壬戌遣兼散騎常侍薛道衡聘于陳為雲州總管
寒使於陳癸亥以榆關總管賀婁子幹為靈州總管
四月甲午癸丑王多彌遣使貢方物壬寅戊申車駕至自洛
頗為左領軍大將軍上柱國宇文忻為右領軍大將軍夏
五年春正月戊辰詔行新禮三月戊午以尚書左僕射高
及伏誅乙巳詔徵山東馬榮伯等六儒生
陽五月甲申詔置義倉梁主蕭歸殂其太子琮嗣立遣上
大將軍元契使于突厥阿波可汗秋七月庚申遣兼散
騎常侍王話兼通直散騎常侍阮卓來聘丁丑以上柱國
宇文慶為涼州總管壬午突厥沙鉢略上表稱臣八月景
戌沙鉢略可汗遣子庫合真特勒來朝甲辰河南諸州水
遣民部尚書郕國公蘇威賑給之戊申乙丑改鮑陵曰杜
而下巳酉栗園九月丁巳至自栗園有流星數百四散
之景子遣兼散騎常侍奉若兼通直散騎常侍崔君贍使
陵霸水為滋水陳將湛文徹冠和州儀同三司費寶首攝
於陳冬十月壬辰以上柱國楊素為信州總管朔州總管

吐萬緒為徐州總管十一月甲子以上大將軍源雄為朔
州總管丁卯晉王廣來朝十一月丁未降囚徒戌申以上
柱國達奚長儒為夏州總管
六年春正月甲子党項羌內附庚午班曆於突厥辛未以
柱國韋洸為安州總管壬申遣民部尚書蘇威省山東
之景戌制刺史上佐每歲暮更入朝上考課丁亥發丁男
十一萬修築長城二旬而罷乙未以上柱國崔弘度為襄
州總管庚子大赦天下三月巳未以洛陽男子高德上書請
上為太上皇傳位皇太子上曰朕承天命撫育蒼生日旰
孜孜猶恐不逮豈學近代帝王軍不師古傳位於子自求
逸樂者哉癸亥突厥沙鉢略遣使貢方物夏四月巳亥陳
遣兼散騎常侍周墦兼通直散騎常侍汪楮來聘秋七月
辛亥河南諸州水乙丑京師雨毛如馬鬣尾長者二尺餘
短者六七寸八月辛卯關內七州旱免其賦稅遣散騎常
侍裴豪兼通直散騎常侍劉顗聘于陳戊申上柱國太師
申國公李穆薨閏月巳酉以河州刺史段文振為蘭州總
管丁卯皇太子鎮洛陽辛未晉王廣為雍州牧乃上柱國
上柱國郕國公梁睿上柱國把國公宇文忻坐事除名九
公劉昉以謀反伏誅上柱國許國公宇文善忻柱國郕國

月辛巳上素服御射殿詔百寮射賜縜綵三家資物景
戌上柱國宋安郡公元景山卒庚寅以上柱國李詢為隰
州總管辛丑詔大衆已來死事之家咸令賑恤冬十月己
酉以河北道行臺尚書令并州總管晉王廣為雍州牧行
官如故兵部尚書楊尚希為禮部尚書癸五置山南道行
臺尚書省於襄州以秦王俊為尚書令景辰必為雍州刺史
駼平難為疊州刺史衡州總管周法尚為黃州總管甲子
甘露降于華林園
七年春正月癸巳有事于太廟乙未制諸州歲貢三人二
月乙卯祀朝日于東郊乙巳陳遣兼散騎常侍王亨兼通
直散騎常侍王奝來聘壬申車駕幸醴泉宮三月發丁男
十萬餘修築長城一旬而罷夏四月己酉辛晉王第庚戌
於揚州開山陽瀆以通運漕突厥沙缽略可汗卒其子雍
虞閭嗣立是為都藍可汗多遣使頌於東方總管刺
史西方以鸊鵜為都藍散騎常侍崔應使于陳以民部尚
威為吏部尚書十餘里秋五月乙亥朔日有蝕之己卯兩石于武安
淮八月景午以懷州刺史源雄為朔州總管庚申梁主蕭
琮來朝九月乙酉梁安平王蕭巖嚴據於其國以奔陳辛卯

廢梁本國赦江陵以梁主蕭琮為柱國封莒國公冬十月
庚申行幸同州以先帝所居降凶徒咸亨止閭雅良由住宮
父老上極懽曰此間人物衣服鮮麗容
之鄉陶梁成俗也十一月甲午幸馮翊親祠故社父老對
詔失曰上大怒免其縣官而去戊戌至自馮翊

帝紀第一　　　隋書一

高祖下

特進臣魏　徵上一

【隋帝紀二】〈一〉

八年春正月乙亥陳遣散騎常侍袁雅兼通直散騎常侍
周止水來聘二月庚子鎮星入東井辛酉以陳人冠硤州三
月辛未上柱國隴西郡公李詢卒壬申以成州刺史姜須
達為會州總管甲戌遣兼散騎常侍程尚賢兼通直散騎
常侍韋輝使于陳戊寅詔曰昔有苗不賓唐堯薄伐孫皓
尚存思欲教之況龔襲行忍往來脩睦望其遷善
僭虐晉武行誅有陳竊據江表逆天暴物朕初受命陳項
殘忍于時王師大舉將一車書陳頊反地收兵深懷震懼
責躬請約俄而殞裕其妻禍仍班師叔寶承風因求
繼好載行克念并敢行本每見珪璋入朝輜軒出使何嘗
不殺勤曉諭戒以惟新而狼子之心出而彌野威侮五行怠
棄三正誅翦骨肉夷滅才良據手掌之地恣溪壑之險劫
本間關資產俱竭驅蹙內外勞役弗巳徵責女子擅造宮
室日增月益止足無期帷嬙有踰萬數實委食窮
奢者極後宮巷樂欲律盡夜斬直言之客賊無罪之家剖
人之肝分人之血欺天造惡驅兆民以歌儛衝路酣醉宮

【隋帝紀二】〈二〉

闥罪譴自古昏亂空今或能比介士武夫飢寒力役筋髓盤
於土木性命侯於溝渠君子潛逃小人得志家家隱殺戮
各各任聚歃天災地孽物怪人妖衣冠鉗口道路以目傾
心翹足誓言吉於我日月冀其文奏相尋重以苛德遣言搖
蕩疆場巴峽之下海湞已西江北江南為鬼為蜮死隴窮
發掘之酷寢廟麻廣陵窺覦相繼或謀圖城邑或劫剝吏
立農事糜寢生居極壞攸之苦抑掠人畜斷截椎埋市井不
人盡伏夜遊鼠竊狗盜彼則嬴兵敢卒來必就擒此則重門
設險有勞藩捍天之所覆無非朕臣每閱覽有懷傷惻
有梁之國我南藩也甘君入朝潛相招誘不顧朕恩士女
深迫脅之燕城府致空虛欸非直朕居人上懷此無忘
既而百辟屢次為言兆庶不堪其請豈容對而不誅忍而
不救近日秋始謀弟人益部樓船盡令東騖駕便有神龍
數十騰躍江流引伐罪之師向金陵之路船住則龍止船
行則龍去四日之內三軍皆觀豈非倉旻愛人幽明展事
降神先路協贊軍威以上天之靈助戡定之力便可出師
授律應機誅殄在斯舉也永清吳越其將士糧仗水陸資
須期會進止一准別勅秋八月丁未河北諸州飢道吏部

尚書蘇威眍恤之九月丁丑宴南征諸將頒賜各有差
已嘉州言龍見冬十月己亥太白出西方己未置淮南行
臺省於壽春以晉王廣為尚書令辛酉陳遣兼散騎常侍
王琬兼通直散騎常侍許善心來聘拘留不遣甲子將伐
陳有事於太廟晉王廣秦王俊清河公楊素並為行軍
元帥以伐陳於是晉王廣出六合秦王俊出襄陽清河公
楊素出信州荊州刺史劉仁恩出江陵宜陽公王世積出
斷春新義公韓擒虎出廬江襄邑公賀若弼出吳州落叢公
燕榮出東海合總管九十兵五十一萬八千皆受晉王節
慶東接滄海西拒巴蜀旌旗舟楫橫亘數千里曲敕陳國

有星孛于牽牛十一月丁卯車駕餞師詔購陳叔寶位上
柱國萬戶公乙亥行幸定城陳師聞哲眾景子辛河東十二
月庚子至自河東
九年春正月己巳白虹來日辛未賀若弼拔陳京口韓擒
虎拔陳南豫州癸酉以尚書石僕射廬慶則為右衛大將軍
景子賀若弼獲其將任蠻奴獲陳將蕭摩訶擒廬虎進師入
建鄴獲其將任蠻奴獲陳叔寶陳國平合州三十郡一
百縣四百四十癸巳遣使持節巡撫之三月乙未廢淮南行
省景申制五百家為鄉正一人百家為里長一人丁酉以
襄州總管韋世康為安州總管夏四月己亥辛驪山親狩

旋師乙巳三軍凱入獻俘於太廟拜晉王廣為太尉庚戌
上御廣陽門宴將士頒賜各有差辛亥大赦天下己未以
陳都官尚書孔範散騎常侍王瑳王儀御史中丞沈觀等
邪佞於其主以致亡滅皆投之邊裔以謝吳越之人甲申
素為荊州總管吏部侍郎宇文弼為刑部尚書宗正少卿
楊異為工部尚書王戌詔曰往以吳越之野群黎塗炭干
戈方用積習未冥全率土大同舍生遂性太平之法方可
志存愛養時有臻道不敢寧息內外職位遷通黎人家家
自修人人克念使不軌不法蕩然俱盡丘可立威不可不
戰刑可化之臣衛九重之餘鎮守四方之外戎
旅軍器皆宜傳罷路既夷壁方無事武力之子俱可學
文人間甲伏悉皆除毀有功之臣降情文藝家門子姪各
守一經令海內翕然高山仰止京邑庠序愛及州縣生徒
受業升進於朝末有灼然明經高第則此教訓不篤考課
未精明勸所由隆茲儒訓官府從官立國素士心迹相表
寬弘為念勿為踶踣乖我皇猷朕君臨區宇於茲九載開
直言之路披不諱之心形於顏色勞於興寢自頃運籌算論

功昌言乃衆推誠切諫其事甚疎公卿士庶非所望迈各
啓至誠匡兹不遂見善必進有才必舉無或猜嫌退有後
言頒告天下咸悉此意閏月甲子以安州總管韋世康為
信州總管丁丑頒木魚符於總管刺史雌一雄一巳卯以
吏部尚書蘇威為尚書右僕射六月乙丑以荊州總管楊
素為納言丁丑以吏部侍郎盧愷為禮部尚書時朝野物
議咸願登封而令以後言及封禪宜即禁絶八月壬戌以廣
平王雄為司空冬十一月壬辰考使定州刺史豆盧通等

《隋帝紀二》《五》

上表請封禪上不許庚子以右衛大將軍虞慶則為石武
候大將軍右領軍將軍本安為右領軍大將軍甲寅降四
徒十二月甲子詔曰朕祇承天命清蕩萬方玉表敬之
後兆庶無澆浮之曰聖人遺訓掃地俱盡制禮作樂全也其
時朕情存古樂深思雅道鄭衛淫聲魚龍雜戲樂府之內
盡以除之今欲更調律呂改張琴瑟且妙術精微非因教
習工人代掌止傳糟粕不足連神明之德論天地之和區
域之間奇才異藝何代無哉盖晦迹於非時俟
昌言於所好宜可搜訪速以奏聞庶觀一藝之能共就九
成之業仍詔太常牛弘通直散騎常侍許善心祕書丞姚

察通直郎虞世基等議定作樂巳巳以黃州總管周法尚
為沅州總管
十年春正月乙未以皇孫昭焉為河南王楷為華陽王二月
庚申幸并州夏四月辛酉至自并州五月乙未詔曰魏
末喪亂寓縣分焉役車歲動未遑休息兵士軍人權置坊
府南征北伐居處無定家無完堵地罕包桑恒為流寓之
人竟無鄉里之號朕甚愍之凡是軍人可悉屬州縣墾田
籍帳一與民同軍府統領宜依舊式罷武府以東河南及北方
緣邊之地新置軍府六月辛酉制人年五十免役收庸癸
亥以靈州總管王世積為荊州總管浙州刺史元冑為靈

《隋帝紀二》《六》

州總管秋七月癸卯以納言楊素為內史令庚戌上親錄
囚徒辛亥高麗遼東郡公高陽卒壬子吐谷渾遣使來朝
八月壬申遣柱國襄陽郡公王景沈上開府東萊郡公王景
並捧節巡撫嶺南百越皆服冬十月甲子頒木魚符於京
師宮五品巳上戊辰以沅州總管周法尚為桂州總管十
一月辛卯幸國學頒賜各有差景午勑冊遣使朝貢辛丑
有事於南郊是月婆州人汪文進會稽人高智慧蘇州人
沈玄憎皆舉兵反自稱天子署置百官樂安蔡道人蔣山
李稜饒州吳代華永嘉沈孝徹泉州王國慶餘杭楊寶英
交趾李春等皆自稱大都督攻陷州縣詔上柱國內史令

越國公楊素討平之

十一年春正月丁酉以平陳所得古器多為妖變終命毀
之辛五高麗遣使朝貢景午皇太子妃元氏薨上舉哀於
文惠殿二月戊午吐谷渾遣使貢方物以大將軍蘇孝慈
為工部尚書景子以臨潁令劉曠治術允異擢為莒州刺
史巳卯突厥遣使獻七寶盌辛巳晦日有蝕之三月壬午
遣通事舍人若干洽使于吐谷渾癸未以幽州總管夏
為壽州總管朔州總管吐萬緒為夏州總管夏四月戊午
突厥雍虞閭可汗遣來朝五月甲子高麗遣使貢
方物癸卯詔百官悉詣朝堂上封事乙巳以右衛將軍元旻

為左衛大將軍秋七月巳丑以柱國杜彦為洪州總管八
月丙申辛園滕王瓚薨乙亥至自栗園上柱國沛國公
鄭譯卒十二月景辰蘇軌遣使貢方物
十二年春正月壬子以蘇州刺史皇甫績為信州總管宣
州刺史代雅大將軍為廣州總管二月己巳以蜀王秀為內史
令兼右領軍大將軍周搖為襄州總管五月辛亥廣州總
管席代雅卒秋七月乙巳尚書右僕射邘國公蘇威禮部
尚書容城縣侯盧愷並坐事除名壬戌辛昆明池其日還
宮巳巳有事於太廟壬申晦日有蝕之八月甲戌制天下

死罪諸州不得便決皆令大理覆治乙亥幸龍首池癸巳
制宿衛者不得輒離所守丁酉上柱國夏州總管楚國公
豆盧勣卒戊戌上親錄四徒九月丁未以工部尚書楊異
為吳州總管冬十月丁丑以衛王集為滁州刺史壬午有事
于太廟至太祖神主前上流涕嗚悲不自勝十一月辛
亥有事於南郊壬子宴百寮頒賜各有差巳未上柱國新
義郡公韓擒虎卒丙寅以豫州刺史權武為潭州總管甲子
百寮大射於武德殿十二月癸酉突厥遣使來朝乙酉以
上柱國內史令楊素為尚書右僕射巳酉吐谷渾蘇軌並
遣使貢方物

十三年春正月乙巳上柱國郕國公韓達業卒景午契丹
癸罌豈罌並遣使貢方物壬子親祀感帝巳未以信州總
管晉世康為吏部尚書行幸岐州二月景子詔營仁
壽宮丁亥至自岐州丁宴戊子晉州刺史皇孫
瓀為豫章王戊子晉州刺史南陽郡公賈悉達隰州總管
撫寧郡公韓延等以賄伏誅巳丑制坐事去官者配流一
年丁酉制私家不得隱藏緯候圖讖夏四月癸未制戰士
之家給復一年秋七月戊申蘇軌遣使貢方物壬子左衛大
將軍雲州總管鉅鹿郡公賀婁子幹卒十巳辛昆明池戊

辰晦日有蝕之九月景辰降囚徒庚申以邵國公楊綸爲
滕王乙丑以柱國杜彦爲雲州總管冬十月乙卯上柱國
華陽郡公梁彦先卒
十四年夏四月乙丑詔曰在昔聖人作樂崇德移風俗
於斯爲大自晉民播遷兵戈不息雅樂流散年巳多四
方未一無由辨正賴上天鑒明神降福拯兹塗炭金兆安息
蒼生天下大同歸於治理遺文舊物皆爲國有比命所司
總令研究正雅聲詳考巳訖宜即施用見行者停人間
音樂流僻日久棄其舊體竸造繁聲浮宕不歸遂以成俗
宜加禁約務存其本五月辛酉京師地震關內諸州旱六
月丁卯詔省府州縣皆給公廨田不得治生與人爭利秋
七月乙未以邾國公蘇威爲納言八月辛未以齊州刺史燕
饑上率戶就食於洛陽九月巳未以汴州刺史樊子盖
爲衞州總管丁巳以基州刺史崔仲方爲會州總管冬閏
十月甲寅詔曰齊梁陳往皆創業一方綿歷年代旣宗祀
廢絶祭奠無主興言念良以愴然莒國公蕭巋及高仁
英陳叔寶等宜令以時修其祭祀所須器物有司給之乙
卯制分官九品巳上父毋及子年十五巳上不得將之官
十一月壬戌制州縣佐吏三年一代不得重任癸未有星
孛于角九十二月乙未東巡狩

十五年春正月壬戌車駕次齊州親問疾苦景寅赦王誅
山庚午上以歲旱祠太山以謝愆咎大赦天下二月景辰
收天下兵器敢有私造者坐之關中緣邊不在其例丁巳
上柱國蔣國公梁睿卒三月壬戌幸齊州冬四月巳丑朔大
赦天下甲辰以趙州刺史楊達爲工部尚書丁未以開府
儀同三司韋沖爲營州總管五月癸酉吐谷渾遣使朝貢
丁亥制京官五品巳上佩銅魚符六月戊子詔鑒底朝堂庚
寅相州刺史豆廬通貢綾文布命焚之於朝堂遣使
遣使來貢方物丑詔名山大川未在祀典者悉祠之秋
七月乙丑至巳皇孫楊譔獻毛龜甲戌遣邾國公蘇威巡省江南
戊寅至自仁壽宮辛巳制九品巳上官以理去職者聽並
執笏冬十月戊子以吏部尚書韋世康爲荊州總管十
月辛酉幸溫湯乙丑至自溫湯十二月戊子勅盜邊糧一
升巳上皆斬並籍没其家巳丑詔文武官四考交代
十六年春正月丁亥以皇孫裕爲平原王筠爲安成王莛
爲安平王愷爲襄城王該爲高陽王韶爲建安王暕爲潁
川王夏五月丁巳以懷州刺史龐晃爲夏州總管蔡陽縣
公姚辯爲靈州總管六月甲午制工商不得進仕并州大
蝗辛丑詔九品巳上妻五品巳上妾夫亡不得改嫁秋八

宮十一月壬子至自長春宮

十七年春二月癸未太平公史萬歲擊西突厥之庚寅

幸仁壽宮庚子上柱國王世積討桂州賊李光仕平之庚寅

寅河東王昭納妃宴羣臣頒賜各有差三月景辰詔曰分

職設官共理時務克擧諸司論屬官若有不相

敬悍多自寬縱軍難克擧諸失雖備科條或擧律

輕論情則重不即決罪無以懲肅其諸司論屬官若有愆

犯聽於律外勘酌決杖庚午遣治書侍御史柳或巡

國公劉昶以罪伏誅庚午遣治書侍御史柳或

省河南河北凡四月戊寅頒新曆壬午詔曰周曆告終羣

凶作亂蕃服毒被生人朕受命上玄郪清區宇重靈

乘祐文武同心申明公穆郎襄公茅寬廣平王雄蔣國公

膚英國公勳鹵國公素魯國公慶則新等公長

義宜陽公世積趙國公頻越國公素魯國公慶則新等公長

振沛國公譯頊城公子相鉅鹿公子幹等登庸納揆之時

草昧經綸之日冊誠大節心盡帝圖茂績殊勳力宣三王府

宜弘其門緒與國同休其世子世孫未經州任者宜量子

升用應其榮位世祿無窮五月夏百粲於壬泉頒賜各

有差己巳蜀王秀來朝高麗蓋遣使貢方物甲戌以左衛將

──────────

衛之內秋七月丁丑桂州人李代賢反道右武候大將軍

虞慶則討平之丁亥上柱國并州總管秦王俊坐事免以

王就第戊戌厥遣使貢方物八月丁卯荊州總管上庸

郡公韋世康卒九月甲申上至自仁壽宮庚寅上謂待臣曰

迎神奏祭之日頤目多感當此之際何可爲心在路奏樂本以

禮主於敬皆當盡心豈得接詠非繫貢員在祗廟廟庭設樂本以

禮未爲允羣公卿士宜更詳之庚午頒銅獸符於

驃騎軍騎府戊申道王靜薨庚午詔曰五帝異樂三王殊

禮皆隨軍而損益因情而立卽文仰惟祭享宗廟瞻敎

殿庭勿設樂懸辛未京師太索十一月丁亥厥厥道使來

朝十二月壬子上柱國右武候大將軍虞國公虞慶則以

罪伏誅

◎三十七 煬帝紀二 《十二》

如在罔極之感情深茲日而禮軍升路鼓吹殷盛遷入宮

門金石振響斯則哀樂同日心事相違情所不安理實未

允宜改茲性式用弘禮敎自今已後尊廟日不須備鼓吹

殿庭勿設樂懸辛未京師太索十一月丁亥厥道使來

私造大船因相聚結致有侵害宜其江南諸州人間有船長

十八年春正月辛丑詔曰吳越之人往遭寇擾俗所在之處

三丈已上悉括入官二月甲辰幸仁壽宮乙巳以漢王諒

爲行軍元帥水陸三十萬伐高麗三月乙亥以柱國王彥

寫朔州總管夏四月癸卯以蔣州刺史郭行爲洪州總管
五月辛亥詔黜高麗王高元官爵秋七月壬申詔以河南八
州水免其課役景子詔京官五品巳上總管刺史以志行
修謹清平幹濟二科舉人九月巳丑漢王諒師遇疾疫而
族死者十八九景寅詔京官舍容無公驗者坐及刺史縣令辛
卯至巳仁壽宮又十一月甲戌上親録囚徒癸未有事秦
南郊十二月庚子上柱國夏州總管任城郡公王景以罪
伏誅是月自京師至仁壽宮置行宮十有二所

十九年春正月癸酉大赦天下戊寅大射武德殿賜百
官二月巳亥晉王諫來朝辛巳以并州總管長史宇文弢
爲朔州總管甲寅辛仁壽宮夏四月丁酉突厥内
附達頭可汗犯塞遣行軍總管史萬歲擊破之六月丁酉
以豫章王暕爲内史令秋八月癸卯上柱國尚書左僕射
越國公高熲坐事免辛亥上柱國皖城郡公張威卒甲寅
上柱國城陽郡公李徹卒九月乙丑以太常卿牛弘爲吏
部尚書三月甲午以突厥利可汗爲啓人可汗內
城勳其部落庚子以朔州總管宇文弢爲代州總管十二
月乙未突厥都藍可汗爲部下所殺丁丑皇貢於勃海
二十年春正月辛酉朔上在仁壽宮突厥高麗契丹並遣使

使貢方物癸亥以代州總管宇文弢爲吳州總管二月巳
巳以上柱國崔弘度爲原州總管三月辛巳無雲而雷三月辛
卯熙州人李英林反遣行軍總管張衡討平之夏四月壬
戌突厥犯塞以晉王諫爲行軍元師擊破之乙亥天有聲如
瀉水自南而共六月丁丑秦王俊薨秋八月巳亥十一月老人星見九月
詔東宮官屬不得稱臣於皇太子辛巳詔曰佛法深妙道
書見乙丑皇太子勇及諸子並廢爲庶人殺柱國太平縣
公史萬歲已殺左衛大將軍五原郡公元旻
天下地震京師大風雪以晉王諫爲皇太子十二月戊午

詔盧思道咸降大慈濟度舉品丘在含識莫不覃被所以雕
鑄靈相圖寫眞形率土瞻仰用申誠敬其五藏四鎮宣
雲雨江河淮海漫潤區域並生養萬物利益兆人故建廟
立祀以時恭敬有毀壞偷盜佛及天尊像嶽鎮海瀆神
形者以不道論沙門壞佛像道士壞天尊以惡逆論
仁壽元年春正月乙酉朔大赦改元以尚書右僕射楊素
爲尚書左僕射納言蘇威爲尚書右僕射丁酉徙河南王
昭爲晉王奕突厥寇恒安遣柱國韓洪擊之韓洪軍敗績以晉
王昭爲内史令辛丑詔曰君子五貴雖云百行唯誠與孝
最爲其首故投主殉節自古稱難殞身王事禮加二等而

代俗之徒不達大義至於致命戎旅不入兆域慮孝子之
意傷人臣之心興言念此每深慨歎且入廟祭祀並不發
關何止墳塋獨在其外自今已後戰亡之徒宜入墓域二
月乙卯朔日有蝕之辛巳以浙州刺史
蘇孝慈為洪州總管五月乙丑突厥男女九萬口來降壬辰
驟雨震雷大風拔木宜君渫水移於始平六月癸丑詔洪州
總管蘇孝慈卒乙卯遣十六使巡省風俗乙丑詔曰儒學
之道訓教生人識父子君臣之義知尊卑長幼之序升學
於朝任之以職故能贊理時務弘益風範朕撫臨天下思
弘德教延集學徒崇建庠序開進仕之路行賢舉之人而
國學胄子乘將千數州縣諸生咸亦不少徒有名錄空慶
歲時未有德為代範才任國用良由設學之理多而未精
今宜簡省明加獎勵於是國子學唯留學生七十人太學
四門及州縣學並廢其日頒舍利於諸州秋七月戊戌改
國子為太學九月癸未以柱國杜彥為雲州總管宗
五有事於南郊壬辰以荊州刺史衛玄為遂州總管
二年春二月辛亥以資州刺史侯莫陳穎為桂州總管宗
正楊祀為荊州總管三月己亥幸仁壽宮壬寅以齊州刺
史張嵩為渾州總管夏四月庚戌歧雍二州地震秋七月

景成詔內外官各舉所知戊子以原州總管獨孤楷為益
州總管八月己巳皇后獨孤氏崩九月景戌至自仁壽宮
壬辰河南北諸州大水遣工部尚書楊達賑恤之乙未上
柱國襄州總管金水郡公周搖卒隴西地震冬十月壬子
曲赦益州管內癸丑以工部尚書楊達為納言閏月甲申
詔尚書左僕射楊素與諸術者刊定陰陽舛謬已丑詔曰
禮之為用時義大矣黃琮蒼璧降天地之神裸盛食展
宗廟之敬正父子君臣之序明婚姻喪紀之節故道德仁
義非禮不成安上治人莫善於禮自區宇亂離縣歷年代
王道衰而變風作微言絕而大義乖臨代推移其弊
王於四時郊祀之節文五服麻葛之隆殺非唯說踳駁
殊塗致使聖教凋訛輕重無准朕祇承天命撫臨生人當
洗滌之時屬干戈之代克定禍亂先運武功删正辭典禮
不暇給今四海乂安五戎勿用理宜弘風訓俗導德齊禮
綴往聖之舊章興先王之茂則尚書左僕射越國公楊素
尚書右僕射邳國公蘇威吏部尚書奇章公牛弘內史侍
郎薛道衡秘書丞許善心內史舍人虞世基著作郎王劭
或任居端揆博達古今或器推令望學綜經史委以裁緝
實允僉議可並修定五禮壬寅葬獻皇后於太陵十二月
癸巳上柱國益州總管蜀王秀廢為庶人交州人李佛子

舉兵叉道行軍總管劉方討平之

三年春二月己卯原州總管公龐晃辛戊子以大
將軍蔡陽郡公姚辯爲左武候大將軍夏五月癸卯詔曰
哀哀父母生我劬勞欲報之德昊天罔極但風樹不靜嚴
敬莫追霜露既降感思空切六月十三日是朕生日宜令
海內爲武元皇帝元明皇后斷屠六月甲午詔曰禮云令
親以幕斷蓋以四時之變易萬物之更始故聖人象之其
還服千幕者服之正也豈容幕內而更小祥是以父存幕母
而有小祥者禮云幕祭禮也幕而除喪道也以是之故雖

四四十
未再幕而天地一變不可不祭不可不除故有練焉以存
喪祭之本然而幕喪有練於理未安雖云十一月而練乃無
所法象非幕非時豈可除祭而儒者徒擬三年之喪立練
禪之節可謂苟存其變而失其本欲漸於奪乃薄於喪致
使子則冠練去經黃裏綿緣經則布葛在躬麤麤服未改豈
非經哀尚存子情已奪親疎失倫輕重顛倒乃不順人情
豈聖人之意也故知先聖之禮廢於人邪三年之喪尚有
不行之者至於祥練之節安能不降至者平禮云父母之喪
無貴賤一也而大夫士之喪父母乃貴賤異服然則禮壞
樂崩由來漸矣所以晏平仲之斬衰縗其老謂之非禮滕

文公之服三年其臣咸所不欲蓋由王道既衰諸侯異政
將踰越於法度惡禮制之害已乃減去篇籍自制其宜遂
至骨肉之恩輕重從俗無易之道隆殺任情況孔子沒而
微言隱義非一貫又近代亂離務兵革其於典禮時所未
異說義非一貫又近代亂離唯務兵革其於典禮時所未
別親疎貴賤之節自臣子道消上下失序喪容不稱服非所
也故恩厚者其禮隆情輕者其禮殺聖人以是稱情立文
而薄疎貴重之禮隨時而殺此乃服不稱喪容不稱服非所
謂聖人緣恩表情制禮之義也然喪與易也寧在於戚則

四口四十六
禮之本也禮有其餘未若於哀則情之一貫也今十一月而
練者非禮之本非情之實由是言之父存喪母不宜有練
但依禮十三月而祥中月而禪焉以合聖人之意達孝子
之心乃往月來唯天所以運序山鎮川
流唯地所以宣氣序山鎮川
能成天地之大德育萬物而爲功況一人君子四海睹物
欲運獨致治不籍羣才未之有也是以唐堯欽明命義
和以居岳虞舜叡德升元凱而作相伊君非徂之滕爲教
之阿衡呂望漁釣之夫爲周之尚父此則鳴鶴在陰其子
必和風雲之從龍虎賢哲之應聖明君德不回臣道以正

故能通天地之和順陰陽之序豈不由元首而有股肱乎

自王道衰人風薄居上莫能公道以御物為下必踵私法

以希時上下相蒙君臣義失則政乖政乖則人困蓋

同德之風難嗣德之軌易追則任者不休休者不任則

衆口鑠金離異之禍不測是以行歌避代辭位灌園卷而

可懷黙而無慍放逐江湖之上沈赴河海之流所以自潔而

不悔者也至於閭閻秀異之士鄉曲博雅之儒言足以佐

時行足以勵俗遺升於草野埋滅而無聞豈勝道哉

覽古而歡負者也方今區宇一家煙火萬里百姓乂安四

夷賓服豈是人功實乃天意朕惟夙夜祗懼將所以上嗣

【隋帝紀二】　十九

明靈是以小心勵己日慎一日以黎元在念憂兆庶未康

以庶政為懷慮一物失所雖求傅巖莫見幽人徒想崆峒

未聞至道唯恐於長夜抱關於夷門遠跡犬羊之間

屈身僮僕之伍其令州縣搜揚賢哲皆取明知今古通識治

亂究政教之本達禮樂之源不限多少不得不舉限以三

旬咸令進路徵召將送必須以禮八月壬申上柱國檢校

幽州總管落叢郡公燕榮以罪伏誅九月壬戌置常平官

甲子以營州總管韋沖為民部尚書十二月癸酉河南諸

州水遣納言楊達賑恤之

四年春正月景辰大赦甲子幸仁壽宮乙丑詔賞罰支度

事無巨細並付皇太子夏四月乙卯上不豫六月庚申大

赦天下有星入月中數日而退長人見於鴈門秋七月乙

未日青無光八日乃復己亥以大將軍段文振為雲州總

管甲辰上以疾甚即於仁壽宮與百寮辭訣並握手歔欷

丁未崩於大寶殿時年六十四遺詔曰嗟乎自昔晉室播

遷天下喪亂四海不一以至周齊戰爭相尋年將三百故

割疆土者非一所稱帝王者非一人書軌不同生人塗炭

上天降鑒爰命於朕用登大位豈關人力故得撥亂反正

偃武修文天下大同聲教遠被此又是天意欲寧區夏所

以眛旦臨朝不敢逸豫一日萬機留心親覽晦明寒暑不

【隋帝紀二】　二十

憚劬勞匪曰朕能蓋為百姓故也王公卿士每日關庭刺史

以下三時朝集何嘗不罄竭心府誡勗殷勤義乃君臣情

兼父子庶籍百寮智力萬國歡心欲令率土之人永得安

樂不謂遘疾彌留至於大漸此乃人生常分何足言及但

四海百姓衣食不豐教化政刑猶未盡善與言念此唯以

留恨今年踰六十不復稱天但筋力精神一時勞竭如

此之事本非為身止欲安養百姓所以致此人生子孫誰

不愛念既為天下事須割情勇及秀等並懷悖惡既知無

臣子之心所以廢黜古人有言知臣莫若於君知子莫若

於父若令勇秀得志共治家國必當戮辱遍於公卿酷毒

流於人庶今惡子孫已為百姓黔黎好子孫足堪負荷大
業此雖朕家事理不容隱前對文武侍衛具已論述皇太
子勇地居上嗣仁孝著聞以其行業堪成朕志但恨國
家事大不可限以常禮既葬公除之自昔哲王因人作法
群官同心戮力以共治天下朕雖瞑目何所復恨但國
勞政定凶禮所須繞令周事務從節儉不得勞人諸州總
前帝後帝沈革隨時律令格式或有不便於事者宜依前
勅修政務當政要嗚呼敬之哉無墜朕命乙卯發殯河間
楊柳四株無故黃落既而花葉復生八月丁卯梓宮至自

仁壽宮景子殯于大興前殿冬十月巳卯合葬於太陵同
墳而異穴上性嚴重有威容外質木而內明敏有大略初
得政之始臺情不附諸子幼弱內有六王之謀外致三方
之亂握彊兵居重鎮者皆周之舊臣上推以赤心各展其
用不踰朞月克定二邊未及十年平一四海薄賦斂輕刑
罰內修制度外撫戎夷每旦聽朝日昃忘倦居處服翫務
存節儉令行禁止上下化之開皇仁壽之間丈夫不衣綾
綺而無金玉之飾常服率多布帛帶不過以銅鐵骨角
而已雖蓄積於財至於賞賜有功亦無所愛乘輿四出路
逢上疏者則駐馬親自臨問或潛道行人採聽風俗吏治

得失人間疾苦無不留意嘗遇關中饑遣左右視百姓所
食有得豆屑雜糠而奏之者上流涕以示羣臣深自咎責
為之徹膳不御酒肉者殆將一載及東拜太山關中戶口
就食洛陽者道路相屬上勅斥候不得輒有驅遘男女參
厠於仗衛之間逢扶老攜幼者輒引馬避之至
觀險之處見負簷者遠令左右扶助之其有將士戰汰以
加優賞仍令軍人皆助之其有將士戰汰以
性況精素無聲樂之娛勤於政事每一坐朝或至日昃
繁弊盛行仍未能臻於至治大體稱近代之良主然天
盡心竭辭其草創元勳及有功諸將誅夷罪退罕有存者

又不悅詩書廢除學校唯婦言是用廢黜諸子逮于聾
馬鞭之屬其又人所經之處或受貨賄者小物饋遺令
持法充峻喜怒不常過於殺戮嘗令左右送西域朝貢使
出玉門關其人所經之處或受貨賄者小物饋遺令
執武庫令上聞而大怒又諸受貨者出開途門外親自臨決死者數十
人又性猜忍令人賂遺令史府史有受者必死無所寬貸
議者以此少之

史臣曰高祖龍德在田奇表見異晦明藏用故知我者希
始以外戚之尊受託孤之任與能之議未為當時所許是
以周室舊臣咸懷憤惋既而王謙固三蜀之阻不踰朞月

尉迴舉全齊之衆一戰而亡斯乃非止人謀抑亦天之所
贊也秉茲機運遂遷周鼎非千時蠻夷猾夏荊揚未一劬勞
日具經營四方載船南邁則金陵失險驃騎北指則單于
歙塞職方所載並入疆理禹貢所圖感受正朔雖晉武之
克平吳會漢宣之推亡固存此義論功不能尚也七德既
敷九歌已洽更荒嗜宴尉候無警爰是躬節儉平徭賦舍
虞實法令行君子咸樂其生小人各安其業強無陵弱衆
不暴寡人物殷阜朝野歡娛二十年間天下無事區宇之
內晏如考之前王是以參蹤盛烈俎素無術牽不能盡
下寬仁之度復有刻薄之資暨乎暮年此風逾扇又雅好
符瑞暗於大道建彼維城權侔京室皆同帝制靡所適從
聽哲婦之言惑邪臣之說溺寵廢嫡託付失所滅父子之
道開昆弟之隙縱其尋斧翦伐本枝墳土未乾子孫繼踵
屠戮松檟繞列天下已非隋有惜哉迹其衰怠之源稽其
亂亡之兆起自高祖成於煬帝所由來遠矣非一朝一夕
其不祀忽諸未為不幸也

隋書三

特進臣魏徵上

煬帝上

煬皇帝諱廣一名英小字阿㦡高祖第二子也母曰文獻
獨孤皇后上美姿儀少敏慧高祖及后於諸子中特所
愛在周以高祖勳封鴈門郡公開皇元年立為晉王拜柱
國并州總管時年十三尋授武衛大將軍進位上柱國河
北道行臺尚書令大將軍如故高祖令項城公韶安道公
本之徹輔導之上好學善屬文沉深嚴重朝野屬望高祖
密令善相者來和徧視諸子和曰晉王眉上雙骨隆起貴
不可言既而高祖幸上所居第見樂器絃多斷絕又有塵
埃若不用者以為不好聲妓善之上尤自矯飾當時稱為
仁孝嘗觀獵遇雨左右進油衣上曰士卒皆霑濕我獨衣
此乎乃令去之六年轉淮南道行臺尚書令其年徵拜雍
州牧內史令八年冬大舉伐陳以上為行軍元帥及陳平
執陳湘州刺史施文慶散騎常侍沈客卿市令陽慧朗刑
法監徐析尚書都令史暨慧景以其邪佞有害於民斬之
關下以謝三吳於是封府庫資財無所取天下稱賢進位
太尉俄而賜輅車乘馬袞冕之服玄珪白璧各一復拜开州總管
嘗以江南高智慧等相聚作亂徙上為揚州總管鎮江

〈隋帝紀三〉 〈一〉

都每歲一朝高祖之祠大山也領武候大將軍明年歸藩
後數載突厥寇邊復為行軍元帥出靈武無虜而還及太
子勇廢立上為皇太子是月當冊高祖曰吾以大興公
成帝業今上出舍大興縣其夜烈風大雪地震山崩民舍
多壞壓死者百餘口仁壽初奉詔巡撫東南是後高祖每
避暑仁壽宮恒令上監國仁壽四年七月高祖崩上即皇帝位
為左領軍大將軍十一月乙未幸洛陽景申發丁男數十
詔尚書左僕射楊素討平之九月乙巳以備身將軍崔彭
於仁壽宮入奉梓宮還京師并州總管漢王諒舉兵反
萬掘塹自龍門東接長平汲郡抵臨清關度河至浚儀襄
城連於上洛以置關防癸五詔曰乾道變化陰陽所以消
息公創不同生靈所以變叙若使天意不變莊化何以成
四時人事不易則故何以養萬姓易不云乎通其變使民
不倦變則通通則久有德則可久有功則可大朕又聞之
安而能遷變民用五變是故姬邑兩周如武王之意殷人
五徙成湯后之業若不因人順天功業見平變愛人治國
者可不謂然雒邑自古之都王畿之內天地之所合陰
陽之所和控以三河固以四塞水陸通貢賦等故漢祖曰
吾行天下多矣唯見雒陽自古皇王何嘗不留意所都
者蓋有由焉或以九州未一或以困其府庫作雒之制所

〈隋帝紀三〉 〈二〉

以未暇也我有隋之始便欲創茲懷維曰復一日越暨于
今念茲在茲與言感哽朕膺寶曆臨萬邦導而不失
心奉先志令者漢王諒悖逆毒被山東遂使州縣或淪非
所此由關河懸遠兵不赴急加以并州移戶復在河南周
還殷之意在於此況復南服遐邇東夏殷大因機順動令
也其時君司百辟僉諧厥議但成周堙墣弗堪葺宇今可
於伊雒營建東京便即設官分職以為民極也夫宮室之
制本以便生上棟下宇足避風露尼有云與其不遜也寧儉故
傳云儉德之共侈惡之大宣尼有云與其不遜也寧儉故
謂瑤臺瓊室方為宮殿者乎土階采椓而非帝王者乎是

八隋帝紀三　　三

知非天下以奉一人乃一人以主天下也民惟國本本固
邦寧百姓足孰與不足今所營構務從節儉無令雕牆峻
宇復起於當今欲使甲宮菲食將貽於後世有司明為條
格稱朕意焉十二月乙丑以右武衛將軍來護兒為右驍
衛大將軍戊辰以柱國李景為右武衛大將軍以右衛率
周羅睺為右武候大將軍
大業元年春正月壬辰朝大赦改元立妃蕭氏為皇后改
豫州為溙州洛州為豫州廢諸州總管府丙申立晉王昭
為皇太子丁酉以上柱國宇文述為左衛大將軍征壽公于仲文為右衛大將軍上柱國
郭衍為左武衛大將軍征壽公于仲文為右衛大將軍上柱國

亥以豫章王暕為豫州牧戊申發八使巡省風俗下詔曰
昔者哲王之治天下也其在愛民乎既富而教家給人
足故能風淳俗厚達至通安治功成率由斯道朕嗣寶
曆撫育黎獻鳳夜戰兢若臨川谷雖則
隆求言政術多有缺然況以四海之遠北民之眾未獲親
臨問其疾苦每慮幽枉莫舉寬屈不申一物失所乃
氣萬方有罪責在朕躬所以寤寐增歎而夕惕載懷也
今既布政惟始宜存寬大可分遣使人巡省方俗宣揚風
化薦拔淹滯申達幽枉孝悌力田給以優復廉平強獨不
能自存者量加振濟義夫節婦旌表門閭高年之老加其

隋紀三　　四

版授並依別條賜以粟帛篤疾之徒給侍丁者雖有侍養
之名曾無調贍之實明加檢校使得存養老有名行顯著
操履修絜及學業才能一藝可取咸宜訪採將引入朝所
在州縣以禮發遣其有蠹政害人不便於時者使還之日
具錄奏聞己酉以吳州總管宇文㢸為刑部尚書旦三月己
卯以尚書左僕射楊素為尚書令三月丁未詔尚書令楊
素納言楊達將作大匠宇文愷營建東京徙豫州郭下居
人以實之戊申詔曰聽採輿頌謀及庶民故能審政刑之
得失是知昧旦思治欲使幽枉必達彝倫有章而牧宰任
稱朝委苟為徼幸以求考課虛立殿最不存治實綱紀於

是弗理冤屈所以章申關河重阻無由自達朕故建立東
京躬親存問今將巡歷淮海觀省風俗眷求讜言徒繁詞
翰而鄉校之內闕爾無聞惟然夕惕用志興寢其民者
知州縣官人政治苛刻侵害百姓背公徇私不便於民者
宜聽詣朝堂封奏廢于四聰以達天下無冤又於卑間營
題仁壽宮採捕海內奇禽異獸草木之類以實園苑從天下富
商大賈數萬家於東京辛亥發河南諸郡男女百餘萬開
通濟渠自西苑引穀水達于河自板渚引河通于淮庚
申遣黃門侍郎王弘上儀同於士澄往江南採木造龍舟
鳳舸黃龍亦艦樓船等數萬艘夏四月癸亥大將軍劉方

擊林邑破之五月庚戌民部尚書義豐侯章仲卒六月甲
子英惑入太微秋七月丁酉制戰士之家給復十年景午
為太子太師集並奪爵徙邊閏七月甲子以尚書右僕射
勝王綸衛王集德王雄為太子太傅河間王弘為太子太
保景子詔曰君民建國教學為先移風易俗必自茲始而
言絕義乖多歷年代淳德隱微漢采坑焚之餘
不絕如線晉承板地將盡自昕厥後軍國多虞
雖復建宗同愛禮函文或陳以為虛器遂使紵青
拖紫復異字時建示制錦操刀類多牆面上陵下替綱維
雅墜道消實由於此朕纂承洪緒弘大訓將欲尊師重

道用闡廠露講信修睦敦勵名教方今宇宙平一文軌
同十步之內必有芳草四海之中豈無奇秀諸在家及見
入學者若有篤志好古耽悅典墳學行優敏堪膺時務所
在採訪具以名聞即當隨其器能擢以不次若研精經術
未願進仕者可依其藝業深淺門蔭高卑雖未升朝並量
給祿庶厥進善誘不日成器濟濟盈朝何速之有其
國子等學亟申明舊制教習生徒具為課試之法以盡
砥礪之道八月壬寅上御龍舟幸江都以左武衛大將軍
郭衍為前軍右武衛大將軍李景為後軍文武官五品已
上給樓船九品已上給黃蔑舴艋艫相接二百餘里冬十月

己丑秋江淮已南揚州給復五年舊總管內給復三年十
[月]己未以大將軍崔仲方為禮部尚書
二年春正月辛酉東京成賜監督者各有差以大理卿梁
毗為刑部尚書十一軌省州縣二月景戌詔尚書
令楊素吏部尚書牛弘大將軍宇文愷內史侍郎虞世基
禮部侍郎許善心制定輿服始備輦路及五時副車上常
服皮弁十有二琪文官平巾幘褶五品已給犢車通幰
三公親王加油絡武官平巾幘褶三品已上給皂輅下
至胥吏服色已皆有差非庶人不得戎服戎服置都尉官三
月庚午車駕發江都先是太府少卿何稠太府丞云定興

盛脩儀仗於是課州縣送羽毛百姓求捕之網羅被水陸
禽獸有堪毳毲之用者殆無遺類至是夏四月庚戌
上自伊闕陳法駕備千乘萬騎入於東京辛亥上御端門
大赦免天下今年租稅癸丑以冀州刺史楊文思為民部
尚書五月甲寅金紫光祿大夫兵部尚書李通坐事免乙
卯詔曰雄表先哲式存饗祀所以優禮賢能顯章遺愛朕
永鑒前脩尚想名德何嘗不興言欽九原屬懷千載其自古
已來賢人君子有能樹聲立德佐世匡時博利殊功有益
於人者並宜營立祠宇以時致祭墳壟之處不得侵踐有司
量為條式稱朕意焉六月壬子以尚書令太子太師楊

〈隋帝紀三〉 〈七〉

素為司徒進封豫章王暕為齊王秋七月癸丑以衛尉卿
衛玄為工部尚書庚申制百官不得計考增級必有德行
功能灼然顯著者擢之壬戌權潘邸舊臣鮮于羅等二十
七人官爵有差甲戌皇太子昭薨乙亥上柱國司徒楚國
公楊素薨八月辛卯封皇孫倓為越王侗為代
王九月乙丑立秦孝王俊子浩為秦王冬十月戊子以靈
州刺史段文振為兵部尚書十二月庚寅詔曰前代帝王
因昕創業君民建國禮尊南面而歷運推移年世永久丘
壟殘毀樵牧相趨塋兆堙蕪封樹莫辨興言念此悵然傷
懷自古已來帝王陵墓可給隨近十戶蠲其雜役以供

守視
三年春正月癸亥勑并州逆黨已流配而逃亡者所獲之
處即宜斬決昌子長星竟天出於東壁二旬而止是月武
陽郡上言河水清二月己丑彗星見於奎掃文昌歷大陵
五車北河入太微掃帝坐前後百餘日而止三月辛亥車
駕還京師壬子以大將軍姚辨為左屯衛將軍癸丑遺詔
騎尉朱寬使於流求國乙卯河間王弘薨夏四月庚辰詔
曰古者帝王觀風問俗皆所以憂勤兆庶安集荒遐自番
夷內附未遑山東經亂須加鎮撫甲申頒律令大赦天下關內給復三年
省趙魏所司依式改大

〈隋帝紀三〉 〈八〉

壬辰改州為郡改度量權衡並依古式改上柱國已下官
為大夫甲午詔曰天下之重非獨治所安帝王之功豈一
士之略自古明君哲后立政經邦何嘗不選賢與能收採
幽滯周稱多士漢號得人常想前風載欽欽佇朕負扆展
興晃旒待旦引領嚴谷實以周行具瞻與群才共康庶績而
彙茅寂寞投竿罕至斯乃良工將鑒介石在懷
確乎難拔永慕貞素朕情有欽焉在位壁言諸股肱若
巨川義同舟楫豈得保兹寵祿晦爾所知優游卒歲甚非
謂也祈大夫之舉善良史以為至公臧文仲之蔽賢竊位
讒其竊位求諸往古非無賢良朕思進善用匡寡昧旁求

有聞人倫之本德行敦厚立身之基或節義可稱或操履清絜所以激貪勵俗有益風化強毅正直執憲不撓學業優敏文才美秀並為廊廟之用實乃瑚璉之資才堪將略則拔之以禦侮膂力驍壯則任之以爪牙爰及一藝可取亦宜採錄眾善畢舉與時無棄以此求治庶幾非遠文武有職事者五品巳上宜依令十科舉人有一於此不必求備朕當待以不次隨才升擢其有須開為路者有司計地所收即以近《君酬賜務從優厚己亥次赤岸澤

禮部尚書戊戌勅百司所收即以近則朕之限具景申車駕比巡狩丁酉以刑部尚書宇文弼為

以太牢祭故太師李穆墓五月丁巳突厥啓民可汗遣子拓特勤來朝戊午發河北十餘郡丁男鑿太行山達于并州以通馳道景寅啓民可汗遣其兄子毗黎伽特勤來朝辛未啓民可汗遣使請自入塞奉迎輿駕上不許癸酉有星孛于文昌上將星皆動搖六月辛巳獵於連谷丁亥詔曰聿追孝饗德莫不嚴配思崇建寢廟禮之大者然則質文異代損益殊時學滅坑焚經典散逸憲章淪隊廟堂制度師說不同所以世數多少莫能是正運室異宮亦無準定朕獲奉祖宗欽承景業永惟嚴配思配思慮於是詢謀在位博訪儒術咸以為高祖文皇帝受天明命奄有區夏拯群

飛於四海凋敝於百王恤獄緩刑生靈皆遂其性輕徭薄賦比屋各安其業恢夷宇宙混壹車書東漸西被罄無思不服南征北怨俱來蘇駕毳乘風歷代所弗至辮髮左虛月韜戈所空及莫不厥關塞頓穎庭譯亹絕時書無往聲教所空及莫不厥關塞頓穎庭譯亹絕時書無德仍遵月祭用表蒸嘗之懷有司以時創造務合典制又迷即崇顯之義平高祖文皇帝以別建廟宇必彰魏巍之周之文武漢之高先其典章特立諡號重豈非緣情稱無得而名者也朕又聞之德厚者流光治辯者禔福斯以

名位既殊禮亦異等天子七廟事尊前經諸侯二昭義有差降故其以多為貴王者之禮今可依用貽厥後昆戊子次榆林郡丁酉啓民可汗來朝己亥吐谷渾高昌並遣使貢方物甲辰上御比樓觀漁于河以宴百寮秋七月辛亥啓民可汗上表請變服襲冠帶不名位在諸侯王上甲寅上於郡城東御大帳其下備儀衛建旌宴啓民及其部落各有差景子殺光祿大夫賀若弼禮部尚書宇文弼太常卿高熲尚書左僕射蘇威坐事免發一男百餘萬築長城西距榆林東至紫河一旬而罷死者十五六八月壬午車駕發榆林乙酉啓民飾廬清道以候乘輿帝幸其帳啓

四年春正月乙巳詔發河北諸郡男女百餘萬築長城
引沁水南達于河比通涿郡庚戌百寮大射於武殿丁
卯賜城內居民各石壬申以太府卿元壽爲內史令鴻
臚卿楊玄感爲禮部尚書癸酉以工部尚書衛玄爲右候
衛大將軍大理卿長孫熾爲民部尚書二月巳卯遣司朝
謁者崔毅使突厥處羅致汗血馬三月辛酉以將作大匠
宇文愷爲工部尚書壬戌百濟倭赤土迦羅舍國並遣使
貢方物乙丑車駕幸五原因出塞巡長城景寅遣屯田主
事常駿使赤土翌盟劉夏四月景午以離石之汾源臨泉
鴈門之秀容爲樓煩郡起汾陽宮癸丑以河內太守張定
和爲左屯衛大將軍乙卯詔曰突厥意利珍豆啓民可汗
率領部落保附關基遵奉朝化思欲頻入謁覲屢有
陳請以氈牆毳幕事窮荒陋上棟下宇頋同比屋誠心懇
切朕之所重宜於萬壽戌置城造屋其帷帳牀褥巳上隨

民奉觴上壽宴賜縑帛上謂高麗使者曰歸語爾王當早
來朝見不然者吾與啓民巡彼土矣皇后亦幸義城公主帳
巳丑啓民可汗歸蕃癸巳入樓煩關壬寅次太原詔營晉
陽營九月巳未次濟源幸御史大夫張衡宅宴享極歡巳
巳至于東都壬申以齊王暕爲河南尹開府儀同三司癸
酉以民部尚書楊文思爲納言

事量給發從優厚稱朕意焉五月壬申蜀郡獲三足烏張
掖獲玄狐各一秋七月辛巳發丁男二十餘萬築長城自
榆林谷而東乙未左朔衛大將軍宇文述守
赤水八月辛酉親祠恒岳河北道郡守畢集大赦天下車
駕所經郡縣免一年租調九月辛未徵天下鷹師悉集東
京至者萬餘人戊寅彗星出於五車掃文昌至房而滅辛
巳詔免長城役者一年租賦冬十月景牛詔曰先師尼父
聖德在躬誕發天縱之姿四海命世舊期蘊
奎主而頹山之歎忽於千祀盛德之美不存於百代求
惟憲範宜有優崇可立孔子後爲紹聖侯有司求其苗裔

錄以申上辛亥詔曰昔周王下車首封唐虞之胤漢帝承
曆亦命殷周之後甘所以褒立先代憲章在昔朕嗣膺寶
業傍求雅訓有一弘益欽若令典以爲周兼夏殷大
惟恭龍褒風流未遠並宜立後以
備漢有天下車書混一魏晉以降龍爭虎
存繼絕之義有司可求其胄緒列聞乙卯頒新式於天下
五年春正月景子改東京爲東都癸未詔天下均田戊子
上自東都还京師巳丑制民間鐵叉搭鉤刃之類皆禁
絕之太守每歲密上屬官景辰二月戊戌千閭鄉詔給祭
古帝王陵及開皇功臣墓庚子制魏周官不得爲蔭辛五
亦上國遣使貢方物戊申車駕至京師景辰宴者舊四百

人於武德殿頒賜各有差己未上御崇德殿之西院憮然
不悅顧謂左右曰此先帝之所居實用增感情所未安置
於此院之西別營一殿壬戌制父母聽隨子之官三月己
巳車駕西巡河右庚午有司言武功男子史永導與從父
昆弟同居夏四月己亥大獵於隴西度晉昌吐谷渾
幸扶風舊宅賜物一百段米二百石表其閭閻乙亥
臨津關渡黃河至西平陳兵講武五月乙亥上大獵於拔
延山長圍周亘二千里庚辰入長窰谷羊度斬朝散大夫
伊吾遣使來朝乙巳次從黨項羌蕭甲申宣群
臣於金山之上景戌梁浩豐御馬度而橋壞斬朝散大夫

隋帝紀三 　十三

黃亘及貿役者九人吐谷渾王率眾保覆袤川帝分命內
史元壽南屯金山兵部尚書段文振北屯雪山太僕卿楊
義臣東屯琵琶峽將軍張壽四屯泥嶺四面圍之渾主伏
允以數十騎追出遣其名王詐稱伏允挺身我真山壬辰
詔右屯衛大將軍張定和往捕之定和輕進為賊所
殺亞將柳武建擊破之斬首數百級甲午遺左光祿大夫
竇蹴來男女十餘萬口來降六月丁酉遺左翊衛將軍梁
默右翊衛將軍李璘等追渾王皆不遇賊死之癸卯經大斗
拔谷山路險隘陰魚卑而出風霰晦冥士卒凍
死者太半景午次張掖辛亥詔諸郡孝廉通才藝侯洽

贊力驍絕等倫在官勤奮堪理政事立性正直不避
強御崇四科舉人壬子高昌王麴伯雅來朝伊吾吐屯設等
獻西域數千里之地上大悅癸丑置西海河源鄯善且末
等四郡景辰上御觀風行殿盛陳文物奏九部樂設魚龍
曼延宴高昌王吐允觀上以寵異之其蠻夷陪列者
三十餘國景午大赦天下開皇以來流配悉放还鄉晉陽
逆黨不在此例隴右諸郡給復一年行經之所給復二年
秋七月丁卯置馬牧於青海渚中以求龍種無效而此九
月癸未車駕次長安冬十月癸亥詔曰優德尚齒載之
訓尊事乞言義彰膠序彌隆熊為師取非筋力方叔老克

隋帝紀三 　十四

壯其獸肤朕永言稽古用求至治是以庬眉黃髮更令收敘
務簡秩優無虧藥膳庶卧治伫其弘益今歲耆老趙煚
者可於郡廚置年七十以上疾患沉滯不堪居職即給
賜帛送還本郡其官至七品已上者量給廩祿終身十
一月景子車駕幸東都

六年春正月癸亥朔旦有盜數十人皆素冠練衣焚香持
華自稱彌勒佛入自建國門監門者皆稽首既而奪衛士
伏將為亂齊王暕遇而斬之於是都下大索與相連坐者
千餘家十五角抵大戲於端門街天下奇伎異藝畢集
月而罷帝數微服往觀之已丑倭國遣使貢方物二月乙

巳貢郎將陳稜朝請大夫張鎮州擊流求破之獻俘萬
七千口頒賜百官乙卯詔曰天帝圖書創王業艱難咸伏
股肱叶同心德用能拯斯頹運克膺大全然後時庸咸伏
開國承家哲以山河傳之不朽近代衰亂四海一旦土
妄假名實相乖麻茲永父莫能徵革皇運之初百度伊始
猶循舊貫費未職改今巳後唯有功勳乃得賜封仍令子孫承襲
永垂大訓自今巳後唯有功勳乃得賜封仍令子孫承襲
魏齊周陳樂人朱配太常三月癸亥辛江都宫甲子以鴻
景辰改封安德王雄為觀王河間王子慶為郇王庚申鴻
臚卿史祥為左驍衛大將軍夏四月丁未宴江淮巳南父

《隋帝紀三》 十五

老頒賜各有差六月辛卯室韋赤土並遣使貢方物壬辰
鴈門賊帥文通聚衆三千保於莫壁父遣鷹揚楊伯
泉擊破之甲寅制江都太守秩同京尹冬十月壬申刑部
尚書梁毗卒壬子民部尚書銀青光祿大夫長孫熾卒十
七年春正月壬寅左武衛大將軍段文振卒辛酉朱崖人王
萬昌舉兵作亂遣隴西太守韓洪討平之
二月巳未左光祿大夫吏部尚書銀青光祿大夫貞郭行
卒二月巳未上升釣臺臨楊子津六宴百寮頒賜各有差
庚申百濟遣使朝貢乙亥自江都御龍舟入通濟渠遂
幸于涿郡壬午詔曰武有七德先之以安民政有六本興

之以教義昌麗高元屬失蕃禮將欲問罪遼左恢宣勝略
雖懷伐國之志省又令往涿郡巡撫民俗其河北諸郡及
山西山東年九十巳上者版授太守八十者授縣令三月
丁亥右光祿大夫左屯衛大將軍姚辯卒夏四月庚午至
涿郡之臨朔宫五月戊子以武威太守樊子蓋為民部尚
書秋大水山東河南漂没三十餘郡民相賣為奴婢冬十
月乙卯底柱山崩偃河逆流數十里戊午西突厥處羅多
利可汗來朝上大悅接以殊禮于時遼東戰士及餽運者
咽於道晝夜不絕苦役者始為羣盜都尉鷹揚與
郡縣相知追捕隨獲斬決之

《隋帝紀三》 十六

帝紀第三　　　　隋書三

煬帝下

特進臣魏徵上

八年春正月辛巳、大軍集于涿郡、以兵部尚書段文振為左候衛大將軍。壬午、下詔曰、天地大德、降繁霜於秋令、聖哲至仁、著甲兵於刑典。故知造化之有肅殺、義在無私、帝王之用干戈、蓋非獲已。版泉丹浦、莫匪龔行、取亂覆昏、咸由順動。況乎甘野誓師、夏開承大禹之業、商郊問罪、周發成文王之志。求監前載、冒當朕躬、粵我有隋、誕膺靈命、兼三才而建極、一六合而為家。提封所漸、細柳盤桃之外、聲

教爰暨、紫五黃枝之域、達至邇安、罔不和會。功成治定、於是乎在。而高麗小醜、迷昏不恭、崇聚勃碣之間、荐食遼濊之境。雖復漢魏誅戮、巢窟暫傾、亂離多阻、種落還集。萃川藪於往代、播實繁兹、迄今睠彼華壤、剿為夷類。歷年求久、惡稔既盈、天道禍淫、亡徵已兆、亂常敗德、非可勝圖、掩慝懷姦、唯日不足。移告之嚴、未嘗面受、朝覲之禮、莫肯躬親。誘納亡叛、不知紀極、充斥邊垂、亟勞烽候、關柝以之不靜、生人為之廢業。在昔薄伐、已漏天網、既緩前禽、復縱後服之誅、曾不懷恩、翻為長惡、乃兼契丹之黨、虔劉海戍、習靺鞨之服、侵軼遼西。又青丘之表、咸修職貢、碧海之濱、

同稟正朔、涿復奪攘琛贄、遏絕往來、虐害弗辜、誠而遇禍。軒軺奉使、爰暨海東、旌節所次、途經藩境、而壅塞道路、拒絕王人、無事君之心、豈為臣之禮。此而可忍、孰不可容。且法令苛酷、賦斂煩重、強臣豪族、咸執國鈞、朋黨比周、以之成俗、賄貨如市、冤枉莫申。損生罄以奉之、罕獲安堵、地狹人眾、不息徭役、無期力竭、轉輸首領塗地、境內哀惶、不勝其弊、迴首面內、各懷性命之圖、黃髮稚齒、咸興殘毒歡呼之。歡呼觀風、人問罪無俟再駕、於是親摠六師、用申九伐、拯厥阽危、恤其懷苦、掩勃碣而雷震、歷夫

克嗣先誤、令宜授律啟行、分麾雷路、掩勃碣而雷震、歷夫餘以電掃、比戈按甲、誓旅而後行、先令五申、必勝而後戰、左第一軍可鏤方道、第二軍可長岑道、第三軍可海冥道、第四軍可蓋馬道、第五軍可建安道、第六軍可南蘇道、第七軍可遼東道、第八軍可玄菟道、第九軍可扶餘道、第十軍可朝鮮道、第十一軍可沃沮道、第十二軍可樂浪道、右第一軍可黏蟬道、第二軍可含資道、第三軍可渾彌道、第四軍可臨屯道、第五軍可候城道、第六軍可提奚道、第七軍可踏頓道、第八軍可肅慎道、第九軍可碣石道、第十軍可東暆道、第十一軍可帶方道、第十二軍可襄平道、凡此眾軍先奉廟略、駱驛引途、揔集平壤、襄襄非如豹如貔之勇

百戰百勝之雄顧眄則山岳傾頹叱吒則風雲騰懾心德
攸同爪牙斯在朕躬馭元我爲其節度涉遼而東循海之
右解倒懸於避眚閻疾若於遺黎其外輕齎遊關隨機赴
響卷甲銜枚出其不意文滄海道軍舟艦十里高颿電逝
巨艦雲飛橫斷沮江逕造平壤島嶼之望盧彭濮之旅不謀
已窮其餘被髮左袵之人控弦待發微盧斯絕坎井之路
同辭杖順臨遞人百其勇以此衆戰豈有推栝然則王者
之師義存止殺聖人之教必也勝殘天罰有罪本在元惡
人之多僻脅從罔治若高元泥首轅門自歸司冠即宜解
縛焚櫬弘之以恩其餘臣人歸朝奉順咸加慰撫各安生

業隨才任用無隔夷夏營聖所次務在整齊蕭翦莫有禁秋
毫勿犯布以恩喻以禍福若其同惡相濟抗拒官軍國
有常刑俾無遺類明加曉示稱朕意焉總一百一十三萬
三千八百號二百萬其餽運者倍之癸未第一軍簽終四
十日引師乃盡旌旗亘千里近古出師之盛未之有也乙
未以右候衛大將軍衛玄爲刑部尚書甲辰內史令元壽
卒二月甲寅詔曰朕觀風燕裔問罪遼碣文武叶力爪牙
思奮莫不執銳勤王捨家從役莩甿倉廩之資兼播殖
之務朕所以夕惕懇然慮其圓之雖復素飽之報情在忘
私悅使之人宜從其厚諸行從一品以下依飛募人以上
亦無

隋帝紀四　三

家口郡縣宜數存問若有糧食之少皆宜賑給或雖有田
時資貧弱不能自耕種可於多丁富室勸課相助夫居者
有饋餉之豐行役無顧後之慮王戌司空京兆尹光祿大
夫觀王雄薨三月辛卯兵部尚書左候衛大將軍段文振
卒癸巳上御師甲午臨我于遼水橋戊戌大軍爲賊所拒
不果濟右屯衛大將軍左光祿大夫遼東賊帥楊遂
士雄孟金义等皆死之甲午車駕渡大餘喝身段進
破之進圍遼東頓見二大鳥高丈餘城守攻之不
泳自若上異之命工圖寫并立銘頌五月壬午納言楊達
卒于時諸將各奉旨不敢越機既而高麗各城守攻之不

下六月己未幸遼東責諸將止城西數里御六合城七
月壬寅宇文述等敗績于薩水石屯衛將軍辛世雄死之
九軍並陷將帥奔還亡者二千餘騎癸卯班師九月庚辰
上至東都已丑詔曰軍國異容文殊用匡危拯難則霸
德依興化成俗則王道斯貴時方撥亂屠販可以登朝
世屬隆平經術然後升仕豐都麥稷儒服無預于周行建
武之朝功臣不參于吏職自三方未一四海交爭不遑文
教唯尚武功設官分職罕以才授班朝治人乃由勳叙莫
非拔足行陣出自勇夫數學之道旣所不習政事之方故
亦無取是非暗于在己咸福事於下吏貪冒貨賄不知紀

隋帝紀四　四

極壽政書民實由於此自今已後諸授勳官者並不得回

授文武職事庶導彼更張取類於調琹求諸名製不傷千

美錦老吏輒操用者御史即宜斜彈冬十月甲寅工部

尚書宇文憺卒十一月己卯以宗女華容公主嫁于高昌王

辛巳光祿大夫韓壽卒十一月己卯以宗女華容公主嫁人多

名為民斬尚書右丞劉士龍以謝天下是歲大旱殺人多

死山東尤甚密詔江淮南諸郡閱視民間童女姿質端麗

者每歲貢之

九年春正月丁丑徵天下兵募民為驍果乙未平原

賊帥杜彥冰王潤等陷平原郡大掠而去辛卯置折衝果

毅武勇雄武等郎將官以領驍果乙未平原李德逸聚眾

數萬補阿舅賊劫掠山東靈武白榆妄稱奴賊劫掠牧馬

比連突厥寵右多被其患遣武賁郎將范貴討之連年不能剋

戊戌大赦己多遣代王侑刑部尚書衛玄鎮京師辛丑以韓

右驍騎將軍李渾為右驍衛大將軍二月己未濟北人韓

進洛聚眾數萬為群盜壬午復宇文述等官爵宇文述討

高麗三月景子遼東人郭方預聚徒為盜自號盧公

發丁男十萬城大興戊寅辛遼東人郭方預聚徒為盜自號盧公

眾至三萬攻陷郡城大掠而去夏四月庚午車駕度遼士

申遣宇文述楊義臣趣平壤五月丁丑熒惑入南斗己卯

濟北人甄寶車聚眾萬餘冠掠城邑六月乙巳禮部尚書

楊玄感反於黎陽景辰玄感遏東都贊務裴弘策拒

之反為賊所敗戊辰兵部侍郎斛斯政奔于高麗庚午上

班師高麗犯後軍勑武衛大將軍李景為後拒遣左翊

衛大將軍宇文述左候衛將軍屈突通等馳傳發兵以討

玄感秋七月己卯令所在發人城縣府驛繕甲兵以討

元感進舉兵反眾至數萬八月壬寅左翊衛大將軍宇文述

等破楊玄感於閿鄉斬之餘黨悉平癸未餘杭人劉

人管崇擁眾十萬餘自稱將軍冠江左甲辰制驍果之家

蠲免賦役丁未詔郡縣城去道過五里己上者徙就之戊

申制盜賊籍沒其家乙卯賊帥陳填等眾三萬攻陷信安

郡辛酉司農卿光祿大夫蔦國公趙元淑以罪伏誅九月

巳卯濟陰人吳海流東海人彭孝才並舉兵為盜眾數萬

庚辰賊帥梁慧尚率眾四萬陷蒼梧郡甲午車駕次上谷

以供費不給上大怒免太守虞荷等官丁酉東陽人李三

兒向但子舉兵作亂眾至萬餘閏月巳巳幸博陵庚午上

謂侍臣曰朕昔從先朝周旋於此年甫八歲日月不居倏

經三紀追惟平昔不可復希言未卒流涕嗚咽侍衛者皆

泣下沾襟冬十月丁丑賊帥呂明星率眾數千圍東郡武

貢郎將費奴擊斬之乙酉詔曰博陵昔為定州地居衝
要先皇歷試所基王化斯遠故以道冠風義高姚邑朕
巡撫泯氓爰屆茲郊瞻望郊壓緬懷敬止思所以宣播德
澤罪被下人崇紀顯號式光令緒可改博陵為高陽郡敕
境内死罪已下給復一年於是召高祖時故吏皆量材授
職壬辰以納言蘇威為開府儀同三司朱燦自號燕王
稱郑敷萬渤海賊帥格謙自號燕王孫宣雅自號齊王裝
孟讓王薄等眾十餘萬擁白山攻剽諸郡清河賊張金
進為天子遣將軍吐萬緒魚俱羅討之連年不能剋齊人
各十萬東苦之丁亥以右候衛將軍郭榮為右候衛大將

【隋帝紀四】　七▼

軍十一月巳酉右候衛將軍馮孝慈討張金稱於清河反
為所敗孝慈死之十二月甲申車裂玄感第朝請大夫績
善及黨與十餘人仍焚而揚之丁亥扶風人向海明舉兵
曰坶力王役致身戎事咸由徇義莫匪勤誠委命草澤葉
作亂稱皇帝建元白烏道太僕楊義臣擊破之
十年春正月甲寅以宗女為信義公主嫁於突厥曷娑那
可汗二月辛未詔百寮議代高麗數日無敢言者戊子詔
骸原興言致之每懷愍惻往年出車問罪將屆遼廟
謀臨三軍猶見戲視人命如草芥不遵成規坐貽挠退遂

令死亡者眾不及埋藏今宜遣使人分道掩骼埋胔於遼
西郡立道場一所恩加泉壤庶弭窮魂之寃澤及枯骨用
弘仁者之惠辛如詔曰黃帝五十二戰成湯二十七征方
乃德施諸侯令行天下虞夏小盜漢祖尚且親戎後逸者哉朕纂
燼光武猶自登隴豈不欲除暴止戈勞而後逸者哉朕纂
成寶業君臨天下日月所照豈容小醜跳梁於玄菟
侵軼我城鎮是以去歲出軍問罪殄殲長蛇翦彼鴟梟
封豕於襄平餘眾軍風馳電逝追奔逐北徑踰浿水首送
教宣爾爾高麗僻居荒表鴟張狼噬海慢不恭我臣屢遣
海并楫衝賊腹心焚其城郭汗其宮室高元伏鎮泥首送

【隋帝紀四】　八

徐文山

欵軍門尋請入朝歸罪司寇朕以許其改過乃詔班師而
長惡靡悛褺安狃毒此而可忍孰不可容便可分命六師
百道俱進朕當親執武節臨御諸軍林馬之觀兵遼水
順天誅於海外窮民於倒懸征伐以正之明德以誅之
止除元惡餘無所問若有識存亡之機翻然
北首自求多福必其同惡相濟抗拒王師若火燎原刑茲
無赦有司便宜宣布咸便知聞丁酉扶風人唐弼舉兵反
眾十萬推李弘為天子自稱唐王三月壬子行幸汾郡癸
亥次臨渝宮親御戎服禡祭黃帝斬叛軍者以釁鼓夏四
月辛未彭城賊張大彪聚眾數萬保懸薄山為盜遣榆林

太守董純擊破斬之甲午車駕次比平五月庚子詔舉郡
孝悌廉絜各十人壬寅賊帥宋世謨陷琅邪郡庚申延安
人劉迦論聚衆反自稱皇王建元大世六月辛未賊帥鄭
文雅林寶護等衆三萬陷建安郡太守楊景祥死之秋七
月癸丑車駕次懷遠鎮乙卯曹國遣使貢方物甲子焉耆
遣使請降四送觧斯政上大悅八月丁卯上至東都己
大將軍在光祿大夫鄭榮卒冬十月丁卯上至東都己丑
還京師十一月景申支觧斯政於金光門外乙巳有事
於南郊己酉賊帥孟讓衆十餘萬據都梁宮遣江都郡丞
王擧兵反自稱天子以其第六兒為永安王衆至數萬將
軍潘長文討之不能剋是月賊帥王德仁擁衆數萬保林
慮山為盗十二月壬申上如東都其日大赦天下戊子入
東都庚寅賊帥孟讓衆十餘萬據都梁宮遣江都郡丞王
世充擊破之盡虜其衆
十一年春正月甲午朔大宴百寮突厥新羅靺鞨畢大辭
詢咄俀越烏那曷波臘吐火羅忽論靺鞨訶多沛
汗龜慈疏勒于闐安國曹國何國穆國畢衣岌失范延伽
折勢丹等國並遣使朝貢高建毗破賊帥
顏宣政於滎郡虜男女數千口乙卯大會蠻夷設魚龍曼
延之樂頒賜各有差三月戊辰賊帥揚仲緒率衆萬餘攻

比平滑公本景破斬之庚午詔曰設險守國書自前經重
門禦暴事彰策所以宅土寧邦禁邪固本而近代戰爭
居人散逸田疇無伍郭郛不修遂使遊惰實繁軌患未息
今天下平一海內晏如郭邑之人悉城居田隨近給使強弱
相容力役兼濟務令得所厝景子土谷人王須拔反自稱漫
有司具為事條郡縣令得所
天王國號燕賊帥魏刁兒自稱歷山飛衆各十餘萬北連
突厥南冦五月丁酉殺右驍衛大將軍光祿大夫咸
李渾將作監光祿大夫李敏並族滅其家癸卯賊帥司馬
長安破西河郡己酉幸太原避暑汾陽宮秋七月己亥淮
南人張起緒擧兵立為盗衆至三萬辛丑光祿大夫右禦衛
大將軍張壽卒八月乙丑巡比塞戌突厥始畢可汗率
騎數十萬謀襲乘輿義成公主遣使告變壬申車駕馳幸
鴈門癸酉突厥圍城官軍頻戰不利上大懼欲率精騎潰
圍而出民部尚書樊子蓋固諫乃止齊王暕以後軍保子
嶮縣甲申詔天下諸郡募兵於是守令各來赴難九月甲
辰突厥解圍而去丁未曲赦太原鴈門郡死罪已下冬十
月壬戌上至于東都丁卯彭城人魏麒麟聚衆萬餘為盗
冦魯郡壬申賊帥盧明月聚衆十餘萬冦陳汝間東海賊
師李子通擁衆廣淮自號楚王建元明政冦江都十一月

乙卯賊帥王須拔破高陽郡十二月戊寅有大流星如斗
墜明月營破其衝車庚辰詔民部尚書樊子蓋發關中兵
討絳郡賊敬盤陀柴保昌等經年不能剋誰郡人朱粲擁
衆數十萬寇荊襄備稱楚帝建元昌達漢南諸郡多為所

〈隋帝紀四〉 〈十一〉

十二年春正月甲午鴈門人翟松拍起兵於靈丘衆至數
萬轉攻傍縣二月巳未真臘國遣使貢方物甲子夜有二
大鳥似鵰飛入大業殿止于御幄至明而去癸亥東海賊
盧公暹率衆萬餘保江夏夏四月巳顯陽門災癸亥
魏刀兒所部將甄翟兒復號歷山飛衆十萬轉寇太原將
軍潘長文討之反為所敗長文死之五月景戌朔日有蝕
之既癸巳大流星隕于吳郡為石壬午上於景華宮徵求
螢火得數斛夜出遊山放之光徧巖谷秋七月壬戌越王
侗光祿大夫段達太府卿元文都檢校民部尚書韋津右
武衛將軍皇甫無逸右司郎盧楚等摠留後事奉信郎崔
民象以盜賊充斥於建國門上表諫不宜巡幸上大怒先
解其順乃斬之戊辰馮翊人孫華自號摠管舉兵為盜高
涼通守洗珧徵舉兵作亂嶺南溪洞多應之巳縈惑守
羽林月餘乃退車駕次汜水奉信郎王愛仁以盜賊日盛

諫上請還西京上怒斬之而行八月乙巳賊帥趙萬海衆
數十萬自恒山寇高陽壬子有大流星如斗出王良閣道
聲如隤牆癸丑大流星如甕出羽林九月丁酉東海人杜伏威
揚州沈覓敵等作亂衆至數萬右御衛將軍陳稜擊破之
戊午有二枉矢出北斗魁與兵作亂自號元興王建元始
十二月癸未鄱陽賊操天成舉兵反自號元興王建元始
開府儀同三司左翊衛大將軍光祿大夫許公宇文述薨
人荔非世雄殺臨涇令與兵作亂自號開府儀同
興攻陷豫章郡乙酉以右翊衛大將軍來護兒為開府儀
同三司行左翊衛大將軍壬辰鄱陽人林士弘自稱皇帝

〈隋帝紀四〉 〈十二〉

國號楚建元太平攻陷九江廬陵郡唐公破甄翟兒於西
河虜男女數千口
十三年春正月壬子齊郡賊杜伏威率衆度淮攻陷歷陽
郡景辰勃海賊竇建德設壇於河間樂壽自稱長樂王
建元丁丑辛巳賊帥徐圓朗率衆數千破東平郡弘化人
師都殺郡丞唐世宗據郡及自稱大丞相遣彰青光祿大
夫張世隆擊之反為所敗戊子賊帥王子英破上谷郡巳
丑馬邑校尉劉武周殺太守王仁恭舉兵作亂與突厥
百補定楊可汗庚寅賊帥李密翟讓等陷興洛倉越王侗

道武賁郎將劉長恭光祿少卿房則擊之反為所敗死者
十五六庚子李密自號魏公稱元年開倉以振群盜衆至
數十萬河南諸郡相繼皆陷焉壬寅劉武周破武賁郎將
王智辯于桑乾鎮智辯死之三月戊午盧江人張子路舉
兵反遣右禦衛將軍陳稜討平之丁丑賊帥房憲伯陷汝陰郡是月光祿大
萬冠盧江左屯衛將軍張鎮州擊破之夏四月癸未金城
校尉薛舉率衆反自稱西秦霸王建元秦興攻陷隴右諸
郡已丑賊帥孟讓夜入東都外郭燒豐都市而走癸巳李
密陷迴洛東倉丁酉賊帥房憲伯陷汝陰郡是月光祿大
夫裴仁基以武牢降於李密太守趙佗等並以衆叛歸李密五月辛酉

〈隋帝紀四〉 十二

夜有流星如甕墜於江都甲子唐公起義師於太原是歲
突厥數千冠太原唐公擊破之秋七月壬子熒惑守積屍
於營室至冬十月丁亥太原楊世洛聚衆萬餘人寇掠城邑
景辰武威人李軌舉兵反攻陷河西諸郡自稱涼王建元
安樂八月辛巳唐公破武牙郎將宋老生於霍邑斬之九
月已丑賊叛帥李密遣賊帥李文相攻陷黎陽倉甲戌武
寶藏以郡叛歸李密與賊婦人安嬰婦以配從江是月武陽郡丞元
景申羅令蕭銑以縣反迎銑於羅
縣號為梁王戊戌武賁郎將高毗敗濟北郡賊
甄寶車於岷山十一月景辰唐公入京師辛酉遙尊帝

為太上皇立代王侑為帝改元義寧等上起宮丹楊將遜于江
左右烏鵲來巢幄帳驅不能止熒惑犯太微有石自江浮又
于楊子曰光四散如流血上甚惡之
二年三月右屯衛將軍宇文化及武賁郎將司馬德戡元
禮監門直閤裴虔通將作少監宇文智及武勇郎將趙行
樞鷹揚郎將李覆年方裕千
牛左右李本弟孝質直長許弘仁辭世良城門郎唐奉
義醫正張愷等以驍果作亂入犯宮闈上崩于溫室時年
五十蕭后令宮人撤牀簀為棺以埋之化及發後右禦衛
將軍陳稜奉梓宮於成象殿葬吳公臺下發欽之始容貌
若生衆咸異之大唐平江南之後改葬雷塘初上自以籓

〈隋帝紀四〉 十四

王次不當立每矯情飾行以釣虛名陰有奪宗之計時高
祖雅信文獻皇后而性忌妾勝皇太子勇内多嬖幸以此
失愛後庭有子皆不育之示無私寵取媚於后大臣用
事者傾心與交中使至第無貴賤皆曲承顏色申以厚禮
婢僕往來者無不稱其仁孝又躬私入宮掖密諜於后
楊素等因機構扇遂成廢立自高祖大漸暨至諒闇之中丞
淫無度山陵始就即事巡遊以天下承平日久士馬全盛
慨然慕秦皇漢武之事乃盛治宮室窮極侈麗召募行人
分使絕域諸蕃至者厚加禮賜有不恭命以兵擊之盛典

也田於玉門柳城之外課天下富室益市武馬匹直十餘
萬富強坐是凍餒者十家而九帝性多詭譎所幸之處不
欲人知每之一所輒數道置頓四海珍羞殊味水陸必備
為求市者無遠不至郡縣官人競為獻食豐厚者進權踰
偷者獲罪姦貪更侵漁於外虛竭頭會箕斂人不聊生于時
軍國多務日不暇給帝方驕怠惡聞政事冤屈不治奏請
而族滅之故高熲賀若弼先皇心膂謀惟握張衡李金
才藩邸性橋績著怨編或惡其直道或忿其正議求其無
形之罪加以刖頸之誅其餘事君盡禮塞塞匪躬無辜

隋帝紀四　十五

無罪橫受夷戮者不可勝紀政刑弛紊賄貨公行莫敢正
言道路以目六軍不息百役繁興行者不歸居者失業
飢相食邑落為墟上不之恤也東西遊幸靡有定居每以
供費不給逆收數年之賦所至唯與後宮流連躭湎惟日
不足招迎姥媼朝夕共肆醜讁區宇之內盜賊蜂起劫掠官吏
不軌不逞之徒乘釁而為娛樂讁數不以實對或有言賊多者輒
大被詰責各求苟免上下相蒙隱賊數蹙亡相繼戰士
盡力必不加賞百姓無辜感受屠戮冤怨天下土崩
至於就擒而猶未之寤也

史臣曰煬帝愛在弱齡早有令聞南平吳會北卻匈奴昆
弟之中獨著聲績於是矯情飾貌肆姦回以得志故得獻后鍾
心文皇革慮天方肇亂彗逯欃槍之星亦於玉顯
之休命地廣三代威振八絃單于頓顙越裳重譯亦及之資思
泉流溢于都內紅腐之粟委積於塞下負其富強之資
逞無厭之欲狹險躁於制度尚泰漢之規摹侈才傲
很明德內懷險薄外示凝簡以飾其姦除諫官以
掩其過淫荒無度法令滋彰教絕四維刑參五虐鋤誅骨
肉屠勦忠良受賞者莫知其功為戮者不知其罪驕怒之
兵屢動土木之功不息頻出朔方三駕遼左旌旗萬里徵

隋帝紀四　十六

稅百端猾吏侵漁人不堪命乃急令暴條以擾之嚴刑峻
法以臨之甲兵威武以董之自是海內騷然無聊生矣俄
而玄感萆於陽之亂匈奴有鴈門之圍天子方棄中土遠
之楊越姦充斥乘輿亟往陵關梁閉而不通溝壑往而不
反加之以師旅因之以饑饉流離道路轉死溝壑十八九
則千百為群攻城剽邑流血成川澤死人如亂麻炊者
為於是相聚薦屨蒲毛而起大則跨州連郡稱帝稱王小
及析骸食者不遑子莊洴九土並為麋鹿之場惟惊惊者
黎俱充蛇豕之餒四方萬里簡書相續猶謂風驚狗盜不
為慮上下相蒙莫肯念亂報辪蝤之羽窮長夜之樂土崩

魚爛貫盈惡普天之下莫匪仇讎左右之人皆為敵國
終然不悟同彼望夷遂以萬乘之尊死於一夫之手億兆
靡感恩之士九牧無勤王之師子弟同就誅夷骸骨胔而
莫掩社稷顛隕本枝殄絕自肇有書契以迄于茲宇宙崩
離生靈塗炭喪身滅國未有若斯之甚也書曰天作孽猶
可違自作孽未可逭傳曰吉凶由人祅不妄作又曰兵猶
火也不戢將自焚觀隋室之存亡斯言信而有徵矣

帝紀第四

帝紀第五

隋書五

恭帝

進臣魏徵上

恭皇帝諱侑元德太子之子也母曰韋妃性聰敏有氣度
大業三年立為陳王後數載徙為代王邑萬戶及煬帝親
征遼東令於京師總留守軍十一年從幸晉陽拜太原太守
尋鎮京師義寧元年十一月壬戌上即皇帝位於大興殿詔曰王道
喪亂天步不康古往今來代有其事屬之於朕遘此百罹
被害者天胡寧斯忍禠褫之歲鳳遭慜凶孺子之長太上

播越興言感動貶茲千懷太尉唐公舊作宰時稱舟揖
大拯橫流糾合義兵翼戴皇室與國休戚乖匡區夏愛本
明詔貽予幼冲顯命光臨天威咫尺對揚尊號悼心失圖
一人在遠三讓不遂徧僾南面屑身無所為利社稷焉敢
或違俯從羣議奉尊聖言司大赦天下改大業十三年為
義寧元年十一月十六日眛爽以前大辟罪已下皆赦除
之常赦所不免者不在赦限甲子以光祿大夫大將軍太
尉唐公為假黃鉞使持節大都督内外諸軍事尚書令大
丞相進封唐王景寅詔曰朕惟孺子未出深宮太上遠巡
追蹤穆滿騑驂多難奉當尊極辭不獲免恭已臨朝君臨

大川岡知所濟無躬求歎憂心孔棘民之情偽留未之間
其不逮軍國機務事無大小文武設官位無貴賤篡革故因
王業艱難載云其易頹股肱之力上幸賢良匡左沖人輔
罰威歸相府緦其凝責成斯屬逝聽前史蒸嘗典故賞
循仍舊非曰徒言存至公無為讓德巳以唐王子隴
西公建成為唐國世子大原置領北府乙亥封秦公元吉
為齊公餉邑登萬戶大原留守乙酉義師攻京兆尹改封秦
兵反丁亥桂陽人曹武徹舉兵反建元通聖眾數萬巳賊帥張善
破之丁亥十二月癸未薛舉自稱天子冠扶風泰公
驍衛大將軍屈突通於閿鄉虜其眾

安喟盧江郡

二年春正月丁未詔唐王劍履上殿入朝不趨贊拜不名
加前後羽葆鼓吹壬戌將軍王世充為李密所敗河内通
守孟善誼武賁郎將王辯楊威戰沒於李密三月景辰右屯衛
將軍宇文化及殺太上皇於江都宮右禦衛將軍獨孤盛
死之齊王暕趙王杲燕王侹於江都宮光祿大夫開府儀同三司行
右翊衛大將軍宇文恊魯光祿大夫内史侍郎虞世基
銀青光祿大夫御史大夫裴蘊通議大夫行給事郎許善
心皆遇害巳及立秦王浩為帝自稱大丞相朝士文武皆

受其官爵光祿大夫宿公麥才折衝郎將朝請大夫沈光
同謀討賊寇化及譬及為所害戊辰詔唐王備九錫之
禮加璽綬遠遊冠綠綟綬位在諸侯王上唐國置丞相已
下一依舊武五月乙巳朔詔唐王晃十有二旒建天子旌
旗出警入蹕金根車駕備五時副車置旄頭雲罕車儀八
俯設鍾虡宮縣王后王子王女爵命之號一遵舊典戊午
詔曰天禍隋國大行太上皇遇盜江都酷其望釁毒深驪
比憫予小子奄速不遑長號承感心情瘵瘵仰惟茶毒仇
復靡申形影相弔罔知啟處相國唐王膺期命世扶危拯
溺自比祖南東征西恣撼九合於一匡決百勝於千里紂

率夷夏大庇坱臲黎保乂朕躬縣王是賴德侔造化功格者
旻兆庶歸心曆數斯在勉為人臣載違天命在昔虞夏揖
讓相推荷非重華誰堪命禹當今九服崩離三靈改卜大
運去矣諸避賢路兆謀布德顧已莫能私意懷命憑須歸藩
國子本代王及于而代天之所嚴置期如是庶憑精古之
聖以誅四凶幸值惟新之恩預充三恪冤恥於皇祖守
禋祀為孝孫朝聞夕改趣上尊號若釋重負感泰兼
官舉辟改事唐朝宜依前典庶
懷假手真人俾除醜逆濟濟多主明知朕意仍勑有同凡
有表奏皆不得以聞是日上遂位於大唐以為鄖國公武

德二年夏五月崩時年十五
史臣曰恭帝年在幼沖遭家多難一人失德四海土崩羣
盜蜂起豺狼塞路南巢遂徙流坑不歸既鍾百六之期躬
踐數終之運謳歌有屬笙鍾變響錐欲不遵堯舜之迹其
庸可得乎

帝紀第五

隋書五

六尉揚州總管監修國史上柱國趙國公臣長孫無忌等奉勅撰

禮儀一

隋書六

【志一　隋書六　〈一〉】

唐虞之時祭天之屬爲大禮祭地之屬爲地祭宗廟之屬
爲人禮故書云命伯夷典朕三禮所以彌綸天地經緯陰陽辨
幽贖而洞幾深通曰神而節萬軍殺因於喪有斯損益旁垂
祇訓以勤生靈商王無道雅章湮滅周公救亂刊制斯文以
吉禮故鬼神以禮良邦國以賓客以軍禮誅不虔
亦所禮合凶好謂之五禮故曰禮經三百威儀三千未有入室
而不由乎者也成康由乎而刑曆不用目天戍祝后遷周削弱
禮失樂微風凋俗敗仲尼預蜡賓而歎曰立有志焉禹湯
文武成王周公未有不謹於禮者也於是纘禮興樂欲救時
弊多矣星飲而逆五廟之祀漢帝罷三年之制喪祭則
公聚牟子而諱姓楊侯烝媳女色而傷人故曰婚姻之禮廢昭
則淫僻之獄繁矣異姓飲酒不知其郵鄉飲酒之禮廢時
之禮廢則貴賤逆諸侯下堂於天子五伯召君於
朝聘之禮廢則侵陵之漸起矣秦氏以戰勝之威并
吞九國書收其儀禮歸之感陽唯採其尊君抑臣以為時
用至於退讓起於趨步忠孝成於動止華葉靡靡鴻織並損

【志一　隋書六　〈二〉】

其篇拘之棄路若章甫之遊越儒林道盡詩書昆爲燼漢高
祖既平秦亂初誅項羽救賞元勳制群臣飲酒爭
功或披翦擊柱高祖患之叔孫通言曰儒者難與進取可
與守成於是請起朝儀高祖曰度吾能行者爲之微
習禮容昏知順軌君祖述文武憲章殊泗則良由不暇自
畏之也武帝興典制而愛方術至於鬼神之祭流宅不歸
世祖中興明皇襲冠冕登壇望雲暢得其
時制百姓悅之而朝廷憲章其來已舊或得之於升平之
運或失之於凶荒之年而軌秦漢於爲改輒至於增輝風俗
將移禮意殷周所以異軌載遞風流訛舛必有人情
廣樹隱防朱禮威嚴亦何以尚哉山祇之有萬仞海若之
有滄溟飾以消塵不貽伊敗而高堂生於所傳士禮亦謂
之儀弘暢人情粉飾行事洎西京以降用相裁准咸稱當
世之美目有周旋之節黃初之詳定朝儀則明
謹則宋書言之備矣梁武始命群儒裁成大典吉禮則司
馬褧帝又命沈約周捨等咸在參詳騎常侍
平建業多崔梁舊仍詔尚書左丞江德藻員外散
沈洙博士沈文阿中書舍人劉師知等或因行事隨時取
捨後齊則左僕射陽休之度支尚書元脩伯鴻臚卿王晞

國子博士熊安生在周則蘇綽盧辯宇文弼並習於儀禮者
也平章國典以為時用高祖命牛弘辛彥之等採梁及北齊
儀注以為五禮云
禮曰燔燎本乎天人本乎地所以配上帝也秦人湯六籍
以為煙爐祭天之禮殘缺儒者各守其所見物而為之義
焉一云祭天之數終歲有九祭地之數一歲有二圓立方
澤三年一行若圓立方澤之年祭天有九祭地有二若天
不通圓立之祭終歲有八地不通方澤之祭終歲有一此
則鄭學之所宗也一云唯有昊天無五精之帝而一天歲
二祭壇位唯一圓立之祭即是南郊南郊之祭即是圓音南

至於其上以祭天春又一祭以祈農事謂之二祭無別天
也五時迎氣皆是祭五行之人帝太皞之屬非祭天也天
稱皇天亦稱上帝亦直稱帝五行人帝亦得稱上帝但不
得稱天故五時迎氣及文武配祭明堂皆祭人帝非祭天
也此則王學之所宗也梁陳以降以迄于隋議者各所
師故郊丘互有變易梁南郊為圓壇在國之南高二丈七
尺上徑十一丈下徑十八丈其外冊壇四門常與此郊間
歲正月上辛行事用一特牛祀天皇上帝之神於其上以
皇考太祖文帝配禮以蒼璧制幣五方上帝五官之神太
一天一日月五星二十八宿太微軒轅文昌北斗三台老

人風伯雨司空雷電雨師等皆從祀其二十八宿及雨師等座
有坎五帝亦如之餘皆平地器以陶匏席用稾秸太史設
柴壇於景地皇帝躱於萬壽殿乘玉輅備大駕以行禮禮
畢變服通天冠而還比郊為方壇於北郊上方十丈下方
十二丈高一丈四回各有陛祀后地之神於其上以德后配禮以
正月上辛以一特牛祀后地之神於其上以德后配禮以
黃琮制幣五官之神先農五岳沂山嶽山白石山霍山無
間山蔣山四海四瀆松江會稽江錢塘江四望皆從祀太
史設埋坎於壬地焉天監二年左丞何佟之啟太
藝而郊郊應立春之後尚書左丞何佟之議今之郊祭是

報昔歲之功而祈今年之福故取歲首上辛不拘立春之
先後周冬至於圓丘大報天也夏正又郊以祈農事故有
啟蟄之說自晉太始二年并圓立方澤同於二郊是知今
之郊裸禮兼報不得限以一途也帝曰圓丘自是祭天
先農即是祈穀但就陽之位故在郊也冬至之夜陽氣起
於甲子既祭昊天宜在冬至謂之祀天啟蟄名為祈穀何
佟之又啟祭豈有盛以六彝覆以畫幕備其文飾施之宗
廟今南北二郊儀注有裸既乖尚質謂宜華變博士明山
賓議以為表記天子親耕粢盛秬鬯以事上帝蓋明堂之

祼耳郊不應祼帝從之文有司以為祀竟器席相承選便
請依典禮燒埋之佟之等議案禮祭器弊剗埋之今一用
埋費帝乖典帝曰藏籍輕物陶匏賤器方還付庫容復穢
惡但敞則埋之蓋謂四時祭器耳自是從有司議燒埋之
四年佟之六周禮天曰神地曰祇今天不稱神地不稱祇
天樽題宜曰皇天座地樽宜曰后地座又南郊明堂用沉
香取本天之質陽所宜也比郊以地於人親宜
加雜馥帝並從之五年明山賓稱伏尋制百周以建子祀天七
月祭地自頃代以來南北二郊同用夏正詔更詳議山賓

以為二儀並尊三朝慶始同以此日二郊為兄并請迎五
帝於郊皆以始祖配饗又郊廟受福唯皇帝再拜明上靈
降祚臣下不敢同也詔並依議六年議者以為北郊有岳
鎮海瀆之座而又有四望之座疑為煩重儀曹郎朱异議
曰望是不即之名賞容局於皇海拘於岳瀆明山賓曰舜
典云望于山川春秋傳曰江漢沮漳楚之望也而今北郊
設岳鎮海瀆又立四望禍謂省徐勉曰岳瀆是山
川之宗不能決至於望祀之義不止於岳瀆也若省四望於義為
非議久不能決至十六年有事北郊帝復下其議於是八
座奏省四望松江浙江五湖等座其鍾山白石阮土地所

在並留如故七年帝以一獻為質三獻則文事天之道理
不應然詔下詳議博士陸瑋明山賓禮官司馬褧以為宗
桃三獻義兼下上天之禮王約理申義一獻為
常丞王僧崇梅五祀位在北郊圓丘不宜重設帝曰五行
之氣天地俱有故宜兩從僧崇又曰風伯雨師即帝用柴
祭非嫌十一年太祝牒北郊止有一海及二郊壇下眾神之座悉以白
箕畢自是二十八宿之名風師雨師恐繫祀典畢星
矣而今南郊祀箕畢二星復祭風師兩師相承用柴
祖盛牲素案承王文制南北二郊壇下眾神之座悉以白

茅詔下詳議八座奏禮云觀天下之物無可以稱其德則
知郊祭為俎理不應染又籍用白茅禮無所出皇天大帝
坐既用俎則知郊有俎義於是改用素俎并北郊置四海
座五帝以下悉用蒲席蒬藉并以素俎又帝曰禮祭月於
坎兆於南郊就陽之義居於北郊故得各從陰陽而立壇
壇祭月於坎並是別祭不關在郊故禮云祭日於
坎良由月是陰義今五帝天神而更居各從陰陽之義既云就陽義不應居
與陰異星月與祭禮不為坎八座奏曰五帝之義不應居
坎良由齊代圓丘小而且峻邊無安神之所今立形既大
易可取安請五帝座悉於壇上外域二十八宿及雨師等

座無爵易爲坎目是南北二郊恭無坎位矣十七年帝以威仰嘔寶俱是天帝於壇則尊於下則卑且南郊所祭太皇且五帝別有明堂之祀不煩重設又郊祀二十八宿而無十二辰於義闕然於是南郊始除五帝祀加十二辰座與二十八宿各於其方而爲壇

陳制亦以聞歲正月上辛用特牛一祀天地於南北二郊永定元年武帝受禪偹南郊圓壇高二丈二尺五寸上廣十丈柴燎告天明年正月上辛有事南郊以皇考德皇帝配除十二辰座加五帝位其餘準梁之舊比郊爲壇高一丈五尺廣八丈以皇妣昭后配從祀亦準梁舊及文帝天嘉中南郊改以高祖配比郊以德皇帝配天太中大夫領大著作攝太常卿許亨奏曰昔梁武帝云天數五地數五五行之氣天地俱有故南北郊內並祭五祀臣按周禮以血祭社稷五祀鄭玄云陰祀自血起貴氣臭也五祀五官之神也五神生五行隷於地故地與埋沈福辜同爲陰祀非煙祭無關陽祭故何休云周爵五等者法也有五行也五神位在比郊圓丘不宜重設制曰可尊又奏曰梁武帝議簀畢自是二十八宿之名星也故郊零之所皆兩祭之臣案周禮大宗伯之職云櫖燎祀司中司命風師雨師躝躶云風師箕也雨師畢也

〔隋書六 七〕

詩云月離于畢俾滂沱矣如此則風伯雨師即箕畢皇矣而今南郊祀箕畢二星復祭風伯雨師恐琾祀典制曰若郊設星位任即除之尊又奏曰梁儀注曰一獻爲爵賞三獻爲文事天之事故不三獻臣案周禮司樽所壹三獻躝躶於太帝梁武此義爲不通矣且樽俎之物依於質文制之禮主於虞敬今請尺郊立祀重準於宗祧三獻爲祀制曰依議歷帝光大中又以昭后配比郊及宣帝即位以祀制宗祧而鄭注一獻施於羣小祀今用小祀之禮施於天神二郊里下更議增廣祭而不決至太建十一年尚書祠部郎王元規議曰案前漢黃圖上帝壇徑五丈高九尺后土壇方五丈高六尺梁南郊壇上徑十一丈下徑十八丈高二丈七尺北郊壇上方十丈下方十二丈高二丈即日南郊壇廣十丈高二丈二尺五寸比郊壇廣九丈三尺高一丈五寸今議增南郊壇上徑十二丈則天大數下徑十八丈取於三分益一高二丈上方十丈以則地義下至十五丈亦取三倍九尺之堂比郊壇二尺亦取二倍漢家之數禮記云爲高必因丘陵爲下必因川澤因名山升中于天因吉土饗帝于郊周官云冬日至祠天於地上之圓丘夏日至祭地於澤中之方丘祭法云燔柴於泰壇祭天也瘞埋於泰折祭地也記云至敬不

〔隋書六 八〕

壇埽地而祭於其質也以報覆燾載之功爾雅亦云立
言非人所造為古圓方兩丘並因見而建立郊禮或有地之
數後世隨事遷都而建立郊禮或有地吉而未必有立或
有見立而不必廣故故有築建之法而未有制丈尺之儀愚謂
郊祀事重複方二立高下廣狹既無明文但五帝不相沿
三王不相襲今謹述漢梁并即日三代壇不同及更增修
丈尺如前聽言尚書僕射臣繕左戶尚書臣元饒左丞臣
周確舍人臣蕭澥儀曹郎臣沈客卿周元規議詔遂依用
後主嗣立無意典禮之事加舊儒碩學漸以凋喪至於朝
亡竟無改作後齊制圓丘方澤並三年一祭謂之禘祫圓

立在國南郊立下廣輪二百七十尺上廣輪四十六尺高
四十五尺三成成高十五尺上中二級四面各一陛下級
方維八陛周以三壇去立五十步中壇去內壇之外輪去
墻各二十五步昏通八門又為大營曰於外壇之外輪三
百七十步其營漸廣十二尺深一丈四面各通一門又
為燎壇於中壇之外當立之景地廣輪三十六尺高三尺
四面各有陛方澤為壇在國北郊廣輪四十尺高四尺面
各一陛其外為三壇相去廣狹同圓立壇外大營廣輪三
百二十步營漸廣十二尺深一丈四面各通一門又為
瘞坎於壇之壬地中壇之外廣深一丈二尺圓立則以蒼

璧束帛正月上辛祀昊天上帝於其上以高祖神武皇帝
配五精之帝從祀於其中五岳四瀆皆在內向日月五星此二
十八宿司中司命司人司祿風師雨師靈星於下立為眾
星之位遷於內壇之中合用蒼牲九太牢之旦太尉告廟
陳幣於神武廟訖埋於兩檻間焉皇帝初獻太尉亞獻光
祿終獻司徒獻五帝司空獻日月五星二十
八宿太常丞已下薦籩星方澤則以黃琮束帛夏至之日
祭崑崙皇地祇於其上以武明皇后配其中神州之神社稷
岱岳沂鎮會稽鎮云云亭亭山蒙山羽山嶧山松岳霍
岳衡鎮荊山內方山大別山敷淺原山桐柏山陪尾山華

岳太岳鎮積石龍門山江山岐山荊山嶓冢山壺口山
雷首山底柱山析城山王屋山西傾朱圉山鳥鼠同穴山
熊耳山敦物山蔡蒙山梁山崌山武功山太白山恒岳醫
無閭山鎮陰山白登山碣石山太行山狼洞水封龍山漳山
宣務山關山方山苟山狹龍山淮水東海泗水淄水
濰水江水南海漢水穀水洛水伊水瀍水澗水河水西海
黑水滄水渭水涇水沔水濟水汀水海松水京水桑乾水漳
水呼沱水衛水洹水延水並從祀其神州位在青陛之北
甲寅地社位赤陛之西未地稷位白陛之南庚地自餘並
內壇之內內向各如其方合用牲十二儀同圓丘其後諸

後周憲章姬周，雜祀之式，多依儀禮，司彙掌爲壇之制。圓丘三成，成崇一丈二尺，深二丈，上徑六丈，十有二階，每等十有二節，在國陽七里之郊。圓壇徑三百步，內壇半之，方一成，下崇一丈，徑六丈八尺，上崇五尺，方四丈八，方一階，階十級，級一尺。方丘在國陰六里之郊，丘一成，一成下崇一丈，方六丈八尺，上崇五尺，方四丈，方一階一級。其壝八面，徑百二十步，內壝半之。南郊爲方壇於國南五里，其壝八面，崇四尺，其廣四丈。方丘在北郊，方丘之右，壝如州之壇，崇一丈，方四丈，在北郊方丘之右，其壝如方丘。其祭圓丘及南郊，並正月上辛，圓丘則以其先炎帝神農氏

儒定禮圓立，改以冬至云。其南北郊則歲一祀，皆以正月上辛。南郊爲壇於國南，廣輪三十六尺，高九尺，四面各一陛，爲三壇。內壇去壇二十五步，中壇外壇相去如內壇。四面各一門。又爲大營於外壇之外，廣輪二百七十步，四面各一門。又爲燎壇於中壇之外。地廣輪二十七尺，高一尺八寸，四面各一陛，祀所感帝靈威仰於壇，以高祖神武皇帝配。禮用四圭有邸，各如方色。璦廣一丈，深四尺，四面一門。爲壇如南郊壇，爲瘞坎如方澤坎，祀神州神於其上，以武明皇后配。禮用兩圭有邸，各用黃牲一，儀瘞如北郊。其上帝及配帝各用騂犢特牲一，儀燎同圓丘。其郊則色其上帝及配帝各用騂犢特牲一

圓丘於國之南，太陽門外道東二里，其丘四成，各高八尺一寸。下成廣二十丈，再成廣十五丈，又三成廣十丈，四成廣五丈。再歲冬至之日，祀昊天上帝於其上，以太祖武元皇帝配。五方上帝、日月、五星、內官四十二座，次官一百三十六座，外官一百二十一座，衆星三百六十座，並皆從祀。上帝、日月在第一等，比斗十五星、十二辰、河漢內官在丘第三等，二十八宿中官在丘第四等，外官在內壝之內，衆星在內壝之外。其牲上帝、配帝用蒼犢二，五帝、日月用方色犢各一，五星已下成用羊豕各九。爲方丘於宮城之北十四里，其丘再成，成高五尺，下成方十丈，上成方五丈。夏至之日，祭皇地祇於其上，以太祖配。神州、迎州、冀州、戎州、拾州、柱州、營州、咸州、陽州九州、山海川林澤丘陵墳衍原

配昊天上帝於其上。五方上帝、日月、內官、中官、外官、衆星並從祀。皇帝乘蒼輅，載玄冕而行，預齋者皆齋服。爲南郊以始祖獻侯莫那配。祈穀祀昊天上帝於其上。北郊方丘則以神農配后地之祇，神州則以獻侯莫那配焉。其用牲之制，祀昊天上帝、祀皇地祇及五帝、日月、五星、十二辰、四望、五官，各以其方色毛。宗廟以黃，社稷以黝，散祭祀用純。表袼磷禳用庬。高祖受命，欲新制度，乃命國子祭酒辛彥之議定祀典。爲

隱並皆從祀地祇及配帝在壇上用黄犢二神州九州神
座於第二等八陛之間神州東南方迎州南方冀州戎州
西南方抬州西方柱州西北方營州北方咸州東北方陽
州東方各用方犢一九州山海已下各依方面八陛之
神州之神以太祖武元皇帝配犧牲用犢二凡大祀齋官皆
祖武元皇帝配其禮四圭有邸牲用騂犢二北郊孟冬祭
高七尺廣四丈孟春上辛祠所感帝赤熛怒於其上以太
九南郊為壇於國之南太陽門外道西一里去宮十里壇
間其冀州山林川澤立陵墳術於之南少西加羊豕各
於其農集尚書省受誓戒散齋四日致齋三日祭前一日

〈志〉　　十三 〉

隋書六 八

畫漏上水五刻到祀所沐浴著明衣咸不得聞見哀經哭
泣昊天上帝五方上帝日月皇地祇神州杜稷宗廟等為
大祀星辰五望等為中祀司中司命風師雨師及諸
星諸山川等為小祀大祀養牲柱牌九旬中祀三旬小祀
一旬其牲方色難備者聽以純色代告祈之牲者不養盡
祀犧牲不得捶扑其死則埋之初帝既受周禪恐黎元
怵多說符瑞以耀之其或造作而進者不可勝計仁壽元
年冬至祠南郊置昊天上帝及五方天帝位並于壇上如
封禪禮板曰維仁壽元年歲次作鹽嗣天子臣諱敢昭告
于昊天上帝璇璣運行大明南至臣蒙上天恩造羣靈降

福撫臨率土安養兆人領惟虛薄德化未暢鳳夜憂懼不
敢荒怠天地靈祇降錫休瑞鏡發區宇昭彰耳目愛始登
極家授龜圖遷都定鼎泉出地平陳之歲龍引舟師省
俗巡方展禮東岳首者得視瘴者得言復有贄人忽然能
步自開皇已來日近北極行於上道累履延長天啓太平
獸見一角改元仁壽楊樹生松石魚彰合符會宮城之內及在山
永昌之慶山圖石瑞前後繼出皆載臣姓名襄紀國祚經
典諸緯爰又王龜文字義理遐相符會合盡吳琉璃黄銀
谷石變為王不可勝數桃區一嶺盡吳琉璃黄銀出於神
山碧玉生於瑞嶽多楊山纏三稱國興連雲山聲萬年臨

〈志〉一　　十四 〉

隋書六

國野攜降天仍住池沼神鹿入苑頻賜引導驎臺見覽遊
驎在野鹿角生於楊樹龍漱出於荆谷慶雲發彩壽星垂
耀宮殿樓閣咸出靈芝山澤川原多生寶物威香散馥零
露凝甘敦煌烏山黑石戀白弘祿巖嶺石華遠照玄狐玄
豹白鬼白狼赤雀眾鳥野蠶天豆嘉禾穗珍木連理神
瑞休徵洪恩福降賜無疆不可具紀此皆昊天上帝發
降明靈矜愍蒼生寧海內故錫茲嘉慶使安樂豈臣
微誠所能上感虛心奉謝敬薦王帛犧齊粢盛庶品燔祀
于昊天上帝皇考太祖武元皇帝配神作主大業元年孟
春祀感帝孟冬祀神州改以高祖文帝配其餘並用舊禮

十年冬至祀圜立帝不齋千次詰朝備法駕至便行禮是
日大風帝獨獻上帝三公分獻五帝禮畢御馬疾驅而歸
明堂在國之陽梁初依宋義祀其祀之法猶依齊制禮有不
通者武帝更與學者議之舊祭儀郊祀帝皆以袞晃至天
監七年始造大裘而晃祭昊天上帝五帝亦如之良由天神
高遠義須誠質令從之況祭五帝理不容象今請改用
異又以為齊儀初獻樽尋明堂儀貴質不應三獻又不應大裘
樽禮云朝踐用太樽鄭云太樽瓦也記云有虞氏瓦樽
此皆在廟所用猶以質素況在明堂禮不容彖今請改用

〈志〉 隋書六 十五

瓦樽麻合文質之衷又曰宗廟貴文故麻虀百品天義尊
遠則須簡約令儀注所薦雖止用梨棗橘栗四種之果
請自今明堂有膳準二郊但帝之為名本主生育成藏之
功實爲顯著非如昊天義絕言象雖曰同郊復應微豆若
水土之品蔬果之屬猶宜以薦止用梨棗橘栗四種所
薑蒲葵韭四種粳稻黍粱四種之米自此以外郊所
無者請並從省除初博士明山賓制儀注明堂祀五帝行
禮先自赤帝始異又以為明堂既況祭五帝不容邊有先
後東階而升宜先春帝請改從青帝始又以為明堂貴文
等器皆以彫飾尋郊祀貴質改用陶匏宗廟貴文誠宜彫

俎明堂之禮既方郊爲文則不容陶匏比廟爲質又不應
彫俎尊酌二途須存厭棗請改用純漆異又以舊儀明堂
祀五帝先酌鬱鬯灌地求神及初獻灌清酒次鄰終酹禮畢
太祝取俎上黍肉當御前以授請依郊儀止一獻清酒且
牲又云天地之牛角繭栗於明堂既曰天神理無三牲之祭
而毛詩我將篇云祀文王於明堂有維羊維牛之說良由
傳灌及授俎法又以爲舊明堂皆用太牢案記云郊祀用特
五帝天神不可求之於地二郊之祭並無黍肉之禮並請
周監二代其義貴文明堂方郊未爲極質故特用三牲止
爲一代之制今斟酌百王義存通典疏果之薦雖符周禮

〈志〉 隋書六 十六

而牲牢之用宜遵夏殷請自今明堂止用特牛既合質文
之中又見貴誠之義帝並從之先是帝欲有改作乃下制
官而與羣臣切磋其義制曰明堂準大戴禮九室八牖三
十六戶以茅蓋屋上圓下方鄭玄據援神契亦云上圓下
方又云八窗四達明堂之義本是祭五帝神九室之數未
見其理若五堂而言雖當五帝之數向南則背叶光紀向
比則背赤熛怒東向西向又亦如此於事殊未可安且明
堂之祭五帝則是別義宗祀所配復應有室若專配一室則
配五位以理而言明堂本無有室案異以爲月令天子居
成五位以理而言明堂本無有室案異以爲月令天子居

明堂左个个衣个聽朔之禮既在明堂今告無室則於義成
闕制曰君如郎玄文義聽朔必在明堂則人神混淆
莊敬之道有廢帝云介居一大國之間此言明堂左
个者謂所祀五帝嘗禘有小室亦號明堂分為三處聽
朔既三處則有左右个之義在營城之內則有个
之外人神有別差無相干其議是非莫定初尚未改十二
年太常承虞爵後引周禮明堂九尺之筵以為高下俻廣
之數堂崇一筵以筵者也鄭玄以廟寢三制既同俱應以九尺為

〈志〉　隋書六　十七

度制曰可於具茨釆宋太極殿以其材構明堂十二間基準
太廟以中央六間安六座悉南向東來第一青帝第二赤
帝第三黄帝第四白帝第五黑帝配摠配真五帝在阼
階東上西向大殿後為小殿五間以為五佐室焉
陳制明堂殿屋十二間中央六間依齊制安六座四方帝
各依其方黃帝居坤維而配饗帝已後以文帝配牲以太牢樂盛
配文帝時以武帝配發帝已後亦採周官考工記為五佐周採
六飯鈃羹煑備蕉焉
漢三輔陳收羅杞梓郊丘宗社典禮粗備唯明堂未立開
高祖平陳收圖為九室各存其制而竟不立

皇十三年詔命議之禮部尚書牛弘國子祭酒辛彥之等
定議事在弘傳後檢校將作大匠宇文愷依月令文造
明堂木樣重檐複廟五房四達尺規矩皆有准憑以獻
高祖異之命有司於郭內安業里為規兆方欲崇建又命
詳定諸儒爭論莫之能決及大業中愷等又條經史正文重奏時非
議既多父又不定又議罷之及大業中愷等採木而建都役其制
遂寢終隋代祀五方上帝於明堂恒以本秋在零陵上
而祀寢代祀五方上帝各於其方人帝各在天帝之左太祖武元皇
帝在大昊南西向五官在庭亦各依其方牲用犢十二皇

〈志〉　隋書六　十八

二二七九

帝太尉司農行三獻禮于青帝及太祖自餘有司助奠祀
五官於堂下行一獻禮有燎其牲進熟如南郊儀

志第一

禮儀

隋書六

太尉揚州都督晉國公臣長孫無忌等奉勅撰

禮儀二

隋書七

【志二　隋書七　一】

春秋龍見而雩澤制不為恒祀四月後旱則祈雨行七事
一寬獄及失職者二振鰥寡孤獨者三省繇輕賦四舉
進賢良五黜貪邪六命會男女恤怨曠七撤膳羞弛樂
懸而不作天子又降法服七日乃祈社稷七日乃祈上帝
川澤常興雲雨者七日乃祈羣廟之主于太廟七日乃祈
古來百辟卿士有益於人者七日乃祈社稷七日乃祈山林
有事者大雩禮立圓壇於南郊之左高及輪廣四丈周十
二丈四陛牲用黃牸牛一祈五天帝及五人帝於其上各
依其方以太祖配位於青帝之南五官配食於下七日乃
夫樂又編祈社稷山林川澤就故地處大雩國南除地為
墠舞童六十四人祈百辟卿士於雩壇之左除地為墠
童六十四人皆服玄各執羽翳列各哥雲漢詩一
章而畢旱而祈澍則報以太牢皆有司行事唯雲則不報
若郡國縣旱請雨則五事同時並行一理冤獄失職二存
鰥寡孤獨三省繇役四進賢良五退貪邪守令皆蒙齋三
日乃祈社稷七日不雨更齋祈如初二禳仍不雨復齋三
其界內山林川澤常興雲雨者祈而澍亦各有報陳氏亦

因梁制祈而澍則報以少牢武帝時以德皇帝配文帝時
以武帝配廢帝即位以文帝配青帝牲用黃牸牛而以清
酒四升洗其首其增壇配饗歌舞皆如梁禮天子不親奉
則太宰太常光祿行三獻禮其法皆採齊建武二年事也
梁陳制諸祠官皆給除穢氣藥先齋一日服之以取清潔
天監九年有事雩壇武帝以為兩既類陰而求之正陽其
謬已甚東方旣非盛陽而為生養之始則雩壇應在東方
祈晴亦宜此地於是遂移於東郊十年帝又以雩祭蒼之詩
以火祈水於理為垂儀曹郎朱异議曰案周宣雲漢之詩
毛注有燔埋之文不見有燔柴之說若以五帝必柴今明
堂又無其事於是停用柴從坎瘞典十一年帝曰四望之
祀頃來遂絕宜更議後未并議鄭衆云四望謂日月星海
鄭玄云謂五岳四鎮四瀆於星漢拘以望
是不即之名凡厥遙祭皆有斯旨臣容局於星漢能興於海
瀆請命司天有關水旱之義爰有四海名山大川
致雨一皆備祭帝從之文揚州主簿顏協又禮仲夏大
雩春秋龍見而雩則雩常於水旱且又禱之謂宜式備
斯典大常博士亦從協議祠部郎明㬢卿以為祈報之祀
已備郊禋公革有時不必同揆帝從其議依舊不改大同
五年又築雩壇於籍田兆內有祈崇則齋官寄籍田省云

【志二　隋書七　二】

○後齊以孟夏龍見而雩祭太微五精帝於夏郊之東為
圓壇廣四十五尺高九尺四面各一陛為三壝外營相去
深淺升燎壇一如南郊於其上祈穀實以顯宗文宣帝配
青帝在甲寅之地黑帝在壬亥之地赤帝在景巳未之地白
帝在青帝之南小退籍以莞席牲以騂犢若建午建申
之月不雨則使三公祈五帝於雩壇禮用玉幣有燎不謌
金石之樂選伎三十端執羽謌詠者使謌雲漢詩於壇南自
餘同正雩南郊則使三公祈五天帝於郊壇有燎座位如
雲五人帝各在天帝之左其儀如郊如禮堯廟則遣使祈於
平陽孔顏廟則遣使祈於國學如堯廟社稷如正祭五嶽
遣使祈於岳所四瀆溢口如祈堯廟豹祠如祈
溢口

禱者有九焉一曰雩二曰南郊三曰堯廟四曰孔顏廟五
曰社稷六曰五嶽七曰四瀆八曰溢口九曰豹祠水旱癘
疫皆有事焉無牲帛以酒脯棗栗之饌若建午建申
帝在青帝之南小退籍以莞席牲以辟其儀同南郊又祈
日仍不雨復從岳瀆已下祈如初旬不雨者即徙市禁屠

隋雩壇國南十三里啓夏門外道左高一丈周百二十尺
孟夏之月龍星見則雩五方上帝配以五人帝於上以太
祖武元帝配饗五官從祀於下牲用犢十各依方色京師
孟夏後旱則祈雨理冤獄失職存鰥寡孤獨掩骼

【志二 隋書七 三 ▼】

埋胔省徭役進賢良舉直言退佞諂點貪殘命有司曹男
女恤幽曠七日乃祈岳鎮海瀆及諸山川能興雲雨者又
七日乃祈社稷及古帝王有神祠者又七日乃祈神州又七
日乃祈宗廟及古帝王有功德者祈神州又七日乃修雩
祈宗廟及古帝王有來百辟卿士有益於人者又七日乃
日仍不雨復從岳瀆已下祈如初旬不雨者即徙市禁屠
而巳皆用酒脯初請後二旬不雨者即徙市禁屠但禱
素服避正殿減膳撤樂或露坐聽政自斷輕繫省愆令人家
造土龍兩瀆則命有司報州郡尉祈雨則理冤獄存鰥寡
孤獨掩骼埋胔潔齋祈于社七日乃祈界內山川能興雨
者徙市斷屠如京師祈而澍亦各有報霖雨則禜京城諸

門三禜不止則祈山川岳鎮海瀆社稷又不止則祈宗廟
神州報以太牢州郡縣苦雨亦各禜其城門不止則祈界
內山川及祈報用羊承

禮天子每以四立之日及季夏乘玉輅建大旂服大裘各
於其方之近郊為兆迎其帝而祭之三春之始萬物之所謂爟柴於泰壇掃
地而祭者也春迎靈威仰者三者而畏之也夏迎赤熛怒者其靈
不仰其靈德服而畏之也夏迎赤熛怒者言夏迎赤熛怒者其靈
炎至明盛也秋迎白招拒者招集拒大也言秋時集成萬
物其功大也冬迎叶光紀法也言冬時集收萬
拾光華之色伏而藏之皆有法也中迎含樞紐者含容也

【志二 隋書七 四 ▼】

框機有開闔之義紐者結也言主德之帝能含容萬物開
圖有時紐結有法也然此五帝之匿皆以其德而名焉梁
陳後齊後周及隋制度相循皆以其時之日各於其郊迎
而以太皞之屬五人帝配祭並以五官三辰七宿於其方

從祀焉

梁制迎氣以始祖配牲用特牛一其儀同南郊天監七年
尚書左丞司馬筠等議以昆蟲未蟄不以火田鳩化爲鷹
蔚羅方設仲春之月祀不用牲止珪壁皮幣斯又事神之
道可以不殺明矣況今祀天豈容尚此請夏初迎氣祭不
用牲帝從之八年明山賓議曰周官祀昊天以大裘祀五

【志二】　【隋書七】　【五】

帝亦如之頃代郊祀之服皆用袞冕是以前奏迎氣祭五
帝及配帝五官之神同梁其玉帛牲各以其方色其儀與
南郊同帝及后各以夕牲日之旦太尉陳幣告請其廟以
就配焉其從祀之官位皆南陛之東西向壇上設饌畢太
宰丞設饌於其座亞獻畢太常少卿乃於其所獻事畢皆
撤又云立春前五日於州大門外之東造青土牛兩頭耕
夫犁具立春有司迎春於東郊登青幡於青牛之傍焉

後周五郊壇崇及去國如其行之數其廣皆四丈其方
俱百二十步内遺皆半之祭皆同後齊星辰七宿岳鎮
海瀆山林川澤丘陵墳衍亦各於其方配郊而祀之其星
辰爲壇崇五尺方二丈岳鎮爲壇方一丈深二尺山林巳
下亦爲增壇崇三尺壇深一尺俱方一丈其儀頗同南郊
家宰亞獻宗伯終獻禮畢
隋五時迎氣青郊爲壇國東春明門外道北去宮八里高
八尺赤郊爲壇國南明德門外道西去宮十三里高七尺
黃郊爲壇國南安化門外道西去宮十二里高七尺白郊
爲壇國西開遠門外道南去宮八里高九尺黑郊爲壇宮

【志二】　【隋書七】　【六】

北十一里田地高六尺並廣四丈各以四方立日黃郊以
季夏土王日祀其方之帝各配以人帝其方
五官及星三辰七宿亦各依其方從祀其牲依方色各用
犢二星辰加羊豕各一其儀同南郊其岳瀆鎮海各依五
時迎氣日遣使就其所祭之以太牢
晉江左以後乃至宋齊相承始受命之主皆立六廟虛太
祖之位自宋武初爲宋王立六廟於彭城但祭高祖巳下四世
中興二年梁武初爲梁公曹文思議天子受命之日便祭
七廟諸侯始封即祭五廟祠部即謝廣等並駁之遂不施
用乃建臺於東城立四親廟并妃郊氏而爲五廟告祠之

禮並用太牢其年四月即皇帝位謝廣文議以為初祭是
四時常祭首月既不可移易且依前勅日於東廟致齋帝
從之遂於東城時祭訖遷神主於太廟始自皇祖太中府
君皇祖淮陰府君皇高祖濟陰府君曾祖中從軍史府
君皇祖特進府君皇妣為德皇后廟號太祖皇祖特進以上皆
考為文皇帝進為皇妣為德皇后以為三昭三穆凡六廟一歲五皆
同一堂共庭而別至春祠夏礿秋嘗冬烝並臘一歲凡五
不追尊擬祖遷於上而太祖之廟不毀與六親廟七皆
謂之時祭三年一禘五年一祫謂之殷祭禘以夏祫以冬
皆少臣配其儀頗同南郊又有小廟太祖太夫人廟也

〈志二〉 　隋書七　〈七〉

非嫡故別立廟皇帝每祭太廟訖詔詣小廟亦以一太牢
如太廟禮天監三年尚書左丞何佟之議曰禘於首夏物
皆未成故秋冬萬物皆成其禮尢大大司農列功
臣未有六皆祭於大祫知祫尢大乃及之也近代禘祫並不
都有史王景之列自江左以來郊廟祫祭帝已久齋百姓
及功臣有乖典制宜改詔從之自是祫祭乃又功臣是歲
尚其爲殊制若禁尚服不得入籬門爲太遠宜以六門
是也今古殊制若禁尚服不得入籬門爲太遠宜以六門
爲斷詔曰六門之內士庶其多四時烝當俱斷其哭若有
死者棺器須來既許其大而不許其細也到齋日宜夫廟

二百步斷哭四年何佟之議安禮未祭一日大宗伯省牲
鐘祭日之晨君親牽牲麗碑後代有司晉而人主猶
必親奉故有太牲之禮頭代人君不復躬牽丹陽尹
奉牲於古無取牲出入也少牢饋食殺牲於廟門外今
儀注曰之晨便太尉牽牲依舊帝可其奏佟之又曰鄭玄云天
子諸侯之祭先有裸尸之事而越使里越太祝甚乖
舊典竊謂祭日之晨宜使太尉先行裸獻乃後迎牲帝曰
裸禮太祝既攝位實宜親執其事而越使里越太祝甚乖
畢太祝乃執珪瓚裸地遞諫若斯文近代少牲少年饋食
子諸侯之祭先有裸尸之重乃迎牲出入也少牢饋食之

〈志二〉 　隋書七　〈八〉

裸尸本使神有所附今既無尸裸將安設佟之曰如馬鄭
之意裸尸而義在求神今雖無尸求神之義恐不可
關帝曰此本因尸祝神今若無尸裸求神之所裸
義乃定佟之曰祭統云裸者獻之屬莫重於裸
禮草乃奏未報佟之卒後明山賓更申其理帝曰佟之既
不復存宜從其議也自是使太尉代太祝行裸酒而又牽
牲太常任昉又以未明九刻呈牲加又太尉裸酒三刻施
饌間中五刻力辦儀不辦近者臨祭從事實以二更至未明
三刻力辦明山賓議謂九刻已矯太早況二更非復祭旦

13-66

帝曰夜半子時即景辰宜取三更省牲餘依儀注又有
司以為三牲或離代依制埋馬豬等議以為牲死則不埋請議其
制司馬筠等議以為牲死則不埋請議其
悉宜埋帝從之五年明山賓議樽彝之制祭圖唯有三樽在滌矢死
重於獻不容共樽宜循彝器以備六彝尊徒
祠夏礿祼用雞彝鳥彝王以珪瓚初祼后以璋瓚亞祼故
一曰象樽周樽也二曰山罍夏樽也三曰著樽殷樽也
有發名竟無其器宜酌象樽之酒以為珪瓚之實禰彝等
春夏兩祭俱用二彝全古禮殊無復大典祭彝在滌春
則終年乘祧菉籩豆定南方之物則主火位木生於火宜
金火相伏用之通夏於義為疑山賓曰臣愚管不奉明詔
以鳥彝春夏兼用常帝從之七年舍人周捨以為禮王輅以
祀金輅宜貳則祭曰應乘玉輅宜以禰彝春夏兼用帝從之
從之文禮官司馬筠等議金輅當申忠愨非謬宜依捨議帝
玉輅既有明文而儀注金輅當申忠愨非謬宜依捨議
皇太子加元服戚賦平湯藝宣立關纂戎戒嚴鮮嚴合十
室於是議以封禪南北郊祀明堂總省四方御臨軒戎出征
一條則遍告七廟講武惰宗廟明堂臨軒封拜公王四夷
欽化貢方物諸公王以惣削封及詔封王紹襲合六條則

告一室帝從之九年詔簡輕器之實以藉田黑黍十二年詔
曰祭祀祠廟用洗匜中水盥匜又滌爵酹爵以禮神窵精潔而
一器之內雜用洗手外可詳議於是御及三公應盥及洗
爵名用一匜十六年四月詔曰大神無常饗響千克誠所
大武八座又奏既傳宰殺無後省牲之事請立五省饌儀其
黑黍其祧礿祭粢盛實宗廟祭祀猶有牲牢無益至誠有
有脯脩之類即牲帝從之十月詔曰今雖無益牲牢猶
丞司馬筠等參議大餅代大脯餘並用蔬菜帝從之又舍
於是起至敬殿景陽臺立七廟座月中再設淨饌自是貴
羲相承止於一豜即禮為乖請加豯沌等羲一豜帝從之
嬪神主于小廟其儀未祔前先修增室改塗其日有司行
填除開埋室奉皇考太夫人神主於坐奠制幣訖照官入
自東門位定祝告撤幣埋於兩檻間有司遷太夫人神
主於上又奉穆貴嬪神主於下陳祭器如時祭儀禮畢納
神主閉于墦室陳制立七廟一歲五祠謂春夏秋冬臘也
每祭共以一太牢始相以三牲首餘唯骨體而已五歲再

殷殷大祫而合祭也初文帝入嗣而皇考始興昭烈王廟在始興國謂之東廟天嘉四年從東廟神主祔于梁之小廟改曰國廟祭用天子儀

後齊文襄嗣位猶為魏臣置王高祖秦州使君王曾祖太尉武貞公王祖太師文穆公王考相國獻武王凡四祖文宣帝受禪置六廟祖司空公廟曰皇祖吏部尚書廟文祖秦皇帝廟文穆皇帝廟太祖獻武皇帝廟世宗文襄皇帝廟為六廟獻文宣亞太祖之子文宣而別室既而遷神主於太廟獻武皇帝廟則遷毀並初疑其昭穆之次欲別立廟眾議不同至二年秋始祔太廟春祠夏礿秋嘗冬烝皆以孟月并臘凡五祭禘祫如梁之制每祭室一太牢始以皇后預祭河清定令四時祭廟禘祫及元日廟庭並設庭燎二所

王及五等開國執事官散官從三品已上皆祀五世五等散品及執事官散官正三品已下從五品已上祭三世三品已上牲用一太牢五品已下少牢執事官正六品已下從七品上牲用特牲或亦祭二世祖禰用特牲正八品已下襄牲用特牲諸廟薦依其宅堂之制其間數各依廟多少為限其牲皆于子孫見官之牲後周之制思後古之道乃右宗廟而左社稷直太祖之廟君高祖已下二

昭二穆凡五親盡則遷其有德者謂之祧廟亦不毀閔帝受禪追尊皇祖為德皇帝文王為文皇帝廟號太祖擬已上三廟遞遷至太祖不毀其下相承置二昭二穆為五焉明帝朋廟號世宗武帝朋廟號高祖並為祧廟而不毀其後禘祫所異者皇后亞獻則於太祖廟亦以皇后預祭其儀與斤菹兔醓豕臡之奠終獻記皇后親撤豆降還板位然後太祝撤焉

高祖既受命遣兼太保于文善兼太尉李詢奉策詣同州告皇考桓王廟兼用女巫同家人之禮上皇考桓王尊號為武元皇帝皇妣尊號為元明皇后奉迎神主歸于京師犧牲尚赤亦祭用日出是時帝崇建社廟改周制左宗廟而右社稷宗廟未言始祖又無受命之祧自高祖已下置四親廟同殿異室而已一曰皇高祖太原府君廟二曰皇曾祖康王廟三曰皇祖獻王廟四曰皇考太祖武元皇帝廟擬祖遷於上而太祖之廟不毀各以孟月饗以太牢四時薦新於太廟有司行事而不出神主祔祭之禮並準時饗其司命尸以春籥以夏黃以秋行以冬各於其廟日中雷則以季夏祀黃郊日各命有司祭於廟西門道南牲以少牢三年一祫以孟冬遷主未遷主合食於太祖之廟五年

一禘以孟夏其遷主各食於所遷之主各於其
廟禘祫之月則俱合饗於國所獲珍奇於
廟庭及以功臣配饗并以時陳諸瑞物及代
侍郎攝太常少卿許善心與博士褚亮等議曰謹案禮記
天子七廟三昭三穆與太祖之廟而七鄭玄注則此周制
也七者太祖及文王武王之祧與親廟四也
子唯立四親廟并始祖而為五周以文武為受命之祖特
己亥立文祖王者禘其祖之所自出而立四廟案鄭玄義天
及湯與二祧二昭二穆則五廟無太祖禹與二昭二穆而
立二祧是為七廟諸侯五廟其有殊功異德非太祖而不毀
故天子七廟諸侯五廟大夫三廟降一為差是則
在七廟之數案王肅以為天子七廟是通百代之言又據
王制之文天子七廟諸侯之父高祖之祖并太祖而為七
周有文武姜嫄合為十廟漢諸帝之廟各立無迭毀之義
天子立四親廟文立高祖之父高祖之祖各立無迭毀而立
至元帝時貢禹匡衡之徒始建其禮以高帝為太祖而立

四親廟是為五廟唯劉歆以為天子七廟諸侯五廟降殺
以兩之義七者其正法可常數也宗不在數內有功德則
宗之不可預毀為數也是以班固稱為論諸儒之議劉歆
博而篤矣先武帝即位建高廟於雒陽乃立南頓君以上四
廟就祖祖宗而為七也魏初明帝議立親廟四以上
祖武宗猶在四親之內乃虛置太祖之祧以待後代至
景初間乃依王肅更立五世六世祖就四親而為六廟
武受禪博議宗祀自文帝以上六世祖征西府君六世
亦序於昭穆未升祔太祖故止六世江左中興賀循知禮
至於襄廟之儀皆依魏晉舊事宋武帝初受禪亦循用廟樂
諸侯立親廟四即位之後增祠五世祖相國掾府君六世
祖右比平府君止於太祖逮身殁主升從昭穆猶太祖之
位也隆及齊梁守而弗革加崇迭毀禮無違舊是
姬周自太祖已下皆別立廟至於禘祫合食於太祖是
則新承革命而歌鐘焉先武乃摠立一堂而羣主異室斯
以災漢之初諸廟各立感時哀享亦隨處而祭所用廟
皇帝春哲玄覽神武應期受命開基垂統聖嗣當文明之
運定祖宗之禮且復神益不同公襲異趣時王所制可以垂
法自歷代以來雜用王鄭二義若尋其指歸校以優劣庚

成此論周代非謂經通于雍撫貴皇王事兼長遠今請依
據古典崇建七廟受命之祖宜別立章廟百代之後為不
毀之法至於繼駕親奉申孝其尊於高廟有司行事鴻誠敬
於舉王禪夫規模可則嚴祀易表有功形彰明德大後
古而貴能變臣又案周人立二廟以昭穆為左右院忱撰禮圖亦從此
職而言之先王居中以昭穆為左右院置之文據家人廟
議漢京諸廟既遠亦從此章廟理有未安雜
用漢儀事難金採謹詳之議未其圖太祖高祖
及二祧之外從迭毀之法詔可未及剏制既營建洛邑帝

〈志二〉

各一殷准周文武二祧與始祖而三餘並分室而祭始祖
無心京師乃於東都固本里比起天經營以遊高祖衣冠
四時致祭於三年有司奏請准前議於東京蓮立宗廟帝
封平太山所以告戌功也封記而禪于梁甫者太山
之支山也能以其道配成高德故禪于梁甫亦以
告太平也封者高厚之謂也天以高為尊地以厚為德
增太山之高以報天也厚梁甫之基以報地也明天之所
命功成事就有益於天地若天地之更高厚云記曰王者

隋書七 十五

自古帝王之興皆有行役遂復傳寢
所又下詔唯議別立高祖之廟齋有其行役遂復傳寢
封禪之禮監柳誓曰今始祖及二祧巳具今後子孫勳何
謂祕書監柳誓曰今始祖及二祧巳具今後子孫勳何

因天事天因地事地因名山升中于天而鳳降龜龍格
齋桓公既霸而欲封而欲封禪管仲言之詳矣秦始皇既黜儒生
而封太山禪梁甫其封事皆祕之不可得而傳也漢武帝
頗採方士之言造為玉牒而緘以金繩封廣九尺高一丈
二尺光武中興事遵其故晉宋齊梁又率百官抗表固請帝
齊有巡狩之禮并發封之儀竟不之行也開皇十四年羣
臣請封禪高祖不納晉王廣又率百官抗表固請帝命有
司草儀注於是牛弘辛彦之許善心姚察虞世基等創定
其禮奏之帝遂巡其事曰此事體大朕何德以堪之但當
東狩因拜岱山耳十五年春行幸兗州遂詣青帝壇而祭如

隋書七 十六

南郊文壇外為柴壇飾神廟展宮縣於庭為埋增二於南
門外文陳樂設位於青帝壇如南郊帝服袞冕乘金輅備
法駕而行禮畢遂詣青帝壇而祭焉

開皇十四年閏十月詔東鎮沂山南鎮會稽山北鎮醫無
閭山冀州鎮霍山並就山立祠東海於會稽縣界南海於
南海鎮南並近海立祠及四瀆吳山並取側近巫一人主
知灑掃並命多蒔松柏其霍山雲祀百官取側近十六年
正月又詔北鎮於營州龍山立祠東鎮晉州霍山鎮若恒
造並准西鎮吳山造神廟大業中煬帝因幸晉陽遂祭恒
岳其禮頗採高祖拜代宗儀增置二壇命道士女官數十

人於壇中設醮十年幸東都過祀華岳築場於廟側事乃

不經著非有司之定禮也

禮天子以春分朝日於東郊秋分夕月於西郊漢去不候

二分於東西郊常以郊泰時旦出竹宮東向揖日其夕西

向揖月魏文譏其煩褻似家人之事而以正月朝日于東

門之外前史又以為非時又明帝太和元年二月丁亥朝

日于東郊八月巳五夕月于西郊始合於古

後周以春分於國東門外為壇如其郊用特牲青幣

青圭有邸以春分朝日於國東門外為壇如朝日

亞獻宗伯終獻燔燎如圓丘秋分夕月於國西門外為壇

【志二】　【隋書七】　【十七】◎

四十六

於埳中方四丈深四尺燔燎禮如朝日

開皇初於國東春明門外為壇如其郊每以春分朝日又

於國西開遠門外為坎深三尺廣四丈為壇於坎中高一

尺廣四尺每以秋分夕月牲幣與周同

凡人非土不生非穀不食主稷不可偏祭故立社稷主

祀古先聖王法施於人則祀之故立社稷以主

而配焉為歲凡再祭蓋春求而秋報列於中門之外門之

內尊而親之與先祖同也然而古今飫殊禮亦異制故左

社稷而右宗廟者得質之道也梁社稷在太廟西其初蓋晉元帝建武元年所創有

道也梁社稷在太廟西其初蓋晉元帝建武元年所創有

太社帝社太稷凡三壇同門牆並隨其方色以仲春仲秋并令郡國

縣祠社稷先農縣又東祀靈星風伯雨師之屬又各祠社

稷于壇百姓則二十五家為一社其舊社及人稀者不限其家

及有四瀆海河祠皆隨其所在州郡縣而置其置者祝二人

秋祠水皇禱祈隨其郡國有五岳者置宰祝三人

職禮祭社稷親事牽牲之文謂以常少牲廬犧令牽牲

微吏牽牲頗為輕末且司農省牲義實為重又公卿貴臣親執盥舉斯

者神地之適國王社稷天監四年明山賓議以太社廟牲宜省

日則廡犧令牽牲太祝吏請牲天監四年明山賓議以太社廟牲宜省

性司農省牲太祝吏請牲廡犧令牽牲六社

太祝令讀牲帝唯以祝讀牲疑又以司農省牲於理似傷犧使

執紖即事成甲議以太常少牲餘依明議於是遂定矣同

云三十八猪大人皇子孫皇帝太帝大日月五星鈞祠陳北極北斗

太牢祠老人星兼祠天皇太帝大日月五星鈞祠陳北極北斗

初文加官社官稷并祠為五壇焉○陳制皆依梁舊而帝社以

三牲首餘以骨體薦焉菜為六飯粳稻黍稷以敬稻以藁百

梁經藍黍瓜渫菜以璉令太中署常以二月八日於署庭中以

醫給除穢氣散藥先祭一日服之皆潔其儀本之齊禮

○後齊六社帝社稷二壇祭國立每仲春仲秋及臘各以

太牢祭焉皇帝親祭則司農卿自牲進執司空亞獻司農終獻

13-71

後周社稷皇帝親祀則冢宰亞獻宗伯終獻

開皇初社稷並列於含光門內之右仲春仲秋吉
戊各以一太牢祭為牲色用黑孟冬下亥又臘祭
之州郡縣二仲月並以少牢祭百姓亦各為社又
於國城東南七里延興門外為靈星壇立秋後辰
令有司祠以一少牢

古典有天子東耕儀江左未暇至宋始有其典梁
初籍田依宋齊以正月用事不齋不祭天監十二年
武帝以為啟蟄而耕則在二月韶內書云以殷仲
春籍田理在建郊於是改用二月又國語云王
即齋宮與百官御事並齋三日乃有沐浴祼
饗之事前代當以耕而不祭故闕此禮國語
又云齋臨之太史讚之則知耕藉應有先農神
座兼有讚述耕藉百官今藉田使陳鷹蓋之禮讚辭如社稷
日兼於齋所設先農神坐乘馬車載未耜
法又曰齋代舊軍藉田使御史乘馬車載未耜
於五輅後禮云親載未耜措于參保介之御間則置
所乘輅上若以今輅與古不同則宜升之次輅以明
慎重而遠在餘薦於義為甲且御史掌視兆為輕
賤貟今宜從待中奉未耜載於象輅以隨末輅之後普通二

〈志二　隋書七　十九〉

年又移籍田於建康北岸築兆域大小列種穜稑稻便殿及
齋官首如南北郊別有望耕臺在壇東帝親耕畢登此臺
以觀公卿之推伐又有祈年殿云
北齊籍於帝城東南千畝內種赤粱白穀大豆赤黍小豆
黑穄麻子小麥色別一頃地中通阡陌作祠壇
於陌南阡西廣輪三十六尺高九尺四陛三壝四門又為
大營於外文設御耕壇於阡東阡北每歲正月上辛後吉
亥使公卿以一太牢祠先農神農氏於壇上無配饗祭訖
親耕先祠司農進種穋之種六宮主之行事之官并齋訖
齋省於壇所列宮懸又置先農坐於壇上眾官朝服司空
一獻不燎祠訖皇帝乃服通天冠青紗袷幘佩蒼玉
黃綬青帶袾為備法駕乘未輅耕官具朝服從殿中監進
御未於壇南百官升耕壇南陛即御座應
耕者各進於列帝降自南陛至耕位釋耕執未三推三反
升壇即坐耕官一品五推五及二品七推七及三品九推
九反籍田令帥其屬以牛耕終于畝以望箱奉種稑種跪
呈司農詣耕所灑之穜訖司農省功奏事畢皇帝降之便
殿更衣鄉食禮畢班賚而還
隋制於國南十四里啟夏門外置地千畝以后稷配牲用一大牢皇帝服袞冕春吉亥
祭先農於其上以后稷配牲用一大牢皇帝服袞冕備法

〈志二　隋書七　二十〉

駕乘金根車禮三獻訖因耕司農授末皇帝三推訖執事
者以授應耕者各以班九推五推而司徒帥其屬終于畝
播殖九穀納于神倉以擬來盛禳墓以飼犧牲云
周禮王后蠶於北郊而漢法皇后蠶於東郊魏遵周禮蠶
于北郊吳韋昭制西蠶頌則孫氏亦有其禮矣晉太康六
年始於臺城西白石里為西蠶設兆域置大殿七間又
四年始於臺城西白石里被以棘其中起蠶室二十
蠶宮方九十步牆高一丈五尺被以棘其中起蠶室二十
後齊為蠶坊於京城北之西去皇宮十八里之外方千步
立蠶觀蠶自是有其禮

七口別殿一區置蠶宮令丞佐史皆宦者為之路西置皇
后蠶壇壇高四尺方二丈四出階廣八尺置先蠶壇於蠶
東南大路東橫路之南壇高五尺方二丈四出階廣五尺
外兆方四十步面開一門有綠襜襦襈衣黃履以供蠶母
每歲季春穀雨後吉日使公卿以一太牢祀先蠶黃帝軒轅
氏於壇上無配如祀先農禮訖皇后升桑壇即御座於桑壇備
駕服鞠衣乘重翟帥六宮升桑壇下皇后降自東陛執筐者
筐女主衣執鈎立壇下皇帝降自東陛執筐者處石執鈎
者居左蠶母在後乃躬桑三條訖升壇即御座女尚書執
次就桑鞠衣五條展衣七條祿衣九條以授蠶母還蠶室

初授世婦灑一簿領領桑者並後本位后乃降壇還便殿
改服設勞酒班賚而還
後周制皇后東翟輅三妃三妚御媛御妴三公夫人三
孤內子至蠶所以一太牢親祭進奠先蠶西陵氏神禮畢
降壇昭化嬪亞獻淑嬪終獻因以公桑焉
隋制於宮北三里為壇高四尺本春上已皇后服鞠衣於
壇上用一獻禮祭訖就桑位於壇南東面尚功進金鈎典
制本筐皇后採三條訖反鈎命婦各依班採五條九條而止
世婦亦有蠶母受功桑灑訖還依位皇后採桑訖乃還宮自後齊
重翟率三夫人九嬪內外命婦以一太牢制帛奈先蠶於

九乃得太子其言為立禖祠於城南祀以特牲因有其祀
晉惠帝元康六年禖壇石中破為二詔問石毀應復不
禮仲春以玄名至之目用太牢祀于高禖漢武帝年二十
博士議禮無高禖置石之文未知造設所由既已毀破可
無改造更下四府博議以為未詳其義而賀循以為魏時
主道也祭器弊則埋而置新今宜埋舊石更造立此石詔更鐫
此議不用後得高堂隆故事魏青龍中造立此石詔更鐫
石令如舊置高禖壇上埋破石入地一丈案梁太廟北門
內道西有石文如竹葉小屋覆之宋元嘉中修廟所得陸

澄以為苍武時郊祺之石然則江左亦有此禮矣
後齊高祺為壇於南郊傍廣輪二十六尺高九尺四陛三
壇每歲春分玄鳥至之日皇帝親帥六宮祠青帝於壇以
太昊配而祠高祺之神以祈子其儀青帝北方南向帝
東方西向祠高祺之神以祈子其儀皇帝北方東向帝共
皇帝初獻自東陛皇帝服袞冕東西向禮用青珪束帛乘重犢
以一太牢祠日皇帝服袞冕乘玉輅皇后服褘衣乘重翟
后及舉官皆拜乃撤就燎禮畢而還隋制亦以玄鳥至之
終獻上媛獻之祺神壇下東陛皇后亞獻降自東陛皇帝及
日祀高祺於南郊壇牲用太牢

舊禮祀司中司命風師雨師之法皆隨其類而祭之兆風
師於西方者就秋風之勁而不從箕星之位兆司中司命
於南郊以天神是陽故兆於南郊也兆兩師於北郊者就
水位在比也
隋制於國城西北十里亥地為司中司命司祿三壇同壇
祀以立冬後亥國城西南八里金光門外為雨師壇祀以立夏
立春後丑國城東北七里通化門外為風師壇祀以
後申壇皆三尺牲並以一少牢
昔伊耆氏始為蜡蜡者索也百之君子使人必報之故周
法以歲十二月合聚萬物而索饗之仁之至義之盡也其

祭法四方各自祭之若不成則闕而不祭後周亦存
其典常以十一月祭神農氏伊耆氏后稷氏田畯鱗羽臝
毛介水墉坊郵表畷獸猫之神於五郊上帝地祇五
星列宿苍龍朱雀白獸玄武五人帝五方之神各以其方合祭之月五方皆
山林川澤丘陵墳衍原隰則各為坎於平地皇帝初獻上帝
澤丘陵墳衍原隰則為小壇於其側岳鎮海瀆山林川
蜡無其祀三辰七宿則為壇於壇上南郊之日五月皆
地祇神農伊耆者及人帝冢宰亞獻宗伯終獻上帝
辰五官后稷田畯岳鎮海瀆中大夫獻七宿山林川澤巳

下自天帝人帝田畯羽毛之類牲幣五帛皆從燎地祇郵
表畷之類皆從埋祭畢皇帝如南郊便殿致齋明日乃蜡
祭于南郊如東郊儀祭訖又如黄郊便殿致齋明日乃祭
郊用一太牢祭井於杜宫用一少牢季冬祭水藏水仲春開冰
其方不孰則闕其方亦以孟冬亥蜡又以仲冬祭於北
隋初因周制令亦以孟冬下亥蜡百神臘宗廟祭社稷

蜡祭訖還宮
祭訖又如西郊便殿明日乃祭祭訖又如此郊便殿明日
皇四年十一月詔曰古稱臘者接也取新故交接
並用黑牲秬黍於冰室祭司寒神開冰加以桃弧棘矢開
郊四年十一月詔曰古稱臘者接也取新故交接前周

13-74

歲首至今之仲冬建冬之月稱禘可也後周用夏后之時行
二月為臘於是妲媒革前制
姬氏之禘考諸先代於義有違其十月行禘者傳可以十
後齊正月晦日中書舍人奏祓除群上臺東宮擇吉
日詣殿宮賣臣與師行事所須皆移尚書省備設云後主
末年祭非其鬼至於躬自鼓儛以事胡天鄴中遂多淫祀
茲風至今不絕後周欲招來西域又有拜胡天制皇帝親
焉其儀並從夷俗淫僻不可紀也

志第二　禮儀二　隋書七

禮儀三

太尉揚州都督參修國史上柱國趙國公臣長孫無忌等奉勅撰

陳永定三年七月武帝崩新除尚書左丞庾持稱晉宋
來皇帝大行儀注未祖一日告南郊太廟奏策奉謚
將登輴輲侍中版奏已稱其謚皇帝遣奠出於陛下方
以此時刀讀哀策而前代策文猶云大行皇帝登輴輲伏尋今祖奠已奉
通前帝謚未定臣子稱大行以別嗣主近檢梁儀自梓宮
正國子博士領步兵校尉知儀禮沈文阿等謂應勿詳
策謚哀策既在庭遣祭不應猶稱大行且哀策篆書藏於
玄宮謂依梁儀稱謚以傳無窮詔可之

天嘉元年八月癸亥尚書儀曹請今月晦皇太后服安吉
君禪除儀注沈洙議至親碁斷加隆故再碁而再周之
喪斷二十五月但重服不可頻除故變之以纖縞創巨不
可便愈故稱之以祥禪禫者淡也所以漸祛其情至加父
在為母出適後之子則屈降之以制心制既無杖經可除不容後
緣情有本同之義許以心制心也且禫杖碁者十五
改玄緣既是心憂則無所更淡其心也故斷以再周止二十五
月已有禮制今申其免懷之感故斷以再周止二十五月

而已所以宋元嘉立義心喪以二十五月為限大明中王
皇后父喪又申明其制齊建元中太子穆妃喪亦同用此
禮唯王儉古今集記云心制終二十七月又為王逡所難
何佟之斷令皇太后於安吉君心喪之期宜除於再周無
五月為斷令皇太后於安吉君心喪之期宜除於再周二十
復心禪之禮詔可之

隋制諸岳崩瀆竭天子素服避正寢撤膳三日遣使奠
之山川牲用太牢

皇帝本服大功已上親及外祖父母皇后父諸官正一
品喪皇帝不視事三日皇帝本服五服內親及嬪百官正
二品已上喪並一舉哀太陽虧國忌日皇帝本服小功總
麻親百官正三品已上喪皇帝皆不視事一日

皇太后皇后為本服五服內諸親及嬪又東宮三師三少宮臣三品已上舉
本服五服之內親又東宮三師三少宮臣三品已上舉
哀

梁天監元年齊臨川獻王所生妾謝墓被發不至挺門蕭
子晉傳重諮禮官何佟之議以為改葬服緦見柩不
可無服故也此上侵墳土不及於樟可依新宮火勲三日
哭假而已帝以為得禮二年何佟之議追服三年無禪尚
書議並以佟之言為得

又二年始興王嗣子喪博士管四議使國長從服總麻

四年掌山陵嚴植之定儀注以亡月遇閏後年中祥祋所

附月帝曰閏蓋餘分月節則各有所隸若節逢閏後前月則宜

以前月為忌節屬後月則宜以後月為忌祥逢閏則宜取

遠日

又四年安成國王剌稱廟新建欲尅今日運立所生具太妃

神主國王既有妃喪欲使臣下代祭明山賓議以為不可

宜待王妃竟親奉盛禮

五年貴嬪母車喪議者疑其儀明山賓以為貴嬪既居母

慶皇太子出貴嬪別第一舉哀以申聖情庶不乖禮帝從

之

又五年祠部郎司馬褧牒貴嬪母車亡應有服制謂宜准

公子為母麻衣之制既葬而除帝從之

六年申明葬制及墓不得造石人獸碑唯聽作石柱記名

位而已

七年安成王慈太妃喪周捨議使安成始興諸王以成服

日一日為位受弔帝曰喪無二主二王既在遠嗣子宜祭

攝事周捨牒嗣子著細布衣絰領憑單衣用十五升葛凡

有事及忌時節朝夕哭三年不聽樂

十四年舍人朱异議禮年雖未交成人已有爵命者則不

一為殤封陽侯年雖中殤已有拜封不應殤服帝可之於是

諸王服封陽侯依成人之服

大同六年皇太子啟謹案人之服

之禮則降服之大功理不得有三嘉今行三嘉之禮竊有

小疑帝曰禮云大功之末可以冠子父小功之末可以冠

子嫁子要婦已雖小功既卒哭可以冠聚妻下殤之小功

則不可晉代蔡謨謝丁纂馮懷等遂云降服大功可以

嫁女宋代裴松之何承天又云女有大功之服亦得出嫁

范堅荀伯子等雖復睟意致難亦未能折太始六年虞翻

立議大功之末乃可要婦于時博詢咸同議啟永明十

破此此諸議皆其公背正文徐爰王文憲並云

之議云大功之末非直皇女嬪降無疑皇子娉納亦在非

慘具論此義粗巳詳悉太子今又啟審大功之

其意天監十年信安公主當出適而有臨川長子大功之

碁服降為大功皆不可以婚嫁於義乃不乖而又不釋

之小功行婚冠嫁三吉之事案禮所言下殤大功理當及下殤

故不得有三吉之禮況本服是碁降為大功小功本是碁

人間行者其用鄭女逆降之義雜記云大功之末可以冠

子嫁子此謂本服大功子則小功踰月以後於情差輕所

以許有冠嫁此則小功之末通得取所云大功之末
可以冠子嫁子此其簡出大功之身不得取婦後言小功
之末可以冠子非直子得冠嫁之身不得取婦故有出没
婚禮國之大典宜有畫一令宗室及外戚不得復輙有干
啓禮官不得輙爲曲議可依此以爲法

後齋定令親王公主太妃妃及從三品巳上喪者借白鼓
一曰喪畢進輸王郡公主太妃妃及五等開國通用方相四品
五品五旒六品七品三旒八品巳下達于庶人唯旒而巳
下達苏庶人以魁頭旌則一品九旒二品三品七旒四品
其建旒三品巳上及開國子男其長至輈四品五品至輈
六品至于九品至輈子欲改葬祖及祖母列上未知所服
王元輒子欲改葬祖及祖母列上未知所服邢子才議曰
禮改葬弁總麻鄭玄注臣爲君子妻爲夫唯三人而巳
然嫡曾孫承重者曾祖父母祖父母改葬既並三年之
服皆應服總而止言三人若非遭涌便是舉其略耳
開皇初高祖恩定典禮太常卿牛弘奏曰聖教陵替國章
殘缺漢晉爲法隨俗因時未足經國冗人弘風施化且制
禮作樂事歸元首江南王儉偏隅一臣私撰儀注多違古
法就廬非東階之位凶門豈設重之禮兩蕭累代擧國遵

行後魏父宗風牛本隔殊不尋咒遙相師祖故山東之人
浸以成俗西魏巳降師旅弗遑賓嘉之禮盡未詳定今休
明啓運憲章伊始請擇前經董茲俗獎詔曰可弘因奏徵
學者撰儀禮百卷來用東齊禒注以爲准弘因奏上自王公下
修甲上之詔遂班天下咸使遵用焉其喪紀上自王公下
示禮制五品巳上薨卒及三品巳上有嫡親巳上喪並遣
護喪事司儀令示禮制二品巳上則鴻臚丞監護司儀丞
逮庶人著令皆爲定制無相差越正一品薨則鴻臚鄉監
儀一人示禮制官人在職喪聽敕以朝服有封者斂以冕
服未有官者白幍單衣婦人有官品者亦其服斂以冕
服未得置金銀珠玉諸重一品懸隔八五品巳上四六品巳
下二輀車三品巳上油幰朱絲絡網池幰兩箱畫龍幰竿
諸末垂六旒蘇七品巳上油幰施襈兩箱畫雲氣垂旒
蘇八品巳下達苏庶人醬甲車無襈旒蘇畫飾執紼一
品五十人三品巳上三品巳上四品三十人並布幰布深衣
三品巳上四引四披六鐸六翣四品五品巳上二引二
四翣九品巳上一鐸二翣四品巳上用方相七品巳上用
魁頭在京師弄者去城七里外三品巳上立碑螭首龜趺
趺上高不得過九尺七品巳上立碣高四尺圭首方趺若
隱淪道素著義者聞有雖無爵奏聽立碣

三年及碁喪不數閏大功已下數之以閏月亡者祥及忌
日皆以閏所附之月為正
凶服不入公門碁喪已下不解官者在外曹禱緣紗帽若
重喪被起者皁縚下裙帽若入宮殿及須朝見者冠服依
百官例

齊衰心喪巳上雖有奪情並終喪不弔不賀不預宴小功已
未練大功未葬不弔不弔不賀並終喪不弔不賀不預宴幕喪
依例居五服之喪受冊及之職儀衛依常武唯鼓樂從而
不作若以戎事不用此制自秦兼天下朝觀之禮遂廢及
禮成而出明日王朝受享於廟既致享大家宰又命公一
至大司空設九儐以致館梁王束帛乘馬設九介以待之
臨各三十五甕酒十八壺米禾各五十車薪芻各百車既
之朝周入儀大家宰命有司致積其餼五牢米九十筥醴

〈志三〉　隋八　〈七〉

周封蕭巋為梁王記於隋恒稱藩國始有朝見之儀梁王及

四一冊十

人玄冕乘車陳九儐以束帛乘馬致食于賓及賓之從各
有差致食訖又命公一人弁服乘車執贄設九儐以勞賓
王設九介以迎於門外明日朝服乘車還贄于公公皮弁迎
於大門授贄受贄亞於堂之中檻又公事畢公致尊明日王
乘車備儀衛以見于公事畢公致尊明日王見三孤如見三公
贄勞于梁王明日王還贄又明日王見三孤如見三公明

四四五十

日鄉一人又執贄勞主王見鄉又如二孤於是三公三孤
六鄉又各饋賓賓並屬吏臣之長以使牢米束帛回三公
開皇四年正月梁主蕭巋歸朝于京師次於郊外詔廣平王
楊雄吏部尚書辛彥之康持節以迎衛尉設次於驛館雄等
降就便幕巋服通天冠絳紗裏端攝立於東階下西面文
門之外西面冊拜受詔訖雄等乃出於館門外道右歸攝於門
外西面再拜及奉見高祖冠通天冠服絳紗裏御大興殿
武陛侍如其國雄等立於門右東面歸攝內史令郄顧言
出門請事如其詔雄與巋顧言又告歸出詔迎顧言
告梁大監初陛璵議定軍禮逢其制帝自宜者請征討之
古者天子征伐則宜于社造于祖類于上帝還亦以姓徧

〈志三〉　隋本八　〈八〉

如朝儀巋歸服遠遊冠朝服以君臣並拜禮畢而出
亦如之
幣承命可也璵不能對嚴稙之又爭之於是告用牲幣反
宜造者票謀於廟類者奉天時以明代並明不敢自專陳
後齊天子親征纂嚴則服通天冠文物充庭有司奏重衣
乃入冠武弁左貌附蟬以出誓訖擇日備法駕乘木輅
以造于廟載遷廟主於齊軍以候行次擇日陳六軍備大
血體軍鼓載遷帝社石主於車以候行次擇日陳六軍備大

【上欄】

駕類于上帝次擇日祈告土
神州岳鎮海瀆源川等乃為
坎盟督將列牲於坎南北首有司
皇帝受牲耳徧授大將乃實于坎又取
血皇帝受牲耳徧授大將乃軷祭以實
坎禮畢埋牲及盟書又卜日建牙於壇
過名山大川使有司致祭將屆戰所剛日
容設柴燎於辰地為壇禡祭大司馬奠矢有司
奏大蒐之禮徧祭旗以太牢樂
社戰勝則各報以大牢又以太牢賞用命于
神庭而授版焉又罰不用命于社即
還於廟詔社訖擇日行飲至禮文物充庭有司

斑月朝陳六師凱入格廟之事飲至策勳之奏因述其功

不替賞典焉

隋制行幸所過名山大川則有司致祭岳瀆以太牢山川
以少牢親征及巡狩則類上帝宜社造廟還禮亦如之將
發軔則軷祭其禮有司於國門外委土為山象設埋埳有
司剝羊陳俎豆駕將至委奠幣薦脯臨駕於軷西首又
奠酒解羊并饌埋於垾駕至太僕祭兩軹及軷前乃飲授
爵遂縣軷上而行

大業七年征遼東煬帝遣諸將於薊城南桑乾河上築社
稷二壇設方壇行宜社禮帝齋於臨朔宮懷荒殿預告官

〔中縫〕四三十　堯舜　〇壹三　隋文人　九　世宗

【下欄】

及待從各受甲胄帝袞冕玉輅備法礼
甲御金輅服通天冠還宮又於宮南類上帝積柴於燎壇
設高祖位於東方帝服大裘以冕乘玉輅奠玉帛並如
宜社諸軍受脈畢帝就位觀燎乃出又於薊城北設壇祭
馬祖於其上亦有燎又於其日使有司並祭先牧及馬步
無鐘鼓之樂眾軍將發帝御臨朔宮親授節度每軍大將
亞將各一人騎兵四十隊隊百人置一纛十隊為團悉
偏將各一人第一團皆青絲連明光甲鐵具裝青纓拂建
虬旗第二團絳絲連朱犀甲鐵具裝赤纓拂建貔旗
第三團白絲連明光甲鐵具裝素纓拂建辟邪旗第四
烏絲連玄犀甲獸文具裝建六駁旗前部鼓吹一部大鼓
小鼓及鐃長鳴中鳴等各十八具棡鼓金鉦各一具後部
鐃吹一部鐃二面簫及笳哱各四具第一團每隊白
橫笛各四具兵衛每隊各奉白獸幡第二團每隊
團每隊絳青隼湯幡第三團
隼幡第四團黃隼湯幡
集獲使者一人給一馬軭車一乘白獸幡
隆使者一人承詔慰撫不受大將制戰陣則為監軍軍將發候大角
人承詔慰撫不受大將制戰陣則為監軍
一通步卒第一團出營東門東向陣第四團出營北門北向
向陣第三團出營西門西向陣第二團出營南門南

〔中縫〕四勹卅　隋武八　十一　世宗

13-80

四面團營，然後諸團嚴駕，立大角三通，則鐃鼓俱振，騎
第一團引行，隊間相去各十五步，次第二團，次前部鼓吹，
次弓矢一隊，合二百騎，建蹲獸旗砲架二張，大角在其下，
次諕馬二十四，次大角，次後部鐃，次第三團，次第四團，次
受降使者，次及輜重戎車散兵等，亦有四團，第一團，第二

南向，第三團騎陣於西面，第四團騎陣於北面，合為方陣
騎陣於東面，第二團騎陣於南面，鼓吹翊大將居中駐馬
夾以行，亞將領五百騎，建騰豹旗，殿軍後至管，則第一團
收東面陣，分為兩道，夾以行，第二輜重出收南面陣，夾以
行，第三輜重出收西面陣，夾以行，第四輜重出收北面，次

《四百十九》　《志三》　隋書八　《十一》　朱伯崑

布間設馬槍，次施兵幕，內安雜畜，事畢，大將亞將等各就
者引騎入管，亞將率驍騎遊弈，督察其安管之制，以車外
四團外向，步卒翊輜重入於陣內，以次安管，管定四面陣
日遣一軍發引，相去四十里，連管漸進，二十四日續發而盡
牙帳，其馬步隊與軍中散兵，交為兩番，五日而代，於是每
首尾相繼，鼓角相聞，旌旗亘九百六十里，天子六軍次發
兩部前後先置，又亘八十里，通諸道合三十軍，亘一千四
十里，諸軍各以帛為帶，長尺五寸，闊二寸，題其軍號為記
御管內者，合十二衛三臺五省九寺，並分隸內外前後左
右六軍，亦各題其軍號，不得自言，臺省王公已下至于兵

官

隋制，常以仲春用少牢祭馬祖於大澤，諸預祭官皆於祭
所致齋一日，積柴於燎壇，禮畢就燎，仲夏祭先牧，仲秋祭
馬社，仲冬祭馬步，並於大澤，皆以剛日，牲用少牢，如祭馬
祖，埋而不燎。
開皇二十年，太尉晉王廣北伐突厥，四月己未，次於河上，
禡祭軒轅黃帝，以太牢制幣，陳甲兵，行三獻之禮。
後齊命將出征，則太卜詣太廟，灼靈龜，授鼓旗於廟，皇帝
陳法駕，服袞冕，至廟，拜於太祖，編告訖，降就中階，引上將
操鉞授柯曰，從此上至天，將軍制之，將既受命，乃齋
下至泉，將軍制之，將既受命，有鼓旗斧鉞之威，願無一言之命
不可從中制，臣既受命，有鼓旗斧鉞之威，願無一言之命

《克字》　《四百八》　《志三》　隋書　《十二》

丁斷隸，悉以帛為幡，綴于衣領，名軍記幡，諸軍並給幡數
百，有軍使人交相去來者，執以行，不執幡本軍者，佗
軍驗軍記帶，知非部兵，則所在斬之，是歲也，行幸望海鎮，
於柔遠川設壇，祀黃帝，行禖祭，詔太常少卿韋霽博士褚
亮奏定其禮，皇帝及諸預祭官，諸軍將皆齋
有司供帳設位，為埋埳神坐於壇內，置軒轅神坐於南
門外，以熊席設帝軒轅神坐於壇之外，建
建槊於坐後，皇帝出次入門，群官定位，皆再拜奠禮畢還

13-81

於臣帝曰司社稷將軍裁之將軍就軍載斧鉞而出皇
帝推轂闔曰從此以外將軍制之
周大將出征遣太祝以羊一祭所過名山大川明帝武成
元年吐谷渾寇邊帝常服乘馬遣大司馬賀蘭祥於太祖
之廟司憲奉鉞進授大將大將拜受以授從者禮畢出受

○

甲兵

隋制皇太子親戎及大將出師則以豭肚（鼙鼓皆告社
之廟）司憲奉鉞進授大將大將拜受以授從者禮畢出受

古者三年練兵入而振旅至於春秋蒐獮亦以講其事
史李德林攝太尉告于太祖廟禮畢又命有司宜于社
受斧鉞訖不得反宿於家開皇八年晉王廣將伐陳內

梁陳時依宋元嘉二十五年蒐宣武場其法置行軍殿
於幕府山南岡并設王公百官幕先獵一日遣馬騎布圍
右領軍將軍督左右領軍左右大司馬董正諸軍簿
日侍中三奏一奏搥一鼓爲嚴訖訖伏大小駕鹵簿
皇帝乘馬戎服從者悉絳衫幘黃麾蓋鼓吹如常儀獵
訖宴會其勞比校多少殺一人以懲亂法會畢還宮

後齊常以季秋皇帝講武於都外有司先萊野爲二
軍進止之節又別墠於北場與雜伍觀遂命將簡士教衆
爲戰陣\法凡一爲陣又爲陣少者在前長者在後其還則長者在
前少者在後長者持弓矢短者持旌旗勇者持鉦鼓刀楯

爲前行戰次之\者次之弓箭爲後行將帥先教士目
使習見旌旗指麾之\蹤發起之意旌臥則跪教士耳使習
金鼓動止之\節聲鼓則進鳴金則止\教士心使知刑罰之
苦賞賜之\利教士手使習持五兵之便戰鬥之備教士足
使習跪及行列嶮泥之\途前五日皆請兵嚴於場所依方
色建旗爲和門都墠中及四角皆建旗\將士皆嚴備\通將士貫甲三
者各集於其軍戒鼓\通將士皆嚴備\通將士貫甲三
陳小駕鹵簿皇帝武弁乘革輅大司馬介冑乘革輅引行
殿百司陪列位定二軍迭爲客主先擧五采爲客後擧爲主

五行相勝法爲陣以應之
後齊春蒐禮有司規大防建獲旗以表獲車蒐前一日命
布圍領軍將軍一人督左甄右甄大司馬一人督右甄蒐前
馬一人居中節制諸軍天子陳小駕服通天冠乘木輅詣
行宮將親禽服戎服\戰者皆嚴衛張甄圍旗鼓相望
銜枚而進甄常開一方以令三驅圍合吏奔騎令曰鳥獸
之肉不登於俎者不射皮革齒牙骨角毛羽不登於器者
不射甄合大司馬鳴鼓促圍衆軍鼓譟鳴角至期麾而止
大司馬屯左右旗門天子乘馬從南旗

〈親射禽謁者以獲車收禽載還陳於獲旗之北王公
〈大司馬屯比旌門〉甄帥屯左右旗門

巳下以次射禽皆送旗下事畢大司馬鳴鼓解嚴復屯殿
中郎中率其屬收禽以實獲車天子還行宮命有司每禽
擇取三十一曰乾豆二曰賓客三曰充君之庖其餘咸即於
圍下量餉將士禮畢改服鈒者韜刀而還夏苗秋獮冬狩
禮皆同河清定令每歲十二月半後講武至晦遂除二
軍兵馬各令秋閑左入萬歲門並至求巷南下至昭陽殿
北二軍交軍從西上門軍從東上閑並從端門南出
閶闔門前橋南戲射並訖送至城南郭外罷

後齊三月三日皇帝常服乘輿詣射所升堂即坐皇太子
及㸃官坐定登歌進酒行爵皇帝入便殿更衣以出驊騮

令進御馬有司進弓矢帝射訖還御坐射懸侯又畢㸃官
乃射五埒一品二品三十發〔一發調馬十發射下十發射獸〕
射獸三品十五發〔發調馬五發射麾三發射帖二發射獸頭〕
頭二品十五發〔發調馬五發射麾三發射帖二發射獸頭〕
品二十發〔發調馬四發射麾三發射帖二發射獸頭〕
〔發射麾〕　侍官御仗巳上十發
七埒正三品巳上第一埒一品五十發〔下二發射麾三發射獸頭四品〕
品上第二埒三品四品第二埒三品四十二發〔一發調馬〕

下十九發射上一發射麾
五品二埒十一一發馬九發
六品第四埒二十七發
七品第五埒二十發
八品第六埒十六發
九品第七埒十發〔射上一發調馬八發〕

正參軍各一人埒士四人威儀一人乘白馬以導的別參
大將爲之　軍一人懸侯下府參軍一人又各置令史埒士等貟以司
射司馬一人埒各一人錄事一人

其事

後周仲春教振旅大司馬建大麾於萊門之所鄉稍之官
以旗物鼓鐸鉦鐃各帥其人而致诛其後至者建麾於後
表之中以集衆庶質明偃麾诛其不及者乃陳徒騎如戰
之陣大司馬北面誓之軍中皆聽鼓角以為進止之節田
之日於所來之北建旗為和門諸將帥徒騎序入其門有
司居門以平其人既入而分其地險野則徒前而騎後
野則騎前而徒後建旗為司徒表格於陣

前以太牢祭黃帝軒轅氏於狩地為墠建二旗列五兵於
坐側行三獻禮遂蒐田致禽以祭社仲夏教茇舍如振旅
之陣遂以苗田如蒐法致禽以享礿仲秋教練兵如振旅
之陣遂以獮田如蒐法致禽以祀方仲冬教大閱如振旅

之陣遂以狩田如蒐法致禽以事焉

孟秋迎太白候太白夕見於西方先見三日大司馬戒期
夏在位者拜事畢出其百中後十刻六軍士馬俱介冑登歌奏昭
旗下左右武伯督十二師嚴街侍臣文武俱介冑驚蹕以出如常儀而無
鼓角出國門而軷祭至則舍於次太白未見五刻中外皆
師撞黃鐘五鐘皆應皇帝介冑乘馬奉昭
嚴皇帝就位六軍鼓譟行三歡之禮每獻鼓譟如初獻事
吃燒燎賜脤射畢鼓譟而還

隋制大射祭射侯於射所用少牢軍人每年孟秋閱戎具

使敎戰法及大業三年煬帝在榆林突厥啓民及西域
東胡君長並來朝貢常欲誇以甲兵之盛乃命有司陳
狩之禮詔虞部量抜延山南北周二百里並立表記前狩
二日兵部建旗於表所五里一旗分為四十軍軍萬人騎
五千四前一日諸將各帥其軍集於旗下鳴鼓後至者斬
詔四十道使並揚旗建節分申佃令即留軍所監獵布圍
圍闕南面方幀而帝服紫褶黑介幘乘閒豬車其師
如木輅重輞漫輪與龍繞轂漢東京閒薄所謂獵車者也
駕黧駵太常陳鼓於帝左右閒各百二十官
戎服騎從鼓行入圍諸將並鼓行趕圍乃設駆逆騎千有

二百闔豬得朝有司又斂大綏王公已下皆整弓矢陳於駕
前有司又斂小綏乃驅獸出過於帝初驅過有司整御
弓矢以前待詔乃驅獸過將軍奉進弓矢三驅過帝乃
從禽鼓皆振坐而射之每驅必三獸以上帝發抗大綏
次王公發則抗小綏次諸將發射之無鼓驅逆之騎乃止
然後三軍四夷百姓皆獵凡射獸自左膘而射之達于右
屬為上達右耳本為次殺自右膘達於左髀為下殺羣
獸相從不得盡殺已傷之獸不得重射凡逆向人者不射
其面出表者不逐之佃將止虞部建旗於圍內從駕之鼓
及諸軍鼓俱振卒徒皆譟諸獲禽者獻於旗所致其左耳

大獸公之以供宗廟使歸焉臘于京師小獸私之
齋制季冬晦選樂人子弟十歲以上十二以下為侲子合
二百四十八一百二十人赤幘皂褠執鼗鼓一百二十人
赤布褲褶執鞞角方相氏黃金四目熊皮蒙首玄衣朱裳
執戈揚楯又作窮奇祖明之類九十二獸皆有毛角吹
令率之中黃門行之冗從僕射將之以逐惡鬼于禁中其
日戊夜三唱開諸里門儺者各集徒服器使以待事戊夜
四唱開諸城門二衛皆嚴上水一刻皇帝常服即御座王
公執事官第一品已下從六品已上陪列預觀儺者
入殿西門偏於禁內分出二上閤作方相與十二獸儛戲

隋制每春晦李多儺磔牲於宮門及城四門以禳陰氣秋分前
一日禳陽氣及季冬傍磔大儺亦如之其牲每門各用羝羊
及雄雞一選侲子如後齊冬八隊二時儺則四隊儺事十
二人亦幘褠衣執皮鞭工人二十二人其一人方相氏黄
金四目蒙熊皮玄衣朱裳其一人為唱帥著皮衣執棒鼓譟
諸城門將出諸祝師執事預酺牲匈磔之於門酌酒醊酹祝
以六方相氏執戈揚楯周呼鼓譟而出合趣顯陽門分詣
角各十有司備雄雞羝羊及酒於宮門磔牲未明鼓譟
舉牲并酒埋之

後齊制日蝕則太極殿西廂東向堂東楹西向各設御座
羣官公服晝漏上水一刻內外皆嚴三刻皇帝服通天冠即御座
二刻內外皆嚴三刻者開中門單門
事有變聞鼓音則避正殿就東堂服曰袷單衣侍臣亦
幡帶翹升殿侍諸司各於其所亦幡持翹出戶向日立有
司各率官屬並行宮內諸門披門屯衛太社鄴令以官屬
團社牛四門以朱絲繩繞繫社壇三匝太祝令以官屬
太史令二人走馬露版上尚書門司籍士之又告清都尹
鳴鼓如嚴鼓法日光後乃止奏解嚴
後魏每攻戰就捷欲天下知聞迺書鳥建於竿上名為露

布其後相因施行開皇甲迺詔太常卿牛弘太子庶子裴
政撰宣露布禮及九年平陳元帥晉王以駟上露布兵部
奏請依新禮宣行承詔集百官四方客使等並赴廣陽門
外服朝衣各依其列內史令稱有詔在位者皆拜宣訖拜
蹈舞者三又拜郡縣亦同

志第三

禮儀三

隋書八

禮儀四

太尉揚州都督總管修國史上柱國趙國公臣長孫無忌等奉勅撰

將軍金城公與奉皇帝璽綬策書禪位于隋司錄虞慶則
白請設壇於東第博士何妥議以爲受禪登壇以告天也
故魏光武在鄗盡非京邑所築壇自晉郊祀宋雀揣周
在汜光武莫不並就南郊更無別築之義又後魏即位朱雀觀周
帝初受朝於路門雖自我作古皆非禮也今即府爲壇

【志四　隋本九　一】

恐招後誚議者從之二月甲子椿等乘象輅鹵簿持節
率百官至門下奉策次百官椿等乘象輅鹵簿持節
高祖冠冕遠遊冠府寮陪列記室入白禮曹導高祖府寮從
出大門東廂西向椿奉策書璽綬出次節導而進高
祖揖之入門而左椿等入門而右百官隨入庭中椿南向
讀冊書軍進授高祖高祖北面再拜解不奉詔上柱國李
穆進喻朝百又與百官勸進高祖不納椿等文奉策進
而敦勸高祖再拜俯受策以授高祖高頻受重以授虞慶
就東階位使者與百官皆北面再拜賀三稱萬歲有司
請備法駕高祖不許改服紗帽黃袍入幸臨光殿就閣內

服袞冕乘輿出自西序如元會儀禮部尚書以案承符
命及祥瑞牒進東階下納言跪御前以聞內史令奉詔
大赦改元曰開皇是日命有司奉冊祀于南郊
皇帝乃臨軒命太后則太尉持節太尉副之受重
綬及節詣西上閤其日昭陽殿文物具陳臨軒記使者
后皇太后興受以授左右復坐反節於使者使者受節出
婦陪列於殿皆拜小黃門以節綬入女侍中受以進皇太
小黃門黃門以節綬詣閤皇太后服褘衣處昭陽殿公主及命

【志四　隋九　二】

冊皇后如太后之禮

後齊冊皇太子則皇帝臨軒司徒爲使司空副之太子服
遠遊冠入至位使者入奉冊讀記皇太子跪受冊於使以
授中庶子文受冊綬以授庶子太子稽首以出就冊則
使者持節至東宮宮臣內外官定列皇太子階東西面若
幼則太師抱之主衣二人奉空頂幘服從以受冊明日拜章
表於東宮殿庭中舍人乘軺車奉章詣朝堂謝又
日齋於崇正殿服袞冕乘石山安車謁廟擇日釁臣上禮又
擇日會明日三品以上賤賀
冊諸王以臨軒日上水一刻吏部令史乘馬齎石版詔王

第王乘高車國簿至東被門止乘軺車既入至席尚書
讀冊訖以授王又授章綬事畢乘軺車入國簿乘高車詣
閤闥門伏闕表謝報訖拜廟還就第則鴻臚卿持節史
部尚書授冊侍御史授節綬茅土俛伏三稽首還本位謝如上
第六就西階東面至立於東階西面使者受而出乘軺車至州如王第
儀在州鎮則使者受節冊乘軺車持節讀版
王俛伏興進受冊章綬茅土俛伏三稽首還如王第
諸王三公儀同尚書令五等開國太妃妃公主俛拜冊軸
一枚長二尺以白練衣之用竹簡十二枚六枚與軸等六
枚長尺二寸文出集書書皆篆字哀冊贈冊亦同

諸王五等開國及鄉男恭拜以其封國所在方取社壇方
面土包以白茅內青箱中函方五寸以青塗飾封授以
為社
隋臨軒冊命三師諸王三公並陳車輅餘則否百司定列
內史令讀冊訖受冊者拜受出又引次受冊者如上儀若
冊開國郊社令奉茅土於伏南西面毋受冊訖擺于土
後奏皇帝加元服以手帛告圓立方澤以幣告廟擇日臨
軒中嚴君官位定皇帝著空頂介幘以出太尉盟訖
升脫空頂幘以黑介幘奉加訖太尉進太保之右北面讀
為

祝訖太保加冕侍中繫玄紞絳紗袍袞服事畢太保
上壽君臣三稱萬歲皇帝入溫室移御坐奮而不上壽後
日又武羣官朝服上禮酒十二鍾米十二囊羊十二頭又
擇日親拜圓服方澤謁廟
皇太子冠則太尉以制幣告七廟擇日臨軒有司供帳於
崇正殿中嚴皇太子空頂幘公服出立東階之南西面使
者又立西階之南東面皇太子受詔訖詣入室盟櫛出南面
者盟奉進賢三梁冠至太子前跪櫛出南
使者進詣冠席西面坐皇太子前東面祝脫空頂幘加冠使
者揖詣冠席西面坐皇太子前東面祝脫空頂幘加冠使
子興入室更衣出又南面就席光祿卿盟櫛出南祝

脫三梁冠加遠遊冠太子又入室更衣設席中櫊之西使
者揖就席南面光祿卿洗爵酌醴使者詣席前北面祝太
子拜受醴即席坐祭之啐之奠爵降階後本位西面三
少及在位羣官拜事訖又擇日謁廟
隋皇太子將冠前一日皇帝齋於大興殿皇太子與賓
及預從官僚於正寢其日質明有司告廟各設筵於作惜
皇帝袞冕入拜即御座實揖皇太子進孖筵西向坐賓
皇太子家晁入拜賓揖進設筵頍纓置記進加緇布
冠者坐櫛設纚賓跪記進加頍纓冠者又坐櫛賓進加
冠者坐櫛設纚賓盥冠婁素裳以出贊冠者又坐櫛賓進加
皇太子適東序改服訖賓又受晁太子適東序改服以出賓揖皇

太子南面立賓進受醴進筵前北面立祝皇太子拜受醴
賓復位東面答拜贊者奉饌於筵前皇太子祭奠禮畢
降筵進當御座東面拜納言承詔詣太子戒訖太子拜冠
者引太子降自西階拜納言承詔詣太子戒訖太子拜訖冠
於庭東面諸親拜訖贊者拜太子皇太子與賓贊俱復
位納言承詔降令有司致禮賓贊者引皇太子進立
皇太子已下皆拜皇帝出更衣還宮皇太子從至關因入
見皇若拜而還

＜志四 隋九 五＞

四所

如加元服是日皇帝臨軒命太尉爲使司徒副之持節詣
後齊皇帝納后之禮納采問名納徵請告圓丘立方澤及廟
皇后行宮東向奉璽綬冊以授中常侍皇后受冊於行殿
使者出與公卿以下皆拜有司備迎禮太保太尉受詔而
行主人公服迎拜於門使者入升自賓階東面主人升自
阼階西面禮迎拜陳於庭設席於兩楹間童子以重書版升
主人跪受送使者拜于大門之外有司先於昭陽殿兩楹
間供帳爲同牢之具皇后服大嚴繡衣帶綏珮加大駕皇
御引出升車畫輪四望車女侍中貟璽陪乘園簿如大駕入
到東上閤施步鄣降車席道以入昭陽殿前至席位姆去
帳皇后先拜後起皇帝後拜先起帝升自西階詣同牢坐

與皇后俱坐各三飯訖又各酳二爵一卺奏禮畢皇后興
南面立皇帝御太極殿王公已下拜皇帝興入明日后展
衣於昭陽殿拜表謝又明日以榛栗棗脩見皇太后於昭
陽殿擇日羣官上禮又擇日謁廟皇帝使太尉先以大牢
告而後編見羣廟
皇太子納妃皇帝臨軒醮而誡焉有司備禮物會於聽事其次問名納吉
詔而以納采納徵則使司徒及尚書令爲使備禮物而行請
期則如納采納徵使司徒親迎則太尉爲使如納采親迎則
並如納采納徵使司徒及尚書令爲使備禮物而行請
詔而行主人迎于大門外禮畢有司
皇太子納妃皇帝遣使如納采

妃朝皇帝於昭陽殿又朝皇后於宣光殿擇日羣官上禮

＜志四 隋九 六＞

佗日妃還又佗日皇太子拜閤
隋皇太子納妃禮皇帝臨軒使者受詔而行主人俟於廟
使者執鴈南面納采訖於大門之東主人迎入升自西階立於
楹間南面納采訖乃行問名儀事畢主人請致禮於從者
禮有幣馬其次擇日告期又擇日納吉如納采如納采乘馬納
徵親迎皇帝臨軒醮而誡其次擇日告期又擇日納吉以玉帛乘馬納
將親迎皇太子臨軒醮而誡曰往迎爾相承我宗事勖以
敬對曰謹奉詔既受命羽儀而行主人几筵於廟妃服褕
翟立於東房主人迎於門外西面拜皇太子荅拜主人揖
皇太子先入主人升立於阼階西面皇太子升進當房戶

13-88

前北面跪奠鴈俛伏興拜降出妃父少進西囘戒以

西嚪上施袷結帨及門內施盤之鞶妃升輅乘以几

姆加景皇太子乃御輪三周御者代之皇太子出六門乘

輅羽儀還宮妃三日雜鳴鳳興以朝奠舅於皇帝皇帝撫

之文奠升於皇后皇后撫之席於戶牖閒妃立於席西祭

奠而出

後齊婚禮一曰納采二曰問名三曰納吉四曰納徵五曰

請期六曰親迎皆用羔羊一口鴈一隻酒黍稷稻米麫各

一斛自皇子王已下至於九品皆同流外及庶人則減其

半納徵皇子王用玄三匹纁二匹束帛十四大璋一第一

品已

絹二百匹
錦綵六十四
羔羊一口羊四口

下至從三品用璧獸皮二
第一品已下皆無獸皮二
一品至三品減羔羊一口酒黍稷稻米麫各六斛四
角五品減至三品用錦綵一犢酒黍稷稻米麫又減二斛六品已下無犢

一品 二品 三品 四品 五品 六品 七品 八品 九品

車皇孝百乘
品二十乘第二第三品三十乘第四第五
品五十乘第一品封未封禮皆同第一
諸王之子已封未封禮皆同第一品新婚從
八品九品達於庶人五乘各依其

梁大同五年臨城公婚公夫人於皇太子妃為姑姪進見

秩之飾

之制議者曰子有不同令曰繐鴈之儀既稱合於二姓酒食

會亦有姻若使榛栗服脩贄幣顏色卑降副筭編釵盛

飾斯備不應婦見之禮獨以親覿頃者敬進醴醴巳傳婦

事之則而奉盤沃盟不行俟服之家是知釵采其不同質文

異世則臨城公夫人於妃既其姑姪宜傳省

後齊將講於天子先定經於孔父廟置執經一人侍講二

人執讀一人摘句二人講義六人錄義八人奉經二人講之旦皇帝

服通天冠玄紗袍乘象輅乘象輅至學坐廟堂上講訖還便殿改

服絳紗袍乘象輅還宮講畢以太牢釋奠孔父配以顏

回列軒縣樂六佾舞行二獻禮畢皇帝服通天冠絳紗袍

升陛即坐宴畢還宮皇太子每通一經亦釋奠乘石山安

車三師乘車在前三少從而至學焉

梁天監八年皇太子釋奠仍會舊惟大

禮請依東宮元會太子著絳紗襮樂用軒縣預升殿坐者

皆服朱衣帝問周捨議以為釋奠仍會既惟大

申飭陛階案令學堂有三階曰謂愛其隆等則從主人之

若釋奠專重先師在堂宜爾宜從賓階以明從師之義

陛令先師尊事訖宴會之時無復先師之敬太子升堂則宜從

西階以明不由所義更部郎徐勉議鄭玄云由命士以上

父子異宮宮室既異無不由所階之禮謹釋奠及宴會皆太

子升堂並宜由東階若興駕幸學自然中階下又檢東宮元
會儀注太子升崇正殿不欲東西階皆員外儀列云太
子元會升自西階此則承為誤請自今東宮大公事太
子升坐正殿並由阼階此則相承為誤請自今東宮大公事太
大同七年皇太子表其子寧國臨城公入學時議者以與
太子有齒冑之義疑之侍中尚書令尼回路
繪尚書臣僧旻臣掮盛議稱光得一資敬無虧
同謁泗水鄉睿捕盛洙泂無幾師道既光得一資敬無虧
亞聖況於兩公而云不可制曰可

後齊制新立學必釋奠禮先聖先師每歲春秋二仲常行

其禮毎月旦祭酒領博士已下及國子諸學生已上太學
四門博士升堂助教已下太學諸生皆下拜孔揖顏出
行事而不至者記之為一負兩霜服則止學生每十日給
假皆以景日放之郡學則於坊內立孔顏廟博士已下亦
每月朝云

隋制國子寺毎歲以四仲月上丁釋奠於先聖先師年別
一行鄉飲酒禮州郡學則以春秋仲月釋奠州郡縣亦每
年於學一行鄉飲酒禮學生皆乙日試書景日給焉

梁元會之禮未明庭燎設文物充庭闕門闈禁衛皆嚴有
司各從其事太階東置白獸樽羣臣及諸蕃客並集各從

其班而拜侍中奏中嚴王公卿君各執珪璧入拜侍中乃
奏外辦皇帝服衮冕乘輿以出侍中扶右黃門
侍郎一人執曲直華蓋乘輿從升至階降輿有同御前
施奉珪籍王公以下至阼階於殿席南奉執珪璧畢下殿納
為佩劍諸本位王客助作珪璧於東廂
向設皇太子王公已下位又奉珪璧於西廂王公上
壽禮畢食舉樂伎秦天官進御酒王書賦黃逮詔上尚書
每應諸詔令陳便宜者聽詣白獸罇以次還坐寔寔皇
帝乘輿以入皇太子朝則遂遊冠服乘金輅歸國簿以行預
駟騎司計吏郡國各一人皆跪受詔侍中讀五條詔計吏

會曰則剸履升坐會訖先與天監六年詔曰頊代以來元日
朝畢次會羣臣則校就西壁下東向坐求之古義王者諺
萬國唯應南面何更君東面於是御坐南向以西方為上
皇太子以下在北壁坐者悉西邊東向尚書令以下在南
方坐者悉東邊西向元日御坐東向酒壺在東壁下御
坐既南向乃詔壺於南蘭下又詔元日受五等贄王璧並
量付所司周捨案周禮家宰大朝觀贊王幣尚書王客曹
宰頊王者不親撫王則不復須家宰贊助尋尚書王客
郎既家宰隸職今元日五等贄奠王既竟請以王客郎受鄭
玄注覲禮云既受之後出付王人於外漢時少府職掌珪

制可

陳制先元會十日百官並習儀注令僕已下悉公服監之
設庭燎關城上殿前皆嚴兵百官各設部位而朝宮人
皆於東堂隔綺疏而觀宮既無籍外人但緋衣者亦得
入觀是日上人發白獸樽自餘亦多依梁禮云
後齊正旦侍中宣詔慰勞州郡國使詔牘長一尺三寸廣

一尺雌黃金飾上寫詔書三計會曰侍中依儀勞郡國計
吏問刺史太守安不及穀價爽萬惡人間疾苦災班五
條詔書於諸州郡國使人寫以詔牘一枚長二尺五寸廣
一尺三寸亦以雌黃金飾上寫詔書宣奢在正身在受人去殘賊使
人歸以告刺史以雌黃金飾二千石一日政在正身在受人去殘賊擇
良吏正央獄平徭賦二日人生在勤勤則不匱其勸率田
桑無或煩擾三日六極之人務加寬養必徒生有以自救
沒有以自給四日長吏浮奉客以求小譽遂末捨本政
之所疾宜謹察之五曰人事意氣干亂奉公外內溷淆綱
紀不設所宜科勁正會曰侍中黃門宣詔勞諸郡上計勞

訖付紙遣陳土宜字有脫誤者呼起席後立書迹溫炙者
飲墨水一升文理孟浪無可取者奪容刀及席既而本曹
郎中考其文迹才辭可取者錄牒吏部簡同流外三品叙
元正大饗百官一品已下流外九品已上預會一品已下
正三品已上開國公侯伯散品公侯及特命之官人比流官
史並升殿從三品已下從九品以上及奉正使人比流官
者在階下勳品已下端門外
隋制正旦及冬至文物充庭皇帝出西房即御座皇太
子朝訖群官客使入就位再拜上公一人詣西階解劍升
園渡至顯陽門外入賀復詣皇右御殿拜賀訖還宮皇太
子預會則設坐於御東南西向君臣上壽畢入解以
升會訖先興
賀降階帶劍復位而拜有司奏諸州表羣官在位者又拜
而出皇帝入東序有司奏行事訖出西房坐舉官人
就位上壽訖上下俱拜皇帝舉酒上下舞蹈三稱萬歲皇
太子預會則設坐於御東南西向君臣上壽畢入解以
升會訖先興
後齊元會曰中宮朝會陳樂皇后褘衣乘輿以出於昭陽殿
坐定內外命婦拜皇后興妃主皆跪皇后坐妃主皆起長
公主一人前跪拜賀禮畢皇后入室乃移幄坐於西廂皇
后改服褕狄以出坐定公主一人上壽訖就坐御酒食賜
爵並如外朝會

隋儀如後齊制而又有皇后受羣臣賀禮則皇后御坐而
內侍受羣臣拜以入承令而出羣臣拜而罷
後齊皇太子月五朝未明二刻乘小輿出為三師降至承
華門升石山安車三朝在前三少在後自雲龍門入
皇帝御殿前設拜席至栢閣齋帥引洗馬中庶子從至
殿前席南北面再拜
天保元年皇太子監國在西林園冬會又議羣議皆東面二年
於北城第內冬會又議東面吏部郎陸印疑非禮魏收改
為西面邢子才議欲依前曰凡禮有同者不可令異詩説
天子至於大夫皆乘四馬況以方面之少何可皆不同乎

十三

若太子定西面者王公卿大夫士復何面邢南面人君正
位今一官之長無不南面太子聽政亦南面坐議者言皆
以晉舊事太子在東宮西面為避尊位非為宮臺殿也子才
以為舊事太子普臣四海不以為嫌太子生接以大
何疑於東晉博議依漢魏之舊太子普臣四海不以為嫌
牢漢元著令大子絶旁親世子冠於阼家子生接以大
攝命臨國乘七旒安車駕用三馬禮同三公近宋太子乘
象輅皆有同歟不以為嫌況東面者君臣通禮獨何為避
明為宮臺所以然也近皇太子在西林園在於殿猶且東
面於宮臺非宮殿之處更不得邢諸人以東面為尊宴

會避宴燕禮燕義君位在賓位則在西君位在阼階故
有武王踐阼篇不在西也禮乘君之車不敢曠左君在惡
空此位左亦在東不在西也君在阼夫人在房鄭注人君
尊東也前代及今皇帝宴會接客亦東堂西面君必東面
為貴皇太子以儲后之禮監國之重別實賓自得申
其正位禮者皆東宮臣屬公卿接實觀禮而已君以西面
為正位尊於別朝諸侯重於宴臣賓南面貴於東面臣
為甲實是君之正位太公不肯北面説冊書西面道之
西面乃尊也君位南面有東有西何可皆避且事雖少異
有可相比者周公臣也周公為家宰太子為儲

十四

貳明堂尊於別第朝諸侯於宴臣賓南面貴於東面臣
行以太子監國不得於明堂南面朝諸侯
今太子監國不得於別異宮東面宴客情所未安宜
更非合禮方既少難為鄧文東西二面尊改就西面轉君位
南面而獨約太子親王受詔冠婚皇女皆東面今不約王公
嫌案儀注親王受詔冠昏皇子皇女皆東面今不約王公
宜然非禮方面為允魏收議云去天保初皇太子監國冬會羣
官於西園都其坐乃東面收以為疑前者遠有別議議者同
之邢尚書冬會以前定東面之議後申本懷此乃國之大禮無

容不壽所見收以為太子東宮位在於寢長子之義也案易八卦正位向中皇太子今居北城於寢殿為東宮南面而坐於義為背也前者二議據東宮為本又案東宮雖事太子宴會多以西面為禮此又成證非徒言之不言太子常御東南二面之坐但用之有所至如西圍東面所不疑面接引經據擾其後竟從西面為定時議又疑宮禮有同者不可令異今同子才又謂曰案曲禮大夫士之子不也未知君臣車服有同異之議何為而發就如所知更之姓與太子名同子才又謂曰案曲禮大夫士之子不與世子同名鄭注云若先之生亦不改漢法天子登位布名於天下四海之內無不咸避案春秋經衛石惡出奔晉在衛侯衎卒之前衎卒其子惡始立明石惡於長子惡不諸侯長子在一國之內與皇太子於天子禮亦不罷鄭言先生不改蓋以此義衛石惡宋向戌甘與君同名春秋從議皇太子雖有儲貳之重未為海內所避何容便改人姓然事有消息不得甘同於古宮更至微而有所祀朝名從在事亦是難安直聽出宮尚書補作職制曰可後周制正之二日皇太子南面列軒縣宮朝賀及開皇初皇太子勇准故事張樂受朝宮臣及京官比面稱慶高祖詔之是

有脫誤書瀡孟浪者起立席後飲墨水脫容刀廉良皇帝常服乘興出坐於朝堂中樞秀才貢士考功郎中後齊每策秀才中書策秀才集書策考功貢士考立冬如立春於西廂東向各以其時之色服儀並如春禮飲禮成而出立夏季夏秋立秋則施御座於中樞南向詣席跪讀時令訖典御酌酒扈置郎中前郎中拜還席伏後齊立春日皇帝服通天冠青介幘青紗袍佩蒼玉青帶青袴青機為受朝御於太極殿尚書令等坐定三公郎中後齊宴宗室禮皇帝常服別殿西廂東向七廟子孫皆公服無官者單衣介幘集神武門宗室至尊甲次于殿庭七十者二人扶拜八十者扶而不拜升殿就位皇帝與宗室伏皇帝坐乃興而坐尊者南面甲者比面皆以西為上八十者一坐一冊至進絲竹之樂三爵甲宗室避席待詔後復位乃行無筭爵正晦沈冊則皇帝乘興鼓吹至行殿升御坐乘版興以與王公登冊置酒非預沈者坐於便幕仲春令辰陳養老禮先一日三老五更齋於國學皇帝進賢冠玄紗袞至壁雍入摠章堂列宮縣王公已下及國老

庶老各定位司徒以羽儀武賁安車迎三老五更于國學

並進賢冠玄服黑舄為素帶國子生黑介幘青衿單衣兼馬

從以至百寮帝釋奠執奠迎於門內三老至門五更去門十

步則降車以入皇帝拜三老五更攝齊昇階皇帝揖進三

老在前五更在後升自左階自右階就筵三公授几杖卿正履國老庶

堂比面公卿升自右階比面三公授几杖卿正履國老庶

老就位皇帝拜三老羣臣皆拜不拜五更乃坐五更立皇帝升

向廟拜五更進珍羞酒食親祖割執將曹以饋執爵以酳以

次進五更文設酒酏於國老庶老皇帝升御坐三老乃論

五孝六順典訓大綱皇帝虛躬請受禮畢而還又都下及

外州人年七十巳上賜鳩杖黃帽〔有勅即給不為常也〕

後周保定三年陳養老之禮以太傅燕國公于謹為三老

有司具禮擇日高祖幸太學以食之事見謹傳

太尉揚州都督監修國史上柱國趙國公臣長孫無忌等奉勅撰

禮儀五

輿輦之別名蓋先王之所以列等威也然隨時而變革有不同梁初尚導輦制其後武帝既議定禮儀乃漸有變革始永明中步兵校尉伏曼容奏大明中尚書左丞苟萬秋議金玉二輅並建碧旒象革木輅亦所非時運所上旒非五方之色今五輅並幡旗玉輅以祀金輅青色時議所駮不行及天監三年乃改五輅並幡旗同用赤而旂不異以從行運所尚也天監七年帝曰據禮玉輅以祀金輅以賓而今大祀並乘金輅詔下詳議周捨以為金輅之齋車本不關於祭祀於是改乘玉輅大駕則太僕御乘清則奉車郎駅其餘四輅則使人執轡以朱絲為之執者武冠朱衣又齊永明制玉輅上施重屋樓寶鳳皇綴金鈴鑮珠瑶玉蟀佩四角金龍銜五綵耗又畫麒麟頭加於馬首者十二年帝皆省之初齋代之後帝令上可加輧車但無輪轂下橫軨軨梁初漆畫大小輦並如笮本輦形如犢車自茲始也中方八尺左右開四望金為龍首飾其五末謂輨轂又下施重層以金青雕鏤為龍鳳象漆木橫前名為望板其下交施三

十六橫小輿形似軺車裹漆畫但施八橫元正大會乘出上殿西堂翠蓋亦乘之行則從後一名畫車羊車一名輦其上如軺小兒衣青袴褶五辮髻數人引之時名羊車小史漢民或以人牽或駕果下馬梁貴賤通得乘之名曰羊車畫輪車一乘駕牛乘輿用如犿制舊史亘之詳矣衣書路乘黃金塗五末一曰副車梁制謂之衣書車皇太子鸞輅駕三馬左右駙朱班輪荷獸較伏鹿軾九旒青交路黃金塗五末近代亦謂之鸞輅即畫降龍青蓋畫幡文輧黃金塗五末象輅也梁東宮初建及太子釋奠元正朝會則乘之必畫輪為副若常乘畫輪以軺衣書車為副畫輪車上開四望綠油幢朱絲絡兩箱飾以錦黃金塗五末二千石四品已上及列侯皂輅駕牛衣皁箱青油幢朱絲絡轓輞皆黑漆天監二年令三公開府尚書令則給軺車皁輧後皁軺輧當重僕射左光祿大夫待中中書監令秘書監副給鳳輨輧後戶皁輧領護國子祭酒太子詹事中常侍中列卿散騎常侍給輺軺脚泥油無後戶漆車駙馬諸王除刺史帶將軍給龍雀軺金銀飾御人中丞給方蓋軺形如小傘首飾皆特加皁輪車駙牛形如犢車但烏諸王三公有勳德者皆特加皁輪車

漆輪轂黃金雕裝上加青油幢朱絲絡通憶或四望上臺
三夫人亦乘之以揭幰涅幰爲副王公加禮者給油幢絡
車駕牛朱輪華轂天監二年令上臺六宮長公主諸
王太妃妃皆乘青油輿幢通幰揭幰爲副采女皇女諸王
嗣子侯夫人皆乘赤油揭幰通幰車以涅幰爲副侍女直乘涅幰之乘
諸王三公並乘通幰平乘車竹其子壁仰橫楡爲輈如今
犢車咀犀幰通罪複上

隋志五　書十　【三】

方州剌史並乘通幰平乘步輿方四尺上施隱膝以及櫟擧之
天子至于下賤通乘步輿平肩輿從橫施八橫亦得金渡裝較
奧以升殿司徒謝朏以脚疾優之

五牛旗左冑亦右白黑黃居其中蓋古之五時車建旗十二各
有五色立車五色安車令十乘名爲五時副車也駕
如車色立車則正豎其旗安車則斜注馬五時之色
白馬則朱其髦尾左右駢騘金裝鑣錫黃至左轟䡝䡤
之制行則從後名五時副車晉過江不恒有事則權以馬
車代之建旗其上後但以五色木牛象車豎旗於牛軒使
人興之旗常纚不舒唯天子親戎乃舒其旆周遍以爲晉
武帝平吳後造五牛之旗非過江始爲也
指南車大駕出爲先路之乘漢初置俞兒騎並爲先驅左

太冲曰俞騎騁路指南司方後廢其騎而存其車
記里車駕牛其中有木人執槌車行一里則打一槌
鼓吹車上施層樓四角金龍銜旛蘇羽葆凡鼓吹陸則樓烏
車水則樓船在殿庭則畫筍虡爲樓樓上有翔鷺樓烏

或爲鵲形

陳永梁末王琳縱火延燒車府至天嘉元年勑守都官尚
書實安侯到仲舉議造玉金象革木等五輅及五色副車
皆金薄交龍爲輿荷較文貌伏軾頭銜轭左右吉陽筩
鸞雀立衡橫文畫輈綠油蓋黃絞裏櫬金華末輈注
旗旛於車之左各依方色加槊戟於車之右韜以纐繡之

隋志五　書十　【四】

衣獸頭幰長丈四尺懸於戟秒玉輅正副同駕六馬餘輅
皆駕四馬並黃金爲以髦挿以翟尾玉輅爲鑣錫又以綵
畫赤油長三尺廣八寸繫兩軸頭古曰飛輪改以綵畫蛙
蟆幡綠兩軸頭即古飛輪遺象也五輅兩箱後皆用玳瑁
爲鵁蝐加以金花帖即古飛輪遺象人謂之金鵁車兩箱之裏衣
以紅錦金花帖上用紅紫錦爲後檐青絞純紫裏夏用
簟冬用綺繡褥此後漸修具依梁制
後魏天興初詔儀曹郎董謐撰朝饗食儀始制軒冕未知古
武多違舊章孝文帝時儀曹令李韶更奏詳定討論經籍
議改正之唯備五輅各依方色其餘車輦猶未能具至熙

平九年明帝文詔侍中崔光與安豐王延明博士崔瓚採

其議大造車服定制五輅並駕五馬皇太子乘金輅朱蓋

赤質四馬三公及王朱屋青表制同於輅名曰高車駕三

馬庶姓王侯及尚書令僕已下列卿以後條章粗備比齊

一馬或乘四望通幰車駕一牛自斯以並給輅車駕用

咸取用為其後因而著令並無增損

朱絡網車車輅牛飾得用金塗及純銀二品三品得乘卷通

王庶姓王儀同三司已上親公主雉尾扇紫傘皇宗及三

品已上官青傘朱裹青傘碧裹達於六人不禁

正從第一品執事官散官及儀同三司諸公主得乘油色

牛飾用銅

幰車牛飾用金塗四品已下七品已上得乘油車

物色

周氏設六官置司輅之職以掌公車之政辨其名品與其

尚書令給供士十五人左右僕射御史申丞各十二人

皇帝之輅十有二等一曰蒼輅以祀昊天上帝二曰青輅

以祀東方上帝三曰朱輅以祀南方上帝及朝日四曰黃

輅以祭地祇中央上帝五曰白輅以祀西方上帝及夕月

六曰玄輅以祀北方上帝及感帝祭神州此六輅通漆之

而已不用他物為飾皆疏面旒就以方色俱十有二

七曰玉輅以享先帝加元服納后八曰碧輅以祭社稷

享諸先帝大貞於龜食三老五更享諸侯及耕籍九曰

金輅以祀星辰四望視朝大射賓射燕諸侯及羣臣燕射養

國老十曰象輅以臨諸侯省秩羣祀視朝燕諸族及羣臣燕射

庶老適諸侯家巡行鄉飲酒此六輅又以六色漆

兵即戎十二曰木輅以田獵行鄉飲此六輅又以六色漆

而畫之用玉碧金象革物以飾諸末皆錫面金鉤就以五

采俱十有二

皇后之車亦十二等一曰重翟輅以從皇帝為車蕃祀郊

祥享享先皇朝皇太后二曰厭翟輅以祭陰社

以採桑翟羽飾之四曰翠輅以從皇帝見賓客翟羽飾之五曰雕輅

以歸寧刻諸六曰篆輅以從皇帝諸道法門篆諸六輅皆錫面

朱總總以朱絲為之置馬勒直兩耳與鑣也金鉤七曰蒼輅以適命婦家八

曰青輅九曰朱輅十曰黃輅十一曰白輅十二曰玄輅五

時常出入則供之六輅皆疏面續總以畫繪

諸公之輅九方輅各以其色象方碧輅金輅皆錫面龥華纓九就金

鉤象輅革輅貝輅木輅皆疏面般革纓九就凡就皆自

皆以朱白蒼三采諸侯自方輅而下八又無碧輅諸伯自

方輅而下七又無金輅諸子自方輅而下六又無象輅諸

男自方輅而下五又無犀輅凡就各如其命

諸公夫人之輅車九獻翟翟輅翠輅皆錫面朱總金鉤雕

輅篆輅皆勒面為當顱刻青白黑色革繢總朱輅黃輅白輅玄輅皆繢總諸夫人自雕

面為當顱鷖總其著細朱總繢諸庶夫人自翟輅而下六諸

伯夫人自翠輅而下七諸子夫人自雕輅而下六諸男夫

人自篆輅而下五鷖總就數各視其君

三公之輅車九祭輅犀輅貝輅篆輅木輅夏篆夏縵墨車

載車自篆已上金塗諸末疏鷖纓金鉤木輅巳下銅飾

諸末疏鷖纓皆九就三孤自祭輅而下八無犀輅六卿自

祭輅而下七又無具輅上大夫自祭輅而下六又無犀輅

中大夫自祭輅而下五又無木輅下大夫自祭輅而下四

公孤卿大夫皆以中之色乘祭車

三妃三公夫人之輅九篆輅朱輅黃輅白輅玄輅皆勒面

繢總夏篆夏縵墨重戟車皆雕面鷖總三妃三孤內子自

朱輅巳下八六卿內子自黃輅而下七五上媵婦大夫孺

夫孺人自玄輅而下五下媵婦人自夏縵象而下四

御媵士婦人自夏縵而下三其鷖纓就各以其等皆鷖第

漆之君以赤卿大夫士以玄君駕四三輅六縵卿大夫駕

三輅五縵士駕二一輅四縵

輅之制重輪重較而缺耳焉為皇帝皇后之輅與廣六尺有

六寸輪高七尺畫輪轂較軹衡以雲牙箱戟以虎文虎內畫

以雜獸獸伏軾鹿倚較諸侯及夫人命婦之輅車廣

六尺有二寸輪崇六尺有六寸畫轂以雲牙軾以虎文虎庶

內畫以雲華倚士不畫后夫人內子巳下同去獸與鹿

其旛畫黃麖旗畫白獸皆加之以雲華倚士不畫玄武皆加雲煙為物在軍亦書其名

旌畫黃鹿旗畫白獸旌節畫白獸而析羽於其上

○凡旗太常畫三辰日月星旛畫青龍旗畫白獸旌畫玄武皆加

司常掌旗物之藏通帛之旗六以供郊丘之祀一曰蒼旗

二曰青旗三曰朱旗四曰黃旗五曰白旗六曰玄旗畫繢

之旗六以充玉輅之等一曰三辰之常二曰青龍之旗三

曰朱鳥之旗四曰黃麟五曰白獸六曰玄武之

旐皆左建旗而右建閞戟又有繼旗四旒曰麾一曰旟

以供軍將二曰旟以充師帥三曰旌碧輅建旗四曰旆以

供俸長諸公方輅碧輅建旗象輅建物木輅建旐

施諸侯自金輅而下如諸公之旗諸伯自象輅而下如諸

如諸子之旗諸子自犀輅而下如諸男自象輅而下如諸

侯之旗諸子自犀輅而下各以其等建其旗

縵及戟車建物孤卿巳下各以其等建其旗

旌杠皇帝六斿諸侯五斿大夫四斿士三斿

旒皇帝曳地諸侯及軹大夫及轂士及軫凡注毛於杠首

方緌析羽曰旌全羽曰旞析其幨唯皇帝諸侯斿建焉（與旗同）

蓋乘之三曰藻車旣練乘之四曰龍車亦畫旌旒以表貴賤其取（關戰杠網）車之

哭乘之三曰藻車旣練乘之四曰髹車祥車初畫被旗旒以弧韜韜（關戰）杠首

車樔而乘之及乎勃藏於中府盡不施用至天

有八以象列宿設和鑾以節趨行被旗旒以表貴賤其取

象圓以象天輿方以象地輪輻三十以象日月蓋橑二十

象也六並彰德也明是以王者尚之

皇帝皇后在後之車五一曰木車初裝乘之二曰素車亦

給六官有乾象輦董羽葆圓蓋畫日月五星二十八宿天街

雲罕山林奇怪及遊麟飛鳳朱雀玄武騶虞青龍駕二十

董左右金鳳白鹿仙人羽葆流蘇金鈴玉佩初駕二象後

四馬以從給天中皇后助祭則乘又有大樓輦董車龍軨十二

加以玉飾四轂六衡方輿圓蓋升金雞樓羽寶璧琥蘇鑾雀

立衛六螭龍銜範建太常畫升龍日月駕二牛又有象

以六駮代之并有遊觀小樓輦等輦駕馬五馬車等合十餘

乘皆自魏天興中之所制也宣帝至是咸搜御之後合天下

車皆以渾成木為輪

開皇元年內史令李德林奏周魏輿輦車制請皆廢毀高

祖從之唯留魏太和時儀曹令李韶所制五輅齊天保所

導用者又留魏熙平中太常卿穆紹議皇后之輅其從所

制五輅

玉輅青質以玉飾諸末重箱瀧輈左青龍右白虎金鳳翅

畫廣文鳥獸黃屋左右羸金龍在軾前八鑾在衡二鈴在軾

龍輈前設鄣塵青畫黃裏繡飾博山鏡子樹羽輪皆朱斑

重牙左建旂十有二旒幨旒皆畫升龍其長曳地右載闟

車游行則御安車書閒則御紺闟軒車並駕三馬於後著

戟長四尺廣三尺戟文旂首金龍頭銜綵緌及人俊馬睿

龍金飾方釳插翟尾五集鑾鍚鞶纓十有二就

金輅赤質以金飾諸末左建旗右建闟戟

同駕赤駵朝覲會同饗射飲至則供之

象輅黃質以象飾諸末左建旂右建闟戟諸末左建旟右建闟戟

華輅旨質輈之以革左建旗右建闟戟

道則供之

木輅漆之左建旒右建闟戟（旒畫龍駕黑駵田獵則供之五）

臨兵事則供之

華輅旨質輈之以革左建旗右建闟戟（旒畫白獸駕黃駵巡守則供之）

輅之蓋旌旗之質及鑾纓皆從輅之色蓋之裏俱用黃其

鑾鍚五輅同

安車飾重輿曲壁氈紫油繢朱裏通幰朱絲絡網朱鑾纓未

以重輅在衡鍚鑾纓十二就金鈒方釳插翟尾其箱飾

皇后皇太子金飾諸末朱裏通幰繢紫帷朱輪金根朱牙其箱飾

四望車飾軨金飾青油繢朱裏通幰朱輪拜陵臨弔則供之

駕蒼龍受冊從郊禖享廟則供之

八鑾在衡鍚鑾纓十二就金鈒方釳插翟尾其箱飾
在兩耳小著馬勒也

馬纓而

厭翟赤質金飾諸末輪畫朱牙其箱飾以次翟羽朱油繢

翟車黃質金飾諸末輪畫朱牙其車側飾以翟羽黃油繢

朱裏通幰紅錦帷朱絲絡網紅錦絡帶其餘如重翟駕赤

駟親桑則供之

安車赤質金飾紫通幰朱絲絡網紅錦絡帶其餘如重翟

皇太子金輅赤質金飾諸末重較箱畫虡文鳥獸朱

黃裏通幰白紅錦帷朱絲絡網白紅錦絡帶駕四馬臨幸及弔則供之

駕黃駟歸寧則供之諸鑾纓之色皆從車質

鹿輅龍輈金鳳一在軾前設郭塵朱益兩廂輪畫虎龍牙

皇太子金輅金飾諸末朱班輪重輈建十二旒畫升龍左建闟戟旂九斿

建斾九斿右載闟戟方釳插翟尾五隹鑾鍚鑾纓

四八鑾在衡二鈴在軾金鈒方釳插翟尾五隹鑾鍚鑾纓赤駟

隋志五 書十 (十一) 和

乙就從祀享正冬大朝納妃則乘之

軺車金飾諸末紫通幰朱裏駕一馬五日常朝及朝饗官

臣出入行道乘之

四望車金飾諸末油繢通幰朱裏朱絲絡網駕一馬弔

公及一品象輅黃質以象飾諸末建旗畫以鳥隼受冊告

廟升壇上在親迎及葬則乘之

侯伯及二品三品革輅白質以革飾諸末建旗畫以龍獸受

冊告廟親迎及葬則乘之

子男及四品木輅黑質以漆飾之建旗畫以龜蛇受冊告

廟親迎及葬則乘之

象輅已下旒及就數各依爵品雖依禮製名物至九年平陳又

得輿輦輅輅舊令者以付有司所不載者並皆毀弃雖從儉

非經典又更議定於是命有司詳考故實改造五輅及副

皇三年閏十二月並詔傅造十四年詔又以見所乘車輅因循近代

省而不經多闕於禮多議定於是命有司詳考故實改造五輅及副

得輿輦重輿舊著令者以付有司所不載者並皆毀弃雖從儉

玉輅青質祭祀納後則乘之金輅赤質朝會還乘之象輅黃質

臨幸乘之革輅白質戎事乘之木輅黑質田獵乘之五輅

皆朱斑輪龍輈重輿建十二旒並畫升龍左建闟戟旂九斿

興輅同色樊纓十有二就玉五等開國第一第二品及刺

隋志五 九十 (十二) 和

史輅朱質朱蓋斑輪左建旂建畫龍一升一降右建闒戟

第三第四品輅朱質朱蓋左建壇通帛為之旒壇皆亦其

燒及樊纓就數各依其品大業元年更製車輦五輅之外

設副車詔尚書令樊公禮素吏部尚書奇章公牛弘工部

尚書宇文愷內史侍郎虞世基禮部侍郎許善志

太府少卿何稠朝請郎閻毗等詳議奏決於是審擇前朝

故事定其取捨云

鑾車夏后氏謂之鉤車殷謂之大輅周謂之乘輅大戴禮

王輅禋祀所用飾以玉白武通云王輅大輅也周禮巾車

氏所掌鏤錫樊纓十有二就建太常十有二旒虞氏謂之

著其形式上蓋如規象天二十八橑象列星下方輿象地

三十輻象一月前視則覩鑾和之聲側觀則觀四時之運

昔成湯用而郊祀因有山車之瑞亦謂桑根車蔡邕獨斷

論漢制度凡乘輿車皆有六馬羽蓋也左纛以雍牛尾建於

其大如斗立于左騑也乾當顧蓋馬冠也繁纓高闊各五寸上如傘形施於

方釭重轂繁纓黃屬左纛金爪黃屋重蓋重轂

髮上而揷翟尾也乾當顧蓋馬冠也繁纓

秦謂金根輅即殺輅矢司馬彪志亦云漢備五輅或謂德車

施以轙也應劭漢官大輅龍旂於旂上也董巴志謂為瑞山車

其所駕馬皆如方色唯音太常御輦虞獨疑大輅謂非玉

輅輦虞之說理實可疑而歷代通儒混為玉輅詳其施用

義亦不殊左建太常案釋名曰旂為常畫日月於旗端言

常明也又云青自夏始也癸仲為夏車正加以旂常於是旒

就有差用明尊卑之別也董巴志述全明漢制天子建太

常十二斿曳地日月升龍日月其長曳地右載闒戟長

二鈴在軾前設於轓畫虞文軨左立蠹黃金鳳一在軾前八鸞在衡

綴以鏡十垂八佩樹四十簰羽軨皆朱斑重牙復轄左

右歟金鳳翅畫虞文軨

建太常十有二斿皆畫升龍日月其長曳地右載闒戟長

龍金鍐方釭插翟尾五隹鏤錫盤纓十有二就皆五綵罽

四尺闊二尺微文旗首金龍頭銜鈴及綏垂以結綏馬奢

以為文飾天子祭祀納后則乘之駕士三十八人餘輅准此

○副車安車蔡邕獨斷五輅之外乃復設五色安車章各

一乘皆駕四馬是為五時副車俗人名曰五帝車者蓋副

車也故張良狙擊秦皇帝誤中副車漢家制度亦備副

中不置副車平陳得之毀而弗用至是復並設之副王輅

司馬彪云德車金根六馬駕五時副車江左乃闕至梁始備開皇

太祖駕金根車六馬設五時駕四是為副車

色及旂章一同正輅唯降二等駕用四馬駕士二十四人

餘四副准此

金輅案尚書即綴輅也周官金輅鏤錫樊纓九就建大旂
以賓同姓以封夫禮窮則通下得通於上也故天子乘之
接賓宴同姓諸侯受而出封是以漢太子諸王皆乘金輅
及安車並朱斑輪㒳箱獸軬伏鹿軾黑櫨文畫藩青蓋華
施樊朱畫輈金塗諸末金飾輈非皇子為王不錫此乘皆左右騑駕
三馬駢九旒畫降龍皇孫乘綠車亦駕之魏晉制太子及
諸王皆駕四馬依摯虞議天子金輅次在第二又云金輅
以朝象輅以賓則是晉用輅與周異矣宋起居注泰始四
年尚書令建安王休仁議天子之元子士也故齒冑於辟

雍欲使知教而後尊不得生而貴矣既命之後禮同上公
故天子賜之金輅但減旒章為等級象及革木賜異姓諸
侯在朝鄉士亦准斯例此則皇太子及帝子王者通得乘
之且晉過江王公以下車服甲雜唯有太子禮秩崇異又
乘山石安車不經見事無所出賜金輅者此為古制降又
乘輿二等駕用四馬唯天子五輅通駕六馬旗旌旒並
十二旒左建旗雅錯刻為華鳥曰旗郭璞云此謂全剝鳥
皮毛置之竿上也舊說刻畫為華鳥孫叔敖云革急宜言
急疾烏於旒上也周官所謂畫曰隼為旗飛隼右建關戰轚畫鳳
輅亦質黃金飾諸末左建旂畫飛隼右建關戰轚畫鳳

趙等寺並同玉輅駕赤駵臨朝會同饗射飲至則用之皇太
子輅者金飾宋齊以來並乘象輅宇文愷奏云秦改周輅剙制金根案魏
大明六年初備五輅宋齊有司奏云秦改周輅剙制金根始漢魏
因循其形莫改而金玉二輅雕飾略同造次瞻觀殆無差
別世祖錫於東儲在禮嫌重非所以崇峻陛級表示威
皇太子宜乘象輅碧旂九葉進不庇尊退不逼下酌時沿
古於禮為中觀宋齊輅碧旂九葉莫進五輅新置五輅
象巳下即為差降所以太子不得乘金輅欲示等威故令
給象今取周禮之名依漢家之制天子五輅形飾並同旒
及旛杂纓之例皆十二黃屋左纛金根重轂無不悉同唯五

方色以為殊耳若用此輅給於太子革木盡皆不可何況
金象者乎既制裁副車至於金輅自有等差春
秋之義降下以兩今天子金輅駕用四馬至於金輅太子金
輅駕用四馬降龍九旒制頗同於副車又有旂旗之別并
嫡皇孫及親王等輅並給金輅而減其雕飾合於古典臣
謂非嫌制曰可於是太子金輅赤質制同副車其輅
亦駕四馬駙士二十八人皇嫡孫金飾旂
盤輿重轂輈上起箱末以金飾旂長七刃七旒降太子一等去
其國及納妃親迎則給之常朝則乘象輅
駙士二十八人親王金輅以赤為質同於皇嫡孫唯在

象輅案尚書即先輅也周禮象輅朱敏纓五就建大赤以
朝異姓以封左建旌案爾首昌旌許慎所說游車
載旌廣雅云天子旌高九刃諸侯七刃大夫五刃周畫玉
會張羽烏旌禮記云龍旂九旒天子之旌也今象輅以黄
為質象飾諸末左建旌畫綠麟右建戲駕黄騂祝后土
則用之
革輅案釋名天子車也周禮革輅龍勒條纓五就建大白
用之即戎以封四衞古者革乾而漆之更無他飾又有戎
輅之即戎建旌案釋名熊獸為旗周官龍旂九旒以象大
火令革輅白質輓之以革關戲駕自質
戎然革輅亦名戎輅天子在軍所乘廣車橫陣車也關軍
則用之

〔 隋志五　書十 〕　〔十七〕

補關車也飾並以革故師供革車各以其車藝議云華
輅第四左建旌案釋名周官木輅繕綟樊鵠纓建麾以畋以
封潘國晉摯虞駮輅第五唯宋泰始詔乘木輅以耕稱
徐爰釋疑輅曰天子五輅晉遷江左關其三唯有金輅以
郊木輅即戎蓋旌旗之質及鞶纓皆從方色蓋畫裏並黄雕
凡五輅之

十六人
木輅案尚書即次輅也周官木輅

飾如一沈約曰金象革木禮圖不載其形今旌數羽襈並
同玉輅左建旌案周官龜為旂釋名云龜知氣兆之吉
凶也許慎云建關戲駕黑騂畋獵用之四品方伯乘木輅建
旌畫玄武右建關戲駕黑騂畋獵用之
赤質駕士十四人
安車案禮卿大夫致事則乘之其制如輜耕蔡邑獨斷有
五色安車皆畫輪重轂今畫輪轂頭曲聲蔡邑通帛綠絡網
赤繁纓絡駕駟馬省闒臨幸則乘之皇太子安車斑輪赤質
制略同乘輿亦駕四馬
四望車案晉中朝大駕鹵簿四望車中道東宮舊儀
皇太子及妃皆有畫輪四望車今四望車制同情重黄金

〔 隋志五　書十 〕　〔十八〕

飾青油幢朱裏紫通憶紫絲網駕牛拜陵臨弔則用之
皇太子四望車綠油幢青通憶朱絲絡網
耕根車案沈約云親幸耕籍御之三蓋車一名芝車又名
耕根車置耒耜於軾上即潘岳所謂紺轅屬於芝車者也
開皇無之駕出親耕則乘大輅蓋依宋泰始之故事也今
耕根車以青為質三重蓋羽葆雕裝並同玉輅駕六馬
其載平以青囊盛耒而加於上籍千畝行三推禮則親秉
馬

羊車案晉司隸校尉劉毅奏護軍羊琇秉乘者也開皇

案（上欄・右より左へ）

少至貝玉始置焉武制　如軺車金寶飾韑紫錦裏車
二十八昔兩家警服青牛取　年十四五者並謂之羊車小
史駕以果下馬其大如羊屬車　古者諸侯貳車九乘秦
減九國兼其車服故為八十一乘漢遵不改武帝祠太一
甘泉則盡用之明帝上原陵朱絲絡網黃金師駕牛往鹵
十二乘開皇車泰通韑朱絲絡網黃金師駕二牛小駕八
十一乘並如犢車法駕減半大駕初屬車備八
薄中車行正道至三年二月帝嫌其多固起部郎閻毗此
曰屬車九九是也次及法駕三分減一此漢制也故文帝

隋志五　書十　〈十九〉

本紀奉天子法駕迎之代郎　如漢曰屬車三十六乘是也又據
宋孝建時有司奏議晉遠江左唯設五乘尚書令建平王
宏曰八十一乘無所准憑江左五乘開皇平陳因以為
流之數皆用十二分宜准此設十二乘依漢小駕開皇以
法令憲章一性皆六駕校漢依宋以為羔辇
帝曰大駕宜用三十六法駕宜用十二小駕依宋以為羔辇
輦案釋名人力輦也漢成帝遊庭則乘之徐爰釋
問云天子御輦侍中陪乘令韑制象軺車而不施輪通韑
朱絡飾以金玉用人荷之　如犢車亦通韑朱絡謂之篷辇自梁武帝
副輦加案制

案（下欄・右より左へ）

始也
輿案說文輿便竹韑車也周官曰周人上輿漢室制度以雕
為之方徑六尺令輿輿制如辇而但小耳官苑宴私則御之
○小輿六輔方形同幬帳自閤出升正殿則御也
軺車案二輪一名遙車蓋言遙言遙遠四顧之車也漢武帝迎
史軺車行中道晉公卿禮從此文是馳傳軺車也晉氏鹵簿御
車公弟子二人乘軺車傳從此又是馳傳軺車也晉氏鹵簿御
及縣令詔使品第六七則並駕一馬
犢車案魏武書贈楊彪七香車二乘用牛駕之盖犢車也
車青通韑賀駕二馬王侯入學五品朝婚通給之司隸刺史

長沙者舊傳曰劉壽常乘通韑車今犢車通韑自王公已
下至五品已上並給乘之三品已上青韑朱裏五品已上
紺韑鋪鑲黃白銅裝唯有幨及弟喪者則不張韑而乘鐵
裝車六品已下不給任自乘犢車弗許施韑初五品已
乘偏韑車其後嫌其不美偉不行用以巨韑代之三品已
上通韑車則青壁一品軺車油韑朱網唯車軺一等聽勅
皇后重翟車案周禮正右亦有五輅一曰重翟二曰厭翟
始得乘之
馬珂三品已上九子四品七子五品五子
三曰安車四曰翟車五曰辇車漢制后法駕乘重翟車本

重翟青質金飾諸末畫輪金根朱牙重較其箱飾以重翟
羽青油幢朱裏通幰紫繡帷朱絲絡網紫繡帶〈鑾在衡鑣〉
錫鞶纓十有二就金爰方釳插翟尾朱緫綴於馬勒及兩
金鑣之上駕蒼龍受冊從祀郊禖享廟則供之
厭翟赤質金飾諸末朱牙重較畫朱牙其箱飾以次翟羽紫
油幢朱裏通幰紅錦帷朱絲絡網紅錦帶其餘如重翟駕黃
赤騂採桑則供之
翟車黃質金飾諸末輪畫朱牙其箱飾以翟羽黃油幢黃
裏通幰白紅錦帷朱絲絡網白紅錦帶其餘如重翟駕黃

安車金飾同於蓬輦通幰朱裏駕四馬臨幸及弔則供之
董車金飾諸末初宇文愷闔毗奏定請減乘輿之羊
皇后屬車三十六乘至大明元年九月有司奏皇
禮部侍郎許善心表駁曰謹案周禮后備六服并設五輅
右副車未有定式詔下禮官議正其數博士王變之議鄭
定輿董天子屬車十有二乘之制不應獨異又宋孝建時議
来章之數並與王同屬車之制不應獨異又宋孝建時議
玄去后象主立六宮亦正寢而燕寢五帷其所立每與王
同謂十二乘通關爲允宋帝從之遂爲後式今請依乘輿
不須差降制曰可

三妃乘翟車以赤爲質駕三馬九嬪已下並乘犢車青幰
朱絡網
皇太子妃乘翟車以赤爲質駕三馬畫輈金飾犢車爲副
紫幰朱絡網良娣已下並乘犢車紫幰朱網絡五品已上命婦
三公夫人公主王妃並犢車紫幰朱網絡五品已上命婦
並乘青幰與其夫同

志第五

禮儀五　　隋書十

太尉楊州都督監修國史上柱國趙國公臣長孫無忌等奉勅撰

禮儀六

隋書十一

梁制乘輿郊天祀地也豐明堂祠宗廟元會臨軒則黑介幘

通天冠平晃俗所謂平天冠者也其制玄表朱綠裏黑介幘

寸長尺二寸加於通天冠上前垂四寸後垂三寸前圓而

後方尺二寸加於通天冠十有二旒其衣長衣齊肩各如其綬

色傍垂玉珠十有二旒其衣長衣齊肩下前三幅後四幅

衣傍垂虯纁纓衣則裳繡衣以玉瑱其衣長衣齊肩以組為纓

裳則畫藻粉米黼黻以為繡衣則日月星辰山龍華蟲火宗彝畫又為繡

朱繡袘節其側中衣以絳緣領袖亦皮為韠羣古之韍也

絳褾襈赤烏履佩白玉垂朱黃大綬黃赤縹紺四采華帶無

翩緄帶以組為之如綬色黃金碎邪首為帶鏤而飾以白

玉珠又有通天冠高九寸前加金博山述黑介幘絳紗袍皂

緣中衣黑為是為朝服元正賀畢還冠出所服也其

梁進賢冠遠遊平上幘武冠單衣烏皮舄臨軒亦服袞

晃未加元服則空頂介幘武冠單衣黑介幘宴會則服之又有五

單衣白帢以代古之疑衰皮弁為甲服為羣臣舉哀臨

喪則服之

天監三年何佟之議公卿以下祭服裏有中衣即今之中

單也案後漢輿服志明帝永平二年初詔有司採周官禮

記尚書皋陶謨益服從歐陽說公卿以下服從大小夏侯說祭

服絳緣領袖為中衣絳袴襪示其赤心奉神令中衣絳緣

足有所明無復於袴既非聖法請不可施遂依議除之

四年有司言平天冠等一百五條皆承以來隨故而毀未

詳所送何佟之議祭服敝則焚之於是並燒除之其珠

玉以付中署

七年周捨議謂祭記曰王者袞服宜畫鳳皇以示差降按禮

有虞氏皇而祭深衣而養老鄭玄所言皇皇則是袞冕皇羽

也又按禮所稱雜服皆以衣定名袞以示畫鳳皇以示

制可又王僧崇云令祭服三公衣身畫獸其要又袖又有

青獸形與獸同義鳳是雞即宗彝也兩神各有禽鳥形類

鸞鳳似是華蟲畫宗彝即宗彝也兩神各有禽獸形

鼻長尾是獸之輕小者謂宜不得同獸尋晃服無鳳應改

為雉文蒙有圓花帝曰文日月星辰此以二辰攝三

物也山龍華蟲請改正并其圓花無礙是畫師加龍蟻耳藻米黼

物也山龍華蟲火粉米文以三藻攝三物也是

為九章今袞服畫龍則宜應畫鳳明祭祀安國云華者花也則

為花非疑若一向畫雉差　降之文後將安寄鄭義是所未
先又帝曰禮王者祀昊天上帝則大裘而冕祀五帝亦如
之又云莞簟之安而蒲越其秸之用斯皆至敬無文貴誠
重質今郊用陶匏雖古不異而大裘獨用蒲秸獨不復存其於
質敬恐有未盡且一獻為質其繢之飾及公卿不著其冕服
可共詳定五經博士陸瑋等並二祭天猶存掃地之質而
服章獨取黼黻為文於義不可今南郊神座皆用沙席此
獨宪類未盡質素之理宜以臺秸為下籍蒲越為上席又
司服云王祀昊天服大裘制可瑋等又桑大裘以來皆
用裘服今請依古更制大裘制唯

鄭玄注司服云大裘羔裘也既無所出未可為據案六冕
之服皆玄上繢下今宜以玄繢為之其制式如裘其裳以
繢皆無文繡冕則無旒詔○又乘輿宴會服單衣黑介幘
舊三日九日小會初出乘今輅服之

八年帝改冕還皆乘輿服白紗帽
九年司馬鈞等參議禮記玉藻云諸侯玄冕以祭禮冕以
朝雜記又云大夫冕而祭於公弁而祭於已今之尚書上

异公族不非卿士止有朝衣本無冕服但既頭韠祭不容
同在於朝宜依大常及博士諸官例著皁衣絳裙中單
竹葉冠若不親奉則不須入廟帝從之

十一年尚書參議按禮跣韡事由藏坐屨不宜陳尊者之
側令則稍敬之所莫不皆跣清廟崇嚴既悃愊禮亦有憂
行者應皆跣韡詔可
陳永定元年武帝即位東輿御服章服多採梁之
舊制又以為冕旒後漢用白玉珠簪過江服章多關逐用
珊瑚雜珠飾之蕭子云白琁蟬珠是也帝白形制依天下
初定務從儉儉應用繡織成者並可彩畫金色宜塗珠玉
之飾佳用蟬也至天嘉初悉改易之定令具依天監舊事
然亦往往改革今不同者皆隨事於注言之不言者蓋無
所改制云

皇太子金璽龜鈕朱綬十三百二朝服遠遊冠金博山佩瑜
玉翠綾重組朱衣絳紗袍皁緣白紗中單白曲領帶鹿盧
㓍火珠首素革帶玉鉤鰈獸頭鞶囊其尖小會祠廟祼望
五日還朝皆朝服常還上宮則朱服若釋奠則遠遊冠玄
朝服絳緣中單絳袴褶玄烏講則著介幘又有三梁進賢
冠其侍祀則平冕九旒衰衣九章白紗絳緣中單絳緣緣韠
赤烏絳韡若加元服則中舍執冕從皇太子舊有五時朝
服自天監之後則朱服在上省則烏帽朱福省則白帽云
諸王金璽龜鼊鈕繢朱綬十一百六朝服遠遊冠介朱衣絳

紗袍皂緣中衣素帶黑舄佩山玄玉垂組大帶獸頭鞶青

劍若加餘官則服之服

開國公金章金龜鈕玄朱綬二百四　朝服紗朱衣進賢三梁冠

佩山玄玉獸頭鞶青劍

開國子男金章龜鈕青綬首二百　朝服紗朱衣進賢二梁冠

佩水蒼玉獸頭鞶青劍

開國侯伯金章龜鈕朱綬十一首二百　朝服紗朱衣進賢三梁冠

佩水蒼玉獸頭鞶青劍

梁冠獸頭鞶青劍號矣則珪鈕

縣鄉亭關內關中及名號矣金印龜鈕紫綬朝服進賢二

關外侯銀印珪鈕青綬朝服進賢二梁冠獸頭鞶青劍

諸王嗣子金印珪鈕紫綬首八十　朝服進賢二梁冠佩

玉獸頭鞶青劍

開國公侯嗣子銀印珪鈕青綬八十首　朝服進賢

太宰大傅太保司徒司空金章龜鈕紫綬八十首　朝服進賢

水蒼玉獸頭鞶青劍

大司馬大將軍太尉諸位從公者金章龜鈕紫綬八十首朝

三梁冠佩山玄玉獸頭鞶青劍丞相加有相國制同

服武冠佩山玄玉獸頭鞶青劍直將軍則不帶劍

凡公及位從公言以將軍及以左右光祿開府儀同者各隨本位號其文則曰某位號儀同之章

志六　隋志十一　五

五等諸侯助祭郊廟甘冕九旒青五為珠有前無後各以其綬色為組纓旁垂戴纁衣玄上纁下畫山龍巳下九

章備五采大佩亦為胸襈錄尚書無章綬品秩悉以餘官

授司其任服則餘官之服猶執笏紫荷其在都坐則東面

最上

尚書令僕射尚書銅印墨綬朝服納言幘進賢冠佩水蒼

玉無印綬鞶劍紫荷執笏陳尚書令僕射金章龜鈕紫綬八十首獸頭鞶劍尚書無印綬及八十首獸頭鞶劍餘同梁

侍中散騎常侍通直常侍員外常侍朝服武冠貂蟬左珥

其餘鞶劍佩水蒼玉侍中常侍舊至尊朝會登殿坐侍中

中書監祕書監銅印墨綬朝服進賢兩梁冠佩水蒼

鞶劍獸頭鞶陳制鞶章龜鈕青綬八十首獸頭鞶劍餘同梁

常侍爽御御下輿則扶左右侍中驂乘則不帶劍

左右光祿大夫昔與加金章紫綬同其但加銀青者謂之

金紫光祿但加銀青者謂之光祿大夫陳令有特進進賢梁冠朝服佩水

蒼玉青劍梁令不載

光祿大夫中散大夫太常光祿弘訓大僕太僕廷尉宗正

大鴻臚大司農少府大匠諸卿丹陽尹太子保傅六長秋

太子詹事銀章龜鈕青綬獸頭鞶朝服進賢二梁冠佩水

蒼至卿大夫助祭則冠平冕五旒黑玉為珠有前無後各

志六　隋志十一　六

以其綬采為組纓旁垂輈纓衣玄上纁下畫華蟲七章皆

佩五采大佩赤舃胸屨陳宮卿改云慈訓餘服章同

驃騎車騎衛將軍中軍冠軍輔國將軍四方中郎將全章
陳令中鎮衛驃騎車
紫綬則中郎青綬八十平將軍金章獸中領四方中郎將權騎
首二梁冠並朝服武冠佩紫綬八十首獸及冠軍四方自中
軍已下諸將軍及獸頭鞶其北騎夾御日假

朝服武冠佩水蒼玉

銀印青綬朝服武冠佩水蒼玉獸頭鞶其北騎夾御日假
給佩餘校不給官不給陳令領護金章龜鈕青綬八十首共五
佩餘並同諸卿但武冠營校尉銀甲陛

弘訓衛尉衛尉陳宮卿云慈訓服　司隸校尉官陳服在左右衛

驍騎游擊前左右後軍將軍龍驤篤朝建威振威奮威揚
威廣威武威建武振武奮武等將軍精婁積射
強弩將軍監軍銀章青綬朝服武冠佩水蒼玉獸頭鞶
遊已下並不給佩

游擊雲騎前左右後軍將軍左右衛
上銀印青綬朝服武冠佩水蒼玉獸頭鞶騎
武賁中郎將羽林監銅印環鈕墨綬朝服武冠獸頭鞶書

國子祭酒卓朝服進賢二梁冠佩水蒼玉

御史中丞都水使者銀印墨綬朝服進賢二梁冠佩水蒼玉

〈禮儀志六〉　〈隋志十一〉　〈八〉

謁者僕射銅印環鈕墨綬八十朝服高山冠獸頭鞶佩水
蒼玉獸頭

青綬佩水蒼玉同陳中丞銀章龜鈕青綬八十首二梁冠餘
其都水陳梁改為太舟卿服在諸卿

〈四〇十三〉

諸軍司銀章龜鈕青綬朝服武冠獸頭鞶

給軍中黃門侍郎散騎通直員外散騎侍郎奉朝請
中庶子庶子武衛將軍武騎常侍朝服武冠獸頭鞶餘于巳上
直夾御白布袴褶正

中書侍郎朝服進賢一梁冠青綬冗從僕射太子衛率銅
印墨綬獸頭鞶朝服武冠獸頭鞶書

護匈奴中郎將護羌戎夷蠻越烏丸西域校尉銀印珪鈕
剱其在陛牙及楯鹵簿著齫尾絳紗縠單衣

青綬朝服武冠獸頭鞶朝服武冠銀印珪鈕

安夷撫夷護軍州郡國都尉墓車駙馬騎都尉諸護軍銀
珪鈕青綬獸頭鞶朝服進賢二梁冠

州刺史銅印墨綬獸頭鞶青絳朝服進賢二梁冠

郡國太守相內史銀章龜鈕青綬獸頭鞶單衣介幘加中
鈕青綬餘章同梁

二千石依卿尹冠服劍佩

尚書左右丞祕書丞銅印環鈕黃綬獸爪鞶朝服進賢一
梁冠

尚書祕書署作郎太子中舍人洗馬舍人朝服進賢一梁
冠著劍

諸王友文學朱服進賢一梁冠（師服同 陳令諸王）

治書侍御史侍御史朝服籠冠法冠（治書侍御史則有銅 印環鈕墨綬陳又有）

殿中蘭臺侍御史服法冠籠冠

諸博士給皁朝服進賢兩梁冠佩水蒼玉

諸縣立給皁朝服進賢兩梁冠佩水蒼玉

太學博士正限八人著佩限外六人不給

廷尉律博士無佩並纂筆

卷 隋老王 《九》

國子助教皁朝服進賢一梁冠簪筆

公府長史獸頭鞶朝服進賢一梁冠簪筆

諸署令秩千石者獸爪鞶銅印環鈕墨綬朝服進賢兩
梁冠長史朱服諸卿尹丞建康令玄服

公府掾屬主簿祭酒朱服獸頭鞶朝服進賢一梁冠公府令史亦同

領護軍長史司馬朱服獸頭鞶諸軍長史單衣介幘獸頭鞶

諸卿部獄丞並皁朝服進賢一梁冠簪筆

太子保傅管事丞長史單衣介幘長史獸頭鞶其丞黃綬獸

郡國相內史丞長史單衣介幘長史獸頭鞶黃綬獸

爪鞶

諸縣署令長相單衣介幘獸頭鞶銅印環鈕墨綬朝服進
賢一梁冠諸署令長朱衣武冠州都大中正郡中正單衣介

太子門大夫獸頭鞶

進賢一梁冠令長朱服率更家令僕朝服兩梁冠獸頭鞶

黃綬黃門冗從僕射監太子寺人銅印環鈕墨綬朝服

黃門諸署令長丞朱服進賢一梁冠銅印環鈕墨綬丞

晉劄

武冠獸頭鞶

卷 隋老王 三百五 《十》

公府司馬領護軍司馬諸軍司馬護匈奴中郎將護羌戎
夷蠻越烏丸戊己校尉長史司馬銅印環鈕墨綬獸頭鞶

朝服武冠獸頭鞶諸軍司馬單衣平巾幘長史介幘（陳令公府同 尉諸中郎將史司馬其服章與梁官同）

公府從事中郎朱服進賢二梁冠銅印環鈕墨綬獸頭鞶（馬諸軍司馬 領安蠻護軍變戎越校）

單衣介幘華帶廷尉建康正平銅印環鈕墨綬皁零碎

朝服法冠 單衣帶平巾幘獸頭鞶

左右衛司馬銅印環鈕墨綬單衣帶平巾幘獸頭鞶

諸府參軍單衣平巾幘

諸州別駕治中從事主簿西曹從事玄朝服進賢一梁冠

贊等單公事單衣介幘朱衣

直閤將軍朱服武冠銅印珪鈕青綬獸頭鞶

直閤將軍諸殿主帥朱服武冠正直絳衫從則褠襦衫

諸開國郎中令太農公傅中尉銅印環鈕青綬朝服進賢

兩梁冠中尉武冠皆獸頭鞶

諸開國將軍銅印環鈕青綬朝服武冠限外者不給

學官令典膳丞長銅印限外者不給印

開國侯典書中尉司馬陵廟食官厩牧長典醫府丞銅印

常侍侍郎世子庶子謁者中大夫舍人不給印典書典祠

令朝服進賢一梁冠餘悉朱服一梁冠

左右常侍侍郎典衞中尉司馬朝服武冠典書典祠學官

太子衞率率更家令丞銅印環鈕黃綬皁朝服進賢一梁

冠獸爪鞶

太子常從武賁督銅印環鈕墨綬朝服武冠獸爪鞶

殿中將軍貝外將軍朱服武冠

州郡國都尉司馬銅印環鈕墨綬朱服武冠獸頭鞶

諸謁者朝服高山冠

中書通事舍人門下令史主書典書令史門下朝廷局書

令史太子門下通事守舍人主書典書守舍人二宮齋內職

左右職局齋幹巳上朱服武冠

殿中內外局監太子內外監殿中守舍人銅印環鈕朱服

武冠

內外監典書吏朱服進賢一梁冠內監朝廷人領局典

事外監統軍隊詮發遣局典軍武冠武冠外監及典書吏

乘輿朱衣唯正直及齋監并受使不在例其東宮內外殿

典事書吏依臺格五校三將將軍內監主事外監主

事三校主事朱服武冠

尚書都令史都水參事門下書令史集書中書尚書

尚書都令史公府令史書令史監令僕省事蘭臺

守舍人及諸省典事朱服進賢一梁冠

殿中蘭臺謁都水令史公府令史太子導客舍

蕭祚掌書主書圖書謁令史書令史公府令史

印環鈕黃綬朱服進賢一梁冠太官大醫丞武冠

諸縣署丞太子諸署丞王公族諸署及公主家令僕銅

尚書都令史度支卒左戶校吏朱服進賢一梁冠

印環鈕銅印環鈕單衣介幘黃綬獸爪鞶節騎郎朱服武

冠其在陛列及僮闌簿者髦尾絳紗縠單衣御節隄蕡鈇

諸縣尉銅印環鈕單衣介幘黃綬獸爪鞶節騎郎朱服武

郎朝服亦介幘儀唱警奏事持兵王鹵等諸職

公事及僮闌簿朱服武冠殿中中郎將校尉都尉銀印珪

鈕青綬朱服武冠獸頭鞶革

城門候銅印環鈕墨綬朱服武冠獸頭鞶革

部曲督司馬吏部曲將銅印環鈕朱服武冠司馬吏假墨

綬獸爪鞶革

太中散諫議大夫議郎中郎中舍人朱服進賢一梁

黃門後閤舍人主書齋帥監食主食主客扶侍鼓吹朱服

總章協律銅印環鈕艾綬獸爪鞶朱服武冠

進賢冠吏卻非冠佐吏者進賢冠

諸門即僕射佐吏東宮門吏其即朱服僕射皁朝服

冠

武冠鼓吹進賢冠為帥墨綬獸頭鞶

殿中司馬銅印環鈕墨綬朱服武冠獸頭鞶

總章監鼓吹監銅印環鈕艾綬獸爪鞶朱服武冠

諸曹將兵都尉牙門將崇毅材官折衝難輕騎揚烈威

寧遠宣威光威驤威廣平戎綏遠綏狄綏邊鷹戎

獸威威武烈武毅威威廣討虜殄難討夷鷹武

橫野陵江鷹揚執訊盪寇盪虜男盪逆殄虜綏邊稜威遠

難掃逆掃冠鬳鋒武奮武牙廣野領兵滿五十人給銀章

不滿五十除板而已不給章朱服武冠以此官為刺史太

守皆青綬（此條已下皆陳 梁不同）

典儀但帥典儀正帥朱衣武冠其本資有殿但正帥得帶

艾綬獸頭鞶革殿但正帥艾綬獸頭鞶朱服武冠殿帥羽

儀帥員外帥朱衣武冠

威雄猛烈振信勝略風力光等十威將軍並韠黃能韠青綬

健烈威銳勇等十武將軍猛略勝力毅

勇毅名勝迅等十驍將軍雄猛威明烈信武勇毅壯健等

壯武勇烈猛銳威毅志意力等十壯將軍

獸頭鞶韠武冠朝服

猛毅威銳震威進智勝駭等十猛將軍銀章青綬

朝服

十雄將軍並銀章羔鈕青綬獸頭鞶韠武冠朝服

忠勇烈猛銳壯毅捍信義勝等十忠將軍明智略遠勝遠

威勝進銳毅等十明將軍光烈明英遠勝銳

十先將軍威勇猛烈銳奇決起略勝出等十威將軍並銀

章武威決勝清野堅銳輕銳掃虜雷男振狄寺三十號將軍銀

龍驤武視雲旗風烈電威雷音馳銳進銳羽騎突騎折衝

冠武和戎安壘起威果掃虜稜狄武銳摧鋒開遠略遠

印兔鈕青綬獸頭鞶韠朝服武冠

超武鐵騎樓船宣猛樹功兔秋平虜穩威戎昭威戎伏波

雄戟長鈹劍衝冠雕騎佽勇騎破敵威虜刿鋒武毅

開邊招遠全威破陣盪冠殄虜橫野馳射等三十號將軍除並

銅印環鈕墨綬獸頭鍪朝服武冠并左十二件將軍除並

假給綬紱緱則止朱服武冠而已其勳選除若以功次轉進

服武冠板則無綬止冠服而已其在將官以功次轉進

建威牙門期門巳下諸將軍服武冠朱服武冠而已武官署位轉登上條九品

應署建威巳下諸竟不限板除悉給印綬武官署位轉登上條九品

千人督校督司馬武賁督牙門將騎督守將兵都尉太

常從督別部司馬假司馬銅印環鈕朱服武冠墨綬

子馳尉巳上諸戎號亦不限板除悉給印綬

梁所無又不同者

獸頭鍪

武猛中郎將校尉都尉銅印環鈕朱服武冠獸頭鍪

千司馬道貫巳上及司馬皆假墨綬獸頭鍪配制上

陛長甲僕射主事更將騎廷上五年旗假武賁在陛列

及備國薄服錦文衣武冠屣尾陛長者假銅印環鈕墨綬

假屣頭羽林在陛列及備國薄服緋衣上著章畫罄襠單衣武冠

假旄頭轝輦迹禽前驅申基強督司馬給絳科單衣武冠

其本位佩武猛都尉巳上印者假墨綬別部司馬巳下假

墨綬並獸頭鍪

殿中冗從武賁殿中武賁持鈒戟冗從武賁殿中羽林太官嘗食武

賁持椎斧武騎武賁五騎傳詔武賁殿中羽林太官嘗食武

持椎斧武騎武賁五騎傳詔武賁假墨綬給絳褠武賁

單衣武冠其本位職佩武陳令絳科單衣其印假鍪綬依前條都尉等印假鍪綬依前條

諸官鼓吹尚書廊下都坐門下使守藏守閤殿中威儀騎

其在陛列及備國薄五騎武賁服錦文衣屣尾宰人服離

支衣領軍捉刃人烏緫帽袴褶皮帶

維是羽葆鼓鼓吹改著進賢冠外給系屣鼓鼓吹著武冠

武賁常直殿門雲龍門者門下左右部武賁羽林驎給傳

事者諸導車驎門下中書守閤當書門下武賁羽林驎蘭臺

五曹鄧鄧僕射郎下守閤威儀發符驎都水使者廊下守

給驎謁者威儀驎諸官謁者驎絳褠武冠服如舊大誰

天門卓科單衣樊噲冠衛士涅布褠郗敵冠

諸將軍使持節都督執節史朱衣進賢一梁冠自此條巳昔陳制

無所

持節都史單衣介幘其篹戒嚴時同使持節制假節節

史單衣介幘形假幘以石為之持節皆刻為鍪螭幘跌

諸王典藏帥單衣平巾幘典藏書史袴褠平巾幘

公府書佐朱衣進賢冠

諸王國舍人司理調者閤下令史中衞都尉朱衣進賢一

梁冠司理假銅印謁者高山冠令史巳下武冠

太子太傅五官功曹主簿草朝服進賢一梁冠

六子二傅門下主記錄事功曹書佐門下書佐記室帳下

督都督省事法曹書佐大傅外都督皁衣進賢

太子三校二將積弩殿中將軍衣服皆與上宮官同

太子妃家令絳朝服進賢一梁冠

太子正員司馬督題閤監（銅印）三校內主事主章抹待守

〈志六　隋書十一　十七〉

內幹朱衣武冠

舍人衣帶仗局服飾衣局珍寶朝廷主衣統奏事幹內局

典事道客等書吏次功典書函典書典經五經典書諸守

諸公府御屬及省事錄尚書省事太子門下及內外監丞

官舍人市買清慎食官督內直兵吏宣華崇賢二門舍人

諸閤吏朱衣武冠執刀鳥信幡

太子妃傅騎令朱衣武冠赤幘執刀

太子二傅令玄衣赤幘武冠常行則袴褶執儀褾帥殿

帥典儀帥傅令執刀戟主蓋繖麈繖殿上持兵軍郎扶軍

注疏萌床齋閤食司馬唱導飯主食殿前帥殿前威儀武

貢威儀散給使閤將鼓吹士帥副武冠絳褠案乾小輿持

車輞車給使平巾幘黃布袴褶赤廲帶

太子諸門將涅布褠襪樊冠

太子國簿戟吏赤幘武冠絳褠廉帥瑩陣禁防平巾幘白

布袴褶靴角五音帥長麾青布袴褶芩帽絳繖帶都伯平

巾幘黃布袴褶

文官曹幹白紗單衣幘尚書二臺曹幹亦同

武官問說將士給使平巾幘白布袴褶

通天冠高九寸正竪頂少斜却乃直下鐵為卷梁前有展

筩冠前加金博山述乘輿所常服

〈志六　隋書十一　十八〉

遠游冠制似通天而前無山述有展筩横干冠前皇太子

及王者後諸王服之諸王加官者自服其官之冠服唯太

子及王者後常冠焉太子則以翠羽為緌綴以白珠其餘

進賢冠古緇布冠遺象也斯蓋文儒者之服前高七寸後

高三寸長八寸有五梁三梁二梁一梁別五梁唯天子

所服其三梁巳下為臣之別云

武冠一名大冠一名繁冠一名建冠今人名曰

武弁一名大冠天子元服亦先加大冠公左右侍臣

籠冠即古惠文冠也天子元服亦先加大冠公左右侍臣

及諸將軍武官通服之侍中常侍則加金璫附蟬焉插以

貂尾黃金為飾云

高山冠一名側注高九寸鐵為卷梁制似通天頂直豎不
科無述崇簹高山者取其矜莊賓遠中外謁者僕射服
之

法冠一名柱後或謂之獬豸冠高五寸以縱為展簹鐵為
柱卷貫其中不曲撓也侍御史廷尉正監平凡執法官皆服
將羽林監節騎郎柱笄列及闞簿者服之。長冠一名齋冠
高七寸廣三寸漆纚為之制如版以竹為裏漢高祖微時

鶡冠猶大冠也加雙鶡尾豎插兩邊故名曰武賁中郎
之

以竹皮為此冠所謂劉氏冠後除竹用漆纚為之司馬彪曰
長冠建制也人間或謂之鵲尾冠非也後代以為祭服尊
敬之也至天監三年祠部郎沈宏議案竹葉冠是高祖為
亭長時所服安可縣代為祭服哉禮弁祭於公請令大
常永博士奉朝請之服宜改用爵升明山賓同宏議司馬聚
二老必遵三王則懼所改非一長冠謂宜仍舊案令之宗
承博士之服未有可非帝竟不改

人服之
建華冠以鐵為柱卷貫大銅珠九枚祀天地五郊明堂舞
樊噲冠廣九寸高七寸前後出各四寸制似平冕凡殿門

司馬衛士服之
却敵冠高四寸通長四寸後高三寸制似進賢冠凡宮殿
門衛士服之

却非冠高五寸制似長冠宮門吏僕射服
情尊卑貴賤皆服之文者長耳謂之介幘武者短耳謂之
平上幘各稱其冠而制之尚書令僕射尚書幘收方三寸
名曰納言未冠童子幘無屋施假髻者示未成人也
憎傳于云先未有岐薝樹成岐而幘成岐人慕之因而
弗改今通為廣弁之服白紗為之或單或袂初婚冠送餞
亦服之

中國學生服白紗為之晉太元中國子生見祭酒博士單衣
角巾執經一卷以代手版宋末關其制齊立學太尉王儉
更造今形如之○帽自天子下及士人通冠之以白紗者名
高頂帽皇太子在上省則烏紗在永福省則白紗又有繒
卓雜紗為之高屋下裙蓋無定准
裙襦近代服以從戎今太樂工人服之嚴則文武百官咸服
我則縛袴不舒散也中官紫褶外官絳褶以皮帶代鞶
華

陽中世以來唯人座尚書執筋筋者白筆綴其頭以紫囊
袋之其餘公卿但執手版荷紫者以紫生為袂囊綴之服

外加於肩周遷云昔周公負成王制此衣至今以為朝
服蕭子云名袠勢囊紫趙充國傳云張子孺持囊殊軍事
孝武帝張晏云襲勢囊也近臣負囊從備顧問有
所記也

入殿門有籠冠者著之有纓則下之緣廂行得提省閤
內得著復烏紗帽齋閤及橫度殿庭不得人提衣及捉
服飾入閤則執手板自掘衣几席不得人齋正閤介幘不
得上正殿及東西堂儀仗織翕有幰室車不得入臺門臺
官訊皇太子亦皆朱服著襪謁諸重表情庶姓單衣幘

詔三公必衣帢至黃閤下復過閤還著履

〈志六 隋志十一 王〉

古者君臣佩玉尊卑有序綬者所以貫佩相承受也又
下施韍如蔽膝貴賤亦各有殊五霸之後戰兵不息佩既廢
兵器韍非戰載留其韍而已韍非佩也於是解去佩
秦乃采組連結於韍轉相結受又謂之綬漢末文亡絕魏侍中王粲識其形乃復
明帝始復制佩而漢用之至
造焉今之佩緊所制也

皇后謁廟服袿襡大衣蓋嫁服也謂之褘衣卓上親
蠶則青上標下比深衣制隱領神緣以襈首飾則假髻步搖
俗謂之珠松是也簪珥步搖以黃金為山題貫白珠為支
相繆八爵九華熊獸赤罷尖鹿辟邪南山豐大特六獸諸

爵獸皆以翡翠為華綬佩同乘輿
貴妃貴嬪貴姬是為三夫人金章龜鈕紫綬佩于寘九嬪
玉獸頭鑿

淑媛淑儀淑容昭華昭容脩華脩容是為九嬪銀印珪鈕文綬獸
婕妤容華充華承徽列榮五職亞九嬪銀印珪鈕文綬獸
金章龜鈕青月綬八十獸頭鑿佩采瓊玉
頭鑿

美人才人良人三職散位銅印環鈕墨綬獸頭鑿
皇太子妃金璽龜鈕纁朱綬八十獸八鑿佩瑜玉獸頭鑿
良娣銀印珪鈕佩采瓊玉青綬八十獸八鑿

〈志六 隋志十一 廿二〉

山玄玉獸頭鑿
開國公族太夫人銀印珪鈕青綬八十佩水蒼玉獸頭鑿
○公主三夫人大手髮七鑷蔽髻九嬪及公夫人五鑷世
婦三鑷其長公主得有步搖公主封君已上皆帶綬以綵
組為綬帶各以其綬色金辟邪首為帶玦公特進列疾卿
校中二千石夫人

保林銀印珪鈕佩水蒼玉青綬八十佩水蒼玉獸頭鑿
諸王太妃妃諸長公主公主封君金印龜鈕紫綬八十佩

紺繒幗黃金龍首銜白珠魚須禱長一尺為簪珥入廟佐
祭者卓絹上下皆深衣制綬自二千石夫人

天人已上至皇右皆以蟲衣爲朝服

晃自覺左遷中原禮儀多缺後魏天興六年詔有司始制冠

晃各依品秩以示等威未能周洽及至熙平二年太

故實正定前謬更造衣冠尚不能周洽及至熙平二年太考

傳清河王懌黃門侍郎韋廷祥等奏定五時朝服准漢故

事五郊衣幘各如方色焉及後齊因之河清中改易舊制

著令定制云

乘輿平晃黑介幘垂白珠十二旒飾以五采玉以組爲纓

色如其綬䌥王笄白玉簪黃赤綬五采黃赤縹綠紺純

黃赤綬長二丈九尺五百首廣一尺二寸小綬長三尺二寸

〈 志　隋書　廿 〉

與綬同采而首半之袞服皁衣絳裳衰前三幅後四幅織

成爲之十二章緣絳中單織成組帶朱綾佩白玉帶鹿盧

劍絳袢袴亦爲未加元服則空頂介幘又有通天金博山

冠則絳紗袍皁緣中單其五時服則五色介幘進賢五梁

冠絳紗袍又有遠遊五梁冠並不通于下四時祭廟圓

丘方澤明堂五郊封禪大雩出宮行事正旦受朝及臨軒

拜王公時服袞冕之服還宮又齋則服通天冠籍田則服

晃瓃十二旒佩著玉黃綬青帶青袜青舄拜陵則黑幘

白紗單衣釋英則服通天金博山冠玄紗袍春分朝日則

青紗朝服青烏秋分夕月則白紗朝服緗烏俱冠五梁進

賢冠合朝服通天金博山冠絳紗袍李秋講武出征宮廟

冠武弁黃金附蟬左貂鵃類宜社武弁朱衣纂嚴升殿

通天金博山冠絳紗袍入溫涼室冠武弁右貂附蟬絳紗

服褌還飲至服通天冠中遺上將則袞冕還宮則通天

金博山冠賞祖罰社則武弁左貂附蟬元日冬至大小會通

皆通天金博山冠四時畋出宮服通天冠並白玉爲之

五時俱通天冠各以其色服東西堂舉哀服白帢

天子六璽文曰皇帝行璽封常行詔勑則用之皇帝之璽

賜諸王書則用之皇帝信璽發兵下銅獸符發諸州征鎮兵下

竹使符拜代徵召諸州刺史則用之並白玉爲之方一寸

〈 志　隋書十二　廿 〉

二分螭獸鈕天子行璽封拜外國則用之天子之璽賜諸

外國書則用之天子信璽發兵外國若徵召外國及有事

鬼神則用之並黃金爲之方一寸二分螭獸鈕又有傳國

璽白玉爲之方四寸螭獸鈕上交五蟠螭隱起鳥篆書

曰受天之命皇帝壽昌凡八字在六璽之外唯以封禪以封石

函又有督攝萬機印一鈕以木爲之長一尺二寸廣二寸

五分背上爲鼻鈕長九寸厚一寸廣七分腹下隱起篆

書爲督攝萬機凡四字此印常在內唯以印籍縫用則左

戶郎中度支尚書奏取印記輸內

皇太子平晃黑介幘垂白珠九旒飾以三采玉以組爲纓

色如其綬金璽朱綬四采赤黃縹紺綬質長二丈一尺
三百二十首廣九寸小綬長三尺二寸與綬同色而首半
之袞服同乘輿而九章絳綬綬佩瑜玉具鰟火珠標首絳
梓祿赤舄非謁廟則不服未加元服絳紗襮皁緣中單
髮雙玉導中舍人執遠遊以從其遠遊三梁冠黑介幘
翠緌纗絲紗襮皁緣中單黑舄為官臣舉哀白帢單衣
（冠黑介幘皁朝服絳緣中單玄舄為官臣舉哀白帢單衣
烏皮履未加元服則素服
皇太子璽黃金為之方一寸龜鈕文曰皇太子璽宮中大
事用璽小事用門下典書坊印

諸公卿平晃黑介幘青珠為緌上公九三公八諸卿六以
組為緌如其綬衣皆玄上纁下三公山龍八章降皇太
子等九卿藻火六章皆玄上纁下三公山龍八章降皇
遠遊三梁諸王所服其未冠則空頂黑介幘開國公侯伯
子男及妻等散爵未冠者通如之
進賢冠文官三品巳上並三梁四品巳上並兩梁五品巳
下流外九品巳上皆一梁致事者通著委貌冠主兵官及
侍臣通著武弁侍臣加貂璫御史大理著法冠謁者太
子中道守宮門僕射殿門吏等長冠謁者太子率
更寺官門賓太子內坊察非吏諸門吏等皆著卻非冠羽

志六　隋書十一　卅五　煬帝

林武音著鵾令巳下尚書以上著納言幘又有赤幘單
賤者所服救曰蝕文武官皆免冠著赤介幘之請兩則服絅
平巾赤幘示威武以助於陽也止兩亦服之請兩則服絅
幘東耕則服青幘示勸耕庖人則服綠幘
印綬三品巳上並金章紫綬三品銀章青綬
西南北四藩諸國王章上藩用中金中藩用銀並方寸龜
鈕佐官唯公府長史尚書二丞給印綬六品巳下九品巳
得印者銅印黃綬金銀章印及銅印並方一寸龜
烏印不為官四品巳下凡是開國子男及五等
印墨綬三品巳上並金章紫綬三品銀章青綬五品巳
中侍中省皆四品得印者銀印青綬五品六品得印者銅
印綬三品巳上並金章紫綬三品銀章青綬五品八品九品
上唯當曹為官長者給印餘自非長官雖位尊並不給
諸王纁朱綬四采赤黃縹紺純朱質絳文織長二丈一尺
二百四十首廣九十開國郡縣公散郡縣公玄朱綬四采
玄赤縹紺朱質玄文織長一丈八尺百八十首廣八寸開
國縣子男散縣子男名號侯朱綬三采赤黃縹開
白朱質白文織長一丈四尺百二十首廣六寸一品二品
紫綬三采紫黃赤純紫質長一丈六尺百八十首廣八寸
三品青綬三采青白紅純青質長一丈六尺百四十
首廣七寸五品六品墨綬二采青紺純紺質長一丈四尺
百首廣六寸七品八品九品黃綬二采黃白純黃質長一

志六　隋書十一　二十六　煬

丈二尺六十首廣五寸官品從第二巳上小綬間得施玉
環八綬兼合單紡為一綵綵四為一抶抶五為一首五
成一文采純為質首多者綵細首少者麤官有綬者則
有紛皆長八尺廣三寸各隨綬色若服朝服則佩綬服公
服則佩紛官無綬者不合佩紛
鞶囊一品巳上金縷三品金銀縷四品銀縷五品六品綵
縷七八九品綵縷獸爪鞶官無印綬者並不合佩鞶囊
爪
國子男五等散品名號庶雖四五品並銀裝劍佩水蒼玉
一玉具劍佩山玄玉二品金裝劍佩水蒼玉三品及開

二九六　【志】隋志十一　二十七

侍中巳下通直郎巳上陪位則像劍帶其執笏者入宗廟及
升殿著在仗內皆解劍一品及散郡公開國公侯伯皆雙
佩一品三品及開國子男五等散品名號庶皆雙佩綬亦
如之
百官朝服公服皆執手板尚書錄令僕射吏部尚書手板
頭復有白筆以紫皮裹之名曰笏朝服綴紫荷錄令左僕
射右荷右僕射吏部尚書右荷七品巳上文官朝服皆簪
白筆正王公侯伯子男卿尹及武職並不簪朝服冠幘各
一絳紗單衣白紗中單皁領袖皁襈褾曲領方心蔽膝
白筆烏舄褌兩綬劍佩簪導鈎䚢為具服七品巳上服也公

服冠幘紗單衣深衣革帶假帶復袜鈎䚢謂之從省服八
品巳下流外四品巳上服也
流外五品巳下九品巳上皆著褠衣為公服
皇后璽綬佩同乘輿假髻步搖十二鈿八雀九華助祭朝
會以褘衣祠郊禖以揄狄小宴以鞠衣禮見
皇帝以展衣宴居以禄衣六服俱有蔽膝織成緄帶大秋
后皇后璽並以白玉為之方一寸二分螭獸鈕文各如其
號璽不行用有令則太后以宮名衛印皇后則以長秋
印
內外命婦從五品巳上蔽髻唯以鈿數花釵多少為品秩

三六七　【志】隋志六　二十八

二品巳上金玉飾三品巳下金飾內命婦左右昭儀三夫
人視一品假髻九鈿金章紫綬服褕翟雙佩水蒼玉世婦視
視三品五鈿金章青綬服鞠衣佩水蒼玉九嬪視四
品三鈿銀印墨綬服展衣無佩八十一御女視五品
銅印墨綬服禄衣又有宮人女官服制第二品七鈿禄衣
品闕翟三品五鈿鞠衣四品三鈿展衣五品一鈿禄衣六
品青紗公服俱大首髻八鈿九品俱青紗公服
偁鬒髻
皇太子妃　璽綬佩同皇太子假髻步搖九鈿服褕翟從
簪則青紗公服

皇太子妃璽以黃金方一寸龜鈕文曰皇太子妃之璽若

有封書則用內坊印

郡長公主公主王國太妃妃繡朱綬髻翟章服佩一
品郡長君七鐶蔽髻玄朱綬翟章服闕翟章服佩玉
主佩水蒼玉餘與郡長君同太子良娣視九嬪服鞠衣縣主
朱綬餘與良娣同女侍中五鐶假金印紫綬鞠衣縣主佩水
蒼玉縣君銀章青朱綬餘如其夫若夫人假章印綬蒼玉餘則
女同外命婦章印綬佩皆如太子孺人同世婦
太子家令子同御女鄉主鄉君素朱綬佩闕翟三品五鐶服
不假一品二品七鐶蔽髻服闕翟三品五鐶服鞠衣四品
服各與其命婦服同○後周設司服之官掌皇帝十二服公
囊皆准其夫公服之例百官之母詔加太夫人者朝服公
則各依品次還著蔽髻皆服青紗公服如外命婦綬帶皆
三鐶服展衣五品一鐶服祿衣内外命婦宮人女官從五

志 隋老王 卅九

昊天上帝則蒼衣著晃祀東方上帝及朝日則青衣
祀南方上帝則朱衣朱晃祭皇地祇祀中央土上帝則黃衣
州社稷則玄衣玄晃其先皇加元服納后朝諸旅則象衣
黃晃十有二章日月星辰山龍華蟲其藻火宗彝藻
粉米黼黻六章在裳凡十二等其諸先帝大貝於龜食三

老五更享諸侯耕籍則服袞晃自龍巳下凡九章十二等
宗彝巳下五章在衣藻火巳下四章在裳衣重宗彝祀星
辰祭四望視朝大射饗羣臣巡犧牲養國老則服山晃八
章十二等衣裳各四章衣重火與宗彝羣祀視朝臨太學
入道法門宴諸侯與羣臣及燕射養庶老適諸侯家則服
鷩晃七章十二等衣裳各四章衣重三章山晃皆

兵即戎則服韋弁謂以韎韋為弁又以為領褾晃通十有二旒
蒼晃鞴黻俱有二等通以韎章為升龍為升田獵行
鄉飲則服皮弁謂以鹿子皮為弁以布衣而素裳也皇帝
凶服斬衰上下達 其弁服錫衰以哭三公總衰以哭諸

志六 隋老王 卅

疾昔十五升抽其半鍚者浣其布不浣其縷縷不浣其布衰外也
夫升十四升皆素弁如爵弁之數
環絰纏絰凡大疫大荒大災則素
服縞冠年衰水旱也

諸公之服九一曰方晃二曰袞晃九章宗彝巳上五章在
衣藻巳下四章在裳三曰山晃八章衣裳各四章衣重火與宗
彝為九等四曰鷩晃七章衣裳各三章衣重宗
五曰火晃六章衣裳各三章衣重藻粉米裳重黼黻六
下俱九等皆以山為領褾晃俱九旒七曰韋升八曰皮弁
九曰玄冠

諸侯服自方冕而下八無袞冕山冕八章子衣裳各四章醬
冕七章衣三章裳四章衣重宗彝火冕六章衣重粉米裳重
衣重藻火裳重黻毳冕五章宗彝火冕二章裳二章衣重
黻黻毳冕五章衣三章裳二章衣重粉米與
諸伯服自冕而下七又無山冕鷩火冕為領褾冕八旒
火冕六章衣裳各三章裳重黻毳火冕六章衣三章裳二章
諸子服自方冕而下六又無黻冕火為領褾冕六旒
裳重黻黻火冕六章衣裳各三章衣重
宗彝與藻裳重黻毳三曰毳冕五章衣三章裳二章衣重
與粉米裳重黻黻四曰絺冕三章衣一章裳二章衣重
粉米裳重黻五曰玄冕衣無章裳刺黻一章衣重粉米
裳重黻黻俱九等皆以宗彝為領褾六曰爵弁七曰韋弁
章以藻為領褾冕五旒
諸男服自方冕而下五又無火冕毳冕五章衣三章裳二

宗彝為領褾冕俱六旒
三公之服九一曰祀冕二曰火冕六章衣裳各三章衣重
三孤之服自祀冕而下八無火冕毳冕五章衣三章裳二
章衣重粉米裳重黻黻藻冕四章衣裳各二章衣重藻與
八曰皮弁九曰玄冠

粉米裳重黻黻俱八等皆以藻為領褾繡冕三章衣一章
裳二章衣重粉米裳重黻黻繡冕三章衣一章
公卿之服自祀冕而下七又無毳冕藻冕四章衣裳各二
章衣重粉米裳重黻黻藻為八等皆以粉米為領褾
上大夫之服自祀冕而下六又無藻冕繡冕三章衣一章
冕三章衣一章裳二章衣重粉米裳重黻黻繡為六等
中大夫之服自祀冕而下五又無繡冕
裳二章衣重粉米裳重黻為五等
下大夫之服自祀冕而下四又無皮弁繡冕三章衣一章

裳二章衣重粉米為四等
士之服三一曰祀弁二曰爵弁三曰玄冠玄冠皆以玄衣其
士以黃下士雜裳素裳謂前玄後黃也庶士之服一玄冠
俊令文武俱著常服諸侯於其鄉大夫之弔服諸侯於其
庶人同其弔服冠形如魏幘無簪有纓其凶服皆與
衰其當事則弁絰否則皮弁疑衰素裳當事弁絰否則徒弁
皇后衣十二等其翟衣六從皇帝祀郊禖社朝命婦則服褘衣
右則服鞠衣十二等素質祭陰社朝命婦則服褖衣青質祭羣小
祀受獻繭則服鞠衣赤采桑則服鷂衣青色從皇帝見賓客

聽女教則服鞠衣色白食命婦歸寧則服翟衣色玄俱十有二
等以翟雉為領褾各有二臨婦鹽子及法道門命婦有時見
命婦則鞠衣春齋及祭還則青衣夏齋及祭還則朱衣采
桑齋及采桑還則黃衣秋齋及祭還則素衣冬齋及祭還
則玄衣自青衣而十俱以翟雉為領褾亦同用相生之色
諸侯夫人自鷩衣而下八其翟衣翟雉皆八等俱以鷩雉為領
諸子夫人自鷩衣而下六其翟衣翟雉皆七等俱以鷩雉為領褾又無鷩衣
諸公夫人自鞠衣而下六其翟衣翟雉皆七等俱以鷩雉為領
褾又無鷩衣

〈表〉隋書十〈世二〉

諸伯夫人自鷩而下七其翟衣翟雉皆七等俱以鷩雉為領
褾又無鷩衣
男人夫人自翟而下五其翟衣翟雉皆五等俱以翟雉為領
三妃三公夫人之服九一曰鞠衣二曰鷩衣三曰翟衣四
曰青衣五曰朱衣六曰黃衣七曰素衣八曰玄衣九曰醫
衣以華皆九樹其翟衣亦皆九等
三妃三孤之內子自鷩衣而下八翟衣皆八等以鷩雉為

領褾各八
六嬪六卿之內子自翟衣而下七雜衣皆七等以翟雉為

〈表〉隋書十一〈世〉

領褾各七
上嬪上大夫之孺人自青衣而下三
中嬪中大夫之孺人自朱衣而下五
下嬪下大夫之孺人自黃衣而下四
御嬪士之婦人自素衣而下三
中宮六尚一曰緅衣其色赤諸玄諸命秩之夫人亦皆以命數
服曰私衣皇后華皆有十二樹諸侯夫人之服曰公服其襘常

〈表〉三十小結

為之節三妃三公夫人巳下又各依其命一命卅命者又
俱以三為節
皇后及諸侯夫人之服皆鳥履各如其裳之色
則為其餘皆獲鳥履
皇后凶服斬衰齊衰降殺苧絮巳下弔服為妃嬪三公之
夫人孤卿內子之喪斬衰齊衰錫者十五升其縷有事其布去其半有事其半無事也弔服為妃嬪三公之
大夫孺人士之婦人之喪總衰疑衰其布去其半有事其半無事也為嬪御婉及
諸侯夫人士之喪總衰於諸侯之夫人及三妃與三公之
夫人巳下凶事則五衰於巳之同姓之臣總衰於士之婦人
內子大夫孺人錫衰於巳之同姓之臣總衰於士之婦人

疑衰皆吉笄無首其三妃已下及媛三公夫人已下及孺
人其甲服錫衰御婉及士之婦人甲服疑衰同笄皆
織絍成之
皇帝八璽有神璽有傳國璽皆寶而不用
皇帝負扆則置神璽於筵前 右置傳國璽於筵前
之左又有六璽其一皇帝行璽封命諸侯及三公書之
夏后氏用之其四天子行璽封命番國之君用之其五天
子之璽與番國之君書用之其六天子信璽徵番國之兵
用之六璽皆白玉為之方一寸五分高寸螭獸鈕皇后璽
文曰皇后之璽白玉為之方一寸五分高寸麟鈕三公諸侯
皆金印方寸二分高八分龜鈕七命已上銀四命已上銅
璽龜鈕三命已上銅印銅鼻其方皆寸其高六分文曰某
公官之印
皇帝之組綬以蒼以青以朱以黃以白以玄以纁以紅以
紫以綟以碧以綠十有二色諸公九色自黃已下諸侯八
色自白已下 諸伯七色自玄已下 諸子六色自纁已下 諸
男五色自紅已下 三公之綬如諸公三孤之綬如諸侯六

皇帝衰冕三章曰龍火山諸侯二章去龍卿大夫一章以山皆
（小字）神璽明受之故 天傳國璽明白

卿之綬如諸伯上大夫之綬如諸子中大夫之綬如諸男
下大夫綬自青已下士之綬自鄉已下其璽印之綬亦如之
保定四年百官始執笏常服上焉宇文護始命至以下服漢
宣帝即位受朝於路門初服通天冠絳紗袍羣臣皆服
魏文冠大象元年制冕二十四旒衣服以二十四章為準
繢為緣名曰品色衣有大禮則服冕内外命婦皆執笏其
拜俛伏方輿

（小字）二年下詔天臺近侍及宿衛之官皆著五色衣少錦綺繢

太尉揚州都督監修國史上柱國趙國公臣長孫無忌等奉勅撰

禮儀七

隋書十二

高祖初即位將改周制乃下詔曰宜尼制法云夏之時乘殷之輅亦猶共遵理無可革然三代所尚眾端或以為所建之時或以為所感之瑞感當其行色因以從之今雖夏數得天歷代通用漢尚於赤魏尚於黃驪馬玄牲已弗相踵明不可改故常服於黑朕初受天命性雀來儀姬姜周已還於茲六代三正迴復五德相生總以言之並宜火色垂衣已降損益可知尚色雖殊常兼前

〈志七 隋書十二 一〉

代其郊立廟社可依袞冕之儀朝會宜盡用赤昔冊烏木運姬有大白之旂黃皇土德乘黑首之馬在祀與戎其服尚恒異今之戎服皆可尚黃在外常所著者通用雜色祭祀之服須合禮經宜集通儒更可詳議太子庶子攝太常少卿裴政奏曰見前禮既與前禮數為不同而色應五行又非典故謹案三代之冠禮名各別六等之冕承用區分驃玉五采隨班異飾都無迎氣變色之文唯月令乃有青旂赤玉白駱黑衣與四時而色變全不言於赤冕五時冕色禮既無文稽於正典難以經證且後魏已來制度咸關天興之歲草創繕修

所造車服多參胡制故魏收論之稱為違古是也周氏因襲將為故事大象承統感取用之輿輦之飾不合制者已勅有司盡皇情革命憲章前代其魏周輦輅乃有立戈夏裘衣以赤為質令除廢繁飾衮冕禮器尚用蕭章其色謹案續漢禮儀志云立春之日京都皆著青衣甚質如其色逮于魏迎秋平冕用白成形既越典章其情者任依漢晉制曰可於今請冠及冕色並用玄唯著幘者任依漢晉制曰可於是定令採用東齊之法乘輿袞冕垂白珠十有二旒以組為纓色如其綬黈纊充耳玉笄玄衣纁裳衣山龍華蟲火

〈志七 隋書十二 二〉

宗彝藻粉米黼黻四章衣重宗彝裳重黼黻為十二等衣禮領織成升龍白紗內單黼領青標襈裾革帶玉鉤鰈大帶素帶朱裏紕其外上以朱下以綠紐約用組雙大綬火山玉章鹿盧玉具劍火珠鏢首白玉雙佩玄組雙大綬六采玄黃赤白縹綠純玄質長二丈四尺五百首廣一尺小雙綬長二尺六寸色同大綬而首半之間施三玉環朱韍赤舄為加金飾祀圓丘方澤感帝明堂五郊雩禘封禪朝日夕月宗廟社稷籍田廟遣上將征還飲至元服納后正月日受朝及臨軒拜王公則服之通天冠加金博山附蟬十二首施珠翠黑介幘玉簪導絳紗裹深衣制白紗內單

阜領褾襈裾絳紗蔽膝白假帶方心曲領　其革帶劍佩綬

烏與上同若未加元服則雙童髻空頂黑　介幘雙玉導加

寶飾朔日受朝元會及冬會讀祭還則服　之武弁金附蟬

平巾幘餘服具服講武出征四時蒐狩大射禡類宜社賞

祖罰社纂嚴則服之黑介幘白紗單衣烏皮復拜陵則服

之白紗帽白練裙襦烏皮復視朝聽訟及宴見賓客皆服

之白帢白紗單衣烏皮復與褰哀則服之

神璽寶而不用受命璽封禪則用之皇帝行璽封命藩國

及三師三公則用之皇帝之璽賜諸侯及三師三公書則

用之皇帝信璽徵諸夏兵則用之天子行璽封命藩國之

〈太　隋書十二　三〉

君則用之天子之璽賜藩國之君書則用之天子信璽徵

皇太子袞冕垂白珠九旒青纊充耳星辰玄衣纁裳衣山

下疑衰

龍華蟲火宗彝五章裳藻粉米黼黻四章織成爲之白紗

內單黼領青褾襈裾革帶金鉤䚡大帶素帶不失裏亦紕

以朱綠紩隨裳色火珠鏢首瑜玉雙佩

朱組雙大綬四采赤白縹紺純朱質　長一丈八尺三百二

十首廣九寸小雙綬長二尺六寸色同大綬而首半之間

施二玉環朱韈赤舄以金飾侍從皇帝祭祀及謁廟元服

納妃則服之

遠遊三梁冠加金附蟬九首施珠翠黑介幘髮纓翠緌犀簪

導絳紗襈白紗內單皂領褾襈裾白假帶方心曲領絳紗

蔽膝䪐烏其革帶劍佩綬與上同未冠則雙童髻空頂黑

介幘雙玉導加寶飾謁廟還宮元日入朝釋奠則服

白帢單衣烏皮復爲宮臣與褰哀則服之

朝則服之

〈志七　隋書十二　四〉

六尺四寸廣二尺四分色同其綬金縷䚡董襈帶黻五日常

之。遠遊冠公服絳紗單衣皂襈帶金鉤䚡假帶方心紛長

皇太子璽宮內大事用之小事用之左右庶子印

皇太子臨弔二師三公火則錫哀宮臣四品巳上

巳下疑衰

袞冕青珠九旒以組爲纓色如其綬纁組自此巳下服九章同

皇太子王國公國公初受冊執贄入朝祭親迎則服之

三公助祭者亦服之

龍火宗彝三章裳藻粉米黼黻二章旒六

四章龍火宗彝藻粉米黼黻三章裳藻粉米黼黻二章旒

鷩冕侯伯七旒服七章衣華蟲火宗彝三章裳藻粉米黼黻

毳冕子男五旒服五章衣宗彝藻粉米黼黻二章

者裳重襊子男初受冊執贄入朝祭親迎則服之

自王公已下服三章　正三品已下從五品已上助祭則服之
衣纁裳白紗內單青領標襈裾革帶大帶
王三公及公侯伯子男　朱紱火山二章　
朱紱火山二章　劍佩綬靴赤舄
玄衣纁裳無章白絹內單青領標襈裾革帶大帶練帶內以組
爵弁玄纓以貂為飾武弁平巾幘諸武職及侍臣通服
之侍臣加金璫附蟬以貂為飾侍左者左珥右者右珥

法冠一名獬豸冠鐵為柱其上施珠兩枚為獬豸角形法
進賢冠黑介幘文官服之從三品已上三梁從五品已上
兩梁流內九品已上一梁
遠遊三梁冠黑介幘諸王服之
高山冠謁者服之
官服
卻非冠門者及禁防伺非服之
黑介幘平巾黑幘應服者並上下通服之庶人則綠幘
白帢白紗單衣烏皮覆上下通服之
委貌冠未冠則雙童髻空頂黑介幘皆旱深衣青領烏皮履

國子太學四門生服之
朝服具服冠幘簪導白筆絳紗
襈革帶鉤䚢假帶曲領方心絳紗蔽膝韤烏綬劍佩綬靴
已上陪祭朝饗拜麥凡大事則服之六品已下從七品已
上夫劍佩綬餘並同自餘公事皆從公服
冠幘簪導絳紗單衣革帶鉤䚢假帶方心韤復紛鞶囊
從五品已上服之
九品已上服之
綬王纁朱綬四采赤黃縹純朱質纁文織長丈八尺

二百四十首廣九寸公玄朱綬四采玄赤縹純朱質玄
文織長丈八尺二百四十首廣九寸從三品已上紫綬三
采紫黃純紫質長丈六尺百八十首廣八寸銀青光
禄大夫朝議大夫及正從四品青綬三采青白紅純青質
長一丈四尺百四十首廣七寸正從五品墨綬二采青紺
純紺質長一丈二尺百首廣六寸正王公已下皆有小雙

13-126

綬長三尺六寸色同大綬而首半之正從一品施二王環
巳下不合其有綬者則有纷皆長六尺四寸廣二寸四分
各隨其綬色
鞶囊二品巳上金縷三品金銀縷四品及開國男銀縷五
品綵縷官無綬者則不合劎佩一品及五等諸侯並佩山
玄玉五品巳上佩水蒼玉
年高致仕及以理去官被召謁見皆服前官僕省服州郡
秀孝武覓之日皆召入謁見者黑介幘白單衣革帶烏皮
隱居道素之士被召謁見皆服一梁冠絳公服
覆〇左右衛左右武候大將軍領左右大將軍
玼瑎裝兩襠甲唯左右武衛大將軍執白梃杖左右衛左
右武衛左右武候將軍領左右將軍左右監門衛大將軍太
並武升絳朝服劎佩綬侍從則平巾幘紫衫大口袴褶金
裝兩襠甲唯左右武衛將軍太子左右衛率執白梃杖及諸副
率並武升絳朝服劎佩綬侍從則平巾幘紫衫大口袴褶金
○直閤將軍直寢直齋太子直閤武升絳朝服劎佩綬侍
從則平巾幘絳衫大口袴褶銀裝兩襠甲
皇后首飾花十二樹皇太子妃公主王妃三師三公及公
夫人一品命婦並九樹侯夫人二品命婦並八樹伯夫人及公

三品命婦並七樹子夫人世婦及皇太子昭訓四品巳上
官命婦並六樹男夫人五品命婦五樹女御及皇太子良
娣三樹自皇后巳下小花並如大花之數并兩博鬢也
皇后褘衣大花之繡成為之青紗內單黼領羅縠褾
褾襈緣以為章三等
青衣革帶青韤舄舄加金飾
白玉佩玄組綬與綬章采尺寸同乘輿及朝
會凡大事則服之
鞠衣黃羅為之其敝膝大帶革帶韤舄隨衣色皆同其應服者皆
色餘與褘衣同唯無雉親蠶則服之以助祭
青衣青羅為之制與鞠衣同去花大帶及佩綬以禮見皇
帝則服之
朱衣緋羅為之制如青衣宴見賓客則服之
皇太后服與皇后同皇太后璽不行用若封令書則用宮
官之印
皇后璽不行用若封令書則用內侍之印
皇太子妃褕翟青織成為之形青質以翟為章色五色九等青紗內單黼領羅縠
褾襈敝膝翟為章色以翟為章五色大帶隨衣色九等朱裏紕其外上以朱下以綠錦緣約用青組青紗內單黼領羅縠
以青衣革帶青韤舄金飾瑜玉佩純朱綬皇太子同
祭朝會凡大事則服之亦有鞠衣
皇太子妃璽不行用若封書則用典內之印

公主王妃三師三公及公侯伯夫人服褕翟繡爲之公主王妃三師三公夫人及公夫人等爲九等侯伯夫人七等助祭朝會凡大事則服之亦有鞠衣○子男夫人服闕翟緋羅爲之刻赤繒爲翟形不繡綴於服上子夫人六等男夫人五等助祭朝會凡大事則服之亦有鞠衣諸王公族伯子男之母與妃夫人同其郡縣君各視其夫制與褕同青羅爲之唯無襈助祭朝會及子若郡縣君品高及無夫子者准品嬪及從三品巳上官命婦服青服助祭從蠶朝會凡大事則服之世婦及皇太子昭訓從五品巳上官命婦青服助祭從蠶朝會凡大事則服之女御及皇太子良媛朱服制與青服同去佩綬助祭從蠶朝會凡大事則服之六尚朱絲布公服助祭從蠶朝會凡大事則服之六典六卿九卿世婦及皇太子三司三典三掌青紗公服助祭從蠶朝會嬪同及皇太子昭訓同五品巳上官命婦皆准佩綬嬪同公主王妃同諸王三師三公五等國夫人及從五品巳上官命婦皆准其夫無夫者准品定令記高祖元正朝會方御通天服郊丘宗廟盡用龍袞衣大裘毳褕皆未能備至平陳得其器物衣冠法服始依禮具然

皆藏御府弗服爲百官常服同於匹無皆著黃袍出入殿省高祖朝服亦如之唯帶加十三環以爲差異蓋取於便事及大業元年煬帝始詔吏部尚書牛弘工部尚書文愷兼內史侍郎虞世基給事郎許善心儀曹郎袁朗等憲章古制創造衣冠自天子逮于胥皀服章皆有等差焉先所有者則因循取用弘等議定乘輿服合八等焉大裘冕之制案周禮大裘之冕無旒二禮衣圖大裘而晃王祀昊天上帝及五帝之服至秦除六冕唯留玄冕帝求平中乃始制董蕫志云漢冕同制皆闕七寸長尺二寸前圓後方於是遂依此爲大裘冕制青表朱裏纁不通於下其大裘之服案周官注袞裘以爲裘也其制准禮圖以羔正黑者爲之取同色繒以爲領袖其裳用纁而無章飾絳韐亦爲之祀圓丘感帝封禪五郊明堂雩禖皆服之袞冕之制案禮玉藻十有二旒大戴禮云冕而加旒以蔽明也時珮繢塞耳以敝聰也三王之冕既不通制改夫子云行也加以黈纊不聽讒也夏多時服周之冕今以朱縱貫珠爲旒十二邃延者出前後而下垂於髆縫齊於耳組爲纓王并尊其服之制案釋名云袞卷也謂畫龍於上也是時虞世基奏曰後周故事升日月於旌旗乃闕三辰而章無十二但有

山龍華蟲作繪宗彝藻火粉米黼黻乃與三公不異開皇
中就裏欲生分別故衣重宗彝裳重黼黻合重二物以就
九章為十二等每一物但重行袞服用九鷩服用七
今重此三物乃非典則且周氏執謙不敢負於日月所以
綴此三象唯施太常天王袞章乃從九但天子璧冕德
在照臨辰為帝位上為日月星辰山龍華蟲作繪宗彝
準尚書子欲觀古人之服日月星辰山龍九物各重一當
之理應無惑周執謙道殊未可依重用宗彝又垂法服今
後領下而為星辰又山龍九物各重行十二又近代故實

依尚書大傳山龍純青華蟲純黃作會宗彝純黑藻純白
火純赤以此相間而為五采鄭玄謙已自非之云五采相
錯非一色也今並用織成於繡五色錯文孔安國衣質
以玄加山龍華蟲宗彝藻等並織成為五物裳質以纁加
藻粉米黼黻之四衣裳通數此為九章兼上三辰而備十
二也衣摽領上各帖升龍漢晉以來率皆如此既是先王
法服不可非於夏制徵而用之理將為允墨勅曰可承以
單衣又案董巴輿服志宗廟晃服云絳領袖為內單衣又
車服雜記曰天子釋奠郊祭而單衣以絳緣今用白紗為
內單襽領絳襈青裾及襈革帶玉鉤䚢大帶朱裏紕其外

組約用組上加朱韍文案詵文韠韍也所以蔽前禮記曰
有虞氏韍夏后氏山殷火周龍章鄭玄曰晃之韍也舜始
作之以尊祭服禹湯至周增以文飾禮記曰君非鄭曰
韠象晃裳色令依白武通注以蔽裳之服玄衣纁裳前
三代之法也於是制袞冕之服玄衣纁裳前上闕一尺象
下闕二尺象地數也長三尺象三才也加龍章山火以備
十二章其服玄衣纁裳
等白紗內單黼領青褾襈革帶玉鉤䚢大帶朱裏緣裳
劎火珠鏢首白玉雙佩玄組大小綬朱韍赤舄鳥飾必金
宗廟社稷籍田方澤朝日夕月遣將授律征還飲至加元
服納后正冬受朝臨軒拜爵甘服之

通天冠之制案董巴志高九寸形正豎頂少邪却後乃
下直為鐵卷梁前有高山故禮圖或謂之高山冠也晉起
居注成帝咸和五年制詔殿內曰平天通天冠並不能佳
可更修理之雖在禮無文故知天子所冠其來又矣又徐
氏輿服注曰通天冠高九寸黑介幘金博山徐爰亦曰博
山附蟬謂之金顏令制依此不通於下獨天子元會臨軒
服之其服絳紗蔞深衣制白紗內單皁領襈絳紗蔽
膝白假帶方心曲領其劎佩綬為革帶皆與上同元冬饗
會諸祭還則服之四時視朔則內單領襈各隨其方色唯
秋方色白以綠代之

遠遊冠之制案漢事曰太子諸王服之故淮南子曰楚
莊王冠通梁組纓注云通梁遠遊也晉令皇太子諸王給
遠遊冠五梁太子諸王三梁
文冠今制案徐爰宋志謂籠冠是也禮圖曰武士服
金博山三公已上玉冠枝四品已上金枝
太子親王加金附蟬宗室王去附蟬並不通於庶姓其乘
金博山九首施珠翠黑介幘金緣以裝襦烏皮覆拜山陵則服之
董巴與服志云諸常侍內常侍加黃金附蟬貂尾謂之惠
○武弁之制案五經通義顧命四人綦弁詩云璃弁如星故知自天
子至于執戈通貴賤矣魏臺訪議曰天子以五采玉珠十
董巴曰以鹿皮為之尚書
武官皆不耽筆其乘輿武弁之服衣裳緅如通天之服講
侍臣加附蟬耽豐貂文官七品已上耽白筆八品已下及
武出征四時蒐狩大射禡類宜社賞祖罰社纂嚴晉服之
二飾之命參准此通用烏漆紗而為之天子十二琪皇太
子及一品九琪二品八琪三品七琪四品六琪五品五琪
六品已下無琪唯文官服之不通武職案禮圖有結纓而
無笄導少府少監何稠請施象牙簪導詔許之弁加簪導

自茲始也乘輿鹿皮弁服緋大襦白羅裙金烏皮覆華帶
小綬長二尺六寸色同大綬而首半之間施三玉環白玉
佩一隻視朝聽訟則服之凡弁服自天子已下內外九品
已上弁皆以烏為質並衣袴褶五品已上以紫六品已下
以絳宿衛及在伏內加兩襠螣蛇絑褠衣連裳典謁替引
流外冗吏通服之以縵後制鹿皮弁毛帽以此賜近臣
帽古野人之服也董巴云上古穴居野處衣毛帽皮以此
而言烏案宋齊之間天子宴私著白高帽士
庶以烏其制不定或有卷荷或有下裙或有紗高屋或有
烏紗長耳後周之時咸著突騎帽如今胡帽垂裙覆帶蓋
索髮之遺象也又文帝項有瘤疾不欲人見每常著焉相
魏之時著而謁帝故後周一代將為雅服小朝公宴咸許
戴之開皇初高祖常著烏紗帽自朝貴已下至于冗吏通
著之朝令復制白紗高屋帽其服練裙襦烏皮覆宴接賓
客則服之
白帢案傳子魏太祖以天下凶荒資財乏匱擬古皮弁裁
練帛以為之蓋自魏始也梁令天子為朝臣等輿哀則服
之今亦准此其服白紗單衣承以裙襦烏皮覆輿哀臨喪
則服之
幘案董巴云起於秦人施於武將初以絳袙以表貴賤焉

至漢孝文時乃加以高顏者元帝額有壯髮不欲人見乃
始進幘又董偃召見綠幘傅講東觀記云詔賜岐頗赤幘
大冠一具故知自上已下至于皁隸及將帥等皆通服之
今天子畋獵御戎文官出遊田里武官自一品已下至于
九品并流外吏色皆用烏厨人以赤輿輦
人以黃駕五輅人逐其車色承遠遊進賢者施以
之介幘承武弁者施以并導謂之平巾其乘輿黑介幘導
服紫羅褶南布褌王梁帶紫絲鞋長靴敗獵豫遊則服
之。皇太子服六等衮冕九旒朱組纓青纊琢耳犀簪導
紺衣纁裳去日月星辰為九章白紗內單襯領青標襈
褾革帶金鉤䚢大帶蔽二章王具劍佩以從祀及謁廟加
元服納妃則服之。擩晉咸寧四年故事衣色用絳改用
遠遊冠金附蟬加寶飾珠翠九首珠纓翠緌綵導絳紗
襲白紗內單皁領褾裾皁假帶方心曲領絳袴靺
舊章用織成降以繡玉具劍故事衣火珠鏢首改以白珠
開皇中皇太子晃同天子貫白珠及仁壽元年煬帝為太
子以白珠九旒表請從青珠於是太子衮冕與三公王等
甘青珠九旒旒短不及髆降天子二寸

始後周采用周禮皇太子朝賀甘衮冕九章服開皇初
非助祭甘冠服遠遊冠至此牛弘奏云皇太子冬正大朝請
服袞冕開給軍郎許善心曰太子朝謁著遠遊冠有何
典故袞冕自晉令皇太子給五時朝服遠遊冠至宋泰始六
年更議儀注議曹郎丘仲起奏周禮公自袞衮已下至
卿大夫之玄冕皆其朝聘之服也尋古之公侯尚得服
袞以入朝見況皇太子儲副之尊謂宜式遵盛典服袞之制
賀兼左丞陸澄議袞冕以朝實著經典自秦除六冕之制
後漢始備古章魏晉以來非祀宗廟亦不著但承天作
晃位為公者必加袞冕故太子入朝因亦不著但承天
副禮絕羣后宜導前王之令典革近代之陋制皇太子朝請
服晃自宋以下始定此儀至梁簡文之為太子嫌於上逼
還冠遠遊下及於陳皆依此法後周之時亦言服袞入朝
至于開皇復遵晉故事故章玉雉差一日
而觀顏欲相類晉臣子之道義無上逼故晉武帝太始三年
詔太宰安平王孚著侍內之服自斯以後白鼎貴並加貂璫趙燕樂安王等
散騎常侍之服自斯以後白鼎貴並加貂璫武弁故皇舊
太子遂著遠遊謙不過尊於理為允帝曰善竟用開皇舊
式。遠遊三梁冠從省服絳紗單衣革帶金鉤䚢假帶方
心佩一隻紛長六尺四寸闊二十四分色同於綬金縷簪

麾昌轙烏皮複金飾五曰常朝則服之

鹿皮弁九琪服絳羅襦曰羅裙革帶複轙佩紛如犮省服

在營聽政則服之

平巾黑幘王冠枝金花飾犀簪道紫羅褶南布袴玉梁帶

長翰毦侍從田狩則服之

白帢素單衣烏皮複為宮臣舉哀弔喪則服之

諸王三公已下為服之制袞冕九章服九旒用玉二百

初受冊贅人朝助祭親迎則服之綬各其色

鷩冕褰禮圖王祭先公及卿之服天子九旒用玉二百一

十六侯伯服以助祭七旒用玉八十新制依此服七章三

品及公庶助祭則服之

毳冕褰禮圖王祀四望山川之服天子七旒用玉百六十

八子男服以助祭五旒用玉五十新制依此服五章四品及

伯助祭則服之

褕冕褰禮圖王者祭社稷五祀之服天子五旒用玉百二

十孤卿服以助祭四旒用玉三十二新制依此服三章五

品及子男助祭則服之

玄冕褰禮圖王祭羣小祀及視朝服天子四旒用玉三十

二諸侯服以祭其宗廟三旒及視朝服王十八新制依此服三章

品及子男助祭則服之

省衣粉米加三重裳襴韍加二重四品減襴一重五品減

韍一重禮自玄冕以上加旒等天子祭祀節級服之

闕皇以來天子唯用袞冕自鷩以下不施於尊其依前式

而六等之冕皆有結纓黃絁為之其大如禮圖云士助君祭

下三犀導青纊爵弁纁裳董色同於爵形一名冕有收持

笄所謂夏收殷哻者也祠天地五郊明堂雲翹舞人服之

禮二宋千玉歲冕而舞大夏此之謂也褰禮圖云玄冕助祭

服之色如爵頭無旒新制依此如皇太子佩山玄玉金章

並縵無章六品已下皆通服之

遠遊冠服王所服也衣裳內單如皇太子佩山玄玉金章

龜鈕宋孝建故事亦謂之璽全文曰印文並歸於官附身

不自佩列以銅易之大綬四采小綬同色施二玉環玉具

韍烏皮烏舄加金飾唯帝子宗室封國王者服之

進賢冠褰漢官云平帝元始五年令公卿列侯冠三梁二

千石兩梁千石以下一梁梁別貴賤自漢始也董巴釋曰

如緇布冠文儒之服也前高七寸而卻後高三寸而立王

綟綬之時以幘承之新制依此內外文官通服之三品已上

三梁五品已上兩梁九品已上一梁用明尊卑之等也其

朝服亦名具服絳紗單衣白紗內單玄領襈裾襈革帶金

鉤䤩假帶曲領方心絳紗蔽膝白轙烏皮烏雙佩綬如遠

通給庶姓一品已下五品已上自製于家祭其私廟二品

遊之色自一品巳下五品巳上衣服盡同而綬佩依其品
祭朝饗拜表凡大事皆服之六品七品去劒佩綬八品九
品去白筆內單而用履代爲其五品巳上一品巳下又有
公服亦名從省服並烏皮履去曲領內單白筆敝膝開皇
故事亦去蟬十襄佩綬何稠請去大綬而偏垂一小綬綴
於獸頭幞韋襄獨一隻佩正當於後詔從之一品巳下五
品巳上同

高山冠案董巴志云一曰側注謂者僕射之所服也胡伯
始以爲齊王冠秦滅齊以賜謁者傳子曰魏明帝以高山
象山峯行人使者通皆服之新制參用其事形如進賢於
冠前加三峯以象魏制調者大夫巳下服之梁侯其品

獬豸冠案禮圖曰法冠也一曰柱後惠文如淳注漢官曰
惠文也細如蟬翼今御史服之禮圖又曰獬豸冠高五寸
蔡制也法官服之董巴志曰獬豸神羊也蔡邕云如麟一
角應劭曰古有此獸主觸不直故執憲者爲冠以象之秦
滅楚以其冠賜御史此即是也開皇中御史戴却非冠而
無此色新制又以此而代却非御史大夫以金治書曰
史以犀侍御史巳下用鷹羊角獨御史司隸服之

巾案方言云巾趙魏間通謂之承露郿林宗傳曰林宗嘗

行過雨巾沾角折丈衰紹敗幅巾渡河此則野人及軍
旅服也制有二等全高人道士所著是林宗折角庶人農
夫常服是表紹幅故事用全幅皂而向後襆騷俗人謂
之襆頭案自周武帝裁爲四脚今通於貴賤矣

替道于案釋名云簪建也所以建冠於髮也一曰笄笄係
今依周禮天子以玉笄而道于亦如之又史記曰平原君誇
楚爲玳瑁替班固與弟書云今遺仲升以黑犀簪士燮集
云遣功曹史貢皇太子通天犀道故知天子獨得用玉降
此通用玳瑁及犀今並准是唯升用白牙笄道于焉

貂蟬案漢官侍內金蟬左貂金取剛固蟬取高潔也董巴
志曰內常侍右貂金璫銀附蟬內書令亦同此今宦者去
貂內史令金蟬右貂納言金蟬左貂開皇時加散騎常侍
在門下者皆有貂蟬至是罷之唯加常侍聘外國者特給
貂蟬還則輸納於內省

白筆案徐氏雜注云古者貴賤皆執笏有事則書之故常
筆今之白筆是遺象也魏略曰明帝時大會而史替
筆今文官七品巳上通用之武職雖貴皆不毘也

綏案儀禮曰天子朱綬諸侯冊組綬今毘天子巳下皆朱
纓又尉繚子曰天子玄綬諸侯素綬別尊卑也尐不用素

佩綬禮天子佩白玉董巴司馬彪云君臣佩玉尊卑有序
所以章德也今參用杜夔之法天子白玉太子瑜玉王山
玄王自公巳下皆水蒼玉
綬漢官禮天子玄組綬侯伯朱組綬公侯大夫純組綬世子綦組
綬案何為相國佩綠綬公卿二千石青令長
千石黑今大抵准此天子佩以雙綬六采紫黃赤白縹綠純
玄質長二丈四尺五百首闊一尺雙小綬長二尺六寸色
同大綬而首半之間施四王環開皇用三今加一皇太子
朱雙綬四采赤白縹紺純朱質長一丈八尺三百二十首

闊九寸雙小綬長一尺六寸色同大綬而首半之間施三
玉環開皇用二今加一三公綠綟綬四采綠紫黃縹
質黃文織之長一丈八尺二百四十首闊九寸與親王綬
俱施二王環諸王纁朱綬四采赤黃縹紺純朱質纁文織
之長一丈八尺二百四十首闊九寸公玄朱綬四采赤縹
玄紺純朱質玄文織之長一丈八尺二百四十首闊九寸
侯伯青朱綬四采青赤白縹純朱質青文織長一丈六尺
子男素朱綬三采青赤白純朱質素文
織之長一丈四尺百四十首闊七寸二品巳上纁紫綬四
采綟紫赤黃純紫質纁文織之長一丈四尺百四十首闊

八寸三品紺紫綬四采紫紺青縹純紺質紺文織之長一
丈六尺百八十首闊八寸四品青綬三采青白紅純青質
長一丈四尺百四十首闊七寸五品墨綬二采青紺純紺
質長一丈二尺百二十首闊六寸自王公巳下皆有小綬
二枚色同大綬而首半之正從一品施二王環凡有綬者
皆有紛並長六尺四寸闊二寸四分隨於綬色
鞶囊紫綬禮男鞶革女鞶絲東觀書詔賜鄧遵獸頭鞶囊
枚班固與第書畫遺仲升獸頭旁囊金錯鉤也古佩印皆貯
縣之故有囊稱或帶於旁故班氏謂之旁囊綬印鈕也今
雖不佩印猶存古制有佩綬者通得佩之無佩則不合操

梁陳東齊制品極尊者以金織成一品以上服之次以銀
織成三品巳上服之下以綖織成五品巳上服之分為三
等案董案漢禮博二十禮圖曰璠綬拜太常院誰以為有
章印則於革帶案禮之東觀記楊賜拜太常詔賜自所著革
帶故知形制尊甲不別今博三寸半加金縷鰈螳螂鉤以
相拘帶自大裘至于小朝服皆用之
劍案漢自天子至于百官無不佩刀蔡謨議云大臣優禮
皆劍履上殿非侍臣解之蓋防刃也近代以木未詳所起
東齊著令謂為象劍言象劍之以銅周武帝時百官璚會並帶
刀升座至開皇初因襲舊式朝服登殿亦不解焉十二年

因蔡徵上事始制凡朝會應登殿坐者劍覆脫其不坐
者勅召奏事及須升殿亦就席解劍乃登納言黃門內史
令侍郎舍人既夾侍之官則不脫其劍皆其刃非假既合
舊典弘制依定文准晉咸康元年定令故事自天子已下
皆冠冕帶劍令王具火珠鏢首皆玉鏢首唯侍
臣衣冠帶劍上殿自王公已下非殊禮引升殿皆就席解而後
曲領案釋名在單衣內襟領上橫以雍頸七品已上有內
升六品以下無佩綬者皆不帶
單者則服之從省服及八品已下皆無

斑案禮天子搢斑方正於天下也又五經異義天子笏曰

【7】

斑斑直無所屈也今制准此長尺二寸方而不折以球玉

【志七　隋書十二　二十三】 方寸

為之

笏案禮諸侯以象大夫魚須文竹士以竹本象可也凡有
指畫於君前受命書於笏笏畢用也五經要義曰所以記
事防忽忘禮圖云度二尺有六寸中博二寸其殺六分去
一晉宋以來謂之手板此乃一個經今還謂之笏以法古名
自西魏以降五品已上通用象牙六品已下兼用竹木
複烏案圖云複下曰舄單下曰複真舄複皮近代或以重
皮而不加木失於乾腊之義今取乾腊之理以木重底舄
服者色赤舄衣者色烏複同烏色諸非侍臣皆脫而升殿

几舄唯冕服及具服著之複則諸服皆用唯褶服以靴靴
胡履也取便於事施於戎服
諸建華鷸冠鶡冠委貌長冠樊噲卻敵巧士術氏卻非等
前代所有皆不採用
皇后服四等有褘衣鞠衣青服朱服
褘衣深青質織成領袖文以翬翟五采重行十二等首飾
花十二鈿小花毦十二樹並兩博鬢飾以內補領羅縠
衣裳色皆以朱敝膝隨裳色以緅為領用翟三章大帶隨
襈褾色皆以朱鞠衣青羅織成領袖文以綠之錦青緅帶青紕

【志七　隋書十二　二十四】 方寸

花十二鈿小花毦十二樹敝膝革帶及舄隨
玄組綬采尺寸同於乘輿祭及朝會見大事皆服之
有金璽蟠螭鈕文曰皇后之璽冬正大朝則並黃琮各以
鞠衣黃羅為質織成領袖小花十二樹敝膝革帶及舄隨
青服色餘准褘衣親蠶服也
朱服制如青服宴見賓客則服之
衣色餘准襌衣親蠶服也
笥貯進於座隅
皇太后服同於后服而貴妃以下並亦給印
貴妃德妃淑妃是為三妃褕翟之衣首飾花九鈿並二
博鬢盎章龜鈕文從其職紫綬一百二十首長一丈七尺
金縷織成獸頭鞶囊佩于裳至

順儀順容順華脩儀脩容脩華充儀充容充華是為九嬪

服鞠翟之衣首飾花八鈿并二博鬢金章龜鈕文從其職

紫綬一百首長一丈七尺金縷織成獸頭鞶囊佩采璜玉

○婕妤銀縷織成獸頭鞶囊首飾花七鈿他如媫妤服

美人才人服鞠衣首飾花六鈿并二博鬢銀印珪鈕文從

其職青綬八十首長一丈六尺絲縷織成獸爪鞶囊佩水

容蒼玉

寶林服展衣首飾花五鈿并一博鬢銀印環鈕文如其職

文綬八十首長一丈六尺鞶囊珮玉同於媫妤

承衣刀人采女皆服祿衣無印綬參准宋泰始四年及梁

陳故事增損用之

志七　隋書十二　二十五　三四八八七

皇太子妃服褕翟之衣青質五采織成為搖翟以備九章

首飾花九鈿并二博鬢金璏龜鈕文如其職

領羅摽襈色皆用朱蔽膝一章大帶同褘衣青綠革帶朱

韤青烏烏馬加金飾珮瑜玉繡朱綬一百六十首長二丈獸

頭鞶囊凡大禮見皆服之唯侍親桑則用鞠衣之服花鈿

佩綬與褕衣同准宋孝建二年故事而增損之

良娣鞠衣之服銀印珪鈕文如其職佩采璜玉青綬八十

首長一丈六尺展衣之服

保林八十展衣之服銅印環鈕文如其職佩水蒼玉文綬

八十首長一丈六尺獸爪鞶囊自貳媫等准宋大明六年

故事而損益之

諸王太妃妃公主三公夫人一品命婦褕翟之服

繡為九章首飾花九鈿佩山玄玉獸頭鞶囊綬為九章首飾

公夫人縣主二品命婦亦服褕翟繡為八章首飾花八鈿待從

親桑同用鞠衣自此之下佩皆水蒼玉

侯伯夫人三品命婦亦服褕翟繡為七章首飾七鈿

子夫人四品命婦服闕翟之衣刻亦繪為七章綬於服上以

為六章首飾六鈿

男夫人五品命婦亦服闕翟之衣刻亦繪為褕綬於服上以

志七　隋書十二　二十六　三四八八

為五章首飾五鈿若當從侍親桑皆同鞠衣議既定帝幸

修文殿覽之乃令何稠起部郎閻毗等造樣上呈二年揔

了始班行焉軒晃之盛貫古今矣三年正月朔旦大陳文

物時突厥染干朝見帝不許明日奉左光

祿大夫褚但特勤阿史那職御左光祿大夫特勤阿史那

伊順右光祿大夫意利發史蜀胡悉等並拜表固讓不冠

帝大悅謂弘等曰卿等辦此乃知天子之貴今衣冠大

備足致單于解辮削衽此乃卿等功也弘懌善心世基何稠閻

毗等賜帛各有差並專出優厚及後師旅務殷車駕多行

幸百官行從唯服袴褶而軍旅間不便至六年後詔從駕

通著紫袍六品巳下兼用緋綠胥吏以青庶人以白屠商

以皂士卒必黃

■ 志七　隋書十三　二十七 ▼

各以直閤將軍等直領又置刀釤御刀御楯之屬直御左

梁武受禪于齊侍衛多循其制正殿便殿閣及諸門上下

慮其所由來者尚矣

則列國簿車千乘騎萬匹其居前殿則植戟懸楯以戒不

以師兵為營衛降至三代其儀人備西漢武帝每上甘泉

羽林置陳易曰天珚叒聖人則之昔軒轅氏之有天下也

卓彼上天宮室混成玄文居其左上將居其右弧矢揚威

華承明大通等門又各二隊及防殿三隊雖行幸不從又

有八馬遊盪馬容及左右轂左馬百騎等各二隊及騎官

閱武馬容雜伎馬容及左右馬騎直隊行則侍衛左右分

亦分直諸門上下行則量為儀衛東西掖端大司馬東西

從遊盪直從細射廉察刀戟腰弩大弩等隊凡四十九隊

右又有左右轂蜀客楯劒格獸羽林八從遊盪十二不

伏羽林等左右二百七十六人以分直諸門行則儀衛左

右兼有御仗鋋亦鋋角抵勇青瑩衛仗長刀刀劒細

皆執兵持蒲各當其所保護方面天明及度險乃葲解函

為警衛軍駕晨夜出入及涉險皆作函國簿應宿衛軍騎

撾鼓而依常列乘輿行則有大駕法駕小駕大駕以郊饗

上天臨駛駕九伐法駕以祭方澤祀明堂籍千畝小

駕以敬園陵親蒐狩大駕則公卿奉引大將軍驂乘太僕

馭法駕小駕皆侍中驂乘奉車郎馭公卿不引其餘行幸

送往勞旋則紫伏近謁則隊伏三駕法天二伏法地其動

也參天而兩地也陳氏承梁亦無改革

齊文宣受禪之後警衛多循後魏之儀及河清中定令宮

衛之制左右各有羽林郎十二隊又有持鋋隊鋋槊隊長

刀隊細伏隊楯鋋隊雄戟格獸隊赤瑩隊角抵隊羽林

隊步遊盪隊馬遊盪隊又左右各武賁十隊左右翊各四

■ 志七　隋書十三　二十八 ▼

隊又步遊盪馬遊盪左右各三隊是為武賁文有真從武

賁左右各六隊在左者為前駈隊在右者為後拒隊又有

募貢武賁強弩隊左右各一隊在左者皆左衛將軍領軍

之在右者皆右衛將軍領軍將軍總之以備警衛其領軍

褔甲手執楯杖侍從出入則著兩襠甲左右衛將軍則兩

侍從出入則著兩襠甲手執楯杖左右衛領軍將軍則兩

軍主之宿衛左右而戎服執仗兵有斧鉞弓箭刀稍旌旗

皆囊首五色節文飾朱褚黃天子御正殿唯大臣夾侍兵

伏矣矣在殿下郊祭國簿則督將平巾幘緋衫甲大口袴

後周警衛之制置左右宮伯掌侍衛之禁各更直於內小宮
伯貳之臨朝則分在左右侍之首並金甲各執龍環金飾長刀
行則夾路車在左中侍掌御寢之禁皆金甲左執龍環右執
獸環長刀次左右侍掌御寢之後並銀甲左執
鳳環右執刀並飾以金次左右前侍之左並
銀環左執象環長刀次左右後侍掌之左右並
門之左右並銀甲左執鸝環右執兕環長刀左右騎侍立
於寢之東西階並銀甲右執麟環右執熊環長刀左右侍立
飾左右宗侍陪列左右前之後夜則衛於寢庭之中皆服

金塗甲左執豹環右執貔環長刀並金塗飾十二人兼執
師子彤楯列於左右騎侍之外自左右中侍巳下皆行則
兼帶黃弓矢巡田則常服帶短刀如其長刀之飾左右宗
侍掌非皇帝所御門閤之禁並服金塗甲左執解豸環右
執獬環長劒並金飾十二人兼執師子彤楯列於左右宗
侍之外行則動侍掌陪列於左右宗
執師子彤楯列於左右庶侍之外行則兼帶盧弓矢
出入則服金塗甲左執吉良環右執狻猊環長劒
執師子彤楯列於左右庶侍之外行則兼帶盧弓矢之飾諸侍官大
則與左右庶侍官俱小駕三分之一左右武伯掌半
駕則俱侍中駕及露寢服佩短劒如其長劒之

內外衛之禁令兼六率之士皇帝臨軒則備三仗於庭服
金甲執金鉀杖立於東西階之側行則列於兵仗於帝之服
左右從則服金甲小武伯各二人並列於帝之
同於武伯分立於大武伯下及露門之左右行則加
錦袍左右武賁率掌武賁之士其隊器服皆玄以四色飾
之南比其副率貳之左右射聲率掌射聲之士其器服皆
一行之南出則分在隊之先後其副率貳之左右旅賁
之各總左右持鈒之隊服立於三仗第二行
朱以黃為飾立於三仗第三行之南比其副率貳之左右

驍騎率掌驍騎之士器服皆黃以皓為飾立於三仗第四
行之南比其副率貳之左右羽林率掌羽林之士其器器
服皆皓以玄為飾立於三仗第五行之南比其副率貳之
左右遊擊率掌遊擊之士器服皆玄以青為飾其副率
貳之武賁巳下六率通服金甲師子文袍執銀鉀樐杖副
率通服金獸文袍帥長通服銀甲鸝文袍自副率巳
倅長通服銀甲獸文袍帥長相次陪列行則引前
下通執獸環銀飾長刀凡大駕則盡行中駕則衣色常烏
之小駕半中駕常行軍旅則衣色常烏
高祖受命因周齊宮衛微有變革戎服臨朝大仗則領左

右大將軍二人分在左右廂左右直寢左右直齋左右直
後千牛備身左右備身等夾侍供奉於左右及坐後左右
衛大將軍左右直閤將軍以次左右衛將軍各領儀刀為
十二行內四行親衛行別以大都督領以次右衛衛以
十二行內行別六十八人大都督領次外四行翊衛行別以
帥都督領次外四行翊衛行別以都督領各二人執金花師
子稍援刀一百四十人分左右無帶橫刀後監門直長十二
人左青龍旗右白獸旗左右武衛開府各領三伏六行在
大仗內行別六十八人大都督領之師都督領之後之
大駕則親黃麾仗其次戰二十四左青龍幢右白獸幢又
畢各一鈒金二十四絳即十二道蓋獸又絳引幡朱幢為
持鈒前隊應蹕大都督二人領之在御前橫街南左右武
衛大將軍領大仗左右廂各六行行別三百六十人大都
督一人領之及大業四年煬帝北巡出塞行宮設六合城
方二百二十步高四丈二尺六合以木為之方六尺外面
一方有板離合為之塗以青色墨六板為城高三丈六尺
上加女牆板高六尺開南比門又於城四角起樓敵門
觀門樓檻皆冊青綺畫晝造六合殿千人帳載以槍車
載六合三板其車輪解合交叉即為馬槍每車上張幕幕
下張平一弩傳矢五人更守兩車之門施蒺藜每一蒺藜中施
其轅以為外圍次內布鐵蒺藜次內施蒺藜

弩林長六尺闊三尺床桃階插鋼錐皆長五寸謂之蝦蟇瀆
其施機關張則錐皆外向其林上施旋弩以繩連弩機
人從外來觸繩則弩機旋轉向觸所而發其外又以繩周
圍行宮旦二丈一鈴一柱柱舉増去地二尺五寸當行宮南
比門施槌磬連槌以機發之有人觸繩則眾鈴發聲槌擊磬
兩磬以知所驚以八年征遼又造鈎陳以木板連
如帳子張之則絳文卷之則直焉御營與賊城相對夜
中設六合城周迴八里城及女垣合高十仞上布甲士立
伏建旗又四隅有闕面別一觀觀下開三門其中施行殿
殿上容侍臣及三衛仗合六百人一宿而畢望之若其高
麗旦忽見謂之為神焉

志第七

禮儀七

隋書十二

大齊撫軍都督昭武國史上柱國公食邑長孫無忌等奉　勅撰

音樂上

夫音本乎太始而生於人心隨物感動播於形氣既著協於律呂宮商克諧諸名之為樂也聖人因百姓樂已之德正之以六律文之以五聲詠之以九歌舞之以八佾實升平之冠帶王化之本記曰感於物而動故形於聲夫人者兩儀之播氣而性情之所起也恣其流湎往而不歸是以五帝作樂三王制禮標舉人倫前平湮放其用之也動天地感鬼神格祖考諧邦國樹風成化象德昭功贊萬物之情通天下之志若夫升降有則宮高乖範禮踰其制則尊卑亂樂失其序則親踈亂禮定其象樂平其心外敬內和合情飾貌猶成化若日月以為明也記曰夫無故不撤縣士無故不撤琴瑟聖人造樂道迎和氣宣善心與功偕起伊耆有葦籥之音伏犧有網罟之詠葛天八闋神農五弦事與功偕其求已尚黃帝樂曰咸池帝嚳曰六英帝顓頊曰五莖帝堯曰大章帝舜曰簫韶禹曰大夏殷湯曰護武王曰武周公曰勺教之以風賦弘之以孝友大禮與天地同節大樂與天地同和禮意風韶樂情膺調傳曰如有王者必世而後仁成康化致升平獻樂情膺調傳曰如有王者必世而後仁成康化致升平

刑厝而不用也古者天子聽政公卿獻詩秦人有作罕聞斯道漢高祖時叔通奠定篇章用祀宗廟唐山夫人能楚聲又造房中之樂武帝裁音律之響定郊丘之祭頗雜謳謠非全雅什漢明帝時樂有四品一曰大予樂郊廟上陵之所用焉則所謂先王作樂崇德殷薦之上帝以配祖考者也二曰雅頌樂辟雍饗射之所用焉者也三曰黃門鼓吹樂天子宴羣臣之所用焉則所謂坎坎鼓我蹲蹲儛我者也其四曰短簫鐃歌樂軍中之所用焉黃帝時岐伯所造以建武揚德風敵勵兵則周官所謂王師大捷則令凱歌者也又採百官詩頌以為登歌十月吉辰始用蒸祭董卓之亂正聲咸蕩漢雅樂郎杜夔能曉樂事八音七始靡不兼該魏武平荊州得夔使其刊定雅律魏有先代古樂自夔始也此迄晉得之用相因循求嘉之後淪胥胡羯於是樂人南奔穆皇羅鍾虡磬俱隨聖比敗孝武獲之於是宋齊圖將霸道武克中山大武平統萬或得其宮縣或收其古樂千時經營是追雅器斯寢孝文頗為詩歌以勗在位誡俗流傳布諸音律大臣馳騁漢魏旁羅宋齊功成舉豫代有制作莫不各揚廟舞自造郊歌宣暢功德輝光當世而移風易俗浸以陵夷梁武帝本自諸生博通前載未及下車意先風雅歡樂情膺調傳曰如有王者

爰詔凡百各陳所聞帝又自紀樋前運裁成一代周太祖

發跡關隴躬安戎狄臺臣請功成之樂式遵周舊依三材

而命管六典安戎狄臺臣請功成之樂式遵周舊依三材

奏叶鮮甲之音情動於中亦心已也音仲尼返魯

風雅斯正所謂有其藝而無其時高祖受命惟新八州同

貴制氏全出於胡人迎神猶帶於邊曲及顏何驟請頗涉

雅音而繼想聞韶去之彌遠若夫二南斯理八風揚節順

序旁通妖屏秉宮徵流唱翔率舞何渉仁義之道安性

者哉是以舜詠南風而虞帝昌紂歌比鄙而殷王滅太樂

命之真君子益厚小人無悔非太樂之懿其孰能與於此

不紊則王政在焉故錄其不相因襲以備于志周官大司

樂一千三百三十九人漢郊廟及武樂三百八十人煬帝

孫奢頗亂謠曲御史大夫裴蘊揣知帝情奏括周齊梁陳

樂工子弟及人間善聲調者凡三百餘人並付太樂倡優

獪雜鹹來萃止其良管新聲淫弦巧奏皆出鄴城之下高

齊之舊曲云

梁氏之初樂緣齊舊武帝思弘古樂天監元年遂下詔訪

百察曰夫聲音之道與政通矣所以移風易俗明貴辨賤

而韶護之稱空傳威夾之實靡託魏晉以來陵替滋甚遂

使雅鄭混淆鍾石斯謬天人缺九變之節朝鄺失四懸之

儀朕昧旦坐朝思厥百而舊軍厖存未獲釐正寤寐有

懷所為歎息卿等學術通明可陳其所見於是散騎常侍

尚書僕射沈約奏荅曰鶉以秦代滅學樂經殘亡至于漢

武帝時河間獻王與毛生等共採周官及諸子言樂事者

以作樂記其內史丞王定傳授常山王禹劉向校書得樂

記二十三篇與禹不同向別錄有樂歌詩四篇趙氏雅琴

七篇師氏雅琴八篇龍氏雅琴百六篇唯此而已晉中經

簿無後樂書別錄所載已復三逸案漢初典章草滅諸儒

以拾搰溝渠牆壁之間得片簡遺文與禮軍相關者即編次

以為禮皆非聖人之言今取呂氏春秋中庸表記坊記

緇衣皆取子思子樂記取公孫尼子檀弓殘雜文非方幅

典誥之書也禮既是行已經邦之切故前儒不得不補綴

以備軍用樂書大而用緩自非達鎮明之主制作之君

不見詳議漢氏以來主非欽明樂既非人臣急事故言者

寡陛下以至聖之德應樂推之符實宜作樂崇德殷薦上

帝而樂書淪士尋案無所宜准諸生分令尋討經史百家

凡樂事無小大皆別纂錄乃委一舊學撰為樂書以起千

載絕文以定大樂之樂使五英懷黻六莖與愧是時對樂

者七十八家咸多引流略浩瀚其詞皆言樂之宜政不言

改樂之法帝既素善鍾律詳悉舊事遂自制定禮樂文立

為四器名之為通受聲廣九寸宜聲長九尺臨岳高一
寸二分每通皆施三絃一曰玄英通應鍾絃用一百四十
二絲長四尺七寸四分差強黃鍾絃用二百七十絲長九
尺大呂絃用二百五十二絲長八尺四寸三分差弱二曰
青陽通太簇絃用二百四十絲長八尺夾鍾絃用二百二
十四絲長七尺五寸姑洗絃用二百一十四絲長七尺
尺六寸六分差強中呂絃用一百九十九絲長六尺
一寸一分強三曰朱明通蕤賓絃用一百八十九絲長六
尺六寸四分弱林鍾絃用一百八十絲長六尺三寸二
分強夷則絃用一百七十二絲長六尺四日白藏通夷
則絃用一百六十八絲長五尺六寸二分弱南呂絃用一

百六十絲長五尺三寸二分大強無射絃用一百二十九
絲長四尺九寸一分強因以通聲轉推月氣悉無差違而
還相得中又制為十二笛黃鍾笛長三尺八寸大呂笛長
三尺六寸太簇笛長三尺四寸夾鍾笛長三尺二寸姑洗
笛長三尺一寸中呂笛長二尺九寸蕤賓笛長二尺八寸
林鍾笛長二尺七寸夷則笛長二尺六寸南呂笛長二尺
五寸無射笛長二尺四寸應鍾笛長二尺三寸用笛以為
通聲飲古鍾玉律并周代古鍾並皆不差於是被以八音
施以七聲莫不和韻是時比中郎司馬何佟之上言案周
禮王出入則奏王夏尸出入則奏肆夏牲出入則奏昭夏

今樂府之夏唯變王夏為皇夏蓋緣秦漢以來稱皇故也
而齊氏仍宋儀注迎神奏昭夏皇帝出入奏永至牲出入
更奏引牲之樂其為舛謬莫斯之甚請下禮局改正周捨
議以為禮王入奏王夏大祭祀與朝會其用樂一也而漢
制皇帝在廟奏永至還用皇夏尸入又奏永至樂二也以
為並宜除永至還用皇夏禮尸出入奏肆夏賓入大
接祖考之靈旅皆前代之深疵當今所宜改也時議又以
門奏肆夏頓虧舊典遂神入廟門居上玄去還悅忽降則
禮為神所設唯在人神其與尸禮別有皇夏二樂用
季矢禮頓虧舊典遂在人神遂當今所宜改時議又
為周禮云若樂六變天神皆降神居上玄去還悅降則

自至迎則無所可叚為降而送依前式又周禮云若樂
八變則地祇皆出可得而禮地宜依舊式為迎神並從之又
以明堂設樂大略與南郊不殊惟壇壝冀名而無就燎之位
明堂則徧歌五帝其餘同於郊式為初宋齊代祀天地祭
宗廟淮漢祠太一后土盡用宮縣又太常任昉亦撰王庾
議云周官以六律五聲八音六舞大合樂以致鬼神以和
邦國以諧兆庶以安賓客以悅遠人是謂六同一時皆作
今六代舞獨分用之不愜人心遂依肅議祀祭郊廟備六
代樂至其帝曰周官分樂而祭豈禮緣事神禮簡也天子
無宮縣之議何事人禮緣饗祀震書止鳴兩縣求之於古

不文觀天下之物無可以稱其德者則以少爲貴矣大合
樂者是使六律與五聲克諧八音與萬舞合節其豈謂致
鬼神祇用六代樂其後即言分樂序之以祭以享此乃
曉然可明則失其百爲天神檢載籍初無郊禋宗廟徧舞
六代之文唯明堂位曰禘祀周公於太廟朱干玉戚冕而
舞大武皮弁素積裼而舞大夏納夷蠻之樂於太廟言廣
魯於天下也夫祭尚於致敬無使樂繁禮顯是以季氏逮闇
而宗繼之以燭尚有司跛倚其爲不敬大矣他日祭子路與
焉質明而始晏朝而退孔子闢之曰誰謂由之不知禮乎六
若依肅議郊既有迎送之樂又有登歌各頌功德徧必六

志八　儒十三　七

代繼之出入方待樂終此則乖於仲尼躔晏朝之意矣於
是不備宮懸不徧舞六代逐所應須即設懸則非宮非軒
非判兆特宜以敬所應施用耳宗廟省迎送之樂必其
閟宮靈宅也齊永明中舞人冠幘並簪筆盖以
記事受言舞不受言何事簪筆當有身服朝衣而且墓譙以
發於是去筆文晉及宋齊縣鍾磬及天准相似皆十六架黃
鍾之宮比方北面編磬起西其東編鍾其東衡大於鍾不
知何代所作其東鑄鍾太簇之宮東方西面起南所次甘如此
宮南方比面起東姑洗之宮西東面起南著宋史者
面設建鼓於四隅縣內四面各有枳敔帝曰著音宋史者

甚言太元元嘉四年四廂金石大備今檢樂府止有黃鍾
姑洗雜賓太簇四格而巳六律不具何謂四廂備樂之文
其義爲在於是除去衡鍾各依辰位而應其
律每一鍾則設編鍾磬各一彙合三十六架柏建鼓於
四隅元正大會備用之乃定郊禋宗廟及三朝之樂以武
舞爲大壯舞取易云大者正也止乎十二則天數也以文
以文舞爲大觀舞取易云大觀在上觀天之神道而四時
不忒也國樂以雅爲稱取詩序云言天下之事形四方之
風謂之雅雅者正也止乎十二則天數也乃去階步之樂
增撤食之雅焉衆官出入宋元微三年儀注秦肅咸齊

志八　隋十三　八

及梁初亦同至是改爲俊雅取禮記司徒論選士之序者
而升之學曰俊士也二郊太廟明堂三朝同用焉皇帝出
入宋孝建二年秋起居注奏永至齊及梁初亦同至是改
爲皇雅取詩皇矣上帝臨下有赫也二郊太廟同用皇太
子出入秦胤雅取詩君子萬年永錫爾類也王公出入奏
寅雅取尚書周官三公弘化寅亮天地也上壽酒奏介雅
取詩君子萬年介爾景福也食舉秦需雅取詩需酒需
需君子以飲食宴樂也撤饌秦雅取禮記大饗客出以雅
雅撤也並三朝用之牲出入宋元微二年儀注秦引牲齊
及梁初亦同至是改爲滌雅取禮記帝牛必在滌三月也

設官分職　髦俊攸俟　　髦俊伊何　貴德尚齒
唐文咸事　周寧多士　　區區衛國　猶賴君子
漢之得人　帝猷乃理
開我八襲　關我九重　　行佩流響　纓綬有容
衮衣前邁　列辟雲從　　義兼東序　事美西雝
分哨等肅　異列齊荼
重列比上　分庭異堦　　百司揚職　九賓相禮
蕭宋勇甥　魯曾衛兄弟　思皇萬萬　羣龍濟濟
我有嘉賓　實惟愷悌
皇雅三曲五言

薦毛血宋元徽三年儀注奏薦齊及梁初亦同至是改
爲繫雅取春秋左氏傳牲牷肥腯也比郊明堂太廟並同
用降神及迎牲雅取周禮大宗伯以禋祀昊天上帝也其辭
埋俱奏裡雅取周禮大宗伯以禋祀昊天上帝也其辭
義也比郊明堂太廟同用就燎位齊永明六年儀注奏隸幽至是燎
雅取禮記祭統尸飲五洗王爵獻卿至齊不改梁亦同之福酒
三年儀注奏嘉祉至齊不改至是皇帝飲福酒宋元徽
至是改爲誠感神也皇帝飲福酒宋元徽
並沈約所製今列其歌詩二十曲云○俊雅歌詩四曲

志八　隋書十三　〈九〉

介雅三曲五言
百福四象初　萬壽三元始　　拜獻惟衮職
同心協卿士　比極永無窮　　南山何足擬
壽隨百禮洽　慶霑三朝升　　惟皇集繁祉
景福互相仍　申錫永無遺　　穰簡必來應

寅雅一曲三言
前星比耀　克隆萬壽
禮莫違　樂具舉　延藩辟　朝帝所　執桓蒲
列齊莒　垂冕旒　紛容與　升有儀　降有序
齊簪紳　忘笑語　始掞嚴　終酬酢

鶩雅一曲四言
自昔殷代　哲王迭有　降及周成　惟器是守
上天乃眷　大梁既受　灼灼重明　仰承元首
體乾文作貳　命服斯九　置保置師　居前居後

帝德實廣運　車書靡不賓　執珪朝羣后
乘旒御百神　八荒重譯至　萬國姚來親
華蓋排紫微　勾陳統太一　容商被縵組
參差羅罕畢　星回照以爛　天行徐且謐
清蹕朝萬萬　端晃臨正陽　青絢黃金縷
衮衣文繡裳　既散華蟲采　復流日月光

志八　隋書十三　〈十〉

百味既含馨　六飲莫能尚　玉豐信湛湛
金厄頗搖漾　敬舉發天和　祥祉流嘉覿

需雅八曲七言
實體平心待和味　庶羞百品多為貴
或鼎或鉶宣九沸　楚桂胡塩芼芳卉
加邊列俎彫且蔚
五味九變兼六和　令芳甘旨庶且多
三危之露九期禾　圓案方丈粲星羅
皇輿斯樂同山河
九州上腴非一族　玄芝之碧樹壽華木
終朝采之不盈掬　用拂腥羶和九穀
既甘且飫致嘏福
人欲所大味為先　興和盡敬咸在旃
碧鱗朱尾獻嘉鮮　紅毛綠翼隊輕翩
臣拜稽首萬斯年
擊鍾以俟惟大國　况乃御天流至德
侑食斯舉揚且盛則　其禮不譽儀不忒
風獻所被深且塞
膳夫奉職獻芳滋　不黷不夭咸必時
調甘適苦別滆淄　其德不爽受福釐

於焉逸豫永無期
備味斯饗惟至聖　咸降人神禮為盛
或風或雅流歌詠　貞珉非言歸啓穀命
悠悠四海同茲慶
道我六穗羅八珍　洪鼎自爨匪勞薪
荊包海物必來陳　滑甘滫瀡味和神
以斯至德被無垠

雍雅三曲四言
明明在上　其儀有序　終事雍譽　收鋼撤俎
乃升乃降　和樂備舉　天德莫違　人謀是與
敬行禮達　茲焉讌語　我餕惟阜　我肴孔庶
嘉味既克　食百斯飫　屍蜀厭無斁　冲和在御
擊攘齊歡　懷生等豫　蒸庶乃粒　寔由仁恕
百司警列　皇在在陛　既飫且醻　卒食成禮
其容穆穆　其儀濟濟　凡百庶僚　莫不愷悌
奄有萬國　抑由天啓

綵雅一曲四言
將脩盛禮　其儀孔熾　有脯斯牲　國門是置
不黎不瘯　麋鬯膋忘　呈肌獻躴　永言昭事

俯休皇德　仰綏靈志　百福具膺　嘉祥允洎

駿奔伊在　慶輦迴嗣

銓雅一曲四言

及本興敬　復古昭誠　禮容宿設　祀事孔明

華俎待獻　崇碑麗牲　充哉兩撋　肅矣簪纓

其臀既啓　我豆既盈　庖丁遊刃　葛盧驗聲

多祉攸集　景福來并

誠雅一曲三言　南郊降神用

懷勿慌　瞻浩蕩　盡誠絜　致虔想　出杳冥

降無象　皇情蕭　具僚仰　人禮盛　神途敞

誠雅一曲三言　北郊迎神用

儳明靈　申敬饗　感蒼極　洞玄壤

〈志八　隋書十三　〈十三〉

誠雅一曲　崐丘峻　揚羽翟　鼓應楝　出尊祗

地德溥　招海瀆　羅岳鎮　惟福祉　咸昭薔

展誠信　南北郊明堂太廟送神同用

誠雅一曲四言

我有明德　聲非糱黍　牲玉孔備　嘉薦惟旅

金懸宿設　和樂具舉　禮達幽明　敬行鏷俎

鼓鍾云送　遐福是興

獻雅一曲四言

神宮蕭蕭　天儀穆穆　禮獻既同　膺此釐福

我有馨明　無愧史祝

禋雅一曲四言　就煉

紫宮昭煥　太一微玄　降臨下土　尊茲高上天

載陳珪璧　式備牲牷　雲孤清引　椆虞高懸

俯昭象物　仰致高煙　肅彼靈祉　咸達皇虔

禋雅一曲四言　就埋

盛樂斯舉　協徵調宮　靈饗慶洽　祉積化融

八變有序　三獻已終　坎牲瘞玉　酬德報功

振乘成呂　投壤生風　道無虛致　事由感通

於皇盛烈　比祚華萬

〈志八　隋書十三　〈十四〉

普通中薦蔬之後改諸雅歌勅蕭子雲製詞既無牲牲遂
省滌雅薦雅云

南郊舞奏黃鍾取陽始化也北郊舞奏林鍾取陰始化也
明堂宗廟所尚者敬難寶具爲敬之名復有陰主之義故
同奏焉其南北郊明堂宗廟之禮加有登歌今又列其歌
詩二十八曲云

南郊皇帝初獻奏登歌二曲云

禮告成　惟聖祖　主上靈　爵已獻

曢既明　禮告成　展歌聲　儳如在　結皇情

疊又盈　息羽篇

禮容盛　樽俎列　玄酒陳　陶匏設　獻清音

致虔累　王旣升　樂已闋　降鸞昊　垂芳烈

北郊皇帝初獻奏登歌二曲四言

方壇旣坎　地祇已出　盛典弗僭　羣望咸秩

乃升乃獻　敬成禮卒　靈降無兆　神饗載謐

允矣嘉祉　其升如日　躬薦眞饗　誠交顯晦

至哉坤元　寔惟厚載　搖珠動佩　德表成物　慶流皇代

純嘏不實　祺福是賚

宗廟皇帝初獻奏登歌七曲四言

功高禮洽　道尊樂備　三獻具舉　百司在位

誠敬園惶　幽明同致　茫茫億兆　無思不逮

蓋之如天　容之如地

殷兆玉堂　周梁鄰王　於赫文祖　基我大梁

肇土七十　奄有四方　帝軒百祀　人思未忘

永言聖烈　祐我無疆

有夏多罪　殷人塗炭　四海倒懸　十室思亂

自天命我　藏弓殳離　旣躍乃飛　言登天漢

爰饗爰祀　福祿收贄　黃流乃注

儀象旣備　我鬱載纂

我我卿士　駿奔是務　佩上鳴珪　纓還拂樹

悠悠億兆　天臨日照　光被黔首　鑄鎔羣昊　甄陶區有

猗與至德　肅恭三獻　對揚萬壽　比屋可封　含生無咎

匪徒七百　天長地久　於皇后帝　悠悠四海　莫不來祭

有命自天　播此餘休　于彼荒裔　八神啓衛　福至有兆

慶來無際　繁祉具膺

祀曲昭潔　我禮莫違　八簋充室　六龍解騑

神宮蕭肅　靈寢微微　嘉薦旣饗　景福攸歸

至德光被　洪祉載輝

明堂褅歌五帝登歌五曲四言

歌青帝辭

帝居在震　龍德司春　開元布澤　含和尚仁

羣居旣散　歲云陽止　飭農分地　人粒惟始

雕梁繡栱　丹楹玉墀　靈威以降　百福來綏

歌赤帝辭

炎光在離　火為威德　執禮昭訓　持衡受則

歌黃帝辭

歷草旣凋　溫風以至　嘉薦惟旅　時羞孔備

齋醆在堂　笙鏞在下　匪惟七百　無絕終始

歌白帝辭

鬱彼中壇　含靈闡化　迴環氣象　輪無輟駕

布德為在　四序將收　音宮數五　飯稷騂駵

宅屏居中　旁臨外宇　升為帝尊　降為神主

歌白帝辭

神在秋方　帝居西祐　尤茲金德　裁成萬寶

鴻來雀化　參見火邪　慕無玄鳥　菊有黃華

載列笙鏞　式陳牷俎　靈周常懷　惟德是與

歌黑帝辭

司智莅坎　駕鐵本玄　祁寒坼地　曷慶迴天

德盛平水　玄冥紀節　陰降陽騰　氣凝象閉

太祖太夫人廟登歌

悠悠四海　駿奔奉職　祚我無疆　永隆人極

閟宮肅肅　清廟濟濟　於穆夫人　固天攸啟

祚我梁德　膺斯盛禮　文梔達嚮　重檻丹陛

飾我俎彝　契我粢盛　躬事蒸饗　推尊靈敬

悠悠萬國　其承茲慶　大孝追遠　兆庶攸詠

太祖太夫人廟登歌

光流者遠　禮貴彌巾　嘉薦云備　盛典必陳

追養自本　立愛惟親　皇情乃慕　帝服來尊

駕齊六轡　旂耀三辰　感茲霜露　事彼冬春

以斯孝德　永被烝民

大壯舞奏夷則　大觀舞奏姑洗　取其月王也　二郊明堂太廟三朝並同用　今亦列其歌詩二曲云

大壯舞歌一曲四言

高高在上　實愛期人　眷求聖德　大挺彝倫

率土方燎　如火在薪　悚悚黔首　暮不及晨

朱光啟耀　兆發鸞旻　我皇繼起　龍躍漢津

言屆牧野　電激雷震　闞藰之甲　彭漢之人

或羆或武　漂杵浮輪　我邦雖舊　其命惟新

六代乃止　七德必陳　君臨萬國　遂撫八寅

大觀舞歌一曲四言

皇矣帝烈　大哉興聖　奄有四方　受天明命

居上不怠　臨下唯敬　舉無遺算　動無失正

物從其本　人遂其性　昭播九功　肅齘八柄

寬以惠下　德以為政　三趾晨儀　重輪夕映

棧壑匪阻　梯山匪夐　如日有恒　與天無竟

載陳金石　式流舞詠　咸英韶夏　於茲比盛

相和五引

角引

萌生觸發　歲在春　咸池始奏　德尚仁

迄滯以息　和且均
徵引
執衡司事　宅離方　滔滔夏日　火德昌
八音備舉　樂無疆
宮引
八音資始　君五聲　興此和樂　感百精
優遊律呂　被咸英
商引
風流福被　樂愔愔
司秋紀㧑　奏西音　激揚鍾石　和瑟琴
羽引
玄英紀運　冬冰折　物爲音本　和且忱
窮高測深　長無絕
普通中鷹疏以後豹蕭子雲改諸歌辭爲相和引則依五
音宮商角徵羽爲第次非隨月次也
舊三朝設樂有登歌以其須祖宗之功烈旅君臣百之所獻
也於是去之三朝第一奏相和五引第二衆官入奏俊雅
第三皇帝入閣奏皇雅第四皇太子發西中華門奏胤雅
第五皇帝進王公發足第六王公降殿同奏皇雅第七皇
帝入儲變服第八皇帝變服出儲同奏皇雅第九公卿上

壽酒奏介雅第十太子入預會奏嘉雅第十一皇帝食舉奏
需雅十二撤食奏雍雅十三設大壯武舞十四設大觀文
舞十五設雅歌五曲十六設俳伎十七設鼙舞十八設鐸
舞十九設拂舞二十設巾舞井白紵二十一設舞盤伎二
十二設舞輪伎二十三設刺長追花幢伎二十四設受擋
伎二十五設車輪折脛伎二十六設長蹻伎二十七設受擋
幢伎三十六設白獸幢伎三十七設擲蹻伎三十八設獼
彌山黃山三峽等伎二十八設跳鈴伎二十九設跳劍伎
三十設擲倒案伎三十一設青絲幢伎
三十三設繳花幢伎三十四設雷幢伎三十五設金輪
猴幢伎三十九設啄木幢伎四十設五案幢伎四十一
一設辟邪伎四十二設青紫鹿伎四十三設白武伎作託
將白鹿來迎下四十四設寺子導安息孔雀鳳凰文鹿胡
舞益連上雲樂歌舞伎四十五設緣高絙伎四十六設變
黃龍弄龜伎四十七設皇太子起奏凱容舞四十八從官出奏
俊雅四十九設皇帝興奏皇雅自宋齊已來三朝有鳳凰銜
書伎至是乃下詔曰朕臨南面道風蓋闕嘉祥時至爲
妖已多假令巢軒閣集同昌戶猶當顧循寡德推而不
居況於名實頓爽自欺耳曰一日元會太樂奏鳳凰銜書
伎至乃舍人受書升殿跪奏誠復與平前代卒由自遠內

省勦彌與車馬可罷之天監四年掌賓禮瑒請皇
太子元會出入所奏帝命別制養德之樂瑒謂宜名元雅
迎送二傳亦同用之取禮一有元良萬國以貝之義明山
賓嚴植之及徐勉等以為周有九夏梁有十二雅此並則
天數為一代之曲今加一雅便成十三瑒又疑東宮所奏
舞帝下其議場以為天子為樂以賓諸侯之有德者觀其
舜知其德況皇儲養德春宮式瞻收屬謂且備大壯大觀
二舞以宣文武之德之於是改臺城論沒簡文帝受
二舞其時禮樂制度緊然有序其後臺城又為元奏
制於侯景景以簡文女漂陽公主為妃請帝及主母范淑
妃宴于西州奏泉所常用樂景儀同索超世亦在宴延帝
潛然屑淚景與曰陛下何不樂也帝強笑曰丞相言索超
世聞此以為何聲也景曰臣且不知何獨超世自此樂不
修風雅咸盡矣及王僧辯破侯景並送荊州諸樂並送荊州經亂工
器頹闕元超有司補綴繼備荊州陷沒周人不知採用
工人有知音者並入關中隨例沒為奴婢
鼓吹宋齊並用漢曲又充庭用十六曲高祖乃去四曲留
其十二合四時也更制新歌以述功德其第一漢曲失舊
改為本紀謝言齊謝升也第二漢曲思悲翁改為賢首
山言武帝破魏軍於司部肇王述也第三漢曲文如張改

為桐柏山言武帝牧守王業彌章也第四漢曲上之回改
為道亡言東昏政亂義師起樊鄧也第五漢曲雍雜改為
忱威言破加湖元勳也第六漢曲戰城南改為漢東流言
義師克魯山城也第七漢曲巫山高改為漢南郢
城兵威無敵也第八漢曲上陵改為鶴樓峻言平郢
政亂武帝起義也第九漢曲將進酒改為朱崔伐罪弔人也第
漢曲有所思改為石首局言義師平京城仍廢昏定大事
休祚方遠也十一漢曲芳樹改為期運集言武帝應錄受禪德盛
化遠也十二漢曲上邪改為惟大梁言梁德廣運仁
化洽也天監七年將有軍太廟詔曰禮云齋日不樂今親
奉始出宮振作鼓吹外可詳議八座丞郎參議請與始
出鼓吹從而不作鼓吹如常儀帝從之遂以定制初武帝
之在雍鎮有童謠云襄陽白銅蹄及縛楊州兒識者之主昏
銅謂馬也白金色也及義師之興實以鐵騎揚州之平昏
面縛果如謠言故即位之後更造新聲帝自為之詞三曲
又令沈約為三曲以被絃管帝既篤敬佛法又制善哉大
樂大歡天道仙道神王龍王滅過惡除愛水斷苦轉等十
篇名為正樂皆述佛法又有法樂童子伎童子倚歌梵唄
設無遮大會則為之陳初武帝詔求宋齊故事太常卿周

弘讓奏曰亦承宋氏承用元徽舊武宗祀朝饗奏樂俱同

唯北郊之禮頗有增益皇帝入壇門奏永至飲福酒奏嘉

胙太尉亞獻奏凱容埋牲奏綠樂帝還便殿奏休成樂官

並以奏肅成此乃元微所關永明六年之所加也唯送神

之樂宋孝建二年秋起居注云奏凱唯改七室舞辭今列之云

帝遂依之是時並用梁樂唯明七室舞辭永明中改奏昭夏

皇祖步兵府君神室奏凱容舞辭

於赫皇祖　宮牆高嶷　邁彼厥初　成此峻極

緩樂簡簡　閟寢翼翼　裸饗若存　惟靈靡測

皇祖正員府君神室奏凱容舞辭

昭哉上德　浚彼洪源　道光前訓　慶流後昆

神獸緬邈　清廟斯存　以享以祀　惟祖惟傳

皇祖懷安府君神室奏凱容舞辭

選衺崇饗　飾禮嚴敬　靡斁牲牢　兼馨蘂盛

皇高祖安成府君神室奏凱容舞辭

明明列祖　龍光遠映　肇我王風　形斯舞詠

道遘積慶　德遠昌基　永言祖武　致享從思

九章停列　八舞廻墀　靈其降止　百福來綏

皇曾祖太常府君神室奏凱容舞辭

肇迹帝基　義標鴻業　恭惟載德　瓊源方闢

真應三清　筵陳四壝　增　我堂構　式敷帝典

皇祖景皇帝神室奏景德凱容舞辭

皇祖執德　長發其祥　顯仁藏用　懷道韜光

寧斯閟寢　合此蕭籥　永昭貽厥　還符前商

皇考高祖武皇帝神室奏武德舞辭

丞哉聖祖　撫運升遐　道周經緯　功格玄祇

方軒邁亳　比舜陵嬀　緝熙是詠　欽明在斯

雲雷遘屯　圖南共舉　大定楊越　震威入呂

四奧宅心　九疇還叙　景星出翼　非雲入呂

德暢容辭　慶昭羽綴　於穆清廟　載揚徽烈

嘉玉既陳　豐盛斯潔　是將是享　鴻猷無絕

天嘉元年文帝始定圓丘明堂及宗廟樂都官尚書到仲

輿權奏眾官入出皆奏肅咸樂入出奏引犧上毛血奏嘉

薦迎送神奏昭夏皇帝入出奏皇雅皇帝升陛奏登歌皇

帝初獻及太尉亞獻奏宣烈皇帝飲福酒

奏嘉胙就燎位奏昭遠還便殿奏休成至太建元年定三

廟之樂採梁故事第一奏相和五引各隨王月則先奏其

唯眾官入奏俊雅林鍾作太簇茨鍾姑洗大呂氏應

吹作皇帝出閣奏皇雅黃鍾作太簇夾鍾作南昌茨應

之鼓吹作皇太子入至十字陛奏俶雅太簇作南昌茨應

之取其二月少陽也皇帝延王公登奏寅雅夷則作夾鍾
應之取其月法也皇帝出寧及升座皆奏皇雅黃鍾作林鍾參
應之鼓吹作皇帝出寧及升座皆奏皇雅並如變服之作
上壽酒奏介雅太簇作南呂參應之取其陽也飛盛長萬物
輻湊也食舉奏雅寶作大呂參應之取中呂參應之取火主於禮所
謂食我以禮也撤饌奏雅雅無射作中呂參應之取其津
潤已竭也武舞奏大壯夷則文舞奏大觀姑洗作應參之取金始王
取其壁斷也鼓吹引而去來文舞奏大觀姑洗作應鍾太簇參應之七月金始王
應之三月萬物必榮取其布惠者也鼓吹引而去來眾官
鼓吹作皇帝起奏皇雅黃鍾作林鍾夷則南呂無射參應
之鼓吹作祠用宋曲宴饗梁樂蓋取人神不雜也制曰可
五年詔尚書左丞劉平儀曹郎張崔定南北郊及明堂儀
注改天嘉中所用齊樂盡以韶為名工就位定愷律校尉
舉麾太樂令跪贊云奏愍韶之樂降神奏通部牲入出奏
絜韶帝入壇及還便殿奏穆韶帝初月拜舞七德工執干
楢曲終後綴出就懸東繼舞九序工執羽篇獻爵於天神
及太祖之座奏登歌帝飲福酒奏嘉姈就望燎奏報韶至
六年十一月侍中尚書左僕射建昌侯徐陵儀曹即中沈罕
秦泉年元會儀注稱令入蔡景歷秦勑先會一日太樂展

宮縣高絙五案於殿庭客入奏相和五引帝出黃門侍郎
舉麾於殿上堂故應之舉於階下奏皇雅王公
登奏變韶奉珪璧詔初引下殿奏皇雅並如之帝興入便殿奏
穆韶更衣又出奏亦如之帝舉酒奏綏韶進膳奏侑韶帝
御茶果太常丞跪請進舞七德繼之九序其鼓吹雜伎取
晉宋之舊微更附益舊元會有黃龍變文鹿師子之類太
建初定制皆除之至是蔡景歷奏悉復設焉其鼓吹吹一
部十六人則簫十三人加二人鼓一人東宮一部降三
部減二人簫減一人諸王一部又降一人減簫一庶姓
一部又降一人復減簫一及後王嗣位耽荒於酒視朝之
外多在宴延尤重聲樂遣宮女習北方簫鼓謂之代北酒
酣則奏之於清樂中造黃鸝留及玉樹後庭花金釵兩臂
等曲與幸臣製其歌詞綺豔相高極於輕薄男女唱
和其音甚哀

志第八　　音樂上　　隋書十三

太子右庶子監脩國史上柱國趙國公臣長孫無忌等奉

敕撰

音樂中

齊神武霸跡肇創遷都于鄴猶曰人臣故遵遵舊典及文
宣初禪尚采魏氏舊章宮縣等設十二鎛鍾於其辰位四面
並設編鍾磬各一簨虡合二十架設建鼓於四隅郊廟朝
會同用之其後將有創革尚樂御有諸華樂操土風未
曉知舊樂上書曰魏氏來自雲朔肇自言舊在洛下
移其俗至道武帝皇始元年破慕容寶于中山獲晉樂器
不知采用皆委棄之天興初吏部郎鄧彥海奏上廟樂創
制宮縣而鍾管不備樂章既闕雜以簸邏迴歌初用八佾
作皇始之舞至太武帝平河西得沮渠蒙孫之伎賔嘉大
禮皆雜用焉此聲所興蓋其符眇之末呂光出平西域得胡
戎之樂因又改變雜以秦聲所謂秦漢樂也至永熙中錄
尚書長孫承業共臣先人太常卿瑩等采漢魏舊章兼
采至於鍾律煥然大備自古相襲損益可知今之創制請
以爲準斑因采魏安豐王延明及信都芳等所著樂説而
定正聲始具宮縣之器仍雜西凉之曲樂名廣成而舞不
立競所謂洛陽舊樂者也武成之時始定四郊宗廟三朝
之樂羣臣入出奏肆夏牲入出薦毛血並奏昭夏迎送神

及皇帝初獻禮五方上帝並奏高明之樂為覆壽之舞皇
帝入壇門及升壇飲福酒就燎位還便殿奏登歌其四時祭
祖配饗奏武德之樂為昭烈之舞裸地奏登歌其四時祭
廟及禘祫奏武德皇六世祖司空五世祖諸神室奏始基之樂
史曹祖大尉武員公祖文穆皇帝諸神室更部尚書高祖泰州刺
為坎祊之舞高祖神武皇帝神室奏武德之樂為昭烈之
舞文襄皇帝神室奏文正之樂為光大之舞肅宗孝昭皇
帝神室奏文德之樂為文明之舞顯祖文宣皇
文明之樂窎休德之舞其入出之儀同四郊之禮今列其
辭云

大禘圜丘及北郊歌辭
　迎神奏高明樂辭〔登歌辭同〕
　惟神監矣〔圓壇展事〕
　祇展方望
　肇應靈序
　聖靈肅止
　奄宅黎人
　士備八能〔樂谷六變〕
　端笏垂紳
　皇靈肅止
　乃朝萬國
　爰徵百神
　禮崇聲協
　贇列珪陳
　來趨動色
　武賁天人
　幽顯咸臻
　翼翼鱗次

嚴壇生白　綺席凝玄
風湊伊雅　宸衛騰景　靈駕罪煙
成文即始　光華襲鷹
惟神監矣
迎神奏高明樂辭

牲出入奏昭夏辭

剛柔設位　惟皇配之　言肅其禮　念暢在茲

飾性舉獸　載歌且舞　既捨伊脂　致精靈府

物色惟典　齋沐加恭　宗族感暨　罔不率從

薦毛血奏昭夏辭（羣臣出奏肆夏進熟羣臣入奏肆夏辭同初入）

展禮上月　肅事應時　蘭栗爲用　交暢有期

弓矢斯發　籩簋將事　圓神致祀（祗致祀）臭以血贄　至哉敬矣

率由先志　和以鸞刀（北郊云方）

碩義孔高

進熟皇帝入門奏皇夏辭

皇誠肅致　王帛齊軌　屏攝咸次

帝敬昭宣

三垓上列（坎上列）四陛旁升（坎旁升）龍陳萬騎　金根備軫

神儀天謁　晡容離曜

鳳動千乘

奉光先導

紫壇雲曖（北郊云昬壇雲曖）紺幄霞褰（北郊云幄霞褰）萬國咸仰　人神咫尺

載致其虔

百靈竦聽

玄應朕朁

皇帝初獻奏高明樂辭

上下眷　旁午從　爵以質　獻以蓁　咸斯暢

樂惟雍　孝敬聞　臨萬和

皇奠爵訖奏高明樂覆燾之舞辭

自天子之　會昌神道　丘陵肅事（北郊云方）八樽呈備

克光天保　九關洞開　百靈環列

五聲投節

皇帝獻太祖配饗神座奏武德昭烈之舞辭（皇帝小退當昊天上帝座前奏皇夏辭同上皇夏）

配神登聖　主極尊靈　敬宣昭燭　咸達賓筵

禮弘化定　樂贊功成　穰穰介福　下被羣生

皇帝歆福酒奏皇夏之樂（奏皇帝夏辭同初入門）

皇心緬且感　吉蠲奉至誠　赫哉光盛德

乾巛詔百靈　報福歸昌運　承祐播休明

風雲馳九域　龍蛟躍四溟　浮幕呈光氣

儼象燭華精　護武方知耻　韶夏僅同聲

送神降立南陛奏高明樂辭（皇帝自望燎位立又奏皇夏辭同上皇夏）

獻享車　懸佾周　神之駕　將上遊（北郊云將下遊）

超斗極（北郊云超荒極絕河流崐崏立）懷萬國　寧九州

欣帝道　心顧留　幣上下　荷皇休

紫壇既燎奏昭夏樂辭（皇帝自望燎還本位）

玄黃覆載　元首照臨　合德致禮　有契其心

敬申事闋　潔誠云報　玉帛載升〔北郊云牲　玉帛陳牲〕

棧楔斯燎　寥廓幽暧　播以馨香　皇靈惟監

降福無疆

皇帝還便殿奏皇夏辭〔羣臣出奏肆夏辭同上〕

天大親嚴　匪敬伊孝　永言肆饗　宸明增耀

陽立旣暢〔此郊澤云　大典逾光　肆夏祠感帝用圜丘辭〕乃安斯息　且萬且億

欽若舊章　天廻地旋　鳴鑾引警

皇曆惟求

五郊迎氣樂辭

青帝降神奏高明樂辭

歲云獻　谷風歸　斗東指　鴈北飛　電鞭激

中呂宣　朱精御節　離景延

雷車邍　虹旌靡　青龍馭　和氣洽　具物滋

黿降止　應帝期

赤帝降神奏高明樂辭

婺女司旦

根荄俊茂　溫風發　柘火風水　鴈炎月　會今朝

執衡長物　德孔昭　赤旆霞曳

黃帝降神奏高明樂辭

居中市五運　乘衡畢四時　含養資羣物

協德固皇基　嘽緩契王風　持載符君德

良辰動靈駕　承祀昌邦國

白帝降神奏高明樂辭

風涼露降　馳景颺寒精　山川搖落　平秩在西成

蓋藏成積　蒸人被嘉祉　從辜來儀　鴻休溢千祀

黑帝降神奏高明樂辭

虹藏雜化　告寒　水壯地坼　年殫

日次月紀　歲窮　九州萬邦　獻力

叶光是紀　方極　微陽潛兆　方融

天子赫赫　明聖　享神降福　惟敬

祠五帝於明堂樂歌辭

先祀一日夕牲羣官入自門奏肆夏

國陽崇祀　嚴恭有聞　荒華齊暨　樂我大君

晃瑞有列　禽帛恭叙　羣后師師　威儀容典

執禮辨物　司樂考章　率由廉隮　休有烈光

太祝令迎神奏高明樂覆燾舞辭

祖德光　國圖昌　祇上帝　禮四方　闢紫宮

洞華闕　龍獸奮　風雲發　飛朱雀　從玄武

攜日月　帶雷雨　耀宇內　溢區中　眷帝道

感皇風　帝道康　皇風翕　梁盛列　椒糈薦

神且寧　會五精　歸福祿　幸閻亭

太祖配饗奏武德昭烈舞辭〔五方天帝奏高明之樂　覆燾壽之舞辭同迎氣〕

我惟我祖　自天之命　道被歸仁　時屯啟聖
運鍾千祀　授手萬姓　夷兇掩虐　匡頹翼正
載經戴營　庶土感寧　九功以洽　七德兼盈
冊書入告　玄玉來呈　露甘泉白　雲郁河清
聲教咸佐　舟車畢會　仁加有形　化洽無外
嚴親惟重　陟配惟大　既祐斯歌　率土收頹
孝饗不匱　精絜臨年　滌牢委溢　形色博牷
于以用之　言承歌祀　蕭蕭威儀　敢不敬止

〈志九〉　隋書十四　〈七〉

載飾載省　維牛維羊　明神有察　保茲萬方
薦血毛奏昭夏辭〔羣臣出奏肆夏同上奏夏辭同〕
鞠躬如在　側聽無聲　惟神其祐
我將宗祀　黃獻破誠　有滌有濯　惟神其祐
薦色斯純　吳氣斯臭
五方來格　一人多祉　明德惟馨　於穆不已
進熟皇帝入門奏皇夏辭〔皇帝升壇奏皇夏辭同〕
象乾上構　儀從下基　集靈崇祖　求言孝思
室陳籩豆　庭羅懸俗　夙夜畏威　保茲貞吉
舞賁其夜　歌重其升　降斯百祿　惟饗惟應
皇帝初獻奏高明樂覆燾壽舞辭

慶幾筵　關睢戶　禮上帝　感皇祖　酌惟絜
滌以清　薦心歆　達神明
皇帝裸獻奏高明樂覆燾壽舞辭
帝精來降　應我明德　禮彈義展　流祉邦國
既受多祉　實我孝敬　祀謁其誠　荷天休命
皇帝飲福酒奏皇夏辭
恭祀洽　盛禮宣　英歆爛昇景
廣澤同深泉　上靈鍾百福　羣神歸萬年
日軌咸搒岫　日域盡浮川　瑞鳥飛玄圃　兩地複參天
潛鱗躍翠漣　皇家舊貴曆

〈志九〉　隋書十四　〈八〉

太祝送神奏高明樂覆燾壽舞辭
青陽奏　發朱明　歌西皓　唱玄冥　大禮罄
廣樂成　神心懌　將遠征　飾龍駕　矯鳳笄　跨西汜
拊間閭　慇層城　出溫谷　邁炎庭
過比湞　忽萬億　耀光精　比電驚　與雷行
嗟皇道　懷萬靈　固業業　震天聲
皇帝選便殿奏皇夏辭
文物備矣　聲明有章　登薦唯蕭　禮逸前王
邕齊云終　折旋告磬　穆穆祗祗　蘊誠畢敬
屯衛按部　鑾蹕迴途　暫留紫殿　將及清都

○享廟樂辭

先祀一日夕牲羣臣入奏肆夏辭

霜淒兩暢　丞哉帝心　有敬其祀　肅事惟歆
昭昭車服　濟濟衣簪　鞠躬貢酬　磬折奉璈
差以五列　和以八音　式祗王慶　如王如金

迎神奏高明登歌樂辭

大呂為角　應鍾為羽　路鼓陰竹　德歌昭舞
祀事孔明　百神允穆　神心乃顧　保茲介福
日卜惟吉　辰擇其良　弈弈清廟　黼黻周張

志九　隋書十四　九

大祀云事　獻莫有儀　既歌既展　贊顧迎犧
執從伊竦　鈎飾惟懍　俟用於庭　將升於室
且握其駢　以致其誠　惠我貽頌　降祉千齡

（三公出奏肆夏進熟羣臣入奏肆夏辭同）

薦血毛奏昭夏辭

恈彼遐慨　悠然永思　留連七享　縄綿四時
神升魄沈　康靄闐見　陰陽載侯　臭聲兼薦
祖考其鑒　言萃王休　降神敷錫　百福是由

進熟皇帝入此門奏皇真樂辭

齋居嚴殿　鳳駕屬闡　車輅乖彩　旒衮騰輝
登諴載仰　趨心有慕　洞洞自形　斤斤表步

閟宮有邃　神道依俙　孝心緬邈　爰屬爰依

太祝祼地奏登歌樂辭（皇帝詣神座前升殿又奏皇夏辭同）

太室宮宮　神居宿設　鬱鬯惟芬　珪璋惟絜
彝等應時　龍蒲代用　藉茅無咎　福祿攸降
奮家六合　爰光八埏　尊神致禮　孝惠惟纏　俄俄濟濟

皇帝升殿殿上作登歌樂辭

我祠我祖　永惟厥先　炎農摩壁　靈祉蟬聯
霸圖中造　帝業方宣　道昌基構　撫運承天
寒來暑反　惕薦年年　匪敬伊慕　備物不惢

志九　隋書四　十一

設簴設業　靴鼓填填　砰磕無窴　有容伊虔

皇帝初獻皇祖司空公神室奏始基樂奏祚舞辭

周庭有列　湯孫求延　教聲惟被　邁後光前
誠幣厚地　和達穹玄　既調風雨　載愶山川
登歌啓奠　下管應懸　砯容無斁　幽明蕭然
克明克俊　祖武惟昌　業弘營土　聲被海方
有流厥德　終耀其光　明神幽贊　景祚收長

皇帝初獻皇祖吏部尚書神室奏始基樂奏祚舞辭

顯允盛德　隆我前構　瑤源彌瀉　瓊根愈秀
辭

誕惟有族　丕緒克茂
大業崇新　洪基增舊

皇帝初獻皇祖秦州使君神室奏始基樂恢祚舞辭
祖德丕顯　明喆知機　豹變東國　鵲起西歸
禮申官次　命改朝衣　敬思孝享　多福無遄
道弘舒卷　施博藏行　緬追歲事　夜遽不寧
兆靈有業　潛德無聲　韶光戢權　貫幽洞冥

皇帝獻皇太祖文貞武公神室奏始基樂恢祚舞辭
皇皇祖德　穆穆其風　語嘿自己　明藏在躬
荷天之錫　聖表克隆　高山作矣　寶祚其崇

離光旦旦　載煥載融　感薦惟永　神保無窮

皇帝獻高祖神武皇帝神室奏武德樂昭烈舞辭
天造草昧　時難紛紛　軼撻斯溺　靡牧其焚
大人利見　緯武經文　顧指惟極　吐吸風雲
開天闢地　峻岳東海　冥工掩迹　上德不宰
神心有應　龍化無待　義征九服　仁兵告凱
上平下成　靡或不寧　匪王伊帝　偶極崇明
其親則孝　潔祀惟誠　禮備樂序　肅贊神明

皇帝獻文襄皇帝神室奏文德樂宣政舞辭
聖武丕基　厥文顯統　聊哉神啟　鬱矣天縱

道則人弘　德云邁種　昭其咸敘
自中祖外　經朝庇野　政反淪風　威還缺雅
旁作穆穆　格于上下　維辰維宗　來鑒來假

皇帝獻顯祖文宣皇帝奏正樂光大舞辭
玄曆已謝　蒼靈替興　圖團有屬　揖讓惟時
龍升皇變　弘我帝基　對揚穹昊　寔啟雍熙
欽若皇猷　永懷王度　欣賞斯穆　威刑允措
軼物俱宣　憲章咸布　俗無邪指　下歸正路
茫茫九域　混通華裔　振以乾綱　配括天壤
作禮視德　列樂傳響　薦祀惟虔　衣冠載仰

皇帝還東壁飲福酒奏皇夏樂辭
孝心翼翼　率禮兢兢　時洗時薦　或降或升
在堂在戶　載湛載凝　多品斯奠　備物攸膺
蘭芬敬抱　玉俎恭承　受祭之祐　如彼岡陵

送神奏高明樂辭
仰接桷　慕衣冠　禮云罄　祀將闌　神之駕
紛弈弈　乘白雲　無不適　窮昭域　極幽塗
歸帝鄉　卷皇郡

皇帝詣便殿奏皇夏樂辭（舉官出奏舉夏辭同）
禮行斯畢　樂奏以終　受嘏先退　載暢其衷

變軒循轍摩雍復路光景徘佪絃歌顧慕
靈之相矣有鍚無疆國圖日鏡家曆天長
元會大饗律不得升陛黃門舉麾於殿上今列其歌辭云

大君穆穆宸儀動晬日照天迥萬靈胥萃
夏正肇旦周物充庭具僚在位俛伏無聲

皇帝出閤奏皇夏樂辭
禮成化穆樂合風宣賓朝荒夏揚對穹玄
昊菶眷命興王統天業高帝始道邁皇先

賓入門四箱奏肆夏辭

皇帝當展羣臣奉賀奏皇夏辭
天子南面乾覆離明三千咸列萬國填升
猶飮禹會如次湯庭奉茲一德上下和平

皇帝入宁變服黃鐘太蔟二箱奏皇夏辭
我應天曆四海為家協同內外混一戎華
鶴蓋龍馬風乘雲軍夏章夷服其會如麻
九賓有儀八音有節肅肅於位飮和在列
四存氤氳三光昭晰君哉大矣軒唐比轍

皇帝變服移幄坐於西箱帝出升御坐姑洗奏皇夏辭
皇運應錄郭定區寓受終以文構業以武

堯昔命舜舜亦命禹大人馭歷重規沓矩
欽明在上三揖以申垂旒馮玉五端交陳
化生羣品陶育蒸人從靈體極誕聖窮神

王公莫璧奏肆夏辭
展禮肆樂協此元春
萬方咸暨拜稽有章升降有節聖皇貴袞虞唐比烈

上壽黃鐘箱奏上壽曲辭
仰三光奏萬壽
人皇御六氣天地同長久

皇太子入至坐位酒至御殿上奏登歌辭　三
大齊統曆道化光明馬圖呈寶龜籙告靈

百蠻非眾八荒非迥同作堯人俱包禹迹　其一
天覆地載成以四時惟皇是則比大於茲　其一
羣星拱極衆川赴海萬寓駿奔一朝咸在　其二
齊之以禮相趨帝庭應規蹈矩王色金聲
動之以樂和風四布龍申鳳舞驚歌麟步　其三

食至御前奏食舉樂辭
三端正啟萬方觀禮具物充庭奉贄惟新
百華照曉千門洞景或華或裔二儀合體
悠悠六合負首莫不臣仰施如雨
眐和猶春風化表笙鏞歌謳被琴瑟

誰言文軌異 今朝混為一 其一

彤庭爛景 丹陛流光 懷黃綰白 鵷鸞成行

文贊百揆 武鎮四方 折衝弭雷電 獻恭恊陰陽

大矣哉 道邁上皇 陋五帝 陜三王 窮禮物

該樂章 序冠帶 垂衣裳 其二

天壤和 家國穆 悠悠萬類 咸孕育 竊宜化

囹圄空 水火穀粟 求賢振滯 飛龍蒼

三足擾 化之定 至矣哉 瑞感德 四方來 其三

麟一角 鳳五光 朱雀降 黃玉表 九尾馴

伴大造 靈妨珍 興歸寶 興雲氣 棄珠玉

衣不靡 宮以甲 當陽端嘿 垂拱無為

云云萬有 甚樂不訾 嗟此臯時 逢至道

肖形咸自持 賦命無傷夭 行氣進皇輿

遊龍服帝軒 聖王宰區宇 乾坤永相保 其五

牧野征 鳴條戰 大齊家萬國 拱揖應終禪

奧主廓清都 大君臨赤縣 高居深視 兩儀分 其六

當宸正殿 旦暮之期 今一見

牧以君 閭有象 化無垠 大齊德 邈誰羣

超鳳火 冠龍雲 露以絜 風以薰 榮光至

氣氲氳 其七 神化遠 人靈協 寒暑調 樂光至 風雨燮

志九 隋書十四 十五

披泥檢 受圖讖 圖讖啟 期運日 分四序

綴三光 延寶祚 眇無疆 其惟皇道 升平日 其八

河水清 海不溢 雲千呂 風入律 驅黔首 其九

入仁壽 眷汾襄 岱山高 配林壯 頌聲揚

皇情邈 柿巖藜 駕縹驥 刊金闕 奠玉龜 其十

云云墊 象容則舞 歌德言詩

我后降德 肇峻皇基 搖鈴大號 振鐸命期

雲行雨洽 天臨地持 茫茫區宇 萬代一時

文舞將作 先設階步辭

鏘鏘金石 列列匏絲 鳳儀龍至 樂我雍熙 其十四

皇天有命 歸我大齊 受茲華玉 爰錫玄珪

奄家環海 實子燕黎 自東徂西 圖照寶匣 檢封之泥

無思不順 如天之大 神化斯洽 周敢或攜

比日之明 華我畢會 祠我春秋 率土無外

眇眇舟車 樂均天籟 蹈武在庭 其容藹藹

儀恊震象 武舞將作 先設階步辭

大齊統曆 天鑒孔昭 金人降況 火鳳來巢

志九 隋書十四 十六

聑均廣德　干戚降苗　鳳沙攻主　歸我軒朝

禮符揖讓　樂契咸韶　蹈揚惟序　律慶時調

武舞辭

天眷橫流　宅心玄聖　祖功宗德　重光襲映

悠悠率土　誕膺靈命　宇外斯燭　域中咸鏡

仁豐庶物　施洽群生　海寧洛變　莫違其性

雅宣英聲　鏗鍠鍾鼓　契此休明

歌之不足　舞以禮成　鏢矢王度　緬邈千齡

皇帝入鍾鼓奏皇夏辭

禮終三爵　樂奏九成　允也天子　穹壤和平

載色載笑　反寢宴息　一人有祉　百神奉職

鼓吹二十曲皆改古名以叙功德第一漢朱鷺改名玄
謝言魏謝典也此非吾功第二漢思悲翁改名出山東言神武帝戰
廣阿創大業破爾朱兆也第三漢艾如張改名戰韓陵言
神武戚四朝定宗洛遠近賓服也第四漢上之回改名迴
關隴言神武遣竇泰陳悅誅趙貴摧定關隴平河外澳北
款塞中附也第五漢巡邊改名殄關山胡言神武屠劉蠡升
高車懷殊俗蠕蠕來向化也第六漢戰城南改名立武定
言神武立魏主天下既安而能遷於鄴也第七漢巫山高

改名戰芒山言神武斬周十萬之眾其軍將脫身走免也
第八漢上陵改名禽蕭明言梁遣兄子貞陽侯來寇彭宋
文襄帝遣太尉清河王岳一戰禽殄戕萬計也第九漢
將進酒改名破侯景言文襄遣清河王岳摧殄侯景克復
河南也第十漢君馬黃改名浚潁言文襄遣清河王岳
禽周大將軍王思政於長葛浚潁悉平也第十一漢芳樹
改名克淮南言文襄遣清河王岳南翦梁國獲其司徒陸
法和克壽春合肥鍾離淮陰盡取江北之地也第十二漢
有所思改名嗣不基言文宣帝統續大業為不服也第十三漢
子班改名聖道洽言文宣克隆堂構無思不服也

漢聖人出改名受魏禪言文宣應天順人也第十五漢上
邪改名平瀚海言蠕蠕盡部落入冠武州之塞示文宣
將出征平珍比荒戚其國也第十六漢臨高臺改名服江
南言梁主蕭繹來附化也第十七漢遠如
期改名刑罰中言孝昭帝興直措枉獄訟無怨也第十八
漢石留行改名遠夷至言時主化霑海外西夷諸國遣使
朝貢也第十九漢務成改名嘉瑞臻言時圭應期河清龍
見符瑞總至也第二十漢玄雲改名成禮樂言時主功成
化洽制禮作樂也古又有黃雀釣竿二曲略而不用並議
定其名被於鼓吹諸州鎮戍各給鼓吹樂多少各以大

小等級為差諸王為州皆繢赤鼓赤角皇子則增繢吳鼓
長鳴角上州刺史皆繢青鼓青角中州已下及諸鎮戍皆
繢黑黑角樂器皆有衣並同鼓色
雜樂有西涼鼙舞清樂龜茲等然吹笛彈琵琶五絃及歌
舞之伎自文襄以來皆所愛好至河清以後傳習尤盛後
主唯賞胡戎樂耽愛無已於是繁手淫聲爭新哀怨故曹
妙達安未弱安馬駒之徒至有封王開府者逐服簪纓而
為伶人之事後主亦自能度曲親執樂器悅翫無倦倚弦
而歌別採新聲為無愁曲音韻窈窕極於哀思使胡兒閹
官之董齊唱和之曲終樂闋莫不殞涕雖行幸道路或時

馬上奏之樂梃良來竟以亡國

周太祖迎魏武入關樂聲皆闕恭帝元年平荊州大獲梁
氏樂器以屬有司及建六官乃詔曰六樂尚矣其聲歌之
節舞蹈之容寂寥已絕不可得而詳也但方行古人之事
可不本於茲乎自宜依准制其歌舞祀五帝日月星辰於
是有司詳定郊祀五帝日月星辰用黃帝樂歌大呂舞
雲門祭九州社稷水旱雩祭用唐堯樂歌應鐘舞大咸祀
四時饗諸侯用應鐘舞大韶歌南呂舞大韶祀四類幸辟雍用
夏禹廟用周武王樂歌函鐘舞大夏於山川用殷湯樂歌小呂舞大護
專崇廟用周武王樂歌夾鐘舞大武皇帝出入奏皇夏賓

出入奏肆夏牲出入奏昭夏蕃國客出入奏納夏有功
臣出入奏章吉交皇后進羞奏深夏宗室會聚奏族真上
酒宴樂奏陔夏諸侯相見奏肆夏皇帝大射歌騶虞奏族上
族歌狸首大夫歌采蘋士歌采蘩雖著其文竟未之行也
及闋帝受禪居位曰淺明帝踐阼雖革魏氏之文竟未之行也
雅正天和元年武帝初造山雲舞以備六代魏氏之樂而未臻
太廟禘祫俱用六舞南郊則大護降神大夏獻熟次作大
武正德武德山雲之舞北郊則大護降神大夏獻熟次
大武正德武德山雲之舞雲太廟祫禘則大武降神山雲
作大夏大護武德山雲之舞雩壇以大武降神山雲

獻熟次作正德大夏大護武德以山雲降神
大夏獻熟次作正德大夏大護武德之舞拜社以大護降神
作正德之舞五郊朝日以大夏降神大護獻熟神州地祇
籍田以正德降神大護獻熟建德二年十月甲辰六代樂
成奏於崇信殿羣臣咸觀其宮懸依梁三十六架朝會則
皇帝出入奏皇夏皇太子出入奏肆夏王公出入奏騶虞
五等諸侯正日獻王帛奏納夏宴族人奏族夏至
尊執爵登歌十八曲食舉奏深夏舞六代大夏
漢大武正德武德山雲之舞於是正定雅音為郊廟大夏大
造鐘律頗得其宜宣帝嗣位郊廟皆循用之無

奠立歌辭

降神奏昭夏

重陽禋祀　大報天　景午封壇　肅且圜

孤竹之管　雲和弦　神光未下　風肅然

王城七里　通天臺　紫微斜照　風徘徊

連珠合璧　重光來　天策覽轉　鉤陳開

皇帝將入門奏皇夏

旌廻外墻　蹕靜郊門　千乘按轡　萬騎雲屯

藉芓無咎　掃地惟尊　揖讓展禮　衡璜鄭步

星漢就列　風雲相顧　取法於天　降其永祚

俎入奏昭夏

日至大禮　豐犧上辰　牲牛脩牧　繭栗毛純

俎豆斯立　陶匏以陳　大報反命　居陽兆日

六變敲鐘　三和琴瑟　俎奇豆偶　惟誠惟質

奠玉帛奏昭夏

負玉巳奠　蒼幣斯陳　瑞形成象　壁氣含春

禮從天數　智總貞神　爲祈爲祀　至敬咸遵

皇帝升壇奏皇夏

七星是仰　八陛有憑　就陽之位　如日之升

思虔蕭蕭　施敬繩繩　祝史陳信　玄象斯格

惟類之典　惟靈之澤　幽顯對揚　人神咫尺

皇帝初獻作雲門之舞

獻以誠　鬱以清　山罍舉　沈齊傾　惟尚饗

洽皇情　降景福　通神明

皇帝初獻配帝作雲門之舞

人生于祖　物本於天　尊神配德　迄用康年

長立遠歷　大電遙源　弓藏高隴　鼎沒寒門

歲之祥　國之陽　蒼靈敬　翠雲長　象爲飾

龍爲章　乘長日　坏藝戶　列雲漢　迎風雨

六呂歌

雲門舞　省滌濯　奠牲牷　鬱金酒

鳳凰揚　廻天睠　顧中原

皇帝飲福酒奏皇夏

國命在禮　君命在天　陳誠惟蕭　飲福惟虔

洽斯百禮　福以千年　鉤陳掩映　天駟徘徊

彫禾飾筲　翠羽承臺　受斯茂社　從天之來

撤奠奏雍樂

禮將畢　樂將闌　廻日馭　動天關　翠鳳搖

和鑾響　五雲飛　三步上　風爲駈　雷爲車

無轍迹　有煙霞　暢皇情　休靈命　兩留甘

重諡慶

帝就望燎位奏皇夏

六典聯事　九司咸則　率申舊章　於焉允塞
掌禮移次　燔柴在焉　煙升玉帛　氣斂牲牷
休氣馨香　馨芳昭晰　翼翼虔心　明明上徹

帝還便座奏皇夏

玉帛禮畢　人神事分　嚴車乃跰　瞻仰迴雲
輦路千門　王城九軌　式道移候　司方迴指
得一惟清　於萬斯寧　受茲景命　于天告成

方澤歌辭

降神奏昭夏

報功陰澤　展禮玄郊　平琮鎮瑞　方鼎升庵
調歌絲竹　縮酒江芽　聲舒鍾鼓　器質陶匏
列耀秀華　凝芳都荔　川澤咸祉　丘陵容衛
雲飾山罍　蘭澤沉齊　日至之禮　歆茲大祭

奠玉奏昭夏

日若厚載　欽明方澤　敢以敬恭　陳之玉帛
德包含養　功藏靈迹　斯箱既千　子孫則百

初獻奏登歌辭（舞詞同貟丘）

質明孝敬　求陰順陽　壇有四陛　琮為八方

牲牷湯滌　蕭合馨香　和鑾戾止　振鷺來翔
威儀簡簡　鍾鼓喤喤　聲和孤竹　韻入空桑
封中雲氣　坎上神光　下元之主　功深蓋藏

望坎位奏皇夏

司筵撤席　掌禮移次　迴顧封壇　恭臨坎位
瘞玉埋俎　藏芬歛氣　是曰就幽　成斯地意

祀五帝歌辭

奠玉帛奏皇夏辭

嘉玉惟芳　嘉幣惟量　成形依禮　稟色隨方
神班有次　歲禮惟常　威儀抑抑　率由舊章

初獻奏皇夏

惟令之月　惟嘉之辰　司壇蓆設　掌史誠陳
敢用明禮　言功上神　鉤陳旦闢　閶闔朝分
旌垂象晃　樂奏山雲　將迴靈策　暫轉天文
五運周環　四時代序　鱗次玉帛　循迴揹俎
神其降之　介福斯許

皇帝初獻青帝奏雲門舞

甲在日　命青史　四瀆石
鳥中星　候鴈還　龍門桐
禮東后　東風起　孟之月
奠蒼靈　歌木德　陽之天
樹春旗　舞震宮　億斯慶

皇帝初獻配帝奏舞

帝出于震，蒼德於神。其明在日，其位居春。
勞以定國，功以施人。言從配祀，近眼諸身。

皇帝初獻赤帝奏雲門舞

離光布政動溫風，日月相會實沈中。
招搖指午對南宮，純陽之月樂炎精。
萬物含養各長生，赤雀丹書飛送迎。
朱絃絳鼓磬虡誠。

皇帝獻配帝奏舞

以炎為政，以火為官。位司南陸，享配離壇。
三和實俎，百味浮蘭。神其茂豫，天步艱難。

皇帝初獻黃帝奏雲門舞

三光儀表正，四氣風雲同，戊己行初曆。
黃鐘始夔宮，平琮禮內鎮，陰管奏司中。
齋壇芝曄曄，清野桂馮馮，夕牢芬六鼎。
安歌韻八風，神光乃超忽，佳氣恒苾苾。

皇帝初獻配帝奏舞

四時咸一德，五氣或同論，猶吹鳳凰管。
尚對梧桐園，器圜居土厚，位怱配神尊。

始知今奏樂，還用我雲門。

皇帝初獻白帝奏雲門舞

蕭靈炎景，承配秋壇。雲高火落，露白蟬寒。
帝律登年，金精行令。瑞獸霜輝，祥禽雪映。
司藏肅殺，萬保咸宜。畎畝上上，收功在斯。

皇帝初獻配帝奏舞

金行秋令，白帝朱宣，司正五雄，歌庸九川。
對越彼天，介以福祉，君子萬年。

比辰為政玄壇，北陸之祀貞官，宿設玄圭浴蘭。

皇帝初獻黑帝奏雲門舞

坎德陰風御寒，次律將廻窮紀，微陽欲動細泉。
管猶調於陰竹，聲未入於春弦，待歸餘於送曆。
方履慶於斯年。

皇帝初獻配帝奏舞

匏器絜水泉香，陟配彼福無疆，君欣欣此樂康。
地始坼虹始藏，服玄玉居玄堂，沐蕙氣浴蘭湯。

宗廟歌鐘釋

皇帝入廟門奏皇夏

肅肅清廟，嚴嚴寢門，欹器防滿，金人戒言。
應悚懸鼓，崇牙樹羽，階墀升歌，庭紛象舞。

閑安象設　緝熙清奠　春鮪初登　新泲先薦

優然入室　儼乎其位　悽愴履之　非寒之謂

降神奏昭夏
求惟祖武　潛慶靈長　龍圖革命　鳳曆歸昌
功移上埒　德耀中陽　清廟蕭蕭　猛虞煌煌
曲高大夏　聲和盛唐　牲牷蕩滌　蕭合馨香

明星初肇慶　大電又呈祥
彫禾飾筍　翠羽承樽　敬殫承列　恭惟執燔

皇帝升階奏皇夏
和鑾戾止　振鷺來翔　求敷萬國　是則四方

皇帝獻皇高祖奏皇夏
慶緒千重秀　鴻源萬里長　無時猶戢翼
有道故韜光　盛德必有後　仁義終克昌

皇帝獻皇曾祖德皇帝奏皇夏
克昌光上烈　基聖穆西藩　崇仁高涉渭
積德被居原　帝圖張往迹　王業茂前尊

皇帝獻皇祖太祖文皇帝奏皇夏
重芬德陽廟　疊慶壽陵園　百靈光祖武
千年福孝孫

二十七

雄圖屬天造　宏略遇群飛　風雲猶聽命
龍躍遂乘機　百二當天險　三分拒樂推
函谷風塵散　河陽氛霧晞　漇弱淪風起
扶危頹運歸　地紐崩還正　天樞落更追
原祠乃超忽　畢隴或綿微　終封三尺劍

皇帝獻文宣皇后奏皇夏
日月不居　歲時晼晚　瑞雲繼心　閟宮惟遠
月靈興慶　褕狄徽章　儀形溫德　令問昭陽
言容典禮　沙祥發源　功參禹迹　德贊堯門

皇帝獻閔皇帝奏皇夏
龍圖基代德　天步屬艱難　謳歌還受瑞
揖讓乃登壇　升輿芒刺重　入位撫關寒
卷舒雲汜濫　游揚日浸微　出鄭終無反
居桐竟不歸　祀夏今惟舊　尊靈諡更追

皇帝獻明皇帝奏皇夏
若水逢降君　窮桑屬惟政　丕哉馭帝籙
方定五雲官　先齊八風令
鬱矣當天命　太史河如鏡　南宮學已開
文昌氣似珠　東觀書還聚
文辭金石韻　毫翰風颸豎

隋書十四　二十八

清室桂馮馮　齊房芝訵訵　寧思王管笛

空見靈衣舞

皇帝獻高祖武皇帝奏登夏

南河吐雲氣　比斗降星辰　百靈咸仰德

千年一聖人　書戒紫微動　律定鳳凰馴

六軍命西土　甲子陳東降　戎衣此一定

萬里更無塵　煙雲同五色　日月並重輪

流沙既西靜　盤木又東臣　凱樂闐朱鴈

鐃歌見白麟　今爲六代祀　還得九疑賓

受釐徹俎　欽福移樽　惟光惟烈　文子文孫

縮酌浮蘭　澄罍合瓚　磬折禮容　旋田靈貺

禮畢裸獻　樂極休成　長離前掞　宗祀文明

皇帝還東壁欽福酒奏皇夏

皇帝還便坐秦皇夏

廢闋四始　莚終三薦　顧步階墀　徘徊餘莫

六龍矯首　七萃警途　鼓移行漏　風轉相烏

翼翼從事　綿綿四時　惟神降貺　永言保之

太祖輔魏之時高昌歃附乃得其伎教習以備鄉饗宴之禮

及天和六年武帝罷掖庭四夷樂其後帝以備鄉饗宴之

得其所獲康國龜茲等樂並雜以高昌之舊並於大司樂

習焉採用其聲被於鍾石取同官制以陳之

明帝武成二年正月朔旦會群臣於紫極殿始用百戲武

帝保定元年詔罷之及宣帝即位而廣召雜伎增修百戲

魚龍漫衍之伎常陳殿前累日繼夜不知休息好令城市

少年有容貌者婦人服而歌舞相隨引少年后庭與宮人觀

聽戲樂過度遊幸無節焉武帝以梁鼓吹熊羆十二案每

元正大會列於懸間與正樂合奏宣帝時革前代鼓吹制

爲十五曲第一改漢朱鷺爲玄精季言魏道陵遲太祖起

開王業也第二改漢思悲翁爲征隴西言魏太祖起兵誅

莫陳悅掃清隴右也第三改漢艾如張爲迎魏帝言武帝

西辛太祖奉迎宅關中也第四改漢上之回爲平竇泰言太

祖擁兵討泰悉禽斬也第五改漢擁離爲復恒農言太祖

攻復陝城關東震肅也第六改漢戰城南爲克沙死言太

祖仵斬乘十萬眾於沙死神武脫身至河畔舟走免也第

七改漢巫山高爲戰河陰言太祖破神武於河上斬其將

高敖曹莫多妻慎文也第八改漢上陵爲平漢東言太祖

命將平隨郡安陸俘馘萬計也第九改漢有所思爲拔江陵

蜀言太祖道軍平定蜀地也第十改漢芳樹爲受重

言太祖命將禽蕭繹君臨萬國也第十一改漢上邪爲宣重

禪言閔帝受終於魏

光言明帝入承大統載隆皇道也第十三改漢君馬爲
哲皇出言高祖以聖德繼天下向風也第十四改漢稚
子疏爲平東夏言高祖親率六師破齊禽齊主於青州一
舉而定山東也第十五改古聖人出爲禽明微言陳將吳
明微侵軼部高祖遣將盡俘其衆也宣帝晨出夜還恒
陳鼓吹嘗幸同州自應門至赤岸數十里間鼓樂俱作以
兩仲山還令京城士女於衢巷奏樂以迎之公私頗弊以
至於亡

高祖既受命定令宮縣四面各二虡通十二鎛鍾爲二十
處虡各一人建鼓四人祝敔各一人歌琴瑟簫筑筝搊筝
箏築壎四面各八人在編鍾下無舞各八俏宮縣應鍾金
五博山飾以旒蘇樹羽其樂器應漆者皆天地之神皆朱宗
廟加五色漆畫天神懸內加雷鼓地祇加靈鼓宗廟加路
鼓登歌鍾一虡磬一虡各一人歌四人兼琴瑟簫笙竽橫
笛篪壎各一人其漆畫及博山旒蘇樹羽與宮縣同登歌
人介幘未連裳皮復宮縣及下管人平巾幘朱連裳凱
樂人武弁朱褠衣覆韡文隣進賢冠絳紗連帶帛內單皁
領袖襈爲皮韡左執翟右執籥二人執纛引前在舞人數
外衣冠同舞人武弁朱褠衣皮履三十二人執戈龍楯

卧箜篌小琵琶四面各十八在編磬下笙竽長笛橫笛篪

三十二人執戚龠二人執旌居前二人執鼗二人執鐸二
人執鐃二人執鐲四人執鼗弓矢四人執殳四人執戟四
執□不自於已下夾引並在舞人數外衣冠同舞人
皇帝宮縣及登歌與前同應漆者皆五色漆畫懸內不設
如○皇太子軒縣去南面設三鎛鍾於辰丑申三建鼓亦
之其登歌去兼歌者減二人其鎛鍾金三博山樂器漆
者皆朱漆之其餘與宮縣同○大鼓小鼓大駕鼓吹並朱
畫大鼓加金鐲凱樂及節鼓飾以羽葆其長鳴中鳴橫吹
皆五采衣幡緋掌畫交龍五采脚大角幡亦如之大鼓長
鳴工人皁地苣文金鉦楠鼓小鼓中鳴吳橫吹工青地
大角工人平巾幘緋衫白布大口褲內宮鼓樂服色皆
准此

苣文凱樂工人武弁朱褠衣橫吹緋脚大角幡亦如之大
皇太子軒縣及節鼓朱漆畫飾以羽葆餘鼓吹並朱漆畫
小鼓無金鐲長鳴中鳴橫吹五采衣幡緋掌畫蹲獸五采
脚大角幡亦如之大鼓長鳴吳橫吹工人紫帽緋袴褶金鉦
楠鼓小鼓中鳴吳橫吹工人青帽青袴褶鏡吹工人武弁朱褠衣
大角工人平巾幘青帽

正一品鏡及節鼓朱漆畫飾以羽葆餘鼓吹並朱漆長鳴
中鳴橫吹五采衣幡緋掌畫蹲獸五采脚大角幡亦如之

大鼓長鳴橫吹工人紫帽赤布袴褶金鉦鼓小鼓中鳴
工人青帽青布袴褶鐃吹工人武弁朱褠衣大角工人平
巾幘緋衲白布大口袴以上朱漆鐃飾以五采蠡哄
工人武弁朱褠衣餘同正〔四品〕鐃及工人青帽青布袴褶同三
品餘鼓皆綠沈金鉦桐鼓大鼓〔工人青帽青布袴褶同三〕
開皇二年齊黃門侍郎顏之推上言禮崩樂壞其來自久
今太常雅樂並用胡聲請憑梁國舊事考尋古典高祖不
從曰梁樂亡國之音奈何遣我用邪是時尚因周樂命工
人齊樹提檢校樂府改換聲律益不能通俄而柱國沛公
鄭譯奏上請更修正於是詔太常卿牛弘國子祭酒辛彦
之國子博士何妥等議正樂然淪謬既久音律多乖積年
議不定高祖大怒曰我受天命七年樂府猶歌前代功德
邪命治書侍御史李諤引弘等下將罪之諤奏武王克殷
至周公相成王始制禮樂斯乃屢體大不可速成高祖意稍
解又詔求知音之士集尚書參定音樂譯曰考尋樂府鍾石
律呂皆有宮商角徵羽變宮變徵之名七聲之內三聲乖
應每恒求訪終莫能通先是周武帝時有龜茲人曰蘇祗
婆從突厥皇后入國善胡琵琶聽其所奏一均之中間有
七聲因而問之進曰父在西域稱為知音代相傳習調有
七種以其七調勘校七聲冥若合符一曰娑陁力華言平

聲即宮聲也二曰雞識華言長聲即商聲也三曰沙識
華言質直聲即角聲也四曰沙侯加濫華言應聲即變徵
聲也五曰沙臘華言應和聲即徵聲也六曰般贍華言五
聲即羽聲也七曰俟利箑華言斛牛聲即變宮聲也譯因
習而彈之始得七聲之正然其就此七調又有五旦之名
旦作七調以華言譯之旦者則謂之均也其聲亦應黃鍾太
簇林鍾南呂姑洗五均已外七律更無調聲譯遂因其所
捻琵琶絃柱相飲為均推演其聲更立七均合成十二以
應十二律律有七音音立一調故成七調十二律合八十
四調旋轉相交盡皆和合仍以其聲考校太樂所奏
林鍾之宮應用林鍾為宮乃用黃鍾為宮應用南呂為商乃用
太簇為商應用應鍾為角乃取姑洗為角故林鍾一宮七
聲三聲並戾其十〔一宮七十七音〕例皆乖越莫有通者又
以編懸有八因作八音之樂七音之外更立一聲謂之應
聲譯因著書二十餘篇以明其指至是譯以其書宣示朝
廷并立議正之時邳國公世子蘇夔亦稱明樂駁譯曰韓
詩外傳所載樂聲感人及月令所載五音所中並皆有五
不言變宮變徵又春秋左氏所云七音六律以奉五聲准
此而言每宮應立五調不聞更加變宮變徵二調為七調
七調之作所出未詳譯荅之曰周有七音之律漢書律曆

志天地人及四時謂之七始黃鍾為天始林鍾為地始太
蔟為人始姑洗為春夾鍾為夏南呂為秋應鍾
為冬是為四時四始三始姑洗為春蕤賓為夏南呂為秋從譯
曲則是冬夏聲闕四時不備是故每宮須各立七調眾從譯
議譯又與變宮變徵宮各令樂府黃鍾乃以林鍾為調首失君
臣之義清樂黃鍾宮以小呂為變徵林鍾相生之道今請雅
樂黃鍾宮以黃鍾為調首清樂去小呂還用蕤賓為變徵
眾皆從之聾又與譯議欲廣奏未立分正定律呂時以音律
久不通譯歎等一朝能為之以為樂聲可定而何妥舊以
學閱雅為高祖所信高祖系天悅學不知樂妥又恥己宿
儒不逮譯等欲沮壞其事乃立議非十二律旋相為宮曰
經文雜道旋相為宮恐是直言其理亦不通隨月用調是
以古來不取若依鄭玄及司馬彪須用六十律方得相韻
議譯唯取黃鍾之正宮兼得七始之妙義非止金石諧韻
亦乃譎虛不繁可以草古神可以合萬舞矣而又非其七
金譯之義曰近代書記所載縵樂鼓琴吹笛之人多云三調
三調之義曰近代書記所載縵樂鼓琴吹笛之人多云三調
不能精知音律又有識音人萬寶常修洛陽舊曲言幼學
音律師於祖孝徵知其上代修調古樂周之壁羿殷之崇
牙懸八用七盡依周禮備矣所謂正聲又近前漢之樂不

可廢也是時競為異議各立朋黨是非之理紛然淆亂或
欲令各修造待成擇其善者而從之妥恐樂成善惡易見
乃請高祖張樂試之遂先說曰黃鍾者以象人君之德及
奏黃鍾之調高祖曰滔滔和雅甚與我心會妥因陳用黃
鍾一宮不假餘律高祖大悅班賜妥等修樂者自是譯等
議寢

志第九　音樂中　隋書十四

大尉揚州都督監修國史上柱國趙國公臣長孫
無忌等奉勅撰

開皇九年平陳獲宋齊舊樂詔於太常置清商署以管之
求陳太樂令蔡子元于普明等復居其職由是牛弘奏曰
臣聞周有六代之樂至秦惟餘韶武而已秦始皇改周舞曰
漢高帝改韶舞曰文始以示不相襲也又造武德舞曰表其
功故高帝廟奏武德文始五行之舞又作昭容禮容壎演
其意昭容生於武德盖猶古韶也禮容生於文始矯秦
之五行也文帝又作四時之舞故孝景帝立道迄先功采
武德舞作昭德舞被之管弦薦於太宗之廟宣采昭德
舞爲盛德舞更造新歌薦於武帝之廟據此而言遽相因
襲縱有改作並宗於韶至明帝時東平王采此而言遽
州獲杜夔以爲軍謀祭酒使創雅樂時散騎侍郎鄧靜善
詠雅歌樂師尹胡能詠宗祀之曲舞師馮蕭曉知先代諸
舞總練研精復於古樂自夔始也文帝黃初改昭容之樂
爲昭業樂武始之舞爲武頌舞文始之舞爲大韶舞五行
之舞爲大武舞明帝初公卿奏上太祖武皇帝樂曰武始
之舞爲昭容高祖文皇帝樂曰咸熙之舞又製樂舞名曰章斌之

舞有事於天地宗廟及臨朝大饗並用之晉武帝泰始二
年遣傅玄等造行禮及上壽食舉歌詩張華表曰按漢魏
所用雖詩章辭異興廢隨時至其韻逗曲折並繫於舊
皆因襲不敢有所改也九年荀勖典知樂事使郭夏宋識造正
德大豫之舞改魏昭武舞曰宣武舞羽籥舞曰宣文舞
左之初典章墮紊賀循爲太常始有登歌之樂大寧末
阮孚等又增益之以其鍾律未調遂獲胡人頗復樂人楊
南度東晉因之咸和閒鳩集遺逸稍獲增修其設懸與江左
蜀等閒練舊樂於是金石始備尋獲其設懸符氏舊樂垂息爲魏
是同慕容垂破慕容永於長子盡獲其鍾律垂息爲魏
所敗其鍾律令李佛等將太樂細伎奔慕容德於鄴德遂
都廣固子超嗣立母先沒姚興超以太樂伎一百二十
人詣興贖母及宋武帝入關悉收南度求初元年改正德
舞曰前舞大武舞曰後舞文帝元嘉九年太樂令鍾宗之
更調金石至十四年典書令奚縱復改定之又有凱容
業之舞齊代因而用之蕭子顯齊書志曰宋孝建初朝議
以凱容舞爲韶舞宣業舞爲武德舞據韶舞之後改爲三宣業即
右之大武非武德也故志有前舞凱容之舞後改爲大壯大觀
辭者矣至于梁初猶用凱容宣業之歌辭後改爲大壯大觀
焉今人猶喚大觀爲前舞故知樂名雖隨代而改聲韻曲

正樂史傳相承以合古直觀其後魏洛陽之曲體用聲并有次請修緝

之以備雅樂其後魏洛陽之曲體用聲并（天武平赫連

昌所得更無明誰後周所用者皆是新造雜有邊裔之音

戎音亂雜其不可用請悉奏之全字內初平正化未治遍有聽華

也功成化治方可議之全字內初平正化未治遍有聽華

我則未暇徇憶妾言請帝乃許之牛弘遂因鄭譯之舊

又請依古五聲六律又表請帝乃許之牛弘遂因鄭譯之舊

奏五調謂之五音緩樂用七調祭祀施用各依聲律尊卑

為次高祖猶憶妾言注弘奏下不許作旋宮之樂但作黃

隋書十五 三

鐘一宮而已於是牛弘及祕書丞姚察通直散騎常侍許

善心儀同三司劉臻連直郎虞世基等更共詳議曰後周

之時以四聲降神雖采周禮而年代深遠其法义絕不可

依用謹案司樂凡樂圜鐘為宮黃鐘為角太蔟為徵姑洗

為羽舞雲門以祭天函鐘為宮太蔟為角姑洗為徵南呂

為羽舞咸池以祭地黃鐘為宮大呂為角太蔟為徵應鐘

為羽舞韶以祀宗廟馬融曰圜鐘為宮黃鐘應鐘也晉遂鄭玄曰圜鐘

鐘夾鐘也鄭玄又云此樂無商聲祭尚柔剛故不用也干

寶云不言商商玄為臣王者自謂故置其實而去其名若曰

志十

有天地人物無德以主之謙以自牧也先儒解釋既莫知

相為宮盧植云今梁陳雅曲並用宮聲轉輿事當用事者為宮

言誣之甚也今梁陳雅曲並用宮聲轉輿事當用事者為宮

制律呂尚書曰予欲聞六律五聲周禮有分蔬而祭此聖

從元和至陽嘉二年繕五十歲用而復止驗黃帝聽鳳以

雝隸太學隨月律十月作應鐘三月作姑洗元和以來音

戾不調修復黃鐘作樂器如舊典據此而言漢樂官亦以

黃鐘均食舉太蔟均止有二均不旋相為宮亦以明矣計

隋書十五 四

之樂矣又順帝紀云陽嘉二年冬十月庚午以春秋為辭

為可須上天之明時因歲首之嘉月發太蔟之律奏雅頌

之音以迎和氣其條貫甚具其遂獨施行起於十月為迎氣

上言作樂器直錢百四十六萬奏寢之今明詔復下大常

朝會得聞月律乃能感天和氣宜應月作十二月均各應

皆不應月律恐傷氣類也今宮雅樂獨有黃鐘而食舉有太蔟

神明求福應也今宮雅樂獨有黃鐘而食舉有太蔟

子食飲必順于四時五味而有食樂之樂所以順天地養

鮑鄴等上作樂言建初二年七月鄴上言天

志十

之理今古事異不可得而行也披書建初二年七月鄴傳太子丞

適從然此四聲非直無商又律管非次以其為樂無克諧

布十二反更相為宮始自黃鍾終於南呂凡六十也皇侃
疏還相為宮者十一月以黃鍾為宮十二月以大呂為宮
正月以太蔟為宮餘皆放此凡十二管各備五聲合六十
聲五聲成一調故十二調此即釋鄭義之明文無用商角
徵羽為別調之法矣故樂稽耀嘉曰東方春其聲角樂當
於夾鍾餘方各以其中律為宮耳不得為商之理不得六宮
於夾鍾也又云五音非宮不調五味非甘不和又動聲儀
宮唱而商和是謂善本太平之樂也周禮奏黃鍾歌大呂
以祀天神鄭玄以黃鍾之鍾大呂之聲為均也故崔
靈恩云六樂十二調亦不獨論商角徵羽也又云凡六樂
者皆文之以五聲播之以八音故知每曲皆湏五聲八音
錯綜而能成也禦寇子云師文鼓琴命宮而總四聲則慶
雲浮景風翔唯韓詩云聞其宮聲使人溫厚而寬大聞其
商聲使人方廉而好義及古有清角清徵之流此則當聲
為曲今以五引為五聲迎氣所用者是也餘曲悉用宮聲
不勞商角徵羽何以得知荀勗論三調為均首者得正聲
之名明知雅樂悉在宮調已外徵羽自為謠俗之音耳
且西涼龜茲雜伎等曲數既多故得隸於眾調調各別曲
至如雅樂少湏以宮為本歷十二均而作不可分配餘調
更成雜亂也其奏大抵如此帝並從之故隋代雅樂唯奏

黃鍾一宮郊廟饗用一調迎氣用五調舊工更盡其餘聲
律皆不復通或有能為蕤賓之宮者享祀之際肆之竟無
覺者而弘又修皇后房內之樂據十巽族茍孫故事皆有
鍾聲而王廸之意乃言不可用又陳統云婦人無外事而陰
教尚柔柔以靜為體不宜用於鍾弘等採蕭統以取正焉
高祖龍潛時頗好音樂常倚琵琶作歌一首名曰地厚天
高託言夫妻之義因取為房內曲命婦人并登歌上
壽並用之職在宮內女人教習之初後周故事懸鍾磬法
七正七倍合為十四蓋準變宮變徵凡為七聲有正有倍
而為十四也長孫紹遠引國語泠州鳩云武王代殷歲在
鶉火自鶉及駟七位故也既以七同其數而以律和其聲
於是有七律又引尚書大傳謂之七始其注云謂黃鍾林
鍾太蔟南呂姑洗應鍾蕤賓也歌聲不應此者皆去之然
據一均言也宮商角徵羽為正變宮變徵為和加倍而有
十四焉又梁武帝加以濁倍三七二十一而同為架雖取
繁會聲不合而據周官小胥職懸鍾磬半之為堵全之為
肆鄭玄曰鍾磬編懸之二八十六而在一虡鍾一堵磬一
堵謂之肆又引樂緯宮為君商為臣君臣皆尊各置一副
故加十四而懸十六又據漢成帝時犍為水濱得石磬十
等並以為非而撼周宮小胥職懸鍾磬半之為弘

六枚此皆懸八之義也又懸鍾磬法每虡准之懸八用七不
取近周之法此懸七也又參用儀禮及尚書大傳為宮縣陳
布之法此方北向應鍾起西磬次之黄鍾次之大
呂次之皆東陳一建鼓在其東東鼓東方西向太蔟起此
磬次之夾鍾次之姑洗次之皆南陳一建鼓在其
南東鼓南方西向夷則起南呂次之磬次之無射次之林
鍾次之皆北陳一建鼓在其西西鼓西方東向夷則起南
鍾次之南呂次之磬次之蕤賓次之建鼓在其
北西鼓其大射則撤此面而加钲鼓祭天用雷鼓雷鼗祭
地用靈鼓靈鼗宗廟用路鼓路鼗各兩設在懸內又準儀

禮宮懸四面設鑄鍾十二虡各依辰位又甲景庚壬位各
設鍾一虡乙丁辛癸位各陳磬一虡其宗廟
殿庭郊立社並同樹建鼓于四隅以象二十四氣其宗廟
均四箱同作蓋取毛傳詩云四縣皆同之義古者鑄鍾據
鑄鍾建鼓各一人每鍾虡磬虡簴各一人歌二人執節每
琴瑟箏筑各一人每鍾虡笙簫笛篪各一人懸內枕
敲各一人枕在東敲在西二舞各八佾樂人皆平巾幘絳
構衣樂器並采周官參之梁代擇用其九善者其簴簴

皆金五博山飾以崇牙樹羽旄蘇其樂器應漆者天地之
神皆朱漆宗廟及殿庭則五色漆晝宋故事箱別有
枕敲既同時戞之今則不用又周官大司樂奏黄鍾歌大
呂舞雲門以祀天神奏太蔟歌應鍾舞咸池以祭地祇奏
姑洗歌南呂舞大韶以祀四望奏蕤賓歌函鍾舞大夏奏
祭山川奏夷則歌小呂舞大濩以享先妣奏無射歌夾鍾
舞大武以享先祖此乃周制立二王三恪通已為六代之
樂至四時祭祀則分而用之以六樂又無四望先妣奏令既與
則用二調矣隋去六代之樂又無四望先妣奏黄鍾歌大呂以
古祭法有別乃以神祇位次分樂配焉

祀圓丘黄鍾所以宣六氣也耀魄天神最為尊極故奏黄
鍾以祀之奏太蔟歌應鍾以祭方澤太蔟所以贊陽出滯
崐崘厚載之重故奏太蔟以祭之奏姑洗歌南呂以祀五
郊神州姑洗所以滌絜百物五郊神州天地之次故奏姑
洗以祀之奏蕤賓歌函鍾以祭宗廟蕤賓所以安靜神人
郊宗有國之本故奏蕤賓以祭社稷奏夷則歌小呂以祭社
稷先農夷則所以詠歌九穀貴在秋成故奏夷則所以示人
秦無射歌夾鍾以祭巡狩方嶽無射所以示人軌物觀風
望秩故奏無射以祀之二舞皆用其圓立降神六變
方澤降神八變宗廟禘祫降神九變皆用昭夏其餘祭享

皆一變又周禮王出奏王夏尸出奏肆夏叔孫通法迎神
奏嘉至今亦隨事立名皇帝入出皆奏皇夏羣官入出
皆奏肆夏食舉上壽奏需夏迎送神奏昭夏薦郊廟奏
誠夏宴饗殿上奏登歌并文舞武舞合為八曲古有宮商
角徵羽五引梁以三朝元會奏之分改為五音其聲悉
宮商不使差越唯迎氣於五郊降神奏之月令所謂孟春
其音角是也通前為十三曲并內宮所奏天高地厚二曲
於防中奏之令十五曲其登歌法準禮郊特牲歌者在上
鮑竹在下大戴云清廟之歌縣一磬而尚柎搏琴瑟
獨登歌者不以絲竹亂人聲近代以來有登歌五人別升

於上絲竹一部進廡階前此蓋尚書夔擊鳴球搏拊琴瑟
以詠祖考來格之義也梁武樂論以為登歌者頌祖宗功
業檢禮記乃非元日所奏若三朝大慶百辟俱陳升工籍
殿以詠祖考君臣相對便須淪洟以此說非通還以嘉慶
用之後周登歌備鍾磬琴瑟階上設笙管令遂因之合於
儀禮荷瑟升歌及笙入立於階下間歌合樂是燕飲之事
矣登歌法十有四人鍾東磬西工各一人琴瑟筑各一
人升歌者三人執節七人並坐階上笙幸簫笛塤篪各一
人並立階下慈進賢冠絳公服斜叨古參而用之祀神
宴會通行之若有大祀臨軒陳於階壇之上若冊拜王公

設宮懸不用登歌釋奠則唯用登歌而不設懸古者人君
食皆用當月之調以取時律之聲使不失五常之性調暢
四體令得時氣之和故鮑鄴言天子食飲必順四時有
食舉樂所以順天地養神明可作十二月均感天和氣此
則殿庭月調之義也祭祀既巳分樂臨軒朝會並用當月
之律正月懸太蔟乃至十二月懸大呂之均欲君
人情性允協陰陽之序也又文舞六十四人並黑介幘冠
進賢冠絳紗連裳內單皁襈領襈裾革帶烏皮履十六人
執翟十六人執旌十六人執鞞十六人執鐸左手皆執翟

二人執纛引前在舞人數外文舞六十四人武舞六十四人
並服武弁朱褠衣革帶烏皮履左執朱干右執大戚依朱
干玉戚之文二人執旌居前二人執鞞二人執鐸金錞二四
人與二人作二人執鏡次之二人執相在左二人執雅在
右各二工一人作自摧以下夾引並在舞人數外衣冠同舞
人周官所謂以金錞和鼓金鐲節鼓金鐃止鼓金鐸通鼓也
又依樂記所謂以金鐲和鼓金鐃節鼓金鐸通鼓也
也發揚蹈厲威德擬功初來就位總干而山立思君道之難
受命再成而定山東三成而平蜀道四成而比狄是通五
成而江南是拓六成復綴以關太平高祖曰不須象功德
真象事可也然竟用之近代舞出入皆作樂謂之階步咸

用肆夏今亦依定即周官所謂樂出入奏鍾鼓也又魏晉
故事有矛俞弩及朱儒導引令擿尚書直云干戚矛羽禮文
稊羽籥千戚令文舞執羽籥武舞執干戚其矛俞弩俞等
蓋漢高祖自漢中歸巴俞之兵執伐而舞也既非正典恶
罷不用十四年三月樂定祕書監司章縣公牛弘祕書丞
絳郡公姚察通直散騎常侍虞部侍郎劉臻等奏曰臣
聞賞梓土敀由來斯尚雷出地舊者自易經遂古帝王
舍人虞世基儀同三司東宮學士饒陽伯劉憲魏晉相承
亡缺爰至漢興始加鴆採祖述增廣緝成朝憲魏晉相承
經邦馭物揖讓而臨天下者禮樂之謂也秦焚經典樂書
閭巷梓鼓敀由來斯尚雷出地舊者自易經遂古帝王
微管之功前言徃式於斯而盡金陵建社朝士南奔帝則
皇規燦然更備與內原隔絕三百年於茲矣伏惟明聖膺
期會昌在運令南征所獲梁陳樂人及晉旗章宛然俱
至義代所不服者今悉服之前朝所未得者今悉得之
洽功成於是乎在臣等伏奉明詔許定雅樂博訪知音旁
求儒彥研校是非定其去就取為一代正樂具在本司於
幷撰歌辭三十首詔並令施用見行者皆傅之其人間音
樂流僻日久棄其舊躰者並加禁約務存其本先是高祖

遣內史侍郎李元操直內史省盧思道等列清廟歌辭十
二曲令齊樂人曹妙達於太樂教習以代周歌其初迎神
七言象元基曲獻奠登歌六言象爲皇傾盃曲送神禮畢五言
更議定於是制詔更尚書奇章公弘開府儀同三司領
非之乃上言曰清廟歌辭文多浮麗不足以饗於太廟聞而
敢易之至仁壽元年煬帝初爲皇太子從而辭經敕定不
象行天曲至是弘等改其聲合於鍾律而辭經敕定不
虞世基禮部侍郎祕書永攝太常少卿許善心內史舍人
太子洗馬顧言等更詳故實創製雅樂歌辭其祠
圓立皇帝入至版位定奏昭夏之樂以降天神升壇奏皇
夏之樂受玉帛登歌奏昭夏之樂皇帝降南陛詣罍洗洗
爵訖升壇並奏皇夏初升壇詛入奏昭夏奏
樂皇帝獻作文舞之舞皇夏之
樂皇帝飲福酒作需夏之
樂皇帝及爵於坫還本位奏皇夏之
樂武舞出作肆夏之
樂送神作昭夏辭

國立降神奏昭夏辭
肅祭典　愶良辰　其嘉薦　侯皇臻　禮方成
樂巳變　感靈心　迴天睠　闔華闕　下乾官
乘精氣　御祥風　望耀火　通田燭　膺介圭
受瑄玉　神之臨　慶陰陰　煙衢洞　宸路深

善既福　德斯輔　流鴻祚　徧區㝢

皇帝升壇奏皇夏辭

於穆我君　昭明有融　道濟區域　功格玄穹　百神警衛

萬國承風　仁深德厚　信洽義豐　明發思政　勤憂在躬

晃裝標服　誠感清玄　信陳史祝　祗承靈貺　載膺多福

鴻基惟永　福祚長隆

登歌辭

德深禮大　道高饗穡　就陽斯恭　陟配惟蕭　血膋升氣

肇禋崇祀　大報尊靈　因高晝敬　掃地推誠　六宗隨兆

皇帝初獻奏夏辭

五諱陪營　雲和發韻　孤竹揚清　我粢既潔　我酌惟明

元神是鑒　百祿來成

皇帝既獻奏文舞辭

皇矣上帝　受命自天　疇圖作極　文教遐宣　四方監觀

萬品陶甄　有苗斯格　無得稱焉　天地之經　和樂具舉

休徵感辛　要荒武序　正位覆端　秋霜春雨

皇帝飲福酒奏需夏辭

禮以恭事　薦以饗時　載清玄酒　備絜鄉其　迴旐分爵

思媚軒墀　惠均撒俎　祥降受釐　十倫以具　百福斯滋

克昌巍德　永祚鴻基

武舞辭

御層雷期　秉乾表則　成功我亂　順時經國

武弘七德　憬彼遐商　化行充塞　三道備舉　兵暢五材

情發自中　義均覆大　祀敬恭肅　二儀交泰

兆人斯賴　享祭介福　康哉元首　惠我無疆　天長地久

辭下土　升上玄　瞻寒廓　杳無際　滄漭心

長離耀　牲煙達　絜誠照　騰日馭　戢電鞭　奔精驅

亯于序洽　祀禮施　神之駕　嚴將馳

送神奏昭夏辭

留餘惠

皇帝就燎位大次並奏皇夏辭同上

五郊歌辭五首　迎送神登歌奧圍上同

青帝歌辭奏角音

溫風先導　術德惟仁　龍精戒旦　鳥厤司春　陽光煦物

震宮初動　嚴敎載宣　犧牲豐絜　金石和聲

懷柔備禮　明德惟馨

赤帝歌辭奏微音

長嬴開序　炎上為德　執禮司萌　持衡御國　重離得位

芒種在時　含櫃薦實　木槿垂葳　慶賞既行　高明可處

順時立祭　車昭福舉

黃帝歌辭奏宮音

愛稼作土　順位稱坤　孕金成德　發良為尊　黃本內色

宮實聲始　萬物資生　四時咸紀　靈壇汜埽　盛樂高張

威儀孔備　福履無疆

白帝歌辭奏商音

西成肇節　盛德在秋　三農稍巳　九穀行收　金氣肅殺

商威颷厲　繁刑殞帶　屬兵詰暴　勑法慎刑

黑帝歌辭奏羽音

玄英啓候　冥陵初起　虹藏於天　雉化於水　嚴闉重閉

神明降眍　國步惟寧

黃鍾動律　廣莫生風　玄樽示本　天產惟質

星廻日窮　恩覃外區　福流景室　迎送神登歌與圜丘同

感帝奏誠夏辭　迎送神登歌與圜丘同

祫祖垂典　郊天有章　以春之孟　於國之陽　禰粟惟誠

陶鵁斯尚　人神接禮　明幽交暢　火靈降祚　火曆載隆

蒸哉帝道　赫矣皇風

雩祭奏誠夏辭　迎送神登歌與圜丘同

朱明啓候　時載陽　肅若舊典　延五方

嘉薦以陳　盛樂奏　氣亭和平　資靈祐

公田旣雨　私亦濡　人穀俗富　政化敷

蜡祭奏誠夏辭　迎送神登歌與圜丘同

四方有祀　八蜡酬功　收藏旣畢　榛葛送終　使之必報

祭之斯索　三時崇勞　一日為澤　神祇必來　鱗羽咸致

惟義之盡　惟仁之至　年成物阜　罷役息人　皇恩巳洽

靈慶無垠

朝日夕月歌詩二首　迎送神登歌與圜丘同

朝日奏誠夏辭

扶木上朝暾　嵫山沉暮景　寒來遊晷促

暑至馳輝永　時和合璧耀　俗泰重輪明

執圭盡昭事　服晃馨慶誠

夕月奏誠夏辭

澄輝燭地域　流耀鏡天儀　曆草隨弦長

珠胎逐望虧　成彩麦蟾兔　竊藥資王母

西郊禮旣成　幽壇福惟厚

方丘歌辭四首　唯此四者異餘並同圜丘

迎神奏昭夏辭

柔功暢　陰德昭　陳瘞典　盛玄郊

脊卷馥　皇情慶　具寮蕭　籩冪清

出桂旗　屯孔蓋　敬如在　肅有承　神胥樂

慶福膺

奠玉帛登歌

道惟生育　器乃包藏　報功稱範　殽薦有常　六瑚已饋
五祿流香　貴誠尚質　敬洽義彰　神祇惟求　帝業增昌

皇地祇歌辭奏誠夏辭

厚載垂德　崐丘主神　陰壇吉禮　比至良辰　鑒水呈絜
牲栗表絜　搏黍夕視　幣玉朝陳　羣望歲秩　精靈畢臻
祇流於國　社被於人

送神歌辭奏昭夏辭

莫既徹　獻已周　竦靈駕　逝遠遊　洞四極　掩牲芳
市九縣　慶方流　祉恒遍　埋玉瘞
晰神理　顯國文

神州奏誠夏辭　迎送神登歌與方丘同

四海之內　一和之壤　地曰神州　物賴生長　咸池既降
泰折斯饗　牲牷尚黑　珪玉寔兩　九寓戴孕　神功克廣

社稷歌辭四首　迎送神登歌與方丘同

春祈社奏誠夏辭

厚地開靈　方壇崇祀　達以風露　樹之松梓　勾萌既申
艾柞伊始　恭祈粢盛　載禋休祉

春祈稷奏誠夏辭

粒食興教　播嵞有先　尊神致絜　報本惟虔　瞻榆束耒

望杏開田　方憑戢　福佇詠豐年

秋報社奏誠夏辭

北堘申禮　單出表誠　豐犧金薦　華樂在庭　原隰既平
泉流又清　如雲已望　高廩斯盈

秋報稷奏誠夏辭

歲云秋矣　物成則報　功施必祀
人大務急　農亦勤止　或襄或薦　惟畚惟耜　涼風戒時

農祥晨晰　土膏初起　春原倏載　青壇致祀　敏躍長阡
廻雄外壝　房俎飾薦　山罍沈滓　親事朱弦　躬持黛耜

先農奏誠夏辭　迎送神與方丘同

恭神務稼　受釐降祉

先聖先師奏誠夏辭

經國立訓　學重教先　三墳肇冊　五典留書　開鑿理著
陶鑄功宣　東膠西序　春誦夏弦　芳塵載仰　祀典無騫

太廟歌辭

迎神歌辭

務本興教
尊神體國　霜露感心　享祀陳則　官聯式序
奔走在庭　几筵締慕　裸獻惟誠　嘉樂載響　神其降止
永言保之　錫以繁祉

登歌辭

孝熙嚴祖 師象敬宗 惟皇斯事 有來雖雕 雕梁霞褪
繡檆雲重 觀德貴感 奉璋伊恭 聶社年盡飾 羽綴有容
升歌發藻 景福來從

俎入歌辭 郊丘社廟同

祭本用初 祀由功舉 駿奔咸會 供神有亭 明酌盈樽
豐薦犧實俎 幽金既薦 續錯維旅 享由明德 香菲稷黍
載流人詠 開我皇業 七百同盛
善流人詠

締基發祥 肇源興慶 廼仁廼哲 克明克令 庸宣國圉

皇高祖太原府君神室歌辭

皇曾祖康王神室歌辭

皇條俊茂 帝系靈長 豐功疊軌 厚利重光 福申蕃祉
代以德彰 嚴恭盡禮 永錫無疆

皇祖獻王神室歌辭

義高道富 不基增舊 涉親同符 遠邦等構 弘風遍德
盛才必達
神基孔昭 王猷克懋

皇考太祖武元皇帝神室歌辭

深仁既著 至道潛敷 皇矣太祖 耀名炅衢 翦商隆祚
奄宅隋區 有命既集 誕開靈符

飲福酒歌辭 郊丘社廟同

神道正直 祀事有融 庸難備禮 莊敬在躬 羞潘已具
奠酹將終 降祥惟求 受福無窮

○送神歌辭

郷盈禮具 利事成 佇旐晃 蕭鷥繼
王俎撤 盡孝敬 窺嚴絜 金奏終
降景福 憑幽贊

七幸靈披 退揚進揖 步矩行規 勾陳飛轉 華羞恭秩
深哉皇度 粹矢天儀 司階肅轉 武道先馳 八屯霧擁
羽旗照耀 珪組陸離 居高念下 廙安惠卮 照臨有度

元會皇帝出入殿庭奏皇夀辭 郊丘社廟同

紀律無愆

皇太子出入奏肆夏辭

惟熙帝載 式固王猷 體乾建本 是曰孟侯 馳道美漢
寢門稱同 德心既廣 道業惟優 傳保斯導 賢才與遊
瑜玉發響 畫輪停軫 皇基方峻 七鬯恒休

食舉歌辭八首

燈茶設教 禮之始 五味相資 火為紀
平心和德 在甘旨 牢羞既陳 鍾石侯
以斯而御 揚滋軌
養身必敬 禮食昭 時和歲阜 庶物饒

臨梅既濟　鼎鉝調　特以膚腊　加膶胜
威儀濟濟　樅皇朝
饔人進羞　樂侑作　川潛之膿　雲飛雁
甘酸有宜　芬勺藥　金敦玉豆　盛交錯
御鼓既聲　安以樂
玉食惟后　膳必珍　芳薦既絜　重秬新
是能安體　又調神　荊包畢至　海夏陳
用之有節　德無垠
嘉羞入饌　猶化諧　帝豪實
陽華之粢　雕陵栗　鼎俎芬芳　豆籩溢

沃土名滋
通幽致遠　車書一
道高物備　食多方　山膚既善　水蓼良
桓蒱在位　籩簋張　加邊折俎　爛成行
恩風下濟　道化光
禮以安國　仁為政　具物必陳　饔牢盛
且昊旻斧　順時令　懷生熙熙　甘得性
於茲宴喜　流嘉慶
皇道四達　禮樂成　臨朝日舉　表時平
甘芳既飫　醑以清　揚休玉庢　正性情
隆我帝載　永明明

上壽歌辭
俗巳乂　時乂良　朝玉帛　會衣裳
基同比辰乂　壽共南山長　黎元鼓腹　樂未央
宴羣臣登歌辭
皇明聚歷　仁深海縣　載擇良辰　武陳高宴
昂昂庶甸　車旗煌煌　衣纓蔥倩　樂正襄懸
三揖稱禮　九賓為傳　圓鼎臨羶　方壺在面　鹿鳴成曲
○文舞歌辭
天眹有屬　后德惟明　君臨萬寓　昭事百靈　濯以江漢

嘉魚入薦　筐篚相輝　獻酬交徧　飲和飽德　恩風長翁
樹之風聲　鑿地必歸　窮天皆至　六戎仰朔　八蠻請吏
惟皇御寓　惟帝乘乾　五材並用　七德兼宣　平昊夷險
拯溺救燔　九域載安　兆庶斯穎　績地芝厚　補天之大
煙雲獻彩　龜龍表異　緝和禮樂　燮理陰陽　功由舞見
德以歌彰　兩儀同大　日月齊光
○武舞歌辭
聲隆有載　化單無外　鼓鍾既舊　千祀攸陳　功高德重
政諧化淳　鴻休永播　又而彌新
大射登歌辭
道諧金科照　時乂玉條明　優賢饗禮洽

選德射儀成　鑾雄聲雲動　寶軑儼天行

巾車整三正　司表飾五正　鳴球響高殿

華鍾震廣庭　鳥號傳昔美

揖讓皆時傑　升降盡朝英　淇衛著前名　附枝觀體定

杯水觀心平　豐貊既來去　燔炙復從橫

欣看禮樂盛　喜遇黃河清

凱樂歌辭三首

述帝德

於穆我后　睿哲歆明　膺天之命　載育羣生　開元創曆

邁德進聲　朝宗寓寓　祇事百靈　煥乎皇道　昭哉帝則

〈志十　隋書十五　廿三〉

惠政滂流　仁風四塞　淮海來賓　江湖革德　運籌必勝

濯征斯克　八荒霧卷　四表雲襄　雄圖盛略　邁後光前

寰區已泰　福祚方延　長歌凱樂　天子萬年

述諸軍用命

帝德遠軍　天維宏布　功高雲天　聲隆節護　惟彼海隅

未從王度　皇赫斯怒　元戎啓路　相相猛將　赳赳英謨

攻如爍炭　戰似摧枯　救茲塗炭　克彼妖通　塵清兩越

氣靜三吳　鯨鯢已夷　封疆載闢　班馬蕭蕭　歸旌奕奕

雲霏霏表劾　司勳紀績　業並山河　道囿金石

述天下太平

阪泉軒德　丹浦堯勳　始資以武　終乃以文　嘉樂聖主

大哉為君　出師命將　廓定重氛　書軌既同　于戈是戢

弘風設教　政成人立　禮樂聿興　衣裳載緝　風雲百美

嘉祥蔓集　皇皇聖政　穆穆神醫　牢籠實夏　度越姬劉

日月比曜　天地同休　求清四海　長帝九州

皇后房內歌辭

至順垂典　正內弘風　母儀重慶　書軌既幷　訓範六宮　求賢啓化

進善宣功　家邦載序　道業斯融

大業元年煬帝又詔備高廟樂旦古先哲王經國成務莫
不因人心而制禮則天明而作樂首漢民諸廟別所樂亦不

〈志十　隋書十五　廿四〉

同至於光武之後始立共竟之制魏文承連初營廟寢太
祖一室獨為別宮自茲之後兵車交爭制作規模日不暇
給伏惟高祖文皇帝功侔造物道濟生靈草薦宜殊樂舞
湞別今若月祭時饗既與諸祖共庭至於舞功獨於一室
交違禮意未合人情其詳議以聞有司未及陳奏帝又以
禮樂之事總付秘書監柳顧言少府副監何稠著作郎諸
為顏秘書郎袁慶隆等增多開皇樂器大益樂員郊廟
懸共令新製顧言等親帝復難於改作其議竟寢諸郊
廟歌辭亦並依舊制唯新造高祖廟歌九首今之遺祕
書省學士定殿前樂工歌十四首終大業世每樂用焉帝

又詔博訪知鍾律歌管者甚眾進之時有曹士立裴文通唐
羅漢常寶金等雖知操弄雅鄭而於總付太常詳令冊
定議脩一百四曲其五曲在宮調黃鍾一曲應鍾
也二十五曲商調太蔟也二十四曲角調姑洗也二
曲變徵調雜賓也八曲徵調林鍾也二十五曲羽調南呂
也十二曲變宮調應鍾也其曲大抵以詩為本參以古
調漸欲播之弦歌被之金石仍屬戎車不遑列正禮樂之
事竟無成功焉至梁陳樂王其大數不相踰越及周
并齊隋并陳各得其樂工多為編戶至六年帝乃大括魏
齊周陳樂人子弟悉配太常並於關中為坊置之其數益

多前代顧言等又奏山都宮內四時祭享還用太廟之樂
歌功論德別製其辭七廟同院樂依舊式又造饗宴殿庭
宮懸樂器布陳算簴大抵同前而於四隅各加二建鼓三
案文設十二鑄鑮別鍾磬二架各佐辰位為調合三十六
架至於首律鄣奏皆依雅曲意焉演合縣樂自梁武帝之
始也開皇時廢不用至是又使為高祖宣貌庭
一部殿庭饗宴用之平陳所獲又有二部宗廟郊丘分用
之至是並於樂府藏而不用更造三部五郊二十架工一
百四十三人廟庭二十架工二百五十人饗宴二十架工
一百七人舞郎各二等並二百三十二人顧言又增房內

樂益其鍾磬皆奏議曰房內樂者主為王后弦歌諷誦而事
君子故以房室為名為燕禮鄉飲酒禮亦取而用也故云用
之鄉人焉用之邦國焉為文王之風由近及遠鄉樂也所謂陰聲金
石備矣以此而論房內之樂非獨弦歌必有鍾磬也內宰
師職云燕樂之鍾磬謂鄭玄曰燕房內樂也
歌鍾歌磬各設二虡土革絲竹並副之并升歌下管總名
房內之樂女奴肄習朝燕用之制曰可於是內宮懸二十

虞其鑮鍾十二皆以大磬充耑鼓餘飾並與殿庭同
太子軒縣去南面設三鑮鍾於戊巳甲三建鼓亦如之編
鍾三虞編磬三虞共三鑮鍾為九虞其登歌減者二人簨
簴金三虞山樂器應滌者朱滌之其二舞用六佾其雅樂
鼓吹多依開皇之故雅樂合二十架列之如左
金之屬二曰鑮鍾每鍾懸一簨簴各應律呂之音即黃
帝所命伶倫鑄十二鍾和五音者也二曰編鍾小鍾也各
應律呂大小以次編而懸之上貫合十六鍾懸於一
簨簴
石之屬一曰磬用玉若石為之縣如編鍾之法

簨簴

絲之屬四一曰琴神農制爲五絃周文王加二絃爲七者也二曰瑟二十七絃伏羲所作者也三曰筑十二絃四曰箏十三絃所謂秦聲蒙恬所作者也

竹之屬三一曰簫長二尺四寸舜所造者也二曰篪長尺四寸孔䱷公所作者也三曰笛凡尺二孔漢武帝時立仲所作者也京房備五音有七孔以應七聲黃鍾之笛長二尺八寸四分四釐有奇其餘亦上下相次以爲長短

土之屬一曰塤六孔暴辛公之所作者也

匏之屬二一曰笙十三簧女媧之所作也笙列管十九於匏內施簧而吹之竽大三十六管

革之屬五一曰建鼓夏后氏加四足謂之足鼓殷人柱貫之謂之楹鼓周人懸之謂之懸鼓近代相承植而貫之謂之建鼓蓋殷所作也又棲翔鷺於其上不知何代所加或曰鼛也取其聲揚而遠聞或曰鷺鼓精也越王勾踐擊大鼓於雷門以厭吳晉時移於建康有雙鷺咽咽鼓而飛入雲或曰皆非也詩云振振鷺鷺于飛鼓咽咽醉言歸古之君子悲周道之衰頌聲之輟飾鼓以鷺存其風流未知孰是也靈鼓靈鼗並八面雷鼓雷鼗六面路鼓路鼗四面鼓以桴擊鼓賁鼓其中而手搖之又有節鼓不知誰所造也木之屬二一曰柷如桶方二尺八寸中有椎柄連底動之

令左右擊以節樂二曰敔如伏獸背有二十七鉏鋙以竹長尺橫擽之以止樂焉

簨籦所以懸鍾磬橫曰簨飾以鱗屬植曰虡飾以臝及羽屬簨加木板於簨謂之業殺以刻其上爲崇牙以挂懸之周人畫繢爲筍戴之以璧垂五采羽於其下樹於簨虡之角近代又加金博山於簨上垂流蘇以合采羽五代相因同用之

始開皇初定令置七部樂一曰國伎二曰清商伎三曰高麗伎四曰天竺伎五曰安國伎六曰龜茲伎七曰文康伎又雜有疏勒扶南康國百濟突厥新羅倭國等伎其後牛弘請存鞞鐸巾拂等四舞與新伎並陳因稱四舞按漢魏

以來並施於宴饗鞞舞漢巴渝舞也至章帝造鞞舞辭云關東有賢女明代漢曲云明明魏皇帝鞞舞傳玄代魏辭云關東有賢女莊因舞欲以辭達意非舞者之辭也巾舞者公莫舞也梁武帝沈約以約云項莊舞劍以紲高祖項伯拂舞者沈約宋志云晉曲本云白符鳩音本陳所造猶充八伎後因而改齊人王儉以論其長袖以杆其鋒魏晉傳爲舞焉檢樂府歌詩無復白符聲故梁武報沈約云鞞拂古之遺風楊泓云此舞本是也巾舞者公莫舞也項莊因舞欲項莊舞劍本二八人桓玄即真爲八佾後因而改齊人王儉以論其事平陳所得者猶充八佾於懸內緝二舞後作之爲失斯

13-184

大槮四舞由來其實已久請並在宴會與雜伎同設於西
涼前奏之帝曰其聲音節奏及舞恐宜依舊惟舞人不
須捉鞞拂等及大業中煬帝乃定清樂西涼龜茲天竺
康國疏勒安國高麗禮畢以為九部樂器工依舊既
成大備於茲矣清樂其始即清商三調是也並漢來舊
曲樂器形制并歌章古辭與魏三祖所作者皆被於史
籍屬晉朝遷播夷羯諸莙至永嘉之亂盡散於張氏姬
於涼州得之宋武平關中因而入南不復存於內地及平
陳後獲之高祖聽之善其節奏曰此華夏正聲也昔因永
嘉流於外裔今復會同雖賞逐時遷而古致

猶在可以此為本微更損益去其礼處考而補之以新定
律呂更造樂器其歌曲有陽伴舞曲有明君并契樂器
有鍾磬琴瑟擊琶筝筑箏節鼓笙笛簫篪壎等
十五種為一部工二十五人

西涼者起符氏之末呂光沮渠蒙遜等據有涼州變龜茲
聲為之號為秦漢伎魏太武既平河西得之謂之西涼樂
至魏周之際遂謂之國伎今曲項琵琶豎頭箜篌之類並
出自西域非華夏舊器楊澤新聲神白馬之類生於胡戎
胡戎歌非漢魏遺曲故其樂器聲調悉與書史不同其歌
曲有永世樂解曲有萬世豐舞曲有于闐佛曲其樂器有

鍾磬彈筝掃筝臥箜篌豎箜篌琵琶五絃笙簫大篳篥豎
小篳篥橫笛筚篥銅拔貝等十九種為一部工
二十七人

龜茲者起自呂光滅龜茲因得其聲呂氏亡其樂分散後
魏平中原復獲之其聲後多變易至隋有西國龜茲齊朝
龜茲土龜茲等凡三部開皇中其器大盛於閭閻朝野時有曹
妙達王長通李士衡郭金樂安進貴等皆妙絕弦管新聲
奇變朝改替易持其音技估衒公王之間舉樂相尚
高祖病之謂群臣曰聞公等皆好新變所奏無復正聲此
不祥之大也自家形國化成人風易謂天下方然公家自
相

有風俗矣存亡善惡莫不繫之樂感人深事資和雅公等
對親賓宴歡宜奏正聲雅鄭樂不正何可使兒女聞也帝雖有
此勑而竟不能救焉煬帝不解音律略不關懷後大製豔篇
辭極淫綺令樂正白明達造新聲創萬歲樂藏鉤樂七夕
相逢樂投壺樂舞席同心髻玉女行觴神仙留客擲磚續命
鬥雞子鬥百草汎龍舟還舊宮長樂花及十二時等曲掩
抑摧藏哀音斷絕帝悅之無已謂幸臣曰多彈曲者如人
多讀書讀書多則能撰述彈曲多則能造曲此理之然也
因語明達云齊氏偏隅曹妙達猶自封王我今天下大同
欲貴汝宜自修謹大業六年高昌獻聖明樂曲帝令知音者

於館所聽之歸而肄習及客方獻之胡夷皆驚
焉其歌曲有善善摩尼解曲有婆伽兒舞曲有小天又有
疎勒鹽其樂器有竪箜篌琵琶五弦笛簫篳篥
鼓都曇鼓毛員鼓雞婁鼓銅拔貝等十五種為
一部工二十人

天竺者起自張重華據有涼州重四譯來貢男伎天竺即
其樂為歌曲有沙石彊舞曲有天曲樂器有鳳首箜篌琵
琶五弦笛銅鼓毛員鼓都曇鼓銅拔貝等九種為一部工
二人

康國起自周代帝娉比狄為后得其所獲西戎伎因其聲
歌曲有戢殿農和正舞曲有賀蘭鉢鼻始末奚波地農惠
鉢鼻始前接地惠地等四曲樂器有笛正鼓加鼓銅拔等
四種為一部工七人

疎勒安國高麗並起自後魏平馮氏及通西域因得其伎
後漸繁會其聲以別於太樂疎勒歌曲有亢利死讓樂舞
曲有遠服解曲有監曲樂器有竪箜篌琵琶五弦笛簫
篳篥答臘鼓羯鼓雞婁鼓等十種為一部二十二人

○安國歌曲有附薩單時舞曲有末奚解曲有居和祇樂
器有笒篌琵琶五弦笛簫篳篥雙篳篥正鼓和鼓銅拔
等十種為一部工二十二人

高麗歌曲有芝栖樂器有彈筝臥箜篌竪
箜篌琵琶五弦笛笙簫小篳篥桃皮篳篥腰鼓齊鼓擔鼓
貝等十四種為一部工十八人

禮畢者本出自晉太尉庾亮家亮卒其伎追思亮因假為
曲有散花樂器有笛笙簫篪鈴槃鞞腰鼓等七種三懸
奏九部樂終則陳之故以禮畢為名其行曲有單交路舞
其面執翳以舞象其容取其誡以號之謂之為文康樂每

始齊武平中有魚龍爛漫俳優朱儒山車巨象拔井種瓜
殺馬剝驢等奇怪異端百有餘物名為百戲周時鄭譯有

寵於宣帝奏徵齊散樂人並會京師為之蓋秦角抵之流
者也開皇初並放遣之及大業二年突厥染干來朝煬帝
欲誇之總追四方散樂大集東都初於芳華苑積翠池側
帝帷宮女觀之有舍利先來戲於場內須臾跳躍激水滿
衢黿鼉龜鼈水人蟲魚徧覆于地又有大鯨魚噴霧翳日
倏忽化成黃龍長七八丈聳踊而出名曰黃龍變又以繩
繫兩柱相去十丈遣二倡女對舞繩上相逢切肩而過歌
舞不輟又為夏育扛鼎取車輪石臼大甕等各於掌上
而跳弄之并二人戴竿其上有舞忽然騰透而換易之
又有神龜貟山幻人吐火千變萬化曠古莫傳染干大

駁之自是皆於太常教習每歲正月萬國來朝留至十五
日於端門外建國門內綿亘八里列為戲場百官起棚夾
路從昏達旦以縱觀之至晦而罷伎人皆衣錦繡繒綵其
歌舞者多為婦人服鳴環佩飾以花眊者殆三萬人初
課京兆河南製此衣服而兩京繒錦為之中虛三年駕
幸榆林突厥啟民以下皆國王親來朝賀帝又設以示之
六年諸夷大獻方物突厥啟民以下皆國王親來朝賀帝乃於天津街大
陳百戲自海內凡有奇伎無不總萃崇侈器翫盛
皆用珠翠金銀錦罽絺繡其營費鉅億萬關西安德
王雄總之東都以齊王暕摠之金石鉤韋之聲聞數十里

〈志十　隋書十五〉《卅三》

外彈弦摑管以上一萬八千人大列炬火光燭天地百戲
之盛振古無比自是每年以為常焉
故事天子有事於太廟備法駕陳羽葆以入于次禮畢升
車而鼓吹並作開皇十七年詔曰昔五帝異樂三王殊禮
皆隨事而有損益因情而立節文仰惟祭享宗廟瞻敬
如在罔極之感情深慈日而禮畢升路鼓吹發音還入
宮門金石振響總斯則哀樂同心事相遠情所不安筵實
未允宜改茲往式用弘禮教員今以後享廟日不須設
吹儀庭勿設樂懸在廟內及諸祭並依舊其王公已下祭
私廟日不得作音樂至宴業中煬帝制宴饗設鼓吹依桒

革帶大角工人平巾幘緋衫白布大口袴大口袗督帥服
文袍袴及帽羽葆鼓鐃及歌簫笳桃皮篳篥等工人服並青地黃
吹後笛簫篳篥笳桃皮篳篥笳簫等工人服並黃地
鼓及笛簫篳篥笳桃皮篳篥笳簫等工人服
交龍五采腳大角幡亦如之大鼓大橫吹節鼓及橫
駕仍飾以羽葆長鳴中鳴大小橫吹五采衣幡緋交
羆狴豹騰倍承之以象百獸之舞其大駕鼓吹並朱漆畫大
罷狴豹騰倍承之以象百獸之下皆能
為十二案案別有鐏于鉦軍樂鼓吹等一部案下皆

〈志十　隋書十五〉《卅四》

與大角同以下準帥服亦如之
桐鼓一曲十二變〔與金鉦同夜警用一曲俱盡〕次奏大鼓大
鼓一十五曲供大駕〔十二曲供皇太子一十曲供王公
等〕小鼓九曲供大駕三曲供皇太子及王公等
長鳴色角一百二十具供大駕三十六具供皇太子十具供
王公等
次鳴色角一百二十具供大駕十二具供皇太子二十具供
王公等
大角第一曲起就馬第二曲被馬第三曲騎馬第四曲行
第五曲入陣第六曲收軍第七曲下營皆以三通為一曲

其辭並本之鮮卑

鐃鼓十二曲供大駕六曲供皇太子二曲供王公等其樂

器有鼓并歌簫笳

大橫吹二十九曲供大駕九曲供皇太子七曲供王公其樂

器有角節鼓笛胡蘆篳篥簫小橫吹十二曲供

大駕夜警則十二曲俱用其樂器有角笛簫篳篥笳

皮簟節鼓

律曆上

自夫有天地焉有人物焉樹司牧以君臨懸政教而成務莫不損益質文刑極樸影之幽順成律呂之精微是用範圍百度財成萬品以建極樸影之幽順成律伶倫含少乃擷比竹之工震舜昭華方傳古昔蔚業稱吾彌崇人籥之源女媧笙簧仍昭鳳律之首後聖廣業稱吾彌崇書稱叶時月正日同律度量衡又曰予欲聞六律五聲八音七始訓以出納五言此皆候金常而列管馮璣璇以運鈞統三極之元紀七衡之響可以作樂崇德教薦上帝故

能動天地感鬼神和人心移風俗考得失徵成敗者也粵在夏商無聞改作其於周禮典同則掌六律六同之和以辨天地四方陰陽之聲以為樂器景王鑄鍾問律於泠州鳩對曰夫律者所以立鈞出度鈞有五則權衡規矩準繩咸備故詩曰尹氏太師秉國之鈞是禕俾衆不迷是也太史公律書云王者制事立物法度軌則一稟於六律為萬軍之本其於兵械充所重焉故云望敵知吉凶聞聲刻勝負百王不易之道漫微漢室初興丞相張蒼審音律之官司馬遷言律呂相生之次詳矣及王莽之際考論音律劉

散條奏班固因志之蔡邕又記律武以後言律者有司馬紹統採班而續之炎歷將終而天下大亂樂正散二器法淪滅魏武始獲杜夔使定音律夔依當時尺度權備造新晉武受命遵而不革至泰始十年光祿大夫荀勖奏造新度更鑄律呂元康中勖子藩得嗣其事未及成功屬晉之亂中朝典章咸沒於石勒及其南遷皇度草昧禮容樂器掃地盡雖稍加採撥而多所淪胥終於恭安竟不能備述其名數後魏周齊時有論者今依班志編錄五代聲律度量衡以志千篇云

備數

漢志言律一曰備數二曰和聲三曰審度四曰嘉量五曰衡權自魏晉已降代有沿革今列其增損之要云

備數

五數者一十百千萬也傳曰物生而後有象滋而後有數是以言律者云數起於建子黃鍾之律始一而每辰三之歷九辰至酉得一萬九千六百八十三而五數備成以為律法又參之終於亥歷正十二辰得十有七萬七千一百四十七而反數焉以為律積以成法除該積得九寸即黃鍾宮律之長也此則數因律起律以數成故可歷管萬事綜覈數象其說甚長也南竹廣二分長三寸正第三廉積二百一

十六枚成六觚乾之策也負策四廉橫一百四十四枚成
方坤之策也觚方皆經十二天地之大數也是故探賾索
隱鉤深致遠莫不用焉故體有長短檢之以度則不失毫釐量物有
歷率其別用也故體有長短檢之以度則不失毫釐量物有
多少受之以器則不失撮勺量之以律呂則不失宮商三光運行紀
失黍絫輕重有清濁物之以律呂則不失宮商三光運行紀
以曆數則不差晷刻事物糅見御以
幽隱之情精微之變可得而綜也夫所謂率者有九流焉
一曰方田以御田疇界域二曰粟米以御交質變易三曰
衰分以御貴賤稟稅四曰少廣以御積冪方圓五曰商功

以御功程積實六曰均輸以御遠近勞費七曰盈朒以御
隱雜互見八曰方程以御錯糅正負九曰句股以御高深
廣遠皆乘以散之除以聚之齊同以通之今有以貫之則
算數之方盡於斯矣古之九數圓周率三圓徑一其術
疏舛自劉歆張衡劉徽王蕃皮延宗之徒各設新率未臻
折衷宋末南徐州從事史祖沖之更開密法以圓徑一億
為一丈圓周盈數三丈一尺四寸一分五釐九毫二秒七忽
朒數三丈一尺四寸一分五釐九毫二秒六忽正數在盈
朒二限之間密率圓徑一百一十三圓周三百五十五約
率圓徑七周二十二又設開差冪開差立兼以正圓參之

指要精密算氏之最著也所著之書名為綴術學官莫能
究其深奧是故廢而不理

和聲

傳稱黃帝命伶倫斷竹長三寸九分而吹以為黃鍾之宮
曰含少次制十二管以聽鳳鳴以別十二律此雌雄之聲
以分律呂上下相生因黃鍾為始廣書云叶時月正日同
律度量衡夏禹以身為度稱以出聲為律以身為度周禮樂器以十
二律為之度數司馬遷律書云黃鍾長八寸七分一太

簇長七寸七分二林鍾長五寸七分三應鍾長四寸三分
二此樂之三始十二律之本末也班固司馬彪律志黃鍾
長九十聲最濁太簇長八寸林鍾長六寸應鍾長四寸七
分四聲重濁最...最清濁殊禮月令注蔡邕章句及杜夔
荀勗等所論雖尺有增損而十二律畢矣而同漢志京
房又以隔八相生一始自黃鍾終於中呂十二律畢矣中
呂上生黃鍾不滿九寸謂之執始下生去滅上下相生終
於南事更增四十八律以為六十其數遂減應鍾在辰上生包育
隔九編於冬至之後三分為運內其數遂減應鍾之清宋元
嘉於太史盛樂之中因京房南事之餘引而伸之更為三百
律終於安運長四寸四分有奇引而伸之合為三百六十律日上下相
當一管宮徵旋韻各以次從何承天立法制議云上下相

生三分損益其一蓋是古人簡易之法猶如古曆周天三
百六十五度四分之一後人政制皆不同焉而京房不悟
謬為六十亦夫更設新率則從中呂還得黃鍾十二旋宮
聲韻無失黃鍾長九寸太蔟長八寸二籥林鍾長六寸一
籥應鍾長四寸七分九籥強其中呂還上生大呂而班固律曆志至
十七萬七千一百四十七復十二辰參之數得失其略云
案律呂京焉鄭蔡至蕤賓並上生若從蕤賓仍以次下生若按班固初因晉宋
及群無所政制其後武帝作鍾律緯論前代得失其略云
若過促則夾鍾之聲成一調中呂復去調半是過於無調

隋志十一

五

仲春孟夏正相長養其氣舒緩不容短促求聲豪實辨義
為乖鄭玄又以陰陽六位次第相生若如玄義陰陽相逐
生者止是升陽其降陽復將何寄就簸數而論乾主甲壬
而左行坤主乙癸而右行故陰陽得有升降之義陰陽從
行者真性也六位升降者象數也今鄭娾執象數以配真
性故言此而理窮九六相生了不釋十二氣所以相通
鄭之不思亦巳明矣宗京房六十準依法推娾自無差但
律呂所得或五或六此一不例也旁妙盡陰陽
上生盈變盛虧仍復一生二分居此二不例也房生上生乃
律當留有以若非深理孰求便是傳者不習此勒詳求奠能

辨正聊以餘日試推其音雜校舊器及古夾鍾王律更制
新尺以證分毫制為四器名之為通四器絃間九尺臨岳
高一寸二分黃鍾之絃二百七十絲長九尺以次三分損
益其一以生十二律之絃絲數及絃長各以律本所建之
月五行生成數之音相次之理為其名義絲名之為通
施三絃傳推月氣悉無差弗即以夾鍾王律命之則還相
中又制為十二笛以寫通聲其夾鍾笛十二調以飲王律
也遣樂官以今無射新笛飲則不相中以夷則笛飲則聲韻
合和端門外鍾亦案其銘題定皆夷則其西廂一鍾天監
又不差異山謙之記云周景王所鑄無射即以夷則

隋書十六

六

中移度東以令笛飲乃中南呂驗其鶬刻乃是太蔟則下
今笛二調然借訪舊識云是宋泰始中使張永鑒之去銅既多
裏皆然借訪舊識云是宋泰始中使張永鑒之去銅既多
故其調嘽下以推求鍾律便可得而見也宋武平中原使
將軍陳傾致三鍾以今之太極殿前一鍾端門
外一鍾是也案西鍾銘則云清廟撞鍾秦無清廟此周制
明矣又一銘云太蔟鍾徵則林鍾宮所施也京房推用似
有由也檢題既無秦漢年代則直云夷則非秦漢明
矣古人性質故作僮僕字則題而言彌驗非近且夫驗聲
改政則五音六律非可差舛工守其音儒執其文歷年求

四十

志十

久隔而不通無論樂奏求之多歟假使具存亦不可用周
頌漢歌各敘功德豈奏復施後王以濫名實今率而詳論以
言所見并詔百官以求歌中未及改制遇侯景亂陳氏制
度亦無改作西魏殷帝元年周文攝政文詔尚書蘇綽詳
正音律綿時得宋尺以定諸管草剏未就會閔帝受禪政
由家宰方有齊篇事竟不行後撰太倉牛弘奏及
律及衡其年文多湮没至開皇初詔太常牛弘議定律呂
管十有二枚並以付弘遣曉音律者陳山陽太守毛爽及
大樂令蔡子元千普明等以候節氣作律譜時莫年老以

白衣見高祖授淮州剌史辭不赴官因遣協律郎祖孝孫
就其受法弘又取此管吹而定聲既天下一統異代器物
晉集樂府曉音府頗議考覈以定鍾律更造樂器以被
皇夏十四曲高祖與朝賢聽之曰此聲淵淵和雅令人舒
緩然萬物人事非五行不生非五行不成非五行不減故
則配用水尺則律呂合調天下和平魏及周齊貪布帛長
五音用火尺其事火重用金尺則兵用木尺則喪用土尺
廢故用土尺今此樂聲是用水尺江東尺短於土長於水
俗間不知者見玉作名為鐵尺見此樂聲作名為鐵尺
水尺律樂其前代金石並鑄毀之以息物議至仁壽四年

劉焯上啟於東宮論張胄玄曆兼論律呂其大旨曰樂主
於音音定於律律音不以律音不可以律於是乎在但
律終小呂數復黃鍾據計未精終不復始故漢代京房妄
為六十而宋代錢樂之更為三百六十考禮誌以差有得
然化未移風將恐定莫能詳考即管圍容黍
校定庶有明發其由匪直長短失於其差次豈有得
以七為寸法約之得黃鍾長九寸 太簇長八十一分四毫
林鍾長六寸 應鍾長四十二分八釐七分之四其年高祖
崩煬帝初登未遑改作事遂寢廢其書亦亡大業二年乃

詔改用梁表律調鍾聲八音之器比之前代最為合古其
制度文議并毛爽舊律並在江都淪喪

律管圍容黍

漢志云黃鍾圍九分林鍾圍六分太簇圍八分續志心之鄭
玄並云十二律空圍徑三分長九寸度有損益故聲有高下圍徑長
志林鍾空圍六分及太簇空圍八分作律吹之不合黃鍾
商徵之聲甚鄭譯何妥等考古律度各依時代制其黃
牛弘辛方等及鄭譯何妥等考古律度各依時代制其黃
短與度而差異故柴茶木同今列其數云
鍾之管俱徑三分長九寸度有損益故聲有高下圍徑長

晉前尺黃鍾容黍八百八粒

梁法尺黃鍾容八百二十八

梁表尺黃鍾容三其一容九百二十五其一容九百一十

　一容一千一百二十

漢官尺黃鍾容九百三十九

　　一容九百二十五其一容九百一十

古銀錯題黃鍾籥容一千二百

宋氏尺即鐵尺黃鍾尺二其一容一千二百六十七其一容一千

　　一容一千二百六十七其一容一千

後周王尺黃鍾容一千二百六十七

後魏前尺黃鍾容一千二十五
四十七

後魏中尺黃鍾容一千五百五十五

後魏後尺黃鍾容一千八百一十九

東魏尺黃鍾容二千八百六十九

梁表鐵尺律黃鍾副別者其長短及口空之圍徑並同而

容黍或多或少皆是作者勞逸其腹使有盈虛

萬寶常水尺律母黃鍾容黍一千三百二十

候氣

後齊神武霸府田曹參軍信都芳深有巧思能以管候氣

仰觀雲色嘗與人對語即指天曰孟春之氣至矣人往驗

管而飛灰已應每月所候言皆無爽又為輪扇二十四埋

二寸九十二

隋志十一

九

地中以測二十四氣每一氣感則一扇自動他扇並住與

管灰相應若符契焉開皇九年平陳後高祖遣毛爽及蔡

子元于普明等以候節氣依古於三重密室之內以木為

案十有二具每取律呂之管隨十二辰位置于按上而以

土埋之上平於地中實葭莩之灰以輕緹素覆律口每其

月氣至則灰飛衝素散出于外而氣應有早晚

灰飛有多少或初入月其氣即應或至中下旬間氣應有早晚

者或灰飛出三五夜而盡或終一月繞飛少

吹灰不能出為氣和氣應者其政平猛氣應者其臣縱

之以問牛弘弘對曰灰飛半出為和氣吹灰全出為猛氣

隋志十一

衰氣應者其君暴高祖駮之曰臣縱君暴其政不平非月

別而有異也今十二月律於一歲內應並不同安得暴君

縱臣若斯之甚也弘不能對令爽等草定其法爽因稽諸

故實以著于篇名曰律譜其略云臣按黃帝遣伶倫氏

取竹于嶰谷聽鳳阿閣之下始造十二律乃致天地氣

應是則數之始也陽管為律陰管為呂其相生損益之數

別而有數云隸首作數蓋律之本也夫一十百千萬億

數以紀萬物云隸首作數蓋律之本也夫一十百千萬億

兆者引而申焉曆度量衡出其中矣故有虞氏用律和聲

鄒衍改之以定五始正朔服色亦由斯而別也夏正則人

殷正則地周正則天孔子曰吾得夏時焉謂得氣數之要

四寸四十五

十

葵漢初興也而張蒼於定律乃推五勝之法以為水德是因

戰國官失其守後秦滅學其道浸微蒼補綴之未獲詳究

及孝武劉制乃置協律之官用李延年以為都尉頗解新

聲變曲未達音律之源故其服色不得而定也至于元帝

自曉音律郎官京房亦達其妙因使韋玄成等雜試問房

房自叙云學用六十律下生相生陰陽上生之法以上生下皆三

庆補長云漢志盡歆所出也司馬彪志並房所出也至于後漢尺

氏漢魏代杜夔亦制律呂以之候氣灰悉不飛晉光祿

宮之正法也於後劉歆典領條奏著其始末理漸研精班

生二以下生皆三生四陽下生陰陽上生下皆三

大夫荀勖得古銅管校夔所制長古四分方知不調事由

其誤乃依周禮更造古尺用之定管聲韻始調左晉之後

漸又訛謬至梁武帝時猶有汲家王律宋蒼梧時鑄為橫

吹然訛謬其長短厚薄三體具存臣先人栖誠學筹於祖暅問

律於何承天律及宋太史尺並以聞奏詔付大匠依樣制管目

乃取王管及飛灰候景之亂臣兄喜沒於周適欲上聞陳武

斯以後律又飛灰候景之亂臣兄喜私候氣厚並有徵應至

帝詔荊州為質俄遇梁元帝敗喜欲以聞奏會宣帝崩後主嗣立出

太建時喜為吏部尚書欲以聞奏會宣帝崩後主嗣立出

喜為求嘉內史遂留家內眙諸子孫陳亡之際竟並遺失

今正十二管在太樂者陽下生陰始於黃鍾陰上生陽終

於中呂而一歲之氣畢於此矣仲冬之月律中黃鍾始生

去終於南事六十律候畢於此矣

黃鍾者首於冬至陽之始也自此之應天之數而長九寸十一月

氣至則黃鍾之律應之宣養六氣絪縕和九德故

後並用京房律準所以徵次日而用凡十二律各有所

攝引而申之至于六十亦由八卦衍而重之以為六十四

也相生者相變始著鍾下生林鍾以陽生陰故相變者

相攝者相通如中呂之管攝於物應以母權子故相攝者

異時而名應相感相應者同月而繼應有早晚者非正律氣

乃子律相感應寄母中應也其律大業末於江都淪喪

律直日

宋錢樂之因京房南事之餘更生三百律至梁博士沈重

鍾律議曰易以三百六十策當期之日此律曆之數也準

南子云一律以當一歲之日中律曆之術求之得三百

三百六十音以當一歲之日而為六十音因而六之故則

自古而然矣乃依淮南本數用京房之術求之得三

六十律各因月之本律以為一部以一部以母命子以

中氣所有日為子以母命子隨所多少各一律所建日辰

分數也以之分配七音則建日冬至之聲黃鍾爲宮太簇
爲商林鍾爲徵南呂爲羽姑洗爲角應鍾爲變宮蕤賓爲
變徵五音七聲於斯和用其次日建律皆依次類運時序
日者各自爲宮而商徵亦以次從以考聲徵氣辨識時序
萬類所宜各順其卽且黃鍾終於壯進一百五十律皆三
分損一以下生自依行終於億兆二百九律皆三分益一
以上生唯安運一律爲終不生其數音取黃鍾之實十七
萬七千一百四十七爲本以九三爲法各除其實得寸分
及小分餘皆委之即各其律之長也備其律部則上生下
生宮徵之次也今全略其名玖云

黃鍾

帝德　廣運　下濟　尅終　執始
黃中　通聖　潛升　毅普　景盛
咸亨　延文　微陽　分動
雲繁　鬱湮　升引　屯結　開元　質未
逋建　玄中　玉燭　調風
包育　含微
握鑒　持摳
滋萌　光被
生氣
儚昧

右黃鍾一部三十四律　每律直三十四分日之三十一

大呂

始賛　大有　坤元　輔時　匡弼　分否
唯微　兼望　庚微　執義　秉強　陵陰
芟動
又繁

〈十三〉

右大呂一部二十七律（接前）

侶陽　識沈　緝煕　知道　適時　權鑾
阿衡　同雲　承明　善述　休光　少出

右大呂一部二十七律　每律直一日及十七分日之三

太簇

未知　其巳　義建　辛毒　條風
達生　皰奏　初角　少陽　柔桄
扶弱　承齊　動植　咸擢　兼山　止速
龍躍　勾芒　調序　青要　結蕘　延敷
辨秩　東作　蕡揚　顯滯　俶落
湊始　時息
屈眇　商音
隨期
刑晉

右太簇一部二十四律

夾鍾

明庶　恊侶　陰賛　風從　布政　萬化
震德　乘條　芬芳　散卽　淑氣　風馳
蕡鬱　四陳　種生　恣性　逍遙　仁威
旭旦　晨朝　生遂　罄分　黎新
開時
佚喜
爭南

右夾鍾一部二十七律

〈十四〉

姑洗

南授　懷來　考神　方顯　攜角　洗陳　孌虞
握頴　嘉氣　始升　卿雲　媚嬪　跅道　路時
日旅　寶沈　從風　首節　柔條　方結　刑始

方齊　物華　華莫　茂實　登明　壯進運（下生安）
依行（上生包）　小選　道從　朱鍙　揚庭　含員（育）

右姑洗一部三十四律

中呂

朱明　啟運　景風　初緩　羽物　斯奮　南中
離春　率農　有程　南訛　敬致　相趣　內貞
朱草　含輝　屈軼　曜疇　巴氣　清和　物應
戒嬈　荒落　貞軫　天庭　祚周

右中呂一部二十七律

蕤賓

隋志十一　〈十五〉

南事（律）京訊絀　謐靜　則選　布薆　蒲蠃　潛動
盛變　實安　懷遠　聲譽　軼同　海水　息滲
離躬　安壯　崇明　遠眺　升中　鳳書　朝陽
制時　瑞通　鵕火　乂次　高巘　其煌

右蕤賓一部二十七律

林鐘

謙侍　崇德　備道　方壯　陰升　雍愿　去滅
華銷　朋慶　雲布　均任　仰成　寬中　安度
德均　無塞　禮溢　智深　佳肅　純恪　歸嘉
羹音　溫鳳　候節　黌華　繡嶺　物無　否與

景口　曜井　日煥　重輪　財華

右林鐘一部三十四律

夷則

升商　清奠　氣精　陰德　白藏　御叙　鮮刑
貞冠　金天　劉獮　曾道　歸仁　陰侶　去南
陽消　柔辛　延乙　和庚　雍卉　羹晉　分積
孔脩　九德　咸盡　斂惟　俾乂

右夷則一部二十七律

南呂

隋志十一

白呂　拍秀　敦實　素風　勁物　酋穩　結躬
肥遯　贏中　晟陰　抗節　戒遠　有藏　歸期
中德　壬猷　允塞　蕢收　搏總　搖落　未卯
贊隨　分蒲　道心　貞堅　蓄止　歸藏　夷汗
均義　悅使　云芳　九有　光貢　〈十六〉

右南呂一部三十四律

無射

思沖　懷謙　恭儉　休老　恤農　銷祥　閒奄
降妻　藏邃　日在　旋春　關藏　明奎　鄰霽
軌衆　大蕃　畜歛　下濟　息肴　無邊　期保
延年　秋深　野色　玄月　澄天

應鍾

分為　祖微　擾始　功成
無為　而乂　姑射　乂定
萬機　萬壽　凝晦　靜謐　遲內
方制　無休　地乂　動寂　未育
　　　九野　天長　應徵
　　　八荒　脩復
　　　億兆　遲時
　　　安運

右應鍾一部二十八律

審度　[隋志十一]

史記曰夏禹以身為度以聲為律禮記曰丈夫布手為尺此璧徑尺以起度量

周官云璧羨以起度鄭司農云羨長此璧徑尺以起度量

易緯通卦驗十馬尾為一分淮南子云秋分而禾熟定而禾熟律數十二（蔪而當一粟十二粟而當一寸蔪者末穗也）說苑云度量權衡以粟生一粟為一分孫子算術云蠶所生吐絲為忽十忽為秒十秒為豪十豪為毫十螯為秒分（此皆起度之源其文大乂互唯漢志度者所以度長短也本起黃鍾之長以子穀秬黍中者一黍之廣度之九十分為黃鍾之長一黍為一分十分為一寸十寸為一尺十尺為一丈十丈為一引而五度審矣後之作者又憑此說以律度量衡並因秬黍散為諸法其率可通故又黍有大小之差年有增耗之異末代量校每有不同又俗傳訛

十七

替漸致損金略諸代尺度之二十五等并異同之說如左

一周尺
漢志王莽時劉歆銅斛尺
後漢建武銅尺
晉泰始十年荀勗律尺為晉前尺
祖冲之所傳銅尺

太樂八音不和始知後漢至魏尺長於古四分有餘乃勗依古尺更鑄銅律呂以調聲韻以尺量古器與本銘尺寸無差又汲郡徐廣徐爰王隱等晉書云武帝泰始九年中書監荀勗校

[隋志十一]

盜發魏襄王家得古周時玉律及鍾磬與新律聲韻闇同于時郡國或得漢時故鍾吹新律命之皆應梁武鍾律緯云祖冲之所傳銅尺其銘曰晉泰始十年中書考古器揆校今尺長四分半所校古法有七品一曰姑洗玉律二曰小呂玉律三曰西京銅望臬四曰金錯望臬五曰銅斛六曰古錢七曰建武銅尺姑洗微強西京望臬微弱其餘皆同此尺者勗新尺也今尺者杜夔尺也雷次宗何承之二人作鍾律圖所載荀勗校量古尺文與此銘同而蕭吉樂譜謂為梁朝所考七品謬也今以此尺為本以校諸代尺云

十八

二晉田父玉尺

梁法又實比晉前尺一尺七氂

世說稱有田父於野地中得周時玉尺便是天下正尺荀
勖試以校尺所造金石絲竹皆短校一米梁武帝鍾律緯
稱主衣從上相承有周時銅尺一枚玉律八枚檢主衣
周尺東昏用為章信尺不復存玉律一口蕭餘定七枚撿主衣
鍾有晉題刻迴以命古鍾按刻夷則以新尺制為四器名為
之最為詳密刻迴長尺以相糾取細毫中黍積次訓定今
通又依新尺為笛以命古鍾按刻夷則以笛命飲和韻夷
則定合槃此兩尺長短近同

三梁表尺實比晉前尺一尺二分二氂一毫有奇

蕭吉云出於司馬法梁朝刻其度於影表以則影案此即
秦朝請祖暅所算造銅圭影表者也經陳減入朝大業中
議以合古乃用之調律以制鍾磬等八音樂器

四漢官尺實比晉前尺一尺三分七氂

晉時始平掘地得古銅尺

蕭吉樂譜云漢章帝時零陵文學史奚景於泠道縣舜廟
下得玉律度為此尺傳暢晉諸公讚云荀勖造鍾律時人
並稱其精密唯陳留阮咸譏其聲高後始平掘地得古銅
尺歲久欲毀以校荀勖今尺短校四分時人以咸為解此

三〇七七 《志十一 隋書十六》 《十九》 五

兩尺長短近同五魏尺杜夔所用調律比晉前尺一尺四
分七氂魏陳留王景元四年劉徽注九章云玉蒹時劉歆
斛尺弱於今尺四寸五分魏尺其斛深九寸五分五氂
即晉荀勖所云杜夔尺長於今尺四寸半是也

六晉後尺實比晉前尺一尺六分二氂

蕭吉云晉氏江東所用

七後魏前尺實比晉前尺一尺二寸七氂

八中尺實比晉前尺一尺二寸一分一氂

九後尺實比晉前尺一尺二寸八分

後周市尺比玉尺一尺九分三釐毫

開皇官尺即鐵尺一尺二寸

此後魏初及東西分國後周未用玉尺之前雜用此等尺

甄鸞算術云周朝市尺得玉尺九分二氂或傳梁時有志
公道人作此尺寄入周朝云與多驗識老翁周太祖及隋高
祖各自以為得于仁壽大業中人間行用及開皇初著令以為官
尺百司用之終于仁壽大業中人間或私用之

十東後魏尺實比晉前尺一尺五寸八氂

此是魏中尉元延明累黍用半周之廣為尺纏朝因而用
之魏收史律曆志云公孫崇求平中更造新尺以纏秦中者一
之長累為寸法尋太常卿劉芳受詔備樂以纏黍中者一

三〇七六 《志十一 隋書十六》 《二十》

黍之廣即為一分而中尉元匡以一黍之廣度黍二縫以
取一分三家紛競久不能決太和十九年高祖詔以一黍
之廣用成分體九十之黍黃鍾之長以定銅尺有司奏從
之詔而芳又同高祖所制故迄武定未有論

律者

十一蔡邕銅籥尺

後周王尺實比晉前尺一尺一寸五分八氂

從上相承有銅籥一以銀錯題其銘曰籥黃鍾之宮長九
寸空圍九分容秬黍一千二百粒稱重十二銖兩之為一
合三分損益轉生十二律祖孝孫云相承傳是蔡邕銅籥

後周武帝保定中詔遣大宗伯盧景宣上黨公長孫紹遠
斛斯徵等累黍造尺從橫不定後因倉掘地得
古玉斗以為正器據斗造律度量衡因用此尺大赦改元
天和百司行用終於大象之末其律黃鍾與紫邑古籥同

十二宋氏尺實比晉前尺一尺六分四氂

錢樂之渾天儀尺

後周鐵尺

開皇初調鍾律尺及平陳後調鍾律水尺此宋代人間所
用尺傳入齊梁陳以制樂律與晉後尺及梁時俗尺劉曜
渾天儀尺略相依近當由人間恒用增損訛替之所致也

周建德六年平齊後即以此同律度量頒于天下其後宣
帝時達奚震及牛弘等議曰竊惟權衡度量經邦懋軌誠
須詳求故命王公等議造當時檢勘用為前周之鐵尺故
蘇綽所造當時檢勘用為前周之尺以驗其長短與宋尺符
同即以調鍾律并用均度地今以上黨羊頭山黍依漢
書律曆志度之若以大者稠累黍雖復小稀實於黃鍾之律不動
須撼乃容若以中者累黍雖復小稀實於鐵尺之律終有一會
而蒲計此二事之殊良由消息未善其於圓徑
且上黨之黍有異他鄉其色至烏其形圓重用之為量定
不徒然正以時有水旱之姜地有肥瘠之異取黍大小未
必得中案許慎解稃黍體大本異於常疑今之大者正是
其中累百蒲尺即是會古實籥之外纏剩十餘此恐圓徑
或差造律未妙就如撼動取蒲論理亦通今勘周漢古錢
大小有合宋氏渾儀尺度無舛又依淮南累粟十二成寸
明先王制法索隱鈎深以律計分義無差異漢書食貨志
云黃金方寸其重一斤今鑄金校驗鐵尺為近依文據理
符會甚多且平齊之始已用宣布今因而為定彌合時宜
至於玉尺累黍以廣為長累既有剩以黍量尺過短尋訪古今
恐不可用其晉梁黍以廣暠長累過為短小以黍實管彌復不容
律調聲必致高急且八音克諧明王盛範同律度量哲后

通規臣等詳校前經其量時事謂用鐵尺於理爲便未及
詳定高祖受終於牛弘辛彥之鄭譯何妥等又議不決既平
陳上以江東樂爲善曰此華夏舊聲雖隨俗改變大體猶
是古法孝孫云平陳後廢周玉尺律便用此鐵尺律以
一尺二寸即爲市尺
十三開皇十年萬寶常所造律呂水尺實比晉前尺一尺
一寸八分六釐今太樂庫及內出銅律一部是萬寶常所
造名水尺律說稱其黃鍾律當鐵尺南呂倍聲南呂黃鍾
羽也故謂之水尺律
十四雜尺趙劉曜渾天儀土圭尺長於梁法尺四分三釐

隋志十一

《二三》

實比晉前尺一尺五分
十五梁朝俗間尺長於梁法尺六分三釐
於劉曜渾儀尺二分實比晉前尺一尺七分一釐梁武鍾
律緯云宋武平中原送渾天儀土圭云是張衡所作並是劉曜所
儀銘題是光初四年鑄土圭是光初八年作並是張衡所
制非張衡也制以爲尺長今新尺四分三釐短俗間尺二
分新尺謂梁法尺也

嘉量

周禮奧氏爲量龥深尺內方尺而圓其外其實一龥其臀
一寸其實一豆其耳三寸其實一升重一鈞其聲中黃鍾

既而不稅其銘曰時文思索允臻其極嘉量既成以觀四
國永啓歇後款器維則春秋在民傳曰齋舊四量豆區釜
鍾四升曰豆各自其四以登於釜六斗四升也釜十則鍾
六十四升也鄭玄以爲方尺積千寸比九章粟米法少二
升八十一分升之二十二祖沖之以筭術考之積凡一千
百二十寸菽合麻麥一斛積二千七百寸米一斛積一千
九章商功法程粟一斛積二十七百寸米一斛積一千六
百六十二寸半方尺而圓其深尺列減傍一龥八毫其徑
五百六十二寸半方尺而圓其深尺列減傍一龥八毫其徑一
尺四寸一分四毫七抄二忽有奇而深尺即古斛之制也

志十一 隋書十六 二四

麤爲率使價齊而不等其器之積寸也以米斛爲正則同

千漢志孫子筭術曰六粟爲圭十圭爲秒十秒爲撮撮爲
十圭爲合應劭曰圭自然之形陰陽之始四圭爲撮孟
康曰六十四黍爲圭漢志曰量者龠合升斗斛也所以量
多少也本起於黃鍾之龠用度數審其容以子穀秬黍
者千有二百實其龠以井水准其槩合龠爲合十合爲升
十升爲斗十斗爲斛而五量嘉矣其法用銅方尺而圓其
外旁有庣焉其上爲斛其下爲斗左耳爲升右耳爲合龠
其狀似爵以縻爵祿上三下二參天兩地圓而函方左一
右二陰陽之象也圓象規其重二鈞備氣物之數各萬有
一千五百二十也聲中黃鍾始於黃鍾而反覆爲其斛銘
二千五百二十也

曰律嘉量斛方尺而圓其外庣旁九氂五毫冪百六十二
寸深尺積一千六百二十寸容十斗祖沖之以圓率考之
此斛當徑一尺四寸三分六氂一毫九秒二忽庣旁一分
九毫有奇劉歆庣旁少一氂四毫有奇歆數術不精之所
致也

魏陳留王景元四年劉徽注九章商功曰當今大司農斛
圓徑一尺三寸五分五氂深一尺積一千四百四十一
十分之三王莽銅斛於今尺為深九寸五分五氂徑一尺
三寸六分八氂七毫以徽術計之於今斛為容九斗七升
四合有奇此魏斛大而尺長王莽斛小而尺短也

梁陳依古齊以古升五升為一斗後周武帝保定元年辛
已五月晉國造倉獲古玉升暨五年乙酉冬十月詔改制
銅律度遂致中和累黍篇同弦玉量與衡度無差准為
銅律升之銘也其玉升銘曰維大周保定元年歲在
重光月旅雜賓晉國公以聞勑納於天府暨五年歲在
為式此銅升之銘也
銅升用頒天下內徑七寸一分深二寸八分重七斤八兩
天和二年丁亥正月癸酉朔十五日戊子校定移地官府
正若古之嘉量太師晉國公以聞勑稽準繩考以合太平
在叶洽曰至帝廼詔稽準繩考灰律不失圭撮不差實米黍遂
銘金為之用頒天下以合太平權衡度量本若以數計之

玉升積玉尺一百一十寸八分有奇斛積二千一百八十
五分七氂三毫九秒又甄鸞算術云玉升一升得官斗一
升三合四勺此玉升大而官斗小也以數計之甄鸞為所據
後周官斗積玉尺九十七寸有奇斛積九百七十七寸有
奇後周玉斗積玉尺九十七寸副金錯銅斗及建德六年金錯題銅斗實
同以秬黍定量以玉稱權之一升之寶貴重六斤十三兩
開皇以古斗三升為一升大業初復古斗

衡權

衡者平也權者重也衡所以任權而鈞物平輕重也其道
如底以見準之正繩左旋見規右折見矩其在天也
佐助琁機斟酌建指以齊七政故曰玉衡
石也以秤物平施知輕重也古有黍絫錘鍰鈞鋝鎰之
目歷代參差其詳未聞前志曰權本起於黃鍾之重一

龠容千二百黍重十二銖兩之為兩二十四銖為兩十六
兩為斤三十斤為鈞四鈞為石五權謹矣其制以義立之以
物鈞之其餘大小之差以輕重為宜圜而環之令之肉倍好
者周旋亡端終而復始亡窮已也權與物鈞而生衡衡
生規規圓生矩矩方生繩繩直生準準正則衡平而鈞連
矣是故規圓生矩矩方生繩繩直生準準正則衡平而鈞
生規規圓備于鈞器而生繩繩直生準準正則衡平而鈞
者周旋規圓終而復始亡窮已也
物造建德殿得圓石狀如水碓其銘曰律權石重四鈞同
律嘉量太師晉國公以聞詔稽準以合太平權石重四鈞七
月造建德殿得圓石狀如水碓其銘曰律權石重四鈞同

律度量衡有平氏造續咸議是王葬時物後魏景明中并
州人王顯達獻古銅權一枚上銘八十一字其銘云律權
石重四鈞又云黃帝初祖德币于虞虞帝始祖德币于辛
歲在大梁龍集戊辰直定天命有人據土德受正號即真
改正建初班天下萬國永遵子子孫孫其傳億年此亦王
大寶沈初長壽隆崇同律度量衡稱當前人龍在巳巳歲
莽所制也其時大樂令公孫崇依漢志先修稱尺及見此
權以新稱稱之重一百二十斤新稱與權合若符契於是
付崇調樂孝文時一依漢志作斗尺

梁陳依古稱齊以古稱一斤八兩為一斤周王稱四兩當
古稱四兩半開皇以古稱三斤為一斤大業中依復古稱

志第十一

律曆上　隋書十六

太尉揚州都督監修國史上柱國趙國公臣長孫無忌等奉　勅撰

夫曆者紀陰陽之通變極運數以知來可以迎日授時先
天成務者也然則歟象著明莫大於二曜氣序環復無信
於四時日月相推而明生矣寒暑迭進而歲成焉遂能成
天地之文極乾坤之變天數五地數五五位相乘而各有
合天數二十有五地數三十凡天地之數五十有五所以
成變化而行鬼神也乾之策二百一十有六坤之策一百
四十有四凡三百六十以當朞之日也乃陰陽迭用剛
柔相摩四象既陳八卦成列此乃造文之元始劃曆之厥

【隋志十二】

初者歟洎乎炎帝分八節軒轅建五部少昊以鳳鳥司曆
顓頊以南正司天陶唐則分命和仲夏后乃備陳鴻範湯
武革命咸率舊章然文質既殊正朔斯革故天子置日官
諸侯有日御以和萬國以叶三辰于寒暑晦明之徵陰
陽生殺之數啓閉升降之紀消息盈虛之節皆應躔次而
不淫遂得該浹生靈堪輿天地開物成務致遠鈎深周德
既衰史官廢職疇人分散機祥莫理泰天下頗推五勝
自以獲水德之瑞以十月為正漢氏初興多所未暇百有
餘載猶行秦曆至于孝武改用夏正時有古曆六家學者
疑其紕繆劉向父子咸加討論班固因之採以為志光武

中興未能詳考逮于永平之末乃復改行四分七十餘年
儀式方備其後劉洪徐岳並究天官韓翊何承天於
續班史官雋咸命洪為部法事紀紛未能詳中左兩晉司馬
於西涼亦為部法事紀紛未能詳記宋氏元嘉天數中年
造曆迄于齊末相仍用之梁武初興因循齊舊曆天
宣用宋景業曆西魏入關行李業興曆陳亦無劃後齊天
甄鸞造甲寅元曆逮於周武帝乃有
方改行宋祖沖之甲子元曆陳武受禪亦無劃改後又
顯又上景元曆便即行迄于開皇四年乃改用張賓
曆十七年復行張冑玄曆直至于大業已來梁天監以來五
代損益之要以著于篇云

【隋志十二】

梁初因齊用宋元嘉曆天監三年下詔定曆員外散騎侍
即祖晅奏曰臣先在晉已來世名此職仰尋黃帝至今十
二代曆元不同周天斗分踈密亦異當代所用之各垂一法
宋大明中臣先人考古法以為正曆垂之于後事甚明驗
不可改張八年曆又上疏論之詔使大史令將匠道秀等
候新舊二曆親氣朔交會及七曜行度起八年十一月訖九
年七月新曆密親舊曆踈曆起訖八年十一月記九
稍與天乖緯緝參差不可承案被詔付靈臺與新曆對課

蹀密前期百日并又再申始自去冬終于今得失之效
並巳月別啓開天七曜運行理數深妙一失其源則歲積
彌乘所上脫可施用宜在來正至大同十年制詔更造新曆以祖冲之所
造甲子元曆頒朔至天保元年庚午用祖冲之所
元六百十九爲章歲一千五百三十六爲日法一百八
十三年冬至差一度月朔以運蹙定其小餘有三大二小
未及施用而遣侯景亂遂寢陳氏因梁亦用祖冲之曆更
無所創改

後啓文宣受禪命散騎侍郎宋景業叶圖讖造天保曆景
業奏依握誠圖及元命包言齊受籙之期當魏終之紀得

三 》

乘三十五以爲部應六百七十六以爲章文宣大悅乃施
用之期曆統曰上元甲子至天保元年庚午積十一萬五
百六算外章歲六百七十六度法二萬三千六百六十千
分五千七百八十七曆餘十六萬二千二百六十一至後
主武平七年董峻鄭元偉立議非之曰宋景業移閏於天
正退命於冬至交會之際承二大之後三月之交晷減平
分臣宋景業與元非探頤識殊深解有心改作多依舊章唯
爲子換母頗有乖爽董妄誕穿鑿鑒不會真理乃使日之所
裏遲疾之曆步文不可以俟通妄設平分虛退冬至虛退

則日數減於周年平分妄設故加時差於異日五星見伏
有違二旬暉疾遲留或兼兩宿軌轍之術妄刻水旱今上
甲寅元曆並六百五十七爲率二萬二千三百三十八
爲部五千四百六十一爲斗分甲寅歲甲子日爲元紀文
有廣平人劉孝孫張孟賓二人同知曆事孟賓受業於張
子信並兼舊事更制新法又有趙道嚴准晷影之長短定
日行之進退更造盈縮以求虧食之期劉孝孫以百一十
九爲章八千四十七爲紀九百六十六爲歲餘甲子爲上
元命日度起虛中張孟賓以六百二十九爲章四萬八千
九百爲紀九百四十八爲日法二萬四千四百四十五爲斗

四 》

分元紀共命法略相遠日月五星並從斗十一起盈縮轉
度陰陽分至與漏刻相符共日影俱合循轉無窮上拒春
秋下盡天統日月虧食及五星所在以二人新法考之無
有不合其年記于敬禮及曆家豫刻日食疏密六月戊申
朔太陽虧劉孝孫言食於卯時張孟賓言食於巳時鄭元
偉董峻言食於辰時宋景業言食於申時蹀密乃於卯
西魏入關尚行李業興正光曆法至周明帝武成元年始
甲之間其言皆不能中爭論未定遂屬國士
詔有司造周曆於是露門學士明克讓麟趾學士庾季才
及諸日者捃摭祖𣈋舊議通簡南北之術自斯已後頗觀其

諮故周齊並時而曆差一日克讓儒者不肯日官以其書
下于太史及武帝時韶韡造天和曆上元甲寅至天和元
年景戌積八十七萬五千七百九十二筭外章歲三百九
十一部法二萬三千四百六十日法二十九萬八百三十
朝餘一萬三千五百二十六日九十一斗分五十七萬一百六十
餘九萬三千五百二十六日九十一斗分五十七萬一百六十
統四分之說以節宣發欽考詳墊緯布政授時以為皇
極者也而乾維難測斗憲易老盈縮之期致舛各徵之道
斗十五度參用推步終於宣政元年大象元年大史上士
馬顯等又上景寅元曆抗表奏曰臣案九章五紀之旨三

世命元班朝互有沿改驗近則疊璧應辰經遠則連珠失
次義難循舊其在兹乎大周受圖曆錄絲籠萬古時夏秉
殺斟酌前代曆變壬子元用甲寅高祖武皇帝索隱探賾
盡性窮理以為此曆雖行未臻其妙爰降詔旨博訪時賢
漢已還迄於有魏運經四代事涉千年日御天官不丞於
王化關以盛衰有國由其隆替曆之時義於斯為重自炎
斯雁盤止蚺或乘龍水能涍火因亦王羊掩曜金難與精
各封異見凡所上曆合有八家精驪路駮未能盡善去年
并物太史上士馬顯等更事刊定務得其宜然術藝之士
冬孝宣皇帝乃詔臣等監考疎密更令同造謹案史曹舊

薄及諸家法數棄長取共定今術開元發統肇自景寅
至於兩曜虧食五星伏見參校積時最為精密薦鐵炭輕
重無失箕煥之宜灰箭飛浮不爽陰陽之度上元景寅至
大象元年已亥積四萬一千五百五十四筭上日法五萬
三千五百六十三亦名品會法章歲四百四十八章中
千一百六十七日法一萬二千九百七十六日法五萬
法日法五萬三千五百六十三曆餘二萬九千六百九十
三會日法五萬三千五百六十一會餘一萬六千六百二
四十二度小周餘盈縮積其曆術別推入部會分用陽率
四百九十九陰率九每十二月下各日月蝕轉分推步

加減之乃為定蝕大小餘而求加時之正其術施行時高
祖作輔方行禪代之事欲以符命張賓揣
知上意自云玄相洞曉星曆因盛言有謝之徵又稱上
儀表非人臣相由是大被知遇恒在幕府及受禪之初擢
賓為華州刺史使與儀同劉暉驃騎將軍董琳索盧縣公
劉祐前太史上士馬顯太學博士鄭元傳前保章上士任
悅開府掾張徹前瀛邊將軍校書郎衡洪建太史
監候粟相大史司曆郭翟劉宜㐱并簧學博士張乾叙門下
賓等王君瑞荀隆伯等議造新曆仍令太常卿盧賁監之
又依何承天法微加增損四年二月撰成奏上高祖下

詔曰張賓等存心算數通洽古今每有陳聞多所啓沃畢

功表奏具已披簡德後月朓宵不出前晦之宵前月之餘

空朒後朔之旦減朒就朒朒朒殊積準月行晝裏敬述乃異

日交弗食由循陽道驗時轉籌不越緯家遂聽前脩斯祕

未啓有一於此寔為精密宜頒天下依法施用張賓所造

曆法其要以上元甲子已已以來至開皇四年歲在甲辰

積四百一十二萬九千一算上

部法二十萬二千九百六十

章歲四百二十九

章月五千三百六

日法一十八萬二千九百二十

斗分二萬五千六十三

會率二千二百九十七

會月一千二百九十七

會數一百二十半

會分一十一億八千七百二十五萬八千一百八十九

會日法四千七百二十萬四千三百二十

會日一百七十三

餘五萬六千一百四十三

小分一百二十

交法五億一千二百一十萬四千八百

交分法二千八百一十五

陰陽曆十三

餘十一萬二千八百一十三

小分二千三百二十八

朔差二

蝕限十二

小分九百七十四

餘五萬七千九百二十一

定差四百五十四百四十八

周日二十七

餘一十萬八千五百五十九

木精曰歲星合率四千一百六十六萬三千八百八十九

火精曰熒惑合率八千一百二十九萬七千九百二十六

土精曰鎮星合率三千九百一十二萬五千四百一十三

金精曰太白合率六千一百一十一萬九千六百五十五

水精曰辰星合率一千二百一十九萬三千一百二十五

亦名少　大法

張賓所制之曆既行劉孝孫與冀州秀才劉焯並稱其失
言學無師法刻食不中所駁凡有六條其一云承天不
知分開之有失而用之十九年之七閏其二云連珠合璧七曜須不解箱
慶之差改而冬至之日也守常差其三云連珠合璧七曜須
同乃以五星別元其四五宿等唯識轉加大餘
立元之法不知日月不合不成朔旦冬至氣餘分恰盡而為
二十九以為朔不解取日進退其六宿等唯知日月合會准以為定此六事微妙
守立元之法不須明有日月合會准以為定此六事微妙
曆數大綱聖賢之通術而暉未曉此寔管窺之謂也若乃
驗影定氣何氏所優宿等測去之彌速合朔順天何氏

加分宿等守後據循彼述蹤蓋是失其菁華得其糠枇者也
又云魏明帝時有尚書郎楊偉修景初曆乃上表立義駁
難前非云加時後天食不在朔然觀楊偉之意故以食朔
為真未能詳之而制其法至宋元嘉中何承天著曆其上
表云月行不定或有遲疾日月合朔月食不在朔望亦非非
意也然承天本意欲立合朔之術遭及延宗飾非致難故
事不得行至後魏獻帝時有龍宜芽復修延興之曆又上
表云此三人者前代善曆皆有其意未正其書但曆數所重
唯在朔氣朔為朔會之首氣為生長之端朔有告籲之文

氣有郊迎之典故孔子命曆而定朔旦冬至以為將來之
範今孝孫曆法並按明文以月行遲疾定其合朔欲令食
必在朔不在晦二之日也縱使頻月一小三大得天之統
大抵其法有三今列之云
第一勘日食證恒在朔引詩云十月之交朔日辛卯日有
食之今以甲子元曆術推算與甲子元曆不差春秋經書日食三
十五二十七日食經書有朔推與甲子元曆不差
朔者食二日也縠梁傳云不書朔者食晦也今以甲子元
書並無朔字左氏傳云不書朔官失之也公羊傳云不言
曆推算俱其朔日立明受經天子於理无許公羊縠梁皆

臆說也
春秋左氏隱公三年二月己巳日有食之　推合己巳朔
莊公二十八年春三月甲寅日有食之　推合壬子朔
僖公十二年三月庚午日有食之　推合庚午朔
十五年夏五月日有食之　推合癸未朔
襄公十五年秋八月丁未日有食之　推合丁未未朔
十一年今以甲子元曆術推之並合朔日而食
前後漢及魏晉四代所記日食朔晦及先晦都合一百八
前漢已有四十五食　三食並先晦一日食並是朔日　三十二食
後漢已有七十四食　三十七食並晦日　三十七食並皆朔日

魏合有十四食〔四食並皆晦日〕

晉合有四十八食〔二十五食並皆朔日　二十三食並皆朔日〕

第二勘合昏變驗

尚書云日短星昴以正仲冬即是唐堯之時冬至之日日在危宿合昏正案竹書紀年堯元年景子今以甲子元曆術推算得合堯時冬至之日日在斗十三度

晉時有姜岌又以月食驗於日度知冬至之日日在斗十七度

宋文帝元嘉十年癸酉歲何承天考驗乾度亦知冬至之日日在斗十七度雖言冬至後上三日前後通融只合在斗十七度

午漢書武帝太初元年丁丑歲落下閎等考定太初曆冬至之日日在牽牛初所在既殊唯晉及宋所在

未改故知其度理有緩差至今大隋甲辰之歲考定曆數象以稽天道知冬至之日日在斗十三度

第三勘氣影長驗

春秋緯命曆序云魯僖公五年正月壬子朔旦冬至今以甲子元曆術推算得合不差

宋書元嘉十年何承天以土圭測影知冬至已差三日詔使付外考驗起元嘉十三年為始測影知冬至日恒與影差校三日今以甲子元曆術推算但晝冬至之日恒與影

長之符合不差詳之如左

十三年景子
天正十八日曆注冬至
十五日影長

十四年丁丑
天正二十九日曆注冬至
二十六日影長
即是今曆冬至日

十五年戊寅

天正十一日曆注冬至
陰無影可驗
今曆八日冬至

十六年己卯
天正二十一日曆注冬至
十八日影長
即是今曆冬至日

十七年庚辰
天正二日曆注冬至
十月二十九日影長

十八年辛巳

天正十三日曆注冬至

十一日影長

即是今曆冬至

十九年壬午

即是今曆冬至日

天正二十九日曆注冬至

陰無影可驗

今曆二十二日冬至

二十年癸未

即是今曆冬至日

天正六日曆注冬至

三日影長

〈志十二〉 隋書十七 〈十三〉

于時新曆初頒賓有寵於高祖劉暉附會之被升為太史
令二人叶議共短孝孫言其非毀天曆率意後賓死孝妄
相扶證惑亂時人孝孫焯等竟以他事斥罷後賓死孝孫
為趙縣丞委官入京文上前後竟為劉暉所詰重寢不行仍
留孝孫直太史累年不調寓宿觀臺乃抱其書弟子奧槻
來詣闕下伏而慟哭執法即日擢授大都督遣與賓曆比校短
齎酒何安妥言其善即日擢授大都督遣與賓曆比校短

孝孫曆法更名七曜新術以奏之與胄玄之法頗相乖爽
乃可定曆高祖不懌又罷之俄而孝孫卒楊素牛弘等言
惜之又薦胄玄高祖召見之胄玄因言孝孫長景短之事高祖
大悅賞賜甚厚令與袤定新術劉焯開皇進用又增損
於是高祖引孝孫胄玄等親自勞徠孝孫所剋驗亦過半
所剋前後妙衷時起分數合如符契孝孫所剋驗亦過半
三朔依妙而食尚不得其時又不知所起皆無驗胄玄
袤問日食事楊素等奏太史凡奏日食二十有五唯一晦
孝孫共短賓曆異論鋒起久之不定至十四年七月上令
長先是信都人張胄玄以筭術直太史久未知名至是與

〈隋志十二〉 〈十四〉

袤充與胄玄害之焯又罷至十七年胄玄曆成奏之上付
楊素等校其短長劉暉與國子助教王頗等執舊曆術迭
相駁難與司曆劉援據古史影等驗胄玄云命曆序僖
公五年天正壬子朔旦日至左氏傳僖公五年正月辛亥
朔日南至張賓曆天正壬子朔旦日至合命曆序差傳一
至差命曆序二日差傳三日成公十二年命曆序天正辛
卯朔旦日至張賓曆天正壬子朔冬至合命曆序張胄玄
曆天正辛卯朔合命曆序二日差傳三日甲寅冬
昭公二十年春秋左氏傳二月己丑朔日南至準命曆序

庚寅朔旦、日至、張賓曆天正庚寅朔、冬至、並合命曆序差

傳一日、張賓曆天正庚寅朔合命曆序差傳一日二日

辛卯朔冬至、命曆序一日、差傳二日、宜察命曆序及春秋左

氏傳並合閏餘盡之歲甘須朔旦冬至、若依左傳合命曆者

三十七食合處至歲若須朔旦冬、至若依命曆序及春秋

今張賓曆信情置閏命曆序及傳氣朔至、以文知傳爲錯

至影有七張賓曆合者五差者二亦在前一日張賓曆

合者三差者四在後一日元嘉十二年十一月甲寅朔十

五日戊辰、冬、至、日影長張賓曆合人乙巳辰冬、至、張賓曆已

巳冬、至差後一日十三年十一月己酉朔二十六日甲戌

冬至日影長張賓曆癸酉夏至差前一日張賓曆合甲

戌冬至十五年十一月乙卯朔十八日甲申冬至日影長

二曆並合甲申冬、至十六年十一月丁卯朔二十九日己

丑冬至日影長張賓曆甲戌冬至差後一日影長

戌、至十七年十一月乙酉朔十日甲午冬至日影長

張賓曆合甲午冬、至張賓曆庚寅冬至差後一日十八

年十一月己卯朔二十一日己亥冬至日影長張賓曆

己亥冬至張賓曆庚子冬至差後一日影長

卯朔三日乙巳冬至張賓曆甲辰冬、至差前一日十一月

曺玄曆合乙巳、至文周從天和元年景戌至開皇十五

《十五》

年乙卯合得冬、夏至日影二十四張賓曆人合得者十差者

四三差前一日一差後一日張賓曆合者五差者九八

差後一日一差前一日天和二年戌戌朔三日庚

子冬至日影長張賓曆合庚子冬、至張賓曆合者辛丑冬至差

後一日三年十一月壬辰朔十四日乙巳冬、至日影長

賓曆合乙巳冬、至張賓曆景午冬、至差後一日建德元

年十一月丁卯朔二十九日乙亥冬至日影長張

寅冬至差前一日張賓短張賓曆巳巳夏至差後一日張

玄曆庚午夏至差後一日五月景寅

朝三日戊辰夏至日影短張賓曆丁卯冬至日

寅冬至差前一日三年十一月戊午朔二十日

丁丑冬至日影長張賓曆合丁丑冬至張賓曆戊寅冬

至差後一日六年十一月庚午朔二十三日壬辰冬至日

影長張賓曆合壬辰冬至張賓曆癸巳冬至差後一日

宣政元年十一月甲午朔五日戊戌冬至日影長兩曆並

合戊戌冬至張賓曆合己亥冬至差後一日

日合戊戌冬至開皇四年十一月甲寅朔二十二日

乙亥朝冬至差前一日開皇四年十一月甲寅朔二十二日

曆甲戌冬至差前一日十一月己亥冬至日影長張賓

日五年十一月戊申朔五日壬子冬至日影長張賓

曆合壬子冬至張賓曆癸丑冬至差後一日

乙亥朝九日癸未夏至日影短張賓曆張

曺玄曆合癸未夏至日影長十一月壬申朔十四日乙酉冬

曺玄曆合壬午夏至差後一日七年五月

日張賓朝冬至差前一日張賓曆

《十六》

至日影長張賓曆合乙酉冬至張冑玄曆景戌至差後
一日十一年十一月巳卯朔二十八日景午冬至日影長
張賓曆合景午冬至張冑玄曆丁未冬至差後一日十四
年十一月辛酉朔旦冬至張賓曆合十一月辛酉朔旦
至張冑玄曆十一月辛酉朔三十日甲寅月壬戌冬至張賓曆
德四年四月乙酉朔三十日甲寅月晨見東方張冑玄曆四月
小乙酉朔五月大甲寅朔月晨見東方宜案影極長為冬
四月大乙酉朔五月大甲寅朔三十日甲寅月晨見東方張賓曆四月
至影極短為夏至二日自古史分可勘者二十四其二十
一有影三有至日無影見行曆合二十八差者六旅騎尉

張賓玄曆合者八差者一十六二差後二日一十四差後
一日又開皇四年在洛州測冬至影與京師二處進退綠
臺不差大為冑曆閏必申見行曆四月五月頻大在後更檢得建德四年晦朔
閏七月張冑玄曆閏五月又審至以定閏冑玄曆至既不
東見張冑玄曆五月朔日月晨見東方今十七年張賓曆
方宜又案開皇四年十二月十五日癸卯依曆月行在鬼
三慶時加酉月在卯上食十五分之九虧起西北今伺候
一更一籌起食東北角十五分之十至四籌時還生至二更

依曆月行在室七度時加戌月在辰太強上食十五分之
十二半弱虧起西北今伺候十三年七月十六日依曆月在申半
分之二強與曆注同十三年七月十五日巳未
月以午後二刻食起正東今伺候十二年七月十五日巳未
分四漸生入申一刻半復滿十二月十五日庚子月行在胃四度時
候月初出卯南帶半食出至辰初三分可食二分許漸生
辰未巳復滿見行曆九月十六日庚子月行在胃四度時
加丑月在未半強虧起正東今伺候
三刻上復滿十年三月十六日癸卯依曆月行在氐七度
時加戌月在辰太半上食十五分之七半強虧起東北今
二刻始食虧起正西虧食三分之二辰後二刻始生入巳時

一籌復滿五年六月三十日依曆太陽虧日在七星六度
加時在午少強上食十五分之一半強虧起西南角今伺
候日乃午後六刻始食虧起西北十五分之六至
未後一刻還生至五刻復滿六年六月十五日依曆太陰
虧加時酉在卯上食十五分之五分之九半弱虧起西南當時
陰雲不見月至辰巳雲裏月已食三分之二虧起東北
即還雲合至巳午間稍生至午後雲裏覆見日出山一丈辰
食十五分之九強依曆太陽虧日在斗九度
三十日丁丑依曆太陽虧日在斗九度所見日出山一丈辰
二刻始食虧起正西虧食三分之二辰後二刻始生入巳時

強上食十五分之半弱齭起

五更齭起東北上食半強入雲不見十四年七月一日

依曆時加巳弱上食十五分之

日乃食齭起西北食半許不見食頃暫見猶未復生

夜一更四齭齭後月在辰上起食齭東南至二更三齭月在

巳上食三分之二許漸生至三更一齭月在景上復

因即雲鄣十五年十一月十六日庚午依曆月行在井十

月在未末弱上食十五分之十二半弱齭起東南十五日

六年十一月十六日乙丑依曆月行在井十七度復滿十

二十五　隋志十二

夜伺候至三更一齭月在景上雲裏見巳食十五分之三

許齭起正東至丁上食既後從東南生至四更三齭月在

未末復滿而齭玄不能盡中迷相駁難高祖感焉蹦時不

決會通事舍人顏慜楚上書二漢落下閎改顓項曆作太

初曆後八百歲此曆至一日語在齭玄傳高祖欲候其

事遂下詔曰朕應運受圖君臨萬寓思興聖教恢弘

令典上順天道下授人時搜揚海內廣延術士旅騎尉張

胄玄理思沉敏術藝宏深懷道白首來上曆法令與太史

舊曆並加勘審仰觀玄象參驗璿璣胄玄曆數與七曜符

合大史所行乃多疏舛羣目博議咸以胄玄曆為密太史令

十九

劉暉司曆郭翟劉宜驤騎尉佳悅往經修造致此乖謬通

直散騎常侍領太史令庾季才太史丞邢雋司曆郭遠曆

博士蘇粲曆助教傅儁成珍等飫是職司須審竦密遂虛

行此曆無所發明論暉等情狀巳合科罪方共飾非護短

不從正法李才等附下罔上義實難容於是暉等四人元

造詐者並除名李才等六八容隱奸愚俱解見任由胄玄所

全胄玄進表充互相引重各擅一能更為延譽胄玄言充

曆妙極前賢充言胄玄曆術冠於今古胄玄學祖沖之兼

傳其師法自茲厥後齭食頖中其開皇十七年所行曆術

二十　隋志十二

命冬至起虛五度後精覽其踪至大業四年劉焯卒後乃

敢改法命起虛七度諸法率更有增損朔終義寧二年戊

辰年所定曆術著之于此云自甲子元至大業四年戊辰

百四十二萬七千六百四十四年算外

章歲四百二十

章月五千七百一十　　　章閏百五十一

月法三萬三千七百八十三　日法千一百四十四

辰法二百八十六

歲法一千五百五十七萬二千九百六十三

度法四萬二千六百四十

二七五

没分五百一十九萬一千三百二十一

没法七萬四千五百二十一

周天分一千五百五十七萬四千四百六十六

斗分一萬八千八百六十六

氣時法一萬六千八百六十

日餘一萬四千四百一十三

周法二千五百四十八

氣法四十六萬九千四十

周日二十七

周通七萬二百九

推積月術置入元巳來至所求年以章月乘之如章歲得一為積月餘為閏餘〔閏餘三百九十七巳上其歲有閏冬至不在其月加積月一〕

推月朔弦望術以月法乘積月如法得一為積日餘為小餘以六十去積日餘為大餘命以甲子算外為所求年天正月朔日〔天正月建子月也今為正月巳去其十一月加大餘〕

凡正月朔小餘五百四十三巳上其月大加大餘

從大餘滿六十去之命如前為上弦日又加得望下弦後月朔朔餘滿五百三十去其月大減者小

推二十四氣術以月法乘閏餘又以章歲乘朔小餘加之如氣法得一為日命朔算外為冬至日不盡者以十一約

如氣法得一為日分求次氣加十五日分九千三百二十五小分

之為日分求次氣加十五日分九千三百二十五小分

一小分滿八從日分一日分滿度法從日一如月大小去

之日不滿月算外為次氣日其月無中氣者為閏

二十四氣	損益率	盈縮數
冬至十一月中	益七十	縮初
小寒十二月節	益七十	縮七十
大寒十二月中	益三十五	縮百五
立春正月節	益二十	縮百三十
雨水正月中	益二十	縮百六十
啓蟄二月節	益五十五	縮百八十
春分二月中	益三十五	縮二百二十五
清明三月節	損三十五	縮百七十
穀雨三月中	損四十	縮百二十五
立夏四月節	損三十	縮八十五
小滿四月中	損五十五	縮五十五
芒種五月節	益六十五	盈初
夏至五月中	益五十五	盈六十五
小暑六月節	益四十	盈百二十
大暑六月中	益二十五	盈百六十
立秋七月節	益五	盈百八十五
處暑七月中	益三十	盈百九十
白露八月節	益四十	盈二百二十
秋分八月中	益六十	盈二百六十

寒露九月節　損五十五　盈二百
霜降九月中　損五十　盈百四十五
立冬十月節　損四十五　盈九十五
小雪十月中　損四十　盈五十
大雪十一月節　損四十　盈十

求朔望入氣盈縮術

以入氣日筭乘損益率如十五得一以損益盈縮數為定盈縮其入氣日十五筭者如十六得一餘八已上從一以損
半法已上亦從一以下皆准此

推土王術

加分至日二十七日分一萬六千七百六十七小分九小分滿四十從日分一滿去如前即分至後土始王日

推没日術

其氣有小分者以水乘日分內小分又以十五乘之以減没分無小分者以其氣去朔日加之去命如前盡為日分以其氣去朔日加之滿没法為日不

求次没

加日六十九日分四萬九千三百七十二日分滿没法從日去命如前

推入遲疾曆術

以周通去朔積日餘以周法乘之滿周通又去之餘滿周日法得一日餘為日餘即所求年天正朔筭外夜半入曆日及餘

求次月

大月加二日小月加一日日餘皆十一百三十五滿周日法及餘去之

求朔望加時入曆術

以四十九乘朔小餘滿二十二得一為小分以加夜半入曆日及餘分滿一滿去如前

求次日

及日餘去之加一日餘滿周日法去之如前

求望

加十四日餘二千四百八十六小分二十一半滿去如前即次月入曆日及餘

曆日轉分轉法益損率盈縮積分差法

曆日	轉分	轉法	益損率	盈縮積分	差法
一日	六百一	退六	益三百四十八	盈初	五千六百
二日	五百九十五	退七	益三百一十八	盈六十萬五千一百四十九	五千五百九十
三日	五百八十八	退八	益二百七十九	盈一百一十四萬五百七十八	五千五百七十七
四日	五百八十	退九	益二百四十二	盈一百六十一萬五千七十七	五千五百六十
五日	五百七十一	退九	益二百三	盈二百三十萬五千四百三十	五千五百四十

角十二度

亢九度

氐十五度

房五度

心五度

尾十八度

箕十一度

氣盈縮

東方七宿七十五度

推朔望加時定日及小餘術

以入曆日餘乘所入曆所日損益率以損益

盈縮積分如差法而一為定積分乃與入氣定

盈縮皆以盈減縮加本朔望小餘不足減者加日

法乃減之加之滿日法者去之則在來日餘為定

小餘無食者不須

斗二十六度　牛八度　女十二度　虛十度

危十七度　室十六度　壁九度

北方七宿九十八度

奎十六度　婁十二度　胃十四度　昴十一度

畢十六度　觜二度　參九度

西方七宿八十度

張十八度　翼十八度　軫十七度

南方七宿百一十二度

井三十三度　鬼四度　柳十五度　星七度

推日度術

置入元至所求年以歲分乘之為通實周天分去之

如度法而一為積度不盡為度分命度以虛七度宿次去之經斗去其分宿次不滿宿筭外即所求年天正冬至日所在度及分

其夕度不滿宿筭外即所求年天正冬至夜半日所在度及分

以至去冬至日數乘度數分不足減者減度一加度法乃減之命如前即天正朔前夜半日所在度及分 求朔須者

求次月大月加度三十小月加度二十九宿次去其分

求次日加度一去命如前

求朔望加時日所去命如度術

各以定小餘乘章歲滿十一為度分以加其前夜半度分 凡朔加時日月同度

滿之去如前 日月同度

求轉分以千四十約度分不盡為小分

置望加時日所在度及分加度術

小分七百五十三小分滿千四十從轉分一百八十二轉分滿四十一從度

一從度去命如前經斗去轉分十小分四百六十六

求月行遲疾入曆日轉定分術

以夜半入曆日餘乘轉差滿周法得一為變定差以進加退減日轉分為定分

推朔望夜半月定術

以定小餘乘所入曆日轉定分滿日法得一為分分滿四十一為度各以減加時月所在度即各其前夜半定度

求次日以日轉定分加轉分滿四十一從度去命如前

推五星術

乃不用前加

木數千七百萬八千三百二十四分

火數三千三百二十五萬六千二百二十六

土數千六百一十二萬二千七百二十七

金數二千四百八十九萬八千四百一十七

水數四百九十四萬一千九百九十八

木終日三百九十八 日分三萬七千六

火終日七百七十九 百四十六日分二萬九千

土終日三百七十八 百四十七日分同

金終日五百八十三 百四十七日分同

水終日百一十五 日分三萬九千二百九十七 晨見伏六十二日分

求水星見術

置通實各以數去之餘以減數其餘如度法得一為日不盡為日分即所求年天正冬至後晨平見日及分 其金水以夕見

求平見月日置冬至去朔日數及分加之分滿度法從日起天正月依大小去之不滿月及分加之分滿慶法從日起天正月依大小去之不滿月

若為去朔日筭卯即星見所在月日及分

求後見各以終日及分加之滿去如前 其金水各以晨夕加之滿去如前加 最得夕加 夕得晨

伏日去之得者餘為夕平見日及分

木平見在春分前者以三千三百四十乘去大寒後十日數以加平見日分滿法之以為定見日及分至立秋後者以四十二百乘去寒露日加之滿同前春分至清明均加四日後至立夏五日以後至芒種加六日均至立秋小雪前者

以七千四百乘去寒露日數以減平見日分冬至後者以八千三百乘去大寒後十日數以減之小雪至冬至均減八日為定見日數初見伏去日各十四度

火平見在雨水前以萬三千四百六十乘去立夏日數以減之小雪至冬至均加二千八百八十乘去立秋日數去大暑日數以減二萬四千二百九十八百八十乘去大暑日數自露後以以減之小雪至冬至均加二千

滿去如前雨水至立夏均加三千四百四十乘去立秋日數加二百八十乘去大暑日數滿去如前

五百八十乘去大暑日數滿去如前

去如前

土平見在處暑著前以萬二千三百七十乘去大暑日數自五日初見伏去日各十七度

土平見在處暑著前以萬二千三百七十乘去大暑日數自露後以八千三百四十乘去霜降日數以加見日分滿如前處暑至白露均加九日小寒前以四千九百八十乘去霜降日數小寒至立春均減九日立春後減八日啟蟄後去七氣別去一至穀雨去三夏至後十日去一大暑去盡七氣別去一至穀雨去三夏至後十日去一大暑去

金晨平見在立春前者以四千一百二十乘去小滿後以冬至日數至日數以加見日分滿均加三日立秋前以乘去乘去夏至日數滿去如前以見日分立秋至小雪乃平去

金晨平見在啟蟄前以六千三百九十乘去芒種日數滿去以六千二百九十乘去芒種日數滿去如前以減之啟蟄至

清明均減九日處暑前以六千二百九十乘去夏至日數

寒露以六千二百九十乘去大雪日數以加之處暑至寒

露均加九日初伏去日各十一度

水晨平見在雨水後立夏前者應見不見啟蟄至雨水去

日十八度外四十六度內晨有木火土金一星巳上者見

巳上者不見立夏至小滿去日度如前晨有木火土金一星

無者不見亦不見從霜降至小雪加一日冬至至小

寒減四日立春至雨水減三日冬至至小雪一去三三

去一夕平見在處暑後霜降前者應見不見霜降至立冬又有星

又有星去日如前者見無者亦不見從穀雨至夏至減二日初見

行五星法

伏去日各十七度

去日如前者見無者亦不見從穀雨至夏至減二日初見

置星定見之前夜半日所在宿度星先以見去日度數晨減夕加之滿

加其分滿度法從又以星初見去日度及分

去如前即星初見星初見去日度及分有小

求次日各加一日所行度及分有小分者各

分滿其母去從分分滿度法從其行有益疾遲者副置

退行入斗先加分　諸皆以十四約分為母

木初見順日行萬六千一十八分日益遲六十分一百

十四日行十九度萬三千八百三十二分而留二十六

乃退日六千一百分日退十二度八百四分又

留二十五日乃退日六千一百分日益疾六十二分退日十

行三十八日三萬七千六百一十八分而伏

土初見順日行三千八百一十四分日益遲六十分

九度萬三千七百一十八分而

十七分乃順日行三千八百一十八分日益疾六十三分

八千八百一十三分日益疾六十二分退日二千五百六十三

分百日退六度四百六十分文留三十七日三千五百八十四

分乃退六度四百六十分而留三十七日又行七度萬

十七分乃順

火初見巳後各如初乃伏

七十九百九十九分如初乃伏

損益　日度各一

冬至初　　行百六十三度　　二百四十一日

二日損一　行九十九度　盡百六十日同　百七十七日

三日損一　行九十二度　盡百八十八月同　百七十日

三日益一　行九十九度　盡百八十一日同　百八十二日

三日益一　行二百二十七度　百八十三日

行一百五度

二日益一
行百一十六度
盡三百四十九日　百九十四日

一日益一
行百七十七度
盡三百二十日　二百五十五日

二日損一
行百七十七度　盡三百四十一日同
盡三百六十五日　後二百四十一日

見在雨水前以見去小寒日數小滿後以去大暑日數
約之所得減日為定日雨水至小滿均去二十日為定三
已前皆前疾日數及度數定日數及度數依損益之乘為
如定日得一即平行　太寒至立秋差行餘平行勳暑至白
一日分不盡為小分

露皆去定皆度六日白露至寒露初日行半度四十日行
二十度餘日及餘度續同前加平行一日分以三十乘之初日分
行者日益遲百分六十日行二十四度而遲初日行二萬六百
分日六十分各盡其日度三萬五千六百四十
分日於此留而後疾　乃退日萬二千八百二分六十日退十七度
奇從後加留　乃退日萬二千九百四百六十六分六十日行順遲初
四十分文留十二日三萬九千四百六十分六十日行
日行萬四千七百百分日益疾百分六十日行二十四度

損益

同前　此遲在立秋至秋分加一日行分四千

日行萬四千七百　冬至初

　　　　　二百二十四日

行百三十六度
盡三百十七日　百七十七日

一日益一
行百七十九度
盡百九十日　二百三十七日

一日益一
行百八十九度　盡七十九日同
盡五十五日　一百六十七日

三日損一
行百五十九度
盡百四十日　百八十四日

一日益一
行百六度
盡百九十日　百八十日

一日益一
行百八十九度
盡二百日　二百五十七日

一日益一
行百七十九度
盡二百十日　二百六十七日

二日損一
行百三十六度
盡三百六十五日　後二百二十四日

後遲加六度者此後疾去度數為定度已前皆後疾日數及
度數其在立夏至小暑至立秋盡四十日行二十度計餘
日及度從前法皆平行球行分各盡其日度而伏
金晨初見乃退日半度十日退五度而留九日乃順遲而
行先遲日益疾五百分四十日行三十度

立冬後以去大雪日
數十日減一度小暑至立
冬均減三度慶爲定度大
至芒種十日以減半分又
百得一爲乘度法又以減
得一爲乘度其分又以晨
遲行者減此分減十六分
日及度俱盡

大暑後加五度慶爲定慶
分清明日行一度十五日
爲初行十五度小寒後四
日行二百四度

日行二百四度
大暑均加五度慶爲定度
分初日行一度十五日行
至營室十五度至立秋後
大暑復十五度均至立秋

平行日一度十五日行
求慶分暑後至白露九日
減初日一至雨水小滿復
一日平行周晨疾行先疾
至清明至夏至五日益一
日平行日一度十五日行

十五度
定度爲餘乘慶法加一
行十五度小寒後四日益
一爲乘度其分又以晨遲
行者減此分減十六分日
及度俱盡

日行二百四度
大暑後加五度爲定度暑
後至白露加七度慶分夏
至後至立冬均減七度至
雨水小滿盡疾百七十
疾百七十

晨伏東方夕初見順疾
日行一度十五日行

又留九日乃退八度而夕伏西方
水晨初見留六日順遲日行萬六百
六十分四十日行一度
大寒至雨水平行日一度十日行十度
大寒後二日去日
不須此進行者減此分減十六分
日及度俱盡

疾日行一度三萬八千七百三十七
度平行日一度十日行十九度
晨伏東方夕初見順

五百分四十日行三十度
二十五日行五度慶六日減一至
大雪復十五度均至冬至後五度

又留九日乃退八度而夕伏西方
疾日行一度三萬八千七百三十七
度平行日一度十日行十九度
晨伏東方夕初見順

遲行日萬六百六十分四日行一度
至白露歲減萬二千七百一十六度
平行日一度十日行十九度
九度

疾日行一度三萬八千七百三十七
度平行日一度十日行十度
晨伏東方夕初見順

十日去一度及度各一晝
至二日去一度及度各一晝
十日去一度及度各一晝
遲行日萬六百六十分四日行一度
至白露歲減萬二千七百一十六度
九度

會通千六百一十四萬六千七百二十九
朔差九十萬七千五百七十
望差四十五萬三千五百二十八半
單數五百三十二萬二千三百六十四半
時法三萬二千六百四
望數五百七十七萬六千八百九十三
外限四百八十六萬九千八百三十六
內限千一十九萬三千二百半
中限五百六十四萬九千四百半
次限十三萬二千六百八十九

推入交法
以會通去積月餘以朔望差乘之滿會通又去之餘爲所
求望數加之滿如前
推交道內外及先後交術
求次月以朔差加之滿去交如前
求朔望在啓蟄前以一千三百八十乘去小寒日數在穀
其朝望在啓蟄前以一千三百八十乘去小寒日數在穀
雨水以乘去芒種日數爲氣差以加之啓蟄至穀雨均

推月食加時術

加六萬三千六百滿會通之餘爲定餘

餘不滿單數者爲在外滿去之餘在內其餘如望差已下者即爲去先交時數定

限已上者以減單數餘爲在後交 朔入交限已上有星伏如前者不減氣差 餘如時法得一然爲去交時數

乘去小暑日數在立夏後者以千七百七十乘去之九百

見四十日外有一星者不加氣差 二日外有一星者不加氣差 如躔達歲數而二時皆半差而中限已上有星伏木土去十日外金最伏火去

爲在內者朔則日

三十八

置食定日小餘三之如辰法得一辰 命以子算外即所在

時月在衝也

辰爲末爲時餘四之如法得四

半爲太又不盡者三之如法得一爲強 以并少爲少強

半爲半強并太爲太強得二強者爲少弱并少爲半弱并

三爲太又不盡者三之如法得一爲強 二爲半

推日食四時術

此加時湏月在衡也

置食定日小餘 秋三月內道去交八時巳上加二十四十 春三月內道去交七時巳上加二十四十

二時以加四十八 乃以三乘之如辰法得一辰 以命子算外即所在辰 仲辰不滿半辰減半云巳巳上云半辰季

爲時餘副置時餘

辰者直加半辰孟辰者減半辰餘加半辰爲差率

又置去交時數三巳下加三六巳下加二九巳下加一九

巳上依數十二從十二以乘差率如十四得一爲時

差子半至卯半巳上從卯半至午半酉半至子半以加時餘卯半至午半酉半至子半以減時餘爲定時餘

乃如月食法以子半加之滿辰法去之進一辰戌丑未爲季寅申巳亥爲

孟辰半已減時餘加時在南方三辰者食定時餘

三乘氣時餘清得一命子算外爲時

三十九

求外道日食法

去交一時內者食夏去交二時內加時在南方三辰者亦食

若去至十二時內去交六時內者亦食若去春分三日內

後交二時內秋分三日內先交二時內者亦食先交二時

內值盈二時外及後交二時內值縮二時外亦食

諸志交三時內

求內道日不食法

加時南方三辰五月朔先交十三時外六月朔後交十三

星伏如前者食

時外不食啓蟄至穀雨先交十三時外值盈加時在巳以西

者不食夏至霜降後交十三時外值盈加時在巳以東

求月食分

春後交秋先交冬後交皆去不食餘一時不足去者食既

餘以三萬二百三十五爲法得一爲不食分不盡者半法
巳上爲半强巳下爲半弱以減十五餘爲食分

推日食分術

在秋分前者以去夏至日數乘二千以減去交餘爲不
食餘不足減者反減十八萬四千餘爲不食餘亦減望差直
以望差爲定法其交値縮並不減望差

大寒至小滿去啓蟄後者以去夏至日數乘十五
百以減之秋分至啓蟄均減十八萬四千不足減者減如前
大寒至小滿去啓蟄後者以去夏至日數乘十五亦減望差其

先交減之後交加之不足減者食既値加先交減之不足
減者食

氣

求所起内道西北蝕東北外道西南蝕東南十三分以上

正左起 月則行上起

氣	日出	日入
冬至	辰六刻之五十〔分刻之〕	申七刻〔分刻之〕四十
小寒	辰之五十 三十	申七刻 四十
大寒	辰五刻 四十	申七刻八分 四十
立春	卯八刻 二十	酉一刻 五十
雨水	卯七刻 二十 四十	酉一刻 五十
驚蟄	卯五刻 二十三	酉三刻 七分 五十
春分	卯三刻 五十 十	酉四刻 十五
清明		
寒露		
霜降		
立冬		
小雪		
大雪		

〈志十二　隋書十七　四十〉

求日出入所在術

以所入氣辰刻及分與後氣辰刻及分相減餘乘入氣日
筭如十五得一以損益所入氣依刻及分爲定刻

氣	日出	日入
清明	卯二刻 七分 四十	酉七刻 四十
穀雨	卯一刻 二十	酉六刻 五十
白露	卯一刻	酉六刻 二十三
處暑	寅八刻 二十	酉七刻 三十
立秋	寅七刻 六分 三十	戌一刻 十七
大暑	寅七刻 三十	戌一刻 四十
小暑	寅七刻 四十	戌一刻 五十
芒種		
立夏		
小滿		
夏至	寅七刻	戌一刻

〈志十二　隋書十七　四十一〉

志第十二

隋書十七

太尉揚州都督監修國史上柱國趙國公臣長孫無忌等
勑撰

律曆下

【志十三　隋書】〈一〉

開皇二十年袁充奏日長之候日影短高祖因以曆事付皇太子
遣更研詳著日長之候天下徵之主咸集于東
宮劉焯以太子新立復增修其書名曰皇極曆駁正胄玄
之短太子頗嘉之未幾考驗煒為大學博士負其精博志
解胄玄之印官不滿意稱疾罷歸至仁壽四年煒胄
人成事非其實錄就而討論違舛其衆其二曰胄玄弦望
玄之誤於皇太子其一曰張胄玄所上見行曆日月交食
是慶見留雖未盡善得其大較官至五品誠無所愧但因
協珠璧不同盈縮失倫行度揆序去之莫通立術之疎不可紀
無出入應黃反赤當近更遠虧食乖准陰陽無法星端不
分先後彌為煩碎測今不審考古莫
為後日日躔莫悟緩急月蝕妄為兩種月度之轉輒遺盈
縮交會之際意造氣差七曜之行不循其道月星之度行
晦朔違古旦疎氣節閏候乖天爽命時不從子半晨前別
年與李文琮在鄉貫曆行之後本州貢舉即薦所造曆擬
以上應其曆在鄉陽流布散寫甚多今所見行與煒前曆
不異玄前擬獻年將六十非是恐迫合卒始為何故至京
極今隨事彌縫為煩碎凡五百三十六條其三曰胄玄以開皇五

【志十三　隋書】〈二〉

未幾即變同煒曆與舊曆懸殊煒作於前玄獻於後捨已從
人異同暗合且孝孫因煒胄玄後附孝孫曆術之文又皆
是孝孫所作則本偷竊事其分朋恐胄玄為精微奏漢以來無所
曆為駁凡七十五條并前曆本但上其四曰玄推歷以為史官自
奏廢食前後所上多與前曆達今案其乖舛有一十三事又
前與太史令劉暉等校其疎密五十四事云五十三條
計後為曆應於舊見用算推更疎於本令斜發并前幾
四十四條其五曰胄玄於曆不為精通推步更疎
意徵天推步事必出生不是空文徒許精微奏
與讓尋聖人之迹悟襄哲之心測七曜之行得三光之度
正諸飛朔成一曆法皆合通今古符經傳稽於庶類信而
有徵胄玄所違煒法皆合胄玄所關今則盡有隱括始終
謂為總備仍上啓自木鐸震鼗官雨絕曆紀發壞千百年矣
夏浦騰曲技雲浮寶官雨絕曆紀發壞千百年突煒以庸
鄙諛苟簡擢專精輒要業就亂數象自力羣儒之下異觀聖
人之意開皇之初奉勑脩撰性不諧物功不克終猶被胄
玄稿為已法未能盡妙協時多爽宜亂曰實黜皇獻請
徵胄玄各驗其長短煒又造曆家同異名曰稽極大業元
年著作郎王劭諸葛穎二人因入侍宴言劉焯善曆推步

精審證引陽明帝曰知之久矣仍下其書與冑玄朵校冑
玄駁難云焯曆有歲率月率而立定朔月有三大三小案
歲率月率者平朔之章歲章月也以平朔之率而求定朔
值三小者猶似減三五爲十四值三大者增三五爲十六
則須除其平率然後爲可互相駁難是非不決今焯爲定朔
也校其理實並非十五之正故張衡及何承天剏有此意
爲難者執數以校其率皆自敗故不克成今焯欲行其曆
四年駕幸汾陽宮大史奏曰日食盡效帝召焯死曆竟不行
表充方幸於帝左右冑玄共排焯曆文會焯死曆歸
術士咸稱其妙故錄其術云

甲子元距大隋仁壽四年甲子稱一百萬八千八百四十
算

歲率六百七十六

月率八千三百六十一

朔日法千二百四十二

朔實三萬六千六百七十七

旬周六十

朔晨百三半

日千元五十二

日限十一

盈沈十六

觿總十七

推經朔術

置入元距所求年月率乘之如歲率而一爲積月不滿爲
閏衰朔實乘積月滿朔日法得一爲積日及餘旬
周去積日不盡爲日郎以所求年天正經朔日及餘

求上下弦望加經朔加日七餘四百七十五小即上弦經日
及餘又加得望下弦加日二十二餘一百八十四餘九百五十
半下弦加五十九每月加閏衰二十大即各其月閏衰也

凡月建子爲天正建丑爲地正建寅爲人正即以人正爲
正月統求所起本於天正若建歲曆從正月始爲正
多十一月昨日若氣在夜半之後晷影以後日爲正諸因
爲值朔度雖有前郤亦隨之其前地正爲十二月天正
所值節慶皆當往年其日之初亦從星起晨前

上皆增全一而加之減其全餘即因餘少於全餘以
加者各以其餘減法殘者爲全餘若所因之餘滿全餘以
全加皆得所求分度亦爾凡二分者曰歲其有不成秒曰厤不成
秒度不全爲分積以成分者曰歲其有不成秒曰厤不成
歲曰糸其分餘秒歲皆一爲小二爲半三爲大四爲全加

蔀全者從〈其三〈分者一爲少二爲太若加者秒筭成法

分餘滿法從日度一百度乃除命有所滿則從去之而日命以日

其日度雖滿而分秒不滿者未可從去仍依本數老減者亦隨全而從去

辰者滿旬周則亦連入分餘秒筭則從去之而從日

秒筭不足減則分秒相乘除或分秒不同者加所從

須相加除當皆連全及分秒共而日度不足減者加所從

者母必通全內子乘全及分秒相并母不同者子乘

而并少〈母相乘而此母文除而得其數歷余亦然其所有秒筭者

亦法乘不滿法從其并滿法從而又法除得秒

有不盡全則謂之不盡亦曰如其不成全乃爲不滿

分餘秒筭更曰不成凡以數相減而有小及半太須相加

減同於分餘法者皆以其母三四除其日法以半及

太大本率二三乘之少即須因所除之數隨其分餘而

取其數沈總爲名指用其時春分爲生歷日分後盈日分

加減爲秋分後春分前爲盈沈春分後秋分前爲虛總須

前凡所不見皆放於此

氣日法四百萬六千六百四十四

歲數千七百三萬六千四百六十六半

度準三百四十八

約率九

氣辰三千八百八十七

餘通八百九十七

秒法四十八

麻法五

秒法五

推氣術

半閏長乘朔實文準度乘朔餘加之如約率而一所得滿

氣日法爲去經朔乃加日不滿爲氣餘以去經朔日即天正月

冬至恒日筭外即定之半者減日一滿者因前皆爲

定日命日甲子筭外即定冬至日其餘如半氣辰千九百

四十三半以下者爲氣加子半後也過以上先加此數乃

後餘也又十二乘辰餘四爲小太亦曰少

氣辰而一命以辰加子半外即氣所在辰十二辰外爲子初以

五爲半少　六爲半

七爲半太　八爲大少亦曰太

九爲太　十爲大太

《志十三 隋書 七》

其文不成法者半以上爲進以下爲退以配前爲強進
以配後爲弱即初不成一而有退者謂之詘長未旦其名有重者則於間可以加之
命辰通用其餘辨日分辰而判諸日因別亦皆準此因冬
至有減日者還加日及每加日十五餘萬一百九十秒三十
七即各次氣恒日去經朔數其求後月節氣恒日如次之求
其月中氣恒日及餘諸月齊其閏衰如求冬至冬至如次之即

十一爲窮衰少

前節者減之

月	氣	躔衰	衰總	陟降率	遲速數
十一月	大雪節 冬至中	增二十八	先端	陟五十	速本
十二月	小寒節 大寒中	增二十四	先二十八	陟五十三	速五十一
正月	立春節 雨水中	增二十	先五十二	陟五十六	速一百九十三
二月	驚蟄節 春分中	增十四	先七十二	陟四十三	速一百二十九
三月	清明節 穀雨中	增八	先八十四	陟四十一	速二百五十
四月	立夏節 小滿中	損二	先九十二	降一	速二百九十一
五月	芒種節 夏至中	損八	先九十	降五十一	速一百九十
六月	小暑節 大暑中	損十四	先八十二	降三十六	遲二百三十九
七月	立秋節 處暑中	損二十	先六十二	降四十三	遲一百九十二
八月	白露節 秋分中	損二十八	先三十	降五十	遲二百五十八

《志十三 隋書 八》

月	氣	躔衰	衰總	陟降率	遲速數
九月	寒露節 霜降中	損二十四 損二十	後一百二十六 後九十一	陟四十三 陟三十六	遲二百四十三 遲二百九十三
十月	立冬節 小雪中	損二十八 損二十四	後九十二 後五十二	降四十三 降四十三	遲一百九十三 遲九十三
十一月	大雪節 冬至中	增二十八	後二十八	降五十	遲五十

推每日遲速數術

見求所在氣陟降率并後氣率半之以日限乘而沈
得氣末率又日限乘二率相減之殘沈總除
爲初率乃別差加之前多者即以總差加初
爲初率乃日限乘而沈總除爲別差末率前少者以總差末初
差亦日限乘而沈總除爲總差自乘而
日陟降數乃別差加之前多者日加初
數所曆推定氣日隨算其數陟加降減其遲速

數其後氣無同率及差有數同者皆因前末以末數爲初率
加總差爲末率及差漸加初率爲每日數通計其秒調而
御之求月朔弦望平會日日入辰爲每日入遲速各置其經餘爲辰
以入氣辰爲入限以經餘乘其前多者入限
多之末率前少之乃初率日限而一爲差并於總差別
減沈總之殘乘總差沈總而一爲入差并於總差自乘而
倍日限除以總率皆爲總斷乃以陟加降減其遲速數
除亦加總率前餘斷乃以陟加降減定
即速加遲減率其經餘又其月平會日所入遲速定日爲定
求每日所入先後各置其氣躔衰與衰總皆以餘通乘之

求候日定氣、求土王距、求定氣等術文與七十二候、夜漏、昏去中星表

所乃躔衰如陟降衰總如遲速數亦如求遲速法即得每
所入先後及定數

求定氣其每日所入先後數即爲氣餘其所曆日皆以先
加之以後減之隨筭其日通准其日餘滿一恆氣即爲二至先
後一氣之數以加二如法用其日而命之又筭其餘日而命之
相加命各得其定氣日又餘亦以其先後已通者命以甲子各
後加其恆氣即次氣定日又餘亦因別其日命以甲子各
得所求

求土王距四立各四氣外所入先後加減滿二日餘八千
一百五十四秒十廢除所滿日外即土始王日

求候日定氣即初候日也三除恆氣各爲平候日餘亦以
所入先後數爲氣餘所曆之日皆以先加後減隨計其日
遍隻其餘每滿其平以加氣候日而命之即得次候日亦以
其次每相加命又得末候及次氣日

氣	初候	次候	末候	夜漏	昏去中星
冬至	蚯蚓結	麋角解	水泉動	二十七刻	八十三度
小寒	雁北向	鵲始巢	雉始雊	二十六刻	八十三度
大寒	雞始乳	鷙鳥厲疾	水澤腹堅	二十五刻	八十七度
立春	東風解凍	蟄蟲始振	魚陟負冰	二十五刻	八十七度
雨水	獺祭魚	鴻雁來	草木萌動	二十四刻	九十度

氣	初候	次候	末候	夜漏	昏去中星
驚蟄	桃始華	倉庚鳴	鷹化為鳩	二十三刻半	九十六度
春分	玄鳥至	雷乃發聲	始電見	二十二刻	一百度
清明	桐始華	田鼠化為鴽	虹始見	二十一刻	百三度
穀雨	萍始生	鳴鳩拂其羽	戴勝降于桑	二十刻	百五度
立夏	螻蟈鳴	蚯蚓出	王瓜生	十九刻	百十度
小滿	苦菜秀	靡草死	麥秋至	十八刻	百十四度
芒種	螳螂生	鵙始鳴	反舌無聲	十七刻	百十六度
夏至	鹿角解	蜩始鳴	半夏生	十六刻半	百十六度
小暑	溫風至	蟋蟀居壁	鷹乃學習	十七刻	百十六度
大暑	腐草為螢	土潤溽暑	大雨時行	十八刻	百十四度
立秋	涼風至	白露降	寒蟬鳴	十九刻	百十度
處暑	鷹乃祭鳥	天地始肅	禾乃登	二十刻	百五度
白露	鴻雁來	玄鳥歸	羣鳥養羞	二十一刻	百度
秋分	雷始收聲	蟄蟲坏戶	水始涸	二十二刻	百度
寒露	鴻雁來賓	雀入大水為蛤	菊有黃華	二十三刻	九十六度
霜降	豺乃祭獸	草木黃落	蟄蟲咸俯	二十四刻	九十度
立冬	水始冰	地始凍	雉入大水為蜃	二十五刻	八十七度
小雪	虹藏不見	天氣上升地氣下降	閉塞而成冬	二十六刻	八十五度
大雪	鶡鴠不鳴	虎始交	荔挺出	二十七刻	八十三度

倍夜半之漏得夜刻也以減百刻不盡為晝刻每

減晝刻五以加夜刻即其晝為日見夜為不見刻

數刻分以百為母

求日出入辰刻十二除百刻十二除百刻得辰刻

數為法不見刻以半辰加之為日出實又加日

出見刻為日入實如法而一命子筭外即所在

辰不滿法為刻及分

求辰前餘數氣朔日法乘夜半刻百而一即其餘

也

求每日刻差每氣準為十五日全刻二百二十五

為法其二至各前後於二分而數因相加減間皆

六氣各盡於四立各為三氣至與前日為一乃每日

增太又各二氣每日增少其末之氣每日增少之

小而末六日不加而裁為二望至前後　氣之末日

終於十二氣初日稍增為十二半初日三十四立初日

終日二十一終於三十少四立初日三十六太終四十一少終於三十五

太五氣亦少增初日三十六太終四十一少末氣初日

四十一少終於四十二每氣前後累筭其數又八百八十

乘為實各沈摠乘法而除得其差隨而加減夜

刻而半之各得入氣夜之半刻其分後十五日外累

筭盡日乃副置之百八十乘虧摠除為其所因數以

減上位不盡為所加也不全日者隨辰率之

求長去中星加周度一各昏去中星加之不盡為

求每日度差準日因增加裁累筭所得百四十三之

四百一亦百八十乘沈摠除為度差數滿轉法

為度隨日加減各得所求分後氣間亦求准對與

前求刻至前加減皆因日數逆筭求之亦可因至

向背其刻各減夏加而度各加而夏減若至前以入

氣減氣間不盡者因後氣而反之以不盡日累筭

乘除所定從後氣而逆以加減皆得其數此但略校

其摠若精存千稽極云

轉終日二十七餘千二百五十五

終法二千二百六十三

終實六萬二千三百五十六

終全餘千八

轉法五十二

箕法八百九十七

閏限六百七十六

推入轉術終實者滿終法去積日不盡以終法乘而又去不

如終實者滿終法得一日不滿為餘而又去不

正經朔夜半入轉日及餘

加全餘為夜半入轉日及餘

求次月加一日每日滿轉終則去之且二十八日者

求弦望皆因朔加其經日各得夜半所入日餘

求次月加大月二日小月一日皆及全餘亦其夜半

加全餘為夜半入初日餘

所入

求經辰所入朔弦望經餘變從轉不成為秒加其夜

半所入皆其辰入日及餘因滿辰所入每加日七餘八百

六十五秒千一百六十大秒滿日法成餘亦得上弦望

下弦次朔經辰所入徑求者加望日十四餘一千七百

三十一秒千七十九半下弦望二十二餘三百三十四秒

八百九十七秒千七十九次朔日餘二十二秒八百九十二亦

朔望各增日一減其全餘望五百三十秒百六十二

半燭五十四秒三百二十五

求月平應會日所入以月朔弦望會日所合連速定

數亦變從轉餘乃速加遲減其經辰所入餘即各二

轉日	速分	違差	加減	朓朒積
平會所入日餘				
一日	七百六十四	消七	加卒八	朓初
二日	七百五十七	消八	加卒	朓百十三
三日	七百四十九	消十一	加五十三	朓二百四十四
四日	七百四十八	消十三	加卒二	朓三百三十一
五日	七百三十六	消十三	加三十一	朓四百卒八
六日	七百二十三	消十三	加十八	朓四百九十六
七日	七百十	消十三（九分減一加）	加九（九分減一加）	朓四百九十四
八日	六百九十八	消十四	減七	朓五百五
九日	六百八十四	消十四	減二十一	朓四百九十二
十日	六百六十	消十一	減三十四	朓四百五十四
十一日	六百四十八	消九	減四十六	朓三百九十一
十二日	六百四十六	消七	減五十五	朓三百七
十三日	六百三十九	消六	減六十二	朓二百七
十四日	六百三十一	息二	減六十二	朓百
十五日	六百二十六	息七	加六十六（減五十六加七）	朒二十八
十六日	六百三十	息九	加五十九	朒百四十八
十七日	六百三十五	息十	加五十	朒二百四十六
十八日	六百四十三	息十一	加三十九	朒三百卒七

推朔弦望定日術

日		息消	加減	朒胐
十九日	六百六十六	息十三	加二十九	朒四百十九
二十日	六百十九	息十四	加十六	朒四百七十一
二十一日	六百九十三	息十二	加六	朒五百
二十二日	七百五	息十四		朒五百
二十三日	七百九	息十三	減十七	朒五百十五 (當日自減見爲五百四)
二十四日	七百二十九	息十二	減三十三	朒四百八十七
二十五日	七百四十四	息十一	減四十六	朒四百五十四
二十六日	七百五十四	息十	減五十八 (加三六加減大三減)	朒四百一十六
二十七日	七百六十六	息七	減六十五	朒三百八十
二十八日	七百六十八	息五 歲平四消	減六十五 (三十八少終餘)	朒二百九十三
二十九日	七百二十	平四消息七	減七十	朒百八十八

各以月平會所入之日加減限、限升後限而半之爲通率，文二限相減爲限衰，前多者以餘減終法、殘乘限衰、終法而一，并於限衰而半之，前少者半入餘乘限衰、終法而一，所得爲平會加減限，而半通率，會加減限衰，又別從轉餘乘限衰、終法而一，餘數加減本入餘限。

法而一，皆加通率變餘乘之，日法而一，所得以胐減胐加限數加減胐胐積而定胐胐乃胐減胐加其平。

限數其限數文別從轉餘爲變餘胐限。

前多者朒以加與未加皆減終法并二餘半以乘限衰減前少者亦胐胐積而定胐胐乃胐減胐加其平。

皆終法而一加於通率變餘乘之日法而一所得以胐減胐加限數加減胐胐積而定胐胐乃胐減胐加其。

減胐加限數加減胐胐積而定胐胐乃胐減胐加其平。

皆以乘限衰減前少者亦胐胐積而定胐胐乃胐減胐加其。

會日所入餘滿若不足進退之，即朔弦望定日及餘不滿。

晨前數者借減日筭外，各其日也，不減與減朔。

日、立筭與後月同若俱無中筭，若置月大，其定朔筭後加所。

借減筭閏衰限滿無中氣者爲閏，胐之前後。

在分前若近春分後秋分前，而或月有二中者皆量置其。

朔不必依定其後無同限者，亦因前多以通率數餘進退日者分分爲一。

而減之前少即胐爲通率胐加減，變餘進退日者分分爲一。

一日胐餘朔末如法求之所得并以加減限數凡分餘秒胐。

事非因舊文不著母者皆十爲法若法當求筭數用相。

加減而更不過通速率小數微者則不須筭其(七)

加減相返，其要各爲九分末則七。

百餘二千二十四日餘千七百五十九二十一日餘千五。

百七十二八日始終餘以下爲初數各減終法以上爲。

末數其初末數皆加減相返其要各爲九分末則七。

日八分十四日七分二十日六分二十四日五分末則七。

日(分十四日二分二十日三分二十八日四分初稍。

弱而末微強餘差止)一理辭兼舉皆今有轉差各隨。

其數若恒筭所求七日與二十一日得初衰數而末初。

加隱而不顯且數與平行正等亦初末有數而恒筭。

所無其十四日二十八日旣初末數存而虛衰亦顯其。

數當去恒法不見

求朔弦望之辰所加

定餘半朔辰五十一太以下爲加十過以上加此數乃朔
辰而一亦命以子十二算外又加子初以後其求入辰強
弱如氣

求入辰法度

度法四萬六千六百四十四
周數千七百三萬六千七百七十六
周分萬二千二百十六
轉十三

筴三百五十五
轉十三

周差六百九半

在日謂之餘通在度謂之餘凡法亦象爲日法爲度法
隨事名異其數本同女末接虛謂之周分變周從
轉謂之轉辰昏所距日在黃道中准度赤道計之

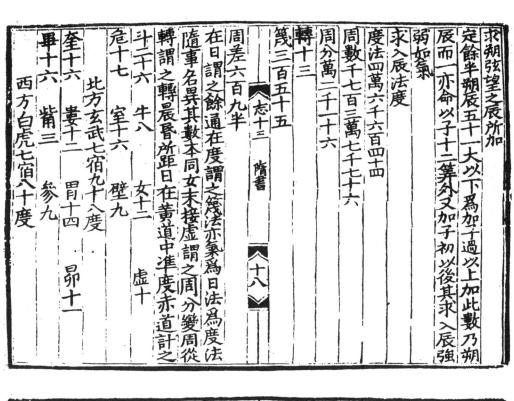

斗二十六　牛八　女十二　虛十
危十七　室十六　壁九
奎十六　婁十二　胃十四　昴十一
畢十六　觜三　參九
北方玄武七宿九十八度
西方白虎七宿八十度

推黃道術

前皆赤道度其數常定紘帶天中儀極攸準
准冬至所在爲赤道度後於赤道西度爲限
初數九十七每限增一以終百七其三度少弱平乃初限
百九亦每限增一終百十九春分所在因百十
每限損一又終百九亦三度少弱平乃初
限損一終九十七夏至所在仍又加冬至後法得秋
分冬至後數各以數乘其限度百八而一累而
總之即皆黃道度也度有分者前輩之宿有前
却度亦依體數逐差遷違不常定准令爲度見
步天行歲久差多隨術而變

井三十三　鬼四　柳十五　星七
張十八　翼十八　軫十七
角十二　亢九　氐十五　房五
心五　尾十八　箕十一
南方朱雀七宿百十二度
東方蒼龍七宿七十五度
斗二十四　牛七　女十半　虛十
危十七　室十七　壁十
北方九十六度半

奎十七　婁十三　胃十五　昴十一

畢十五半　觜二　參八

西方八十一度半

井三十　鬼四　柳十四半　星七

張十七　翼十九　軫十八

心五

南方一百九度半

角十三　亢十　氐十六　房五

尾十七　箕十

東方七十六度半

前見黃道度步日所行月與五星出入循此

推月道所行度術

準交定前後所在度半之亦於赤道四度為限初
十一每限損一以終於一亦終於十其三度強平乃初限
一每限增一亦終於十為交所在即因十一每限增
損以終於一復至交半返前表裏仍因十一增損
一每限增一亦終於十為限
損以終於一後至交半返前表裏仍因十一增損
一每限增一亦終於十
終於十一後至交半返前表裏仍因
如道得後交及交半數各積其數
道得後與黃道交差數其月在表半後交前損增
道所行每減加增減於黃道其月在裏各返之即
得月道所行度其限未盡四度以所直行數乘入

度四而一若月在黃道度增損於黃道之表裏不
正當於其極可每日準去黃道度增損於黃道而
計去赤道之遠近準上黃道之率以求之道伏相消
朒朒互補則可知也積交為差多隨交為正其五星
先慎在月表裏出入之漸又格以黃道儀準求其
限若不可推明者依黃道命度

推日度術

置入元距所求年歲數乘之為積實周數去之不
盡者滿度法得積度起於虛一宿次除之不滿宿算外即
積度以黃道起於虛一宿次除之不滿宿算外即
所求年天正冬至夜半日所在度及分

求年天正定朔度

以定朔日至冬至度即每日所入先後餘為分亦
加分以減冬至度即天正定朔夜半日在所度分
去朝日乘衰揔已通者以至前定氣求除之又如上
求差加以弁去朔日乃減度餘為分亦
在度皆加以弁其所入先後及表裏揔用

求弦望

每日所入先後分前增損後分增損度以加定朔度得夜半
增損者皆以分前增損後損其平日之度求次日
加定朔度得夜半

去定朔每日以分累而增損去定朔日乃加定朔

度亦得其夜半

求次月

曆算大月三十日小月二十九日每日所入先後分

增損其月以加前朔度即各夜半所在至虛去周

分

求朔弦望辰所加

各以度準乘定餘約率而一爲平分又定餘乘其

日以先後分日法而一乃增損其平分又以加其夜

半即所在辰所加其分皆幾法約之爲轉分不成爲

推月與日同度術

各以朔平會加減限數加減朓朒爲平會朓朒以

加減定朔度準約率除以加減定朔辰所加日

度即平會辰日所在又平會餘乘定度準約率除

度即平會辰日所在乃爲平會夜半日所在乃以減

減其度即爲平會夜半日所在乃平會辰日所在乃以四百六十四

半乘平會餘亦以周差乘之以減夜

半乘平會餘除從之朓減朒加

二乘朓朒亦以加減半得月平會辰日所在乃以周差乘朔實除而從之朓減朒加

餘增其所減亦以加減半得月平行度五百

其平行即月定朔辰所在度而與日同度若即以

平會朓朒所得分加減平會辰所在亦得同度

求月弦望定辰度

各置其弦望辰所加日度及分加上弦度九十一

轉分十六幾三百一十三半度二百七十三轉分四十二

二幾六百二十六下弦度二百七十三轉分四十二

皆至虛去轉周求之○ 定朔夜半入轉

其因定求朔次日弦望次月夜半者如於經月法

加減之否者因經朔爲定

經朔夜半所入準於定朔日有增損者亦以一日

爲之

推月轉日定分術

以夜半入轉餘乘逡差終法而一爲見差以息加

消減其日逡分爲月每日所行逡定分

求次日

各以逡定分加轉定日皆得其日夜半定度其因

日轉若各求夜半各以逡分消息者以定餘乘之

就辰加以求夜半各以逡分消息者定餘乘差終法除

并差而半之息者以逡分消息差而半之皆加

所減乃以定餘乘之日法而一各減辰所加度亦得

13-233

其夜半度因夜半亦如此求逐分以加之亦得辰

所加度諸轉可初以逐分及差爲幾而求其次

皆訖乃除爲轉分因經朔夜半求定辰度者以定

辰去經夜半減而求其增損數乃以數求逐定

分加減其夜半亦各定辰度

求月晨昏度

如前氣與所求每日夜之半度以逐分乘之百

而一爲晨分減逐分爲昏分除爲轉度望前以

昏後以晨加減逐定分爲昏分除爲轉度望前以

度數加夜半定度即中星其朔弦望以百刻乘

定餘蒲日法得一刻即各定辰近一刻數皆減其

夜半漏不盡爲晨初刻不滿者屬昨日

復月五千四百五十八

交月二千七百二十九

交率四百六十五

交數五千九百二十三

交法七百三十五萬六千二百六十三

會法五十二萬七千五百三十　餘二百六十三

交復日二十七　杪三千四百三十五

交日十三　杪四千六百七十九　餘七百五十三

交限日十三　杪四百七十二　餘三百五十五

望差日一　杪四千七百三十二半　餘百九十七

朔差日二　杪四千二百五十　餘三百九十五

會限百五十八半　餘六百七十六

會日百七十三　杪二千四百八十八　餘六百七十六

會日百七十三　杪二百八十三　餘三百八十四

推月行入交表裏術

置入元積月復月去之不盡交率乘而復去不如

復月者蒲交月去之爲在裏交數不滿爲在表數即

所求年天正經入交表裏數

求次月

以交率加之蒲父月去之前表者在裏裏前裏者

在表

入交日　去交衰　衰積

日	進退衰	積	備註
一日	進十四	衰始	
二日	進十三	十四	余百九十八以下食限
三日	進十二	二十七	
四日	進十一半	三十八半	
五日	進九半	四十八	
六日	進七	五十五	
七日	進四	五十九	
八日	進二	五十九	六十又一分當日限　進五分四進強　退一分一退弱
九日	退五	五十八	
十日	退八	五十三	
十一日	退十半	四十五	
十二日	退十二半	四十四半	
十三日	退十三半	二十二	余五百五十以上食限
十四日	退十四小		三退強八半

推月入交日術

以朔實乘表裏數爲交實滿交法爲日不滿者交數而一成餘不爲秒命日算外即其經朔月平入交日餘

求望以望差加之滿交日去之則月在表裏與朔同不滿者與朔返其月食者先交與當月朔後交與月朔表裏同

求次月朔朔差加月朔所入滿交日去之表裏與前月進不滿者與前月同

求經朔望入交常日

以月入氣朔望平會日遲速定數遲加速減其平入交日餘爲經交會日及餘

求定朔望入交定日

以交日率乘定朓朒交數而一所得以朓減朒加常日餘即定朔望所入定日及餘其去交如望差以交

以上者月食月在衰者日食

推入會術

會法除交實爲日不滿者如交率爲餘不成爲秒命日算外即經朔日入平會日及餘

求望加望日及餘次月加經朔其表裏皆準入交

求入會常日以交數乘月入氣朔望所平會日遲速定數乘而一以速加遲減其入平會日餘即所入常日餘亦以定朓朒而朓朒加其常日餘即日定朔望所入交會日及餘次月加經朔其朔望去會如望差以下者亦月食月在日道裏則日食

求月定朔望入交定日夜半

交率乘定朔望入交泛數而一以減定朔望所入定日餘

即其夜半所定入

求次日

以加其日各得所入定日及餘

以每日遲速數分前增分後損定朔所入定日餘

求次月

加定朔大月二日小月一日皆餘九百九十七秒二千

四百八十八各以一月遲速數分前增分後損其所

加為定其入七日餘九百九十七秒二千三百三十

【志十三　隋志　林】

九半以下者進其入此以上盡全餘四百八十九秒以

下者退其入盡全餘二百四十四千二百四

十四者進而復也其要為五分初則七日後一日十四

千五百八十三半者退其入十四日如交餘及秒以

日三分末則七日後一日十四日後二分雖初強末

弱襄率有檢

法而一皆加通數秒積乘交法除所得以進退襄

衰并去交衰半之為通數秒積減襄法以乘

襄交法除以其衰半之退者半秒積以乘衰交

求月入交去日道皆同其數以交餘為秒後

積十而一為度不滿者求其強弱則月行道數

月朔望入交如限以上減交限殘為去後交數以

即為去先交數有全日同為餘各朔辰而一得去交

月在日道裏白應食而有不食者月在日不應食而亦有

食者

推應食不食術

朔先後在夏至十二辰少二十日十二

半一月內去交十二辰大闰四月六月十三辰以上加南方四

若朔在夏至二十日內去交十三辰以加辰申半以南

辰閏四月六日亦加四辰穀雨後處暑者前加三辰清明後

【志十三　隋書　光九】

推不應食而食術

白露前加半以西未半以東二辰春分

朔在夏至前後一月內去交二辰四六日半以

加二辰又一月內亦一辰半以加三辰與四六

加三辰穀雨後處暑者前加後未太前清明後

日內加三辰春分後秋分前加一辰皆去交半辰以者

露前加二辰前加已後末太前清明後合

並得食

推月食多少術

望在分後以去夏至氣數三之其分前又以去分氣數位

而加分後者皆又少十加去交辰位而廿之減其去交
餘爲不食交餘乃以減餘至差殘者九十六而一不滿者求
其強弱亦如氣辰法以減廿五爲限命之即各月食多少
推日食多少術

月在內者朝在夏至前後一氣加南二辰增去交餘一辰
太加三辰增一辰少加四辰增太三氣內加二辰
加三辰增太加四辰增少四氣內加二辰增太加二辰
加二辰增小自外所加三辰增太加二辰及五
氣內加四辰五氣內加三辰六氣內加二辰
內加三辰二氣內加太加三辰及五
者亦依平自外所加之比諸辰各依其去立夏立秋白露

數隨其依平辰辰北每辰以其數三分減去交餘雨水後
霜降前又半其去分日數以加二分去二立之日乃減去
交餘其在冬至前後更以去霜降雨水白數以加
霜降雨水當冬至氣所得之數而減去交餘皆爲定不食餘
以減望差乃如月食法月在外者其去交辰數若日氣所
繫之限止一而無等次者加去六辰一即爲食數若限有
等次別繫系同者隨所去其辰以少爲多
多爲少亦加其一以爲食數皆以廿五爲限乃以命之即
各爲日之所食多少

凡日食月行黃道躼所映蔽大較正交如暴壁漸減

則有差在內食分多在外無損雖人全而月下內損而更
高交淺則開遠交深則相搏而不海因遇多所觀之
地又偏所食之時亦別於此不見蝕月刻之人反
以爲食交分正等同往南夕冬蝕乃少假均冬
粳㮣求者知其拍歸句地非於陽城皆隨近而漸異常食與
不可一由崔率若實而遠亡史所詳事有紛互令故推其
日對如鏡君下覩耀見陰氣所衝日有暗氣天有虛道常當
以月行虛道君則名曰暗虛奄月則食故稱當月
月食當星三雖夜半之辰子午相對正隔於地虛道

即蝕既月光日光當午更耀時亦隔地無發暈明諒以天
光神妙應感玄通正當夜半何嘗蝕暈月由虛道表裏俱
食日之與月躼同躼等校其食分月盡爲多容或形差微
增蝕數躼而不漏綱要克舉
推日食所在辰術

置定餘倍日限克減之殘爲後前則因餘者減法各爲其辰乃
以艮巽坤乾爲次命艮巽外不蒲法者半法減之無可減
者爲前所減之殘爲後減法各爲其辰乃所在
以十加去交辰三除之少乘率十四而一爲差其辰所在
以二分前後一氣內即爲衆差近冬至以去霜露驚蟄近

氣二分前後交辰三除之少乘率十四而一爲差近

正見

推月食所在辰術

三日阻減望定餘半望之所入氣日不見刻朔日法乘之百而一所得若食餘與之等以上又以此所得減朔辰法其殘食餘與之等以上為食正見數其食餘亦朔辰而一如求加辰所在又如前求刻校之月在衝辰食日月既有起訖晚早亦或常進退皆於正見前後十二刻半候之

推日月食起訖辰術

準其食分十五分為率全以下各為衰十四分以上以為衰以盡於五分每降一分積衰增一以加於前以至三分每積增四一分每增六一分增十九皆累算為各衰三百為率各衰減之各以其殘乘朔

夏至清明白露氣教倍而一除去交辰謂增之近冬至艮異以加坤乾以減近夏至艮巽以減坤乾以加差為定差乃艮巽以坤加巽以乾減餘月在外直三一除去交辰以乘率十四而一亦為差艮巽以坤乾減巽乾以加定餘在食餘如求入辰法即日食所在辰及小大其求辰以辰氣乘入刻餘朔辰而一得刻及分若食近朔名者以朔所入氣日之出入刻校食所在知食見否之少多所在辰為

日法皆率而一所得為食衰數其率全即以朔日法為衰數以衰數加減食餘其減者為起加者為訖數亦如氣求入辰法及求刻辰等得起早之晚早校正見多少之數史書虧復起訖不同今以其全一辰為率

推日月食所起術

月在景者其正南則起右上虧左若正東月自日上邪北而下其在東南維前東向過於維後南向望之初不正月稍西比日漸東南過於維後南向望之月更比日差西南以至於午後亦南望之月敧西比日復東南西南維後

西向而望月為東北日則西南正西日比午邪虧而亦後不正横月高日下若食十二以上起右虧左其正東起近虧下而比午前則斬自上邪下維西起西比虧東南維起西南虧東比午後則稍比日下維東起西南虧東北比虧東南在東則以上為東起西南虧在西月在北維則月微東南日起右下虧左下為西月自日外者其正南月起右下虧左在正東月自日南邪下而維比則月微東南日更西比維北月有西南月南日北正西月之後月稍東南日下邪南而上日復東北正西月自日下邪南而上皆準此躰以定虧隨其所處每用不同其月之所食皆依日虧起每隨頹反

之皆與日食限同表裏而與日返其逆順上勢過其分

歲為木　熒惑為火
大白金　辰為水
　　　　鎮為土

木數千八百六十萬五千四百六十八

伏半平八十三萬六千八百四十八

復日三百九十八餘四萬一千二百五十六

歲一殘日三十三萬餘二萬九千七百三十九半

見去日十四度

平見在春分前以四乘去立春日小滿前又三乘去春分

（隋志十三）

日增春分所乘者白露後亦四乘去寒露日冬至後以八乘去立春日為減

小雪前以八乘去寒露日小暑加七日

小雪至冬至減七日

見初日行萬一千八百一十八分益遲七十分百一十日

行十八度分四萬七百三十八而留二十八日乃逆日退

六十四百三十六分八十七日退十二度三百四又留二

十八日初日行四千一百八十八分日益疾七十分又留二

十日亦行十八度分四萬七百三十八而伏

火數三千六百三十七萬七千五百九十五

伏半平三百三十七萬九千三百二十七半

【三四】

復日七百七十九餘四萬二千一百十九

歲冊殘日四十九餘萬二千一百六

見去日十六度

平見在雨水前以十九乘去大寒日清明前又十八乘去

雨水日增雨水所乘者夏至後以十六乘去小滿日

後又十五日寒露前以十八乘去白露日小暑又十七

乘去寒露所乘者大雪後二十九乘去大寒日為減小雪

至大雪減二十五日

見初在冬至則二百三十六日行百五十八度以後日度

隨其日數增損各一盡三十日一日半損一又八十六日

（隋志十三）

二日損一復三十日同又十五日三日損一又五十八

又三十九日三日增一又二十四日二日增一又五十八

日增一復三十二日同又三十日二日損一還終至冬至

二百三十六日復五十八度其立春盡春分夏至盡

夏八日減一日春分至立夏至秋分減六日立秋至

各其初行日及度自露至寒露初日行半度四十日行

各盡其日度乃遲初日行分二萬二千六百六十九日益

二十度以其殘日及度數計之前數皆差行日益遲二十分

遲一百一十分六十一日行二十五度入分萬五千四百九

初減廢五者於此初日加分三十八百二十三籤十七以

【三五】

遲日為母盡其遲日日行三十度分同而留十三日

前減日分於二留乃逆日退分萬二千五百二十六

日退十六度分四萬二千八百三十四又退十三日而行

初日亦日行半度六十日行三十度夏至盡立夏初日

十六日三日增一又二十日增一又十三日行一百三十五度盡三十度加初日分

五度分萬五千四百九十五秋盡秋分增行度五加初日分

同前更疾在冬至則二百一十三日行一百三十五度盡三

五十四日三日增一又初日一日損一又十二日增一又四十二

一日增一又二十二日損一又十四日增一又四十二

五日同又二百六十二日損一亦終冬至二百一十三日

《志十三　隋書　《三十六》

行百三十五度

前增行度五者於此亦減五度為疾日及數其立夏盡夏

至日亦日行半度六十日行三十度其殘亦計亢如前芒差行日盡

行半度四十日行三十度夏至盡立秋亦初日

益疾二十分各盡其日度而伏

土數千七百六十三萬四千九百九十四

伏半平八十六萬四千九百九十五

復日三百七十八餘四千一百六十二

歲一殘日十二餘三萬九千三百九十九半

見去日十六度半

平見在大暑前以七乘去小滿日寒露後九乘去小雪日

為加大暑至寒露加八日小寒前以九乘去小雪日兩水

後以四乘去小滿日立春後又三乘去兩水日增兩水所

乘者為減小寒至立春後又三乘去兩水日增兩水所

百四十三度六十四又退十二而留三十九日乃逆日退分萬七

六百一十二而留三十九日乃逆日退分二萬七千八百二十

日行分四千三百六十四八十日行七度分三萬七千六百一十

二而伏

金數二十七百二十三萬六千二百八

《志十三　隋書　《三十七》

晨伏半平百九十五萬七千一百四

復日五百八十三餘四萬二千七百五十六

夕見伏二百五十六

歲一殘日二十八餘三萬二千三百四十九半

晨見伏三日二十七日餘與復同

見去日十一度

夕平見在立秋前以六乘去立春前又以五乘去小

雪日小雪後又四乘去立春日增小雪前又以六乘去立秋

復日五百八十三餘四萬二千七百五十六半

夕見伏在立秋前以六乘去立冬種日秋分後以五乘去小

至秋分加七日立春增立春所乘者清明後以六乘去大暑日兩水前又四乘

去立春日增立春所乘者清明後以六乘去大暑日兩水前又四乘

去立春日清明後以六乘去大雪日兩水前又四乘

至秋分加七日立春增立春所乘者清明後以六乘去大暑日兩水前又四乘

去立春日增立春所乘者清明後以六乘兩水前又四乘

至秋分加七日立春增立春所乘者清明後以六乘去大暑日兩水前又四乘

雨水至清明減七日

晨平見在小寒前以六乘去冬至立春前又五乘去

寒日增小寒所乘者芒種前以六乘去夏至立夏前又

五乘去芒種所乘者增芒種日加立春至立夏日

小暑前以六乘去夏至立秋前又五乘去小暑日增小暑

所乘者大雪後以六乘去冬至立春又五乘去大雪

日增大雪所乘者為減立秋至立冬減五日

後十二日減日度各一雨水盡見夏至日度七日夏至後六

日加〔度小滿至白露加三度乃十二日行十二度〕

夕見百七十一日行二百六度其穀雨至小滿寒露皆十

日減一自大暑至立秋溫還日度十二至寒露日度二十後

六日減一自大暑盡冬至又日度十二至寒露日度二十二後

二十分初日行分二萬三千七百九十一簽三十四行日

為母四十三初日行分四萬五千六百三十一簽

三十四百二十分三十二

度而夕伏晨見日退太半度九日乃逆日退太半度九日退六

前如度者此依減之留九日而留六度復後留九日而行

度益疾五日一度又芒種至小暑大雪至立冬十

五日減一度小暑至立冬減二度又十二日行十二度冬

三十四四十三行三十二度十

至後十五日增日一驚蟄至春分日度十七後十五日減

一盡夏至還日度十二後六日減一至白露日度皆盡著

降後五日增一盡冬至又日度十二乃疾百七十一日行

二百度前減者此亦加之而晨伏

水數五百四十萬五千六

晨伏半平七十九萬九千

後日一百二十五餘四萬九百四十六

夕見五十一日

晨見伏六十四日餘興復同

見去日十七度

夕應見在秋及小雪前者不見其白露前立冬後時有

見者

晨應見在春及小滿前者不見其驚蟄前立冬後時有見

者

夕見日行一度太十二日行二十度小暑至白露行度半

十二日行十八度及冬日行八度大暑後二日去度記

十六日而日度俱盡而遲日行半度四日行二度記

行少半度三日行一度前行度半者去此益遲乃留四日

而夕伏晨見留四日為月行少半度三日行一度大寒至

五日減一度小暑至立冬減二度又日行二度記十六日亦日行

驚蟄無此行更疾日行半度四日行二度日行一度亦

大寒後二日去度訖十六日亦日度俱盡益疾日行一

庚太十二日行二十度初無遲疾此行慶半十二日行十

八度而晨伏

推星平見術

各以伏半減積半實乃以其數去之殘返減歲滿氣日法

為見伏日者即所求年天正冬

晨見伏日皆去之其餘即晨平見日又去起天正冬至去其歲除

餘加其後日及餘晨復平見日以冬至去其歲除

之不滿算外日即星見求後平見因前見去其歲

再皆以殘日加之亦可其後日金水準以晨夕見伏日加

晨得晨

求常見日以轉法除所得加減者為日其不滿以餘通來

之為餘并日皆加減平見日及餘

求定見日以其先後已通者先減後加乃得定

見日餘

求星見所在度

見次日

求晨見所在度

見去日度數晨減夕加之即星初見所在宿度及分

各加一日所行度及分其有益疾遲者則置一日行分各

以其分疾增損乃如之有箋者滿法從分其毋有不等齊

而進退則依減入虛去分逆出先加皆以

箋法除之為轉分其不盡者仍謂之箋入虛去分求水其外內準去

日度增損以日所入先後分定之諸行星度慶法之者

月行增損以入黃道而步之不明者依黃道而求所去日度計數增損定之

其日少慶多以少慶之殘與日多慶少者以

乘之日數而一所得為分不滿箋以日數為母日行分

分并減之一度一所直為慶分即皆以一日平行分

行者皆減所行日數一乃半其益疾益遲分而乘之益疾

以減益遲分以加一日平行分皆初日所行分加減

而日數不滿未得成產者以氣日法乘見已所行

日即日數除之所得以增損其行

成者亦即為箋其未火土最有見而又有伏金水即夕見

還以伏晨見即晨伏然火土最有見及後疾距冬至日

增損日度者比當先置從冬至日餘數累加於位上以知

其去冬至遠近乃以初行及後疾初日去冬至日數而增

損定之而後依其所直日慶數行之也

志第十三　　律曆下　　隋書十八

太尉楊州都督監脩國史上柱國趙國公臣長孫无忌等奉

勅撰

天文上

若夫法紫微以居中擬明堂而布政依分野而命國體眾星而効官動必順時載不違物故能成變化之道合陰陽之妙葵在庖犧仰觀俯察謂以天之七曜二十八星周於宮圓之度以麗十二位也在天成象示見吉凶五緯入房啟姬王之肇跡長星孛斗鑒宋人之首亂天意人事同乎影響貝夷王下堂而見諸侯衛王登臺而避責記曰天子

微諸侯借於是師兵吞滅仆原野秦氏以戰國之餘怡玆凶暴小星攴亂僵長彗橫天漢高祖驅駕英雄銀除災害五精從角七重暈車含樞曾緄道不虛行自西京劃制多歷年載世祖中興當塗取物金行水德祇奉靈命炎兆著明天人不遠昔者榮河獻籙溫洛呈圖六文攡範三光死備則星官之書貝黃帝始高陽氏有旦吾殷有巫咸周之司地帝堯乃命羲和欽若昊天夏有昆吾商正重司天此正黎史佚宋之子韋晉有卜偃鄭之裨竈魏有石申都有甘公皆能言天文祭微變者也漢之傳天數者則有唐都李孕之倫光武時則有蘇伯況郎雅光並能參伍天文發揚著

道補益當時監垂采世而河洛圖緯雖有星日星官之名未能盡列後漢張衡為太史令鑄渾天儀撰星謂之靈憲其大略曰星也者體生於地精發於天紫宮為帝皇之居太微為五帝之坐在野象物在朝象官在人象事矣中外之官常明者百有二十可名者三百二十為星二千五百微星之數萬一千五百二十庶物羣動咸得繫命而衡所鑄之圖遇亂堙滅星官名數今亦不存三國時吳太史令陳卓始列甘氏石氏巫咸三家星官著於圖錄并

注占贊揔有二百五十四官一千二百八十三星井二十八宿及輔官附坐一百八十二星緫二百八十三官一千五百卄五星宋元嘉中太史令錢樂之所鑄渾天銅儀以朱黑白三色用殊三家而合陳卓之數高祖平陳得善天官者周墳并得宋氏渾儀之器乃命庾季才等象校周齊梁陳及祖晅孫僧化官私舊圖刊其大小正彼跣審淮二家星位以為蓋圖旁摛始分甄表常度并具天漢昭回宛若誉蒼將為正範以墳爲大史令墳博考總書勤二道内外兩規縣秤以次星之隱顯井天漢昭於教習自此太史觀生始能識天官燭帝又遣昌人四十就

太史尚別詔表教以雲氣氛祥業成者進內以參占驗云史
臣於觀臺訪渾儀見元魏太史令晁崇所造者以鐵為之
其規有六其外四規常定［象地形］其餘象二
極其內二規可以運轉用合八尺之管以窺星度周武帝平
齊所得隋開皇三年新都初成以置諸觀臺之下大唐因而
用焉遷天官書及班氏所載妖星暈珥雲氣虹蜺存其
大綱未能備舉自後史官更無紀錄春秋傳曰公既視朔
遂登觀臺亮分至啟閉必書雲物神道司存安可誣也今
略舉其形名占驗次之［星之末云］

天體

古之言天者有三家［一曰蓋天二曰宣夜三曰渾天蓋天］
之說即周髀是也其本庖犧氏立周天曆度其所傳則周
公受於殷商周人志之故曰周髀髀股也股者表也其言
似蓋笠地法覆槃天地各中高外下北極之下為天地之中
其地最高而滂沱四隤三光隱映以為晝夜天中高於外
衡冬至日之所在六萬里北極下地高於外衡下地亦六萬
里外衡高於北極下地二萬里天地隆高相從日去地恒八
萬里日麗天而平轉分冬夏之間日所行道為七衡六間每
衡周徑里數各依筭術用句股重差推晷影極游以為遠
近之數皆得於表股也故曰周髀又周髀家云天圓如張

蓋地方如棋高天旁轉如推磨而左行日月右行天左轉
故日月實東行而天牽之以西沒譬之於蟻行磨石之上
磨左旋而磨疾而蟻遲故不得不隨磨以左迴焉
天形南高而北下日出高故見日入下故不見天之居如倚
蓋故極在人北是其證也極在天之中而今在人北所以知
天之形如倚蓋也日朝出陰中暮入陰中陰氣暗冥故沒
沒不見也夏時陽氣多陰氣少陽光明盛與日同暉故日
出即見也無蔽之者故夏日長也冬日陰氣多陽氣少陰
暗冥掩日之光雖出猶隱不見故冬日短也漢末楊子雲
難蓋天八事以通渾天其一云日之東行循黃道晝

牽牛距北極百十度東井距北極南七十度今三百六十度
周三徑一二十八宿周天當五百四十度今三百六十度何也
其二曰春秋分之日正出在卯入在酉而晝漏五十刻即天
蓋轉夜當倍晝今夜亦五十刻何也其三曰日入在酉而星見者
見六月今夜常見何也其四曰以蓋圖視天河起斗而東入
狼弧間曲如輪今視天河直如繩何也其五曰周天二十八
宿以圖視天星宿不見者當見不以日長短故見有多
少何也其六曰天至高也地至卑也日託天而旋可謂至高矣

縱人目可奪水與景不可奪也今從高山以水望日日
出水下影上行何也其七日視物近則大遠則小今日與
北斗近我而小遠我而大何也其八日視蓋樓與車輻間
近杠轂即密益遠益疎今北極為天杠轂二十八宿為天樓
輞星度度天南方次地星間當數倍今交密何也其後
桓譚鄭玄蔡邕陸績各陳周髀考騐天狀多有違遠義新意
記先師相傳云天了無質仰而瞻之高遠無極眼瞚精絕故
蒼蒼然也譬之旁望遠道之黃山而皆青俯察千仞之深谷
而窈黑夫青非真色而黑非有體也日月衆星自然浮生
虛空之中其行止皆須氣焉是以七曜或逝或住或順
或逆伏見無常進退不同由乎無所根繫故各異也故辰
極常居其所而北斗不與衆星西沒也晉成帝咸康中會
稽虞喜因宣夜之說作安天論以為天高窮於無窮地
深測於不測天確乎在上常安之形地魄焉在下有君靜
之體當相覆冒方則俱方圓則俱圓無方圓不同之義
也其光曜布列各自運行猶江海之有潮汐萬品之有
行藏也苟辰宿不麗於天而不動乎由此而談爲洪可謂
便可言無何必復云有之而

知言之選也喜族祖河間相嚳又立穹天論云天形穹隆
如雞子幕其際周接四海之表浮乎元氣之上譬如覆奩
以抑水而不沒者氣充其中故也日繞辰極没西還東而
不出入地中天之有極猶蓋之有斗也天北下於地三十度故
極北去黃道百二十五度南去黃道六十七度二至之所
斗極之下不為地中當對天地卯酉之位耳日行黃道繞極
之傾在地卯酉之北亦三十度人在卯酉之南十餘萬里故
似天今人顧前俯瞰凶而項臨皆背近南故取諸身近取
之體南低入地北則偏高也又冬至極低而天運近南故
日去人遠而斗去人近北天氣至故水寒也夏至極起而
天運近北而斗去人遠日去人近南天氣至故水熱也
之立時行地中淺故夜短天去地高故晝長也自虞喜虞
時日行地中深故夜長天去地下故晝短也極之低
地之體狀如鳥卵天包地外猶殼之裹黃也周旋無端其
姚信皆好奇徇異之說非極數談天者也前儒舊說天
形渾渾然故曰渾天言天之形體渾然而漢王仲任據渾儀云
氣而浮載水而行漢王仲任據蓋天之說以駁渾儀云
舊説天轉從地下過今掘地一丈輒有水天何得從水中
行乎甚不然也日隨天而轉非入地夫人目所望不過十

天地合矣實非合也遠使然耳令視日入非入也亦遠
耳當日入西方之時其下之人亦將謂之為入矣何以明之今試使一人
把大炬火夜行於平地去人十里火光滅矣非火滅也遠使
然耳今日西轉不復見是火滅之類也日月不圓望視
之所以圓者去人遠也日火之精也月水之精也水火在
地不圓故圓丹陽葛洪釋之曰渾天儀注云天如
雞子地如中黃孤居於天內天大而地小天表裏有水天
地各乘氣而立載水而行周天三百六十五度四分度之一
又中分之則半覆地上半繞地下故二十八宿半見半隱天

轉如車轂之運也諸論天者雖多然精於陰陽者少張
平子陸公紀之徒咸以為推步七曜之道以度曆象昏明
之證候校以四分之術考驗天文莫密於渾象也張
形驗於事情莫密於渾象也張平子既作銅渾天儀於
密室中以漏水轉之與天皆合如符契也崔子元為其碑
銘曰數術窮天地制作侔造化高才偉藝與神合契崔子謂其碑
由於平子渾儀及地動儀有驗故也若天果如渾者
則天之出入行於水中為必然矣故黃帝書曰天在地外
水在天外水浮天而載地者也又易曰時乘六龍天陽物也又出入
稱龍者居水之物以喻天天陽物也又出入水中與龍相

似故比以龍也聖人仰觀俯察審其如此故曰卦坤上離下以證
日出於地上然地下亦有水之象也又卦乾上坎
上此亦天水中之象也天含金水相生之物也天出入水中當有諸星
何損而謂為不可乎然則天之出入水中無復疑矣又合視諸星
出於東者初但去地小許其星漸而西行先經人上後遂漸
西而下焉初去不旁旋也地小許其星亦稍稍下而沒無比轉
者日之出入亦然若謂天磨石轉者眾星日宜隨天而
迴初在於東次經於南次到於西次及於北而復還於東而
漸稍下都不繞邊北去也今日出於東舟舟轉上及其入西亦復漸
不應橫過去也今日出於東次經於南如此王生必固謂為不然者

疏矣今日徑千里其中足以當小星之數十也若日以轉
遠之故但當光曜不能復來照及人耳具猶望見其體不
應都失其所在也日光既盛其體又大於星會極比之
小星而不見可見其比人之在比者明其不比也若日以轉遠之
故不復可見其比人之閒應當稍小而日方入之時反乃
更大此非轉遠之徵也王生以火炬喻日吾亦將借子之
矛以刺子之楯焉把火之人去人轉遠其火轉微而日
自出至入不漸小也王生以火炬喻人之去人轉遠微而日
之稍去初尚有半如橫破鏡之狀須臾便沒矣若是
生之言曰轉北去者其比都沒之項宜先如堅破鏡之狀

不應如橫破鏡也如此言之日入北方不亦孤子乎又月
之光微不及日遠矣月盛之時雖有重雲蔽之不見月體
而夕猶朗然其月光猶從雲中而照外也日若繞西及北
者其光故應如月在雲中之狀雖不得夜便大暗也又日入
則星月出焉知天以日月分主晝夜相代而照也若日入
常出者不應日亦入而星月出也又案河洛之文皆云水
火者陰陽之餘氣也夫言餘氣則不能生日月所生也
當言日精生火者可耳若水出於陽燧陽燧圓而火出
如日之圓令火出於陽燧陽燧圓而火不圓也水出
於方諸方方而水不方也又言餘氣則不能生日月所生也

日於火之理此則日精之生大明矣方諸可以取水於月
無取月於水之道此則月精之生水矣方諸王生又云遠故
視之圓若審然者月初生之時及既虧之後何以視之不
圜平而不宜見其殘缺或上或下從側而起或如鈎至晝若遠視之不
圓不宜見其殘缺左右所起也此則渾天之體信而有徵
矣宋何承天論渾天象體曰詳尋前說因觀渾儀研求
其意有悟天形正圓而水居其半地中高外甲水周其下
言四方者東曰暘谷日之所出西曰濛汜日之所入莊子
又云比湞有魚化而為鳥將徙於南溟斯亦古之遺記
四方皆水證也四方皆水謂之四海凡五行相生水生於

金是故百川發源皆自山出由高趣下歸注於海日為陽
精光曜炎熾一夜入水所經焦竭百川歸注足以相補故
旱不為減浸不為益又云周天三百六十五度三百四分
之七十五天常西轉一日一夜過周一度南北二極相去
一百一十六度三百四分度之六十五即天頂也黃道
袤帶赤道春分交於奎壁度秋分交於軫翼度冬至
斗十四度半彊夏至井十六度半從北極扶天而南五十
五度彊則居天四維之中也即天頂也其下地
中也自外與王蕃渾天說具於晉史舊說渾天
者以日月星辰不問春秋冬夏晝夜晨昏上下去地中皆

同無遠近列子云孔子東遊見兩小兒辯鬭問其故一小兒曰我以
日始出去人近而日中時遠也一小兒曰我以
中時近也一小兒曰日初出大如車蓋及其日中如
盤盂此不為遠者小近者大乎一兒曰日初出
時滄滄涼涼及其中時熱如探湯此不為近者熱遠者涼
乎桓譚新論云漢長水校尉平陵關子陽以為日之去人
上方遠而四傍近何以知之星宿昏時出東方其間甚疎
上方視之星宿其數相離一二尺以準度
相離文餘及夜半在上方視之其數相離一二尺以準度
望之逾益明白故知天上之遠於傍也日為天陽火為地
陽地陽上升天陽下降今置火於地從傍與上診其熱遠

13-247

近殊不同為目中正在上覆蓋人人當天陽之衝故熱於
始出時又新從太陰中來故後涼於其西在桑榆間也桓
君山曰子楊之言曰晝其然乎張衡靈憲曰日之薄其
明也還自奪故晝視明明無所屈是以坐之若天又其大也
明之於夜夜與日同而差微者星月在晝隱其光在夜則見
為傍方與上方等傍視則天體存於目側故日出時視日大也
又曰始出時色白者雖大不甚始出時色赤者其大則甚此
終以人目之惑無遠近也且夫置器廣庭則於幽室之鼎如金

堂宗十仞則八尺之人猶短物有陵之非形異也夫物有
惑心形有亂目試非斷疑定理之主故仰遊雲以觀月月
常動而雲不移乘舡以涉水水去而舡不徙矣安及云余
以為子陽言天陽下降日則熱束者言天體驗之於目則
大顏近之矣渾天之體圓周之徑詳之於天度驗之於日則
影而紛然之說由人目也旁之與上理無有殊也夫
則其開數以渾驗之度則均也

（堯存⑨③　隋書九　《十一》）

色赤者而日中時日色白地氣上升家蒙四合與天連者雖中
時亦赤矣日與火相類火則體赤而炎黃日赤實然日
色赤者猶火無炎也光衰失常則為異矣況奉朝請祖晒
曰古論天者多矣而群氏紛糾至相非毀翻覽圖籍稽遺
之典經仰觀辰極傍瞻四維觀日月之升降察五星之見
伏校之以儀象覆之以晷漏則渾天之理信而有徵辰
衆說叶渾儀云考靈曜先儒求得天地相去十七萬八千
五百里以晷影驗之失於過多既廣求其數因其說以
數蓋今誌之辭宜非聖人之言也學者多因其說亦校之
革豈不知尋其理與未能求其數故也王蕃所考之

（堯⑨③④十　隋書十九　《十二》　志十四）

前說不當減半雖非於名所知欲求之以理誠未能通趣
其數蓋近密平軹因王蕃天高數以求冬至春分日高及
南戴日下去地中數法令表高八尺與冬至春分日高及
尺各自乘并而開方除之為法求冬至春分影長一丈三
得四圍二千百五十八里有奇以為法至于日高乘冬至春分影
長五尺三寸九分各自乘并而開方除之為法因冬至春分影
南戴日下去地中數法得六萬九千三百二十里有奇即
實而以法除之得六萬七千五百二里有奇即春秋分日
高也以天高乘春秋分影長晷實如法而一得四萬五千

四百七十九里有奇即春秋分南戴日下而數也南
戴日下所謂州分也推此極里數法夜於地中表南傅地
邁邊武良細星之末夲與表端夲各以人目去表數及表
高各乘并而開方除之為法天高夲人目去表為實實
法而一即比辰細星高地數也天高夲人目去表為實如
如法即去其共戴極下之數也地北戴斗極為密桐
火昏上錐遠而炎在傍錐近而微視目在傍而大居上而
騰天飛上降故日下而暑非有寒暑者地氣上
天頂三十六度日去地中四時同度而有寒暑者地去
日去赤道表裏二十四度寒近暑近暑遠也日去

小者仰矚為難立觀為易也由視有夷險非遠近之効也
今懸珠於百仞之上或置之於百仞之前從而觀之則大
小殊矣先儒用斯取驗虛實難辯異途頻綆雄辯折辯不
亦迂哉今大寒在冬至後大暑在夏至後者寒
夏至後二氣二分者寒暑積而未至也暑積而未消也大暑在
氣者寒暑積而未至也譬之於火始入室而未甚溫弗加
薪火而過燭既已逺之猶有餘熱也

渾天儀

安在屋壁室壁上衡以綖七政則考靈曜所謂觀玉儀
之游昏明主時乃令中星者也琁璣中而星未中為急急則

日過其度月不及其宿琁璣未中而星中為舒舒則日不
及其度月過其宿琁璣中而星中為調調則風雨時庶草
蕃無而五穀孳蕃萬物康也此所謂琁璣玉衡以齊七政
秋文耀鈎云唐堯即位羲和立渾儀而渾天儀者羲和之舊
比斗第二星名琁第三星名璣第五星名玉衡或因星官書
衡視其行度以觀天意也故王蕃云渾天儀者羲和之舊
言即以為比斗七星載筆之官也鄭玄亦云其轉運者為
致疑焉李長謂璇璣為渾天儀之官莫之或辯史遷固猶
王者持正者為衡皆以玉為之七政者日月五星也以璇
器稽代相傳謂之璣衡其為用也以察三光以分宿度者

也又有渾天象者以著天體以布星辰而渾象之法地當
在天中其勢不便故反觀其形地別於外固於已解者無異
在內詭狀殊體而合於理可謂奇巧然斯二者以考於天
蓋密矣又云六古舊渾象以二分為一度周七尺三寸半而
莫知何代所造今案虞喜云落下閎為漢孝武帝時太史
轉渾天定時節作泰初曆或其所製也漢孝和帝時太史
揆候皆以赤道儀與天度頗有進退以問典星待詔姚崇
等皆曰星圖有規法日月實從黃道官無銅儀至桓帝延
五年詔左中郎將賈逵乃始造太史黃道銅儀至桓帝延
熹七年太史令張衡更以銅製以四分為一度周天一丈

四尺六寸一分亦於密室中以漏水轉之令司辰者閉戶
而唱之以告靈臺之觀天者璇機所加其星始見其星已
中其星今沒皆如合符葢以布星辰良令相去以稠
葢不得令宻張衡所作又復使人難可轉移葢令所作以
三分為一度周一丈九十五分又復儀以減衡法亦有半次今所作渾象黃赤道
奇又赤道見者常一百八十二度半黃赤二道俱三百六十五度四分分之
一渾天儀法黃赤道各廣一度有半張古法三尺六寸五分四分分之
名各廣四分半相去七寸二分黃赤二道相共交錯其
間相去二十四度則黃道當長於赤道又
極相去一百八十二度半彊也而陸績所作渾象形如鳥
者亦一百八十二度半彊是以知天之體圓如彈丸南北

五萬七千里直徑亦然則渾天之意也以天為正圓也器與言
諸渾為非俗然則渾天儀者其制有機而衡既動靜兼狀
以效二儀之情又周旋衡管用考三光之分所以揆正宿
度準二儀之遺法也則先儒所以言圓規徑八尺漢
候臺銅儀蔡邕所欲寢伏其下者是也梁華林重雲殿前

所置銅儀其制則有雙規相結併間相去三寸許正豎當
子午其子午之間應南北極之衡各合而為孔以象南北
樞植橫於前後以屬橫規高下正當渾之半皆
周币分為度數署以屬辰之伍辰又有單規規正當渾之半斜帶南
北之中與春秋二分之日道相應亦周币分為度數而署
雙規內徑八尺周二丈四尺而屬雙規植而不動其裏又有雙規規
以維辰並相連著屬橫規植而不動其裏又有雙規規
比樞孔中以象南極北頭出地上入於地下注於
外雙規規動得東西轉以象天行其雙軸
二寸許合兩為一內有孔圓徑三寸許以象南極北
之間則置衡長八尺通中有孔圓徑一寸當衡之半兩邊

有關各注著雙軸衡既隨天象東西轉運又自於雙軸間
挺所造則古之渾儀之法者也而宋御史中丞何承天及
為之者也懺其偽題其銘劉曜光初六年史官丞南陽孔
太中大夫徐爰各著宋史咸以為即張衡所造其儀略舉
天狀而不綴經星七曜魏晉喪亂沈沒西戎義熙十四年
宋高祖定咸陽得之梁尚書沈約著宋史亦云然皆失之
遠矣後魏道武天興初命太史令晁崇修渾儀以觀星象
十有餘載至明元末興四年壬子詔造太史候部鐵儀

渾天象者其制有機而無衡梁末祕府有以木為之其圓

以為渾天法之考璣之正其銘曰於皇太伐配天比祚
赫明聖遺布象造茲璣衡考正宿度貽法後葉求垂典
故其製並以銅鐵唯志星度以銀錯之
東西柱直立下有十字水平以植四柱十字柱曲抱雙規
雙規其餘皆用劉曜儀大同即今太史候臺所用也

渾天象

渾天象者其制有機而無衡梁末祕府有以木為之其圓
如丸其大數圍南北兩頭有軸徧體布二十八宿三家星
黃赤二道及天漢等別為橫規環以匡其外高下管之以
象地南北軸頭入地注於南極植以象南極比軸頭出於地上

注於北植以象北極正東西運轉昏明中星焉其應度
至虛宿卽外驗在不差而已不如渾儀別有衡管測揆日月
分步星度者也吳太史令陳苗云先賢制木為儀名曰渾
天即此之謂耶由斯而言儀象二器遠不相涉則張衡所
造蓋亦止在渾象七曜而何承天莫辨儀象之異亦為乖
生宋文帝以元嘉十三年詔太史更造渾儀大史令錢樂
之依案舊說效之鑄銅為之五分為一度徑六尺八
分少周一丈八尺二寸六分少地在天內不動立黃赤二
道之規南北二極規布列二十八宿北斗極星置日月
五星於黃道上為之柱軸以象天運昏明中星與天相符

梁末置於文德殿前至如斯制以為渾儀儀則內闕衡管
以為渾象而地不在外是別為一體就器用而求之
猶渾象之流外內天地之狀不失其位也吳時又有葛衡
明達天官能為機巧作渾天使地居于天中以機動之
天動而地上以上應晷度則樂之所效也宋元嘉十
七年又作小渾天二分為一度徑二尺二寸周六尺六寸
安二十八宿中外官星備足以白青黃等三色珠為三家
星其日月五星悉居黃道亦象天運而地在其中宋元嘉
所造渾象器開皇九年平陳後並入長安大業初移於東
都觀象殿

蓋圖

蓋圖

晉侍中劉智云顓頊造渾儀黃帝為蓋天然此二器皆古
之所制但傳說義者失其用耳昔者聖王正曆明時作圓
蓋以圖列宿極在其中迴之以觀天象分三百六十五度
四分度之一以定日數日行於星紀轉廻右行故圓規之
以為日行道欲明其四時所在故於春也則以青為道於
夏也則以赤為道於秋也則以白為道於冬也則以黑為
道四季之末各十八日則以黃為道蓋圖已定仰觀雖明
而未可正昏明分晝夜故作渾儀以象天體今案自開皇
已後天下一統靈臺以後觀鐵渾天儀測七曜盈縮以蓋

圖列星坐分黃赤二道距二十八宿分度而莫有更為渾
象者矣仁壽四年河間劉焯造皇極曆上啟於東宮論渾
天云璿璣玉衡正天之器帝王欽若世傳其象漢之張衡又
詳者律曆斜落下闊鮮于妄等共所營定逯于今不改焯
尋述作亦其體制不異閣等法考靈曜勢同衡法逯之今不改焯
之魏初晷景王蕃等揆用銅鐵小大有異規域不異番樂
以愚管留情推測見其數制莫不違失之千里差若毫
觀蔡邕月令章句鄭玄注考靈曜均度月無出入至所恒定
龕太象一乘餘何可驗況亦黃均度月無出入至所恒定
氣不別傷分刻本差廻年故其為躁謬不可復言亦既
由理不明致使異家聞並蓋及宣夜三說並虛平昕安穿
四天騰沸至當不二理唯一揆豈容天體七種殊說文影
漏去極就渾可推百骸共體本非異物此直已驗彼學呂
彰豈明日未暉燼火不息者也昔蔡
邑自朔方上書曰以尺之儀度成數而為異說邑以貧朔
而無其書豈常欲銀伏儀下案度成數而為異說邑以貧朔
商書素不許邑若蒙許亦必不能邑才不踰張衡衡本豈
有遺思也則有器無書觀不能悟焯今立術政正焉渾又
以二至之影定去極晷漏并天地高遠星辰運周所宗有

本皆有其率趍今賢之目感稽性哲之羣疑談若雲披朗
如霧散矣為之鎮綜數卷已成行得影差謹更啟送又云周
官夏至日影尺有五寸張衡鄭玄王蕃陸績先儒等皆以
為影千里差一寸言南戴日下萬五千里表影正同天高
乃累其差以為影率道里不定得其差亦
事不可依今交愛之州表北無影計無萬里南過戴日是
千里一寸非其實差焉今交阯盡渾以道為率道里不定得其差盞重
工井解筭術土取河南北平地之所可量數百里南北使
乃審既大聖土圭之年升平之日躔改躔謀斯正同一水
正審時以漏平地以繩隨氣至分同日度影得其差盞重
象效除疑請以盛言不用至大業三年勑諸郡測影
即可知則天地無所匿其形辰象無所逃其數超前顯聖
地中

而焯尋卒事遂寢廢

周禮大司徒職以土圭之法測土深正日景以求地中此
則渾天之正說立儀象之大本故云日南則景短多暑日
比則景長多寒日東則景夕多風日西則景朝多陰日至
之景尺有五寸謂之地中天地之所合也四時之所交也
風雨之所會也陰陽之所和也然則百物阜安乃建王國
焉又考工記匠人建國水地以縣置槷以縣眡以景為規
以二至之影定去極晷漏并天地高遠星辰運周所宗有

《志五　隋書九　二十一》

國然則日爲陽精玄象之著然者也生靈因之動息寒暑
以正朝夕案主圭正影經文闕略先儒解說又非明審祖
暅錯綜經注以推地中其法曰先驗昏旦定刻漏分辰次
乃立儀表於準平之地名曰南表漏刻上水居日之中更
立二表於南表影末名曰中表依中表以望北極樞而
立北表令參相直三表皆以縣準定乃觀三表二表直者爲其立
三表直者爲地中之正又以春秋二分之日始出東
照三表在東則立表於地中之東也當更向西求地中
若中表在西則立表於地中之東也當更向西求地中
所偏中表在西則立表以知在地中之西當更向東求地中
之偏中表在東令東向西求地中
名二曰西表亦從中表西望西表及日參於中表之西
古半體乃立表於中表之東名曰東表令東表與日及中
表參相直是日之夕日入西方半體又立表於中表之西
者即地南比之中也若中表西近南則所測之地在卯酉
之南中表差在卯酉則所測之地在卯酉進退南比求
三表直正東西者則其地廅中居卯酉之正也

昔者周公測景於陽城以參考曆紀其於周禮在大司
徒之職以土圭之法測土深正日景以求地中日至之景
尺有五寸則天地之所合四時之所交百物阜安乃建王
國景

《志五　隋書九　二十二》

考閏莫近於慈也古法簡略百揆難究術家各異測而有異
由其遞代觀陰陽之升降揆天地之高遠正位辨方定時
同先儒皆云夏至景尺五寸短景尺三寸易通非驗
書曰考靈曜稱日景求影尺五寸易通傳曰
日冬至之日樹八尺之表日中視其晷景長短以占和否
夏至至景一尺六寸冬至景一丈三尺五寸劉向鴻範
夏至景長尺五寸八分冬至景一丈三尺一寸四分春秋
二分景七尺三寸六分後漢四分曆魏景初曆宋元嘉曆

大明祖沖之曆皆與考靈曜同漢及宋所都皆別四家
麻日法候景則躔次緯候所陳恐難依據劉向二分之景直
以率推非因表候定其長短然尋晷景尺丈雖有大較或
地域不改而分寸參差或南北殊方而長短維　蓋術士
未能精驗馮古所以致乖冊其繁雜附於此云梁天監
中祖暅造八尺銅表其下與圭相連圭上爲溝置水以取
平正揆測日晷求其盈縮至大同十年大史令虞鄺又用
九尺表格江左之景夏至一尺三寸二分冬至一丈三尺
七分立夏立秋二尺四寸五分春分秋分五尺三寸九分
陳氏一代惟用梁法祖暅神武以洛陽舊器並徙鄴中以聲

文宣受終竟未考驗至武平七年訖于景禮始薦為劉孝孫
張孟賓等然後主劉張建表測景以考分至之氣亦未
就仍遇朝亡周自天和以來言曆景者紛紛至於劉孝孫
之景以考曆之精麤及高祖踐極之後大議造曆張胄玄
兼明揆測言日長之瑞有詔司存而莫能考決至開皇
九年表充為太史令欲成曹爰舊事復表曰隋興已後日
景漸長開皇元年冬至之景長一丈二尺八寸二分自爾
漸短至十七年冬至景長一丈二尺六寸三分二年夏至景一尺四寸
洛陽測景長一丈二尺八寸二分二年夏至景一尺四寸
八分自爾漸短至十六年夏至景一尺四寸五分其十八

年冬至陰雲不測元年十八年夏至亦陰雲不測
周官以土圭之法正日景日至之景尺有五寸鄭玄云冬
至之景一丈三尺今十六年夏至之景短於舊五分十七
年冬至之景短於舊三寸七分日去極近則景短而日長
去極遠則景長而日短星昴見仲冬則知景時仲
遠極近則景短而日行內道日去極近行外道則景短而日長
一度日在須女十度以曆數推之開皇以來冬至日在斗十
一度與唐堯之代去極俱近謹案元命包云日月東道
上道升平日行次道霸代日行下道伏惟大隋啟運上感
琁璣得其常天帝躬聖王初功景房別對日太平日行

乾元景短日長振古有其序屬慶人寅晉王廣初為太
子充景此事深合時宜上臨朝謂百官曰景長之慶天之
祐也今太子新立當以元年宜取日長之日工役並加程
是改開皇三十一年為仁壽元年此後百工作役並加程
課以日長故也皇太子率百官詣闕陳賀案日徐爰盈縮
無常充等以為祥瑞大為議者所貶文考靈曜周髀張衡
靈憲及鄭玄注周官並云日影於地千里而差一寸宋
元嘉十九年壬午使使往交州測影夏至之日影出表南
三寸二分何承天遙取陽城云夏至一尺五寸計陽城去
交州路當萬里而影實差一尺八寸二分是六百里而差

一寸也又梁大同中二至所測以八尺表率取之夏至當
一尺一寸七分冬後魏信都芳注周髀四術稱永平元年
戊子當梁天監之七年見洛陽測影又見公孫崇集諸朝
士共觀祕書影同是夏至日其中影皆長一尺五寸八分
以此推之金陵去洛南北略當千里而影差四寸則二百
五十里而影差一寸也況人路迂迴山川登降方於鳥道
所校彌多則千里之言未足依也其揆測參差如此故備
論之

漏刻

昔黃帝創觀漏水制器取則以分晝夜其後因以命官周

禮筆董巨民則其職也其法揔以百刻分十晝夜至晝漏
四十刻晝夜漏六十刻夜至晝漏六十刻　及梁初
二分晝夜各五十刻日未出前二刻半而明既没後二刻
半乃昏晝漏五刻以益晝漏謂之昏旦漏刻皆隨氣增損
冬夏二至之間晝夜長短五刻每差一刻為一箭
冬至晝短其首盡有四十一箭晝有朝有禺有中有晡有
夕有甲乙丙丁戊箭晝夜有星中每箭各有其數皆所以
分時代寸更其作夜漢興張蒼因循古制猶多踈闊及孝
武考定星曆下漏以追天度亦未能盡其理劉向鴻範傳
記武帝時所用法晝夜漏冬夏二至之間一百八十餘箭晝夜

差二十刻大率二至之後九日而增損一刻至昆至帝時
又改用晝夜一百二十刻九日尋亦寢廢至王莽竊位又連行
之光武之初亦以百刻九日加減法編於甲令遂常符漏
品至和帝永元十四年霍融上言官曆率九日增減一刻
不與天相應或晦差至三刻半不如夏曆漏刻隨日南北
為長短乃詔用夏曆漏刻依日行黃道去極每至二度四
分為增減一刻凡用四十八箭終於魏晉相傳不改未何
承天以月蝕所在當日之衝考驗日宿知𣇄禐昺度冬至
之日其影極長測晷景知氣至至移舊四日前代諸漏春
分晝晝長秋分晝短差過半刻昏由乘日不正所以而然遂

議造漏法春秋二分晝夜漏各五十五刻密及梁初
因循不改至天監六年武帝以晝夜百刻分配十二辰辰
得八刻仍有餘分乃以晝夜為九十六刻一辰有全刻八
焉至大同十年又改用一百八刻依尚書考靈曜晝夜
三十六頃之數因而三之冬至晝漏四十八刻夜漏六十
刻夏至晝漏七十刻夜漏三十八刻春秋二分晝夜漏六十
刻夜漏四十八刻昏旦之數各三刻先令祖𣈆為漏經
依渾天儀日行去極遠近為晷漏古百刻為法周齊因循魏晉皆
亦命金𤣥朱史造漏夜陳文帝天嘉中
梁大同並以百刻分千晝夜陳初用周朝尹公正馬顯所

造漏經至開皇十四年鄘州司馬表充上臥影漏刻充以
短影平儀均布十二辰立表隨日影所指辰刻以驗漏水
之節十二辰刻互有多少時正前後刻亦不同共二至二
分用箭前辰刻之法今列之云

冬至日出辰正　　入申正

夜六十刻　子丑亥各二刻　　晝四十刻
卯酉冬至三刻　　　寅戌冬各六刻
辰申各十四刻　　　巳未各十刻

午八刻

右十四日改箭

春秋二分日出卯正　入酉正　晝五十刻

夜五刻　子四刻　丑亥七刻　寅戌九刻

卯酉十四刻　辰申九刻　巳未七刻　寅戌四刻

卯酉十三刻　子八刻　丑亥十刻　午二刻

夏至日出寅正　入戌正　晝六十刻

　右五日改簪前

　右十九日加減一刻改簪前

頒同畢日出卯三刻五十五分入酉四刻四十分晝漏
五十刻一十分夜漏四十九刻四十分晝夜差六十分刻
之四十仁壽四年劉焯上皇極曆有日行遲疾推二十四
氣皆有盈縮定日春秋分定日去冬至各八十八日有奇
去夏至各九十三日有奇二分定日晝夜各五十刻又依
渾天黃道驗知至夜漏五十九刻八十六分冬至晝漏四
十刻一十四分冬夏至之間晝夜差二十九刻一百分刻
之七十二冑玄及焯漏刻並不施用然其法制皆著在曆
術准驗加時最為詳審大業初耿詢作古器器以

袞充素不曉渾天黃道去極之數苟從私智緣成舊章其
於施用未為精密開皇十七年張冑玄用後魏渾天鐵儀
測知春秋二分日出卯酉之北不正當中與何承天所測

漏水注之獻于煬帝帝善之因令與宇文愷依後魏道士
李蘭所修道家上法稱漏制造稱水漏器以充行從又作
候影分箭上水方器置於東都乾陽殿前鼓下司辰又作
馬上漏刻以從行辨時刻撰日晷下漏刻此二者測天地
正儀象之本也晷漏訟革今古大殊故列其差以補前闕

經星中宮

北極五星鉤陳六星皆在紫宮中北極辰之末猶一度有
不動處也祖暅以儀准候不動處在紐星之末猶一度有
星共之賈逵張衡蔡邕王蕃陸績皆以北極紐星為樞是
樞也天運無窮三光迭耀而極星不移故曰居其所而眾
餘北極大星一之座第一星主月太子也第二星主

北極五星第三星主五星庶子也所謂第二星主日
日帝王也王也第三星主五星庶子也中星不明主不用事右星不明
者也北極五星最為尊也中星不明主不用事右星不明
太子憂也北極五星鉤陳後宮也太帝之正妃也太帝之坐也北四
日女御宮鉤陳後宮也太帝之正妃也太帝之坐也北四
帝其神曰耀魄寶主御群靈秉萬神圖抱極樞四星曰四
輔所以輔佐北極而出度授政也太帝上九星曰華蓋四
所以覆蔽太帝之坐也又九星直曰杠蓋下五星曰五帝
內坐設敘順帝所居也客犯紫宮中坐大臣犯主華蓋杠
旁六星曰六甲可以分陰陽而紀節候故在帝旁所以布

政教而授人時也極東一星曰柱下史主記過右者有左
右史此之象也柱史比一星曰女史婦人之微者主傳漏
故漢有待史傳含凡星在華蓋上近河實客之館主胡人
入中國客星守之備效使亦曰胡兵起傳含南河中五星
曰造父御官也一曰司馬或曰伯樂星亡馬六畜西河
南相近亦天帝之國也紫宮垣下五星其西蕃七東蕃八
南天帝之神也主戰鬥也一星在紫宮
疾疫災害所生之國也神主使十六神知風雨水旱兵革饑饉
九星如鉤狀曰鉤星伸則地動天一星在紫宮門右星
在比斗此一曰紫微太帝之坐也天子之常居也主命主
度也一曰長垣一曰天營一曰旗星爲蕃衛備蕃臣也宮
關兵起旗星直天子出自將宮中兵東垣下五星曰天柱
建政教懸圖法之所也常以朝均旦懸禁令於天柱以示
百司周禮必正藏之月懸法象魏此之類也門內東南維
五星曰高書主納言凤疫諮謀龍作納言此之象也尚書
理主平刑斷微也門外六星曰天床主寢舍解息燕休西
南角外二星曰內廚主六宮之飲食主后夫人與太子宴
西二星曰陰德陽德主周急振無官門左星內一星曰大
飲東北維外六星曰天廚主盛饌比斗七星輔一星在太
微比七政之樞機陰陽之元本也故運平天中而臨制四

方以建四時而均五行也魁四星爲璇機杓三星爲玉衡
又象號令主少主又爲帝車取平運動之義也又魁第一星
曰天樞二曰璇三曰機四曰權五曰玉衡六曰開陽七曰
搖光一至四爲魁五至七爲杓樞爲天璇爲地璣爲人權
爲時玉衡爲音開陽爲律搖光爲星石氏曰第一曰正星
令星主禍害也四曰伐星主天理伐無道五曰殺星主中
央助四旁殺有罪六曰危星主天倉五穀七曰部星亦曰
主陽德天子之象也二曰法星主陰刑女主之位也三曰
應星主兵又云一主天二主地三主火四主水五主土六
主木七主金又曰一主秦二主楚三主梁四主吳五主趙
六主燕七主齊魁中四星爲貴人之牢曰天理也輔星傳
乎開陽所以佐斗成功也又曰主壽又曰主丞相輔斗斟
中少星則人恐上天下多訟法者無星二十曰有輔星明
之象也七政星明其國昌不明國狹斗旁欲多星則安斗
而斗不明臣強主弱斗明輔不明主疆臣弱也杓南三星
文昌六星在斗魁前天之六府也主集計天道一曰上
及魁第一星皆曰三公宣德化調七政和陰陽之官也
文緒四曰司祿司中司隸賞功進五曰司命司怪太常理
將大將建威武二曰次將尚書正左右三曰貴相太常理
威各六曰司寇大理佐理其所謂一者起比斗魁前近內

階者也。明潤，大小齊，天瑞臻。文昌北六星曰内階，天皇之陛也。相一星，在北斗南，相者總領百司而掌邦教，以佐帝王，安邦國，集眾事也。其明，吉。大陽守一星，在相西，大將大臣之象也，主戒不虞，設武備也。非其常，兵起。西北四星曰勢，腐刑人也。天牢六星，在北斗魁下，貴人之牢也。主愆過，禁暴淫也。太微，天子庭也，五帝之坐也，亦十二諸侯府也。其外藩，九卿也。一曰太微為衡，衡主平也。又為天庭，理法平辭，監升授德，列宿受符，諸神考節，舒情稽疑也。二星間曰端門。東曰左執法，廷尉之象也。西曰右執法，御史大夫之象也。執法所以舉剌凶姦者也。左執法之東，左

掖門也。右執法之西，右掖門也。東蕃四星，南第一曰上相，其北東太陽門也。第二星次相，其北中華東門也。第三曰次將，其北東太陰門也。第四星曰上將，所謂四輔也。西蕃四星，南第一曰上將，其北西太陽門也。第二曰次將，其北中華西門也。第三曰次相，其北西太陰門也。第四曰上相，所謂四輔也。執法後則刑罰尤急。月五星所犯成刑。月五星入太微軌道，吉。西南角外二星曰明堂，天子布政之宮也。明堂西三星曰靈臺，觀臺也，主觀雲物，察符瑞，候災變也。執法東北一星曰謁者，主贊賓客也。謁者東北三星曰三

公，内坐朝會之所居也。三公北三星曰九卿，内坐主治萬事。九卿西五星曰内五諸侯，内侍天子，不之國者也。辟雍之禮得則太微諸侯明。黃帝坐一星，在太微中，含樞紐之神也，天子動得天度，止得地意，從容中道，則太微五帝坐明，坐以叱黃帝坐。不明，人主求賢士以輔法。不然則奪勢。又曰太微五坐小弱，青黑，天子國亡。四帝坐，亦帝煩燄之神也。黃帝坐。東方星蒼帝靈威仰之神也。南方星赤帝赤熛怒之神也。西方星白帝白招距之神也。北方星黑帝叶光紀之神也。五帝坐北一星曰太子，帝儲也。太子北一星曰從官，侍臣也。五帝坐東北一星曰幸臣。屏四星，在端門之内，近右執

法屏所以壅蔽帝庭也。執法王剌舉臣，尊敬君上則星光明潤澤。郎位十五星，在帝坐東北，一曰依烏郎位也。周官之元士，漢官之光祿中散諫議郎，三署郎中是其職也。或曰今之尚書也。郎位主衛守也。其星明，大臣有劫主。又曰客犯上，其星不具，后妃幸臣誅。客星入之，大臣為亂。郎將一星，在郎位北，主閱具，所以為武備也。武賁一星在太微西蕃北下台南，靜室龐頭之驕官也。常陳七星，如畢狀，在帝坐北，天子宿衛武賁之士，以設彊殺也。星搖動，天子自出。明則武兵用，微則武兵弱。三台六星，兩兩而居，起文昌列招搖，太微。一曰天柱，三公之位也。在天曰三台，主開德宣

符也西近文昌二星曰上台為司命主壽次二星中台為
司中主宗東[一星曰下台為司祿主兵所以昭德塞違也]
又曰三台為天階太[一星曰上台上一曰泰階上星為天子]
下星為女主中階上星為諸侯三公下星為卿大夫下階
上星為士下星為庶人所以和集如其常度南四星曰内平近
職執法平罪之官也中台之北一星曰大尊貴戚也下台
一星曰武賁衛官也攝提六星直斗杓之南主建時節
伺機祥攝捉為楯以夾擁帝席也主九卿明大三公恣客
星之聖人受制西三星曰周鼎卅主流三大角一星在攝
提間大角者天王座也又為天棟正經紀北三星曰帝席
主宴獻酬酢梗河三星在大角北梗河者天矛也一曰天
鋒主胡兵又為蠶故其變動應以兵喪也其星主與國有兵
謀招搖一星在其北一曰梗河一曰天楯一曰其國有兵
也招搖與北斗杓間曰天庫星去其所則有庫開之祥也
招搖欲與棟星梗河坽斗相應則胡常來受命於中國招
搖明而不正胡不受命玄戈二星在招搖北玄戈所主與
招搖同或云主北夷客星守之胡大敗天槍三星在北斗
杓東一曰天鑯天之武備也故在紫宮之左所以禦難也
女牀三星在其北後宮御也主一女事天棓五星在女牀北

天子先驅也主恣爭與刑罰藏兵亦所以禦難也槍棓皆
以備非常也[一星不具國兵起東七星曰扶筐盛桑之器]
主勸蠶也[七公七星在招搖東天之相也]三公之象主七
政貫索九星七公之牢也[一曰連索一曰連營]九星
皆明天下獄煩[七星見小赦五星大赦動則多]九河
則更元漢志云十五星天紀九星在貫索東九卿也主
主萬事之紀理怨訟也明則天下多辭訟女三星在天紀東端天女也主
紀亂則絲絽地震山崩織女三星在天紀東主果蓏絲帛珍寶也王者至孝神祇咸喜則織女星俱明天
下和平大星怒角布帛貴東足四星曰漸臺臨水之臺也主
醫漏律呂之事西之五星曰輦道王者嬉遊之道也漢志
道通南北宮象也左右角間二星曰平道之官[平道西一]
星曰進賢主卿相舉逸才角北二星曰平[田九北六星曰]
亢池亢舟航也池水也主送徃迎來兵北一星曰天乳主
甘露房宿中道一星曰歲守之陰陽平房西二星南北列曰
天福主乘輿之官若禮巾車公車之政主祠事東咸西咸
各四星明則吉暗則凶月五星犯守之有陰謀東咸西三
也星在房心北日月五星犯守之房之戶所以防淫泆
南北列曰罰星主受金贖鏈鑰一星在房東北近鈎鈴主

關鍵天市垣二十二星在房心東北主權衡主聚衆一曰
天旗庭主斬裁之事也市中星衆潤澤則歲實星稀則歲
虛熒惑守之戮不忠之臣又曰若怒用守之戮者臣殺主
彗星除之為從市易都客星入之兵大起出之有貴喪市
中六星臨貿曰市樓主市也主衆星臨陽為金錢其
陰為珠玉列肆見各以所主占之此四星曰軍市西
斛西此二星曰肆主寶貨星在天市中候星西天庭也光而
潤則天子吉威令行微小凶大人當之候一星在帝坐東
北主伺陰陽也明大輔臣疆四夷開候細微則國安亡則

主失位移則主不安官者四星在帝坐西南侍主刑餘之
人也星微則吉明則凶非其常官者有憂也
南主平章相則天下斗斛不平覆則歲穰宗正二星在帝
坐東南宗大夫也普星守之若失色危正有事客星二在帝
則天子親屬有變客星守之貴人死宗人四星在宗
室之象帝輔血脉之臣也宗客星守之其事宜東此二星
曰帛度東比二星曰屠肆各主其事天江四星在尾北主
太陰江星不具天下津河關道不通明君動搖大水出大
兵起衆妾則為貴妾熒惑守之有立王客星入之河津絕
八星在南斗枂西主關開建星六星在南斗北亦曰天旗

天之都關也謀事為天鼓為天馬南二星天庫也中央
二星市樓也二星旗附也斗建之間三光道也星動則
人勞月暈之龍見主馬疫月五星犯之大臣相謀臣動則
主亦熒惑守之外夷為變大水東南四星曰狗國主鮮卑烏九
沃且熒惑守之其國亂客星犯守之其國亂時天升九
星在建星北市星也二星曰天雞主候時以知
市星也欲明直者星犯守之其國亂候星入河鼓三星
子三將軍中央大星為大將軍左右星為左將軍右
旗九星在牽牛北此天鼓三一曰三武主天

將軍左星南星也所以備關梁而距難也設守阻險知謀
微也旗即天鼓之旗所以為旌表也左旗九星在鼓左旁
鼓欲正直而明色黃光澤將吉不正為兵憂也星怒馬貴
動則兵起曲則將失計奪勢旗星灰亂相陵失時前近河鼓
比列曰天桴桴鼓也星不明漏刻失時須女四星南
鼓相直皆為桴鼓用離珠五星在須女北主後宮藏府之二星
女子之星也非其故後宮亂客星犯之後宮凶虛二星曰司
日司祿又比二星曰司危又比二星曰司非以法多就私祿瓜五星在離珠
非司命主舉過行罰威不祥司祿增年延德故在六宗比
犯司危主驕佚亡下司非

主陰謀主後宮主東食明則歲熟微則歲惡后失執非
其故則山搖欲冬多水旁五星曰敗瓜主種天津九星所
以度神通四方也一星不備津關道不通主種天津九星所
如流沙死人亂麻微而氣羞則馬貴若死星亡若從河水
為彗或曰水賊稱王也東近河邊七星曰車府主之官
也車府東南五星臼人星主靜黑燕家遠能過一曰臥星
主防潘其南三星為折東南四星曰杵臼主絕軍糧客星
入之丘起天下聚米天津北天蛇星主水蟲星明則不安
客星守之水雨為災水物不收王良五星在奎北居河中

天子奉車德宮也其四星曰天駟旁一星曰王良亦曰天
馬其星動為粟馬騎滿野亦曰王良梁為天橋主御風
雨水道故或占津梁其星移有兵亦曰馬病客星中之橋
不通前一星曰策王良之御棗也主天子僕在王良旁若
移在馬後是謂筴馬則車騎滿野閣道六星在王良前飛
道也從紫宮至河神所乘也一曰閣道主道里天子遊別
宮之道也亦曰閣道所以扞難滅外也一曰王良旗一曰
紫宮旗亦所以為旌表而不欲其動搖旗星者兵所用也
傳路一星在閣道旁別道也備閣道之敗後而乘之也
一曰太僕主御風雨水遊從之義也東壁北十星曰天廄

主馬之官夫今驛使主傳令置驛逐漏馳驚謂其行急
疾興郵漏競馳天將軍十二星在妻北主武兵中央大星
天之大將也小外小星吏士也大將軍起大將八將出小星
不具兵發南一星曰軍南門主誰何出入大陵卷舌在胃
北陵者墓也大陵卷舌之口曰積京主天喪也積京中星
絕則諸侯有發民多疾兵起粟聚散少則粟守之有上
功大陵中一星曰積尸明則死人如山天船九星在大陵
北居河中一曰舟星主度所以濟不通也亦主水旱中在
漢中津河不通中四星欲其明即天下大安不則兵若
喪客彗星出入之為大水有兵中一星曰積水候水災卯

西二星曰天街三光之道主伺候關梁中外之境天街西
一星曰月卷舌六星在北主口語以知侫讒也曲者吉直
而動天下有口舌之害中一星曰天讒主巫醫五車五星
三柱九星在畢北五車者五帝車舍也五帝坐也主天子
五兵一曰主五穀豐耗西北大星曰天庫主太白主秦次
東北星曰嶽主辰星主燕趙次東星曰天倉主歲星主魯
衛次東南星曰司空主填星主楚次西南星曰卿星主熒惑
感主觀五星有變皆以其所主而占之三柱一曰三泉一
曰休一曰旗五車星欲均明闕狹有常也其中五星曰天潢
禮則五車三柱均明中有五星曰天潢天潢南三星曰咸

南河比河各三星夾東井一曰天高天之關門主關梁南

池魚圍也月五星入天潢兵起道不通天下亂易政咸池
明有龍墮死猛獸及狼害人若兵起五車南六星曰諸王
察諸侯存土西五星曰厲兩石金星守之兵動北八星
南亦曰天門日月所行也主邊軍主關閉芒角一星在五車
曰八穀主候歲入穀一星亡一穀不登天關一星在五軍
守守責人多死東井鈇鑕四星曰司怪主候天地日月星
辰變異交馬獸草木之妖明主關災脩德保福也司怪西
柳之高主遠望氣象天高西一星曰天河主察山林妖變
比九星曰坐旗君臣設位之表也主坐旗西四星曰天高臺

河曰南戍一曰南宮一曰陽門一曰越門一曰權星主火
比河一曰戍一曰北宮一曰陰門一曰胡門一曰衞星
主水兩河戍間曰月五星之常道也河戍動搖中國兵起
南河三星曰闕立主宮門外象魏也五諸侯五星在東井
北主刺舉戒不虞又曰理陰陽察得失亦曰天帝五侯一曰
帝師二曰帝友三曰三公四曰博士五曰太史此五者常
為帝定疑議星明大潤澤則天下大治角則禍在中五諸
侯南三星曰天樽主盛饘粥以給酒食之正也積新一星
在南三星曰天樽主盛饘粥以給酒食之正也積新一星
客星若水公守犯之百川流溢軒轅十七星在七星比軒

轅黃帝之神黃龍之體也后妃之主士職也一曰東陵一
曰權星主雷雨之神南大星女主也次北一星妃也次將
軍也其次諸星皆次妃之屬也女主南小星女御也左一
星少民少民大后宗也右一星大民太后宗也左一星太后
明也軒轅南三星曰酒旗酒官之旗也主饗宴飲食西
五星守酒旗天下大酺有酒肉財物賜爵宗室宴飲食
二星曰天相丞相之象也軒轅西四星曰爽門主爽火之
權也邊亭之警候權也四星曰内平平少微四星曰權
士大夫之位也南第一星名奧士亦曰天子副主或曰博
主衞掖門南第一星曰奧士第二星議士第三星博士第四
中國太白入之九卿謀

星大夫明大而黃則賢士舉也月五星犯守之奧士女主
憂宰相易南四星曰長垣主界域及胡東域胡入

志第十五

太尉揚州都督監修國史上柱國趙國公臣長孫无忌等奉
勅撰

天文中

二十八舍

東方。角二星為天闕，其間天門也，其內天庭也。故黃道經其中，七曜之所行也。左角為天田，為理，主刑。其南為太陽道，右角為將，主兵，其比為太陰道。蓋天之三門，猶房之四表也。其星明大，王道太平，賢者在朝；動搖移從，王者行。星，天子之內朝也，摠攝天下奏事，聽訟理獄錄功者也。

氐四星，王者之宿宮，后妃之府，休解之房。前二星適也，後二星妃也。將有徭役之事，氐先動。氐，疏廟，主疾疫。星明大，輔納忠，天子宴樂，動則多疾疫。

房四星，為明堂，天子布政之宮也，亦四輔也。下第一星，上將也。次次將，次相，次上相也。南二星君位。比二星夫人位。又為四表，中間為天衢，為黃道。南間曰陽環，其南曰太陽。比間曰陰間，其比曰太陰。亦曰天駟，為天馬，主車駕。南星曰左驂，次右服，次右驂亦曰天廄，又主車開閉，為蕃藏之所由也。太陰七曜由乎天衢，則天下平和。由陽道則主旱喪，由陰道則主水兵。次右服，次左服，亦曰天廄，又主車駕，為蕃藏之所由也。

房星明，則王者明，驕奢則兵起，星離則人流。又比二小星曰鉤鈐，房之鈐鍵，天之管籥。主閉藏，鍵天心也。王者孝則鉤鈐明近房，天下同心。遠則天下不和，王者絕後。房鉤鈐間有星及疏坼，則地動，河清。

心三星，中星曰明堂，大天同心。遠則主暗，天子不明，太子不得直言。星明大，天子位。天子位為大辰，主天王之賞罰，天王正位也。中星曰得，代後星動，則國有憂急。前星為太子，後星為庶子，後星明，庶子代宗，則王失勢。動則國有憂急，變則心星變黑，大人有憂。直則王失勢，動則有益，離則人流。

尾九星，後宮之場，妃后之府。上星，第一星后也。次三星夫人，次星妃妾，第三星傍一星名曰神宮，解衣之內室。尾亦為九子星。色欲均明，大小相承，則後宮有敘，多子孫。星微細暗，后有憂疾；踈遠，后失勢。動搖則君臣不和，天下亂；就聚則大水。

箕四星亦後宮，妃后之府。亦曰天津，一曰天雞，主八風。凡日月宿在箕、東壁、翼、軫者，風起。又主口舌，主客，蠻夷胡貉。故蠻胡將動，先表箕星。星動則蠻夷有使來；離徙則人流。動則變夷有差；就聚則人流，動不出三日，大風。

北方。南斗六星，天廟也，丞相太宰之位，主褒賢進士，稟授爵祿。又主兵。一曰天機。南二星魁，天梁也。中央二星，天相也。比二星杓，天府庭也。亦為天子壽命之期也。將有天子……

之事占於斗星盛明王道平和爵祿行若角動搖天子
愁兵起禍從其臣逐牽牛六星太之關梁主犧牲事其比
閞梁次三星主南越搖動變色則占之一星主道路次二星主
二星一曰即路一曰聚火又曰上一星主道路大之關梁
梁通牛貴怒則馬貴不明失常穀不登細則牛賤中星移
上一牛多死小星士牛多渡又曰牽牛星動為牛炎昴裁
四星天之少府也須賤妾明則國充富小暗則國藏虛女
製嫁娶星星明天下豐昌國充富之甲者也主布帛裁
則有嫁聚出納裁製之事虛二星家宰之官也主比方主
邑居廟堂祝禱事文主死喪哭泣虛三星主天府天
庫架屋餘同虛占星不明客有誅動則王者作宮毀有土
功墳墓四星屬危之下主死喪哭泣為墳墓壘星不明天
下旱動則有褰營室二星主天子之宮也一曰玄宮一曰清
廟文為國家多疾動及土功事星明國昌小木明祠鬼神
不享國多君子星失色大小不
宮文為軍糧之府及土功兵出野離宮六星天子之別
也主土功星明王者與道術行國多君子星動則有土功離
同王者好武經士不用圖書隱之星動則有土功
為田宅事
西方本奎十六星天之武庫也一曰天豕亦曰封豕主以兵

禁暴文主溝瀆西南大豆工所謂天豕目亦曰大將欲其明
君帝溝瀆政不平則奎有角動則有兵不出年或有
溝瀆之事又曰金中星明水大出妻三星為天溷主婁死牧
犧牲供給之事亦為興兵聚眾星明天下平和郊祀太耳多
子孫動則有聚眾穀星直則有執主之命者就聚國不安胃
三星天之廚藏王金廩五穀府也昴星明則天下牢胃明則有
輸運事就聚則穀貴人流昴七穀府也昴星明則和天街天子出旄
獄事文為雍頭胡星直則為天街天子出行
獄空畢以前驅如此其義也黃道之所經日月五星之
頭空畢六星皆明與大星等天水七星黃兵大起
八星主邊兵主大獵其大星曰天高一曰邊將主四夷之
躍者胡兵大起一星獨跳躍餘不動者胡欲犯邊境也畢
為兵喪搖動有大臣下獄及白衣之會大而數盡動若跳
尉也星明大則遠夷來貢天下安失色則邊亂一星亡為
立喪動搖邊候驚邊城兵起有讒臣從天下安失色則邊亂
微有盜賊動移邊候驚外國反闕兵連年若移動夜藏法令酷
起邊尤甚月入畢下主雨畢為三軍之候行軍之藏
附耳一星在畢下主聽得失伺逆邪察姦盜聚眾法令大
府主藏狐起斂收萬物明則軍儲盈將得勢而行兵大
行徐狐起動移將有逐者參十星一曰參伐一曰大辰一

日天市一曰鈇鉞主斬刈又為天獄主殺伐又主權衡所
以平理也又主邊城為九譯故不欲其動也參旗自獸之體
其中三星橫列三將也又主後將軍西南曰右足主偏將軍故
主右將東南曰左足主後將軍西北曰右肩主裨將軍故
黃帝占參應七將皆明中央三小星曰伐天之都尉也主胡鮮故
則若用張伐星明與參差大臣昌謀兵起秦大水若有喪山石
多主用動搖候有急天下兵起又曰有斬伐之事參星
後主伐主國故不欲明七星皆明王道缺
里戎狄之國故不欲其動也參自獸之體
為怪參星差足死主臣貳

南方東井八星天之南門黃道所經天之亭候主水衡事
法令所取平也王者用法平則井星明而端列鈇一星附
井之前一曰淫奢又曰酒動之故不欲其明明與井齊則用鈇
大臣有斬者必欲殺也月宿井有風雨輿鬼五星天目主
主視明察奸謀東北星主積馬東南星主積兵西南星主
橫布帛西北星主積金王隨變占之中央為橫尸主死喪
祠祀一曰鑕質主誅斬鬼星明大殼成不明人散動而光
上一曰鈇鑕役多眾徒人愁政令急鬼質發其忽忽不明
則安明則兵起大臣誅柳八星天之廚宰也主尚食和滋
味又主雷雨老女主驕奢一曰天相一曰天庫一曰注又

〈本十五〉〈隋書干 五〉

主未功星明大臣重慎國安甯食其注○首王命興輔佐
出星貴天下謀伐其主星就聚在滿國門七星七星一名
天都主衣裳女繡文主急兵守盜賊故欲明星明王道昌六
闇則賢良不應天子空天子族動則兵起離則易政張六
星主珍寶宗廟所用及衣服又主天廚飲食賞養之事星
明則王者行五禮得天之中動則賞養離徙天下有迸人
就聚有兵翼二十二星天之樂府主俳倡戲樂又主
遠客久海之賓星明大禮樂興四夷賓動則蠻夷使來離
彼則天子舉兵四星主外
軍出入皆占於軫又主風主死喪軫星明則車駕備動則
車騎用離從天子麥就聚兵大起轄星傅兩傍主王疾
左轄為王者同姓右轄為異姓星明大起遠軫凶轄
舉南蠻侵車無轄國主憂民沙一星在軫之中主壽命明
則主壽長子孫昌

右四方二十八宿并輔官一百八十二星

星官在二十八宿之外者
庫樓十星其六大星為庫南四星為樓在角南一曰天庫
兵車之府也旁十五星三三而聚者柱也中央四小星曰衡
也主陳兵又曰天庫空則兵起四合東北二星曰陽門主守
臨塞也南門二星在庫樓南天之外門也主守兵平星三

〈志十五〉〈隋書干 六〉

13-265

星在庫樓北平天下之法獄事廷尉之象也天門二星在
平星比亢南七星曰折威主斬殺頑凶二星在折威東南
主考囚情狀察罪偽也騎官二十七星在氐南若天子武
賁宿衛東端一星騎陣將軍騎官也南三星在車騎
之將也陣車三星在騎官東北革車也積卒十二星在房
心南主衛也他曰軍寺守之近臣諸從官二星在積卒西北
廣求巫官也章謹諱說之聲也主王后之內祭祀以祈子孫
章祝五星在尾南主以占吉凶傳說一星在尾後河中主陰事知雲雨之期也星
龜五星在尾南主卜者多子孫魚一星在尾後河中主陰事知雲雨之期也星明大王
不明則魚多亡若魚少動搖則大水暴出出漢中則有魚
多死杵三星在箕南杵給庖舂容星入杵曰天下有心糠
一星在箕前杵西北臼四星在南斗南龜為水蟲龜
大陰有星守之曰衣會主有水金農丈人一星在南斗西
南老農主稼穡也狗二星在南斗魁前王吠守天田九星
在牛南羅堰九星在牽牛南岠馬也以壅畜水漊灌漑
渠也九坎九星在牛南坎溝渠也所以導達泉源疏瀉
瀸溢通溝澮也十星曰天池一曰三池一曰天海
主溉漑事九坎東列星比一星曰越越東二星曰周思
二星曰鄭鄭比一星曰齊齊北二星曰趙北東南比列二

星曰秦南二星曰代代西一星曰晉比一星曰韓韓
北一星曰魏魏西一星曰楚楚南一星曰燕其星有變各
以其國占之東三星南北列曰離珠主后宮嬪妃女飾皆
婦人之服星也虛南二星曰哭哭東二星曰泣泣哭皆近
墳墓也四星在虛南曰天壘城如貫索狀主飢兵起危南二星
敗曰屋也主治宮室之官也虛梁室南二星曰雷電室西南五星曰壁
廟非人所處故曰虛梁室南二星曰土公西南五星曰壁
礌礌礌南四星曰雷雨皆在室壁北羽林四十五星在營
土功吏主司過度壁南二星曰土公羽林四十五星在營
室南一曰天軍主軍騎又主翼王也壘壁陣十二星在羽
林比羽林之垣壘也壘壁陣十二星在天軍中一星在天軍
者皆為兵起焚或太白辰星守之為營壘也五星有在天軍中
南北者皆宿在比方也落天之蕃落也師衆也師門猶軍門
也長安城比門曰比落門以象比也主非常以候兵有星
守之廣入塞中兵起比落西比一曰天錢比落西南
一星曰天網主武帳比落東南九星曰鈇鑕有星入之
星入之多盜賊八魁西比三星曰鈇鑕一曰鈇鑕主張禽獸客
皆為大臣誅奎南七星曰外屏分屏南七星曰天溷南
屏所以障之也天溷南一星曰土司空主水土之事故又

知禍殃也客星入之多土功天下大疾妻東五星曰左更
山虞也主澤藪竹木之屬亦主仁智妻西五星曰右更牧
師也主養牛馬之屬亦主禮義二更秦爵名也天倉六星
在妻南倉穀所藏之處也星黃而大歲熟西南四星曰天積
廚粟之所也天囷十三星在胃南圓倉之屬也亦主禮義
見則困倉實不見即虛天廩四星在昴南一曰天廥主給御糧也星
花囷養食為獸之所也主馬牛羊星明則牛馬盈南天之
供饗粃春秋所謂御廩此之象也天苑十六星在昴畢南天之
星曰剟藁以供牛馬之食也一曰天積天子之藏府也星盛則盛
豐穰希則貪財散苑南十三星曰天圍植果菜之所也畢附

耳南八星曰天節主使臣之所持者也天節下九星曰九
州殊口曉方俗之官通重譯者也畢柄西五星曰天高四
旗九星在參西一曰天旗一曰天弓主司弓弩之張候變
難王井四星在參左足下主水漿以給廚西南九星曰
九游天子之旗也王井東南四星曰軍井行軍之井也
井未達將不言渴名取此也王井南屏二星在玉井南屏為屏風
客星入之四足蟲大疾天厠四星在屏東溷也主觀天下
疾病天矢一星在厠南色黃則吉他色皆凶軍市十三星
在參東南天軍貿易之市使有無通也野雞一星主變怪
在軍市中軍市西南二星曰丈人丈人東二星曰子子東

二星曰孫東井西南四星曰水府主水之官也東井南垣
之東四星曰四瀆江河淮濟之精也狼一星在東井東南狼
為野將主侵掠有常不欲變動也角而變色動搖盜賊
萌胡兵起人相食踦則人主不靜不居其宮馳騁天下北
七星曰天狗主守財弧九星在狼東南天弓也主備盜賊
常起於狼弧矢動移不如常者多盜賊胡兵大起狼弧張
害及胡天下乖亂又曰天弓張天下盡兵主與臣相謀弧
南六星為天社昔共工氏之子句龍能平水土故祀以配
社其精為星老人一星在弧南一曰南極常以秋分之旦
見于景春分之夕而沒于丁見則化平主壽昌亡則君庇

代天常以秋分候之南郊柳南六星曰外廚廚南一星曰
天紀主禽獸之齒稷五星在七星南稷農正也取乎百穀
之長以為號也張南十四星曰天廟天子之祖廟也客星
守之禍有憂張南五星曰東甌蠻夷星也軫南三十二
星曰器府樂器之府也青丘七星在軫東南蠻夷之國號
也青丘西四星曰土司空主界域亦曰司徒土司空北二
星曰軍門主營候豹尾威旗

自攝提至此大凡二百五十四官一千二百八十
三星并二十八宿輔官名曰經星常宿遠近有度
小大有差苟或失常實表災異

天漢起東方經尾箕之間謂之漢津乃分爲二道其南經
傅說魚天籥天弁河鼓其北經龜貫箕下次絡南斗魁左
旗至天津下而合南道乃西南行又分夾匏瓜絡人星杵
造父騰蛇王良傅路閣道北端太陵天船卷舌而南絡
五車經北河之南入東井水位而東南行絡南河闕丘天
狗天紀天稷在七星南而沒

天占

鴻範五行傅曰天清而明者天之體也天忽變色是謂易常
天裂陽不足是謂臣强下將害上國後分裂其下之主當
之天開見光流血滂滂天裂見人兵起國亡天鳴有聲至

變亂
晉惠帝大安二年天中裂穆帝升平五年又裂廣數丈
漢惠帝二年天開東北長三十餘丈廣十餘丈後有呂氏
尊憂直驚皆亂國之所生也
並有聲如雷其後皆有兵革之應

七曜

日循黃道東行一日一夜行一度三百六十五日有奇而
周天行東陸謂之春行南陸謂之夏行西陸謂之秋行北
陸謂之冬行以成陰陽寒暑之節是故傅云日爲太陽之
精主生養恩德人君之象也又人君有瑕必露其慝以告

示焉故日月行有道之國則光明人君吉昌百姓安寧日
變色有軍軍破無軍喪疾王其君無德其臣亂國則日
赤無光日失色所臨之國不昌日晝昏行人無影到暮不
止者上刑急下人不聊生不出一年有大水日晝昏烏鳥
群鳴國失政日中烏見日不明爲政亂國有白衣會日中
有黑子黑氣黑雲下三五五臣廢其主日食陰侵陽臣掩
君之象有亡國有死君有大水日食見星有殺君天下分
裂王者脩德必禳之

月者陰之精也其形圓其質清日光照之則見其明日光
所不照則謂之魄月望之日日月相望人居其間盡覩
其明故形圓也二絃之日日照其側人觀其傍故半明半
晦也晦朔之日日照其表人在其裏故不見也其行有遲
疾其極遲則日行十二度強極疾則日行十四度半強遲
則漸疾疾極漸遲二十七日半強而遲疾一終矣又月行
之道斜帶黃道十三日有奇在黃道表十三日有奇在
黃道裏表裏極遠者去黃道六度半表裏行黃道則值闇虛
張衡云對日之衝其大如日日光不照謂之闇虛闇虛逢
月則月食值星則星亡今曆家月望行黃道則值闇虛一
月則食值闇虛有表裏深淺故食有南北多少月爲太陰之
精主刑罰之義列之朝廷諸侯大臣
配日女主之象也以之比德刑罰之義列之朝廷諸侯大臣

之類故君明則月行依度臣執權則月行失道大臣用事
兵刑失理則月行乍南乍北女主外戚擅權則或進或退
月變色將有殃月晝明姦邪並作君臣爭明女主失行陰
國兵強中國饑天下謀僭數月重見國以亂亡

歲星曰東方春木於人五常仁也五事貌也仁虧貌失逆
春令傷木氣則罰見歲星歲星盈縮曰刀舍命國刀所居
父乃國有德厚五穀豐昌不可代刀國有變不可舉事用兵刀曰歲
星安靜中度言盈縮失次刀國有兵刀則兵散曰舍命國
人主出象也色欲明光潤澤德合同又曰福主大司農主齊

下諸侯人君之過主歲五穀赤而角刀國昌赤黃而沉刀
野大穰

熒惑曰南方夏火禮也禮虧視失逆夏令傷火氣罰
見熒惑熒惑法使行無常出則有兵入則兵散曰舍命國
爲亂爲賊爲疾爲喪爲兵居國受殃環繞勾已芒角
動搖變色刃前刃後乍左乍右刃殃愈甚刃南丈夫刃女
子喪周旋止息乃爲死喪寇亂刃野亡地刃失行而速兵
聚刃下順之戰勝刃野亡地刃南丈夫刃是司馬主楚吳越以南又曰熒惑主天下螯臣主大鴻臚主驕奢亡亂又
妖孼主歲成敗又曰熒惑不動兵不戰有誅將刃出色赤

怒逆行成鉤已戰以有圍軍鉤已有士夫人主無
出宮下有伏兵亡大則人民怒君子違逆小人浪浪不有
亂臣則有大喪人欺王又爲外則兵內理政爲
天子之理也故曰雖有明天子必視熒惑所在刃入守犯
太微軒轅營室房心王命惡之
塡星曰中央季夏土信也思心也仁義禮智信爲主貌
言視聽曰心爲政故四星皆失塡乃爲之動動而盈侯王
不寧縮曰心爲政故四星皆失塡乃爲之動動而盈侯王
伐去之失地若有女憂居之宿國吉得地及女子有福不可
三二宿曰盈有主命不成刃大水失次而下曰縮后癥

刃歲不復乃乃天裂君地動一曰塡爲黃帝之德女主之
象主德厚安危存亡之機司天下女主之過又曰天子之
星也天子失信則塡星大動
太白曰西方秋金義也言義虧言禮智曰信爲主貌
見太白太白進曰退曰候兵高埤遲速靜躁見伏刑兵皆象罰
之吉刃出出西方失行夷狄敗出東方失行中國敗未盡期
日過參天病其對國昌刃強國弱小國強女主昌又曰太白大
民流亡言畫與日爭明強國弱小國強女主昌又曰太白大
臣其號上公也大司馬位謹候此

辰星曰北方冬水智也聽也智虧聽失逆冬令傷水氣罰

見辰星辰星見主刑主廷尉主燕趙又為燕趙代以北宰相之象亦為殺伐之氣戰鬬之象又曰軍於野辰星為偏將之象無軍為刑事和陰陽應𠄢時不和出失𠄢時寒暑失𠄢節邦當大饑當出不出是謂擊卒兵大起在於房心閒地動亦曰辰星出入躁疾常主夷狄又曰蠻夷出星亦主刑法之得失色黃而小地大動

凡五星有色大小不同各依𠄢行而順時應節色變有類凡青皆比參左肩赤比心大星黃比參右肩白比狼星黑比奎大星不失本色而應𠄢四時者吉色害𠄢行凶

凡五星所出所行所直之辰其國為得位者歲星㠯德熒惑有禮塡星有福太白兵強辰星陰陽和所行所直之辰順其色而有角者勝其色害者敗居實有德也居虛無德也色勝位行勝色行得盡勝之。營室為清廟歲星廟也心為明堂熒惑廟也南斗為文太室塡星廟也亢為疏廟太白廟也七星為員官辰星廟也五星行至其廟謹候𠄢命

凡五星盈縮失位𠄢精降于地為人歲星降為貴臣熒惑降為童兒歌謠嬉戲塡星降為老人婦女太白降為壯夫處於林麓辰星降為婦人吉凶之應隨其象告

凡五星木與土合為內亂饑與水合為變謀而更事與火合為饑為旱與金合為白衣之會合鬬國有內亂野有破軍為水太白在南歲星在北名曰牡年穀大熟太白在北歲星在南年或有或無火與金合為爍為喪不可舉事用兵從軍為軍憂離之軍却出太白陰分宅出其陽偏將戰與土合為憂主孽與水合為北軍用兵舉事大敗一曰火與水合為焠不可舉事用兵土與水合為壅沮不可舉事用兵有覆軍下師一曰為變謀更事必為旱與金合為疾為白衣會為內兵國亡地與木合國饑水與金合為變謀為兵憂入太白中而上出破軍殺將客勝下出客亡地視旗所指㠯命破軍環繞太白若與鬬大戰客勝

凡木火土金與水鬬皆為戰兵不在外皆為內亂。凡同舍

為合相陵為鬬二星相近其殃大相遠無傷七寸㠯內必之

凡月蝕五星其國亡歲以饑熒惑以亂塡以殺太白以強國戰辰以女亂

凡五星入月其野有逐相太白將僇

凡五星所聚其國王天下從歲㠯義從熒惑㠯禮從塡㠯重從太白㠯兵從辰㠯法各㠯其事致天下也三星若合是謂驚立絕行其國外內有兵天喪人民改立侯王四星若合是謂太陽其國兵喪並起君子憂小人流五星若合是謂易行有德受慶改立王者奄有四方子孫蕃昌亡德

受殃離其國家滅其宗廟百姓離去被蒲四方五星皆大

其事亦大皆小事亦小

凡五星色其圜白為喪為旱赤中不平為兵為水

黑為疾疫為多死黃為吉此皆用赤犯我城黃地之爭白哭

泣聲青有兵憂黑有水五星同色天下偃兵百姓安寧歌

僻以行五星不見災疾五穀蕃昌

凡五星為政緩則不行急則過分逆則占熒惑緩則不入

急則不出違道則占填緩則不還急則過舍逆則占太白

緩則不出急則不入逆則占辰星緩則不還急則不出非

時則占五星不失行則年穀豐昌曰

凡五星分天之中積于東方中國積于西方外國用兵者

利盡星不出太白為客其出太白為主出而與太白不相

從及各出一方為格野有軍不戰五星為五德之主其行

或入黃道裏或出黃道表猶月行出有陰陽也終出入五

常不可以籌數求也其東行曰順西行曰逆逆則疾逆則

遲通而率之終為東行矣西行曰逆跙則日相近日

見曰伏伏與日同度曰合其留行逆順掩合犯法陵變色

芒角凡其所主皆以時政五常五官五事之得失而見其

變木火土三星行遲夜半經天其初皆與日合度而後順

行漸遲追日沒及晨見東方行去日稍遠朝時近中則留

留經旦過中則逆行逆行至夕時近中則又留留而又順

先遲漸速以至于夕伏西方乃更與日合

金水二星行速而不經天自晝日合之後行速而先日

夕見西方去日前稍遠夕時欲近南方則漸遲運極則留

留而近日則逆行而合日在于日後晨見東方逆遲運極則

留而後運遲極去日稍遠旦時欲近南方則速行速而先此

晨伏于東方復與日合此五星合見遲速逆順留行之天

經也昏旦者陰陽之天分也南方者太陽之位而天地之

經也七曜行至陽位當天之經則厲見留逆而不居焉此

天之常道也三星經天二星不經天三天兩地之道也

凡五星見伏留行逆順遲速應厲度者為得其行政合于

常違厲錯度而失路盈縮者為亂行亂行則為天夭彗孛

而有亡國革政兵饑喪亂之禍云古曆五星並順行秦曆

始有金火之逆甘石並時自有差異漢初測候乃知五

星皆有逆行其後相距又甚漢末清河張子信學

藝博通九精曆數因葛榮亂隱於海島中積三十許年

專以渾儀測候日月五星見伏有感召向背言日行在春分

後則遲秋分後則速五星見伏有感召向背言之始悟日月

交道有表裏春則日食若在日道

外雖交不虧月望值交則虧不問表裏文月行遇木火土

金四星向之則速背之則遲五星行四方列宿名有所好
惡所居遇其好者則留多行遲見早遇其惡者則留少行
速見遲與常數必差少者差至五度多者差至三十許度
其辰星之行見伏尤異晨應見在雨水後立夏前夕應見
在處暑後霜降前者並不見啟蟄立夏立秋霜降四氣之
內晨夕去日前後三十六度內十八度外有火土金一
星者見無著不見後張曹玄劉孝孫劉焯等依此差度為
定入交食分及五星定見定行與天齊會皆古人所未得
也梁華朝請祖暅天監中受詔集古天官及圖緯舊說撰
天文錄三十卷隸周氏克梁獲軍奉才為太史令撰靈臺
秘苑一百二十卷占驗益備今略其雜星瑞星妖星客星
流星及雲氣采名狀次之於此云

瑞星

一曰景星如半月生於晦朔助月為明或曰星大而中空
或曰有二星在赤方氣與青方氣相連黃星在赤方氣中
亦名德星二曰周伯星黃色煌煌然所見之國大昌三曰
含譽兌羅似彗喜則含譽射

星雜變

一曰星晝見若星晝見日並出名曰嫁女晝見與日爭光武曰
弱女宜強女子為主在邑為飢在野為兵又曰臣有姦心

上不明臣下從橫大水浩洋又曰星晝見虹不滅臣人生
明星奪日光天下有立王二曰恒星不見者象諸侯之臣
君之類不見者象諸侯之昔畔不伍王者奉順法度無君
之象也又曰恒星不見主不穀又曰天子失政諸
侯橫暴又曰常星列宿不見主不穀法度消又曰諸
尾星所隊國易姓又曰星隊當其下有戰場天下亂期三
年又曰奔星者大下有兵列宿之所隊滅家邦亡
星隕下陽失其位災害之萌也又曰眾星搖人眾將勞
關星闌下太亂四曰星搖星頂大
之所隊眾庶亡又曰填星星隊海水
黃星隊主海水傾亦曰驥星隊而勃海決星頂如雨天子微
諸侯力政五伯代興更為盟主眾暴寡大并小又曰星辰
附離天猶庶人附離王者也王者失道綱紀廢下亂期三
故星畔天而隕以見其象國有兵凶則星隊為鳥獸天下
將亡則星隊為飛蟲天下大兵起國主亡則有水
則星隊為土國主有兵者則星隊為金鐵天下有
星隊為沙隊為人而言者善惡如其言又曰國有大戰

妖星

則星隊主為龍

妖星者五行之氣五星之變名見其方以為殃灾各以其

日五色占知何國吉凶夫行見無道之國失禮之邦為
殃如一其出不過一年若三年必有破國屠城其君死天
下大亂兵主亂行戰死於野積尸從橫餘殃不盡為水旱
兵飢疾疫之殃又曰凡妖星所出形狀不同為
丈以上期三尺至五尺期百日五尺至一丈期一年一丈至
三丈期三丈至五丈期五尺期五丈至十丈期七年十
淺期近三尺至五尺期九年審以察之其災必應彗星世兩謂掃星本
類星末類彗小者數寸長或竟天見則兵起大水主掃除
除舊布新有五色各依五行本精所主史臣案彗躰無光

傳曰而為光故久見則東指晨見則西指在日南比皆隨
日光而為頓挫其芒或長或短光芒雨及則為災又曰孛
星彗之屬也偏指曰彗芒氣四出曰孛孛者孛孛然非常惡
氣之所生也內不有大亂則外有大兵天下不合謀閨敵不
明有所傷害晏子曰君若不改坐星將出彗星何懼乎由
是言之炎其於彗
歲星之精流為天棓天槍天㬥天衝國皇友登一曰天棓
一名覺星或曰天格本類星末銳長四丈主滅兵主奮爭
又曰天棓出其國凶不可舉事用兵又曰期三月必有破
軍拔城又曰天棓見女主用事其本者為主人二曰天槍

主捕制或曰攪雲如牛槍雲如馬或曰如槍左右銳長數
犬天攪本類星末銳長丈二曰天棓彗招搖主自
恣逆天㬥物則天槍起四曰天衝狀如人著衣赤草動
主滅位又曰衝星出國皇起又曰天衝抱極立帝
前血濁霧下二丈五曰機星主內寇難見則兵
之星大而赤類南極老人星也主滅姦主散為國皇
起天下急或云云地一二丈如炬火狀後客星內亦有國
六曰反登主夷分皆少陽之精司徒之類青龍七宿之域
有謀及若恣虐為害主失春政者以出時衝為期皆主君
徵也

熒惑之精流為析旦蚩尤旗昭明司危天攪一曰析旦或
曰昭明主弱之符又曰析旦橫出㸑權百尺為相誅滅二
曰蚩尤旗或曰茇星散為蚩尤旗五色盈縮
之所生也狀類彗而後曲象旗或曰四望無雲獨見赤雲
蚩尤旗也或曰蚩尤旗如旗可長二丈末有星又曰亂國
之王衆旗並積有雲若蚩尤旗植籬竹長黄上白下名曰蚩尤
主誅逆邪國又曰帝符怒則蚩尤旗出或曰㸑王反度則蚩
尤旗出或曰本類星而後委曲其像旗幡可長二三丈見
則王者旗鼓大行征伐四方兵大起不然國有大喪三曰
昭明者五星㪇出於西方名曰昭明金之氣也又曰赤彗

分為昭明昭明滅光芒如太白七至九故以為起霸之徵或
曰機星散為昭明又曰西方有星望之去地可六丈而有
光芒類太白數動察之中赤是謂西方之野星名曰昭明
出則兵大起其出也下有喪出南方則西方之邦星名曰昭明
曰昭明如太白不行主起有德又曰司危又曰白彗星
角曰下視之名曰昭明金之精出則兵大起若守房心國
有喪必有奄城之名曰昭明下則為天狗所下者大戰流血四曰
平必為兵爭之徵或曰司危星大有毛兩角分為司危星
司危或曰機星散為司危又曰白彗星
類太白數動察之而赤司危星出強國盈主擊強侯兵也又

曰司危見則主失法期八年豪傑起天子以不義失國有
聲之臣行主德也又曰司危
危星出正西西方之野星去地可六丈大下有兵衝五曰天
曰見兵起強又曰司危出則非其下有兵衝不利五曰天
攪其狀白小數動曰司攪星一名斬星下有兵大而白類太白一
天攪見女主用事者其本為亡人又曰天攪出其國內亂又
為饑為兵赤地千里枯骨籍籍亦曰天攪出其下相撓
曰太陽之精赤為亡伯之域有謀反恣虐為害主失夏政
擊欲一曰五殘或曰旄星散篲
為五殘或曰旄星散為五殘

故為毀敗之徵或曰五殘五分亦曰一本而五枝也期九
年數顯三九二十七大亂不可禁文曰五殘者五行之變
出於東方五殘木之氣也一曰五鑕文曰五殘星出正東
東方之野星狀類辰星可去地六七丈大而白主或曰星
曰東方有星望之去地可六丈大而赤數動或曰星垂土或
表青氣智軍有意兵起是謂東方之野星名曰五殘
五殘出四番虜天子有意兵起或曰五殘大而赤數動察之
有青文曰五殘尖之氣也或曰六賊星形如彗文曰南方有
方或曰六賊尖之氣也或曰六賊星形如彗文曰南方有

星望之可去地六丈赤而數動察之有光其類燄惑是謂
南方之野星名曰六賊出則兵起其國亂其出也下有喪
出東方則南方之邦失地可六丈大而赤數動有光三曰獄漢
星去地可六丈大而赤失地可六丈大而赤數動有光三曰獄漢
曰權星散為獄漢文曰咸漢出則兵起其下有喪
氣也獄漢青中赤表下有三彗從橫主逐王剌王又曰此
方有星望之可去地六丈大而赤數動者王逐王又曰此
辰星是謂北方之野星名曰獄漢出則兵起其下有喪出
西方則北方之邦失地又曰獄漢動諸侯驚出則陰橫四
曰大賁全暴衝五曰旄星主滅邦六曰紲流動天下敖主
擊欲一曰五殘或曰旄星散為五殘

伏逃又曰絀流主自理无所逃七曰彗星在東南本有星
末類華所當之國貴受其殃八日旬始或曰旬始為旬
始或曰五星盈縮之所生也亦曰旬始妖氣又曰旬始為旬
尤也又曰旬始出於北斗旁狀如雄雞其怒靑黑象伏麗以
又曰黃蒼之分為旬始今起出如雄雞其苞雄雞以
交曰接精兼難故以為立主之期十年聖人起代百
旬始主爭兵主亂主相橫又曰旬始照其下必有滅王五
姦爭作暴骨精散以举續食見則臣亂兵作諸侯為虐又
曰常以戌日視五車及天軍天庫中有奇怪曰旬始出
如為有喙而見者則兵攻戰當其首者破死又曰出
見比臣聖人受命天子壽王者有福九日彗各出臣下主
一曰臣禁圭人金命天子壽王者有福九日彗各出臣下主
空之位有妖及恐虐者占如上　〇太白之精散為天杵天
枌伏靈大敗司姦天狗天殘卒起一曰天杵主牮羊二曰
天杵主擊狹三曰伏靈主領議伏靈天殘卒起一曰天杵主牮羊四曰
大敗主闞衝或曰大敗出擊各謀五曰司姦主見妖六曰
天狗亦曰五星主氣合名曰天狗或
天狗亦曰天狗有毛旁有短彗又曰西比方有星長三丈而出火金
气又名曰天狗流五將關又曰西比三星大而白名曰天狗見則天
气又名曰天狗見則天

〈天狗篇 一〉　　隋書二十　〈二十五〉　四引五十五

兵起天下饑人相食又曰天狗所下之國必有大戰破軍
殺將伏尸流血天狗食之皆期一年中二年遂三年各以
其所下之國以占吉凶　後流星內天狗
八日卒起卒起見禍無時諸發有萌臣運柄又曰少陰之
精大司馬之類白獸七宿之域有謀及君恣虐為害主失
秋政著期如占禍亦應之　〇辰星之精散為枉矢破女
拂樞滅寶繞廷營惑理大奮祀一曰枉矢或曰填寶之
枉矢又曰機星散為枉矢色亦曰枉矢五星盈縮之所生也
弓弩之像也類大流星色蛇行望之如有毛目長數
匹著天主夭萌主射愚又曰黑彗分為枉矢枉矢者射是
也枉矢篡謀及之兵合射所誅亦為以亂伐亂之象也
暴專已則有枉矢動則大兵起大將出曰望之有尾目長可
一四布皎皎著天見則大兵起大將出弓弩用期三年日
枉矢所觸天下之所伐滅之象也二曰破女破女若見
君臣皆謀主勝之符三曰拂樞動亂駮擾無調時又曰
之五曰繞廷主制時四曰滅寶滅寶起相得之又曰滅寶主伐
曰拂樞主招邪或曰恣虐為害王失冬政者期如上占
君臣皆謀主膝三曰拂樞動亂駮擾無調時又曰滅寶主伐
武七宿之域有謀及君恣虐為害王失冬政者期如上玄
奮祀大奮祀出主安之太陰之精玄
禍亦應之又曰五精潛潭皆以類迭所犯行失時指下臣

承類者乘四隅之背滅亡之徵也入天子舍主滅諸侯五

雜妖

百謀

尺名曰天蓬星又曰蓬星狀如粉絮散見則天下道術士當有

脩敷丈左右充出而易勦又曰有星其色黃白方不過三

城邑龍又曰燭星所出有大盜不成三曰蓬星一名王星

曰主星上有二彗上出有燭星所出色及又曰燭星所出者

星見二曰燭星狀如太白其出巳不行見則不久而滅或

一曰天鋒天彗等五鋒者也主從橫天下從橫則天鋒

出者布衣之士貴天下太平五穀成又曰蓬星出比斗諸

俟有奪地以地主有兵起星所居者期不出三年又曰蓬

星出天徵中天子立王四曰長庚狀如一匹布著天則

兵起五曰四填星出四隅去地六丈當以夜半時出四填

四丈或曰四填星大而赤去地二丈餘或曰四填去地可

四丈起又曰四填星見四隅皆為立起其下六

星見十月而兵起又曰四填星出於四隅名曰地維藏

日地維藏光地維藏光者謂之地維藏

光四隅有星埜之可占地三二大如月始出於謂之地也

又日有星出大而赤去地六七大而赤黃搖動其類填星夏

謂中央之野星出於四隅名曰地維藏光出　東比　隅天

下大水出東南隅天下大旱出西南隅則有兵起出西比

隅則天下亂兵大起又曰地維藏光見下有亂者工有德

者昌七曰女帛女帛見五星氣合變出東比水木氣合也

有大喪又東比有大星出而出名曰女帛見天下有大盜若

曰盜星星見三大而出名曰盜星之變出東南火木氣合

東南有星長三大而出名曰盜星氣合之變出西比金水氣合也

賊九曰積陵積陵者五星氣合之變出西比金水氣合也

又曰西南有星長三大名曰積陵見則天下隕霜兵大起

五穀不成饑十曰端星者五星氣合之變出與金

木水火合於四隅又四隅有星大而赤察之中黃藪動長

可四大此之氣効於四季名曰四隅端星所出兵大起

十一曰昏昌有星出西比氣赤青名曰

昏昌見則天下兵亂國易政先起者昌後起者亡高十大

亂一年高二十大亂二年高三十大亂三年十二曰華星

有星出西比狀如有環二名山勤一星見則諸侯有失地

西比國十三曰白星有如星非削氏有勝兵名曰

白星百星出西比為男蚩改十四曰蒐昌西比蒐昌之星有亦青

璨之有殃有青為水峕星見則天下改易十五曰格澤星狀

如炎火又曰格澤星也上黃下白從地而上上大上銳見

則不種而穫又曰不有土功必有大客鄰國來者期一年

二年又曰格澤氣赤如火炎炎中天上下同色東西絚天

若於南北長可四五里此熒惑變見則兵起其下伏尸流

血期三年　十六日歸邪如星非星如雲非雲或曰有兩

赤彗者高上有蓋狀如氣下連星或曰見此必有歸國者十

七日蚩尤旗夜有赤氣如芒旗長短四面西南最多又曰刀

星亂之象又曰編天薄雲四方生赤黃氣長三尺乍見乍

没尋皆消滅又曰刀星見天下有兵戰鬭血或曰編天

薄雲四方合有八氣蓄白色長三尺乍見乍沒

漢京房著風角書有集星章所載妖星皆見於月旁互有

五色方雲以五寅日見各五星所生云

天槍星生奎宿中　　　天荊星生心宿

天根星生尾宿中　　　天樓星生

天陰星生軫宿中　　晉若星生翼宿中　　官張星生張宿

中　　真若星生方宿中　　天棓星生氐宿中　　天摟星

中　　天惑星生七宿中　　天雀星生柳宿中　　赤若星生

六宿中　　天垣星生左角宿中

皆歲星所生也見以甲寅日其歲有兩青方在其旁

鬼宿中當蚩尤星生井宿中

皆熒惑之所生也見　在昴寅日有兩赤方在其旁

天上　天伐　從星　　天樞　天翟　天沸　荊彗

皆鎮星之所生也見在戊寅日有兩黃方在其旁

若彗星生參宿中　帚星生觜宿中　若彗星生畢宿中

竹彗星生昴宿中　　牆星生胃宿中

白雀星生奎宿中　　棒星生婁宿中

皆太白之所生也見在庚寅日有兩白方在其旁

天芙星生室宿中　　天麻星生虛宿中

中　　天堯星生女宿中　　天林星生危宿

生宿中　　端下星出生斗宿中

皆辰星之所生也見以壬寅日有兩黑方在其旁

巳前三十五星即五行所生皆出以月左右方氣之中各

以其所生星將出不出日數期候之當其未出之前而見

見則有光芒立喪饑亂所指亡國失地王死破軍殺將

客星

客星者周伯老子王蓬絮國皇溫星凡五星皆客星也行

諸列舍十二國分野各在其所臨之邦所守之宿以占吉

凶周伯大而色黃煌煌然見其國兵起若有喪天下饑眾

庶流亡去其鄉　此同而占異　為善為惡為喜為怒常出見則兵大起

出之國為饑凶　端星中名狀與　老子明大色白淳淳然所

人主有憂王者以赦除咎則災消王蓬絮狀如粉絮拂拂

然見則國兵起若有戮白衣之會其邦饑亡又曰王蓬

象星色青而熒熒然所見之國風雨不如節即焦旱物不生
五穀不成登蝗蟲多國皇星出而大其色黃白望之有芒
角見則兵起國多變咎君皇星出而大狀如
色白而大狀如風動搖常出四隅世
出於野出東北當有千里暴兵出四隅世
國兵喪並起若有大水人饑又曰溫星出東南亦如也出西南
服屈不能發者出於東北暴饑三千里出西北出東南天下有兵將軍
星見其分若留止即以其色占吉凶星大事大星小事小
星色黃得地色白有喪色黑有死色赤有兵客
以五色占之皆不出三年又曰客星入列宿中外官者各

以其所出部舍官名為其事所之者為其事
受其禍以所守之舍為其期以五氣相賊者為其使
流星天使也自上而降曰流自下而升曰飛大者曰奔
流星也
亦流星也星大者使大星小者使小聲隆隆者怒之象也
行疾者期速行遲者期遲大而無光者眾人之事小而光
者貴人之事期速行遲者期遲
成也立前大後小者恐憂也前小後大者喜事也短者事疾也
事也性疾者往而不返也長壯其事長久也
本星所墜其下有兵無風雲云曰有流星見良久閒乃入為大

風發屋折木小流星百數四面行者庶人流移之象流星
異狀名占不同今略古書及荊州占所載云
流星之尾長二三丈暉然有光竟天其色白者主使也色
赤者為將軍使也流星有光其色黃白者從天墜有音如炬
縹火下地野雉盡鳴斯天保也所墜國安有喜若水流星
其色青赤名曰地鷹其所墜者起兵將軍當從星所
二三丈名曰天鴈軍之精華也其國起兵主將相當星所
之流星暉然有光白長竟天其者人主之星也主將從星所
星所之凡星如雍者為發謀起事大如桃者為使事流星
大如岳其光赤黑有啄者名曰梁星其所墜之鄉有兵君
失地

飛星大如岳若雍後皎然白前卑後高此謂頓頑其所從
者多死士削邑而不戰有飛星大如岳若雍後皎然白前
甲後高搖頭下上下民食不足飛星大如岳若雍後皎然白前
如岳若雍後皎然白者曲環如車輪此謂解銜
其國人相斬為爵祿此謂自相齧食有飛星大如岳若雍
其後皎然白長數丈星滅後白化為雲流名曰大滑
所下有流血積骨有飛星大如岳若雍後皎然
可七餘丈而委曲名曰六刑一曰天飾將軍均封疆
天狗狀如大奔星色黃有聲其止地類狗所墜望之如火
光炎炎衝天其下圜如數頃田處上銳黃色千里破軍殺將

光炎炎衝天此亡銳其下圓如數頃之處或曰星有毛旁

有短彗有狗形者或曰星出其狀赤白有光下即為天

狗一曰流星有光見人面墜無首若有足者名曰天狗其

色白其中黃黃如遺火狀主討賊見則四方相射千

里破軍殺將或曰五將鬪人相食所往之鄉有流血其君

失地兵大起國易政戒守禦 餘占同前 營頭有雲如壞山

隨所謂營頭之星所墮其下覆軍流血千里亦曰流星晝

隕名營頭、

雲氣

瑞氣

一曰慶雲若煙非煙若雲非雲郁郁紛紛蕭索輪囷是謂

慶雲亦曰景雲此喜氣也太平之應一曰昌光赤如龍狀

聖人起帝受終則見

妖氣

一曰虹蜺日旁氣也斗之亂精主惑心主內淫主臣謀君

天子詘后妃顓妻不一二曰祥雲如狗赤色長尾為乱君

為兵喪

志第十五　　天文中　　隋書二十

敕撰

太尉揚州都督監修國史上柱國趙國公臣長孫无忌等奉

天文下

十煇

周禮眡祲氏掌十煇之法以觀妖祥辨吉凶一曰祲謂陰陽五色之氣祲淫相侵或曰抱珥背璚之屬如虹而短是也二曰象謂雲如氣成形象雲如赤烏夾日以飛之類是也三曰鑴謂日旁氣刺日形如童子所佩之鑴也四曰監謂雲氣臨日也五曰闇謂日月蝕或日光暗也六曰瞢謂日月瞢瞢無光也七曰彌謂白虹彌天而貫日也八曰序謂雲氣若山而在日上或曰冠珥背璚重疊次序在于日旁也九曰隮謂暈氣也或曰虹也詩所謂朝隮于西者也十曰想謂氣五色有形想也青飢白喪黑憂赤兵黃熟或曰想思也赤氣為獸之形可思而知其吉凶自周已降術士間出今採其著者而言之

日君乘土而王其政太平則日五色又曰或黑或青或黃師破又曰遊氣蔽天日失色皆是風雨之候也若天氣清靜無諸遊氣日月不明乃為失色或天氣下降地氣未升厚則日紫薄則日赤若於夜則月白皆將雨也或天氣

未降地氣上升厚則日黃薄則日赤若於夜則月亦將旱且風亦當之候雨少而多陰或天氣已降地氣又升上未交則日青若於夜則月綠色將集候也或天氣雖交而未密則日里若於夜則月青將雨不雨變為雲霧薄赤見日中烏將軍出旌旗舉此不祥必有敗亡又曰數有雲蔀之兩敵相當陰圖相議也日曚曚光士卒內亂日日俱出若鬪天下兵大戰日鬪下有拔城者有喜也國有喜也

狀其背虹蜺起在日上微

上為戴青赤氣抱在日上小者為冠國有喜事青赤氣小而交於日下為纓青赤氣如小半暈狀在日上為負青赤氣長而斜倚日旁為戟青赤氣員而小在日左右為珥黃白氣長而立日旁為直青赤氣如半環向日為抱青背黃白直立者為直青赤氣如帶璚者如背珥者如旁如半環向日為抱青背青亦氣如月初生背日者為背又曰勝在日東東軍戰勝南北亦如之無軍而戰者為師破又曰氣青青亦而曲外向為叛象分為直日旁有四方青赤氣長而立日旁有一直敵在一旁彼黃白者為喜又曰有軍日有一珥為喜又曰有一珥為拜將又曰自立從直所擊者勝日旁有二直三抱欲自立者不抱擊者勝負將氣形三抱在日四方為提青赤氣橫在日

上下爲格氣如半暈在日下爲承承者臣承君也又曰日
下有黃氣三重君抱名曰承福人主有吉喜且得地青白
氣如覆在日下者爲後日旁抱五重戰順抱者勝日一抱
一背爲破走日者爲順氣也甘者逆氣也兩軍相當順抱擊
逆者勝故曰破走日破日抱内有璊順抱擊者勝日重抱
者勝日背順抱擊者勝得地若有罷師日抱内外
軍不戰敵降軍罷日青黑色勝得地日重抱抱内
三將日抱黃白潤澤内外青天子失御民多叛
重抱左右二珥有白蜺貫日蜺抱一貫將有三虹得
日暈且背順抱擊者勝得一將有和親來降者
日重抱且背順抱擊者勝亦曰暈内有欲及者日
軍日重抱日背順抱内外兩珥一蜺抱至日順虹擊

有璊兩珥順抱擊者勝破軍日暈中不和不相信日旁有氣
圓而團巾内外而外青名爲暈日暈重軍營象周環巿
日無厚薄敵與軍勢衆等若無軍在外天子失御民多叛
九占兩軍相當必謹審日月暈日暈氣知其所起留止遠近應
日暈有玉色有喜不得玉色有憂

與不應疾遲大小厚薄長短抱背爲多少有無實虛久亟
密疎澤枯相應等者勢等近戰遠疾勝遲大勝小厚勝薄
長勝短抱背多勝少有勝無久勝虛吸密勝疎澤
勝枯重背大破重抱爲和親抱多勝者益多皆爲不和分
離相去甘於内者離於外者離於外者也

凡占分離相去亦内青外亦和相去青内亦外必惡相去
日暈明久内赤外青外青内黃外青
黑内人勝外黃内青外黑人勝内青外白内黃外青
青内人勝内黃外青外黃人勝内青外黃日暈周巿白外
闘兵未解青黑和解分地色黃土功動人不安日色黑有
水陰國盛日暈七日無風雨兵大作不可起衆大敗不及
日蝕而後成者後成面勝日暈有兵兵在外者主人不勝日
前滅而後成者後成面勝日暈有兵兵罷無兵在内者主
暈内赤外青羣臣親内其身外其

心日有朝夕暈是謂失地主人必敗日暈而珥主有謀軍
在外外軍有悔日日暈抱上將軍易日暈兩敵相當日暈平
國亡有大兵交日暈上西將軍易日暈兩敵相當日暈兩珥
等俱起而暈同軍勢衆色厚潤澤者賀喜日暈有直珥爲
破軍貫至日日爲殺將日暈員白戴國有喜戰從戴珥者
勝得地日暈而珥背左右如大軍輺者兵起其國亡城兵
蒲野而城得歸日暈暈内有珥一抱所謂圍城者在内内
人則勝日暈有重抱後有背戰順抱者勝得地有軍日暈
有一抱爲順背暈内在日西軍勝有軍日暈有軍日暈
背爲逆在日西東軍勝餘方放此日暈而背兵起其分失

城日暈有背者背為逆有降叛者有及城在日東東有叛餘
方效此日暈背氣在暈内為不和分離去其色青外
亦内節吳受王命有所之日暈上下有兩背無兵起
兵吳入日暈四背在暈内名曰不和有内亂日暈而四背
如大軍輻射四提設其國衆在外有友臣日暈四提
大將出去者日暈直而兩珥在外而虹暈在内與外不出二日城圍出戰
日暈而兩珥直而虹所指戰勝破軍殺將之大勝得地日暈
有白虹貫暈至日從虹出外以此圍城主人勝城不拔日暈有虹貫
暈不至日戰從貫所擊之勝得小將日暈有一虹貫暈内

順虹擊者勝殺將日暈一白虹貫暈有戰客勝日重暈有
四五白虹氣從内出外以此圍城主人勝城不拔又日重
白虹攻城圍邑不拔其外一重暈其外一清内濁不散軍會聚日
暈三重有拔城日交暈無厚薄交爭力鈞均厚者勝日交
暈人主左右有爭者兵在外戰日在暈上軍罷交暈貫日
天下有破軍死將日交暈而戰者先衰不勝即兩敵相向
交暈至日月順以戰勝殺將一法曰在上者勝日有交者
赤青如暈狀或如合昔或正直交者也兩氣相向
或相貫昔穿或相向或交主内亂軍内不和日有二暈軍分為二日方暈
如連環為兩軍兵起君爭地日有二暈軍分為三日方暈

而上下聚一背將敗人亡日暈若井埋若車輪一國皆兵
亡又曰有軍日暈不市半暈在東東軍勝在西西軍勝南
北亦如之日暈如車輪半暈在外者若罷日半暈東者西
吏羌胡來入國半暈西向者東吏人欲入國半暈北向者
者南吏人欲入國半暈南向者東吏人欲入國又日
軍在外日暈有蜺雲乘之以戰從蜺所往者大勝月
位月暈有兩珥白虹貫之天下大戰月暈而珥兵從攻
擊者利日暈有蜺雲乘之以戰從蜺所往者大勝月
蜺直指暈至月有者破軍殺將

雜氣

天子氣内赤外黃正四方所發之處當有王者若天子欲
有遊往處其地亦先發此氣或如城門隱隱在氣霧中或
無常殺氣森然或如華蓋在氣霧中或有五色多在晨昏
見或如千石倉在霧中恒帶殺氣或如高樓在霧中或
如山鎮黃金起青雲秩日赤帝起黃雲秩日黃帝起黑
扶日白帝起青雲秩日黑帝起黑雲秩日黃氣象衣
人無手在西方天子之氣也不可敵上氣如龍馬或雜色鬱鬱
衝天者此帝王之氣不可敵君若氣在吾軍戰必大勝凡天子
之氣皆多上達於天以王相氣見之
凡猛將之氣如龍兩軍相當氣若見者氣發其上則其將猛銳
或青白氣如龍兩軍相當君若氣發其上則其將猛銳或

如虎在殺氣中徬徨欲行動亦先發此氣若無行動亦有
暴兵起或如災煙之狀或白如粉沸或如災光之狀夜照
人或白而赤氣繞之或如山林竹木或紫黑如鬥上樓或
上黑下赤狀似黑如旌或如張弩或如埃塵頭銳而軍本大
而高兩軍相當敵軍上氣如囷倉正白見日逾明或青白
如雲將大戰衆軍上氣漸漸如雲变亦此形將有深謀
凡氣上與天連軍中有貞將或云賢將
堤山上若林木將士驍勇軍上氣如埃鹿粉沸其色黃白
上氣如災光將軍勇士卒猛好戰戰不可軍軍上氣衆盛不可擊軍
旌旗無風而颺揮揮指敵此軍必勝敵上有白氣粉沸如
樓繞必亦氣者兵銳營上氣黃白色重厚潤澤者勿與戰
兩敵相當有氣如人持斧向敵戰必大勝兩敵相當上有
氣如蛇舉首向敵者戰勝敵上復有一氣高者此雍軍之
氣不可攻望敵上氣如粉白雲如牽牛有一氣出似旌幟
在軍上有雲如鬥雞赤白相随在氣中或發黃氣皆將士
精勇不可擊軍營上有赤黃氣上達於天亦不可攻
凡軍上氣五色氣上與天連此天應之軍不可擊其上
小下大其軍日增益士卒軍急往擊之大勝夭氣銳黃白團圍
後白此勝氣若覆吾軍上赤

而潤澤者敵將勇猛且士卒能強戰不可擊雲如日月而
赤氣繞之如日月暈狀有光者所覓之地大勝不可攻
凡雲氣有獸居上者勝軍上有氣如塵埃前下後高者將
士精銳敵上雲如乳武豹伏者難攻軍上有氣如旌旗恒有氣在前者將
難攻軍上雲如華蓋勿與戰雲如蜂向人者
勿與戰兩軍相當敵上有雲如飛鳥或來而高
者兵精銳不可擊軍上雲如馬頭低尾仰勿與戰軍上雲
赤氣中有赤杆在烏氣中如人十五五或如旌旗在烏
氣中有赤氣在前者敵人精悍不可當敵上有雲如山
如狗形勿與戰望四方有氣如赤烏在烏氣中如
可說有雲如引素如陣前銳或一或四黑色有陰謀赤色
饑青色兵有反黃氣急去
凡氣上黃下白名曰喜氣所臨之軍欲求和退若氣出比
死敵上氣囚廢枯散或如馬肝色如灰色或如類偃蓋或
方求退向北其衆敗散向東則不可信終能為害向南將
類偃蓋皆為敗軍之氣
凡軍營上十日無氣發則軍必勝而有亦白氣從上
擊上大下小士卒日減
外聲欲戰其實欲退散其氣如壞山隨軍上者名曰營頭
之氣其軍必敗軍上氣昏發連夜照人則軍上散亂軍

上氣半而絕一敗再絕再敗三絕三敗在東發白氣者炎

深軍上氣中有黑雲如牛形或如豬形者此是尾解之氣

軍必敗敵亡氣如粉如塵者勃勃煙或五色雜亂或東

西南北比在我軍上其軍欲敗軍上氣如羣羊羣豬在氣中此

之勝氣在我軍軍上有赤氣炎於天則將死衆亂亦

光從天流下入軍軍亂將死彼軍上有黑氣如牛形或如馬形

哀氣擊之必勝軍亡氣如懸衣如相隨或紛紛如

或如羣鳥亂飛或如懸衣者皆為敗徵氣見攵攵沒攵聚攵

雲如卷席如四布亂樓者皆為敗徵氣見攵攵沒攵

從氣霧中下漸漸入軍色曰天狗下食血則軍破軍上氣

逐如兩雞相向皆為敗氣

如飛鳥如決堤垣如壞屋如人相指如人無頭如驚鹿相

散如霧之始起為敗氣氣如繫牛如人臥如敗車如雙蛇

九降人氣如人十五五皆又半低頭又云如人又手相

向曰黑如羣鳥趣入屯營連結百餘里不絕而能徘徊澒

吏不見者當有他國來降氣如黑山必黃為緣者欲降服

敵上氣青而高漸黑者將欲死散軍上氣如旛生草之煙

前雖銳後必退黑氣臨營或聚或散如為將宿敵人畏我

必意不攵終必逃背過之大勝

九白氣從城中南北出者不可攻城不可屠城中有黑雲

如星名曰軍精急解圍去有突出者敗城上白氣如旌

旗或青雲臨城有喜慶黃色從中南

比出城不可攻或赤氣如青色如牛頭觸人者城不可屠

城中氣出東方其色黃此太一城白氣從城中出青氣從城

者內兵突出主人戰勝城上有雲如衆人頭赤色下

不可攻去之勿攻城上氣如煙火赤氣如杵形城降城上赤氣

輔疾去之主人欲出戰陣其氣青難攻赤氣在城上黃氣四

赤氣在城上黃氣四面繞之城中大將死城降城上赤氣

如飛鳥如敗軍及無雲蔽日者必散城營中有赤黑雲如

狸皮斑及亦並三城上氣赤而下白色或城上氣黃

如樓出見於外城皆可屠城上氣上有雲如衆人頭赤色下

多死喪流血氣如灰城可屠城上氣出而比城可屠其氣

出復入城中人欲逃亡其氣出而覆其軍必病氣出而高

無所止用日又長有白氣如蛇來指城可急攻白氣從城

指營鬥急固守攻城若雨霧日死風至兵勝日無光為

日死雲氣如雄雉臨城其下必有降者濛濛圍城而入城

者久勝得已有雲如立人五枚或如三千濛氣圍城

九軍上有黑氣渾渾圓長亦氣在其中其下必有伏兵

氣粉沸起如樓狀其下必有藏兵萬人貞不可輕擊伏兵白

之氣如幢節，狀在烏雲中，或如赤杆在烏雲中，或如鳥人在赤雲中。

凡暴兵氣白如瓜蔓連結，部隊相逐，須臾罷而復出，至八九來而不斷，急，賊卒至，宜防固之。白氣如仙人衣，千萬連結，部隊相逐，罷而復興，如是八九者，當有千里兵來，視所起備之。黑雲從敵上來之我軍，欲襲我，敵人告發其備，不宜戰。王子曰：候四望無雲，獨見赤雲如旌旗，其下有兵，暴起。若徧四方者，天下盡有兵。君四望無雲，獨見黑雲極天，有兵起。天下兵大起，半天半起，三日內有兩災，解敵欲所上有雲，下有氣從中夭，中而下，敵必至雲氣如旌旗，賊兵暴起。

暴兵氣青白如人持刀楯，雲如人持節，兵來未息。雲如方虹，有暴兵至。赤雲如火者，所回兵至。天有白氣狀如匹布，經丑未者，天下多有兵。氣如卅蛇赤，來隨之必大戰，殺將。四望無雲，見赤氣如狗，在營上。

凡戰氣青白如青，將勇。大戰氣如人無頭，如死人卧，敵上驚怖，須臾去。赤氣如人持刀楯，雲如人赤色，所臨城邑有卒兵至。

凡運陰十日，晝不見日，夜不見月，亂風四起，欲兩而無雨，名曰蒙，臣謀君。故曰父陰不雨，臣謀君。晝君夜其色青黃，更相奄冒，旦合夕散，臣謀君逆者喪。中夕霧十

入營其下有流血。

日不解者，欲崩之候，視四方常有大雲，五色，其下有賢人隱也。青雲潤澤蔽日，在西其為賢良，雲氣如亂穰，大風將至，視所從來避之。雲甚潤而厚大，兩必暴至。四始之日有黑雲如陣，厚重，大者多兩，小者少兩。兩而濛見，則其城帶甲而趣。日出沒時，赤色黑雲橫截之，日者喪，烏雲者驚。三日內兩者各解，有黑氣入青口。

青黑雲氣，兵弱。有雲如蚊龍見，兵來。雲如鵲尾來，隆國上，三日七日有雲如日月暈，有雲如氣，昧而濁者，人主惡之。赤雲如龍行，國有火水人流亡，有雲如龍，必有喪。四塞終日竟夜，照地者大臣恣，有雲如氣，昧而濁，賢人去，小人在位。

凡白氣者百殃之本，眾亂所基，霧著袁邪之氣，陰來冒陽。凡遇四方盛氣，無向之戰，甲乙日青氣在東方，丙丁日赤氣在南方，庚辛日白氣在西方，壬癸日黑氣在北方，戊己日黃氣在中央，四季戰當此日，惡而揚君善，故日中有黑氣君明也。

凡白虹霧，姦臣謀君，擅權，五威。晝霧夜明，臣志得，甲夜霧晝明，臣志不申，霧終日終時，君有憂色。黃小兩白，言兵襲。青言疾，黑有暴水，亦有兵。黃言土功，或有大風。

凡夜霧白虹見臣有憂晝霧白虹見君有憂虹頭尾至地
流血之象

凡霧氣不順四時逆相交錯微風小雨為陰陽氣亂之象
從寅至辰巳上周而後始為逆者不成積日不解晝夜昏
暗天下欲分離

凡霧相摶覆尺合尺散臣欲謀君為逆者不成自亡

黃霧四合有虹各見其方隨四時色吾非時色凶氣色青

凡霧四方俱起百步不見人名曰晝昏不有破國必有
滅門

凡天地四方昏濛名下塵十日五日以上或一日或一時
兩不霽衣而有土名曰霾故曰天地霾君臣乖大旱

凡海傍蜃氣象樓臺廣野成宮闕此
畜雲間南夷之氣類華以南氣下黑上赤蒿
高三河之郊氣正赤恒山之北氣青勃碣海岱之間氣皆
正黑江河之閒氣白登附漢河水氣如引
布江漢氣勁如杼濟水氣如黑犹滑水氣如狼白尾淮南
氣如白兔青徐尾青海氣如圓蒿以南氣皆
如樹西夷氣少室氣白魯氣青東夷氣東南立
垣行軸雲類軸轉兩端兊雲如繩居前旦天其半天
其彀者類闕旗故鉤雲勾曲諸此雲見以五色占而澤槫

志十六　隋書三十　十三　方

密其見動人及有兵必起合關其直雲氣氣如三匹帛廣前
然後大軍行氣也韓雲如布趙雲如牛楚雲如日宋雲如
車曾雲如馬衛雲如犬周雲如輪秦雲如行人魏雲如
鼠鄭趙容雲如絳衣越雲如龍蜀雲如囷車氣來高而疾
往而聚騎氣軍而卒布平者其行徐前高後疾則高後
騎之氣正黑長數百丈大遊兵之氣如長蛇
免而里者邦其氣數百丈人者其不止而返校
丈無根本氣正赤上黃下白怒氣上黑土功
氣黃白徙氣白〇凡候氣之法氣初出時若雲
非霧鬱鬱紛紛若可見初出森森然在桑榆上高五六尺者是
千五百里外平視則千里舉目平望則五百里仰瞻中天則
百里內平氣桑榆間二千里登高而望下屬地者三千里
凡欲知我軍氣常以甲己日及庚子辰戌午未亥日及八
月十八日去軍十里許登高望之可以依別記占之百人
以上皆有氣

凡占災異先推九宮分野六壬日月不應陰霧風雨而陰
霧者乃可占對敵必在東日出候甚里下其陰覆人十擁漳蓋
道者是大賊必至敵在東日候在南日中候在西日入
候在北夜半候王相色吉四死色凶

凡軍上氣高勝下厚勝薄實勝虛長勝短澤勝枯我軍在

十六　隋書三十　十四

西賊軍在東衆西厚東薄西長東短西高東下西澤東枯
則知我軍必勝
九氣初出似甑上氣彭彭上升氣積爲霧霧爲陰陰氣結
爲虹蜺暈珥之屬
九氣未積不結散漫一方不能爲災必須和雜殺氣森森
疾氣常以平旦下晡日出沒時亂氣以見知大占內有
然疾起乃可論占軍上氣安則軍安氣不安則軍破敗
南北則軍南北若米東西則軍亦東西氣散則爲軍破敗
大風雨久陰則災不成故風以散之陰以諫之雲以幡之
兩以獸之

五代災變應

梁武帝天監元年八月壬辰熒惑守南斗占曰羅貴五穀
不成大旱于時豫章有豪幸相死具歲大旱米斗五十
人多餓死其二年五月尚書沈雲卒
二年五月景辰月犯心占曰有亂臣不出三年有亡國其
四年六月壬戌歲星晝見占曰歲色黃潤立竿于影見
四年六州刺史李凱舉兵友七月景子太白犯歲星其
四年歲大穰米斛三十又曰星與日争光武且弱文且強自
此後帝崇尚文儒躬自讚說終於大清不惰武備
八月庚子老人星見占曰老人星見人主壽昌自此後每

年怕以秋分後見於南至春分而伏武帝壽考之象云
七年九月巳亥月犯東井占曰有水災其年京師大水
十年九月景申天西北隆隆有聲亦衆下至地占曰天狗
也所墜之鄉有流血其君失地其年十二月馬仙琕大敗
魏軍斬馘十餘萬討復胸山城十二月壬戌朔日食在牛
四度
十三年二月景午月太白夾行在天關占曰津梁不通又兵
起其年填星守天江占曰有江河塞有土功其年
大發軍衆造浮山堰以堨淮水至十四年填星犯去天江
而堰壞發流決溢

十四年十月辛未太白犯南斗
十七年閏八月戊辰月行掩昂
普通元年春正月景子日有食之占曰日食陰侵陽陽不
克陰也爲大水其年七月江淮海溢九月乙亥有星晨見
東方光爛如火占曰國皇見有急兵反叛其三年
義州刺史文僧明以州叛
四年十一月癸未朔日有食之太白晝見
六年三月癸未歲星入南斗庚申月食五日巳酉太白晝
見六月癸未太白經天九月壬子太白犯歲星
七年正月癸卯太白歲星在牛相犯占曰其國君凶易政

大通元年八月甲申月掩填星閏月癸酉文掩之

大喪天下無主國易政其後中大通元年九月癸巳上文

幸同泰寺捨身王公以一億萬錢奉贖十月巳酉還宮大

赦改元中大通三年太子薨皆天下無主易政及大喪之

應

中大通元年閏月癸酉文犯鬼積尸占曰有大喪有大

兵破軍殺將其二年蕭玩帥衆援巴州為魏梁州軍所敗

玩被殺

四年七月甲辰星隕如兩占曰星隕陽陽失其倍炎熒之象

萌也文曰星隕如兩人民叛下有專討又曰大人憂其後

侯景挍亂帝以愛朋人衆奔散皆其應也

五年正月巳酉長星見

六年四月十卯熒惑在南斗占曰熒惑出入留舍南斗中

有賊臣謀及天下易政更元其年十二月北梁州刺史蘭

欽舉兵反後年降為大同元

大同三年三月乙丑歲星掩建星占曰有反臣其年會稽

山賊起其七年交州刺史李賁舉兵反

五年十月辛丑彗出南斗長一尺餘東南指漸長一丈餘

十一月乙卯至妻滅占曰天下有謀王者其八年正月安

〈志十六　　十七〉隋書二十一

成民劉敬躬挾左道以及黨與數萬其九年李賁僭稱皇

帝於交州

太清二年五月兩月見占曰其國亂必見於國　三年

晉主午癸惑守心占曰王者惡之乙酉太白晝見占曰不

出三年有大喪天下易政更王強國弱小國強三月庚子

熒惑守心占曰大人易政主去其宮又曰人饑亡海內

哭天下大潰是年帝為侯景所幽崩七月九江大饑人相

食十四年九月戊午月在斗掩歲星占曰天下亡君其後

侯景篡殺

簡文帝大寶元年正月景申月晝光見占曰月晝光見有隱

謀國雄逃文曰有晝明姦邪并誅擅君之朝其後侯景

殺之皆國亂亡君大更政之應也

元帝承聖三年九月甲午月心中星占曰有及臣王者

惡之有亡國其後三年帝為周軍所俘執陳氏取國梁氏

以亡

陳武帝永定三年九月辛卯朔月入南斗占曰月入南斗

大人憂一曰大子殃後二年帝崩太子昌在周為質文帝

立後昌還國為侯安都遣盜迎殺之

三年五月景辰朔日有食之占曰日食君傷又曰日食帝

德消亡有庚子填星鉞與太白井占曰大白與填食為疾為

〈志十六　　十八〉隋書二十一

文帝天嘉元年五月辛亥熒惑犯右執法占曰大臣有憂

執法者誅後四年司空侯安都賜死

九月癸丑彗星長四尺見芒指西南占曰彗星覺則敵國
兵起得本者勝其年周將獨孤盛領眾趣巴湘侯瑱襲破
之

二年五月巳酉歲星守南斗六月景戌熒惑犯右執法占東井七月
乙丑熒惑犯中戌辰熒惑犯齊質十月熒惑行在大微

右掖門內

三年閏二月巳丑熒惑逆行犯上相甲子大白犯五車填

星七月大白犯輿鬼八月癸卯月犯南斗景午月犯牽牛
庚申大白入大微十一月丁巳月犯畢左股辛巳熒惑犯

歲星戊子月犯角庚寅月入氏

四年六月癸巳大白犯右執法七月戊子熒惑犯填星八
月甲午熒惑犯軒轅六星丁未大白入南斗占大白入斗天下
大亂將相謀反國易政又曰君死不死則廢又曰天下受
爵祿其後安成王為大傅廢少帝而自立改官受爵之應
也辛卯熒惑犯左執法十一月辛酉熒惑犯右執法甲戌

月犯畢左股

五年正月甲子月犯畢大星奎丁卯月犯畢四月庚子大
白歲星合在奎金在南木在比相去二尺許壬寅月入氏

又犯熒惑大白歲星又合在要相去一尺許癸卯月犯房
上星五月庚午熒惑逆行二十一日犯氏東南西星占
曰月有賊臣又曰人主無出廊廟間有伏兵七月戊白君死有
赦後二年少帝廢之應也六月景申月犯牽牛丙子又犯左執法十一

犯畢大星閏十月庚申月犯牽牛丙子又犯左執法十一

月乙未月食畢大星

六年正月巳亥大白犯熒惑相去三寸占曰野有兵
改立癸王三月十卯日入後眾星未見有流星白色大如

斗從大微間南行尾長丈餘占曰有兵與喪四月丁巳月
犯軒轅占曰女主有憂五月丁亥大白犯軒轅占曰女主
失勢又曰四方禍起其後年少帝廢廢後恋訓太后崩六
月巳未月犯氏辛酉有彗長丈餘占文餘占曰陰謀姦宄起一曰
宮中火起後安成王錄尚書都督中外諸軍事廢少帝而
自立陰謀之應八月戊辰月掩畢大星景子月與大白並
光芒相著在大微西蕃南三尺所九月辛巳熒惑犯左執
法癸未大白犯右執法辛卯月犯左執法乙巳月犯上相太
白犯熒惑其夜月又犯大白占曰其國內外有兵喪段立
侯王明年帝崩又少帝廢之應也

七年二月庚午日無光烏見占曰王者惡之其日庚午吳
楚之分野四月甲子日有交暈白虹貫之是月癸酉帝崩
廢帝天康元年五月庚辰月犯軒轅女御大星占曰女主
憂後年慈訓太后崩癸未月犯左執法
光大元年正月甲寅月犯軒轅大星占曰女主八月
泣之應也壬午鎮星辰星合於軫九月戊午歲星相犯
占曰改立侯王巳未月犯歲星占曰國亡君十二月辛巳
二年正月戊申月掩歲星占曰國亡君五月乙未月犯大
月又犯歲星辛卯月犯建星占曰大人惡之

〈志十六　隋書王〉　〈王〉

白六月景寅太白犯右執法壬子客星見氐東八月庚寅
月犯太微九月庚戌月犯太白逆行與鎮星合在角占曰為
衣之會文曰所合之國為亡地為疾兵戊午太白晝見占
曰太白晝見國更政易王十一月景午歲星守右執法甲
申月犯太微東南星戊子太白入氐十二月甲寅慈訓太
后廢帝為臨海王太建二年四月魃皆其應也
宣帝太建七年四月景戌有星孛于大角占曰人主亡五
十年二月癸亥日上有背占曰其野失地有叛兵甲子吳
明徹軍敗於呂梁將卒並為周軍所虜來年淮南之地盡

沒于周十月癸卯月食熒惑占曰國敗君亡大兵起破軍
殺將來年三月吳明徹敗於呂梁十三年帝崩敗國亡君
之應也
十一年四月巳丑歲星太白辰星合于東井
十二年二月壬寅白虹見西方占曰有喪其後十三年帝
崩十月戊午月犯牽牛旦越占曰其國亡十二月癸酉辰
年帝崩辛酉歲星犯執法十二月癸酉辰星在太白上甲
戊辰星太白交掩占曰大兵在野大戰辛巳彗星見西南
占曰有兵喪明年帝崩始興王叔陵作亂
後主至德元年正月壬戌蓬星見占曰必有亡國亂臣後

〈志十六　隋書王〉　〈王二〉

帝於太皇寺捨身作奴以祈冥助不恤國政為施文慶等
所惑以至國亡
魏晉泰元年十月歲星熒惑填星太白聚於觜參色甚明
大占曰當有王者興其八月齊高祖起於信都至中興二
年而破爾朱逐開霸業
魏武定四年九月丁未高祖圍玉壁城有星隕於營眾驢
皆鳴占曰破軍殺將高祖不豫五年正月景午崩
齊文宣帝天保元年十二月甲申熒惑犯房北頭第一星
及鈎鈴占曰大臣有及著其二年二月壬申太尉彭樂謀
反誅

八年二月乙亥歲星守少微經六十三日五官亂五
月癸卯歲星犯太微上將占曰大將憂大臣死其十年五
月誅諸元六室四十餘家乾明元年誅楊遵彥等官五官
亂大將憂天且死之應也

八年七月甲辰月掩心星占曰人主惡之十年十月帝崩
九年二月癸犯惑犯鬼質占曰斧質用有太喪三月甲午惑
惑犯軒轅占曰女主惡之其十年五月誅魏氏完至十月
帝崩姿質用有太喪之應也

十年六月庚子填星犯井鉞與太白并占曰子為玄楊齊
之分野君有誅死者大臣誅斧鉞用其明年二月乙巳太

志十六　隋書二十一　〈二十二〉

師常山王誅尚書令楊遵彥右僕射燕子獻領軍可朱渾
天和侍中朱欽道等八月壬午廢少帝為濟南王○廢帝
乾明元年三月甲午惑惑入軒轅占曰女主凶後太寧二年四

月太后崩

肅宗皇建二年四月景子月有食之子為名楊齊之分野
七月乙丑癸惑入鬼中戊辰犯鬼質占曰有兵謀誅

帝以暴疾崩

武成帝河清元年七月乙亥太白犯輿鬼占曰有兵謀誅
大臣奔賀用其年十月壬申冀州刺史平秦王高歸彥反
也占曰五喪並起國大亂易政大臣誅其後太上皇崩至
段孝先討衡斷之於都市又其二年殺太原王紹德皆齊

質用之應也八月甲寅月掩畢占曰其國君死大臣有誅
者有邊兵大戰破軍殺將其十月平秦王高歸彥反誅其

三年周師與突厥入并州大戰城西伏屍流血百餘里昏
其應也

四年正月己亥太白犯惑惑相去三寸在奎甲辰太白惑
惑歲星皆春在婁占曰甲為齊三君合是謂驚立絕行其
分有兵喪改立嗣國易政三月戊十彗星見占曰除舊
布新有易王至四月傳位於太子改元

後主天統元年六月壬戌彗星見於文昌長數寸入文昌
犯上將然後絕紫微宮西垣入危漸長一丈餘指室壁後

百餘日在虛危滅占曰有太喪有亡國易政其四年十二
月太上皇崩

三年五月戊寅甲夜西北有赤氣竟天夜中始滅十月景
午天西比頻有赤氣占曰有大兵大戰後周武帝抱眾來
伐大戰有大兵之應也

四年六月彗星貫東井占曰大亂國易政七月彗星見房
心占曰如粉絮犬如斗東行八月入天市漸長四丈犯瓠
瓜九月入奎至婁而滅亭亭者亂之氣
也占曰五喪並起國大亂易政大臣誅其後太上皇崩至
歷虛危入室犯離宮九月入奎至婁而滅亭亭者亂之氣
武平二年七月領軍庫狄伏連治書侍御史王子宜受琅

志十六　隋書二十一　〈二十四〉

邪王儼首練記誅錄嘗書淮南王和士開於南臺死連等即
日伏誅右僕射馮子琮賜死此國亂之應也
五年二月戊辰歲星逆行掩太微上將占曰天下大驚四
輔有誅者五月甲午熒惑犯鬼積尸甲將也占曰大臣誅
兵大起爸質用有大喪至武平二年九月誅蘭陵王
年五月誅右丞相咸陽王斛律明月四年七月誅蘭陵王
長恭甚親名將也四年十月又誅崔李舒等此爸質用
之應也

武平三年八月癸未填星歲星太白合於氐宋之分野占
曰其國內外有兵喪改立族王其四年十月陳將吳明徹

《志六　隋志三　二十五》

冠彭城右僕射崔季舒等諫車駕黃門裴澤郭遵尚
書左丞封孝琰等諫國子祭酒張雕雕黃門裴澤郭遵
外立戮之應也九月庚申月在婁食既至旦不復占曰女
主凶其三年八月廢斛律皇后立穆胡后為
麻人十一月乙亥天狗下西北占曰其下有大戰流血後
周武帝攻晉州進兵平并州大戰流血

三年十二月辛丑日食歲星占曰有亡國
四年五月癸巳熒惑犯右執法占曰大將死執法者誅若
有罪其年誅右丞相斛律明月明年誅蘭陵王長恭後年
誅右僕射崔李舒皆大將死執法誅之應也

周閔帝元年五月癸卯太白犯軒轅中
大臣出令文曰皇后失勢辛亥熒惑犯東井比端第二星
占曰其國亂文曰大旱其年九月家宰護逼帝遜位幽於
舊邸月餘殺崩司會李植軍司馬孫恒及宮伯乙弗鳳等
被誅害其冬大旱皆大臣出令大臣死旱之應也
明帝二年三月甲午熒惑入軒轅占曰王者惡之女主凶
其月皇后獨孤氏崩六月庚子填星犯井鉞與太白占
曰傷成於鈇君有戮死者其年太師宇文護進食帝遇毒
崩

武帝保定元年九月乙巳客星見於翼異十月甲戌日有食
之戊寅熒惑犯太微上將合為一

《志六　隋志三　二十六》

二年閏正月癸巳太白入昴二月壬寅熒惑犯太微上將
三月壬午熒惑犯左執法七月乙亥太白犯輿鬼九月戊
辰日有食之既十一月壬午熒惑犯歲星於危南
三年三月乙丑朔日有食之九月甲子熒惑犯歲星於危南
占曰上將誅死十月壬辰熒惑犯太微上將
四年二月庚寅朔日有食之甲午熒惑犯房右驂三月巳
未熒惑又犯房右驂占曰上相誅死房右驂三月已

年十月家宰晉公護率軍氏伐十二月柱國庸公王雄力
戰死之逐班師兵起將死之應也八月丁亥朔日有蝕之

五年正月辛卯白虹貫日占曰為兵喪甲辰太白熒惑歲
星合於婁六月庚申彗星出三台入文昌犯上將後經紫
宮西垣入危滅齊長一丈餘指室壁後百餘日稍短長二尺
五寸在虛危滅齊之分野七月辛巳朔日有食之
天和元年正月癸酉朔日有食之五月巳丑歲星晝見經天
二年正月癸酉朔日丁酉日有食之其國有兵為飢旱大臣
井宿相去五尺井為秦分占曰其國有兵為飢旱大臣在
謀下有及者君亡地閏六月丁酉歲星太白在柳相去
一尺七寸柳為周分占曰為內兵次日主凶憂失城是
歲陳相州刺史華皎率眾來附遣衛公直將兵接之因而

南伐九月衛公直與陳將淳于量重戰于沌口王師失利元
定章世沖以步騎數千先度遂沒陳七月庚戌太白犯軒
轅大星相去七寸占曰女主失勢大臣當之又曰西方禍
起其十一月癸丑太保許公宇文貴薨大臣當之驗也十
月辛卯有黑氣一大如材在日中甲午文加一經六日乃
滅占曰有蔽主之明者十一月戊戌朔日有食之庚子
熒惑犯鉤鈐去之六寸占曰王者有憂文曰車騎驚三公
謀
三年三月巳未太白犯井比轅第一星占曰將軍惡之其
七月壬寅隋公楊忠薨四月辛巳太白入輿鬼犯積尸占

日天臣誅又曰亂臣在內有屠城六月甲戌彗見東井長
一丈上百下赤而尖漸東行至七月癸卯在鬼北八寸所
乃滅占曰為兵國政崩壞又曰將軍死大臣誅七月巳未
客星見房心占曰國易政又曰女主憂八月入天市長
如四所後東行犯河鼓右將軍癸未犯額瓜入天東行六十九日占
曰兵起若有喪白衣會為饑旱國易政又曰立死外城大
九月壬寅入奎稍小壬戌至婁北一尺所滅凡六十九日占
臣誅

四年二月戊辰歲星逆行掩太微上將占曰天下大驚國
不安四輔有誅必有立華天下大赦庚午有流星大如斗
出左攝提流至天津滅有聲如雷五月癸巳熒惑犯輿鬼
甲午犯積尸占曰午秦也大臣有誅兵大起後三年太師
大眾宰晉國公宇文護以不臣誅背其應也
五年正月乙巳五月乙巳在氐暈有白虹長丈所貫之而有兩珥
連接此三第四星占曰兵大起大戰將軍死於野晃冬
齊將斛律明月寇邊於汾北築城自華谷至於龍門
年正月詔齊公憲率師禦之三月巳酉憲自龍門度河攻
拔其新築十五城兵起大戰之應也
六年二月巳丑夜有蒼雲三丈經天自戌加辰四月戊
寅朔日有蝕之巳卯熒惑逆行犯輿鬼占曰有兵喪大臣

誅兵大起其月又率師取齊宣陽等九城六月齊將攻陷
汾州六月庚辰熒惑太白合在張宿相去一尺占曰主人
兵不勝所合國有殃
建德元年三月景辰熒惑太白合壁占曰其分有兵喪不
可興事用兵必受其殃又曰改立壁王有德者與無德者
亡其月誅晉公護護子譚公莒公至崇業公等大家是其驗也七月景午辰星與太
白合於井相去七寸占曰其下之國必有重德致天下後
四年上師師平齊致天下之應也九月己酉月犯心中星
相去一寸占曰亂臣在傍不出五年下有亡國後周武伐

齊平之有亡國之應也
二年二月辛亥彗貫日占曰臣謀君不出三年又曰近
臣為亂後年七月衛王直在京師舉兵反癸亥熒惑攝提
西比星占曰大賊在大人之側又曰大臣有誅四月己亥
太白掩西比星占曰國有憂大臣誅六
月景辰月犯心中後二星占曰亂臣在傍不出三年有亡
國又曰人主惡之九月癸酉太白犯左執法占曰大臣有
憂執法者誅若有罪其止
太白掩填星在尾占曰
填星為女主尾為後宮明年皇太后崩
三年二月戊午客星大如桃青白色出五車東南三尺所

漸東行稍長二尺所至四月壬辰入文昌丁未入北斗魁
中後出魁漸小凡見九十三日占曰天下兵起車騎蒲野
人主有憂又曰天下有亂兵大起臣謀主至十月始州民王
王直在京師舉兵反討平之四月乙卯星孛於紫宮垣外大如拳赤
白指五帝座帝漸東南行稍長一丈五尺五月甲子至上台
比滅占曰天下易政無德者亡後二年武帝率六軍攻拔
十一月景子歲星與太白相犯光芒相及在危占曰其野
兵人主凶失其城邑危齊之分野後二年宇文神舉攻拔
陸渾等五城十二月庚寅犯歲星在危相去二寸占曰

其邦流亡不出三年辛卯月行在營室占曰其
以兵亡將軍戰死營室衛也地在齊境後齊亡入
周
四年三月甲子月犯軒轅大星占曰女主有憂又五官有
亂
五年十月庚戌熒惑犯太微西藩上將星占曰天下不安
上將誅若有罪其止
六年二月皇太子巡撫西土仍討吐谷渾八月至伏俟城
而旋吐谷渾寇邊天下不安之應也六月庚午熒惑入鬼
占曰有喪旱其七月京師旱十月戊午歲星犯大陵又已

未庚申月連軍規昴畢五車刀

自將兵攻曰天下大赦癸亥帝率眾攻晉州是日虹見晉

州上首向南尾紫宮長午餘丈庚午克之丁卯夜白

虹見長十餘丈頭在南尾入紫宮中占曰其下兵戰流血

曰臣不臣有反者又曰必有大喪後宣武繼朋高祖以大

又曰君無立必有大喪至六年十二月平蔡與蔡軍大戰十

一月稽胡及齊王討平之

運代起十月癸卯月食熒惑在斗占曰國敗其君亡兵大

七年四月先此熒惑入太微宮

上將句已往還至此月甲子出端門占曰為大臣占曰為大臣又

一百日犯東蕃上相四蕃

時日中有黑子大如杯占曰君有過

公主軌討擒陳將吳明徹停斬三萬餘人十一月甲辰晡

徹侵呂梁徐州總管梁士彥出軍與戰不利明年三月郯

十一月癸丑流星大如月西流有聲蛇行屈曲光照地占

日兵大起下有戰場戊辰平旦白入井占白人主去甘其宮殿

日出柴宮溦著天乃北下占白人主去甘其宮殿是月營州刺

史高寶寧擄扛及其明年五月帝崩

宣政元年正月景子月食卯占曰有白衣之會又曰凶奴

侵邊其月突厥寇幽州殺略吏人五月帝崩戌北伐六月

起破軍殺將廿為吳越之星陳之分野十一月陳將吳明

帝疾甚還京次雲陽而崩八月壬午癸丑木火金三星春

在井占曰其國霸又曰其國外內有兵喪改立庶王是月

幽州人盧昌期據范陽改立王庶兵典之驗也七月辛

丑月犯心前星占曰太子惡之若失位後靜帝立為天子

不終也徵也景辰熒惑大白在七星相去二尺八十所

占曰君憂又曰其國有兵改立王庶有德與無德士卒年

改置四輔官傳位太子改立王庶之應也己未太白犯軒

轅大星占曰女主凶後二年宣帝崩楊后令其父隋公為

大丞相摠國事隋氏受命發后為樂平公主餘四后悉

廢為比丘尼八月庚辰太白入太微占曰為天下驚又曰

近臣起兵大臣相殺國有憂其後趙陳等五王為趙政所

誅大臣相殺之應也九月十酉占白

犯左執法占三十占曰天下安大臣有憂又曰執法

十二月癸未熒惑入氐中犯之二十日占曰天子失其宮

又曰賊臣在內下有反者又曰國君有臀饑死若毒死者

團酒泉殺略吏人明年二月殺柱國郯公全軌皆其應也

者誅君有罪其月汾州稽胡及討平之十一月突厥寇邊

靜帝禪位隋高祖幽殺之

宣帝大成元年正月景午癸丑日皆有背占曰為逆有

反叛邊將去之又曰卿大夫欲為主其後隋公作霸尉過

王謙司馬消難各舉兵反

大象元年四月戊子太白歲星辰星合在井占曰是謂離馬
立是謂絕行其國內外有兵喪改立王公又曰其國司霸
修德者強無德受殃其五月趙陳越代勝五王並入國後
二年隋王受命午文氏宗族相繼誅滅六月丁卯有流星
一大如雞子出氐中西比流有尾迹長一丈所入月中即
滅占曰不出三年人主有憂又曰一國靜帝幽閉之應
也已丑有流星一大如斗色青有光明照地出營室抵壁
曰將軍為亂王者惡之大臣有反者天子憂其十二月帝

志十六　　隋志二十一　　二十三

親御驛馬日行三百里四皇后及文武侍衛數百人並乘
駟以從為天駟熒惑主亂此宣帝亂道德馳騁車騎將
亡之誠八月辛已熒惑犯南斗第五星占曰有反者道
路不通破軍殺將尉迴王謙等起兵敗亡之微也九月已
酉太白入南斗魁中占曰天下有大亂將相謀反國易政
又曰君死不死則疾又曰從爵祿皆高祖受命羣臣分
爵之微也十月壬戌歲星犯軒轅大星占曰女主憂若失
勢周自宣政元年熒惑太白從歲星聚東井大象元年四
月太白歲星辰星文聚井十一月歲星守軒轅后族隋以后族興共
東井秦分讓楚界外漢東為楚地軒轅后族隋其年文帝共

秦地之象布周之后妃失執勢之微也乙酉熒惑在虛興墳
星合占曰兵大起將軍為亂大人惡之是月相州段德舉
謀及伏誅其明年三月杞公宇文亮舉兵反擁殺之
二年四月乙丑有星大如斗出大廚流入紫宮抵鉤陳芍
減占曰有大喪兵大起將軍殺又曰臣犯主主有憂其五
月帝崩隋公執國政大喪將軍殺及尉迴王謙之應也五
甲辰有流星一大如三斗器出太微端門流入翼色青白
政被誅又荊豫襄三州諸蠻及尉迴王謙司馬消難各舉
兵畔不從執政終以敗亡皆大兵起將軍殺之應也
光明照地聲若風吹幡旗占曰有立王若徙王曰國失

志十六　　隋志二十一　　三十四

君其月已酉帝崩劉昉矯制以隋公受遺詔輔政終受天
命立王徙王失君之應也七月壬子歲星太白合於張有
流星大如斗出五軍東比流光明燭地九月甲申熒惑歲
星合于翼
靜帝大定元年正月乙酉歲星逆行守房
比第一星占曰房為明堂布政之宮無德者失之二月甲
子隋王柵尊號
高祖文皇帝開皇元年三月甲申太白晝見占曰太白經
天晝見為臣強為軍政四月壬午歲星晝見占曰大臣強
有逆謀王者不安其後劉昉等謀反伏誅十一月已巳有

流星聲如隤牆光燭地占曰流星有光有聲名曰天保所
墜國安有喜其九年平陳天下一統五年八月伐申有流
星數百四散而下占曰小星四面流行者庶人流移之象
也其九年平陳江南主人悉播遷入京師
八年二月庚子填星入東井占曰填星所居有德利以稱
兵其年大舉伐陳克之十月甲子有星孛于牽牛占曰臣
殺君天下合謀又曰内不有大亂則外有大兵牛吳越之
星陳之分野後年陳氏滅
九年正月己巳白虹夾日占曰白虹衝日臣有背主又曰
人主無德者士且月滅陳

十四年十一月癸未有晝星孛于虛危及奎妻养魯之分
野其後魯公虞慶則伏法諸公高頬除名
十九年十二月乙未星霣於渤海占曰陽失其位災霣宮
萌也又曰大人憂
二十年十月太白晝見占曰大臣強為革政為易王右僕
射楊素炎惑高祖及獻后勸廢嫡立庶其月乙丑廢皇太
子勇為庶人明年改元皆陽失位及革政易王之驗也
仁壽四年六月庚午有星入于月中占曰有太襲有大兵
有亡國有破軍殺將七月乙未日青無光八日乃後占曰
主勢奪又曰日無光有死王甲辰上疾甚丁未宮車晏駕

漢王諒反楊素討平之皆兵喪亡國死王之應
煬帝大業元年六月甲子熒惑入太微占曰熒惑為賊
為亂入宮宮中不安
三年三月辛亥長星見西方竟天亦竟天歷至主妻角九而没至
九月辛未轉見南方亦竟天文干角九頻掃太微帝座千
祀列宿唯不及參井經歲乃滅占曰去穢布新天所以去
無道建有德見久者災深星大者事大行遲者期遠兵大
起國大亂而亡餘殃為水旱饑饉土功疾疫其後築長城
討吐谷渾及高麗兵戎疊駕略無寧息水旱饑饉疾疫土
功相仍而有羣盜起邑落空虛九年五月禮部尚書楊

玄感於黎陽舉兵友丁未熒惑逆行入南斗色赤如血如
三斗器光芒震耀長七八尺於斗中句已而行占曰有反
臣道路不通國大亂兵大起斗吳越分野句已之除其分
後徙封葵地又次之天意若曰使熒惑友句已之除其分
萬人其年朱燮管崇亦於吳郡揱泉反此後晨苦盜蜂數
至七月文述討平之其兄弟朱泉首車裂斬其黨羣劓
略郡縣屍橫草野道路不通羣訊勑使人皆共涉夜行不
敢導路
十一年六月有星孛于文昌東南長五六寸色黑而鋭夜
動搖西比行數日至文昌志宮四五寸却　行而滅占

曰為急兵其八月突厥圍雁門帝於鴈門從兵突城禦寇矢
及帝前七月熒惑守羽林占曰衛兵友十二月戊寅大流
星如斛隊賊虜盧明營破其衝輜壓殺十餘合曰番星
所墜破軍殺將其六年王充擊盧明城破之
十二年五月景戊朔日有食之既占曰日食既人主亡陰
吳郡為石占曰有亡國有死王有大戰破軍殺將其後大
軍破賊劉元進于兵郡斬之八月壬子有太流星如斗
出王良閣道聲如礧墻癸丑大流星如甕出羽林九月戊
午有枉矢二出北斗魁委曲蛇形注於南斗占曰主以兵
侵陽下代上其後字文化及等行殺逆癸巳太流星隕子
去天之所代亦曰以亂代亂執矢者不正後二年化及殺
十三年五月辛亥大流星如甕墜於江都占其下有大
兵戰流血破軍殺將六月有星孛于太微五帝座色黃赤
帝僣號王充亦於東都殺恭帝篡覬鄭骨殺逆無道以亂
長三四丈所數日而滅占曰有亡國有殺君明年三月宇
文化及等殺帝也十一月辛酉熒惑犯太微日光四散如
流血占曰賊入宮主以急兵見代又曰臣逆君明年二月
化及等殺帝諸王及幸臣並被殺

志第十六　天文下　隋書二十一

太尉揚州都督郯國公史上柱國趙國公臣長孫無忌等奉
勅撰

五行上

易以八卦定吉凶則苞犧所以稱聖也書以九疇論休咎
則大禹所以為明也春秋災祥驗行事則仲尼所以垂
法也天道以星象示廢興則甘石所以先知也是以祥符
之兆可得而言妖訛之占所以徵驗夫神則陰陽不測天
則欲人遷善均乎影響殊致同歸漢時有伏生董仲舒京
房劉向之倫能言災異顧盻六經有足觀者劉向曰君道

〔二九九四〕

〔隋志十七〕 〔一〕

得則和來應休徵生君道違則乖氣應咎徵發夫天有七
曜地有五行五事行違則天地見異況於日月星辰乎況
於水火金木土乎若梁武之降貌伽藍舜文宣之盤遊市
里陳則蔣山之烏呼曰奈何周則陽武之魚乘空而闖階
則鶡巢補帳炎火炎門闕豈唯天道亦曰人妖則祥眚而形
于何不至亦有脫略政教張羅鐏甘信巫史重增行罰
昔懷王事神而秦兵逾進長弘尚鬼而諸侯不來性者生
之靜也欲者心之使也置情恢性引類同歸雀乳於空城
之側鶡飛于鼎耳之上短長之制既曰由人黮闇崇山同
車共軌必有神道藏成倚伏一則以為殃豐一則以為休。

徵故曰德勝不祥而義厭不惠是以聖王常由德義消伏
災沴也

洪範五行傳曰木者東方威儀容貌也古者聖王垂則天
子穆穆諸侯皇皇登堂則有驚鸞和之節降車則有佩玉之
此容貌動作之得節所以順木氣也如君違時令失威
儀田獵馳騁不反宮室飲食沈湎不顧禮制縱欲恣睢出
入無度多絲役以奪人時增賦稅以奪人財則木不曲直
〇齊後主武平五年鄴城東青桐樹有如人狀是時後主忘於國
日王德衰下人將起則有木生為人狀

〔志十七　隋書二十二〕 〔二〕

政耽荒酒色威儀不肅馳騁無度大發繇役盛脩宮室後
二歲而亡木不曲直之效也
七年宮中有樹大數圍夜半無故自拔齊以木德無故
自拔亡國之應也其年齊亡
開皇六年四月幽州人家以白楊木懸甕上積十餘年忽
生三條皆長三尺餘甚鮮茂仁壽二年春鬵上人以楊木
為屋梁生三條長二尺京房易傳曰妃后有顓木仆立
斷枯復生獨孤后專恣之應也
仁壽元年十月蘭州楊樹上松生高三尺六節十二枝宋
志曰松不改柯易葉楊者危脆之木此永久之業將集危

亡之地也是時帝諱言幽厥家嫡初立晉王爲皇太子

天戒若曰皇太子不勝任承父之業將致危亡帝竟不悟又

帝崩太子立是爲煬帝竟以亡國

仁壽四年八月河間柳樹無故枯落既而花葉後生京房

易飛候曰木再榮國有大喪既而歲宮車晏駕

洪範五行傳曰金者西方萬物既成殺氣之始也古之王

者與師動眾建立旗鼓以誅殘賊禁暴虐安天下殺伐必

應義以順金氣如人君樂侵陵好攻戰貪城邑之略以輕

百姓之命人皆不安外內騷動則金不從革

陳禎明二年五月東冶鐵鑄有物赤色大如斗自天隆墜

志七 隋書二十二 (三)

所隆隆有聲鐵飛破屋而四散燒人家時後主與隋雖結

和好遣兵度江橫襲城鎮將士勞敝府藏空竭東冶者陳

人鑄兵之所鐵飛爲變者金不從革之應天戒若曰陳國

小而兵弱當以和好爲固無鑄兵而鑠武以室百姓後王

不悟又遣偽將陳紀任蠻奴蕭摩訶數冠江北百姓不堪

其役及隋師度江而二將降歠卒以滅亡

洪範五行傳曰火者南方陽光爲明也人君向南蓋取象

也昔者聖帝明王負扆攝袂南面而聽斷天下揽海內之

雄俊飬積之於朝以續聰明推邪使之爲臣投之于野以通

壅塞以順火氣夫火不明之君惑於讒口白黑雜揉代相是

非眾邪並進人君疑惑棄法律間骨肉殺太子逐功臣以

韓代宗則火失其性

梁天監元年五月琁琁殿災延燒神武門總章觀時帝

初即位而火燒觀闕不祥之甚也既而太子巋皇孫不得

立及帝暮年惑於朱异之口果有庶景之亂宮室多被焚

燒天誠所以先見也

普通二年五月琁琁殿災延燒宮三千餘間中大通元

年朱雀航華表災明年同泰寺災大同三年朱雀門災水

沴火也是時帝崇尚佛道宗廟犧牲皆以麵代之又妻盡

乘之重數詣同泰寺捨身爲奴令王公已下贖之〔初陽爲〕

志七 隋書二十二 (四)

不許後爲嘿許方始還宮天誠若曰梁武爲國主不遵先

王之法後爲淫於佛道橫多糜費將使其社稷不得血食也

天數見變而帝不悟後竟以亡及江陵之敗閭城爲賤隸

焉即捨身爲奴之應也

陳承定三年重雲殿災

東魏天平二年十一月閭闔門災是時齊神武作宰而大

野拔斬樊子鵠以州來降神武聽讒而殺之司空元暉免

逐功臣大臣之罰也

武定五年八月廣宗郡火燒數千家

後齊後主天統三年九龍殿災延燒西廊四年昭陽宣光

吳時數興師旅以拒魏軍十二年四月建康大水是時大

瑤華三殿災燒龍舟是時讒言並用正士道消祖業徵
作歌謠斛律明月以誅妖昌邪勝正之應也京房易
傳曰君不思道殽妖火燒宮
開皇十四年將祠泰山令使者致石像神祠之所未至數
里野火歘起燒像碎如小塊時帝頗信讒言猜阻骨肉滕
王瓚失志而死剏業功臣多被夷滅故天見變而帝不悟
其後太子勇竟被廢戮

世基之徒阿諛順百掩塞聰明宇文述以讒邪顯進忠諫
崇顯號之所由出也時帝不遵法度驕奢怠忽裴蘊虞
大業十二年顯陽門災舊名廣陽則帝之姓名也國門之
者咸被誅戮天戒若曰信讒言忠則除廣陽也
洪範五行傳曰水者北方之藏衆至陰也宗廟者祭祀之
象也故天子親耕以供粢盛王后親蠶以供祭服敬之至
也㩲施令十二月咸得其氣則水氣順如人君簡宗廟
不禱祀逆天時則水不潤下

梁天監二年六月大末信安曹三縣大水春秋魯襄鄴
曰陰盛臣逆人悲則水出河決是時江州刺史陳伯之益
州刺史劉季連舉兵反叛師旅數興百姓愁怨臣逆人悲
之應也

六年八月建康大水溝上御道七尺十年五月建康大水

發卒築浮山堰以遏淮水勞役連年百姓悲怨之應也
中大通五年五月建康大水御道通舡京房易飛候曰大
水至國賤人將貴蕭棟侯景情稱尊號之應也
後魏河清二年十二月兗州大水天統三年并州
汾水溢讖曰水者純陰之精陰氣洋溢者小人專制是時
和士開元文遙趙彥深專任之應也

武平六年八月山東諸州大水京房易飛候曰小人踊躍
無所畏忌陰不制於陽則涌水出其時羣小用事邪佞蒲

朝閑賢妻嫉伶人封王此其所必應也
開皇十八年河南八州大水是時觸於皇后干預政事㴉
殺宮人技勛宰相楊素頗專水陰氣盛臣妾強之應也
仁壽二年河南河北諸州大水京房易傳曰顓事有智誅
罰絕理則厥災水亦由帝用刑嚴急臣下有小過帝或親
臨斬决文先是桂國史萬歲以忤旨被戮誅罰絕理之應
也
大業三年河南大水漂没三十餘郡帝嗣位已來未親郊
廟之禮闕宗廟屢祭祀之應也
洪範五行傳曰中央為內事宮室妻妾親屬也
古者自天子至于士宮室寢居大小有差高里裏等嘗罵

有恩故明王賢君脩宮室之制謹夫婦之別加親戚之恩

敬父兄之禮則中氣和人君肆心縱意大為宮室高為臺

榭雕文刻鏤以疲人力淫洪無別妻妾過度犯親戚侮父

兄中氣亂則稼穡不成

齊後主武平四年山東饑是時大興土木之功於仙都苑

又起宮於邯鄲窮極麗後宮侍御千餘人皆賣衣玉食

逆中氣之欲也

煬帝大業五年燕代齊魯諸郡饑先是建立東都制度崇

後又宗室諸王多遠徙邊郡

洪範五行傳曰貌之不恭是謂不肅則下不敬陰氣勝故

貌不恭

禍有下體生上體之痾有青眚青祥惟金沴木

厥咎狂厥罰常雨厥極惡時則有服妖時則有龜孽有雞

尋敗

侯景僭即尊號升圓立行不能正覆有識者知其不免景

貌不恭

梁元帝既平侯景破蕭紀而有驕矜之色性又沉猜由是

臣下離貳即位三年而為西魏所偪帝竟不得其死

陳後主每祀郊廟必稱疾不行建寧令章華上奏諫曰拜

三妃以臨軒祀郊廟而稱疾非祉庸之道後主怒誅之

又引江總孔範等內宴無復尊卑之序號為狎客軍必詩

酒為娛不恤國政秘書監傅縡上書諫曰人君者恭事上

帝子愛下人省嗜慾遠邪侫未明求衣日旰忘食是以澤

被區宇慶流子孫陛下頃來沉色過度不虔郊廟大神專

媚淫昏之鬼小人在側宦豎擅權惡誠直如仇讎視時人

如草芥後宮曳綺麗馬餘粟百姓流離轉屍野神

怒人怨衆叛親離臣恐東南王氣自斯而盡後主不聽

恣日甚未幾而國滅

陳司空侯安都自以有社稷之功驕矜日甚每侍宴

酒酣箕踞而坐嘗謂文帝曰何如作臨川王時又借華

林園水殿與妻妾賓客置酒於其上帝甚惡之後竟誅死

○東魏武定五年後齊文襄帝時為世子屬神武帝崩秘

不發喪朝魏帝於鄴魏帝宴之文襄起儛及嗣位又朝魏

帝於鄴待宴而惰有識者知之不免後果為盜所害

○神武時司徒高昂嘗詣相府將直入門門者止之昂怒

引弓射門者不之罪尋為西魏所殺

○後齊後主為周師所迫至鄴集兵斛律孝卿勸後主親勞

將士宣流涕慷慨以感激之人當自奮尋卿授之以辭後

主怒之及對衆嘿然無所言俄然大笑左右皆哂將士怒

曰身尚如此吾輩何急由是皆無戰心俄為周師所虜

煬帝自負才學每驕天下之士嘗謂侍臣曰天下當謂朕

承藉餘緒而有四海耶設令朕與士大夫高選亦當為矣

子矣謂當世之賢皆所不逮書云謂人莫已若者亡帝自

秒已以輕天下不能不亡千帝又言習是晋其後竟終於江

都此亦魯襄公終於楚宮之類也

常雨水

梁天監七月至十月乃霽洪範五行傳曰陰氣強

積然後生水雨之災時武帝頻年興師旦歲又大舉北伐

諸軍頗捷而士卒罷敝百姓愁怨陰氣畜積之應也

陳大建十二年八月大雨霪霖時始興王叔陵驕恣陰氣

盛強之應也明年宣帝崩後立叔陵刺後主於喪次宮

人救之僅而獲免叔陵出閤就東府作亂後主令蕭摩訶

破之死者千數

東魏武定五年秋大雨七十餘日元瑾劉思逸謀殺後齊

文襄之應也

後齊河清三年六月庚子大雨晝夜不息至甲辰

山東大水人多餓死是歲突厥冠并州陰戎作梗

此其應也

天統三年十月積陰大雨胡太后淫亂之所感也

武平七年七月大霖雨水潦人戶流亡是時駱提

婆韓長鸞等用事小人專政之罰也

後周建德三年七月霖雨三旬時刺王直潛謀逆亂屬

帝幸雲陽宮以其徒襲肅章門尉運逆拒破之其曰雨

霽

大雨雪

梁普通二年三月大雪平地三尺洪範五行傳曰蒸徵之

常雨也然尤甚焉兩陰也雪又陰畜積甚盛也皆妄不妄

臣不臣之應時義州刺史文僧朗以州叛於魏臣不臣之

應也

大同三年七月青州雪害苗稼是時交州刺史李蕡舉兵

反階尊號置百官擊之不能克

應也

十年十二月大雪平地三尺是時邵陵王綸湘東王繹武

陵王紀並權佯人主頗為驕恣皇太子甚惡之帝不能抑

損上天見變帝又不悟及侯景之亂諸王各擁強兵然有

赴援之名內無勤王之實委棄若父自相屠滅國竟

以亡

東魏興和二年五月大雪時後齊神武作宰發卒十餘萬

築鄴城百姓愁思之徵也

武定四年二月大雪人畜凍死道路相望時後齊霸政而

步落稽舉兵反冦亂數州人多死亡

後齊河清二年二月大雪連雨南北千餘里平地數尺繁

天統二年十月大雪三年正月又大雪平地二尺武平
三年正月又大雪是時馮淑妃陸令萱內制朝政陰氣盛
積故天變屢見雷雨不時

陳太建元年七月大雨震死萬安陵華表文震慧曰寺利尾
宮寺重閤門下一女子震死京房易飛候曰雷雨霹靂丘
陵者逆先人令為火殺人者人君用讒言殺正人時蔡景
歷以奸邪任用右僕射陸繕以說毀獲譴發病而死

十年三月震武庫時帝好兵頻年比伐內外虛竭州士勞

隋書二十一　十一

敕既克淮南又進圖彭汴毛喜切諫不納由是旦明撤諸
軍皆沒遂失淮南之地武庫者兵器之所聚也而震之天
戒若曰宜戢兵以安百姓帝不悟又大興軍旅其年六月
又震太皇寺刹莊嚴寺露榮重陽閣東樓鴻臚府門太皇
莊嚴二寺陳國奉佛之所重陽閣每所遊宴鴻臚賓客禮
儀之所在而同藏震者天戒若曰國威已喪不務脩德後
必有恃佛道眈宴樂不乗禮儀而亡國者陳之君臣竟不悟
至後主之代災異屢起懼而於太皇寺捨身為奴以祈具
助不恤國政眈酒色棄礼法不脩鄰好以取敗亡

梁武平元年夏震丞相愍子孝先南門桂京房易傳曰震畔

貴臣門及屋者不出三年俟臣被誅後歲和止開被爇

木冰

東魏武定四年冬天雨木冰洪範五行傳曰陰之盛而凝
滯也木者必陽貴臣有害則陰氣脅木木先寒故
得雨而冰襲之木冰一名介介者兵之象也時司徒侯景
制河南及神武不豫文襄懼甚為亂而徵之景
豫州刺史成襄州刺史李密廣州刺史暴顯並為景反
所執辱貴臣有害之應也其後左僕射慕容紹宗與景戰
於渦陽俘斬五萬

後齊天保二年雨木冰三日初清河王岳為髙歸彦所譖

隋書二十一　十一

是歲以憂死
武平元年冬雨木冰明年二月又木冰時錄尚書事咸和士
開專政其年七月太保琅邪王儼矯詔殺之領軍大將軍
庫狄伏連尚書右僕射馮子琮並坐儼賜死九月儼亦遇
害○六年七月頻歲春冬木冰其年周師入晉陽因平鄴
都後主是青州貴臣死散州郡被兵者不可勝數

大雨雹

梁中大通元年四月大雨雹洪範五行傳曰雹陰脅陽之
象也時帝數捨身為奴拘信佛法為沙門所制
陳大建二年六月大雨雹十年四月又大雨雹十三年九

月又兩雹時始興王叔陵驕恣陰結死士圖為不逞帝又
寵遇之故天三見變帝不悟及帝崩叔陵果為亂逆

服妖

後齊妻后臥疾寢衣無故自舉俄而后崩
文宣帝末年衣錦綺傳粉黛數為胡服微行市里粉黛者
婦人之飾陽為陰事君變為臣象也及帝崩太子嗣位
被廢為濟南王又齊氏出自陰山胡服者將反初服也錦
緋非帝王之法服微服者布交之事齊亡之効也
後主好令宮人以白越布折額狀如髽幗又為白蓋此二
者喪禍之服也後主果為周武帝所滅父子同時被害

武平時後主於内作貧兒村親衣襤縷之服而行乞其
間以為笑樂多令人服烏衣以相執縛後主果為周所敗
被虜男於長安而死妃后窮困至以賣燭為業
後周大象元年服晃二十有四旒車服旗鼓皆以二十四
為節侍衛之官服五色雜以紅紫令天下車以大木為輪
不施輻朝士不得佩綬婦人墨粧黃眉又造下帳如送終
之具令五皇后各居其一實宗廟祭器於前帝親讀版而
祭之文將五輅載婦人身率左右步從又倒懸鷄及碎瓦
於車上觀其作聲以為笑樂皆服妖也帝尋暴崩而政由
於隋周之法度皆悉敗易

開皇中房陵王勇之在東宮及宜陽公王世積家婦人所
服領巾製同槊幡軍幟婦人為陰臣象也而服在幟臣有
兵禍之應矣勇竟而遇害世積坐伏誅

雞禍

開皇中有人上書言頻歲已來雞鳴不鼓翅類服下有物
而妨之翻不得舉肘腋之臣當畏為鸞矢書奏不省京房易
飛候曰雞鳴不鼓翅國有大害其後大臣多被夷滅諸王
廢黜太子幽廢
大業初天下雞多夜鳴京房易飛候曰雞夜鳴急令文云

醫而鳴百姓有事人定鳴京房戰夜曰雞夜鳴流血漫漫及中年
已後軍國多務用度不足於是急令暴賦責成守宰百姓
不聊生矣各起而為盜戰爭不息屍骸被野

龜孽

開皇中掖庭宮每夜有人來挑宮人宮司以聞帝曰門衛
甚嚴人何從而入當是妖精耳因戒宮人曰若逢但斫之
其後有物如人夜來登牀宮人抽刀斫之若中枯骨一物
落牀而走宮人逐之因入池而沒明日帝令涸池得一龜
徑尺餘其上有刀迹殺之遂絕龜者水居而竊隆謀之象晉
王諂媚宮掖求嗣之應云

青眚青祥

陳禎明二年四月鬻菜者無數自蔡洲岸入石頭淮至青塘兩岸數百死隨流出江近青祥也京房易飛候曰鼠無故羣居不究眾聚者其君死未幾而國亡

金沴木

陳天嘉六年秋七月儀賢堂無故自壞近金沴木也時帝盛脩宮室延顯德等五殿稱為壯麗百姓失業故木失其性也儀賢堂者禮賢崇尚之謂無故自壞天戒若曰帝好奢侈不能用賢使能何用虛名也帝不悟明年竟崩

禎明元年六月宮內水殿無故自沈時後主盛脩園囿殿因無故而倒七月朱雀航又無故自沈後有刀鋸斫伐之聲其竟為隋所滅宮廟

宗廟水殿者遊宴之所朱雀航者國門之大路而無故自壞天戒若曰宮室毀絕後主不悟竟為隋所滅宮廟為墟

後齊主昭帝將誅楊愔乘車宿省入東門幰竿無故自折

河清三年長廣郡聽事梁忽剝若人狀太守惡而削去之帝崩

武平七年秋穆后將如晉陽向北宮辭胡大后圭宮內門所乘七寶車無故陷入於地牛沒四足是歲齊滅后被虜

明日後然長廣帝本封也木為變不祥之兆其年帝崩

於長安

《隋志十七　隋書三十二　十五》

後周建德六年青城門無故自崩青者東方色春宮之象也時皇太子無威儀禮節青城門無故自崩者皇太子不勝任之應帝不悟明年太子嗣位果為無道周室危亡實自此始

大業中齊王暕於東都起第新構寢堂其梲無故自折木失其性暕謀之應也天見變以戒之暕不悟後竟得罪於帝

洪範五行傳曰言之不從是謂不乂厥咎僭厥罰常陽厥極憂時則有詩妖時則有毛蟲之孽時則有犬禍故有口舌之痾有白眚白祥惟木沴金

言不從

梁武陵王紀僭即帝位建元曰天正永豐侯蕭撝曰王不克矣昔桓玄年號大亨有識者以為一止其能乆乎果二年而敗在仲春今曰天正正之為文一止其二月了而玄之敗實

後齊文宣帝時太子殷當冠詔令邢子才為字子才制字子字曰正道正一止也吾兒其冠乎字子才請改帝不許日天也因顧謂常山王演曰奪時任汝慎無殺也及帝崩太子嗣位常山果廢之而自立殷尋見害武成帝時左僕射和士開言於帝曰自古帝王盡為丘墟竟舜桀紂竟

《隋志十七　隋書三十二　十六》

亦何異陛下宜及此壯盛意歡樂一日可以當千年無爲
自勤約也帝悅其言彌加縱侈後士開既導帝以非道身文
擅權竟爲御史中丞所殺　武平中陳人寇彭城國子淮
言豪懼侍中韓長鸞進曰縱失河南猶得爲龜茲國子殺
南沒何足多慮人生幾何時但爲樂不須憂也帝甚悅
太子恒改元爲隆化時人離合其字曰降死竟降周而死
周武帝改元爲宣政梁主蕭歸離合其字爲宇文亡其

年六月帝出崩
宣帝在東宮時不脩法度武帝數撻之及嗣位摸其痕而
大罵曰死晚也年又改元爲大象蕭歸文離合其字曰天
子家明年而帝崩
開皇初梁王蕭琮改元爲廣運江陵父老相謂曰運之爲
字軍走也吾君當爲軍所走千其後琮朝京師而被拘留
不反其叔父巖掠居人以叛梁國遂廢
文帝名皇太子曰勇晉王曰廣秦王曰俊蜀王曰秀開皇初
有人上書曰勇者一夫之用又千人之秀爲英萬人之秀
爲俊斯乃布衣之美稱非帝王之嘉名也帝不省時人呼
楊姓多爲嬴者或言於上曰楊英交爲嬴狹帝聞而不懌

遂改之其後更俊秀皆被廢黜煬帝嗣位終失天下卞爲
楊氏之狹
煬帝即位號年曰大業識者惡之曰於字離合爲大若未
也尋而天下喪亂率土遭荼炭之酷焉
煬帝常從容謂祕書郎虞世南曰我性不欲人諫若位皇
士雖必寬假然終不置之於地沒其名者彌所不耐至於
通顯而來諫我以求當世之名者彌所不耐至於死地沒
先哲王之馭天下也明四目達四聰懸敢諫之鼓立書謗
之木以開三者之路猶恐忠言之不至由是澤敷四海慶
流子孫而帝惡其言雖諫士其能久乎竟逢殺逆

早
梁天監元年大旱米斗五千人多餓死洪範五行傳曰君
持亢陽之節興師動眾勞人過度以起城邑不顧百姓臣
下悲怨然而心不能從故陽氣盛而失度陰氣沉而不附
陽氣盛旱炎應也初帝起兵襄陽破張沖敗陰眾沉而不附
建康前後連戰百姓勞弊及即位後復興魏交兵不止之
應也
陳太建十二年春不雨至四月先是周師掠淮比始興王
叔陵等諸軍敗績淮北之地沒於周蓋其應也
東魏天平四年并肆汾建晉絳秦陝等諸州大旱人多流

散是歲齊神武與西魏戰於沙死敗績死者數萬

東魏武定二年冬春旱先是西魏師入洛陽神武親帥軍
大戰於芒山死者數萬

後齊天保九年夏大旱先是大發卒築長城四百餘里勞
役之應也

乾明元年春先是發卒教十萬築金鳳聖應崇光三臺
窮極侈麗不恤百姓元陽之應也

河清二年四月并晉巳西五州旱是歲發卒築輯關突厥
二十萬衆毀長城寇恒州

後主天統二年春旱是時大發卒起大明宮

〈志十七　隋書二十二　十九〉

開皇四年巳後京師頻旱時遷都龍首建立宮室百姓勞

大業四年燕代諸郡旱時發卒百餘萬築長城帝親
敵亢陽之應也

八年天下旱百姓流亡時發四海　音帝親征高麗六軍凍
然塞表百姓失業道謹相望

十三年天下大旱時郡縣鄉邑悉遣築城發男女無少長
餒死者十八九

皆就役

梁天監三年六月八日武帝講於重雲殿淡門誌公忽然
詩妖

起儛歌樂須史悲泣因賦五言詩曰樂哉三十餘悲哉五
十裏但看八十三子地妖災起俊臣作欺安賊臣滅君子

若不信吾誆龍時俊賊起且至馬中閒街悲不見喜梁自
天監至于大同三十餘年江表無事至太清元年八月八

帝享國四十八年所言五十裏子地帝憲朱崩而
日誌公於大會中又作詩曰元尾狗子始欲死不死

景景之作亂始自戊辰之歲至午年帝憲崩以
侯景自懸瓠來降在卅陽之比子地也帝以太清元年

齒人傷須史之間自滅亡患在汝陰死三湘横尸
景藏侯景小宇狗子懸瓠來降懸瓠則古之汝南也

〈志十七　隋書三十二　二十〉

巴陵南有地名三湘即景奔敗之所

天監中茅山隱士陶弘景為五言詩曰夷甫任散誕平叔
坐談空不意昭陽殿忽作單于宮及大同之季公卿唯以
談玄為務夷甫平叔朝賢也侯景作亂遂居昭陽殿

大同中童謠曰青絲白馬壽陽來後侯景破卅陽乘白
馬以青絲為羈勒

馬初有童謠曰黃班青驄馬發自壽
陽溪來時冬氣未去日春風始其後陳主果為韓擒所敗
陳初有童謠曰黃班青驄馬發自壽陽
擒本名擒歌黃班之謂也後乘青驄馬往反

時節皆相應

陳時江南盛歌王獻之桃葉之詞曰桃葉後桃葉度江不

13-308

用牒但度無所苦我自迎接沒晉王代陳之始置營桃葉
山下及韓擒度江大將任蠻奴至新林以導比軍之應
陳後主造齊雲觀國人歌之曰齊雲觀寇來無際畔功未
畢而為隋師所虜

禎明初後主作新歌詞其哀怨令後宮美人習而歌之其
辭曰玉樹後庭花花開不復久時人以歌讖此其不久兆
也。承神武始移都于鄴時有童謠云可憐青雀子飛入
鄴城重作窠未成樂頭身鄉里寄書與婦母好看新婦
子魏孝靜帝者清河王之子也后則神武之女鄴都宮室
未備郎逢禪代作窠未成之効也孝靜尋崩文宣以后為

太原長公主降於楊愔時妻嵒在故言寄書於婦母新
婦子斥后也

武定中有童謠云百尺高竿摧折水底燃燈澄滅高者齊
姓也澄文襄名五年神武崩摧折之應七年文襄遇盜所
害澄滅之徵也

天保中陸濟和入國書其屋壁曰十年天子為尚可百日
天子急如火周年天子迭代坐時文宣帝其國十年而崩
廢帝嗣立百餘日用贊廢位孝昭即位一年而崩此其効
也。武平元年童謠曰從攏尾你欲除我我除你其年四
月攏東王胡長仁謀逆　刺客殺和士開事露返為士開所

諺死。二年童謠曰和士開七月三十日將你向南臺小
兒唱訖一時拍手云却至七月二十五日御史中丞琅
邪王儼執士開於南臺而斬之是歲又有童謠曰七月
刈禾傷早九月喫羹正好十月出却迴十一月出趙為
老七月士開被誅九月瑯邪王遇害十一月趙彥深出為
西兗州刺史

武平末有童謠曰黃花勢欲落清壿但穆后尋逢齊亡
儕干預朝政時人患之穆后小字黃花尋逢齊亡欲洛之
應也

鄴中又有童謠曰金作掃帚玉作把淨掃殿屋迎四家未
幾周師入鄴

周初有童謠曰白楊樹頭金雞鳴獨有阿舅無外甥靜帝
隋氏之甥既逐位而崩諸舅強盛

周宣帝與營人夜中連臂蹋蹀而歌曰自知身命促把燭
夜行遊帝即位二年而崩

開皇千年高祖幸并州宴秦孝王及王子相帝為四言詩
曰紅顏詎幾幾王貌須更一朝花落白髮難除明年後歲誰
有誰無明年而子相卒十八年而秦孝王薨

大業十一年煬帝自京師如東都至長樂宮飲酒大醉因
賦五言詩其卒章曰徒有歸飛心無復因風力令美人再

三吟詠帝泣下霑襟侍御者莫不歔欷帝因幸江都復作
五言詩曰求歸不得去真成遭簡眷言聲軍勸酒梅花笑
殺人帝以三月被弑即遭春之應也是年盜賊蜂起道路
隔絕帝懼遂無還心復夢二豎子歌曰住亦死去亦死
未若乗船度江水田桑築居卅陽將居焉功未就而帝破
殺□大業中童謠曰桃李子鴻鵠遶陽山宛轉花林裏莫
浪語誰道許其後李密坐楊玄感之逆為史所拘在路內
叛替結聚盜自陽城山而來襲破洛口倉後復屯兵死內
莫浪語密也宇文化及自號許國尋亦破滅誰道許者蓋
驚疑之辭也

【毛蟲之孽】

梁武帝中大同元年邵陵王綸在南徐州即內方畫看狸
關於欄上巫而獲之太清中遇侯景之亂將兵援臺城至
鍾山有聲熊無何至郢縣為西魏所乗馬毛蟲之孽也綸尋為王
僧辯所敗亡至南陽為西魏所殺
中大同中每夜狐鳴關下數年乃止京房易飛候曰野獸
聲鳴邑中且空虛俄而國亂卅陽死喪略盡

東魏武定三年九月豹入鄴城南門格殺之五年八月豹
室不居未幾而國滅
陳禎明初孤入林下捕之不獲京小房易飛候曰孤入君室

又上銅爵臺京房易飛候曰野獸入邑及至朝廷若道上
官門有大害君臣是歲東魏師敗於玉壁神武遇疾崩
後齊武平二年有兔出廟社之中京房易飛候曰兔後王
室其君亡案廟者祖宗之神室也後五歲周師入鄴後主
東奔。武平末并諸州多狼而食人洪範五行傳曰狼
貪暴之獸大體以白色為主乡食人洪範五行犬禍曰狼
京房易傳曰君將無道害將及人去之深山以全身厥妖
狼食人時帝任用小人競為貪暴殘賊人物食人之應尋
為周軍所滅兵之象也

武平中朔州府門外無何有小兒腳跡又擁土為城雉之

犬禍

後齊天保四年鄴中及頓丘並有犬與女子交為犬禍犬
傳曰異類不當交而交乱之氣犬交人為犬禍犬禍者
亢陽失眾之應也時帝不臨國政恩澤不流於其國
敗鄭子饒羊渟高等復乱山東
同占是歲南安王思好起兵於比朔直指并鄴為官軍所
狀時人怖而察之乃狐媚所為漸流至并鄴與武定三年
後主時犬為開府儀同雌者有夫人郡君之號給兵以奉
養食以梁肉藉以菌蓐天奪其心爵加於犬近大禍也天
意若曰鄉士皆類犬後主不悟遂以取戒

後周保定三年有犬生子臂已後分為兩身二尾六足犬
猛畜而有爪牙將士之象也時宇文護與侯伏侯龍恩等
有謀懷貳犬體後分此其應也
大業元年鴈門百姓閒犬多去其主羣聚於野形頓變如
狼而噉噬行人數年而止五行傳曰犬守禦者也而今去
其主臣下不附之象形變如狼狼色白白為王兵之應也
後帝窮立黷武勞役不息天戒若曰無為勞役守禦有
將叛而為害帝不悟遂起長城之役續有西域遼東之舉
天下怨叛及江都之變並宿衞之臣也

白眚白祥

梁大同二年地生白毛長二尺近白祥也孫盛以為勞人
之異先是大發卒築浮山堰功費鉅億功垂就而復潰者
數矣百姓厭役呼嗟滿道
齊河清元年九月滄洲及長城之下地多生毛或白或黑
長四五寸近白祥也時北築長城內興三臺人苦勞役
開皇六年七月京師雨毛如髮尾長者三尺餘短者六七
十京房易飛候曰天雨毛其國大饑具時關中旱米粟涌
貴。後齊天統初岱山封禪壇玉璧自出近白祥也岱山
王者易姓告代之所玉璧所用幣而自出將有易姓者用
幣之象其後齊亡地入于周及高祖受周禪天下一統焚

柴太山告祠之應也
武平三年白水巖下青石璧傍有文曰齊亡走
延後主以為嘉瑞百寮畢賀後周師入國後主棄鄴而
走
開皇十七年石隕於武安滏陽閒十餘
自高隕者君將有危殆也後七載帝崩
開皇末高祖於宮中埋二小石於地以誌之所未幾
變為玉劉向曰玉者至貴也賤將為貴之象大業末盜
甘僭名號
大業十三年西平郡有石文曰天子立千年百寮稱賀有
識者以之曰千年萬歲者身後之意也今稱立千年者禍
在非遠明年而帝被殺

木淦金

國亡

梁大同十二年曲阿建陵隧口石騏驎動木淦金也動者
遷徙之象天戒若曰園陵無主石麟將為人所徙也後竟
後齊河清四年殿上石自起者兩相擊孟以為石陰類
下人象殿上石自起兩相擊孟以為石陰類
寵臣相願乞扶貴和兄弟轉建業之徒皆叛入周
梁大同十二年正月選辟邪二于建陵左雙角者至陵所

右獨角者將引於車上根躍者三車兩轅俱折因換車未
至陵二里又躍者三每一根則車側人莫不聳奮云地三
四尺車輪陷入土三寸木涂金也劉向曰失衆心令不行
言不從以亂金氣也石為陰臣象也臣將為變之應累武
暮年不以政事為意君臣唯講佛經談玄而已朝綱茶亂
今不行言不從之谷也其後果致侯景之亂
周建德元年濮陽郡有石像郡官令載向府將刮取金在
道自躍接地如此者再乃以大繩縛著車壁又絕繩而下
時帝竟滅齊又事淮南征伐不息百姓疲敝失衆心之應
也

志第十七卷隋志二十二

二十七

志第十七　　五行上　　隋書二十二

太尉揚州都督監修國史上柱國趙國公臣長孫無忌等奉勅撰

五行下

洪範五行傳曰視之不明是謂不知厥咎舒厥罰常燠厥
極疾時則有草妖時則有羽蟲之孽故有羊禍故有目疾
有赤眚赤祥惟水沴火

常燠

後齊天保八年三月大熱人或暍死劉向五行傳曰視不
明用近習賢者不進不肖不退百職廢壞庶事不從其過
在政教舒緩時帝往躁荒淫無度之應

三三九

【志十六 隋書二十三】【一】

草妖

高祖時上黨有人宅後每夜有人呼聲求之不得去宅一
里所俱見人參一本枝葉峻茂因掘去之其根五尺餘具
體人狀呼聲遂絕蓋草妖也視不明之發時晉王陰有奪
宗之計詔事親要以求聲譽諂皇太子高祖惑之而譖太
當言有物憑之上黨黨與也親要之人乃黨當王而讒太
子高祖不悟聽邪言殿無辜有罪用因此而亂也

羽蟲之孽

梁中大同元年邵陵王綸在南徐州坐聽事有野鳥如戴
數百飛屋梁上彈射不中俄頃失所在京房易飛候曰野

鳥入君室其邑虛君亡之他方後編為湘東王所襲竟致
奔亡景為西魏所殺

侯景在梁將受錫命陳備物於庭有野鳥如山鵲亦翔集
於冊書之上鵁鶄鳴於殿與中大同元年同占景尋敗將
亡入海中為羊鵶所殺

陳後主時蔣山有眾鳥鼓翼而鳴曰奈何帝京房易飛候
曰鳥鳴門闕如人音邑且亡蔣山吳之望也鳥集于上鳴吳
空廡之象及陳亡建康為墟又陳末亡時有一足鳥集于
殿庭以嘴畫地成文曰獨足上高臺盛草變成灰獨足者
叔寶獨行無眾之應盛草成灰者陳政蕪穢被隋火德所

【隋書志十八 二】

焚除也叔寶至長安館於都水臺上高臺之義也
後齊孝昭帝即位之後有雉飛上御座占同中大同元年
又有鳥止於後園其色赤形似鴨而有九頭其年帝崩
天統三年九月萬春鳥集仙都苑京房易飛候曰非常之
鳥來宿於邑中邑有兵周師入鄴之應也武成胡后生後
主初有鴞升后帳而鳴梟不孝之鳥不祥之應也後主
位胡后淫亂事彰逐幽后於北宮焉

武平七年有鵲巢於太極殿又巢於并州嘉陽殿雉集晉陽宮
御座獲之京房易飛候曰鳥無故巢居君門及殿屋上弓
且虛其年國滅

周大象二年二月有禿鷲集洛陽宮大極殿其年帝崩後

宮室虛

閒皇初梁主蕭琮新起後有鴟鳥集其帳隅未幾琮入朝
被留於長安梁國遂廢

大業末京師宮室中恒有鴻鴈之類無數翔集其間俄而
長安不守

羊禍

十三年十一月烏鵲巢其帳驅不能止帝尋逢弒

閏至十二年六月繁昌楊悅見雲中二物如羝羊黃色大
如新生犬鬪而墜見其一數旬失所在近羊禍也洪範

五行傳曰君不明逆火政之所致也狀如新生大者羔類
也雲穡掩蔽邪氣之象羊國姓羔羊子也皇太子勇餞升
儲貳暨至陰毀而被廢黜二羔鬪一羔生而無尾時議
者以為楊氏子孫無後之象是歲煬帝被殺於江都恭帝

恭帝義寧二年麟遊太寸司馬武獻羊羔生而無尾時議

遜位

赤眚赤祥

梁天監十五年七月荊州市殺人而身不僵首墮于地動
口張目血如竹箭直上丈餘然後如雨細下是歲荊州大
旱近赤祥寃氣之應

陳太建十四年三月御座幄上見一物如車輪色正赤尋
而帝患無故大叫數聲而崩

至德三年十二月有赤物隕于太極殿前初下時鐘皆鳴
又嘗進白飲忽變為血又嘗血露殿階瀝瀝然至御榻尋
而國滅

後齊河清二年太原雨血劉向曰血者陰之精傷害之象
僵尸之類也　明年周師與突厥入并州大戰城西伏尸
百餘里京房易飛候曰天雨血染衣國亡君弒亦後主亡
國之應

四年三月有物隕於殿庭色赤形如斗器眾星隨者如
小鈴四月婁太后崩

武平中有血點地自咸陽王斛律明月宅而至于太廟大
將社稷之臣也後主以讒言殺之天戒若曰殺明月則宗
廟隨而覆矢後主不悟國祚竟絕

洪範五行傳曰聽之不聰是謂不謀厥咎急厥罰寒厥極
貧時則有鼓妖有魚孽有豕禍有黑眚黑祥惟火沴水
寒、

東魏武定四年二月大寒人畜凍死者相望於道京房易
飛候曰誅過深當燠而寒是時後齊神武作相先是爾朱
文暢等謀害神武事洩伏誅諸與交通者多有濫死

13-314

河清元年歲大寒京邑易傳曰有德遭險茲謂逆命厥異

寒誡曰殺無罪其裏必異是時帝滛於文宣李后因生子

右愧恨不舉之帝大怒於右前殺其子太原王紹德后大

哭帝課尸而挺殺之投于水中長女乃蘇寃酷之應

梁天監三年三月並隕霜殺草京房易傳曰興

兵妄誅謂亡法嚴罰罰霜是時大發卒拒魏軍於鍾離連兵

梁天監四年八月隕霜殺稻敉是時大興師選疲遺將吳

明微與周師相拒於呂梁

陳太建十年八月隕霜

鼓妖

梁天監四年十一月天清朗西南有雷光有雷聲二易曰

鼓之以雷霆霆近鼓妖洪範五行傳曰雷霆託於雲猶君

之託於人也君不恤於天下故兆人有怨叛之心也是歲盜殺

交州刺史李凱舉兵攴

十九年九月西隱隱有聲北如雷赤祲下至地是歲盜殺

東莞琅邪二郡守以胸山引魏軍

中大通六年十二月西南有聲如雷其年北梁州刺史蘭

欽舉兵攴

陳太建二年十二月西比有聲如雷其年相州刺史華皎

攺天保四年四月西南有聲如雷是時帝不恤天

下興師旅

後周建德六年正月西方有聲如雷未幾吐谷渾寇邊

開皇十四年正月旦廓州連雲山有聲如雷京房易飛候曰國將易君

叛侵擾邊鎮二十年無雲而雷京房飛候歲帝崩漢王諒舉兵

下人不靜小人先命國卤有兵甲後數歲帝崩國士

兵攴從其黨數十萬家大業中滏陽石鼓頻歲鳴其後天

下大亂兵戎並起

魚孽

梁大同十年三月帝幸朱方至四瀆中及玄武湖魚皆躍

首見於上若望乘輿者帝入宮而沒洪範五行傳曰魚陰

類也下人象又有鱗甲兵之應也下人將舉兵圍宮而辟

睨乘輿之象也後果有矦景之亂

齊神武平十七年相州鸕鶒泊魚盡飛去而水涸魚為

國以魚為百姓水涸魚飛國亡人散之象也晏子曰河伯以水為

行傳曰急之所致魚陰類下人象也明年而國士

國大象元年六月陽武有鯉魚乘空而鬪猶臣下與起

小人從之而鬪也明年帝崩國失政尉迴起兵相州高祖

遣兵擊敗之

開皇十七年大興城西南四里有衰村設佛會有老翁皓

首白裙襦衣來食而去衆莫識追而觀之行二里許不復

見但有一陂中有白魚長丈餘小魚從者無數人爭射之
或已折弦斷後竟中之剖其腹得稅飯始知此魚向老翁
也後數日漕渠暴溢射人皆溺死
大業十二年淮陽郡騎人入子城穀斷羅郎郭至女垣之
下有穴其中得鯉魚長七尺餘於昔魏嘉平四年魚集河
屋上王肅以為魚生於水而亢於屋永之物失其所也邊
將殆棄甲之變後果有東關之敗具時長白山賊冠掠河
南月餘賊至城下郡兵拒之反為所敗男女死者萬餘人

蟲妖

梁大同初大蝗離門松栢葉皇蟲洪範五行傳曰介蟲之

〈志十八　隋書二十三　七〉

孽也與魚同占京房易飛候曰食祿不益聖化天視以蟲
蟲無益於人而食萬物也是時公卿皆以虛澹為美不親
職事無益食物之應也
後齊天保八年河北六州河南十二州蝗饑人皆祭之帝
問魏君丞崔叔瓚對曰五行志云土功不
時則蝗蟲為災今叔瓚築長城內脩二臺故致災也帝大怒毆
其頰權其髮潤中物塗其頭役者不止九年山東又蝗十
年幽州大蝗洪範五行傳曰刑罰暴虐貪饞不厭興師動
衆取城脩邑而失衆心則螽為災是時帝用刑暴虐勞役
不止之應也

後周建德二年關中大蝗
開皇十六年并州蝗時秦孝王俊晝列百姓盛脩郎第後
竟獲譴而死

沴禍

開皇末渭南有沙門三人行投陰法於人塲圖之上夜見
大豕來詣其所小豕從者十餘謂沙門曰阿練我欲得賢
聖道然猶負他一命言寵而去賢聖道者君上之所行也
皇太子勇當嗣業行君上之道而被因廢之象也
言為煬帝所殺

〈志十八　隋書二十三　八〉

開皇末渭南有人寄宿他舍至夜中聞二豕對語其一曰歲
將盡阿耶明日殺我供歲何慮耶其一曰可向水比姊
家因相隨而去天將曉主人覓豕不得意是宿客而詰之
宿客言狀主人如其言而得豕其後蜀王秀得罪帝將殺
之平樂公主每臣救得全後數年而帝崩歲盡之應

黑眚黑祥

梁承聖三年六月有黑氣如龍見于殿內近黑祥也黑周
所尚之色今見於殿內周師入梁之象其年為周所滅帝
亦遇害
陳太建五年六月西北有黑雲如龍屬地散如猪者十餘洪範
五行傳曰當有兵起西北時後周將王軌軍於呂梁明年

火沴水

擒吳明徹軍皆覆沒

後齊河清元年四月河濟清襄楷曰河諸族之象應濁反
清諸族將為天子之象是後十餘歲隋有天下
大業三年武陽郡河清數里鏡澈十二年龍門又河清後
二歲大唐受禪

象也京房易占曰水化為血兵且起是時後主初即位用
刑酷傷水性也五行變節陰陽相干氣色繆亂皆敗亂之
中江水赤自方州東至海洪範五行傳曰火沴水也法嚴
陳太建十四年七月江水赤如血自建康西至荊州禎明
南水裏荊揚州之地陷於關中而今淮
禎明二年四月郢州南浦水黑如墨水在關中而今淮
後周大象元年六月咸陽池水變為血與陳太建十四年
同占具時刑罰嚴急未幾國亡
洪範五行傳曰思心不容是謂不聖厥咎督厥罰常風厥
極凶短折有脂夜之妖有華孽有牛禍有心腹之痾有黃
青黃祥木金水火沴土

常風

梁天監六年八月戊戌大風折木京房易飛候曰角曰疾

風天下昏不出三月中兵必起是歲魏軍入鍾離
承聖三年十一月癸未帝閱武於南城北風大急普天昏
閏洪範五行傳曰人君螫亂之行故天變應之
勤帝反冊陽帝不從又多猜忌有螫亂之

夜又風發屋拔樹始與王叔陵專恣之應
陳太建六年七月癸未大風起西南吹倒靈臺候樓洪範
五行傳以為大臣專恣時太子冲幼安成王頊專政
帝不時抑損明年崩皇太子嗣位頊遂廢之
太建十二年六月壬戌大風吹壞皇門中閏十二年九月

至德中大風吹吳朱雀門
禎明二年六月丁巳大風自西北激濤水入石頭淮是時
後主任司馬申誅裁中諫沈客卿施文慶專行邪僻江總
孔範等崇長淫縱杜塞聰明督亂之欲
後齊河清二年大風三旬乃止時帝初委政使臣和士開
專恣日甚
天統三年五月大風晝晦發屋拔樹天變丹見而帝不悟
明年帝崩後主詔內外表奏皆先詣士開然後聞徹趙郡
王叡馮翊王潤按士開於驛恣不宜仍居內職反為士開
諸寵竟坐死士開出入宮掖生殺在口尋為琅邪王儼所

誅。七年三月大風起西北發屋拔樹五日乃止時高颎
那璡提婆等專恣之應

開皇二十年十一月京都大風浄刹寺鐘三鳴佛殿門鎖自開銅像
餘人地大震鼓自鳴者近夜也揚雄以為人君不聽為
自出戶外鐘鼓皆應浄刹寺鐘三鳴佛殿門鎖自開銅
眾所惑空名得進則鼓妖見時獨孤皇后干預政事左僕
射楊素權傾人主帝聽二人之譖而黜僕射高颎殺太子
勇為庶人晉王釣虛名而見立思心咎盛之象也
鎖及銅像並金也金動木震之沴金之應洪範五行傳
曰失眾心甚之所致也高颎楊男無罪而黜黜失眾心
也。仁壽二年西河有胡人乘騾在道忽爲迴風所飄并
一車上千餘尺乃隊皆碎焉京房易傳曰眾逆同志至德
乃潛歌異風後二載漢王諒在并州潛謀逆亂車及驛騎
之象也升空而墜顛隕之應也天戒若曰無妄動車騎終
當覆敗而諒不悟及高祖朋諒發兵反州縣鄉應眾至數
十萬月餘而敗

夜妖

梁承聖三年十月十卯大風晝晦天地昏暗近夜妖也京
房易飛候曰羽風天下昏人大疾不然多寇盜三年為
西魏所城

陳禎明三年正月朔旦雲霧晦冥入鼻皆辛酸後主民昧近
夜妖也洪範五行傳曰天中臣下強盛以蔽君明則雲
範之害其比軍臨江柳莊任蠻奴並進中款後主惑佞臣孔
東魏武定四年冬大霧六日晝夜不解洪範五行傳曰晝
而晦君夜者陰侵陽臣將侵君之象也明年元瑾劉思
逸謀殺大將軍之應

周大象二年尉迥敗於相州其黨與數萬人於遊豫園
其後每聞鬼夜哭聲洪範五行傳曰哭者死亡之表近夜哭
妖也廚每聞鬼夜哭者將有死亡之應京房易飛候曰鬼夜哭
國將亡明年周氏王公皆見殺周室亦亡

仁壽中仁壽宮及長城之下數聞鬼哭尋而獻后及帝相
次而崩於仁壽宮

大業八年楊玄感作亂於東都尚書樊子蓋玩其黨與於
長夏門外前後數萬洎千末年數聞其處鬼哭有呻吟之
聲與刑同占其後王世充害越王侗于洛陽

華髻字

後齊武平元年槐華而不結實童謠曰槐三公之位也華而不實
蘂落之象至明年錄尚書事和士開伏誅隴東王胡長仁
太保琅邪王儼皆遇害左丞相段部㲯

陳後主時有張貴妃死貴嬪並有國色稱為妖艷後主惑
之寵冠宮掖每充侍從詩酒為娛八入後庭數旬不出荒
淫後厭衰知紀極府庫空竭頭會箕斂天下怨叛將士離
心敵人鼓行而進竟有死戰之士女德之後也及敗士之
際後主與此姬俱投於井隋師執張貴妃而戮之以謝江
東洪範五行傳曰華者猶榮華容色之象也以色亂國故
謂華孽

齊後主有寵姬馮小憐慧而有色能彈琵琶工歌舞後
主嬖之拜為淑妃選綵女數千為之羽從一女之師動費
千金帝從二堆而有色
欲班師小憐意不已更請合圍帝從之由是淹留於晉州
遂臨後與周師相遇於晉州之下坐小憐而失機者數矣
因而國滅齊之士庶至今咎之

牛禍
梁武陵王紀祭城隍神將耳生怒有赤蛇繞牛口年禍也
象類言又為龍蛇之孽魯宣公三年郊牛之口傷時以
為天不享其祭宣公也五行傳曰近君道傷故有龍蛇之
孽是時紀雖以近接為名而實妄自尊元思心之妖神不享
君道傷之應果為元帝所敗
後齊武平二年并州獻五足牛牛禍也洪範五行傳曰牛

重應宮臺之象也帝尋大發卒於仙都苑穿池築山樓殿
間起窮華極麗勞勩始就而亡國
後周建德六年賜武有獸三狀如水牛一黄一赤一黑與
黑者鬪久之黄者自傷觸之黑者死亡之象後載載周
禍也黑者周之所尚色死者滅亡之象後數載周果滅而
隋有天下旗牲尚赤我服以黄
大業初恒山有牛四腳膝上各生二蹄其後建東都築長
城開溝洫 心腹之病
陳禎明三年隋師臨江後主從容而言曰齊兵三來周師
再來無復攖敗彼何為者都官尚書孔範曰長江天塹古
以為限隔南北今日此軍豈能飛度耶臣每患官卑彼若
度來臣為太尉矣後主悅因奏妓縱酒賦詩不輟心膂
之病也存亡之機定之俄頃君臣昏不殟心腹之病
懼孔範從而諛之天奪其心易能不敗陳國遂亡範亦
遠徙

○齊文宣帝嘗宴東山投杯赫怒下詔西伐撥陳甲兵
之盛既而泣謂羣臣曰黑衣非我所制卒不行有識者以
帝精魄已亂知帝祚之不永帝後竟得心疾耽荒酒色性
忽狂暴數年而崩
武成帝丁大后憂緋袍妲故未幾登三臺置酒作樂侍者

黃眚黃祥

梁大同元年天雨土三年天又雨灰其色黃近黃祥也京房
易飛候曰聞善不及茲謂有知厥異黃歌各龍厥災不嗣
蔽賢絕道之欲也時帝自以為聰明博達惡人勝己又篤
信佛法捨身為奴絕道蔽賢之罰也

大寶元年正月天兩黃沙二年簡文帝夢吞土而吞之尋
為侯景所殺以土囊壓之而殂死諸子遇害不嗣之應也

陳後主時夢黃衣人圍城後庭戮黃衣未幾隋師攻圍之
隋高祖受禪之後上下通服黃衣此黃之遠城橋樹盡伐之

三七十 志十八 隋書二十三 十五

後周大象二年正月天雨黃土稼時乃息與大同元年同
占時帝昏狂滋甚期年而崩至于靜帝用遜厥位絕道不
嗣之應也

開皇二年京師兩土是時帝懲周室諸侯微弱以亡天下
故分封諸王並為行臺專制方面失土之故有土氣之祥
其後諸王各謀為逆亂京居易飛候曰天兩土百姓勞苦
而無功其時營都邑後起信讒宮頹山埋谷丁匠死者太半

裸蟲之孽

梁太清元年卅陽有泉氏妻生男眼在頂上大如兩歲兒
墮地而言曰兒是旱疫鬼不得住母曰汝當令我得過疫

鬼曰有上官何得自由母急作絳帽故當無憂每不暇
作帽以絳繫髮自是皇疫者二年揚徐死豫尤甚莫氏鄉
鄰多以絳免他土効之無騎

大寶二年京口人於藏兒年五歲登城西南角大樓打鼓
作長江柵鼓兵象也是時侯景亂江南

陳永定三年長人見於後主長三丈見羅浮山通身潔白衣服楚麗
京房占曰長人見亡後二歲帝崩

後主為太子時有婦人突入東宮而大言曰畢國主後主
立而祚終之應也

至德三年八月建康人家婢死埋之九日而更生有牧牛

三七五十八 志十八 隋書二十三 十六

人聞而出之

禎明二年有船下忽聞人言曰明年亂視之得死嬰長
二尺而無頭明年陳滅

齊天保中臨漳有婦人產子二頭共體是後政由姦人上
下無別兩頭之應也

後主時有桑門貌若狂人見烏則向之作禮見沙門則毀
辱之烏周色也未幾齊為周所吞殺除佛法

後周保定三年有人產子男陰在背而生於背者陰陽及覆君臣顛倒之象
爪陰不當生於背而有爪者將致擾人之變也是時晉蕩公

人足不當有爪而有爪者將致擾人之變也是時晉蕩公

字文護專擅朝政征伐自已陰懷篡逆天戒若曰君臣之
分已愼矣將行攘噬之禍見變而悟遂誅晉公親萬機
躬節儉克平齊爲高祖轉禍爲福之効也
武帝時有強練者佯狂持一㔉至晉湯公護門而擊破之
曰身尚可乎苦矣時護專政因朝大后擊殺之發兵捕
其諸子皆備楚毒而死強練又行乞於市人或遺之粟麥
輙以無底帒受之因大笑曰盛空未幾周戒高祖移都長
安城爲墟矣
開皇六年霍州有老羽化爲雉
七年相州有桑門變爲蛇尾繞樹而自抽長二丈許

【 志十八 隋書廿三 十七 ∨】

仁壽四年有人長數尺見於鴈門其迹長四尺五寸其年
帝崩〇大業元年鴈門人房囬安每年百歲額上生角長
二寸洪範五行傳曰婦人陰象也角兵象也下反上之應
是後天下果大亂帝於鴈門
四年鴈門宋谷村有婦人生一肉卵大如斗埋之後數日
㧞埋處雲霧盡合從地雷震而上視之洞究失卵所在
六年趙郡李來王家婢產一物大如卵
六年正月朔旦有盜衣白練裙襦手持香花自稱彌勒佛
出世入建國門奪衛士仗將爲亂齊王暕遇而斬之後三
年楊玄感作亂引兵圍洛陽戰敗伏誅

八年有澄公者若狂人於東都大呌唱賊帝聞而惡之明
年玄感舉兵圍洛陽
十二年澄公又呌賊李密遇東都孟讓燒豐都市而去
九年帝在高陽唐縣人宋子賢善爲幻術每夜樓上有光
明能變作佛形自稱彌勒出世又縣大鏡於堂上紙素上
畫爲蛇爲獸及人形有來禮謁者輙側其鏡遣來生
形像或映見佛形示之遂近感信日數百千人當更禮
又令禮謁乃轉人形□示之遂近感信日數百千人當更禮念
作亂將爲無遮佛會因舉兵欲襲擊乘輿事泄潛謀
必以兵捕之夜至其所遶其所居但見火坑兵不敢進郎將

【 志十八 隋書廿三 十八 ∨】

曰此地素無坑止妖妄耳及進無復火突遂獲斬之幷坐
其黨與千餘家甚後復有桑門向海明於扶風自稱彌勒
佛出世潛謀逆亂以有歸心者輙獲吉夢由是人皆惑之
三輔之士翕然稱爲大聖因舉兵反衆至數萬官軍擊破
之京房易飛候曰妖言動衆者茲謂不信距無人行不出
三年起兵自是天下大亂路無人行
梁天監五年十一月京師地震木金水火沴土也洪範五
行傳曰臣下盛彊動而爲害震動以冬十
木金水火沴土
一月者其邑飢三時交州刺史李凱舉兵反明年霜歲俊

人飢○普通三年正月建寧地震是時義州刺史文僧朗

州救○六年十二月地震京房易飛候曰地冬動有音

以十二月者其邑有行兵者是時帝令豫章王琮將兵北伐

○中大通五年正月建康地震京房易飛候曰地以春動

歲不昌是歲大水百姓飢饉

大同三年十一月建康地震京房易飛候曰地震以十一

月邑有大喪及飢亡明年霜爲災百姓飢

三年十月建康地震是歲魯稽山賊起

七年二月建康地震是歲交州人李賁舉兵逐刺史蕭諮

九年閏正月地震李賁自稱曰帝署置百官

太清三年四月建康地再震時左京自爲大丞相錄尚書

陳永定二年五月建康地震時王琳立蕭莊於郢州

事帝所須不給是月以憂憒崩

太建四年十一月地震施文慶沈客卿專恣之應也

禎明元年正月地震西河地陷而且然京房易妖占曰

東魏武定二年十一月西河地陷而且然者陰主也地然越陰

地自陷其君亡祖珽曰火陽精也地者陰主也地然越陰

之道行陽之政臣下擅恣終以自害時後齊神武作宰而

侯景專擅河南後齊神武果崩景遂作亂而自取敗亡

之應○後齊河清二年并州地震和士開專恣之應

東魏武定四年後齊神武作宰視事諸軍攻西魏於玉壁

射妖

雲陰

開皇二十年十月久陰不雨劉向曰王者失中臣下強盛

而蔽君明則雲陰是時獨孤后遂與楊素陰譖太子勇發

爲庶人

天戒若曰君人擁威重將崩壞百姓叛去其所時帝興遼

東之師百姓不堪其役四海怨叛不建欲咎督罰寬陰厥

洪範五行傳曰皇之不極是謂不建欲咎督罰寬陰厥

極弱時則有射妖則有龍蛇之孽則有馬禍

三年梁州就谷山崩洪範五行傳曰崩散落背叛不事上

大業七年砥柱山崩壅河逆流數十里劉向洪範五行傳

之類也梁州爲漢地明年漢王諒舉兵反

曰山者君之象水者陰之表人之類也

五穀不熟人大飢

仁壽二年四月歧雍地震京房易飛候曰地動以夏四月

月人流亡關中飢帝令百姓就糧於關東

開皇十四年五月京師地震京房易飛候曰地動以夏五

妖占曰地分裂羌夷叛時吐谷渾頻寇河西

後周建德二年涼州地頻震城郭多壞地裂出泉京房易

其年十一月帝不豫班師將士震懼皆曰韋孝寬以定功辱射殺之丞相西魏下令國中曰勁弩一發凶身自殞神武聞而惡之其疾暴增近射妖也洪範五行傳曰射者兵戎禍亂之象氣逆天則禍亂將起神武行殿中將軍曹魏諫曰王以死氣生氣為客不利主人則可帝不從頓軍五旬頻戰沮衂又聽孤盂之言於城北斷汾水起土山其險天險千餘尺功竟不就死者七萬氣逆天之咎也其年帝崩明年王思政援河南

武平後主自并州還鄴至八公嶺夜與左右歌而行有一人忽發狂言意後主以為狐媚伏草中彎弓而射之傷數人妖妄也時帝不恤國政專與內人閹豎酣歌為樂或衣錦縷衣行乙為娛此妖妄之象人又射之兵戎禍亂之應也未幾而國滅

龍蛇之孽

梁天監二年比梁州潭中有龍鬬濱霧數里龍蛇之孽洪範五行傳曰龍獸之難害者也天之類君之象天氣害君道傷則龍亦害闚者也京房易飛候曰眾心不安破妖龍鬬是時帝初即位而有陳伯之劉季連之亂國內危懼

普通五年六月龍鬬于曲阿王陵因西行至建陵城所經之處樹木皆折開數十丈與天監二年同占經建陵而樹木折者國有兵革之禍園陵殘毀之象時帝專以講論為務不崇耕戰將輕而卒惰君道既傷故有龍鬬之應帝殊不悟至大清元年黎州水中又有龍鬬波浪涌起雲霧四合而見白龍南走黑龍隨之其年侯景以兵來降帝納之而無備國人皆懼俄而難作帝以憂崩

大同十年夏有龍夜因雷而墮延陵人家井中明旦視之大如驢馬將以戰刺之俄見庭中及室中各有大蛇如數百斛船家人奔走洪範五行傳曰龍陽類貴象也上則在天下則在地不當見於庶人邑里室家井中幽深之象也諸侯且有幽執之禍皇不建之咎也後主族景及果幽殺簡文于酒庫宗室王侯皆幽死

陳太建十一年正月龍見南兗州池中與梁六同十年同占未幾後主嗣位驕荒怠惰台總動不得中其後覺必國亡身被幽執

東魏武安元年有大蛇見武牢城是時比豫州刺史高仲密妻李氏慧而艷世子澄悅之仲密內不自安遂以武牢叛陰引西魏大戰於河陽神武為西兵所窘僅而獲免死者數千

後魏天保九年有龍長七八丈見兗州大堂占同大同十
年時常山長廣二王權重帝不思抑損明年帝崩太子殷
嗣立常山王演果廢帝為濟南王幽而害之
河清元年龍見濟州浴堂中占同天保九年先是平泰王
歸彥受昭帝遺詔立太子百年為樂陵王竟以幽死
湛是為武成帝而廢百年為樂陵王竟以幽死
天統四年貴鄉人伐枯木得一黃龍折脚死於孔中齊稱
木德龍君象未枯龍死不祥之甚其年武成崩
武平三年龍見邯鄲井中其氣五色屬天又見汲郡佛寺
洇井中占同河清元年後主竟降周後被誅

二周剌州　志文　隋書六三　六三

武平七年并州拘遠樓下有赤蛇與黑蛇鬪數日赤蛇死
赤森尚色黑周尚色鬪而死滅亡之象也後主任吊邪佞
與周師連兵於晉州之下委軍於幕子臣高阿那肱莫曆敵
人皇不建之咎也後主遂為周師所虜
琅邪王儼壞比宮中白馬浮圖石趙時澄公所建見白蛇
長數丈迴旋失所在時儼專誅失中之咎也見纔不知戒
後周建德五年黑龍墜於亳州而死龍君之咎之象黑周所尚
色墜而死不祥之甚時皇太子立帝每以為慮其臣王
軌宇文孝伯等騾請廢立帝不能用後二歲帝崩太子立
以及於難

虐殺齊王及孝伯等因而國亡
仁壽四年龍見代州總管府井中其龍或變為鐵馬或變
彎弓上射之象變為鐵馬甲士彎弓上射又近射妖
諸侯將有兵革之變以致幽囚也是時漢王諒潛謀逆亂
故變兵戎之諒不悟遂興兵反事敗廢為庶人幽囚數年
而死

馬禍

志十八　隋書三十三　二十四

侯景徵算親於江南其所乘白馬長鳴蹀足者輒
不動近馬禍也洪範五行傳曰馬者兵象將有寇戎之事故
勝乘惟景困此大敗
陳太建五年衡州西州馬生角洪範五行傳曰馬生角
敗亡之表也是時宣帝遣吳明徹出師曰梁與周師拒連
兵數歲軍覆沒明徹竟為周師所虜
天保中廣宗有馬兩耳間生角如羊尾京房易傳曰天子
親伐則馬生角四年賣冊犯塞文宣帝親御六軍以擊之
○大業四年太原廐馬死者太半帝怒遣使案問主者曰
每夜廐中馬無故自驚因而致死帝令巫者視之巫者曰
帝每將有遼東之役因希旨言曰先帝令楊素史萬歲取之
鬼兵以伐遼東也帝大悅因釋主者洪範五行傳曰逆天

氣故馬多死是時帝每歲巡幸北事長城西通且末國內

虛耗天戒若曰除廄馬無事巡幸帝不悟遂至亂

十一年河南扶風三郡並有馬生角長數寸與天保初同

占是時帝頻歲親征高麗

義寧二年帝在江都宮龍廄馬無故而死旬日死至數百

匹與大業四年同占

志第十八　　五行下　　隋書二十三

食貨

勅撰

太尉楊州都督秦孝王俊　柱國趙國公臣長孫無忌等奉

勅撰

王者畜萬國以制邑度地以居人總土地所生料山澤之利

式遵行令敬授人時農商趣向各本事業書稱撫遷有無

言殖貨流通感得所謂取之有道用之有節故能養百官之政

用各有等差所謂取之有節故能養百官之政周官太府掌九貢九賦之經

賜戰士之功救天災服方外活國安人之大經也受首軒

項至于堯舜皆因其所利而勸之因其所欲而化之不奪

其時不窮其力輕其征薄其賦此五帝三皇不易之教也

古語曰善爲人者愛其力者愛其力盡則叛

不及財盡則怨力盡則叛昔禹制九等而康哥與周人十

一而頌聲作於是東周遷洛諸侯不軌賈宣初稅畝鄭人十

爲兵賦先王之制歷有子遺泰氏收長城絕於地脈以頭

之以刑罰棄之以仁恩以太半之賦西戎力正天下驅

會之欲　屯戍窮於嶺外殺世宗得之用成雄卒歲除開邊擊胡蕭然咸

元纁武府庫弥殷於天漢巡遊躞於海表皇歲除道凶年嘗秋尸

口以之減半盜賦以之公行於是論詭賦稅異端俱起賦

及重亂筭至　軍光武中興單導前軍成賦單薄足綿經

遠靈帝開鴻都之牓通賣官之路公卿州郡各有等差漢

之常科三貢方物於帝又遣先輸中署名爲導行天下賄成

人受其敝自魏晉帝宋齊十有五主雖行度有衆

寔租賦有重輕大抵不能傾人産業道關政亂隋文帝既

平江表天下大同躬先儉約以事府帑開皇十七年戶口

滋盛中外倉庫無不盈積所有資給此年正賦以賜元愻皇

既充積於廊廡之下高祖逆傳此年正賦以賜元愻諸

嗣寸鴻基國家殷富雅愛宏亮肆情方騁驟

巨麗帝昔晉藩翰平江左兼以梁陳曲折以就規摹曾

雜　踰土浮橋跨洛金門象闕竦飛觀類嚴塞川構成雲

綺縠領樹以爲林藪包芒山以爲苑囿長城御河不計於

人力運驫馬指期於百姓天下死於役而家傷於財既

而一計渾廷三駕遼澤天子親伐師兵大舉飛糧輦秣水

陸之交至疆場之所傾敗勞敝之所阻殃雖復太半不歸而

每年興發比屋良家之子多赴於邊陲分離哭泣之聲連

響於州縣老弱耕稼不足以救飢餒婦工紡績不足以贍

資裝九區之內鸞和歲動從行宮掖常十萬人所有供須

皆仰州縣租賦之外一切徵斂以周備不顧元元吏因

割剝盜其太半退方珍膳必登庖廚翔禽毛羽用爲玩飾

買以供官千倍其價人愁不堪離棄室宇長吏命扉而達
曙猛犬迎吠而終夕自燕趙跨於齊韓江淮入於襄鄧東
周洛邑之地西秦隴山之右僑偽交侵盜賊充斥宮觀鞠
爲茂草鄉亭絕其煙火人相啖食十而四五關中薦飢炎
旱傷稼代王開永豐之粟以振飢人去者數百里老幼雲
集吏在貪殘官無收次咸資鎋貨動移旬月頓卧野焚欲
隋氏之亡亦由於此焉遷爲平準書班固述運天祿有終而
數千載損益粗舉自此史官曾無概見夫厥初生人食貨
爲本聖王割廬井以業之通貨財以富之富而教之仁義
之興貧而爲盜刑罰不能止故爲食貨志用編前書之
末云

三

晉自中原喪亂元帝寓居江左百姓之自拔南奔者並謂
之僑人皆取舊壤之名僑立郡縣往往散居無有土著而
江南之俗火耕水耨土地卑濕無有蓄積之資諸蠻陬俚
洞霑沐王化者各隨輕重收其賧物以裨國用又嶺外酋
帥因生口翡翠明珠犀象之饒雄於鄉曲者朝廷多因而
署之以收其利歷宋齊梁陳皆因而不改其軍國所須雜
物隨土所出臨時折課市取乃無恒法定令列州郡縣制
其任土所出以爲徵賦其無貲之人不樂州縣編戶者謂

之浮浪人樂輸亦無定數任量准所輸終優於正課焉都
下人多爲諸王公貴人左右佃客典計衣食客之類皆無
課役官品第一第二佃客無過四十戶
第四品三十戶第五品二十五戶第六品二十戶第七品
十五戶第八品十戶第九品五戶其佃穀皆與大家量分
其典計官品第一第二置三人第三第四置二人第五第
六及公府參軍殿中監雲騎司馬羽林郎殿中武賁
官議郎已上一人皆通在佃客數中官品第六已上并
得衣食客三人第四品第五品第六品三人第七第八二人第九品及舉輦跡禽前驅
由基強弩司馬羽林郎殿中冗從武賁持鈒武騎
武賁武賁持鈒冗從武賁合中武賁武騎一人客皆注家

四

籍其課丁男調布絹各二丈絲三兩綿八兩祿絹八尺祿
綿三兩二分租米五石祿米二石丁女並半之男女年十
六已上至六十爲丁男年十六亦半課年十八正課六十
六免課女以嫁者爲丁若在室者年二十乃爲丁其男子
六歲免役女不事桑麻歲役不過二十日又率十八人出
稅米二斗蓋大率如此其田畝量斗則三斗當今一斗耳
三兩當今一兩尺則一尺二寸當今一尺其倉京都有龍
首倉即石頭津倉也臺城內倉南塘倉常平倉東西太倉
東宮倉會所貯總不過五十餘萬在外有豫章倉釣磯倉錢

塘堰並是大貯備之處自餘諸州郡臺傳亦各有倉大抵
自侯景之亂國用常褊京官文武月別唯得祿食多遙帶
一郡縣官而取其祿秩焉楊徐等大州比令僕班寧桂等
小州比參軍而班丹楊吳郡會稽等郡同太子詹事尚書班
高涼晉康等小郡三班而已大縣六班小縣兩轉方至一
班品第既殊不可妄載州郡縣祿米絹布絲綿當處輸臺
諸王諸主出閤婚冠所須及衣裳服飾并酒米魚鮭
香油紙燭等並官給之王及主婿外祿者不給解任還京
敕而裁兄如此祿秩既通所部兵士給之其家所得蓋少
傳倉庫若給刺史守令先准其所部文武人物多少由

仍亦公給云
魏自永安之後政道陵夷寇亂實繁農商失業官有征代
皆權調於人猶不足以相資奉乃令所在迭相糾發百姓
愁怨無後聊生尋而六鎮擾亂内徙寓食於齊晉之
郊辭神武因之以成大業魏武西遷連年戰爭河洛之間
又並空竭天平元年遷都於鄴出粟一百三十萬石以振
貧人是時六坊之衆從武帝而西者不能萬人餘皆北徙
稔之處折絹糴粟以充國儲於諸州緣河津濟皆官倉貯
積以擬漕運於滄瀛幽青四州之境傍海置鹽官以煮鹽

每歲收錢軍國之資得以周贍自是之後倉廩充實雖有
水旱凶饑之處皆仰開倉以振之元象興和之中頻歲大
穰穀斛至九錢是時法網寬弛百姓多離舊居關於徭賦
神武乃命孫騰高隆之分括無籍之人有加焉及文襄嗣
僑居者各勒還本屬冀定之户得六十餘萬於是
侯景背叛河南之地困於兵革新附州郡轉廪輕稅而已及文宣
辛術署有淮南之地其新附州郡羈縻輕稅而已及文宣
受禪多所創革六坊之内徙者更加簡練每一人必當百
人任其臨陣必死然後取之謂之百保鮮卑又簡華人之
勇力絕倫者謂之勇夫以備邊要始立九等之户富者稅

其錢貧者役其力比與長城之役南有金陵之戰其後南
征諸將頻歲陷没士馬死者以數十萬計重以修創臺殿
所役甚廣而帝刑罰酷濫吏道因而成姦家家豐蓄兼并
益多隱漏舊制未要者輸半牀租調陽翟一郡至數萬
籍多無妻有司劾之帝以為生事由是姦欺尤甚户口租
調十二六七是時用度轉廣賜與無節府藏之積不足以
供乃減百官之祿撤軍人常廩并省州郡鎮戍之職又
制刺史守宰行兼者並不給幹以節國之費用焉天保八
年議從其定瀛無田之人謂之樂遷於幽州范陽寬鄉以
處之百姓驚擾屬以頻歲不稔米糴踴貴至廢帝乾明中

尚書左丞蘇孝慈議脩石鼈等屯歲收數萬石自是淮南
軍防糧廩充足孝昭皇建中平州刺史嵇曄建議開幽州
督亢舊陂長城左右營屯歲收稻粟數十萬石北境得以
周贍又於河內置懷義等屯以給河南之費自是稍止轉
輸之勞至河清三年定令乃命人居十家為比鄰五十家
為閭里百家為族黨男子十八已上六十五已下為丁十
六已上十七已下為中六十六已上為老十五已下為小
率以十八受田輸租調二十充兵六十免力役六十六退
田免租調京城四面諸坊之外三十里內為公田受公田
者三縣代遷戶執事官一品已下逮于羽林武賁各有差
其外畿郡華人官第一品已下羽林武賁已上各有差職
事及百姓請墾田者名為永業奴婢受田者親王止三百
人嗣王止二百人第二品嗣王已下及庶姓王止一百五
十人正三品已上及皇宗止一百人七品已上限止八十
人八品已下至庶人限止六十人奴婢限外不給田者皆
不輸其方百里外及州人一夫受露田八十畝婦四十畝
奴婢依良人限數與在京百官同丁牛一頭受田六十畝
限止四牛又每丁給永業二十畝為桑田其中種桑五十
根榆三根棗五根不在還受之限非此田者悉入還受之
分土不宜桑者給麻田如桑田法率人一床調絹一疋綿

兩凡十斤綿中折一斤作絲墾租二石義租五斗奴婢
各准良人之半牛調二尺墾租一斗義租五升墾租送臺
義租納郡以備水旱墾租皆依貧富為三梟其賦稅常調
則少者直出上戶中者及中戶多者及下戶上梟輸遠處
中梟輸次遠下梟輸當州倉三年一校焉租入臺者五百
里內輸粟五百里外輸米入州鎮者輸當州倉諸州郡皆別
戶口數得支一年之糧逐當州穀價賤時斟量割當年義
租充入穀貴下價糶之賤則還用所糶之物依價糴貯每
歲春月各依鄉土早晚課入農桑自春及秋男二十五已
上皆有田畝桑蠶之月婦女十五已上皆營蠶桑孟冬刺
史聽審邦教之優劣定殿最之科品人有力無牛或有
牛無力者須令相便皆得納種使地無遺利人無遊手焉
緣邊城守之地堪墾食者皆營屯田置都使子使以統之
一子使當田五十頃歲終考其所入以論褒貶是時頻歲
大水州郡多遇沉溺穀價騰踴朝廷遣使開倉糶貴價以
糶之而百姓無益飢饉尤甚以疾疫相乘死者十四五
焉至於大統中又蠶東宮造脩文偃武隆其鱣嬪嬪院起玳
瑁樓又於遊豫園穿池周以別館中起三山構臺以象滄
海并大修佛寺勞役鉅萬計財用不給乃減朝士之祿斷

諸曹糧膳及九州軍人常賜以供之武平之後權幸並進
賜與無限加之蝗蟲國用轉屈乃料境內六等富人調令
出錢而給軍黃門侍郎顏之推奏請立關市邸店之稅開
府鄧長顒贊成之後主大悅於是以其所入以供御府聲
色之費軍國之用不豫焉未幾而亡

後周太祖作相創制六官載師掌任土之法辨夫家田里
之數會六官軍乘之稽審賦役斂弛之節制幾疆修廣之
域頒施惠之要番校產之政司均掌田里之政令凡人口
十已上宅五畝口九已上宅四畝口五已下宅三畝有室
者田百四十畝丁者田百畝司賦掌功賦之政令凡人自

十八以至六十有四與輕癃者皆賦之其賦之法有室者
歲不過絹一疋綿八兩粟五斛丁者半之其非桑土有室
者布一疋麻十斤丁者又半之豐年則全賦中年半之下
年三之皆以時徵焉若難凶札則不徵其賦司役掌力役
之政令凡人自十八以至五十有九皆任於役豐年不過
三旬中年則二旬下年則一旬凡起徒役無過家一人其
人有年八十者一子不從役若凶躬廢疾非人不養者一
人不從役此皆以時徵焉豐年則勸督其不從役及有力
不養者令之一曰散鹽煮海以成之二曰監鹽引池以化
之三曰形鹽物地以出之四曰飴鹽於戎以取之凡監鹽
令一曰散鹽煮海以成之二曰監鹽引池以化
掌鹽物地以出之四曰飴鹽於戎以取之凡監鹽形監海地

吾之藥百姓取之皆稅焉司倉掌辨九穀之物以量國用
用足即蓄其餘以待凶荒不足則止餘用足則以粟貸
入春頒之秋斂之
閔帝元年初除市門稅及宣帝即位復與入市之稅是歲
保定元年改八丁兵為十二丁兵率歲一月役建德二年
改軍士為侍官募百姓充之除其縣籍是後夏八半為兵
矣宣帝時發山東諸州增一月功為四十五日役以起洛
陽宮并移相州六府於洛陽稱東京六府

武帝保定二年正月初於蒲州開河渠同州開龍首渠以
廣灌溉高祖登庸龍東京之役除入市之稅是時對衛王
謙司馬消難相次叛逆與師誅討賞費鉅萬及受禪文遷
都發山東丁毀造宮室仍依周制役丁為十二番匠則六
番及頒新令制人五家為保保有長保五為閭閭四為族

皆有正閭正黨長比閭正以相撿察焉男
女三歲已下為黃十歲已下為小十七已下
上為丁丁從課役六十為老乃免自諸王已
下至于都督皆給永業田各有差多者至一百頃少者至四
十畝其丁男中男永業露田皆遵後齊之制並課樹以桑榆
及棗其
園宅率三口給一畝奴婢則五口給一畝丁男一床租粟
三石桑土調以絹絁麻土以布絹絁以疋加綿三兩布以

端加麻三斤單丁及僕隸各半之未受地者皆不課有品
爵及孝順孫義夫節婦並免課役京官又給職分田一
品者給田五頃每品以五十畝為差至五品則為田三頃
六品二頃五十畝其下每品以五十畝為差至九品為一
頃外官亦各有職分田又給公廨田以供公用
開皇三年正月帝入新宮初令軍人以二十一成丁減十
二番每歲為二十日役減調絹一疋為二丈先是尚依周
末之弊官置酒坊收利鹽池鹽井皆禁百姓採用至是罷
酒坊通鹽池鹽井與百姓共之遠近大悅是時突厥犯塞
吐谷渾寇邊軍旅數起轉輸勞敝帝乃令朔州總管趙仲

卿於長城以北大興屯田以實塞下又於河西勒百姓立
堡營田積穀京師置常平監是時山東尚承齊俗機巧姦
偽避役惰遊者十六七四方疲人或詐老詐小規免租賦
高祖令州縣大索貌閱戶口不實者正長遠配而又開相
糾之科大功已下兼令析籍各為戶頭以防容隱於是計
帳進四十四萬三千新附一百六十四萬一千五百口
高熲又以人間課輸雖有定分年常徵納除注恒多長吏
肆情文帳出沒復無定簿難以推校乃為輸籍定樣請編
下諸州每年正月五日縣令巡人各隨便近五黨三黨共
為一團依樣定戶上下帝從之自是姦無所容矣時百姓

承平日久雖數遭水旱而戶口歲增諸州調物每歲河南自
潼關河北自蒲坂達于京師相屬於路晝夜不絕者數月
帝既躬履儉約六宮咸服澣濯之衣乘輿御物有故敝者
隨令補用皆不改作非享燕之事所食不過一肉而已有
司嘗進乾薑以布袋貯之帝用為傷費大加譴責後進香
復以氈袋因笞所司以江表初定給復
于南郭次頒賜及賞功臣皆出於豐厚焉九年帝親御
朱雀門勞凱旋師因行慶賞自門外夾道列牛皮之積達
實百官祿賜及賞賜所費三百餘萬段
十年自餘諸州並免當年租賦十年五月又以宇內無事

優隆十二年有司上言庫藏皆滿帝既薄賦於人又
國公楊素討平之師還賜賚物甚廣其餘出師命賞亦莫不
益寬儉賦百姓年五十者輸庸停防十一年江南又反越
大經賜用何得爾也對曰用度常出納略計每年
賜用至數百萬段損益於是乃更闢左藏之院構屋
以受之下詔曰既富而教方知廉恥寧積於人無藏府庫
河北河東今年田租三分減一兵減半功調全免時天下
戶口歲增京輔及三河地少而人眾衣食不給者咸欲
徙就寬鄉其年冬帝命諸州考使議之又令尚書以其事
策問四方貢士竟無長算帝乃發使四出均天下之田其

狹鄉每丁纔至二十畝，老小又少焉。十三年，帝命楊素出於岐州北造仁壽宮。素遂夷山堙谷，營構宮宇，崇臺累榭，宛轉相屬。役使嚴急，丁夫多死，疲頓者推填坑坎，覆以土石，因而築為平地，死者以萬數。宮成，帝行幸焉。時方暑月，而死人相次於道，素乃一切焚除之。後帝以歲暮晚日，登仁壽殿，周望原隰，見宮外爉火彌漫，又聞哭聲。令左右觀之，報曰：鬼火。帝曰：此等工役而死，既屬年暮，魂魄思歸耶。乃令灑酒宣敕以呪道之，自是乃息。

開皇三年，朝廷以京師倉廩尚虛，議為水旱之備，於是詔於蒲、陝、虢、熊、伊、洛、鄭、懷、邵、衛、汴、許、汝等水次十三州，置募運米丁。又於衛州置黎陽倉，洛州置河陽倉，陝州置常平倉，華州置廣通倉，轉相灌注。漕關東及汾、晉之粟，以給京師。又遣倉部侍郎韋瓚，向蒲、陝以東，募人能於洛陽運米四十石，經底柱之險，達於常平者，免其征戍。其後以渭水多沙，流有深淺，漕者苦之。四年，詔曰：京邑所居，五方輻湊，重關四塞，水陸艱難，大河之流，波瀾驚急，而度東注，百川海瀆，萬里交通，雖三門之下，或有危慮，但發自小平，陸運至陝，還從河水，入於渭川，水力大小，無常流淺沙深，即成阻閡，計其途路數

百而已。動移氣序，不能往復，泛舟之役，人亦勞止。朕君臨區宇，興利除害，公私之弊，情實愍之。故東發潼關，西引渭水，因藉人力，開通漕渠，量事計功，易可成就，已令工匠巡歷渠道，觀地理之宜，審終始之義，一得開鑿，萬代無毀。可使官及私家，方舟巨舫，晨昏漕運，沿泝不停，旬日之功，堪省億萬。誠知時當炎暑，動致疲勤，然不有暫勞，安能永逸。宣告人庶，知朕意焉。於是命宇文愷率水工鑿渠，引渭水自大興城東至潼關三百餘里，名曰廣通渠。轉運通利，關內賴之。諸州水旱凶飢之處，亦便開倉賑給。五年五月，工部尚書襄陽縣公長孫平奏曰：古者三年耕而餘一年之積，九年作而有三年之儲。雖水旱為災，而人無菜色，皆由勸導有方，蓄積先備故也。去年亢陽，關內不熟，陛下哀愍黎元，其於賑恤，亦已至矣，運山東之粟，置常平之官，開發眶賑，以救當時，賜帛以大德。前古已來，未有斯比。其強宗富室，家道有餘者，皆競出私財，遞相賙贍，此乃風行草偃，化而然也。但經國之理，須存定式。於是奏令諸州百姓及軍人勸課當社，共立義倉。收穫之日，隨其所得，勸課出粟及麥，於當社造倉窖貯之。即委社司執帳檢校，每年收積，勿使損敗。若時或不熟，當社有饑饉者，即以此穀賑給。自是諸州儲峙，委積。其後關中連年大旱，時帝責宅沫許曹毫陳

仁謙豫鄭洛伊潁邾等州大水百姓飢饉高祖乃命蘇威等分道開倉振給又命司農丞王亶發廣通之粟三百餘萬石以拯關中又發故城中周代舊粟賤糶與人買粟六千餘頭分給充貧者令往關東就食其遭水旱之州皆免其租賦十四年關中大旱人饑上幸洛陽因令百姓就食從官並准口賑給不以官位為限明年東巡狩因祠泰山是時義倉貯在人間多有費損十五年二月詔曰

四二七　志十九　隋書二十四　【十五】

本置義倉止防水旱百姓之徒不思久計輕爾費損於後之絶又此境諸州異於餘處雲夏長靈鹽蘭豐鄜涼甘瓜等州所有義倉雜種並納本州若人有旱儉少糧先給雜種及遠年粟十六年正月又詔秦疊成康武文芳宕旭洮岷渭紀河廓鄯廓涇寧原敷州延綏銀扶等州社倉並於當縣安置二月又詔社倉准上中下三等稅上戶不過一石中戶不過七斗下戶不過四斗其後山東頻年霖雨杞宋陳亳曹戴譙頴等諸州達于滄海皆困水災所在沉溺十八年天子遣使將水工巡行川源相視高下發隨近丁以疏道之困乏者開倉賑給前後用穀五百餘石遭水之處租調皆免自是頗有年矣

開皇八年五月高熲奏諸州無課調熲及課州管戶數少者官人祿力乘前已來恒出隨近之州但判官本為牧人役力理出所部請於所管戶內計戶徵稅帝從之先是京官及諸州並給公廨錢迴易生利以給公用至十四年六月工部尚書安平郡公蘇孝慈等以為所在官司因循往昔以公廨錢物出舉興生唯利是求煩擾百姓敗損風俗莫斯之甚於是奏皆給地以營農迴易取利一皆禁止十七年十一月詔在京及在外諸司公廨在市迴易及諸州興生唯聽之唯禁出舉收利云

四三七　志十九　隋書二十四　【十六】　四三十

煬帝即位是時户口益多府庫盈溢乃除婦人及奴婢部曲之課男子以二十二成丁始建東都以尚書令楊素為營作大監每月役丁二百萬人從洛州郭內人及天下諸州言軍商大賈數萬家以實之新置興洛及廻洛倉又於皇澗營顯仁宮苑囿連接比至新安及飛山西至澠池周圍數百里課天下諸州各貢草木花果奇禽異獸於其中開渠引穀洛水自苑西入而東注于洛又自板渚引河達于淮海謂之御河河畔築御道樹以柳又命黃門侍郎王弘上儀同於士澄性江南諸州採大木引至東都所經州縣遞送往返首尾相繼不絕者千里而東都役使促迫僵仆而斃者十四五焉每月載死丁東至城皋北至河陽車相望於道時帝將事遼碣增置軍府掃地為兵自是租賦之入益減矣又造龍舟鳳艒黃龍赤艦樓船篾舫募諸水

工謂之殿腳衣錦行滕執青絲纜挽舡以幸江都帝御龍
舟文武官五品已上給樓舡九品已上給黃篾舡舳艫相
接二百餘里所經州縣並令頓獻食豐辦者加官爵闕
多者譴至死又盛飾車輿羽儀之飾課天下州
縣凡骨角齒牙皮革毛羽可飾器用堪為戲弄者皆責焉
徵發倉卒朝命夕辦百姓求捕網罟編野水陸禽獸殆盡
猶不能給而買於豪富蓄積之家其價騰踴是歲課天下
羅剎文使朝請大夫張鎮州擊流求俘虜數萬士卒深入
一直十鍊白鑌鞶辮半之乃使屯田主事常駿使赤土國致
矩姓張掖監諸商胡互市啖之以利勸令入朝自是西域
諸番往來相繼所經州郡疲於送迎縻費以萬萬計明年
帝北巡行又興衆百萬北築長城西距榆林東至紫河綿
亘千餘里死者大半四年發河北諸郡百餘萬衆引沁水
南達于河北通涿郡自是丁男不供始以婦人從役五
年西巡河右西域諸胡佩金玉被錦罽焚香奏樂迎候道
左帝乃令武威張掖士女盛飾縱觀衣服車馬不鮮者
縣督課以誘示之其年帝親征吐谷渾破之於赤水慕容
佛兄委其家屬西奔青海帝駐兵不出遇天霖雨經大斗
拔谷士卒死者十二三正為馬驢十八九於是置河源郡積

石鎮文於西域之地置西海鄯善且末等郡謫天下罪人
配為戍卒大開屯田發西方諸郡運糧以給之道里縣遠
兼遇寇抄死亡相繼六年將征高麗有司奏兵馬已多損
耗詔文課天下富人量其貲產出錢市武馬填元數限令
取足復點兵具器伏皆令精新濫惡則使人便斷於是馬
四至十萬七年冬大會涿郡分江淮南兵配驍衛大將軍
來護兒別以舟師濟滄海郡分河南山東尤甚所在皆以
兵會平壤是歲山東河南大水漂沒四十餘郡重以遼東
覆敗死者數十萬因屬疫疾山東尤甚因其困窮弗之恤
帳重旅所資為務百姓困窮弗之恤也每急徭卒賦有
河源且末連糧多者至數百頭每一頭價至萬餘帝謂侍臣
賣為奴婢九年詔文課關中富人計其貲產出驢往伊吾
間價及數倍京刻徵斂取辦一時疆者自
所徵求長吏尖賤買之然後宣下乃貴賣與人曰吾
丁分為四番於遼西柳城營屯往來艱苦生業盡廢諸州
四起道路南絕隴右牧馬盡為奴賊所掠楊玄感乘虛為
亂時帝在遼東聞之遽歸于高陽郡及玄感平帝謂侍臣
曰玄感一呼而從者如市益知天下人不欲多多則為賊
不盡誅後無以示勸乃令裴蘊窮其黨與詔郡縣坑殺之
死者不可勝數所在驚駭舉天下之人十分九為盜賊皆

盜武馬始作長槍攻陷城邑帝又命郡縣置督捕以討賊

益遣募人征遼馬少不充八馱而許為六馱又不聽半

以驢充在路逃者相繼執獲皆斬之而莫能止帝不懌遇

高麗執送叛臣斛斯政遣使求降發詔赦之囚政至于京

師於開遠門外磔而射殺之遂幸太原為突厥圍於鴈門

突厥尋散遠還洛陽募益幸之其後人乃相食十二年帝

肓振救由是益困初皆剝樹皮以食之漸及於葉皮葉皆

盡乃煮土或搏藁為末而食之其後百姓廢業

屯集城堡無以自給然猶在倉庫猶有舊數是時百姓皆懼法莫

幸江都是時李密據洛口倉聚眾百萬〈越王侗與段達等

守東都〉東都城內糧盡布帛山積乃以絹然布以

襄代王侑興衛玄守京師百姓飢饉亦不能救義師入長

安發永豐倉以振之百姓方蘇息矣

晉自過江凡貨賣奴婢馬牛田宅有文券率錢一萬輸估

四百入官賣者三百買者一百無文券者隨物所堪亦百

分收四名為散估歷宋齊梁陳如此以為常以人競商販

不為田業故使均輸欲為懲勵雖以此為辭其實利在侵

削又都西有石頭津東有方山津各置津主一人賊曹一

人直水五人以檢察禁物及亡叛者其獲炭魚薪之類過

津者並十分稅一以入官其東路無禁貨故方山津檢察

〔四一〕 志九 隋書二五 九二

其簡淮水北有大市百餘小市十餘所大市備置官司稅

斂既重時甚苦之

梁初唯京師及三吳荊郢江湘梁益用錢其餘州郡則雜

以穀帛交易之城全以金銀為貨武帝乃鑄錢肉好

周郭文曰五銖重如其文而又別鑄除其肉郭謂之女錢

二品並行百姓或私以古錢交易有直百五銖五銖女錢

太平百錢定平一百五銖稚錢五銖對文等號輕重不一

私用頻下詔書非新鑄二種之錢並不許用而趣利之徒

天子頻下詔書至普通中乃議盡罷銅錢更鑄鐵錢人以鐵賤

易得並皆私鑄及大同已後所在鐵錢遂如丘山物價騰

貴交易者以車載錢不復計數而唯論貫商旅姦詐因

以求利自破嶺以東八十為百名曰東錢江郢已上七十

為百名曰西錢京師以九十為百名曰長錢中大同元年

天子乃詔通用足陌詔下而人不從錢陌益少至于末年遂

以三十五為百云

陳初承梁喪亂之後鐵錢不行始梁末又有兩柱錢及鵝

眼錢于時人雜用其價同但兩柱重而鵝眼輕私家多鎔

錢又間以錫鐵兼以粟帛為貨至文帝天嘉五年改鑄五

銖初出一當鵝眼之十宣帝大建十一年又鑄大貨六

銖以一當五銖之十與五銖並行後還當一人皆不便乃相

〔四九〕 志九 隋書二五 九三

與訛言曰六銖錢有不利縣官之象未幾而帝崩遂廢六
銖而行五銖竟至陳亡其嶺南諸州多以鹽米布交易俱
不用錢云

齊神武霸政之初承魏猶用永安五銖遷鄴已後百姓私
鑄體制漸別遂各以為名有雍州青赤梁州生厚緊錢吉
錢河陽生澁天柱赤牽之稱冀州之北錢皆不行交貿者
皆絹布神武帝乃收境內之銅及錢仍依舊不更鑄流之
四境未幾之間漸復細薄姦偽競起文宣受禪除永安之
錢改鑄常平五銖重如其文其錢甚貴且制造甚精至乾
明皇建之間往往私鑄鄴中用錢有赤熟青熟細眉赤生
之異河南所用有青薄鉛錫之別青齊徐兗梁豫州輩類
各殊武平已後私鑄轉甚或以生鐵和銅至于齊亡不能
能禁後周之初尚用魏錢及武帝保定元年七月乃更鑄
布泉之錢以一當五與五銖並行時梁益之境又雜用古
錢交易河西諸郡或用西域金銀之錢而官不禁建德三
年六月更鑄五行大布錢以一當十大收商估之利與布
泉錢並行四年七月又以邊境之上人多盜鑄乃禁出五
大布不得出入四關布泉之錢聽入而不聽出五年正月
以布泉漸賤而人不用遂廢之初令私鑄者絞從者遠配
為艻齊平已後山東之人猶雜用齊氏舊錢至宣帝大象

元年十一月又鑄永通萬國錢以一當十與五行大布及
五銖凡三品並用高祖既受周禪以天下錢貨輕重不等
乃更鑄新錢背面肉好皆有周郭文曰五銖而重如其文
每錢一千重四斤二兩是時錢既新出百姓或私有鎔鑄
三年四月詔四面諸關各付百錢為樣從關外來勘樣相
似然後得過樣不同者即壞以為銅入官詔行新錢已後
前代舊錢有五行大布永通萬國及齊常平所在用以貿
易不止四年詔仍依舊不禁者奪半年祿然百姓習
用既久尚猶不絕五年正月詔文嚴其制自是錢貨始
所在流布百姓便之是時見用之錢皆須和以錫鑞錫鑞
既賤求利者多私鑄之錢不可禁約其年詔乃禁出錫鑞
之處並不得採取十年詔晉王廣聽於揚州立五鑪
鑄錢其後姦狡稍漸磨鑢錢郭取銅私鑄又雜以錫鑞
相放效錢遂輕薄乃下惡錢之禁京師及諸州邸肆之上
皆令立榜置樣為准不中樣者不入於市十八年詔漢王
諒聽於并州立五鑪鑄錢是時江南人間錢少晉王廣又
聽於鄂州白紵山有銅鑛處錢鑄錢於是詔聽置十鑪
鑄錢又詔蜀王秀聽於益州立五鑪鑄錢是時錢益濫惡
乃令有司括天下邸肆見錢非官鑄者皆毀之其銅入官
而京師以惡錢貿易為吏所執有死者數年之間私鑄頗

志第十九　　食貨志　　隋書二十四

息大業已後王綱弛紊姦巨猾迷多私鑄錢轉薄惡初

每千猶重二斤後漸輕至一斤或剪鐵鍱裁皮糊紙以為

錢相雜用之貨賤物貴以至於亡

太尉揚州都督監修國史上柱國趙國公臣長孫無忌等奉勅撰

刑法

夫刑者制死生之命詳善惡之源翦亂之
藥石止暴之銛錐也聖王仰視法星旁觀習坎彌縫五氣誅暴禁邪以為非者
春風以播恩後秋霜而動憲是以宣慈惠愛導其萌芽刑
罰威怒隨其蕭殺仁恩以為情性禮義以為綱紀養化以
為本明刑以為助上有道刑之而無刑上無道殺之而不
勝也記曰教之以德齊之以禮則人有格心教之以政齊
之以刑則人有遯心而始乎勸善終乎禁恭以此字人必

〈志二十　隋書二五　一〉

兼刑罰訓至於時逢文泰政補忠厚美化與車軌收同至仁
與嘉祥間出至歲布平典年垂簡憲昭然如日月望之者不
迷曠乎如大路行之者不惑刑者甲兵焉鈇鉞焉刀鋸鑽
鑿鞭扑撲陳于原野而肆諸市朝其所由來亦已久矣
若夫龍官之歲
畫象殊其衣服三王肉刑刻其膚體君重華之責炎肆救
文命之刑罰三千而都君郵刑尚奉唐虞之德高密泣罪
猶懷虞舜之心殺因以降去德滋遠若紂能導成湯不造
炮烙設刑兼禮守位依仁則西伯斂衽化為田叟周王立
三剌以不濫弘三宥以開物成康以四十二年之間刑厝

不用董蕭潛暢頌聲遐舉羅越裳重譯萬里來歸若乃魯接
燕齊荊鄰鄭晉時之所尚資平辯吉國之所惕不在威刑
是以繞歐夷寬宣尼致誚既鑄刑辟叔向貽書夔勅謝之
浸沾濡千里之政宣周之曹潤恩乃歡秦氏僻自西戎
初平區夏于時投戈集甲仰恩祈惠嚴霜於政教撝
流電於邦國虐灰偶語生愁怨於前毒凝科善肌膚於
後玄鈇肆於朝市緒服飄於路衢将閭有一劍之哀芋焦
請列星之數漢高祖初以三章之約以慰秦人孝文躬親
玄默遂跣天網宣樞機周密法理詳備選于定國為廷
尉黃霸為廷平每以季秋之後諸所請讞帝常幸宣室

〈志二十　隋書二五　二〉

齋居決事明察平恕號為寬簡光武中興不移其舊是以
二漢蓋后垂閭殘酷魏武造易鈇之科明皇晉氏減死之令
中原凋敝吳蜀三分哀矜抱於獄內亦所未暇晉氏平吳九州
寧一乃命賈充大明刑憲內以平章百姓外以和協萬邦
寒怒道聯正直布憲擬於秋荼設網踰於朝脛恣與夷翦
喜怒情靈若隋高祖之揮刀無辜齊方駕轅其餘軹若刑隨
取快之所詣則善惡之本原也虣約所製無刑法篇藏蕭之
心之所誅則善惡之本原也彪約所製無刑法篇藏蕭之
謂四天秘諱非關國典孔子曰刑亂及諸政政亂及諸身
書文多漏署是以撮其遺事以至隋氏附于篇云

梁武帝承齊昏虐之餘刑政多僻既即位乃制權典依周漢舊事有罪者贖其科凡在官身犯罪罰金鞭杖杖督之罪悉入贖傅罰其臺省令史士卒欲贖者聽之齊武時欲議定律令得齊時舊郎濟陽蔡法度家傳律學云齊武時刪定郎王植之集注張杜舊律合爲書凡一千五百三十條事未施行其文殆滅法度能言之於是以爲兼尚書刪定郎使損益植之舊本以爲梁律天監元年八月乃下詔曰律令不實難去弊殺傷有法皆墨有刑此蓋常科易爲條例至如三男一妻縣首造獄事非應內法出恒鈎前王之律後王之令因循創附各有以若遊辭費句無取於實錄者

宜悉除之求文指歸可適變者載一家爲本用衆家以附景丁俱有則去丁以存若景丁二事注釋不同則二家兼載咸使百司議其可不取其可安以爲梁律留品比部悉使如干人同議以此爲長則定以爲梁律留品比部悉使備文若班下州郡上撮機要可無二門侮法之弊法度又請曰魏晉撰律止關數人今若皆皆諮列位恐緩而無決於是以尚書令王亮侍中王瑩尚書僕射沈約吏部尚書范雲長兼侍中柳惲給事黃門侍郎傅昭通直散騎常侍孔藹御史中丞樂藹太常丞許懋等參議斷定爲二十篇一曰刑名二曰法例三曰盜劫四曰賊叛五曰詐僞六曰

受賕七曰告劾八曰討捕九曰繫訊十曰斷獄十一曰雜十二曰戶十三曰擅興十四曰毀亡十五曰衛宮十六曰水火十七曰倉庫十八曰廐十九曰關市二十曰違制其制刑爲十五等之差奪其泉其首次棄市刑二歲已上爲耐罪言各隨伎能而任使之也有髠鉗五歲刑笞二百收贖絹男子六丈又有三歲刑男子四十八疋又有二歲刑男子三十六疋又有二歲刑男子二十四疋罰金一兩已上爲贖罪贖笞二百男子十四六疋贖髠鉗五歲刑笞二百者金二斤二兩男子十定贖四歲刑者金二斤八兩男子十二疋贖三歲刑者金

一斤四兩男子十疋男子八疋罰金二歲刑者金一斤男子八定罰金十二兩者男子六疋罰金八兩者男子四兩罰金男子二疋罰金三兩者男子二疋罰金一兩者男子一丈女子各半之五刑又制九等之差又有一歲刑半歲贖論故爲此十五等之差不服正于五過以刑百日刑鞭杖二百鞭杖五十鞭杖三十鞭杖二十鞭杖十有八等之差一曰免官加杖二百二曰免官三曰奪勞百日杖督一百四曰杖督一百五曰杖督五十六曰杖督三十七曰杖督二十八曰杖督十論加者上就次當減者下就次凡繫獄者不即考款應加測罰

不得以父士為隔若父士犯違扞不款宜測罰者先參
議牒啟然後科行斷訖食三日聽家人進粥二升女及老小
一百五十刻乃與粥蒲千刻而止囚有械扣升械及鉗並五
輕重大小之差而為定制其鞭制鞭常鞭熟鞭不去廉皆作
差制鞭生革廉成法鞭生革去廉常鞭熟鞭去廉常作
鶴頭紐長一尺一寸梢長二尺七寸廣三寸靶長二尺五
大杖皆用生荊長六尺有大梢法杖小杖三等之差大杖
寸杖圍一寸三分小頭圍八分半法杖圍一寸三分小頭
五分小杖圍一寸一分小頭圍半
三十小者二十當笞二百以上者笞半餘半後決中分鞭
校老小於律令當得鞭校罰者皆半之其應得法鞭杖者
以熟靼鞭小杖過五十者稍行之將吏已上及女人應有
罰者以罰金代之其以職負應罰及律令指名制罰者不
用此令其閒事諸罰皆用熟靼鞭小杖其制鞭制杖法鞭
法杖目非特詔皆不得用詔罰杖依在京師者皆於雲龍門
行女子懷孕者勿得決罰其謀反降叛大逆已上皆斬父
子同產男無少長皆棄市母妻姊妹及應從坐棄市者妻
子女妾同補奚官奴婢貲財沒官卻身皆斬妻子補兵
遇赦降死者黥面為劫子髡鉗補冶士
運配材官冶士高方鎖士昏以輕重差其年數其重者或

終身士人有禁錮之科亦有輕重為差其犯清議則終身
不齒耐罪囚八十已上十歲已下及孕者盲者侏儒當城
繫者及郡國太守相都尉關中族人坐非死罪除名之父母
妻子及所生坐非死罪除名之罪二千石已上非檻徵者
並頌繫之冊楊尹月一諸建康縣令三官參共錄獄察斷
枉直其尚書當錄人之月者與尚書參共錄之大凡定罪
令三十卷科三十卷帝乃以法度守廷尉卿詔班新律又於
天下三十三月八月建康女子任提女誘口當死其子景慈
二十五百二十九條二年四月祭卯法度表上新律上
對鞫辭云母實行此是時法官虞僧虬啟稱案子之事親
有隱無犯直躬證父仲尼為非景慈素無防閑之道死有
明目之據陷親極刑傷和揖俗凡乞鞫不審降罪一等豈
得避五歲之刑忽忽死生之命景慈宜加罪辟詔流于交州
至是復有流徒之罪其年十月甲子詔以金作權典刑有
蠲息於是除贖罪之科其百姓有罪皆案之以法其緣坐則
老幼不免一人士逃則舉家質作人既窮急姦宄益深後
者皆諷臺下屈法申之武帝敦睦九族優借朝士有犯罪則
帝親謁南郊秩陵老人遮帝曰陛下為法急於黎庶緩於
權貴非長久之術誠能反是天下幸甚帝於是思有以寬
之舊獄法夫有罪逮妻子子有罪逮父母十一年正月壬

辰乃下詔曰自今捕適之家及罪應貲作若年有老小者
可停將送十四年文除贖面之刑帝銳意儒雅踈簡刑法
自公卿大臣咸不以鞫獄留意莫不招權巧文弄法貨賄
成市多致枉濫大率二歲刑已上歲至五千皆時徒居
作者具五任其無任者著升械刑已歲至五十皆時徒居
或有優剰大同中皇太子在春宮視事見而愍之乃上疏
曰臣以比時奉勅權親京師雜事切見南北郊壇村官車
署三所於辛為劇郊壇六勲在役則優令聽獄官詳其司

否舜文之路自此而生平難遇其人流泉易啟其齒將
恐玉科重輕全閟墨綬金書去取由冊筆愚謂宜詳立
條制以為永准帝手敕報曰頃年已求戾勲戾之役唯資徒
老厭於萬機文事精佛戒毋斷重罪則終日弗懌當遊南
死臨川王宏伏人於撟下將欲為逆事覺有司請誅之帝
謫逐急充配若科制繁細義同簡約須之勲終不可得
引例興訟紛綸乃始防杜姦巧自是為難更當別思取其
便也竟弟之徒皇時王族子弟皆長而驕蹇不法武帝年

本職由是王族驕縱轉甚或白日殺人於都街劫賊天命
咸於王家自匿薄暮塵起則剝掠行路謂之打稽武帝深
知其弊莫而難於誅討十一年十月復開贖罪之科中大同
元年七月甲子詔自今犯罪非大逆父母祖父母殺者乃自
是禁網漸踈百姓安之而貴戚之家不法先其茶毒而族
景逆亂及元帝即位徵前政之寬且帝素可刻及周師至
獄中死囚且數千人有司請皆釋之以充戰士帝不許並
令捧殺之事未行而城陷敬帝即位刑政適陳矣
陳氏承梁季喪亂刑典踈闊及武帝即位思革其弊乃下
詔曰朕聞唐虞道盛設畫衣冠而下犯夏商德衰雖繁雞殺其

未備泊于末代綱目滋繁刑屬亂雜憲章遺茶朕始
巷操酌前代流冗雜綱目雖多傳而非要其制律唯重清
寶曆思廣政摳外可搜舉良才刪改科令墓條博議務存平
簡於是稍求得梁時明法吏令與尚書刪定郎范泉參定
律令文勅尚書僕射沈欽吏部尚書徐陵兼尚書左丞
元饒兼尚書左丞賀朗欽知其事制律三十卷令律四十
議禁錮之科若縉紳之族犯虧名教不孝及內亂者發詔
弃之終身不齒先與士人為婚者許妻家奪之其有獲賊帥
及士人惡逆免死付治聽將妻入役不為年數文存贖罪
之律復父母緣坐之刑自餘篇目條綱輕重簡繁一用梁

法其上贓驗顯然而不款則上測立測者以土為埓高
一尺上圓勞容囚兩足立鞭二十訖著兩械及杻
上械一上測七刻日再上三七日上測七日一行鞭凡經
杖合一百五十日得度不承者死其竟鞭五歲刑降死一
等鎖二重其五歲刑巳下並鎖一重五歲四歲刑若有官
准當二年餘並居作其三歲刑加董手至韋脫手械及董手焉
死罪將決須明雨須晴晦朔八節六齋月往張心日
亦贖論寒庶人准決鞭杖囚並著械並著鎖不計階品
贖若公坐過誤罰金其二歲刑有官准當二年餘一年

並不得行刑廷尉寺為北獄建康縣為南獄並置正監平
又制常以三月侍中吏部尚書尚書三公郎都令史三
公錄局令御史中丞侍御史蘭臺令史親行京師諸獄
及冶署理察囚徒免枉文帝性明察留心刑政親覽獄訟
督責詧下政號嚴明是時承寬政之後功臣貴戚有非法
帝咸以法繩之其頗號峻刻及宣帝即位優借文武之士崇
簡易之政上下便安其後主即位信任讒邪羣下縱恣嘗斷
北伐疲人聚為劫盜令既寬縱邪羣下縱恣嘗斷
獄成市賞罰之命不出于外後主即位信任讒邪羣下縱恣嘗
左右有忤意者動至夷戮百姓愁叛以至於滅齊神武文

襄並由魏相高用舊法及文宣天保元年始命羣官刊定
魏朝麟趾格是時軍國多事政刑不一決獄定罪率依律
文相承謂之變法從事清河房超為黎陽郡守有趙道德
者使以書屬超超不發書捶殺其使文宣於是令守宰各
設棒以誅屬官議謂之使後都官郎中宋軼奏曰昔曹操捧
於是始命羣官議造齊律令未就非所以創制亟法革人視聽
身為枉法何以施之太平未見其可若使受使請賕致大戮
威於受命已來律令未改所以創制亟法革人視聽
時刑政尚新吏皆奉法自六年之後帝遂以功業自矜恣

行酷暴昏狂酗酒任情喜怒其或躬自屠裂或命左右臠
於庭意有不快則手自屠裂或命左右臠噉以逞其意欲
僕射楊遵彥乃令憲司先定死罪四置于仗衞之中帝欲
殺人則執以應命謂之供御囚經三月不殺者則免其死
帝嘗幸金鳳臺受佛戒多召死囚編籤為趙命令之飛下
謂之放生壁皆致死帝視以為歡笑時有司折獄上或使
法訊囚則用車輻壓踝又以之燒犁耳上或酷
督貫賣燒車釭既不勝其苦甘致誣伏七年豫州揀使白
劖為左丞盧斐所劾乃於獄中誣告斐受金文宣知其姦
測為左丞盧斐所劾乃於獄中誣告斐受金文宣知其姦
周記令按之果無其事乃勅八座議立案劾格頁罪不得

告人事於是挾姦者畏罪乃先告訟以擬當格吏不能
斷又相引大獄動至十人多移歲月然帝意猶未愜政輔臣
楊遵彥彌縫其闕故時議者稱竊主昏於上政清於下考
位任恩存輕典大齊元年乃下詔曰王者所用唯在賞罰賞
貴適理罰在得情然理塞衰退事涉疑似昭附司動或有
開塞之路三尺律令十二篇一曰名例二曰禁衛三曰
尼之止訟刑賞之宜恭獲其所自今諸應賞罰皆賞疑從
重罰疑從輕又以律令不成頓加催督河清三年尚書令
趙郡王叡等奏上新律〔四五〕

婚戶四曰擅興五曰違制六曰詐偽七曰鬥訟八曰賊盜
九曰捕斷十曰毀損十一曰廄牧十二曰雜其制罪九百
四十九條又上新令四十卷大抵採魏晉故事其定罪名
五一曰死重者轘之其次梟首亦陳屍三日無市者列於
鄉亭顯戮其次斬刑殊身首其次絞刑死而不殊凡四等
二曰流刑謂論犯可死原情可降鞭笞各二百髡之投于
邊裔裔以為兵卒未有道里之差其不合遠配者男子長徒
女子配春並六年三曰刑罪即耐罪也有五歲四歲三歲
二歲一歲之差凡五等各加鞭一百其五歲者又加笞八
十四歲者六十三歲者四十二歲者二十歲者無笞並

鎖輸左校而不髡無保者鉗之婦人配春及掖庭織四曰
鞭有一百八十六十五十四十之差凡五等五曰杖有三
十二十之差凡三等大凡為十五等之差凡五等當加者上就次
減者下就次贖罪舊以金皆代以中絹死一百匹流九十
三五刑五歲七十八四歲六十四三歲五十四二歲四十四流二
三十六四匹各通鞭笞論一歲無笞通鞭二十四匹鞭杖
每十贖絹一匹及杖十已上皆名為罪人盜及殺人而亡者
自贖笞十已上至死又為十五等之差當加減并過失之屬
法合贖者謂流內官及爵秩比視老小閹凝并過失之屬
犯罰絹〔四五〕

即懸名注籍甄其一房配驛戶宗室則不注盜及不入奚
官不加害刑自犯流罪已下合贖贖及婦人犯罪無鎖以枷
儒篤疾癃殘非犯死罪皆頌繫之罪刑年者皆鎖以枷
流罪已上加杻械死罪者桁之決流刑鞭笞者鞭其背五
十一易執鞭人鞭鞘皆用熟皮削去廉稜鞭槍長一尺五
者笞臀而不中易人杖長三尺五寸大頭徑一分半小頭
徑一分半決三十已下杖長四尺大頭徑三分小頭徑
二分在官犯罪鞭杖十為一負十杖為一負加於殿者復計為負負滿八
則武庫令設金雞及鼓於闔闔門外之右勒集囚徒於闕

前揭鼓千聲置釋枷鎖焉又列重罪十條一曰反逆二曰大
逆三曰叛四曰降五曰惡逆六曰不道七曰不敬八曰不
孝九曰不義十曰内亂其犯此十者不在八議論贖之限
是後法令明審科條簡要刑綱之子弟常講習之齊
人多曉法律盖由此也其不可盈定法者别制權令二卷
與之並行後有别條權格與律並行大理明法上下此附欲出則
附依輕議入則附從重法姦吏因之舞文出没至于後
主權幸用事有不附之者陰中以法綱紀紊亂至于亡

○周文帝之有關中也霸業初基典章多關大統元年命
有司斟酌今古通變可以益時者為二十四條之制奏之
七年又下十二條制十年魏帝命尚書蘇綽總三十六條
更損益為五卷班於天下其後以河南趙肅為延尉卿撰
定法律蕭積思累年遂感心疾而死乃命司憲大夫託拔
迪掌之至保定三年三月庚子方就謂之大律凡二十五
篇一曰刑名二曰法例三曰祀享四曰朝會五曰婚姻六
曰户禁七曰水火八曰興繕九曰衛宮十曰市廛十一曰
關競十二曰劫盜十三曰賊叛十四曰毁亡十五曰違制
十六曰關津十七曰諸侯十八曰厩牧十九曰雜犯二十
曰詐偽二十一曰請求二十二曰告言二十三曰逃亡二十

十四曰繫訊二十五曰斷獄大凡定罪一千五百三十七
條其制罪一曰杖刑五自十至于五十二曰鞭刑五自六十
至于百三曰徒刑五徒一年者鞭六十笞十徒二年者鞭
七十笞二十徒三年者鞭八十笞三十徒四年者鞭九十
笞四十徒五年者鞭一百笞五十流刑五流衛服去
皇畿二千五百里者鞭一百笞六十流要服去皇畿三千
里者鞭一百笞七十流荒服去皇畿三千五百里者鞭一
百笞八十流鎮服去皇畿四千里者鞭一百笞九十流藩
服去皇畿四千五百里者鞭一百笞一百流蕃服去皇畿
五千里者鞭一百笞一百死刑五一曰罄二曰絞三曰斬四曰梟五曰裂五刑之屬各有五合

二十五等不立十惡之目而重惡逆不道大不敬不孝不
義内亂之罪凡惡逆肆之三日盜賊羣攻鄉邑及入人家
者殺之無罪若報者告於法而自殺之不坐經為盜者
汪其籍唯皇宗則否凡死罪枷而拲流罪枷而桎徒罪枷
鞭罪桎杖罪散以待斷皇族及有爵者死罪於朝而殺之
已下散之獄成將殺者書其姓名及其罪於拲而殺之市
唯皇族與有爵者隱獄其贖杖刑五金一兩至五兩贖鞭
刑五金六兩至十兩贖徒刑五一年金十二兩二年十五
兩三年一斤二兩四年一斤五兩五年一斤八兩贖流
刑五二千五百里金一斤十二兩二千里二斤

一斤十二兩俱役六年不以遠近為差等贖死罪金二斤

鞭者以一百為限加管者合二百止應加鞭管者皆先管
後鞭婦人當管者聽以贖論徒輸作者皆任其所能而役
使之杖十已上當加者就次數滿乃坐當歲者死罪流
番服番服已下俱至徒五年五年以上數滿乃坐當歲者死罪流
賊及盜賊事發逃亡者懸名注配若再犯徒三犯鞭者
其為盜賊及大逆降叛逆罪當流者皆甄一房配為雜
身永配下役應贖金者鞭杖十收中絹一疋流徒依限
歲收絹十二匹死罪其贖刑死罪五旬流刑四
旬徒刑三旬鞭刑一旬限外不輸者歸於法貲
者請而免之大凡定法一千五百三十七條班之天下其

大略滋章條流奇密比於齊法煩而不要又初除復讎之
法犯者以殺論時晉公護將有異志欲寬政以取人心然
闇於知人所委多不稱職既用法寬罃不足制姦子弟像
屬皆竊弄其權百姓愁怨控告無所縱捨用武帝性甚明察自
護後躬覽萬機雖骨肉無所縱捨用法嚴正中外廉然自
魏晉相承死罪其重者妻子皆以補立魏虜西涼之人没
入名為隸戶魏武入關即以配隸戶皆在東魏後齊因之仍供厮
役建德六年歲平齊後欲以輕典施於新國乃詔凡諸雜戶
悉放為百姓自是無得雜役其後又以齊之舊俗未改昏
政賊盜姦宄頗華憲章其年又為刑書要制以督之其大

抵持仗羣盜一匹以上不持仗羣盜五匹以上監臨主掌
自盜二十四以上盜及詐請官物三十匹以上正長隱五
戶及丁以上及地頃以上皆死自餘依大律由是澆詐頗
息為帝性殘忍暴戾自在儲貳其叔父齊王憲及王
軌宇文孝伯等及即位並先誅戮由是內外不安俱懷危
懼帝文恐失眾望乃行覽法以取眾心宣政元年八月詔
制九條宣下州郡大象元年又下詔曰高祖所立刑書要
制用法深重其一切除之然帝荒淫日甚惡聞其過誅殺
無度踈斥大臣又數行肆赦為姦者皆輕犯刑法政令不
一下無適從於是又廣刑書要制而更峻其法謂之刑經

聖制宿衛之官一日不直罪至削除逃者皆死而家口籍
没上書字誤者科其罪鞭杖皆百二十為度名曰天杖其
後又加至二百四十又作碓磑車以威婦人其決人罪云
與杖者即一百二十多打者即二百四十帝既醉飲過度
嘗中飲有下士楊文祐白宮伯長孫覽求歌曰朝亦醉暮
亦醉日日恒醉政事日無次鄭譯奏之帝怒命賜杖二
百四十日致死後更令中士皇甫猛歌又諷諫鄭譯
又以奏之帝賜猛杖一百二十是時下自公卿內及妃后
咸加捶楚上下愁怨及帝命益賜杖政令各求苟免隋
高祖為相又行覽大之典刪略舊律作刑書要制既成奏

之靜帝下詔頒行諸有犯罪未科決者並依制處斷
高祖既受周禪開皇元年乃詔尚書左僕射勃海公高熲
上柱國沛公鄭譯上柱國清河郡公楊素大理前少卿平
源縣公常明刑部侍郎韓保城縣公韓濬比部侍郎李諤兼
考功侍郎柳雄亮等更定新律奏上之其刑名有五一曰
死刑二有絞斬二曰流刑三有一千里一千五百里二千
里應配者一千里居作二年一千五百里居作二年半二
千里居作三年應住居作者三流俱役三年近流加杖一
百等加三十三曰徒刑五有一年一年半二年二年半三
年四曰杖刑五自五十至于百五曰笞刑五自十至于
五十而蠲除前代鞭刑及梟首轘裂之法其法徒之罪皆
減從輕唯大逆謀反叛者父子兄弟皆斷家口沒官又置
十惡之條多採後齊之制而頗有損益一曰謀反二曰謀
大逆三曰謀叛四曰惡逆五曰不道六曰大不敬七曰不
孝八曰不睦九曰不義十曰內亂犯十惡及故殺人獄成
者雖會赦猶除名其在八議之科及官品第七已上犯罪
皆例減一等其品第九已上犯者聽贖應贖者皆以銅代
絹贖銅一斤為一負負十為殿笞十者銅一斤加至杖百
則十斤矣流一千里贖銅八十斤每等則加銅十斤二千
里徒一年贖銅二十斤每等則加銅十斤三年則六

則百斤矣二死皆贖銅百二十斤犯私罪以官當徒者五
品已上一官當徒二年九品已上一官當徒一年當流者
三流同比徒三年若犯公罪者徒各加一年當流者各加
一等其累徒過九年者流二千里定罪贖詔頒之曰帝王作
法沿革不同取適於時故有損益杀絞斬則殊形
除惡之體於斯已極梟首轘身義無所取不益懲肅之理
而體有愚劊身膚割截臠徹骨侵肌酷均臠場
雖雲遠古之式事乖仁者之用梟轘及鞭並令去也貴
帶之書不當徒罰廣軒冕之蔭旁及諸親流役六年改為
五載刑徒五歲變從三祀其餘以輕代重化死為生條目
甚多備於簡策宜班諸海內為時軌範雜格嚴科並宜除
削先施法令欲人無犯之心國有常刑誅而不怒之義措
而不用庶或非遠萬方百辟知吾此懷自前代相承有司
訊考皆以法外或有用大棒束杖車輻鞵底壓踝杖桄
之屬楚毒備至多所誣伏雖文致於法而每有枉濫莫能自
理至是盡除苛慘之法訊囚不得過二百枷杖大小咸為
之程品行杖者不得易人帝又以律令初行人未悉委故
犯法者眾又下吏承苛政之後務鍛鍊以致人罪乃詔申
敕四方敢有訊辭於律令外苛刻者令以次經郡及州省
仍不理乃詣闕申訴有所未愜聽撾登聞鼓有司錄狀奏

之帝文每本親錄囚徒常以秋分之前省閱諸州申奏罪
狀三年因覽刑部奏斷獄數猶至萬條以為律尚嚴密故
人多陷罪勅蘇威牛弘等更定新律除死罪八十一條流
罪一百五十四條徒杖等千餘條定留唯五百條凡十二
卷一曰名例二曰衛禁三曰職制四曰戶婚五曰廄庫六
曰擅興七曰賊盜八曰鬥訟九曰詐偽十曰雜律十一曰
捕亡十二曰斷獄自是刑網簡要疏而不失於是置律博
士弟子員斷決之失皆先牒明法定其罪名然後依斷五
年侍官慕容天遠糾都督田元冑受饟事實而妾縣
律生輔恩舞文陷天遠斜遂更及坐帝聞之乃下詔曰人命
之重縣在律文刑定科條便令易曉分官職恆選循更
小大之獄理無冤舛而因龐雜徒代別置律官報判之人推
其為首殺生之柄常委小人刑罰所以妄
作為政之失吳大於斯其大理律博士高書刑部曹明法
州縣律生亞可俱廢自是諸曹決事皆令具寫律文斷之
六年勅諸州長吏已下行參軍已上並令習律集京之日
試其通不文詔免尉迴王謙司馬消難三道逆人家口之
配沒者乘宮酬贖使為縑之因除姦裁相坐之法令諸州
囚有慮死不得以馳驛行從高祖性忌刻素不悅學既任智
而獲大位因以文法自矜明察臨下恒令左右覘視內外

有小過失則加以重罪又患令史贓汙因私使人以錢帛
遺之得犯立斬每於殿廷打人一日之中或至數四嘗怒
問事揮楚不甚即命斬之十年尚書左僕射高熲治書侍
御史柳或等諫以為朝堂非殺人之所殿庭非決罰之地
帝不納熲等乃盡詣朝堂請罪曰陛下子育群生務在去
弊而百姓無知犯者不息致陛下決罰過嚴皆臣等不能
有所裨益請自退屏以避賢路帝於是顧謂領左右都督
田元曰吾杖重乎元曰重乎帝問其狀元舉手曰陛下大
如指撮楚人三十者比常杖數百故多致死帝不懌乃令
殿內去杖欲有決罰皆付所由後楚州行參軍李君才上
言帝寵高熲過甚上大怒命杖之而殿內無杖遂以馬鞭
笞殺之自是殿內復置杖未幾怒其下杖人兵部
侍郎馮基固諫帝不從竟於殿庭行決帝亦尋悔宣慰馮
基而怒群僚之不諫者十一年帝以用律者多致踦駮
同論異詔諸州死罪不得便決移大理案覆重盡然後
上省奏裁十三年改徒及流並為配防十五年制死罪者
三奏而後決十六年有司奏合川倉粟少七千石命斬司
孝卿鞫問其事以為主典所竊復令孝卿馳驛斬之沒其
家為奴婢鬻粟以填之是後盜邊糧者一升巳上皆死家
口沒官上又以典吏久居其職肆情為姦諸州縣佐史三

年一代經任者不得重居之。十七年，詔又以所在官人不相敬憚，多自寬縱，事難克舉。諸有殿失，雖備科條，或據律乃輕，論情則重，不即決罪，無以懲肅。其諸司屬官，若有愆犯，聽於律外斟酌決杖。於是上下相驅，迫行捶楚，以成暴為幹能，以守法為懦弱。是時帝意每尚慘急，而姦回不止。京市白日公行劫盜，人閒強盜，亦往往而有。帝患之，問羣臣禁盜之法。楊素等未及言，帝曰：「朕知之矣。」乃命盜一錢已上皆棄市。行旅皆晏起，宿於天下懍懍焉。此後又定制行署，取一錢已上，聞見不告言者，坐至死。自此四人共盜一榱桷，三人同竊一瓜，事發即時行決。有數人劫執事而謂之曰：「吾豈求財者邪，但為枉人來耳。而為我奏至尊，自古以來，體國立法，未有盜一錢而死也。而不為我以聞，吾更來，而屬無類矣。」帝聞之，為停盜一錢棄市之法。

又敕民閒強盜，以其家產業以賞糾人。時月之間，內外寧息。其後無賴之徒，候富人子弟出路者，而故遺物於其前，偶拾取則擒以送官而取其賞。大抵被陷者其衆，帝知之，乃命盜一錢已上皆棄市。

帝嘗發怒，六月棒殺人。大理少卿趙綽固爭曰：「季夏之月，天地成長庶類，不可以此時誅殺。」帝報曰：「六月雖曰生長，此時必有雷霆。天道既於炎陽之時震其威怒，我則天而行，有何不可。」遂殺之。

大理掌固來曠上封事，言大理官司，因覽帝以曠為忠直，遣每旦於五品行中參見。曠又告少卿趙綽濫免徒囚。帝使信臣推驗，初無阿曲。帝乃怒，命斬之。綽固爭以為曠不合死，帝拂衣入閤。綽又矯言臣更不理曠，自有他事未及奏聞。帝命引入閤，綽再拜請曰：「臣有死罪三。臣為大理少卿，不能制馭斷獄，使曠不即死，罪一也。囚不合死而臣不能執留，於是致死罪，二也。臣本無他事，而妄言求入，死罪三也。」帝解顏，會賜獻皇后在坐，帝賜綽一金。

盃酒飲訖，并以盃賜之。曠竟坐免死，配徒廣州。帝以年齡晚暮，無崇尚佛道。二十年，詔沙門道士壞佛像天尊，百姓壞傷神像，皆以惡逆論。帝猜忌，二朝臣畏法尤峻。御史監師於元正日不劾武官衣劍之不齊者，或以白帝。帝謂御史何縱捨自由，命殺之。將作寺丞夫毛思祖諫殺之曰：「爾為御史令長史，考校不平，將作寺丞馬屎文庶僕毯上樗蒲，旋以白帝。」帝大怒曰：「主客令不麗以諫。」麥麴遲晚斬決。仁壽中，荒無獨孤師既受番客餽鸑，帝察知，並親臨斬決。仁壽中楊素正被委任，素性高下，公卿股慄不敢措言。素於鴻臚少卿陳延不平，經蕃客館庭中有馬屎，文庶僕毯上樗蒲，旋以白帝。帝大怒曰：「主客令不麗，掃庭內掌國以私戲，汗敗官氈，罪狀何以加此。」皆於西市棒殺而榜捶陳延。始至於戮大理寺丞楊遠、劉子通等性

愛深文每隨牙奏獄能承順帝意市大悅並遣於殿庭三
品行中供奉每有詔獄專使主之候帝所不快則案必重
抵無殊罪而死者不可勝原遠又能附帝楊素每於途中接
候而以囚名白之皆隨案所為輕重其臨終赴市者莫不
塗中呼枉仰天而哭越公素每弄朝權帝亦不之能悉煬
帝即位以高祖舊臣素深文敕修律令除十惡之條時升
稱皆小舊二倍其贖銅亦加二倍為差杖百則二十斤矣
徒一年者六十斤每等加三十斤為差三年則一百八十
斤矣流無異等贖二百四十斤二死同贖三百六十斤其
實不異開皇舊制銅贖門子弟不得居宿衛近侍之官先是

【 志二十　隋書二五 】〈二三〉

四五○

蕭巖以叛誅崔君綽坐連庶人勇事家口籍沒嚴以中宮
故君綽緣女入宮愛幸帝乃下詔革前制曰罪不及嗣既
弘至孝之道恩由義斷以勸事君之節故羊鮒代為謳見
叔向之誠季布立勳無預丁公之禍用能樹善伐惡彰
將來朕靈已為政思遵舊典推心待物每從寬政六位成
下親仍令合仕聽預宿衛近侍之官三年新律成凡五百
象美嚴含弘一告掩德甚非謂也諸犯罪被戮之門昏已
條為十八篇合仕施行之謂之大業律　一曰名例二曰衛宮
三曰違制四曰請求五曰戶婚六曰擅興七曰廄
九曰賊十曰盜十一曰關十二曰捕亡十三曰兔庫十四

曰廄牧十五曰關市十六曰詐偽十七曰鬥十八曰斷獄
其五刑之內降從輕典
制並輕於舊貲異時百姓又厭嚴刻喜於刑寬後帝乃外征
四夷內窮嗜慾逆立威風賦斂滋繁有司皆臨時迫脅苟
求濟事憲章遐棄賕賂公行窮人無告聚為盜賊帝乃更
轉相羣聚攻剽城邑誅鋤百姓
嚴刑勅天下竊盜已上罪無輕重不待聞奏皆斬百姓
族其尤重者行轘裂梟首之刑或磔而射之命公卿已下
人又各專威福生殺任情矣及楊玄感帝誅之罪及九
滋刑九年又詔為盜賊者籍沒其家自其羣賊大起郡縣官
臠噉其肉百姓怨嗟天下大潰及兼帝即位獄訟有歸焉

志第二十

刑法志

隋書二十五

【 志二十　隋書二五 】〈二四〉

太尉揚州都督監修國史上柱國趙國公臣長孫無忌等奉勅撰

百官上

隋書二十六

易曰天尊地卑乾坤定矣甲高既陳貴賤位矣是以聖人
法乾坤以作則因甲高以垂教設官分職錫珪胙土由近
以制遠自中以統外內則公卿大夫士外則公侯伯子男
咸听以協和萬邦平章百姓允釐庶績式叙彝倫其由來
尚矣然古今異制文質殊途或以龍表官或以雲紀職放
勳即分命四子重華乃置九官夏倍於虞殷倍於夏周
監二代沇革不同其道既文置官彌廣逮于戰國戎馬

交馳雖時有繼變然猶制秦始皇廢先王之典葵百
家之言剗立朝儀事不師古始罷封庶之制立郡縣之官
太尉主五兵丞相總百揆御史大夫以貳於相自餘
衆職各有司存漢高祖除暴寧亂輕刑約法而職官之制
因於嬴氏其間同異亦可知光武中興書遵前緒唯廢
丞相興御史二官備員而已魏晉繼及大抵略同爰及宋齊亦
閑論道之官備員而已魏晉繼及大抵略同爰及宋齊亦
無改作梁武受終多循齊舊然而宋齊諸卿之位各配四時
置戎秩之官百有餘號魏臺省位號興江左稍殊所有節文備詳於志有周

創據關右曰不暇給泊乎克清江漢爰議憲章煥酌鄷鎬之
遺文置六官以綜務詳其典有可稱焉高祖踐阼極百度
伊始復發周官還依漢制唯有中書為內史侍中為納言
自餘庶僚頗有損益煬帝嗣位意存稽古建官分職率由
舊章大業三年始行新令于時三川定鼎萬國朝宗改官名
文物是為壯觀既而以人從欲待下若讎雖曰萬國之
月易尋帝南征不復朝廷播遷圖籍注記多從散逸令之
存錄者不能詳備焉

梁武受命之初官班多同宋齊之舊有丞相太宰太傅太
保大將軍大司馬太尉司徒司空開府儀同三司等官諸
公及位從公開府者置官屬有長史司馬諮議參軍掾
屬從事中郎記室主簿列曹參軍行參軍舍人等官其
司徒則有左右二長史又增置左西掾一人自餘僚佐同
於二府有公則置無公則省而司徒無公唯省舍人餘官常
置開府儀同三司位次三公諸將軍左右光祿大夫優者
則加之同三公置官屬

特進舊位從公武帝以鄧禹列庶就第特進奉朝請是
引見之稱無官定體於是革之
尚書省置令左右僕射各一人又置吏部祠部度支左戶
都官五兵等六尚書左右丞各一人吏部冊定三公比部

祠部儀曹膳部廐部度支殿中金部倉部左戶駕部起部
屯田都官水部庫部功論中兵外兵騎兵等郎二十二人
尚書掌出納王命敷奏萬機令總統之僕射副令又與尚
書分領諸曹令闕則左僕射為之其祠部尚書多不置以
右僕射王之若左右僕射並闕則置尚書僕射以掌左事
置祠部尚書以掌右事然則尚書僕射祠部尚書不恒置
矣又有起部尚書每宗廟宮室則權置之事畢則省以
其事分屬都官左戶二尚書左右丞各一人佐令僕射知
省事左掌臺內分職儀禁令報人章骨錄近道文書章表
奏事糾諸不法右掌臺內藏及廬舍凡諸器用之物骨錄
遠近文書章表奏事凡諸尚書文書詔中書省音密事皆
以事襄盛之封以左丞印自晉以後八座及郎中多不奏
事天監元年詔曰自禮閣陵替歷茲永久郎署備員無報
職事糅粃文案貪尚虛閑空有趨墀之名了無握蘭之實
曹郎可依昔奏事自是始奏事矣三年置侍郎視通直
郎其舊中在職尚勤能滿二歲者轉之又有五都令史與左
右丞共知所司舊用人常輕九年詔曰尚書五都職象政
要非倶總領眾務居亦乃方軹二丞雖求才未臻妙簡可
革用士流每盡時彥庶同持領秉此羣目於是以都令

〔志一〕　隋書九六　〔三〕○

〔志十一〕　隋書二十六　〔四〕○

史視奉朝請其年以太學博士劉納兼殿中都司空法曹
參軍劉顯兼吏部都太學博士孔慶兼金部都司空法
曹參軍蕭軹兼左戶都宣毅墨曹參軍王顯兼中兵都五
人並以才地兼美首膺茲選矣駕部又別領車府署庫部
領南比武庫二署都丞
門下省置侍中給事黃門侍郎各四人掌侍從左右擴相
威儀盡規獻納糾正違闕監令嘗御藥封璽書開闔
功者在職一年詔加侍中祭酒與侍郎高功者一人對掌
禁令公車太官太醫等令驛廐丞
集書省置散騎常侍通直散騎常侍各四人員外散騎常
侍無貟散騎侍郎通直郎各四人又有貟外散騎侍郎給
事中奉朝請常侍郎掌侍逆左右獻納得失省諸奏聞
文書意異者隨事為駮集錄比詔比璽為諸優文策文平
慶諸文章詩頌常侍高功者一人為祭酒與侍郎高功者
一人對掌禁令糾諸通違
駙馬奉車車騎三都尉並無貟騎馬以加尚公主者無班
秩○散騎常侍通直散騎常侍貟外散騎常侍舊並為顯
職與侍中通官宋代以來或軽或雜其官漸替天監六年
革選詔曰在昔晉初仰惟盛化常侍侍中並奏帷貟外
常侍特為清顯陸始名公之胤位居納言典冕優禮方有斯

授可分門下二局委散騎侍常侍尚書案奏分曹入集書通
直常侍本為顯讃貟外之選宜参舊准人數依正貟格自
是散騎視侍中貟外視書門郎
中書省置監令各人掌出内帝命侍郎四人功高者一人
主省内事又有通事舍人主事令史等貟又置令史必承
其事通事舍人舊又直閤内梁用人殊重簡以才能不限
資地多以他官兼領其後除通事直曰中書舍人
祕書省置監丞各一人郎四人掌國之典籍圖書著作郎
一人佐郎八人掌國史集注起居注撰史學士亦知史書
初周捨裴子野皆以他官領之又

佐郎為起家之選
御史臺梁國初建置大夫天監元年後曰中丞置一人掌
督司百寮皇太子已下其在宮門行馬内違法者皆糾彈
之雖在行馬外而監司不紏亦得奏之專道而行逢當書
丞郎亦得停駐其行及尚書令僕御史中丞各給威儀十人其
八人武冠絳鞲執青儀囊在前囊題云貟官吉凶必受辭訴
一人緗衣執鞭杖依列行七人殿引喤至陛一人
下分統侍御史九人居曹掌知其事紏祭不法殿
中御史四人掌殿中禁衛内又有符節令史貟

謁者臺僕射一人掌朝覲賓饗之事屬官謁者十人掌奉
詔出使拜假朝會擯賛高功者一人為假史掌差次謁
者○諸卿梁初猶依宋齊皆無卿名天監七年以太常為
太常卿加置太府卿初宗正卿為司農為司農卿三卿是為春卿
加置太舟卿以少府卿為少府卿加置太僕卿三卿是為夏
卿以衛尉卿為衛尉卿廷尉為廷尉卿加置大匠卿都
三卿是為秋卿以光祿勳為光祿卿大鴻臚為鴻臚卿
水使者為大舟卿以少府卿三卿皆置丞及功
曹主簿而太常視金紫光祿大夫統明堂二廟大史太祝
廩犠太樂鼓吹乗黃北館典客館令丞及陵監國學等

又置悷律校尉總章校尉掌故樂正之屬以掌樂事太
樂又有清商署丞太史別有靈臺丞詔以為陵監典太
前詔且宗廟憲章既備典禮園寢職司理不容異諸正陵
先立監者改為令於是陵置令矣
國學有祭酒一人博士二人助教十人太學博士八人又
有限外博士員天監四年置五經博士各一人舊國子學
生限以貴賤帝欲招來後進五館生皆引寒門儁才不限
人數大同七年國子祭酒到溉等又表立正言博士一人
位視國子博士置助教二人
宗正卿位視列曹尚書主皇室外戚之籍以宗室為之

司農卿位視散騎常侍主農功倉廩統太倉導官籍田上

林令又管樂遊北苑丞左中部三倉丞萊庫狄庫蓍庫

丞湖西諸屯主天監九年又置勸農謁者視殿中御史

太府卿位視金帛府帑統左右藏令上庫丞掌太

倉南北市令關津亦皆屬焉

又有弘訓太僕亦置屬官

太僕卿位視宗正掌南馬牧左右牧龍廄內外廄丞

署南塘邸稅庫東西治中黃細作炭庫紙官紫署等令丞

少府卿位視尚書左丞置材官將軍左中右高方甄官平水

衛尉卿位視侍中掌宮門屯兵卿每月丞每旬行宮徼紏

察不法統武庫令公車司馬令又有弘訓衛尉亦置屬官

廷尉卿梁國初建曰大理天監元年復改為廷尉亦有正監

平三人元會廷尉三官與建康三官皆法冠玄衣朝服以

監東西中華門手執方木長三尺方一寸謂之執方四年

置胄子律博士位視員外郎

大匠卿位視太僕掌土木之工統左右校諸署

光祿卿位視太子中庶子掌宮殿門尺統守宮黃門華林

園暴室等令又有左右光祿金紫光祿太中中散等大夫

並無員以養老疾

鴻臚卿位視尚書左丞掌道護贊拜

大舟卿梁初為都水臺使者一人參軍事二人河堤謁者

八八七年改為位視中書郎列卿之最末者也主舟航堤渠

大長秋主諸宮者以司宮闈之職統黃門中署採官暴室

華林等署領軍護軍左右衛左右驍騎左右游擊六將軍

軍又有中領中護資輕於領護又左右前後四將軍左右

中郎將屯騎步兵越騎長水射聲等五營校尉武賁冗從

羽林三將軍積射強弩二軍殿中將軍武騎之職皆以分

司舟禁衛領左右天監六年置左右驍騎左右游擊將軍

位視二率改舊驍騎曰雲騎游騎降左右驍游一

階又置朱衣直閣將軍以經為方牧者為之其必左右驍

游帶領軍者量給儀從

太子太傅一人位視尚書令少傅一人位視左僕射天監

初又置東宮常侍皆散騎常侍為之

詹事位視中護軍任總宮朝二傅及詹事各置丞功曹主

簿五官位視黃門郎自宋齊已來清流者

不為之天監六年帝以三卿陵替乃詔革選家令視直

常侍率更僕各一人家令視黃門三等皆置丞中大通三年以昭明太

子妃居金華宮又置金華家令

左右衛率各一人位視御史中丞各有丞左右率領崇榮永喜崇

遠立忠建寧陵鋒翊冠祚德等七營右率領崇榮永喜崇

和細射等四管二率各置殿中將軍十人員外將軍十人
正員司馬四人又有員外司馬督其屯騎步兵翊軍三
校尉各一人謂之三校旅賁中郎將冗從僕射各一人謂
之二將左右積弩等將軍各一人門大夫一人視謁者僕射
○中庶子四人功高者一人為祭酒行則貧璽前後部護

駕

庶子四人掌侍從左右獻納得失高功者一人與高功合
令又有通事守舍人典事守舍人典法守舍人典
中舍人四人功高者一人與中庶子祭酒共掌其坊之禁
人共掌其坊之禁令

舍人十六人掌文記通事舍人二人視南臺御史多以餘
官兼職典經局洗馬八人位視通直郎置典經守舍人典
事守舍人員又有外監殿局內監殿局內廄局導客局齋內局主
璽主衣扶侍等局門局錫庫局內廄局中藥藏局食官局
外廄局車廄局等各置有司以承其事
皇第皇子府置師長史司馬從事中郎諮議參軍及掾屬
中錄事中記室正參軍功曹史錄事參軍記室中兵等
參軍文學主簿正參軍行參軍長兼行參軍番王府嗣王府
則減皇第皇子府師友文學長兼行參軍記室中兵參軍等員
嗣王從事中郎諮議參軍掾屬錄事記室中兵參軍等員

自此以下則並不登二品
王國置郎中令將軍常侍官文書典祠令廟長陵長典醫
丞典府丞典書令學官令食官長中尉司馬謁者郎中尉司
馬謁者典衛令舍人中大夫大農等員番王則唯置
郎中令中尉常侍大農等員番王則無常侍自此以下並
不登二品

諸王皆假金獸符第一至第五左
諸公侯皆假銅獸符竹使符第一至第五名山大澤不以
封臨鐵金銀銅錫及竹園別都宮堂園圃皆不以屬國
諸王言令境內稱之曰殿下公族封郡縣者言曰教境

內稱之曰第下自稱皆曰寡人相以下公文上事皆詣典
書世子主國其文書表疏儀式如臣而不稱臣文書下羣
官皆言告諸王公國官皆稱臣上於天朝皆稱陪臣有
所陳皆曰上疏其公文曰言事五等諸公位視三公班次
之開國諸伯位視孤卿重號將軍光祿大夫位視三公班次
諸伯位視九鄉班次之開國諸子位視二千石班次之開國
國男位視比二千石各置相典祠典書
令典諸衛長一人而伯子男無典衛祠典書
謂之長典書謂之丞男典衛謂之丞無典衛諸公已上臺為選置相掌知
百姓事典祠已下自選補上諸列侯食邑千戶已上置相家

丞庶子負不滿千戸則但置庶子負

州刺史二千石受拜之明日辭皇廟而行州置別駕治中

從事各一人主簿西曹議曹從事祭酒從事部傳從事文

學從事各因其州之大小置負曹議曹從事祭酒從事

史郡丞三萬戸以上置佐一人

縣爲國曰相大縣爲令小縣爲長皆置丞尉國曰内

各准州法以大而制負郡縣爲令長置丞尉郡縣置吏亦

迎新送故等負亦各因其大小而置焉

建康舊置獄丞丞一人天監元年詔廷尉之官置正平監

革選士流務使任職又令三官更直一日分受罪繫事無

小大悉與令簿若有大事共詳三人具辨脱有同異各立

議以聞尚書水部郎親孝然議曹郎孔林源並爲之位視

給事中

天監初武帝命尚書刪定郎濟陽蔡法度定令爲九品秩

定帝於品下注一品秩爲萬石第一第二第三爲中二千石第

四第五爲二千石至七年革選徐勉爲吏部尚書定爲十

八班以班多者爲貴同班者則以居下者爲劣

丞相太宰大傅太保大司馬大將軍太尉司徒司空爲十

八班

諸將軍開府儀同三司左右光祿開府儀同三司爲十七班

尚書令太子太傅左右光祿大夫爲十六班

尚書左僕射太子少傅尚書僕射右僕射中書監特進領

護軍將軍爲十五班

中領軍護軍將軍吏部尚書太子詹事金紫光祿大夫爲

中書令列曹尚書國子祭酒宗正大府卿光祿大夫太常卿爲

十四班

三班

侍中散騎常侍左右衛將軍司徒左長史衛尉卿爲十

二班

御史中丞尚書吏部郎祕書監通直散騎常侍太子左右

二衛率左右驍騎左右游擊太中大夫皇弟皇子師爲

少府廷尉卿太子中庶子光祿卿爲十一班

給事黃門侍郎負外散騎常侍皇弟皇子府長史爲

匠卿太子家令率更令僕揚州別駕中散大夫司徒右長

史雲騎游騎皇弟皇子府司馬朱衣直閣將軍爲十

尚書左丞鴻臚卿中書侍郎太子庶子揚州中

從事皇弟皇子公府從事中郎太舟卿大長秋皇弟皇

府諮議嗣王府長史前左後四軍嗣王府司馬庶姓公

祕書丞史司馬太子中舍人司徒左西掾司徒屬皇弟皇子友散

騎侍郎尚書右丞南徐州別駕皇弟皇子公府擽屬皇弟
皇弟軍為二衞司馬嗣王嗣王之公府中郎
將嗣王庶姓公府從事中郎左右中郎
王府長史司馬庶姓嗣王之庶子府長史司馬番
兵參軍南徐州中從事皇弟皇子之庶子府番王府諮議
五校東宮三校皇弟庶姓持節府長史司馬為八班
太子洗馬通直散騎侍郎司徒主簿尚書中錄事中
弟皇子府功曹史五經博士皇弟皇子府錄事中記室中兵
僕射太子門大夫嗣王庶姓公府中錄事中記室中兵
馬嗣王庶姓公府擽屬南臺治書侍御史廷尉三官謁者
尚書郎中皇弟皇子文學及府主簿太子太傅少傅丞皇
第皇子湘豫司益廣青衞七州別駕皇弟皇子荊江雍郢南兗
常丞皇弟皇子國郎中令三將東宮二將嗣王府功曹史
南兗五州中從事嗣王庶姓荊江雍郢南兗五州別駕皇弟皇子之庶子府番王
庶政公府錄事中記室中兵參軍中書舍人建康三官皇弟皇
給事中皇弟皇子府正參軍中

為七班

諮議為六班

子北徐兗北袞梁交南梁五州別駕皇弟皇子湘豫司益廣
青衞七州別駕中從事嗣王庶姓湘豫青衞七州
別駕嗣王庶姓荊江雍郢南兗五州中從事宗正太府左
尉司農少府廷尉太子詹事丞積射彊弩將軍太子左
公府主簿皇弟皇子府行參軍太子太傅少傅五官功曹主簿二
之庶子府番王府錄事中記室中兵參軍皇弟皇子國大農郎中令
太子舍人司徒胄子崔博士皇弟皇子之名府祭酒員外散騎侍郎
皇弟皇子府正參軍太子太傅少傅五官功曹主簿四班
皇弟皇子北徐兗北袞梁交南梁五州別駕湘豫司益廣青衞七州
主簿武衞將軍光祿丞皇弟皇子國中尉太僕大匠丞嗣
王國大農嗣王庶姓梁交南梁五州別駕湘豫青衞七州中從事比
徐兗北袞梁交南梁五州中從事嗣王庶姓比
秘書郎著作佐郎揚南徐州主簿嗣王庶姓公府祭酒皇
第皇子單為領護參軍二衞等五官功曹主簿太學博士
直兵參軍比館令為三班
庶政公府錄事中記室中兵參軍皇弟皇子國中尉
事嗣王庶姓梁交南梁五州別駕湘豫司益廣青衞七州中從
皇弟皇子國中從事皇弟皇子荊江雍郢南兗五州主簿嗣王庶
四州中從事皇弟皇子國常侍本朝請國子助教皇弟皇子荊江雍郢南兗五州主簿嗣王庶
第皇子國中從事皇弟皇子國常侍本朝請國子助教皇弟皇子荊江雍郢南兗五州主簿嗣王庶

姓越桂甯霍四州別駕嗣王庶姓北兗梁交南梁五
州中正參軍嗣王府庶姓公府行參軍皇弟皇子之庶子
二廟帝陵令鴻臚丞尚書令史武騎常侍材官將軍明堂
府正參軍蕃王府庶姓公府行參軍皇弟皇子之庶子
蕃王府行參軍蕃王國大農庶姓持節府錄事記室中直參軍
七州主簿皇弟皇子荊雍郢南兗四州西曹祭酒議曹從
二衛殿中將軍太子二率殿中將軍皇弟皇子之廣青衡
揚南徐州議曹從事東宮通事舍人南臺侍御史太舟丞
揚南徐州西曹祭酒議曹從事祭酒議曹從事傳從事
王庶姓越桂甯霍四州中從事嗣王庶姓荊江雍郢南兗
五州主簿庶姓持節府主簿汝陰巴陵二郎中令太官
王主簿蕃姓持節府主簿汝陰巴陵二郎中武庫
太樂太市太史太醫太祝東西冶左右尚方南北武庫車
府等令爲一班

位不登二品者又爲七班皇弟皇子府長兼參軍皇弟皇
國三軍蕃王國侍郎揚南徐州文學從事
殿中御史庶姓除正員外將軍太子家令丞二衛殿中
子外將軍太子二率殿中員外將軍鎮蠻安遠護軍度支
校尉等司馬皇弟皇子北徐北兗梁交南梁五州主簿皇

第皇子湘豫司益青衡七州西曹祭酒議曹從事皇弟
皇子荊雍郢南兗四州從事史江州議曹從事南兗州
事嗣王庶姓湘豫司益青衡七州主簿嗣王庶姓荊雍
郢南兗四州西曹祭酒議曹從事嗣王庶姓江州西曹從
事祭酒議曹傳從事勸農謁者汝陰巴陵二王國大農
國郎中令爲七班
皇弟皇子國典書令皇弟皇子府參軍督護嗣王國三軍蕃王國侍
郎公府功曹皇弟皇子府長兼參軍庶姓持節府板正參軍皇弟皇子之
五官功曹皇弟皇子府板正參軍庶姓持節府板正參軍皇弟皇子之
霍四州主簿皇弟皇子比徐北兗梁交南梁五州西曹祭
公府長兼參軍庶姓持節府板正參軍皇弟皇子越桂甯
王庶姓湘豫司益青衡七州西曹從事湘衡二州從事嗣王
皇子豫司益廣青五州文學從事江州從事嗣王庶
姓荊雍郢南兗三州從事史江州從事嗣王庶
汝陰巴陵二王國中尉皇弟皇子之庶子縣屬國郎中
郡公國大農縣公國郎中令爲六班
皇弟皇子國三令蕃王府庶姓公府參軍督護庶姓持
庶子公府東曹兼參軍蕃王府庶姓公府參軍板二衛正員司馬督太子
二率正員司馬督領護主簿二衛功曹太常五

官功曹石頭戍軍功曹庶姓持節府行參軍皇弟皇子越

桂寧霍四州西曹祭酒議曹從事軍皇弟皇子比徐比兖梁

交南梁五州文學從事嗣王庶姓越桂寧霍四州主簿梁嗣

王庶姓比徐比兖梁交南梁五州西曹祭酒議曹從事嗣

王庶姓豫二司益廣青五州從事湘衡二州從事汝陰

巴陵二王國常侍郡公國中尉縣奏國郎中令皇弟皇子

府功曹督護為五班

嗣王國三令蕃王國典書令嗣王府功曹督護庶姓公府

東曹督護皇弟皇子之庶子府參軍督護蕃王府參軍

府板行參軍皇弟皇子越桂寧霍四州西曹祭酒議曹從事嗣王庶姓比徐比

衛貟外司馬督二率貟外司馬督二衛主簿太

常主簿宗正等十一卿五官功曹石頭戍軍主簿督

蕃王國三令皇弟皇子之庶子府蕃王府功曹板護宗正

等十一卿主簿庶姓持節府長兼參軍嗣王庶姓越桂寧

霍四州文學從事郡公國侍郎為三班

國中尉為四班

庶姓持節府參軍督護汝陰巴陵二王國典書令縣公國

侍郎為二班

庶姓持節府功曹督護汝陰巴陵二王國三令郡公國典

書令為一班

文著作正令史集書正令史尚書度支三公正令史函典

書殿中外監齊東堂監尚書都官左降正令史諸州鎮監

石頭城監琅邪城監東宮外監殿中守舍人齊監東宮典

經守含人上庫令細作令道官平水令大官市

署丞正厨丞酒庫丞柴署丞太樂庫丞別局校丞上林

太史丞正厨丞酒庫丞柴署丞中藥藏水東治小庫丞別局校丞清商丞

丞湖西博屯丞癸若庫丞絹簟席丞國子典學材官司

局丞木局丞比武庫一丞中藥藏水東治小庫丞別局校丞上林

馬宣陽等諸門候東宮道愛守舍人運署謁者都水左

右二裝五城謁者石城宣城陽新屯謁者南康建安晉安

伐二船謁者晉安練蔦屯主為三品蘊位又門下集書監

通正令史中書正令史尚書正令史尚書監籍正令史都

正令史殿中內監題閤監媼局監籍正令史都

東宫盟書守舍人東宮內監殿中守舍人題閤監乘黃令

右藏令籍田令廩犠令梅根諸冶令典容館令太官四

庫丞太樂令東治大庫丞左尚方丞右尚方四丞東宮

衛庫丞司農左右中部倉永廷尉律博士公府舍人諸州

別署監山陰獄丞為三品勳位其州二十三並列其高下

選擬略視內職、郡守及丞各為十班，縣制七班，用人各擬內職云。

又詔以將軍之名高而舛雜，命更加整定，於是有司奏置一百二十五號將軍，以鎮衛、驃騎、車騎為二十四班（內外通用）。四征（舊前後左右四征止施在外，左右前後止施在內）、四中（止施內）為二十三班。八鎮（東西南北止施在外，左右前後止施在內）為二十二班。八安（東西南北止施在外，左右前後止施在內）為二十一班。四平（西東南北）、四翊（左右前後）為二十班，凡三十五號為一品，是為重號將軍。忠武、軍師為十九班。武臣、爪牙、龍騎、雲麾為十八班（代舊四十號為一品）。鎮兵、翊師、宣惠、宣毅為十七班。智威、仁威、勇威、信威、嚴威、嚴毅為十六班（所謂五威將軍者也）。智武、仁武、勇武、信武、嚴武、嚴毅為十五班（冠軍）。輕車、征遠、鎮朔、武旅、貞毅為十四班（所謂五德將軍者也，征虜）。威耀為十三班（代舊十號為一品）。武威、武騎、武猛、壯武、威厲、武為十二班。電威、馳銳、追鋒、羽騎、突騎為十一班，十號為一品。掃狄、雄信、掃虜、武，銳、摧鋒為九班，十號為一品。遠真、威決、勝、開遠、光野為八班。厲鋒、輕銳、討狄、湯夷為七班，十號為一品（武毅）。鐵騎、樓舡、宣猛、樹勁為六班。克狄、平虜、討夷、平狄、威戎為

五班，十號為一品（伏波、雄戰、長劍、雕騎）為四班（伏飛）。安夷、克戎、綏狄、威虜為三班，十號為一品（前鋒、武毅、開邊）。招遠、金威、綏虜、湯寇、殄虜、橫野、馳射為二班，十號為一品（代舊熊渠、代舊繡衣、代舊）。揚武為五班（乾訊、代舊、廣威、行陣、代舊廣武）為四班（鷹揚）為三班（陵江）。報武為七班（中堅、代舊、奮威、期門）、典軍為六班（代舊、建威、振武、代舊）、武為五班（中堅、代舊、奮武、代舊）。軍號者有牙門（自小遷大也。備其班品，敘於百司之外，其不登二品）。揵之下至是，前史所記以位得後，公故將軍之名次於台，雁濱。盈數班，二十四以位序制簿，悉以大號居後，故以為選法。為一品，凡十品二十四班，亦以大號居後為選法。

八風所施甚輕，又有武安、鎮遠、雄義為二班（偏將軍、裨將軍為一班，凡十四號，別為八班，以象八風）。威撫擬四安為二十一班，四綏（擬東南西北安）為二十一班，凡九號凡二班，為一品（安遠、安邊、軍師擬忠武）。七班凡十號為一品（翊平、遠撫、朔寧、冠野、拓逐、威河、龍幕）。撫河（擬武臣等四號）為一品，安遠、安邊（威撫擬四安）為十八班（平遠、撫朔、寧寇、沙航、海）為十六班。十六班威隴、安漠、綏邊、寧寇、梯山（擬智威）為十五班，安河、龍幕為十五班。號為一品，寧綏河、明信、明義、威漠（擬輕車）為十四班，安河為十四班。隴向義、宣節、振朔候律（擬寧遠等五號）為十三班，凡十號為一品。

平冠定遠陵海寧隴振漢等五號武威為十二班馳義橫朔明

節執信懷德撰電威德等五號為一品撫邊定隴

綏關奉信奉義擬折衝威等五號為十班綏寧邊節懷威

擬橫伏波為九班凡十號為一品懷關靜朔掃寇寧河安朔等五號擬驍馬

擬綏遠號等五號遠義為八班揚化超隴執義來化度嶂等五號

擬略遠速號等五號為一品平河振隴雄邊橫沙寧關等五號擬武毅

仰化立義弘節擬伏飛等五號為三班凡十號為五號武毅為六班

懷信宣義弘節浮海度河擬先鋒等五號河明信等五號擬伏波為四班奉忠守義弘信為一品

扦海懃塞歸義明信等五號為二班懷義秦信歸誠懷澤伏義擬綏為一品綏方奉正承化

四八五　五號為一班凡十號為一品大凡一百九號為十品

【志卅　隋書卅六　二十一】

改定將軍之名有因有革普通六年文置百號將軍更加

列正雜號之中微有移異大通三年秦後寧遠班中文置

將軍進輕車班代貞武宣遠代明烈其戎夷之號亦加附擬

安遠將軍代輕車班中以輕車班中征遠度入寧遠班中文

序則依此承用遂以定制轉則進一班黜則退一班班即

階也同班以優劣為前後有鎮衛驃騎車騎同班四中

征同班八鎮同班八安同班四平四翊同班忠武軍師同

班武臣爪牙龍騎雲麾冠軍同班鎮兵翊師宣惠宣毅四

將軍東南西北四中郎將同班智威仁威勇威信威嚴威

同班智武仁武勇武信武嚴武同班謂為五德將軍輕車

鎮朔武旅武毅武寧遠安遠振遠宣遠同班

威雄威猛威烈威振威同班

驍雄驍桀驍猛驍武勇驍銳驍迅驍同班

壯武壯勇壯烈壯猛壯盛壯毅壯武同班

猛毅猛烈猛銳猛進猛震猛駿同班

雄猛雄威雄明雄烈雄信雄武雄毅同班

武猛武略武勝武力武毅武健武烈武勇同班

威猛威雄威明威振威風威光同班

明智明略明遠明勇明烈明威明勝明進明銳明毅同班

光烈光明光英光遠光勝光命光勇光野同班

風猛風烈風威風銳風奇風決風起風略風飆勇

武視雲旗風烈電威雷音馳銳羽騎突騎出同班龍驤

四九〇

【志卅一　隋書卅六　二十二】

忠勇忠烈忠猛忠銳忠武忠毅忠捍忠信忠義忠勝同

明略遠貞威決勝清野堅銳輕銳拔山雲勇振旅同班超遠

冠武和戎安墨超猛英果掃虜伏波武銳摧鋒同班開遠

鐵騎樓船宣猛樹功佽飛勇騎破敵克敵威虜同班前鋒

雄戰長劍破陣馮寇殄虜橫野馳射同班牙門

武毅開邊招遠金威破陣馮寇珍戎同班執訊行陣同班

期門同班候騎熊渠同班中堅典戎同班

伏武懷奇同班偏裨將軍同班凡二百四十號為四十四
班又雍州置寧蠻校尉廣州置北涼南秦置
西戎校尉南秦梁州置平戎校尉寧州置鎮蠻校尉西陽
南新蔡晉熙廬江等郡置鎮蠻護軍安遠護軍
巴陵郡置度支校尉皆立府隨府主號輕重而不為定其
撫同班擬四征四威同班擬撫河衛海沙撫四綏同班擬鎮衛等三號四
安邊同班擬忠武等號撫河衛海沙撫四綏同班擬鎮衛等三號四
將軍施於外國者皆立府隨府主號龍驤慕威河和
等號航海寧沙撫朔平遠同班擬四平安□
戎拓遠朔野胡海同班擬智威等號梓山寧寇綏邊安漢

威龍五號同班擬智武等號威漠明義昭信綏河寧同
班擬輕車等號候律振朔宣節同義安龍同班擬寧遠等
號振渡寧龍陵海安遠平寇同班擬威雄等號懷關同班擬
曉雄等號度嶕奉化康義超隴揚化同班擬猛烈等號
關橫沙雄邊振隴平河同班擬忠勇等號鑿空浮遼節
宣義懷信同班擬明智等號歸義歆塞扞海同
號奉誠立誠建誠顯誠義仰化弘信守義奉忠同班擬威寧等
領威通侯同班擬折衝等號掃荒定荒開荒理荒
同班擬開遠等號奉節建節雙節伏節同班擬超武等號

渡河陵海承化奉正綏方同班擬伏波等號伏義懷澤歸
誠奉信懷義同班擬前鋒等號凡二百二十五將軍二十
八班並奉外國戎號准于中夏焉凡四年魏彭城王頠
朱仲遠來降以為定洛大將軍仍使其比計故各云
陳承衆皆循其制官而又置相國位列丞相太
宰太傅太保大司馬大將軍並以為贈官若加將軍者
復為一等又流外有七班此是寒微士人為之從此班者
方得進登第一班其親王起家則為侍中若加將軍方得
十二班以上並詔授表啓不稱姓從十一班至九班禮數自
貝郎二十一員其餘並無府州官皇太子家嫡者起家

有佐史無將軍則無府州有國官皇太子家嫡者起家封
王依諸王起家餘子並封公起家中書郎諸王子并諸侯
世子起家給事三公子起家員外散騎侍郎令僕子起家
祕書郎若貝滿亦為板法曹雖高半階望終祕書郎下次
令僕子起家著作佐郎亦為板行參軍此外有楊州主簿
太學博士王國侍郎奉朝請嗣王行參軍並起家官未合
發詔諸王公參佐官仍為清濁或選司補用亦有府
即授者不拘年限去留隨意在府之日唯實遊宴實時
復惰參更無餘軍若隨府王在州其僚佐等或亦得預催
督若其驅使便有職務其衣冠子弟多有惰立非氣類者

唯利是求秦物亂政皆此之類國之政事並由中書省有
中書舍人五人領主事十人書吏二百人書吏不足并取
助書分掌二十一局事各當尚書諸曹並爲上司總國內
機要而尚書唯聽受而已被委此官多擅威勢其牒姓爲
州若無將軍者謂之單車郡縣之任代下有迎新送故
之法餉饋皆百姓出並以定令其所制品秩令列之云
相國丞相大宰太傅太保大司馬大將軍太尉司徒司空
開府儀同三司〔巳上秩〕萬石　巴陵王汝陰王後尚書令〔巳上秩〕二千
石品並第一　中書監尚書左右僕射特進太子二傅左右
光祿大夫〔二千石品並第二〕中書令侍中散騎常侍領護

〈志王〉　隋志二十六　二五

軍吏部尚書列曹尚書金紫光祿大夫光祿大夫〔巳上二千
石〕二大后衛尉太僕火鴻
左右衛將軍御史中丞〔巳上二〕
卿太常宗正大府衛尉光祿大匠大僕〔少府三〕
膻大舟等卿太子詹事國子祭酒〔巳上中〕
卿太子中庶子廷尉光祿大匠大僕火府三
徐東揚州刺史皇弟皇子封國王世子〔品並第三〕南
騎常侍員外散騎常侍黃門侍郎〔巳上二品右〕左
右驍騎左右游擊等將軍太子中庶子〔千石品〕二太子左右
衛率〔二千石〕朱衣直閤雲騎游騎將軍〔巳上二品右〕中興吏部郎
左右丞尚書吏部侍郎郎中〔巳上六百石品〕尚書郎郎同列令品同太子三

卿太中散大夫司徒左右長史諸王師〔依秩減〕國
子博士〔千石〕荊江南宛郡相雍等州刺史〔六州加督進在第二〕王〔東揚州下加〕
都督進在第二　嗣王〔郡公縣公等世子品東揚州下加〕
書丞明堂太廟帝陵等令〔巳上六百石〕散騎侍郎前左右庶子
將軍左右中郎將〔千石品上〕大長秋〔二千石太子中舍人庶子〕六
石　豫益廣衡等州領奠州北兗徐等州領南
秦州司南梁交越桂霍等十五州〔州下加督進在第四秘〕
〔三品南徐州等諸郡若吳郡縣興二太守〔四品雍州下加都督進在第〕
督進不言秩　　丹楊尹中二會稽太守〔二千石〕
督又都督皆以此差次爲例　晉郡縣興二太守〔四品〕
下不言秩　　　世子〔秩〕　皇弟皇子府諮議參軍〔八百石〕

〈志王〉　隋志二十六　二六

議參軍〔秩〕不言皇弟皇子府長史〔千石〕
秩六百步兵射聲長水越騎屯騎〔皇弟皇子府校司馬〔千石不言秩〕皇弟皇
郎〔六百石〕太子坊兵翊軍屯騎三校尉〔並秩〕司徒左西椽屬
六百石　　太子坊兵射聲長水越騎五校尉〔並秩〕司徒左西椽屬
子公府從事中郎〔六〕皇弟皇子府五通直散騎侍郎〔不言著作
石依減秩例四〔百石並第五通直散騎侍郎〔六不言皇弟皇
並本秩四百石〕皇弟皇子之庶子府諮議參軍〔皇弟皇子公府屬本秩四
石依減秩例〔減秩例〕皇弟皇子公府屬〔百石秩依
五經博士〔六百石〕皇弟皇子府司徒左西椽屬〔本秩四
例減秩五〔百石〕太子坊兵翊軍屯騎三校尉〔減秩
史嗣王府皇弟皇子府諮議參軍〔六百石不言秩〕萬戶以上郡太守內
王府嗣王府之庶子府諮議參軍〔六百石不言秩〕
長史司馬並不言秩　　　　庶姓公府諮議參軍〔六百
並史司馬不言秩　　　　　　庶姓公府諮議參軍同其板者並嗣王府階其板官
王相同王府皇弟皇子之庶子府長史司馬〔並入百石減秩〕嗣王府
左右丞尚書〔吏部侍郎郎中巳上六〕百石尚書郎郎同列令品同〔中興吏部〕郎中
庶姓公府諮議參軍〔六百〕
庶姓公

府長史司馬並入八百石其板者並不言秩

石皇弟皇子府中錄事參軍板府中錄事參

軍板府中記室參軍板府中直兵參軍板府中記室參

中從事皇弟皇子府南徐荊江南充郢湘雍州別駕

並四品並第六給事中　六百

從秩上並不品並第六　奉車駙馬都尉石南臺治書侍御史

依減秩例並　謁者僕射石　貟外散騎侍郎秘書著作郎

石並品並第六　太子門大夫六百　領護軍長史司馬廷

秩例減　司徒主簿依減　司徒祭酒秩　太子狹貟中郎將冗從僕射

尉正監平　並六百石皇弟皇子府錄事記室中兵等參軍板錄

事記室中兵等參軍曹　史主簿公府祭酒言秩並不皇弟皇

子文學秩依減例嗣王庶姓公府掾屬石依減秩例四百石太子二傅

丞並六百石蕃王府諸議參軍板者蕃王府板諸議參軍四

蕃王府長史司馬並六百石　庶姓持節府諸議

議參軍秩不言　庶姓持節將軍置長史六

皇弟皇子之庶子及庶姓公府中直兵參軍板府中

石庶姓非公不持節將軍庶姓持節府板諸

軍及板中錄事記室中直兵參軍板府中錄事記

內史相石二千冊楊會稽吳郡吳興四萬戶大守

令石建康正監平秩同　品並第七中書通事舍人依減例

射強弩武衛等將軍公車令太子左右積弩將軍並六

朝請武騎常侍秩依減　太后三卿十二卿大長秋等丞

左右衛司馬秩不言　太子詹事丞宵子律博士並六

子府正參軍板正參軍行參軍嗣王府皇弟皇

子之庶子府正參軍板行參軍嗣王府皇弟皇

功曹史主簿庶姓非公府中兵參軍板行參軍置主簿嗣王府

室直兵參軍庶姓持節府中錄事記室中兵參軍板府中

姓公府祭酒蕃王府中錄事記室至直兵參軍板府中

錄事記室直兵參軍太子太傅五官功曹史主簿必傳五

錄事記室中兵等參軍板府中　官功曹史主簿石

官功曹史主簿已上並　大學博士石　國子助教司傅郎

安蠻戎越校尉中郎將府等府長史無定品自隨主軍號輕

重小大府藏蠻戎越校尉中郎將等府板長史

校尉中郎將等府板長史　六百石蠻戎越

雍等州別駕中從事者秩不言　庶姓南徐荊江南充郢湘

戶已上縣令相石一千　不滿萬戶已上郡丞石六百

品並第八左右二衛殿中將軍秩　皇弟皇子國郎中令大農中尉並六百

令石　太子左右二衛率殿中　南臺侍御史石五千

宮通事舍人秩　王府皇弟皇子之庶子府正參軍板正參軍

將軍及丞嗣　王府皇弟皇子府正參軍板正參軍番王府

行參軍板行參軍庶姓公府正參軍板正參軍番王府錄

毅健烈威銳猛勇等十武猛毅烈威震銳進智駿勝等十

品第五威雄猛銳勇等十武猛勝風力光等十威武

擬越校尉至此凡加進一階若有將軍減將軍一階作則減刺中郎將隨府主軍號輕車若單

加大者至此凡一階　寧安振宣等五遠將軍寧蠻校尉小府軍將

擬官品第四千石　二輕車鎮朔武旅貟毅明威等將軍合二十五號

軍四中郎將第四千石　秩中二千石安征振宣等五遠將軍寧蠻校尉小府雍州軍

軍師武臣爪牙龍驤鷹冠軍鎮兵翊師宣惠宣毅等將

擬官品第一此秩中二千石四中軍撫四征西東南北八鎮左右前後四平東西南北四翊忠武

擬官品第二千石　秩中二千石八安左右前後西北

秩嗣王國郎中令大農中並二百石品並第九又有戎號擬官自一品至于九品凡二百三十七鎮衛驃騎車騎等三號將軍

國郎中令大農毅中並二百石品並第九　蕃王

不滿五千戶已下縣令相六百石　皇弟皇子國常侍秩不言上並秩言不言秩

西曹祭酒議曹二從事皇弟皇子諸州主簿西曹

從事史揚州主簿西曹及祭酒議曹二從事皇弟皇子國常侍秩不言上並秩

庶姓益廣衛青異比兗比徐梁泰司南徐等州別駕中

記室中兵等參軍板行參軍庶姓持節府錄事

薄正參軍板正參軍行參軍板行參軍記室中兵等參軍功曹史主簿

事記室中兵等參軍板錄軍記室中兵等參軍功曹史主

尉亦為九等品秩其應假給鼓節名各依舊差不賸奪其封

諸人並依此官秩而無秩其州郡縣自作則減其州郡縣自為九等品之差郡王第一品

石諸將起自第六品已下板則無秩雖除不領兵秩石降為六百石自四百石降為三百石秩論凡板將軍皆降除一品

威虜等將軍鎮蠻護軍西陽南新蔡晉熙廬江郡小府鎮蠻安遠護軍度支校尉隨府主簿巴陵

戎昭威戎伏波雄戰長翊衝冠雕騎伏飛勇騎破敵克敵

丞郡等擬官二十三號品第八並六百石前鋒將武毅開邊招遠

輕車若單作則減太守內史相一階若有將軍減一階安遠護軍度支校尉巴陵

威厲等將軍鎮蠻護軍西陽安遠護軍度支校尉隨府主簿

武和戎安墨超猛英果掃虜振狄武銳摧鋒開遠冠

威決勝清野堅銳輕車技山雲勇旅宣猛樹功克狄平虜威

號品第七並六百石超武鐵騎樓船宣猛樹功克狄平虜

西戎平戎鑾三校尉擬官一百四號品第六並千石龍

銳奇決起勝銳出等十厲將軍平越中郎廣梁南素南小府

進等十明光明英遠勝銳命勇戎野等十光威勇烈勝

烈猛銳銳毅捍信義勝等十忠明智勇毅壯健等十威銳勇

名勝迅等十驍雄猛威明烈信武勇毅壯健等十雄忠勇

壯武勇烈猛銳威力毅志意等十壯驍雄桀列武勇銳

公第二品開國郡縣侯第二品開國縣伯第四品並視砬

開國子第五品開國男第六品並視三千石

鄉亭侯第八品關中關外侯第九品視六

千石　視百戶

陳依梁制年未滿三十者不得入仕唯經學生秦試得第

諸州光迎主簿西曹及經為挽郎得仕其諸郡唯正

王住卅楊尹經迎迎出身庶姓則不得必有奇才異行

殊動別降恩旨敘用者不在常倒其相知表啟所以勤惰

常有之亦無年常考校黜陟涉之法既不為此式所以勤惰

無辨凡選官無定期隨關即補多更互遷官未必即進班

秩其官唯論清濁從濁官則微清則勝於轉若有遷授或

由別勅但後轉一人為官則諸官多須改動其用官式吏

部先為白牒錄數十人名吏部尚書與奏掌人共署奏敕

或可或不可其不用者更銓重奏請若勅可則付選更色

別量貴賤內外分之隨才補用以黃紙錄名八座通署奏

可即出付典名而典以名帖鶴頭板整威儀送往得官之

家其有特發詔授官者即宣付詔誥局作詔章草奏聞敕

可黃紙寫出門下門下付詔請付外施行又畫可付選司

行召得詔官者不必皆須待召但聞詔出明白即與其親

入謝後詣尚書上省拜受若拜王公則臨軒

奉揚都督監等兼國更種國趙國公臣長孫無忌等奉勅撰

百官中

《志二十二　隋書二十七　一》

後齊制官多循後魏置太師太傅太保是為三師擬古上
公非勳德崇重者不居次置太尉司徒司空是為三公三師
三公當中開黃閤設內屏各置長史司馬諮議參軍從事
中郎掾屬主簿錄事功曹記室戶曹金曹中兵外兵騎兵
長流城局刑獄等曹行參軍兼左右戶曹參軍長兼行參軍
水鎧集士等曹行參軍事東西閤祭酒及參軍事法墨田
水鎧士等七曹各一人其品亦每官屬下三府一階三師二
大置佐史則同大尉府乾明中文置丞相河清中分為左
右亦各置府僚云

參軍賢護等員同徒則加有左右長史三公下次有儀同
三司加開府者亦置長史已下官屬而減記室倉城局田
特進左右光祿金紫銀青等光祿大夫用人俱以舊德就
閑者居之自一品已下從九品已上又有驃騎車騎衛四
征四鎮中軍鎮軍撫軍四安冠軍輔國龍驤鎮遠安
遠建忠建節中堅中壘振威奮威廣德弘義折衝制勝伏
波陵江輕車樓舸勁武昭勇明威顯信慶遼橫海踰岷越

嶂戎昭武毅武雄烈懷猛揚麾鋒湯邊開城靜漠綏戎平
越殄夷飛騎鷙擊武牙武奮清野橫野偏禆等將軍以褒
賞勳庸

尚書省置令僕射吏部殿中祠部五兵都官度支等六尚
書又有錄尚書一人位在令上掌與令同但不糾察令則
彈糾見事與御史中丞更相廉察僕射職為執法置二則
為左右僕射皆與令同左糾彈而右不糾彈令僕射總
理六尚書事謂之都省其屬官左右丞

《志二十二　隋書二十七　二》

曹並彈糾客左右中兵左右外兵都官二千石度支戶十七
曹郎中又駕部虞曹屯田起部都官比部水部膳部金
部左右丞各一人掌金部庫部十一曹　右

丞各一人掌金部庫部十一曹

書分統列曹吏部統吏部
爵等曹掌封爵三曹殿中統殿中
曹掌封爵三公掌五時讀時諸曹……主
客等事蕃客等事虞曹掌諸典造
駕部掌車輿牛馬廄牧等事　儀
祠部統祠部掌祠祀醫藥死喪賜贈等事
主客掌諸蕃客喪贈醫藥等事　圭
客等事
四曹祠部統祠部喪贈賜等事
田曹諸州工匠屯造等事　屯田
田獵敦膳雜味等事　圓屯田掌
掌地圖山川遠近園圃等事
度掌雜物脂膳筆墨紙帳餘悉與左同

老功掌考第功及秀才
孝廉貢士等事及諸
五兵祠部無尚書則右僕射攝五兵統左中兵
衛官　右中兵掌河南及潼關已東
等事官　左中兵掌河北及潼關已西
兵等事　右外兵掌諸州鼓吹太樂
右外兵掌諸州河北及潼關已西　都兵掌諸州
右中兵掌河南及潼關已東　左外兵
事等事　左外兵掌諸州丁帳及諸

都官統都官遵舊失律二千石掌畿內非二千石失等事比部令句懲書律等五曹

事
水部掌舟船津梁公廨水事
膳部掌食肴餞等事
禮部掌
五曹度支統度支會計掌計凡
軍國糴糶等事
役糧廩等事　倉部出入等事　左戶掌天下計帳
松田宅租調等事　金部掌權藏文帳等事　右戶掌公事
諸庫藏財用所須事　庫部　六曹

凡二十八曹每部三公郎中各二人餘並如左
中吏部儀曹三公廞曹都官二千石比部左戶各量事置
事黃門侍郎各六人錄事四人通事令史主事八人給
人尚藥局典御及丞各二人總知御藥典事侍御師尚藥監各四
統局六領左右局領左右各二人掌
之　左右直長四人尚食局典御及丞各二人總知御藥典事侍
人主衣局都統子統各二人掌御衣服
齋帥局齋帥四人掌
掃洒設洒掌中局殿中監四人修補東耕則進未耡
中書省管司王言及司進御之音樂監令各一人侍郎四人
人并司伶官西涼部直長伶官清商四部又領龜茲四部
伶官清商部直長伶官清商四部又領舍人省
問中書舍人主書各十人
祕書省典司經籍監丞各一人郎中四人校書郎十二人
正字四人又領著作省著作郎二人佐郎八人校書郎二人
集書省掌諷議左右從容獻納散騎常侍通直散騎常侍
各六人諫議大夫七人散騎侍郎六人員外散騎常侍二

十八人通直散騎侍郎六人給事中六人員外散騎侍郎一
百二十八人奉朝請二百四十人掌起居舍人散騎常侍通
城等三局尉皆分司諸津橋
謁者臺掌諸吉凶公事導相禮儀軍僕射二人謁者三
十人錄事一人
御史臺掌諸津橋使者二人參事十人又領都尉合昌坊
署令一人符璽郎中四人
八人殿中侍御史檢校御史各十二人錄事領符節
尚食局典御內尚藥四人謁者統僕射
御史臺掌糾劾中尚藥治書
各四人侍中侍郎通直散騎侍郎又領起居舍人散騎常侍通
合中侍中省掌出入門閤中謁者僕射二人常侍給事中
直散騎常侍散騎侍郎通直散騎侍郎各一人謁者統
太常光祿衛尉宗正太僕大理鴻臚司農大府是為九寺
置鄉少卿丞各一人各有功曹五官主簿錄事等員
諸陵掌守衛山陵等事
有博士四人掌禮制
太常掌陵廟群祀禮樂儀制天文術數衣冠之屬其屬官
協律郎二人掌監調八音律呂音樂事
太廟掌郊廟社稷等事　太樂掌諸樂節奏等事　太祝掌郊廟贊祝祭祀供牲等事　太史掌天
鼓吹掌百戲鼓吹鞞鐃人等事
律曆卜筮風雲氣色等事　太史掌天
文地動蓍龜曆雲風等事　太醫掌醫藥等事　太宰掌諸

貞凶掌諸凶禮諸具。門署置僕射六人，以司其事，餘各有令丞，又領東園局丞。

肴藏掌藏諸味等事。清漳、華林掌禁籞林木等事。太官掌膳食。守宮掌諸付張。供府掌供御衣服玩弄之事。統守宮、太官、宮門、供府、肴藏、清漳、華林等署令丞。

太樂兼領清商部丞，掌清商音律等事。太卜。太史兼領靈臺、觀候等事。鼓吹兼領黃戶局丞，掌供樂人衣服。……等署令丞，而太廟兼領郊祠、群神等事；崇虛掌五嶽四瀆、神祀在京及諸州道士簿帳等事。

殿城門並諸門管籥等事。……庫管籥等事。衛尉寺，掌禁衛甲兵，統城門、武庫、衛士諸署令丞，武庫又有修故局丞，故甲弩等局。武庫及吉函。……儀仗諸門兵士等署令丞。

太宗正寺，掌宗室屬籍、皇子王國、諸王國、諸長公主家令等署令丞。

太僕寺，掌諸車輦、馬牛畜產之屬，統驊騮、左右龍、左右牝、駝牛、司羊、乘黃、車府等署令丞，而驊騮兼領左右龍、左右牝、駝牛、羊、車府等局。龍署有左右龍。牝署有左右牝。司羊署有特羊、牸羊局。駝牛署有典駝、特牛、牸牛三局。又有奉乘直長二人。車府有奉車都尉。

大理寺，掌決正刑獄，正監、評各一人，律博士四人，明法掾二十四人。……檻車督二人，掾十人，獄丞掾各二人，司直、明法各十人。

鴻臚寺，掌蕃客朝會、吉凶弔祭，統典客、典寺、司儀等署令丞。典客署又有京邑薩甫二人，諸州薩甫一人，諸州胡三十人。祗部丞一人。司儀署又有奉禮郎三十人。

司農寺，掌倉市、薪菜、園池、果實，統平準、太倉、鉤盾、導官、梁州水次倉、石濟水次倉、籍田等署令丞，而鉤盾又別領大圃、上林、遊獵、柴草、池藪、苜蓿等六部丞。導官署又有御細部、麴麵部。領山陽、平頭督九等三部丞。典庫部等倉督員。

太府寺，掌金帛府庫、營造器物，統左中右三尚方、左藏、右藏、細作、左校、甄官等署令丞。左尚方又別領樂器局、器作三局丞。中尚方又別領涇州絲局、雍州絲局、定州紬綾局四局丞。右尚方又別領別局丞。司染署又別領京坊、河東、信都三局丞。東道文別領滏口、武安、白澗三局丞。諸冶東西道署又別領冶泉部、大鄴原仇四局丞。領晉陽冶泉部、大鄴原仇四局。甄官署。石窟丞。

國子寺，掌訓教冑子，祭酒一人，亦置功曹、五官、主簿、錄事，員領博士五人，助教十人，學生七十二人。太學博士十人，助教二十人，太學生二百人。四門學博士二十人，助教二十人，學生三百人。

長秋寺掌諸閹閑中謁者中丞各一人並用丞二人亦有功曹五官

主客寺署令丞又有暴室局丞其中藏署中宮僕射

及博士四人掖庭晉陽宮中山宮園池中宮僕射

又別有麴豆局丞園又別有桑園部丞中宮署

署又別有乘黃局教尉細馬車都督車府部丞奚

官署又別有染局丞

一人又領軍主副幢主副等

昭玄寺掌諸佛教置大統一人統一人都維那三人亦置

功曹主簿錄事以管諸州郡縣沙門曹

事員若有營作則立將副將長史司馬主簿錄事各

將作寺掌諸營建大匠一人丞四人亦有功曹主簿錄

領軍府將軍一人掌禁衛宮掖朱華閣外凡禁衛官皆主

之興駕出入督攝仗衛中領軍亦同有長史司馬功曹五

官主簿錄事叅其府事其府事

左右衛府將軍各一人掌左右廂所主朱華閣以外各武

衛將軍二人貳之皆有司馬功曹主簿錄事叅其府事五

御伏為官有直都督直入正副都督勳武前鋒正副都

蜀官有直盪正副都督直入正副都督勳武前鋒正副都

督勳武前鋒五藏等員直衛屬官有直衛正副都督翊衛

正副都督前鋒正副都督等員直突屬官有直突都

督勳武前鋒散都督等員直閣屬官有朱衣直閣直

將軍直寢直齋直後之屬又有武騎雲騎將軍各一人

驍騎遊擊前後左右等四軍將軍左右中郎將各十

步兵越騎射聲屯騎長永等校尉奉車都尉各五人

人武賁中郎將羽林監各十五人凡從僕射騎都

尉六人積弩積射強弩等將軍及武騎常侍各二

督五十八人殿中將軍五十人員外將軍一百人員

領左右府有領左右將軍領千牛備身左右備身

十五人殿中將軍員外司馬督一百人

正副都督備身五職員

副都督左右備身五職左右備身又有刀劍備身

正副都督備身五職左右備身又有刀劍備身

護軍府將軍一人掌四中闗津興駕出則護駕中護軍亦

同有長史司馬功曹五官主簿錄事叅其府事其屬官東

西南北四中府皆統之四府各中郎將一人長史及功曹倉曹中

叅軍統府錄事各一人又有統府直兵及功曹倉曹中

兵外兵騎兵長流城局等叅軍各一人又叅軍各一人法田鎧等曹

行參軍各一人又領諸關尉津尉

行臺在令無文其官置令僕射其尚書丞郎皆隨權制置員其事未詳

太子太師太傅太保是為三師掌訓範輔翊皇太子
少師少傅少保是為三少各一人掌奉皇太子以觀三師
之德出則三師在前三少在後
詹事總東宮內外衆務事無大小皆統之府置丞功曹五
官主簿錄事員領家令率更令僕三寺左右衛二坊三
寺各置丞二坊各置司馬率者皆有功曹主簿以承其事
家令領倉食典倉等署令丞典內坊令丞藏又
其食官又別領器局酒局二局丞更領中盾署令丞各一人（掌知閤內諸事）
別領伏庫典作二局丞又（掌周衛禁藏）
鐘鼓漏刻（防漏刻）
僕寺領廄牧署令丞署又別有車輿局丞

左右衛坊率各領騎官備身正副都督騎官備身五職騎
官備身員又有內直備身正副都督內直備身五職內直
備身員又有備身正副都督備身五職員又有直閤直
前直後員又有旅騎尉北衛典軍校尉各二人騎尉三十
門下坊中庶子中舍人通事守舍人等主事守舍人各四人
又領殿內典膳藥藏齋帥局通事守舍人各二人副
直監四人典膳藥藏局監丞各三人藥藏又有侍醫四人
齋帥局齋帥內閣帥各二人典書坊庶子四人舍人二十
人文領典經坊洗馬八人守舍人二人門大夫坊門大夫

主簿各一人并統伶官西涼二部伶官清商一部
自諸省臺府寺各因其繁簡而置吏有令史書吏
之屬又各置曹兵以共其役其員因事之條以流甚衆
專其事者各因事名條以流甚衆不可得而具也
王位列大司馬上（非親王則位在三公下）置師一人餘官大抵與梁制
不異其封內之調盡以入臺三分食一（公已下四分食）
皇子王國置郎中令大農中尉常侍（侍郎人上中）
下三將軍各一人上軍大夫（各二）典書典祠學官典
衛寺令各一人齋帥（人四）食官廄牧長（各）典醫丞典府丞
一執書人謁者（人各四）舍人等員諸王國則加有陵廟
長常侍各一人而無中將軍員（中大夫各減八人諸公）
又減諸王防閤齋帥典鑒丞等員（己）
郡署佐從事員（主簿置史西曹已各置佐史）
公國將軍大夫員有別駕從事史治中從事史州都主簿西
司州置牧屬官有別駕功曹祖曹立曹騎曹都官法曹部
曹書佐記室戶曹功曹金曹祖曹都官法曹部
又領四東市署令丞及統清
都郡諸畿郡
郡芻從事員
清都郡置尹丞中正功曹主簿錄事等員
議生及功曹記室戶田金祖兵騎賊法等曹掾
主記
中部掾等員

鄭臨漳成安三縣令各置丞中正功曹主簿門下督錄軍
主記議及功曹記室戶田金租兵騎賊法等曹掾員鄣
領右部南部西部三部二尉又領左部東部二尉又領後部管比部二尉後經途
五里里置正臨漳又領左部東部二尉又領後部管九行經途
部管十一行經途尉七十四里里置正成安又置正清都郡諸縣令已
尉凡一百二十四里里置正成安又置正清都郡諸縣令已
下官悉與上上縣同諸鐵郡太守已下悉與上上郡同
○上上州刺史置府屬官有長史司馬錄事功曹倉曹中
兵等參軍事及掾史主簿西曹書佐市令及史祭酒
府錄事統府直兵箱錄事等員州屬官有別駕贊
曹行參軍及掾史右戶掾史行參軍長兼行參軍督護統
從軍部郡從事卑服從事典籤及史門下督省事都錄
事及史箱錄事及史門下督省事都錄
城局刑獄等及參軍事及掾記室掾史外兵騎兵長流
曹兵曹左戶等掾史員
上上州府州屬官佐史合三百九十三人上中州減上
州十人上下州減上中州十人中上州減中下州五十一
人中中州減上中上州十人中下州減中上州五十
人中中州減上中州十人中下州減中上州五十
減中下州五十人下中

州十人
上上郡太守屬官有丞中正光迎功曹光迎主簿功曹主
簿五官省事錄事及西曹戶曹金租曹兵曹光迎主簿功曹主
佐大學博士助教太學生市長倉督等員合屬官佐史二
百一十二人上中郡減上上郡五人上下郡減上中郡五
錄事及西曹戶曹金租曹兵曹等掾市長等員合屬官
上上縣令屬官有丞中正光迎功曹光迎主簿功曹主簿
下上郡減中下郡二人下下郡減下上郡二人
下郡減中下郡五人下下郡減中下郡四十八人中上郡減中
人中上郡減上中郡五人上下郡減中上郡四十五人中中郡減中
百一十二人上中郡減上上郡五人中上郡減中下郡五人中中郡減中
佐史五十四人上中縣減上上縣五人上下縣減上中縣
五人中上縣減上下縣六人中中縣減中上縣五人中下
縣減中上縣一人下上縣減中下縣五人中下縣減中上
縣一人下上縣減中上縣一人下中縣減下上縣一人
自州郡縣各因其大小置白直以供其役
三等諸鎮置鎮將副將長史錄事參軍倉曹中兵長流城
局等參軍事鎧曹行參軍市長君督等員
三等戍置戍主副掾隊主副等員
官一品每歲祿八百四十二匹為一秩從一品七百四十一
百七十五匹為一秩

二品六百匹二百五十匹爲一秩從二品五百匹二百

三品四百匹二百四十爲一秩從三品三百匹二百七十五匹爲

四品二百四十匹一百四十爲一秩從四品二百四十五十匹爲

一秩

五品一百六十匹四十四爲一秩從五品一百二十匹三

十四爲一秩

六品一百匹二十五匹爲一秩從六品八十匹二十匹爲

一秩

一秩

七品六十匹十五匹爲一秩從七品四十匹四十定爲一秩

○八品三十六匹九匹爲一秩從八品四十二匹爲秩

九品二十八匹七匹爲一秩從九品二十四匹六匹爲

一秩

禄率一分以帛一分以粟一分以錢事繁者優一秩

平者守本秩閑者降一秩長兼試守者亦降一秩

官非執事不朝拜者皆不給祿又自一品已下至

於三十人已下至於

流外勲品或以五人爲等或以四人三人二人

一人爲等繁者加一等平者守本力閑者降一等焉

州郡縣制祿之法刺史守令下車各前取一時之秩

上上州刺史歲秩八百匹與司州牧同上中下各以五

十匹爲差下上州刺史歲秩一百匹中及中上下各以五

十匹爲差○上郡太守歲秩五百匹降清都尹五十匹上中下各以五十匹

爲差下上郡太守歲秩一百四十匹中及中上下各以三

十匹爲差○上上縣歲秩一百五十匹與鄴臨漳成安三縣同上中上

下各以十匹爲差下上縣歲秩五十匹中上下各以十匹爲差中及中下各以

五匹爲差下各以十匹爲差中上下各以

○州長史已下逮于史吏郡縣自丞已下逮于掾佐亦

皆以帛爲秩郡有尉丞者尉減丞之半皆以其所出常調

之其州鎮將戍主軍主副幢主逮力皆聽敕力給其所部之

諸州刺史守令已下幹及力皆聽敕力給則以其州郡縣白直充

人一幹輸絹十八匹幹身放之力則以其州郡縣白直充

○三師王二大　大司馬　大將軍　三公爲第一品

開府儀同三司開國郡公爲從一品

儀同三司太子三師特進尚書令驃騎車騎將軍加大者

祿大夫散騎郡公開國縣公爲第二品

中書令太子詹事侍中列曹尚書四平將軍大宗正大僕

大理鴻臚司農太府卿清都尹二等上州刺史左右衞將

軍祕書監銀青光祿大夫散縣矦開國縣伯爲第三品

散騎常侍三等中州刺史司徒左長史四万中郎將四護

任開國郡公下者在太師上　衞將軍加大者次在太　四征將軍　衞大將軍　左右光

匈奴羌戎
夷蠻越

中郎將國子祭酒御史中丞中侍中長秋卿將

作大匠冠軍將軍太尉長史左右將軍武衞將軍太子

左右衞率輔國將軍四護校尉太中大夫龍驤將軍三等

上郡太守散縣伯爲從三品

鎮遠安遠將軍太常光祿衞尉少卿尚書吏部郎中給事

黃門侍郎太子中庶子司徒右長史司空長史太宗正太

僕大匠鴻臚司農大府少卿三公府司馬中常侍中尹城

門校尉武騎雲騎驍騎遊擊將軍已前階建忠建節將軍通

直散騎常侍諸開府長史中大夫三等下州刺史三等鎮

將諸開府司馬開國縣子爲第四品

中壘中堅將軍尚書左丞三公府諮議參軍事司州別駕

從事史三等上州長史太子三卿前左右軍將軍中書

侍郎太子庶子三等中郡太守左右備身備身

衞仗左邊等正都督三等上州司馬已前階振威奮武將軍

諫議大夫尚書右丞諸開府諮議參軍司州治中從事史

左右中郎將夾兵越騎射聲屯騎長水校尉朱衣直閤直

閤將軍太子騎官備身內直備身等正都督三等鎮副將

等中州長史三公府從事中郎祕書丞皇子友國子博士

廣德弘義將軍太子備身直入直衞等正都督領左右三

散縣子爲從第四品

屯衞典軍校尉領護府長史司馬諸開府從事中郎開國

縣男爲第五品

散騎侍郎太子中舍人員外散騎常侍三等中州司馬

階上折衝制勝將軍主衣都統尚食尚藥一典御太子旅騎

伏波陵江將軍三等下州長史三公府掾屬著作郎通直

散騎侍郎太子洗馬左右備身刃劒備身御使真涂副都督左

右直長中尙食中尙藥典御三等下州司馬已前階輕車樓府

將軍駙馬都尉翊衞正都督直寢直齋奉車都尉駙

者諸開府掾屬崇聖歸義歸正命歸德矦清都郡丞

治書侍御史鄴臨漳成安三縣令中給事中三等下郡太守

大理司直太子直閣二衛隊主太子騎官內直備身副都
督開國鄉男散縣男為從第五品
勁武昭勇將軍尚書員諸曹郎中中書舍人三公府參軍
等上州別駕從事史四中府三等鎮守長史三公府錄事
參軍事皇子郎中令三公府功曹記室戶曹中兵參軍
皇子文學謁者僕射比䦬明威顯信將軍太子備身副都
督四中府司馬武賁中郎將羽林監冗從僕射直入副都
督千牛備身大理正監評侍御師諸開府錄事功曹記室
倉中兵等曹參軍事三等上州錄事參軍事治中從事史
錄事參軍事上䦬前跇岷越巂嶲將軍直衛副都督中州
從事史諸開府主簿列曹參軍事二等中州功曹中兵等
公府列曹參軍事給事中太子門大夫三等上州功曹中
兵等參軍事皇子大農騎都尉直後符璽郎中三等中州
四卅九
品。度遼橫海將軍直突都督三等中州別駕從事史三
三等上郡丞三等上縣令太子內直監平準署令為第六

志二一　隋書三七　十七

管射將軍員外散騎侍郎皇子中尉三公府參軍事列
曹行參軍比䦬前雄烈恢德將軍羽衛副都督諸開府
閣祭酒參軍事列曹行參軍三等中州府主簿列曹中兵
四中府功曹中兵參軍事府丞左右備身五職二等中州
二衛府司馬詹事府丞左右備身五職二等中州府主
騎官備身五職三等中郡丞三等中縣令太子騎尉太子
事六寺丞祕書郎中著作佐郎太子侍醫列曹行參
軍三等上州府錄事列曹參軍事王公國大農秋將作寺
楊庵曜鋒將軍勳武前鋒副都督強弩將軍三等下州府主簿列曹行參
參軍事四中府列曹參軍事王公國大農長秋將作寺丞太
子二率坊司馬三等鎮倉中兵參軍事比䦬蕩邊開域將
軍勳武前鋒散都督太學博士皇子常侍太常博士武騎
常侍左右備身刀劍備身五職
事列曹行參軍諸開府行參軍奉朝請國子助教公車京
邑二市署令三等鎮列曹參軍事三縣丞二衛隊副前鋒正
藥永齋帥中尚食中尚藥丞太子直後二衛隊副前鋒正
靜漠綏戎將軍協律郎三等上州行參軍下州
主為從第七品
都督太子騎官備身太子內直備身五職

四冊　志二二　隋書十七　十八

将軍皇子侍郎比擬平越夷獠將軍力劍備身五職〔已見〕
前鋒副都督太子内直備身　主書殿中侍御史大夫典膳
藥藏丞太子獅帥三等中州　行參軍王公國中尉三等鎮
鎧曹行參軍三等下郡丞三等下縣令爲第八品
戸行參軍諸開府長兼行參軍員外將軍勳武前鋒五職
謁者僕射中黄門兄從僕射比擬武牙武舊將軍備身御
仗五職宮門署僕射太子備身五職侯伯國大農皇子上
中下將軍尚書都令史檢校御史諸署令諸開府典藏中
門下録事尚書都令史檢校御史諸署令爲第九品
飛騎僕擊將軍三公府長兼左右戸行參軍王公國中尉

清野將軍子男國郎中　令諸署内謁者局統三等上州長
兼行參軍中黄門太子内坊令公主家令皇子防閤典書
令四門博士大理律博士校書郎三公府參軍督護部水
丞爲從第八品
司州及三等上州典籤太子諸隊副諸戍諸軍副清都郡
承爲從第九品

御仗太子食官中右自典署令太子備身平准公車丞三
國中尉謁者太子二寺丞諸開府參軍督護中司馬伯
兼軍事七部尉諸郡尉比擬橫野將軍王公國侍郎督伯
令中尉諸門博士大理律博士校書郎三公府參軍防閤典書
兼行參軍中黄門太子内坊令公主家令皇子防閤典書
偏將軍諸曹教博士太子司藏廄牧令太子校書司諸署別
等中州典藏爲第九品

局都尉諸尉諸關津尉三等上州參軍督護三等中州長
兼行參軍祕書省正字皇太子二令王公國上中下將軍
及上中大夫諸署令諸縣丞上闕裡將軍領軍府功曹太
常光禄衛尉寺詹事府五官奉禮郎子男國農軍府太
録事三等下州典籤尚書下中書等省　師爲從第九
小黄門貟外司馬督太學助教諸博主遙尉侍中省
品
流内比視官十三等第一領人酋長視從第三品第一不
領人酋長視第四品第二領人酋長第一領人庶長視從
第四品諸州大中正第二不領人酋長第一不領人庶長
視第五品諸州中正纖郡邑中正第三領人酋長第二領
人庶長視從第五品第三不領人酋長第二不領人庶長
視第六品第三領人庶長視從第六品諸州大中正
視第七品司州西曹書佐清都郡中正功曹清都州
都督簿司州西曹書佐國子學生視從第七品諸州
列曹從事諸州西曹書佐諸郡正祭酒從事史視第
從第八品司州部郡從事諸郡主簿司州
州部郡從事司州守從事諸郡主簿司州武猛從事
第九品
周太祖初攬關内官名未改魏號及方隅粗定改創章程

命尚書令盧辯遠師周之建職置三公三孤以爲論道之官次置六卿以分司其務其所制班序

內命謂王朝之臣　三公九命三孤八命六卿上命上大夫六命

中大夫五命下大夫四命上士三命中士再命下士一命

外命謂諸侯及其臣　諸公九命諸侯八命諸伯七命諸子六命諸男五命諸公之孤卿四命侯伯之孤卿公之大夫三命諸

之孤卿侯伯之大夫公之上士再命子男之大夫公之中士侯伯之士下士一命子男之士已上至於上

士不命其制祿秩下士一百二十五石中士上至於上大夫各倍之倍之士昊爲四千石右孤卿二分公四分

各益其一公因盈數爲萬石其九秩一百二十石八秩

至於七秩每二秩六分而下各去其二二秩俱爲四十

及頒祿視年之上下畞至四金爲上年頒其三金

爲中年頒其半二金爲下年頒其一無年爲因

荒不頒祿六官所制如此制度既畢太祖以魏恭帝三年

始命行之所設官名說於周末多有改更並具盧傳不後

重序云

太尉揚州都督監修國史上柱國趙國公長孫無忌等奉敕撰

百官下

高祖既受命改周之六官依前代之法置三師三公及尚書門下內史祕書內侍等省御史都水等臺太常光祿衛尉宗正太僕大理鴻臚司農太府國子將作等寺左右衛左右武衛左右武候左右領左右監門左右領軍等府分司統職焉

三師不主事不置府僚蓋與天子坐而論道者也

三公參議國之大事依後齊置府僚無其人則闕祭祀則太尉亞獻司徒奉俎司空行掃除其位多曠皆攝行事尋省府及僚佐置公則坐於尚書都省朝之眾務緫歸於臺閣

尚書省事無不緫置令左右僕射各一人緫吏部禮部兵部都官度支工部等六曹事是為八座屬官左右丞各一人都事八人分司管轄吏部尚書統吏部侍郎二人主爵侍郎一人司勳侍郎二人考功侍郎一人禮部尚書統禮部祠部侍郎各一人主客膳部侍郎各二人兵部尚書統兵部職方侍郎各二人駕部庫部侍郎各一人都官尚書統都官侍郎二人刑部比部侍郎各一人司門侍郎二人

度支尚書統度支戶部侍郎各二人金部倉部侍郎各一人工部尚書統工部屯田侍郎各二人虞部水部侍郎各一人凡三十六侍郎分司曹務直宿禁省如漢之制

門下省納言二人給事黃門侍郎四人錄事通事令史各六人又有散騎常侍通直散騎常侍各四人諫議大夫七人散騎侍郎四人員外散騎常侍六人通直散騎侍郎四人並掌部從朝直又有給事二十人員外散騎侍郎二十人奉朝請四十人並掌同散騎常侍等兼出使勞問統城門尚食尚藥符璽御府殿內等六局城門局校尉二人直長四人尚食局典御二人直長四人食醫四人尚藥局典御二人侍御醫直長各四人醫師四十人符璽御府殿內局監各二人直長各四人

內史省置監令各一人尋廢監置令二人侍郎四人舍人八人通事舍人十六人主書十人錄事四人

祕書省監丞各一人郎四人校書郎十二人正字四人錄事二人領著作大史二曹著作曹置郎二人佐郎八人校書郎正字各二人太史曹置令丞各二人司曆二人監候四人其曆天文漏刻視祲各有博士及生員

內侍省內侍內常侍各二人內給事四人內謁者監六人內寺伯二人內謁者十二人寺人六人伺非八人並用宦者

者領內尚食掖庭宮闈奚官內僕內府等局

除各置令一丞皆二人其闈闥內祇洹則加置丞各二人掖庭又有宮教博士二人 尚食又丞各置二人

御史臺大夫一人治書侍御史二人待御史八人殿內侍御史監察御史各十二人錄事二人後魏延昌中王顯有寵太常武為御史中尉讀事革選御史此後遂其事每一中尉則更置御史自閻皇後始自吏部選用仍依舊入直禁中

都水臺有使者及丞各二人參軍三十人河堤謁者六十人錄事二人領掌船局都水尉二人又領諸津上津每尉一人津長四人丞二人中津每尉丞各一人下津每典作一人

《隋書志二十三》　三

太常光祿衛尉宗正大僕大理鴻臚司農太府等九寺並置卿少卿各一人 太僕尋加各置丞太常衛尉宗正大理光祿則

太僕各三人司農主簿寺各二人餘鴻臚將作各二人光祿則農
五人太府六人 錄事加至三人
各四人太府則 各二人

太常寺又有博士四人協律郎二人奉禮郎十六人統郊社太廟諸陵太祝衣冠太樂清商鼓吹太上廩犧等署

又有典瑞四人太祝二人太樂署有大醫署有主藥二人醫師二百貞太樂令八人則各加至二人太樂鼓吹各一人郊社太上廩犧各二人社太廟諸陵太祝衣冠各一人太樂清商鼓吹各二人

《隋書志二十三》　四

人藥園師一人醫博士二人助教二人按摩博士二人祝禁博士一人等員太卜署有上師二十人相師十人男覡十六人女巫八人太卜博士助教各一人 相博士助教各一人 男覡十六人女巫八人太卜

光祿寺統大官有藏良醢掌醢等署各置令 大官三人有藏良醢各二丞太官八人有藏良醢掌醢等員 大官又有監膳十二人良醢

大僕寺又有獸醫博士員一百 統驊騮乘黃龍廐車府二人乘黃車府丞二人典牧牛羊等署各置令 丞二人典牧牛羊則一人

衛尉寺統公車武庫守宮等署各置令 公車一人武庫武庫署宗正寺不統署 宗正寺不統署

大理寺不統署又有正監評各一人 司直十人律博士八人明法二十人獄掾八人

鴻臚寺統典客司儀崇玄三署各置令 二人崇玄則典客鴻臚寺統典客司儀崇玄三署各置令 二人崇玄則

司農寺統太倉典農平準廩市鈎盾華林上林都官惟置一人署又有掌客十司儀有掌儀人二十等員署各置令惟置一人等員

司農寺統太倉典農平準廩市鈎盾華林上林導官等署各置令 二人鈎盾華林上林則加至太倉又有米廩督二人穀倉督四人鹽倉督人京市有肆長四十道官有御細倉督人 道官有御細倉督人

太府寺統左藏左尚方內尚方右尚方司染右藏黃藏掌 太府寺統左藏左尚方右尚方司染右藏黃藏掌

治甄官等署各置令二人〔左右尚方則加至四人，左右尚藏則六人。黃藏則惟置一人，丞則八人，左右尚〕

藏則六人　黃

國子寺〔元隸太常〕祭酒酒一人〔屬官有主簿錄事各〕。四門書算學置博士〔國子一百四十人，太學各二門各〕。人各二人〔算各八十人，四門各三〕。統國子、太學〔助教四人各五，太學各五〕等員。

將作寺大匠一人，丞、主簿、錄事各二〔統左右校署令各二，丞〕等員。

左右衛、左右武衛、左右武候，各大將軍一人，將軍二〔校三人〕。史、司馬、錄事、功曹、兵、騎等曹參軍，法曹、鎧曹行參軍。

左右衛掌宮掖禁御，督攝仗衛。又各有直閤將軍六人、直寢、直齋、直後各五人，並掌宿衛侍從。奉本軍都尉八人，掌駈副。十二殿內將軍十五，員外將軍三十，殿內司馬督二十，員外司馬督四十，並以參軍府朝出使勞問左右。

車武騎常侍。殿內司馬。

衛又各統親衛置開府〔左勳衛開府、左開府准此〕。府置開府〔有長史、司馬、錄事及倉、兵等曹〕。

督又有司馬督。

軍法曹行參軍〔府准此。又有儀同府〕，軍法曹行參軍〔儀同已下置貟同開府但無行參軍貟諸府皆領〕。

軍坊每坊〔東宮軍坊准此，置坊主〕。人佐二人左右武衛府無直閤已下貟但領外軍宿衛。

左右武候掌車駕出先驅後殿，晝夜巡察，執捕姦非烽候〔道路水草所置，巡狩師田則掌其營禁，右加置司辰師人四〕。

漏刻生〔十人〕。

左右領左右府各大將軍一人，將軍二人，掌供御仗。領千牛備身十二，掌執御刀備身左右十二，掌供御弓箭備身六十，掌宿衛侍從，各置長史、司馬、錄事及倉、兵、二曹參軍事，鎧曹行參軍。校尉、直長〔各十三〕、長史、司馬、錄事及倉、兵曹參軍、鎧曹行。

左右監門府各將軍一人，掌宮殿門禁及守衛事，各置郎將〔人二〕、校尉、直長各〔二〕、二曹參軍事、鎧曹行參軍各一等員。

參軍〔人二〕、行參軍〔四等貟〕。

左右領軍府各掌十二軍籍帳、差科、辭訟之事，不置將軍，唯有長史、司馬、錄事及倉、兵等曹行參軍〔各一〕等曹行參軍〔各一〕。

司掌律令輕重。

行臺省則有尚書令、僕射〔左右任置〕、尚書及丞〔左右任置各一人〕、都事四人。有考功、兵部〔兵部兼吏部、司勳、禮部〕、度支〔度支兼都官、禮部〕、工部〔工部兼屯田、水部〕。

戶部兼〔金部、工部、屯田、水部、刑部、司門〕。膳部、兵部〔兼職方、駕部、庫部〕。主客部兼〔祠部〕。侍郎各一人，每行臺置。

食貨、農圃、武器、百工監、副監各一人，各置丞〔食貨四人，農圃六人，武器一人〕。工二人，百工〔食貨、農圃〕，錄事二人〔食貨、農圃、武器一人〕等員。

太子置太師太傅太保少師少傅少保闕冑初置處事二
年定令罷之
門下坊置左庶子二人內舍人四人錄事二人主事
四人統司經宮門內直典膳藥藏齋帥等六局司經置洗
馬四人校書六人正字二人宮門內直置監
副監各二人內直監殿舍人四人典膳藥藏並置監丞各二人
藥藏又有侍醫四人齋帥置四人
典書坊右庶子二人舍人通事舍人各八人錄事二人主
事令史四人內坊典內及丞各二人丞直四人錄事一人
內廄置尉二人掌內車輿之事

〈隋書志二十三〉 七

家令掌刑法食膳倉庫奴婢等事
率更令掌伎樂掌宗族親疎
一人三寺各置丞 寺家令各二人錄事 寺家令二人家令領食官
典倉司藏三署令各一人丞一人蕭三人僕寺領廄令
一人行參軍八員又各有直閤四人直寢八人直齋直後
各十人
左右衛各置率一人副率二人掌宮中禁衛各置長史司
馬及錄事功曹兵騎兵等曹泆曹鎧曹行參軍各
一人行參軍八員又各有直閤四人直寢八人直齋直後
各十人
左右宗衛制官如左右衛各掌以宗人侍衛加置行參軍
二人而無直閤直寢直齋直後等員

左右屯候各置開府一人掌斥候伺非長史已下如左右
衛而無錄事參軍員減行參軍一人
左右內率副率各一人掌領備身已下禁衛侍衛供奉兵
仗又無功曹兵泆等曹及行參軍員餘與實候同有千牛
備身八人掌執千牛刀備身左右八人掌供奉弓箭備身
二十人掌宿衛侍從
左右監門各率一人副率二人掌諸門禁謂非長史已下同內
率府各置長史十人
高祖又採後周之制置上柱國柱國上大將軍大將軍上
開府儀同三司開府儀同三司上儀同三司儀同三司大

〈隋書志二十三〉 八

都督帥都督都督總十一等以酬勤勞又有特進左右光
祿大夫金紫光祿大夫銀青光祿大夫銀青光祿大夫大
夫並爲散官以加文官之德聲者並不理事六品已下
又有翊軍等四十三號將軍品凡十六等爲散號將軍以
加汎授居曹有職務者爲執事官無職務者爲散官諸省及左右衛武候領
左右監門府爲內官自餘爲外官
國王郡王國公郡公縣公侯伯子男凡九等皇伯叔昆弟
皇子爲親王國公郡公縣公二人文學二人 闕王則長史司馬
親王置師友各一人主簿二人錄事功曹記室戶倉
諮議參軍事掾屬各一人

兵等曹騎兵城局等叅軍事東西閤祭酒各一人叅軍事

四人法田水鎧士等曹行叅軍各一人行叅軍六人長兼

行叅軍八人典籤二人

上柱國嗣王郡王王等府主簿錄軍事東西閤祭酒長兼行

叅軍貟而加叅軍行叅軍為五人行叅軍為十二人柱國又

無騎兵叅軍事水曹行叅軍事田曹鎧曹行叅軍事行叅軍

一人上大將軍又無議叅軍貟田曹鎧曹叅軍事貟文

減行叅軍一人大將軍又無掾屬貟文上儀同又無功曹城局叅軍貟減

開府又無法曹士曹行叅軍叅軍事開府又無典籤貟

減行叅軍一人上儀同又

叅軍一人儀同又無倉曹貟減行叅軍三人

三師三公置府佐與柱國同若上柱國任三師三公唯從上

柱國置王公已下三品上又並有親信帳內名隨品高

甲而制貟

諸王置國官有令太農各一人尉各二人典衛各八人常

侍各二人侍郎各四人廟長學官長各一人食官廄牧長

丞各一人典府長丞各一人舍人各四人等其上柱國柱

國公減典衛二人無侍郎貟又減典衛二人食官廄

牧長各一人子男文減全兄一人上大將

軍大將軍公同柱國子男其庱伯減公典衛侍郎廄牧丞

各一人子男無令無典衛文減全兄一人上開府開府公

同大將軍子男其庱伯又無常侍無食官廄牧丞子男文

無侍郎廄牧長上儀同儀同公開府子男其庱伯又無

尉無學官長上儀同儀同公無開府已後置國官廄牧丞諸

王同郡王與上柱國國公無上開府開府公與諸

府公同散郡公與儀同族伯同散縣公與諸

長公主長公主公主唯置家令丞各一人主簿謁者舍人

各二人等貟郡公主唯並置家令丞各

各二人等主長公主公主並置家令丞各一人主簿

雍州置牧貟牧官有別駕贊務贊務州都郡正主簿錄軍西曹書

佐金戸兵法士等曹佐

京兆郡置尹丞正功曹主簿金戸兵法士等曹佐史並

貟并佐史合二百四十四人

大興長安縣置令丞正功曹主簿西曹金戸兵法士曹佐

史合五百二十四人

史合一百四十七人

上上州置刺史長史司馬錄事叅軍事功曹戸兵法等曹參

軍事法士曹等行叅軍典籤州都光初主簿郡正

主簿西曹書佐祭酒從事部郡從事倉督市令丞等貟并

佐史合三百二十三人

上中州減上州吏屬十二人

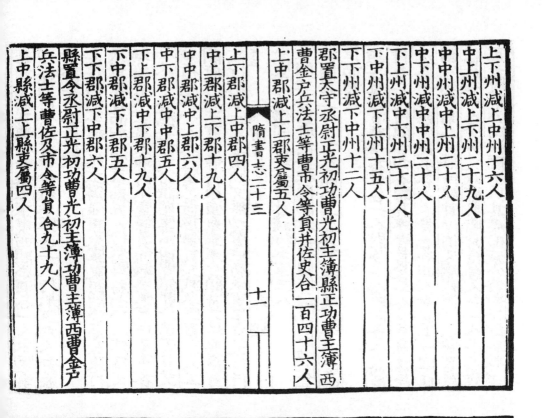

上下州減上中州十六人

中上州減上下州二十九人

中中州減上下州二十人

中下州減中上州二十人

下上州減中中州二十人

下中州減中下州三十二人

下下州減下上州十五人

下下州減下中州十二人

郡置太守丞尉正功曹光初主簿縣正功曹主簿西

曹金戶兵法士等曹市令等員並佐史合一百四十六人

上中郡減上上郡吏屬五人

上下郡減上中郡四人

中上郡減上下郡十九人

中中郡減中上郡六人

中下郡減中中郡五人

下上郡減中下郡五人

下中郡減下上郡十九人

下下郡減下中郡五人

縣置令丞尉正光初功曹光初主簿功曹主簿西曹金戶

兵法士等曹佐及市令等員合九十九人

上中縣減上上縣吏屬四人

上下縣減上中縣五人

中上縣減上下縣十八人

中中縣減中上縣五人

中下縣減中上縣五人

下上縣減中下縣十二人

下中縣減下上縣六人

下下縣減下中縣五人

州置總管者列為上中下三等總管刺史加使持節

鎮置將副戍置主副關置令丞各立三等之差

同州總監副監各一會二丞統食貨農圃二監副監嶺

州亦置監副監諸冶亦置三等監各有丞員

鹽池置總監副監監丞等員管東西南北面等四監亦各置

副監及丞隴右牧置總監副監丞以統諸牧其驊騮牧及

二十四軍馬牧每牧置儀同及尉太都督帥都督員驊

騮牧置帥都督及尉原州羊牧置大都督帥都督并尉原州駞牛

牧置尉又有皮毛監副監及丞錄事又鹽州牧監置監及

副監置丞統諸羊牧牧置尉沙苑羊牧置大都

驛牧置帥都督及尉原州羊牧置大

督及尉各一人師督二人沙苑羊牧置尉二人緣邊交

市監及尉各一人每監置監副監各一人醞內者隸司農自

外隸諸州焉

五嶽各置令又有吳山令以供其酒掃

三師王三公為正一品

上柱國郡王國公開國郡縣公為從一品

柱國太子三師特進尚書令左右光祿大夫開國侯為正
二品

上大將軍尚書左右僕射雍州牧金紫光祿大夫為從二
品

大將軍吏部尚書太常光祿衛尉等三卿太僕太子三少
內史令左右衛左右武衛左右武候領左右等大將軍禮
部兵部都官度支工部尚書宗正太僕大理鴻臚司農太
師朝議大夫為從三品

府等六卿上州刺史京兆尹祕書監銀青光祿大夫開國
伯為正三品

上開府儀同三司散騎常侍左右衛武衛武候領左右監
門等將軍國子祭酒御史大夫將作大匠中州刺史親王

驃騎將軍開府儀同三司
左右衛宗衛內率率尚書吏部侍郎給事黃門侍郎太子
左庶子宗正太僕大理鴻臚司農太府等少卿下州刺史
上階內史侍郎太子右庶子通直散騎常侍左右監門
將朝散大夫開國子為正四品

上儀同三司尚書左丞太子左右衛率宗衛內等副率左右
監門率上郡太守雍州別駕贊治親王府長史司馬親王
令僕內侍城門校尉上階尚書右丞上鎮將軍雍州贊務
直閤將軍親王府司馬諫議大夫國子博士散騎常侍侍郎
車騎將軍親王府儀同三司內常侍祕書丞上州長史上
太子內舍人太子左右監門副員外散騎常侍上州長
史親王府諮議參軍事開國男上階
司馬為正五品

著作郎通直散騎侍郎中郡太守直寢太子洗馬中州長
史奉車都尉上階都水使者治書御史大夫典膳太令大

理司直直齋太子直閤京兆郡丞中州司馬中鎮將上鎮
副內給事駙馬都尉親王友員外散騎侍郎為從五品
翊軍翊師親王府掾屬下州長史上階
督內軍鎮親王府錄屬下州長史上階四征將軍征東征西征南征北三將
軍內軍鎮軍撫軍大理正監評千牛備身左右左右監門校尉內
尚食典御尚藥典御府監殿內監太子內直監下州司馬
下鎮將中鎮副為正六品
四平將軍平東平西平南平北四將軍
平越中郎將左右領軍府長史太子直寢親王府王文
學帥都督左右領軍府長史太子直寢親王府主簿親王
府錄事督參軍事太子門大夫給事上縣令上階冠軍輔國

二將軍太子舍人直後三寺丞親王府功曹記室參戶曹
叅軍軍城門直長太子直齋太子副直監太子典內左右
領軍府司馬下鎮副為從六品
鎮遠安遠二將軍貞外散騎侍郎御醫左右衛武候
領左右等府長史親衛親王府諸曹參軍事上階建威寧
朔二將軍六寺丞祕書郎著作佐郎太子千牛備身太子
備身左右尚食尚藥左右監門等直長太子通事舍人左
右衛武衛武候領左右等府司馬都督太子典膳藥藏等
監太子齋帥上戍主為正七品
盜遠振威二將軍左右監門府長史太子左右衛宗衛等

率左右虞候左右內率等府長史符璽御府殿內等直長
上州錄事參軍事左右領軍府扈屬親王府東西閤祭酒
中縣令上郡丞太子親衛將作水勳衛親王府參軍事上
鎮長史上階伏波輕車二將軍太學二博士太子直後太子
侍本朝請國子助教親王府太常二博士太子左右衛左
左右監門直長大興縣丞太子侍醫侍御史太史令
上州諸曹參軍事左右監門府太子左右衛左右宗衛左
右虞候左右內率等司馬為從七品
宣威明威二將軍協律郎都水丞殿內將軍太子左右
門率府長史別將下縣令中郡丞中州錄事參軍事上

州諸曹行參軍事親王府行參軍左右領軍府錄事參軍
事中鎮長史太子內坊丞太子勳衛左右領軍府諸曹參軍事左右
軍殿內御史掖庭宮闈二令上署令公車司馬太廟太祝
典客鈎盾右藏太倉左尚方中尚方司染典農京市太官鼓吹武庫
中州諸曹參軍事左右衛武候等府諸曹參軍事左
右領軍府諸曹參軍事內尚食丞中戍主上戍副為正八
品

威戎討寇二將軍四門博士主書門下錄事尚書都事監
察御史內謁者監上關令中署令 太醫右藏黃藏乘黃龍廄衣冠守宮華林上林
軍備身左右衛武衛武候領左右等府諸曹參軍事左右
領軍府諸曹行參軍事左右衛武衛武候等府諸曹行參

左右鎮長史太子翊衛已階溫寇邊難二將軍親王府長
兼行參軍及典籤員外將軍統軍左右衛太子三寺丞中關令奚
官內僕二令下署令諸陵崇玄太卜車府清商掌醖醴藝官廩犧上津尉
下州諸曹參軍事左右監門太子左右衛武候等府諸
左右府鎧曹參軍事行參軍太子左右衛諸曹參軍掌舩局都尉上鎮諸
右虞候左右內率等府諸曹參軍事內尚食丞上津尉
曹參軍事上縣丞上郡尉為從八品
殘寇殄難二將軍太學助教太子備身大理寺律博士諸

校書郎都水參軍事內史錄事內調者令內寺伯中縣丞

下關令中津尉下州諸曹行參軍上州行參軍左右監門

府鎧曹行參軍太子左右衛宗衛虞候府等曹行參軍諸

太子左右率府鎧曹行參軍太子左右領軍府行參軍中鎮

諸曹參軍事上鎮士曹行參軍太子食官典倉司藏等令尚食尚醫軍

曹參軍事中州行參軍左右衛武衛武候等府行參軍諸

將軍殿內司馬督太子左右監門諸

州典籤下戍主上關丞太子典膳藥藏等局丞下郡尉典

容署掌客司辰師為正九品

行參軍中州典籤左右監門府太子左右衛宗衛虞候下州

府等行參軍正字太子內坊直中關上津丞下鎮諸曹

子校書下縣丞中署丞中署丞比階前偏裨一將軍四門

曠野橫野二將軍挍庭局官教博士太祝太子廄牧令太

局丞下署丞下州典籤內謁者局丞中津丞中縣尉太子

正字太史監膳御府局監事左右校及挍庭監

助教書算學博士奉禮郎員外司馬督幢主菜官內僕等

作太史司曆諸樂師為從九品

又有流內視品十四等

掾屬嗣王文學公國令主二王後大農尉典衛為視正七品

上開府開府府長史司馬上大將軍大將軍府掾屬上柱

國嗣王郡王柱國府諸曹參軍事臨池摠副監臨州牧監

諸屯監國子學生庶伯國令公國太農尉典衛雍州薩保

為視從七品

上儀同儀同府長史司馬上大將軍大將軍府諸曹行參軍

事上柱國嗣王郡王柱國府參軍事諸曹行參軍行臺諸

監同州諸監鹽池四面監皮毛監岐州監同州摠監龍右

牧監等丞諸大冶監雍州州都主簿子男國令庶伯國大

行臺尚書令為視正二品

上摠管行臺尚書僕射為視從二品

中摠管行臺諸曹尚書為視正三品

下摠管行臺諸曹尚書為視從三品

行臺尚書左右丞為視正四品

同州摠監龍右牧摠監副監為視從五品

行臺諸曹侍郎為視從六品

上柱國嗣王郡王柱國府長史司馬諮議參軍事臨池摠

監同州龍右牧摠監為視正六品

上大將軍大將軍府長史司馬上柱國嗣王郡王柱國府

農尉典衛王二王後國常侍為視正八品

行臺尚書都事上開府開府諸曹行參軍事上大將軍大將軍府參軍事諸曹行參軍上大

軍大將軍府參軍行參軍上柱國嗣王郡王柱國府行參軍五岳四瀆具山等令鹽池四面副監諸皮毛副監行

臺省副監諸屯副監諸中冶監諸緣邊交市監諸鹽池揔監諸州州都主簿雍州西曹書佐諸曹從事京兆郡正

諸副監政州副監諸小冶監鹽州牧監永諸大冶監永諸曹大學生子男國天農典衛為視從八品

開府府法曹行參軍事儀同府諸曹參軍事了大將軍大將軍府法曹行參軍上柱國嗣王郡王柱國府行

祭酒從事雍州部郡從事公國常侍王二王後國侍郎公主家令諸州胡二百戶巳上薩保為視正九品

緣邊交市副監雍州部郡正功曹京兆郡主簿諸州西曹書佐

諸監永諸鹽池四面監永皮毛監諸中冶監永雍州武猛從事大興長安縣正

諸郡主簿諸州部郡從事雍州中冶監永皮毛監承諸儀同儀同府行參軍上開府上大將軍大

將軍府典籤王儀同儀同府行參軍上開府府典籤行臺

主簿令諸州胡二百戶巳上薩保為視從九品

又有流外諸州部郡從事公國侍郎為視從九品

功曹主簿永國常侍公國侍郎為視從九品

之差又視流外亦有視勳品一品視二品三品四品五品六品七品八品九品視五

四十三　隋書志二十三　〈十九〉

品視六品視七品視八品視九品之差極於皆吏矣皆無

上下階云

京官正一品祿九百石其下每以百石為差至正四品是為三百石從四品二百五十石其下每以五十石為差至

正六品是為百石從六品九十石以下每以十石為差至從八品五十石食封及官不判事者并九品皆不給

祿其給皆以春秋二季天州大郡縣令計戶而給祿各以戶數為九等之差大州刺史太守縣令各

為差至於下下則三百石其下每以四十石十石為差至於下下則百石大縣百四十石其下每以十

石為差至於下下則六十石其祿唯及刺史二佐及郡守縣令

四十三　隋書志二十三　〈二十〉

三年四月詔尚書左僕射掌判吏部禮部兵部三尚書事御史糾不當者兼糾彈之尚書右僕射掌判都官度支工

部三尚書事知用度餘皆依舊尋改度支尚書為戶部都官尚書為刑部諸曹侍郎及內史舍人並加

從五品增置通事舍人十二員通直為二十四員罷光祿寺及都水臺入司農廢衛尉入太常尚書省廢鴻臚亦

入太常罷大理寺監評及律博士員加置正為四人罷郡州統縣改別駕贊務以為長史司馬舊周齊州郡縣職

自州都郡縣正巳下皆州郡將縣令至而調用理時事至
是不知時事直謂之鄉官別置品官皆吏部除授每歲考
殿最剌史縣令三年一選佐官四年一選佐官以曹爲名
者並改之爲司六年一尚書省二十四司各置員外郎一人以
司其曹之籍侍郎則顴則蓥其曹事吏部八郎又別置武騎屯騎驍騎
議朝請朝散給事承奉儒林文林等八尉其散官番直常出使監檢罷門
游騎飛騎旅騎雲騎翔騎八尉其品則正六品以下從九
品以上上階爲郎下階爲尉散騎常侍奉朝請通事令史員及左右衛殿內
下省員外散騎常侍等員
將軍司馬督武騎常侍等員

十二年復置光祿衛尉鴻臚等寺　諸州司以從事爲名者
改爲參軍
十三年復置都水臺國子寺罷隸太常又改寺爲學
下凡四等
十四年諸省各置主事令史員改九等州縣爲上中中下
十五年罷州縣鄉官
十六年內侍省加置內主事員二十人以承門閤
十八年置備身府
二十年改將作寺爲大匠以大匠爲大監初加置副監
仁壽元年改都水臺寺爲監更名使者爲監罷國子學唯立

條平　三百九十六

太學一所置博士五人從五品學生七十二人
三年臨門府文置門候一百二十人
煬帝即位多所改革三年定令品自第一至于第九唯置
正從而除上下階罷諸總管府置二師特進官外門下太僕
二司取殷內監改監名以爲殿內省并尚書門下內史秘書以
少府監改內侍爲長秋監國子寺爲國子監將作寺爲
爲五省增置謁者司隸二臺并御史爲三臺分大府寺爲
少府監改都水監爲五監改左右衛爲左右翊衛左右
備身爲左右騎尉左右武衛依舊名改領軍爲左右屯衛
加置左右禦衛改左右武候爲左右候衛是爲十二衛又改
領左右府爲左右備身府左右監門依舊名凡十六府其

朝之班序以品之高卑爲列品同則以省府爲前後
同則以曹署爲前後焉
尚書省六曹各侍郎一人以貳尚書之職又增左右丞階
與六侍郎並正四品諸曹侍郎並改爲郎又改吏部爲選
部郎尸部爲人部郎禮部爲儀曹郎兵部爲兵曹郎刑部
爲憲部郎工部爲起部郎以異六侍郎之名廢諸司員外
郎而每增置一曹郎各爲二員都司郎各一人品同曹郎
掌都事之職以都事爲正八品分隸六尚書諸司主事並
去令史之名其令史隨曹閑劇而置每十令史置一主事

條平　元四

不滿十者亦置一人以其餘四省三臺亦皆曰令史九寺五
監諸衛府則皆曰府史後又改主客郎為司蕃郎尋又
減一郎置承務郎一人同貞外之職
舊都督皆上至上柱國凡十一等及八郎八尉四十三
將軍官皆罷之幷省朝議大夫自一品至九品置光祿
品左右光祿（左正二品右從二品）金紫（正三品）銀青光祿（從三品正議正四）
品通議議（從四品）朝請（正五品）朝散（從五品）等九大夫建節（正六舊）
品立信（宣惠正七綏德從七懷仁正八守義從）等八尉以為散職開皇中以開府儀同三司
為四品散實官至是改為從（一品同漢魏之制位次王公）

《隋書志二十三》 《二十二》

門下省減給事黃門侍郎貞置二人去給事之名移吏部
給事郎名為門下之職位次黃門下置貞四人從五品省
讀奏案駁廢散騎常侍通直散騎常侍諫議大夫散騎侍郎
等常貞改符璽監為郎置貞二人為從六品加錄事階為
正八品以城門殿內宮食尚藥御府等五局隸殿內省（十）
二年又改納言為侍內
內史省減侍郎貞為四人減內史舍人貞為四人加置起
居舍人貞二人（從六品）次舍人下改通事舍人貞為謁者臺
職減主書貞置四人加為正八品十二年改內史為內書
殿內省置監（正四品）少監（從四品）丞（從五品）各一人掌諸供奉
○

又有奉車都尉十二人掌進御輿馬統尚食尚藥尚衣尚
金尚乘尚輦等六局各置奉御二人（正五皆置直長以貳）
之（正七）尚食直長六人又有食醫四人（又有）
侍御醫司醫佐貞尚藥即舊御府也改名之有直長四
人尚舍即舊殿中局也改名之有直長四
右六閑一左一右飛黃閑二左一右吉良閑
左右騊駼閑五左右駃騠閑六左右龍媒閑
人又有奉乘十人尚輦有掌輦六人又有掌扇
置校尉一人降為正五品後又改校尉為城門郎置貞四人
自殿內省隸為門下省官

《隋書志二十三》 《二十四》

秘書省降監為從二品增置少監一人（從四增著作郎階）
為正五品減校書郎為十人改太史局為監進令階為從
五品又減監少監為一置司辰師八人增置監候為十人其
後又改監為令少監為令增祕書郎為從五品置儒林
郎十人（從六）貳郎（正七）掌明經著作郎階降著作佐郎
（四品）掌撰錄文史檢討問唯詔所使文林郎二十人（品從八）
增校書郎貞四十人加置楷書郎貞二十人（從九）掌抄寫
御書
掌修撰待問此二郎皆上在藩已來直司學士
御史臺增治書侍御史貞為正五品省殿內御史貞增監察

御史員十六人加階為從七品開皇中御史直宿禁中至
是罷其制又置主簿錄事員各二人五年又降大夫階為
正四品減治書又置主簿錄事員各二人五年又降大夫階為
掌侍從糾察其臺中簿領皆治書侍御史主之後又增置
御史從九品留尋又省

謁者臺大夫一人 正四品 掌受勞問出使慰撫持
節察授及受冤枉申申表之駕出對御史引駕受司朝謁
者又有通事謁者二十人 從五年 六即內史通事舍人之職也
次有議郎二十四人通直三十六人將事謁者三十人謁
者七十人皆掌出使其後廢議郎通直員將事謁者等
員而置員外郎八十員尋訪問下內史御史司隸謁者五
司監受表以為恒式不復專謁者矣尋又置散騎郎又
品二十八人是為正員並得祿當品自
宣義郎 從九 奉信郎 從九 各四十人徵事郎 正六
品 正九品 品 從八 各三十人宣德郎 正七
郎品 從六 通直郎 品 常從
各有散員郎無品無祿員改常從為登仕奉信為散員
品已下皆主出使身事大小擾品以發之
司隸臺大夫一人 正四品 掌諸巡察別駕二人 正六
內一人案東都一人案京師刺史十四人 品 分察畿外

諸郡從事四十人 副刺史巡察其加掌六條 一察品官以
上理政能不二察官人貪殘害政三察豪強姦猾侵害下
人及田宅踰制官司不能禁止者四察水旱蟲災不以實
言枉徵賦役及無災妄蠲免者五察部內賊盜不能窮逐
隱而不申者六察德行孝悌茂才異行隱不貢者每年二
月乘輶巡郡縣十月入奏置丞 從六 主簿 從八 錄事 從九
各一人後又罷司隸臺而留司隸從事之名不為常員臨
時選京官清明者權攝以行
光祿已下八寺卿皆降為從三品少卿各加置二人為從
四品諸寺上署令並增為正六品中署令為從六品下署

五品
令為正七品始開皇中置司唯典掌受納至丹奏署令為判
首取二鄉判丞唯知勾撿令關丞判五年寺丞並增為從
太常寺罷太祝署而留太祝員八人屬寺後又增為十人
奉禮減置六人太廟署又置陰室丞守廟并置太
樂正置二十人太廟署視陰室丞成樂師為
其事太醫減置五人太卜博士置二十人以掌
太僕減驊騮署入殿內尚乘局改龍廄曰典廄署有左右
駁皂二廄加置主乘司庫司廩官罷牛羊署
大理寺丞改為勾撿官增正員為六人分判獄事置司直

十六人降爲從六品後加至二十人又置評事四十八人
掌頗同司直正九品鴻臚寺改典客署爲典蕃署初煬帝
置四方館於建國門外以待四方使者後罷之有事則置
名隷鴻臚寺量事繁閑時損益東方曰東夷使者南方
曰南蠻使者西方曰西戎使者北方曰北狄使者各一人
掌其方國及互市事每使者署典護錄事叙職叙儀監府
監置互市監及副參軍事主綱紀叙職叙儀監府
立功合叙者叙儀掌小大次序／監府掌其貢獻財貨質賤
掌安置其馳馬船車并綜寮非逹互市監及副掌互市參
軍事出入交易

《隋書志二十三》　《二十七》　云

司農但統上林太倉鉤盾導官四署罷能典農華林二署而
以平準京市隷太府
太府寺既分爲少府監而但置京都官京師東市曰都會西都市五署及平準左右
藏等凡八署分置西市京師東市曰利人東都東市署曰
豐都南市曰大同北市曰通遠及改諸令爲監唯市署曰
令
國子監依舊置祭酒加置司業一人從四品丞三人加爲
從六品并置主簿錄事各一人國子學置博士正五品助
教從七品員各一人學生無常員太學博士助教各二人
學生五百人先是仁壽六年省國子祭酒博士置太學博

士員五人爲從五品總知學事至是太學博士降爲從六
品
將作監改大監少監爲大匠少匠丞加爲從六品統左右
校及甄官署五年文改大匠爲令少匠爲少監正五品十二年文改監少監從四品少令少令丞各
正五品十二年文改監少監少監從四品少令少令丞各
一人丞從五品
○少府監置監從三品少監從四品丞一人丞從五品改
監少監爲令少令佇司織司染爲織染署廢鎧甲弩二
署以織染司染爲織染署廢鎧甲弩二
人統左尚右尚內尚司織司染鎧甲弩掌冶等署後改
監少監爲令少令統舟檝河渠

《隋書志二十三》　《二十八》　云

都水監改爲使者增爲正五品丞爲從七品統舟檝河渠
署
二署舟檝署每漕置尉一人五年文改使者爲監四品加
置少監爲五品後又改監少監爲令從三品少令從四品
○長秋監置令一人正四品丞一人從五品令從二品正
七品並用士人改內常侍爲內承奉置二人正五品絩庭
爲內承直置四人從五品並用宦者罷內謁者員
宮闈繦宗官等三署並參用士人後又置內謁者員
十二衛各置大將軍一人將軍二人摠府事并統諸鷹揚
府改驃騎爲鷹揚郎將正五品車騎爲鷹揚副郎將從五
品大都督爲校尉帥都督爲旅帥都督爲隊正增置隊副
必貳之改三衛爲三侍其直閤將軍直寝奉車都尉駙馬

都尉直齋別將統軍軍主幢主之屬並廢以武候府司辰
賔隸爲太史局官其軍士左右衛所領名爲驍騎左右
驍衛所領名豹騎左右武衛所領名熊渠左右屯衛所領
名羽林左右禦衛所領名射聲左右候衛所領名伏飛而
總驍衛士每衛置護軍四人掌副貳將軍無則一人
攝尋改護軍爲武賁郎將副爲鷹揚郎將而置武牙郎將
爲從四品諸衛各置長史從五品又有錄事參軍司兵
人正五品副貳品有司馬及兵曹兵騎等貳拾貳人掌兵
騎鎧等貝翊勳武置鷹揚府每府置鷹揚郎將一
司其府領親勳武三侍非翊衛府皆無三侍非翊揚
人正五品文改副郎將並爲鷹擊郎將
左右領左右府改爲備身府各置備身郎將一人又
軍五年文改鷹揚官並同左右候衛增置察非揚二人專紏彈之
分軍鷹揚官並同左右候衛置
右司射左右各十六人並正六品掌侍衛左右統千牛左
名置直齋二人以貳之並正四品掌侍衛左右統千牛左
越騎校尉二人掌騎主步兵校尉二人領步兵並正六品

軍事左右監門府改將軍爲郎將各置一人正四品直閣
各六人正五品置官屬並同備身府文增左右門尉員二
百二十人正六品置門候貳佰貳十人正七品並分掌
門禁守衛
下坊減內舍人改洗馬員各二人減待醫置二人改門
大夫爲宮門監正字爲正書
典書坊改太子舍人爲管記舍人減置四人改通事舍人
爲宣令令舍人改爲司府令內坊承直改爲典直
○左右衛率改爲左右侍率正四品並置副率
爲義曹翊衛爲良曹罷直齋閣員
左右宗衛率改爲左右武候率正四品
左右虞候開府改爲左右虞候率正四品並置副率
左右內率改爲正五品千牛備身改爲司仗左右備身改爲
左右監門率改爲宮門將降爲正五品監門直長改爲直
右改爲主射左右各八人
閤皇中置國王郡王國公郡公縣公侯伯子男爲九等者
至是唯留王公侯三等餘並廢之
王府諸司參軍更名諸司屬參軍則直以屬爲名改國令
爲家令自餘以國爲名者皆去之

行宮所在皆立揔監以司之上宮正五品中宮從五品下

宮正七品隴右諸牧置左右牧監各一人以司統之

罷州置郡郡置太守上郡從三品中郡正四品下郡從四

品京兆河南則倶爲尹並正三品罷長史司馬置贊務一

人以貳之〔京兆河南郡從四品 河南郡從五品上郡正五品 中郡從六品下郡正六品〕次置東西曹掾主簿司功書佐

從三品支府於潼關主兵領過井置副都尉又置京輔都尉

佐各因郡之大小而爲增減改行參軍爲行書佐舊有兵

處則刺史帶諸軍事以統之至是別置都尉副都尉都尉

正四品領兵與郡不相知副都尉正五品又置京輔都尉

隋書志二十三

二十一

諸防主副官掌同諸鎮大興長安河南洛陽四縣令並增

爲正五品諸縣皆以所管閑劇及衝要以爲等級丞主簿

如故其後諸縣各置通守一人位次太守京兆河南則

謂之内史又改郡贊務爲丞位在通守下縣尉爲縣正尋

改正爲戸曹法曹分司以丞郡之六司河南洛陽長安大

興則加置功曹而爲三司司各二人郡縣佛寺改爲道場

道觀改爲玄壇各置監京都諸坊改爲里皆省除里司

官以主其事帝自三年定令之後驟有制置制度未及

復改易其餘不可備知者蓋史之闕文云

志第二十三

隋書二十八

太尉揚州都督監修國史上柱國趙國公臣長孫無忌奉
勅撰

地理上

《隋書志二十四》
〈一〉

自古聖王之受命也莫不體國經野以為人極上應躔次
下裂山河分疆畫界建都錫社是以勸御歷修職有者
九州文命會同執玉帛者萬國洎乎殷遷夏邦周黜殷命
於是分土惟三列爵惟五千里以制畿甸九服以別要荒
難贄文之用不同損益之途或革而封建之制率由舊章
十國為連連有帥倍連為卒卒有正帥所以式固鴻基蕃
屏王室興邦致化康俗庇人者歟周德既衰諸侯力政干
戈日用戎馬生郊彊陵弱衆暴寡賞威於楚鄭滅於韓田
氏篡齊六卿分其餘祀君亡國不得守其社稷者不可
勝數連于七雄競逐二帝爭彊疆埸之事彼一此一秦始
皇據百二之巖險舊六世之餘烈力爭天下蠶食諸侯在
位二十餘年遂乃削平寓內懲周氏之微弱特狙詐以為
彊棄經典罷侯置守子弟無尺土之地功臣無立錐之
宏圖掃清禍亂矯秦皇之失策封建王侯並踰州連邑有
賞身沒而區宇幅裂及子孫而社稷淪胥漢高祖挺神武之
蹻古典清禍亂矯秦皇之失策連略南兼
百越東定三韓通印契之險金斷匈奴之右臂難聲教遂

《隋書志二十四》
〈二〉

洎而人亦勞止昭宣之後罷務農戶既其滋蔓多郡縣
亦有增置至于平帝郡國一百有三戶一千二百二十三萬戶光
武中興承王莽之餘弊兵戈不戢飢疫荐臻率土遺黎十
纔一二乃併省郡縣四百餘所明章之後漸至滋繁與戶口減
之數有加焉夏之餘弊盡三國爭彊兵革屢興戶口減
半有晉太康之後文軌方同大抵編戶二百六十餘萬尋
而劉石憑陵中原事跡糾紛難可具紀梁武帝除暴寧亂
典五胡遞亂二帝播遷東晉洎于宋齊辟陋江左符姚之
奄有舊晉昊天監十年有州二十三郡三百五十縣千二十
二其後務恢境宇頻事經略開拓閩越克復淮浦平俚洞
破柯又以舊州遐閡多有析置大同年中州一百七郡
縣亦稱於此既而侯景構禍臺城淪陷墳籍散逸注記無
遺郡縣戶口不能詳究逮于陳氏土宇彌蹙西亡蜀漢北
喪淮肥威力所加不出荆揚之域州有四十二郡唯一百
九縣四百三十八戶六十萬餘齊承魏末喪亂與周人抗
衡雖開拓淮南而郡縣僻小天保之末摠加併省洎乎國
滅州九十七郡一百六十縣三百六十五戶三百三萬
周氏初有關中百度草創遂乃訓兵教戰務穀勸農南清
江漢西兼巴蜀卒能以募擊衆戡定彊鄰及于東夏削平
多有省廢大象二年通計州二百一十一郡五百八縣一

千一百二十四。高祖受終，惟新朝政，開皇三年，遂廢諸郡。洎于九載，廓定江表，尋以戶口滋多，析置州縣。煬帝嗣位，又平林邑，更置三州。既而併省諸州，尋即改州為郡，乃置司隸刺史，分部巡察。五年，平定吐谷渾，更置四郡。大凡置郡一百九十，縣一千二百五十五，戶八百九十萬七千五百四十六，口四千六百一萬九千九百五十六，墾田五千五百八十五萬四千四十一。……鹹鹵立陵阡陌皆不預焉。東西九千三百里，南北萬四千八百一十五里，東西南北皆至於海，西至且末，北至五原。隋氏之盛，極於此也。

六十一

京兆郡 開皇三年置雍州……西十八里東西步……北十五里，東面……北面光化一門，西面三門，南面延興三門……大業三年置雍州……城東西面霸城西……平金光門……大興故城……

統縣二十二，戶三十萬八千四百九十○。

大興

長安 帶郡。有終南山、竇渠、高都、宜壽、仙遊諸宮，有太一、新廐、甘泉二市，有昆明池。

始平 皇三年置，後周置扶夷郡，後周廢，後魏置槃頭郡，後周廢。

武功 後周置武功郡，後廢，有太白山。

盩厔 後周置周南郡及恒州，後廢。

鄠 後周置，南有甘泉宮，有鞍山、溫泉。

藍田 後周置藍田二縣入焉。有玉山，後周置藍田、玉山二縣入焉，有關官。又有滋水。

醴泉 又有倉城，後周置，後改名。後魏置寧夷、新平二郡及恒州，尋州廢，有九嵕山、甘泉宮。

鳳泉 後魏置扶風、溫秀二郡，後周廢，有九嵕山、溫泉。

上宜 又有好畤縣，大業初置，後廢。

新豐 湯……有溫湯。

華原 此後魏州置，後終雍州置。

宜年 開皇十七年置大業初廢，莫西水注入焉，有茲水。

武功 後周置武功郡，後廢，有三莫水，有莫西水注入焉，有關官。

西魏改為宜州，後又置北地郡，後廢，尋改為宜君郡，後周廢大郡及北地郡，沮川水……有鬼谷。

高陵 大業初……

渭南 後周置渭南郡，後廢，西魏置靈源、中源、步壽三縣，後並入焉，有京水。

三原 後周建德……西魏初置，並廢，有白渠、甘泉宮、涇水、華山。

華陰 西魏初置華山郡，西魏改名，後周廢，有華山、武鄉郡，後廢，有長春宮，西魏置南北二白水，西魏改為蒲城，後改華州，後改置。

同官

鄭 大業初改曰高陵，後周置渭南郡，西魏初置郡，並廢。

馮翊郡 後魏曰華州，西魏曰同州……初郡廢，開皇初郡廢。統縣八，戶九萬二千五百七十二。

郃陽 後魏置武鄉縣，後改武鄉郡，後廢，西魏置南五泉，後改蒲城，西魏改置。

朝邑 西魏置，有長春宮，西魏置南北二白水，西魏改為蒲城，有關官。

澄城 後魏改曰澄城，後魏置澄城郡，開皇初郡廢。

下邽 初併入蓮勺縣，有金氏陂。

白水 後魏置，有五龍山。

韓城 西魏置韓城，西魏置南五泉，後改蒲城。

涇陽

宜君、**萬年**……

扶風郡 舊置岐州，西魏置岐州……統縣九，戶九萬二千二百二十三○。

岐山 後周置，後周置岐陽郡，開皇初郡廢，大業初廢，有岐山。

陳倉 後周置，有陳倉山、關官、岐山。

虢 後魏置武都郡，開皇中廢，後周改為……

普閏

汧陽 舊置汧陽郡，後周罷。

南由 西魏置，西魏改置，東又曰……

安定郡舊置涇州開皇縣爲鎮後周後廢州又有舊官又有盤龍山

統縣七戶七萬六千二百八十一。安定郡帶

〇定安舊置趙平郡大業初郡廢趙平與典農二縣入焉有宜祿縣後改爲宜祿有安武郡西魏置臨涇帶郡開皇初郡廢有涇谷尋改爲安定有陰盤涼郡後魏置平涼郡西魏改爲良原初置臨涇

華亭

壹原舊曰彭陽西魏置蔚茹郡開皇初郡廢十八年改豐義後改名曰白土西魏又改曰水會改豐城爲新平大業初州廢

襄樂後魏置襄樂郡開皇初郡廢有洛並西魏子午嶺

北地郡後魏置北地郡後周改曰豐城後魏並西魏云陽城後廢

統縣六戶七萬六百九十。

羅川舊曰陽周西魏置顯州後周州廢有橋山後魏置橋山縣開皇初縣廢曰彭原有冊水後改爲新平大業初置

三水州後魏置西魏尋廢

《隋書志二十四》《五》

上郡後魏置東秦州後改爲北華州西魏改爲鄜州大業二年改爲鄜城郡後周置上郡又改爲內部舊置

統縣五戶

洛交舊名長城西魏改爲三川有利仁縣後廢入焉

五萬三千四百八十九。洛交西魏置綏德郡後周置雕陰縣大業初縣廢改爲三川有廊城魏後置

雕陰郡西魏置綏州大業元年置雕陰郡後周置

統縣十二戶三萬六千十八。

上縣西魏置安寧郡與安寧大業初郡廢改爲吉萬後周置銀州開皇初州廢後置

大斌開皇中立大斌郡大業初郡廢仍爲儒林後改名焉銀城開皇初置城平置西魏開皇中置

儒林改名爲石城後魏置開光後周改名爲圓水銀城後周置後魏綏德西魏置

真鄉真鄉郡後周置西魏開皇廢復曰延福西魏置延陵後周置開

延安郡後魏置東夏州西魏改爲延州後周改爲延安郡及總管府開皇中府廢爲延州大業三年置延安郡

統縣十一戶五萬三千

九百三十九。膚施延安郡後魏置豐林縣後魏及編

金明有清水官後魏置金明郡及金明縣開皇初郡廢入焉有臨真郡後魏置義川郡後周改曰丹陽郡後廢

因城後魏置義川郡開皇初郡廢尋復又置丹州大業初州廢改縣曰義川又廢雲巖嚴川三縣入焉

咸寧後周置西魏置咸寧郡開皇十六年置咸寧縣大業初郡廢

川後周置義川開皇初郡廢尋復

義川後魏置義川郡及義川縣西魏開皇十六年置延安縣西魏置樂川郡後周廢

弘化郡西魏置西安州後周改爲弘化郡開皇十六年置慶州大業初州廢

統縣七戶五萬二千四百七十

合水開皇十六年置弘化縣大業初改爲合水有馬嶺山

因故後魏置恒州西魏改爲恒水改爲華池又西魏置華池郡後仁壽初置

歸德西魏置慶州後廢有雕陰山有弘德大業初置

薊州後魏置弘州後周州廢

《隋書志二十四》《六》

平涼郡後魏置原州總管府大業初府廢

統縣五戶二萬七千九百

平高後魏置平高郡開皇初郡廢有笄頭山有開頭山顧山有百泉

平涼西魏置平涼郡後改爲黃石縣開皇初郡廢有開顧山

長城開皇十六年置有黃石縣西魏置黃石縣大業初改爲百泉可藍山

朔方郡後魏置夏州後周置總管府開皇初府廢大業三年州廢

統縣三戶一萬二千六百七

會寧西魏置長城開皇十六年置會州後周州廢

長澤西魏置闌

朔方開皇十六年置朔方郡開皇初郡廢又有長州西魏置朔方郡開皇初州廢大業三年州廢寧朔後周置

嚴緣西魏置大業初置

臨川郡後魏改爲燕州西魏置巖綠大業初置熙郡又有巖鹿新圖二安大

統縣一戶三千七百六十三

五

十三

十五

【上欄】

原為後魏置郡曰大興後開皇初郡廢大業元年改為五原郡

靈武郡　管府後魏置郡及廢州後置靈州後周置總

廻樂　年改後魏置有賀蘭山普郡開皇十一年置河

弘靜　開皇十一年置河　懷遠郡後新昌又西置昌後周又置懷遠郡開皇初郡廢後周置馬十三立懷遠尋廢後周置會州尋廢開皇十

初置大業郡又置建安後置建安州又置
八年三置環州及鳴沙開皇仁壽二十置豐州置總管大業元年置
建安郡開皇初廢建安後置建安建州又置
靈武後魏置歷城郡開皇初廢後周置

統縣六戶萬二千三百

榆林郡　開皇二十年置勝州後魏置鳴沙後廢開皇

富昌　年置勝州開皇

金河縣開皇又置金河二十年置金河縣帶關官

豐安　年開皇十

統縣三戶二千三百三十

榆林開皇七年大業五年置十二連城

五原郡　置總管府大業元年置豐州置總管府大業元年發

統縣三戶二千三百

九原開皇五年置後周曰永豐開皇五年置　安化開皇年置十

【隋書志二十四】　　〈七〉

天水郡　舊置秦州後周置總管府大業初府廢

統縣六戶五萬二千一百三十

上邽　大業初置天水郡後置　故曰上邽後改帶天水郡開皇初郡廢有漢水

清水　初郡廢有清水開皇置河開皇二年改曰龍城

成紀

三十九原

永豐開皇五年置　安化開皇年置十

冀城後周曰冀入後魏嶺縣

隴西郡　舊置渭州後周改名武後改武陽

龍馬城後周置隴城廢縣仙人硤有

隴西郡廢安陽郡後周廢安陽郡改為武陽郡

統縣五戶二萬九千二百四十七

渭源有鳥鼠山障後西魏置帶

襄武西魏郡帶

長川後魏置十大業初州入焉曰紀又改曰烏水入焉曰

【下欄】

金城郡　開皇初置蘭州大業初府廢蘭州後置總

統縣二戶六千八百一十八

金城　舊曰子城帶金城郡開皇初郡廢大業初復置金城郡西有石城山　有關官　狄道後洮州置

龍支　後魏曰石城西有馬銜山有鳳林山

枹罕郡　舊置河州後周置總管府大業初府廢

統縣四戶一萬三千一百五十七

枹罕　舊置後開皇初廢官有鳳林山　大夏

武始　後周置　龍支

金城

澆河郡　舊置廓州後周置併達化三縣入焉

統縣二戶二千二百四

達化　併繞遠達化二縣開皇初置

河津　後廢併入焉後周置洮河郡開皇初郡廢後周置

西平郡　舊置鄯州後周置

統縣二戶三千一百一十八　湟水舊曰西

西平　後周廢龍居城倉初改廢西平郡開皇初改為湟水

十河津

山細水池　初置水後改曰湟水　有吐谷渾以置連雲山廢山

【隋書志二十四】　　〈八〉

武威郡　管府舊置涼州後魏置

統縣四戶一萬一千七百五

姑臧　後周廢有土化隆有白山

番和

昌松　後周置　昌松

武威郡　舊後魏廢後周置又改為西涼州大業初改為武威

弟五山　後魏置燕支五縣入焉

城安郡後置尋廢有支五縣山

地城入焉改為允吾縣

初廢武置又改為甘州初復為張掖

張掖郡　舊置甘州大業初改為張掖置總管府後周又改為張掖

統縣三戶六千一百二十六　張

被舊曰酒泉尋廢大業初復置張掖郡又有臨松縣後周改

張掖　舊曰永平大業初改為甘州西魏置西涼州後周改為張掖郡又廢

發有甘峻山臨松山合黎山有玉石澗大柳谷冊州
省入山丹大業初改為刪丹縣尋廢入山丹大業改為刪
丹後魏曰山丹又有西郡永寧後周置金福祿開皇初
郡廢縣改為弱水後周置酒泉開皇初

敦煌郡　瓜州置舊置瓜州後周置永州開皇中改為甘州後又廢以肅州連山鎮山有石渠
發鎮縣有祁連山弱山有石渠
為敦煌有龍勒山有鳴沙山有流沙常樂
三危山玉門關官　統縣三戶七千七百七十九　敦煌舊置敦煌
郡開皇初郡廢大業初復置又
後魏置　玉門後周置會稽郡後
郡廢有常樂開皇初郡廢大業初復置
門後魏置　常樂舊曰涼興開皇中改
後魏置會稽郡開皇中改涼興為常
樂後周併入涼興又併晉昌開皇
發又併入新鄉開皇初

且末郡　且末郡置在古且末城有鄯善城即古鄯善
大業五年平吐谷渾置在鄯善城即古鄯善
國縣尋廢置且末西海河源總四郡有蒲昌海鄯善
郡併置且末西海河源總水
西海郡　置在古伏俟城即吐谷渾國統縣二　宣德
郡有西王母石窟青海鹽池
五三九

河源郡　置在古赤水城有曼頭城統縣二　遠化　赤水
積石山河所出有七烏海
定

周禮職方氏正西曰雍州上富天文自東井十度至柳
八度為鶉首於辰在未得秦之分野考其舊俗前史言之
詳矣於姬德則閟田而興讓習於威敝則相稽而及脣
斯豈土壤之殊乎亦政教之移人也京兆王都所在俗具
五方人物混淆華戎雜錯去農從商爭朝夕之利游手為
事競錐刀之末貴者崇侈麕賤者薄仁義豪彊者縱橫貲

山城郡　興勢舊置懷成郡開皇初郡廢西
後周置懷昌郡開皇初郡廢又有洋
城固　興勢舊置懷成郡開皇初郡廢
鄉川後周郡改縣曰西鄉又舊置洋
州及洋川後周郡廢開皇初縣改
至是併入焉有懷昌郡大業初置有
亭山牢山有女郎山有漢水有女郎

武節亦習俗然焉河西諸郡其風頗同並有金方之氣矣
漢川郡　舊置梁州統縣八戶一萬二千九百二十　南鄭舊川
郡開皇初郡廢大業初置有黃牛山有
白雲山至是併入焉有龍岡山有漢
蓋俗然也平涼朔方鹽川靈武榆林五原地接邊荒多尚
姿矣雕陰延安弘化連接山胡性多木彊貞婦貞女雖貧
人性猶質直然尚儉約習俗頗同並有金城西
不異安定北地上郡龍西天水金城於古為六郡之地其
城至於外郡得馮翊扶風是漢之三輔其風大抵與京師
靈臺且賽慶柞鼓簧歌儛盜賊不禁此乃古今之所同焉自京

戶一萬四千三百四十一　金川西梁初置金州又
西城入焉大業三年改曰金川西後
為吉安大業初改日金川西後魏
郡後廢縣入梁州開皇後省石泉入
陵山有焦山後魏置直州尋廢改
廢大業郡開皇初郡廢直州尋改為金
初魏置郡改懷昌縣曰洵陽後周
中城入梁州又省石泉入洵陽舊
寧州後又舊置魏昌郡開皇初郡
平桑郡大業初郡廢縣入焉有洵
石甲後周郡廢東梁州改為金州改為金
初魏置東梁州大業初州廢改為金
岡後郡廢省大業三入甲
臨後魏廢南上洛郡曰洵
事競入開縣　洵陽舊置魏興郡後
省三入焉　黃土周曰安康西
　石泉西魏置
　豐利西梁置清
　安康舊置魏昌

《隋書志二十四》

〈十一〉

房陵郡舊置羅州後周廢州置遷州大業初州廢有洪郡房山霍水汨水

利後周省郡入上津郡以甲郡入熊州陽川二縣

○光遷為光遷郡西魏置光遷國後國廢州置房州大業初州廢統縣四戶七千一百六

永清梁曰大洪置洪州開皇十八年改曰永清有珠山洪郡花林山懸鼓山

上庸後周曰新城郡並廢郡改曰孔陽西魏置安城

竹山西魏改曰安城開皇初置

清化郡舊置巴州仍置木門郡開皇初郡廢大業初復置清化郡後周廢有伏疆山清水縣後開皇十八年縣廢統縣十四戶一萬六千五百三十九

化成梁置清化郡西魏置伏疆後周郡廢開皇中改名焉

曾口梁置曰難江西魏改曰平州縣後周開皇中改名焉

永穆

盤道梁曰同昌開皇中改名焉

歸仁梁曰平州開皇中改名焉

雄寧後周置其郡有始寧郡山細陽開皇初郡廢

符陽開皇初置

其章梁置恩陽開皇末改

安固周置後屬長池

長池

通川郡梁置萬州後周改曰通州統縣七戶一萬三千六百二十四

通川梁置石城郡開皇初郡廢

三岡西魏置三巴郡開皇初郡廢

東鄉梁置東關郡西魏改曰新寧開皇初郡廢

西流西魏置並置三巴郡開皇初郡廢

萬世

宣漢西魏置石州及臨清郡並廢大業初州廢會入焉開皇初置

石鼓西魏置開皇初廢

宕渠郡梁置渠州統縣六戶一萬四千三十五

流江後魏置及置鄰水梁置並廢大業初州廢

〈十二〉

臨洮郡後周置疊州大業元年府廢有洮水流水

美相後周置疊川郡開皇初郡廢又立合州開皇末州廢統縣二戶八千一百

合川仍立西

千九百七十一

美相後周置洮陽縣開皇初改曰美相大業初置臨洮郡統縣十一戶二萬八

洮陽開皇初置洮陽縣大業初置臨洮郡

樂川後周置甘松郡開皇初郡廢

歸政開皇三年置金城郡並廢大業初又立弘州又立疆澤郡開皇初郡廢

當夷又立洪

臨潭後周置洮州及洮陽郡開皇初郡廢十一年州廢又立臨洮郡又改名焉

臨洮後周府發置洮西城郡同和郡並廢岷山縣

和政西魏置及同和郡開皇初郡廢

宕昌郡後周置宕州總管府開皇初府廢天和元年府發置宕昌郡開皇初郡廢統縣三戶六千九百

良恭後周置甘松郡開皇初郡廢

和我後周置懷道開皇初甘松郡廢

九十六

武都郡西魏置武州統縣七戶一萬七百八十

將利舊曰石門西魏

咸安梁置漢陽豐川二郡後周郡廢並縣入焉

賓舊曰始安開皇十八年改為魏

石泉郡梁置容州開皇初州廢統縣三戶一萬九千八百八十五

石泉梁置容州後廢十八年縣改名焉

漢陽郡西魏置成州統縣三戶一萬九千八百八十五

潭水西魏置甘南縣開皇初縣廢相山

上祿舊曰城階開皇四年改曰上祿有倉泉山

江陽郡西魏置武陽郡開皇初郡廢

長道漢後魏陽縣後周郡廢建平郡

河池郡　後魏置南岐州後周改曰鳳州　統縣四　戶一萬二千二百二

　河池　後魏置郡曰固道郡後周置真後廢又立思安郡後又廢及河池水廢開皇初郡廢後周置廣化郡開皇初廢及廣業梁泉二縣入

　同谷　後魏置

　兩當　後魏置兩當郡及立廣業郡後並廢開皇初歸真後廢

　梁泉　西魏置郡曰南歧州後周改曰鳳州後周置郡曰盤頭郡開皇初郡廢後周改曰真後廢有河池水

崖　後置

　常芬　後周置及立恒香郡開皇初郡廢有弱水

　金

　芳

嘉誠　開皇逯吐谷渾置郡府後廢三年郡廢州撫有雪山

　帖夷　西魏置郡及縣後開皇三年郡廢州廢有龍涸至故名焉

　尚安　西魏廢大業初又置昌寧郡開皇三年郡廢又扶州撫管府開皇七年州廢有覆水有鉗川西魏置縣

四十八

同昌郡　開皇逯吐谷渾置郡後周置扶州　統縣八　戶一萬二千一百

　封德　後周置郡曰鄧寧郡開皇初郡廢後又置同昌郡西後有黑水又後魏置鉗川縣西魏置至山云有魏

武陽　後周大象置縣後魏置郡後廢州有孔堰後並廢開皇後置

曲水　後魏置曰武階正西西魏置

長松　此縣後魏置郡後並廢開皇初置後周郡廢十八年州廢改縣

覆津　西魏置郡後周改為覆津又縣改置文名曰建威又廢州有洪堤後又改立難州又為改

盤堤　西魏置當泉縣後周廢郡置武階郡後又廢周改為盤堤

建威　西魏置後又廢周大象中復置後改為東平州後縣後改置州有河池

順政郡　後周置西益州後改曰武興州後改曰興州　統縣四　戶四千二百六

　順政　舊曰略陽後西魏改曰順政後又省靈道縣併入

　鳴水　西魏置郡後廢六年縣改為落叢此郡開皇

十一 順政　舊曰東益州後西魏改曰武興仇池舊曰略陽西魏置郡後省安育縣併置鳴水

平武郡　西魏置龍州後周置統縣四　戶五千四百二十

　江油　後魏置

　平武　西魏置郡曰景谷後周省及關官郡有溪水

　馬盤　開皇三年郡廢

　嘉川　舊置開皇初郡廢有關官

義城郡　舊曰益州梁曰黎州西魏改名利州後周置總管府開皇初郡廢大業初復置　七戶一萬五千九百五十

　益昌　西魏置後周置白水郡開皇初郡廢有龍門山

　岐坪　後魏置龍州西魏改名十八年改曰利州有木馬水

　景谷　舊曰白水西魏改名平興郡開皇初郡廢十八年縣改有興樂

　葭萌　後周置晉壽郡開皇初郡廢十八年州廢有關官有白水

汶山郡　西魏發為會州後周置文州置總管府大業初廢州置汶山郡有汶水浮水　統縣十一　戶二

　方維　舊曰秦興置建陽郡開皇初郡廢縣改名焉

　汶山　舊曰繩州西魏改廣陽郡梁曰汶陽北部郡開皇初郡廢尋省汶川縣入

　汶川　後魏置汶川縣後周置汶州並廢及蜀州開皇初改曰會州大業初廢有羊腸山後周置左封縣有平康

　平康　後周置郡開皇初郡廢有羊膊嶺

　翼針　後周置郡及翼州開皇初郡廢

　左封　開皇置縣

　交川　後周置郡開皇初郡廢仁壽元年改名焉

　北川　後周置左封縣及置清江郡開皇初郡廢大業初改名焉

　通化　西魏置廣年郡後周改名焉開皇初郡廢

　通軌　後周置縣

翼水郡　西魏發為翼州後周改汶川後又改名焉後周置郡開皇初郡廢

　江源　後置

普安郡　梁置南梁州西魏改為臨州後又改為龍州　統縣七　戶三萬一千三百五

　鳴水　西魏置郡又立盤頭郡後又廢修城舊置長後周郡廢又廢縣曰廣又省鳴水縣入後西魏置拍樹縣改名焉縣後廢

十一　普安

舊曰南安西魏改曰普安大業初置普安郡舊曰

黃安舊曰華陽西魏改曰黃原開皇初郡廢又改曰永歸舊曰白水

陰平宋置此陰平郡西魏改曰龍平郡開皇初從江油郡改曰靜龍縣開皇初改曰陰平大業初復曰胡原有五婦山　臨津

武連舊曰安都縣曰武功置輔劍郡西魏改曰潼川郡開皇初郡廢　梓潼潼川郡西魏置開皇初郡廢

金山郡舊曰新巴西魏置始平郡西魏改曰金山郡開皇初郡廢　武連

三巴西舊曰宕渠西魏置萬安郡尋廢西魏改曰安城十六年省入改曰始平皇初郡廢　昌隆舊曰南安縣開皇初改曰昌隆有雲山

涪城舊置萬安郡晉安二縣西魏改曰安城涪城後周改曰神泉皇朝　昌隆

城舊置益昌縣西魏開皇初郡廢大業初省入益昌曰金山　萬安

金山後周改曰金山開皇四年省益昌入金山　神泉

臺山西魏置昌城開皇初郡廢有高梁縣　武連

統縣七戶三萬六千九百六十　魏

《隋書志二十四》統縣五戶二萬七百二十七　郡

新城郡皇末置新州開皇初改曰梓州開皇　通泉西舊曰通泉郡西置

舊曰伍城西魏改曰新城郡開皇初改縣名焉　射洪西舊曰射江郡後置

臨亭有高梁縣大業初廢入　南充舊置

巴西郡梁末置巴州北巴州西魏置隆州開皇初統縣十戶四萬一千六百六十四　閬內

廢縣改為臨亭有光漢大渠二縣入焉　飛烏開皇中置

蒼溪皇末曰漢昌後周改曰蒼溪　西水梁置

水奉國初郡廢又改曰晉城二郡入焉　晉城西魏置儀隴梁置

金遷天開皇十八年縣廢入義陽　相如後魏置儀隴梁置

下方：

皇初郡廢　大寅置梁

遂寧郡後周置總管府大業初廢州仁壽二年方義遂寧郡西魏改曰東遂寧郡開皇初郡廢統縣三戶一萬二千六百

二十二方義梁置小溪置東遂寧郡西魏改曰石山開皇初郡廢又改曰長江舊名焉又置懷化郡西魏改　長江舊名焉又置懷化郡新興

青石舊曰晉興郡西魏改郡焉開皇初郡廢　新興梁置

涪陵郡寧浦西魏改曰合州開皇初改曰涪陵郡又置赤水開皇　漢初新興梁置

石鏡舊曰墊江西魏改曰石鏡開皇初置郡廢大業初郡廢　赤水開皇八

巴郡舊梁置楚州西魏改曰渝州開皇初郡廢大業初置巴郡統縣三戶一萬四千四十九　江津舊曰江陽改為江津

巴西魏改曰合州開皇初改曰涪陵郡　縣

郡西舊置合州開皇初州廢大業初置　統縣三戶九千四百二十三

《隋書志二十四》〈十六〉

巴東郡舊梁置信州西魏後周大業元年府廢統縣十四戶二萬三千三百

人復舊置巴東郡開皇初郡廢　巫山舊曰建平梁置歸鄉縣開皇

大昌又後周置永昌郡開皇初郡廢　巴東盛山

南浦後周置萬川郡縣曰南浦開皇初郡廢　石城初置

秭歸舊曰長寧改曰秭歸　盛山

雲安後周置雲安郡縣曰朐忍西魏置巴渠郡開皇初郡廢　臨江梁置臨江郡開皇初郡廢

梁山後周置梁山郡大業初郡廢有新浦開皇初郡廢有鹽井　新浦開皇初置石城初置

巴東郡管府大業初府廢　臨江

武寧後周置懷德縣曰武寧開皇初郡廢　務川末置

溪舊漢豐西魏改曰新浦又曰盛山曰武寧　石城初置

水奉國初郡廢　晉城

蜀郡舊置益州西南道行臺省三年後改四總管府大業元年府廢置統縣十三戶十萬五千五百八十六

成都

新津後魏置併犍為武陽二郡開皇初郡廢仁壽元年改蜀曰新津大業二年改曰隆門又有鹿堂山天彭門

新繁舊置晉原郡開皇初郡廢並入縣仁壽元年改蜀曰新都縣大業初置

清城舊置清城縣後周置犍州開皇初州廢改縣曰清城後又廢道江縣入焉有青城山鳴鶴山丈人觀固陽

雙流舊曰廣都開皇初改有九隴山

玄武

雒舊曰廣漢又置西遂寧郡南陰平郡後周廢西遂寧縣及陰平縣又發鹽亭並發遂西曇並發白石城山

郪舊曰伍城後魏置北伍城郡後周改曰昌城縣入焉有金利山銅官山石城山

《隋書志二十四》

《十七》

陽安舊曰牛鞞西魏改曰婆閠置

廣漢郡開皇初郡廢大業初改名曰

平泉開皇十八年曰

金泉雒州舊置蒙山郡開皇初郡廢改名曰蒙山縣後周改名曰金泉有金堂山銅官山石城山

臨邛郡雒州統縣九戶二萬三千三百四十八

臨卭舊置臨卭郡開皇初郡廢有火井開皇末置雅州尋井來大業初州廢

依政邛州大業初置及廢蒲原郡改名曰

名山魏西置

盧山末置盧山郡廢仁壽初置盧山縣大業初州廢

嚴道

漢源

蒲溪西魏置沈黎縣後周置黎州縣仁壽末一置

大業初置

眉山郡西魏曰眉州後周曰青州又改曰嘉州大業二年又改曰眉山統縣八戶二萬三千七百九十九

龍遊

峨眉後周置平羌郡開皇初郡廢大業初置眉山縣開皇十三年改縣曰峨眉井二縣入焉有城山

平羌西魏置和川郡開皇初郡廢大業初改縣曰平羌有二井

青神後周置青神郡開皇初郡廢

洪雅後周省通義縣入焉開皇十三年復立大業初又省入焉

隆山郡後周省陵州置隆山郡開皇初郡廢

建後周省陵州置

資陽郡西魏置資州統縣九戶二萬五千七百二十二

資陽後周置資陽郡開皇初郡廢大業初置

安岳後周置普慈郡及置普州開皇初郡廢大業初州廢

安居皇初郡開皇初郡廢及置安居縣後周置安居郡開皇初郡廢及改名曰隆康開皇十三年縣改名曰

普慈開皇中置及置普州大業初州廢

盤石

大牢開皇十三年置

瀘川郡梁置瀘州總管府大業初府廢統縣五戶一千八百二

瀘川舊曰江陽開皇初郡廢及置瀘州仁壽初府置統縣四戶四萬八百五十九

江安舊曰漢安開皇初縣改名曰綿水梁置有

合江梁置

綿水梁置後周置及置

來道曰外江後周

犍為郡戎州梁置統縣四戶四千八百五十九

13-401

大業初改郡爲道置犍爲郡及
道置犍爲郡初開皇初廢爲
初郡廢仁壽初置七年廢開邊郡
初縣改名爲開邊開皇六年置泰州入焉

越巂郡 西寧州開皇十八年又改曰巂州煬帝初曰泰州
四十八　越巂

南溪 梁置曰南廣及
南溪置六同郡開皇
開皇初郡廢有犍山

黔安郡 後周置黔州不帶郡黔州不帶郡黔
黔安郡置牂州統縣二

牂柯郡 開皇初置曰牂部郡開皇
皇初廢臺登開皇初郡廢又有
化郡開有舊置曰沙郡牂部郡又有平樂

蘇祇舊郡置曰善善郡開皇
統縣六　戶七千四百　　舊

牂柯郡置牂州統縣二　牂柯郡　賓化
統縣二　戶一千四百六十　　彭水關皇
　　　　　　　　　　　　　　可泉宣
　　　　　　　　　　　　　　　十三

置益州在禹貢自漢川以下諸郡皆直封域漢中之人質
梁州於天官上應參之宿周時梁州以并雍部及漢文析
山出鹽井　涪川年置　伏牛

卷卅一　【隋書志二十四】　二十九✓

利無文不甚趙利性嗜口腹多事由漁獵蓬室柴門食必
菜肉好祀鬼神尤多忌諱家人有死輒離其故宅重道
教猶有張魯之風焉每至五月十五日必以酒食相饋賓
旅聚會有甚於三元傍南山雜有獠戶富室者頗參夏人
爲婚衣服居處言語殆與華不別西城房陵清化通川宕
渠地皆連接風俗頗同漢陽臨洮宕昌武都同昌河池順
政義城平武汶山皆連雜氏羌人尤勁悍性多質直皆務
於農事工習獵射於書計非其長矣蜀郡臨邛眉山隆山
資陽瀘川巴東遂寧新城金山普安犍爲越巂牂柯
黔安得蜀之舊域其地四塞山川重阻水陸所湊貨殖所

萃蓋二都之會也昔劉備資之以成三分之業自金行喪
亂四海沸騰李氏據之於前譙氏依之於後當由梁氏將亡
武陵憑險而取敗焉其風俗大抵與漢中不別其人敏慧輕
祀古人所以誡焉後周之
士或至老不離鄉邑人多工巧綾錦雕鏤之妙殆
急豲多最陋頗文學時有斐然多溺於逸樂少從宦
勤作業而士多自閒聚會宴飲尤足意錢之戲小人薄於
情禮父子率多異居其邊野富人多規固山澤以財物雄
佇於上國貧家不務儲蓄富室專於趨利其處家室則女

【隋書志二十四】　二十✓

蠻賨其居處風俗衣服飲食頗同於獠而亦與蜀人相類
役夷獠故輕爲姦藏權傾州縣此亦其舊俗乎文有襄挺

志第二十四　地理志上　隋書二十九

太尉揚州都督秦國史柱國通國公長孫無忌奉　勅撰

地理中

十　河南

河南郡　舊曰洛州，上春中置洛州大總管府，後都改曰豫州。後周置洛州總管府，後齊省。帝即位，徙都洛陽，以漢東京尚書省為留守官，置官屬。省洛州入焉。大業三年，改為郡。置河南尹。開皇十六年，析置伊川縣，大業初省入。東魏置金墉城，後周置司州。統縣十八，戶二十萬二千二百三（十）

河南　開皇中有漢已來洛陽城。開皇初置河南郡，後改為伊洛郡。河陰遷縣，置河南縣，別置洛州。河陰縣入焉。大業初廢洛州，併入焉。有爆水。後魏置。

洛陽　舊置河南郡，後周置東京六府。開皇初郡廢，遷官道。東京尚書省、行臺省併省入焉。大業三年，後置。有淄水。

桃林　上春中置桃林縣。有鹿蹄山。

閿鄉　舊有王澗城，開皇十六年改。有闗官。後魏置。有淄水。

新安　後魏置新安郡，後周廢郡及縣。開皇初置縣。有天柱山。有穀水。有甘棠。有福昌宮。有熊州。後周置義州，後改曰熊州。東周省南，後改為甘。仁壽宮。金門山。有女几山。後魏置。

陝　後周置陝州。恆農郡，弘農宮。後周又置崤郡。開皇初廢郡及縣。大業初廢州。有常平倉、溫湯。有槃松縣。後魏置。有關官。有新安縣。後魏又置新安郡，後周廢，開皇初廢。有河。

澠池　舊置澠池縣，宜陽郡。開皇初郡廢。有桓山。後魏置。

熊耳　後魏置九山縣，開皇十六年改曰熊耳。後周置熊州。又後省州，後置興洛宮。後魏東垣縣，西界石山。後魏置。有穀水。

宜陽　後魏置宜陽郡，後周改曰昌洛。開皇初郡廢。有熊州。大業初省。有福昌宮。後周改熊州曰和州。有新城郡，後改曰金門。後魏置。

華陰　後魏置宜陽郡。有九山。後魏置。

陸渾　後魏置伊陽縣。伊州。後周改曰和州，東周省。後魏置。有荊州。又置伊川郡，後廢，又省。

伊闕　舊曰新城，大業初改名焉。伊闕，開皇初尋省。

壽安　後魏改曰新城。又後齊廢。開皇初改名焉。

垣大業中有都。有象耳山。河南郡。後置大業及置陵州。後周又置。宜陽郡池縣，開皇初郡廢。大象中置南渑池縣。後魏有冶官。有常平倉。有穀水。

安　舊置洛水。後改為洛州。大業初置。有皇宮。有福昌宮。仁壽金門。女几山。又置洛州。後周省。有伊川。後魏置。

陽　舊置洛州，後改為陝州。流皇開。又改為伊闕。大象中又改為新城縣。東魏改曰新城郡。有方山、三塗山、王母澗、伊闕。舊曰新城縣，東魏改名焉。有孤山、陽山。

興泰　大業初置。有鹿蹄山。

嵩陽　後魏置中川郡。開皇初廢郡。大業初，又有東室山、少室山、潁山。有嵩高山。仁壽四年置少林寺。有箕山、禹山。後齊改潁川曰輪氏，開皇初改曰嵩陽。大業元年置嵩陽縣。有潁水。

緱氏　舊廢東魏置。有緱氏山。大業初置。有輪氏縣，後齊廢。

滎陽郡　舊置管州。大業初改為鄭州。後周置滎陽郡。開皇十六年，析置康城縣。後廢。又置禹州，後廢。統縣十一，戶十六萬九百（四）

管城　後周置滎州，後廢。大業初置鄭州。後齊曰中牟，開皇中置，大業初廢鄭州入焉。有牛首城。

原武　六年置。開皇六年置原武縣。

陽武　開皇十六年置圃田縣，大業初廢入焉。

滎澤　後齊置廣武郡。開皇初廢郡，十六年析置圃田縣，大業初廢。有關官。

浚儀　後魏置陳留郡。後改名焉。東魏置梁州。後周改曰汴州。開皇初郡廢。有蔡水。

新鄭　後魏併苑陵縣入焉。後齊廢。開皇十六年又置。有關官。有溱水。

開封　後魏置開封縣。大業初有通濟渠。開封。後魏東魏置。

滎陽　開皇十六年置。有廣武郡，後周置。大業初廢。有關官、敖倉。後魏置。

酸棗　後齊廢，開皇六年復置。有關官。

京　後齊廢滎陽郡。開皇初又置京縣，後廢。大業成皋郡。開皇初廢。有卷縣、京、索水。大業初省。後魏東魏置。

襄邑　開皇十六年析置梁郡。又梁郡、雍丘，尋改曰雍丘郡。後齊廢。開皇六年後置。

雍丘　舊置陽夏郡，開皇初廢。大業初又置。有小黃縣。開皇六年省，後齊廢，又置。大業初廢。有雍丘城。後齊改曰城安縣，開皇初改曰雍丘。後魏置陽夏郡。

梁郡　舊曰梁州置宋州。後改名焉。後魏置。統縣十三，戶十五萬五千四百七十七

宋城　舊曰睢陽，開皇初置宋州，大業初改名焉。有蕭縣。後魏置，後又移。開皇十六年析置穀熟縣。有谷陽城。有梁孝王墓。

穀熟　後齊廢，開皇六年復置。大業初廢新里縣。後齊置。又重名虞縣。大業初廢。有碭山。

虞城　後魏置。開皇十六年又置。有虞城縣。

楚丘　後魏置。楚丘縣。

考城　烏城。後魏置考城縣，開皇六年後齊郡。後改曰楚丘。並廢。

陳留　後齊廢。開皇十六年置。有陳留縣。

邑　吾縣後齊廢。後周置。比氏六年後齊郡，後改曰浚儀縣，並廢。

城　建立　開皇四年又置，比氏六年。

安陽開皇十八年改曰園城舊日園後齊發開皇六年復置曰園城有楊山魚山谷水柘城舊日

譙郡後改置曰亳州宛州府總管 統縣六 戶七萬四十

八百一十七

譙縣舊分置梅城縣後省並入焉谷陽縣開皇六年改焉為谷陽山桑後魏置渦陽又置渦陽郡開皇初郡廢縣改屬譙別置馬頭縣城父舊日浚儀

鄟舊日小黃置陳留郡開皇初郡廢大業三年改小黃為鄟十六改縣入焉

濟陰郡 統縣九 戶十四萬九千四十八

濟陰

濟陰郡後周置西兗州後改曹州開皇初郡廢

濟陰後魏置沛郡後齊廢開皇十八年改焉濟陰又改焉首濟大業初廢

乘氏

定陶後魏置沛郡後齊廢開皇十六年分置

成武後魏置永昌郡開皇十六年郡廢並入焉

單父後魏置北濟陰郡開皇初郡廢又改焉外黃成安縣並廢入焉

冤句

金鄉開皇十六年分置昌邑縣大業初省入焉

襄城郡 五千九百一十七

五千九百一十七

承休

郟城舊日龍山大業初改焉又並入汝北縣及南期城縣

汝源舊日汝原郡後周改焉汝北郡開皇初郡及縣廢

汝南後魏有馬人關

梁舊置汝北郡後齊廢開皇初又省期城及南陽城縣入焉

陽翟後魏置陽翟郡東魏又置荊州尋廢大業初立魯陽郡後廢有關官有魯山

南郡及符壘魯皇初郡廢並

———

汝南郡 統縣十一 戶十五萬二千七百八十五

汝陽舊置汝陽郡後齊廢開皇初又省真陽縣入焉至是又省入焉

汝南郡後魏置豫州後周置總管府後改舒州又改蔡州

蔡州後魏置豫州東魏置行臺後周置豫州及改洛州焉豫州大業初郡改焉汝南

城陽舊置義陽郡後齊廢開皇初郡廢又省真陽縣入焉

真陽郡後齊廢開皇初郡廢又省入焉

新息後魏置新蔡郡後齊廢開皇初郡廢又改焉梁州北尋改光州後周改焉淮州大業初州廢又有長陵

襄信置宋安郡開皇初郡廢

———

溝隔陵東魏置許昌郡後周廢又置潁州東魏置潁川郡開皇初郡廢又置汝墳縣大業初廢

長葛開皇六年置

許昌舊置潁川郡後齊改焉長社郡開皇初郡廢十六年置潁州大業初州廢

鄢陵後魏置許昌郡開皇初郡廢

繁昌

臨潁後漢置後省開皇初復置有潁水有灅水

尉氏

潁川郡 統縣十四 戶十九萬五千六百

潁川舊置潁川郡東魏置襄城郡開皇初郡廢

襄城後魏置襄城郡後周改焉汝州後又置汝南郡開皇初郡廢大業初復置定南縣大業七年廢又改焉定南後魏置南襄城郡開皇初郡廢

葉舊置南安郡後魏改焉定南縣大業初改焉葉廣初廢

北舞後周置北武郡開皇初郡廢有澺水

長葛開皇六年置

潁川後魏置長社縣

雙城舊日雄陽開皇十八年改焉湛水大業初改名武山郡開皇初郡廢後魏置南陽縣河

義陽舊日雄陽開皇十八年改曰湛水後又置武山郡開皇初郡廢後魏置南陽縣

統縣十四 戶十九萬五千六百

七十六

隋書志二十五

淮陽郡 開皇十六年置陳州 統縣十戶十二萬七千一百四

宛丘 舊曰項後齊置陳郡及信都郡開皇初郡廢改縣曰宛丘尋置淮陽郡并臨蔡縣大業初郡廢又有故長平縣後齊廢

太康 舊曰陽夏後齊改為陽夏開皇七年改曰太康又有渦水

項城 舊置丹陽郡後齊廢郡又置揚州及丹陽郡開皇初郡廢州改曰沈州又改沈州曰信州大業初州廢又廢信城入焉

南頓 及平鄉縣入焉後齊廢以置

扶樂 開皇十六年置又有後魏汝陽郡及縣後齊郡廢大業初並汝陽縣入焉

鹿邑 十八年改曰武平開皇初改為鹿邑又有後魏南陽郡及武平縣後齊並廢

灈水 開皇六年置

西華 大業初改為焉有長平縣後齊改為長平

西平 後魏置

上蔡 中置汝南郡大業初改新蔡為焉

新蔡 然後蔡州比新蔡縣廣寧郡開皇初郡廢改汝以新蔡後齊廢又改新蔡曰廣寧大業初置汝南郡安陽元壽元年改廣寧郡開皇初置後又有故汝陰縣後齊廢又有故汝南縣大業初省

吳房 故城焉後齊省又梁置吳房縣後魏置

朗山 舊曰安昌開皇初改名焉又置齊安郡後周廢大業初有故漢寧縣後齊廢

汝陰郡 舊置潁州 統縣五戶六萬五千九百二十六

汝陰 舊置汝陰郡及陳留郡開皇初郡廢又置潁川郡後齊廢大業初縣改名焉

潁上 舊曰下蔡置潁川郡大業初縣改名焉潁川郡開皇初郡廢

下蔡 梁置蔡州後齊置淮陽郡後齊改曰潁川郡開皇

清丘 梁置許昌及潁川郡開皇十八年置潁州開皇初郡廢又陳留郡後齊改名焉

南頓 後齊廢縣開皇初又置鮦陽

鮦陽 後齊廢郡開皇六年置則州後廢皇初又改頓為範年置

淮安郡 開皇初郡廢西魏置東荊州後改爲淮州大業初改爲顯州統縣七戶四萬六千

比陽 大業初置淮安郡西魏置並開皇初郡廢又有東南陽郡西魏置後周廢後齊郡縣並入

真昌 皇九年置昌州大業初州廢有顯岡故縣西魏改爲昆水大業初省入

顯岡 後周置江夏郡及顯岡郡後周廢東魏置南舞陽郡後廢舞陰縣入又有江夏郡開皇並廢

平氏 廣初置後魏置臨舞郡後廢

舞陰 後周置後廢

清陽郡 壽中仁改日清州又置向城郡開皇初郡廢又有雉衡山有向城郡開皇初郡廢方城置襄邑郡

八百四十 比陽

清陽郡 開皇中改曰清州統縣三戶一萬七千九百 武川

（以下豫州總論）

豫州於禹貢爲荊州之域其在天官自氐五度至尾九度爲大火於辰在卯宋之分野屬豫州自柳九度至張十六度爲鶉火於辰在午周之分野三河則河南淮之星次亦爲鶉火於辰在午周之分野平和之氣性理安舒故漢志云周人之失巧偽趨利賤義貴財此

豫得土之中賦貢所均故其言圉平洛此爲彼在其俗尚商置機巧成俗故漢志云周人之失巧偽趨利賤義貴財此

亦曰古然榮陽古之鄭地滎郡梁孝故都邪僻懆蕩舊傳其俗今則好尚稼穡重於禮文其風頗同皆變於古諺鄉郡滎陽襄城潁川汝南淮陽汝陰其風頗同南陽古帝鄉人自洛弘農襄城潁川汝南淮陽汝陰其風頗同南陽古帝鄉上洛弘所出自三方鼎立地處邊戎馬所萃失其舊俗紳衿農本與三輔同俗自漢高發巴蜀之人定三秦遷巴之渠率七姓若在商洛之地由是風俗不改其壤其人自巴來首風俗猶同巴郡淅陽清陽亦頗同其俗云

東郡開皇九年置杞州大業二年改爲兗州統縣九戶十二萬一千

白馬 舊置東魏置西濮陽郡並開皇初郡廢又有後齊郡並廢

靈昌 開皇十六年分置衛南分置昆吾縣

濮陽 分置昆吾縣

韋城 開皇十六年置後齊廢西濮陽郡開皇初郡廢又置澶淵縣後齊廢

封丘 後齊廢

匡城 皇十六年置十六年分置離狐

胙城 後齊日長垣開皇十六年改爲匡城皇初改日長垣後齊廢改爲胙城又置昆吾縣入焉

宿城 東燕郡後周置後廢

雍丘 後周置郡開皇初郡廢又有梁郡開皇初廢

須昌 舊置東平郡開皇初郡廢大業初置有梁山有雷澤開皇十六年置又有關官

鉅野 舊置高平郡開皇初郡廢有大野澤

鄆城 舊置清澤日鄆城大業初置濟州開皇十六年又改日雷澤又置郡廢關官

雷澤 舊置濮陽郡開皇初郡廢又有歷山雷澤後齊並廢入

東平郡 舊置濮州大業初州廢後齊廢西濮陽郡開皇初並廢

城 後齊日東平後周廢

濟北郡 濟州舊置開皇初郡廢統縣九戶十萬五千六百六十

東阿 山有浮水狼水大業初改爲長清皇開皇十四年置又有盧縣舊置濟北郡

平陰 開皇十六年置有漁山遊仙山大業初改爲平陰又置盧縣舊置郡開皇初

穀 六年置東阿山有浮水狼水開皇六年置

盧 開皇十六年分置廢六年分置有關官有成迴倉有魚山監

〈隋書志二十五〉

武陽郡 魏州刺史後周置 統縣十四戶二十一萬三千三十五
壽張 肥城 寒置

貴鄉 東魏置武陽郡後齊廢開皇十六年後周置 元城 後魏置開皇六年又置馬陵縣後省入焉有沙麓山 繁水 舊曰昌樂後魏置昌樂郡東魏開皇六年置馬陵縣後省入焉 莘 後魏置武陽郡開皇初郡廢六年改曰清邑十六年復曰莘

觀城 後周省入武陽後齊置衛國縣開皇初改曰觀城 臨黃 開皇十六年置 頓丘 後齊省入衛國開皇六年復置

武陽 後周省入武水開皇六年置館陶 有舊平邑縣開皇初郡廢後改曰館陶開皇十六年置

〈九〉

冠氏 開皇六年置
聊城 舊置南冀州開皇初郡廢
堂邑 開皇六年置武水 六年又置博州大業初州廢

勃海郡 大業初置滄州開皇初郡廢又有後魏置滄州後齊廢後周置渤海郡開皇初郡廢 統縣十戶十二萬二千九百九
陽信 帶樂陵郡開皇初郡廢又有後齊廢開皇十六年復
無棣 開皇六年置
鹽山 舊曰高成開皇十八年改
臨山 開皇十六年置
南皮
清地 舊曰浮陽開皇十六年改
滴河
饒安 開皇十六年置

平原郡 開皇九年置德州開皇初郡廢至是廢縣入焉大業初復立 統縣九戶十三萬五千八百二十二
安德 後齊併鄃縣入焉至是廢縣入焉未久而廢
平原 後魏置平原郡開皇初郡廢又有後魏高唐縣後省入焉
將陵 開皇十六年置
平昌 後魏置

〈隋書志二十五〉

兗州於禹貢為濟河之地其於天官自軫十二度至氐四度為壽星於辰在卯鄭之分野兗州蓋取沇水為名也度為壽星於辰在鄭之分野兗州蓋取沇水為名兗之為言端也言陽精端兗得其地焉兼得鄒魯齊衛之交舊傳太公唐叔之教亦有周孔遺風今此數郡其人尚多好儒學性質直懷義有古之風烈矣

信都郡 舊州後周置冀州 統縣十二戶十六萬八千七百一十八
〈八十〉

長樂 舊曰信都帶長樂郡後齊廢扶柳縣入焉後置長樂縣開皇六年分信都置澤城縣大業初廢入焉
堂陽 舊縣後齊廢開皇六年復
下博 舊日偾開皇五年改曰觀津大業初廢入焉
武強 舊置武強郡後齊廢郡又廢武邑堂陽二縣入焉開皇六年復置後改曰安定十六年改為安武大業初廢入焉
南宮 開皇六年分置
鹿城 舊曰安國開皇六年改曰晏城大業初改曰鹿城
觀津 舊縣後齊廢開皇十六年復置
武邑 齊廢開皇六年復
棗強 開皇六年置

清河郡 後周置貝州 統縣十四戶三十萬六千五百四十四
〈八十二〉
清河 武城舊置清河郡開皇初郡廢
武城 舊曰武城縣開皇六年改為清陽後改為貝丘又立武城縣又入武城亦入焉
清陽 舊置清河郡開皇初郡廢後魏縣入於此置武城歷亭 分開皇十六年置
歷亭
漳南 開皇

弓高
胡蘇 開皇十六年置
東光 舊置勃海郡開皇初郡廢又併安陵

般 後齊廢省開皇六年復
長河 舊曰廣川後齊廢仁壽元年置

〈隋書志二十五〉　十一

魏郡　後齊置司州，後周置相州，置六府宣政初府廢。開皇初郡廢。統縣十一，戶十二萬二百二十七。

安陽　後周及魏郡，因改鄴曰安陽。後魏置相州魏郡。後周平齊，置相州及魏郡，東魏置相州魏郡。大象初以鄴城為相州魏郡治，移鄴故都於此。開皇十年又改此置臨漳。

鄴　東魏都。後周平齊置相州及魏郡。後周改為靈芝縣。大象初改為長樂。開皇十八年改焉。

臨漳　後周置。東魏置成安。後齊置。

成安　後齊置。

靈泉　後周置，開皇十年廢。

臨水　後魏置鄴郡後周廢。開皇十六年置。有惠石山、鼓山、滏山、林慮山、仙人臺。有洹水。

林慮　後魏置林慮郡，開皇初郡廢，又置巖州。大業初州廢，入焉。有林慮山、洹水。

堯城　樂平十八年改焉。後周置宣州東魏置。

洹水　後周置。

臨淇　舊置。大業初廢，入焉。

淇水有澶。

又置淇陽縣，後周廢。淇陽入焉，十六年又置。

汲郡　東魏置義州，後周為衛州，汲郡並省，有關官。開皇初郡廢，有大伾山、枉人山。

衛　舊朝歌，東魏改汲郡為義州。後周置衛州。清淇開皇十六年置。得十六曰朝歌，後周大象初置。隋興　開皇大業初廢，入焉。

湯陰　後魏置魏郡，後齊廢。開皇六年又置。大業初罷入。

汲　隋開皇六年置黎陽縣，舊置汲郡，後齊廢郡及縣，後周置伍城郡，後廢。開皇初置，大業初省入焉，有淇水。

黎陽　後魏置汲郡並黎陽縣，後齊廢郡。開皇初置，十六年又置黎州，大業初州廢。有大伾山、黎陽山。

臨河　開皇六年置。

內黃　舊廢開皇六年置。

澶水　開皇

（清平　後齊曰貝丘，後齊併平晉縣入焉，開皇六年改曰清平。有貝丘。）

（故曰東陽。後魏廢清淵以入，蓋盧城後齊入焉以至。南有郭城縣，大業初廢府城縣，大業六年改曰清平。）

茌平　大業初置。後齊廢府城縣。開皇六年置，又十六年改省入焉。有莘平。

清泉　後齊置。開皇六年廢縣大業初廢入焉。

博平　舊置。開皇六年省博平、經城，大業初復置。

宗城　舊曰廣宗，後周改曰宗城。

經城　後齊廢。開皇六年置。

高唐　後齊置南清河郡，開皇初郡廢，開皇六年置博州。後齊置。

臨清　後齊廢。開皇六年置。有

〈隋書志二十五〉　十二　中

河內郡　舊曰懷州置。統縣十，戶十二萬三千六百六。

河內　舊曰野王，開皇十六年置邢州，大業初州廢，又置溫縣，大業初廢。有太行山。有沁水、清水。

溫　開皇十六年置。大業初廢。有沁水。

河陽　開皇十六年置懷州及河陽縣。新

濟源　開皇十六年置懷州。大業初州廢。有王屋山、沁水、古軹關。有孔山、原山。

安昌　舊曰平皋。後齊廢，開皇十六年復置，曰武德。後改曰安昌。有王屋、柏崖二城，有濟水。

王屋　後魏置懷州及王屋縣，後齊廢。開皇十六年復置。有王屋山、天壇山。

獲嘉　舊曰修武，後齊廢修武郡。開皇初置殷州，大業初州廢。

修武　置。舊曰共城，後齊置。

共城　舊曰共，後齊置共城。

鄉　舊置義鄉郡，後齊廢。有隥山、廣寧山、鉤山。

長平郡　後魏置建州，後周改曰高都郡，後齊廢為高平郡，後周併為高平二郡。大業初改為長平郡。統縣六，戶五萬四千九百一十三。

丹川　後周舊置高都郡，後齊廢。開皇初改為建州，大業初改為丹川。

高平　舊曰高都，開皇十八年改為長平。

端氏　後魏置安平郡，後齊廢，改為端氏。有輔山、高平城。

濩澤　後齊置廣寧郡。開皇十八年改焉。有縣城山、濩澤山。

沁水　舊置廣寧郡，後齊郡廢，開皇十八年改為沁水。有太行山。有沁水。

祭平與州為　有太行山、行山。

上黨郡　後周置潞州。統縣十，戶十二萬五千五十七。

上黨　舊置上黨郡，開皇初郡廢。有羊頭山、抱犢山。

長子　後周置寄氏縣。開皇十八年改為長子。有濁漳水、堯水。有黃阜山。

屯留　後魏置樂陽郡，後齊廢。開皇十六年復置。有黃阜山。

潞城　後周置潞州。後齊廢縣，開皇十六年復置。有三峻山、石勒澤。

襄垣　舊置韓州，大業初州廢。有松門嶺。

銅鞮　後魏置並涅縣，後周廢。

沁源　後魏置沁源縣及義寧郡，後周廢郡。開皇十六年又置沁州。後周改曰甲水，後改沁源，開皇十八年改焉。有銅鞮水。

綿上　開皇十六年置。

涉　後魏置臨水縣及鄉郡。後周廢郡，開皇十八年改為涉。

黎城　後魏置刈陵縣，開皇十八年改為黎城。有壺關，大業初置。

鄉　舊曰陽城。以路城被誅，遺人置之。後改名黎城。有鹿臺山。

〈隋書志二十五〉　十三　中

13-408

沁州又義寧縣十八年改為和川大業初義寧縣廢又和川縣入

河東郡 後魏曰泰州後改曰蒲州後復置河 統縣十戶十五萬七千七百七十八

桑泉 開皇十六年析置有三疑山

河東 舊置河東郡開皇初郡廢大業初復置有關官有首山有河

芮城 舊置安戎郡後周郡廢有龍泉

夏 舊置夏陽郡後周郡廢後周改曰朝邑西魏置南汾州

汾陰 舊置汾陰郡後齊廢郡又置... 後魏改曰安定後又西

虞鄉 後魏置安邑郡後周郡省入焉有稷山後魏改曰安邑

安邑 舊置河北郡後周郡廢有關官有董澤陂有稷山後魏改曰南解後又西

河北 舊置河北郡開皇初郡廢河北

龍門 開皇初置有龍門山

絳郡 舊曰東雍州後魏置正平郡後改曰絳州又有後魏南絳郡後廢南解 統縣八戶七萬一千八百七十六

正平 舊曰臨汾改曰正平開皇初置絳郡又有後魏南絳郡後廢南解縣及後周勳州及後魏建州及清廉縣及後周亳城縣並省入焉

翼城 比絳縣後魏置北絳郡後齊郡廢新安縣並省入焉開皇十八年改曰翼城有澮水有浍山有高涼山

曲沃 後周廢又後置建德六年廢又後置絳州又置絳郡後魏置絳郡開皇十六年改為曲沃縣

稷山 八年改有稷山有汾水為亳城開皇十年置有汾水為稷山後魏置龍頭山

聞喜 董澤陂有... 有垣縣後魏所置清廉縣後周置臨汾

太平 分縣入焉白水為垣縣後魏置邵州後周改為亳州開皇四年府開州府開皇十六年改為汾州後周置總管府開皇四年州省又後置絳州又後周及後置絳州置總管府開皇

有原縣入焉

有黑山焉

文城郡 東魏置南汾州置總管府開皇... 統縣四戶二萬二千三百

吉昌 後魏置定陽郡開皇初郡廢石門山

文城 後魏置文城郡有風山又名馬文城石門山

伍城 後魏置軍縣

昌寧 後魏置

皇初郡廢置文城縣四戶二萬二千三百

大業初郡廢改為伍城初又發大寧縣入焉

廢縣後魏改平昌縣入焉

臨汾郡 周置總管府開皇初府廢後統縣七戶七萬一千八百七十四

臨汾 後魏曰平陽并置平陽郡開皇初郡廢改曰平河大業初復置臨汾郡又為平陽又有...

襄陵 後魏置... 郡開皇初郡廢大業初復置有姑射山

冀氏 後魏置冀氏郡領冀氏祁縣... 開皇初郡廢又有... 後周置新城縣開皇十八年省入焉

岳陽 開皇十六年置有霍山

霍邑 後周置... 州開皇初郡廢大業初... 入焉有霍山

汾西 後魏置汾西縣後周改曰... 西郡開皇初郡廢有平水有壺口山有姑射山

龍泉郡 後魏置汾州開皇四年改為西汾州總管大業初府廢 統縣五戶二...

隰川 後周置隰州後又置龍泉郡開皇初郡廢大業初復置又有長壽縣後廢又置龍泉大業初並入焉後又置蒲川縣改曰歸化周置...

石樓 開皇十八年改名有石樓山有孔山

蒲 開皇初置有樓山

永和 後周置樓山郡開皇十八年改為永和縣改名為關官置樓山郡開皇初郡廢又置臨河郡開皇初郡廢隰川後周置臨河縣改曰臨河

隰川後周置縣初曰長壽又置龍泉大

西河郡 朔州後魏置汾州後周置總管府開皇初府廢大業初置西河郡又有石城縣及平昌縣開皇中改曰隰城及石城縣周末並廢又有... 統縣六戶六萬七千五百三十

隰城 舊置西河郡開皇初郡廢有隱泉山

平遙 開皇十六年析置有...

介休 平遙六年... 平昌開皇十八年改曰介休郡平遙置定陽後周置平昌定陽郡開閔...

靈石 開皇十年置有崔谷山有靜巖山綿上

綿上 開皇十六年置有綿上

離石郡 後齊置西汾州後周改為石州 統縣五戶二萬四千八十一

求和 開皇十年置有沁水十六年置有隰城周魏置清世縣大業初縣入焉後周置蔀州後周發有鹿臺山

皇初郡廢... 蔀州開皇十六年

離石

《隋書志二十五》

離石
後齊置昌化縣置綏州郡後周改昌化縣曰窟胡大業初郡廢又置定胡縣有關官平夷後周置有定胡郡並置烏突郡烏突縣後周郡廢縣改曰烏突有關官

修化
後周置廣安郡後置廣寧縣尋廢郡又置密化縣後周置靈山郡後置靈山縣大業初郡廢及靈山密化縣入焉後周又置伏戎縣後廢曰烏突郡開

定襄郡
開皇初郡廢置雲州後又廢州尋復皇十八年改為定襄恒安鎮大業初置大和及置雲內縣有突厥曰烏突

鴈門郡
代州後魏曰肆州後周改曰鴈州後又改曰代州開皇五年改為代州

統縣五戶四萬二千五百二

鴈門
改曰廣武大業初復曰鴈門舊置鴈門郡開皇初郡廢大業初復置郡有關官有長城

繁畤
後齊改曰北靈丘後周復曰繁畤開皇初改為唐山縣東魏置廓州及蔚州後周郡並廢開皇十八年改縣曰繁畤又有東魏廓郡雲中城後齊置雲中郡後廢開皇中城有五臺山曰臺蠻夷山有土城有五臺

馬邑郡
舊置朔州開皇初置總管府大業初府廢及改善陽曰鄯陽

統縣四戶四千六百七十四

善陽
後齊置朔州及廣安郡後周改郡曰廣德郡開皇初郡廢改縣曰善陽又後周置神武郡後廢有桑乾水有武州塞有灅水

神武
太平後魏置神武郡後齊改曰太平後周罷郡開皇初縣改曰神武大業初置雲州旋廢有長城

雲內
後周置有開陽後齊置長寧郡後周廢郡改曰雲內大業初置有開陽

丘（汉後立）
置大昌縣後省密雲縣入焉後周置開陽縣後齊置朔州開皇初郡廢大業初置代郡後廢開陽縣改曰密雲

定襄郡
大業四年置

統縣二戶二萬四千四百二十七

大利
大業元年置有陰山有長河

樓煩郡
大業四年置

統縣三戶二千三百七十四

静樂

《隋書志二十五》十六

太原郡
舊置并州後周置六府後改府曰總管開皇二年置河北道行臺九年改臺為總管府尋府廢十八年省交城入晉陽縣

統縣十五戶十七萬五千三

晉陽
舊曰汾陽帶晉陽及太原二郡開皇十年省二郡置并州後周置六府尋改曰龍山縣大業初改曰晉陽

太原
舊曰龍山開皇十六年改曰太原

交城
開皇十六年置

汾陽

文水
舊曰受陽開皇十年改曰文水

祁
分祁縣置盂縣大業初省盂縣入焉有晉水

太谷
舊曰陽邑開皇十八年改曰太谷

壽陽
舊曰受陽開皇十年改曰壽陽置壽陽郡開皇初郡廢十六年又置受州大業初州廢

秀容

臨泉

祁
太原

交城
晉陽

汾陽

文水

壽陽

祁

太谷
舊曰陽邑開皇十八年改曰太谷有蔣山

和順
舊曰梁榆開皇十年改曰和順有九京山有白鹿山有白璧山

平遙
後魏曰平陶後改曰平遙開皇十六年又置清源縣大業初省入焉有麓臺山

遼山
置遼州及東山縣後齊省東山縣有箕山有皋狼山有清漳水

石艾
開皇十六年置

孟
大業初置有白鹿山

平城
舊曰京城開皇九年改名黑山大業初改曰平城

襄國郡
舊曰襄國郡開皇初郡廢

統縣八戶十萬八千五百九十五

龍岡
舊曰襄國開皇九年改名有白鹿山

南和
舊置南和郡後齊廢郡

平鄉
有漳水

鉅鹿
後周置南趙縣後齊廢開皇六年置大業初廢南趙郡入焉

沙河
開皇十六年置

武安郡
後齊置武安平郡後周廢開皇十年改曰洺州又改曰武安郡

永年
舊曰廣平後周改曰廣年開皇初郡廢尋置廣平郡尋廢

臨洺
平

恩

洛水　舊曰斥漳後齊分周大業初置曲周縣與洛水同置有榆邑

武安　開皇十年分置臨洺縣

邯鄲　舊置魏郡後郡廢開皇十年省入焉後又置十年改焉

紫山有狗山有塔山別置襄國縣開皇初置宗州後州廢開皇六年改焉　臨洺

趙郡　開皇十六年分置欒州　充縣十一　戶十四萬八千一百

平棘　舊置趙郡開皇初郡廢大業初復置有宋子縣後齊省有欒城大陸

廮陶　開皇六年改曰廮遙大業初復改曰廮陶有白渠水有漳水

元氏　舊置趙郡開皇初郡廢後齊置南趙郡及廣阿縣開皇六年省入焉後齊改為廣州大業初為趙州後廢　大陸

柏鄉　開皇十六年置有鄗山有千秋亭　房子　後齊

高邑

房子

恒山郡　後周置恒州　統縣八　戶十七萬七千五百七十一

真定　舊置常山郡開皇初郡廢大業初置恒山郡有恒山縣大業初省入焉九門

行唐　石邑　滋陽

省入焉又開皇十六年改曰滋陽大業初又有井陘開皇六年改曰井陘有大茂山鹿泉山抱犢山靈壽山鼓城

井陘　後齊廢石邑以置井陘後周又置蒲吾縣大業初省入焉

博陵郡　舊置定州後周置總管府尋廢

博陵　舊置博陵郡開皇初郡廢大業初復置　房山　開皇六年置靈壽　開皇初郡廢後周又置蒲吾縣大業初省入焉

鮮虞　舊曰盧奴後齊置鮮虞縣大業初省盧奴入焉有北平舊縣後齊廢開皇六年又置大業初又併博陵郡入焉山中有恒陽溪有恒山　深澤後齊廢

北平

唐　舊縣後齊廢開皇六年又置又十六年置上曲陽縣大業初省入焉

新樂　開皇六年置安國縣後齊置

恒陽　舊曰唐後齊置有恒山

河間郡　舊置瀛州　統縣十三　戶十七萬三千八百八十三

河間　舊置河間郡後齊置瀛州開皇初郡廢大業初復置　文安

安平　舊置博陵郡後齊置武興郡開皇初郡廢後齊改名　東城

高陽　舊曰高陽後齊改曰永寧開皇初改曰高陽有武垣

樂壽　景城

鄭城

長蘆　開皇十六年置

平舒　開皇十六年置　魯城　開皇十六年置

河間

莫　後齊廢博野縣開皇初改名莫大業初置博野縣後廢

章武舊置浮陽郡後齊廢有新城

苑郷　舊曰章武後齊廢

平舒

涿郡　舊置幽州後置總管府大業初府廢

薊　舊置燕郡開皇初郡廢大業初置　良鄉

涿　舊置范陽郡後周置涿郡後又廢大業初置

固安　舊曰故安後改

雍奴　昌平

安次

良鄉

上谷郡　開皇元年置易州　統縣六　戶三萬八千七百

易　初

漁陽郡 立總管府大業初府廢
　永樂　飛狐
　　　　黃昌二縣置壽

北平郡 平州統縣一戶二千二百六十九　盧龍舊置北平郡領
　十五　無終　陽樂
　　後周又置漁陽郡有長城有燕山徐無縣入焉有濡河洳河如泃河

安樂郡 舊置營州後魏置營州開皇初府廢
　密雲　燕樂
　統縣二戶七千五百
　〈十九〉

遼西郡 後魏置營州開皇初置總管府大業初府廢
　柳城
　統縣一戶七百五十一
　九十九

〈十七〉

〈隋書志二十五〉

山有渝水白狼水

冀州於古堯之都也舜分州置十二冀州析置幽并其於天文自胃七度至畢十一度為大梁屬冀州自尾十度為析木屬幽州南斗十一度為星次本皆冀幽之地帝居所在故其界尤大至於夏殷學者之星次本皆冀幽之城帝居所在故其界尤大信都清河河間博陵恒山趙郡武安襄國此數郡俗頗同人性多敦厚務在農桑好儒學而傷於遲重前代稱冀幽之士鈍如椎蓋取此焉俗重氣俠好結朋黨其相赴死生亦出於仁義故班志述其土

風悲歌忼慨椎剽掘冢亦自古之所患前諺云仕官不偶遇冀部實輕此也魏郡鄴都所在浮巧成俗雕刻之工特云精妙士女被服咸以奢麗相高其性所尚習得京洛之風矣語曰魏郡清河天公無奈何斯皆輕狡所致汲郡之風頗同魏郡清河天公無奈何斯皆教及又衛地習仲由之勇故漢之官人得以便宜從事其人多重農桑性多敦重頗有說焉今風俗頗移舊俗考之故壤猶有趙之故俗焉河內得殷之故壤考之故

與土黨顏同人性勁悍習於戎馬離石鴈門馬邑定襄樓
煩涿郡上谷漁陽北平安樂遼西皆連接邊郡習尚與太
原同俗故自古言勇俠者皆推幽并然涿郡太原自前
代以來皆多文雅之士雖俱曰邊郡然風教不為比也

北海郡府開皇十四年府廢
百四十五

益都 舊置青州後周置總管
統縣十户十四萬七千八

六七十

昌國 舊曰東安開皇初廢
郡置新河縣大業初廢又曰
臨胊舊曰臨胊並逢山大業
初改為逢山又有汶水陪水焉
臨朐 舊曰般陽後齊改曰
東安開皇時水入焉
博昌 舊曰樂安開皇十六
年又置會城縣大業初廢
壽光 皇開

大業初置青州開皇十
六年改曰滄州大業初
廢入焉有逢山有汶水陪水焉
般陽大峴山嶺山有
陵山大峴山有狄水

後齊改廢開皇十
六年分置濰州後
州廢後移州入焉

《隋書志三十五》 二十一

齊郡 舊齊州開皇初郡廢
統縣十户十五萬三千三百二十三

歷城 置舊

縣有節山文山後置
臨濟 臨濟

濟南 舊曰高唐開皇初置
州又東平原郡廢入
焉大業初省濟南縣入長山有
長山 舊曰武彊開皇六
年改曰長山

章丘 舊曰高唐開皇十
六年改焉置別置朝陽大業初
廢又有魏郡廢入焉有鐵山有瀆山

鄒平 皇開十八年置長白山有
長白山大業初又置

祝阿 皇開十八年平原
郡入焉

營丘 後齊廢開皇十
六年復改為有叢角
城開大業初州廢有鐵山有漯水

高苑 舊齊
郡廢又郡東清河廢有
有東陵山莊華山鮑山有漯山

山 舊曰衛國後齊改名焉
大業六年改曰濟南後又
十八年改皇後又省濟南縣併有
龍舟山儒山焉

山 齊郡廢開
八年縣廢改名為大
業初置淄州廢十

淄川 東
舊清河
郡後置

嬴 舊曰
高苑大業
初又置

東萊郡 舊置光州開皇
五年改曰萊州大業初復曰東萊郡
統縣九户九萬二千三百五十一

掖 舊置東萊郡東牟
郡並廢入焉開皇
初郡廢大業初又置郡後
即墨 後齊併入
長廣仁壽元山有
有明堂山光水焉

膠水曰
初郡廢大業
十六年又以
膠水

觀陽
昌陽 後齊
廢入焉開皇十六年又
置並廢昌陽入焉有觀陽
黃 舊曰東牟
郡東牟郡後置牟
山有横崮井有田横山文
盧鄉 後周
六年又省盧鄉及挺
城並廢並入焉有巨神山有勞山東
東牟郡廢
有曲城富
利山有苑山有石橋有廣文

文登 後齊
廢長廣二郡並廢並入焉開皇
初改名焉有之罘山

諸城 舊曰
東武置平昌郡並
改名焉後置平昌郡
置東莞郡並廢入焉又有
郚城舊置平昌郡並廢
安丘 皇開
郡後齊廢入焉
有斟山大業初
置郡後廢

高密郡 舊置
膠州平昌郡廢
五年改為密州大業初廢膠州大
高密 舊曰
開皇初改焉有
鄭城 後齊廢併入置
高密 置膠西
後齊廢併入焉有
膠西 後齊
廢入焉

黔陬 舊
日黔陬大
業初又以
膠水曰
西山大業初
膠水

人自俗三齊倡本出此也祝阿縣俗賓婚大會餚饌雖豐

日濟南其俗好教飾子女淫哇之音能使骨騰肉飛傾詭

達多智其度舒緩其爲失也奢黨二日好行譎詐喜與訟鬬

尚智爲教故士庶傳習其風莫不矜於功名依於經術闊

決決乎大風也哉國未可量也在漢之時俗彌泰織作
五度爲文彩於天下名冠海内史記曰泰山之陽魯之歌曰

周礼職方氏正東曰青州其在天官自須女八度至危十

西由大業初又以
初郡廢十六年置縣焉
膠水

六十三

諸城 舊曰
東武置平昌郡並

至於丞膾嘗之而巳多則謂之不敬共相誚責此其異也
大抵數郡風俗與古不殊男子多務農桑崇尚學業其歸
千儉約則頗變舊風東萊人尤朴魯故特少文義

志第二十五　地理中　隋書三十

太常卿攝黃門侍郎禮國史上柱國趙國公長孫無忌奉勅撰

地理下

隋書志三十六

彭城郡　舊置徐州府開皇七年行臺廢大業四年府廢　統縣十

戶一十二萬一千五百三十二

彭城　舊曰...

豐

蕭

蘭陵

空王

方與　後齊置...

沛　留

留　後齊...

瑕丘

任城　舊置高平郡開皇三年改為帶...曲阜　舊曰汶陽開皇十六年改...

魯郡　三統縣十戶十二萬四千一百十九

泗水　有陪尾山

鄒　舊置鄒郡開皇十六年...

平陸　後齊...

龔丘

梁父　後齊...

瑕丘　後齊置兗州...

博城　舊曰博城...有車高...

嬴

父山　有龜山

琅邪郡　周改置北徐州後...舊置...有艾山...

統縣七戶六萬三千四百二十三

臨沂　舊曰即丘...大業初...

費　顓臾...

新泰　後齊...

東安　後齊廢...

東海郡　梁置...

漣水

胊山

沭陽

懷仁

統縣五戶二萬七千八百五十

下邳郡　後魏置南徐州梁改為武州後...

統縣七戶五萬二千七十

宿豫

夏丘

徐城

淮陽

良城

下邳

臨沂　

郡東魏置...

夏丘

禹貢海岱及淮惟徐州彭城曹郡琅邪東海下邳得其地焉在於天文自奎五度至胃六度爲大梁星降妻於辰在戌其在列國則楚宋及曹之交考其舊俗人頗勁悍輕剽其士子則挾任節氣好尚賓遊此蓋楚之風焉大抵徐兗同俗故其餘諸郡質得齊魯曹之所尚莫不賤商賈務稼穑尊儒慕學得洙泗之俗焉

江都郡　統縣十六戶十一萬五千五百二十四

海陵縣　江都郡　寧海

高郵　安宜　山陽　盱眙　鹽城　清流　全椒　六合

鍾離郡　統縣四戶三萬五千一十五

鍾離　定遠　曲阿　句容

淮南郡　統縣四戶三萬四千二百七十八　壽春　安豐　霍丘　長平

弋陽郡　統縣六戶四萬一千四百三十三　定城　光山　殷城　固始　期思

蘄春郡　開皇初置羅州後齊置羅州緫管府九年府廢十八年改為蘄州開皇
改縣名焉有後齊光化郡亦廢入焉別改
初郡廢浠水後齊置永安郡開皇初郡廢有浠水
黃梅　舊曰永興十八年改名焉有黃梅山
有紫微山岳山石山亞父山半公山
山蔡微山上薄山三公山
治甫山湘後改蘄水
州廢開皇初郡廢及開皇初改縣名焉
霍州廢開皇初郡廢縣改名焉浠水

六百九十

三十二

合肥　此縣梁改曰汝陰後齊改曰慎梁置南豫州東魏置合州開皇
州梁置豫州後周改曰廬州
廬江郡　開皇初置廬州後齊置合州開皇
統縣七戶四萬一千六百
蘄春　統縣五戶二萬四千

浠水　開皇初
後齊置羅州
初郡廢浠水後
開皇初郡廢縣改名焉
羅田　郡開皇初
並城郡

霍山　開皇初
置梁霍州又廢開皇初
襄安　初改名焉有龜
梁置義州開皇初
廬江　齊置
梁置廬州後齊置
慎　開皇初
親郡梁置北沛郡及新蔡
開皇初沛郡廢
有浮闊山
山梁置義州梁置
廬江郡廬江齊置

《隋書志二十六》　《五》

六百五十三

同安郡　江左置豫州梁置晉州陳改曰晉熙又
陸屋山
開化　梁置樂郷鼓山天山多智山
壁屋山
一千七百六十六
懷寧　舊置晉熙郡開皇初郡廢改縣曰高塘又
太湖　開皇初改曰熙州改名焉有雷水
高塘郡開皇初郡開皇三年郡廢改縣曰高塘
塘十八年又改名焉有雷水
統縣五戶二萬
宿松　梁置
望　開皇十八年改縣曰義郷十八年改名焉
同安　開皇初郡廢
江改置義郷

歷陽郡　後齊立和州
郡開皇初復置郡廢烏江
大業初復置郡廢歷
陽郡開皇初置郡廢
統縣二戶八千二百五十四
歷陽　歷陽舊置
郡開皇初郡廢歷
烏江　梁置
江都郡後齊改為臨江
郡又改為齊江郡開皇
陽改置為同江郡開皇初
入焉有浮度山

丹楊郡　自東晉已後置郡曰揚州平陳詔
並平灘耕墾更於石頭城置蔣州
統縣三戶二萬

郡有稷山
山會稽山

重

句章　平陳併餘姚鄞鄮三縣入有太白山方山剡有桐溪有瀑山諸暨溪大

餘杭郡　平陳置杭州仁壽中置總管府煬　　統縣六戶一萬五千三百
八十
錢唐　舊置錢唐郡平陳廢郡大業三年置錢唐郡仁壽二年復有
餘杭　有由拳山
富陽　雞籠山平陳發仁壽封蝸山有青山白鵠山
武康　平陳置嗣山初置郡改
於潛　鐵山吉桐石臨平湖　鹽官

新安郡　歙州平陳置　　統縣三戶六千一百六十四　休寧　海寧
山大業初置郡改名為歙平陳廢十八年改名為黟一年復

東陽郡　婺州平陳置　統縣四戶一萬九千八百五　金華　舊長山
置金華郡平陳廢郡又發建德太平置安三縣初置東陽郡
寧縣十八年改名為

六寳又

【隋書志二十六】

永康　烏傷有香山信安有江山悲思　七
統縣四戶一萬五百四十二

建安郡　陳置建安郡舊置閩州乃慶後又　統縣四戶一萬二
閩　舊曰原豐十二年改曰閩安置南安舊置南安郡平陳廢郡改
名為置莆田縣尋

括倉　舊郡有緡雲山　臨海舊曰章安　永嘉陳郡廢縣改名為有芙
松陽

遂安郡　仁壽三年　統縣三戶七千三百四十三
馬廢入龍溪
縣改名為置遂安郡有仙壇山
新安郡平陳廢置　雉山舊置
千四百二十　　建安郡陳置　遂安　平陳廢復仁
郡有長山龍樓山　　　南安舊　　桐廬陳平
近山有赤松澗水　　　　　　　　　　　　　　　

鄱陽郡　梁置吳州陳廢置饒州　　　統縣三戶一萬一百二　鄱陽
郡舊置鄱陽郡平陳廢又有練銀城　　餘干　弋陽十二年改有　
縣廢入為大業初復置　　　　　　　　城新　　

臨川郡　撫州平陳置臨川　　統縣四戶一萬九百　臨川舊置臨川
置郡黃水郡有夢　　南城章山有五　崇仁梁置巴山郡
水陳　　　　　銅水　　　　山安　　

廬陵郡　吉州平陳置廬陵郡平陳　統縣四戶一萬三千七百一十四　廬陵
舊置廬陵郡平陳廢　泰和　新淦　安復舊
廢縣陳改復置又更　舊曰西昌平　成
豫安有玉長嶺　東昌入更名為　

【隋書志二十六】

八

南康郡　虔州開皇九年　統縣四戶一萬一千六百六十八　南康
開皇九年廢南康郡平陳入　虔化　新淦
改名為南康置有嶺山有頴水改　春江有宜
名為雲都　　　　　　　　　　　

宜春郡　袁州平慶州開皇　統縣三戶一萬二千一百二十六　宜春
舊曰宜春置袁府平陳置　萍鄉有宜　新喻
改名為開皇十二年置　春江有　　

豫章郡　府平陳置總管　統縣四戶一萬二千二百二十一
豫章舊置豫章郡平陳廢郡又發置
開皇九年省并永修置　豐城廣豐仁壽　建昌
縣改名為洪州　　　平陳廢郡尋廢入為　又

南海郡　管府仁壽元年　統縣十五戶
南海舊置廣州梁陳並置督府平陳置　　　　
三萬七千四百八十二
南海舊置南海郡平陳置

【top section】

業初置曲江舊置始興郡平陳廢十六年又
置安遠又置東衡州開皇末改向東衡州總
管廣州擴管開皇末改向南海又十六年廢大庾山

化蒙舊置城縣大業初廢陳置東官
郡平陳郡廢有石縣改名焉

增城陳置綏縣平陳郡廢有羅浮山

寶安舊置寶安縣有羅浮山

樂昌梁置梁
化郡平陳郡廢至是亦廢以置清遠縣

懷集陳置陳郡廢新會梁置新會郡平陳郡廢

清遠梁置清遠郡平陳郡廢又有杜陽山

龍川郡府大業初府廢統縣五戶六千四百二十

義寧廢又有堯山

歸善帶郡有蘿化河源新豐開皇十一年省
龍川縣入焉十八年改曰休吉大業初有黑龍山

博羅興寧海豐有滶海
九山有愧江

義安郡梁置東揚州後改為潮州
統縣五戶二千六十六

海陽大業初置義安郡有鳳皇山

萬川舊曰義

高涼郡梁置高州統縣九戶九千一百一十七

連江梁置連江郡平陳郡廢又置
郡大業初廢電白梁置電白郡平陳郡廢焉

杜原舊曰杜陵平陳改曰杜原
石龍

海安舊曰齊安開皇十八年改名焉

陽春梁置陽春郡平陳郡廢

【bottom section】

信安郡端州陳置高興郡大業初置
信安郡有定山統縣七戶一萬七千七百八十七 高要

新興陳置新州大業初廢新州置新興郡銅陵

平興梁置梁泰郡平陳郡廢 端溪舊置晉康郡
平陳郡廢有端水 樂城

博林 新興

良德 銅陵

求興郡瀧州梁置開陽郡平原郡開皇
十八年改平原曰瀧水置建陵統縣六戶一萬四千三百一十九 瀧水舊置
開陽縣平陳郡並廢以名縣開皇十八年又置後省

安遂梁置梁信郡平陳郡廢十八年置懷德舊曰武德平陳改曰懷德

蒼梧郡梁置成州開皇
皇初改為封州統縣四戶四千五百七十八

熙寧晉化平陳郡廢有荔都城

封川梁曰梁信置封州大業初廢封川 封陽

始安郡管府大業初府廢統縣十五戶五萬四千五百
平樂梁置樂山有目荔

建陵 陽朔 象 隋化 義熙舊曰齊熙置齊熙郡平陳並廢 龍城

浦

茂名

廢又有洮陽縣開皇十八年政日陽壽大業初省入焉

發入

富川陳置郡又有賀樂梁二州廢又置賀州梁壽靜二郡平陳並廢又置逄州大業初平陳並廢歸化安樂博三縣入為豪靜郡並發又有猛陵江武二縣入焉龍平開江武二縣大業初平陳並廢勞三縣入為豪靜郡並廢

永平郡　平陳置　統縣十一　戶三萬四千四十九

永平　梁置永平郡及靜州陳置靜州郡大業初又置永平郡平陳郡廢開皇十八年政名焉

安基　梁置陰石梁安二郡開皇九年郡廢平陳郡廢改名焉

隋安　梁置普寧郡開皇十年郡廢又置陰石郡平陳郡廢改名焉有農山

戎成　梁置一年改名焉縣為奉化開皇十年又改為寧人入焉開皇十五年政名焉有農山陵綏蒼梧等四郡

淳人　開皇十年改曰遂成開皇十八年置賀川有壽原山置又陳置建求建等四郡

賀川

平陳並發

永平　平陳並發

鬱林郡　梁置定州後改為尹州平陳改為南定州平陳郡廢改名焉　統縣十二　戶五萬

領方　梁置領方郡又發嶺山大業初併武陳改為綠州大業初政為焉

鎮山　高梁嶺山大業初改陽縣為焉

安成　梁置安城郡開皇初郡廢樂山平陳改為樂陽縣有武綠山

阿林

石南　梁陳置石南平陳發置樂陽澤布山四縣入有武綠山

馬度

桂平　梁置桂平郡開皇初又發皇化為簡陽立寧浦郡大業二年郡廢

宣

寧浦　梁陳置寧浦郡

鬱平

九十二百

鬱林郡

合浦郡　舊置越州尋改為祿州大業初立合浦郡　統縣十一　戶二萬八千六百

合浦　舊置合浦郡平陳郡廢大業初又置龍蘇郡平陳郡廢又併大廉郡

南昌　比流陸川縣入封

龍蘇　舊置龍蘇郡平陳郡廢大業初又併大廉郡

定川　平陳郡廢立定州郡廢平陳初置

九十

化舊縣開皇十八年改置陽縣開皇十八年政名焉

合浦郡為祿州大業初廢祿州置合浦郡

山嶺昌縣入定川

日南郡　梁置德州開皇九年改曰驩州開皇十八年改名焉　統縣八　戶九千一百一十五

安順　舊曰常樂開皇十六年改名焉

移風　舊曰龍編平陳郡廢

九真郡　梁置愛州　統縣七　戶三萬六千一百三十五

九真　舊置九真郡平陳郡廢有軍安　舊曰常樂開皇十八年改名焉日南

新昌

安人　舊曰晉昌西開皇十八年改名焉

隆安　舊曰高安開皇十八年改名焉

胥浦

交趾郡　舊置交州　統縣九　戶三萬五十六

交趾　舊置交趾郡平陳郡廢

朱鳶　舊置新昌郡平陳郡廢

平道　舊曰國昌開皇十二年改名焉

宋平　舊置宋平郡平陳郡廢大業初置交趾郡

隆平　舊置武平郡大業初郡廢

嘉寧

慈廉

新昌　舊置興州平陳郡廢大業初郡廢

安人

導化　開皇十年置安州及鍾海郡慶十八年改州日玉州大業初州廢

海安　梁置安平郡慶十八年改州及鍾海郡慶十八年改州日玉州大業初州廢

珠崖郡　梁置崖州　統縣十　戶一萬九千五百

義倫

感恩

顏盧

毗善

昌化　有扶山

武德

延德　寧遠　澄邁

武德山

寧安　舊置安京郡平陳郡廢大業初置寧越郡平陳郡廢開皇十八年改名焉

寧越郡　梁置安州大業初改州日欽州大業初置寧越郡　統縣六　戶一萬三千六百七十

安京　舊置寧越郡平陳郡廢大業初置寧越郡開皇十八年改名焉南賓

欽江　舊置宋壽郡平陳郡廢大業初置欽江郡慶十八年改州日欽州大業初改州日新化開皇十八年改名焉

海康　梁大通中割番州合浦立高州尋又以合肥為合州此置南合州平陳郡廢大業初置合浦郡平陳郡廢開皇十八年改名焉

安康　梁置齊康郡平陳郡廢開皇十八年改名焉鐵

杷　開皇十年置

隋康　舊曰齊康大業初廢齊康郡平陳郡廢開皇十八年改名焉扇沙　政為椹川大業初廢入

羅州　舊有摧縣開皇十八年改名焉

抱成　舊有摧縣開皇十八年改名焉

羅浮山有內亭

武郎

13-420

浦陽　越常　金寧

交谷〔梁置明州大業初廢〕

安遠〔梁置利州開皇十八年改爲智州大業初〕

光安〔舊日西安開皇十八年改名焉〕　安樂

比景郡　朱吾　壽泠　西捲

海陰郡〔大業元年平林邑改爲農州尋改爲郡統縣四戶二千八百一十五〕

比景

新容〔大業元年平林邑改爲郡統縣四戶一千一百〕

林邑郡〔置沖州尋改爲郡統縣四戶一千二百二十〕

象浦　金山　交江　南極

真龍　多農　安樂

〈隋書志二十六〉　〈十三〉

揚州於禹貢爲淮海之地在天官自斗十二度至須女七度爲星紀於辰在丑吳越得其分野江南之俗火耕水耨食魚與稻以漁獵爲業雖無蓄積之資然亦無饑餒南鍾離斷春同安廬江歷陽人性並躁勁風氣果決包藏禍害視死如歸戰而貴詐此則其舊風也自平陳之後俗頗變改尚淳質好儉約喪紀婚姻率漸於禮其俗頗同稍愆於古其在人物本盛小人率多商販君子資於官祿市廛列肆埒於二京人雜五方故俗頗相類京口東通吳會南接江湖西連都邑亦一都會也其人本並習戰爭號爲天下精兵俗以五月五日爲鬭力之戲各料弱相敵事類講武然尚勇毗陵吳郡會稽餘杭東陽其俗俗信鬼神好淫祀父子或異居此大抵然也江都

亦同然數郡川澤沃衍有海陸之饒珍異所聚故商賈並湊其人君子尚禮庸庶敦厖故風俗澄清而道教隆洽亦其風氣所尚也豫章之俗頗同吳中其君子善居室小人勤耕稼之人多有數婦暴面市廛競分銖以給其夫及舉孝廉之人俗少爭訟而尚歌舞一年蠶四五熟勤於放逸以避役人俗多有前妻雖有數婦率多商販勤於紡績亦有夜浣紗而旦成布者俗呼爲雞鳴布新安永嘉建安遂安郡宜春率多壽考然此數郡往往畜蠱章而鄱陽九江臨川廬陵南康宜春其俗又頗同豫偏其法以五月五日聚百種蟲大者至蛇小者至蝨

〈隋書志二十六〉　〈十四〉

置器中令自相唼食餘一種存者留之蛇則曰蛇蠱蝨則曰蝨蠱行以殺人因食入人腹內食其五藏死則其產移蠱主之家三年不殺他人則畜者自鍾其弊累世子孫相傳不絕亦有隨女子嫁焉干寶謂之爲鬼其實非也景龍後蠱家多絕飲食無主人故飛遊道路之中則殞焉嶺巳南二十餘郡大率土地下濕皆多瘴厲人尤夭折南海交趾各一都會也並所處近海多犀象瑇瑁珠璣奇異珍瑋故商賈至者多取富焉其人性並輕悍易興逆節椎結踑踞乃其舊風其俚人則質直尚信諸蠻則勇敢自立皆重賄輕死唯富爲雄巢居崖處盡力農事刻木以爲符

契言誓則至死不改父子別業貧富有貸身於子諸撩
皆然並鑄銅為大鼓初成縣於庭中置酒以招同類來者
有家富子女則以金銀為大釵執以叩鼓初鳴此鼓乃留遺主人
名為銅鼓鈸俗好相殺多構雒怨欲相攻則鳴此鼓到者
如雲有鼓者號為都老羣情推服本之舊畫尉陀於漢自
稱蠻夷大酋長夫臣鼓僮猶呼其所尊為倒老也言訛故
又稱都老云

南郡舊置荊州西魏以封梁為著國又置江陵總管府開
廢州又省大府開皇七年併梁又置江陵總管晉二十年改為荊
業初發州屬梁初安遠二郡屬梁開皇八年置江陵總管梁初置
郡置廢郡置長楊十七年州襄有宜陽山
大業初復置郡長楊　統縣一十戶五萬八千八百三十六
　　　　　　　　　　　枝江　當陽後周置
　　　　　　　　　　　　　平州領置
　　　　　　　　　宜昌開皇
　　　　　　　　　　　江陵總帶荊關
　　　　　　　　　　　松九南開皇
　　　　　　　　　　　　平陳置

廢州又省歸化受國二十一年州
廢川又省大府以丹山黃牛山
漳川又置二郡屬梁番開皇十八年改日昭立王州九年省州
安居縣開皇十八年改日昭立大業初改州為
廢梁又置河東郡開皇初置
有清溪又有靈溪水
臺尋廢公安九年平陳
廢陵郡拓梁置後周又有黃山有淰水
改縣有後周宜州西改日華陵置
業初發宜都開皇初置定襄縣入焉有硤石山
改縣日統縣大業初省長寧縣入
城兩面改日統縣大業初省長寧縣
縣改開皇十一年省安興縣入焉有
有臺尋廢皇初置大業初省華容縣入
松滋江左舊置有涔陽城
長林舊日長林長林
有茨故後周改名焉其
紫陵

竟陵郡舊置荊州西魏置
七年郡廢皇　統縣八戶五萬三千三百八十五　長壽後

夷陵帶關初皇
有夷道舊置宜都郡開
業改宜都郡開皇初
有女觀山　遠安
皇初發　三戶五千一百七十九
舊日高安置汶
有周改縣

　　　　石城郡開皇初郡廢大業
　　　　及梁置石城等入梁後周又立新州初
　　　　入焉有漱水宋居僑立宋置高坪縣
　　　　　有唐州開皇十八年蔡及置汝川
　　　　漢東開皇十八年蔡及置汝川
　　　　為州又有莎川後周又改為汝川初
　　　　　藍水宋置高坪縣西
　　　　山開皇初郡廢大業
　　　　　　章山

名焉改
沔陽郡後周置復州
業初改日沔陽開皇初州
沔陽縣梁置沔陽後周置沔州
皇七年郡廢大　統縣五戶四萬二千七百一十四
　　　　　　　監利
　　　　　　　竟陵萬

興陽郡後周置竟州大
業初郡廢開皇初改日
州俊徙竟陵廢義陽郡
城郡置竟陵又有京山
郡廢大業初復置辰州開皇九年州廢
改日辰陽
龍山縣開皇十八年又
改為充州大業初改為
郡梁置壽州開皇
　統縣五戶四千一百四十

沅陵郡梁置武州平陳為朗州
大業初復置辰州開皇九年州廢
郡平陳廢開皇初置辰州州
縣梁置壽州開皇十八年改州
　　　　大鄉置臨沅縣
　　　　　鹽泉梁置崇標
　　　　　辰溪舊日辰陽
　　　　　　　沅陵舊置

武陵郡舊置武州平陳改日朗州
及梁為朗州平陳為朗州
平陳廢開皇十八年又
皇初廢臨沅縣入焉
郡有沅南漢壽三縣
武陵縣大業初復置武
　統縣二戶三千四百一十六
　　有望夷山龍山龍陽

襄陽郡 襄州江左並僑置雍州西魏改曰襄陽帶襄陽郡開皇初郡廢大業初置襄陽郡統縣十一戶九萬九千五百七十七

襄陽 後魏僑置河南郡及縣西魏改曰華山郡置石梁郡及惠郡後周改曰漳川郡開皇初郡並廢有筑陽關林山有峴山

安養 後魏置南襄城郡及縣曰鄀縣後周郡廢改縣曰安養有宜城山

上洪 梁置新野郡西魏改曰威州後周州廢有祖山亞山鳳林山

率道 梁置漢南郡後周郡廢有重陽縣開皇初廢入焉又立南漳開皇十八年改曰思安又改曰率道

漢南 西魏置重陽郡及縣後周郡廢改縣曰安武開皇初省入焉又立南漳又改曰重陽後廢

南漳 梁置武泉縣後周改曰重陽又立南漳縣有荊山

陰城 西魏置南郡及縣後周郡廢縣改歸焉有武當山

義清 梁置義清郡及左安縣西魏改為武泉縣有常平開皇初廢入焉

常平 義安西魏置長安縣

國義城縣名略

清江郡 業初周置亭州大業改為庸州資田郡開皇初郡廢並資田郡及江州入焉大業初州廢縣省入清江五年復置清江縣焉統縣五戶二千六百五十八

鹽水 業初置縣井開皇初郡廢大業初置

巴山 梁置宜都郡開皇初郡廢後周置清江郡後周置江州宜昌縣十八年改清江入焉

清江 江州後周開皇初郡及州並廢

開夷 開皇初周置施州及清江郡後周置開皇初郡及州並廢

建始 州後周置及軍屯焉

棗陽郡 改舊曰廣昌并置廣陵郡又西魏置東荊州尋廢有石鼓山有溠水 春陵 良鄉縣大業初廢有溠水

春陵郡 改名曰廣昌并置安昌郡又西魏置南荊州改曰昌州開皇初郡廢又後置豐鄉尋廢 棗陽 舊曰廣昌并置廣陵郡開皇初郡廢又西魏置東荊州尋廢統縣六戶四萬二千八百四十七

清潭 湖又廢後魏置南荊州改曰昌州開皇初郡廢又西魏置南昌州改日常平縣早停縣有臺山有橦溪水

漢東郡 舊置隨州西魏改曰隨郡後周置隨州總管府大業初州廢統縣八戶四萬七千一百九十三

隋 舊置隨郡西魏改曰漢東郡開皇初郡廢大業初復置有溠水

土山 梁置土山縣後周廢大業初改曰土山州及宜人漳川

唐城 後魏置南襄州尋改曰蔡州開皇初州廢又改曰唐州大業初州廢

安貴 梁置安貴縣後魏置安化縣開皇初郡廢改曰安化

平林 開皇初郡廢後周置上明縣開皇初改曰吉陽至後復置

順義 梁置

安陸郡 舊置安陸郡又西魏置岳州後周改置南司州開皇初府廢又改曰郧州大業初廢入焉統縣八戶六萬八千

安陸 舊置安陸郡開皇初郡廢後置光化大業初廢有溳水

孝昌 西魏置岳郡及岳山縣開皇初廢有溳岳崗皇並廢有瓜崗

吉陽 梁置平陽郡及縣西魏改曰吉陽開皇初郡廢

應陽 後魏置應州及安陸郡開皇初郡廢大業初州廢

京山 別置京山開皇初郡廢有盤臺山又有臺山

富水 後魏置東魏南郡開皇初郡廢又置富水縣大業初改曰富水

上明 梁置南郡後周省其舊郡寧化大業改名焉有驚巉湖

光化 開皇初郡廢後周置光化縣

《隋書志三十六》

立汝南郡西魏改郡為重城改縣曰京池後周郡並廢大業初改吉陽縣曰安陽尋又省南陽縣入焉

應山縣舊曰就陽梁置西陽郡後周廢大業初置應州又改寧州新市西魏置汝州西魏改吉陽郡西魏改西安郡開皇初郡廢有平靖關有大洪山

應陽縣開皇初改曰角陵西魏置沔陽郡梁曰崶陂西魏改焉開皇初郡廢又置溫州開皇初州廢大業初改曰富水有温水

京山縣梁曰新陽西魏改焉西魏置盤州新州梁置義陽郡西魏改曰温州開皇初郡廢省雲杜縣入焉

富水舊曰富川人新市開皇初改焉西魏置富水縣開皇初省有大洪山

雲夢梁置梁寧郡並置雲夢縣開皇初郡廢

永安郡後齊置衡州陳廢後周又置

黃岡八年改曰南安縣開皇初郡廢十八年改名焉

木蘭又曰木蘭縣

黃陂後周置梁安郡並置安昌縣開皇初郡廢改曰黃陂

麻城梁置信安縣開皇十八年改名焉

永安郡開皇五年改衡州陳慶後周又統縣四戶二萬八千三百九十八

義陽郡齊置司州梁曰北司州後周改曰申州大業二年改曰義州尋改曰義陽統縣五戶四萬五千九百三十

鍾山皇初置鍾山縣梁置隨陽郡開皇初郡廢

禮山後齊置義陽郡並置金山縣開皇初郡廢又改名焉有大龜山有油水

義陽舊曰平陽郡齊改為司州梁曰北司州周改曰申州後周置安昌郡改名焉大業初改統縣

羅後齊置義陽郡並置高安縣開皇十六年置曰羅山開皇初有淮源

淮源

九江郡舊置江州統縣二戶七千六百一十七

盆城舊曰柴桑平陳廢大業初又立慶汝南縣改曰彭蠡大業初置郡縣改名焉有桑湖彭梁又立汝南縣十八年改曰彭蠡大業初置

《隋書志三十六》 十九

安鄉陳廢後周又置平陳廢大業初置郡尋改為澧陽有油水山

澧陽郡平陳置松州尋改為澧州統縣六戶八千九百六

石門平陳廢開皇中置石門縣

崇義

孱陵陳廢後周改置大業初復置巴陵郡開皇初郡廢

巴陵郡梁置巴陵郡開皇初郡廢大業初復置

巴陵

沅江梁置武寧郡平陳廢又改名焉

慈利開皇中置縣

武昌郡梁分置郢州此新州尋又分此州平陳廢又以鄂州立郢州此統縣四戶

武昌舊置江夏郡開皇初郡廢

永興梁曰陽新平陳廢開皇中置縣

江夏郡舊置郢州梁分置此新州尋又分此統縣四戶一萬三千七百七十一

蒲圻沙羨梁置上雋郡開皇初郡廢又置沙陽縣平陳廢有大白沙又有沙川

安鄉陳廢後周又置平陳廢大業初置郡尋改為澧陽有油水山

長沙郡梁置湘州平陳改曰潭州統縣四戶一萬四千二百

長沙舊置湘東郡平陳郡廢有銅山有浮梁新康縣平陳廢

益陽平陳廢有浮梁新康縣平陳廢邵陽舊置邵陵郡平陳郡廢

邵陽舊置邵陵郡平陳郡廢

《隋書志三十六》 二十一

13-424

衡山郡平陳置
統縣四戶五千六百六十八

衡山舊置湘東平陳郡改
湘潭陳東
渌陰舊曰冰平陳改連安三縣有宜渡
漁陽郡平陳改
肥水郡陳置水春江
溇陰舊曰冰平陳改有武陰山建寧四縣入焉有歷水
廢茶陵收衡陽武陽山入焉
新寧

桂陽郡郴州平陳置
統縣三戶四千六百六十六

平陽舊置桂陽郡平陳郡廢有騎田嶺
郴舊置桂陽平陳郡廢
陽山舊曰盧陽平陳郡廢有盧水
臨武有華陰山有溱水
盧陽陳置陽山應陽灌陽小二縣入焉有謝沐水
新寧舊曰營陽平陳郡廢有九疑山營道春陵二縣入焉

零陵郡舊置永州平陳郡廢有尋發府
統縣五戶六千八百四十五

零陵舊置零陵郡有黃溪三縣
永陽舊曰營陽平陳郡廢又廢湘源平陽灌陽三縣入焉
湘源平陳置湘源平陽灌陽
永陽舊曰營陽平陳郡廢
應陽舊曰觀陽平陳改有舂水洮水

熙平郡連州平陳置
統縣九戶一萬二百六十五

桂陽陳曰陽山置

五七七

《隋書志二十六》
《二十一》

熙平郡廢
宣樂陳置曰梁樂平陳郡廢大業初置熙平郡
陽山水有斟連山俗謂之陽水
平陳置曰廣德陳置梁樂郡大業初改為宣樂大業十八年改為宣樂郡平開皇十八年改名焉
桂嶺舊曰興安開皇十八年改名焉
武化梁置
熙平梁置齊樂郡平陳郡廢
連山梁置曰廣德平陳改曰宣樂郡平
游安
開建

尚書荊及衡陽惟荊州土當天文自張十七度至軫十一度為鶉首於辰在巳楚之分野其風俗物產頗同揚州其人率多勁悍決烈蓋天性然也南郡東帶雲夢正西汨沅陵清江襄陽春陵漢東安陸義陽九江夏諸郡多雜蠻左其與夏人雜居者則與諸華不別其僻處山谷者則言語不通嗜好居處全異頗與巴渝同俗諸蠻本其所出

《隋書志二十六》
《四四九》

出承盤瓠之後故服章多以班布為飾其相呼以蠻則為深忌自晉氏南遷之後南郡襄陽皆為重鎮四方湊會故益多衣冠之緒稍尚禮義經籍自周焉九江襄陽所在江漢之間其人率多勁悍決烈蓋天性然也南郡襄陽又為重鎮故漁陵清江襄陽春陵漢東安陸永安義陽九江江夏諸郡多雜蠻左其與夏人雜居者則與諸華不別

大抵荊州率敬鬼尤重祠祀之事昔屈原為制九歌蓋由此也屈原以五月望日赴汨羅土人追至洞庭不見湖大舟小莫得濟者乃歌曰何由得渡湖因爾鼓棹爭歸競會亭上習以相傳為競渡之戲其迅楫齊馳棹歌亂響喧振水陸觀者如雲諸郡率然而南郡襄陽尤甚二郡又有牽鉤之戲云從講武所出楚將伐吳以為教戰流遷不改習以相

《隋書志二十六》
《二十二》

傳鉤初發動皆有鼓節群噪歌謠振驚遠近俗云以此厭勝用致豐穰其事亦傳於他郡梁簡文之臨雍部發教禁之由是頗息其死喪之紀雖無被髮袒踊亦知號叫哭泣始死即出置於中庭不留室內斂畢送至山中以十三年為限先擇吉日改入小棺謂之拾骨拾骨者除肉取骨棄小取大當葬必須女婿蠻重女婿故以委之拾骨者鄰里少長畢至取骨者其內飲宴畢兼以唱和為樂各執竹竿長一丈許上三四尺許纏以綵帛歌吟叫呼淋下之故相傳至今以為風俗迎春之初死者亦置之於道傍

之刺北斗既葬設祭則親疏咸哭畢家人既至但歡欲
而歸無復追哭此其左人則又不同無衰服不復魄始哭
置尸館舍隣里少年各持弓箭遶屍而歌以箭扣弓為節
其歌詞說平生樂事以至終卒大抵亦猶今之挽歌數
十闋乃衣衾棺斂送往山林別為廬舍安置棺柩亦有於
村側瘞葬之待三二十喪總葬石窟長沙郡又雜有夷蜒名
曰莫傜自云其先祖有功常免傜役故以為名其男子但
著白布褌衫更無巾袴其女子青布衫班布裙通無鞋屩
婚嫁用鐵鈷鏴為聘財武陵巴陵零陵桂陽澧陽衡山熙
平皆同焉其喪葬之節頗同於諸左云

志第二十六　　地理下　　隋書三十一

太尉揚州都督縣國王桂國趙國公臣長孫無忌奉　勅撰

經籍一　經

夫經籍也者，機神之妙旨，聖哲之能事，所以經天地，緯陰陽，正紀綱，弘道德，顯仁足以利物，藏用足以獨善，學之者將殖焉，不學者將落焉。大業崇之，則成欽明之德；匹夫克念，則有王公之重，其王者之所以樹風聲，流顯號，美教化，移風俗，何莫由乎斯道。故曰：其為人也，溫柔敦厚，詩教也；疏通知遠，書教也；廣博易良，樂教也；潔靜精微，易教也；恭儉莊敬，禮教也；屬辭比事，春秋教也。遭時制宜，質文迭用。

【隋書志二十七】

應之以通變，通變之以中庸，中庸則可久，通變則可大。其教有適其用，無棄其義。義之陶鈞，誠道德之裹篇也。其為用大矣。隨時之義深矣，言無得而稱焉，故曰不疾而速，不行而至。今之所以知古，後之所以知今，其斯之謂也。是以大道方行，俯龜象而設卦，後聖有作，仰鳥跡以成文，書契已傳，繩木棄而不用，史官既立，經籍於是興焉。夫經籍也者，先聖據龍圖，握鳳紀，南面以君天下者，咸有史官以紀言動。言則左史書之，動則右史書之，故曰君舉必書，懲勸斯在。考之前載，則三墳五典八索九丘之類是也，下逮殷周，史官備矣。紀言書事，靡有闕遺，則周禮所稱太史掌建

【隋書志二十七】

邦之六典，八灋八則，以詔王治，小史掌邦國之志，定世繫，辨昭穆，內史掌王之八柄策命，而貳之，外史掌王之外令，及四方之志，三皇五帝之書，御史掌邦國都鄙萬民之治令，以贊冢宰。此則天子之史，凡有五焉。諸侯亦各有國史，分掌其職，則春秋傳晉趙穿弒靈公，太史董狐書曰趙盾弒其君，以示於朝，宣子曰不然，對曰子為正卿，亡不越境，反不討賊，非子而誰。齊崔杼弒莊公，太史書曰崔杼弒其君，崔子殺之，其弟嗣書死者二人，其弟又書，乃舍之。南史聞太史盡死，執簡以往，聞既書矣，乃還。此則董狐左史倚相之屬，而過王曰此良史也，能讀三墳五典八索九丘。然則諸侯史官亦非一人而已，皆以記言書事。太史總而裁之，以成國家之典，不隱惡，不虛美，不至憒憒，壞於勸善懲惡。左傳稱周志，國語有鄭書之類是也。暨夫周室道衰，紀綱散亂，國異政，家殊俗，詩人失職，雅頌崩亡。孔丘以大聖之才，當傾頹之運，歎鳳鳥之不至，傷將墜於斯文，乃述易道而刪詩書，脩春秋而正雅頌，壞禮崩樂，咸得其所。自淛人委而微言絕，七十子散而大義乖，戰國縱橫，真偽莫辨，諸子之言，紛然淆亂，至於秦氏，棄道任刑，以至於滅。先王之要道亡矣。秦政奮豺狼之心，滅先王之籍，坑儒士，以刀筆吏為師，挾書之令，學者代之。遊跡亡矣。焚詩書，坑儒士，以刀筆吏為師，挾書之令，學者

逃難竄伏山林或失本經口以傳說漢氏誅除秦項未及
下車先命叔孫通草縣蕝之儀啟蟄柱之弊後張蒼治
律曆陸賈撰新語叔孫疏爲蓋公言黃老惠帝除挾書之律
儒者始以其業行於民間猶以去聖既遠經籍散逸簡札
錯亂傳說紕繆遂使書分爲二詩分爲三論語有齊魯之
殊春秋有數家之傳互有踳駮不可勝言此其所以
上太史副上丞相開獻書之路置寫書之官外有太常太
史博士之藏內有延閣廣內祕室之府司馬談父子世居
太史探采前代斷自軒皇迄于孝武作史記一百三十篇

詳其體制蓋史官之舊也至於孝成祕藏之書頗有亡散
乃使謁者陳農求遺書於天下命光祿大夫劉向校經傳
諸子詩賦步兵校尉任宏校兵書太史令尹咸校數術太
醫監李柱國校方技每一書就向輒爲一錄論其指歸
辨其訛謬敘而奏之向卒後哀帝使其子歆嗣父之業乃
集六藝群書種別爲七略其一曰集略二曰六藝略三
曰諸子略四曰詩賦略五
曰兵書略六曰術數略七曰方技略大凡三萬三千九十
卷王莽之末又被焚燒光武中興篤好文雅明章繼軌尤
重經術四方鴻生鉅儒負袠自遠而至者不可勝算石室

蘭臺彌以充積又於東觀及仁壽閣集新書校書郎班固
傅毅等典掌焉並依七略而爲書部固以爲漢書
藝文志董卓之亂獻帝西遷圖書縑帛軍人皆取爲帷囊
所收而西猶七十餘載兩京大亂掃地皆盡魏氏代漢采
掇遺亡藏在祕書中外三閣魏祕書郎鄭默始制中經祕
書監荀勗又因中經更著新簿分爲四部總括群書一曰
甲部紀六藝及小學等書二曰乙部有古諸子家近世子
家兵書兵家術數三曰丙部有史記舊事皇覽簿雜事四
曰丁部有詩賦圖讚汲冢書大凡四部合二萬九千九百
四十五卷但錄題及言盛以縹囊書用緗素至於作者之

意無所論辯惠懷之亂京華蕩覆渠閣文籍靡有孑遺東
晉之初漸更鳩聚著作郎李充以勗舊簿校之其見存者
但有三千十四卷充遂總沒眾篇之名但以甲乙爲次
自爾因循無所變革其後中朝遺書稍流江左宋元嘉八
年祕書監謝靈運造四部目錄大凡六萬四千五百八十
二卷元徽元年祕書丞王儉又造目錄大凡一萬五千七
百四卷儉又別撰七志一曰經典志紀六藝小學史記雜
傳二曰諸子志紀今古諸子三曰文翰志紀詩賦四曰軍
書志紀兵書五曰陰陽志紀陰陽圖緯六曰術藝志紀方
技七曰圖譜志紀地域及圖書其道佛附見合九條然亦

不述作者之意但於書名之下每立
例編乎首卷之中文義淺近末爲典則齊永明中祕書丞
王亮監謝朏又造四部書目大凡一萬八千一十卷齊末
兵火延燒祕閣經籍遺散梁初祕書監任昉躬加部集
於文德殿內列藏衆書華林園中摠集釋典大凡二萬三
千一百六卷而釋氏不豫焉梁有祕書監任昉殷鈞四部
目錄又文德殿目錄其術數之書更爲一部使奉朝請祖
暅撰其名故祕閣四部目錄普通中有處士阮孝緒沉靜
寡欲篤好墳史博采宋齊已來王公之家凡有書記參校

官簿更爲七錄一曰經典錄紀六藝二曰記傳錄紀史傳
三曰子兵錄紀子書兵書四曰文集錄紀詩賦五曰技術
錄紀數術六曰佛錄七曰道錄其分部題目頗有次序割
析辭義淺薄不經梁武敦悅詩書下化其上四境之內家
有文史元帝克平侯景收文德之書及公私經籍歸于江
陵大凡七萬餘卷周師入郢咸自焚之陳天嘉中又鳩
集之盛符姚而已宋武入關收其圖籍府藏所有纔四千
卷赤軸青紙文字古拙後魏始都燕代南略中原粗收經
史未能全具孝文徙都洛邑借書於齊祕府之中稍以充
實邊聲於爾朱之亂散落人間後齊遷鄴頗更搜聚迄於天

統武平校寫不輟後周始剋石外逼彊隣戎馬生郊日
不暇給保定之始書止八千後稍加增方盈萬卷周武平
齊先封書府所加舊本纔至五千後隋開皇三年祕書監牛
弘表請分遣使人搜訪異本每書一卷賞絹一匹校寫既
定本即歸主於是民間異書往往閒出及平陳已後經籍
漸備檢其所得多太建時書紙墨不精書亦拙惡於是總
集編次存爲古本召天下工書之士京兆韋霈南陽杜頵
等於祕書內補續殘缺爲正副二本藏于宮中其餘以實
祕書內外之閣凡三萬餘卷煬帝即位祕閣之書限爲五
十副本分爲三品上品紅瑠璃軸中品紺瑠璃軸下品漆

軸於東都觀文殿東西廂屋藏之東屋藏甲乙西屋藏
丙丁文聚魏已來古跡名畫又於內道場集道佛經別撰
臺藏古跡西百餘寶臺東曰妙楷
目錄大唐武德五年克平僞鄭盡收其圖書及古跡命
司農少卿宋遵貴載之以船泝河西上將致京師行經底
柱多被漂沒其所存者十不一二其目錄亦爲所漸濡時
有殘缺今考見存分爲四部合條爲二萬四千四百六十
六部有八萬九千六百六十六卷其舊錄所取文義淺俗
無益教理者並刪去之其舊錄所遺辭義可采有所弘益
者咸附入之遠覽馬史班書近觀王阮志錄挹其風流體

制削其浮雜鄙俚離其疏遠合其近密約文緒義凡五十五篇各列本條之下以備經籍志雖未能研幾窮極幽隱庶乎弘道設教可以無遺闕焉夫仁義禮智所以治國也方技數術所以治身也諸子為經籍之鼓吹文章乃政化之黼黻皆為治之具也故列之於此志云

《歸藏》十三卷　晉太尉軍諮祭酒薛貞注

《周易》二卷　魏文侯師卜子夏傳殘缺梁六卷

《周易》八卷　漢曲臺長孟喜章句殘缺梁有京房章句十卷又有漢司空劉表章句荊州牧

《周易》十卷　漢魏郡太守京房章句

《周易》八卷　漢荊州牧劉表章句

《周易》十卷　後漢南郡太守馬融注

《周易》九卷　漢大司農鄭玄注

《周易》十卷　吳鬱林太守陸績注

《周易》九卷　魏尚書郎王弼注

《周易》十卷　晉太傅虞翻注

《周易》十五卷　晉散騎常侍荀煇注

《周易》十卷　蜀才注梁有荀爽九家注十卷

《周易》九卷　晉侍御史姚信注

《周易》十卷　晉黃門侍郎費元珪注

《周易》三卷　晉揚州刺史王廙注

《周易》楊氏集二王四家集解十卷

《周易繫辭》二卷　晉徐幹注

《周易》十二卷　玄晉相桓玄注

《周易》十三卷　卷注梁有盧氏注

《周易》一帙十卷　注謝萬等注

《周易繫辭》二卷　謝萬等注

《周易繫》

《周易繫辭》二卷　晉太常韓康伯注又有宋太中大夫宋褰注

《周易繫辭》二卷　荀爽注

《周易集注繫辭》二卷　宋東陽太守徐爰注

《周易音》一卷　范氏撰梁有東晉太子前率徐邈撰《周易音》一卷

《周易井注音》七卷　宋令祕書學士周宏正撰

《周易音》一卷　宋荊州刺史宋褰撰

《周易繫辭義疏》五卷

《周易象論》三卷

《周易統略論》三卷　齊中書郎周顒撰

《周易論》一卷

《周易卦序論》一卷　晉楊乂撰

《周易論》十卷　梁有三十卷

《周易盡神論》一卷　魏司空鐘會撰

《周易論》八卷　晉揚州刺史鐘會撰

《周易玄品》二卷　晉太子中庶子阮渾撰

《周易雜論》十四卷　晉楊乂撰

《周易說》八卷　范氏撰

《周易難》一卷　魏司空鐘會撰

《周易擬議》一卷　晉少府卿鄒湛撰

《周易義》一卷　晉尚書郎樂肇撰

《周易》

《乾坤義》一卷　范氏撰

《周易大義》二十一卷　梁武帝撰

《周易統例》十卷　崔覲撰

《周易幾義》一卷　宋明帝集群臣講

《周易文義》一卷　于寶撰

《周易大義》一卷　梁有齊臨沂令周易釋序義三卷宋明帝集群臣講

《周易開題義》十卷　梁武帝撰

《周易疑義》五卷　京房撰

《周易義疏》十九卷　宋明帝集群臣講

《周易問》二十卷　明帝集群臣講陸德明撰

《周易大義》二十卷　梁蕃撰周易講疏

《周易義疏》十六卷　褚仲都撰蕭子政撰

《周易義疏》三卷　蕭子政撰周易講疏

《周易繫辭義疏》三卷　褚仲都撰

《周易繫辭義疏》十四卷　蕭子政撰周易講疏

三十卷陳諸議祭／周易文句義二十卷 周易
義十六卷軍張機撰 周易陳尚書撰 周易弘正撰 周易私記二十卷 周易講疏
十三卷國子祭酒何妥撰 周易繫辭義疏
卷又周易普玄圖八卷薛景和 周易繫辭義疏二卷蕭子政撰 梁有周易繫辭
撰周易幷大演通統一卷頹氏撰 周易譜一卷

右六十九部五百五十一卷 通計亡書合九十四部八百二十九卷

昔宓羲氏始畫八卦以通神明之德以類萬物之情蓋因而重之為六十四卦及乎三代實為三易夏曰連山殷曰歸藏周文王作卦辭謂之周易周公又作爻辭孔子為彖象繫辭文言序卦說卦雜卦而子夏為之傳及秦焚書周易獨以卜筮得存唯失說卦三篇後河內女子得之漢初傳易者有田何何授丁寬寬授田王孫王孫授沛人施讎東海孟喜琅邪梁丘賀由是有施孟梁丘之學又有京氏之學漢施孟梁丘京氏凡四家並立而傳者其別為京氏學又有東萊費直傳易其本皆古字號曰古文易以授琅邪王璜璜授沛人高相相子康及蘭陵毋將永皆傳費氏之學行於人間而未得立後漢陳元鄭眾皆傳費氏之學馬融又為其傳以授鄭玄玄作易注荀爽又作易傳魏代王肅王弼並為之注自是費氏大興高氏遂衰梁丘施氏高氏

七於西晉孟氏京氏有書無師梁陳鄭玄王弼二注列於國學齊代唯傳鄭義至隋王注盛行鄭學浸微今殆絕矣歸藏漢初已亡晉中經有之唯載卜筮不似聖人之旨以本卦尚存故取貫於周易之首以備殷易之缺

古文尚書十三卷漢臨淮太守孔安國傳 尚書十一卷馬融注 尚書九卷鄭玄注 尚書十一卷王肅注 尚書十三卷晉祠部郎中李軌徐邈等撰 尚書亡篇序一卷梁五經博士劉叔嗣注又有尚書新集序二卷 古文尚書音一卷徐邈撰梁有尚書音五卷孔安國尚書傳 集釋尚書十一卷 今字尚書十四卷孔安國

大傳音二卷 尚書洪範五行傳論十一卷漢光祿大夫劉向撰 尚書釋問二卷顧彪撰 今文尚書音一卷顧彪撰

玄李李軌徐邈等撰 尚書義三卷顧彪撰 尚書述義

向注 尚書駁議五卷魏侍中王肅撰及晉五經博士孔晁撰尚書義問二卷 尚書義疏二卷苑順問吳太尉劉毅答七卷 尚書義疏二十卷帝武撰 尚書義二卷梁

撰尚書百問一卷顧彪撰 尚書義三卷巢猗撰 尚書義疏三卷巢猗撰 尚書大義二十卷帝武撰 尚書新釋二卷顧彪撰 尚書

寶○國子助教劉炫撰 尚書疏二十卷顧彪撰 尚書義疏三十卷費甝大夫撰 尚書義疏十卷蕭詧大夫撰 尚書義疏十卷

二十卷劉炫撰 尚書義疏二十卷劉炫撰 尚書義疏十卷顧彪撰 尚書閏義一卷 尚書文外義一卷

尚書義三卷生撰 尚書釋問一卷 尚書文分義一卷

右三十二部，二百四十七卷。通計亡書，合四十一部，二百九十六卷。

書之所興，蓋與文字俱起。孔子觀書周室，得虞、夏、商、周四代之典，刪其善者，上自虞，下至周，為百篇，而序之，遭秦滅學。至漢，唯濟南伏生口傳二十八篇，又河內女子得《泰誓》一篇獻之。伏生作《尚書傳》四十一篇，以授同郡兒寬，寬授歐陽高，謂之《尚書》歐陽之學。又有夏侯都尉受業於張生，以授族子始昌，始昌傳族子勝，勝為大夏侯之學。勝傳從子建，建別為小夏侯之學。故有歐陽、大小夏侯三家並立。訖漢東京相傳不絕，而歐陽最盛。初，漢武帝時，魯共王壞孔子舊宅，得其末孫惠所藏之書，字皆古文。孔安國以今文校之，得二十五篇，其泰誓與河內女子所獻不同。又濟南伏生所誦，有五篇相合。安國並依古文，開其篇第，以隸古字寫之，合成五十八篇。其餘錯亂摩滅，不可復讀，並送之官府。安國為五十八篇作傳，會巫蠱事起，不得奏上，私傳其業於都尉朝。朝授膠東庸生。謂之《尚書》古文之學，而未得立。後漢扶風杜林傳古文《尚書》，同郡賈逵為之作訓，馬融作傳，鄭玄亦為之注。然其所傳，唯二十九篇，又雜以今文，非孔舊本。自餘絕無師說。晉世祕府所存有古文《尚書》經文，今無有傳者。及永嘉之亂，歐陽、大小夏侯《尚書》並亡，濟南伏生之傳，唯劉向父子所著《五行傳》是其本法，而又多乖戾。至東晉，豫章內史梅賾始得安國之傳奏之，時又闕《舜典》一篇。齊建武中，吳興姚方興於大航頭得之，上之，比馬、鄭所注多二十八字，於是始列國學。梁、陳所講有孔、鄭二家，齊代唯傳鄭義。至隋，孔、鄭並行，而鄭氏甚微。自餘所存，無復師說。又有《尚書逸篇》，出於齊、梁之間，考其篇目，似孔壁中書之殘缺者，故附《尚書》之末。

○《韓詩》二十二卷，漢常山太傅韓嬰，薛氏章句。《韓詩翼要》十卷，漢侯苞撰。《韓詩外傳》十卷。梁有《韓詩譜》二卷，《詩神泉》一卷，漢有道徵士趙曄撰，亡。

《隋書志二十七》 十一

《毛詩》二十卷，漢河間太守毛萇傳，鄭氏箋。
《毛詩》二十卷，鄭玄箋。梁有《毛詩》十卷，馬融注，亡。
《集注毛詩》二十四卷，梁桂州刺史崔靈恩注。
《集注毛詩》二十卷，梁桂州刺史崔靈恩注，亡。
《毛詩箋音證》十卷，後漢中郎將劉芳撰。
《毛詩譜》三卷，吳太常卿徐整撰。
《毛詩譜》二卷，太叔求及劉炫注。
《謝氏毛詩譜鈔》一卷。梁有《毛詩序義》……
《毛詩義疏》……
《毛詩義疏》……王基撰。
《毛詩義疏》二十卷，魏太常王肅……
《毛詩奏事》一卷，王肅撰。
《毛詩駁》五卷，王肅撰。梁有《毛詩奏事》一卷，又《毛詩問難》二卷，又《毛詩義駁》八卷，王肅撰。
《毛詩義駁》八卷，王肅撰。
《毛詩釋義》十卷，魏秘書郎劉璠撰。
《毛詩箋傳是非》二卷，魏秘書郎劉璠撰。
《難孫氏毛詩評》四卷，晉長沙太守孫毓撰。
《毛詩異同評》十卷，晉長沙太守孫毓撰。
《難孫氏毛詩評》四卷，晉徐州從事陳統撰。
《毛詩拾遺》……
《毛詩義注》……

《隋書志二十七》 十二

毛詩辯異三卷　晉徐州從事陳統撰。梁有
毛詩表隱二卷　陳統撰。

毛詩拾遺一卷　郭璞撰。梁又有毛詩略四卷，又毛詩背隱義二卷，宋奉朝請孫暢之撰；梁有毛詩釋一卷，宋中散大夫楊乂撰；毛詩檢漏義二卷，郎謝曇濟撰。並梁江州刺史張氏撰。

毛詩序義二卷　梁桂州刺史張氏撰，陳顧越等撰。劉瓛撰。謝沈撰。史阮瑜珍撰。

毛詩雜義五卷　梁有毛詩雜義難十卷，五國風義一卷，毛詩次第義一卷，雷次宗撰。毛詩雜義注一卷。

毛詩集小序一卷

毛詩序一卷　宋交州刺史宗撰。

毛詩序義疏一卷

毛詩集解敘義一卷

毛詩發題一卷

序義一卷　帝撰。

毛詩大義十三卷　梁武帝撰。

毛詩大義十一卷

毛詩草木蟲魚疏二卷　烏程令吳郡陸機撰。

毛詩義疏二十卷　齊處士舒援撰。

毛詩義疏二十八卷　侍郎沈重撰。

毛詩義疏二十九卷

毛詩義疏十卷

毛詩述義四十卷　國子助教劉炫撰。

毛詩義疏二十八卷

毛詩義疏四十卷　業遵撰。宋奉朝請業遵注。

毛詩釋疑一卷　梁有毛詩圖三卷，毛詩孔子經圖十二卷。

毛詩古聖賢圖二卷

毛詩序義疏一卷

詩義疏四十卷

句義疏四十卷

右三十九部，四百四十二卷。通計亡書，合七十六部，六百八十三卷。

詩者，所以導達心靈，歌詠情志者也。故曰在心為志，發言為詩。上古人淳，俗樸，情志未惑，其後君尊於上，臣卑於下，面稱為諛目，諫為謗，故諷諭箴誡，惡以諷刺之。初但歌詠而

已，後之君子因被於絃管，以存勸戒。夏、殷已上，詩多不存。周氏始自后稷，而公劉克篤前烈，大王、王季，克成王業，逮於文、武，遂有天下。及成王、周公，化至太平，詩人美盛德之形容，係以成功，告於神明。後世子孫，追述先人功業，以歌其德，逮於幽、厲，板蕩然矣。後漢三家詩，是為諷諭不減。漢初又有趙人毛萇善詩，自云子夏所傳。作詁訓傳，是為毛詩古學，而未得立。後漢有九江謝曼卿善毛詩，乃為之訓。東海衛敬仲受學於曼卿。先儒相承，謂之毛詩序，子夏所創，毛公及敬仲又加潤益。鄭眾、賈逵、馬融並作毛詩傳，鄭玄作毛詩箋。齊詩，魏代已亡；魯詩，亡於西晉；韓詩雖存，無傳之者。唯毛詩鄭箋，至今獨立。又有業遵奉朝請注。所立義多異，世所不行。

周官禮十二卷　馬融注。

周官禮十二卷　鄭玄注。

集注周官禮二十卷　崔靈恩注。周官禮二十卷，劉昌宗撰。周官禮三卷，伊說撰。周官禮十二卷，于寶注。梁人有周官禮十二卷，王肅注。

周官禮十二卷　王肅注。晉司空長史王懋約撰。亡。

王肅撰。駁難三卷孫琦開評。晉燕王師王晉微顆常侍虞喜撰。

周官禮義疏四十卷　沈重撰。

周官禮駁難四卷　孫略撰。

周官禮十二卷。

〈志二十七　隋書三十二〉

禮義疏十九卷。周官禮義疏九卷。

周官分職四卷。周官禮圖十四卷（梁有郊祀圖二卷亡）。

儀禮十七卷（鄭玄注，李軌、劉昌宗音各一卷亡）。儀禮十七卷（王肅注，梁有李軌、劉昌宗音各二卷亡）。

儀禮義疏（鄭玄）。儀禮義疏六卷（中大夫孔倫撰）。喪服經

喪服傳一卷（鄭玄）。喪服經傳一卷（王肅注）。喪服經傳一卷

喪服經傳一卷（馬融注）。喪服經傳一卷（陳銓注）。集

集注喪服經傳一卷（裴松之撰）。喪服經傳義疏二卷（田僧紹撰）略

集解喪服經傳一卷（宋太相諸議祭酒軍參超宗注）。喪服經傳一卷（雷次

注集注喪服經傳一卷（晉盧陵太守孔倫撰）。喪服經傳一卷（司

注集注喪服經傳一卷（王肅注）。喪服經傳一卷（陳銓注）集

見二卷（鄭玄）。喪服經傳一卷（田僧紹齊給事中樓幼瑜撰）。

經博士賀瑒撰梁又有喪服經傳義疏二卷齊給事中樓幼瑜撰喪服經

喪服文句義疏十卷（陳國子助）。喪服義鈔三卷（梁有蜀丞相蔣琬變除圖五卷）。

傳義疏一卷（劉道拔注梁又）。喪服經傳一卷（宋雷次）。

喪服經傳義疏一卷（隋書三十二　十五）。喪服義疏二卷（校尉步兵）。

〈志二十七　隋書三十二　十五〉

喪服要記一卷（劉獻撰喪服經）。喪服要集二卷（晉征虜將軍領中劉逵撰）。

義疏一卷（齊散士沈麟士撰）。喪服變除圖五卷（晉司空）。

喪服難問六卷（崔凱撰喪服）。喪服要問六卷（劉德明撰）。喪服要略二十卷（伊氏撰喪服雜記二十卷）。

漢荊州刺史劉表新定禮一卷。喪服制要一卷。喪服要略一卷。

十一卷（宋貞外郎散騎常侍雷次宗撰喪服）。喪服要略二卷。喪服制要一卷。

喪服儀一卷（宋庾蔚之撰喪服）。喪服要集二卷（晉太保衞瓘撰喪服）。

吳齊王傅射慈撰喪服要集三卷。

卷（晉太學博士環濟撰喪服）。喪服雜記二卷。

士環濟撰喪服譜一卷（晉中郎庾蔚撰同）喪服。

譜一卷（鄭玄）。喪服譜一卷（三司蔡謨撰）。喪服譜一卷（賀循）喪服

〈志二十七　隋書三十二　十六〉

喪服變除一卷（晉廣陵相常侍蔡謨撰凶禮一卷）。喪服要記

十卷（賀循撰梁有喪服要記世要記一卷尚書僕射蔡謨之撰喪服集要圖儀）。喪服要記

要一卷（王儉撰）。五服圖一卷。喪服答要問一卷（王逸撰）。喪服古今集記三卷（齊太尉王儉撰）。

服假寧制三卷。喪服五服七卷。喪服問答目十三卷（大將軍記論喪服決）。

例一卷。喪服要問一卷。喪服圖一卷。喪服問一卷。五服略一卷。

記二十卷（漢九江太守戴德撰禮記三十卷）。大戴禮記十三卷（漢信都王太傅戴德撰）。

記二十卷（漢九江太守戴聖撰禮記三十卷漢太常戴聖撰）。禮記音十卷（漢將盧植注禮記二十卷漢鄭玄注）。

劉熙注。後漢南太守夏小正一卷（戴德撰禮記十三卷）。月令章句十二卷（漢左中郎將蔡邕撰禮記）。

王肅注軍事國子助教尹叔李軌各一卷。禮記三十卷（王肅注）。禮記音二卷（宋中散大夫徐爰撰禮記）。

禮記寧朔新書八卷（有二十卷梁）。禮記音義隱一卷（謝氏撰）。禮記音三卷（宋中散大夫徐爰撰）。

將軍蔡謨撰禮略二卷。禮記要鈔十卷（宋豫章太守雷肅之撰）。

一卷（樓幼）。禮記略解二卷亡。禮記新義疏二十卷（賀瑒撰梁有禮義疏三卷宋明帝撰）。

注音三卷（劉昌宗）。禮記要鈔隱七卷。禮記新義疏二十卷（庾蔚章句小道別記）。

魏音三卷（劉昌）。禮記要義隱七卷（庾蔚）。禮記義疏四十八卷（皇侃撰禮記）。

禮記義疏九十九卷（皇侃撰）。禮記講疏四十八卷（皇侃撰禮記）。

譜一卷（鄭玄）。喪服譜一卷（晉司空蔡謨撰）。喪服

〔上欄 右頁〕

義疏四十卷〔撰沈重〕　禮記義十卷〔何氏撰〕禮記義疏三十八卷〔梁武
禮記講疏十一卷　禮記疏十一卷〔帝撰〕禮記大義十卷〔梁武帝撰〕禮記文外大義
二卷〔拟書學士褚暉撰〕禮大義十卷〔梁武帝撰〕禮記大
義章十卷〔褚暉撰〕夾禮雜義三卷　禮記略
中庸講疏一卷〔梁武帝撰〕禮記私記制旨中庸義五卷〔帝撰〕禮記
胖十卷〔庾氏撰〕禮記評十卷〔劉芳撰〕禮記中庸傳二卷〔戴聖撰〕禮大
○禮論要鈔十卷〔梁有儀曹郎立李彬論五十八卷亡〕禮記義證十卷〔撰劉芳〕
鈔十卷〔梁王儉撰〕禮論要鈔一百卷〔宋御史中丞何承天撰〕禮論鈔六十九卷
禮論三百卷〔宋御史中丞何承天撰〕禮論條牒十卷〔太尉劉宋〕禮論帖三卷〔任預撰〕禮論要鈔二十卷〔梁何承天撰〕禮論要
○禮論答問〔梁十一卷〕徐廣撰禮論答問十三卷〔廣徐夫徐廣撰〕禮論答問十二卷〔宋光祿大夫徐廣〕
三十卷〔統六卷亡〕宋中散大夫徐廣撰禮論答問八卷〔庾蔚之撰〕禮論答問六卷〔范宣之撰〕禮答問三〔十二卷〕
撰禮答問〔一卷〕范宣之撰禮答問八卷〔庾蔚之撰〕禮答問〔三卷亡〕周續之撰禮答問四卷
卷〔梁二十卷〕禮雜問十二卷　禮雜問十卷　禮雜答問八卷〔何佟之撰〕
疑義五十二卷〔周捨撰〕禮雜問一卷〔鄭玄撰〕禮雜問答問八卷〔王儉撰〕禮雜答
問六卷　禮雜問答鈔　禮雜問禮俗十卷〔何佟之撰〕禮雜答問
俗九卷〔董勛問禮俗〕禮義答問一卷〔梁武帝撰〕禮義答問八卷〔王儉撰〕禮雜答
十卷　禮祕義三卷〔鄭玄注〕禮樂義三卷〔梁陶〕禮雜
禮義疑三十卷〔崔靈恩撰〕三禮目錄一卷〔鄭玄撰〕禮義
疑義五十二卷〔恩撰〕三禮宗略二十卷〔明山賓撰〕三禮大義十

〔下欄 右頁〕

三卷　三禮大義四卷　三禮雜大義三卷〔梁有李氏訓
議三卷〔魏太尉蔣濟撰〕三禮義宗三十卷〔又有明堂
三卷〔王肅撰〕三禮雜議五卷〔晉司空中郎盧諶撰祭法五卷又明堂
議三卷〔安北將軍范汪撰〕三禮雜議三卷〔宋庾蔚之撰〕
卷〔晉太尉廟議一卷〕後養議三卷〔宋何承天〕喪服義三卷〔何承天撰宋特進〕
撰顏延之撰釋疑一卷〔鄭小同撰〕喪服問答問二卷
撰鄉射義一卷〔田僧紹撰〕喪服義疑三卷
撰逆降義分問三卷　五服圖一卷〔鄭玄及後漢侍中阮諶等撰又有冠服圖一卷亡〕
三禮圖九卷　三禮宗圖一卷〔月令圖一卷亡〕
圖一卷〔周室王城明堂宗廟〕

右一百三十六部一千六百二十二卷〔一部二十卷通計七書
一百八十六卷〕〔二百一十〕

自大道既隱，天下為家，先王制其夫婦父子君臣上下親
疏之節，至于三代損益不同。周衰，諸侯僭忒，惡其害己，多
被焚削。目孔子時已不能具，至秦而頓滅。漢初，有高堂
生傳十七篇。又有古經出於淹中，而河間獻王好古愛學，收
集餘燼，得而獻之，合五十六篇，並威儀之事。而又得司馬
穰苴兵法一百五十五篇，及明堂陰陽之記。並無敢傳之
者。唯古經十七篇與高堂生所傳不殊，而字多異。自高堂
生至宣帝時，后倉最明其業，乃為曲臺記。授沛人聞人
通漢及徐氏。徐氏傳大戴、小戴、慶氏三家雖存並微相
立。後漢唯曹元傳慶氏以授其子，普慶氏學，遂絕。小戴之
學，後漢鄭玄傳之，其喪服一篇，子夏先傳之，諸儒多為
長者作注。為鄭氏學，其喪服一篇，子夏先傳之，諸儒多焉

注解今文別行而漢時有李氏得周官官蓋周公所制
官政之法上於河間獻王獨闕冬官一篇獻王購以千金
不得遂取考工記以補其闕合成六篇奏之至王莽時劉
歆始置博士以行於世河南緱氏及杜子春受業於歆因
以教授是後馬融作周官傳以授鄭玄玄作周官注漢初
河間獻王又得仲尼弟子及後學者所記一百三十一篇
獻之時亦無傳之者至劉向考校經籍檢得一百三十篇
向因第而叙之而又得明堂陰陽記三十三篇孔子三朝
記七篇王氏史氏記二十一篇樂記二十三篇九五種合
二百十四篇戴德刪其煩重合而記之爲八十五篇謂之

十九 〈志二十七〉 隋書三十二 十九

大戴記而戴聖又刪大戴之書爲四十六篇謂之小戴記
漢末馬融遂傳小戴之學融又足月令一篇明堂位一篇
樂記一篇合四十九篇而鄭玄受業於融文爲之註今周
官六篇古經十七篇小戴記四十九篇凡三種唯鄭注立
於國學其餘並多散亡又無師說

樂社大義十卷 帝撰樂論三卷 梁武帝撰樂論三卷
論一卷 衛尉少卿 古今樂錄十二卷 陳沙門撰樂書七卷
丞相行 蕭吉撰 親僧管絃記
軍信都芳撰 樂雜書三卷 智匠撰
十卷撰 樂元一卷 春官樂部五卷
梁有宋元嘉正聲伎 樂要一卷 何妥撰 樂部一卷
錄一卷張解撰 樂府聲調六卷 閩公鄭譯撰 樂府聲

調三卷 鄭譯撰 樂經四卷 琴操三卷 晉廣陵相撰 琴操鈔
卷 琴操鈔一卷 琴經一卷 琴說一卷
卷 曆頭簿一卷 琴譜四卷 孔衍撰
律義一卷 樂譜集二十卷 蕭吉撰 新雜漇調絃譜一卷
○樂論事一卷 樂略四卷 沈重撰 樂律義四卷 鍾
聲伎雜等曲簿一卷 鍾律緯辯宗見一卷 太常志二卷 正
十一卷 歌曲名五卷 歷代樂名一卷 大隋總曲簿
崇撰樂縣圖一卷 梁有鍾律緯六 樂事一卷
公孫撰樂縣一卷 魏僧黃鍾律 鍾磬志二卷
卷 富管七聲二卷 鍾律緯辯 并尺

二十 〈志二十七〉 隋書三十二 二十

右四十二部 一百四十二卷 通計亡書合四十六
部 二百四十三卷

樂者先王所以致神祇和邦國諧萬姓安賓客悅遠人所
從來久矣先王之樂曰雲門咸池大韶大夏大濩
大武其後衰微崩壞及秦而頓咸漢初制氏雖紀其鏗鏘
鼓儛而不能通其義其後衰微崩壞及秦而頓咸公河間獻王常山王張禹咸
獻樂書親晉已後雖加損益去正轉遠事在聲樂志令錄
其見書以補樂章之闕

春秋經十一卷 吳衛將軍士燮注
句 春秋經十一卷 春秋左氏長經二十卷 漢侍中賈逵章
春秋左氏傳解詁三十卷 王肅注 春秋左氏傳三十卷 賈逵撰
卷守漢九江太守服虔注 春秋左氏傳解詁三十 漢侍中
樂府聲 春秋左氏傳三十卷 注 春秋左氏傳三十

〔上欄〕

董遇章句　春秋左氏傳義注十八卷 松毓撰　春秋左氏服

魏司徒王朗撰　春秋左氏經傳集解三十卷 杜預注　春秋杜氏服

氏注春秋左氏傳十卷 缺　春秋左氏經傳音三卷 杜預撰　魏中散大夫

服虔杜預音三卷　魏高貴鄉公春秋左氏傳音四卷 亡

三卷　魏髙貴鄉公　春秋左氏傳音三卷 左人郎荀訥等撰音　春秋左氏

傳音三卷 本軺轅　春秋左氏傳音三卷 遠撰徐　春秋釋訓一卷

傳音三卷 撰　春秋左氏膏肓釋痾十卷 公漢

九卷 服虔撰梁有春秋左氏達義　駁何氏漢議二卷 鄭玄撰　春秋釋例十卷 公漢

服虔撰梁有春秋左氏漢少府孔融撰　春秋塞難三卷 服虔撰　春秋成長說

秋雜議難五卷漢大司農鄭衆撰　春秋說要十卷 觀樂平太

春秋釋例十五卷 杜預撰　春秋條例十一卷 晉太尉劉寔撰　春秋公羊達義

傳例二卷 杜預撰　春秋條例十一卷 書晉左丞服尚撰春

評二卷 杜預撰　春秋左氏傳例苑十九卷 王述之撰　春秋左氏傳

撰 范堅　春秋左氏經例十二卷 書晉方範撰梁有春秋

士 撰　春秋左氏傳條例二十五卷 春秋左氏傳

軍范堅　春秋左氏經傳通解四卷 之撰 王述　春秋左氏幽傳義十五卷 撰干寶

撰　春秋左氏傳例苑十九卷 梁有春秋經傳說例疑隱一卷亡

二公名　一卷 春秋左氏區別三十卷 宋尚書功論　春秋文苑六卷　春秋

鄭玄撰　春秋左氏幽傳義十五卷 撰孫毓　春秋大夫辭三卷　春秋

賈服異同略五卷 撰　春秋左氏諸大夫世譜十三卷　春秋五

秋左氏區別三十卷 宋尚書功論

叢林十二卷　春秋左氏義林一卷　春秋左氏諸大夫世譜十三卷　春秋

秋嘉語六卷　春秋左氏義林

〔下欄〕

梁五經博士沈宏撰　春秋辯證六卷　春秋晉通十卷 王述之撰春

左氏傳經解六卷 崔靈恩撰　春秋申先儒傳論十卷 崔靈恩撰　春秋

左氏經傳義略二十五卷 恩撰　春秋序一卷 養道　春秋序一卷 劉炫

序一卷 田元休注　春秋左氏傳杜預序集解一卷 陳國子博士王元規續沈文阿春

序論二卷 潁川子太守高龍注春秋左氏圖十卷　春秋穀梁傳十二

左氏義略八卷　春秋五十凡義疏 軍將陳右軍將張冲撰　春秋

秋左氏傳義略十卷 東京太學博士劉炫撰　春秋序義疏一卷 題

氏傳義略六卷 林注　春秋左氏傳杜預序義疏二卷　春秋穀梁傳

文帝撰　春秋左氏圖十卷漢太子太傅賈逵　春秋左氏膏肓

嚴彭祖撰　春秋盟會地圖一卷 七董仲舒撰

述義四十卷 休注　春秋公羊經傳十二

卷九十　經籍志二十七　隋書三十二　廿二

卷十三卷 晉散騎常侍王愆期　春秋公羊傳十四

傳十三卷 晉散騎常侍　春秋公羊音一卷

秋決事十卷 董仲舒撰　春秋公羊倒序五卷 刀氏

駁何氏漢議二卷 舒撰　春秋決疑論一卷 撰徐邈　春秋左氏傳

卷撰 何休　春秋穀梁廢疾三卷 何休撰　春秋公羊傳十二

春秋漢議十三卷 董仲舒撰

○春秋漢議駁二卷 鄭玄撰　春秋公羊論二卷　春秋

春秋公羊諡例一卷 何休撰梁有春秋公羊論二卷

○春秋公羊墨守十四卷 何休撰　春秋公羊傳問答五卷 春秋

問魏安平太守徐欽荅春秋公羊論二卷　春秋穀梁沈傳十三卷 撰吳

卷晉車騎將軍庾翼闇王愆期荅問　春秋公羊疏十二卷　春秋穀梁集序一

卷 公撰　春秋公羊解序一卷　春秋穀梁傳

13-437

射唐固注梁有春秋穀梁傳十二卷魏平
五卷漢諫議大夫尹更始　春秋穀梁傳十二卷樂遜太
中注　穀梁諫議大夫尹更始　晉堂邑太守張靖
信注春秋穀梁傳十卷晉給事郎徐乾注春秋穀梁傳
十卷注胡訥撰殘　春秋穀梁傳十四卷
集解胡訥撰　春秋穀梁傳五卷關楗撰程
孔衍　缺君指訓劉兆注　春秋穀梁傳四卷徐邈
漢議二卷撰徐邈答春秋穀梁傳義三卷徐邈撰春秋穀梁傳義十二卷
集解餅梁音一卷亡殘　春秋穀梁傳義四卷劉兆撰孫集解　春秋穀梁傳
撰徐邈答春秋穀　薄叔玄問穀梁義二卷春秋穀梁義二卷何休
卷　春秋穀梁廢疾三卷鄭玄釋張靖箋　春秋公羊穀梁
士割　春秋穀梁傳例一卷范甯撰　春秋公羊穀梁二
兆撰　春秋穀梁傳例一卷范　春秋議十卷何氏
五、四一二　春秋穀梁論十卷韓益撰　春秋穀梁傳十四卷段肅書
傳評三卷。春秋三家經本訓詁十二卷亡
《志二十七》　家經二卷亡
春秋三傳論十卷韓益撰　春秋經合三傳十卷度攸撰春
秋三傳論十卷　春秋三傳評十卷胡訥撰　春秋
戎奪十卷潘叔度廢撰板　春秋土地名三卷京相璠等撰
三傳經餅十卷廢板亡　春秋土地名三卷晉裴秀客京
胡訥撰今亡　春秋外傳國語二十一卷相璠等撰
國語二十卷注賈達春秋外傳國語二十二卷注韋昭
今盟會地圖一卷亡　唐固注梁有春秋外傳國語二十卷注韋昭
傳章句一卷王肅撰梁二十卷土晉五經博　春秋外
秋外傳國語二十卷士孔晁注　春秋古今盟會地圖一卷土
唐固注梁有春秋　孔晁注春秋外傳國語二十一卷

右九十七部九百八十三卷　通計亡書合一千一百九十

春秋者魯史策書之名昔成周微弱典章淪廢魯以周公
之故遺制尚存仲尼因其舊史裁而正之或婉而成章以
存大順或直書其事以示首惡故有求名而亡欲蓋而彰
亂臣賊子於是大懼恐失其實乃口授弟子弟
子退而異說左丘明恐失其真乃為之傳遭秦滅學口說
尚存漢初有公羊穀梁鄒氏夾氏四家並行王莽之亂鄒
氏無師夾氏亡初齊人胡母子都傳公羊春秋授東海
公羊人顏安樂故後漢公羊有嚴氏顏氏之學與穀梁三
家並立漢末何休作公羊解詁而左氏漢初出於張蒼
祖曾人顏安樂故後漢公羊有嚴氏顏氏之學與穀梁三
之家本無傳者至文帝時梁太傅賈誼為訓詁授人貫
公其後劉歆典校經籍考正其失欲立於學諸儒莫應至
建武中尚書令韓歆請立而未行時陳元最明左傳又上
書訟之於是乃以魏郡李封為左氏博士後墓儒敢固者
數廷爭之及封卒遂罷然諸儒傳左氏者其後永平中能
為左氏者擢高第為講郎其後賈逵服虔並為訓解至魏
遂行於世晉時杜預又為經傳集解服穀梁范甯注公羊何
休注左氏庾杜預注俱立國學然公羊穀梁但試讀文
而不能通其義及至隋杜
氏盛行服義及公羊穀梁寖微今左氏唯傳服義至隋杜
氏盛行服義及公羊穀梁寖微今始無師說

古文孝經一卷孔安國傳梁末亡今疑非古本又

孝經一卷鄭氏注梁有孝經二○孝經一卷王肅解鄭衆注梁有魏散騎常侍蘇林吏部注河

孝經一卷尚書何晏光祿大夫劉邵孫氏吏部注河南孝經解讚一卷韋昭

孝經各孝經解讚一卷韋昭孝經默注一卷徐整集解孝經一卷謝萬集議孝經一卷荀勗撰中書郎撰孝經一卷東晉

孝經一卷荀勗撰孝經注一卷徐廣集解孝經一卷釋慧琳注齊永明中東宮講孝經義疏二卷宋大明中東宮講孝經六○七十四

孝經講疏六卷徐孝克撰孝經義疏五卷劉炫撰孝經私記四卷生無名先生撰孝經私記二卷皇侃撰

一卷蕭梁吏顯撰孝經述義五卷劉炫撰孝經義疏十八卷梁太子講孝經義疏三卷皇太子講孝經述義五卷梁簡文帝撰孝經敬愛義一卷梁武帝三年東宮講

孝經義疏一卷趙景韶撰孝經義五卷劉炫撰天監八年皇太子講孝經義一卷梁簡文撰孝經講疏六卷

【志二七 隋書三十二 二十五】

孝經義疏一卷趙景韶撰孝經義一卷

右十八部合六十三卷通計亡書合五十九部一百一十四卷

國語孝經正撰千文孝經述義五卷周弘正撰孝經義一卷玄孝經圖一卷孝經孔子圖二卷梁撰國語孝經

夫孝者天之經地之義人之行自天子達於庶人雖尊卑有差及乎行孝其義一也先王因之以治國家化天下故能不嚴而順不肅而成斯實生靈之至德王者之要道孔

子既叙六經題目同指意差別恐道離散故作孝經以總會之明其枝流雖分本萌於孝者也遭秦焚書爲河

間人顏芝所藏漢初芝子貞出之凡十八章而長孫氏博士江翁少府后蒼諫議大夫翼奉安昌侯張禹皆名其學

又有古文孝經與古文尚書同出而長孫有閨門一章其餘經文大較相似篇簡缺解又有衍出三章并前合爲二

十二章孔安國爲之傳至劉向典校經籍以顏本比古文除其繁惑以十八章爲定鄭衆馬融並爲之注又有鄭氏

注相傳或云鄭玄其立義與玄所注餘書不同故疑之

代安國及鄭氏二家並立國學而安國之本亡於梁亂陳及周齊唯傳鄭氏至隋祕書監王劭於京師訪得孔傳送

及周齊唯傳鄭氏至隋祕書監王劭於京師訪得孔傳送

至河間劉炫炫因序其得喪述其議疏講于人間漸聞朝

廷後遂著令與鄭氏並立儒者諠諠皆云炫自作之非孔

帝命秘府伏而不用炫因序其本而祕府又先無其書又云魏氏遷洛未達華語可悉陵從東晉譯孝經之旨教于國人謂之

國語孝經今取以附此篇之末

【志二七 隋書三十二 二十六】

論語十卷鄭玄注梁有古文論語十卷鄭玄注又論語九卷卷鄭玄注王肅實翻注論語各十卷亡

論語十卷鄭玄注王肅注梁有古文論語十卷鄭玄注論語各十卷七晉卷晉太保衛瓘注梁有論語補闕二卷宋明帝補衛瓘闕亡

集解論語十卷何晏集注論語六卷八晉論語十卷晉李充注集解論語十卷晉中央郎崔義十卷梁論語九氏粲

及孟子諸注論

集解論語十卷晉兗州別駕江
論語七卷齊氏
注龔氏

各十卷士
論晉博士梁觀益州刺史表江
馮有晉惠明帝齊外郎許容
曹思文注釋僧智略解
集注論語各十卷文略解陶弘景
撰論語義○論語名○論語注十卷梁太史叔明
所謂藏集解一卷庚亮撰論語注三卷徐氏撰
一卷王彖撰又蔡系論語注三卷徐遹集解等撰
撰論語義疏十卷論語隱義注三卷論語釋一卷王氏修鄭錯

鄭卷
卷○論語標指一卷
子目録一卷論語釋疑三卷王弼撰
釋疑十卷綴插撰論語釋疑三卷王弼撰
卷○論語難問一卷○論語
論語別義十卷晉尚書郎欒肇撰論語駁序二卷晉太傅主簿欒肇撰
七論語義疏八卷○論語述義十卷撰皇侃撰
論語疏十卷褚仲都撰論語義疏十卷皇侃撰
語義疏一卷張沖撰論語義疏十卷皇侃撰
撰○論語義圖十二卷論語文句義五卷徐孝克撰殘缺論
劉炫撰
語義疏二十卷孔子家語二十一卷孔叢子七卷陳勝論語有孔志十卷
軍劉炫撰武帝撰集注爾雅十卷漢中散大夫樊光注亡梁有
卷劉披撰亡孔子家語二十一卷注圖十二卷有論語撰梁有文學中梁
黃門李巡爾雅三卷漢中郎樊光注亡梁有
雅音三卷郭璞撰爾雅五卷孫炎郭璞注
卷沈旋撰梁黃門郎爾雅圖八卷秘書學士江灌撰有爾雅音一卷孫炎注
雅圖十卷爾雅音八卷郭璞撰爾雅音二卷孫炎郭璞撰集注爾雅
雅音四卷郭璞撰小爾雅一卷李軌廣雅三卷魏博士張揖撰亡梁有四卷廣
卷曹憲撰方言三十三卷雄撰

釋名八卷劉熙釋辯釋名一卷韋昭五經音十卷徐
注釋名八卷劉熙撰辯釋名一卷韋昭撰五經音十卷徐
五經正名十二卷撰劉炫撰白虎通六卷○五經然否論五卷漢後
五經正名十二卷撰五經然否論五卷晉散騎常侍周撰
義序錄一卷許慎撰五經異義十卷許慎撰五經拘沈十卷晉高
太尉祭酒撰五經異義十卷許慎撰五經拘沈十卷晉高
評秘書郎許慎撰五經大義三卷戴逵撰五經通義八卷
楊方撰五經大義十卷梁武帝撰五經大義五卷同撰
雜義六卷沈文阿撰五經要義五卷雷氏撰大
玄桂林九卷張機撰六經通數十卷周縣伯中楊泉撰五經通義九卷○遊
六經義記二卷梁簡文帝撰五經宗略二十三卷明撰五經
九卷樂撰深文集禮二卷梁武帝撰六藝論一卷鄭玄撰
義序錄一卷沈文阿撰五藝論一卷○六藝論一卷鄭玄撰
證論十二卷撰王肅撰鄭志十一卷魏侍中鄭小同撰鄭記六卷鄭玄弟子
賀瑒撰江都集禮一百二十六卷諡法三卷劉熙撰諡法十卷周公
撰江都集禮一百二十六卷諡法五卷梁太
右七十三部七百八十一卷通計亡書合一百二十七
右七十三部七百八十一卷通計亡書合一百二十七部一千二十七卷

論語者孔子弟子所錄孔子既敘六經講於洙泗之上門
徒三千達者七十其與夫子應答及私相講肄言合於道
或書之於紳或事之無倦仲尼既沒遽緝而論之謂之論

13-440

語漢初有齊魯之說世齊人傳者二十一篇魯人傳者二
十篇評則昌邑中尉王吉少府宗畸御史大夫貢禹尚書
令五鹿充宗膠東庸生魯則常山都尉龔奮長信少府夏
侯勝丞相節侯父子魯扶卿前將軍蕭望之安昌侯張
禹並名其學張禹本授魯論晚講齊論後遂合而考之刪
其煩惑除去齊論問王知道二篇從魯論二十篇為之訓
張矦論為世所貴周氏包氏為之章句馬融又為之訓又
有古論語與古文尚書同出章句煩省與齊魯不異唯分
子張為二篇故有二十一篇孔安國為之傳魏末鄭玄以
張矦論為本參考齊論問王知道二篇為之註魏司空陳羣太常
王肅傳立周生烈甘為義說吏部尚書何晏又為集解是
後漸儒多為之註亡古論遂亡齊論先無師說梁陳之時唯
鄭玄何晏立於國學而鄭氏甚微周齊鄭學獨立至隋何
鄭並行鄭氏盛於人間其孔叢家語並孔氏所傳仲尼之
旨爾雅諸書解古今之意并五經摠義附于此篇

	【志廿七】
論語二十二卷	二十九
河圖二十卷	梁河圖目錄一卷
	卷鄭玄註梁 尚書中候五卷 鄭玄註
	有九卷 尚書緯三卷 鄭玄註亡
	鄭玄註 河圖龍文一卷 易緯八
春秋緯三十卷 宋均注梁有春秋內事十一卷	
詩緯十八卷 今詩緯殘缺 鄭玄註亡	禮記黙房
二卷 樂緯三卷 宋均注梁有鄭玄注亡	
十五卷 卷鄯禰樔梁有春秋包命二卷	春秋內事十一卷 書易詩孝子經四

易曰河出圖洛出書然則聖人之受命也必因積德累業
豐功厚利誠著天地澤被生人萬物之所歸往神明之所
福饗則有天命之應蓋龜龍銜負出於河洛以紀易代之
徵其理幽昧究極神道先王恐其惑人祕而不傳說者又
云孔子既敘六經以明天人之道知後世不能稽同其意
故別立緯及讖以遺來世其書出於前漢有河圖九篇洛
書六篇云自黃帝至周文王所受本文又別有三十篇云
自初起至于孔子九聖之所增演以廣其意又有七經緯
三十六篇並云孔子所作并前合為八十一篇而又有尚
書中候洛罪級五行傳詩推度災氾歷樞含神務孝經勾
命決援神契雜讖等書漢代有郗氏袁氏說漢末郎中郗
萌集圖讖讖雜占為五十篇謂之春秋災異宋均鄭玄並
為讖律之注然其文辭淺俗顛倒舛謬不類聖人之旨相

右十三部合九十二卷 通計亡書合三十二
部共二百三十二卷

	【志廿七】
	隋書三十一
春秋河洛讖一卷	三十
五帝鉤命決一卷亡	
契七卷 注宋均	
孝經內事一卷	孝經勾命決六卷 注宋均
	孝經援神

傳疑於後世人造為之後或者又加點竄非其實錄起王莽好
符命光武以圖讖興遂盛於世漢時又詔東平王蒼正
五經章句皆命從讖俗儒趨時益為其學篇卷第目轉加
增廣言五經者皆憑讖為說唯孔安國毛公王璜賈逵之
徒獨非之相承以為妖妄亂中庸之典故因漢魯恭王壞
間獻王所得古文恭而考之以成其義謂之古學當世之
儒非毀之竟不得行魏代王肅推引古學以難其義王
弼杜預從而明之自是古學稍立至宋大明中始立總明
觀徵召學士置助教以教之梁天監已後又重其制及高祖受禪禁之
乃發使四出搜天下書籍與讖緯相涉者皆焚之為吏所
糾者至死自是無復其學祕府之內亦多散亡錄其見

存列于六經之下以備異說

三蒼三卷　郭璞注。秦相李斯作蒼頡篇，漢揚雄作訓纂篇，後漢郎中賈魴作滂喜篇，故曰三蒼。
埤蒼三卷　張揖撰。
急就章一卷　漢黃門令史游撰。
急就章二卷　崔浩撰。
急就章三卷　豆盧氏撰。
吳章二卷　陸機撰。
小學篇一卷　晉下邳內史王義撰。
始學一卷　吳郎中項峻撰。
勸學一卷　蔡邕撰。
撰小學篇一卷　楊方撰。
學篇一卷　崔浩撰。
千字文一卷　梁給事郎周興嗣撰。
千字文一卷　蕭子雲注。
千字文一卷　胡肅注。
文字一卷　梁國子祭酒
啟蒙記三卷　晉散騎常侍顧愷之撰。啟疑記三卷，顧愷之撰。
啟蒙記三卷

篆書千字文一卷。演千字文五卷。草書千字文
一卷。古今字詁三卷　張揖撰。雜字一卷。
雜字解詁四卷
雜字指一卷
說文十五卷　漢太尉祭酒許慎撰。
字林七卷　晉弦令呂忱撰。
字林七卷
字書三卷
字書十卷　
字統二十一卷　陽承慶撰。
古今字書十卷
字指二卷
說文音隱四卷
演說文一卷　庾儼默注。
要用字苑一卷　宋豫章太守謝康樂撰。
要用雜字三卷
文字要記三卷　王義撰。
雜字要三卷
雜字要略六卷
文字集略六卷　阮孝緒撰。
正名一卷　王劭撰。
字書十卷
六書九卷
異字同音一卷
文字譜一卷　梁有古今文字統略三卷焦子明撰。
辯字一卷
文字辯嫌一卷
雜字音一卷
借音字一卷
文字整疑一卷
雜字音三卷
辯嫌一卷　戴規撰。
異字一卷
研聲韻一卷
聲韻四十一卷　周研撰。
韻集八卷　呂靜撰。
韻集六卷
韻集十卷
韻略一卷
十八卷　張諒撰。
文章音韻二卷　王該撰。
四聲韻林二十八卷
五音韻五卷　李概撰。
韻鈔十卷
四聲指歸一卷　劉善經撰。
四聲一卷　
四聲韻略十三卷　夏侯詠撰。
群玉典韻五卷
李槩撰

卷

【志二十七】 隋書三十二 《三十四》

孔子曰：必也正名乎。名謂書字，名不正則言不順，言不順
則事不成，說者以為書之所起，自黃帝蒼頡比類象形
謂之文，形聲相益謂之字，著於竹帛謂之書，故有象形、諧
聲、會意、轉注、假借、處事，六義之別。古者童子示而不誑，六
年教之數與方名，十歲入小學學書計○○而冠始習先
王之道，故能成其德而任事。然自蒼頡訖于漢初，書經五
變：一曰古文，即蒼頡所作；二曰大篆，周宣王時史籒所作；
三曰小篆，秦時李斯所作；四曰隸書，程邈所作；五曰草書。

漢初作秦世，既發古文，始用八體，有大篆、小篆、刻符、摹印、
蟲書、署書、殳書、隸書。漢時以六體教學童，有古文、奇字、篆
書、隸書、繆篆、蟲鳥并書、垂露、飛白等二十餘
種之多，時出於上六書，因事生變也。魏世又有八分書，其
字義訓讀有史籒、凡將、勸學、廣蒼、頡等諸篇章，
訓詁、說文、字林、音義、聲韻、體勢諸書。自後漢佛法行於中
土，後魏初定中原，軍容號令皆以夷語，後染華俗，多不能
國，又得西域胡書，能以十四字貫一切音，文省而義廣，謂
之婆羅門書，與八體六文之義殊別，今取以附音韻之下。
通故錄其本言，相傳教習，謂之國書，然其言語，全取以附音韻之末。

聲韻略十三卷夏侯詠撰○音譜四卷李槩○韻英三卷洪撰○通俗
文卷○服虔撰訓俗文略卷○樓齊衛門郎讀音置卷○顏之推撰
廣詁訓一卷○楷撰士車中俏楷撰
○撰王延
義三卷○河洛語音五卷王長孫撰○國語十五卷○國語許
一卷○真書鑒誡文字音七卷○字書音同異一卷○叙其語
卷○鮮甲語五卷○國語雜物名四卷王長孫撰○梁有纂文三卷王延之撰○國語真
卷○鮮甲號令一卷帝撰雜字○國語十五卷○國語
國語御歌十卷○國語雜物名一卷周武雜體文○國語十八傳一卷○
歌十卷○鮮甲號令四卷○國語號令四卷○
國語雜物名三卷悉陵撰○國語號令一卷○
古文官書一卷衛敬仲撰古今奇字一卷郭顯卿撰六文書一

【志二十七】 隋五三十二 《三十三》

國語雜錄一卷後漢議郎蔡邕撰○婆羅門書外國書
圖雜錄一卷曹憲撰秘書學士○篆隸雜體書二卷○文字圖二卷○古今字
四卷○秦皇東巡會稽刻石文一卷○字石經周易一卷○字石經
卷梁有一字石經尚書六卷氏尚書八卷七○字石經鄭○字石經
魯詩六卷梁有毛詩二卷七○一字石經儀禮九卷○字石經春
秋一卷梁有○字石經公羊傳九卷○三字石經論語一卷
卷二梁有○一字石經典論一卷○三字石經尚書九卷梁有十
卷三字石經尚書五卷○三字石經春秋三卷梁有二卷

六文書法一卷晉衛恆校古今篆隸雜字體○晉揚昌長王延撰○篆隸雜體書九卷蕭子雲撰古今文

【志二十七】 隋五三十二 《三十三》

又後漢鐫刻七經著於石碑皆蔡邕所書魏正始中又立
一字石經相承以為七經正字後魏之末齊神武執政自
洛陽徙于鄴都行至河陽值岸崩遂渡于水其得至鄴者
不盈太半至隋開皇六年又自鄴京載入長安置于祕書
內省議欲補緝立于國學尋屬隋亂事遂寢廢營造之司
因用為柱礎貞觀初祕書監臣魏徵始收聚之十不存一
其相承傳拓之本猶在祕府并秦帝刻石附於此篇以備

小學

凡六藝經緯六百二十七部五千三百七十一卷
　　通計亡書合九百五十
　　部七千二百九十卷

傳曰玉不琢不成器人不學不知道古之君子多識而不
窮畜疑以待問學不躐等教不陵節言約而易曉師逸而
功倍且耕且養三年而成一藝百孔子沒而微言絶七十
子喪而大義乖非學者離群索居各為其說至于戰國典父
遺棄六經之儒不能究其宗旨多立小數一經至數百萬
言致令學者難曉虛誦問姧苟腐齒落而不知益且先王
設教以防人欲必本於人事折之中道上天之命略而罕
言方外之理固所未說至後漢好圖讖言世重至言安鑿
妄作曰以祆妄大雅之論汨之以
放誕陵夷至于近代去正轉疎無復師貲之法學不必解

專以浮華相尚豫造雜難擬為雠對遂有芟角反對付從
等諸翻競之說馳騁煩言以亂名實儒雅之道於斯替矣
此學者之弊也班固列六藝為九種或以緯書解經合為
十種

志第二十七

經籍一

隋書三十二

隋書三十三

太尉揚州都督監修國史上柱國趙國公臣長孫無忌等奉勑撰

經籍二史

史記一百三十卷 目錄一卷漢中書令司馬遷撰

史記音義十二卷 宋中散大夫徐野民撰

史記音三卷 梁輕車錄事...撰

史記一百二十五卷 晉義陽亭侯譙周撰

古史考二十五卷 晉義陽亭侯譙周撰

漢書一百一十五卷 漢護軍班固撰 太子中庶子...撰 服虔應劭集解 蔡謨集解 晉灼集解音義

漢書音義十二卷 晉灼撰

漢書音義二十四卷 國子博士蕭該撰

漢書音義七卷 韋昭撰

漢書集解音義二十四卷

漢書音二卷 梁尋陽太守劉顯撰

漢書音十二卷

漢書集解二十卷 晉劉寶撰

漢書音十卷

漢書駁議二卷

漢書疏四卷 晉安北將軍劉寶撰

漢書集解一百四十卷 梁有漢書孟康音九卷

漢書續訓三卷 梁北平諮議參軍韋稜撰

定漢書疑二卷 姚察撰

論前漢事一卷 蜀丞相諸葛亮撰

漢書訓纂三十卷 姚察撰

東觀漢記一百四十三卷 起光武記注至靈帝長水校尉劉珍等撰

續漢書八十三卷 晉祕書監司馬彪撰

後漢書一百卷 無帝紀 吳武陵太守謝承撰

後漢記六十五卷 本一百卷 晉少府卿華嶠撰

後漢書十七卷

後漢南記四十五卷 缺晉江州從事張瑩撰

後漢書九十五卷 本一百卷 晉祕書監薛瑩撰

後漢書八十五卷

范曄撰 後漢書一百二十五卷 令劉昭注 范曄本梁劉昭注 後漢書音一卷

後漢書讚論四卷 范曄撰 漢書續訓

後漢音訓二卷 陳宗道先生臧競撰

漢書續訓十八卷 范曄撰

後漢書四十八卷 范曄撰 有蕭子

國志六十五卷 晉著作郎王濤撰

三國志評三卷 徐爰撰

魏志序評一卷 晉著作郎何法盛撰

晉書八十六卷

晉中興書七十八卷 起東晉宋太守何法盛撰

晉書十一卷

晉書十卷

晉書一百一十卷

晉書七卷

宋書六十五卷

宋書一百卷

齊書六十卷

齊紀十卷

齊書二十卷 齊...蕭子顯撰

梁史五十三卷 梁武帝撰

後魏書二百三十卷 魏收撰

史四百八十卷

後魏書一百卷

陳書四十二卷

周史十八卷

子管事

史記音三卷

右六十七部，三千八十三卷〈通計亡書，合八十部，四百三十卷〉

古者天子諸侯，必有國史，以紀言行，後世多務，其道彌繁。夏殷已上，左史記言，右史記事，周則太史、小史、內史、外史、御史，分掌其事，而諸侯之國亦置史官。志鄭書之說，亦推尋事迹，似當時記事者，各有職司。後又撰之，總成書記，其後陵夷衰亂，史官放絕。秦滅先王之典，遺文古事，靡不畢臻。談乃據《左氏國語》、《世本》、《戰國策》、《楚漢春秋》，接其後事，成一家之言。談卒，其子遷，又為太史令，紬史記石室金匱之書，以爲本紀、十二、十表、八書、十志、六十九列傳，謂之《史記》。繼至後漢扶風班彪，綴後傳數十篇，並譏正前失。彪卒，明帝命其子固續成其志。以爲唐虞三代，世有典籍，遷乃斷自黃帝，非其義也，故斷自高祖，終於孝平王莽之誅，爲十二紀，八表，十志，六十九傳，潛心積思，二十餘年，建初中始奏表及紀傳，其十志竟不能就。固卒後，始命曹大家續成之。先是明帝召固爲郎，典校祕書。

先輩陳宗、尹敏、杜撫、馬嚴等，共成光武本紀，擢固爲蘭臺令史，後以命曹大家續成之。先是明帝召固爲郎，典校祕書，圖撰後漢事，作列傳、載記二十八篇。其後劉珍、劉毅、劉

——

陶侃無悕等相次著述，東觀謂之漢記。及三國鼎峙，魏氏及吳並有史官。晉時巴西陳壽，刪集三國之事，唯魏帝爲紀，其功臣及吳蜀之主，皆爲傳，仍各依其國部類相從，謂之三國志。壽卒後，梁州大中正范頵表奏其事，帝詔河南尹、洛陽令，就壽家寫之。自是世有著述，皆擬班、馬，以爲正史。作者尤廣，一代之史，至數十家，唯史記、漢書，師法相傳，並有解釋。梁時明漢書有劉顯、姚察，隋代有包愷、蕭該，並爲名家。史記傳者甚微，今依其世代聚，編之以備正史。

〈志二十八〉

紀年十二卷〈汲冢書，並竹書異同〉
漢紀三十卷　荀悅撰
後漢紀三十卷　袁宏撰
後漢紀三十卷　張璠撰
魏紀十二卷　孫盛撰
獻帝春秋十卷　袁曄撰
漢魏春秋九卷　孔氏撰
晉紀二十三卷　干寶撰
晉紀十卷　元孔衍撰
晉紀四卷　陸機撰
晉記二十三卷　軍諮議曹嘉之撰
漢晉陽秋四十七卷　習鑿齒撰
晉陽秋二十卷　孫盛撰
續晉陽秋二十卷　孔撰
晉紀二十三卷　散大夫鄧粲撰
晉紀二十三卷　大夫劉謙之撰
續晉紀五卷　宋中散大夫郭季產撰
晉紀四十五卷　徐廣撰
宋略二十卷　梁奉朝請裴子野撰
齊春秋三十卷　吳均撰
齊典五卷　王逸撰
宋春秋二十卷　王琰撰
齊典十卷

國春秋三十一卷梁湘東世子撰　戰國春秋二十卷李槩撰
梁典三十卷劉璠　梁典三十卷陳始興王諮撰何之元撰
陳征南諮議參軍陰僧仁撰　梁後略十卷姚最撰
梁太清紀十卷王長沙撰　齊紀二十卷崔子發撰
淮海亂離志四卷蕭世怡撰叙梁末侯景之亂
梁撮要三十卷紀後齊事
齊志十卷後齊事王劭撰

右三十四部六百六十六卷

自史官放絕作者相承皆以班馬爲準起漢獻帝雅好典
籍以班固漢書文繁難省命潁川荀悅作春秋左傳之體
爲漢紀三十篇言約而事詳辯論多美大行於世至晉太
康元年汲郡人發魏襄王家得古竹簡書字皆科斗發家
者不必爲意往往散亂帝命中書監荀勗令和嶠撰次爲
十五部八十七卷多雜碎怪妄不可訓知唯周易紀年最
爲分了其周易上下篇與今正同紀年皆用夏正建寅之
月爲歲首起自夏殷周三代王事無諸侯國別唯特記晉
國起自殤叔次文侯昭以至曲沃莊伯盡晉國滅獨記
魏事下至魏哀王謂之今王蓋魏國之史記其著書皆
編年相次其文意大似春秋經諸所記事多與春秋左氏扶
同學者因之以爲春秋則古史記之正法有所著述多依
春秋之體今依其世代編而敘之以見作者之別謂之古
史

周書十卷汲冢家書似仲尼刪書之餘書汲冢春秋前傳十
卷尼爾尚書之餘古文璅語四卷汲冢書春秋前雜傳九卷
戰國策三十二卷劉向錄　戰國策二十一卷高誘注戰國
策論一卷漢京兆尹延篤撰　楚漢春秋九卷陸賈撰古今注八卷無撰
志八卷孔衍撰　小史八卷漢靈獻二帝紀三卷漢侍中劉
削繁五卷楊方撰　吳越春秋十卷　吳越春秋記六卷南越
越絕記十六卷子貢撰　吳越春秋十二卷趙曄撰南越春秋
魏晉世語十卷晉東陽令郭頒撰　魏末傳一卷
梁有山陽公載記十卷樂資撰漢末英雄記八卷王粲撰
晉後略記五卷守荀綽撰　晉書鈔三十卷豫
章內史張緬撰　晉陽秋書監孫盛撰三卷亡呂布本事一卷
九州春秋十卷記漢末事　魏武本紀四卷梁并曆五卷鈔
卷傳暢撰　晉書鴻烈卷宋拾
遺十卷謝少府卿　左史六卷宋紀
張緬撰　晉書九魏國統二十卷梁國統
帝紀七卷○梁末代紀一卷○梁太清錄八卷○梁承聖中興略十卷威撰
魏氏大事三卷并傳　晉書晉紀二十卷
錄五卷梁中書郎謝吳撰記元帝事　棲鳳春秋五卷陳王業曆一
梁末代紀一卷　梁皇帝實錄三卷周興嗣撰梁皇帝實
卷陳中書郎趙齊旦撰　史記陽太守虞荔撰約典略八十
九卷魯郎中撰　史漢要集二卷晉祠部郎中三史略
二十九卷傳吳太子太傅張溫撰　史記正傳九卷後漢略二十五

漢皇德紀三十卷　張璠撰。

洞紀四卷　昭撰。漢有道微士族謹起光武至沖帝王沖帝。

續洞紀一卷　臧榮緒撰。庖犧巳來至漢建安二十七年。

帝王世紀音四卷　何茂撰。起三皇。

帝王世紀十卷　皇甫謐撰。

魏先聖本紀十卷。

正史削繁九十四卷　阮孝緒撰。

王子年拾遺記十卷　王嘉撰。

皇覽三卷　繆卜等撰。

漢書鈔三十卷　葛洪撰。

十五代略十卷　環濟撰。

族世略十卷。王霸記三卷　王子年撰。

魏帝王世紀十卷　何茂撰。

帝王世紀十卷　劉紹撰。

帝王本紀十卷　撰。

帝王世紀三十卷。

帝王世錄一卷　撰。

歷代記三十二卷。

帝王要略。

帝王諸。

隋書六十卷　未成祕書監王劭撰。

右七十二部九百二十七卷　通計亡書七十三卷　部九百三十九卷。

誕矣。真覽測然其大抵皆帝王之事通人君子必博采廣覽以酌其要故備而存之謂之雜史。

趙書十卷　記石勒事　僞燕太傅長史田融撰。

二石偽治時事二卷　記石勒石虎事。

二石傳二卷　晉比中郎常璩撰。

華陽國志。

燕書二十卷　記慕容僞事　僞燕尚書郎中張諮撰。

燕志十卷　記慕容僞事。

南燕錄五卷　記慕容德事　游覽先生撰。

南燕錄六卷　記慕容德事。

南燕書七卷　記慕容德事。

秦記十一卷　記符健事　裴景仁撰。

涼記八卷　記張軌事　僞涼大將軍從事中郎劉景撰。

涼記十卷　記張軌事。

涼書十卷　高道讓撰。

西河記二卷　記張軌事　喻歸撰。

涼書十卷　常璩撰。

魏涼州記　涼記。

托跋涼錄十卷　和苞撰。

吐谷渾記二卷　段國撰。

敦煌實錄十卷　劉景撰。

戰國春秋二十卷　李概撰。

漢通記。

十六國春秋一百卷　崔鴻撰。

天啟紀十卷。

右二十七部三百三十五卷　通計亡書合三十三部三百四十六卷。

綴述國史諸國記注盡集祕閣介朱少璋亂並皆散亡今舉
其見在謂之霸史

穆天子傳六卷汲冢書郭璞注。漢獻帝起居注五卷。晉泰始起
居注二十卷李軌撰。晉咸寧起居注十卷李軌撰。晉
撰。晉元康起居注一卷。晉建武大興永昌起居注九卷
永和起居注十七卷。晉惠帝建武
和興寧起居注五卷。晉咸安起居注三卷。晉升平起居注十卷。晉隆

居注六卷梁十卷。晉靈康起居注六卷。晉泰元起居注二
十五卷梁五十四。晉隆安起居注十卷。晉元興起居注九
卷。晉義熙起居注十七卷。晉元熙起居注二卷
○晉起居注三百二十七卷 宋景平起居注三卷。宋元嘉起居注五
起居注三十七卷。宋孝建起居注十二卷。宋大明起居注十
十五卷。宋泰始起居注十九卷
五卷。宋泰豫起居注四卷
求明起居注二十五卷

流別
宋永初

梁大同起居注十卷。後魏起居注三百三
卷。陳天康大起居注八卷。陳天嘉起居注二十三
卷。陳天康光大起居注十卷。陳太建起居注五十六
卷。陳至德起居注四卷。後周大祖號令三卷。隋開
皇起居注六十卷。南燕起居注一卷

卷中興起居注
右四十四部 一千一百八十九卷

起居注者錄紀人君言行動止之事春秋傳曰君舉必書
書而不法後嗣何觀周官內史掌王之命遂書其副而藏
之是其職也漢武帝有禁中起居注後漢明德馬后撰明
帝起居注然則漢時起居似在宮中為女史之職然皆零
落不可復知今之存者有漢獻帝及晉代已來起居注皆
近侍之臣所錄晉時又得汲冢書有穆天子傳體制與今
起居正同蓋周時內史所記王命之副也近代已來別有
其職事在百官志今依其先後編而次之其偽國起居唯
南燕一卷不可別出附之於此

漢武帝故事二卷。西京雜記二卷。漢魏吳蜀舊事八
卷。晉朝雜事二卷。晉泰始舊事一百三十五卷。晉要
事三卷。晉建武故事一卷。晉咸
和咸康故事四卷。晉修復山陵故事五卷車灌交州
雜事九卷陶璜事晉孔愉撰
晉八王故事十卷。晉四王起事四

卷。晉廷尉摯大司馬陶公故事三卷。郗太尉爲尚書公故
事三卷。柏玄爲僞事二卷。晉東宮舊事十卷。秦漢已
來舊事十卷。尚書大事二十卷。晉東宮舊事三卷。
天正舊事三卷。尚書皇儲故事二十卷。梁舊事三卷
侍郎蕭撰　釋撰　左庶子宇開業撰　范汪撰　河南故事
大壞撰東宮典記七十卷文愷撰　陳記二十卷

右二十五部四百四卷

古者朝廷之政發號施令百司本之藏于官府各脩其職
守而弗忘春秋傳曰吾視諸故府則其事也周官御史掌
治朝之法太史掌萬民之約契與質劑以逆邦國之治然
則百司庶府各藏其事太史之職文摠而掌之漢時蕭何
引墓儒刪采其要增律十篇其餘經遠者爲故事各選其官府揩紳之
行制度者爲令品式章程者爲法令施
士撰而錄之遂成篇卷然亦隨代遺失今攝其見存謂之
舊事篇

定律令張著制章程叔孫通定儀法條流派別制度漸廣
晉初甲令已下至九百餘卷晉武帝命車騎將軍賈充博

四百六　〈志十八〉　隋書三十三　十一

應劭漢官典職儀式選用二卷
撰
漢新汲令王隆撰漢官解詁三篇胡廣注王隆撰魏官儀撰梁有荀攸
漢官儀十卷應劭撰
晉公卿禮秩故事九卷傅暢撰晉新定儀注十四卷梁有
卷訓一
徐宣瑜晉官品一卷荀綽百官表注十六卷千寶司徒儀
一卷宋職官記九卷晉百官儀服錄五卷大典二年定官

品事五卷百官九卷
百官階次一卷。蔣職儀五十卷　郗長水校尉王珪之
撰梁有王珪之
品二十卷約撰梁百官簿狀二卷　陳將軍簿一卷　新定
官階次三卷。新定將軍名一卷。職官要錄三十卷　徐勉奏動
官族傳十四卷。阿晏百官名五卷。晉百官名三十卷王秀撰百官品格一卷。百
十卷。魏百官名五卷。晉官春秋五十卷道撰百官春秋二
百官注十卷郭演撰

右二十七部三百三十六卷通計七書合三十三卷

四百匹　〈志二十八〉　隋書三十三　十二

古之仕者名書於所臣之策各有分職以相統治周官家
宰掌堂建邦之六典而御史數几從正者然則家宰摠六卿
之屬以治政御史掌其在位之次先後之次爲今漢書
百官表列衆職之事記在位之次亦古之制也漢末王
隆應劭等以百官表不具乃作漢官解詁等書是
後相因正史表志無復百僚在官之名矣揩紳之徒或取
官曹名品之書撰而列於世宋齊已後其書益繁
而篇卷零疊實易爲亡散文多瑣細不足可紀故刪其見存
可觀者編爲職官篇

漢舊儀四卷衛敬仲撰梁有衛敬仲漢中興儀一卷七
晉新定儀注四十卷安帝

威太守傅暢撰

晉雜儀注十卷。晉尚書儀十卷。甲辰儀五
卷。封禪儀六卷。宋儀注二十卷。

宋尚書雜注十八卷。宋東宮儀記二十三卷。宋儀注
二十卷。梁賓禮儀注九卷。東宮新記二十卷

徐爰家儀一卷。

後魏儀注五十卷。後齊儀注二百九十卷。雜嘉禮三
大卷。國親皇太子序親簿一卷。隋朝儀禮一百卷。
大漢輿服志一卷。魏晉譔議十三卷。

君諱議二卷。決疑要注一卷。車服雜注一卷。
禮儀制度十三卷。古今輿服雜事二十卷。齊國簿儀
簿圖一卷。國簿儀一卷。陳國簿圖一卷。
書儀一卷。蔡超撰。內外書儀四卷。
喪弔祭書十二卷。書儀二十卷。宋長沙檀太妃
撰書儀十三卷。甲乙書儀十卷。書儀疏一卷。
宣書儀二卷。書儀一卷。新

皇典二十卷。皇典二十卷。
陳賓禮儀注九卷。陳軍禮六卷。陳吉禮一百七十
卷。陳尚書雜儀注五百五十卷。陳嘉禮一百二
卷。政禮十卷。雜儀注一
陳賓禮一卷。東宮新記二十卷
鏡撰　梁賓禮儀注九卷。東宮新記二十卷

儀二十卷。文儀二卷。家儀一卷。李
書儀十卷。言語儀十卷。嚴植之儀二卷。通儀四
卷。婦人書儀八卷。償家書儀五卷。要典雜事
五十卷

右五十九部　二十一卷 通計亡書合六十九部九百
九十四卷

儀注之興其所由來久矣自君臣父子六親九族各有上
下親疏之別養生送死弔恤賀慶則有進止威儀是
虞已上分之為三在周因而為五周官宗伯掌吉凶賓
軍嘉以佐王安邦國親萬民而太史執書以協事之類是
也是時典章皆具可覆而行周衰諸侯削除其籍至秦又

焚而去之漢興叔孫通定朝儀武帝時始祀汾陰后土成
帝時初定南北之郊節文漸具後漢又使曹褒定漢儀是
後相承世有制作然猶以舊章殘缺各遵所見彼此紛爭
招篇滿牘而後世多故事在通變或一時之制非長久之
道載筆之士刪其大綱編于史志而或傷於淺近或失於
未達不能盡其旨要遺文餘事亦多散亡今聚其見存以
為儀注篇

律本二十一卷。漢晉律序注一卷。
二十卷。晉宋齊梁律二十卷。雜律解二
十一卷。後魏律二十卷。比齊律十二卷。目

〔上欄〕

卷陳律九卷撝泉。周律二十五卷。周大統式三卷。○隋律十二卷。○隋太業律十一卷。○晉令四十卷。○梁令三十卷。○陳令三十卷撝泉。梁科三十卷。○北齊令五十卷。○梁令二卷。○漢名臣奏事三十卷。○漢雜事三十卷。○魏名臣奏事四十卷陳壽撰。○漢朝議駁三十卷。○魏臺雜訪議三卷高堂隆撰。○晉彈事十卷。○晉雜制六十卷。○晉新制六十卷。○晉駁議三十卷。○晉雜議十卷。○陳新制六十卷。○陳科三十卷。○魏王奏事十卷。○魏雜議十卷臨臺魏廷尉撰。

武律令故事三卷。應劭律略論五卷。

右三十五部七百一十二卷通計亡書合三十八部七百二十六卷

刑濫者先王所以懲罪惡齊不軌者也書述唐虞之世
刑有服而夏后氏正刑有五科條三千周官司寇不忘
以刑邦國司刑掌五刑之法麗萬民之罪其後漸於
逆于邦國之刑書以五刑糾官府之正刑滅矣
然則刑書之作公矣蓋戡萬民之罪王太史以典法
犯及其末也肆情越法刑罰濫至秦重以奇法先王
之正刑滅矣漢初蕭何定律九章其後漸更增益所
下盈益架藏矣充杜預刪而定之有律有令有故事
梁時又取故事之宜於時者為梁科後晉武帝時又於麟

〔下欄〕

趾殿刑正刑典謂之轢趾裕後周太祖又命蘇綽撰大統
式隋則律令格式並行自律已下世有改作事在刑法志
漢律又亡故事駁議又多零失全錄其見存可觀者編為
刑法篇

三輔決錄七卷漢太僕趙岐撰摯虞注。○海內先賢傳四卷魏明帝時撰。○海內士品一卷。○海內先賢傳四卷。○徐州先賢傳贊九卷兗州。○交州先賢傳三卷。○諸國清賢傳。○益部耆舊傳十四卷陳壽撰。○益部耆舊傳。○三輔決錄。○魯國先賢傳二卷白褒撰。○楚國先賢傳贊。○先賢傳一卷。

劉義慶撰。○慶撰。○海嶽志。○宗撰陳留志十五卷東晉江敞撰。○郎圈稱撰。○郎蘇林撰魏散騎侍郎。○先賢傳二卷。○東萊耆舊傳一卷王基撰。○襄陽耆舊記二卷。○陳留耆舊傳。○汝南先賢傳五卷周斐撰。○陳留先賢傳。

十二卷晉張方撰。

典錄二十四卷虞預撰。○會稽後賢傳記二卷鍾離岫撰。○會稽先賢傳。○呂先賢傳四卷。○會稽先賢像贊五卷賀氏撰。○東陽朝堂像贊。○漢世要記一卷。○會稽先賢傳記二卷。○豫章舊志後撰一卷。○豫章列士傳三卷徐整撰。○零陵先賢傳一卷。○長沙舊傳

讚三卷晉臨川王郎或撰。桂陽先賢書贊一卷張勝撰。武昌

先賢志二卷郡天門太守蜀文翁學堂像題記二卷。聖賢高士傳讚三卷郗緦生撰宋

卷皇甫謐撰逸民傳七卷嵇康撰。周

讚二卷晉廷尉卿續之注。高士傳六卷虞盤佐撰至高傳

僧傳六卷虞般佑撰高隱傳十卷。高士傳二卷。高

僧讚傳六卷王昭止足傳。高隱傳一卷。高

傳讚三卷著子傳八卷王韶之撰孝子傳十五卷。續高士傳十卷阮孝緒撰。高隱傳一卷。高子

略二卷。孝德傳三十卷帝撰梁元孝友傳八卷。曾家傳孝子

十卷。忠臣傳三十卷帝撰梁元顯忠錄二十卷帝撰梁武孝友傳二十卷宋躬撰孝子傳

卷。英賢司錄二卷張顯撰萬賢新注。高才不遇傳四卷帝撰梁元丹楊君傳一卷

發齊劉良東傳一卷嶺峴海內名士傳一卷。正始名士

書撰管輅傳三卷管辰撰江左名士傳一卷劉義慶撰竹林七賢論二卷戴逵撰晉

傳三卷亥敬七賢傳五卷孟氏文士傳五十卷張隱撰列士傳

子中燕子雜傳四十卷七賢論本四十七卷七宋光祿大夫范泰撰悼善傳十卷。雜傳

戴逵撰劉向陰德傳一卷百大范吳撰悼善傳十卷。雜傳

二卷撰東方朔傳八卷。雜傳

三十六卷任昉撰本四十七卷七母丘儉記三

卷。管輅傳三卷管辰撰雜傳四十卷孔子弟子先

儒林傳十卷陸澄雜傳十一卷皇甫褚氏家傳

肅家傳一卷李氏家傳一卷太原王氏家傳二十三卷。王朗王

卷韜顗等撰玄晏春秋三卷諡撰祖任家傳一卷。汪氏家傳七卷

等撰薛常侍家傳一卷。庾氏家

傳一卷撰庾裴氏家傳四卷裴松曹毗虞氏家記五卷曹

撰韋氏家傳一卷。范氏家傳一卷。汪氏家記一卷范氏家記五卷虞家

撰法顯傳一卷進擇法何顒使君家傳一卷。紀氏家記一卷友

多部傳五卷明岌撰明氏世錄六卷室明棠撰陸史十五卷。王

傳三卷廉弘名僧傳一卷遠撰法師傳十卷唱撰明氏世錄六卷梁信武記孔氏家傳五卷姚

錄一卷帝撰梁元列女傳八卷高氏列女傳十五卷劉向撰曹明氏世錄六卷室明棠撰崔氏五門

列女傳讚一卷曹列女傳頌一卷大家注列女後傳十卷項原周氏家傳三卷。崔氏五門

美婦人傳六卷。列女傳七卷母撰列女傳要錄三卷。女記十卷杜周齊王家傳一卷。王氏

志九卷帝撰梁元如記二卷。道人善道開傳一卷。何氏家傳十卷。令狐氏家傳一卷。童

子傳一卷王高僧傳十四卷道人善道開傳一卷。何氏家傳一卷撰漢南家傳三卷。周氏家傳一卷

。新舊傳四卷慧皎撰梁武皇帝大捨三卷。既氏家訓一卷。周氏家傳一卷

介朱家傳一卷撰崔氏梁故草堂法師傳一卷。尼傳二卷法底撰薩婆童

家傳一卷王氏梁武皇帝大捨三卷。列仙傳讚二卷郭元祖讚

氏江左世家傳二十卷室明棠撰列仙傳讚三卷孫綽讚列仙傳讚二卷劉向撰孫綽讚

神仙傳十卷葛洪撰。説仙傳一卷魯應春性傳一卷。漢武
內傳三卷。太元真人東鄉司命茅君內傳一卷
清虛真人王君內傳三卷。清虛真人裴君內傳一卷
葛君內傳一卷。正一真人三天法師張君內傳一卷存子華撰
遊傳一卷。靈人辛玄子自序一卷。仙人馬君陰君內傳一卷
洞仙傳十卷撰。王褒傳一卷。太極左仙公
南嶽夫人內傳一卷。蘇君記一卷。關令內傳一卷
華陽子自序一卷。萬高冠天師傳

學傳二十卷。宣驗記十三卷劉義慶撰。應驗記一卷宋光祿大夫傳
冥祥記十卷王琰撰。列異傳三卷魏文帝撰感應傳八卷晉西戎主簿戴祚撰述異記
古異傳三卷。甄異傳三卷。述異記
異苑十卷宋散騎侍郎東陽無疑撰。異苑十卷。搜神記三
十卷晉散騎常侍干寶撰。搜神後記十卷陶潛撰。靈鬼志三卷荀氏撰。志怪二
卷。續齊諧記一卷吳均撰。齊諧記七卷。志怪二
祥瑞記三卷。嘉瑞記三卷
祥記一卷。續神怪記二十卷。幽明錄二十卷宋臨川王劉義慶撰。志怪二
元嘉撰。漢武洞冥記一卷郭氏撰。符瑞記十卷
十卷。研神記十卷。雜異記十五卷。近異錄二

《志三七》隋書三十三〈十九〉

道

卷劉質撰鬼神列傳一卷謝氏撰志怪記三卷祖氏撰舍利感應
記三卷。真應記十卷。周氏冥通記一卷。集靈記
二十卷。頌之撰克視志三卷

右二百十七部一千二百八十六卷十九部一千五百三卷通計二百一

古之史官必廣其所記非獨人君之舉周官外史掌四方
之志則諸侯史記兼而有之春秋傳曰叔向謂晉人召能之
穆動往王室藏於盟府藏於盟府太史之事而盟之周官司寇凡大盟約涖其盟書登于天府太史內
史司會六官皆受其貳藏之是則王者諸侯皆有史官之事
昭告神明百官史臣皆藏其書故自公卿諸侯至于羣士
善惡必述軍史祭祀則藏其書故是以家藏其敏
任職者族每月書其世德爵行以藏之書於鄉太史
行道藝者於鄉大夫鄉大夫三年大比考其德行
道藝而以薦焉於士三年而賓興之書其德
史藝乘其賢者能者而鄉老及鄉大夫帥其
曠絕其道廢壞漢初始有丹書之約白馬之盟
仲舒之言始舉賢良文學天下計書先上太史善惡之事
史貳是以紀籍頗備漢武帝從董
龐不車集司馬遷班固撰而成之股肱輔弼之臣扶義俶
儻之士皆有記錄而操行高絜不涉於世者史記獨傳夷

《志三八》隋書三十三〈二十〉

13-454

齊漢書但述楊王孫之儔，其餘皆略而不說。又漢時阮倉作列仙圖，劉向典校經籍，始作列仙、列士、列女之傳，皆因其志尚，率爾而作，不在正史。後漢光武始詔南陽，撰作風俗，故沛三輔有耆舊節士之序，魯廬江有名德先賢之讚。郡國之書，由是而作。魏文帝又作列異，以序鬼物奇怪之事，嵇康作高士傳，以敘聖賢之風。因其事類相繼而作者甚眾，名目轉廣，而又雜以虛誕怪妄之說。推其本源，蓋亦史官之末事也。載筆之士，刪採其要焉。魯魚帝紀，三輔序贊，並亡。後之作者，亦多零失，今取其見存，部而類之，謂之雜傳。

○山海經二十三卷　郭璞注
水經三卷　郭璞注
黃圖一卷　輔宮
觀陵廟明堂辟雍郊時等事
殿簿一卷
洛陽圖一卷　楊佺期撰
洛陽記四卷
洛陽記一卷　陸機撰
洛陽宮殿簿一卷
述征記二卷　郭緣生撰
西征記二卷　戴延之撰
婁地記一卷　顧啟期撰
會稽土地記一卷　朱育撰
會稽記一卷　孔靈符撰
南徐州記二卷　山謙之撰
吳興記三卷　山謙之撰
吳郡記一卷　顧夷撰
風土記三卷　晉西平將軍周處撰
夷京口記二卷　劉損撰
荊州記三卷　宋臨川王侍郎盛弘之撰
神壤記一卷
南雍州記一卷
湘中記三卷
豫章記一卷　雷次宗撰
廬山記一卷　周景式撰
珠崖傳一卷　蓋泓撰
蜀王本記一卷　揚雄撰
三巴記一卷　譙周撰
巴蜀記一卷
益州記三卷
華陽國志三卷　晉相璩撰
衡山記一卷　宋居士撰
遊名山志一卷　謝靈運撰
名山志一卷
陳留風俗傳三卷
春秋土地名三卷

聖賢冢墓記一卷　李彤撰
佛國記一卷　沙門法顯撰
釋遊行外國傳一卷　釋曇景撰
外國傳一卷　釋智猛撰
交州以南外國傳一卷
十洲記一卷　東方朔撰
神異經一卷　東方朔撰　張華注
地理書一百四十九卷　錄一卷　陸澄合山海經已下一百六十家以為此記其所增舊書八十四家以為此記其所……
異物志一卷　後漢議郎楊孚撰
交州異物志一卷　楊孚撰
南州異物志一卷　萬震撰
蜀志一卷　東晉常寬撰
發蒙記一卷　晉楊世撰
居名山志一卷　謝靈運撰
南州異物志一卷
雍州漢中記五卷
廬山南陵雲精舍記一卷
湘州記二卷　甄烈撰
吳郡記二卷　顧夷撰
征記五卷　戴祚撰
江記五卷
雍州記
今記二十卷　劉澄之撰
征記一卷　戴祚撰
永初山川古今記二十卷　劉澄之撰　司州記
元康三年地記六卷
山海經音二卷　郭璞撰
山海經讚二卷
水經四十卷
地理書抄二十卷　陸澄撰
後魏楊衒之撰荊南地志
地理書抄九卷　任昉撰
洛陽伽藍記五卷　後魏楊衒之撰
地記二百五十二卷
并帖省置諸郡舊事一卷
二卷　齊都官尚書梁任昉增陸澄之書八十四家以為此記其所增舊八十四家以為此記其所增……於上
理書抄十卷　劉黃門撰
戶口簿記一卷　蕭世誠撰
巴蜀記一卷　譙周撰
交州異物志一卷　元嘉六年地記三卷　朱鳳撰
扶南異物志一卷　李氏
湘州記三卷　朱彥撰
湘州記一卷　郭仲產撰
州記三卷　李氏撰
海品一卷
交州異物志一卷　楊彥撰
海水土物志一卷
九州郡縣名九
元康六年地記三卷　益
海內百川水源記一卷　釋道安撰
京師寺塔記十卷　劉璆撰
湘州圖副記一卷　劉璆撰
湘州記一卷　沈瑩撰
華山

精舍記一卷張光撰。南雝州記六卷釋景撰。張騭出關志一卷釋曇景撰摩國傳二卷釋法盛撰。西京記三卷釋景撰外國傳五卷釋法盛撰。圜記一卷。江表行記一卷。京師錄七卷。外國傳五卷。盛撰。

象傳二卷閻先生撰。司州山川古今記三卷劉澄之撰。淮南記二卷劉澄之撰。古來國名記一卷。宋武北征記一卷。涼州異物志一卷。尋江源記一卷。後。

撰江圖二卷劉氏撰廣梁南徐州記九卷之撰水餝圖二十。男女二國傳一卷。北荒風俗記二卷。諸番風俗記二。

卷。颶閩傳一卷。突厥所出風俗事一卷。古今。

地譜二卷。輿地志三十卷陳顧野王撰。周地圖記一卷。序行記廿卷姚最魏。

求安記三卷溫子昇撰國都城記二卷。

冀州圖經卷。齊州圖經卷。齊州記四卷李叔布撰幽州圖經卷。州圖經卷。

魏聘使行記六卷諸葛穎撰。聘遊記三卷劉師知撰朝覲記三卷。封君義行記一卷李諧行記一卷。

趣駕東行記一卷李德林撰。大魏諸州記二十一卷。代都略記三卷。世界記五卷。

記七卷諸葛潁撰。并州入朝道里記一卷。北伐記七卷。撫軍揚州。李繪撰。

釋僧祐撰州郡縣簿七卷。大隋翻經婆羅門法師外國傳五。祐撰。隋區宇圖志一百二十九卷。隋西域圖三卷。

隋諸州圖經集一百卷郎蔚之撰。隋諸郡土俗物產一百五十卷。西域道里記三卷。諸番國記十七卷。方物志二十卷。西域道里記三卷。諸番國記十七卷。方物志二十卷許善心撰。并州總管內諸州圖一卷。

右二百三十九部一千四百卅二卷。通計亡書合二百四十部一千四百三十四卷。

昔者先王之化民也，以五方土地，風氣所生，剛柔輕重，飲食衣服，各有其性，不可遷變，是故疆理天下，物其土宜，知其利害，達其志而通其欲，齊其政而脩其教，故曰廣谷大川異制，人居其間異俗，書錄別九州，定其山川，分其畎界，條其物產，辨其貢賦，斯之謂也。周則夏官司險，掌建九州之圖，周知山林川澤之阻，達其道路；地官誦訓，掌方志以詔觀事，以知地俗；春官保章，以星土辨九州之地，所封之域，以觀祅祥；秋官職方，掌天下之圖地，辨四夷、八蠻、九貉、五戎、六狄之人，與其財用、九穀、六畜之數，辨其利害，以詔九州之國，使同貫利；又司徒掌邦之土地之圖與其人民之數，教以佐王擾邦國，周知九州之域廣輪之數，辨其山林川澤丘陵墳衍原隰之名物及王會之法。然則其人民之職而家宰掌建邦之六典實摠其事，太史以典逆家宰之治其畺埸，書蓋亦摠為史官之職。漢初蕭何得秦圖書，故知天下要害，後又得山海經，相傳以為夏禹所記。武帝時計書

饒上太史郡國地志固亦在焉而史遷所記但述河渠而
已其後劉向略言地域丞相張禹使屬朱貢條記風俗班
固因之作地理志其州國郡縣山川夷險時俗之異經星
之分風氣所生區域之廣戶口之數各有攸敘與古禹貢
周官所記相埒是後載筆之士管窺末學不能及遠但記
州郡之名而已晉世摯虞依禹貢周官作畿服經述其
及縣分野封略事業國邑山陵水泉鄉亭城道里土田
著民物風俗先賢舊好莫不具悉凡一百七十卷今亡而學
者因其經歷並有記載然不能成一家之體梁時陸澄聚
一百六十家之說依其前後遠近編而為部謂之地理書

任昉又增陸澄之書八十四家謂之地記陳時顧野王抄
撰眾家之言作輿地志其隋大業中普詔天下諸郡條其風
俗物產地圖上于尚書故隋代有諸郡物產土俗記一百
五十一卷區宇圖志一百二十九卷諸州圖經集一百
其餘記注甚眾今任陸二家所記之內又別行者各錄
在其書之首餘次之於下以備地理之記焉

漢氏帝王譜三卷　世本二卷　宋衷撰
世本王族大夫譜二卷　宋衷撰
撰　百家譜拾遺一卷　又有齊帝譜屬十
卷又有齊梁帝譜四卷南族
家集譜十卷　王僧孺撰　百家譜集鈔十五卷　王僧孺撰
卷梁武帝譜十三卷　百家譜三十卷　王僧孺撰

百家譜二十卷　賈執撰　百家譜世統十
卷。百家譜鈔五卷。姓氏英賢譜一百
卷　有王司空撰新得
諸州譜十一卷又別有諸姓譜三十三卷益州譜
四十卷關東關北譜三十三卷梁武帝揔青境內十八
州諸姓譜十一卷關東關北譜三十三卷
謝氏譜十卷。楊氏血脉譜二卷。楊氏家譜狀并墓
記一卷。楊氏枝分譜一卷。楊氏譜一卷。北地傅氏
譜一卷。蘇氏譜一卷。述系傳一卷。姚最氏族要狀十
五卷。姓苑一卷何氏撰　複姓苑一卷
卷。竹譜一卷。錢圖一卷
卷。竹譜一卷。錢譜一卷　顧烜撰
後魏辨宗錄二卷　元暉業撰　後魏皇帝宗族譜四卷
魏孝文列姓族牒一卷。後齊宗譜一卷。袁
冀州姓族譜二卷。洪州諸姓譜九卷。吉州諸
姓譜八卷。江州諸姓譜十一卷。諸州雜譜八卷。

右四十一部三百六十卷通計亡書合五十三
部。三百六十卷

氏姓之書其所由來遠矣書稱別生分類傳曰天子建德
因生以賜姓周家小史定繫世辨昭穆則亦史之職也秦
兼天下剗除舊迹公侯子孫失其本繫漢初得世本敘黃
帝已來祖世所出而漢又有帝王年譜後漢有鄧氏官譜
晉世摯虞作族姓昭穆記十卷齊梁之間其書轉廣後魏
遷洛有八氏十姓咸出帝族又有三十六族則諸國之從

魏者九十二姓世為部落大人者並為河南洛陽人其中
國士人則第其門閥有四海大姓郡姓州姓縣姓及周太
相入關諸姓子孫有功者並令為其宗長仍撰錄其
所承又以關內諸州為其本望其鄧氏官譜及族姓昭穆
記晉亂已亡自餘亦多遺失今錄其見存者以為譜系篇

七略別錄二十卷 劉向撰 七略七卷 劉歆撰 魏闕書目錄一卷

撰晉義熙已來新集目錄三卷 宋元徽元年四部書目
錄四卷 王儉撰 今書七志七十卷 王儉撰

目錄四卷 殷鈞撰 梁東宮四部目錄四卷 劉遵撰 梁文德殿四
部目錄四卷 標撰 七錄十二卷 阮孝緒撰 晉中經十四卷 荀勗

陳祕閣圖書法書目錄一卷 陳天嘉六年壽安殿四部
目錄四卷 陳德教殿四部目錄四卷 陳承香殿五經
史記目錄二卷 開皇四年四部目錄四卷 開皇八年
四部書目錄四卷 香廚四部目錄四卷 隋大業正御
書目錄九卷 法書目錄六卷 雜儀注目錄四卷 雜

撰文章家集敘十卷 文章志四卷 宋明帝撰 續文章志二
卷 傅亮撰 晉江左文章志三卷 宋明帝撰 宋世文章志二卷 沈約
書二十二卷 名手畫錄一卷 正流論一卷

右三十部二百一十四卷

古者史官既司典籍盖有目錄以為綱紀躰制埋滅不可

復知孔子刪書別為之序各陳作者所由韓毛二詩亦皆
相類漢時劉向別錄劉歆七略剖析條流各有其部推尋
事迹疑則古之制也自是之後不能辯其流別但記書名
而已博覽之士疾其渾漫故王儉作七志阮孝緒作七錄
並皆別行大體雖準向歆而遠不逮矣其先代目錄亦多
散亡今總其見存編為簿錄篇

凡史之所記八百一十七部一萬三千二百六十四卷 通計
亡書合八百七十四部一
萬六千五百五十八卷

【志二六】 隋書三三 【二八】

夫史官者必求博聞強識疏通知遠之士使居其位百官
衆職咸所貳焉是故前言往行無不識也天文地理無不
察也人事之紀無不達也內掌八柄以詔王治外執六典
以逆官政美以彰善惡垂以法範圖神昭明令德
窮聖人之至賾詳一代之亹亹自史官廢絕久矣漢氏頗
循其舊班馬因之魏晉已來其道逾替南董之位以祿貴
遊正駭之司罕因才授故梁世諺曰上車不落則著作
中何如則祕書於是尸素之儔盱衡延閣之上立言之士
揮翰蓬茨之下一代之記至數十家傳說不同聞見舛駁
理失中庸辭乖體要致令繁雜斯之德有關於典墳忠蕭之才
不傳於簡策斯所以為敝也班固以史記附春秋今開其事
類凡十三種別為史部

志三六 經籍二 隋書三三卷終

太尉揚州都督監修國史上柱國趙國公臣長孫無忌等奉　勑撰

經籍三子

晏子春秋七卷齊大夫晏嬰撰

曾子二卷目一卷魯國曾參撰

子思子七卷魯穆公師孔伋撰

公孫尼子一卷尼似孔子弟子

孔叢子七卷陳勝博士孔鮒撰

孟子七卷齊卿孟軻撰趙岐注

孟子七卷鄭玄注

孟子七卷劉熙注

孟子一卷綦毋邃注

孟子十四卷揚雄撰梁有孟子九卷綦毋邃撰趙岐注梁有孟子十四卷

董子一卷戰國時董無心撰

魯連子五卷

新語二卷漢中大夫陸賈撰

賈子十卷漢中大夫賈誼撰錄一卷

新序三十卷錄一卷劉向撰

說苑二十卷劉向撰

鹽鐵論十卷漢廬江府丞桓寬撰

臨孫子一卷劉向撰

揚子法言十五卷解一卷揚雄撰揚雄撰本軌注梁有揚子法言六卷侯芭注亡

揚子法言十三卷宋衷撰揚子太玄經九卷宋衷注梁有揚子太玄經十卷文

揚子太玄經十卷陸績撰宋衷注梁有揚子太玄經十四卷王肅注七卷王肅注

潛夫論十卷後漢處士王符撰

桓子新論十七卷後漢六安丞桓譚撰

中論六卷魏太子文學徐幹撰梁有

典論五卷魏文帝撰

魏子三卷後漢會稽人魏朗撰梁有文撰梁似後漢有牟子二卷後漢太尉牟融撰

杜氏體論四卷魏幽州刺史杜恕撰

顧子新語十二卷晉揚州主簿顧譚撰

王子正論十卷晉尚書左丞王基撰

譙子法訓八卷譙周撰

史杜恕撰梁有新書五卷王基撰亡

侍中王逸撰後序論一卷錄一卷

卷周生烈撰

論十七卷周生子要論一卷後漢侍中周生烈撰

魏太子撰徐幹撰

申鑒五卷後漢侍中荀悅撰

牟子二卷漢太尉牟融撰

顧子新語十二卷晉

譚撰通語別三卷晉尚書左丞陸景撰典語十卷吳中夏督郵賀（？）撰

十卷譚撰通語別二卷晉並亡

護周撰梁有譙子五教志五卷亡

新論十卷晉散騎常侍夏侯湛撰

袁子正論十九卷袁準撰梁又有袁子正書二十五卷袁準撰亡

志林新書三十卷虞喜撰梁有志林新書十卷亡

正覽六卷梁有三統五德志林新書三十卷

要覽十卷梁有要覽十卷亡

諸葛武侯集誡二卷○眾賢誡十三卷○女篇

女鑒一卷○婦人訓誡集十一卷

曹大家女誡一卷○婦人訓誡一卷

○真順志一卷

右六十二部五百三十卷 通計亡書合六十部六百九卷

儒者所以助人君明教化者也聖人之教非家至而戶說故有儒者宣而明之其大抵本於仁義及五常之道堯舜禹湯文武咸由此則周官太宰以九兩繫邦國之人其四曰儒是也其後陵夷衰亂儒道廢闕仲尼祖述前代修正六經三千之徒並受其義至于戰國孟軻子思荀卿之流宗而師之各有著述發明其指所謂中庸之教百王不易者也俗儒為之不顧其本苟欲譁眾多設問難便辭巧說亂其大體致令學者難曉故曰博而寡要

老子道德經二卷周柱下史李耳撰漢文帝時河上公注老子二卷漢長陵三老毋丘望之注梁有老子二卷戰國時河上丈人注老子二卷漢文帝時河上公注老子二卷漢徵士嚴遵注老子二卷

鬻子一卷周文王師鬻熊撰

子六 老子道德經二卷王弼注梁有老子道德經二卷王
卷○老子道德經二卷嗣注梁有老子道德經二卷羊祜注梁有老子道德經二卷鍾會注
亡梁簡文帝撰老子私記十卷梁簡文帝撰老子玄譜一卷晉柴桑令劉遺民撰老子玄機
義綱一卷顏歡撰梁有老子玄示圖一卷何晏撰王弼等注老子序一卷宗塞撰老子
老子指歸十一卷嚴遵撰老子指趣三卷之撰毋丘望之撰
子義疏九卷戴詵撰老子節解二卷○老子章門一卷
義疏五卷孟智周撰老子義疏四卷韋處玄撰老子講疏六卷
幽易五卷山琮撰亡 老子義疏一卷顏歡撰老子義疏一卷
列子八卷鄭之隱撰光祿卿張湛注
卷○文子十二卷文子老子弟子

梁武帝撰老子義疏九卷鳩冠子三卷楚
莊子三十卷目一卷晉太傅主簿郭象注莊子二十卷
子六卷司馬彪撰莊子十六卷注司馬
卷李軌撰莊子音三卷徐邈撰莊子音三卷郭象撰莊子外篇雜音一
卷等撰莊子音三卷徐邈撰莊子註音一卷
撰莊子集音三卷撰莊子音一卷

關 莊子內篇音義一卷○莊子講疏十卷本二十卷梁簡文帝撰
莊子講疏一卷賀道養撰莊子講疏八卷莊子義疏八卷
十八卷周弘正撰莊子文句義二
講疏八卷梁有莊子義疏十卷宋戴詵之撰南華論二十五卷梁
撰孫子十二卷孫綽符子二十卷
抱朴子內篇二十一卷守白論一卷唐子十卷任子道論十卷
新記明莊子一卷○莊成子十二卷○莊子論十卷
宋太學博士賀道養撰少子五卷奔司徒史張融撰玄子五卷○遊玄桂林
梁有養生論三卷聖夷夏論一卷顏歡撰談
人無宗論一卷無名子一卷張譏撰廣成子十三卷
疏六卷帝晉簡文帝撰二十一卷目一卷易一卷
右七十八部合五百二十五卷
道者蓋為萬物之奧聖人之至賾也易曰一陰一陽之謂
道又曰仁者見之謂之仁智者見之謂之智百姓日用而
不知夫陰陽者精微淳粹而莫知其體蓋陰與陽為一
營之迹至於道者精微淳粹而莫知其體蓋仁之謂也智者
在陽與陽不二仁者資道以成仁道非仁之謂也智者資

道以為智道非智之謂也百姓資道而日用而不知其用
也聖人體道成性清虛自守為而不恃長而不宰故能不
勞聰明而人自化不假修營而功自成其玄德深遠言不
測其一三曰師人之蓋近取之矣然自黃帝以下聖哲之士所以
道者傳之其人世無師說漢時曹參始薦蓋公能言黃老
文帝宗之自是相傳道學眾矣下士為之不推其本苟以
異俗為高狷為尚迂誕譎怪而失其真

管子十九卷　齊相管仲撰

商君書五卷　秦相衛鞅撰

慎子十卷　戰國時處士慎到撰

韓子二十卷目一卷　韓氏新書三卷　漢

右六部合七十二卷

〈五〉

御史大夫　齊相　正論六卷　漢大尚書崔寔撰　世要論十二卷　魏大司農桓範撰
晁錯撰　政論五卷　魏侍中劉廙撰　阮子五卷　魏太守阮武撰　陳子要言
十四卷　晉三公令史黃命撰　蔡司徒論

法者人君所以禁淫慝齊不軌而輔於治者也易著先王
明罰飭法書美明罰以弼五教周官司冦掌建國之
三典以佐王刑邦詰四方司刑以五刑之法麗萬民之
罪是也刻者為之則杜哀矜絕仁愛欲以威劫為化殘忍
為治乃至傷恩害親

鄧析子一卷　大夫鄧析　尹文子二卷　士遊齊稷下士操一卷
尹文周之處士　文親

四八十，

帝撰梁有刑聲論一卷　劉邵撰梁有士緯新書十卷姚信撰又姚氏新書二卷與士緯
相似九州人士論一卷親司　空霍毓撰通古人論一卷亡

人物志三卷　劉邵撰

右四部合七卷

於柝辯而失大體

名者所以正百物敘尊卑列貴賤各控名而責實無相僣
濫者也春秋傳曰古者名位不同節文異數孔子曰名不
正則言不順言不順則事不成周官宗伯以九儀之命正
邦國之位辨其名物之類是也拘者為之則苛察繳繞滯

墨子十五卷目一卷　宋大夫墨翟撰　隨巢子一卷　墨翟弟子撰　胡非子
一卷　有田俅子梁亡

右三部合二十七卷　隋志二十九

〈六〉

墨者強本節用之術也上述堯舜夏禹之行茅次不前羃
梁之食桐棺三寸貴儉兼愛嚴父上德以孝示天下　右兲
神而非命漢書以為本出清廟之守然則周官宗伯掌建
邦之天神地祇人兲肆師掌立國祀及兆中廟中之禁令
是其職也兲者為之則守於節儉不達時變推心兼愛而
混於親跣也

鬼谷子三卷　周世隱於鬼谷有補亡　皇甫謐注鬼谷子周世隱於鬼谷有補湘東鴻烈十卷並元帝撰亡　鬼

谷子三卷　注

右二部合六卷

從橫者所以明辯說善辭令以通上下之志者也漢書以
為本出行人之官受命出疆臨事而制故曰誦詩三百使
于四方不能專對雖多亦奚以為周官掌交以節與幣巡
邦國之諸侯及萬姓之聚導王之德意志慮辟行之而
和諸侯之好達萬民之說諭以九稅之利九儀之親九牧
之維九禁之難以諛九戎之威是也使人為之則便辭利口傾
危綜詐至於賊害忠信覆邦亂家

尉繚子五卷

南子二十一卷

呂氏春秋二十六卷

風俗通義三十卷

論衡

二十九卷

仲長子昌言十二卷

錄梁三十卷

機論八卷

傳子百二十卷

時務論十二卷

立言六卷

金樓子十卷

廣志二卷

抱朴子外篇三十卷

博物志十卷

雜記十一卷

博覽十三卷

卷張華撰

諫林五卷

古今訓十一卷

宋領軍長史缺文十三卷

政論十三卷

新舊傳四卷

纘俗語八卷

採璧三卷

袖中記二卷

袖中略集三卷

物始十卷

典言四卷

增典三卷

物理論十六卷

顯用九卷

冠賓十卷

物始十卷

方類六卷

俗說三卷

雜說一卷

纂要一卷

玉府集八卷

寶典十卷

古今注二卷

述政論十三卷

善言二十卷

袖中記二卷

補文六卷

四時錄十二卷

正訓二十卷

內訓二

清神三卷

前言八卷

會林五

雜略十二卷

道言六卷

述伎藝

對林十卷

文府五卷

道術志三卷

對要三卷

諸書要略一卷

語麗十卷

魏彥深撰

雜語二卷

眾書

事對三卷

善說五卷

廊廟五格二卷

君臣相起發事二卷

名數八卷

新言四卷

天地體二卷

雜事鈔二卷

物重名五卷

真注要錄一卷

書鈔四十四卷

子鈔三十卷

子鈔二十四卷

雜

論集八十六卷

右上欄

皇覽一百二十卷

卷
七卷。徐爰合皇覽目四卷又有皇
覽抄二十卷梁特進蕭琛抄七

書左丞劉杳撰七十卷梁撰
劉俊撰

帝王集要三卷梁
發

華林遍略六百
二十卷梁綺林學士劉杳等撰

二十卷僧綽安令
梁標撰梁征虜刑獄參軍劉杳七

要錄六十卷。壽先書死
劉俊撰

書圖泉海二十卷陳張
正見撰

壽光書苑二百卷尚
書左僕射張纘撰

歷代寶記三卷晉
尚書

帝皇菩薩

類死
[百一]十卷梁擇氏譜十五卷。
佳子一十卷齊竟陵王撰梁有皇

擇氏譜十五卷。內典博要三十卷。淨

因果記十卷。歷代三寶記三卷
蕭子良撰

百七十四卷。長洲玉鏡二百三十八卷。書鈔一

御覽三百六十卷高僧傳二十卷釋
慧皎撰

書郎王瑒撰僧傳四卷
釋僧祐撰

貴要集十卷。義記二十卷。
房撰

清淨大捨記三卷謝吳撰
寶臺四法藏目錄一百卷

門寶海一百二十卷大業
中撰

【志九】【十】
隋書三十四 玄

右九十七部合二千七百二十卷

雜者兼儒墨多道通眾家之意以見王者之化無所不冠
蓋出史官職也放者為之不求其本材少而多學者

蕪出史官職記則近行禍福存亡之道然則雜者
博是以雜錯漫羨而無所指歸

而博是以雜錯漫羨而無所指歸

汜勝之書一卷漢議郎汜
四人月令一卷後漢大尚禁苑
勝撰

齊民要術十卷賈思
勰撰

春秋濟世六常擬議五

實錄一卷
蕭揚璡撰梁有陶朱公養魚法一卷養羊
牧豬種蒔蔬各一卷亡
法菩薩法月致富

右下欄

右五部十九卷

農者所以播五穀藝桑麻以供衣食者也書叔八政其一曰食
二曰貨孔子曰所重民食周官司稼掌巡邦野之稼而辨穜稑之種周知其名與

其所宜地以為法而懸于邑閭是也鄙者為之一種周知其名與
耕稼之利而亂上下之序

燕丹子一卷丹燕王喜太子梁有青史子一卷古史官記事亡
大夫宋大夫晃君蜂撰論一卷郭頌撰語林十卷東晉處士
撰亡雜語五卷。郭子三卷東晉中郎郭澄之撰笑林三卷後漢給事

對四卷。文對三卷。瑣語一卷梁有梁大夫賈執撰後漢給事
中裴啟撰世說八卷宋臨川王劉義慶撰世說十卷劉孝標撰梁有

笑死四卷。解頤一卷楊松玢撰世說八卷宋臨川王劉義慶撰
撰亡

【志九】【十一】
隋書三十四 魯

番汗
四十九
俗說一卷梁有小說十卷梁武帝敕安右長史殷芸撰小說五卷
撰亡

書伏辯林一卷蕭賁撰梁有辯林二十卷蕭賁撰梁二十卷。通說一卷梁有
地撰

藝術十卷。雜書鈔十三卷。座右方三卷後魏永元二年
撰

史歆星圖一卷座右圖三卷古今
藝圖三卷。水飾一卷

右二十五部合一百五十五卷

小說者街說巷語之說也傳載輿人之誦詩美詢王朝堯者
聖人在上史為書瞽為詩工誦箴諫大夫規誨士傳言而庶人

誹謗商旅於市百工獻藝詩以言志觀風俗以知薄厚古者
改之道聽塗說靡不畢紀周官誦訓掌道方志以詔觀事道四方之政事與其上下之

應之詔群忌以知地俗而訓方氏掌道四方之政事與其上下之

【上】

志誦四夔傳道而觀衣物具也孔子雖小道必有可觀者焉致遠恐泥司馬兵法三卷 孫子兵法一卷魏武帝撰 孫武兵法二卷 續孫子兵法二卷魏武帝撰 孫子兵法雜占四卷 孫子兵法二卷賈詡注 吳起兵法一卷賈詡注 吳孫子牝牡八變陣圖二卷 孫子八陣圖一卷 孫子兵經二卷 孫子兵法序二卷 太公六韜五卷 太公陰謀一卷 太公陰謀三卷 太公金匱二卷 太公兵法二卷 太公兵法六卷 太公兵法三卷 太公伏符陰陽謀一卷 太公三宮兵法一卷 太公書禁忌立成集二卷 太公枕中記

周書陰符九卷 周呂書一卷 黃石公內記敵法一卷 黃石公三奇法一卷 黃石公三宮用兵秘法一卷 黃石公五壘圖一卷 黃石公陰謀乘斗行軍秘法一卷 張良經一卷 六將軍兵法一卷 魏武帝兵法一卷 兵法接要三卷 兵書接要一卷 兵林一卷 玄女兵法一卷 黃帝問玄女兵法三卷 秦戰鬥一卷

武林一卷 梁主兵法一卷 玉韜十卷梁元帝撰 金韜十卷 金策十九卷

〈志二十九〉 隋書三十五 【十二】

【下】

兵書要略暑五卷 兵記八卷 兵書七卷 兵書要術四卷 黃帝兵法雜要決一卷 黃帝兵歷一卷 黃帝蚩尤風后行軍秘術一卷 老子兵書一卷 黃帝出軍雜用決二卷 對敵權變逆順一卷 對敵權變一卷 出軍決勝負事二卷 風氣占一卷 六甲孤虛兵法十卷 六甲孤虛雜法一卷 兵書雜占十卷 兵書雜歷八卷 兵書內術一卷 兵法書

權儀一卷 城法九卷 真人水鏡十卷 戰暑二十六卷 陰策林一卷 陣圖二卷 承神兵法一卷 黃帝軍出大師一卷 金海三十卷 雜兵書二十卷 雜兵圖十卷

〈經籍志九〉 隋書三十四 【十三】

決九卷闕一
卷

軍國要略一卷。兵法要錄二卷。用兵攝

要二卷。用兵祕法雲氣占一卷。五

家兵法一卷。兵法三家軍占祕要一卷李行撰氣經上部

占一卷。天文蚩尤氣占一卷。鬼谷先生占氣一卷。

五行候氣占災一卷。乾坤氣法一卷。雜占八卷梁有推元嘉十二年日

漢武帝對敵占一卷。雜凶奴占氣一卷梁有推元嘉

王朔注對敵占一卷。雜博戲五卷

五十年太歲計一卷 兵法二十卷晉趙王倫舍人馬朗等

用兵法一卷 馬朔譜一卷 元末明碁品二卷宋貝外散騎侍郎褚思莊碁品五

兵祿歷一卷 碁勢四卷梁有圍碁勢七卷范叔度碁品叙略三卷

一卷馮紳撰 象經一卷周武帝撰 博塞經一卷 碁勢九品序錄五卷梁湘東王繹撰圍碁

壞經 沈氏撰 碁經一卷邵鄲撰 碁圖一卷 梁建

卷候 碁勢十卷 其碁勢四卷 碁圖

勢十卷。碁九品序錄一卷范汪注其後九品序一卷撰

圍碁品一卷梁武帝撰碁九品序一卷表鎣注

譜一卷徐廣撰 儀十博經一卷 象經一卷陳武帝撰彈碁

卷。皇博法一卷梁有大小博三卷雙博法一

投壺經一卷。梁東宮撰太一博法一卷。雙博法一

卷注王裕撰 象經一卷何妥注 象經發題義一卷

右一百三十三部五百一十二卷

兵者所以禁暴靜亂者也易曰古者弦木為弧剡木為矢

弧矢之利以威天下孔子曰不教人戰是謂棄之周官大

司馬掌九法九伐以正邦國是也然動之以仁行之以

義政能誅暴靜亂以濟百姓下至三季志情違欲爭伐尋

常不撫其人設變詐而減仁義至乃百姓離叛以致於亂

氏四七法一卷 巫咸五星占一卷。天儀說要一卷弘

石氏星簿經讚一卷 星經二卷甘

周髀一卷趙嬰注。周髀一卷甄鸞重述。星經二卷甘

渾天象注一卷吳時太史蕃撰渾天象 渾天圖

論一卷張喜圖天圖神光内抄一卷 定天論三卷。天儀說要一卷

景陶玄論二卷 渾天圖記一卷姚信撰渾天圖義一卷陶

論一卷虞喜撰 渾天圖記一卷姚信撰渾天圖義一卷弘

撰錄軌象以頌其章一卷圖内有天象雜占 天文要集

天文要集四十卷晉太史令韓楊撰 天文要集

三卷。天文占十卷韓楊撰 天文要集

卷。天文集占十卷梁百卷梁有石氏甘氏巫咸六卷 天文集占六卷

天文要集四卷晉太史令陳卓定 天文集

橫圖一卷高文洪撰 天文集占圖十卷 天文

卷。天文書一卷梁有雜天文占一卷亡 天文志十二卷吳雲撰

天文書一卷祖師撰 天文志十二卷史崇天文志

天文錄三十卷祖暅撰 天文志十二卷吳雲撰 天文志

次圖一卷吳雲撰雜占十五卷亡圖一卷 婆羅門天文經二十一卷婆羅門人 天文十二

雜占一卷吳雲撰梁有天宿雜占十五卷亡 婆羅門天文一卷

說所波羅門竭伽仙人天文說三十卷。婆羅門天文一卷

○陳卓四方宿占一卷。梁四黃帝五星占一卷。五星占一卷丁巡撰。五星犯列宿占六卷。雜星書一卷。梁有五星集占六卷。星占二十八卷珠僧化等撰。星占一卷。梁有石氏星經七卷陳卓記又石氏星經十九卷。五星占十八卷。

陳卓撰。梁吳襲撰。星占八卷。占十八卷中

天官星占十卷陳卓撰梁天官星贊十三卷又星占六卷論星一卷亡。著明

卷亡。

星經簿十五卷。

集十卷。

○星圖一卷。梁有星書彗星占一卷。妖星流星形名占一卷。

一卷。解天命星宿要決一卷。海中星占一卷。雜星占七

卷。雜星占十卷。星官次占一卷。彗孛占一卷。石氏星占一卷。

撰。候雲氣一卷。流星占一卷。石氏星占一卷。魏氏日旁

氣圖一卷。日旁雲氣圖五卷。天文占雲氣圖一卷。洪

夏氏日旁氣一卷。日食彗候占一卷。京氏日占圖三卷。孝經內記

二十卷翼氏占一卷。日月暈三卷。荊州占二十卷劉藏撰梁

八宿二百八十三官圖一卷。

雜星氣經八卷候氣占二卷。天文洪範日月變一卷。洪

章賢十二時雲氣圖二卷。黃道熒惑景占一卷。月行

範占二卷行星曆四卷。梁有日月交會圖鄭玄注圖二卷。

黃道圖一卷卷梁又日月本次位圖二卷。一月暈占一卷。

令庾季才撰

日月食暈占四卷。日食占一卷。日月薄蝕圖一卷。

日變與食占一卷。日月暈班雲氣圖占一卷政大雲雨

一卷。二十八宿十二次一卷。二十八宿分野圖一卷史

○五緯合雜一卷。五星合雜說一卷。垂象志一百四

十八卷。○太史注記六卷。○靈臺秘苑一百二十五卷太

右九十七部合六百七十五卷

天文者所以察星辰之變而參於政者也易曰天垂象見吉凶書稱天視自我人視天聽自我人聽故曰王政不脩謫見于天日為之蝕后德不脩謫見于天月為之蝕其餘孛彗飛流見伏陵犯各有其應周官馮相掌十有二歲十有二月十有二辰十日二十有八星之位辨其敘事以會天位是也小人為之則指而為吉謂惡為善是以數術錯亂而難明

○志二九 隋書三十四 十七

四分曆三卷漢修曆人李梵撰亡。趙隱居四分曆一卷。魏甲子元三統曆一卷。劉歆撰亡。姜氏三紀曆一卷分曆一卷撰姜氏乾象曆三卷法三卷劉歆撰亡

○曆序一卷。乾象曆三卷吳太史令闞澤注亡又有闕澤注七。曆術一卷吳範撰。景初曆三卷。又乾象五星幻術一卷。曆術一卷吳範撰。景初曆三卷並楊偉撰亡。景初曆

劉洪等注又有闞澤注五星幻術一卷亡。

晉楊偉撰梁有景初曆術二卷晉太史令楊偉撰并景曇要二卷亡一本五卷。景初

壬辰元曆一卷撰揚冲正曆四卷劉智撰河西甲寅元曆一

源太史甲寅元曆序一卷　趙歈撰

【上欄（右起）】

源太史甲寅元曆序一卷　趙歈撰

宋元嘉曆二卷　何承天撰。元嘉曆一卷、元嘉二十六年度日食法三卷、何承天撰。又有論一卷、雜撰曆法七卷、曆法集十卷、何承天撰。又有京氏亡。

曆術一卷　姜岌撰。

宋景業曆一卷　李業興撰。

周天和年曆一卷　甄鸞撰。

齊甲子元曆一卷　李業興撰。後軍祖瑩撰。郎將撰。

魏武定曆一卷　李業興撰。

神龜壬子元曆一卷　王琛撰。後魏軍將軍何承天又撰。

壬子元曆序一卷。壬子元曆術一卷　王琛撰。

寅元曆序一卷。甲午紀曆術一卷　張寶撰。新造曆法一卷。

開皇甲子元曆一卷。曆術一卷。甲子元曆一卷。甲午紀曆術一卷。

七曜本起三卷。七曜曆術一卷。七曜曆法一卷。七曜要術一卷。推七曜曆術一卷。

七曜小甲子元曆一卷。七曜曆術二卷　後魏甄鸞撰。

天圓曆術一卷。陳天康二年七曜曆一卷。陳永定七曜曆四卷。

五星曆術一卷。天文曆術一卷。陳天嘉二年七曜曆二卷。陳光大二年七曜曆一卷。

陳天嘉七曜曆七卷。開皇七曜年曆一卷。陳至德年七曜曆二卷。仁壽二年。

陳太建年七曜曆十三卷。陳光大元年七曜曆二卷。陳永定七曜曆四卷。

禎明年七曜曆二卷。七曜曆經四卷　張賓撰。春秋氣交分曆一卷。龍曆草一卷。推。

七曜曆一卷。七曜曆經四卷。律曆注解四卷。推曆法一卷。

曆日義說一卷。律曆注解四卷。推曆法一卷　崔隱撰。

漢書律曆志術一卷。推曆法一卷　居撰。曆疑賀讖序二卷。

【下欄（右起）】

七曜曆疏二卷。興和曆二卷。七曜曆數算經一卷　趙歈撰。

卷。興和曆二卷。七曜曆疏一卷。七曜曆數算經一卷　趙歈撰。

曆術一卷。七曜曆疏一卷　李業興撰。陰陽曆術。

七曜曆術二卷　甄鸞撰。七曜曆疏五卷。陰陽曆術。七曜曆說圖一卷　宋景撰。雜曆術。

卷。八家曆一卷。曆注一卷。漏刻經一卷。雜曆術一卷。雜注漏。

卷。曆注一卷。曆記一卷。雜曆術一卷。雜漏刻。

卷。太史注記六卷。太史注記六卷。見行曆。

漏刻經一卷。漏刻經一卷。漏刻經一卷。太史令撰。

天楊偉等撰。漏刻經一卷　祖暅撰。漏刻經一卷　梁天監五年亡。

趙歈撰。梁有朔氣長曆二卷、皇甫謐曆章句。

刻法十一卷　澤撰。皇甫洪刻法。

九章算術十卷　劉徽撰。九章算經二卷　徐岳、甄鸞重述。九章算術一卷。

卷。九章算術十卷　劉徽撰。九章算術一卷　楊淑撰。九章算經。

卷　李遵撰。九章九章算術一卷。九章別術二卷。九章六曹算經。

二十九卷　徐岳注。九章算經二卷　徐岳注。九章六曹算經一卷。

術六卷。九章重差圖一卷。九章推圖經法一卷　夏侯陽算。

經二卷。孫子算經二卷。趙歈算經一卷。

經算術一卷。張立建算經二卷。五經算術。

算法一卷。筭經異義一卷。黃鍾算法三十八卷。算律呂法一卷。

家算陰陽法一卷。黃鍾算法三十八卷。筭律呂疏一卷。婆羅門陰陽算。

曆一卷。婆羅門算法三卷。婆羅門陰陽算曆一卷。婆羅門算經三卷。

右二百□十六家三百六十三卷

曆數者所以揆天道察昏明以定時日以憂百事以辨
三統以知阨會吉凶終始窮理盡性而至於命者也易曰先
王以治曆明時書敘其三百有六旬有六日以閏月定四
時成歲春秋傳曰閏以正時時以作事事以厚生生民之道
餘於終又曰閏以正時也覆端於始舉正於中歸
在周官則亦太史之職小人為之則壞大為小削遠為近
是必道術破碎而難知

黃帝飛鳥曆□卷撰張衡
黃帝四神曆一卷撰吳範 黃帝地曆
黃帝斗曆一卷 黃石公比斗十三奇法一卷 風
一卷 黃帝雜占四卷梁有風角雜占十卷亡 風角
風角雜占四卷梁有風角占十卷亡 風角要集十卷 風
要集六卷梁十一卷 風角要候十一卷撰翼奉
角集要占十二卷 風角要占三卷京梁八卷 風角占三卷
梁有侯公領中風角四候亡 風角抄占要決十一卷
十二卷風角占四卷五音候十二卷 風角占候四卷有翼
撰兵法風角式一卷 戰鬥風角鳥情一卷 風角
三卷風角兵候一卷翼氏撰 風角鳥情二卷音六情注十
陰陽風角相動法一卷地辰 五音相動法二卷 五音相
卷占一五音相動法二卷 五音相動法一卷梁音占五卷京

《志二九》 隋書三五四 廿

房氏撰 風角五音圖二卷 風角雜占五音圖五卷翼氏撰
卷京房撰七黃帝九宮經一卷 九宮經三卷鄭玄注梁十三
卷京房撰 黃帝九宮經一卷 九宮行棊經三卷注鄭玄
五宮二 九宮行棊經三卷鄭玄注黃帝四部梁有九宮行
一卷 九宮行棊法一卷撰 九宮行棊立成法一卷撰王深
法一卷 九宮推法一卷 行棊新術一卷 九宮行
基鈔一卷 九宮雜九宮經解二卷 三元九宮立成一卷 九宮
宮變圖一卷 九宮圖一卷 九宮郡縣錄
飛鳥曆一卷撰王琛 太一飛鳥曆二卷
一卷太一十精飛鳥曆一卷 太一飛鳥
卷太一三合五元要決一卷 太一
梁有黃帝太一雜書十六卷黃帝太一雜用十四卷九宮雜要七卷雜術八卷太
一飛鳥雜決捕盜賊法一卷董氏注梁三十三卷又太一
帝記法八卷太一雜書十六卷黃帝太一雜書十六卷
帝飛鳥曆一卷宋程 太乙龍首式經一卷
帝龍首經一卷 黃帝龍首經二卷 黃帝集靈三卷
卷黃帝式雜占十卷 黃帝式經三十六用一卷 玄女式經要法一
用當陽經二卷 黃帝奄心圖一卷 玄女式經要法
一卷伍子胥撰遯甲經要鈔一卷 遯甲文
卷黃帝陰陽遯甲經六卷 遯甲決一卷 遯甲萬一決二卷 遯甲

《志二九》 隋書三五四 二一

九元九局立成法一卷。遁甲肘後立成囊中祕一卷葛
洪撰遁甲囊中經一卷。遁甲囊中經疏一卷。遁甲立成
六卷。遁甲立成法一卷遠孝臨撰遁甲立成一卷。遁甲立成
鈔四卷。遁甲術一卷。陽遁甲用局法一卷。遁甲法
九元遁甲一卷王琛撰黃帝出軍遁甲穴隱祕處經一卷。黃帝
圖一卷葛洪撰黃帝出軍遁甲式法三卷。遁甲雜遁甲
甲九宮八門圖一卷撰。三元遁甲圖三卷。遁甲返覆
圖一卷。孤虛占一卷。遁甲九宮亭亭白姦書一卷。
肘後立成一卷。遁甲年錄一卷。三元遁甲圖三卷榮氏撰遁甲
伍子遁甲孤虛注一卷。東方朔歲占一卷。斗中孤虛
胥撰遁甲孤虛占一卷。遁甲九宮亭亭白姦書一卷。
情占一卷撰王喬鳥情逆占一卷。鳥情書二卷。鳥情雜
京房逆剌占一卷。逆剌總決一卷。壬子決一卷。鳥
撰戰鬭博藏等法三卷。王女反閉局法三卷。逆剌一卷。
占禽獸語一卷焦氏孝經元辰九卷。六情決一卷王琛撰孝經六情
鳥音內祕一卷。占鳥情二卷。推元辰一卷。
。元辰本屬經一卷。推元辰厄會一卷。元辰事一卷
。元辰救生削死法一卷。推元辰要祕次序一卷。元
辰章用一卷。雜推元辰要祕立成六卷。元辰立成譜

一卷。方正百對一卷京房撰晉災祥一卷京房撰災祥集七
十六卷。地形志八十七卷庾季才撰海中仙人占災祥書三
卷。周易占軍十二卷漢魏鄧太守京房撰
撰三元遁甲六卷常侍劉畋撰三元遁甲經一卷
甲要一卷葛洪撰三元遁甲經十卷。三正遁甲三音三
撰遁甲三十二卷。遁甲時下決三十三卷。遁甲開
山圖一卷。遁甲開山圖并遁甲圖二卷遁甲九星曆一卷。遁甲三音三
卷。遁甲推時要一卷。遁甲三元九甲立成一卷。雜
遁甲五卷。遁甲時要四卷。陽遁甲立成一卷。
陰遁甲九卷。武王須史三卷。六壬式經雜占九卷有梁
官蓍龜經十卷梁龜決二卷。栢安吳式
蘇龜經一卷。光明符十二卷。六壬釋兆六卷。
式各二卷。六壬式經三卷。破字要決一卷。
。周易占十二卷京房撰龜經一卷史蘇忌經一卷。
親經三十卷。史蘇沉思經一卷。
周易曜撰。周易妖占十三卷京房撰龜卜五兆動搖決一卷
。周易集林十二卷云伏萬壽撰周易守林三卷京房
周易飛候九卷京房撰

六日七卷亡
分八卷亡

周易飛候六卷京房撰。周易四時候四卷京房
撰。周易錯七卷京房撰。易卦七卷京房撰。周易
逆刺占災異十二卷京房撰。周易渾沌四卷京房
撰。周易委化四卷京房撰。易雜占十三卷京房撰。
周易雜占十一卷京房撰。周易雜占九卷梁廣
撰。易林十六卷本三十二卷焦贛撰。梁又有易林變占十六卷張滿
撰。亡周易占一卷費直撰。易林五卷費直撰。易林
變占七卷許峻撰。易內神筮二卷費直撰。易災
條二卷費直撰。易筮占林五卷許峻撰。周易林
十六卷許峻撰。易新林一卷許峻撰。又易新林
四卷亡。周易集林律曆一卷卷郭璞撰。周易雜占。又易新
決亡。周易新林五卷郭璞撰梁有周易林五卷郭璞撰。亡
周易通靈要決一卷。周易新林九卷郭璞撰。梁有周易林
周易新林四卷郭璞撰。周易新林五卷郭璞撰。亡
周易新林一卷。易洞林三卷郭璞撰。周易
易林三卷魯洪度撰。周易林十
易射覆三卷。易射覆一卷。周易林十
重卦經二卷。易三備二卷。易三備
立成四卷。周易立成三卷。周易
文王幡音一卷。易玄成一卷。神農
易玄成一卷。易射覆二卷。易三備
一卷。易占三卷。易三備二卷。周易
易腦經一卷鄭氏。周易神農
周易髓腦二卷鄭氏周
孔子通覆決三卷撰。周易
周易通覆決三卷顏氏撰
周易曆周易初學撰
易律曆一卷。洞林三卷撰梁元
重卦經二卷。文王幡音一卷。易三備
易玄品二卷。周易卦林一卷。洞林三卷帝撰元梁
二卷。周易卦林一卷。易律曆一卷。洞林三卷
易玄品二卷。周易卦林一卷。易曆七卷。易曆決疑一卷元梁
連山三十卷梁

雜筮占四卷亡。五兆筭經一卷。十二靈棊卜經一卷
撰任氏梁有管公明筭占書一卷。京君明推偷盜書一卷。天皇大
神氣君注曆一卷。太史公萬歲曆一卷。千歲曆一卷。
萬歲曆二卷。萬年曆二十八宿人神一卷。曆祀一卷。海
中仙人占災祥書三卷。東方朔占二卷。東方朔書
三卷化僧六十甲子曆八卷。曆祀一卷。雜忌曆二卷。
田家曆十二卷。三合紀飢穰一卷。東方朔歷一卷。東方朔書
水旱下人金惡一卷梁有擇日書十卷太歲雜忌曆二卷所在占善惡書
魏光祿勳高堂隆撰百忌大曆要鈔一卷。百忌曆術一卷。百忌
卷。東方朔書鈔一卷。

通曆法一卷。曆忌新書十一卷。太史百忌曆
圖一卷梁有雜百忌曆五卷亡太史百忌曆九卷梁有雜災異
十五卷晉災異簿二卷宋災異記
雜殺曆九卷中郎郗萌後漢災異
雜凶妖一卷破書玄武書裝各
卷。堪餘曆二卷。注曆堪餘
卷。堪餘曆注二卷。堪餘
堪餘曆注一卷。大小堪餘
卷。雜堪餘二卷。地節堪餘曆術一卷小堪
卷。四厓堪餘一卷。書七卷雜堪餘四卷亡
卷。元辰五羅筭一卷。孝經元辰四
餘三卷敘紹撰梁堪餘天文有一會堪餘
卷。雜要堪餘二卷。堪餘四卷。
卷元辰會九卷易林元辰決一卷亡孝經元
易通統卦驗玄圖一卷。乾坤氣法
卷。逆河祿曆一卷。孝經元辰四
辰祿命二卷。梁有五行祿命元辰一卷厄會十一卷亡
易通統卦驗玄圖二卷。易
一卷撰許辯。易通統卦驗玄圖一卷。乾坤氣法
易玄品二卷。

新圖厚一卷。易通統圖二卷。易八卦命錄斗內圖一卷郭璞撰

易斗圖一卷郭璞撰易八卦斗內圖二卷。八卦斗內圖二卷命圖周易斗中八卦遊年圖各一卷亡周易分野星圖一卷。舉百事要一卷。舉百事略一卷。周易

雜陰陽婚嫁書三卷。婚嫁書二卷。嫁娶經四卷。雜婚嫁書六卷。嫁娶陰陽圖二卷。陰陽嫁娶書四卷。雜嫁娶房內圖術四卷。九天嫁娶圖一卷。六甲貫胎書一卷。產乳書二卷。產經一卷。推產婦何時產法書一卷。仙人務子傳神通黃帝登壇經一卷。壇經一卷撰王琛推產法一卷。五姓登壇圖一卷。登壇文一卷

產圖二卷。雜產圖四卷。拜官書三卷。沐浴書一卷卷四等登壇經三卷。五姓登壇圖一卷。

梁有二公地基立成五神圖二卷十二屬神圖一卷衣書

占夢書三卷撰京房占夢書一卷鴟伽仙人占夢書撰崔元一卷。占夢書一卷。新撰占夢書十七卷并目亡夢書卷亡占夢書三卷周宣撰占夢書一卷壽書

十卷。解夢書二卷。海中仙人占體瞤又雜吉凶書三卷。海中仙人占吉凶要畧二卷。雜占夢書一卷梁有占五卷東方朔占七卷黃帝太一雜占十卷和鬼鳥鳴書王喬辯鳥語經寅書耳鳴書目瞤書各一卷董仲舒請禱

圖三卷。竈經十四卷。梁簡文帝撰梁又有祠竈書一卷亡六甲墨子枕中五行記一卷亡梁有雜五行書淮南萬畢經淮南變化術各一卷亡經四卷。六甲隱形圖三卷亡五行變化墨子五行術淮南變化太史公素王妙議二卷亡撰應圖黃驗各三卷亡孫氏瑞應圖記祥瑞圖

芝英圖一卷。張掖郡玄石圖一卷。祥異圖十一卷。祥瑞圖十一卷。祥瑞圖讚二卷。瑞應圖二卷。瑞應圖

孟泉撰梁有晉玄石圖一卷亡卷晉德易天圖二卷亡天鏡二卷。乾坤鏡二卷。一卷日月鏡四卷竅鏡經各二卷亡望氣書七卷。雲氣占一卷。鏡地鏡圖六卷亡仙山寶藏秘記一卷亡地形志八十卷庚季才撰宅吉凶論三卷。山川寶藏秘經二卷亡災異圖一卷。地動

相宅圖八卷。五姓墓圖一卷各四卷五音相墓書五相經要錄二卷。相手板經六卷。大智海四卷。白澤圖一卷。相馬經一卷。卷五音圖墓書九十一卷五姓圖山龍及科相書四十六相書九卷亡相書圖七卷亡梁相手板經受版相經雜許唐氏武王相書一卷雜葬書不傳各一卷亡相印書一卷板印法指畧抄韓征東將軍法各一卷亡相印相笏經中伯相印梁有伯樂相馬經銅馬法周穆王馬圖蜜相馬經王良相牛經淮南八公相鵠

右二百七十二部合二千二十二卷

五行者金木水火土五常之形氣者也在天為五星在人為五藏在目為五色在耳為五音在口為五味在心為五臭在上則出氣施變在下則養人不倦故傳曰天生五材

廢一不可是以聖人推其終始以通神明之變爲卜筮以

考其吉凶百事以觀於來物觀形法以辨其貴賤貴司

則分在保章馮相卜師筮人占夢眜禖而太史之職實司

撼之小數考繞得其十褊便以細事相亂以惑於世

黃帝素問九卷 音十二卷 梁八 黃帝

黃帝甲乙經十卷 音一卷 梁有黃帝鍼灸經十二卷

黃帝鍼經九卷 梁有黃帝鍼灸經四卷程

黃帝鍼灸經十二卷 梁有黃帝鍼經六卷又脈經六卷

徐叔嚮鍼灸要鈔一卷 ○王瓚鍼經一卷和

黃帝鍼灸蝦蟇圖一卷 ○曹氏灸方七卷 秦承祖偃

神鍼經一卷 ○岐伯經十卷 ○脈經二卷

梁有黃帝衆難經 ○脈經十卷 王叔和撰

十一難二卷 梁有脈生死要訣二卷又脈經六卷秦承祖撰

流注脈經一卷 注六卷亡 脈經十卷 王叔和撰

明堂孔穴圖三卷 ○明堂孔穴五卷 梁明堂孔穴

偃側圖三卷 ○明堂孔穴圖三卷 圖八卷 ○赤烏

神農本草八卷 梁有神農本草五卷 神農本草圖蔡邕本草

神農本草四卷 雷公集注 物二卷神農本草屬本草經

甄氏本草三卷 李譡之

桐君藥錄三卷 梁有雲麾將軍徐滔新集藥錄四十二卷

太清草木集要二卷 陶隱居撰

華佗方十卷 吳普撰

張仲景方十五卷 仲景後漢人梁有黃帝

張仲景療婦人方二卷

醫方論七卷 梁有張仲景辨傷寒十卷評病要略一卷

雜散方八卷 徐叔嚮撰 解寒食散

寒食散論二卷 梁有徐叔嚮解寒食散方

雜藥方十卷 ○寒食散對療一卷

解寒食散方 梁有寒食散湯方二十卷

石論一卷

方二卷

小兒方四卷 梁有范氏療小兒藥方一卷

方四十卷 梁有徐叔嚮雜療方二十二卷

釋僧深藥方三十卷 梁有阮河南藥方十六卷阮文叔撰

姚大夫集驗方十二卷 ○范陽東方一百五卷 范汪撰

胡洽百病方二卷 梁有胡洽百病方二卷

陶氏效驗方六卷 梁有療目方五卷又療耳眼方十四卷

滷之療耳眼方十四卷 神枕方一卷 雜戎狄方一卷摩詞胡國方
一卷雜香膏詞出胡國方十卷摩詞胡沙門撰 又香方上香方
一卷 雜方一卷亡

房祕決十卷○彭祖養性經一卷○養生要集十卷張湛撰玉
如意方八卷○墨子枕內五行紀要一卷○卷疑此即是
餌方八卷○服食諸雜方二卷○神仙服食經十卷老子禁食經
一卷○崔氏食經四卷○食經十四卷劉休撰 療馬方一卷經
食饌次第法一卷梁有太官食經 食馬方一卷亡 黃帝素問
食經一卷梁有食圖四時酒要方白酒并作物法十二卷家政方十卷食法
雜酒食要方白酒并飲食法又酒并飲食方雜藏釀法雜酒食要法

〈志二九〉 隋書三十四 三十

八卷全元越注 脈經二卷徐氏撰 華佗觀形察色并三部脈經一
卷○脈經決二卷新撰脈經鈔二卷 三部脈經
卷○服石論一卷吳景賢撰 黃帝素問女胎
[卷]○三部四時五藏辨診色決事脈一卷○脈經畧一
卷○辨病形證七卷○五藏決一卷○論病源候論五卷
目一卷○癰疽論方一卷○五藏論一卷○
撰藥目要用三卷○本草音義三卷○本草音義七卷
草經類用三卷○本草經一卷○神農本草經三卷○本草鈔四卷○本草雜要決一卷○
撰本草集錄二卷○本草錄藥性三卷
本草要方三卷甘濬之撰 依本草錄藥性 靈秀本草

圖六卷仲撰 平葉草圖一卷○入林採藥法二卷○太常採
諸藥異名八卷沙門行矩撰本十卷今闕 諸藥要性二卷○種植藥
藥時月一卷○四時採藥及合目錄四卷○藥錄二卷
法一卷○種神芝一卷○藥方二卷○種植藥
損寒食節度一卷○玉函煎方五卷○療小兒丹法一卷○徐氏
雜要方一卷○少小方一卷○張仲景療婦人方二卷○徐大山
卷○藥方五卷○徐文伯療婦人瘕一卷○徐文伯藥方二卷○
千金方三卷范世英撰 徐王方五卷 徐王八世家傳效驗方
小品方十二卷陳延之撰

〈志二九〉 隋書三十四 三十一

十卷○徐氏家傳祕方二卷○藥方五十七卷
一卷○稟丘公論一卷○太一護命石寒食散二卷○服玉方法
南士安依諸藥方 序服石方一卷○服玉方法
瘦方十一卷○劉涓子鬼遺方十卷○集驗方
方十二卷○王世榮單方一卷○集驗
名醫集驗方六卷○名醫別錄三卷陶氏撰 藥方二十一卷
謝士泰撰吳山居方三卷○新撰藥方五卷○療癰疽諸瘡
二卷○備急單要驗方二卷○釋道洪方一卷○小兒
經一卷○散方二卷○雜散方八卷○療百病雜丸方三

【志二九】　隋書三十四　三十二

釋墨撰　療百病散三卷○雜湯方十卷〔成毅敏撰〕雜療方十三
卷○雜藥酒方十五卷○雜湯漯方一卷○議論備豫
方一卷〔開撰〕扁鵲陷冰丸一卷○趙婆療漯方一卷○
療消渴眾方一卷○扁鵲肘後方二卷〔釋墨撰〕
服雜藥方一卷○大暑九五卷〔謝南郡撰〕論氣治療方一卷○扁鵲〔梁武帝所〕
一卷八人圖一卷○鍼灸圖要決一卷○靈壽雜方二卷○經心
○明堂蝦蟇圖一卷○流注鍼經一卷○曹氏灸經一卷○偃側人鍼
卷○黃帝明堂偃側人圖十二卷○鍼灸圖十一卷○偃側人鍼

灸圖三卷○流注鍼經一卷○曹氏灸經一卷
錄方八卷〔宋俠撰〕黃帝養胎經一卷○療婦人產後雜方三
卷○黃帝明堂偃側人圖十二卷○鍼灸圖十
僧匡鍼經一卷○三奇六儀鍼要經一卷○黃帝十二
經脉明堂五藏人圖一卷○老子石室蘭臺中治癩符○黃帝十二
殷元鍼經一卷○要用孔穴一卷○九部鍼經一卷○釋
經二卷〔秦承祖撰〕華佗枕中灸刺經一卷○謝氏鍼經一卷○

卷○龍樹菩薩藥方四卷○西域諸仙所說藥方二十三
卷○西域名醫所集要方四卷本十〔婆羅門諸仙藥方二十
卷○婆羅門藥方五卷○耆婆所述仙人命論方二
卷○西域諸仙所說藥方二十五
十卷○婆羅門藥方五卷○新錄乾陀利治鬼方十卷○
卷目闕　乾陀利治鬼方十卷○治馬經三卷〔俞極亡〕治馬
本五卷闕　伯樂治馬雜病經一卷○治馬

【志二九】　隋書三十四　二十三

四卷○治馬經目一卷○治馬經圖二卷○馬經孔穴圖
一卷○雜撰馬經一卷○治馬牛駝騾等經三卷○香
方一卷○雜香方五卷○龍樹菩薩和香法二卷○食
經三卷〔謝諷撰〕○食饌〔王僧孺撰〕金
南王食經并目百六十五卷〔大業中撰〕淮南王食經〔○食
會稽郡造海味法一卷○

服食神秘方二卷○神仙服食藥方十卷○淮南
丹沙祕方一卷○○金丹藥方四
○服食諸雜方二卷○服餌方三卷〔陶隱居撰〕○雜神丹方
卷○雜神仙丹藥方十卷○雜神仙黃白法十二卷○神仙
卷○雜神仙服食雜方一卷○金丹藥方五卷○神仙

置錄二十三卷〔里先生撰京〕練化雜術
金決二卷〔公撰〕雜仙方一卷○神仙服食經十卷○神仙
略序一卷〔孫文撰〕仙人金銀經并長生方一卷○狐剛子萬
卷○合丹大師口訣一卷○合丹節度四卷〔陶隱居撰〕雜神丹方九
七十卷〔弘讓撰〕周〔目〕大清諸丹集要四卷

神方二卷○太極真人九轉還丹經一卷○真人九丹經
十卷闕〔目〕太清神丹中經一卷○養生注十一卷〔目〕養生術一卷○
○狐子雜決三卷○太山八景神丹經一卷○引氣圖一卷○道引圖三
卷○太清璇璣文七卷○陵陽子說黃金祕法一卷○練寶法二十五卷〔目〕
〔龍平撰〕龍樹菩薩養性方一卷○養生注十一卷〔目〕養生術一卷○

卷立一卧一養身經一卷○養生要術一卷○養生服食禁
忌一卷○養生傳一卷○帝王養生要方二卷蕭吉撰素女
祕道經一卷女經並玄素女方一卷○序房內祕術一卷○彭祖養性一卷撰葛氏○玉房祕決九卷○郑子
說陰陽經一卷○新撰玉房祕決八卷

○徐太山房內祕要一卷○序房內祕術一卷○新撰玉房祕決九卷○四海
類聚方二千六百卷○四海類聚單要方三百卷

右二百五十六部合四十五百一十卷

醫方者所以除疾病保性命之術者也天有陰陽風兩晦
明之氣人有喜怒哀樂好惡之情節而行之則和平調理
專壹其情則溺而生疾是以聖人原血脈之本因鍼石之
用假藥物之滋調中養氣通滯解結而反之於素其善者
則原脈以知政推疾以及國周官醫師之職掌聚諸藥物
九有疾者治之是其事也邶者爲之則及本傷性故曰有
疾不治恒得中醫

凡諸子合八百五十三部六千四百三十七卷

易曰天下同歸而殊塗一致而百慮儒道小說聖人之教也
有所偏兵及醫方聖人之政也所施各異世之治也列在眾職
下至衰亂官失其守或以其業遊說諸侯各崇所習分鑣並
驚若使總而不遺折之中道亦可以興化致治者矣漢
書有諸子兵書數術方伎之累今合而叙之爲十四種

謂之子部

志第二十九　經籍三　隋書三十四

太尉揚州都督賑穆國史上桂國趙國公臣長孫無忌等奉勅撰

經籍四　集　道經　佛經

楚辭十二卷　并目錄後漢校書郎王逸注

楚辭九悼一卷　楊穆撰

楚辭音一卷　宋處士諸葛氏撰

楚辭三卷　郭璞注　梁有楚辭十一卷，宋何偃删，亡。

參解楚辭七卷　皇甫遵訓撰

離騷草木疏二卷　劉杳撰

楚辭音一卷　孟奧撰

楚辭音一卷　徐邈撰

楚辭音一卷　釋道騫撰

右十部二十九卷　通計亡書十部四十卷

楚辭者，屈原之所作也。自周室衰亂，詩人寢息，諂佞之道興，諷刺之辭廢。楚有賢臣屈原，被讒放逐，乃著離騷八篇，言己離別愁思，申抒其心，自明無罪，因以諷諫，冀君覺悟。卒不省察，遂赴汨羅死焉。弟子宋玉，痛惜其師，傷而和之。其後賈誼、東方朔、劉向、揚雄，嘉其文彩，擬之而作。蓋以楚人也，謂之楚辭。然其氣質高麗，雅致清遠，後之文人咸不能逮。始漢武帝命淮南王為之章句，旦受詔，食時而奏之。其書今亡。後漢校書郎王逸集屈原已下，迄於劉向，逸又自為一篇，并敘而注之。今行於世。隋時有釋道騫，善讀之，能為楚聲，音韻清切。至今傳楚辭者，皆祖騫公之音。

楚蘭陵令荀況集一卷　梁二卷，殘缺。

武帝集一卷　梁二卷

漢淮南王集一卷　梁二卷

楚大夫宋玉集三卷

漢……

弘農都尉枚乘集一卷　梁二卷，錄各一卷，亡。

漢中書令司馬遷集一卷　漢太中大夫東方朔集二卷　梁二卷，又有漢……

如集一卷

漢膠西相董仲舒集一卷　梁二卷，又有漢……

漢騎都尉李陵集二卷　梁有漢光祿大夫……

漢諫議大夫王褒集五卷　漢諫議大夫劉向集六卷

漢文園令司馬相如集一卷　漢太中大夫劉歆集五卷　漢成帝班婕妤集一卷

漢諫議大夫揚雄集五卷　漢司空師丹集一卷

大夫息夫躬集一卷

後漢司隸從事馮衍集五卷　後漢徐令班彪集二卷　梁

事杜篤集一卷　後漢軍騎司馬傅毅集二卷　梁五……

書郎劉騊駼集一卷　後漢侍中賈逵集一卷

大將軍護軍司馬班固集十七卷　黃香集……

漢淯比相崔瑗集六卷

河間張衡集十一卷　後漢黃門郎葛龔集六卷

李固集十二卷　梁十卷　後漢南郡太守馬融集九卷

後漢京兆尹延篤集一卷
後漢徵士崔琦集一卷
後漢京兆尹延篤壽集五卷　又有鄭炎集二卷　録亡
陳相邊韶集一卷
皇甫規集
後漢益州刺史朱穆集二卷
又有尚書令張奐集二卷　録亡
大夫劉陶集三卷　梁二卷録
後漢左中郎將蔡邕集十二卷　録亡
鄭玄集二卷　録
後漢諫議大夫劉
後漢太山太守應劭集二卷　録亡
又有黃門郎張升集二卷　録亡
書令士孫瑞集一卷　又有尚
後漢少府孔融集九卷　梁十卷録
後漢討虜長史張紘集一卷　録亡
有別部司馬張超集五卷　録亡
後漢野王令劉琛集三卷　録亡
史虞翻集二卷
後漢司空荀爽集一卷　録亡
二十卷
後漢盧植集二卷　録
後漢侍御
集上
玄集二卷　録
集二卷　録

漢丞相軍謀掾陳琳集三卷　録
後漢文學應瑒集一卷　梁有録亡
魏太子文學劉楨集
後漢丞相倉曹屬阮瑀集五卷　梁有録
魏太子文學徐
後漢侍中王粲集十一卷　梁録亡　後漢尚書丁
後漢丞相主簿繁欽集十卷　梁録
後漢丞相
後漢黃門郎丁廙集一卷　梁又録亡
魏國奉常王脩集二卷　録
四卷録
後漢丞相主簿楊脩集一卷　梁二卷録
後漢尚書丁
主簿楊脩集一卷　録
郎中令路粹集一卷　録
渙集五卷録
人後漢黃門郎
襄蔡文姬集二卷　録
石甫妻徐淑集一卷　梁又
儀集一卷　録亡
魏武帝集新撰十卷
二十六卷　有武皇帝逸集十卷　梁又
人後漢黃門郎丁廙集十卷　梁亡〇

魏文帝集十卷　梁二十卷
魏明帝集七卷　梁五卷或九卷録
王朗集三十四卷
魏陳思王曹植集三十卷　又有司徒華歆集
魏光祿勳高堂隆集六卷　梁有録
魏章武太守孟達集三卷　又有劉廙集
騎常侍繆襲集五卷　梁光祿大夫卞蘭集
魏衛將軍王肅集五卷
魏常侍李康集二卷　録亡
魏給事中邯鄲淳集
城太守夏侯惠集二卷　録亡　魏徵士管寧集
散騎常侍應璩元集五卷　又有散騎常侍王象集
魏司徒鍾會集九卷　録
卲集一卷　録亡
和集五卷　梁有録亡
尚書傅巽集二卷
中領軍曹羲集一卷　録亡
魏尚書旱晏集十一卷
魏司徒王
五卷録　魏衛將軍王肅集五卷
魏司空王
卷録
中書
魏散

應璩集十卷　梁有録
二卷録　令劉劭集三卷
又有王弼集五卷録　中書
魏校書郎杜摯集一卷　梁太常卿傅巽集
樂安太守夏侯玄集二卷録亡
魏太常夏侯玄集二卷　録亡
東軍司馬江偉集五卷
魏步兵校尉阮籍集十卷　梁十三卷
卷　魏中散大夫嵆康集
魏汝南太守程曉集二卷　録亡
十三卷　梁十五卷録　又有魏徵
魏蜀丞相諸葛亮集
十卷録　梁十四卷又有蜀司徒許靖集
中郎將張溫集六卷　梁有士燮集五卷録亡
二十五卷　録　梁征北將軍夏侯
吳選曹尚書賢顗集
吳偏將軍駱統集十卷
又有薛綜集三卷録　又有姚信集四卷亡
吳人楊厚集一卷　梁亡
卷又有謝承集四卷亡
吳人楊厚集二卷　録梁又
吳永相
二十五卷録
録梁十卷

陸凱集五卷梁有錄
中書令紀陟集三卷
侍中胡綜集二卷
吳侍中張儼集一卷

晉令紀瞻集三卷
晉文帝集三卷
晉宗正稽喜集二卷梁五卷錄一卷又有
丞相收集二卷梁又有
晉宣帝集五卷梁有錄
晉隸校尉傅玄集十五卷梁又有裴
應貞集一卷
晉司隸校尉傅咸集十五卷梁三十卷錄一卷
晉傅山濤集九卷梁又有
晉太傅羊祜集一卷
晉著作郎成公綏集九卷
祿大夫何禎集二卷梁有錄
軍王濬集二卷
侍中程咸集一卷梁
西太守郤正集一卷
晉通事郎江偉集六卷
晉散騎常侍薛瑩集三卷
晉徵士皇甫謐集二卷
晉輔國將軍
晉征南杜預集十八卷
晉厲士
晉金紫光
晉散騎常侍
晉沈
僕射裴顏集九卷
集三卷錄一卷
晉司空張華集十卷
晉徵士閭鴻集三
集一卷梁有錄
侍中王佑集三卷

二卷盛彥
潘尼集十卷
酒杜育集二卷
播集一卷梁二卷錄
晉承王府記室左思集二卷
晉清河太守陸雲集十二卷梁
晉中書郎張載集七卷
晉著作郎束晢集七卷
晉太傅從事中郎庾敳集一卷
晉國子祭酒顧榮集五卷
晉太常卿摯虞集九卷
晉頓丘太守歐陽建集二卷
晉衛尉卿石崇集六卷
晉黃門郎潘岳集十卷
晉司隸校尉傅祗集十七卷
晉黃門郎張敏集二卷
晉散騎常侍夏侯湛集十卷
晉馮翊太守孫楚集六卷
晉秘書丞司馬彪集四卷
華嶠集八卷
晉漢中太守李虔集一卷
晉尚書盧

《隋志三十》三十五　〈七〉

卷録一卷又有太子中舍人阮瞻集二卷又有太子洗
馬阮脩集二卷録

晉大傅郭象集二卷録〈梁三卷〉

太守孫秀集四卷〈梁五卷〉

軍諮秀集四卷録梁〈軍諮祭酒王廙集一卷録亡〉〈廣威將軍韓瓊集一卷録亡〉

太守殷巨集二卷〈梁五卷〉

西交趾太守閭纂集二卷〈倉曹令史洪含集一卷録亡〉

郎廬諶集十卷〈梁有録〉晉秘書丞傅暢集五卷〈梁又有録〉

尉劉琨集九卷〈梁十卷〉劉琨別集十二卷○晉司空從事中

散騎常侍棗嵩集二卷〈錄〉

崚府集五卷録二卷

明帝集五卷録一卷
簡文帝集五卷録
卷孝武帝集二卷

晉王司馬道子集八卷

陽内史晉王司馬道子集八卷〈梁四卷録〉

晉會稽王司馬道子集八卷

晉光祿大夫衛展集十二卷〈梁五卷〉

晉秘書郎張委集九卷〈梁五卷〉

晉太常謝鯤集六卷〈梁二卷録〉

賀循集十八卷〈梁二十卷録〉

晉驃騎將軍王廙集十卷〈梁二十卷録〉

晉御史中丞熊遠集十二卷〈梁五卷又有録〉

晉弘農太守郭璞集十七卷〈梁有吳典充十卷〉

晉大將軍王敦集十卷〈梁有吳典充〉

晉張駿集八卷〈鍾輿　晉大鴻臚〉

宣城內史劉系之集五卷錄一卷亡　庚赤王集四卷　○晉尋陽太守庚純集

八卷　集五卷錄一卷亡

西中郎將王胡之集十卷　晉徵士許詢集三卷　晉衛尉卿孫綽集十五卷　晉司徒長史張憑集五卷　晉餘姚令孫統集二卷　晉光祿勳曹毗集十五卷　晉太常江逌集九卷　晉散騎常侍謝萬集十六卷

晉征西將軍張望集二卷　晉光祿

太常卿韓康伯集十六卷　丞相王猛集九卷錄　光祿大夫彪之集二十卷　張重華酒泉太守謝艾集五卷　晉大司馬相溫集十一卷　晉尚書僕射王坦之集七卷　晉中書郎郗超集九卷　晉尚書僕射王述集八卷　晉泡汪集一卷　沙門支遁集八卷

【隋志三十】

〈九〉

三十五

晉司徒王珣集十一卷　晉豫章太守范甯集十六卷　晉中徐乾集二十一卷　晉徵士戴逵集九卷　晉士卿尚書殷允集十卷　東陽太守袁宏集十五卷　守習鑿齒集五卷○晉祕書監孫盛集　時集八卷

晉聘士殷叔嶷集四卷　晉湘東太守庚蕭　晉太子前率徐邈集九卷　晉散大夫羅含集三卷　晉國子博士孫盛集　晉伏滔集十一卷　晉御史中丞孔欣

都愔集十卷

【隋志三十】

三十五

〈十〉

右九十九

司徒王珣集

晉孫恩集五

六萬十三　隋志三十　三十五　十一　【晉司

卷五　梁有晉殿中將軍傅緄集十五卷驍騎將軍弘戎集十
六卷御史中丞魏叔齊集十五卷司徒右長史劉寧集
之集五卷　晉臨海太守辛德遠集五卷　晉桓玄集二十
卷王恭集五卷錄一卷軍何瑾之集亡　晉荊州刺史殷仲堪集十一卷
梁五卷錄一卷　晉東陽太守殷仲
殷觀集十卷錄一卷　晉光祿大夫祖台之集十六卷梁二十卷錄一卷　晉桓玄集二十
僕射謝混集三卷梁五卷錄一卷　晉秘書監滕演集十卷卷目并
待顧愷之集七卷梁十卷錄　晉大常卿劉瑾集九卷卷亡
十卷錄一卷典有晉相國主簿殺運集十卷　晉衛軍諮議湛方生集
文集七卷梁五卷錄一卷　晉司徒王謐集五卷
卷亡　晉右光祿大夫蔡謨集十七卷
錄一卷　晉名軍參軍孔坦集十卷梁五
錄一卷　晉國子博士周祗集十一卷梁
集十卷　晉始安太守卞裕集二
長史羊徽集九卷錄一卷又有晉太常傅迪集十卷亡　晉通直常
集八卷梁五卷錄一卷　晉廬江太守殷叔集五卷亡
徒長史王誕集二卷梁有晉太尉咨議劉耽之集十卷亡　晉冊楊太守羲豹
集六卷梁十卷錄一卷　晉沙門支遁集八卷梁十卷錄　晉西中郎
釋傳肇集一卷○晉沙門釋惠遠集十二卷　晉曹毗集四卷　晉姚萇沙門
量帝集六卷○晉沙門釋惠遠集十二卷　晉毛伯成集　一卷○晉沙門支
臺宗欽集一卷韋公藝集六卷錄六卷　晉始安太守卞裕集二
釋宗欽集一卷　晉江州刺
之集十卷徽士周柏集一卷護駿之集五卷
卷錄一卷梁令劉道民集一卷
史王凝之妻謝道蘊集二卷　夫人集
五卷晉武帝左九嬪

卷四卷晉太宰賈充妻李扶妻　一卷晉武平都尉陶融妻
陳窈集一卷晉都水使者陳珝妻
五卷晉海西令劉臻妻
忱妻陳驫集七卷錄一卷晉散常侍祖和妻
賢妻辛氏集一卷晉護陽令銅
道賢何劭妻龐馥集一卷晉松陽令孫瓊妻
太守何敬妻徐氏集一卷晉宣城令王韶之集
錄一卷　宋臨川王義慶集八卷梁三十卷錄一卷宋臨川
卷道規集四
十一卷梁十五卷錄亡　宋豫章太守謝瞻集三卷梁新渝惠侯義宗集二十卷
明帝集四　宋豫章太守謝瞻集三卷梁有宋衡陽王義
卷明帝集四宋和集七卷梁十五卷錄亡　宋孝武帝集二十五卷
卷衡陽祖柔嘉集四十三卷亡
之集七卷宋臨川王義慶集八卷并目錄梁三十卷錄亡
王道規集六卷宋豫章太守謝瞻集三卷梁有將軍沈林子
廬敬文集　宋文帝集七卷梁十卷錄　宋孝武帝集二十五卷
七卷錄十卷　宋太中大夫徐廣集十五卷梁三十卷錄一卷　宋孝武帝集二十五卷梁三十一卷又有
廬敬文集　卷亡　宋南平王鑠集五卷
一卷録殘缺梁十　宋太中大夫徐廣集十五卷梁有宋臨川
卷錄　宋建安太守卞瑾集十卷梁十五卷錄　宋江夏王義恭集
瑾集十一卷中散大夫羊欣集五卷梁又有　宋侍中孔甯子集十卷
卷又有宋征南長史范曇集三卷梁宋太常卿蔡廓集九卷
之集十二卷　宋建安太守卞瑾集十卷　宋王叔之集
卷并目錄梁十卷又有宋征南長史孫張元集
卷康集二十卷錄　宋尚書令傅亮集三十一
卷梁二十卷錄亡　宋太常卿傅隆集
集十一卷宋零陵令陶潛集二十卷錄一卷梁五卷　宋太常卿
瑾集十八卷梁又有　宋太常卿蔡廓
之集十三卷　宋徵士陶潛集九卷梁五卷錄　宋太常卿鄭鮮
范泰集十九卷錄宋中書郎荀雍集十四卷梁五
一卷又有宋金紫光祿大夫沈演之集十卷亡　宋司徒王弘集一卷
集十卷廣平太守范凱集八卷亡　宋沙門釋惠琳集五

一三-四八一

宋司徒府參軍謝惠連集六卷梁

卷宋范□晏集十四卷又有

錄○宋謝弘微集二卷又有宋太
常謝弘微集二卷又有宋太
子博士姚壽之集二卷錄亡
祖父光祿大夫王敏集五卷
孫韶集之集六卷又有宋司空
錄范曄集十五卷梁又有義成太守
卷范曄集十五卷梁又有義成太守

宋給事中立深之集七卷梁
宋臨川內史謝靈運集十九卷梁

蠻主簿衡令元暉集八卷亡

宗景集十六卷梁二十九宋奉朝請伍緝之集十二卷梁

闕之集一卷○宋徵士宗景集十六卷
松之集十三卷○宋徵士宗炳集十六卷

尉裴淑集十卷梁宋光祿大夫王微集十卷宋徵士雷次

志三十 隋三十五 十三

宋御史中丞何承天集三十二卷宋秘書監王微集十卷宋太

郎袁伯文集十一卷
客郎羊玄保集十卷
宋特進顏延之集二十五卷
郎袁伯文集十一卷
孫緬集八卷宋東揚州刺史顏竣集十四卷錄宋大司馬

宋員外郎荀雍集一卷

王僧綽集一卷
宋中書

志三十五 十三

錄顏測集十卷并目錄宋護軍將軍士僧達集十卷梁

卷宛州別駕范義集十二卷吳興太守劉琨集七卷梁又有宋司空
何尚之集十卷又有宋司空
廉劉氏集一卷
宋會稽太守張暢集十二卷宋北中郎長史

深集九卷并目錄宋太子舍人安北參軍王詢集四卷亡
之集八卷撫軍參軍戴法興集四卷亡
紫光祿大夫謝莊集十九卷宋黃門郎虞通之

張悅集一卷越騎校尉劉遠集一卷
集十五卷宋侍中沈懷文集十二卷宋吏部尚書何偃集十九卷

王瓚集之集十五卷
宋司徒左長史沈勃集十五卷梁二十

中大夫徐爰集六卷梁右光祿大夫張求集十卷
趙繹集十五卷

宋建平王景素集卷○宋征虜記室參軍鮑照集十卷

宋豫章太守劉禕之集

令湯惠休集三卷○宋江州從事吳邁遠集卷

隋志三十五 十四

13-482

十一卷延陵公唐思賢集
十五卷戴凱文集六卷亡
又有婦人辛蘭文集
宮儀韓蘭英集亡

宋司徒袁粲集十一卷并目錄
後齊文帝集一卷殘缺梁九卷
齊竟陵王子良集四十卷齊闇喜
齊太尉王儉集

軍諮軍實義集九卷殘缺梁十卷
○齊中書郎周顒集八卷
○齊中書郎王融集十卷
○齊司徒左長史張融集二十七卷梁海
○齊吏部郎謝朓集十二卷○謝朓逃集一卷
○齊金紫光祿大夫孔稚珪集十卷
齊太尉徐孝嗣集十卷梁七卷亡
軍陸厥集八卷梁
齊中書郎江泌集九卷并錄齊平西諮議
中表求集五卷并錄
宗躬集十三卷
集二十六卷梁二卷
水校射祖冲之集五十一卷亡
集十六卷妻幼瑜集六十六卷亡

梁武帝詩賦集二十卷○梁武帝雜
○梁武帝

梁特進

文集九卷○梁武帝別集目錄十二卷○梁武帝淨業賦三
卷○梁簡文帝集八十五卷陸錄撰梁五帝集五十二卷
○梁元帝小集十卷○梁昭明太子集二十卷成王集三
○梁岳陽王詧集十卷梁王褒集二十卷○梁邵陵
王綸集六卷○梁司徒諮議宗史集八卷○梁國子博士丘
遲集十卷○梁金紫光祿大夫范雲集十一卷又
九卷梁江淹後集十卷○梁中軍府諮議王僧孺
集三十卷○梁太常卿任昉集三十四卷○梁中書
沈約集一百一卷○梁左丞范縝集十一卷○謝
馬劉昭集十卷南徐州秀才諸葛璩集十五卷亡
溫集十卷鎮西錄事參軍到洽集十一卷

周捨集二十卷○梁護軍將軍王僧孺
冷集二卷○梁隱居先生陶弘景集三十卷○陶弘景內
集十五卷○梁徵士魏道微集三卷○梁黃門郎張率集
三十八卷○梁南徐州治中王同集二卷○梁都官尚書
江軍集六卷○梁奉朝請庾均集三十五卷○梁光祿大夫
庾肩隆集十卷錄梁儀曹郎司徒勉前集三十五卷○徐
勉後集十六卷錄 梁吏部郎王錫集七卷錄梁堂書左

傑射王瞶集二十一卷○梁平西刑獄叅軍劉孝標集六
卷○梁鴻臚卿裴子野集十四卷○梁威府長史司馬
聚集九卷○梁蘭子暉集九卷○梁始興內史蕭子範集
十二卷○梁建陽令汪洪集二卷○梁鎮西府記室鮑畿
集八卷○梁心堂蕭局部郎虞騫集一卷○梁東陽令孝範
集三卷○梁蕭機集一卷○梁太常卿陸倕集十四卷○梁廷尉
卿劉孝綽集十四卷○梁都官尚書劉孝儀集二十卷
梁太子庶子劉孝威集十卷○梁仁威記室何遜集七卷○梁新田令費昶
集八卷○梁仁威長史鮑幾集
記室劉綏集／門釋智藏集五卷亡

〈志三十　隋三五　十七〉

梁通直即謝琛集十卷○梁國子祭酒蕭子雲集十
九卷○梁征西府長史楊眈集十一卷○梁太子洗馬王
筠集十一卷／梁中書集十一卷／梁臨海集十一
卷／王筠當書集九卷／梁西昌
侯蕭深藻集四卷○梁中書郎任孝恭集十卷○梁平北
府長史鮑泉集一卷○梁雍州刺史張纘集十一卷○梁
當書僕射張纘集十一卷○劉之遴後集二十一卷○
梁豫章世子侍讀劉之亨集十一卷○劉之遴集一卷
十卷○梁中書舍人朱超集一卷○梁護軍將軍蕭欣集
卷○梁安成蕃王蕭玄成

〈隋志三十　三五　十八〉

集十卷／梁散騎常侍沈君攸集十二卷○梁臨安恭公
主集三卷武帝女／梁征西記室范靖妻沈滿願集三卷○梁
太子洗馬徐悱妻劉令嫻集三卷○梁
九卷○後魏司空高允集二十一卷○後魏孝文帝集三十
九卷○後魏司農卿盧元明集十七卷○後魏太常卿
酒表躍常侍溫子昇集十三卷○後魏著作郎韓顯宗集
三卷○比齊特進邢子才集三十一卷○比齊儀同劉逖集二十六卷○後周
魏收集六十八卷○北齊儀同劉逖集／後周趙王集八卷○後周
明帝集九卷○後周趙王集八卷○後周滕簡王集八卷

○後周儀同宗懍集十二卷錄并／後周沙門釋亡名集十卷
○後周小司空王褒集二十一卷錄并後周小傅蕭撝集十
卷○後周開府儀同庾信集二十一卷／後周少傅蕭撝集
九卷○陳後主沈右集十卷○陳大匠卿杜之偉集十二
卷○陳金紫光祿大夫周弘讓集九卷○陳周弘讓後集十二
十二卷○陳侍中沈炯前集七卷○陳沈炯後集十二卷
○陳沙門釋標集一卷○陳沙門釋洪偃集八卷○陳沙
門釋瑗集六卷○陳沙門釋靈裕集四卷○陳當書僕射
周弘正集二十卷○陳鎮南府司馬陸鏘集／陳左
衛將軍顧野王集十九卷○陳沙門策上人集五卷○陳

13-484

尚書左僕射徐陵集三十卷○陳右衛將軍張式集十四
卷○陳尚書度支郎張正見集十四卷○陳司農卿陸琰
集二卷○陳少府卿陸玠集十卷○陳司門釋慧瑜集十
一卷錄陳護軍將軍蔡景歷集五卷○陳右府記室司馬君
卷○陳御史中丞孔奐集十卷○陳安右府記室辛德源集三
卿集二卷○陳著作佐郎張仲簡集一卷○煬帝集五十
○太尉楊素集三卷○著作郎諸葛頻集十四卷○劉
尚書牛弘集十二卷○司隸大夫薛道衡集三十卷○吏部
五卷○王祐集一卷○武陽太守盧思道集三十卷○金
州刺史李元操集一卷○記室參軍蕭愨集九卷○
集三十卷○江總後集二卷○秘書監柳䛒集一卷○開府江總
子祭酒何妥集十卷○

子政母祖氏集九卷○著作郎王胄集十卷○

右四百三十七部四千三百八十一卷通計亡
書合入
百八十六部八千
一百二十六卷

別集之名蓋漢東京之所創也自靈均已降屬文之士
著作郎魏彥深集三卷○

其志靈故尚不同風流殊別後之君子欲觀其體勢而見
其心靈故別聚焉名之為集辭人景慕並自記載以成書
部年代遷徙亦頗遺散其高唱絕俗者略皆具存今依其

先後次之於此
文章流別集四十一卷文章流別志論
二卷摯虞撰文章流別本二卷
集苑四十五卷文章流別三卷
集林鈔十一卷○集林二百八十一卷翰林論三卷
文苑一百卷撰遺六卷○巾箱集七卷
林五十八卷○文苑鈔三十卷○文選三十卷
賦集九十二卷○文海五十卷○文選三十卷吳朝
賦集二十卷
文十六卷

文選音三卷
文心雕龍十卷
賦集鈔一卷○賦集八十六卷
十九卷歷代賦十卷
都賦六卷
京賦二卷皇德瑞應賦頌一卷○神雀賦一卷○
賦注本三卷
京賦三卷

13-485

木玄虛海賦一卷徐
爰注射雉賦一卷
象賦一卷○洛神賦一卷魏武觀
鳳賦十八卷○圍碁武
獸賦一卷徐爰注
注李軌

亡今詩英八卷○古今詩苑英華十九卷
三卷○衆詩英華一卷○詩類六卷○王臺新詠十卷
百志詩九卷○詩品十卷梁太子撰詩
太守車齊緯眞會詩十卷○亦謙會詩十七卷○晉蜀郡
彪撰
詩三十卷
新文十一卷并錄蕭淑撰
卷　徐伯成東晉將軍春秋寶藏詩四卷撰
詩一卷征西將軍春秋寶藏詩四卷○古歌錄鈔二卷○
注羅潛樂府歌辭鈔二卷○歌錄十卷○古歌錄鈔二卷○

古今詩死英華十九卷○六代詩集鈔四
古詩集九卷○謝靈運集梁又有文章
卷五卷謝朓撰亡詩苑二十卷梁昭明太子撰
集雅篇五卷○靖恭堂頌一卷劉石文
封禪書一卷○上封禪書二卷○詩集五十卷謝靈運
百賦音十卷宋御中散之撰梁有雜賦圖三卷亡詩集鈔
元十九年群臣上二卷晉江蓬撰詩集鈔
撰宋太子洗馬劉和注詩苑二十卷謝靈運撰梁有雜言詩鈔
今五言詩美文二卷宋明帝撰梁有雜詩
詩補謝靈運詩集一百卷○詩英九卷英華三十卷梁
詩三十卷宋明帝撰梁有雜言

集音一卷孫子楩
枕賦一卷張居
諸淡撰
卷五卷謝脁撰亡詩英九卷英華三十卷梁
今五言詩美文二卷宋明帝撰亡
詩集二卷謝靈運撰梁有賦音一
詩集五十卷謝靈運撰梁有封禪文八卷亡
一卷并序詩集二十卷王僧孺撰秦帝
凉詩頌一卷王曾替太守
詩頌集二十二卷張数撰顏峻撰
曲一卷顏峻撰梁有詩集二十卷王曾撰
詩集鈔十卷謝靈運撰
詩集鈔十卷
詩集鈔十卷

大隋
都賦音一
大陽

古詩集九卷○六代詩集鈔
四卷
詩集鈔十卷

晉歌章八卷梁十卷又有樂府歌
樂府歌詩十二卷○樂府歌
樂府歌詩八卷晉張永記
詩八卷又晉歌辭四卷晉歌詩
晉歌詩十五卷○晉歌辭九卷
又古今九代歌詩七卷晉歌詩十卷
晉歌辭七卷○晉歌辭九卷
集三調詩吟錄六卷梁
卷古今九代歌詩七卷張永
曲一卷郗舞歌詩五卷梁有
張湛撰三調相和歌辭五卷
卷管絃錄一卷○晉歌詩集
有鼓吹清商曲辭等詩集八卷
王僧虔撰雅樂十二曲梁有
王誕撰雜歌辭七卷○諸家誠九卷

廟歌辭二卷陵并錄徐勉撰
歌辭二卷秦王司馬
吳聲歌辭曲一卷

古今箴銘集十四卷
樂府新歌十卷崔子發撰
二卷秦王司馬陵撰

賢誠集十卷
少玄撰僧佑撰雜歌謠雜銘
陸少玄撰僧佑撰雜歌謠器銘殘缺梁有史籍圖
妓訓一卷胄撰女訓一卷陳思王誠林三卷釋僧佑撰客誡
漢明帝殷閣畫魏陳思王誠林三卷釋僧佑撰客戒
鑒一卷梁十六卷女訓集十五卷
貞順志一卷莊撰亡
諸葛武侯誠一卷女誠一卷曹大
誠二十卷梁二十一卷謝莊撰亡
一卷又梁三卷文林三卷謝莊撰亡

二卷
妙訓一卷司空徐湛之撰
貞順志一卷○七悟十卷
婦人訓誠集十一卷○蓮集五卷撰

新文十一卷并錄蕭淑撰
卷陳陽威記室春秋寶藏詩四卷撰
五岳七星迴文詩一卷張胤
卷徐伯成征西將軍春秋寶藏詩四卷
毛伯成
江淹擬古一卷
古歌錄鈔二卷○

諸葛武侯誠一卷女誠一卷家撰女
誠二十卷梁二十一卷
一卷又梁三卷文林三卷謝莊撰
碑集二十九卷○雜碑集
陳勰撰碑文十卷謝莊撰釋氏碑文三十卷亡
碑一卷長沙景王碑文十二卷梁有
撰碑文十卷車灌撰又荊州雜碑三卷
雍州碑又十四卷荊州雜碑三卷○雍州雜碑四
一卷義興周處碑一卷太原王氏家碑四
卷諸寺碑十二卷○桐柏山金庭館碑
四十六卷諸寺碑十二卷○雍州碑四
卷釋僧祐撰郭撰雜碑三
二十卷梁諸雜祝文十六卷亡
一卷梁有女誠集女史箴圖一卷亡
碑集二十九卷○雜碑集二十九卷○雜碑
集二十九卷○雜碑集二十九卷

詩一卷征西將軍春秋寶藏詩四卷○
卷梁圖一卷亡
張胤江淹擬古一卷
毛伯成

二十二卷
陳勰撰碑文
碑一卷長沙景
撰碑文十卷車灌
雍州碑又十四卷
一卷義興周處碑
四十六卷諸寺碑十二卷
卷釋僧祐撰
二十卷梁諸
一卷梁有女誠集
張文六卷廣州刺史景
誅頌讚銘集二卷○
張文六卷釋僧祐撰
四十卷釋僧祐撰
一卷劉杳撰梁有設論集三卷
卷雷次宗人撰客誥
雜論集二卷○設論集三卷
卷劉杳撰梁有設論集三卷
雜論集三

論集七十二卷○雜論十卷○明眞論一卷晉兗州刺史宗撰

東西晉興亡論一卷○陶神論五卷○正流論一卷○

黃芳引連珠一卷○梁武連珠十卷○梁武帝制旨連

珠十卷沈約注○梁武帝制旨連珠十卷○梁武帝制旨連

珠十卷○陸機連珠十卷梁有設論○正流連珠

十三卷○梁武帝制旨連珠十卷

文三卷○詔集區分四十一卷

卷梁有漢高祖詔集一卷又班固典引一卷陸機撰漢永寧康寧等元興咸寧又晉有

晉朝雜詔九卷魏吳二志魏朝雜詔二

詔四卷○晉朝雜詔九卷梁有晉詔十四卷晉雜詔二十八卷錄又晉錄宋詔十二卷又晉有

卷晉咸康

二十宋孝建詔一卷梁有宋又宋大明詔三十卷宋義熙以來至于大明雜詔三卷晉義熙

五卷元興太事晉義熙詔十卷梁有義熙副詔十卷又宋永初雜詔

副詔三卷宋元光景和又雜詔四卷宋元嘉詔十卷宋義

晉宋雜詔四卷宋雜詔八卷宋武帝詔三十卷宋永初雜詔

又雜詔十二卷齊雜詔二十卷又宋始泰豫詔二十二卷宋大明詔

十三卷令五卷永初二年五月詔三卷永初已來中書雜詔

詔二十後魏詔集十卷陳天嘉詔草三卷後周雜詔

八卷○雜詔八卷○雜赦書六卷○皇朝詔集九卷○皇朝陳事詔十二卷○

朝集三卷李德林撰皇朝詔集

梁有雜九錫

梁邵陵王撰

文四卷梁士王撰梁

梁中表十一卷杜預撰

集八十八卷晉散騎常侍王履撰梁

梁魏周齊陳皇朝聘使雜啓九卷○書

書林十卷○政道集十卷○雜集六卷○書

上法書表一卷梁山公啓事二卷○後周與齊布軍國

善文五十卷○雜集一卷殷仲

書二卷○高澄與侯景書一卷○書林十卷○

法集百七卷寶唱門釋

集八十八卷

撰梁有續誹諧文十卷宋零陵令辛邕之撰士

宋元嘉策孝秀文十卷○策集一卷○策集六

誹諧文三卷

右一百七部　二千二百一十三卷

通計亡書合二百二十四部

五百四十九卷

總集者必建安之後辭賦轉繁衆家之集日以滋廣晉代

摯虞苦覽者之勞倦於是採擿孔翠芟剪繁蕪自詩賦下

各為條貫合而編之謂為流別是後文集總鈔作者繼軌

屬辭之士以為覃奧而取則焉今次其前後并解釋評論

凡集五百五十四部六千六百二十二卷〔通計亡書合一千一百四十六部一萬三千五百九十卷〕

師旅能誓喪紀能誄作器能銘則可以為大夫言其因物
驅辭情靈無擁者也唐歌虞詠商頌周雅敘事緣情紛綸
相襲自斯已降其道彌繁世有澆淳時移治亂文體遷變
邪正或殊宋玉屈原激清風於南楚嚴鄒枚馬陳盛藻於
西京平子豔發於東都王粲獨步於漢南潘陸張左擅侈
麗於宋世顏謝並騁藻相輝商榷金石精義測雲
天永嘉已後玄風既扇辭多平淡文寡風力降及江東不
勝其弊宋齊之世下逮梁初靈運高致之奇延年錯綜之
美謝玄暉之藻麗沈休文之富溢爛燦綈繡無以尚之梁
簡文之在東宮亦好篇什清辭巧製止乎衽席之間雕琢
蔓藻思極閨闈之內後生好事遞相放效朝野紛紛號為
宮體流宕不已訖于喪亡陳氏因之未能全變其中原則
兵亂積年文章道盡後魏文帝頗效屬辭未能變俗例皆
淳古齊梁陳並游辭浮靡高祖受禪李諤王通嘗上書正之
是所未開後周草創干戈不戢君臣戮力專事經營風流
文雅我則未暇其後南平漢沔東定河朔訖于有隋四海
一統采荊南之杞梓收會稽之箭竹辭人才士惣萃京師

屬以高祖少文煬帝忌刻嘗畏貴勢魏逞相擠壓於是握靈
蛇之珠韞荊山之玉轉死溝壑之內者不可勝數草澤怨
刺於是興焉古者陳詩觀風斯亦所以關乎盛衰者也班
固有詩賦略凡五種今引而伸之合為三種謂之集部

凡四部經傳三千一百二十七部三萬六千七百零
八卷〔通計亡書合四千一百九十一部四萬九千四百六十七卷〕

經戒三百一部九百八卷（餌服四十六部一百六十七卷）
房中十三部三十八卷　符籙十七部一百三卷
右三百七十七部一千二百十六卷

道經者云有元始天尊生於太元之先稟自然之氣沖虛
凝遠莫知其極所以說天地淪壞劫數終盡略與佛經同
以而天尊之體常存不滅每至天地初開或在玉京之上
或在窮桑之野授以祕道謂之開劫度人然其開劫非一
度矣故有延康赤明龍漢開皇是其年號其間相去經四
十一億萬載所度皆諸天仙上品有太上老君太上丈人
天真皇人五方天帝及諸仙官轉共承受世人莫之豫也
所說之經亦稟元一之氣自然而有非所造為亦與天尊
常在不滅天地不壞則蘊而莫傳劫運若開其文自見凡
八字盡道體之奧謂之天書字方一丈八角垂芒光輝照
耀驕驕心眩目雖諸天仙不能省視天尊之開劫也乃命天

真皇人改轉天音而辯析之自天真以下至于諸仙展轉
節級以次相授諸仙得之始授世人然以天尊經歷年載
始一開劫受法之人得而寶祕亦有年限方始得授人
則年久不晝亦歸於仁愛清靜積而修習漸致長生自然
神化或白日登仙與道合體受道之法初受五千文籙
次授三洞籙次受洞玄籙次受上清籙籙皆素書紀諸天
曹官屬佐吏之名有多少又有諸符錯在其間文章詭怪
世所不識受者必先潔齋然後齎金環一副以爲約弟子
師受其贄以籙授之仍剖金環各持其半云以爲約

得籙纏而佩之其潔齋之法有黃籙玉籙金籙塗炭等齋
爲壇三成每成皆置綿絕以爲限域傍各開門皆有法象
齋者亦有人數之限以次入于綿絕之中魚貫面縛陳說
懲咎告白神祇晝夜不息或一二七日而止其齋數之外
有人者並在綿絕之外謂之齋客但拜謝而已不面縛焉
而又有諸消災度厄之法依陰陽五行數術推人年命書
之如章表之儀並具贄幣燒香陳讀云奏上天曹請爲除
厄謂之上章夜中於星辰之下陳設酒脯餅餌幣物歷祀
天皇太一祀五星列宿爲書如上章之儀以奏之名之爲
醮又以木爲印刻星辰日月於其上吸氣執之以印疾病

神仙之事文言神丹可成服之則能長生與天地永畢帝
景梁字以獻之由是恩遇甚厚文撰登真隱訣以證古有
符籙武帝與之遊及禪代之際弘景敢圖讖之文合成
於司命好陰陽五行風角星算修辟穀導引之法受道經
之事其黃帝四篇老子二篇最得深旨陶弘景者隱
籙年代既遠經史無聞焉推尋事迹漢時諸子道書之流
可殫記云目上古黃帝帝嚳夏禹之儔並遇神人感受道
有三十七家大旨皆去美健羨麾沖盧而已無上天官符
熱而又有諸服餌辟穀金丹玉漿雲英蟬蛻遁變之法不
多有愈者又能登刀入火而焚勃之使刃不能割火不能

令弘景試合神丹竟不能就乃言中原隔絕藥物不精故
也帝以爲然敬之尤其然武帝弱年好事先受道法及即
位猶日上章朝士受道者衆三吳及邊海之際信之踰甚
陳武世居吳興故亦奉焉後魏之世嵩山道士寇謙之自
云嘗遇真人成公興遇大上老君授謙之爲天師而又
賜之雲中音誦科誡二十卷又使王女授其服氣導引之法
遂得辟穀氣盛體輕顏色鮮麗弟子十餘人皆得其術其
後又遇神人李譜云是老君玄孫授其圖籙真經劾召百
神六十餘卷又銷鍊金丹雲英八石玉漿之法太武始光
之初奉其書而獻之帝使謁者奉玉帛牲牢祀嵩岳迎致

其餘弟子於代都東南起壇宇給道士百二十餘人顯揚
其法宣布天下大武親備法駕而受符錄焉自是道業大
行毎帝即位必受符錄以為故事刻天尊及諸仙之象而
供養焉遷洛已後置道場於南郊方二百步正月十
月之十五日必有道士哥人百八人拜而禱至者使居焉
運鄴逐罷之後置館宇選其精至者居焉
周承魏崇奉道法毎帝受錄如魏如世大業中道士以
皇初又興高祖雅信佛法於道士甍如也大業中道士以
術進者其眾其以講經由以老子為本始講莊子及靈
寶昇玄之屬其餘眾經或言傳之神人篇卷非一自云天
紀竟無效焉今考其經目之數附之於此

大乘經六百一十七部二千二百一十六卷　五百五十八部
小乘經四百八十七部八百五十二卷　其見數缺如此
雜經三百八十部七百一十六卷　雜經目殘缺
小乘律八十部四百六十一卷　大乘律五十二部九十
雜律二十七部四百四十六卷　大乘論三十五部

尊姓樂名靜信例甘淺俗故世甚疑之其術業優者行諸
符禁往往神驗而金丹玉液長生之事歷代費不可勝

（左側小註）
四十一卷講疏小乘論四十一部五百六
三卷講疏雜律二十七部九十四卷論
一卷○小乘律八十部四百六十一卷○大乘律七十二卷律一部二百二十
一百七十二部三百三十六卷○大乘律五十二部九十
雜疑經

四卷

佛經者西域天竺之迦維衛國淨飯王太子釋迦牟尼所
說釋迦當周莊王之九年四月八日夜半右脅而生姿貌
奇異有三十二相八十二好捨太子位出家學道勤行精
進覽悟一切種智而謂之佛亦曰浮屠皆胡言也
華言譯之為淨覺其所說云人身雖有生死之異至於
精神則恒不滅此身之前則經無量身矣積源清行精

清淨則佛道天地之外四維上下更有天地亦無終極然
皆有成敗一劫謂之一劫自此天地已前則有無量劫矣
量劫矣每劫必有諸佛得道出世教化其數不同今此劫
中當有千佛自初至于釋迦已七佛矣其次當有彌勒出
世必經三會演說法藏開度眾生由其道者有四等之果
一曰須陀洹二曰斯陀含三曰阿那含四曰阿羅漢至羅
漢者則出入生死去來隱顯而不為累阿羅漢已上至菩
薩者深見佛性以至成道毎佛滅度遺法相傳有正象末
三等淳醨之異年歲遠近亦各不同末法已後眾生愚鈍
無復佛教而業行轉惡年壽漸短經數百千載間乃至朝

（右側小註）
十七卷論
二十一部四百九十一卷　雜論五十一部四百三
十七卷九卷一百三十八卷講疏
右一千九百五十部六千一百九十八卷

生夕死然後有大水大火大風之災一切除去之而更立生人又歸漳朴謂之小劫每一小劫則一佛出世初天竺中多諸外道並事水火毒龍而善諸變幻釋迦之苦行也是諸邪道並來嬈惱以亂其心而不能得及佛道成盡皆摧伏並為弟子弟子男曰桑門譯言息心而揔稱曰僧譯言行乞女曰比丘尼皆剃落鬚髮釋累辭家相與居治心修淨行乞以自資而防心攝行僧至二百五十戒尼五百戒俗人信馮佛法者男曰優婆塞女曰優婆夷皆去殺盜婬妄言飲酒是為五誡釋迦在世教化四十九年乃至天龍人鬼並來聽法弟子得道以百千萬億數然後於拘

尸那城婆羅雙樹間以二月十五日入般涅槃涅槃亦曰泥洹譯言滅度亦言常樂我淨初釋迦說法以人之性識根業各異故有大乘小乘之說至是謝世弟子大迦葉與阿難等五百人追共撰述綴以文字集載為十二部後數百年有羅漢菩薩相繼著論讚明其義然佛所說我滅度後正法五百年像法一千年末法三千年其義如此所以典籍自漢巳上中國未傳或云久以流布遭秦之世所以堙滅其後張騫使西域盡聞有浮屠之教哀帝時博士弟子秦景使伊存口授浮屠經中土聞之末之信也後漢明帝夜夢金人飛行殿庭以問於朝而傅毅以佛對帝遣郎

中蔡愔及秦景使天竺求之得佛經四十二章及釋迦立像并與沙門攝摩騰竺法蘭東還愔之來也以白馬負經因立白馬寺於洛城雍門西以處之其經緘于蘭臺石室而又畫像於清涼臺及顯節陵上章帝時楚王英以崇敬佛法聞于西域沙門齋佛經而至者甚眾所譯泥洹經二卷學者但誦之謂大得本旨桓帝時有安息國沙門安靜齋經至洛翻譯最為通解靈帝時有月支沙門支讖天竺沙門竺佛朔等譯佛經而譯人不通漢言者使先譯梵文十住經其餘傳譯多未能通解漢末太守竺融亦崇佛法三國時有西域沙門康僧會齋佛經至吳譯之吳主孫權甚大敬信魏

黃初中中國人始依佛戒剃髮為僧先是西域沙門來此譯小品經首尾然未能通解甘露中朱士行者往西域至于闐國得經九十章晉元康中至鄴中譯之題曰放光般若經太始中有月支沙門竺法護西遊諸國大得佛經至洛翻譯部數甚多佛教東流自此而盛石勒時常山沙門衛道安性聰敏誦經日至萬餘言心了神悟乃正其斯乖舛宣揚維摩法華未盡深旨精思十年時中國紛擾四方隔絕道安乃率門徒南遊新野欲令玄宗所在流布分遣弟子各趨諸方法性詣揚州法和入蜀道安與慧遠之襄陽後至長安與符堅甚敬之道安素聞

天竺沙門鳩摩羅什思通法門勸堅致之什亦聞安令問
遙拜致敬姚萇弘始二年羅什至長安時道安年已二
十載矣什深慨恨什之來也大譯經論道安所臨什所
譯義如初無乖姓初晉元熙中新豐沙門智猛策杖西
行到華氏城得泥洹經及僧祇律東至高昌譯泥洹為二
十卷後有天竺沙門曇無讖後齊惟鳩摩羅讖才德
金光明等經時胡僧至長安者數十輩惟曇摩羅讖文譯
蒙遜遣使至高昌取猛本欲相參驗未遠而蒙遜破滅姚
長弘始十年猛本始至長安者為三十卷曇摩羅讖文譯
最優其所譯則維摩法華成實論等諸經及曇無讖所譯

金光明曇摩羅讖所譯泥洹等經並為大乘之學而什又
譯十誦律天竺沙門佛陀耶舍即舍譯長阿含經及四方律曇
法勒沙門雲摩難提譯增一阿含經曇摩即舍譯阿毗曇
論並為小乘之學其餘經論不可勝記自具佛法流通極
於四海矣東晉隆安中又有罽賓沙門僧伽提婆譯增一
阿含經及中阿含經義熙中沙門支法領從于闐國得華
嚴經三萬六千偈至金陵宣譯又有沙門法顯自長遊
天竺經三十餘國隨有經律之處學其書語譯而之還
至金陵及陳並有外國沙門然所宣譯無大名部可為沙門
齊梁及陳並有外國禪師政羅冢共辯定謂譯無大名部可為沙門

者梁武大崇佛法於華林園中總集釋氏經典凡五千四
百卷沙門寶唱撰經目錄又後魏時太武帝西征長安以
沙門多違佛律群聚穢亂詔有司盡坑殺之焚破佛像
長安僧徒一時殲滅自餘征鎮豫開像得免者十
一二文成之世又使修復熙平中又有天竺沙門菩提留支
諸經律得一百七十部求平中又有天竺沙門菩提留支
重後齊遷鄴佛法不改至周武帝時蜀郡沙門衛元嵩上
大譯佛經與羅什相埒其地十地論並為大乘學者所
書稱僧徒猥濫武帝出詔一切發毀開皇元年高祖普詔
天下任聽出家仍令計口出錢營造經像而京師及并州
相州洛州等諸大都邑之處並官寫一切經置于寺內而
又別寫藏於祕閣天下之人從風而靡競相景慕民間佛
經多於六經數十百倍大業時又令沙門智果於東都內
道場撰諸經目分別條貫以佛所說經為三部一曰大乘
二曰小乘三曰雜經其餘似後人假託為之者別為一部
謂之疑經又有菩薩及諸深解奧義贊明佛理者錄其當時
論及戒律並有大小及中三部之別又所學者錄其當時
行事名之為記凡九十一種今舉其大數列於此篇

右道佛經二千三百二十九部七千四百十

四卷

道佛者方外之教聖人之遠致也俗士為之不通其指多
離以迂怪假託變幻亂於世斯所以為弊也故中庸之教
是所罕言然亦不可誣也故録其大綱附于四部之末
大凡經傳存亡及道佛六千五百二十部五萬六千八百
八十一卷

志第三十　　經籍四

后妃

夫陰陽肇分，乾坤定位，君臣之道斯著，夫婦之義存焉。陰陽和則裁成萬物，家道正則化行天下，由近及遠，自家刑國，配天作合，不亦大乎。興言是繫，緊以先王慎之，正其本而嚴其防，後之繼體，鑒斯在故。皇英降而虞道隆，任姒歸而姬宗盛，妹妲致殷之釁，褒姒結周漢之禍。愛閟念幽閑之操，成敗攸屬，安危是繫，非德進於行淫僻莫顧。歷晉宋齊梁，有徒皆位以寵升，榮非德進於行淫僻莫顧。

〈隋列一〉

禮儀為崇為懲，為敗為幽而不旋踵。後之伉儷，宸極正位居中，空蹈平易之塗，多遵覆車之轍。雎鳩之德，千載寂寥，牝雞之晨，殊邦接響。窈窕淑女，靡有求於鐘鼓，鏘鏘環珮，鮮克嗣於徽音。求哀前脩，歎深形管，覽載藉於既往，考行事於當時，存亡得失之機，蓋亦多矣。故述皇后列傳，所以垂戒將來。然妃后之制，夏殷以前略矣，周中載之詳矣，周宣訓位始備列焉。秦漢以下，代有沿革，置益損，參差不一。周宣詞位不率典章，以降歷魏暨周，歷置益損，參差不一。周宣詞位典章以降，歷稱中宮者，凡有五，夫人以下無定數。高祖思革前敝，大矯其違，唯皇后正位，傍無私寵，婦官稱號未詳備焉。開皇

二年著內宮之式，略後典，禮省減其數。嬪三貟，掌教四德，視正三品。世婦九貟，掌賓客祭祀，視正五品。女御三十八貟，掌女工絲枲，視正七品。又採漢晉舊儀，置六尚六司六典，遞相統攝，以掌宮掖之政。一曰尚宮，掌導引皇后及閨閤廩賜，管司令三人，掌圖籍法式糾察宣奏，典琮三人，掌璽寶器玩。一曰尚儀，掌禮儀教學，管司籍三人，掌經籍教事，典籍圖書。三曰尚服，掌服章寶藏，管司飾三人，掌簪珥花嚴，典櫛三人，掌巾櫛膏沐。四曰尚食，掌進膳先嘗，管司醞三人，掌方藥卜筮，典器三人，掌鐙釭器皿。五曰尚寢，掌帷帳牀褥，管司筵三人，掌鋪設灑

〈隋列一〉

掃，典執三人，掌翁燈燭。六曰尚工，掌營造百役，管司製三人，掌衣服裁縫，典會三人，掌財帛出。六尚各三貟，視從九品，六司視勳品，六典視流外二品。初文獻皇后功參歷試，外預朝政，內擅宮闈，懷嫉妒之心，虛嬪妾之位不設，三妃防其上逼，自嬪以下置六十貟，加又抑損服章其品秩，至文獻崩後始置貴人三貟，增嬪至九貟，世婦二十七貟，御女八十一貟，貴人等關掌宮闈之務，六尚已下皆分隸焉。煬帝時后妃嬪御無釐婦職，唯端容麗飾陪從醼遊而已。帝又慘詋典故，自製嘉名著之於令。貴妃淑妃德妃是為三夫人，品正第一。順儀順容順華脩儀脩容脩華

充儀充容充華是為九嬪品正第二婕妤十二員品正
第三美人才人十五員品正第四是為世婦寶林二十
四員品正第五御女二十四員品正第六采女三十七員
品正第七是為女御總一百二十以叙於宴寢又有承衣
刀人皆趨侍左右並無員數視六品已下時又增置女官
準尚書省以六局管二十四司一曰尚宮局管司言掌宣
傳奏啟司簿掌名錄計度司正掌格式推訶司闈掌門閤
管二曰尚儀局管司籍掌經史教學紙筆司樂掌

音律司賓掌賓客贊相導引三曰尚服局管
司璽掌琮璽符節司衣掌衣服司飾掌湯沐巾櫛翫弄司
仗掌仗衛戎器四曰尚食局管司膳掌膳羞司醞掌酒醴
醢醯司藥掌醫巫藥劑司饎掌廩餼柴炭五曰尚寢局管
司設掌牀席帷帳鋪設灑掃張設司輿掌輿輦繖扇執持羽儀
司苑掌園圃種植蔬菜瓜果司燈掌火燭六曰尚工局管
司製掌營造裁縫司寶掌金玉珠璣錢貨司綵掌繒帛司
織掌織染六尚二十二司貟各二人唯司樂司膳貟各四
人每司又置典及掌以貳其職六尚十人貟從第五司二
十八人品從第六典二十八人品從第七掌二十八人品
從第九女使流外量為閑劇多者十八人已下無定貟數聯
事分職各有司存焉

文獻獨孤皇后河南雒陽人周大司馬河內公信之女也
信見高祖有奇表故以后妻焉時年十四高祖與后相得
誓無異生之子后初亦柔順恭孝不失婦道高祖與后相
帝后長女為周宣帝后貴戚之盛莫與為比而后每謙卑
自守世以為賢及周宣帝崩高祖居禁中總百揆令戎婁
謂高祖曰大事已然騎獸之勢必不得下勉之高祖受禪
立為皇后突厥嘗與中國交市有明珠一篋價直八百萬
幽州總管陰壽詣白后市之后曰非我所須也當今戎馬
冠將士罷勞未若以八百萬分賞有功者聞而畢賀

高祖甚寵憚之每臨朝后輒與上方輦而進至閤乃止
使宦官伺上政有所失隨則匡諫多所弘益候上退朝而
同反燕寢相顧欣然后每謂上曰婦人與政或從此漸不可開其
源也不許后每誡諸公主曰周家公主類無婦德失禮於
舅姑離薄骨肉此不順事爾當誡之大都督崔長仁
后之中外兄弟也犯法當斬高祖以后之故欲免其罪后
章在昔請依古制后以婦人與政百官之妻命於王后憲
母者每為致禮焉以周禮百官之妻命於王后憲
曰國家之事焉可顧私長仁竟坐死異母弟陀以貓鬼
巫蠱詛於后坐當死后三日不食為之請命曰陀若蟲
政害民者妾不敢言今坐為妾身敢請其命陀於是減死

等后每與上言及政事往往意合宮中稱為二聖后頗
仁愛每聞大理決囚未嘗不流涕然性尤妬忌後宮莫敢
進御尉迴女孫有美色先在宮中上於仁壽宮見而悅
之因此得幸上伺上聽朝陰殺之上由是大怒單騎從苑
中而出不由徑路入山谷間二十餘里高熲楊素等追及
上扣馬苦諫上太息曰吾貴為天子而不得自由高熲曰
陛下豈以一婦人而輕天下意少解駐馬良久中夜方
始還宮后俟上至后流涕拜謝熲素等和解
之上置酒極歡后自此意頗衰折初后以高熲是父之家
容甚見親禮至是聞熲謂己為一婦人因此銜恨又以熲

【隋列】 五

夫人死其妾生男監不善之漸加諸毀譖上亦每事唯后言
是用后見諸王及朝士有妾孕者必勸上下之時皇太子
多內寵妃元氏暴薨后意太子愛妾雲氏害之由是諷上
黜高熲竟發廢太子立晉王讒皆后之謀也仁壽二年八月
甲子月暈四重已太白犯軒轅其夜后崩於永安宮時
年五十葬於太陵其後宣華夫人陳氏容華夫人蔡氏俱
有寵上頗感之由是發疾及危篤謂侍者曰使皇后在吾
不及此云

宣華夫人陳氏陳宣帝之女也性聰慧姿貌無雙及陳滅
配掖庭後選入宮為嬪獨孤皇后性妬後宮罕得進御

唯陳氏有寵晉王廣之在藩也陰有奪宗之計規為內助
每致禮焉進金蛇金駝等物以取媚於陳氏皇太子廢立
之際頗有力焉及文獻皇后崩進位為貴人專房擅寵主
斷內事六宮莫與為比及上大漸遺詔拜宣華夫人初
上寢疾於仁壽宮夫人與皇太子同侍疾平旦出更衣
為太子所逼夫人拒之得免歸於所上怪其神色有異
問其故夫人泫然曰太子無禮上恚曰畜生何足付大事
獨孤誤我意謂皇后也因呼兵部尚書柳述黃門侍
郎元嚴曰召我兒述等將呼太子上曰勇也述嚴出閤為
勅書訖示左僕射楊素素以其事白太子太子遣張衡入
寢殿遂令夫人及後宮同侍疾者並出就別室俄聞上崩

【隋列一】 六

而未發喪也夫人與諸後宮相顧曰事變矣皆色動股慄
晡後太子遣使者齎金合子帖紙於際親署封字以賜夫
人夫人見之惶懼以為鴆毒不敢發使者促之於是乃發
氏憙而却坐不肯致謝諸宮人共逼之乃拜使者其夜太
見合中有同心結數枚諸宮人咸悅相謂曰得免死矣陳
子烝焉及煬帝嗣位之後出居仙都宮尋復召入歲餘而終
時年二十九帝深悼之為製神傷賦

容華夫人蔡氏丹陽人也陳滅之後以選入宮為世婦容
儀婉嬺上甚悅之以文獻皇后故希得進幸及后崩漸見

寵遇拜為貴人衆斷宮掖之務與陳氏相亞上寢疾加號

容華夫人上崩後自請言事亦為煬帝所烝

煬帝蕭皇后梁明帝之女也江南風俗二月生子者不

舉后以二月生由是季父叔及收而養之未幾叔夫妻俱死

轉養舅氏張軻家然軻甚貧襄后躬親勞苦煬帝為晉王

時高祖將為王選妃於梁遍占諸女皆不吉后歸迎后

帝嗣位詔曰朕祗承丕緒憲章在昔爰建長秋用承蘋藻

妃蕭氏禀成訓婦道克修宜正位軒闈式弘柔教可立

【隋列】 七

為皇后帝每遊幸后未嘗不隨從時后見帝失德心知不

可不敢顯言因為述志賦以自寄其詞曰承積善之餘慶

備筓篤於皇庭恐名之不立將貽其累於先靈延鳳夜而

眈懶寬軍懼於玄冥雖自彊而不息其愚眜矇之所滯思竭

節於天衢才追心而弗逮寘庸薄之多幸荷隆寵之嘉惠

賴天高而地厚屬王道之升平均二儀之覆載與日月而

齊明延春生而夏長等品物而同榮頳立志於恭儉私自

兢於誠盈孰有念於知足苟無希於濫名惟至德之弘深

情不過於聲色而奉職何寵祿之踰分撫胷襟而未識雖沐

珠盼謬非才而奉職何寵祿之踰分撫胷襟而未識雖沐

浴於恩光內惕惶而累息顧微躬之寡昧思令淑之良難

實不遠於啓處何情性之寥薄心戰慄其若臨深而履薄乃攝

如寒夫居高而必危慮滿而防溢知恣夸之非道乃攝

生於沖謐嗟寵辱之易驚尚無為而守志

且願安乎容膝珠簾玉箔之奇金屋瑤臺之美雖時俗之

崇麗蓋五人之所鄙愧絺綌之不工豈絲竹之喧耳

能綏時循躬而三省兮今是而昨非嗤黃老之損身

德之可尊明善惡之由己湯罣煩之俗應乃伏膺於經史

綜箴誡以訓心觀女圖而作軌遵古賢之令範異福祿之

善之可歸慕周姒之遺風美雖妃之聖則仰先哲之高才

【隋列】 八

貴至人之休德賤薄而難蹤心恬愉而去惑乃平生之

耿介寔禮義之所導雖生知之不敏庶積行以成仁懼達

人之蓋寡謂何求而自陳誠素志之難寫同絶筆於獲麟

及帝幸江都下離貳有宮人白后曰外聞人人欲反后

曰任汝奏之宮人言於帝帝大怒曰非所宜言遂斬之後

人復白后后曰循衛者往往偶語謀及后后曰天下事一朝至

此勢已然無可救也何用言之徒令帝憂煩耳自是無復

言者及宇文氏之亂隨軍至聊城化及敗沒於竇建德

歌處羅可汗遣使迎后於洺州建德不敢留遂入於虜庭

大唐貞觀四年破滅突厥乃以禮致之歸于京師

列傳卷第一　　隋書三十六

史臣曰二后帝未登庸旦儷褰極恩隆逞好合始終不渝文獻德異鳲鳩心非均一擅寵移適傾覆宗祧惜哉書曰牝雞之晨惟家之索高祖之不能敦睦九族抑有由矣蕭后初歸藩邸有輔佐君子之心煬帝得不以道便謂人無忠信父子之間尚懷猜阻夫婦之際其何有焉暨乎國破家亡竄身無地飄流異域良足悲矣

特進臣魏　徵　上

李穆　子渾　穆兄子詢　詢弟崇　崇子敏

《隋列二》 一

李穆字顯慶自云隴西成紀人漢騎都尉陵之後也陵沒
匈奴子孫代居北狄其後隨魏南遷復歸汧隴祖斌以都
督鎮高平因家焉父文保早卒及穆貴贈司空穆風神警
俊偉儻有奇節周太祖首建義旗穆便委質事太祖贈司
空穆貴封永平縣子邑三百戶文領鄉
兵累以軍功進爵為伯從太祖擊齊師於芒山太祖臨陣
墜馬穆奉迎魏武帝授都督封永平縣子以馬策擊太祖而罵之授以從騎潛遁圍

俱出賊見其輕每謂大祖非貴人遂緩之以故得免既而
與穆相對泣顧謂左右曰成我事者其此人平即令撫慰
關中所至克定權授武衛將軍儀同三司進封安武郡公
增邑二千七百戶賜以鐵券恕其十死尋加開府領侍中
初芒山之敗穆授大祖以驄馬於是既內驄馬盡以
賜之封穆姊妹皆為郡君宗從舅氏頒賜各有差轉大
僕從千謹破江陵增邑千戶穆以二兄賢遠並為
授原州刺史拜嫡子惇為儀同穆深懼盈滿辭不受拜大
佐命功臣而子弟布列清顯穆深燿弗驕辭不受拜大
不許俄遷雍州刺史兼小家宰周元年增邑三千戶通前

《隋列二》 二

三十七百戶文別封一子為升遷伯穆讓兄子孝軌許之于
文護執政穆兄遠及其子植俱被誅穆當從坐先是穆知
植非保家之主每勸遠去除之遠不能用及遠臨刑泣謂穆
名為民及其子弟亦免官亦言以至於此植弟淅州刺史基當坐穆
以二子代基之命護義而兩釋焉未幾拜開府儀同三司
空奉詔築通洛城天和中進爵申國公持節綏集東境築
尋除少保進位大將軍餘歲餘拜小司徒進位柱國轉大
直州刺史後爵安武郡公武成中子弟免官爵者悉復之
曰顯慶吾不用汝言以至於此請復奈何穆以此獲免之

武申旦郡慈澗崇德安民交城鹿盧等諸鎮建德初拜太

保歲餘出為原州總管數年進位上柱國轉并州總管大
象初加邑至九千戶拜大左輔總管如故高祖作相尉迥
之作亂也遣使招穆穆鎮其使上其書穆子士榮以穆所
居天下精兵處陰勸穆及穆深拒之乃奉十三環金帶於
高祖盖天子之服也穆尋以天命有在密表勸進高祖既
受禪下詔曰公既舊德且又爰黨敬惠來百義無有違便
以今月十二日恭膺天命茲者百餘於是穆來朝高祖降坐禮之拜
祿羕拜儀同其一門執象笏者百餘人穆之貴盛當時無
此穆上表乞骸骨詔曰朕初臨禹內方藉嘉猷養老乞言
大師贊拜不名其食成安縣三十戶

13-499

實懷虛想七十致仕本爲常人至若呂尚以期頤佐周張
蒼以華皓相漢高才命世不拘恒禮逢得此心留情規訓
公年既耆舊筋力難煩今勒所司敬蹕朝集加有六事演
共謀謨別遺侍臣就第詢訪時太史奏云當有移都之事
上以初受命甚難之穆上表曰帝王所居隨時興廢天道
人事理有存焉始自三皇暨夫兩漢有一世而屢徙無革
蓋聞之矣曹則三家鼎立馬則四海尋分有魏及周甫得
平定事乃不暇非曰師古往首周運將窮禍生華裔顧堂
冠帶屢觀葌面土有苞藏人稀柱石四海萬國皆縱對被

〈隋列二〉

三

不叛不慢百城竿一伏惟陛下膺期誕聖稟籙受圖始晦
君人之德俯從將相之重內羽群覽朝大定外誅巨猾
不日肅清纘大亂之俗百命光庶謳歌
幽顯樂推日月填積方原其頌之志始順內外之請自受
命神宗弘道設教陶冶與陰陽合德覆育共天地齊言萬
物開闢之初八表光華之旦視聽以華風俗且移至若帝
室天君未議翔非所謂發明大造光贊惟新自漢已來
爲襲亂之地爰從近代累葉所都未嘗謀龜問筮瞻星定
罴何以副聖主之規表大隋之德竊以神州之廣福地之
多將爲皇家興廟建寢上玄之意當別有之伏願遠順天

人取決卜筮時政都邑光宅區夏往子來之民垂無窮之
業應神營於辰極順和氣於天壤理康物阜永隆長世臣
日薄榆位高軒晃經邦論道自顧缺然冊赤所懷無容
嘿嘿上素嫌臺城制度近小又宮內多鬼妖祟威嘗勸
上不納遇太史奏狀意乃感之至是省穆表上曰天道聰
明巳有徵應大師民竺復抗此請則可矣遂從之歲餘下
詔曰禮制凡品不拘上智法備小人不防君子太師上柱
國申國公器宇弘深猷裕曠社稷佐命公爲稱首位極
帥臣才爲人傑萬頃不測百鍊彌精乃無伯王之非當有
顏回之貳故以自居寰廓弗關憲網然王者作教惟旌善

〈隋列二〉

四

人去法弘道不崇年德自今巳後錐有愆罪但非謀逆縱有
百死終不推問開皇六年薨于第年七十七遺令曰吾荷
國恩年宦巳極啟足歸泉無所復恨竟不遣黃門侍郎
宗預金泥於梁甫春光景其在斯乎認遣陪葬於山
護喪事賵馬四四粟麥二千斛布絹一千四贈使持節冀
定趙相瀛毛魏衛洛懷十州諸軍事冀州刺史諡曰明賻
以石樽前後部羽葆鼓吹輼輬車百乘送之郊外認遺大
常卿弘齋哀冊祭以太牢孫筠嗣筠父惇宇士獻穆長
子也仕周官至安樂郡公鳳州刺史先穆卒筠幼以穆功
拜儀同開皇八年以嫡孫襲爵仁壽初叔父渾忿其慳嗇

陰遣兄子善衡賊殺之求益不獲高祖大怒盡禁其宗族竟坐斬而善衡獲免四年議論邳公縣威泰竟不義骨血相殺請絕其封上不許悍弟怡官至儀同早卒贈渭州刺史怡弟雅少有識量周保定中襲父爵封西安縣男拜大都督太和中從元定征江西時諸軍失利遂沒於陳後得歸國拜開府儀同三司領左右軍其年從太子西征吐谷渾雅率步騎二千賢軍粮於洮河爲賊所躡相持數日雅患之遂與爲和廣備稍解縱奇兵擊破之賜奴婢百口封一子爲侯後拜瀛州刺史俄徵還京數載授瀛州刺史高祖作相鎮靈州以備胡還授大將軍遷荊州總管加邑八百戶開皇初進爵爲公雅弟恒官至鹽州刺史封陽曲侯恒弟榮官至岳州刺史長城縣公榮弟真官至軍騎將軍歸政縣侯真弟雄官至柱國密國公驃騎將軍雄弟渾最知名

渾字金才穆第十子也姿貌瓌偉性豪俠起家周左侍上士尉迴反於鄴時穆在并州高祖疑其爲迴所誘遣渾乘驛往布腹心穆遂令渾入京奉尉斗於高祖高祖曰願執威柄以慰遇平鄴以功授上儀同三司封安武郡公開皇初進

授象城府驃騎將軍尋出藩渾以驃騎領親信從往楊州仁壽元年從左僕射楊素爲行軍揔管出夏州北三百里破突厥阿勿俟斤於納遠川斬首五百級進位大將軍拜左武衛將軍領太子宗衛率初穆孫筍卒高祖議立嗣渾規欲紹之謂其妻兄太子左衛率宇文述曰若得襲封渾當以國賦之半每歲奉公述利之因入白皇太子曰立嗣以長不則以賢宿公國封申明觀其諸子無可以襲封者唯金才有勳於國謂非此人無以襲封足以當榮寵太子許之竟奏高祖封渾爲申國公以奉穆嗣大業初轉

右驍衛將軍六年有詔追改穆封爲郕國公渾仍襲焉累加光祿大夫九年遷右驍衛大將軍渾既紹父業日增豪侈後房曳羅綺者以百數三歲之後不以體物與述大忿之因醉謂渾曰我竟爲金才所賣且帝亦不忘渾亦知其言由是結隙後帝討遼東有方士安伽陀自言曉圖讖謂帝曰當有李氏應爲天子勸盡誅海內九姓李者述知之因誣構渾於帝曰伽陀之言信有徵矣臣與金才夙親聞其情趣大異常日數與李敏等日夜屏人私語或終夕不寐臣恐其有變願陛下察之帝曰公言是矣可覓其事迹將裴仁基表告渾反即日發宿衛千餘人付述掩渾等家

遷左丞元文都御史大夫裴蘊雜治之案問數日不得其
反狀以實奏聞帝不納更遣窮治之述入獄中名出獄
妻宇文氏謂之曰夫人李敏金才名
當秋識國家之無可救也帝甥也何患無賢夫李敏
又金才當生李敏六波應圖錄當留爲天子今主上好兵勞擾
百姓此亦天工情時也正當共汝取之若復受遼哥與汝
在諸軍伺候間隊首尾相應吾與汝前發襲取御營字弟
姪內外親婭並募從征五吾家子弟決爲主帥分領兵馬散
必爲大將每軍二萬餘兵固以五萬人矣又發諸房子

四十二 錦江 〈隋列二〉 《七》

響起各殺軍將 日之間天下不足定矣述曰自傳授令敏
妻爲妻封之上密述持入奏之曰已得金才及狀并有敏
妻家美帝覽之泣曰吾宗社幾傾賴公而獲全耳於
是誅渾敏等宗族三十二人自餘無少長皆從領外渾從
父兄威開皇初以十鑾功官至上柱國黎國公
詢字孝詢父賢周大將軍詢沉深有大略頗涉書記仕周
納言上士俄轉內史上士委以留府事周衛王直作亂
武帝幸雲陽宮拜司衛上士不得入帝聞而喜之拜儀同
三司遷長安令以累遷英果中大夫屢以軍功加位大將軍

賜爵平高郡公高祖爲丞相尉遲迥作亂遣韋孝寬擊之以
詢爲元帥長史委以心膂軍至永橋諸將不一詢密啟高
祖請重臣監護高祖遂令高熲監軍與熲同心協力唯詢
而已及平尉迥進位上柱國改封隴西郡公賜綵帛千四加
以口馬開皇元年引上柱國趙煚京詢尋其役民賴其
利尋檢校襄州總管軍歲餘拜瀛州總管數年以疾徵還
京師中使顧問不絕卒於家時年四十九上悼惜焉
謚曰襄有子元方嗣

崇字永隆英果有籌算膽力過人周元年以父賢勳封廻
樂縣侯時年尚小拜爵之日親族相賀崇獨泣下賢怪而

〈隋列二〉《八》

問之對曰無勳於國而幼少封侯當報主恩不得終於孝
養旦是以悲耳賢由此大奇之起家州主簿并其所好辭不
就官求爲將兵自賢隨宇文護伐齊以功授儀同三
司尋除小司金大夫涉軍器監建德初遷少伯大夫轉
少承御大夫攝大子宮平周武帝平齊初遷右侍伯大夫加
上大夫歷工部中大夫遷右司駭高祖爲丞相引爲左司武
大夫加授開府封襄郡公邑二千戶改封廣宗縣八謀議以勳加
授開府儀同大將軍尋爲懷州刺史進爵郡
公加邑至二千戶尉遲迥又遣便招之崇初欲相應後知叔
父穆以并州附高祖慨然太息曰合家富貴者數十人值

國有難竟不能扶傾繼絕復何面處天地間乎韋孝寬
亦歎之與俱卧起其兄詢時為元帥長史毋諰諭之崇由
是亦歸心焉及破尉迥拜大將軍既平尉迥迴授徐州總管
尋進位上柱國開皇三年除幽州總管突厥犯塞崇輒破
之癸響勑冊等懾其威略爭來內附其後突厥大為寇掠
崇率歩騎三千拒之轉戰十餘日師人多死遂保於砂城
突厥圍之崇軍苦飢出禦賊力戰又無所食每夜
出掠賊營後得六畜以繼軍粮突厥意欲降之遣
中結陣以待之崇軍苦飢出禦死亡略盡運還
城者尚且許之然多傷重不堪更戰突厥意欲降之遣

【隋列二】

使謂崇曰若來降者封為特勤崇知必不免令其士卒曰
崇喪師徒罪當斃今日効命以謝國家待看吾死且可降
賊方便散走努力還鄉若見至尊道崇此意乃挺刃突賊
復殺二人賊亂射之卒千年四十八贈豫郎申永滄亳
六州諸軍事豫州刺史謚曰壯子敏嗣

李敏

敏字樹生高祖以其父死王事養宮中者父之及長龍爵
廣宗公起家左千牛美姿儀善騎射歌舞管絃無不通解
開皇初周宣帝后封樂平公主有女娥英妙擇婚對勑貴
公子弟集弘聖宮者曰以百數公主親在帷中並令自序

【九】

井試技藝藝不中者輒引出之至敏而合意竟為姻媾敏
假一品羽儀禮如尚帝之女後將軍侍宴公主謂敏曰我以
四海與至尊唯一女當為汝求柱國若授餘官汝慎無
謝及進見上上親御琵琶遣敏歌舞既而大悅謂公主曰
李敏何官對曰一白丁耳上因謂敏曰今授汝儀同敏不
若上曰不濂爾意邪會授汝開府而敏又不謝上曰公主有
大功於我我何得向其女婿而惜官乎今授卿柱國遷
拜而蹈舞遂於坐發詔授柱國以本官宿衛將軍多不在職
經城縣公邑二千戶歷蒲圻金華歙州刺史多不在職常
留京師往來宮內侍從遊宴實賜超於功臣後尤幸仁壽宮

【隋列二】

以為岐州刺史大業初轉衛尉卿樂平公主之將薨也遺
言於煬帝曰妾無子息唯有一女不自憂死但深憐之今
湯沐邑乞廻與敏帝從之竟食五十戶攝屯衛將軍楊玄
感反後城大興敏之策也轉將作監從征高麗領新城道
軍將加光祿大夫十年帝後征遼東遣敏於黎陽督運時
或言敏一名洪兒洪字當讖當百言人私語宇文述知而奏之
由是大懼數與金才等善衡將讓嘗百言人私語宇文述知而奏之
竟與渾同誅年三十九其妻宇文氏後數月亦賜鴆而終

梁睿

梁睿字恃德安定烏氏人也父禦西魏太尉睿少沉敏有

【十】

行檢周太祖時以功臣子養合中者數年其後命諸子與
睿遊處同師共業情契甚歡七歲襲爵廣平郡公累加儀
同三司邑五百戶尋為本州大中正魏恭帝時加開府政
封為五龍郡公拜渭州刺史周閔帝受禪徵為御伯中大
出為中州刺史鎮新安以備齊賀人來寇厲輒挫之帝甚
嘉歡舞大將軍進尉將國公入為司會後從齊王憲拒齊
剌史京安二州總管行至漢川而謙及遣兵攻始州睿不得
王謙為益州總管
進高祖命睿為行軍元帥率行軍總管于義張威達奚長
儒涇鼻石孝義步騎二十萬討之時謙遣開府李三王等
守通谷睿使張威擊破之擒數千人進至龍門謙將趙儼
秦會擁眾十萬據營旦三十里睿令將士衝枚出
自間道四面雚擊力戰破之蜀人大駭睿鼓行而進謙將
敬豪中劍閣梁嚴拒平林並懼而來降謙又令高阿那瓖
達奚慕等以盛兵攻利州聞睿將至慕分兵擁開遠顧
謂將士曰此驍捷梁甲勢欲過吾兵當出其不意破之必
矣遣上開府拓拔宗越趣劍閣大將軍宇文度詣巴西大
軍趙達水軍入嘉陵睿遣張威王倫賀若震于義韓相貴
阿邪惠等分道攻慕自午及申破之慕奔歸于謙睿進逼

成都謙令達奚慕乙弗虔城守祖率精兵五萬背城結陣
睿擊之謙不利將入城慕虔以城降拒城謙將麾下
三十騎邀走新都令王寶執之來斷謙于市謙將麾下進
位上柱國總管如故賜時感振西川夷獠歸附唯謙將令
三千兩食邑千戶睿上疏曰竊以遠撫長駕王者令圖易俗
爨震特遠不實睿上疏曰竊以遠撫長駕王者之地近代已來分置寧
古雲南建寧朱提四郡户口殷眾金寶富饒二河有駿馬
移風有國恒典南寧州漢世牂牁之地近代已來分置寧
舋珠益寧出鹽井犀角晉太始七年以益州曠遠分置寧
州至為梁南寧州刺史徐文盛被湘東徵赴荊州屬東夏

尚阻未遑遠略土民繁瑣姓族攜擴一方國家遂授刺史其
子震相承至今而震臣禮多虧貢賦不入每年奉獻不過
數十匹馬其勢去益路止一千朱提北境即與戎州接界
如聞彼人苦其苛政思被皇風伏惟大丞相匡贊聖朝寧
濟區宇絕後光前方垂萬代闔土服遠令正其時幸因我
蜀士眾不煩重興師旅押獠既訖郎請略定南寧以供兵
巳來軍糧須給過此即於蠻夷徵稅以供兵寧州朱
提雲南西爨並置總管州鎮計彼熟蠻租調足供城防倉
儲一則以肅蠻夷二則禪益軍國會謹件南寧州郡縣及
事意如別有大都督杜神敬昔曾使彼其所諳練今并送

往書未荅文請曰稿以柔遠能邇者貝削經拓土開疆王
者所務南寧州漢代牂柯之郡其地沃壤多是漢人餘饒
寶物又出名馬今若往取仍置州郡一則遠振威名二則
有益軍國其勳與交廣相接路乃非遙漢代開此本為討
越之計伐陳之日復是一機以此商量決謂須取高祖深
納之然以天下初定恐民心不安故未之許後竟遣史萬
歲討平之並因睿之策也睿威惠兼著民夷悅服聲望逾
重高祖陰憚之薛道衡從軍在蜀入接宴說睿曰天下
之望巳歸千隋密令勸進高祖大悅及受禪顧待彌隆睿
後上平陳之策上善之下詔曰公英風震動妙筭縱橫清
瀁汪南死然可見循環三復但以欣然公郊上才若營我
律一罤大定固在不疑但朕初臨天下政既未治恐先窮
武事未為盡羞昔令孫述隗囂漢之賊也光武與其通和
稱為皇帝尉佗之於高祖初猶不臣孫皓之荅晉文書尚
云白或尋欵服哉即滅亡王者體大義存導養雖陳國求
朝采盡藩卻如公大略誠須責罪尚緩其誅宜知此
意淮海未滅必興師旅若一論永襲終當相屈想以身許國
無足致辭也睿乃止為睿時見突厥方彊恐為邊患復陳
鎮守之策十餘事上書奏之曰稿以我狄作患其來久矣
防遏之道自古為難所以周無上筭漢收下策以其倏來

忽往往雲屯霧散疆埸則騁其犯塞弱又不可盡除故也今皇
祚肇興宇內寧一唯有突厥種類尚為邊梗此臣所以廢
寢與食籌策思之苦匈奴未平去病辭老先零尚在充國
自効臣才非古烈而志追昔士謹件安置比邊城鎮烽候
及人馬糧貯戰守事宜如別謹并圖上呈伏惟裁覽上嘉
歎父之荅以厚意睿時自以周代舊臣父居重鎮內不自
安屢請入朝於是徵還京師及引見上為之興命睿上殿
握手極歡宴退謂所親曰我今此來得謝病於
家闔門自守不交當代賜以版輿每有朝覲必令三衛
與上殿睿初平王謙之始自以威名太盛恐為時所忌遂
大受金賄以自穢由是動簿多不以實諸朝堂穪盈者前
後自數上令有司案驗其事主者多獲罪睿惶懼上表陳
謝請歸大理上慰諭遣之十五年從上至洛陽而卒時年
六十五謚曰襄子洋嗣官歷萬徐二州刺史武賁郎將大
業六年詔追改封睿為戴公命以洋襲焉
史臣曰李穆梁睿皆周室功臣高祖王業初基而動抑民心
之寄故穆首登師傅睿終膺殊寵觀其見機而動抑亦民
之先覺然方魏朝之貞烈有愧王陵比晉室之忠臣終勳
徐廣穆之子孫特為隆盛朱輪華轂几數十八見忌當時
禍難遞及得之非道可不戒歟

卷終

特進臣魏　徵　上

劉昉

劉昉

劉昉博陵望都人也父孟良大司農從魏武帝入關周太祖
以為東梁州刺史昉性輕狡有姦數周武帝時以功臣子
入侍皇太子及宣帝嗣位以技佞見狎出入宮掖寵冠一
時授大都督遷小御正與御正中大夫顏之儀並見親信
及帝不念召昉及之儀屬以後事帝瘖不復能
言昉見靜帝幼沖不堪負荷然昉素知高祖又以后父之
故有重名於天下遂與鄭譯謀引高祖輔政高祖固讓不
敢當昉曰公若為當速為之如不為昉自為也高祖乃從
之及高祖為丞相以昉為司馬時宣帝弟漢王贊居禁中
每與高祖同帳而坐昉飾美妓進於贊贊甚悅之昉因說
贊曰大王先帝之弟時望所歸孺子幼沖豈堪大事今先
帝初崩群情尚擾王且歸第待事寧之後入為天子此萬
全之計也贊時年未弱冠性識庸下聞昉之說以為信然
遂從之高祖以昉有定策之功拜上大將軍封黃國公與
沛國公鄭譯皆為心膂前後賞賜鉅萬出入以甲士自衛
朝野傾矚稱為黃沛時人為之語曰劉昉牽前鄭譯推後
昉自恃其功頗有驕色然性麤疏溺於財利富商大賈朝

夕盈門于時尉迥起兵高祖令韋孝寬討之至武陟諸將
不一高祖欲遣昉譯一人往監軍因謂之曰須得心膂以
統大軍公等兩人誰當行者昉自言未嘗為將譯又以母
老為請高祖不懌而頰請行遂遣之由是恩禮漸薄又
王謙司馬消難相繼而叛高祖憂之忘寢與食昉逸遊縱
酒不以職司為意所遣落高祖深銜之以高
頗代為司馬是後益見疏忌及受禪進位柱國政封舒國
公閑居無事不復任使昉自以佐命元功被疏遠甚不
自安後遇京師饑上令禁酒昉使妾賃屋當壚沽酒書
侍御史梁毗劾奏昉朝寵貴則戒之以奢持滿則守
之以昉既位列群公秩高庶尹廩爵稍父厚祿已淹正
當戒蒲歸盈鑒斯止何乃規麴糵之潤競錐刀之末身
昵酒徒家為逋藪若不糾繩何以蕭屬有詔不治昉鬱鬱
不得志時柱國梁士彥宇文忻俱失職怨望昉並與之交
數相來往士彥妻有美色昉因與私通士彥不之知也昉
好相慰藉遂相與謀及許推士彥為帝後事泄上窮治之
自知不免默無所對下詔誅之曰朕君臨四海慈愛為心
加以起自布衣入升皇極公卿之內非親則友位雖差等
情皆舊人護短全長恒思覆育每殷勤戒約言無不盡天
之歷數定於杳冥豈庸愚藏之心能為國家之害欲使其

長平富貴不觸刑書故也上柱國邸國公梁士彥上柱國把
國公宇文忻柱國舒國公劉昉等朕受命之初並展勤力
酬勳報効榮高祿重待之既厚寵愛之實隆朝夕宴言備知
朕意怛心如碤懇志等豺狼不荷朝恩忽謀逆亂士彥愛
始豹來恒自誣稱有相者云其鷹錄年過六十必據九
五初平尉迥軋臨相州已有反心彰於行路朕即遣人代
之關塞河陽之路刧調布以為牛甲募盜賊而為戰士就

食之人亦云易集輕忽朝廷嘆咲官人自謂一朝奮發無
彥許翠僮僕尅期不遠欲於蒲州起事即斷河橋捉黎陽
之聲其迥迥入京之後逆意轉深忻昉之徒言相扶助代
人當者其第二子剛毎苦諫第三子叔諧固深勤奬朕

〖列傳三　隋書三十八　三〗

既聞知猶恐狂濫乃授晉部之任欲驗蒲州之情士彥得
以欣然云是天贊忻及昉等皆賀時來忻徔定鄭城自矜
不伍於極人臣猶恨賞薄云我欲反何慮不成怒色忿所
在流布朕深念其功不計其禮任以武候授以領軍寄之
爪牙委之心膂忻寮爲異計樹黨宮闈多委親友参宿
衛朕推心待物言必依許乃與士彥情意偏厚要
令其政悔而志規不逞逢則交謀委叅彥河東自許關
請神明哲誓示負約俱營賊逆則交謀委叅彥河東自許關
右蒲津之事即望從征兩軍結東西之旅一舉合連橫之

勢然後比破晉陽還圖示昉入佐相府便爲非法三度
事發二度其婦自論常云是卽金刀名是一萬日劉氏
應王爲萬世天子朕訓之導之示其利害每加寬宥望其
悔改口請自新志存軻舊亦與士彥情好深重逆節姦心
盡探肝胆當其士彥論太白所犯問東井之間思泰地之
亂訪軒轅之裏願宮掖之災唯待蒲坂事興欲在關內應
接殘賊之策千端萬緒惟忻及昉名位並高竆肯比曲
躬臣於士彥乃是各懷不遜忻名位並高竆肯比曲
逞吞并之事人之姦詐一至於此雖國有常刑罪在不赦
朕載思草邛剏咸著歟誠情用憮然未忍極法士彥忻昉身

〖列傳三　隋書三十八　四〗

爲謀首叔諧贊成父意義實難容並已處盡士彥忻昉兄
弟叔姪特恕其命有官者除名士彥小男女忻毋妻女及
小男並放士彥叔諧妻妾及資財田宅忻昉妻妾及資財
田宅悉没官士彥叔諧兒年十五以上遠配土儀同薛摩兒
是士彥交舊上柱國府戶曹泰軍事裴石達是士彥府寮
反狀逆心巨細皆委薛摩兒聞語仍相應和俱不申陳宜
從大辟問即承引頗是恕心可除名死朕握圖當籙六
載於斯政事徒勤化未洽興言軒念良深歎憤刑至
朝堂宇文忻見高熲向之叩頭求哀昉勃然謂忻曰事形
如此何叩頭之有於是伏誅藉没其家後數日上素服臨

躬殿，盡取眆忻士彥三家資物，置於前，令百寮躬取之，以為監誡云。

鄭譯

鄭譯，字正義，滎陽開封人也。祖瓊，魏太常。父道邕，魏司空。譯頗有學識，兼知鍾律，善騎射。譯從祖開府文寬，尚魏平陽公主，則周太祖元后之妹也。主無子，太祖令譯後之。由是譯少為太祖所親，恒於眾中戲狎。譯與諸子遊集，年十餘歲，嘗詣相府司錄李長宗，長宗屬輒戲狎。譯斂容謂之曰：「明公位望不輕，瞻仰斯屬，相詭御，無乃喪德也？」長宗甚異之。

後從武帝時，起家給事中士，拜銀青光祿大夫，轉左侍上士。與儀同劉昉，恒侍帝側。譯時丁母憂，帝命譯尚梁安固公主。及帝親總萬機，以為御正下大夫，俄轉太子宮尹。時太子多失德，內史中大夫烏丸軌每勸帝廢太子而立秦王。由是太子恒不自安。其後詔太子西征吐谷渾，太子乃陰謂譯曰：「秦王，上愛子也。烏丸軌，上信臣也。今吾此行，得無扶蘇之事乎？」譯曰：「願殿下勉著仁孝，無失子道而已，勿為他慮。」太子然之。既破賊，除名為民。

最賜爵開國子，邑三百戶。後坐事，帝大怒，譯以狎昵如初，因言於太子。太子復召之，譯戲狎如初，可得據天下。太子悅而益昵之。及帝崩，太子嗣位，是為宣

帝。超拜譯開府內史下大夫，封歸昌縣公，邑一千戶，委以朝政。俄遷內史上大夫，進封沛國公，邑五千戶，以其子善願為歸昌公，元琮為永安縣男。又監國史。譯頗專權，時帝幸東京，譯擅取官材，自營私第。帝後召之，顧待如初。詔領內史事。初，高祖與譯有同學之舊，譯又素知高祖相表有奇，傾心相結。至是，高祖為宣帝所忌，情不自安，嘗在永巷私於譯曰：「久願出藩，公所悉也。敢布心腹，少留意焉。」譯曰：「以公德望，天下歸心，欲求多福，豈敢忘也。謹即言之。」時將遣譯南征，譯請元帥。帝曰：「卿意如何？」譯對曰：「若定江東，自非懿戚重臣，無以鎮撫。可令隨公行，且為壽陽總管，以督軍事。」帝從之，乃下詔以高祖為揚州總管，譯發兵，俱會壽陽以伐陳。行有日矣，帝不豫，遂與御正下大夫劉昉謀，引高祖入受顧託。既而譯宣詔文武百官，皆受高祖節度。時御正中大夫顏之儀與宦者謀，引大將軍宇文仲輔政。仲已至御坐，譯知之，遽率開府楊惠及劉昉、皇甫績、柳裘俱入，仲與之儀見譯等愕然，逡巡欲出。高祖因執之。於是矯詔復以譯為內史上大夫。明日，高祖為丞相，拜譯柱國、相府長史、治內史上大夫事。及高祖為大冢宰，總百揆，以譯兼領天官都府司會，總六府事。出入卧內，言無不從，賞賜玉帛，不可勝計。每出入以

甲士從。拜其子元璹為儀同。時尉迴等作亂，高祖逾加親禮。儀而進位上柱國。怨以十死，譯性輕險，不親職務，而賄貨狼藉。高祖陰踈之，然以其有定策功，不忍廢放，陰勑官屬不得白事於譯。譯猶坐廳事，無所關預。譯懼，頓首求解官職，高祖寬諭之，接以恩禮。及上受禪，以柱國公歸第，賞賜豐厚。進子元璹爵城皋郡公，邑二千戶。元璹求安男，追贈其父及亡兄二人並為刺史。譯自以被

踈，陰呼道士章醮以祈福助。其婢奏譯厭蠱左道，上謂譯曰：我不負公，此何意也？譯無以對。譯又與母別居，為憲司所劾，由是除名。下詔曰：譯……沸騰盈耳。若留之於世，在人為不道之臣，戮之於朝，入地為不孝之鬼。有累幽顯，無以置之。宜賜以孝經，令其熟讀，仍遣與母共居。未幾，詔譯撰律令，復授開府、隆州刺史。請還治疾，有詔徵之，見於醴泉宮。上賜宴甚歡，因謂譯曰：貶退已久，情相矜愍。於是復爵沛國公，位上柱國。上顧謂臣曰：鄭譯與朕同生共死，間關危難，與言念此，何日忘之。譯因奉觴上壽。上令內史令李德林立作詔書，高熲戲謂譯曰：筆乾。譯答曰：出為方岳，杖策言歸，不得一錢，何以潤筆。上大笑。未幾，詔譯參議樂事。譯以周代七聲廢缺，自大隋受命，禮樂宜新，更脩七始之義，名曰樂府聲調，凡八篇。

奏之，上嘉美焉。俄遷岐州刺史。在職歲餘，後奉詔定樂於太常。前後所論樂事，語在音律志。上勞譯曰：律令則公定，之音樂則公正之，禮樂律令，公若其三良足美也。於是還州。開皇十一年，以疾卒官，時年五十二。上遣使弔祭焉。諡曰達。譯子元璹嗣。煬帝初立五等，悉除，以譯佐命功，追改封譯華公，以元璹龔襲。元璹初為驃騎將軍，後轉武賁郎將，數以軍功進位右光祿大夫。元璹遷右候衛將軍。大業末，出為文城太守。及義兵起，義將張倫略地至文城，元璹以城歸之。

柳裘，字茂和，河東解人，齊司空世隆之曾孫也。祖惔，梁尚書左僕射。父明，太子舍人、義興太守。裘少聰慧，弱冠有令名。在梁仕歷尚書郎、駙馬都尉。梁元帝為魏軍所逼，遣裘請和於魏。俄而江陵陷，遂入關中。周明武間，自麟趾學士累遷太子侍讀，封昌樂縣侯。後除天官府都上士。宣帝即位，拜儀同三司，進爵為公，轉御飾大夫。及帝不念，留禁中，與劉昉、韋謨、皇甫績同謀引高祖入總萬機。高祖固讓不許。裘進曰：時不可再，機不可失，今事已然，宜早定大計。天與不取，反受其咎。如更遷延，恐貽後悔。高祖從之，進位上開府，拜內史大夫，妻以機密。及尉迴作亂，天下騷動，并

州總管李穆頒懷猶高祖令求表性喻之喪見穆盛陳利
害穆甚悅遂歸心於高祖後以奉使功賜綵三百四金九
環帶一腰時司馬消難阻兵安陸又令喻之未到而消難
奔陳高祖即令裴隨便安集淮南賜馬及雜物開皇元年
進位大將軍拜許州刺史安在官清簡吏民懷之復轉曹州
刺史其後上思裴定策功欲加榮秩將徵之顧問朝臣曰
曹州刺史何當入朝或對曰即今冬也帝乃止求尋卒高
祖傷惜者父之謚曰安子惠童嗣

皇甫績

皇甫績字功明安定朝那人也祖穆魏隴東太守父道周
湖州刺史雍州都督績三歲而孤為外祖韋孝寬所鞠養
嘗與諸外兄博奕孝寬以其情業督以嚴訓慰績孤切持
捨之績歎曰我無庭訓養於外氏不能剋躬勵己何以成
立深自感激命左右自杖三十孝寬聞而對之流涕於是
精心好學略涉經史周武帝為魯公時引為侍讀建德初
轉宮中士武帝嘗避暑雲陽宮時帝為太子監國衛
刺王作亂城門已閉百寮多有避者績聞難赴之於玄武
門遇皇太子太子下樓執績手悲喜交集帝聞而嘉之遷
小宮尹宣政初錄前後功封義陽縣男拜儀伯下大夫累
轉御正下大夫宣帝崩高祖總已績有力焉語在鄭譯傳

加位上開府轉內史中大夫進封郡公邑千戶尋拜大將
軍開皇元年出為豫州刺史增邑通前二千五百戶尋徙都
官尚書後數載轉晉州刺史將之官稽首而言曰臣實庸
鄙無益於國每思犯難以報國恩今陳尚存揚之將拜
有三可滅上問其故績曰大吞小也以有道代無道
二也納叛臣蕭巖於我有詞三也陛下若命鷹揚之將臣
請預戎行展絲髮之効上嘉其壯志勞而遣之及陳平拜
蘇州刺史高智慧等作亂江南州民顧子元發兵應之因
以攻績遺子元書曰皇帝握符受籙合極通靈受揖讓於唐虞

弃干戈於湯武東蹛蟠木方朔所未窮西盡流沙張騫所
不至玄漠黃龍之外臂來王蔥嶺榆關之表屈膝請吏
曩者偽陳獨阻聲教江東士民困於荼毒皇天輔仁假手
朝廷聊申薄伐應時尨解金陵百姓死而復生吳會臣民
自骨還肉唯當懷音感德行歌擊壤宣自同吠主翻成
反噬卿非吾民何湎酒禮吾是隋將何容外交易子析骸
未能相告況是足食足兵高城深塹坐待強援綽有餘力
何勞踵輕敵之志以此見期必不可得卿宜善思活路曉諭黎元能早
改迷失道非遠子元得書於城下頓首陳謝楊素援兵至

合擊破之拜信州摠管十二州諸軍事俄以病乞骸骨詔
徵還京賜以御藥中使相望顧問不絕卒於家時年五十
二諡曰安子懇嗣大業之世官至尚書主爵郎莠嘉者京
兆人也仕周內史大夫高祖以慕有定籌之功累遷上柱
國封普安郡公開皇初卒於蒲州刺史

盧賁

盧賁字子徵涿郡范陽人也父光周開府燕郡公賁略涉
書記頗解鍾律周武帝時襲爵燕郡公邑一千九百後
歷魯陽太守太子小宮尹儀同三司平齊有功增邑四百
戶轉司武上士時高祖為大司武賁知高祖為非常人深
自推結宣帝嗣位加開府及高祖初被顧託群情未乃
引賁置於左右高祖潛之東第百官皆不知所去高祖潛
令賁部伍伏衛因召公卿而謂曰欲求富貴者當相隨來
往往偶語欲有去就賁嚴兵而至衆莫敢動出崇陽門至
東宮門者拒不內賁諭之不去頗目叱之門者遂卻既而
高祖得入賁恒典宿衛後參問進說曰周歷已盡天人之
望實歸明公願早應天順民也天與不取反受其咎高祖
其然之又受禪命賁清宮因典宿衛賁於是奏改周代旗
幟更為嘉名其青龍騶虞朱雀玄武千秋萬歲之旗賁
所剏也尋拜散騎常侍兼太子左庶子左領軍右將軍時

高熲蘇威共掌朝政賁甚不平之柱國劉昉時被疏忌賁
因諷昉及上柱國元諧李詢華州刺史張賓等謀出熲威
五人諷昉及上柱國又以晉王上之愛子謀行廢立復謂皇
太子曰賁與數謁殿下恐為上所譴願察區區之心謀泄
上窮治其事昉等委罪於賁公卿奏二人坐當死上以
龍潛之舊不忍加誅並除名為民賁未幾卒歲餘賁復爵
位撿校太常賁以古樂宮縣七八損益不同歷代通儒
議無定準於是上表曰臣聞七八之義以上通用五音周武克辯
鶉火天駟之應其音用七漢興加應鍾故十六枚而在一
簴鄭玄注周禮二十六簴此則七八之義其來遠矣然
世有沿革用捨不同至周武帝復改縣七以林鍾為宮天
樂者治之本也故移風易俗莫善於樂是以札觀而辯
興亡然則樂也者所以動天地感鬼神梁於并治亂斯
應周武以林鍾為宮善將示之徵也且林鍾之管即蕤賓
下生之義黃鍾君也而生於臣黃鍾為宮蕤賓為之陰
者臣也而君位更顯國家之極之祥斯曹眾數相符非
關人事伏惟陛下握圖御寓道邁前王功成作樂煥乎可
不失雅正者也上竟從之即改七縣八以黃鍾為宮記賁
與儀同楊慶和刪定周齊音律未幾拜郢州刺史尋轉號

州刺史後遷懷州刺史決沁水東注名曰利民渠又派入
溫縣名曰溫潤渠以溉為閧民賴其利後數年轉蔡州刺
史民飢餒米踴貴閧而自糶坐是除名為民後從
幸洛陽上從容謂貫曰我始為大司馬時卿以布腹心於
我及揔百揆頻繁左右與卿兄為恩舊卿若無過者位與
高頻殊坐與凶人交構由是廢黜言念昔日之恩復當與
伯之位何乃不思報効以至於此吾不忍殺之念之功
績有怨言上大怒顧謂群臣曰吾將與貫一州觀此不可
私耳貫俯伏陳謝詔復本官後數日對詔失旨又自叙功
復用後皇太子為其言曰此輩並有佐命之功雖性行輕

陰誠不可弃上曰我抑屈之全其六命也微劉昉鄭譯賁
柳裘皇甫績等則我不至此然此等皆及覆子也當周宣
帝時以無賴得幸及帝大漸顔之儀等請以宗王輔政此
輩行詐命於我我將為治又欲亂之故防謀大逆於前
譯為巫蠱於後如貫之徒竟不蒲志任之則不遜致之則
怨自難信也非我弃之衆人見此或有竊議謂我薄於功
臣斯不然矣蘇威進曰漢光武欲全功臣皆以列侯奉朝
請至尊正有復用此道以安之上曰然遂廢於家是歲卒
史臣曰高祖肇基王業昉譯實啓其謀當軸執鈞物無異
年五十四

論不能忘身急病以義斷恩方乃應難求全偷安懷祿暨
夫帝遷明德義非簡在鹽梅之寄貝有收歸言追昔欽
懷歙望恥居吳耿之末羞與絳灌為伍事君盡禮既闕於
宿心不愛其親遷彰於物議其在周也伍事君盡節而望不
隋也愧竭命之誠非義掩其前功茍免怨與其後豐事協規
陷刑辟保貴全生難矣柳裘皇甫績盧賁因人成事協規
不二大運光啓莫榘要斯固在人欲其悅巳在我貧
罵人理自然也晏嬰有言一心可以事百君百心不可以
事一君於昉譯見之矣

列傳卷第三

　　　　隋書三十八

特進臣魏　徵　上

于義　子宣道　宣敏

【列傳四　隋書三十九　一】

于義字慶禮河南洛陽人也父謹從魏武帝入關仕周官
至太師因家京兆義少矜嚴有操尚篤志好學大統末以
父功賜爵平昌縣伯邑五百戶起家直閤將軍其後改封
廣都縣公周閔帝受禪增邑六百戶累遷安武太守專崇
德教不尚威刑有郡民張善安叔兒爭財相訟義曰太
守德薄不勝任之所致非其罪也於是取家財倍與二人
喻而遣去善安等各懷恥愧移貫他州於是風教大洽其
以德化人甘此類也進封建平郡公明武世歷西兗邠部
三州刺史數從征伐進位開府宣帝嗣位政刑日亂義上
疏諫時顏之儀亦有經略可為元帥
帝帝覽表色動謂侍臣曰于義實素重不可居義之下高
之儀進曰百先哲王立誹謗之木置敢諫之鼓猶懼不聞
過于義之言不可罪也帝乃解及高祖作相王謙構逆高
祖將擊之問將於高熲熲咨曰于義素重不可居義之下高
高祖初然之劉昉進曰梁睿位望素重不可居義之下高
祖乃此於是以睿為元帥以義為行軍摠管諫將達奚燕
權衆攘開遠義將左軍擊破之尋拜潼州總管賜奴婢五

【列四　隋書三十九　二】

百口雜綵三千段超拜上柱國特義兄冀為太尉弟賀兒
子仲文並上柱國大將軍巳上十餘人稱為貴戚咸餘以
疾免職歸葬京師數月卒時年五十贈豫州刺史謚曰剛
贈物千段元明性謹密不交非類仕周釋褐左侍上士父
宣道字元明功賜爵成安縣男邑二百戶後轉小承御上士高祖為丞
相引事免喪曹尋拜儀同及踐阼遷內史舍人如故後六歲
今視事免喪車騎將軍兼左衛長史舍人進爵為子
丁父憂水漿不入口者累日獻皇后命中使敦諭歲餘
遷太子左衛副率進位上儀同卒年四十二子志寧早知
名出繼叔父宣敏
宣敏字仲達少沉密有才思年十一詣周趙王招王命之
賦詩宣敏為詩甚有幽致王大奇之坐客莫不嗟賞
起家右侍上士遷千牛備身高祖踐阼拜奉車都尉奉使
撫慰巴蜀及還上疏曰臣聞開盤石之宗漢室於是惟永
建維城之固周祚所以靈長昔秦皇置牧守而罷諸侯魏
后曜謠邪而踈骨肉遂使宗祏移於他族神器傳於異姓
此事之明甚於觀火然山川設險非親勿居且蜀土沃饒
人物殷阜西通印度南綜荆巫周德之衰茲土遂成戎首
炎政失御此物便為禍先是以明者防於無形治者制其

未亂方可慶隆萬世年逾七百伏惟陛下日角龍顏膺樂
推之運衆天戴地居揖讓之期億兆宅心百神受職理須
樹建藩屏封植子孫繼周漢之宏圖改秦魏之覆軌抑近
習之權勢崇公族之本枝但三蜀三齊古稱天險今王威
屬今正其時若使利建合宜封樹得所臣獨息其非竊姦
臣杜其邪謀蜀宣敏常以盛滿之誡昔賢所重每懷靜退著述
秀鎮於蜀學業洪基周天地之長父英聲茂實齊日月
帝省表嘉之謂高頴曰于氏世有人焉竟納其言遣蜀王
之照臨臣雖盛業洪基周天地之長...

志賦以見其志焉未幾卒官時年二十九

陰壽　子世師　骨儀附

陰壽字羅雲武威人也父嵩周夏州刺史壽少果烈有武
幹性謹厚然諸周世屢以軍功拜儀同從武帝平齊進
位開府賜物千段奴婢百口女樂二十人及高祖為丞相
列壽為掾尉迴作亂高祖以韋孝寬為元帥擊之令壽監
軍時孝寬有疾不能親捴戎事每卽帳中遣婦人傳教命
三軍綱紀皆取決於壽以功進位上柱國尋以行軍總管
鎮幽州即拜幽州總管封趙國公時有高寶寧者齊氏之舊
拜為營州刺史其得華夷之心高祖為丞相遂連結契丹

羅師少有節槩性忠厚多武藝弱冠以功臣子拜儀同
世師嗣
威等月餘世模率其衆降賜物千段未幾卒官贈司空子世師嗣
患之於是重購賔寧文遣人陰間其所親任者趙世模
下而去尋引契丹之衆來攻道昂苦戰連日乃退壽
師留開府成道昂鎮之寶寧遣其子僧伽率廣騎掠城
羅所殺比邊遂安賜物千段...
北征突厥不能援寶寧求救於突厥時衛王爽等屢破諸將莫能平壽
盧龍塞以討之寶寧棄城奔於磧北黃龍諸縣悉平壽
得閒皇初又引突厥攻圍北平至是令壽率步騎數萬出

遷驃騎將軍煬帝嗣位領東都尾工監後三歲拜張掖太
守先是吐谷渾及党項羌為侵掠世師至郡有來寇者
親自捕擊輒禽斬之深為戎狄所憚入為武賁郎將遼東
之役出襄平道明年帝復擊高麗以本官為涿郡留守于
時盜賊蜂起世師逐捕往往剋捷及帝還大加賞勞拜
樓煩太守時帝在汾陽宮師聞始畢可汗將為寇勸帝
幸太原帝不從遂有鴈門之難尋遷左翊衛將軍與代王
留守京師及義軍至世師以世荷隋恩又藩邸之舊遂
勒六拒守月餘城陷與京兆郡丞骨儀等見誅時年五十

骨儀京兆長安人也性剛鯁有不可奪之志開皇初為侍
御史處法平當不為勢利所囲煬帝嗣位遷尚書右司即
于時朝政漸亂濁貨公行凡當樞要之職無問貴賤並家
累金寶天下士大夫莫不變節而儀勵志守常介然獨立
帝嘉其清超拜京兆郡丞公方嚴時刑部尚書衛玄
燕領京地內史頗行詭道輒為儀所執正玄雖
骸傷也及義兵至而玄恐禍及已遂稱老病無兩千預儀
與世師同心叶契父子並誅其後遂絕世師有子弘智等
以年勿獲全

　賓榮定

竇榮定扶風平陵人也父善周太僕季父熾開皇初為太
傅榮定沈深有器局容貌瓖偉美鬚髯便弓馬魏文帝時
為千牛備身周太祖見而奇之授平東將軍賜爵宜君縣
子邑三百戶後拔太祖與齊人戰於北芒周師乃却以功
與汝南公宇文神慶帥精騎二千邀擊之齊師乃却以功
拜上儀同後授柱武元皇帝引突厥木杆侵齊之并州賜物
三百段龍驤加上開府拜前將軍依飛中大夫其妻則高
武帝平齊加上開府拜前將軍依飛中大夫其妻則高祖
姊安成長公主也高祖少小與之情契甚厚榮定亦知高
祖有人君之表尤相推結及高祖作相領左右宮伯使鎮

守天臺總統露門內兩箱仗衛常宿禁中遇尉迥初平朝
廷頗以山東為意乃拜榮定為洛州總管以鎮之前後賜
縑四千匹西涼女樂一部高祖受禪來朝京師上顧謂群
臣曰朕少惡輕薄性相近正唯竇榮定而已賜馬三百匹
部曲八千戶而遣之坐事名高祖以長公主之故尋拜
右武候大將軍上數幸其第因錫賚甚厚每令尚食局日供
羊一口珍味稱是以佐命功臣上柱國寧州刺史未幾復
略范邊以為行軍元帥率九總管步騎三萬出涼州與虜
戰於高越原兩軍相持其地無水士卒渴甚至剌馬血而
飲死者十有二三榮定仰天大息俄而澍雨軍乃復振於
是進擊數挫其鋒突厥憚之請盟而去賜縑萬四進爵安
豐郡公增邑千六百戶復封子恭為安康郡公賜縑五千
定歲餘拜右武衛大將軍俄轉左武衛大將軍幸欲以為
三公榮定上書曰臣每觀西朝衛霍東都梁鄧鼓鐘滿
位極臺鉉寵積驕盈必致傾覆向使剛賢少自貶損遠避
權勢推而不居則天命可保何覆宗之有臣每覽前修實
為畏懼上於是乃止前後賞賜不可勝計開皇六年卒時
年五十七上謂之廢朝令左衛大將軍元旻監護喪事贈
縑三千匹上謂侍臣曰吾每欲致榮定於三事其人固讓

不可今欲贈之重違其志於是贈冀州刺史陳國公諡曰

懿子抗嗣抗羨容儀性通率長於巧思父卒之後恩遇彌

隆所賜金寶亦以鉅萬計至定州刺史復檢校幽

州總管煬帝即位漢王諒橫逆抗官至抗與通謀由是除名

以其弟慶龍亦有姿儀性和厚頗以草隸知名初

封永富郡公官至河東太守衛尉少卿大業之末出為南郡

太守為盜賊所害慶弟璡亦工草隸頗解鍾律官歷潁川

南郡扶風太守

元景山

元景山字珤岳河南洛陽人也祖懿魏安定王父瑑宋安

王景山少有器局幹畧過人周閔帝時從大司馬賀蘭祥

擊吐谷渾以功拜撫軍將軍其後數從征伐累遷儀同三

司賜爵文昌縣公授靈川防主後與齊人戰於北邙斬級

最多加開府遷建州刺史進封宋安郡公邑三千戶賜

女樂一部帛六千四奴婢二百五十口牛羊數千治梁州

帝平齊每戰有功遷

後牧守不能制景山下車逐捕之廻洛本員挺身奔江南

盡其黨與數百人皆斬之法令明肅盜賊屏迹稱為大治

陳人張景遵以淮南內屬為陳將任蠻奴所攻破其數柵

〔列 七〕 隋書三九

景山發譙潁兵援之蠻奴引軍而退徵為候正宣帝嗣位

從上柱國韋孝寬經畧淮南郧州總管宇文亮謀圖不軌

以輕兵襲亮亮覺帥麾下遁未得整陳為亮所薄景山率

騎三百出擊破之斬亮傳首以功拜亳州總管宇文胄與

動景山率其使封書詣相府高祖甚嘉之拜上大

相尉廻稱兵作亂榮州刺史宇文胄與廻通謀陰以書諷

援昌景山率輕騎五百馳起之胄遣將樊儁等懼

之二日一夜行三百餘里與毅戰於漳口二合皆克毅等

退保甑山鎮其城邑為消難所陷者悉平之拜安州總管

進位柱國前後賜帛二千四時桐柏山蠻相聚為亂景山為

復轉亳之高祖受禪拜上柱國明年大舉伐陳以景山為

行軍元帥率行軍總管韓延吕昱出漢口遣上開府鄧孝

儒將勁卒四千攻陳甑山鎮陳遣其將陸綸以舟師來

援孝儒逆戰破之陳將宣帝二鎮守將皆棄城而遁景

兵擊濟江會陳宣帝卒有詔班師景山大著威名甚為敵

人所憚後數載坐事免于家時年五十五贈梁州總管

賜縑千匹諡曰襄子成壽嗣成壽後為秦王俊使弓馬起家千牛備身

以上柱國世子拜儀同後為秦王庫真車騎煬帝嗣位徵

〔列 八〕 隋書三九

為左親衛即將楊玄感之亂也從刑部尚書衛玄擊之以

功進位正議大夫拜西平通守

源雄

源雄字世畧西平樂都人也祖懷父纂俱為魏龍西王雄少寬厚偉姿儀在魏起家秘書郎尋加征討將軍屬其父為高氏所誅雄脫身而遯變姓名西歸長安周太祖見而器之賜爵隴西郡公後從武帝伐齊以功授開府改封朔方郡公拜冀州刺史時以突厥寇邊從雄以本州刺史以鎮之未幾檢校徐州揔管及高祖為丞相尉迴作亂時雄家累在相州迴潛以書誘之雄卒不顧高祖遺雄書曰公

妻子在鄴城雖言離隔賊徒翦滅會非難今日已後不過數旬之別違能開慰無以累懷寇部善建功名用副朝委也迴遣其將畢義緒據關陵席毗陷昌慮下邑雄遣徐州刺史劉仁恩擊義緒同劉弘李琰討席毗悉平之陳人見中原多故遣其將陳紀蕭摩訶任蠻奴周羅睺樊毅芉侵江北西自江陵東距壽陽黄氏多應之攻陷城鎮雄與吳州揔管于顗楊州刺史賀若弼黄州揔管元景山芉擊之之悉後故上大將軍拜徐州揔管後數歲轉懷州刺史尋斬之進位上大將軍拜徐州揔管後數歲轉懷州刺史尋

遷朔州揔管突厥有來寇掠雄輒捕斬之深為北夷所憚伐陳之役從高祖下冊書曰於戲唯爾上大將軍朔方公雄識悟明允風果毅生牧方時逢亂之望沙漠建旌馬邑安撫北蕃嘉謀絕外境之虞挺劔剋望有陳楷逆念董威恩呂梁之間閫不懷惠但江淮最爾有欽哉於是從率戎旅清彼東南是用命爾為行軍揔管往欽哉於是奉王後出信州道及陳平以功進位上柱國賜子崇嗣官至儀同大氏縣伯爨為安化縣伯賜物五千段復鎮朔州一歲上表乞骸骨徵還京師卒于家時年七十二子崇嗣官業中自上黨貴治入為尚書虞部郎及天下盜起將兵討北海與賊力戰而死贈正議大夫

豆盧勣

豆盧勣字定東昌黎徒河人也本姓慕容燕北地王精之後也中山敗歸魏北人謂歸義為豆盧因氏焉祖萇魏柔玄鎮大將軍父寧柱國太保勣初生時周太祖親幸豪稱慶時遇新破齊師太祖因字之曰定東勣聦悟有器少受業國子學舉涉文藝魏大統十二年太祖以勣勳臣子封義安縣侯周閔帝受禪授稍伯下大夫開府儀同三司改封冊陽郡公邑千五百戶明帝時為左武伯中大夫勣自以經業未通請解職遊露門學帝嘉之初以本官就學未

幾辭王憲納勳妹為妃恩禮逾厚貪費無厭武帝嗣位拜洮州刺
史末之官渭源燒當羌因饑饉作亂以勳有才略轉渭州
刺史甚有惠政華夷悅服德澤流行大致祥瑞鳥鼠山俗
呼為高武隴共下渭水所出共山絕壁千尋由來之水諸
羌苦之勳馬足所踐勿飛泉湧出有白鳥翔止聽前乳子
而後去又白狼見於襄武民為之謠曰我有丹陽出出王
澆濟我民夷神鳥來翔其泉為王漿泉後丁父
艱毀瘠過禮天和二年授邵州刺史襲爵楚國公復徵為
天官府司會歷信夏二州總管相州總管進位上大將軍月餘拜柱國高
帝大象三年拜利州總管進位上大將軍月餘拜柱國高

祖為丞相益州總管王謙作亂勳嬰城固守謙遣其將達
奚長儒高阿那肱乙弗虔裦等眾十萬攻之勳時戰士不過二千晝夜相拒經
十餘日堰江水以灌之勳時戰士不過二千晝夜相拒經
四旬勢漸逼勳於是出奇兵擊之斬數千級降二千人梁
睿軍且至賊內而解去高祖遣開府趙仲卿勞之詔曰
器識優長眾謀英遠總馭藩部風化已行巴蜀稱兵奮來
圍過入守出戰大摧凶醜貞節英爽功甚可使持節
上柱國賜子爵中山縣公開皇二年突厥犯塞以勳為
北道行軍元帥以備邊歲餘乃拜夏州總管上以其家世為
盛勳效克彰甚重之後為漢王諒納勳女為妃恩遇彌厚

七年詔曰上柱國楚國公勳寇亂之日稱兵犯順固
丈丰湯隱妃敵國嘉猷大節其勞已多可食始州臨津縣邑
千戶十年以疾徵還京師詔諸王並至勳第中使顧問道
路不絕其年卒時年五十五上悼惜者久之特加賵贈鴻
臚監護喪事諡曰襄子賢嗣官至顯州刺史大理少卿武

航字道生少英果有器節漢王諒出鎮并州航以妃兄為
王府主簿從諒趙仲卿北征突厥以功授儀同三司及高祖
崩煬帝即位徵諒入朝諒納諮議王頍之謀發兵作亂航
苦諫不從因謂弟懿曰吾以馬歸朝自得免禍此乃身計

非為國也今具偽從必思後計懿兄顯州刺史賢豈忍
曰臣弟航從趙仲卿比征突厥以功授儀同三司及高祖
從軍與航為表裏諒不足圖也帝以為然許之懿與諒
人爾航書與航所與文諒議諒出城將挫介州令航與
管屬朱濤留守航當與鄉出兵拒濤濤驚曰王以大事相
夷滅孤負國邪當與航出城將挫敗不旋踵諒大怒甫諒
付何得有是語航於是出誕與之協計及開府盤石侯元世
前以諫諒被囚航拒諒部分未定有人告諒諒

勤武開府宇文永昌儀同成端長孫愷車騎安成侯元世
雅原武令皇甫文顯等閉城拒諒部分未定有人告諒諒

龍擊之毓見衆至給其衆
曰此賊軍也諒攻城南門毓時
遣稽胡守埤稽胡不識諒
諒皆并州素識諒即開門納之毓遂見害時
年二十八及
諒平煬帝下詔曰毓顯名
節有國通規加等餝綜抑摧令
典礙深識大義不顧婣親出於萬死首建奇策去逆歸順
殉義亡身追加榮命宜優恒禮可贈大將軍紫義恐公
賜帛二千四謚曰恕子顧嗣尋拜儀同三司大業初行
新令五等追除未幾帝復下詔曰故大將軍紫義恐公毓
臨節能固捍生殉國成為令典沒世不忘象賢無隆德隆
必祉改封雒立恐侯復以願師承藉大業末授千牛左右

通字平東勳之兄也一名曾弘厚有器局在周少以父功
賜爵臨貞縣侯邑千戸尋授大都督儀遷儀同三司大象
宰宇文護引之令瓘親信兵改封汰野縣公邑四千百
右後加開府歷武賁中大比徐州刺史及高祖為丞相
尉迥作逆道其所署呂州刺史烏尼率衆來攻通迥擊
破之賜物八百段進位大將軍開皇初進爵南陳郡公尋
徵入朝以本官典宿衛歲餘出拜定州刺史後轉相州刺
史尚高祖妹昌樂長公主自見恩禮漸隆遷夏州揔管洪
州揔管所在之職並稱寬惠十七年卒官年五十九謚曰
安有子寬

賀若誼

賀若誼字道機河南洛陽人也祖伏連魏雲州刺史父統
右衛將軍誼性剛果有幹略在親以功臣子賜爵容城縣
男累遷直閤將軍大都督通直散騎常侍尚食典御周大
祖據有關中引之左右嘗使諸妚降附者萬餘口太祖深奇
於河表誼因壁以禍福秀令歸附種落相攜貳屯
之賜金銀百兩誼揚暢結好於如此太祖恐共
并力為邊境之患使誼聘之誼亦嘉之拜車騎大將軍儀同三
遂與周連和執暢付誼其舍文嘉馬邑之役誼率六出函
司略陽公府長史周閔帝受禪除司射大夫改封霸城縣

子轉左宮伯尋加開府後歷靈郡二州刺史原信二州揔
管俱有能名其兄敦為金州揔管以讒毀伏誅誼是免職
武帝親揔戎召誼治能州齊王之役誼以讒毀之部西遍司
公先據洛陽即拜洛州刺史進封建威縣侯寀陽王高
紹義之黨笑敬也誼以兵追之戰於馬邑遂禽絕義以功
進位大將軍高祖為丞相拜亳州揔管本慧友誼討之進爵范陽郡
馬消難以誼為副元帥左武候將軍河間王弘北征
公授上大將軍開皇初入為右武候將軍坐事免歲餘拜
突破以誼為副元帥遠轉
華州刺史俄轉敷州刺史改封海陵郡公後轉涇州刺史

時突厥屢為邊患惠朝廷必詴素有威名拜靈州刺史進位
柱國詴時年老而筋力不衰猶能重鎧上馬其為此夷所
憚數載上表乞骸骨優詔許之詴家富於財於郊外搆一
別廬多植果木每邀賓客列女樂遊集其間卒于家時年
七十七子樂襲爵庶長子協宜至驃騎將軍協弟祥奉車
都尉祥弟興車騎將軍詴兄子弼別而傳
史臣曰義寶貴等或南陽姻亞或豐邑舊遊運屬時
來俱宣力用以勞定國以功懋賞保其祿位貽厥子孫析
薪克荷崇基弗隊盛矣豆盧勣遇屯剝之機立身殉義陰
世師遭天之所廢捨命不渝使夫死者有知足以無愧君
親矣

列傳第四　　　隋書三十九

梁士彥

特進臣魏　徵　上

〈隋列五〉

梁士彥字相如安定烏氏人也少任俠不仕州郡性剛果喜正人之是非好讀兵書頗涉經史周世以軍功拜儀同三司武帝將有事東夏聞其勇決自扶風郡守除九曲鎮將進位上開府封建威縣公㷟人甚憚焉尋遷晉州諸軍事晉州刺史及帝還後齊主親揔六軍而圍之獨守孤城外無聲援接皆震懼士彥慷慨自若賊盡銳攻之樓堞皆盡城雉所存尋仞而已或短兵相接或交馬出入士彥謂將士曰死在今日吾為爾先於是勇憤齊奮呼聲動地無不一當百齊師少却乃令妻妾軍民子女晝夜修城三日而就帝率六軍亦至齊師解圍營於城東十餘里士彥見帝持帝鬚而泣曰幾不見陛下帝亦為之流涕時帝心皆動因其懼也而攻之其勢必舉帝從之大軍遂進帝執其手曰余之有晉州本為平齊之基若不固守則事不諧失朕無前應惟恐後變善為我守之及齊平封郕國公進位上柱國雍州主簿宣帝即位除東南道行臺使持節徐州揔管

三十二州諸軍事徐州刺史與烏丸軌擒陳將吳明徹裝忌於呂梁別破黃陵略定淮南地高祖作相轉亳州揔管二十四州諸軍事尉迴之反也以為行軍揔管從韋孝寬擊之至河陽與迴軍相對令家僮梁默等數人為前鋒士彥以其徒繼之所當皆破乘勝至草橋迴合進戰大破之及圍鄴城北門而入馳啓西門納衆復合進戰大迴平除相州刺史高祖惡之未幾徵還京師閉居無事自特元功其懷怨望遂與宇文忻劉昉等謀作亂將率僮僕於其廟庭攻之及迴軍駕出圖以發機復欲於蒲州起事河比挾黎陽關基河陽路劫調布以為車申募盜賊以為戰士其甥裴通豫知其謀而奏之高祖未發其事授晉州刺史欲觀其意士彥欣然謂昉等曰天也又請儀同薛摩兒為長史高祖令左右執士彥忻防等於行間語之曰爾等欲何所為遂執捕薛摩兒適至於庭對之摩兒具論始末云第二子剛垂泣苦諫第三子叔諧曰作猛獸要須成斑士彥失色顧謂摩兒曰汝殺我於是伏誅時年七十二有子五人操字孟德出繼伯父義臣鄉公長寧王府驃騎早卒剛字永固弱冠授儀同以平尉迴勳加開府鑒突厥有功進位上大將軍通政縣公涼州刺史士彥之誅也以諫獲

免從此州叛諸官至上儀同廣平縣公軍騎將軍志遠為
安定伯務為建威伯皆坐士彥誅梁默者士彥之蒼頭驍
武絕人士彥每從征伐常與默陷陣仕周致位開府開皇
末以行軍揔管從楊素比征突厥進位大將軍漢王諒之
反也後以行軍揔管從楊素討平之加授柱國大業五年
從煬帝征吐谷渾遇賊力戰而死贈光禄大夫

宇文忻

宇文忻字仲樂本朔方人徙京兆祖莫豆于親安平公父
貴周大司馬許國公忻幼而敏慧為兒童時與群輩遊戲
輒為部伍進止行列無不用命有識者見而異之年十二
能左右馳射驍捷若飛恒謂所親曰自古名將唯以韓白
為能霍為美談吾察其行事未足多尚若使與僕並時不令
竪子獨擅高名也其少小慷慨如此年十八從周齊王憲
討突厥有功拜儀同三司賜爵興固縣公憲以忻勇決
壁也以忻射驍勇請與同行憂有戰功加位開府驃騎將軍
進爵化政郡公邑二千戸從武帝伐齊攻拔晉州齊後主
親馭六軍兵勢其盛帝憚之欲旋師忻諫曰以陛下之聖
武乘人之釁縱何往不克若使齊人更得令主君臣協
力雖湯武之勢未易平也今主昏臣愚兵無鬭志雖有百
萬之衆實為陛下奉耳帝從之戰遂大克及帝攻陷并州

【二】

先勝後敗帝為賊所窘左右皆戰帝挺身而遁諸將多動
帝遣忻勒然而進曰自陛下克晉州破高緯乘勝逐北以
至於此致令偽主奔波關東振自古行兵用師未有若
斯之盛也昨日破城將士輕敵微有不利何足為懷丈夫
當死中求生敗中取勝今者破竹其勢已成奈何弃之而
去帝納其言明日後戰遂按晉陽及齊平進位柱國賜
物千段尋與為丸軌破陳將吳明徹於呂梁進位大將賜
奴婢二百口除豫州揔管高祖龍潛時與忻情好甚協及
為丞相恩顧彌隆忻作亂以忻為行軍揔管從韋孝寬
擊之時兵屯河陽諸軍莫敢先進帝令高頻馳驛監軍與

頻密謀進取者唯忻而已忻遣子慷盛兵陛忻先鋒擊
走之進臨相州迥遣精甲三千伏於野馬岡欲邀忻軍
以五百騎乘之斬獲畧盡進至晉橋迥又拒守忻率奇兵
鄴城士女觀戰者數萬人忻與高頻李詢謀曰事不利時
擊破之遂趨鄴下迥背城結陣與官軍大戰官軍不利
當以權道破之於是擊所觀者大囂軍復振而急擊之
雷霆忻乃傳呼曰賊敗矣衆軍聞而大鼓轉相騰藉聲如
敗及平鄴城以功加上柱國賜奴婢二百口牛馬羊萬計
高祖顧謂忻曰尉迥傾山東之衆運百萬之師公舉無遺
箕戰無全陣誠天下之英傑也進封英國公增邑三千戸

【四】

自是以後毋煭帷幄出入卧内禪代之際忻有力焉後拜
右領軍大將軍恩顧彌重忻妙解兵法駭驁當時六
軍有一善事雖非忻所建在下輒推服如此後改封杞國公上嘗欲令忻率兵擊突厥
高頻言於上曰忻有異志不可委以大兵乃止忻既佐命
功臣頻經將領有威名於當世由是微心焉以讒去官
忻與梁士彥尤狎狎數相往來士彥時亦怨望陰圖不軌
謂士彥曰王豈有常平相扶即是公於蒲州起事我必
從征兩陣相當然後圖也謀洩伏誅年六十
四家口籍没忻善弘厚有武藝仕周官至上柱國許國

【隋列五】

五

公高祖受禪遇之甚厚拜其子頲為上儀同及忻誅並廢
于家善未幾卒頲至大業中為司農少卿及李密逼東都
叛歸于密忻弟别有傳

王誼

王誼字宜君河南洛陽人也父顯周鳳州刺史誼少慷慨
有大志便弓馬博覽群言周閔帝時為左中侍上士時大
冢宰宇文護執政威權傾王室帝拱默無所關預有朝士於
帝側微為不恭誼勃然而進將擊之其人惶懼請罪乃止
自是朝士無敢不肅歲餘遷御正大夫丁父艱毁瘁過禮
廬於墓側負土成墳歲餘起拜雍州别駕固讓不許武帝

即位授儀同累遷内史大夫封楊國公從帝伐齊至并州
帝既入城反為賊人所敗左右多死誼率麾下驍雄赴之及
齊平授相州刺史帝以六軍挫衄班師誼固諫帝從之及
率兵擊之帝弟越王盛雍王儉為擴管並受誼節度誼為
崩謂皇太子曰王誼社稷臣宜處以機密以機密以機密
太子即位是為宣帝誼懼正出為襄州擴管及高祖為
丞相轉為鄭州擴管司馬消難舉兵反高祖以誼為行軍
元帥率四擴管討之軍次近郊消難懼而奔陳干時北至

【隋列五】

六

商洛南拒江淮東西二千餘里巴蠻多叛共推渠帥蘭雒
州為主雒州自號河南王以附消難北連尉遲迴誼率行軍
擴管李威馮暉李遠等分討之旬月皆平高祖以誼前代
舊臣甚加禮敬道使勞問冠蓋不絕以第五女妻其子奉
孝甄拜大司徒誼自以與高祖有舊亦歸心焉及上受禪
顧遇彌厚上親幸其第與之極歡太常卿蘇威立議以為
户口滋多民田不瞻欲減功臣之地以給民誼奏曰百官
者歷世勳賢方蒙爵土一旦削之未見其可如臣所慮正
恐朝臣功德不建何患人田有不足上然之竟寢威議開
皇初上將幸岐州誼諫曰陛下初臨萬國人情未洽何用

此行上戴之曰臣與公位望齊等一朝屈節為其或當
耻愧是行也震揚威武欲以服公耳誼笑而退暴遠使
突破上嘉其褌旨進封郢國公未幾其子奉孝卒踰年誼
上表言公主少請除封服御史大夫楊素劾誼曰臣聞喪服
有五親跡異節衰制有四降殺殊文王者之所常行故曰
不傷之道也是以聚萬百不得論不肖者不得不及而儀同
王奉孝既尚蘭陵公主春孝以去年五月身裝纔經一周
而誼便請除釋纔綢以錐曰王姬終成下嫁之禮公則主之
猶在孩天之義況復三年之喪自上達下及基釋服在禮
未詳然夫婦則人倫攸始喪紀則人道至大苟不重之取

笑君子故鎮燧玻火責以居喪之速朝祥幕歌譏以忘憂
旱然誼雖不自彊爵位已重欲為無禮其可得乎乃薄俗
傷教為父則不慈輕禮易衰致婦於無義若縱而不正恐
傷風俗誼請付法推科有詔曰誼恩禮稍薄誼頗怨望或
告誼謀反上令案其事主者表誼有不遜之言實無反狀
來言論醜惡胡僧告之公卿奏誼大逆不道罪當死上見
上賜酒而釋之于時上柱國元諧亦頗失意誼與相
下詔曰朕與公稚齒為同學其相憐歐將奈國法何於是
誼憤於曰朕有周之世早豫人倫朕共游庠序遂相親好
性懷險薄巫覡盈明鬼言怪語稱神道聖朕受命之初深

存誠約旦云政悔心實不悛乃說四天王神道誼應受命
書有誼讖天有誼星桃鹿二川岐州之下歲在尼巳興帝
王之業密令卜問伺殿省之災又說其身是明王信用左
道所在詿誤自言相表當王不疑此而赦之將或為亂梨
暴除惡宣伐國刑上復令大理正趙綽謂誼曰時命如此
將若之何於是賜死於家時年四十六

元諧

元諧河南雒陽人也家代貴盛諧性豪俠有氣調少與高
祖同受業於國子甚相友愛後以軍功累遷大將軍及高
祖為丞相引致左右諧曰高祖曰公無黨援辟如水間一
堵牆太危矣公其勉之尉迥作亂遣兵冠小鄉令諧擊破
之及高祖受禪上顧諧笑曰水間牆竟何如也於是賜
宴極歡進位上大將軍封樂安郡公邑千戶奉詔條修律
令時吐谷渾寇涼州諧為行軍元帥率行軍揔管賀婁
子幹郭竣元浩等步騎數萬擊之上勑諧曰公受朝寄撫
兵西下本欲自盡疆境保全黎庶無非是合負朝命之地豈蠆荒
服之民王者之師意在仁義賊若至界首者公宜曉示
以德臨之以教誰取不服也時賊將定城王鍾利房率騎
三千度河連結黨項讚巒相遇於豐利山賊鐵騎一萬與諧大戰諧
谷渾引兵拒諧相遇於青海邀其歸路吐

擊走之賊駭兵青海遣其太子可博汗以勁騎五萬來掩
官軍諧逆擊敗之追奔三十餘里俘斬萬計虜大震駭於
是移書諭以禍福其名王十七人公侯十三人各率其所
部來降上大悅下詔曰暴善晴庸有聞前載諧識用明達
神情警悟文規武畧與流朝野申威拓土功成疆場深謀
大節實簡朕心加禮延代宜隆賞典可柱國別封一子縣
公諧拜寧州刺史頗有威惠然剛愎好排詆不能取媚於
左右嘗言於上曰臣一心事主不曲取人意上曰宜終此
言後以公事免時上柱國王誼有功於國與諧俱無任用
每相往來胡僧告諧謀及上按其事無逆狀上慰諭而

釋之未幾誼伏誅諧漸被踈忌然以龍潛之舊毋預朝請
恩禮無虧及上大宴百寮諧進曰陛下威德遠被臣請突
厥可汗為候正陳叔寶為令史上曰朕平陳國以代罪弗
人非欲誅誕取威天下公之所奏殊非朕心突然不知山
川何能驚候叔寶昏醉堪驅使諧默然而退後數歲有
人告諧與從父弟上開府湧澤侯田鸞上儀同祁緒等
謀及上令案其事有司奏諧謀反朕欲諧去之云左
蜀時廣平王雄左僕射高熲二人用事諧欲項兵即斷巳
執法星動巳四年矣狀一奏高熲必死又言大白犯月光
芒相照主殺大臣楊雄必當之諧嘗與湧同謂上諧私謂

湧曰我是主人殿上者賊也因令湧瞠氣湧曰彼云似蹲
狗走鹿不如我輩有福德雲上大怒諧湧戀緒並伏誅籍
沒其家

王世積

王世積闡熙新囶人也父雅周使持節開府儀同三司世
積容貌魁岸腰帶十圍風神爽拔有傑人之表在周有軍
功拜上儀同封長子縣公高祖為丞相迥作亂從韋孝
寬擊尉遲迥每戰有功拜上大將軍高祖受禪進封宜陽郡公
稷綸滅其者之何熲深拒其言未幾授蘄州摠管平陳之
役以舟師自蘄水趣九江與陳將紀瑱戰於蘄口大破之
既而晉王廣巳平陳江州司馬黃偲棄城而遁瑒入攄其
始璋夏晷取新蔡陳江州司馬黃偲棄城而道姑瑒入攄其
城世積繼至陳豫章太守徐璒盧陵太守蕭廉湘陽太守
陸仲容巴山太守任瓌等及鄱陽臨川守將並詣世積降
安成太守任瓘王誦太原太守徐璒齊昌吳守黃正始
位柱國荊州摠管賜絹五千段加之寶帶邑三千戶後進
歲桂州人李光仕作亂世積以行軍總管討平之上遣都
官員外郎辛凱卿馳勞之及還進位上柱國賜物二千段
上甚重之世積見上性忌刻功臣多獲罪由是縱酒不與

執政言及時事上以為有酒疾舍之宮內令醫者療之世
積詭稱疾愈始得就第及起遼東之役世積與漢王並為
行軍元帥至柳城遇疾疫而還拜之涼州揔管令騎十七百
人送之官未幾其親信安定皇甫孝諧有罪吏捕之乃抵
世積世積不納由是有憾孝諧配防桂州事揔管令狐
熙又言之禮其所親謂世積曰河西天下精兵處可以圖
大事也世積有司奏曰涼州土曠人稀非用武之國由是被徵入
朝按其事有司奏左衛大將軍元旻右衛大將軍元
胄等免官拜詣為上大將軍
僕射高熲並與世積父通受其名馬之贈世積竟坐誅旻
冑等免官拜詣為上大將軍

虞慶則

虞慶則京兆櫟陽人也本姓魚其先仕於赫連氏遂家靈
武代為北邊豪傑父祥周靈武太守慶則幼雄毅性倜儻
身長八尺有膽氣善鮮卑語身被重鎧帶兩鞬左右馳射
本州豪俠皆敬憚之初以弋獵為事中便折節讀書常慕
傅介子班仲升為人仕周釋褐中外府行參軍稍遷外兵
然軍軍襲爵沁源縣公宣政元年授開府時稽胡數為叛亂越王盛內史下
揔管長史二年授開府時稽胡數為叛亂越王盛內史下

大夫高熲討平之將班師熲與盛謀須文幹畧者鎮遏
之表請慶則於是即拜石州揔管其並有威惠境內清肅
胡慕義而歸者八千餘戶開皇元年進位大將軍遷內史
監吏部尚書京兆尹封彭城郡公營新都揔監二年冬突
厥入寇慶則為元師討之部分失所士卒多寒凍隨指者
千餘人偏將達奚長儒率騎兵二千人別道邀賊為虜所
圍其急慶則案營不救由是長儒戰死者十八九
上不之責也尋遷尚書右僕射後突厥攝圖初欲充
一重臣充使也尋遷尚書右僕射後突厥攝圖初欲充
禮慶則責以從軍攝圖不服其介長孫晟說諭之攝圖
及弟葉護皆拜受詔即拜臣朝貢請錄為藩附初慶則
出使高祖勑之曰我欲存立突厥彼送公馬但取五三四
攝圖見慶則贈馬千匹又以女妻之上以慶則勳其高皆無
所問授上柱國封魯國公食任城縣千戶詔以彭城公廻
授第二子義臣上壽上因曰高熲平江南虞慶則降突厥可謂戎
等奉觴上壽上因曰高熲平江南虞慶則降突厥可謂戎
功矣楊素曰非至尊威德亦無克理遂與互相長短御史欲
牢破石若非至尊威德亦無克理遂與慶則曰楊素前出兵武
彈之上曰今日計功為樂宜須劇上觀群臣宴毆御史在側恐醉而被彈上賜御
進曰臣蒙資酒食令盡懽御史在側恐醉而被彈上賜御

史酒因遣之出慶則奉觴上壽極歡上謂諸公曰飲此酒
願我與諸公等子孫常如今日世守富貴九年轉為右衛
大將軍尋政為右武候大將軍開皇十七年領南人李賢
據州及高祖議飲討之諸將二三請行甚不許高祖顧謂
慶則曰居家宰相爵乃上公國家有賊遂無行意何也慶
則拜謝恐懼上乃遣慶則為桂州道行軍總管以婦弟趙什
柱為隨府長史什柱先與慶則愛妾通恐事彰乃宣言曰
慶則之及慶則南討辭上色不悅慶則由是怏怏不得志
暨平賢至潭州臨桂鎮慶則觀眺山川形勢曰此誠嶮固

觀上顏色什柱至京因告慶則謀反及上察驗之慶則於是
伏誅拜什柱為柱國慶則子孝仁幼豪俠任氣起家拜儀
同領菩王親信坐父事除名煬帝嗣位以藩邸之舊授候
衛長史兼領盆郎監禁兵先有功然性奢華以駱駝負囊水養魚而
丞充使監運頗有功然性奢華頗稱百九年伐遼授都水
自給十一年或告孝仁謀圖不軌遂誅之其弟澄道東宮

通事舍人坐除名

元冑

元冑河南洛陽人也魏昭成帝之六代孫祖順魏濮陽王

父雄武陵王冑少英果多武藝美鬚眉有不可犯之色周
齊王憲見而壯之引致左右數從征伐官至大將軍高祖
初被召入將受顧託先命陶澄亞委以腹心恒宿
卧内及為丞相將遷周鼎乃要高祖就第弟趙王引高祖
王招知高祖將有變乃命冑次入侍衛居趙
室左右不得從唯楊弘與冑兄弟並坐於戶側高祖以
佩刀子刺之將高祖為不利冑進曰相府有事不可
父留趙王訶之曰我與丞相言汝何為者曰相府事殷
目憤氣扣刀入衛趙王問其姓名冑以實對趙王曰汝非

昔事齊王者乎誠壯士也因賜之酒曰吾豈有不善之意
邪卿何猜警如是趙王偽吐將入後閤冑恐其為變扶
上坐如此者再三趙王稱喉乾命冑就取飲冑不動會
子負冑曰汝當進此我固因刺殺之及酒醋趙王欲生變以
可速去高祖猶不悟謂曰後無立馬復何能為冑曰兵馬
悉他家物一先下手大事便去冑不辭死何益耶高祖
後入坐冑聞星後有被甲聲遽請曰相府事殷公何得如
此因扶高祖下牀趨而去趙王將追冑以身蔽戶王不
得出高祖及門冑自後至趙王恨不時發彈指出血及
誅趙王賞賜不可勝計高祖受禪進位上柱國封武陵郡

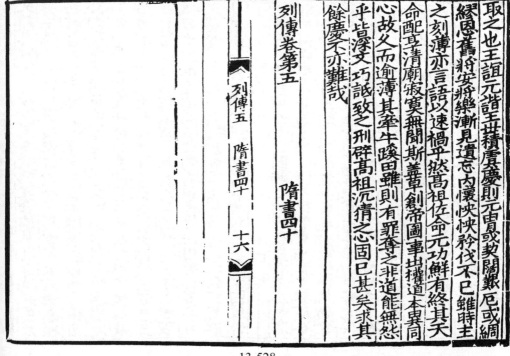

公邑三千戶拜左衛將軍尋遷右衛大將軍高祖從容曰
保護朕躬成此基業元胄功也後數載出為豫州刺史歷
亳浙二州刺史時突厥屢為邊患朝廷以胄素有威名拜
靈州總管北夷甚憚焉後復徵為右衛大將軍親顧益密
當正月十五日夜與近臣登高時胄下直上令馳召之及
胄見上謂曰公與外人登高未若就朕勝也賜宴極歡晉
王廣每致禮焉房陵王之廢也胄豫其謀上正窮治東宮
事左衛大將軍元旻諫楊素乃譖之上大怒執旻復以
胄時當不直不遂奏曰臣不下直者為防元旻耳復以
此言激怒上上遂誅旻賜胄帛千四蜀任秀之得罪胄坐

與交通除名煬帝即位不得調慈州刺史上官政坐事
從嶺南將軍立和亦以罪廢胄與和有舊因數從之遊胄
嘗酒酣謂和曰上官政壯士也今從嶺表得無大事乎因
自拊腹曰若是公者不徒然矣和明日奏之胄竟坐死於
是徵政為驍衛將軍拜代州刺史
史臣曰昔韓信怨望床下之期則項王不滅英布無淮南之
　舉則漢道未隆以二子之勳庸咸懷怨懟況乃無古
　人之殊績而懷悖逆之心者乎梁士彥忙皆一時之
　壯士也遭雲雷之會並以勇畧成名遂貪天之功以為己
　力報者倦矢施者未戢將生屬階求逞其欲及茲顛隊首

取之也王誼元諧王世積竇慶則元胄或茇闞難厄或綢
繆恩舊將安將樂漸見遺忘內懷怏怏秡伐不已雖時主
之刻薄亦言語以速禍乎然髙祖佐命元功鮮有終其天
命配享清廟寂寞無聞斯蓋草創帝圖事出權道本異同
心故父而逾薄其牽牛蹊田雖則有罪奪之非道能無怨
乎竇慶文巧詆致之刑辟高祖沉猜之心固已甚矣求其
餘慶不亦難哉

特進臣魏　徵　上

高熲

《隋列六》〔一〕

高熲字昭玄，一名敏，自云渤海蓨人也。父賓，背齊歸周，大司馬獨孤信引為僚佐，賜姓獨孤氏。及信被誅，妻子徙蜀，文獻皇后以賓父之故，每佳來其家。賓後官至鄀州刺史。及熲貴，贈禮部尚書、渤海公。熲少明敏，有器局，略涉書史，尤善詞令。初，熲孩孺時，家有柳樹，高百許尺，亭亭如蓋。里中父老曰：此家當出貴人。年十七，周齊王憲引為記室。武帝時襲爵武陽縣伯，除內史上士，尋遷下大夫。以平齊功，拜開府。尋從越王盛擊隰州叛胡，平之。高祖得政，素知熲彊明，又習兵事，多計略，欲引之入府，遣邢國公楊惠諭意。熲承旨欣然曰：願受驅馳，縱令公事不成，熲亦不辭滅族。於是為相府司錄。時長史鄭譯、司馬劉昉並以奢縱被疎，高祖彌屬意於熲，委以心膂。嘗以讚尉迥之起兵也，遣子惇率步騎八萬，進屯武陟。高祖令熲督諸軍擊之。熲至河陽，莫敢先進，熲以諸將不一，令崔仲方監之，仲方辭父在山東。時熲又見劉昉、鄭譯並無去意，遂自請行，深合上旨，遂遣。熲受命便發，遣人辭母云，忠孝不可兩兼，歔欷就路。至軍，為橋於沁水，賊於上流縱大栰，熲預為水狗以禦之。既

《隋列六》〔二〕

濟，焚橋而戰，大破之，遂至鄴下，與迥交戰。仍共宇文忻、李詢等設策，因平尉迥。還，譖毀於卧內，上撤御帷以賜之。進位柱國，改封義寧縣公，遷相府司馬，任寄益隆。高祖受禪，拜尚書左僕射兼納言，進封渤海郡公，朝臣莫與為比，上每呼為獨孤而不名也。熲深避權勢，上表遜位，讓於蘇威。上欲成其美，聽解僕射。數日，上曰：蘇威高蹈前朝，熲能推舉。吾聞進賢受上賞，寧可使之去官。於是命熲復位，俄拜左衛大將軍，本官如故。歲餘，熲拜左領軍大將軍，本官如故。母憂去職。其後，熲見重如此，又拜左領軍大將軍本官如故。母坐朝堂北槐樹下以聽事，其樹不依行列，有司將伐之。上特命勿去，以示後人，其見重如此。又拜左領軍大將軍本官如故。母憂去職，朞月起令視事。熲流涕辭讓，優詔不許。開皇二年，長孫覽、元景山等伐陳，令熲節度諸軍。會陳宣帝薨，熲以禮不伐喪，請班師。蕭嶷之叛也，詔熲鎮遏綏集，江、漢得人和。上嘗問取陳之策，熲曰：江北地寒，田收差晚，江南土熱，水田早熟。量彼收穫之際，微徵士馬，聲言掩襲，彼必屯兵禦守，足得廢其農時。彼既聚兵，我便解甲，再三若此，賊以為常，後更集兵，彼必不信，猶豫之頃，我乃濟師登陸而戰，兵氣益倍。又江南土薄，舍多竹茅，所有儲積，皆非地窖，密遣行人，因風縱火，待彼修立，復更燒之

不出數年自可財力俱盡上行其策·豈是陳人益懷九年

晉王讖大舉代陳以頻爲元帥長史 三軍諮禀皆斷於

頻及陳平晉王欲納陳主寵姬張麗華頻曰武王滅紂殺

妲己今平陳不宜取麗華乃命斬之王甚不悅及軍還

以功加授上柱國進爵齊國公賜物九千段定食千乘縣

千五百戶上因勞之曰公伐陳後人言公及朕已斬之君

臣道合非青蠅所閒也頻文遜位詔曰公識鑒通遠器略

優深出參戎律廊清淮海入司禁旅實委股肱自朕受命

常典機衡竭誠陳力迹盡此則天降良輔翊贊朕躬

幸無詞費也其優獎如此是後右衛將軍龐晃及將軍盧

三

賁等前後短頻於上上怒之皆被疎黜因謂頻曰獨孤公

猶鏡也每被磨瑩皎然益明未幾尚書都事姜曄楚州行

衆軍奏君才並被糜拊水旱不調罪由高頻請發黜之二人

俱得罪而去親禮逾密上幸并州留頻居守及上還京師

縑五十四後賜行宮一所以爲班劍令上幸其第弟賜錢

中使顧問絡繹不絕上親幸其宅弟賜錢百萬絹萬匹後賜

以千里馬上嘗從容命頻與賀若弼言及平陳事頻曰賀

若弼先獻十策後於蔣山苦戰破賊臣文吏耳焉敢與大

將軍論功帝大笑時論嘉其有讓其子表爲敢取太子

勇女前後賞賜不可勝計頻又嘗以其子表仁取法術者

劉暉私言於頻曰天文不利宰相可修德以禳之頻不自

安以暉言奏之上厚加賞慰突厥犯塞以頻爲元帥擊賊

破之又出白道進入磧遣使請兵近臣緣此言頻欲反

上未有所答頻亦破賊而還時太子勇失愛於上潛有廢

立之意謂頻曰晉王妃有神憑之言王必有天下若之何

頻長跪曰長幼有序其可廢乎上默然而止獨孤皇后知

頻不可奪志而高頻嬖妾產男上聞之大不悅而頻流涕謝

而夫人卒右言於上曰高頻渠

頻跪曰臣今已老退朝之後唯齋居讀佛經而已雖陛下垂哀

之深至於納室非臣所願上乃止至是頻愛妾產男上聞

四

之極歡后甚不悅上聞其故曰陛下當復高頻邪始

后言於上頻初不欲行陛下欲爲元帥長史從漢王征遼東遇霖潦疾疫不可見陛下

安得信之上由是疎頻會議伐遼東頻固諫不可上不從

又上以漢王年少專委軍於頻頻以任寄隆重每懷至公

無自疑之意諒所言多不用其街之及還諒言於后曰

兒幸免高頻之殺上閒之彌不平俄而上柱國王世積以

罪誅當推覈之際乃有宮禁中事云於頻處得之上欲成

頻之罪聞此大驚時上柱國賀若弼吳州搃管宇文㢸刑

部尚書宇文弼民部尚書斛律孝卿兵部尚書柳述等明頻
無罪上逾怒皆以之屬吏自是朝臣莫敢言者頻竟坐免
以公就第未幾上幸秦王俊第召頻侍宴頻歔欷不自
勝獨孤皇后亦對之泣左右皆流涕上謂頻曰朕於
公負也其事鞠落顧然志之如本無高頻勝兒子雖或不自
目前自其解落顧然志之如本無高頻勝他事云沙門
馬仲達初詔疾不朝遂有天下公公遇此焉知非福頻曰司
上大怒初頻於內史省而鞠之憲司俊奏頻他事云沙門

〔第一世也項之頻曰國令上頻隆事桝其子表仁謂頻曰司
〔第一世也頻之頻曰國令上茲斬王世積如更誅頻天下其謂

真覽嘗謂頻云明年國有大喪尼令暉後六十七十八年
皇帝有大厄十九年不可過上聞而益怒顧謂群臣曰帝
王豈可力求孔子以大聖之才作法垂世寧不欲大位邪
天命不可耳頻與子言自比晉帝此心何乎有司請斬頻
上曰去年殺虞慶則今茲斬王世積如更誅頻天下其謂
我何於是除名為民頻內史省而鞠之曰汝富貴已
極但有一斫頭耳爾宜真頻由是常恐禍變及此頻歡
然無恨色以為得免於禍煬帝即位拜為太常時詔收周
齊故樂人及天下散樂頻奏曰此樂久廢今若徵之恐無
識之徒棄本逐末遞相教習帝不悅帝時詔停雍聲色滋無
又起長城之役頻甚病之謂太常丞李懿曰周天元以好

樂而亡殷鑒不遠安可復爾時帝遇啓民可汗恩禮過厚
頻謂太府卿何稠曰此虜知中國虛實山川險易恐為
後患復謂觀王雄曰近來朝廷殊無綱紀山川險易恐以
為讒訕政於是下詔誅之諸子從邊頻引天下為已
達世務及蒙任寄之後竭誠盡節知無不為頻所推薦者皆
任蘇威楊素賀若弼韓擒虎等皆頻所推薦各盡其用為
代名臣自餘立功立事者不可勝數當朝執政將二十年
朝野推服物無異議治致升平頻之力也論者以為真宰
相及其被誅天下莫不傷惜至今稱冤不已所有奇策密
謀及損益時政頻皆削藁世無知其子盛道官至晉州
刺史徙柳城而卒次弘德封應國公晉王府記室次表仁
封勃海郡公從蜀郡

蘇威

蘇威字無畏京兆武功人也父綽魏度支尚書威少有至
性五歲喪父哀毀有若成人周太祖時龍臺爵美陽縣公仕
郡功曹大家宰宇文護見而禮之以其女新興主妻焉威見
護專權恐禍及己逃入山中為叔父所逼卒不獲免然威見
每屏居山寺以諷讀為娛未幾授使持節車騎大將軍儀
同三司改封懷道縣公武帝親總萬機拜稍伯下大夫前
後所授並辭疾不拜有從父妹者適河南元雄雄先與突

硤有隱突破入朝請雄及其妻子將甘心焉為周逖遣之威
曰夷人昧利可以略動遂標賣田宅罄家所有以贖雄論
者義之宣帝嗣位就拜開府高熲為丞相高熲屢言其賢
吾事且置其名召之及至引入臥內與語大悅居月餘
威聞禪代之議遁歸田里高熲請追之高祖曰此不欲預
邑三千戶以威龍驤為俄兼納言拜太子少保追贈威上表陳讓詔
曰卅大者任重馬駿者遠馳以公有兼人之才無辭多務
也威乃止初威父在西魏以國用不足為征稅之法頗稱
為重既而歎曰今所為者正如張弓非平世法也後之君

【隋列六】 【七】

子誰能弛乎威聞其言每以為已任至是奏減賦役務從
輕典上悉從之漸見親重與高熲參掌朝政威見宮中以
銀為幔鈎因盛陳節儉之美以諭上上為之改容彫飾舊
物悉命除毀嘗怒一人將殺之威入閣進諫不納上怒
其將自出斬之威當上前不去上避之而出威又遮止上
拂衣而入良久乃召威謝曰公能若是吾無憂矣於是賜
馬二匹錢十餘萬尋復兼大理卿京兆尹御史大夫本官
悉如故威治書侍御史梁毗以威領五職安繁戀劇無舉賢
自代之心抗表劾威上曰蘇威朝夕孜孜志存遠大蟉賢
有關何遽迫之顧謂威曰用之則行舍之則藏唯我與爾

有是夫因謂朝臣曰蘇威不值我我無以措其言我不得蘇
威何以行其道楊素才辯無雙至若斟酌古今助我宣化
非威之匹也蘇威若逢亂世南山四皓豈易屈哉其見重
如此威拜刑部尚書解少保御史大夫之官後京兆尹
檢校雍州別駕時高熲與威同心協贊政刑大小無不
籌之故董運數年天下稱治俄轉民部尚書納言如故
山東諸州民饑威上令賑邺之後
兼領國子祭酒隋承戰爭之後憲章踳駁上令朝臣釐改
舊法為一代通典律令格式多威所定世以為能九年拜
尚書右僕射其年以母憂去職柴毀骨立勒威曰公德

【隋列六】 【八】

行高人情寄殊重大孝之道蓋同俯就必須抑割為國惜
身朕於公義殊兼常之大夫之......
重固辭優詔不許明年上幸并州命威與高熲同總留事俄
追詣行在所使決民訟威子豌少有盛名於天下引發實
客四海士大夫多歸之後議樂事豌與國子博士何安等
有所持於是聚訟盈庭充彼其所同朝廷多附
威同豌者十八九安憲曰吾席間函丈四十餘年反為豌
暮兒之所屈也遂奏豌監禮部尚書盧愷吏部侍郎薛道
衡尚書右丞王弘考功侍郎李同和為朋黨奏者中呼
王弘為世子本同和為校豈二人如威之子弟也復言威
自代之心抗表劾威上曰蘇威朝夕孜孜志存遠大蟉賢

13-532

以曲道任其從父兄徹肅等罔冒為官又國子學請洮陰
人王孝逸為書學博士威蜀王盧誕等雜治之
王秀上柱國虞慶則等雜治之軍旨驗上以米書謝晦傳
中朋黨事令威讀之威悼懼免冠頓首上曰謝已晚矣於
是免威官爵以開府就第又知名之士坐威得罪者百餘人
未幾威官爵以開府就第
日威行者但為人所誤耳命之通籍歲餘復
爵邠公拜納言從祠太山坐不敬免俄而復位上謂群臣
日蘇威德行者但為人所誤耳命之通籍歲餘復
切世人求名太甚其從己則悅違之必怒此其大病耳尋令
世人言蘇威詐清家累金玉此坐妄言也然其性很戾不
持節巡撫江南得以便宜從軍過貪積踰五萬而還時突

厥都藍可汗憂為邊患復使威至可汗所與結和親可汗
即遣使獻方物以勤勞進位大將軍仁壽初復拜尚書右
僕射上幸仁壽宮以威總留後事又上還御史奏威職事
多不理請推之上怒詰責威威拜謝上亦止後上幸仁壽
宮不豫皇太子自京師來侍疾詔威留守京師煬帝嗣位
加上大將軍及長城之役威諫止之高熲賀若弼等之誅
也威坐與相連免官歲餘復為納言與左翊衛大將
未幾拜大常卿其年從征吐谷渾進位左光祿大夫以
威先朝舊臣漸加委任後歲餘復爲納言與左翊衛大將
軍宇文述黃門侍郎裴矩御史大夫裴蘊內史侍郎虞世

基參掌朝政時人稱為五貴及遼東之役以本官領右武
衛大將軍進位光祿大夫賜爵寧陵侯歲年進封房公威
以年老上表乞骸骨[不許復以本官然掌選事明年從
征遼東領右禦衛大將軍楊玄感之反也帝引威帳中懼
見於色謂威曰此小兒聰明得不為患乎威曰夫識是非
審成敗者乃所謂聰明玄感麤疎非聰明者必無所慮恒
恐滋成亂階耳威見勞役不息百姓思亂微以此諷帝帝
竟不寤其子鴻臚少卿玄獎先為關中簡黜大使[家三人俱

為副其歲餘帝下手詔曰王以絜潤刑紫莫

能渝其質松表歲寒霜雪莫能凋其采可謂溫仁勁直性
之然乎房公威歲器懷溫裕識量弘雅早居端揆備忠國章
先皇舊臣朝之宿望棟梁社稷謀謨朕躬守文奉法軍身
率禮蹈臣漢之三傑輔惠帝者蕭何周之十亂佐成王者邵
襄國之寶器其在往賢各得貞其為國論
道然期獻替銓衡時務輯寧寄為重可開府儀同三司餘並
如故威當時見重朝臣莫與為比後從幸鴈門為突厥
所圍朝廷危懼帝欲輕騎潰圍而出威諫曰城守則我有
餘力輕騎則彼之所長陛下萬乘之主何宜輕脫帝乃止
突厥俄亦解圍而去車駕至大原威言帝曰今者盜賊

不止士馬疲敝願陛下還京師深根固本為社稷之計帝
初然之竟用宇文述等議遂往東都時天下大亂威知帝
不可改意其後諷帝閉侍臣盜賊事宇文述曰盜賊信
少不足為慮威不能詭對以身隱於殿柱帝呼威而問之
帝益怒御史大夫裴蘊希旨令白衣張行本奏威昔在高
屬五月五日百寮上饋多以珍翫獻當一部微以諷
威對曰他日賊據長白山今者近在滎陽汜水帝不悅而罷尋
陽典選濫授人官畏怯突厥詣遼京師帝令案其事及獄

《隋列六》 十一

成下詔曰威立性朋黨好為異端懷挾詭道攪幸名利詆
訶律令謗訕臺省昔歲薄伐奉述先志九頓切問各盡智
膽而威不以開懷遂無對命啟沃之道其若是乎資敬之
義何其甚薄於是除名為民後月餘有人奏威與突厥陰
圖不軌者大理薄責威自陳萬死帝憫而釋之其年從
微淺不能上感名豐墓彭泉世基蘊震世基三昏老羸疾乃
幸江都宮帝將後用威斐蘊震當疾卒帝乃
止宇文化及之弒逆也以威為光祿大夫閉府儀同三司
化及敗歸於李密威亦歸東都越王侗以為上柱國
邟公王充僭號署威自以隋室舊臣遭逢喪亂所經

之廟皆與時消息以求容免及大唐秦王平王充坐於東
都閶闔門內威請謁稱老病不能拜起王遣人數之曰
公隋朝宰輔政亂不能匡救遂令品物塗炭君弒國〔見
李密王充皆承風旨報威已輒或家時年八十八威治身清儉以
廉慎見稱每至公議惡人畏忌或自掇或固爭之時人
至朝堂見皆拜伏舞蹈今既老病無勞相見家時年八十八威治身
功行賞威每望風旨報威時群盜蜂起郡縣有表
辭論者以為非簡久之法及大業末年尤多征役至於論
奏詣闕者文詬使人令減賊數故出師攻討多不克捷
以為無大臣之體所修令章並行於當世然而頗傷苛

〈隋列六〉 十二

由是為物議所譏子藥
藥字伯尼小聰敏有口辯八歲誦詩書兼解騎射年十三
從父至尚書省與安德王雄馳射賭得雄駿馬而歸年十四
詰學典與諸儒論議詞致可觀見者莫不稱善及長博覽群
言无以鍾律自命初不名甕其父改之頗為有識所哂起
家無父後通事舍人楊素嘗因奏事稱甕有口辯八歲誦
議甕不行著樂志十五篇以見其志數載甕坐事除名後
加武騎尉仁壽末詔天下舉達禮樂之源者晉王昭時為
雍州牧舉甕應之與諸州所舉五十餘人謁見高祖望甕

謂侍臣唯此一人稱吾所舉於是拜晉王友賜帝嗣位選

太子洗馬轉司朝謁者以父免職夔亦去官後歷尚書職

方郎燕王司馬遶東之役夔領宿衛以功拜朝散大夫時

帝方勤遠畧繕夔朝貢前後相屬帝嘗從容謂夔字文述

所在也絕夔奉詔巡撫關中突厥之圍鴈門也夔領城

東面事夔為營樓車箱獸圈夕而就帝見而善之以功

之即日拜鴻臚少卿其年高昌王麴伯雅來朝朝廷以

公主妻之雅望令主婚焉其後弘化延安等數郡盜賊蜂

多子藝美容儀可以接對賓客者為之平咸以夔領

世基等曰四夷率賓夔朝貢夔須歸令婁霊有

進位通議大夫坐父事除名為民後丁母憂不勝哀而卒

時年四十九

史臣曰奕公霸圖伊始早預經綸魚水實契風雲玄感

身真道弼諧興運心同契合言聽計從東夏克平南國底

定謀帷幄決勝千里高祖既復馬迹思布堯心卅相是

無閒言屬高祖將廢懱宮由忠信而得粟隸煬帝力遑浮

寄瞻梅斯在兆庶苦使遂無猜堂終歇美雖未可稱跡

後以忖時而受義莒終歇美雖未可稱跡

裦表足以方駕蕭曹應掟命綢繆任遇窮極榮寵父勵機衡

幽貞隋室龍興首

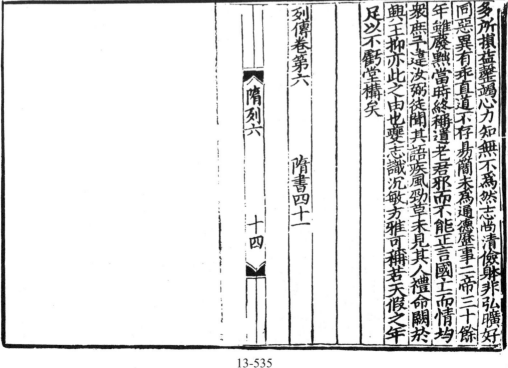

多所損益竭心力知無不為然志尚清儉躬非弘廣好

同惡異有乖直道不存易簡未為通德歷事二帝三十餘

年雖廢黜當時終稱道老君邪而不能正言國士而情均

廝養干違汝弼徒聞其語疾風勁草未見其人禮命關於

興亡抑亦此之由也夔志識沈敏方雅可稱若天假之年

足以不虧堂構矣

隋書四十二

特進臣魏　徵　上

李德林

本德林字公輔博陵安平人也祖壽湖州刀曹從事父敬
族歷太學博士鎮遠將軍魏孝靜帝時命當世通人正定
文籍以為內校書別在直閤省德林幼聰敏年數歲誦左
思蜀都賦十餘日便度高隆之見而嗟歎遍告朝士云若
假其年必為天下偉器及長五經及古今文集日數十言俄而該
博壇典陰陽緯候無不通涉善屬文辭敷而理暢魏嘗
車馬不絕日誦五經乂見就宅觀之月餘日中

〈隋傳七　四十二〉〈一〉

對高隆之謂其父曰賢子文筆終當繼溫子昇隆之大笑
曰魏常侍殊已嫉賢何不近比老彭乃遠求溫子年十六
遭父艱自駕靈輿友葬故里時正嚴冬單衾跣足州里人
物由是敬慕之博陵豪族有舊憶者僕射之兄因休假還
鄉車服甚盛將從其宅詣德林門繞餘五騎云不得令李生怪
十騎稍減稍留比至德林門但多疾方紹心典籍無復目情
人爤灼德林君貞軷母民多疾方紹心典籍無復目情
其後母病稍愈適令仕進任城王湝為定州刺史其才
召入州館朝夕同遊稍均師友不為君民禮數嘗語德林
云竊聞閭巷賢家顯戮父君沈滯吾獨得潤身朝廷縱不

見尤亦懼明靈所護於是舉秀才入鄴王時天保八年也
王因遺尚書令楊遵彥書曰燕趙固多奇士此言誠不
為謬今歲所貢秀才李德林者文章學識固不待言觀其
風神器宇終為棟染之用至如經國大體是賈生晁錯之
儔彫蟲小技詎相如子雲之軰今之俊又舉薦祕之
然惰大廈者宜獻太良材之積也晉嘗見孔文舉薦禰衡
表云洪水橫流帝思俾乂以正平比夫大禹導彥即德林
倫今以德林言之非大禹導彥即德林製讓尚
書令表援筆立成其文筆澔汙如長河東注比來所見後
陸卬卬已大見其文筆澔汙如長河東注比來所見後

〈隋傳七　四十二〉〈二〉

生制作乃消濟之流耳卬仍命其子又與德林周旋之
曰汝每事宜師此人以為橫相時導彥銓深惶漢舉秀
才權第空有甲科德林射策五條考比為上授殿中將軍
既是西省散員非其所好又以天保末乃謝病還鄉閭
門守道乾明初導彥奏追德林入議曹皇建初詔搜揚
人物復追赴晉陽撰春思賦一篇代稱典麗是時長廣王
作相居守在鄴敕德林還京與散騎常侍高元海等奏請
寓直舍人省河清中授貞外散騎侍郎帶羸師仍別直
機密王引授丞相府行參軍未幾而王即帝位授奉朝請
省天統初授給軍中直中書舍然掌詔誥尋遷中書舍人

武平初加通直散騎侍郎又勑與中書侍郎宋孝素副侍
中趙彥深別典機密尋丁母艱去職夕飲不入口五日因
發熱病遍體生瘡而衰泣不絕諸士友陸爽宋孝素名醫
張子信等為合湯藥德林不肯進遍體洪腫數日間一時
頓孝身力平後諸人皆云孝奪情起復德林以譏病屬疾
上其事罷歸朝廷嘉之論諸事意起元事勑集百官會議
請急罷歸魏書曰前者議文煞諸事意小如混漫難可領解
收與德林書曰即者為留懷細加推逐凡言或者皆是敵人
今便隨事條列而採論耳德林復書曰即位之元春秋
之議既聞人說因而探論耳德林復書曰即位之元春秋

常義謹按曾君息姑不稱即位亦有元年非獨即位得稱
元年也議〈云終之元尚書之古典謹案大傳周公攝政
一年救亂〈二年代殷三年踐奄四年建侯衛五年營成周
六年制禮作樂七年致政成王論著或以舜禹受終是為
天子然則周公以臣禮而死此亦稱元共獨受終為帝也
蒙議唯應閣筆病省覽荒情迷識暫得發箋當世君子必無
橫議以為疑也〈一軍感佩殊深仰見議
中不錄謹以為呈收董遺書曰惠示〈一軍有益於議
公諸侯之軍昨小為疑姑不書即位舜禹亦不言即位
息姑雖攝猶得書元舜禹之攝稱元理也周公居攝乃云

一年救亂以不稱元自無大傳不得尋討二之與元其軍
何別更有所見幸請論之德林咨曰攝之與相其義一也
故周公攝政孔子曰周公相成王魏武相漢曹植曰如實
翼庫或云高祖身未居攝灼然非理攝者專賞罰名古
今事殊不可以體為斷陸機見上帝班瑞群后便
云舜有天下須格於文祖也欲使晉之三王異於舜攝竊
以為舜若堯死獄訟不歸便是夏朝之益何得不須格於
文祖也若使用王者之禮便曰即其則周公合為宋朝諸侯
霍光行周公之事皆其平斯不然矣必知高祖與舜攝
不殊不得從士衡之謙或以為書元者當時實錄非追
書出大齊之興實由武帝謙匡受命豈直史也比觀論者
聞追尊受命之文多有河漢但言追數受命感情或安
之似所怖者元字耳鄭玄注云如案天子周公攝政是以
也委易黃裳元吉鄭玄注云無元字一與元無異義委春秋不言
試攝不殊大傳雖無元字之與元無異義委春秋不言
元年一月者欲使人君體元以居正蓋史之婉辭非一與
元別也漢獻帝死劉武受命平十二咸自其本國誠如高議
肯蜀主未立邑云魏武受命平十咸側自其本國誠如高議
欲使三方鼎峙同為霸名魯氏漢蜀春秋意在是也正司
馬炎兼并許其帝號魏之君臣其人並以為魁賊亦寧肯

當舉之世云晉有受命之徵史著編年者也故魯號謚紀年墨
子文云吾見百國春秋史又有無年者具重年驗
也若欲高祖事謙冲即須號令皆推魏氏便是編年稱
紀魏事此即魏末功臣之傳豈復皇朝帝紀者也陸機稱
紀元立斷或以首是非書豈不得以後朝創業之迹斷入前
陸機不論元首是非書意不得以後朝創業之迹斷入前
恐晉朝之議正始始嘉平之議斯又謬矣唯入魏氏列傳不作齊
書龍黎見於商典以敢晉朝正始以前唯入魏氏列傳不作齊
可二代相淺兩史並書意不得以後朝創業之迹斷入前
史若然則世宗高祖比日天保以前

〈隋列七　四十二　五〉

朝帝紀可乎此既不可彼後何證是時中書侍郎杜臺卿
上世祖武成皇帝齊王以為未盡筆入令和士開以頌示
德林宣旨云臺卿此文未當朕意以卿有大才演敘盛德
即宜速作急進本也德林乃上頌十六章并序文多不載
武成覽頌善之賜名馬一四三年祖孝徵為侍中當書
左僕射趙彥深出為兗州刺史朝士有先為孝徵所待遇
者聞德林云吳彥深黨與不可仍掌機密孝徵曰德林久
滯絳衣我常恨彥深待賢未足內省文翰方以委之尋當
有佳勅分不宜妄說舉除中書侍郎仍說脩國史齊王留
情文雅召入文林館又令與黃門侍郎顏之推二人同判

文林館事五年勅令與黃門侍郎李孝貞中書侍郎李若
別掌宣傳尋除通直散騎常侍兼中書侍郎隆化中侵儀
同三司齊亡周武帝克齊入鄴之日勅
小司馬唐道和就宅宣旨慰諭云平齊之利唯在於爾朕
本畏爾逐齊王東走今聞猶在大以慰懷宜即入相見道
和引之入內遣內史宇文昂訪問齊朝風俗政教人物善
惡即留內省三宿乃歸仍遣從駕至長安授內史上士自
陽宮作鮮卑語謂群臣我正謂其是天上人豈言今日得
其與齊朝作詔書移檄我正謂其是天上人豈言今日得

〈隋列七　四十二　六〉

見我驅使後為我作文書極為大異神武公紀豆陵毅答曰
臣聞明王聖主得騏驎鳳凰為瑞是聖德所感非力能致
之瑞物雖來不堪使用如李德林來受驅策亦陛下聖德
感致有大才用無所不堪勝於騏驎鳳凰遠矣武帝大笑
曰誠如公言不授御正下大夫大象初賜爵成安縣
男宣帝大漸屬高祖初受顧命邢國公楊惠謂德林曰朝
廷賜令總文武事經國任重非群才輔佐無以克成大業
今欲與公共事必不得辭即德林聞之甚喜曰德林雖
忱即召與語劉昉鄭譯初矯詔詔高祖受顧命輔少王總
庸愒誠亦有所在若曲相提獎必望以死奉公高祖大

知內外兵馬事諸衛既奉勅並受高祖節度鄭譯
欲授高祖豪宰鄭譯自攝大司馬劉昉又求小豪宰高祖
私問德林曰欲以見屬德林曰即宜作大丞相假黃鉞
都督內外諸軍事不爾無以壓眾心及發喪便即依此以
譯爲相府長史上大夫昉但爲丞相府司馬譯昉以
由是平德林爲丞相府屬加儀同大將軍未幾而三方
構亂遣指授兵略甘與之條詳軍書羽檄朝朝填凑
中動逾百數或機速競發口授數人文意百端不加治點
郎公五辛孝寬爲東道元師師次永橋爲心水泛長立未得
度長史李詢上密啓云大將梁士彥宇文忻崔弘度並受

尉遲迥饟金軍中慓慓人情大異高祖得詢啓深以爲憂
與鄭譯議欲代此三人德林獨進計云公與諸將並是國
家貴臣未相伏馭令以挾令之威使得之耳安知後所遣
者能盡腹心前所遣人獨致事異文取金之事處實難明
即令換易後將懼誅其逃逸偷禁錮然則郎公以下
必有驚疑之意且臨敵代將自古所難樂毅所以辭燕趙
括以之而敗趙惠如惠所見但遣公一腹心明於智略馳驛
將薦來所信服者速至軍便觀其情偽縱有異志必不敢
動必相大悟曰若公不發此言幾敗大事即令高頻馳驛
往軍所爲諸將節度竟成大功凡厥謀議多此類也進授

丞相府從事內郎禪代之際其相國總百揆九錫殊禮詔
策牋表璽書皆德林之辭也高祖登阼之日授內史令初
將受禪虞慶則勸高祖盡滅宇文氏高頻楊惠亦依違從
之唯德林固爭以爲不可高祖作色怒云君讀書人不足
平章此事於是遂盡誅宇文氏品位不加出於高頻之下
唯依班例授上儀同進爵爲子開皇元年勑令與太尉任
國公于翼高頻等同修律令事訖奏聞別賜九環金帶一
腰駿馬一匹賞損益之多也格令班後蘇威每欲改易事
條德林以爲格式已頒義須畫一縱令小有蹉駿非過惫
政害民者不可數有也格令張威又奏置五百家鄉正即令理

民間辭訟德林以爲本廢鄉官判事爲其里閭親戚剖斷
不平令令鄉正專治五百家恐爲害更甚且令時史部總
選人物天下不過數百縣於六七百萬戶內詮簡數百縣
令猶不能稱其才乃欲於一鄉之內選一人能治五百家
者必恐難得文即時要荒小縣有不至五百家者復不可
以下多從德林議蘇威文言廢郡德林語之云修令時公
何不論廢郡爲便令繞出其可改由於威議五年勑令撰
令德林狠戾多所固執由是高祖盡依威議云修令之議
稱德林相時文翰勒成五卷謂之霸朝雜集序其事曰瀕以

陽烏垂曜微霆傾心神龍騰躍飛雲觸石聖人往上幽顯
其待故封之比屋可封萬物之一其為嘉慶固以多世若夫帝
得於可封之民為萬物之一其為嘉慶固以多世若夫帝
臣王佐應運挺生接踵於朝諒非之矣而班之姝曲木
變容朱藍所染素絲改色二十二臣功成盡美二十八將
效力於時種德積善豈皆比於摧奐計功稱伐非悉庸於
耿賈書契巳還立言非殆庶何世無之蓋上章庸庸於
后旁資群牧商賄屠釣幽微化為侯王皆由此也有
士亦因此為煙霧可依騰蛇與蛟龍俱逐栖息有餘蠅

〈隋列七 四十二 九〉

同駸驥之速因人成事其功不難自此而談雖非上智事
受命之主委質為臣遇高世之才連官接席皆可以翊亮
天地流名鐘鼎何必碧蠶造書伊尹制命公旦操筆老聃
為史方可敘帝王之事談人鬼之謀平至君臣者本勳賓
實非勳非德劇軒晃之流無學無文凱藝文之職若不逢
休連非遇天恩光大含弘博約文禮萬官百辟才思兼人
收拙里間退往鄉邑不種東陵之瓜豈過南陽之揚得
出入間閱之闊趨走太微之庭復天子之階侍聖皇之側
樞機帷幄寵沒榮寵者也昔歲未行將李諒開在辰火運
肇與群官總己有周典八柄之所大隋納百揆之日兩朝

〈隋傳七 四十二 十〉

文翰臣兼掌之時溥天之下三方構亂軍國多務朝夕填
委簿領紛紜羽書交錯或速駕或事大潞天或日有
萬幾或幾有萬事皇帝內明外順綏營區宇吐無窮之術
運不測之神幽贊兩儀財成萬類合謀攻取之方萬國承
率土之濱責公之道讓羣臣之令有憲章古昔
風安上治民之道讓羣臣之禮報群臣之令有憲章古昔
棄光景大則天壤不遺小則星毛無失遠縣河寸晷不日
盡聞逖聽百王未見者皆具發言吐論即成文章臣染翰
操懷書記回昔放勳之化老人頜而未知孔丘之言弟
子聞而不達愚情票聖多必乖舛加以奏閣趨墀盈懷滿
袖手披目閱堆案積几心無別應筆不斷傳或畢景忘餐
或運宵不寐以勤補拙不違其有詞理踈謀遺漏闕
疑皆天旨訓誘神筆改定運籌建策通幽達冥從命者獲
安達命者悉禍懸測萬里指期來事常如目見固乃神知
變天亂聖懷用成典並非臣意所能至此伯禹天謨成湯
盡出聖懷漢光數行之札魏武接要之書溢時拯物無以加也
變出聖懷漢光用成典並非臣意所能至此伯禹天謨成湯
陳哲曹漢光數行之札魏武接要之書溢時拯物無以加也
屬神器大寶數行之札遷明德天道人心同謨歸往周靜南面每
詔襃揚在位諸公各陳本志爾書表奏群情賜委臣寰海

之內禾曰一民樂推之心切於欸獻欵然從命輒不敢辭
比夫潘勗之冊魏王阮籍之勸晉庖高前世才謝佳人
內手捫心夙宵慙惕檄書露板及以諸文有臣所作之有
臣潤色之唯是愚思非表定者雖詞乖繪藻而歸霸德
文有可忽事不可遺前奉勅旨集乖納麓已還至於受命
昨讀託明旦謂德林曰自古帝王之興必有異人輔佐我
省讀訖時制述條目其多令日收撰略為五卷云兩高祖
我本意欲深榮之復贈定州刺史安平縣公謚曰孝以德

林龑襲為德林既少有才名以貴顯几製文章動行於世
或有不知者謂為古人焉德林以梁古彥及元諧之徒頗
有逆意犬江之南抗衡上國乃著天命論上之其辭曰粵
若遂古玄黃闢關帝王神器歷數有歸生其德者天應其
時者命碓乎不變非人力所能為也龍圖鳥篆謳謐遺跡
疑而難信缺而未詳者蘇得而明其在典文燦乎細素
欽明至德莫盛於唐虞貽謀長世莫過於文武大淸神功
積於文王天命顯於唐虞叔昔邑姜方娠震雲帝謂己余
子曰虞將與之唐而普育其子孫及生有文在其手曰虞
遂以命之成王滅唐而封太叔文唐叔之封也箕子曰其

後必大易曰崇高富貴莫大於帝王老子謂域內四大王
居一焉此則名眞與唐炎兼一聖將令其後必大終致唐
震之炎蓋育子孫用其無窮之祚逮至皇家建國初號大興
箕子必大之言於姒乃驗天之眷懸屬聖朝重耳區區
豈足云也有娀玄鳥商以興焉姜嫄履跡周以肇基
佐高帝而滅楚立定漢東京大尉關西孔子生感
遺鱣之集殺降巨鳥之奇累仁建盛業於周朝啓覆輸之國肇
庶民匡主立殊勳於陝配彼天皇帝載誕之初神光滿室
炎精之紀爰受貽命

具興王之表輔大聖之能或氣或塞映於廊廟如天如日
上帝付其民誅戮逆於九重行神化於四海于斯時也尉
迴據有鄴野晃內明外順自險獲安豈非萬福扶持白祿攸
集有周之末朝野騷然俗驅馳蛇豕連縱
蜀之險興兵樂衆蓮巴庸蜀食秦楚此一虜
橫地迤九州隘三民則十分擁六王謙乘連率全
也窮凶極逆從章河而達頁海連岳而距華陽迫脅荊
駕睚眦宸極脈欲割洪潙江山鳩毒邑皆將長戰強
蠻吐納紅漢佐鬪嫁禍紛若蜟毛曝骨履腸間不容礪硎

乃奉殘戎之命運先天之略不出六庭摧轂分閫一麾以
定三方數旬而清萬國湯滌天壤之速規基措畫之神造
化以來弗之聞也光熙前緒圖有不服煙雲改色鍾石鑾
音三靈顧望萬物影響木運言盡寒暑克讓天歷在躬推
而弗有百辟廱廱丹四方岳牧稽圖讖之文順億兆之請披
容怛恂如升推帝君猷翔業班統殊徵貌服改色色叙
肝瀝膽書歌夜吟方冊賞穎之高武允幽明之宥
戮倫薄賦輕徭慎刑恤獄除繁奇之政興清靜之風去無
用之官省相監之職奇才間出盛德無隱星精雲氣其趨
走於墀堰山神海靈感煉理於臺閣東漸日谷西被月川

《隋傳七》　四十二　十三

教暨比滇之表聲加南海外俊彼汲漠區域萬里蠢蠢百
蠻冥之興競五帝所不化三王所未實出膝頓顙囊盍為臣
妾殊方異類書契不傳梯山越海貢琛奉贄欣欣如也東
居穴處化以庖廚禮樂合天地之同
遊文雅之場出入吞冥之極合神謨鬼通幽洞微群物歲
律品節寒暑之候制作詳班示之後淳粹得神農之前遊
成含生日用以飲和氣以自得沐以玄澤而不知卅雀為史
玄龜載書甘露自天醴泉出地神禽異獸玲瑤奇草豐風
觀海雁化歸風備休祥於圖冊鑾聲幽邃而朱止猶且父
子民競競翼翼其孚大矣七十四帝昌可同年而語哉若君

夫天下之重不可妄據故唐之許由夏之徙益懷道立事
人授而弗可也軒初四帝周餘六王籍世因基自取而不
得也孟軻稱仲尼之德過於堯舜著述成帝者之事弟子
備王佐之才黑不代磨泣麟歎鳳栖汲汲遑遑秦攜漢
宰割神州角逐爭鬥盡威力而無就也餘歎起妖妾會
何足數賊子逆臣所以為鼎黑帝勃敵不識天道不悟人謀牽
逐鹿之邪說謂飛鳥而為鼎若使四爭　八元之誠三監
同九臣之志韓信彭越深明帝子之符孫述隗囂妙識
人之出尉迴同謳歌之類王謙比獄訟之民福祿蠅聯胡

《隋傳七》　四十二　十四

可窮也而違天逆物獲眾人神鳴呼此前事之天戒矣誅
惠其醜歷代共無備逆凶邪時煩獄更其可不戒懼哉蓋
積惡既成心自絕於善道物類感理必至於誅戮天奪
其魄鬼惡其盈故也大帝聰明群臣正直耳目監於率土
賞罰點黜於國朝輔助一人覆育兆庶豈有食人之祿受人
已除其籍自古明哲庶遠防微執一心持一德立功坐樹
之縈包藏禍心而不殲盡者也必當執法未戮其罪司命
上書削章位尊而心逾下祿厚而志彌約籠蓋黨之禪懼道
高守之以恭克念於此則姦回不玄事乃畏天豈惟愛禮
謙光滿覆義在知幾吉凶由人妖不自作衆星其極在天

〈隋列七　四十二　十五〉

咸象鳳沙則主雖藏民盡知歸有南則始為跋扈終而
大服漢南諸國見一面以從殷河西將率五郡以歸漢
故能招信順之助保太山之安彼陳國者盜竊江外民火
一郡地減半州遇受命之主逢太平之日可獻土銜璧
乞同溥天乃復卷襄家之疹導顛覆之軼元龜踵昊越是
匪民雖屬大道偃兵舞鍼然國家當混一之運金陵仍為
殊滅之期有命不恒斷可知矣彼房風之戮元龜遙孫皓
之侯守株難得迷而未賢諒可憫焉斯故未辯玄天之心
不聞君子之論也德林自隋有天下每贊平陳之計八年
車駕幸同州德林以疾不從勅書追之書後御筆注云代

陳事意宜自隨也時高頲因使入京上語頲曰德林若患
未遑行宜自至宅取其方略高祖以之付晉王諱後從駕
還在塗中高祖以馬鞭南指六待平陳記會以七寶裝嚴
晉王及諸將勠力之所致也今乃歸功於李德林諸將必
晉王悅且後世觀公有若虛行頲入言之高祖乃止初大
賞物三千段晉王諱已宣勅許有人說高頲曰天子畫策
公使自山東無及之有及陳平授桂國郡公實封八百戶
還當傾悅以後致力之宜出至地官府忽復
象未高祖以逆人王謙宅賜日夫人欲得將與其舅於公無形迹
敕賜崔謙上語德林曰不須事之可自選一好宅若不稱意當寅為營造并覓莊店

〈隋傳七　四十二　十六〉

作贊德林乃奏取逆人高阿那肱衛國縣市店八十區為
王謙宅贊九年車駕幸晉陽店人上表訴稱地是民物高
氏強奪於內造舍上命有司料還價直遇追蘇威自長安
至奏云高阿那肱是亂世宰相以諂媚得幸枉取民地造
店債之德林誣調妄奏自入李圓通馮世基等文進云五
店收利如食千戶請計日追贓上因責德林請上仍
人文簿及本換宅之意上不聽乃悉追店給還所住者自是
益嫌之十年虔慶宅之計曰貨賄行貨賄公行
百家卿正專理辭訟不便於民黨與愛憎公以為不然置來始爾復
令廢之德林復奏云此事臣未以為不然置來始爾復

即停廢政令不一朝成暮毀深非帝王設法之義臣均陛
下若於律令輒欲改張即以軍法從事不然者紛紜未已
高祖逐發怒大詬云爾欲將我作王莽邪初德林父為
父終諮於校書郎妄稱諮議上其街之至是復庭議忤意因數
之曰公為內史典機密比不可豫計議故
寧自知孝由天性何須設敎然則孔子不當說孝經也文
之公言孝治天下恐斯道廢闕故立五教以弘數
調貿取店妄加父官朕方以孝治天下恐斯道廢闕
遣耳因出為湖州刺史德林拜謝曰臣不敢復望內史令

請預於待陛下登封吉成一觀盛禮然後收拙丘園死
且不恨上不許轉懷州
空致勞擾竟無補益為考司所敗竟餘卒官時年六十一
贈大將軍廉州刺史諡曰文及將葬勑令羽林百人并鼓
吹一部以給喪重贈物三百段粟千石祭以太牢德林美
容儀善談吐齊天統中兼中書侍郎於宵館受國書陳使
江摠目送之曰此即河朔之英靈也器量沉深時人未能
測唯任城王湝趙彥深魏收陸卬大相欽重延譽之言無
所不及德林少孤未有字魏收謂之曰識度天才必至公
輔吾輒以此字卿後官以後即典機密性重慎嘗云古人

【隋傳七　四十二　十七】

不言溫樹何足稱也少以才學見知及位望稍高頗傷自
任爭名之徒更相諧毀所以運屬興王功參佐命十餘年
間竟不徒級所撰文集勒成八十卷遭亂亡失五十卷
行於世勑撰齊史未成有子曰百藥博涉多才詞藻清贍
釋巾太子通事舍人後遷太子舍人尚書禮部員外郎
尉安平縣公桂州司馬煬帝恐其初不附已以為炊兵校
史臣曰德林幼有俊尚學富才優譽重鄴中聲飛關至王
基締構叶贊謀猷羽檄交馳絲綸閒發文誥之美時無與
二君臣躰合自致青雲不患莫己知豈徒言也

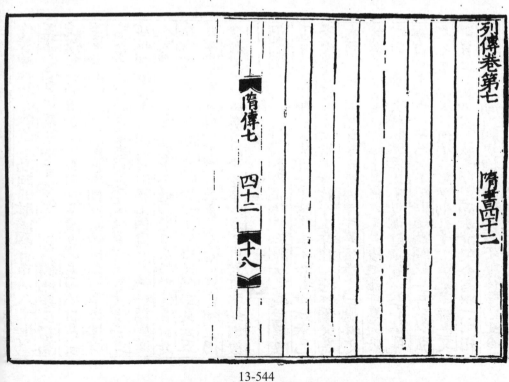

列傳卷第七　隋書高四十二

【隋傳七　四十二　十八】

河間王弘子慶　特進臣魏　徵　上

河間王弘字辟惡高祖從祖弟也祖厷父
慶並為周太祖建義關中元孫時在鄴
隨母郭氏養於舅族及武元皇帝與周
太祖建義關中元孫少孤
姓為郭氏元孫死齊高祖爲
為周弘弁弘始性略閑與高祖相得高祖爲
丞相常置左右委以心腹高祖頻加上
時立於戶外以衛高祖尋加上開府賜爵永康縣公及上山
受禪拜大將軍進爵郡公尋贈其父為柱國尚書令河間
郡公其年立弘為河間王拜右衛大將軍歲餘進授柱國
時突厥屢為寇患令弘為行軍元帥率數萬出靈州道與虜
相遇戰大破之斬數千級賜物二千段出拜寧州總管進
位上柱國弘在州治尚清淨甚有惠政後數載徵還京師
未幾拜蒲州刺史得以便宜從事時河東多盜賊民不得
安弘奏為益者百餘人投之邊贍州境帖然莫為良吏每
晉王廣入朝弘輒領揚州總管及晉王歸藩弘復還蒲州
在官十餘年嗣位徵還拜太子太保歲餘
薨大業六年追封郇王子慶嗣

〈隋列八　四十三　〈一〉〉

慶傾曲善候時變帝時倩忌骨肉膝王綸等皆被誅唯
慶獲全東遠紫陽郡太守頗有治績及李密攻陷興洛
陽諸縣多應密勸慶勒兵拒守密遣書曰自古狂悖之不能克歲餘城
中糧盡士民多應日覺是因遺慶書曰自古狂悖之不能克歲餘城
剝削生民塗炭天下瑤臺酒池
之荒兆為姙亂公者共舉義旗勘剪兇唐八方同德萬里
俱求莫不期入關以亡秦暴義崇一郡王獨守迷天微子
江淮九服遺人承項籍之李父戚乃兆踈然猶識
紂之元兄族實為重頃豈不卷戀宗礽留連骨肉但識
歌而入周皆西走而歸漢豈一卷戀宗礽留連骨肉但識
寶豈非之將移殷之先改而王之先代家住山東本姓
郭氏乃非揚族止為宿與隋朝光有勳舊逐得預霧鑑石
名在陳芊簀敬之與漢高殊非血亂呂必於董亭良異
天親芝楚薰歎事不同此文王之昏心若對狼雛慈同
胞有逾沉閟惟男及諒咸開師兄乃族頗為兆何能自
保為王計者莫若舉城從義開門送欸安若太山高枕而
臥長守富豈兄為美談豈至子孫必有餘慶太王世充而
固何暇圖人世充朝亡達便夕滅又江都荒酒流宕忘歸
內外崩離人神忿憤上江米船皆被秘藏士卒饑饉半菽
被權感愛自殺無聊偷存是漏誠能支父陷逆韋津東都自

〈隋列八　四十三　〈二〉〉

不充事功析散義均者智樂烽火於驪山諸侯莫至浮胲
鯷於漢水還日未期王獨守孤城絕援千里餽糧之計僅
有月餘散卒之多絕盈數百有何恃賴欲相拒抗求枯魚
於市肆即事非虛因歸鴈以運糧竟知何日然城中豪傑
王之腹心思殺長吏將為内登正恐禍生匕首讐發蕭墻
空以七尺之軀縣賞千金之購可為集心可為酸鼻者也
幸能三思自求多福卜時江都敗問亦至慶得書遂降于
窓政姓為郍氏寵為王世充所破復歸東都更為楊氏越
王侗不之責也及侗稱制拜宗正卿世充將篡慶首為勸
進世充既僭號降爵郍國公慶復為郍氏世充以兄女

〈隋傳八　四十三　三〉

妻之署鄭州刺史及世充將敗慮禍將其妻同歸長安其
妻謂之曰國家以妾等箕帚於公著欲以甲厚意結公心
耳令叔父窮迫家國阽危而公不顧婚姻孤身付屬為全
身之計非妾所能責公也妾苦至長安則公家一姻耳何
用妾為願得送還東都君之惠也世充既慶君之惠遂沐浴靚
粧仰藥而死慶歸大唐為宜州刺史郍國公復姓楊氏其
嫡母元太妃年老兩目失明王世充以慶叛已而斬之

楊處綱

楊處綱高祖族父也生長北邊少習騎射在周嘗以軍功
拜上儀同高祖受禪贈其父鍾葵為柱國尚書令義城縣

公以慶綱襲爵授開府督武候事尋為太子宗衞率轉左
監門郎將後數載起授右領軍將軍慶綱雖無才藝而性
質直在官彊濟亦為當時所稱轉蒲州刺史更民悅之雖
進位大將軍後遷秦州總管卒官諡曰恭弟慶樂官至絳
州刺史漢王諒之反也朝廷以為有二心廢錮不齒

楊子崇

〈隋傳八　四十三　四〉

楊子崇高祖族弟也父盆生贈荊州刺史子崇以好學涉
獵書記有風儀愛賢好士開皇初拜儀同以軍騎將軍恒
典宿衞後為司門侍郎煬帝嗣位累遷候衞將軍坐事免
未幾復令檢校將軍事帝幸汾陽宮子崇知突厥必為
寇患屢請早還京師帝不納尋有鴈門之圍及賊退帝怒
之曰子崇怯懦妄有陳請動我眾心不可居爪牙之寄
出為離石郡太守涖郡境子崇上表請兵鎮遏帝復大怒下
六兒復摧殘剝掠郡境子崇上表請兵鎮遏帝復大怒下
書令子崇巡行長城子崇出百餘里四面路絕不得進而
歸時子崇愴惶妄有陳請後捕斬數千人歲餘朔
方梁師都郡邑劉武周等各稱兵作亂郡中諸胡復相嘯
聚京師輜重平涼遇河西諸縣各殺長吏叛歸師都道路隔
絕子崇退歸離石所將左右既聞太原有兵起不復入城

13-546

遂各叛去子崇衆收叛者父兄斬之後數日義兵夜至城
下城中豪傑復出應之城陷子崇爲亂家所殺

觀德王雄

觀德王雄初名惠高祖族子也父納仕周歷八州刺史儻
城縣公賜姓叱呂引氏雄美姿儀有器度雍容閑雅進止
可觀周武帝時爲太子司旅下大夫帝幸雲陽宮衛王直
作亂以其徒襲肅章門雄逆拒破之進位上儀同武陽
縣公邑千戶累遷右司衛上大夫大象中進爵邘國公邑
五千戶高祖爲丞相雍州牧畢王賢謀作難雄時爲別駕
知其謀以告高祖伏誅以功授柱國雍州牧仍領相府

震候周宣帝崩備諸王有變令雄率六千騎送至陵所進
位上柱國高祖受禪除左衛將軍兼宗正卿俄遷右衛大
將軍於預朝政進封廣平王食邑五千戶以邘公別封一
子雄請封弟士貴朝廷許之或奏高頻朋黨者上詰雄於
朝雄對曰臣伏臘宴會每延賓客或私用心平允奉法而行此乃愛憎
之理惟陛下察之高祖深然其言雄時貴寵冠絕一時與
高頻震慶則蘇威稱爲四貴雄寬容下士朝野傾矚高祖
尊欽明春掎萬機親覽煩然其言雄時貴寵冠絕一時知至
惡其頻震慶則蘇威稱之不欲其典兵乃下冊書拜雄爲司空
曰維開皇九年八月朔壬戌皇帝若曰於戲惟爾上柱國

左衛大將軍宗正卿廣平王風度寬弘位望隆重顧愛司禁
旅縣歷十載入當心腹外佳爪牙驅馳軒陛勤勞著績念
舊庸勳禮秩加等公輔之寄民具爾瞻宜竭迺誠副茲念
實奮其權也雄無職務乃闔門不通賓客改封清漳王
仍叨臺槐常懼盈滿可

大業初授太子太傅及元德太子薨檢校鄭州刺史事
歲餘授懷州刺史尋拜京兆尹帝親征吐谷渾詔雄總
管澆河道諸軍及還改封觀王上表讓曰臣早逢興運預班

末屬有命有時籍風雲之會無才無德濫公卿之首蒙先
皇不次之賞荷陛下非分之恩久叨臺槐常懼盈滿可
仍叨臺槐服重襲名臣實緣面墻敢緣姓例臣誠昧籠交懼
身責昔劉寶封王岂備三階之佳曹洪上將寧超五等之
爵況臣袞章踰於帝子京尹亞於皇枝鍚土作藩鈕金開
國於邑何以自處帝不曲留慰照特盤冊誠頻觸宸嚴
守伏願陛下曲留慈照特鑒冊誠頻觸宸嚴伏增汗腰
詔不許遼東之役檢校左翊衛大將軍出遼東道次瀘河
遇疾而薨時年七十一帝爲之發哀鴻臚監護喪事有司
考行請謚曰懿帝曰王道高雅俗德冠生人乃賜謚曰德

贈司徒襄國武安勃海清河上黨河間濟北高密濟陰長

平等十郡太守恭仁位至吏部侍郎恭仁弟綝性和厚

廋有文學歷義州刺史淮南太守及父薨起為司隸大夫

遼東之役帝令綝於臨海頓別有所督楊玄感之反也玄

感弟玄縱自帝所逃赴其兄路逢綝綝避人偶語久之既

別而復相就音數矣司隸刺史劉休文奏之時綝兄更部

侍郎恭仁二將兵於外常心惡之未發其事綝愚懼發病

而卒綝弟續仕至散騎侍郎

夫遂寧縣男高祖受禪拜給事黃門侍郎進爵安平時吐

雄弟達字士達少聰敏有學行佐周官至儀同內史下大

谷渾寇邊詔上柱國元楷為元帥達為司馬軍還兼吏部

侍郎加開府歲餘轉內史侍郎出為鄀鄭三州刺史俱

有能名平陳之後四海大同上差品天下牧宰達為第一

賜雜綵五百段加以金帶楊素毋言曰有君子之貌兼君子之心

為人弘厚有局度楊素毋言曰有君子之貌兼君子之心

者唯楊達耳獻皇后及高祖山陵制度達並參預焉煬帝

嗣位轉納言乃領營東都副監帝甚信重之遼東之役領

若武衛將軍進位左光祿大夫卒於師時年六十二帝歎

惜者久之贈吏部尚書始安侯諡曰恭贈物三百五十段

史臣曰高祖始選周同姓維城宗社是

以河間觀德啟山河屬乃覆苦土地非龍遏故高位厚秩

與時終始楊慶三子六德志在苟生戀本宗如反掌衰慶

毋如遺跡及身而絕嘗其然矣觀王位於吾衰慶流後嗣

保茲寵祿寔仁厚之所致乎

特進臣魏　徵　上

滕穆王瓚　嗣王綸

《隋列九 四十四 一》

滕穆王瓚字恒生一名慧高祖母弟也周世以太祖軍功封竟陵郡公高武帝妹順陽公主自右中侍上士遷御伯中大夫保定四年改為納言授儀同瓚貴公子文尚公主美姿儀好書愛士甚有令名於當世時人號曰楊三郎武帝甚親愛之平齊之役諸王咸從留瓚居守帝謂之曰六府事殷一以相付朕將遂事東方無西顧之憂矣其見信如此宣帝即位遷吏部中大夫加上儀同未幾帝崩高

祖入摠朝政令廢太子勇呂之欲有計議瓚素與高祖不協聞召不從曰作隋國公豈不能保何乃更為族滅事邪高祖作相遷大將軍拜大宗伯典修禮律進位上柱國邵國公瓚見高祖執政群情未一恐為家禍有圖之心祖每優容之及受禪立為滕王後拜雍州牧一數與同呼為阿三後坐軍去牧以王就第瓚妃宇文氏先時與獨孤皇后不平及此懟懟不得志陰有呪詛上命瓚出之瓚不忍離絕固請上不得已從之宇文氏竟除屬籍攜其二兒性皆恩禮更薄開皇十一年從幸栗園暴薨時年四十二人皆言其遇鴆以斃子綸嗣

綸字斌籍性弘厚美姿容頗解鍾律高祖受禪封邵國公邑八千戶明年拜邵州刺史暨王廣納妃於梁詔綸致禮焉其為梁人所敬綸以穆王之世每不自安

煬帝即位尤被猜忌綸憂懼不知所為術者言當王琛而問之琛曰王相祿不九乃因曰滕即命黃門侍郎王弘窮治之弘希旨奏綸厭蠱惡逆坐當死帝原其罪

《隋列九 四十四 二》

議其事司徒楊素等曰綸希冀國災幸朕之弘見帝方怒遂希旨與素綸等曰綸之申積自家世惟皇運之始四海同心在於孔懷彌須叶

力其先乃離阻大謀異父悖於前子逆於後非直弟散祆邊郡司所遏未幾復從朱崒反及天下大亂綸為賊林士弘所逼攜妻子竄于儋耳後歸大唐為懷化縣公綸弟坦字文籍初封陵郡公坐從長沙坦弟猛宇文猛籍初徙零陵溫好學解屬文既而作零陵賦以自寄可其辭哀思帝見而怒之轉徙南海溫第諡字弘籍以亦從零陵帝以其修謹襲封滕王以奉穆王嗣大業末薨

抑有舊章請依前律帝以公族不忍除名為民徙始安諸

弟散祆邊郡太業七年親征遼東及天下大亂綸為郡守乃即異父悖於前子逆於後觀覿朝廷便是圖危社稷為惡有狀其罪莫大刑茲無赦

道悼王靜

道悼王靜字賢綖滕檀王贇之子也出繼叔父萬高萬在周
代以太祖軍功賜爵興城公旦十卒高祖踐位追封道王諡
曰宣以靜龍裔翠典無子國除

衛昭王爽　嗣王集

衛昭王爽字師仁小字明達高祖異母弟也周世在襁褓
所鞠養由是高祖於諸弟中特寵愛之十七為內史上士
高祖執政拜大將軍泰州總管未之官轉授蒲州刺史進
位柱國及受禪立為衛王尋遷雍州牧領左右將軍俄遷
右領軍大將軍權領弁州總管上歲餘進位上柱國轉涼州
總管爽美風儀有器局治其有聲其年以爽為行軍元帥
步騎七萬以備胡出平涼無虜而還明年大舉北伐又為
元帥河間王弘豆盧勣寶榮定昌頻震慶則等分道而進
俱受爽節度爽親率李元節等四將出朔州遇沙鉢略可汗
於白道接戰大破之虜獲千餘人驅馬牛羊鉅萬沙鉢略可
汗中重捷而道高祖大悅賜爽貝食粟安縣千戶六年
復為元帥步騎十五萬出合川突厥遁逃而返明年徵為
納言高祖甚重之未幾爽寢疾上使巫者薛榮宗視之云

隋列九　四十四　三

母鬼為厲爽參左右驅逐之居數日有鬼物來擊榮宗
宗走一階口斃其夜爽薨時年二十五贈太尉冀州刺史
子集嗣

集字文會初封遂安王尋襲封衛王煬帝時諸侯王恩禮
漸薄猜防日甚集憂懼不知所為乃呼術者令卜明章醮
以祈福助有人告集呪詛司希音鍛成其獄奏集惡逆
坐當死天子下公卿議其事楊素等曰集偏懷悖逆
君親公然呪詛無懷幽顯情滅人理論如律曰集與相連坐
罪人非臣子之所赦請論如律
忍加誅乃下詔曰綸集以附葦之華猶子之重廐之好爵
親親致之極僻情所未忍於是除名為民徙邊郡遇天下
大亂不知所終

隋列九　四十四　四

蔡王智積

蔡王智積高祖弟整之子也整周明帝時以太祖軍功賜
爵陳留郡公尋授開府軍騎大將軍從武帝平齊至開州
力戰而死及高祖作相贈柱國大司徒襄定灜相懷趙
貝八州刺史高祖受禪追封蔡王諡曰景以智積龍爽為

封府弟智明爲高陽郡公智才爲開封縣公尋拜智積爲

開府儀同三司授同州刺史儀衛資送甚盛頗之以脩謹

聞高祖善之在州未嘗嬉遊獵聽政之暇端坐讀書門

無私謁有侍讀公孫尚儀山東儒士府佐楊君英蕭德言

並有文學時延於座所設惟餅果酒纔三酌之家有女妓唯

年節嘉慶奏於太妃之前其簡靜如此昔高祖龍潛時景

王與高祖不睦其太妃又與獨孤皇后不相諧以是

智積常懷危懼毎自貶損高祖知其若是亦哀憐之多也吾

勸智積治產業者知帛財帛苦其多或

智積曰昔平原露朽財帛苦其多或

幸無可露何更嘗乎有五男止教讀論語孝經而已亦不

今交通賓客或聞其並皮智積答曰卿非知我者其意忍兒

子有才能以致禍也開皇二十年微遠京第無他職住圖

門自守洪朝觀不出煬帝即位滕王綸衛王集並以譖搆

得罪高陽公亦以交遊奪爵智積愈懼大業七年授

襄太守委政寮佐清淨自居及楊玄感作亂自東都引

軍而西智積謂賓客曰玄感聞大軍將至欲西圖關中若

成其計則根本固矣今留守以計縻之使不得進不出一旬自

可擒耳及玄感軍至合擊破之十二年從駕江都尋卒帝時陳薄

述等授重至合擊破智積乃更益火賊不得入數日宇文

骨肉智積毎不自安及遇患不呼醫臨終謂所親曰吾今

自始知得保自領沒於地矢時人哀之有子道玄

史臣曰周建懿親漢開盤石內以敦睦外以輯寧億

兆深根固本宗獎王室安則有以恤其

危所申來久矢抗之則執簪於四夫抗之則權倖於萬乘矯過正非一

時也得失詳矣不復究而論焉高祖昆弟之恩素

篤棣閨房之際乂不相容至于二世承基其將瘉過正非

勝楨鬱薨人皆稱議蔡王遷流莫知所處幸唯衛王養於

后故往遇特隆而諸子遷流莫知所處夫其錫以茅土

稱爲盤石行無甲兵之衛居與皁隸爲伍內無虞顚危

不暇時逢多難將何繫焉

列傳卷第九

隋書四十四

文四子　特進臣魏　徵　上

高祖五男皆文獻皇后〈所生也〉長曰房陵王勇次煬帝

次秦孝王俊次庶人秀次庶人諒

房陵王勇字覩地世以太祖軍功封博

平侯及高祖輔政立為世子拜大將軍左司衛封長寧

郡公出為雍州牧地代高祖統舊齊之地後徵還

京師進位上柱國大司馬領內史御正諸禁衛皆屬焉高

祖受禪立為皇太子軍國政事及當奏死罪已下皆令

【隋列十　四十五　一】

勇參決之上以山東民多流冗遣使按檢又欲徙民北實

邊塞勇上書諫曰竊以導俗當漸非可頓華戀土懷舊民

之本情波迸流離蓋不獲已有齊之末主閽時昏周平東

夏繼以威虐民不堪命致有逃亡非厭家鄉願為羇旅加

以去年三方逆亂賴陛下仁聖區宇肅清鋒刃雖接疲瘵

未復若假以數歲沐浴皇風逃竄之徒自然歸本鰥寡孤

獨鰥當犯邊烽城鎮峻峙所在嚴固何待遷配以致勞

擾臣以庸虛謬當儲貳誠見其事是後時政不便多所損益每

未寢其其是後時政不便多所納之上嘗從容

謂群臣曰前世皇王溺於嬖幸廢立之所由生朕傍無姬

侍五子同母可謂良臣兄弟也苦非前代多諸內寵孽子忿

諍為二國之道邪勇頗好學解屬詞賦性寬仁厚率意

任情無矯飾之行引明克讓姚察陸開明等為之賓友勇

嘗文飾蜀鎧上見而不悅恐致奢侈因而誡之曰我

聞天道無親唯德是與觀前代帝王未有奢華而得長

久者汝當儲后當不上稱天心下合人意何以承宗廟之

重居兆民之上吾昔日衣服各留一物時復觀之以自警

戒今以刀子賜汝宜識我心其後緣寢至百寮朝勇張

樂受賀高祖知之問朝臣曰近聞至節內外百官相率朝

東宮是何禮也太常少卿辛亶對曰於東宮是賀不得言

【隋列十　四十五　二】

朝高祖曰改節稱賀正可三數十人逐情各去何因有司

徵召一時普集太子法服設樂以待之東宮如此殊非禮

制於是下詔禮有等差君臣不雜爰自近代聖教漸虧尊

卑不別遂自近代...皇太子雖居上嗣義兼臣子而諸方岳

牧正冬朝賀任士作貢別上東宮事非典則宜悉停斷自

此恩寵始衰生疑阻時高祖令選宗衛侍官以入上臺

宿衛高熲奏稱若盡取強者恐東宮宿衛太弱高祖作色

曰我有時行動宿衛須得雄毅太子毓德東宮左右何須

強武此極敝法非我意如我商量恒於交番之日分向

東宮上下團伍不別當非好事我熟見前代公卿不須仍蹈

舊風盡疑高男尚當男女形於此言以防之也男多內寵
昭訓雲氏尤稱嬖幸禮匹於嫡男妃元氏無寵嘗遇心疾
二日而薨獻皇后意有他故甚責望勇自見勇過甚王知之彌自矯
內政后彌不平頗道人伺察求勇罪過勇素敬接朝臣禮
飾姬妾但備員數唯共蕭妃居處勇由是漸薄勇愈稱晉
言曰臣頓首有限方違顏色已臣子之戀實結于心一辭陛
王德行其後晉王來朝車馬侍從皆為儉素於接朝臣禮
皇后亦曰汝在方鎮我又老令當與汝別有切常離之法
闥無由侍奉拜見之朝者然未日因哽咽流涕伏不能興
然泣下相對歔欷王曰臣性識愚下常守平生昆弟之意
不知何罪失愛東宮恒蒙猜忌每恐讒諛生於
投杆鴆毒遇禍於斯用勤暴橫念懼殞亡皇后忿然
曰睍地伐漸不可耐我為伊索得元家女皇隆基葉竟不
聞作夫妻專寵阿雲使有如許豚犬大前新婦本無病痛忽
因暴疾汝皆發藥致此夭逝事已如是我亦不能窮治何
因禒於汝颇發如此意我在尚朋汝尚如此我死後當魚肉汝乎每
聞大妻專寵龍阿雲使有如許豚犬大前新婦本無病痛
東宮前曾拜聞訊此是幾許大苦痛邪此別之後知皇后意後姬媵奪宗
能止皇后亦悲不自勝此別之後知皇后意又拜嗚咽不

之計因引張衡定策遣姿八千文述深交楊約令喻旨於
越國公素具言其意素既知旨但不知如何必
如所言吾文何為者數日後素入侍宴言皇后孝悌大
儉有類至尊用此揣皇后意皇后泣曰公言是也我兒大
孝順每聞至尊及我遣內使到必迎於境首與之同寢共食
言太子不才皇后遂遺素金始有廢立之意素既知皇后意因盛
骨肉我所以益憐阿麼者常恐暗地殺之素既知皇后意因盛
當者睍地伐阿雲相對而坐終日酗復昵近小人疑阻
憂懼計無所出聞新豐人王輔賢能占候召而問之輔賢
曰白虹貫東宮門太白龍月皇太子廢退之象也以銅鐵
五兵造諸厭勝又於後園之內作庶人村屋牢車陋太子
時於中寢息布衣草褥冀當此身東宮僮僕未嘗責罰
宮使楊素觀勇勇素至東宮偃息未入勇束帶待之故父不
進以激怒勇勇街形於言色素還言勇怨望有他變
顧深防察高祖聞素譖毀甚異之皇后又道人伺說東宮纖
介之事皆聞奏因加媒孽搆成其罪高祖惑於邪議遂諫忌
勇乃於玄武門達至德門量置候人以伺動靜皆隨事奏
聞又東宮宿衛之人侍官已上者籍悉令屬諸衛率有健
兒者咸屏去之晉王又令段達私於東宮幸臣姬威致遺以

財貨令取太子消息審壹楊素於是奏譖謗過失曰聞段達

齊姬威曰東宮罪過主上皆
君能告之則大富貴威遂許諾九月壬子車駕至自仁壽

宮壹曰御大興殿謂侍臣曰我新還京師嚴備仗衛不
知何意朝已然愁苦更何爲此對曰由臣等不稱職

故至尊憂勞萬機既數聞讒謗朝臣皆曰其妻故有斯問
皇聞太子之綜弘爲患利不脫衣臥亦本旨高祖因作色謂東宮

官屬曰仁壽宮去此不遠而令我每還京師嚴備仗衛如
入敵國我爲患利不脫衣臥昨夜欲得近厠故在後房恐

有警急還就前殿豈非爾輩欲壞我國家邪於是執唐

令則等數人付所司訊鞫令楊素陳東宮事狀以近臣
素顯言之曰臣奉勅向京令皇太子檢校劉居士餘黨太

子奉詔乃作色奮厲廣國飛騰語臣云君士黨盡伏法遣
我何奧窮討論爾僕射泰寄不輕自檢校之何關我事

又云君大事不遂我先被誅今作天子竟乃令我不如諸
兒不堪承嗣久矣恒勤我廢之我以布素時生復是

長子堂其漸改隱忍至今勇昔從南兗州來語衛王云阿
嬢不與我一好婦女亦是可恨因指皇后侍兒曰是皆我

物此言幾許異事其婦初七即以斗帳安餘老嫗新婦初

亡我深疑便馬嗣明菓殺我豈賣人便懟曰會殺元孝矩
此欲害我而遷怒耳初長寧誕育朕與皇后共抱養之自

懷彼此連遘來索我何必是其體氣非類便訕宗社又劉金麟者爲其

非類便訕宗社又劉金麟者爲其事勇賞引曹妙
何必是其體氣非類便訕宗社又劉金麟者爲其

興馬人受其社又劉金麟詣使人世呼京即好屠家女即好屠家翁定
子也我前解金聯侈人世呼京即好屠家女其兒爲其事勇賞引曹妙

達共定興與女同讌語云我令解金聯妙夫
諸子偏庶畏人不服逆縱之欲收天下之堂壞如防大

慚堯癖終不以萬姓付不肖子也我恒畏其加害如防大
達共定興與女同讌妙妙付不肖子也我恒畏其加害如防大

敵令欲廢之以安天下左衛大將軍五原公元旻諫曰廢

立大事太子無二言詔旨若行後悔無及讒言罔極惟陛
下察之晏駕之晨旨君行後悔色俱懷上不肯是時姬威又抗表

告太子非法高祖謂威曰太子事跡皆盡言勿有所隱關
太子由來共臣語唯意在驕奢得從樊川以至于散關

揔規爲苑一笑我實求息所前蘇孝慈解左衛率皇太子
黃金百斤兼上林苑東方朔以下吾會殺之賜朔

斬之不殺百許可笑我自然求息昔漢武帝將起上林苑
黃金百斤兼上林苑東方朔有諫者賜朔

第一事以不得自由長默廻視云我大覺身妨高祖曰此
兒不堪承嗣久矣恒勤我廢之我以布素時生復是

宮內所須當書多執法不與便怒曰僕射以下吾會殺之
二人使知慢我之禍又於苑內葬一小城春夏秋冬作役

不輟營基發朝造夕改每云至尊嗔我多側應高緯陳
叔寶豈是尊子乎甞令師姓小吉凶語臣曰至尊已在十
八年此期促矣高祖泫然曰誰非父母生乎至於此我有舊
使婦女令看東宮秦我云勿令廣平王至於此劇東宮惜
婦亦廣平教之二元贊亦知其陰惡縱其兒子不勝忿憤安可
更有求訪朕近覽諸書貝被禁銅部分收其黨與楊素
效尤邪於是勇及諸子皆被禁銅部分收其黨與楊素舞
兩隊初於覽諸書貝高歡縱如聞不知厭足於外置
文巧武鍛錬以成其獄常曲事於勇情存附託在仁壽

奏言左衛元旻文身備宿衛常曲事於勇情存附託在仁壽
宮裴弘將勇書於朝堂與旻題封云勿令人見高祖曰朕
在仁壽宮有織小事東宮必知疾於驛馬怪之甚至非此
徒即遣武執旻及弘付法治其罪先是勇嘗從仁壽宮
還即遣武執塗中見一枯槐根幹蟠錯大且五六圍顧左右
係起居舍人許善或對曰古槐元堪取火于時衛士皆佩火
燧勇因作何爾或造數十枚欲以分賜左右為怪以問姬威威
曰此意別有所在比令長寧王已下詣仁壽宮還每常急
藥勇召貯文數斛亦檘得之大將王巳下為怪以問姬威威
子此意別有所在比令長寧公家馬數萬匹勇希備位太子以
盛言詰勇勇不服曰編闡公家馬數萬匹勇希備位太子以
行一宿便至恒飼馬千四云徑往扣城門自然餓死每急

有馬千四乃是反平素文發洩東宮服翫似加瑠飾者悉
陳之於庭以示文武群官為大子之罪高祖遣將諸物示
勇以讓詰之曰皇后今責我高祖遣將諸物示
史令袁充進曰臣觀天文皇太子當廢上曰玄象久見矣
群臣無敢言者於是使人召勇勇使者曰得無殺我
耶高祖我服陳臣御武德殿命薛道衡宣廢勇之詔曰太
子之位實為國本苟非其人不可虛立自古廢太
才長惡不悛仍令守器豈非亹亹失於至理致使宗
社傾亡簪生塗地由此言之天下安危繫乎上嗣大業傳

世豈不重我皇太子勇地則居長情所鍾愛初登大位即
建春宮奐德業日新隆替頁荷而性識庸闇仁孝無聞昵
近小人委任姦佞前後愆釁難以具紀但百姓者天之百
姓朕恭天命屬當安育搱欲愛子實貽長上靈豈敢以不肖
之子而亂天下勇及其男女為王公主者並可廢為庶人
顧惟兆庶事不獲已興言及此良深愧歎勇再拜而言
曰臣之罪惡人神所棄欲求不廢其可得即勇涕泗交
泣下流襟既而舞蹈而去左右莫不憫默文下詔曰宗社每
之來朝危國亂皆邪臣佞媚凶黨扇惑致使禍及宗社每
盛言詰勇勇不服曰編闡公家馬數萬匹勇希備位太子以

流兆庶君不標明典憲何以肅清天下左衛大將軍五原
郡公元旻仕掌兵衛委心贊陪侍左右恩寵隆渥乃包
藏姦伏離間君親崇於爲勢首太子左庶子唐令
則兼名僃貳位長宮眾諧諂取容音投自進躬執樂器親
教內人賀成夏侯軫引兆法太子家令鄒文騰專行左道
率司馬夏侯福委引元禕知占問國家禍起訕謗潛行離阻進
偏被親昵心腹委付鉅細關知占問國家禍變禍左衛
典膳監元淹福內作威勢浚侮上下褻瀆器親
引妖平營軍獻禱知鋤文帝覬災禍左道親
臣禀性浮躁用懷輕險進盡姦謀要射榮利經營間構開

臣此七人爲害乃其並亂斬妻妾子孫皆悉惡沒官重騎將
軍閹毗　東郡公崔君綽游騎尉沈福寳瀛州民章仇太翼等
四人所爲之事皆是悖惡論其狀逆罪合極刑但朕情存
好生未能盡戮可並特免死各決杖一百身及妻子資財
田宅悉可沒官副將作大匠高龍義豫追黃丁輒配東宮
使役營造直至今日文建通直散騎侍郎
判司農少卿事令進入春坊率之外私自出給虛破丁功擅割
園地並亂盡於是集群官于廣陽門外宣詔以戮之廣平

王雄咎詔曰至尊爲百姓割骨肉之恩廢黜無德實爲大
慶天下幸甚乃後勇於內史省立晉王廣爲皇太子仍以
勇付之後因於東宮賜楊素物三千段元冑楊約並千段
難敵五百段皆賜勇之功賞也時文林郎楊孝政上書諫
曰皇太子爲小人所誤且加訓誨不宜黜屏上怒撻其背
尋而目州長史裴肅表稱庶人罪黜已久請少寬其譴
封一小國高祖知勇之意所不允天下之情乃徵肅入朝
而具陳廢立之意時勇自以廢非其罪頻見上面申冤屈
得引見素因奏言勇情志昏亂爲癲鬼所著不可復收上
以爲然卒不得見素誣陷經營構成其罪類皆如此高祖

寢疾於仁壽宮徵皇太子入侍醫藥而姦亂宮闈事聞於高
祖高祖抵狀於牀曰枉我兒因遺追勇未及發使高祖暴崩
秘不發喪遂收柳述元巖繫於大理獄矯以高祖勅書賜
庶人死追封房陵王不爲立嗣勇有十男雲昭訓生長寧
王儼平原王裕安城王筠高良娣生安平王嶷襄城王恪
王良媛生高陽王該建安王韶成姬生潁川王煚後宮生
孝實孝範
長寧王儼勇長子也誕乳之初以報高祖高祖曰此即皇
太孫何乃生不得地雲定興奏曰天生龍種所以因雲而

出時人以為敏對六歲封　長寧郡王男敗亦坐廢輟上表
乞宿衛辭情哀切高祖覽而憫焉為揚素進　臣伏賴聖心同
於蟄手不宜復留意揚帝戰極儆常從行辛於道寶鴇之
也諸弟分從嶺外仍物在所皆殺焉
秦孝王俊字阿祇高祖第三子也開皇元年立為秦王二
年春拜上柱國河南道行臺尚書令雒州刺史時年十二
加右武衛大將軍關東兵三年遷秦州揔管隴右諸州
盡隷焉俊仁恕慈愛崇佛請為沙門上不許六年遷
山南道行臺尚書令伐陳為山南道行軍元帥督
三十揔管水陸十餘萬比漢口為上流節度陳將周羅睺

【隋傳十　四十五　十一】▽

善之授揚州揔管四十四州諸軍事鎮廣陵歲餘轉并州
揔管二十四州諸軍事初頗有令聞高祖聞而大悅下書
獎勵焉其後俊漸奢侈違犯制度出錢求息民吏苦之上
遣使按其事與相連坐者百餘人俊猶不悛於是上
謂使者曰譖當推較愧無尺寸之功以此多懟耳上聞而
應殺傷不許羅睺亦相率而降於是遣使奉章詣闕垂泣
荀法上等以勁兵數萬比鸚鵡洲揔管崔弘度請擊之俊

室遣極修麗俊有巧思每親運斤斧工巧之器飾以盛治宮
為妃作七寶幕籬又為水殿香塗粉壁以珠玉為梁柱楣
棟之間周以明鏡間以寶珠極榮飾之美每與賓客妓女

絃歌於其上俊頗好內妃崔氏性妬甚不平之遂於瓜中
進毒俊由是遇疾微還京師上以其奢縱免官以王就第
左武衛將軍劉昇諫曰秦王非有他過但貴賤官物營舍
而已臣謂可容上曰法不可違昇固諫上忿然作色昇乃
止其後揚素復進諫曰秦王之過不應至此願陛下詳之
上曰我是五兒之父若如公意何不別制天子兒律以子
公之為人尚誅管蔡我誠不及周公遠矣安能虧法乎卒
不許俊疾篤未能起遣使奉表陳謝上謂其使曰我戮力
關塞創茲大業作訓垂範庶下守之而不失汝為吾子
而欲敗之不知何以責汝俊慚怖疾甚大都督皇甫統上

【隋傳十　四十五　十二】◀

表請復王官不許歲餘以疾篤復拜上柱國二十年六月
薨於秦邸上哭之數聲而已俊所為侈麗之物悉命焚之
勑送終之具務從儉約以為後法也王府僚佐請立碑上
曰欲求名一卷史書足矣何用碑為若子孫不能保家徒
與人作鎮石耳妃崔氏以毒王之故下詔廢絕賜死於其
家子浩崔氏所生也庶子湛群臣議曰春秋之義母以子
貴子以母貴既如此罪則可知漢時栗姬有罪其
子便廢郭后被廢其子斯黜大既然矣小亦宜同今秦王
二子母皆罪廢不合承嗣於是以秦國官為秦王俊長女
求豐公主年十二遭父憂文哀柔毀踰禮免喪逐絕魚肉每至

忌日輒流涕不食有開府王延者性忠厚傾親信兵十餘
年俊甚禮之及俊有疾延恒在閤下衣不解帶俊薨之
不入口者歡日嘔血而絕上嗟異之賜以轜車駿騎
將軍典宿衛俊薨之日延號慟而絕上聞而憫之令通事舍
人弔祭焉詔贈延於俊墓煬帝位浩為秦王以奉
孝王嗣封湛為灘北侯後以浩為河陽都尉楊玄感作逆
之際左翊衛大將軍宇文述勒兵討之至河陽愔卷於浩
浩復詣述立相性復有司劾浩以諸侯交通內臣竟坐
廢免宇文化及殺逆之始立浩為帝化及敗於黎陽比浩
魏縣自借偽號因而害之湛驍果有膽烈大業初為禁陽
太守坐浩免亦為化及所害

庶人秀高祖第四子也開皇元年立為越王未幾徙封於
蜀拜柱國益州刺史摠管二十四州諸軍事二年進位上
柱國西南道行臺尚書令本官如故歲餘而罷十二年又
為內史令右領軍大將軍尋復出鎮於蜀秀有膽氣容貌
瓌偉美鬚髯多武藝甚為朝臣所憚上每謂獨孤皇后曰秀
必以惡終我在當無慮至兄弟必反兵部侍郎元衡使於
蜀秀深結於本連益左右為私請益左右上不許
大將軍劉嚐之討西爨也高祖令上開府楊武通行軍司馬上以秀佳非其人
進秀使嬖人萬智光為武通行軍司馬上以秀佳非其人

譴責之因謂群臣曰壞我法者必在子孫乎譬如猛獸物
不能害及為蟲所傷食耳於其逐分秀以統秀漸奢
後違犯制度重馬被服擬於天子及太子勇以讒廢晉
王廣為皇太子秀意甚不平皇太子恐秀終為變陰令
楊素求其罪而譖之仁壽二年徵還京師上見不與語明
日使使切讓之秀謝曰臣流涕庭謝上曰頃者秦王已竟陛下於其子
物我以父道訓之今秀蠧害生民當以君道繩之於其付
執法者開府慶整諫曰庶人勇既廢秦王已竟陛下
無多何至如其然蜀王性甚耿介今被重責恐不自全上
當獨死皇太子及諸王謝曰

大怒欲斷其舌因謂群臣曰當斬秀於市以謝百姓乃令
楊素蘇威牛弘柳述趙綽等推治之太子陰作偶人書上
及漢王姓字縛手釘心令人埋之華山下唯云令楊素
作檄文曰逆臣賊子專弄威柄陛作偶人書上又
陳甲兵之盛云期間罪置秀集中因以聞奏上曰天下
寧有是即於是廢為庶人幽內侍省不得與妻子相見令
給獠婢二人驅使與相連坐者百餘人秀既幽迫慎恚不
知所為乃上表曰臣以多幸聯慶皇枝家天慈鞠養九歲
榮貴唯知富樂未嘗憂懼輕忽愚陋陷茲刑網負譴深山岳
甘心九泉不謂天恩尚假餘漏至如今者方知愚心不可

妄道清城出聖欲以已當之詐輔益州龍見託言吉兆重
妄稱鬼怪又道不得入宮自言汝地居汝假託妖言乃云不終其位
納不遑結構異端我有不和汝便覘候皇王次爲端我有不和汝便覘候皇王不起便有異
心皇太子汝乃千紀亂常懷惡樂禍瞞眤二宮行連災豐容
上因下詔數其罪曰汝地居臣子情懷兼慜禍瞞眤二宮行連災豐容
希與爪子相見請賜一穴令骸骨有所爪子即其愛子也
長辭明世求歸泉壤伏願慈恩賜亞斂慜殘息未盡之間
慈造但以靈祇不祐福祿消盡夫婦抱思不相勝致只恐
縱國法不可犯撫念咎自新莫交犒望分身竭命少咎

述木易之姓更治成都之宮妄訴末乃之名以當八千之
運橫生京師妖異以讒父兄之災妄造地徵祥以符已
身之籙汝豈不欲得國家之天下亂也天下亂也報造白王之斑
又爲白羽之前文物服飾宣似有君鳴集左道符書頭
漢王於汝親則弟也乃畫其形像畫其姓名縛手釘心枷
鐵杻械仍云請西岳華山慈父聖母神兵九億萬騎收楊
諒魂神閉往華山下勿令散蕩我之於汝親則父後云
請西岳華山慈父聖母神兵又收楊堅夫妻廻心歡喜又
畫我形像縛首攝頭仍云請西岳神兵收楊堅是汝何親也竜藏凶應圖謀不
形狀我令不知楊諒楊堅是汝何親也竜藏凶應圖謀不

軌逆臣之迹也希父之災以爲身幸賊子之心也懷非分
之均心肆毒心於悖逆之行也嫉妬於弟無惡不爲無孔
懷之情也違犯制度壞亂之極也多殺不辜狼之暴也
剝削民庶酷虐之甚也唯求財貨市井之業也專事妖邪
頑嚚露才之甚也不材之器不材之器富貴其可得
人倫汝皆爲之不祥之荷此十者滅天理又
平後復聽與其子同處煬帝即位禁錮如初宇文化又之
殺逆也欲立秀爲帝群議不許於是害之并其諸子
庶人諒字德章一名傑開皇元年立爲漢王十二年爲雍
州牧加上柱國右衛大將軍歲餘轉左衛大將軍十七年爲雍

出爲并州總管上幸溫湯而送之自山以東至于滄海南
拒黃河五十二州盡隸焉特許以便宜不拘律令十八年
起遼東之役以諒爲行軍元帥率衆至遼水遇疾疫不利
而還十九年突厥犯塞以諒爲行軍元帥竟不臨戎高祖
甚寵愛之諒自以所居天下精兵處而讒譖居常快
快遼東之役高祖從容諷諒云突厥方強太子諒即納於
拒陰有異圖遂諷高祖云突厥方強宜修
武備高祖從之於是大發工役繕治器械貯納於重鎮宜修
倚王命左右私人殺議絕共軍蕭摩訶諸者梁將王頍者梁將二人
少倜儻有奇略爲諒所議絕共軍蕭摩訶訶者陳氏舊將二人
俱不得志每懷怨憤思亂並爲諒所親善及蜀王以罪廢諒

隋傳十 四十五 十七

愈不自安會高祖崩諒之不赴遂擧兵反揚管司馬皇甫
誕切諫諒怒收繫之主頻說諒曰王所部將吏家屬盡在
關西若但欲割據舊地宜東出井陘以東土馬亦宜有
掩耳若用此等即宜長驅深入直據京都所謂疾雷不及
二策唱言曰楊素反將誅之聞喜人諒不能專定乃兼
安說諒曰楊素及將諒之聞喜人總管府兵曹裴文
直入蒲津文安請為前鋒而定京師震擾後風行電撃頓於
頁米發之分壇巖以西王掌握之內山東士馬亦為找有
疑群情離駭我即陳兵號令誰敢不從旬日之間事可定
覇上咸陽以東可指麾而定京師繼後兵不暇集上下相
大將軍慕良出滏口以趣黎陽大將軍劉建出井陘以略
大諒大悅於是遣所署大將軍余公理出大谷以趣河陽
燕趙柱國喬鍾葵出鴈門署文安為柱國紀單貴王冊大
將軍茹如天保侯莫陳惠直指京師未至蒲津百餘里諒
忽改圖令紀單貴斷河橋守蒲州而召文安文安退使彼計成大
機詭速本欲出其不意王冊不對以文安又退使彼計成大
事去矣諒不對以王冊為韓州裴文安退至曰兵
為絳州梁菩薩為潞州韋道正為韓州張伯英為澤州㺑
帝遣楊素率騎五十襲王冊紀單貴於蒲州破之於是率
步騎四萬趣太原諒使趙子開守高壁楊素擊走之諒大

隋傳十 四十五 十八

懼拒素於高壁屬天大雨諒欲旋師王頲諒曰楊素懸軍
士馬疲弊以銳卒親戎擊之其勢必擧令見敵而還示
人以怯阻戰士之心益四軍之氣願王勿遂也諒不從
退守清源素進擊之諒窮蹙請降於素百餘素諒罪
諒退保幷州楊素進兵圍之諒與官軍大戰死者萬八千人
當死帝曰朕終鮮兄弟不忍言欲屈法怒諒一死於是
除名為民絕其屬籍竟以幽死子顥因而禁錮宇文化及
弑逆之際遇害
史臣曰高祖之子五人莫有終其天命異哉方陵育於骨
肉之親薦以君臣之義經綸締構勤關夷險無軍監國九
復之慈頓隔於人理父子之道遂滅於天性隋室將亡之
效眾庶肯知之矣一言曰一兔走街百人逐之積兔
於市過者不顧當其無欲或分定故也方陵分定久矣高
祖一朝易之開逆亂之源長覬覦之望又維城肇建崇其
威重府寵而驕厚自封植進之既踰制退之不以道俊以
憂卒寶此之由俄天柷方艱讒已勝又布斗粟青
相容秀竊岷蜀之阻諒起晉陽之甲成茲亂常之聲蓋亦
有以勤之也棠棣之詩徒賦有鶚之封無期或幽四或图
圍或顛殞於鴆毒本根既絶枝葉畢剪十有餘年宗社淪
二十年雉三雊未補四視膳無闕恩寵既繽訟言閒之顧

隋自古嬖嬖之立庶廢嫡覆宗者多矣考其亂亡之禍未若

有隋之酷詩曰殷鑒不遠在夏后之世後之有國有家者

可不深戒哉

　　　　　　特進臣魏　徵　撰

趙煚　　　　　　　　　　上

趙煚字賢通天水西人也祖超宗魏河東太守父仲懿尚
書左丞煚少孤養母至孝年十四有人伐其父墓中樹者
煚對之號慟因執送官見魏右僕射周惠達長揖不拜自
述孤苦惠達為之隕涕歎息者久之及長深沉有
器局略涉書史周太祖引為相府叅軍事從破洛陽及
太祖班師煚請留撫納亡叛太祖從之及齊
人前後五戰斬郡守鎮將縣令五人虜獲甚衆以功封平
定縣男邑三百戶累轉中書侍郎閔帝受禪遷陝州刺史
蠻酋向天王聚衆作亂以兵攻信陵秭歸煚勒所部五百
人出其不意襲擊破之二郡獲全時周人於江南置安
蜀城以禦陳屬霖雨數旬城頹者百餘步煚益修守禦
引陳將吳明徹欲掩襲之乃遺使說誘江外生蠻高武陽令乘虛
然吾自有以安之乃遣蜀議者皆勸煚益修守禦煚曰不
掩襲所有獲其南鄉父母妻子南鄉聞之其黨各散陳兵
遂退明年吳明徹屢為寇患煚勒兵禦之前後十六戰每
挫其鋒獲陳裨將覃冏王足子吳朗等三人斬首百六十
級以功授開府儀同三司選荆州揔管長史入為民部中

大夫武帝出兵簿洛欲收齊河南之地煚諫曰河南洛陽
四面受敵縱得之不可以守請從河北直指太原傾其巢
穴可一舉以定帝不納師竟無功尋從上柱國于翼率衆
數萬自三鵶道以伐陳克陳十九城以功進位上大
夫煚與宗伯斛斯徵素不協徵出為齊州刺史坐事下
獄自知罪重懼死遁逃若不北竄匈奴則南投吳越
徵自以為罪深重懼死遁逃商國無益聖朝令衆人災
可因茲大赦帝從之徵賴而獲免煚卒不言高祖為丞相
加上開府復拜天官都司會俄遷大宗伯及踐阼拜相州刺
綏進位大將軍賜爵金城郡公邑二千五伯戶拜尚書右僕射視事未幾以忤
史朝廷以煚曉習故事徵拜尚書右僕射視事未幾以忤
旨尋出為陝州刺史俄轉冀州刺史甚有威德煚嘗有疾
百姓奔馳爭為祈禱其得民情如此冀州俗薄市井多姦
詐煚為銅斗鐵尺置之於肆百姓便之上聞而嘉焉為頒告
天下以煚所為常法嘗有人盜煚田中蒿者史執以聞煚曰
刺史不能宣風化彼何罪也慰諭遣之令人載蒿一
車以賜盜者盜者愧恧過於重刑其後又有盜煚
上幸洛陽煚來朝上勞之曰冀州大藩民用殷實卿之為
政日盜者愧恧以化民比皆此類也

太子洗馬後同楊諒反誅

趙芬

趙芬字士茂天水西人也父演周秦州刺史芬以有辯智
頗涉經史周太祖引爲相府鎧曹參軍歷記室累遷熊州
刺史撫納降附得二千戶加開府儀同三司大家幸宇文
護召爲中外府祿俄遷吏部下大夫芬性強濟所居之職
皆有聲績武帝親揔萬機拜内史下大夫轉少御正芬明
習故事每朝廷有所疑讓衆不能决者芬輒爲評斷莫不
稱善後爲司會中國公本穆之討鄴也引爲行軍長史封
淮安縣男邑五百戶復出爲浙州刺史轉東京小宗伯鎮

〈隋傳十一　四十六　三〉

洛陽高祖爲丞相尉迥與司馬消難陰謀往來芬察知之
密白高祖由是深見親委遷東京左僕射進爵郡公開皇
初罷東京官拜尚書左僕射與郇國公誼修律令俄兼
内史令上其信任之未幾以老病出拜蒲州刺史加金紫
光祿大夫仍領關東運漕賜錢百萬粟五千石而遣之後
數年上表乞骸骨後還京師賜以二馬輕車九枚被褥歸
于家皇太子文致市帛後數年卒遣使致祭鴻臚監護
喪事子元恪嗣官至揚州揔管司馬左遷候衛長史少子
元楷與元恪皆明幹世事元楷大業中爲歷陽郡丞與盧

江郡丞徐仲宗皆竭百姓之産以貢于帝仲宗遷南郡丞
元楷超拜江都郡丞兼領江都宮使

楊尚希

楊尚希弘農人也祖真魏天水太守父承賓直浙三州
刺史尚希齠齔而孤年十一辭母請受業長安涉郡盧辯
見而異之令入太學專精不倦同輩共推伏周太祖嘗
親臨釋奠尚希時年十八令講孝經詞旨可觀太祖奇之
賜姓普六茹氏擢爲國子博士累轉舍人仕明武世歷太
學博士太子宮尹計部中大夫賜爵高都縣侯東京司憲
中大夫宣帝時令尚希撫慰山東河北至相州帝崩與

〈隋傳十一　四十六　四〉

相州揔管尉迥發喪於館尚希出謂左右曰蜀公哭不哀
而視不安將有他計吾不去將及於難遂夜中從捷徑而
遁遲明迥方覺分數十騎自驛路追之不及遂歸京師高
以尚希宗室之壁又及月迥而至待之甚厚及迥屯兵武陟
遣尚希督宗室兵三千人鎮潼關尋授司會中大夫高祖
受禪拜度支尚書進爵爲公歲餘出爲河南道行臺兵部
尚書加銀青光祿大夫尚希時見天下州郡過多上表曰
自秦并天下罷侯置守漢魏及晉邦邑屢改竊見當今郡
縣倍多於古或地無百里數縣並置或戶不滿千二郡分
領其寮以衆資費日多又卒又倍租調歲減清幹良才百

分無一動須數萬如何可了見所謂民少官多十羊九牧羣有更張之義瑟無膠柱之理今要存要去閒併小為大國家則不觳粟帛裝糵則勞得賢才敢陳管見伏聽裁處帝覽而嘉之於是遂罷天下諸郡尋轉禮部尚書授上儀同時尚希巡省淮南還除兵部尚書俄轉禮部尚書授武王時每旦性弘厚兼以學業自通甚有雅望為朝廷所重上儀所宜親也上權然曰公愛我者尚希素有足疾上謂之曰蒲州臨朝日側不倦尚希諫曰周文王以憂勤損壽武王以安樂延年願陛下舉大綱責成宰輔繫碎之務非人主所宜

出美酒足堪養病兵公卧治之於是出拜蒲州刺史仍領

《隋傳十一》 四十六 五

本州宗團縣騎尚帝在州甚有惠政後引漢水立隄防開

長孫平

稻田數千項民賴其利開皇十年辛酉時年五十七謚曰平子旻嗣後改封丹水縣公官至安定縣丞

長孫平字德均河南洛陽人也父儉周柱國平簡容儀有器幹頗覽書記仕周釋褐衛王侍讀時武帝遍於宇文護謀與衛王誅之王前後常使平往來通意然帝及護伏誅拜開府樂部大夫宣帝即位置東宮官屬以平為小司冠與小宗伯趙芬分掌六府高祖龍潛時與平情好款洽及為丞相恩禮彌厚尉迥王謙司馬消難並稱兵內侮高祖

深以淮南為意時賀若弼鎮壽陽恐其懷二心遣平馳驛往代之蒭果不從平塵壯士執弼弼送于京師開皇三年徵拜度支尚書平見天下州縣多罹水旱百姓不給奏令每秋家出粟麥一石已下貧富差等儲之閭巷以備凶年名曰義倉因上書曰臣聞國以民為本民以食為命命重穀先王令軌古首三年耕而餘一年之積九年作而有三年之儲雖水旱為災而民無菜色皆由勸導有方蓄積先備者也去軹九陽關右飢餒陛下運山東之粟置常平之官開發倉廩普加賑賜大德鴻恩可謂至矣然經國之道義資蓄積勸課諸州刺史縣令以勸農積穀為務上深

《隋傳十一》 四十六 六 元

嘉納自是州里豐衍民多賴焉載轉工部尚書名為稱職時有人告大都督邴紹非毀朝廷為驢上取將斬之平進諫曰川澤納汙所以成其深山藪藏疾所以就其大臣不勝至願願陛下弘山海之量茂寬裕之德鄙諺曰不癡不聾未堪作大家翁此言雖小可以喻大邴紹言之雖未可聞未合誅之臣恐百代之後以閒其於是紹因勑群臣誹謗之罪勿復以聞其後突厥達頭可汗與都藍可汗相攻各遣使請援上使平持節宣諭令其

和解賜縑三百匹良馬一匹而遣之平至突厥所賚遂各解兵可汗贈平馬二百匹及還平進所得馬上盡

以賜之未幾遭以尚書檢校汴州事歲餘除汴州刺史
其後歷許貝二州俱有善政鄴都俗薄難治前後刺
史多不稱職朝廷以平所在善稱轉相州刺史甚有能名
在州數年會正月十五日百姓大戲晝衣裳為鬼神之象
上怒而念平鎮淮南時事進位大將軍拜太常
卿判吏部尚書事仁壽中卒謚曰康子師孝後為利
郡主簿屬大業之季政教陵遲師芽行貪濁一郡苦之
後為王世充所害

元暉

【隋傳十一】　四十六　【七】

元暉字叔平河南洛陽人也祖琛魏恒朔二州刺史父翌
尚書左僕射暉頗好學涉獵書記少
得美名於京下周太祖見而禮之命與諸子遊處每同席
共硯情契甚厚弱冠召補相府中兵參軍尋遷武伯下大
夫于時突厥屢為冦患朝廷將結和親令暉齎錦綵十萬
使于突厥暉說以利害申國厚禮可汗大悅遣其名王隨
獻方物俄拜儀同三司賓部下大夫保定初大冢宰宇文
護引為長史會齊人來結盟好以暉多才辯與千乘公崔
睦俱使于齊還撫威中大夫武帝之娉突厥后也令暉致
禮焉加開府轉司憲大夫及平關東使暉安集河北封義

掌子邑四百戶高祖總百揆加上開府進爵為公開皇初
拜都官尚書兼領太僕請決杜陽水灌三時原濕為囷
之地數千頃民賴其利明年轉左武候將軍太僕卿如故
尋轉兵部尚書監漕渠之役未幾坐事免于京師時年六
十上嗟悼平之勅鴻臚監護喪事謚曰元子肅嗣官至光
祿少卿蕭蘭第仁器性明敏官至日南郡丞

韋師

韋師字公穎京兆杜陵人也父瑱周驃騎大將軍師少沈
謹有志度少就學始讀孝經捨書而歎曰名教之極其在
茲乎平少工騎射周大冢宰宇文護引為中外府記室轉賓曹
參軍師雅知諸曹風俗及山川險易其有夷狄朝貢師必
接對論其國俗如視諸掌夷人驚服無敢隱情齊王憲為
雍州牧引為主簿安撫山東徙為賓部大夫高祖受禪拜
吏部侍郎賜爵井陘侯邑五百戶數年遷河北道行臺大
夫及平高氏詔師安撫山東徙為賓部大夫高祖受禪拜
部尚書認為山東河南十八州安撫大使康為東部尚書與師
三百萬兼領營于時晉王讓王為雍州牧盛修邸第以司空楊雄尚
素懷勝負于時晉王為雍州牧

【隋傳十一】　四十六　【八】

書左僕射高頴亞為州都督引師為主簿而世康弟世約為法曹從事世康恨不能食又耻世約在師之下召世約數之曰汝何故為從事遂枉之後從上幸醴泉宮上召師與左僕射高頴上柱國韓擒等於卧內賜宴各叙舊事以為咲樂平陳之役以本官領元帥掾於師秋毫無所犯稱為清曰後上為長寧王儼納其女為妃除汴州刺史其有治名卒官諡曰定子德政嗣大業中仕至給事郎

楊异

【隋傳十一】　四十六　九

楊异字文殊弘農華陰人也祖鈞魏司空父儉侍中号美風儀沈深有器局善亂乱學日誦千言見者奇之九歲丁父憂哀毀過禮殆將滅性及免喪之後絕慶弔閉戶讀書數年之間博涉書記周閔帝時為靈都太守其有能名賜爵昌樂縣子後數加軍功進為侯高祖作相行溪州事及踐阼拜宗正少卿加上開府儀同三司遷益州也朝廷事及選綱紀以异方直舉益州摠管長史賜錢二十萬縑三百四馬五十匹而道之尋遷西南道行臺兵部尚書數載後為宗正少卿未幾擢拜刑部尚書出除吳州摠管甚有能名時晉王諱鎮楊州詔令异每歲餘得失規諷嬖闕數載卒官時年六十二子庆遜

蘇孝慈

蘇孝慈扶風人也父武周兗州刺史孝慈少沈謹有器幹美容儀周初為中侍上士後拜都督聘于齊以奉使稱旨還大都督開府文安縣公邑千五百戶尋改封臨水縣公增邑千二百戶累遷工部上大夫高祖受禪進爵安平郡公拜大府卿于時王業初基百度伊始徵天下工匠纖微之巧無不畢集孝慈摠其事以為能俄遷大司農歲餘拜兵部尚書待遇逾密時皇太子勇頗知時政上欲重宮官之望多令大臣領其職於是拜孝慈為太子右

【隋傳十一】　四十六　十

衛率仍判工部尚書事孝慈自以世為外職心不自安衛率尚書如故明年上於陝州置常平倉轉輸京下以渭水多沙流下深浅漕運者苦之於是決渭水為渠以屬河令孝慈督其役渠成上善之文領太子右庶子轉授左衛率工部尚書如故先是以百寮供費不足臺省令轉工部尚書孝慈稱為幹理數載進位大將軍置解錢收息取給孝慈以為官民爭利非興化之道上表請罷之請公卿以下給職田各有差並嘉納焉開皇十八年將廢太子憚其在東宮出為浙州刺史太子以孝慈去甚不平形於言色其在職甚有惠政其後桂林山越相聚為亂詔孝慈為行軍摠管擊

平之其年卒官有子會昌孝慈兄子沙羅字子粹父順周
眉州刺史沙羅仕周釋褐都督後從葦孝寬破尉迥以功
授開府儀同三司封通秦縣公開皇初蜀王秀鎮益州沙
羅以本官從拜資州刺史八年典充羌作亂攻汶山金川
二鎮沙羅擊破之授邛州刺史後數載檢校利州總
管事從史萬歲擊越巂有功進位大將軍賜物千段
王奉爲奴所殺祂詐稱左右斬之又調熟獠令出奴婢
尋檢校益州總管長史會越巂人王奉舉兵作亂沙羅從
段文振討平之賜奴婢百口會蜀王秀嚴吏案奏沙羅云
沙羅隱而不奏由是除名卒於家有子康

李雄

李雄字毗盧趙郡高邑人也祖檀魏太中大夫父徽伯齊
陝州刺史陷于周雄因隨軍入長安雄少慷慨有大志章
世並以學業自通雄獨習騎射其兄子旦讓之曰華文尚
武非士大夫之素業者鮮矣雄雖不敏頗觀前志但不守章
備而能濟其功業者鮮矣雄若曰竊見自古誠臣貴仕文武不
句耳既文且武兄何病焉子旦無以應之周太祖時釋褐
輔國將軍從達奚武平漢中定典州又討汾州叛胡錄前
後功拜驃騎大將軍儀同三司閔帝受禪進爵爲公遷小
賓部其後從達奚武與齊人戰於芒山諸軍大敗雄所

領獨全武帝時從陳王純迎后於突厥進爵爵伯拜硤州
刺史數歲徵爲本府中大夫尋出爲涼州總管長史從滕
王逌破吐谷渾於青海以功加上儀同宣帝嗣位從軍之功
管韋孝寬略定淮南雄以輕騎爲司會中大夫以淮南之功
琎豪州刺史高祖總百揆徵雄爲司會拜爵高都郡公食邑貳千
加位上開府及受禪拜鴻臚卿進爵高都郡公食邑貳千
戶後數年晉王廣出鎮并州以雄爲河北行臺兵部尚書
上謂雄曰吾兒旣少更事未多以卿兼文武令之推誠相
寄臣以重任臣雖愚固心非木石謹當竭誠效命以荅鴻

張煚

因歔欷流涕上慰諭之遣之雄當官正直沆然有不可犯
之色王甚敬憚吏民稱焉歲餘卒官子公挺嗣

張煚字士鴻河間鄚人也父羨少好學多所通涉仕魏爲
蕩難將軍從武帝入關累遷銀青光祿大夫雍州治中雍州刺史
從事中郎賜姓叱羅氏歷司職大夫雍州治中雍州刺史
儀同三司賜爵鄷鄉縣公復入爲司成中大夫典國史周
代公卿類多武將唯羨以素業自通甚爲當時所重後以
年老致仕于家及高祖受禪欽其德望以書徵之曰朕初
臨四海思存政術舊齒名賢實懷勤行儀同昔在周室德

業有聞難云致仕猶克壯年即宣入朝用副虛想及謁見
勑令勿拜扶翊殿上降榻執手與之同坐宴語久之賜以
几杖會遷都龍首其年表動以偷約上優詔答之俄而卒時
年八十四贈滄州刺史諡曰定撰釋老子莊子義名曰道言
五十二篇頗好學有父風在魏釋褐奉朝請遷員外侍郎
同太祖引為外兵曹開府受禪加前將軍明武世歷膳部
大夫家辛同錄賜駭比平縣子邑四百戶四子宣帝時加儀同
進爵為伯高祖受禪拜尚書右丞進爵為侯俄遷太府少卿領
親遇之及受禪拜父憂去職崇毀骨立未幾起為視事固讓
不許授儀同三司襲爵鷹鄉縣公增邑通前千五百戶尋
遷太府卿拜民部尚書晉王譚為揚州總管授晉司馬加
銀青光祿大夫然性和厚有識度其有幹用甚
州刺史晉王廣親請之後為晉王長史檢校蔣州事及
晉王為皇太子復為冀州刺史進位上開府吏民悦服稱
為良二千石仁壽四年卒官時年七十四子慧實官至絳
郡丞開皇時有劉仁恩者不知何許人也倜儻有文武
用初為毛州刺史治績競天下第一擢拜刑部尚書又以
行軍總管從楊素伐陳與素破陳將呂仲肅於荊門仁恩
之計居多授上大將軍其有當時之譽馮翊郭均上黨馮

世基並明悟有幹略相繼為兵部當書代人庫狄欽性弘
厚有局度官至民部尚書此四人俱顯名於當世然事行
闕落史氏莫能詳
史臣曰三趙明習故事當世所推及居端右無聞殊績固
知人之才器各有分限大小異宜不可踰量長孫平諫赦
誹謗之罪可謂仁人之言高祖悦而從之其利亦已博矣
元暉以明敏顯達韋師以清白成名楊尚希楊異宗堂之
要譽望隆重蘇孝慈李雄張煚內外所履咸稱具幹並任
開皇之初蓋當時之選也

韋世康　弟洸　藝　冲　從父弟壽
徵

韋世康，京兆杜陵人也，世為關右著姓。祖旭，魏南幽州刺史。父敻，逍遙公，不仕。周一代，十徵不出，號為逍遙公。世康幼而沉敏，有器度。年十歲，州辟主簿。在周，弱冠為直寢，封漢安縣公，尚周文帝女襄樂公主，授儀同三司。後仕周，歷典祠下大夫、夏官府都上士、民部中大夫，進位上開府，轉司會中大夫。隋歲餘，入為民部中大夫。初定百姓未安，世康綏撫之，士民胥悅。長史于時東夏初定……

……尉迥之作亂也。高祖憂之，謂世康曰：「汾、絳舊是周、齊分界，因此亂階，恐生搖動。今欲……」……以雅望鎮之，闔境清肅。世康性恬素，好古，不以得喪干懷。在州……

怏然有止足之志，嘗於……遺子弟書曰：「吾生因緒餘，……馳不已，四紀於茲矣，恐非所以……潤如斯……頗為時人……霜早梧楸，風先蒲柳，……暮齒垂盡……今耄雖未及，壯年已謝，……高湑清宜……有疾……況復增……今世穆世文並從戎役，吾與世沖復忝遠任，瞻望此闕……」

情彌切，桓山之悲，倍深常戀，意欲卜閒乞骸養禮，未訪汝……是乃止。在任數年，有惠政，奏課連最，擢為禮部尚書。世康寡嗜欲，不慕貴勢，聞人之善，若己有之，亦不顯人過客以求名譽。進爵上庸郡公，加邑至二千五百戶。其年轉吏部尚書……餘官如故。四年，丁母憂去職。未朞，起令視事，世康固請，上不許。世康……州刺史，坐事免。未幾，授安州總管，尋遷信州總管。十三年，入朝，復拜吏部尚書。前後十餘年間，多所進拔，朝廷稱為廉平。嘗因休暇，謂子弟曰：「吾聞功遂身退，古人常道。今年將耳順，志在縣車，汝輩以為云何？」子福嗣曰：「大人澡身浴德，名立官成，盈滿之誡，先哲所重，欲追蹤二疏，伏奉周旋。」其後因侍宴，世康再拜陳讓曰：「臣無尺寸之效，位亞台鉉，令犬馬齒濩，不益明時，恐先朝露，無以塞責，願乞骸骨，退避賢能。」上曰：「朕夙夜庶幾，求賢若渴，冀與公共治天下，以致太平。今之所請，深乖本望。縱令筋骨衰謝，猶屈公以臥治一隅。」於是出拜荊州總管。時天下唯置四大總管，幷、楊、益三州，並親王臨統，唯荊州委於世康，時論以為美。世康為政簡靜，百姓愛悅，合境無訟。十七年，卒于州，時年六十……

七上聞而痛惜之贈賻甚厚諡曰文世康性孝
友初以諸弟並隆貴而世約貧途不達共推父時
田宅盡以與之世多其義長子福于官至司隸別駕沈子
福嗣仕至內史舍人後以罪黜楊玄感之作亂也以兵逼
東都福嗣從衛玄戰於城北軍敗為玄感所擒令作文檄
辭其不遜尋而玄感敗東都帝銜之不已車裂於高陽少
子福獎通直散騎人在東都與玄感親沒

沈子世穆性剛毅有器幹少便弓馬仕周釋褐主衣上士
數從征伐累遷開府賜爵衛國縣公邑千二百戶高祖為
丞相從李父合人擊尉迥於相州以功拜柱國進封襄陽
郡公邑二千戶時突厥寇邊皇太子屯咸陽令沈統兵出
京州道襲慶相遇擊破之又拜江陵總管及未幾以母疾徵
還俄拜安州刺史陳之役領行軍總管及陳平拜江州
總管率步騎一萬略定九江陳豫章太守徐璀擁郡持兩
端沈夜率所部二千人龑殺基以兵相繼而進既至城下登
偽降其陣高梁女子洗氏率眾迎沈遂進圍嶺南遺沈
撥瓘於陣高梁...書曰公勳勣大業名高望重率戎撫綏彼方風行電
掃威應稽服若便干戈不用兆燕獲安方副朕懷是公之
力至廣州說陳渝州都督王猛下之嶺表皆定上聞而大

悅許以便宜從事沈所綏集二十四州拜廣州總管歲餘
番禺夷王仲宣聚眾為亂以兵圍沈沈勒兵拒之中流矢
而卒贈上柱國賜絹萬段諡曰敬子協嗣協字鈞仁好
學有雅量起家著作佐郎後轉祕書郎閣里中其父在廣
州有功以令...問未至而父卒以其身死
王事拜協挂國後歷定息泰三州刺史皆有能名卒官
藝字世文少受業國子周武帝時數以軍功致位上儀同
賜爵武陽縣侯邑八百戶授左旅下大夫出為魏郡太守
及高祖為丞相尉迥陰圖不軌朝廷微知之遣藝李孝
寬馳往代迥因詐病上傳舍從迥求藥以察
其變迥遣藝迎孝寬孝寬問迥所為藝極言迥不以實答每
孝續迥遺藝斬之藝懼乃言反狀孝寬於是將至西遁每
至驛輒盡驅傳馬而去復謂驛司曰蜀公將至宜速具
酒食迥尋遣儀同大將軍賊文無弄遂進
留不進孝寬與藝故弗問藝由是得免高祖以孝
加授上開府即從孝寬擊迥及破尉惇相州皆有力焉
以功進位上大將軍改封武威縣公邑千戶以修武縣侯
別封一子高祖受禪進封魏興郡公歲餘拜蒲州刺史為
政清簡士庶懷惠在職數年遷營州總管藝容貌魁偉每
夷狄參謁必嚴儀衛盛服以見之獨坐滿一榻番人畏懼

莫敢仰視而大冶產業與比夷貴易家貲鉅萬頗為清論

所謙開皇十五年卒官時年五十八謚曰懷

大將軍世冲以名家子在周釋褐衛公府禮曹參軍後從

之帝復令冲以馬十四使於陳以贖周武帝以幣賄進等五十

人及元定之樞而還有稽胡奉使綑冑累遷少御伯下

大夫加上儀同于時稽胡屢為寇亂冲自請安集之因拜

汾州刺史高祖踐阼徵為兼散騎常侍進位開府賜爵安

固縣侯歲餘發南汾州胡千餘人北築長城在塗皆士上

呼冲問計冲曰夷狄之性易為反覆皆由牧宰不稱之所

致也臣請以理綏靜可不勞兵而定上然之因命冲綏懷

叛者月餘皆至並赴長城上下書嘉勉而起

甚得諸胡歡心以母憂去職俄而起冲為南寧州揔管持節

撫慰復遣桂國王長述以兵繼進冲上表固讓詔曰西南

夷裔屢有生梗毋相殘賊朕甚憫之已命戎徒清撫服

以開府器幹堪濟識略英遠重寄重故以相任知在艱

既至南寧帥衆首領皆詣府然謁上大悅下詔

數日月未多金董奪謂付粲謁上大悅下詔

正案冲無所寬貸冲竟坐免其荆太子洗馬世約譜嚴於

皇太子上調太子曰古人有沽酒酸而不售者為惡犬耳

本何用世約乎適累汝世約遂除名後數載令冲檢校

括州事時東陽賊帥陶子定呈吳州賊帥羅慧方並聚衆為

亂改圍發州求康烏程諸縣冲率兵擊破之改封義豐縣

侯檢校泉州事熹烏管州揔管冲容貌都雅寬厚得衆心

懷撫靺鞨勢皆能致其死力矣冑畏懼朝貢相續高麗

嘗入冠冲率兵擊走之仁壽中高祖為豫章王暕納其女

為妃徵拜民部尚書未幾卒時年六十六少子挺最知名

帛壽

壽字世齡父寬周上柱國鄅國公壽在周以貴公子早

有令與豐為右侍上士遷千牛備身趙王為雍州牧引為主

簿尋遷少御伯武帝親征高氏拜京兆尹俟以父喪去

軍功賜爵安邑縣侯邑八百戶高祖為丞相以父平尉

迴拜壽儀同三司進封滑國公邑五十戶俟中高祖

高祖受禪起令視事尋遷恒毛二州刺史頗有治名開皇

十年以疾徵還卒于家時年四十二謚曰定仁壽中高祖

為晉王廣納其女為妃以其子保巒嗣壽第寶位至太常

少卿安邑縣伯津位至內史侍郎判吏部尚書事世康從

父弟操字元節剛簡有風躅周致位上開府光州刺史

褒揚之其兄子伯仁隨冲在府掠人之妻主縱暴人

失望至上聞而大怒令蜀王秀治其重益州長史元巖性方

高祖為丞相以平尉迥功進位柱國封平桑郡公歷青荊

二州搃管卒官諡曰靜

柳機 子述 從子肅之 族兄昂　機弟旦肅 從弟雄亮

柳機字匡時河東解人也父慶魏尚書右僕射機偉儀容

有寵局頗沈於史年十九周武帝時為齊王引為記室及

帝嗣位自宣納言上士累遷少納言太子宮丑封平齊縣公及

從帝齊拜開府轉同宗中大夫宣帝時為鄭譯陰求出上大夫

禪讓機獨義形於色無所陳請俄拜衛州刺史及踐阼進

是拜華州刺史及高祖作相徵還京師周代舊臣皆勸

機見帝失德憂諫不聽恐禍及已託於酒不親細務又

爵建安郡公邑二千四百戶徵為納言機性寬簡有雅望

然當近侍無所損益又好飲酒不親細務在職數年復出

為華州刺史奉詔每月朝見尋轉冀州刺史後徵入朝以

其子述尚蘭陵公主遇遷益隆初機在周與族人文城公

昂俱歷顯要及此機旦並為外職楊素時為納言方用事

因上賜宴素盛機曰柳俱推孤楊獨登坐者歡笑機竟

無言未幾還州前後作牧俱稱寬惠後數年以疾還京

師卒於家時年五十六贈大將軍青州刺史諡曰簡子述

嗣

柳述字業隆性明敏有幹略頗涉文藝少以父蔭為太子

隋傳十二　四十七　七

親衛後以尚主之故拜開府儀同三司內史侍郎上於諸

壻中特所寵歲餘判兵部尚書事丁父艱去職未幾起

攝給事黃門侍郎事襲爵建安郡公仁壽中判吏部尚書

車述雖職務繁理為當時所稱貴然不達大體暴於馭下又

怙寵驕豪無所降屈楊素時稱貴倖朝臣莫不懾憚述每

陵侮之數於上前面折素短判事有不合素意素或令述

改之輒謂將命者曰語僕射道尚書不肯省此由是銜之俄

而楊素亦被疎忌不知省務任奇章道王達奇事拜兵部尚書於

掌機密述自以無功可紀過叨匪服而與皇太子

攝兵部尚書上於仁壽宮寢疾述與楊素黃門侍郎元巖

等侍疾宮中時皇太子無禮於陳貴人上知而大怒因令

述召房陵王時與元巖出外作勅書楊素聞之與皇太子

協謀便矯詔執述二人持以屬吏及煬帝嗣位述竟坐

除名與公主離絕從坐千龍川郡公請與述同從帝不

聽事見列女傳述在龍川數年復從帝越遇瘴癘而死時

年三十九

旦字匡德工騎射頗涉書籍起家周左侍上士累遷兵部

下大夫頃之益搃管王謙起逆拜為行軍長史從梁睿

討平之以功授儀同三司開皇元年加授開府封新城縣

男遷授掌設驃騎歷羅浙嚳三州刺史並有能名大業初

隋傳十二　四十七　八

拜龍川太守民居山洞好相攻擊曰為開設學校大變其
風帝聞而善之下詔襃美四年徵為太常少卿攝判黃門
侍郎事卒官年六十一子燮官至河內掾

肅字仁少聰敏閑於占對起家周齊王文學武帝見而
異之召襃宣納上士高祖作相引為實曹參軍閤皇初授
太子洗馬襃敏閑於才學見稱詔襃宴接時論稱
其華辯轉太子內舍人遷太子僕太子廢坐除名為民而
業中帝與段達語及庶人罪惡云柳莊在宮大見
踈斤帝問其故苔學士劉臻嘗進章仇太翼於宮中為
平章事肅知而諫曰殿下帝之冡子位當儲貳誠在不孝

無患見疑劉臻書生鼓搖唇舌適足以相誑誤願殿下勿
納之庶人不憚他日謂襃曰汝何故漏洩使柳肅知之令
面折我自是後言皆不用帝曰肅橫除名非其罪也召守
禮部侍郎轉工部侍郎大見親任每行幸遼東常委之於
涿郡留守十一年卒時年六十二

雄亮字信誠父雄亮仕周華陽太守遇黃衆寅作亂攻陷華
陽檜為賊所害雄亮時年十四哀毀過禮陰有復讎之志
武帝時衆寅率其部歸於長安帝待之甚厚雄亮手斬
衆寅於城中請罪闕下帝特原之尋治涿州揔管記室遷
湖城令累遷內史中大夫賜爵汝陽縣子司馬消難作亂

江北高祖令雄亮聘子陳以結鄰好及還會高祖受禪梁
尚書考功侍郎尋遷給事黃門侍郎嘗首几有奏事雄
亮多所駁正深為公卿所憚俄以本官檢校揔管府司馬領
進爵為伯秦王俊之鎮隴右也出為秦州揔管司馬宗
山南道行臺左丞卒官時年五十一有子贄

賽之字公正父蔡年卒官身長七尺五寸儀
容甚偉風神爽亮止可觀為童兒時周齊王憲嘗遇賽
之於塗異而與語大奇之因奏入國子以明經擢第拜宗
師中士尋轉守廟下士武帝嘗有事太廟賽壹讀祝文音
韻清雅觀者屬目帝善之擢為宣納上士及高祖作相引

為田曹參軍仍諮典籤事開皇初拜通事舍人尋遷內史
舍人歷兵部司勳二曹侍郎每朝廷有疑議賽之有雅望善談謂
又歠酒至石不亂由是每梁陳使至輒令賽之接對後遷
光祿火卿出入十餘年每奉掌敕勞會吐谷渾來降朝廷
以宗女光化公主妻之兼散騎常侍送義成公主於西
域俄而突厥啓民可汗求結和親復令賽之送義成公主
於突厥賽之前後奉使得一國所贈馬千餘匹雜物稱是
皆散之宗族家無餘財仁壽中出為蕭州刺史尋轉息州
刺史俱有惠政後二歲以母憂去職煬帝踐阼復拜光祿
少卿大業初啓民可汗自以內附遂畜牧於定襄馬邑間

帝使褒之諭令出塞及還奏事稱旨拜黃門侍郎時元德
太子初薨朝野注望以齊王當立帝方重王府之選大
業三年車駕還京師拜為齊王長史帝法服臨軒備儀衛
命齊王立於西朝堂之前比面遣吏部尚書牛弘內史令
楊約齊王立大將軍宇文述等從殿廷引褒之詣齊王所西
面立牛弘宣勅謂齊王曰我昔階緣恩寵啓封晉陽出藩
之初時年十一先帝立我於西朝堂乃令高熲廣慶則元
旻等從內宣勅謂我言曰以汝幼冲未更世小
事今令子相作輔於汝時誠我于時誠我于時若與褒之從事一如子相

人疎遠子相若從我言者有益於社稷成立汝名行如不
用此言唯國及身敗無曰矣吾受勅之後奉以周旋不敢
失歐薇子相之力吾無今以条若與褒之從事一如子相
望若齊王德業備富貴自當鍾卿一門若有不善罪亦
相及時齊王正擅寵左右放縱褒之徒深見眤狎
也文勅褒之曰今以卿作輔於齊善思臣救之理副朕所
潦東名褒之檢校燕郡事及帝班師至燕郡坐供頓不給
配戎嶺南卒於洹口時年六十二威明
昂字千里父敏有高名好禮篤學治家如官仕周歷職清
顯閤皇初為太子太保昂有器識幹局過人周武帝時為

大內史賜爵文城郡公致位開府當塗用事百寮皆出其
下宣帝嗣位被疎遠然不離本職及高祖為丞相深自
結納高祖大悅之以為大宗伯昂受拜之日遂得偏風不
能視事高祖受禪昂疾愈加上開府拜洛州刺史昂見天
下無事可以勸學行禮因上表曰臣聞帝王受命建制
禮故能後既往之風成斯之俗非朝野之願以至於此晚世
開右山東久為戰國各逞權詐俱尚干戈賦役繁重刑政
嚴急遂敗扰无暇從容非朝野之願以至於此晚世
因循遂成希慕俗澆敝流宕忘反自非天然上哲挺生
於時則儒雅之道經禮之制衣冠民庶莫肯用心世事所

以未清軌物由茲而壞伏惟陛下稟靈上帝受命昊天合
三陽之期應千祀之運往者周室頹毀區宇沸騰聖策風
行神謀電發端坐廟堂蕩滌萬方府順幽明君臨四海擇
萬古之典無善不為成百王之敝無惡不盡至若因情緣
義舉其節文故以三百三千事高前代然下土黎獻尚未
盡行臣謀家獎策從政藩部人庶軌儀實貴多闕庶風以
墜禮教稍微是知百姓之心未能頓變仰惟深思遠應情
念下民漸被以懷使至於道臣恐業軍緩動延年世若
行禮勸學道教相催必當廉然向風不遠而就家知禮節
人識義方比屋可封輒謂非遠上覽而善之因下詔曰建

國重道尊先於學生庇民莫先於禮自魏氏不競周齊
抗衡分四海之民鬪二邦之力遞爲强弱多歷年所務權
詐而薄儒雅重干戈而輕俎豆民不見德唯爭是聞朝野
以機巧爲師文吏用深刻爲法風澆俗然其維持名敎奬飾彝倫
建立庠序兼愛豪釐業非時責道亦不行其間服膺儒術
蓋有之矣彼衆我寡未能移俗然其維持名敎奬飾彝倫
微相弘益頼斯而已王者承天休及隨化有禮則祥瑞必
降無禮則妖孽興人稟五常性靈不一有禮則陰陽合
德無物則禽獸其心治國之身非禮不可朕受命於天財
成萬物夫華夷之亂求風化之宜戒奢崇儉率先百辟輕

德薄賦輿以寬弘而積習生常未能懲革閭閻士庶吉凶
之禮動乖年力不依制度執憲之職似塞耳而無聞莅民
之官猶澉目而不察宣揚朝化其若是乎古人之學且耕
且養今者民丁非校之日農畝時候之餘若敦以學業勸
以經禮自可家臻禮讓人希至德豈止知禮節識廉恥父
慈子孝兄恭弟順者乎始自京師爰及州郡宜祗朕意勸
學行禮自是天下州縣皆置博士習禮焉昂在州甚有惠
政歲年辛卯官子調起家秘書郎尋轉侍御史左僕射楊素
嘗於朝堂見調因獨言曰柳條通體弱獨擺不須風調欽
板正色曰調信無取者公不當以爲待御史調信有可取

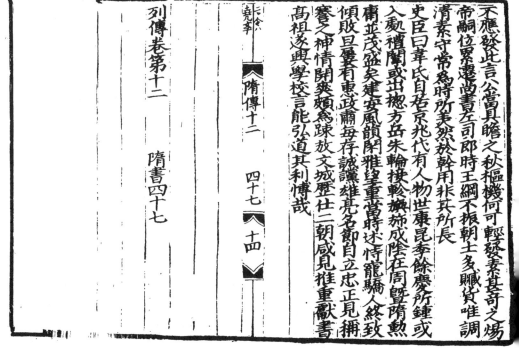

不應發此言公當具瞻之秋楗機何可輕發奏甚奇之煬
帝嗣位累遷尚書左司郎時王綱不振朝士多贓貨唯調
清素守常爲時所美然於幹用非其所長
史臣曰韋氏自苍京兆代有人物世康昆季餘慶所鍾
入勳禮闈或出擁方岳朱輪接軫纓冕在周暨隋勳
庸並茂盛矣建安風韻多重當時述作寵驕人終致
傾敗旦憂者惠政肅爲諫議雄亮見名節自立忠正見推
謇之神情開爽頗爲踈放文城歷仕二朝咸見推重獻書
高祖遂興學校言能弘道其利博哉

楊素　弟約　從父文思　文紀
特進臣魏　徵　上

楊素字處道弘農華陰人也祖暄魏輔國將軍諫議大夫
父敷周汾州刺史沒於齊素少落拓有大志不拘小節世
人多未之知唯從祖魏尚書僕射寬深異之每謂子孫
曰處道當逸群絕倫非常之器非徒然也後與安定
牛弘同志好學不倦多所通涉善屬文工草隸頗留
意於風角美鬚髯有英傑之表周大冢宰宇文護引為中
外記室後轉禮曹加大都督武帝親揔萬機素以其父守

節陷齊未蒙朝命上表申理帝不許至於再三帝大怒命
左右斬之素乃大言曰臣事無道天子死其分也帝壯其
言由是赦為大將軍諡拜素為車騎大將軍儀
同三司漸見禮遇帝命素為詔書下筆立成詞義兼美帝
嘉之顧謂素曰善自勉之勿憂不富貴素應聲荅曰但
恐富貴來逼臣臣無心圖富貴及平齊之役素請率父麾
下先驅帝從之賜以竹策曰朕方欲大相驅策故用此物

賜卿卿從帝戰於河陰以功封清河縣子邑五
百戶其年授司城大夫明年復從憲援晉州憲屯兵雞棲
原齊主以大軍至憲懼而宵遁道為齊兵所躡衆多敗散素

〈隋傳十三〉四十八　一

與驍將十餘人盡力苦戰憲僅而獲免其後每戰有功及
齊平加上開府改封成安縣公邑千五百戶賜以粟帛奴
婢雞畜從王軌破陳將吳明徹於呂梁治東楚州事封弟
約為安成公以素為丞相掾尋從章孝
宣帝即位襲父爵臨貞公以素為汴州刺史行至洛陽會
尉遲迥作亂
慎徇准南素別下肝胎鍾離
高祖即位襲父爵臨貞公以素為汴州刺史行至洛陽會尉遲迥作亂素不得進高祖拜素大將
軍發河內兵擊宵破之遷徐州刺史宇文贇擯
州刺史宇文贇擯素不得進高祖拜素大將
軍發河內兵擊宵破之以弟岳為臨貞公高祖受禪加上柱國封清河郡
公邑二千戶以弟岳為臨貞公高祖受禪加上柱國封清河郡

〈隋傳十三〉四十八　二

四年拜御史大夫其妻鄭氏性悍素忿之曰我若作天子
卿定不堪為皇后鄭氏奏之由是坐免上方圖江表先是
素數進取陳之計未幾拜信州揔管賜錢百萬錦千段馬
二百四而遣之素居永安造大艦名曰五牙上起樓五層
高百餘尺左右前後置六拍竿並高五十尺容戰士八百
人旗幟加於上次曰黃龍置兵百人自餘平乘舴艋等各
有差及大舉伐陳以素為行軍元帥引舟師趣三峽軍至

流頭灘陳將戚欣以青龍百餘艘屯兵數千人守狼尾灘
以遏軍路其地險峭諸將患之素曰勝負大計在此一舉
若晝日下船彼則見我灘流迅激制不由人則吾失其便

乃以夜掩之素親勒黃龍數千艘銜枚而下遣開府王長
襲引去卒從南岸擊欣別柵令大將軍劉仁恩率甲騎趣
白沙北岸遲明而至擊之欣敗走悉虜其衆勞而遣之秋
毫不犯陳人大悅素率水軍東下舟艫被江旌甲曜日素
坐平乘大船容貌雄偉陳人望之懼曰清河公即江神也
陳南康內史呂仲肅屯岐亭正撅江峽於北岸繫鐵
鎖三條橫截上流以遏過戰艦素與仁恩登陸攻其
柵仲肅軍夜潰素遣其將發先攻其延州以柏檣碎賊十餘艦遂大破之俘
甲士三千餘人仲肅僅以身免陳主遣其信州刺史顧覽

鎮安蜀城荊州刺史陳紀鎮公安皆懼而退走巴陵以東
無敢守者湘州刺史岳陽王陳叔慎遣使請降素下至漢
口與秦孝王會及還拜荊州總管進爵郢國公邑三千戶
真食長壽縣千戶以其子玄感為儀同玄挺封清河郡公
賜物萬段粟萬石加以金寶文賜陳叔妹及女妓十四人
素言於上曰某名勝母曾子不入逆人王誼前封於郢臣
不願與之同於是改封越國公尋拜納言歲餘轉內史令
俄而江南人李稜等聚衆為亂大者數萬小者數千共相
影響殺害長吏素以行軍總管帥眾討之賊朱莫問自
稱南徐州刺史以盛兵據京口素率舟師入自楊子津進

擊破之賊顥世雄自稱太守與其都督鮑遷等復來拒
戰素逆擊破之執遷雷等三千餘人進擊無錫賊帥葉略
平之其郡沈玄懀沈傑等以兵圍蘇州刺史皇甫績頻戰
不利素率衆援之玄懀勢迫走投南沙賊帥陸孟孫素擊
孟孫於松江大破之生擒孟孫玄懀黟歙賊帥沈雪沈能
據柵自固又攻拔之浙江賊帥高智慧自號東揚州刺史
舟艦千艘屯據要害素進擊之自旦至申苦戰而破
智慧逃入海素追之擊高智慧於浙江求嘉賊帥其
徒蔡道人為司空守樂安進討惹平之又破汪文進自稱天子
擊走之據守要害賊帥汪文進自稱天子

戰智慧遁守閩越上以素久勞於外詔令馳傳入朝加子
玄感官為上開府賜物三千段素以餘賊未殄恐為後
患又自請行下詔曰朕憂勞百姓日旰忘食以餘賊為後
情深納隍江外未效妖逆雖經誅剪重擾養生丙史令上宜任
賊首凶魁逃亡山洞恐其聚結比曾推毂剪叛者威名宜任
越國公素識達古今經謀長遠以素復乘傳至會稽先是泉州人王
以大兵撊為元帥宣布朝風振揚威武擒剪叛者威名宜任
撫軍民事務一以委之素復乘傳至會稽先是泉州人王
國慶南安豪族也殺刺史劉弘據州為亂諸二賊皆歸之

自以海路艱阻非北人所習不設備伍素沉海掩至國慶
逢華州而走餘黨散入海島或守溪洞素分遣諸將水
陸追捕乃密令人謂國慶曰爾之罪狀計不容誅唯有斬
送智慧以塞責國慶於是執送智慧斬於泉州自餘支
黨悉來降附江南大定上遣左領軍將軍獨孤陀至浚儀
迎勞比剋到京師問者日至拜素子玄獎為儀同賜黃金四
十斤加銀瓶實以金錢縑三千段馬二百匹羊二千口公
田百頃宅一區代蘇威為尚書右僕射與高熲專掌朝政
素性疎而辯高下在心朝臣之內頗推高熲敬牛弘厚接
薛道衡視蘇威蔑如也自餘朝貴多被陵轢其才藝風調
優於高熲至於推誠體國匡濟物平當有宰相識度不如熲

《隋傳十三 四八〈五〉》

遠籌算令素監於官仁壽宮素遂夷山堙谷督役嚴急作者
多死宮側時聞鬼哭之聲及宮成上令高熲前視熲奏稱頗
傷綺麗大損人丁高祖不悅素憂懼計無所出即於北門
啓獨孤皇后曰以此理諭上上意乃解於是賜錢百萬縑
三千段十八年突厥達頭可汗犯塞以素為靈州道行
軍總管出塞討之賜物二千段黃金百斤先是諸將與虜
戰每慮廐騎奔突皆以戎車步騎相維鹿角為方陣騎
在其內素謂人曰此乃自固之道非取勝之方也於是悉

除舊法令諸軍為騎陣達頭聞之大喜曰此天賜我也因
下馬仰天而拜率精騎十餘萬而至素奮擊大破之達頭
被重創而遁殺傷不可勝計群虜慟哭而去優詔褒揚賜
縑二萬四及萬釘寶帶加子玄感位大將軍玄獎縱績
善並士儀同素多權略乘機赴敵應變無方然大抵馭戎
嚴整有犯軍令者立斬之無所寬貸臨寇輒求人過
失而斬之多者百餘人少者不下十數流血盈前言笑自若
及其對陣先令一二百人赴敵陷陣則已如不能陷陣而還
者無問多少悉斬之又令三二百人復進還如向法將士
股慄有必死之心由是戰無不勝稱為名將素時貴倖言

《隋傳十三 四八〈六〉》

無不從其從素征伐者微功必錄至於他將雖有大功多
為文吏所譴卻故素雖嚴忍士亦以此願從焉二十年晉
王廣為靈朔道行軍元帥素為長史王甲躬以交素及為
太子素之謀也仁壽初代高熲為尚書左僕射賜良馬百
匹牝馬二百匹奴婢百口其年以素為行軍元帥出雲州
擊突厥連破之突厥退走素親將兩騎并降突厥二人與
恐賊越逸令其騎稍後於是親將兩騎并降突厥二人與
虜並行不之覺也候其頓舍未定趣後騎掩擊大破之自
是突厥遠遁磧南無復寇庭以功進子玄感位大將軍自
縱為淮南郡公賞物二萬段及獻皇后崩山陵制度多出

於素上善之下詔曰君為元首臣則股肱共治萬姓義同
一體上柱國尚書左僕射仁壽宮大監越國公素志慶恢
弘機鑒明遠懷佐時之略包經國之才王業初基霸圖肇
建策名委質受服出師擒討以凶魁克平頻承廟筭揚旌
於江表每事依禮律長驅塞陰南指閩越庸清北臨而獷
撫服自昏端揆武則權奇閫出既文且武唯朕所命任使之則
勳夜無怠獻皇右奄六宮遠日云及燕兆安晉素義存
經營然葬事依禮唯卜泉石至如吉凶不由於此素義存
詞藻縱橫語則

奉上情深躬使幽明俱泰實作無窮以為陰陽之書
聖人所作禍福之理特須慎乃編歷川原親自占擇纖
介不善即更葬求志圖元吉孜孜不已心力備盡人靈協
贊遂得神皇福壤營建山陵論素此心事極誠孝豈與夫
平戎定冠比其功業非唯廊廟之器實是社稷之臣若不
加褒賞何以申茲勸勵可別封一子義康郡公邑萬戶子
子孫孫承襲不絕餘如故并賜田三十頃絹萬段米萬石
金鉬一實以金銀鉬一實以珠并綾錦五百段時素貴寵
日隆其弟約從父文紀及族父异並尚書列卿諸素寵
羅者以千數第宅華侈制擬宮禁有鮑亨者善屬文教習
子無汗馬之勞

者工隸江南士人因高智慧沒為家奴親戚故吏布
列清顯素之貴盛近古未聞煬帝初為太子忌蜀王秀與
素謀之構成其罪後竟廢黜朝臣有違忤者雖至誠躬國
如賀若弼史萬歲李綱柳或等素皆陰中之或有附會及
親戚雖無才用必加進擢朝廷靡然莫不畏附唯兵部尚
書柳述以帝婿之重數於上前面折素短素毗抗表
輔不可躬親細務但三五日一度向省評論大事以示優
崇實奪素之權也終仁壽之末不復通判省事上賜王公以
下射素箭為第二上手以外國所獻金精盤價直鉅萬以
賜之四年從幸仁壽宮宴賜重寶及上不豫素與兵部尚
書柳述黃門侍郎元巖等入閤侍疾時皇太子入居大寶
殿慮上有不諱須預防擬乃手自為書封出問素素錄出
事狀以報太子宮人誤送上所上覽而大恚所寵陳貴人
又言太子無禮上遂發怒欲召庶人勇太子謀之於素素
矯詔追東宮兵士帖上臺宿衛門禁出入並取宇文述郭
衍節度又令張衡侍疾上以此日崩由是頗有異論漢王
諒反遣茹茹天保來攻蒲州燒斷河橋又遣王聃子率數
萬人并力拒守素輕騎五千夜襲之潛斷河橋又道王聃子率數
擊之天保敗走聃子懼而以城降有詔徵還初素將行也

討曰破賊首如所量帝於是以素為并州道行軍總管河北安撫大使率水陸數萬討諒時晉絳呂三州並為諒城守素又以二千人摩之而去諒遣趙子開擁眾十餘萬絕徑路屯霍山緣崖布陣五十里素遣諸將臨之自引奇兵潛入霍山緣崖深入諒橋蕭摩訶討諒率其將王世宗退保并州素進兵圍之諒窮蹙而降餘眾悉平帝遣素弟修武公約將諒所署介州刺史喬鍾葵屯介休素進軍攻擊破降餘眾悉平帝遣素弟修武公約新至清原去并州三十里諒率其將王世宗退保并州素進兵圍之諒窮蹙而降至清原去并州三十里諒率其將王世宗退保并州素進手詔勞素曰我有隋之御天下也干今二十有四年雖復

外夷侵叛而內難不作俯文偃武四海晏然朕以不天衝恤在疚彌天叩地無所逮及朕本以藩王謙儲兩後以長羊質默心假託名譽不奉國謀光矜儲兩後以而敢失墜兄弟情篤子重生民之大也賊諒苞藏禍心自幼而不得殷心假託名譽不奉國譽違君父之命成奕大之罪誑誹感民善惡佳奸回擁兵內侮毒流百姓私假署置擅捐謀戮小加大凌長子以神怒眾叛親離先皇以子民為念豈得坐視庶類而不救也大義

滅親春秋高義周且以誅二叔漢啟乃戮七藩義在茲乎事未護已是以授公戎律問罪太原且逆子賊臣何代不有豈意念近世家國所歡奈毒甫爾便及此事由朕一人塗炭者乃眾燕非惟寅畏天威亦乃先動賊亂者百能和兄弟不能安養生德澤未弘兵戈先動端其瞻惟恥愧乎天下公乃先朝功臣勳臣庸勳蓋茂至汗部鄭州風卷秋澤荊南塞比若火燎原皇建殊勳誠節兼歡蕘蓁朝端具瞻惟允矣彌躬以濟時昔周勃霍光何以加也賊乃竊擁蒲州關梁壁絕公以以擊眾指期平殄高壁擽抗拒官

軍公以深諒出其不意霧鄧雲際冰消產解長驅並進趣果盆晉陽之南蟻徒數萬諒不量力猶欲驅烏威外討戮憤於內志身殉義親當矢石兵刃雙交漸烏散僵屍蔽野積甲若山諒遂守窮城以拒鐵鍼公董率驍勇四面戎圍使其欲戰不敢求走無路智力俱盡面縛軍門斬將搴旗使叛柔服元惡既除東身清晏嘉賞萬民戍緒於是乎在昔武安平趙淮陰定齊未有行陣不得親御六軍未能閒道於速而克複奏功勞於此無忘寢食公之建茲偉績於上庠遂使勳勞於行陣言念公之勳勞於上庠執忠之確志古人有言曰疾風知勁草世亂有誠臣公得先百每以子民為念豈得抗伏苫廬顇類而不救也大義而符冠戴千戈而不同歸於亂朕興兄弟猶父交言其故開闢門私假署置擅捐謀戮小加大少凌長姦回擁兵命成奕大之罪誑誹感民善惡佳奸回擁兵敢失墜兄弟情篤子重生民之大也賊諒苞

之矣乃銘之常鼎豈止書勳竹帛哉功績克諧嘷歡無已
稍冷公如宜軍旅務殷殊富勞慮故遣公弟指宣往懷迷
塞不次矣上表陳謝曰臣自惟虛薄志不及逮州郡之職
敢憚劬勞鄉相之榮無階觀皇然時逢昌運王業惟始雖
消流赴海誠心屢集岳功力蓋微徒以南陽里間
豐沛子弟高位重尉榮顯一時遂後入麓端出撼戎律
受文武之任預帷幄之謀豈臣才能實由恩澤欲報之德
義極旻天伏惟陛下照重離之明養繼天之德牧臣於蹛
遠照臣以光暉南服降枉道之書春官奉蕭成之旨然草
木無識尚榮枯候時況臣有心實自効無路畫夜廻徨寢

食歉惕常懼朝露奄至虛為臣慈諒包藏禍心有自來
臣弟約齋詔書問勞高旨峻筆有若天臨洪恩大澤便同
海連慈欣軟懼五情抃越錐百殞微軀無以一報其月還
矢因幸國家便肆凶逆興兵聲代搖盪山東陛下披臣於
凡流授臣以戎律蒙心脊之寄稟平亂之規蕭王赤心人
皆以死漢皇大度天下爭歸妖寇鄭清豈臣之力曲蒙使
京師因從駕幸洛陽以素領營東京大監以平諒之功拜
其子萬石行姓皆賜儀同三司贅物五萬段綺羅千
四諒之妓妾二十人大業元年遷尚書令賜東京甲第一
區物二十段彩拜太子六師餘官如故前後賞錫不可
勝

計明年拜司徒改封楚公真食二千五百戶其年卒官諡
曰景武贈光祿大夫太尉公弘農河東絳郡汾文城河
內汲郡長平上黨西河十郡太守給輼輬車班劍四十人前
後部羽葆鼓吹粟麥五千石物五千段鴻臚監護喪事帝
又下詔曰夫銘功舞器紀德豐碑所以垂名於不朽樹
以彰盛美素嘗以五言詩七百字贈蕃州刺史薛道衡詞
徽春秋迭代方綿歲祀武播彫篆用圖動德立碑辛隧
節叶贊朕躬故楚景武公素茂績元勳勞戰誠清
風聲於沒世故楚景武公素茂績元勳勞卒道衞歡曰人
氣宏援風韻秀上亦為一時盛作未幾而卒道衞歡曰人

之將死其言也善豈若是乎平有集十卷素有建立之策
及平楊諒功然將特為帝所惜恩外示殊禮內情甚薄太史
言隋分野有大喪因改封於蕃楚與隋同分欲以此厭當
之素寢疾之日帝每令名醫診候賜以上藥然素問醫人
恆恐不死素又自知名位已極不肯服藥亦不將慎每語
弟約曰我豈須更活耶素貪冒財貨營求產業東西二京
居宅侈麗朝毀夕復營繕無已爰及諸方都會處邸店水
磑并利田宅以千百數時議以此鄙之子玄感嗣別有傳
諸子皆坐玄感誅死
約字惠伯素異母弟也在童兒時嘗登樹墮地為查所傷

由是竟為宦者性好沉靜內多譎詐好學強記素愛之
九有所為必先籌於約而後行之在周末以素軍功賜爵
安成縣公拜上儀同三司高祖受禪授長秋卿父之為邵
州刺史入為宗正少卿轉大理少卿時皇太子無寵而晉
王廣規欲奪宗以素幸於上而雅信約通王意說之曰夫
大以金寶賂遺於約經合義亦達者之令圖自古賢人君
子莫不與時消息以避禍患公之兄弟功名盖世當塗用
事有年歲矣每切齒於執政公雖自結於人主而欲危公
以所欲不行

者固亦多矣主上一旦棄群臣公亦何以取庇今皇太子
失愛於皇后主上素有廢黜之心此公所知也今若請立
晉王在賢兄之口耳誠能因此時建大功王必鏤銘於骨
髓斯則去累卵之危成太山之安也約然之因以白素素
本凶險則之大喜乃撫掌而對曰吾之智思殊不及此賴
汝起予約行復謂素曰今皇后之言上無不用宜
因機會早自結託則長保榮祿傳祚子孫文晉王傾
身禮士聲名日盛躬履節儉有主上之風恐禍至無日矣
安天下兄若遲疑一旦有變令太子東廢及晉王入東宮引約為左庶子政
素遂行其策太子東廢及晉王入東宮引約為左庶子政

封倫武縣公進位大將軍軍及素被高祖所踈出約為伊州
刺史入朝二壽宮遇高祖朋遣約入京易留中者繼殺庶
人勇然後陳任素紹發高祖凶問煬帝聞之曰令兄之第由
果堪大任即位數日拜內史令約有學術兼達時務帝甚
任之後數載加位光祿大夫後帝在東都令約詣京師
免官未幾浙陽太守其兄玄感時為禮部尚書與是
恩義其篤既俗分離形於顏色帝謂之曰公比憂瘁得非
為叔邪妄感冊拜流涕曰誠如聖旨帝亦思約廢立功由
是徵入朝未幾卒以素字玄挺後之

文思字溫才素從叔也父寛魏左僕射周小冢宰文思在
周年十一拜車騎大將軍儀同三司散騎常待尋以父功
封新豐縣子邑五百戶天和初治武都太守十姓獠友文
思討平之復治翼州事党項羌叛文思進
討資中武康隆山生獠及東山獠並破之後從陳王攻齊
河陰城天從武帝攻晉州以勳進授上儀同三司改封
永寧縣公增邑至千戶壽陽劉叔仁作亂從王誼破賊於
神堆討之戰於尃井在陣生擒叔仁文別從王誼破賊於
鯉魚柵其後累以軍功遷東毅右旅下大夫高祖為丞相
從韋孝寬拒尉迥於武陟迴遣其將李儁圍懷州與行軍

揔管宇文述擊走少破尉悌平鄴城皆有功進授上大將
軍改封洛川縣公尋拜隆州刺史開皇元年進爵正平郡
公加邑三千戶後為魏州刺史其有惠政及去職吏民思
之為立碑頌德轉冀州刺史煬帝嗣位徵為民部尚書轉
納言改授右光祿大夫從幸江都宮以足疾不堪趨奏復
授民部尚書加位左光祿大夫卒官時年七十諡曰定初
文紀字溫範少剛正有器局在周龍裒爵華山郡公邑二千
七百戶自右侍上士累遷車騎大將軍儀同三司安州揔
管長史將兵迎降將李琎於齊安與陳將周法尚軍遇
擊走之以功進授開府入為廐部下大夫高祖為丞相改
封汾陰縣公從梁睿討王謙以功進授上大將軍前後增
邑三千戶拜資州刺史入為宗正少卿坐事除名後數載
復其爵位拜熊州刺史改封上明郡公除宗正卿兼給事
黃門侍郎判禮部尚書事仁壽二年遷荊州揔管歲餘卒
官時年五十八諡曰恭
史臣曰楊素少而輕俠儻不羈兼文武之資包藏之
略志懷遠大以功名自許高熲龍飛將清六合許以腹心
之寄每當推轂之重埽姪攵於牛斗江海無波摧驍騎於
龍庭勾奴遠遁者其東凶靜亂功臣莫若其右覽其奇策

高文兄弟為一時之傑然專以智詐自立不由仁義之道阿
諛時主高下其心譽構離宮當君於奢侈謀殷家致國
於傾危終使宗廟丘墟市朝霜露究其禍敗之源實乃素
之由也幸而得死子為亂階墳土未乾闔門殄裁丘壟發
掘宗族誅夷則知積惡餘殃信非徒語多行無禮必自及
其斯之謂歟約外示溫柔內懷狡竿為蛇畫足終傾國本
俾無遺育宜哉

列傳卷第十三

隋書四十八

牛弘

特進臣魏——徵　上

牛弘字里仁，安定鶉觚人也，本姓尞氏。祖熾，郡中正。父允，魏侍中、工部尚書、臨涇公，賜姓為牛氏。弘初在襁褓，有相者見之，謂其父曰：「此兒當貴，善愛養之。」及長，須貌甚偉，性寬裕，好學博聞。在周，起家中外府記室、內史上士，俄轉納言上士，專掌文翰，甚有美稱。加威烈將軍、員外散騎侍郎，脩起居注。其後襲封臨涇公。宣政元年，轉內史下大夫，進位使持郎大將軍、儀同三司。開皇初，遷授散騎常侍、秘書

〈隋傳十四　四十九　一〉彭

監。弘以典籍遺逸，上表請開獻書之路，曰：經籍所興，由來尚矣。爻畫肇於庖犧，文字生於蒼頡。聖人所以弘宣教導，博通古今，揚于王庭，肆於時夏，故堯稱至聖，猶考古道而言。舜其大智，尚觀古人之象。周官外史，掌三皇五帝之書，及四方之志。武王問黃帝顓頊之道，太公曰：在丹書。是知

皆盡本既亡，從而顛覆。臣以圖讖言之，經典盛衰，信有徵數，此則書之一厄也。漢興，改秦之弊，敬尚儒術，建藏書之策，置校書之官，屋壁山巖，往往間出，外有太常、太史之藏，內有延閣、秘書之府。至孝成之世，亡逸尚多，遣謁者陳農求遺書於天下，詔劉向父子讎校篇籍，漢之典文，於斯為盛。及王莽之末，長安兵起，宮室圖書，並從焚燼，此則書之二厄也。光武嗣興，尤重經誥，未及下車，先求文雅，於是鴻生鉅儒，繼踵而集，懷經負帙，不遠斯至。肅宗親臨講肆，和帝數幸書林，其蘭臺石室、鴻都東觀，秘牒填委，更倍於前。及孝獻移都，吏民擾亂，圖書縑帛，皆取為帷囊，所收而

〈隋傳十四　四十九　二〉彭

西，裁七十餘乘，屬西京大亂，一時燔蕩，此則書之三厄也。魏文代漢，更集經典，皆藏在秘書內外三閣，遣秘書郎鄭默刪定舊文，時之論者，美其朱紫有別。晉氏承之，文籍尤廣。晉秘書監荀勖定魏內經，更著新簿，雖古文舊簡，猶云有缺，新章後錄，鳩集已多，足得恢弘正道，訓範當世。屬劉、石憑陵，京華覆滅，朝章國典，從而失墜，此則書之四厄也。永嘉之後，寇竊競興，因河據洛，跨秦帶趙，論其建國立家，雖傳名號，憲章禮樂，寂滅無聞。劉裕平姚，收其圖籍，五經子史，纔四千卷，皆赤軸青紙，文字古拙。僞之盛，莫過於秦，以此而論，足可明矣。故知衣冠軌物、圖畫記注，播遷之

餘皆歸江左宋之際學藝為多齊梁之間經史彌盛宋
祕書丞王儉依劉氏七畧撰為七志梁人阮孝緒亦為七
錄摠其書數三萬餘卷及侯景渡江破滅梁至祕省經籍
雖從兵火其文德殿內書史宛然猶存蕭繹據有江陵遣
將破平侯景收文德之書及公私典籍重本七萬餘卷悉
送荊州故江表圖書因斯盡萃於繹矣及周師入郢繹悉
焚之於外城所收十餘一二此則書之五厄也後魏爰自
幽方遷宅伊洛日不暇給經籍闕如周氏創基右戎車
未息保定之始書止八千後加收集方及盈萬卷高氏據有
山東初亦採訪驗其本目殘缺猶多及東夏初平獲其經

史四部重雜三萬餘卷所益舊書五千而已今御書單本
合一萬五千餘卷部帙之間仍有殘缺比梁之舊目止有
其半至於陰陽河洛之篇醫方圖譜之說彌復為少臣以
經書自仲尼已後迄于當令千載煛遭五厄興集之
期屬聖世伏惟陛下受天明命君臨區宇功無與二德
冠往初自華夏分離彝倫攸斁其間雖霸王遞起而世難
未夷以崇儒業時或未可今土宇遇於三王民黎盛於兩
漢有人有時正在今日方當大弘文教納俗昇平而天下
是司寢興懷懼昔陸賈奏漢祖云天下不可馬上治之故

知經邦立政在於典謨矣為國之本莫此攸先今祕藏見
書亦足披覽但一時載籍須令大備不可王府所無私家
乃有然士民殷雜求訪難知縱令有知者多懷悋惜必須勒
以天威引之以微利若猥發明詔兼開購賞則異典必臻
臻觀閣斯積重道之以風超於前世不亦善乎伏願天監少
垂照察上納之於是下詔請依古制修立
奉勅修撰五禮勒成百卷行於當世弘請依古制修立
篇籍稍備進爵賞章郡公邑二千五百户三年拜禮部尚書
德孝經曰宗祀文王於明堂以配上帝祭義云祀于明堂
堂上議曰竊謂明堂著所以通神靈感天地出教化崇有
教諸侯孝也黃帝曰合宫舜曰摠章布政興治

由來尚矣周官考工記曰夏后氏世室堂脩二七廣四脩
一鄭玄注云脩十四步其廣益以四分脩之一則堂廣十
七步半也殷人重屋堂脩七尋堂崇三尺四阿重屋鄭云
廣九尋也周人明堂度九尺之筵南北七筵五室凡室二
筵鄭云此三者或舉宗廟或舉王寢或舉明堂互言之明
其同制也馬融王肅所注與鄭亦異今不具出漢司
徒馬宮議云夏后氏世室室顯於堂故命以室殷人重屋
屋顯於堂故命以屋周人明堂堂大於夏室故命以堂夏
后氏益其堂之廣百四十四尺周人明堂以為兩序間大

夏后氏七十二尺若攄鄭玄之說則要室大於周堂如依
馬宮之言則周堂大於要室而後王轉文周大為之是但宮之
所言未詳其義此皆去而又遠禮論之殘缺先儒解說家裏
人殊鄭注王藻亦云宗廟路寢與明堂同制王寢不
蹈廟明大小是同令又以宗廟之制每夏至及卿大夫之時周人旅酬
六尸并后稷為七先公昭穆二尸先王耶穆二尸合十一
尸三十六王及君比向行事於二尸之堂惠不及此若以
正寢論之便須朝享據燕禮諸侯夏則賓及卿大夫文云席小
升坐是知天子宴則三公九卿並須升堂燕義又云席小

〈隋傳十四〉 〈五〉

卿次上卿言皆侍席此於二筵之閒豆得行禮若以明堂
論之複真之時五帝各於其室設青帝之位須於太室之
內火此西面太室天至從食坐於其西近南北向祖宗配真者
又於青帝之南稍退西面大八之室神位有三加以蕭鼙簋
邊豆牛羊之俎四海九州美物咸設復須須帝升歌出蹲
反玭指讓升降亦以陛矣攄姿而說而其不必篆即說曰別
錄及馬宮蔡邕等所見當時有古文明堂禮王居明堂禮
明堂圖明堂大圖明堂月令李徬陽大山通義魏文侯孝經傳等
並說古明堂之事其書皆亡莫得而正令明堂者春秋十二紀之首章禮家鈔合為記蔡
玄云且呂不韋著者春秋十二紀之首章禮家鈔合為記蔡

邑王蕭云周公所作周書內有月令第五十三即此也各
有證明文多不載束皙以為夏時之書劉瓛云不韋集
儒者尋于聖王月令之事而記之不韋實能獨為此記令
案不得全稱周書亦未可即為秦典其內雜有虞夏殷周
之法皆聖王之政也蔡邕蕭真為章句文論之曰明堂
者所以宗祀其祖以配上帝也夏后氏曰世室殷人曰重
屋周人曰明堂東曰青陽南曰明堂西曰總章北曰玄堂
內曰太室聖人南面而聽向明而治人君之位莫不正焉
故雖有五名而主以明堂也制度之數各有所依堂方
百四十四尺坤之策也屋圓楣徑二百一十六尺乾之策
也太廟明堂方六丈通天屋徑九丈陰陽九六之變且圓
蓋方覆九六之道也八闥以象卦室以象州十二宮以
應日辰三十六戶七十二牖以四戶八牖乘九宮之數也
黃鍾九九之實也二十八柱布四方四方七宿之象也堂高
三尺以應三統四向五色各象其行水潤二十四丈象二
十四氣以應陰陽必於外以象四海王者之堂高八十一尺
象陰陽必於外令若直取考工不參月令青
陽總章之號不得而稱九月其有令若直取考工不參月令青
京所建與此說恐同稱安之後海內大亂京邑焚燒憲章
陽所建與此說恐同稱安之後海內大亂京邑焚燒憲章

13-586

泯絕魏氏三方未平無閒興造晉則侍中裴頠議曰尊祖
配天其義明著亞廟宇之制理據未分宜可直爲一殿以
崇嚴父之祀其餘雜碎一皆除之宋齊已還感蒙禮此
乃世多通儒時無思術前王盛事於是不行後魏代所
造出自李冲三三相巽不以庸虛謬議限令檢明堂必須五
不成配之事於是獸退閭化單海外方建大
室者何尚書著命驗曰帝者永天立五府赤曰文祖黃曰
神并白曰顯紀黑曰玄矩著曰靈府鄭玄注曰五府與周
之明堂同矣且三代相沿多有損益至於五室確然不變
者以祭天天實有五若立九室四無所用布政視朔自
春至以祭天天實有五若立九室四無所用布政視朔自
依其辰鄭司農云十二月分在青陽等左右之位不云居
室鄭玄亦言每月於其時之堂而聽政焉禮圖畫个皆在
堂偏是必須爲五室明堂上圓下方圓下方者何孝經援神
契曰明堂者上圓下方八窗四達布政之宮禮記盛德篇
云明堂四戶八牖上圓下方五經異義稱講學大夫淳于
登云明堂六上圓下方上圓法天下方法地八窗象八風
四達法四時九室法九州十二坐法十二月三十六戶法
三之一殷周不言者明一同夏制殷言四阿重屋三之二室
屋者何緣考工記夏言九階四旁兩夾窗白盛言室中
度以几堂三之二室三之一殷周不言者明一同夏制殷言四阿重屋三之二室周水其

後不言屋制亦盡可知也甘殷人重屋之下本無五室
之文鄭注云五室者亦據夏以知之明周不云重屋因殷
則有灼然可見矣禮記明堂位曰太廟天子明堂亦據周
公之故得用天子禮樂魯之太廟與周之明堂同又曰複
廟重檐刮楹達嚮天子之廟飾鄭注複廟重屋也據廟旣
重屋明堂亦不疑矣春秋文公十三年太室屋壞五行志
曰前堂曰太廟中央曰太室屋其上重者也服虔亦以太
室太廟太室之上屋也周書作洛篇曰乃立太廟宗宮路
寢明堂咸有四阿反坫重亢重廊孔晁注曰重亢累棟重
廊累屋也依黃圖載漢之宗廟皆爲重屋此皆去古猶近
遺法尚在是以須爲重屋明堂必須爲辟雍者何禮記盛
德篇云明堂者明諸侯尊卑也外水曰辟雍明堂陰陽錄
云明堂之制周圜行水左旋以象天內有太室以象紫宮
此明堂有水之明文也然馬宮以爲明堂辟雍太學同
以蔡邕盧植亦以明堂靈臺辟雍太學同實異名邕
云明堂者取其宗祀之清貌則謂之清廟取其正室則曰
太室取其堂則曰明堂取其四門之學則曰大學取其周
水圜如璧則曰璧雍其實一也其言別者五經通義曰靈
臺以望氣明堂以布政辟雍以養老教學三者不同袁準
鄭玄亦以爲別歷代所疑豈能輒定今據郊祀志云欲治

明堂禾曉其制濟南人公玉帶上黃帝時明堂圖一殿無
壁蓋之以茅水圜宮垣天子從之以此而言其來則久漢
中元二年起明堂辟雍靈臺於洛陽並別廟然明堂亦有
壁水李尤明堂銘云流水洋洋是也以此湏有辟雝夫帝
王作事必師古昔今造關之廟象以餘書庶使該詳沿革之
法度數取於月令遺關以禮經為本形制依於周
理其數取於月令論殿垣方在內水周如外水內徑三百
考經說堂方二百四十四尺八閒二十八柱堂高三尺四向
五色依周書月令
室方六丈通天屋徑九丈八閒二十八柱圓楣徑二百一十六尺太

《隋傳十四》 四十九 九

步依太山盛德記觀佛察皆有則象足以盡誠
上帝祇配祖宗弘風布教作範於後矢弘等學不稽古輒
申所見可否之宜伏聽裁擇上以時事草創未遑制作竟
寢不行六年除太常卿九年詔改定雅樂文作樂府歌詞
撰定圓立五帝凱樂并議樂事弘上議云謹案禮五聲六
律十二管還相為宮之義周禮奏黃鍾歌大呂奏太簇歌應鍾
皆是旋相為宮姑洗為商黃鍾為角南呂為徵應鍾為羽大呂為
變宮袋為變徵他月倣此故先王之作律呂也所以辯
天地四方陰陽之聲楊子雲曰聲生於律律生於辰故律

呂配五行通八風歷十二辰行十二月循環轉運義無剋
止譬如立春木王火相立夏火王土相立秋金王水相冬
水王木相還相為宮者謂當其王月名之為宮今十一月
名之為宮太卷十一月不以黃鍾為宮十一月不以太
為不易旦律十二今百為黃鍾均唯用七律以外五律
竟復何施恐失聖人制作本意故湏依禮作還相為宮之
法上曰不湏作旋相為宮且作黃鍾一均也弘論六十

《隋傳十四》 四十九 十

律不可行謹案續漢書律曆志元帝遣韋玄成問京房於
樂府房對受學故小黃令焦延壽六十律相生之法以上
生下皆三生二以下生上皆三生四陽下生陰陰上生陽
終於中呂而十二律畢矣中呂上生執始執始下生去滅
上下相生終於南事六十律畢矣夫六十律者之變至於六十
猶八卦之變至於六十四也冬至之聲以黃鍾為宮太簇
為商姑洗為角林鍾為徵南呂為羽應鍾為變宮蕤賓為
變徵此聲氣之元五音之正也故各統一日其餘以次運
行當日者各自為宮商徵以類從焉房又曰竹聲不可
以度調故作准以定數准之狀如瑟長丈而十三絃隱

間九尺以應黃鍾之律九寸中央一絃下畫分寸以為六
十律清濁之節始於焦延壽
未知延壽所承也至元和年待詔候鍾殷彤上言官無曉
六十律以准調音者故詔嚴崇以准法教其子宣頭
召宣補學官主調樂器大史丞弘試言十二律其二中其
史官能辨清濁者遂絕其可以相傳者唯大權常數及候
歸閱舊典藏乃得其器形制如務書猶不能定其於絃緩急故
嘉平年東觀召典律者太子舍人張光問准意光等不知
四不中其六不知何律宣遂罷自此律家莫能為准施
氣而已據此而論京房之法漢世已不能行沈約宋志曰

《隋傳十四　四十九　十一》

詳案古典及今音家六十律無施於樂禮六十二管還相
為宮不言六十封禪書云大帝使素女鼓五十絃瑟而悲
破為二十五絃假令六十律為樂得成亦所不用取大樂
必易大禮必簡之意也又議曰案周官云大司樂掌成均
之法鄭眾注云均調也樂師主調其音二禮義宗稱周官
奏黃鍾者用黃鍾為調樂大呂者為調奏者謂堂
下四懸歌者謂用黃鍾之宮乃以林鍾為調歌但一祭之間皆用二調是知攜
宮稱調其義一也明六律六呂迭相為宮各自為調令見
行之樂用黃鍾之宮乃以林鍾為調古之法制十二笛
監荀勗依典記以五聲十二律還相為宮之法制十二笛

黃鍾之笛正聲應黃鍾下徵應林鍾以姑洗為清角大呂
之笛正聲大呂下徵應夷則以外諸均倒皆如是然今
所用林鍾是勗下徵之調不取其正先用其下於理未通故
須改之上甚善其議詔弘與姚察許善心何妥虞世基等
正定新樂事在音律志是後議置明堂詔弘條上故事議
其得失事在禮志上其敬重之時楊素恃才矜貴輕侮朝
臣唯見弘未嘗不改容自肅素將擊突厥詣大常與弘言
別弘送素至中門而止素謂弘曰大將出征故來敘別何
相送之近也弘遂揖而退素笑曰奇章公可謂其智可及

《隋傳十四　四十九　十二》

其愚不可及也亦不以屑懷尋授大將軍拜吏部尚書時
高祖又令弘與楊素蘇威薛道衡許善心虞世基崔子發
等并召諸儒論新禮降殺輕重弘所立議眾咸推服之作壽
二年獻皇后崩王公已下不能定其儀注楊素謂弘曰公
舊學時賢所仰今日之事決在於公弘了不辭讓斯須之
間儀注悉備皆有故實素歎曰衣冠禮樂盡在此矣非吾
所及也弘以三年之喪祥禫具有降殺輯服十一月而練
者無所象法以聞於高祖納焉而後下詔除朞練之禮自
弘始也弘在吏部其選舉先德行而後文才務在審慎雖
致停緩然所有進用並無推職吏部侍郎高孝基甚驕傲
清慎絕倫然爽俊有餘迹似輕薄時宰多以此疑之唯弘

深識其貞其推心委任隋之選舉於斯為最時論彌服弘識
度之遠煬帝之在東宮也數有詩書遺弘弘亦有荅及嗣
位之後嘗賜弘詩曰晉家山吏數有詩書莫言先哲
異奇才並佐余學行敦時俗道素乃冲虛納言雲閣上禮
儀皇運初毅倫欣有叙垂拱事端居其同被賜詩者至於
文詞贊揚無如弘美大業二年進位上大將軍三年改為
右光禄大夫從拜岳壇場珪幣壇時牲牢並弘所定還為
下太行煬帝嘗引入內帳對皇后賜以同席飲食其禮遇
親重如此弘謂其諸子曰吾受非常之遇荷恩深重女等
于孫宜以誠敬自立以吾恩遇之隆也六年從幸江都其

【隋傳十四　四十九　十三】

年十一月辛亥於江都郡時年六十六帝傷惜之贈其厚
歸葬安定開府儀同三司光禄大夫安侯諡曰憲弘
榮寵當世而軍服早儉事上盡禮待下以仁訥於言而敏
於行上賞之其嘗勑弘至階下不能言退還謝云而敏
之上曰傳語小辯故非宰臣任也愈稱其質直大業之世
委身遇彌隆性寬厚篤志於學雖職務繁雜書不釋手隋之
舊臣始終信任恩榮不及唯弘一人而已有弟曰弼好酒而
酗嘗因醉射殺弘駕車牛弘來還宅其妻迎謂之曰叔射
殺牛矣弘聞之以無所怪問直荅云作脯坐定其妻又曰
叔忽射殺牛大是異事弘曰已知之矣顏色自若讀書不

輟其寬和如此有文集十三卷行於世長子方大亦有學
業官至內史舍人次子方裕性凶險無心從幸江都與
裴虔通等同謀弑逆事見司馬德戡傳
史臣曰牛弘篤好墳籍學優而仕有淡雅之風懷曠遠之
度採百王之損益成一代之典章漢之叔孫不能尚其
綽疑閎三十餘年夷險不渝始終無際雖開物成務非其
所長然澄之不清混之不濁可謂大雅君子矣子實不才
崇基不構干紀犯義以隆家風惜哉

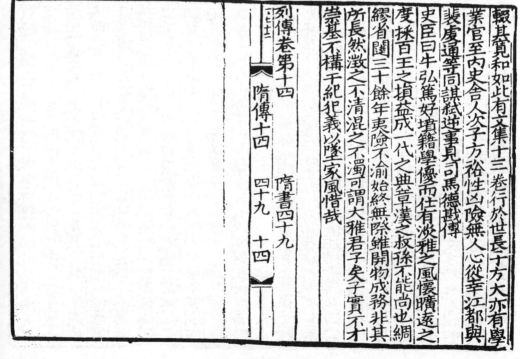

列傳卷第十五　隋書五十

特進臣魏　徵　上

宇文慶

宇文慶字神慶河南洛陽人也祖金殿征南大將軍仕
歷五州刺史安吉侯安和夏州刺史慶沉深有器局少
以聰敏見知周初受業東觀頗法經史既而謂人曰書足
記姓名而已安能久事筆硯為篤儒之業乎時文州民夷
相聚為亂慶讙從征賊擄保嚴谷徑路懸絕慶東馬而
進襲破之以功授都督衛王直之鎮山南引為左慶而
善射有膽氣好格猛獸直其壯之稍遷車騎大將軍儀同
三司柱國府掾及誅宇文護慶有謀焉進授驃騎大將軍
加開府後從武帝攻河陰先登攀堞與賊短兵接戰良久
中石䃃墜絕而後蘇帝勞之曰卿之餘勇可以賈人也後
從武帝拔晉州其後齊師大至慶與宇文憲輕騎而覘卒
與賊相遇為賊所窘憲挺身而遯慶退擄分橋殺賊爭進
慶引弓射之所中人馬必倒賊乃稍却及破高緯按高壁
克井州下信都禽高湝功並為最周武帝詔曰慶勳庸早
著英登華遠出內之績簡在朕心戎軍自西俱揔行陣東
夏蕩定實有茂功高位縟禮豈忘榮冊於是進位大將軍
封汝南郡公邑千六百戶尋以行軍揔管擊延安及胡平

之拜延州揔管俄轉寧州揔管高祖為丞相復以行軍揔
管南征江表師次白帝徵還以勞進位上大將軍高祖與
慶有舊甚見親待令督諸軍事委以心腹尋加柱國開
皇初拜左武衛將軍進位上柱國數年出除涼州揔管歲
餘徵還不任以職初上潛龍時嘗從容與慶言及天下事
上謂慶曰天元實無積德視其相貌壽亦不長加以法令
繁苛耽恣聲色以吾觀之殆將不久又諸侯微弱各令
就國曾無深根固本之計羽翮既翦何能及遠哉尉迥貴
戚早著聲望以吾度之必為亂階然智量庸淺子弟輕佻
貪而少恩終致亡滅司馬消難反覆之虜亦非池內之物
變成俄項但輕薄無謀未能為害不過自竄江南耳庸蜀
嶮隘易生艱阻王謙素無籌略但恐為人所誤不足
為盧未幾上言皆驗及此慶恐上遺忘不復收用欲見舊
蒙恩顧具錄前言為表而奏之曰臣聞智侔造化二儀無
以隱其靈明同日月萬象不能藏其狀先天弗違寒
之躬道末萌見兆諒達節之神機伏惟陛下特挺生知徇
齊誕御懷五岳其猶輕吞八荒而不梗蘊妙見於智楹蓮
奇謨於掌握臣以微賤早逢天眷不以庸下親蒙慈推亦所
奉成規纖毫弗舛尋惟聖慮妙出著龜驗人之慶有徵所
寒天子之言無戲臣親聞親見實榮實喜上省表大悅下

詔曰朕之與公本來密懷抱委曲無所不盡話言歲父
尚能記憶今覽表奏力悟皆談何謂此言遂成實錄古人
之先知禍福明可信也朕具偶然公乃不忘彌
表誠即深感至意嘉尚無已自是上每加優禮卒千家子
德縣公邑二千五百戶後為熊州刺史慶平全授儀同安
靜禮初為太子千牛備身尋尚高祖女廣平全授儀同安
業之世必養宮中後為平牛左右賜帝其親昵之每有遊
將石湖衛將軍宇文化及之亂遇害協弟晶字婆羅門大
宴晶必侍從至於出入卧內伺察六宮往來不限門禁其
恩倖如此時人號曰宇文三郎晶與宮人淫亂至於妊孀

《隋傳十五 五十 〈三〉》

公主亦有醜聲蕭晶於帝晶聞而懼數日不敢見其兄
惕因奏曰晶今已壯不可在宮掖帝曰晶安在惕時
堂之罪因召入待之如初宇文化及弒逆之際晶時
在玄覽門覺變將入奏為門司所遏不得時進會日晚宮
門閉晶還所守俄而難作晶為亂兵所害

李禮成

李禮成字孝諒隴西狄道人也涼王暠之六世孫祖延寶
魏司徒父或侍中禮成年七歲襲父子蘭陵太守榮陽
鄭顯隨魏武帝入關顯母每謂所親曰此兒平生未嘗迴
顧當為重器耳及長沈深有行檢不妄通賓客魏大統中

釋褐著作郎遷太子洗馬貞外散騎常侍周受禪拜平東
將軍散騎常侍于時貴公子皆競習弓馬被服多為軍容
禮成雖善騎射而從容儒服不失素望後以軍功拜車騎
大將軍儀同三司賜爵脩陽縣侯拜遷豳州刺史時朝廷有
所徵發禮成度以變夷不可擾撓必為亂上表固諫周武
帝從之伐齊之役從帝圍晉陽禮成以力戰擊退之加開府俄轉司武上大夫委以心
毗羅縣公拜比徐州刺史未幾徵為民部中大夫禮成妻寶
軍早沒知高祖有非常之表遂與高祖妹為繼室情勢甚
歡及高祖為丞相進位上大將軍遷司

《隋傳十五 五十 〈四〉》

譽及受禪拜陝州刺史進封絳郡公賞賜優洽尋徵為左
衛將軍遷右武衛大將軍歲餘出拜襄州揔管稱有惠政
後數載復為左衛大將軍時突厥屢為冠患憂緣邊要害多
委重臣由是拜寧州刺史餘以疾徵還宗師終於家其
子世師官至度支侍郎

元孝矩

元孝矩河南洛陽人也祖脩義父均並為魏當書僕射
孝矩西魏時龍驤爵始平縣公拜南豐州刺史時見周太祖
專政將危元氏孝矩每慨然有興復社稷之志陰謂昆李
曰昔漢氏有諸呂之變朱虛東牟卒安劉氏今宇文之心

路人所見頣而不扶爲用宗子壽將圖之爲兄則所過孝
矩乃止其後周太祖爲兄子晉公護娶孝矩妹爲妻情好
甚密及閔帝受禪護懿百揆孝矩之寵益隆及護誅坐從
蜀數載徵還京師拜益州摠管司馬轉司憲大夫高祖
其門地娶其女爲房陵王妃及高祖爲丞相拜左僕射重
皇太子令孝矩代鎭旣而立其女爲皇太子妃親禮彌厚
位柱國賜爵洛陽郡公時房陵王鎭洛陽及上受禪立爲
俄爲壽州摠管賜書曰楊越氣候侵邊鄙爭桑
與役不識大獻以公志存遠略令故鎭邊服懷柔以禮稱
朕意爲時陳將待蠻奴等憂冦江北後必孝矩領行軍摠

管屯兵於江上後數載自以年老筋力漸衰不堪軍旅上
表乞骸骨轉涇州刺史高祖下書曰知執謙撝請歸初服
恭膺寶命方欲委裘寄以分陝何容便請高蹈
獨爲君子者乎若必邊境務煩即宜從節涇郡養德臥治
也在州歲餘竟卒官年五十九謚曰簡子無嗣孝矩兄子
文都見誠節傳孝矩次弟雅字孝方有文武幹用開皇中
歷左領左右將軍集沁二州刺史封順陽郡公孝弟襃最
知名
襃字孝整便弓馬以有成人之器年十歲而孤爲諸所
鞠養性友悌養畫諸兄諸兄議欲別居襃泣諫不得家素

寵多金寶讓無所受脫身而出爲州里所稱及長爲人寬仁大
度涉獵書史往周官至開府北平縣公趙州刺史及高祖
爲丞相從韋孝寬破尉迥以功超拜柱國進封河間郡公
邑二千戶開皇二年拜安州摠管歲餘徙原州摠管有商
人爲賊所刼其人疑同宿者而執之官司發於他所謂襃曰公
責襃曰何故利金而捨盜也襃卽引咎初無異詞使者
遂捨之商人詣闕訟寃奉敕縱賊上遣使窮治之使者簿
與襄舊諸宗師遂坐免官其襃亮發於他所
朝廷旣委公以一州不能息盜賊臣之罪
臣受委一州不能息盜賊臣之罪一也州民爲人所誣不

付法司縣卽放免臣之罪二也牽率愚誠無顧形迹不特
文書約束至令爲物所疑臣之罪三也臣有三罪何所逃
責臣又不言受略使後將有所窺窬然則縲絏橫及良
善重臣之罪是以自誣上歎異之稱爲長者十四年以行
軍摠管屯兵備邊遼東之役以行軍摠管從漢王至柳
城而還仁壽初荊州刺史夷獠爲冦襃以行軍摠管擊平之
帝卽位拜齊州刺史尋改爲齊郡太守更民安之及興
東之役郡官督事者前後相屬有西曹掾當行詣襃請詰
之襃理屈襃杖之掾大言曰我將詣行在所欲有所告
襃大怒因杖百餘數日而死坐冤官卒於家時年七十三

郭榮字長榮自云太原人也父徽魏大統末為同州司馬
時武元皇帝為刺史由是與高祖有舊微後官至洵州刺
史安城縣公及高祖受禪拜大僕御數年卒官榮容貌魁
岸外疎内密與其父徽為中外府水曹屬時齊寇屢侵護令
信護密榮與姚襄鎮相去懸遠榮以為
榮於汾州觀賊形執時汾州與姚襄鎮相去懸遠榮以為
二城孤迴執不相救諭於姚襄鎮之間更築一城唯榮所立
者攝能自守護作浮橋出兵度河度之俄而齊將段孝先攻
一城以相控攝

縱大伐以輕浮橋護令榮督便水者引取其筏以功授大
都督護又以楷胡歡為寇亂伊榮緝集之榮於上郡延安
築周昌弘信廣安招遠等五城以遏其要路稽胡由
是不能為寇武帝親揔萬機拜宣納中士後從帝平齊以
戰功賜馬二十四綿絹六百段封平陽縣男還司永大夫
榮以與高祖親狎情契極歡晉與高祖夜坐月下因從容
自結納宣帝崩高祖象俛察人事周歷已盡我其代之榮深
謂榮曰吾仰觀玄象俯察人事周曆已盡我其代之榮深
未即拜相府榮曹然軍俄以本官復領番部大夫高祖受
禪引為内史舍人以龍潛之舊進爵蒲城郡公加位上儀

同累遷通州刺史仁壽初西南夷獠多叛詔榮領八州諸
軍事行軍揔管率兵討之歲餘悉平賜奴婢三百餘口煬
帝即位入為武候驃騎將軍以嚴正聞後數歲黜陟安集
田羅駒阻清汪作亂夷獠諸郡民夷多雅榮之中
遷左候衛將軍從帝西征吐谷渾拜銀青光祿大夫遼東
之役以功進位左光祿大夫明年帝後事遼東榮以為中
國疲敝萬乘不宜屢動力言於帝曰戎狄失禮臣下之事
臣聞千鈞之發不為鼷鼠發機豈有親辱大駕以臨小寇
帝不納復從軍攻遼東城榮親家矢石晝夜不釋甲冑百
餘日帝每令人親諸將所為知榮如是帝大悅毎勞勉之

九年帝至東都謂榮曰公年德漸高不宜久涉行陣當與
公一郡任所選也榮不願違離頓首陳讓辭情哀苦有感
帝心於是拜為右候衛大將軍後數日帝謂榮曰誠心恋
純至如郭榮者固無比矣其見信如此楊玄感之亂帝令
馳守太原明年復從帝至柳城遇疾帝令存問動靜中使
相望卒於懷遠鎮時年六十八帝為之廢朝贈兵部尚書
諡曰恭贈物千段有子福善

龐晃字元顯榆林人也父虯周驃騎大將軍昆少以良家
子刺史杜達召補州都督周太祖既有關中署晃大都督

頻親信立常置左右晃從左闕中後遷驃騎將軍龍驤將
比陽侯宇文深入鎮襄州晃以本官從軍與長湖公元定
擊江南孤軍深入遂沒於陣數年得歸晃王直遣晃弟車騎將
軍元儁儁齎絹八百四疋焉乃得歸朝拜上儀同賜綠二百
段晃事衛王時晃出為隴州刺史經襄陽衛王令晃
諸高祖晃非常人深自結納及高祖去官歸京師
晃迎見高祖於襄邑高祖甚歡晃因曰公相貌非
常色在圖錄九五之日幸願不忘晃笑曰何妄言也頭
之有一雄雄鳴於庭高祖命晃射之曰中則有賞於富貴
之日持以為驗晃既射而中高祖撫掌大笑曰此是天意

《隋傳十五　五十　〈九〉》

公能感之而中也因以二婢賜之
常山大守高祖為定州揔管屢相往來俄而高祖轉為亳州
揔管晃將行意甚不悅晃因曰高祖握晃手曰時未可也晃亦轉為
動衆天下不足圖也高祖為亳州揔管妻晃同
軍騎將軍及高祖為揚州揔管妻晃同
扣進晃位開府命晃左右其見親得及踐阼謂晃曰
之行久矣開府命賢左右其見親得及踐阼謂晃曰
襄時之言不勝驚躍上笑曰公之此言何得忘也尋加上
開府拜右衛將軍進爵為公邑千五百戶河間王弘之
突厥也晃以行軍揔管從至馬邑別路出賀蘭山擊賊破

之斬首千餘級晃性剛悍時廣平王雄當塗用事勢傾朝
廷晃每陵侮之嘗於軍中卧見雄不起雄甚銜之復與高
頻有隙二人蹇諸晃由其宿衛十餘年王官不得進出為懷
州刺史數歲遷原州揔管仁壽中卒官年七十二高祖為
之廢朝贈物三百段米三百石諡曰敬子長壽頻知名官
至驃騎將軍

李安

李安字玄德隴西狄道人也父蔚仕周為朔熊三州刺
史襄武縣公安美姿儀善騎射周天和中釋褐右侍上
士襄武縣公安美姿儀善騎射周天和中釋褐右侍上
龍驤將軍襄氏公俄授儀同少師右上士高祖作相引之左右
時在京師與周趙王謀害高祖誘迹安叔父梁州刺史璋
遷職方中大夫復拜安弟悌為儀同安叔父梁州刺史璋

《隋傳十五　五十　〈十〉》

之則不忠與義失也立身加官賞安曰承父
也其可背乎遂陰曰之及趙王宰伏誅將加官賞安頓首
而言曰兄弟無汗馬之勞過蒙獎擢今此開封節無以酬謝
不意叔父無狀為兄弟之所蠱毒覆絕嗣其甚若矣悲家
全首領為幸安寧敢覬賞以求官以立身求官賞於是俯伏
流涕迡不自勝髙祖亦為之陵谷曰我為汝將存璋子乃命
有司停止璋身萬髙祖亦為安隱其事而不言尋授安內史侍
進封趙郡公越上儀同黃臺縣男髙祖即位授安內史侍

郎轉尚書左丞黃門侍郎平陳之役以為楊素司馬仍領
行軍總管率蜀兵順流東下時陳人屯白沙安謂諸將曰
水戰非我所長陳人依險泊船必輕我而無備以夜
襲之賊可破也諸將以為然安率衆為先鋒大破陳師高祖
嘉之詔書勞曰陳賊之意自言水戰為長臨險之間彌謂
龍軍所憚開府鄴將所部夜動舟師摧破巢穴從生擒虜衆
益官軍之氣動靜相應轉鄴州刺史安謂為內外擒撲
官軍所憚開府鄴將所部轉鄴州刺史安謂為內外高祖重
將軍除鄴州刺史數日轉鄴州復拜開府
違其意旨除左領左右將軍兄弟俱典禁衛恩信甚重八年突
厥犯塞以安為行軍總管從楊素擊之安別出長川會虜
度河與戰破之以功進位上大
史安子瓊熱子瑋始自襁褓乾養宮中至是年八九歲始
命歸豕其見親顧如是高祖彫愛之
盡事君之道用能弘獎大節躰此至公徇義斷恩割親愛之情
弟滅親其叔庸惟始王業初基永此洮李惃潛結蒲枝翁惑猶子
將軍寧州刺史趙郡公李子安其叔璋潛結蒲枝翁惑猶子
包藏不逞禍機將發安與弟開府儀同三司衛州刺史黃
臺縣男赴深知逆順披露卅心以謀既彰罪人斯得朕每

念誠勤慤之無已時但以事涉其親措
有疑惑欲使安等名配自勵有地朕常以恩害遂致
湮年全更詳按聖典求諸往事父子天性誠差猶不並立
況復叔姪恩輕情悖本有差隆忘私奉國深得正理宜錄
舊勳重汝賞命於是拜安及慈俱為柱國賜縑各五千四百馬
百四羊千口復以安為寧州刺史慈為膠州
敕曰懷子瓊嗣少子孝恭最有名慈後坐事除名配防嶺
族曰雖家門獲全而叔父病於是疾其而卒時年五十三
謚曰懷子瓊嗣少子孝恭最有名慈後坐事除名配防嶺
南道病卒

史臣曰宇文慶等龍潛惟舊疇昔親姻或素盡平生之言
或早有腹心之託霧雲雨之餘潤照日月之末光驥歩天
衢與時升降高位厚祿貽厥後昆優矣哉書云未聞以
教義暘帝愛之不以禮其能不及於此乎安慈之於高祖
未有君臣之分陷其骨肉使就誅夷大義滅親所聞異於
此矣雖有悲悼何損於佗言

列傳第十五　　　隋書五十

長孫覽　從子熾　熾弟晟　　徵　上

《隋傳十六　五十二《一》》

長孫覽字休因河南雒陽人也祖稚魏太師假黃鉞上黨
文宣王父紹遠周小宗伯上黨郡公覽性弘雅有器量略
涉書記先曉鍾律魏大統中起家東宮親信周明帝時為
大都督武帝在藩頻見親禮及即位讀覽有呂辯聲氣壯幾所
大將軍每公卿上表及即位彌加禮焉超拜車騎
宣傳百官屬同帝每嘉歎之覽初名善帝謂之曰朕以萬
機委卿先覽遂賜名焉及誅宇文護以功進封薛國公其

後歷小司空從平齊進位柱國封第二子寬管國公宣帝
時進位上柱國大司徒俄歷同涇二州刺史高祖為丞相
轉宜州刺史開皇二年將有事於江南徵為東南道行軍
元帥統八總管出壽陽水陸俱進師臨江陳人大駭會陳
宣帝崩覽欲乘喪入討以禮不伐乃而還
上常命覽與安德王雄上柱國元諧李充左僕射高頴
大將軍盧賁等同夏上曰朕昔在周
朝備展誠節但若情忠每致寒心為臣者豈若此竟何情賴朕
之於公義誠則君臣恩猶父子朕亦知公至誠特付太子宜數恭見之庶得
通一無所閒朕亦知公至誠特付太子宜數恭見之庶得

漸相親愛柱臣素鑒貞慤屬於公宜識朕意其恩禮如此文
為蜀王秀納覽女為妃其後以母憂去職歲餘起令復位
俄轉涇州刺史所在並有政績卒官子洪嗣仕歷宋順臨
三州刺史

《隋傳十六　五十二《二》》

熾字仲光上黨文宣王雄之曾孫也祖裕魏平原侯熾性
敏慧美姿儀頗涉群書兼長武藝於談論者為建德二年授雍州倉城令尋轉
好玄言求學兼經史善於談論者為通道館學士轉
盩厔令頻宰二邑考績連最遷岐州長史入為御正上士高
祖作相擢為丞相府功曹參軍加大都督封陽平縣子邑
二百戶遷稍伯下大夫其年王謙反熾從信州總管王長
述泝江而上以熾為前軍破謙一鎮定樊文合等五州總管偽官
總管荊山公元振以功拜儀同三司及高祖受禪熾率官
屬先入清宮即日授內史舍人儀同三司尋以本官攝
判東宮右庶子出入兩宮其被委遇如此高祖
每輔義之授左領軍長史持節使於東南道三十六州廢
置州郡巡省風俗俱以稱職然此以嚴正閒熾以覽長安令與
大興令梁毗俱為稱職然此以嚴正閒熾以覽長安令政
不同部內各化尋領右常平監遷雍州贊治改封饒良縣

子遷鴻臚少卿後徼　歲轉太常少卿進位開府儀同三司復持節為河南道二十八州巡省大使於路授吏部侍郎大業元年遷大理卿熾復為西南道大使巡省風俗權拜戶部尚書以功授銀青光祿大夫其年卒官時年六十二諡曰靜子安世通事謁者

晟字季晟性通敏略涉書記善彈工射矯捷過人時周尚武貴游子弟咸以相矜每共馳射時輩皆出其下年十八為司衛上士初未知名人弗之識也唯高祖一見深嗟

異焉乃攜其手而謂人曰長孫郎武藝逸群適與其言又多奇略後之名將非此子邪宣帝時突厥攝圖請婚于周以趙王招女妻之然周與攝圖各相誇競妙選驍勇以充使者因遣晟副汝南公宇文神慶送千金公主至其牙前後使人數十輩攝圖多不禮見晟而獨愛焉每共遊獵留之竟歲嘗有一鵰飛而爭肉因以兩箭與晟曰請射取之晟乃彎弓馳往遇鵰相攫遂一發而雙貫焉攝圖喜命諸子弟貴人皆相親友冀昵近之以學彈射其弟處羅侯者攝圖之愛弟也尤得眾心而為攝圖所忌密託心腹陰與晟盟晟與之遊獵因察山川形勢部眾強弱皆盡知之時高祖

作相晟以狀白高祖高祖大喜遷奉車都尉至開皇元年攝圖曰我周家親也今隋公自立而不能制復何面目見可賀敦乎因與高寶寧攻陷臨渝鎮約諸面部落謀共南侵高祖新立由是大懼修築長城發兵屯北境命陰壽鎮幽州虞慶則鎮并州屯兵數萬人以為之備晟先知攝圖阿波突利等叔姪兄弟各統強兵俱號可汗分居四面內懷猜忌外示和同難以力征易可離間因上書曰臣聞喪亂之極必致升平是故上天啟聖人興師致討未是其時華夏外寧皇帝陛下當百王之末膺千載之期諸夏雖安戎場尚梗伏願詳思臣於周末委質外庭匈奴倚伏實所具知

漸以攘之計失則百姓不寧計得則萬代之福吉凶所係之於攝圖兵強而位下外名相屬內隙已彰鼓動其情必將自戰又勵羅侯者攝圖之第綜多而勢弱曲取於眾心國人愛之因為攝圖所忌疑懼阿波首鼠介在其間頗畏攝圖率唯強是與未有定心令宜遠交而近攻強而合弱通使往來說合阿波則攝圖迴兵自防右地又引處羅遣連奚霫則攝圖分眾還備左方首尾猜嫌腹心離阻十數年後承釁討之必可一舉而空其國矣上省表大悅因召與語晟復口

陳形勢手畫山川為其虛實皆如指掌千深嗟異皆納用
焉因遣太僕元暉出伊吾道詣玷厥賜以狼頭纛諭為
欽敬禮數其優玷厥使來引居攝圖使上反間既行果相
猜貳授晟車騎將軍出黃龍道齎幣賜奚霫契丹等遣為
鄉導得之處羅侯所深布心腹誘令內附二年攝圖四十
萬騎自蘭州又至于周盤破達奚長儒軍更欲南寇晟
不從引兵而去時晟又說染干詭告攝圖欲襲其牙
襲其牙攝圖乃懼迴兵出塞後數年突厥大入發八道元
帥分出拒之阿波至涼州晟請募勇敢入道
偏將使謂之曰攝圖每來戰皆大勝阿波繞入便即致敗

此乃突厥之恥宣不內愧於心子且攝圖之與阿波兵勢
本敵今攝圖日勝為眾所崇阿波不利為國生辱攝圖必
當因以罪歸於阿波滅其宗族此其勢也計誠能禦
之子阿波使至晟又謂之曰今達頭與隋連和而攝圖不
能制可汗何不依附天子連結達頭相合為強此萬全之
計豈若喪兵負眾就攝圖受其戮辱邪阿波納之因留
塞上使人隨晟入朝時攝圖遣衛王軍遇戰於白道敗走
至磧聞阿波懷貳乃掩比牙盡獲其眾而殺其母阿波還
無所歸西奔玷厥乙師十餘萬東擊攝圖復得故地收散
卒數萬與攝圖相攻阿波頻勝其勢益張攝圖又遣使朝

貢公主自請改姓乞為帝女上許之四年遣晟副虞慶則
使于攝圖賜公主姓為楊氏改封大義公主攝圖拜詔不
肯起拜晟進曰突厥與隋俱為大國天子可汗不起安取
違意但可賀敦為帝女則可汗是大隋女婿奈何無禮不
是攝圖乃笑謂其達官曰須拜婦公我從之乃起拜詔五
敬婦公乎攝圖因晟奏曰阿波為天所滅乃拜詔書使還補
年攝圖死遣晟持節拜其弟處羅侯為莫何可汗其子雍
是乃拜詔書遣晟持節使還補雍閭為葉護可汗莫何請
樂安公元諧元諧曰請就彼豪首以徵其惡武陽公李充曰請
六千騎在山谷間伏聽詔百姓當取以獻乃文武議同三司
雍閭為葉護可汗莫何死雍閭立為都藍可汗

生將入朝顯戮以示百姓上謂晟曰於卿何如晟對曰若
突厥背誕須齊之以刑今其昆弟自相夷滅阿波之惡非
負國家因其困窮而取之為戮然非招遠之道不如兩存之
上曰善八年雍閭死遣晟往雍閭十三年流人楊欽入突厥詐
文氏女誅欲反隋相遺其來密言公主見晟乃言辭不遜又遣
賜雍閭十三年流人楊欽入突厥詐言彭城公劉昶共宇
職貢又遣晟出使微觀察其來密言公主見晟乃言辭不遜又遣
所私胡安遂迦共欽計議欲勿與謀谷曰還京師且以
奏又遣晟乃貨其達官知欽所在夜掩獲之以示雍閭因發公
入晟乃

主私事國人大恥雍閭執遂加
關府仍遣入蕃泣殺大義公主雍閭又表請婚僉議將許
之晟奏曰觀雍閭反覆無信特共玷碳有隙所以依許
倚國家縱與為婚終當必叛若得尚公主承藉威靈玷
碳染干必受其徵發強而更反後恐難圖置染干勅
邊捍上曰善文遣尉喻染干許尚公主丰七年染干遣五
羅侯之子也素有誠欵于今兩代臣前與相見亦乞通婚
百騎隨晟南徙居度文舊鎮雍閭疾之驅逐抄略染干
說染干率眾南徙　女必宗女　　封安義公主妻之晟

〈隋傳十六　五十一〈七〉〉

伺知動靜輒遣秦閭是以賊來每先有備十九年染干因
晟奏雍閭作攻具欲打大同城詔發六揔管並取漢王節
度分道出塞討之雍閭大懼復共達頭同盟合力掩龍眾染
干大戰于長城下染干敗續殺其兄弟子姪而部落士散
染干與晟獨以五騎遇夜南走旦行百餘里大隋天子豈禮我
騎乃相與謀曰一降人耳晟知其懷貳
乎站遣從者入伏遠鎮令速舉烽見賊來我國晟問晟
曰城上然烽何也晟給之曰速舉烽求得數百
家法若賊少舉二烽來多　舉三烽大逼舉四烽使見賊多

〈隋傳十六　五十二〈八〉〉

而又近耳染干大懼謂其眾曰追兵已逼且可投城既入
鎮晟留其達官執掌以領其眾自將五馳驛入朝帝大
喜進授左勳衛驃騎將軍持節護突厥晟遣隆勇覘兩
間知其牙內屢有火變夜見赤虹光照數百里天狗賁兩
血二日流星墜其營內有聲如雷每夜自驚言隋師至
萬餘口汗賜射於武安碳都速辜歸染干前後至者男女
並遣奏知仍請出討突厥晟選善射者十二人分為兩朋
入曰臣由長孫大使得見天子今日賜射願入其朋許之
給晟前六侯發皆入鹿啓人之朋竟勝時為戴群飛上曰
公善彈為我取之十發俱中並應九而落是日百官獲資
義晟獨居多尋遣領五萬人於朔州築大利城以處染干安
歸者既眾雖在長城之內猶被雍閭抄略又晟妻秦染干部落
寧居請從五原以固為界東西至河南
北四百里掘為橫壍令晟督其內往來辛苦不得
自安上並從之二十年都藍大亂為其部下所殺晟因奏
請曰令王臨境戰數賊內攜離其部下所被殺乘此招
誘必並來降請遣染干部下分頭招慰上許之果盡來附
達頭恐怖又大集兵詔晟部領降人為秦川行軍揔管取

今在逆地忽蒙此任情所不安帝曰公著勤誠朕之所悉
刺史發山東兵馬與李雄等共經略之晟辭曰有男行布
禁事即日拜左領軍將軍遇楊諒作逆勑以本官為相州
祖崩匿喪未發煬帝引晟於大行前委以內衙宿衛知門
大潰西奔吐谷渾晟送染干安置于磧口晟軍入朝遇高
渾斜薩阿拔僕骨等十餘部盡背達頭請來降附達頭
者徃北方鐵勒思結伏利具三年有鐵勒思結伏利具
默擊走之轉戰六十餘里賊眾多降晟又教染干分遣使
軍次北河值賊帥思力俟斤等領兵拒戰晟與大將軍梁
日詔楊素為行軍元帥晟為受降使者送染干北伐二年

驗兵書此名灑血其下之國必且破亡欲滅匈奴宜在今
城樓望見磧北有赤氣長百餘里皆如雨足下垂被地謹
行域外遂還天利城安撫新附仁壽元年晟表奏曰臣夜登
弓聲謂為霹靂見其走馬稱為閃電王笑曰將軍震怒威
達官來降時亦預坐說言突厥之內大畏長孫總管聞其
百餘口六畜數千頭王大喜引晟入內同宴極歡有突厥
驚曰天雨惡水其亡我乎因夜遁晟追之斬首千餘級得
可行毒因取諸藥毒水上流達頭人畜飲之多死於是大
晉王廣卿慶出討達頭與王相抗晟進策曰突厥飲泉易

令相州之地本是齊都人俗澆浮易可搖擾儻生變動賊
勢即張思所以鎮之非公莫可兒終不可以兒
寧義故用相委公其勿辭於是遣捉相州諒破追還轉武
衛將軍大業三年煬帝幸榆林欲出塞外陳兵耀武經突
厥中指干涿郡仍恐染干驚懼先遣晟往諭旨稱述帝意
染干聽之因召所部諸國奚霫室韋等種落數十酋長咸
萃晟以染干之親自除之
重乃指帳前草曰此根大香染干親自除之曰殊不香也晟
曰天子行幸所在諸侯躬親灑埽耘除御路以表至敬之
心今牙中無穢謂是留香草耳染干乃悟曰奴罪過奴之

胥肉皆天子賜也得効筋力豈敢有辭持以邊人不知法
耳賴將軍恩澤而教導之將軍之惠奴之幸也遂拔所佩
刀親自芟草其貴人及諸部爭放效之乃發榆林北境至
于其牙又東達于薊長三千里廣百步舉國就役而開
道帝聞晟策乃益嘉焉後除淮陽太守未赴任復為右驍
衛將軍五年卒時年五十八帝深悼惜之贈贈其厚後突
厥圍鴈門帝歎曰向使長孫晟在不令匈奴至此晟好奇
計務功名性至孝居憂毀瘠為朝士所稱貞觀中追贈司
空上柱國齊國公謚曰獻少子無忌嗣其長子行布亦多
謀略有父風起家漢王諒庫直甚見親狎後遇諒於并州

起逆率眾南拒官軍乃留行布城守遂與豆盧毓等閉門
拒諒城陷遇害次子恒安以兄功授鷹揚郎將
史臣曰長孫氏愛自代陰來儀京洛門博鍾斯家哲言山河
漢代八王無以方其戎績張氏七葉亦能譽此重光覽獨
擅雄辨熾皇補袞俊俱司禮閣並統師旅且公且侯文武
不墜晟躬負英武兼包奇略因機制變懷彼我夷傾巢盡
落嵒崛臨績頹襄垣絕鳴鏑之旅渭橋有單于之拜惠流邊
朔功光王府保茲爵禄不亦宜乎

列傳卷第十六

韓擒　弟僧壽　洪

特進臣魏　徵　上

史陳人逼光州擒以行軍總管擊破之又從宇文忻平合
太守稍遷儀同三司轉冀州剌史擒以軍功拜上儀同拜永州剌
周太祖見而異之令與諸子遊集經史百家皆略知大旨
容貌魁岸有雄傑表性又好書經史百家皆略知大旨
周官至大將軍洛盧賁等八州剌史擒以慷慨以膽略見稱仕
韓擒字子通河南東垣人也後家新安父雄以武烈知名仕

《隋傳十七》　一

州高祖作相選利州剌史陳將甄慶任蠻奴蕭摩訶等共
為聲援頻寇江北前後入界擒輒擊破其鋒陳人奮威開皇
初高祖潛有吞并江南之志以擒有文武才用夙著聲名
於是拜為廬州總管委以平陳之任甚為敵人所憚及大
舉伐陳以擒為先鋒擒率五百人宵濟襲採石守者皆醉
擒遂取之進攻姑熟半日而拔次於新林江南父老素聞
其威信來謁軍門者晝夜不絕陳人大駭其將樊猛魯世真
田瑞等相繼來降晉王廣上狀高祖聞而大悅宴賜群臣
晉王遣行軍總管杜彥與擒合軍步騎二萬陳叔寶遣領
軍蔡徵守朱雀航聞擒將至眾懼而潰任蠻奴為賀若弼

所敗棄軍降於擒擒以精騎五百直入朱雀門陳人欲戰
蠻奴撝之曰老夫尚降諸君何事眾皆散走遂平金陵執
陳叔寶時賀若弼亦有功乃下詔於晉王曰此二公者
深謀大略東南逋寇朕本委之靜地恤民悉如朕意九州
過此聞喜然實慶快平定江表二人之力也賜物萬
不一已數百年以來名臣之功成太平之業天下盛事何用
段又下優詔於擒曰申國威於萬里宣朝化於一隅使
東南之民俱出湯火數百年故冠旬日清蕩是公之功也
高名塞於宇宙盛業光於天壤逖聽前古誰能比匹班師
凱入誠知非遠相思之甚寸陰若歲及至京弼與擒爭功

《隋傳十七》　二

於上前弼曰臣在蔣山死戰破其銳卒擒其驍將震揚威
武遂平陳國韓擒略不交陣豈臣之比擒曰
臣與弼俱奉明旨令臣與弼同時合勢以取偽都弼乃先期
逢賊遂戰致令將士傷死甚多臣以輕騎五百兵不血刃直取金陵降任
蠻奴執陳叔寶據其府庫傾其巢穴弼至夕方扣北掖門
臣啟關而納之斯乃救罪不暇安得與臣相比上曰二將
俱合上勳於是進位上柱國賜物八千段有司勘擒放縱
士卒淫汙陳宮坐此不加爵邑先是江東有謠歌曰黃班
青驄馬發自壽陽涯來時冬氣末去時春風始皆不知所
謂擒本名豹平陳之際又乘青驄馬往反時節與歌相應

至是方悟其後突厥來朝上謂之曰汝聞江南有陳國天
子平對曰聞之上命左右引突厥詣擒前曰此是執得陳
國天子者擒鷹然顧之突厥惶恐不敢仰視其有威容如
此別封壽光縣公食邑千戶以行軍摠管屯金城衞備胡如
冠即拜涼州摠管俄徵還京上宴之內殿因禮殊厚無何
擒止之曰生爲上柱國死作闇羅王斯亦足矣因寢疾數
我欲謁王左右問曰何王也吾曰闇羅王斯亦足矣因寢疾數
其鄉母見擒門下儀衞甚盛有回王者母異而問之其中
日竟卒時年五十五子世謨俱儻驍捷有父風楊

玄感之作亂也引世謨爲將每戰先登及玄感敗爲吏所
拘時帝在高陽送諮行所世謨曰今守者市酒釀以酬暢
揚言曰吾死在朝夕不醉何爲漸以酒進守者中者酬暢
遂飲令玄感醉世謨因得逃奔賊不知所終

僧壽玄感慶母弟也亦以勇刻知名周武帝時爲侍伯
中旅下大夫高祖得政從葦孝寬平尉迴每戰有功授大
將軍封昌樂縣公邑千戶開皇初拜安州刺史時摠爲廬州
摠管朝廷不欲同在淮南轉爲熊州刺史後轉蔚州刺史
進爵廣陵郡公尋以行軍摠管敗突厥於雞頭山破後坐
事兇數歲復拜蔚州刺史突厥甚憚之十七年也蘭州以

備胡明年深之役領行軍摠管還校靈州摠管事從
楊素擊突厥破之進位上柱國改封江都郡公煬帝即位
又改封新蔡郡公自是之後不復任用大業五年從帝即
原有京兆人達奚通妻王氏能清歌朝臣多相會觀之僧
壽亦豫焉坐是除名嘉令復位八年卒於京師時年六十
五有子孝基

洪字叔明擒李弟也少驍勇善射贄力過人仕周侍上
相州加上開府甘棠縣侯邑八百戶高祖受禪進爵伯上
尋授驃騎將軍閑皇九年平陳之役授行軍摠管及陳平
晉王廣大獵於圍中有猛獸在圍中衆皆懼洪馳馬射之
應弦而倒陳氏諸將列觀於側莫不歎伏焉王太喜賜縑
百四尋以功加柱國拜蔚州刺史歲輔廉州刺史時突
厥屢爲邊患惠朝廷以洪驍勇檢校朔州摠管重拜代州
大將軍李藥王拒之遇虜於恆安衆寡不敵洪僞與虜和
身被重瘡將李藥王沮氣悉衆伏焉王太喜賜縑和
圍少解洪率所領潰圍而出死者大半殺虜亦倍洪及藥
王除名爲民隆竟坐死煬帝比巡至長安見白骨被野以
問侍臣侍臣曰往者韓洪與虜戰處也帝惻然傷之收葬

骸骨命五郡沙門為設佛供拜洪隴西太守未幾戍朱崖民王萬昌作亂詔洪擊平之以功加位金紫光祿大夫領郡如故俄而萬昌第仲通復叛又詔洪討平之師未旋遇疾而卒時年六十二

賀若弼

賀若弼字輔伯河陽雒陽人也父敦以武烈知名仕周為金州總管字文護忌而害之臨刑呼弼謂之曰吾必欲平江南然此心不果汝當成吾志且吾以舌死汝不可不思因引錐刺弼舌出血誡以慎口弼必懍慨有大志驍勇便弓馬解屬文博涉書記有重名於當世周齊王憲聞而敬之引為記室未幾封當亭縣公遷小內史周武帝時上柱國

【隋傳十七　五十二　五　∨】

烏丸軌言於帝曰太子非帝王器臣亦嘗與賀若弼論之帝呼弼問之弼知太子不可動搖恐禍及已詭對曰皇太子德業日新未觀其闕帝嘿然弼既退軌讓其皆已弼曰君不密則失臣臣不密則失身所以不敢輕議也及宣帝嗣位弼計居多拜壽州刺史改封襄邑縣公高祖為丞相尉遲迥作亂鄴城恐弼為變遣長孫平馳驛代之高祖受禪有并江南之志訪可任者高熲曰朝臣文武才幹無若賀若弼者高祖曰公得之矣於是拜弼為吳州總管委以

平陳之事弼忻然以為已任與壽州總管源雄並為重鎮弼遺雄詩曰交河驃騎幕合浦伏波營勿使騏驎上無我二人名獻取陳十策上稱善賜以寶刀開皇九年大舉伐陳以弼為行軍總管將度江酹酒而咒曰弼親承廟略遠振國威伐罪弔民除凶剪暴上天長鑒若此如使福善禍淫涉大軍利涉如事有乖違得葬江魚腹中死且不恨先是弼請緣江防人每交代之際必集歷陽大列旗幟營幕被野陳人以為大兵至悉發國中士馬既而知防人交代其眾復散後以為常不復設備及此弼以大軍濟江陳人弗之覺也襲陳南徐州拔之執其刺史黃恪軍令

【隋傳十七　五十二　六　∨】

嚴肅秋毫不犯有軍士於民間沽酒者弼立斬之進屯蔣山之白土岡陳將魯達周智安田瑞樊毅孔範蕭摩訶等以勁兵拒戰田瑞先犯弼軍弼擊走之魯達等相繼遽進弼軍屢卻弼揣知其驕士卒且惰於是奮擊殊死戰遂大破之魯達等奔潰弼乘勝至於樂遊苑執蕭摩訶將斬之摩訶顏色自若弼釋而禮之已執陳叔寶至弼叔寶惶懼流汗股慄再拜弼謂之曰小國之君當大國之卿拜禮也入朝不失作歸命侯無勞恐懼既而弼恨不獲叔寶功在韓擒之後於是與擒相訽挺刃而出上聞弼有功大悅下詔褒揚語在韓

摛傳晉王以彌先期決戰違軍命於是以彌屬吏上驛召之及見迎勞曰將定三其公之功也命登御坐賜物八千段加位上柱國進爵宋國公其食襄邑三千戶加以寶劍二寶帶金瓶金盤各一并雄尾扇曲蓋綠二千段女樂二部又賜陳叔寶妹為妾重兄弟隆為武都郡公弟東為大將軍彌時貴盛位至上柱國將軍尋轉右武候大將軍甚不平形於言色由是免官彌怨望榮郡公並儀同三司後數年彌仍將軍既而楊素為右僕射彌自謂功名出朝臣之右每以宰相自許者甍彌時人柴之彌自謂功名下彌獄上謂之曰我以高熲楊素

〈隋傳十七 五十二 七〉

為宰相汝每倡言云此二人惟堪噉飯耳其誠有此語也彌曰煩臣之故人素臣之舅子亞知其為人誠有此語公卿奏彌怨望罪當死上惜其功於是除名為民歲餘復其爵位上亦已之不復任使然每宴賜遇之甚厚開皇十九年上幸仁壽宮讌諸王么詔彌為五言詩詞意憤怨帝覽而容之當遇突厥入朝上賜之射突厥一發而中的上大悅顧謂突厥曰此人天賜我也煬帝之在東宮嘗謂彌曰楊素韓擒史萬歲三人俱稱良將優劣如何彌曰楊素是猛將

非謀將韓擒是鬭將非領將史萬歲是騎將非大將太子曰然則大將誰也彌拜曰唯陛下所擇彌意自許為大將及煬帝嗣位尤被疎忌大業三年從駕至榆林帝時為大帳其下可坐數千人召突厥啟民可汗饗之彌以為柱國世子拜儀同三司坐彌為奴婢群從徙邊其慷慨有父風以六十四妻子為官奴婢群從徙邊其無子孫時年周之方邵漢室韓彭代有其人非一時也自晉史臣曰夫天地未泰聖哲馳其機神場尚梗爪牙宣其力幅裂區宇分幅將三百年陳民憑長江之地險恃金陵之

〈隋傳十七 五十二 八〉

餘氣以為天限南北人莫能窺高祖爰應千齡一匡夏賀若彌慷慨申必取之長策韓擒奮發晉餘勇必爭先務甚疾雷鋒蹈電隳陳氏自此一戎威加四海稽賀諸天道或時有發興考之人謀實二臣之力其帆慞英勇爭先務若功成名立班代不已竟顛殞於非命亦不密以失身若武毅威雄韓擒摧鋒輔重方於晉之王杜勳庸蓋繡有餘地然賀念父臨終之言必不及於斯禍矣韓擒推鋒奮發身俗敵國既破名家身全幸也廣陵其棠咸有武藝驍雄膽略並為當時所推刿于城難兄難弟矣

列傳卷第十七

隋書五十二

達奚長儒

特進臣魏　徵　上

達奚長儒字富仁代人也祖俟魏定州刺史父慶驃騎大
將軍儀同三司長儒必懷節操贍烈過人十五襲爵樂安
公魏大統中起家奉車都尉周太祖引為親信以質直恭
勤授子都督數有戰功假輔國將軍事遷使持節撫軍將
軍通直散騎常侍平蜀之役恒為先鋒攻城野戰所當必
破之除車騎大將軍儀同三司增邑三百戶天和中除渭
南郡守遷驃騎大將軍開府儀同三司從帝平齊遷上開

【隋傳十八　五十三　一】

府進爵成安郡公邑千二百戶別封一子縣公宣政元年
除左前軍勇猛中大夫後跟烏丸軌圍陳將吳明徹於呂
梁陳遣驍將劉景率勁勇七千來為聲援軌令長儒逆拒
之長儒於是取車輪數百繫以大石沉之清水連轂相次
以待景軍景至船艦礙輪不得進長儒乃縱奇兵水陸俱
發大破之俘數千人及獲具明徹以功進位大將軍尋授
行軍總管比巡沙塞交與虜遇接戰大破之高祖作相王
謙舉兵於蜀沙氐上柱國楊永安翕誘蜀二子自京師上
六州以應謙詔長儒擊破之儒並捕斬
之高祖受禪進位上大將軍封蘄春郡公邑二

千五百戶開皇二年突厥沙鉢略可汗并弟葉護及潘那
可汗狼十餘萬寇掠而南詔以長儒為行軍總管率眾二
千擊之遇於周槃眾寡不敵軍中大懼長儒慷慨神色愈
烈為虜所衝突散而復聚且戰且行轉鬥三日五兵咸盡
士卒以拳毆之手皆見骨殺傷萬計虜氣稍奪於是解去
長儒身被五瘡通中者二其戰士死傷者十八九突厥本
欲大掠秦隴既逢長儒兵威挫屈乃引兵北去盡殺其所
焚死慟哭而去高祖下詔曰突厥猖狂輒犯邊塞犬羊之
眾彌亘山原而長儒受任敵寇所部之內少將

【隋傳十八　五十三　二】

百倍以晝通宵四面抗敵凡十有四戰所向必摧兇徒就
戮過半不反鋒刃之餘亡魂竄迹自非英威奮發奉國情
深撫御有方士卒用命豈能若斯之偉言念勳庸宜隆名器可
上柱國勳迴授一子其戰工將士皆賜
官三轉子孫襲之其年授寧州刺史尋轉鄜州刺史母憂
去職長儒性至孝水漿不入口五日毀悴過禮殆將滅性
天子嘉歎起為夏州總管三州六鎮都將事匈奴憚之不
敢窺塞以病又除襄州總管在職二年轉蘭州總管高祖遣涼州
總管獨孤羅原州總管賀婁子幹靈州總管賀若誼等發卒
長儒節度長儒率眾出祁連山比西至蒲類海無虜而還
復轉荊州總管三十六州諸軍事高祖謂之曰江陵要害

業時官至大僕少卿

賀婁子幹

賀婁子幹字萬壽本代人也隨魏氏南遷世居關右祖道
成魏侍中太子大傅父景賢右衛大將軍子幹少以驍武
知名周武帝時釋褐司水上士俄為強弩大將軍子幹以武
勇勤勞封思安縣子俄授使持節儀同大將軍大象初領軍
器監尋除泰州刺史進爵為伯及尉迴作亂子幹與宇文
司錄從韋孝寬討之遇賊圍懷州子幹與宇文述等擊破
之高祖大悅手書曰逆賊尉迴蟻聚懷州公受

《隋傳十八 五十三》 二

命誅討應機蕩滌聞之嘉賞不易可言丈夫富貴之秋正
在今日善建功名以副朝望也其後每戰先登及破鄴城
與崔弘度逐迴至橋上進位上開府封武川縣公邑三千
戶以思安縣伯別封一子開皇元年進爵鉅鹿郡公其年突
厥寇蘭川子幹率眾拒之至可洛峐山與賊相遇擊破其眾
甚吐谷渾寇涼州子幹以行軍摁管從上柱國元諧擊之功
最優詔褒美高祖慮邊塞未安即令子幹鎮涼州明年突
厥冠蘭川子幹阻川為營賊軍得水數日人馬甚敝縱擊大破
之於是冊授子幹為上大將軍曰於戲勤績有聞惟性凶
醜冠明志情強柬任經武將勤績有聞惟性歲凶醜未寧屢
量關明志情強柬任經武將勤績有聞惟性歲凶醜未寧屢

驚疆場拓土靜亂殊有功勞是用崇茲賞典加此車服往
欽哉祗承榮冊可不慎歟授榮州摁管從新都副監尋拜工部尚
書其年突厥復犯塞以行軍摁管從尚書右僕射虞慶則子幹別
路破賊斬首千餘級高祖嘉之遣通事舍人曹威齎詔
勞勉之子幹請入朝詔令馳驛至河西發五州兵入掠西方
多被其害子幹命子馳驛至河西發五州兵入掠吐谷渾兵之
役男女萬餘口二旬而還高祖以隴西頻被寇掠甚為國之
患彼俗不設村塢勒子幹勒民為堡營田積穀以備不虞子
幹上書曰比者凶寇侵擾蕩滅之期伊夕伏願聖慮
勿以為懷令臣在此觀機而作不得準詔行事且隴西河

《隋傳十八 五十三》 四

右土曠民稀邊境未寧不可廣為田種比見屯田之所獲
少費多虛役人功卒逢踐暴屯田疎遠者請皆廢省但隴
右之民以畜牧為事若更屯田彌不獲安可嚴謹斥候
豈容集人聚畜散居必謂無虞高祖從之俄而虜寇岷洮二
州相皇民雖散居必謂無虞高祖以子幹曉習邊事授
榆關摁管十鎮諸軍事歲餘拜雲州刺史子幹以子為行軍
數年突厥雜虜屢遣使請降并獻羊馬詔以子幹為行軍
摁管出西北道應接之乃下書曰自公守彼門風塵不警突厥
四羊千口以賜之乃下書曰自公守彼門風塵不警突厥

所獻還以賜公母憂去職朝廷以榆關重鎮非子幹不可
焉起視事十四年以病卒官時年六十高祖傷惜者久之
賻縑千匹米麥千斛贈懷魏等四州刺史謚曰懷子善柱
嗣官至黔安太守子幹兄詮亦有才器位至銀青光祿大
夫鄜純深三州刺史北地太守東安郡公

史萬歲

史萬歲京兆杜陵人也父靜周滄州刺史萬歲少英武善
騎射驍捷若飛好讀兵書兼精占候年十五值周齊戰於
芒山萬歲時從父入軍旗鼓正相望萬歲令左右趣裝
急去俄而周師大敗其父由是奇之武帝時釋褐充侍伯上
士及平齊之役其父戰沒萬歲以忠臣子拜開府儀同三
司襲爵太平縣公尉迥之亂也萬歲從梁士彥擊之軍次
馮翊見群鵶飛來萬歲謂士彥曰請射行中第三者既射
之應弦而落三軍莫不悅服及與迥軍相遇每戰先登至鄴城
之陣官軍稍卻萬歲謂左右曰事急矣吾當破之於是馳
馬奮擊殺數十人衆亦齊力官軍乃振及迥平以功拜上

大將軍後坐事除名配敦煌為戍卒其戍主甚驍武每單騎深入突厥中掠取羊馬
輒大剋獲突厥無敢當者戍主負其才武每陵侮萬歲萬歲患之自言亦有武用戍主試令馳射而工戍主
於是大驚自是每與同行輒深入至於突厥中相去既遠敵衆我寡戍主遂大懼萬歲
後數年突厥寇甘州行軍總管竇榮定率衆擊之萬歲詣轅門請自効榮定數聞其名見而大悅
因遣人謂突厥曰士卒何罪過令殺之但當各遣一壯士決勝負耳突厥許諾因遣一騎挑戰榮定遣萬歲出
應之萬歲馳斬其首而還突厥大驚不敢復戰遂引軍而
去由是拜上儀同領車騎將軍平陳之役又以功加上開
府及高智慧等作亂江南以行軍總管從楊素擊之萬歲
率衆二千自東陽別道而進踰嶺越海攻陷溪洞不可勝
數前後七百餘戰轉鬥千餘里寂無聲問者十旬遠近皆
以萬歲為沒萬歲以水路阻絕信使不通乃置書竹筒中
浮之於水汲水者得之以言於素素大悅上其事高祖嗟歎
賜其家錢十萬拜左領軍將軍

先是南寧夷爨翫來降拜昆州刺史既而復叛遂以萬歲為行軍總管率衆擊之
入自蜻蛉川經弄棟次小勃弄大勃弄至于南中賊前後屯據要害萬歲皆擊破之行數百里
見諸葛亮紀功碑銘其背曰萬歲之後勝我者過此萬歲令左右倒其碑而進
渡西二河入渠濫川行千餘里破其三十餘部虜獲男女二萬餘口
諸夷大懼遣使請降獻明珠徑寸於是勒石頌美隋德萬歲遣使馳奏請將翫入朝詔許之爨翫陰有二

心不欲詣闕因賂萬歲以金寶萬歲於是捨觀而還蜀王時在益州知其受賂遣使奏之萬歲聞而來以所得金寶流之於江玄無所獲以功進位柱國至旦廣虛矯敬之待以交愛之禮上知爲所善令萬歲督晉府軍事明年嬖寵復及蜀王秀奏萬歲受賂縱賊致生邊患無大臣節上令萬歲治其事萬歲資驗罪當免席上數曰受放賊心撫臣還至瀘水詔書念士暴露寢不安席食不甘味娘嘗放社稷重勞士馬朕臣留纍虜者恐其州有變留以鎮撫無臣顧有司曰明到由是不將入朝實不受以萬歲心有欺隱大怒曰朕以娘爲好人何乃官高祿重翻爲國賊也顧有司曰明

日將斬之萬歲懼而服罪頓首請命左僕射高熲左衛大將軍元旻等進曰史萬歲雄略過人每行兵用師之處未嘗不身先士卒善撫御將士樂爲致力雖古名將未能過也上意以解於其除名爲民萬歲餘應復官爵尋拜河州刺史復領行軍總管以備胡開皇末突厥達頭可汗犯塞上令晉王廣及楊素出靈武道漢王諒與萬歲出馬邑道遣萬歲領柱國張定和大將軍楊義臣等出塞至大斤山與虜相遇達頭遣使問曰隋將爲誰候騎報曰史萬歲也突厥復問曰得非敦煌戍卒乎候騎曰是也達頭聞之懼而引去萬歲馳追百餘里乃及擊天破之斬數千級逐北入磧

數百里虜遁逃而還楊素害其功因諸萬歲云突厥本降初不爲寇來於塞亥角牧耳遂還其功萬歲抗表陳狀上未之悟會上從仁壽宮初還京師歷皇天子窮東宮黨與謂東宮官矯以激怒上上言將士有功爲朝廷所抑詞氣憤厲歲謁上閒萬歲所在萬歲實在朝堂時方怒諸將士方在卒在朝稱冤者數百人萬歲謂之曰吾今日爲汝極言於上上大怒令左右操殺之而悔之不及因下詔罪萬歲曰柱國太平公賀若弼委任機性以南寧逆亂令其出討而覓州刺史爨翫逆心爲民興患

朕備有成勑令將入朝萬歲乃多受金銀違勑令住致襄翫尋爲反逆更勞師旅方始平定所司檢校罪合極刑拾過念功姑其性命生月未久即後本官近復撥我威進討番禺翫達明可汗領其兇衆欲相拒抗既見朕威便即奔退兵不血刃賊徒瓦解如此禰捷國家盛軍威朕欲成其勲庸復加褒賞而萬歲定程通簿之曰乃懷姦詐妄立節心交兵不以實陳懷反覆方弄國家盛軍威朕欲成其勲無虛闈者乃爲良將至如萬歲懷訴要功便是國賊朝憲難黷不可并捨死之日天下士庶聞者誰與不識莫不寃惜萬歲爲將不治營伍令士卒各隨所安無菱謇夜之備虜

亦不敢犯臨陣對敵應變無方號為良將有子懷義

劉方

劉方京兆長安人也性剛決有膽氣仕周承御上士尋以
戰功拜上儀同高祖為丞相方從韋孝寬禦迥於相州
以功加開府賜爵河陰縣侯邑八百戶高祖受禪進爵為
公開皇三年從衛王爽破突厥於白道進位大將軍其後
歷甘瓜二州刺史並知名仁壽中會交州俚人李佛子
作亂據越王故城遣其兄子大權據龍編城其別帥李普
鼎據烏延城左僕射楊素言方有將帥之畧於是詔方
為交州道行軍總管以度支侍郎敬德亮為長史統二十

〈隋傳十八　五十二　九〉

七管而進方法令嚴肅軍容甚整有犯禁者造次斬之然
仁而愛士有疾病者親自撫養長史敬德亮從軍至尹州
疾甚不能進留之州館分別之際方哀其危篤流涕嗚咽
感動行路其有感惠如此論者稱為良將至都隆冬遇賊
二十餘人來犯官軍方遣營主宋纂何貴嚴願等擊破之
進兵臨佛子先令人諭之以禍福佛子懼而降送於京師其
有桀黠者恐於後為亂皆斬之尋授驩州刺史行軍總管以
尚書右丞李綱為司馬經略林邑方遣欽州刺史寧長真
驩州刺史李暈上開府秦雄以步騎出越常方親率大將
軍張遜司馬李綱舟師趣北景高祖崩煬帝即位大業元

年正月軍至海口林邑王梵志遣兵守險方擊走之師次
闍黎江賊據南岸立柵方盛陳旗幟擊金鼓賊懼而潰既
度黎江行三十里賊來巨象四面而至方以弩射象象中瘡
卻蹂其陣王師力戰賊奔於柵因攻破之俘馘萬計於是
濟區粟度六里前後逢賊每戰必擒進至大緣江賊復據
為柵又擊破之迴馬援銅柱南行八日至其國都林邑王
梵志棄城奔海獲其廟主金人汙其宮室刻石紀功而還
士卒腳腫死者十四五方在道遇患而卒帝甚傷惜之乃
下詔曰方肅承廟畧恭行天討飲冰瘴嶺視險若夷摧鋒

〈隋傳十八　五十二　十〉

直指出其不意鯨鯢盡殪巢穴咸傾役不再勞軍清海外
致身王事誠可嘉可贈上柱國盧國公子通仁嗣皇
時有馮昱王峰李克楊武通陳永貴房兆俱為邊將名顯
當時昱摽並不知何許人也昱多擢客有武藝高祖初為
丞相以行軍總管與王誼等討叛蠻平之拜柱國開
皇初又以行軍總管屯乙弗泊以備胡突厥數萬騎來掩
之昱方戰累日眾寡不敵章為虜所敗亡失數千人高祖
以其有將帥才每以行軍總管屯兵江北禦陳寇數有戰
功為陳人所憚伐陳之役及為智慧發攻討皆有殊績官
至柱國白水郡公充隴西成紀人也少慷慨有英畧開皇

中頻以行軍摠管擊突厥有功官至上柱國武陽郡公拜
朔州摠管其有威名為虜所憚後有人譖其謀反徵還京
師上譴怒之充性素剛遂憂憤而卒武通弘農華陰人性
果烈善馳射數以行軍摠管討西南夷每有功封白水郡
公拜左武衛大將軍時党項羌屢為邊患朝廷以其有威
名歷岷蘭二州摠管以鎮之後遇疾周法尚討嘉州叛獠
尚軍初不利武通率數千人為賊斷其歸路武通輕騎接戰
馬懸軍出賊不意頻戰破之賊知其孤軍無援頓部落而
至武通轉鬭數百里為賊所拒四面路絕武通募騎搜戰
墜馬為賊所斃殺而噉之永青隴右胡人也本姓白氏以

勇烈知名高祖其親愛之數以行軍摠管鎮邊毋戰必單
騎陷陳官至柱國蘭利二州摠管封比陳郡公北代人也
本姓屋引氏剛毅有武略頻為行軍摠管擊胡以功官至
柱國徐州摠管並史失其事
史臣曰長儒等結髮從戎但有驍雄之畧摠統師旅各擅
韜鈐之功長子幹西涉青海北臨玄塞胡夷慴懾烽候無警
彌屬壯哉子幹懷壯知勇善撫士卒人皆樂死師不疲勞
亦有可稱哉奴南平夷獠拔所指威聲絕域論功杖氣犯伍
比却匈奴馬死非其衆人皆痛惜有李廣之風焉劉方
貴臣偏聽生姦死

號令無私沿軍嚴肅克前林邑逐清南海徼外百蠻無思
不服凡此諸將志烈過人出當推轂之重入受爪牙之寄
錐馬伏波之威行南裔趙充國之聲動西羌語事論功各
一時也

列傳卷第十八

特進臣魏　徵　上

王長述

王長述京兆霸城人也祖罷魏太尉父慶遠周淮州刺史
長述幼有儀範八歲周太祖見而異之曰王公有此孫
足為不朽解褐員外散騎侍郎封長安縣伯累遷撫軍將
軍銀青光祿大夫太子舍人長述早孤少為祖罷所養又
罷嬖妾喪過禮有詔褒異之免喪襲封扶風郡公從于謹平江陵
有功增邑五百戶周受禪又增邑通前四千七百戶拜賓
部大夫出為豫州刺史轉王璧總管長史尋授司憲大夫
出拜廣州刺史甚有威惠吏人懷之在任數年蠻夷歸之
者三萬餘戶朝議嘉之就拜大將軍後歷襄仁二州總管
並有能名及高祖為丞相授信州總管部內夷獠猶有未
賓長述討平之進位上大將軍王謙作亂益州遣使致書
於長述因執其使上其書又陳取謙之策上大悅前後賜
黃金五百兩授行軍總管卒衆討謙以功進位柱國開皇
初後勳平陳之計修營戰艦為上流之師上善其能頻加
賞勞下書曰每覽高策深相嘉歎命將之日當以公為元
帥也後數歲以行軍總管擊南寧未至道病卒上甚傷惜

之令使者弔祭贈上柱國冀州刺史諡曰莊子謨嗣第軌
大業末東郡通守少子文愷起部郎

李衍

李衍字拔豆遼東襄平人也父弼周太師衍少專武藝慷
慨有志畧周太祖時釋褐千牛備身封懷仁縣公加開府
改封普寧縣公遷義州刺史卒軍覺從軍覺薨城襲與
賊戰敵人憚之及平齊以軍功進授大將軍改封真鄉郡
公拜左宮伯賜雜綵三百四段婢二十口賜子仲威爵浮
陽郡公後歷定郡二州刺史及王謙作亂高祖以衍為行
軍總管從梁春擊平之進位上大將軍賜縑二千四開皇
元年文以行軍總管討卷蠻平之進位柱國賜帛二千四
尋檢校利州總管事明年突厥犯塞以行軍總管卒衆討
之不見虜而還轉介州刺史後數年朝廷有事江南部
衍於襄州道管戰船及大舉伐陳授行軍總管從秦王俊
出襄陽道以功賜帛三千四米六百石拜安州總管頗有
惠政歲餘以疾還京師卒於家時年五十七子仲威嗣行
弟子長雅尚高女襄國公主襲父縑爵為河陽郡公開行
皇初拜將軍散騎常侍歷內史侍郎河州刺史檢校秦州
總管行從孫密別有傳

伊婁謙

伊妻謙字彥泰本鮮卑人也其先代為酋長隨魏南遷祖

信中部太守父靈相隆二州刺史謙性忠貞善辭人仕魏

為直閤將軍周受禪累遷宣納上士使持節車騎大將軍

武帝伐齊引入內殿從容謂曰朕將有事戎馬何者為

先謙對曰愚臣誠不足以知大事但為齊僭擅踐邑不恭

沈溺倡優眈酖麴蘖其身翦搢衝衡之將軻律明月已斃說人之

口上下離心道路以目若命六師臣之願也帝大笑因使

謙射陽休之責謙曰貴朝盛夏徵兵馬首何向謙吾曰僕

僕射陽休之始未聞興師設後西增白帝之城東益巴丘之戍

憑式之始未聞興師設後

人情恒理當足性哉謙參軍高遵以情輸於齊遂拘謙謙

不遣帝克并州召謙勞之曰朕之舉兵本俟卿還不圖高

遵中為叛逆乖朕宿心遵之罪也乃執遵付謙任令報後

謙頓首請救之帝曰善其言而止謙竟待遵如初其

遵之罪又非唾面之責帝善唾東令知愧也謙跪曰以

覽厚仁恕甘此類也尋賜盟附濟陽縣伯累遷前驅中大夫

大象中進爵為侯加位開府高祖作相授蒙州總管以徵

還京既平王謙恥與之逆

齎恭為左武候將軍俄拜大將軍進爵為公數年出為澤

州刺史清約自廁世得人和以疾去職吏人攀戀行數百

田仁恭

田仁恭字長貴平涼長城人也父弘周大司空仁恭性寬

仁有局度在周以明經為學生宣帝時進爵鴈門郡公高

陰子大家宰宇文護引為中外曹後數載後以父功拜

開府儀同三司遷中外府掾從武帝平齊有戰功改封襄

武縣公增邑五百戶從武帝平齊有戰功改封襄

公增邑二千戶拜幽州總管宣帝時進位大將軍從韋孝寬破尉遲迥於相

為丞相徵拜小司馬進位大將軍從韋孝寬破尉遲迥於相

州拜柱國高祖受禪進上柱國拜太子太師甚見親寵

里不絕歲卒於家時年七十子傑嗣

幸其第宴飲極歡禮賜殊厚奉詔營廟社進爵觀國公

邑通前五千戶未幾拜右武衛大將軍歲餘卒官時年四

十一贈司空諡曰敬子世師嗣次子德懋在孝義傳時有王

城郡公王景觀虞慶則謝慶恩普官至上柱國大義公辛

遵及其第鄴並仁恭等重焉七失云

貴親禮與仁恭等官至柱國高祖以其俱佐命功臣特加崇

元孝

元孝宇德良一名孝才河南洛陽人也父李海魏司徒馬

胡王遇周歿分隔本海遂仕長安帝時年數歲與母李氏

在洛陽齊神武帝以孝才父在關西椎錮之其母則魏司空

李沖之女也素有智謀遂許褘諫餞請就食於榮陽齊人
以其去關西高遠老婦羸子不以為疑遂許之李氏陰託
太官家李長壽攜耳及孤姪入人潛行旬間得至長安周太
祖見而大悅以耳有功臣子甚優禮之耳年十二魏恭帝在
儲宮引為交友釋褐千牛備身大統末龍驤將軍馮翊王邑千
戶後拜之一日悲惋不能自勝俄遷通直散騎常侍歷武衛
將軍勳州刺史茂封平涼王周閔帝受禪例降為公明武
時歷龍州刺史御正大夫小司馬宣帝時為洛州刺史高
祖為丞相遇尉遲迴作亂洛陽人梁康邢流水等舉兵應迴
句曰之間眾至萬餘州治中王文舒潛與梁康邢結將圖

耳身陰知其謀乃選關中兵得二千人為左右執文舒斬
之以兵襲擊梁康邢流水甘破之高祖受禪拜太常卿
增邑七百戶尋出為衛州刺史加大將軍卒土俗薄耳以威
嚴鎮之在職八年風化大洽後以老病表乞骸骨吏人詣
闕上表請留卧治上嗟歎者久之其年耳以驚疾重請選
京上令使者致醫藥閒動靜相望於道歲餘卒于家時年
六十九諡曰宣

杜整

杜整字皇育京兆杜陵人也祖遜魏直閣將軍潁川太守
父闢渭州刺史整以有風緊九歲丁父憂哀毀骨立事母

以孝聞及長驍男有旅力好讀孫吳兵法魏大統末襲爵
武鄉侯周太祖引為親信後事宇文護子中山公訓甚被
親遇授都督明帝時為內侍上士累遷儀同三司拜武
州刺史從武帝平齊加上儀同進爵平原縣公邑千戶入
為勳曹中大夫高祖拜丞相進位開府及受禪加上開府
進封長廣郡公俄拜左武衛將軍在職數年以母憂去職
起令視事開皇六年突厥犯塞記遣衛王爽北伐以
整為行軍總管兼元帥長史至合川無虜而還整家取
陳之第上善之於是以行軍總管鎮襄陽尋病卒時年五

十五高祖聞而傷之贈帛四百匹米四百石諡曰襄子揩
嗣官至開府整弟肅亦有志行開皇初為通直散騎常
侍比地太守

李徹

李徹字廣達朔方巖綠人也父和開皇初為柱國徹性剛
毅有器幹偉容儀多武藝天家牛字宇文護引為親信壽拜
殿中司馬累遷奉車都尉護誅以徹謹厚有才具且禮之護
子中山公訓為蒲州刺史護令徹以本官從焉未幾拜車
騎大將軍儀同三司武帝時從皇太子西征吐谷渾以功
賜爵同昌縣男邑三百戶後從帝拔晉州及帝班師徹與
齊王憲屯雞栖原齊王高緯以大軍至憲引兵西上以避

其鋒緯遣其驍將賀蘭豹子率勁騎蹋憲戰於晉州城北
憲師敗徹與楊素宇文慶等力戰憲軍頗以獲全復從帝
破齊師於汾北乘勝下高壁被晉陽擒高湝於冀州俱有
力焉錄前後功加開府別封蔡陽縣公邑千戶宣帝即位
從韋孝寬定淮南每為先鋒及淮南平即授淮州刺史
安集初附甚得其歡心高祖受禪加上開府轉雲州刺史
歲餘徵為左武衛將軍及晉王廣之鎮并州朝廷妙選
正人有文武才幹者為之寀佐上以徹前代舊臣教往益
旅詔徹總晉王府軍事進爵安郡公時蜀王秀亦鎮益
州上謂侍臣曰安得文同王子相武如李廣達者平其見

重如此明年突厥沙鉢略可汗犯塞上令衛王爽為元帥
率眾擊之以徹為長史遇虜於白道行軍總管李充言於
爽曰周齊之世有同戰國中夏力分其來久矣突厥每侵
過諸將輒以全軍為計莫能死戰由是突厥勝多敗少所
以每輕中國之師今者沙鉢略悉國內之眾屯據要險必
輕我而無備請精兵襲之可破也爽從之諸將多以為疑唯
徹獎成其計請與同行遂與率精騎五千赴之阿拔聞而遁
將軍沙鉢因此屈膝稱藩未幾沙鉢略為阿拔所侵上大
擊大破之沙鉢略棄所服金甲潛草中而遁以功加上大
疏請褸以徹為行軍總管率精騎一萬赴之阿拔聞而道

去及軍還復領行軍總管屯平涼以備胡寇封安道郡公
開皇十年進位柱國及晉王廣轉牧淮海以徹為楊州總
管司馬改封德廣郡公尋徙封城陽郡公其後突厥犯塞
徹復領行軍總管擊破之左仆射高熲之得罪也以徹素
與熲相善因被疏忌不復任使後出怨言上聞而召之入
卧內賜宴言及平生因遇鴆而卒大業中其妻宇文氏為
聾子安遠誣以咒詛伏誅

崔彭

崔彭字子彭博陵安平人也祖楷魏殷州刺史父謙周荊
州總管彭少孤事母以孝聞性剛毅有武略工騎射善周
官尚書暨通大義周武帝時為侍伯士累轉門正上士
及高祖為丞相周陳王純鎮齊州高祖恐純為變遣彭以
兩騎徵純入朝彭至齊州三十里因詐病止傳舍遣人
謂純曰天子有詔書至王所彭苦疾不能強步願王降臨
之純疑有變多將從騎至彭所彭密有所察純塵從騎
色恐不就彭又曰將宣詔王可下馬純遽下馬彭出詔
從詔徵可執詔也騎士因執而鎖之彭乃大言曰陳王有罪
詔徵入朝左右不得輒動其從者愕然而去高祖見而大
悅拜上儀同及踐阼遷監門郎將兼領右衛長史賜爵安

陽縣男數歲轉車騎將軍俄轉驃騎恒典宿衛性謹密在
省闥二十餘年每當上在伏坐終日未嘗有怠情之容
上甚嘉之上每謂彭曰卿當上三我寢處自安又嘗曰卿
弓馬固以絕人頗知學不彭曰臣少愛周禮尚書每於休
沐之暇不敢廢也上曰試爲我誦之彭因說君臣戒慎之
義上稱善觀者以爲知言後加上開府遷備身將軍上嘗
宴達頭可汗使者於武德殿有鴿鳴於梁上上命彭射之
既發而中上大悅賜錢萬及使者及可汗得遣使於上
曰請得崔將軍一與相見上曰此必善射聞於廣庭所以
來請耳遂遣之及至匈奴中可汗召善射者數十人因擲

肉於野以集飛鳶遣其善射者射之多不中復請彭射之
彭連發數矢皆應弦而落突厥相顧莫不歎服可汗留彭
不遣百餘日上賂以繒綵然後得歸仁壽末進爵安陽縣
公邑二千戶煬帝即位遷左領軍大將軍從幸洛陽彭督
後軍時漢王諒初平餘黨猶往屯聚令彭率衆數萬鎮過
山東復領慈州事帝以其清賜絹五百匹未幾而卒時年
六十三帝遣使弔祭贈大將軍諡曰肅子寶德嗣
史臣曰王長述等或出總方岳或入司禁旅咸著聲績以
功名終有以取之也伊妻謙志量弘遠不念舊惡請敕高
導之罪有以取國士之風焉崔彭忿懘嚴廊毅然難犯禦侮

寄有足稱乎

列傳卷第十九　隋書五十四

特進臣魏徵上

杜彥　徵

杜彥雲中人也父遷屬昌榮之亂徙家於幽彥性勇果善
騎射仕周釋褐左侍上士後從柱國陸通擊陳將吳明徹
於土州破之又擊蠻寇冠倉塠白楊二棚并斬其渠帥進
平鄆州賊帥樊志以戰功拜大都督尋遷儀同冶隆山郡
軍明年拜隴州刺史賜爵永安縣伯高祖為丞相從韋孝
寬擊尉迥於相州每戰有功賜物三千段奴婢三十口進
位上開府改封襄武縣侯拜魏郡太守開皇初授卅州刺

〈列傳干　隋書五十五　一〉

史進爵為公後六歲徵為左武衛將軍平陳之役以行軍
總管與新義公韓擒相繼而進軍至南陵賊屯據江岸彥
遣儀同樊子蓋率精兵擊破其柵復船六百餘艘度江彥
南陵城拔之擒其守將許昌平進至新林與擒合軍及陳
賜物五千段粟六十石進位柱國賜子寶爵陽平縣公
高智慧等之作亂也後以行軍總管從楊素討之別解江
州圍智慧餘黨往屯聚保投溪洞彥水陸兼進攻錦山
陽父彭山若石壁四洞悉平之皆斬其渠帥賊奔陁擁眾數千
據山谷彥龑擊破之斬陁傳其首又擊徐州冝豐二洞悉
平之賜奴婢百餘口拜洪州總管甚有治名歲餘雲州總

管賀婁子幹卒上悼惜者久之因謂侍臣曰榆林國之重
鎮安得子幹之輩後數日上曰吾思可以鎮榆林者莫
過杜彥於是徵拜雲州總管突厥來冠彥擊斬之比夷
畏憚胡馬不敢至塞後數年朝廷復追錄前功賜子寶大
爵承縣公二十八年遼東之役以行軍總管從漢王至營州
上以彥曉習軍旅令楊素擊走之是後猶恐為邊患以彥素
為突厥所憚復拜雲州總管未幾以疾徵還卒時年六十
子寶慶大業末文城郡丞

高勳

〈列傳二十　隋書五十五　二〉

高勳字敬德勃海脩人也齊太尉清河王岳之子也幼聰
敏美風儀以仁孝聞為齊祖所愛年七歲襲爵清河王十
四為青州刺史歷右衛將軍領軍大將軍祠部尚書開府
儀同三司改封樂安王性剛直有才幹甚為時人所重斛
律明月雅敬之每有征伐則引之為副遷侍中尚書右僕
射及後主為周師所敗勳奉太后歸鄴時官官放縱儀同
苟子溢尤稱寵幸勳奏斬之以徇太后救之乃釋劉文殊
竊謂勳曰子溢之徒言成禍福何得如此勳攘袂曰今者
西冠日侵朝貴多叛正由此輩弄權致使衣冠解體若得
今日殺之明日受誅無所恨也文殊甚愧既至鄴勳勸後

主五品已上家累悉置臺之上因齋之日若戰不捷則
燒之此輩惜妻子必當死戰可敗也後主不從遂棄鄴東
遁勣恒殿為周軍所得武帝見之與語大悅因問齊亡
所由勣發言流涕悲不自勝帝亦為之改容授開府儀同
三司高祖為丞相謂勣曰尒所以亡者由任邪佞公父子
忠良聞於鄰境宜善自愛勣再拜謝曰勣亡國之餘棄瑕
恩榮不能扶危定傾以致淪覆既蒙獲宥恩幸已多況復
溫叨名位以致速官謗高祖甚器之以勣撿校揚州事後拜
楚州刺史高祖謂勣歎曰子胥賢者豈虛禎百姓乎
者必以牛酒至破產業勣歎曰子胥賢者豈虛禎百姓乎
乃告諭所部自此遂止百姓賴之七年轉光州刺史上取
陳五策又上表曰臣聞夷凶翦暴王者之懋功取亂侮亡
往賢之雅誥是以苗民逆命愛興兩階之舞有扈不賓終
召六師之伐皆所以寧一寓內匡濟群生者也自昔晉氏
失馭天網絕維群凶於焉蝟起三方因而鼎立陳氏乘其
際運技起細微情項縱其長蛇鯨豕且曾牧寶肆其蠆蠆
毒被金陵骸千數年已來荒悖滋甚牝雞司旦眖近姦宄
伇徒積骸千數疆場防守長戍三年或微行暴露沉湎方
侯之宅或奔馺顛隊康衢之首有功不賞無辜獲戮
烽燧日警未以為虞耽淫靡嫚不知紀極天猒亂德妖實

人與或空裏時有大聲或行路共傳思怪或剝人肝以祠
天狗或自捨身以猒妖訛民怨憤災異存天時人事
昭然可知臣以庸才很蒙朝寄歷藩任與其鄰接寳通
仇讎雖知其動靜天討有罪此即其時若戎車屢動戈舡電
邁臣以勣為行軍總管從宜陽公王世積下陳汭州以功
拜上開府賜物三千段隴右諸羌數為寇亂朝廷以勣有
威名雖詣府稱謁前後至者數千餘戶豪猾屏跡路不拾
遺在職數年稱為治理後遇吐谷渾來寇勣遇疾不能
戰賊遂大掠而去竟坐免官後卒於家時年五十六子士廉最知名

尒朱敞

尒朱敞字乾羅秀容契胡人尒朱榮之族子也父彥伯官
至司徒博陵王齊神武帝韓陵之捷盡誅尒朱氏敞小隨
母養於宮中及年十二自竇而走至于大街見童兒群戲
者敞解所著綺羅金翠之服易衣而逃追騎尋至初不識
敞便執綺衣兒究問知非會日已暮由是得免遂入一
村見長孫氏嫗踞胡床而坐敞再拜求哀長孫氏愍之藏
於複壁三年購之愈急迹且至長孫氏曰事急矣不可父

留質而遣之遂詐為道士變名隱高山略涉經史數年
之間人頗異之嘗獨坐嚴石之下泫然而歎曰吾豈終於
此乎伍子胥獨何人也於是間行微服西歸于周太祖見
而禮之拜大都督行臺郎中封靈壽縣伯邑千五百戶遷
通直散騎常侍轉車騎大將軍開府儀同三司天和中增邑五
中遷使持節驃騎大將軍進爵為侯保定
百戶歷信臨能潼四州刺史進爵為公武帝東征上表求
從許之攻城陷陣所當皆破進位上開府除南光州刺史
入為護軍大將軍歲餘轉膠州刺史於是迎長孫氏及弟
置於家厚資給之高祖受禪改封邊城郡公黔安蠻叛命

敕討平之師旋拜金州總管尋轉徐州總管在職數年號
為明肅民吏懼之後以年老上表乞骸骨賜二馬軺車歸
於河內卒於家時年七十二子最嗣

周搖

周搖字世安其先匈奴同源初為普為氏及君洛陽改
為周民曾祖拔拔祖六肱俱為北平王父怒延歷行臺
僕射南荊州總管搖少剛果有武藝性謹厚動導法行臺
魏官至開府儀同三司周閔帝受禪賜姓車非氏封金水
郡公襲鳳翥二州刺史吏民安之從帝平齊每戰有功超
授柱國進封廮國公未幾拜晉州總管時高祖為定州總

管文獻皇后自京師詣高祖路經搖所主禮甚薄既而白
后曰公廉甚富於財限法每嘉之及為丞相後搖又質
質直如此高祖以其奉法每嘉之及為丞相諸軍事搖
公尋拜豫州總管高祖受禪復姓周氏開皇初突厥冠邊
燕榮剗多被其患前總管李崇為虜所殺上思所以鎮之
朝曰無以加周搖者徵民以安幽州總管六州五十鎮終于
修郭塞謹斥候邊民足善也賜坐襦歸於笥歲餘終于
乞骸骨上召之既引見上勞之曰公積行累仁歷仕三代
克終富貴保茲遐壽良足善也賜坐襦歸於笥歲餘終于
家謚曰恭時年八十四

獨孤楷

獨孤楷字修則不知何許人也本姓李氏父屯從齊神武
帝與周師戰于沙苑齊師敗績因賜姓獨孤楷少謹厚便
為士伍給使信家漸得親近因賜姓獨孤信所擒配
弄馬槊為宇文護執刀累轉車騎將軍進封汝陽郡公數歲遷
爵廣阿縣公邑千戶拜下大夫周末從韋孝寬平淮
南以功賜子景雲尉西河縣公高祖為丞相進授開府
督親信兵及受禪拜右監門將軍進封汝陽郡公數歲遷
右衛將軍仁壽初出為原州總管時蜀王秀鎮益州上徵
之猶豫未發朝廷恐秀生變拜楷益州總管馳傳代之果

秀至興樂去益州四十餘里將及襲楷寇令左右覘為
知楷不可犯而止楷在益州甚有惠政蜀中父老于今稱
之煬帝即位轉并州總管遇疾甍明上表乞骸骨帝曰公
先朝舊臣歷職二代高風素望卧以鎮之無勞躬親簿領
也遣其長子凌雲平雲芳雲旁等以此數載轉長平太
守未視事而卒諡曰恭子凌雲平雲芳雲旁等不知名楷弟
盛見誠節傳

乞伏慧

乞伏慧字令和馬邑鮮甲人也祖周魏銀青光祿大夫父

列傳二十　隋書五十五　七

纂金紫光祿大夫並為第一領民酋長慧少慷慨有大節
便弓馬好鷹犬齊文襄帝時為行臺左丞加湯寇將軍累
遷右衛將軍太僕卿自永寧縣公封宜民郡王其兄貴和
又以軍功為王一門二王稱為貴顯周武平齊授使持節
開府儀同大將軍拜於武陟所當皆破授大將軍
祖為丞相從韋孝寬擊尉悍於旅下大夫轉熊渠中大夫高
賜物八百段及平尉迴進位柱國賜爵西河郡公邑三千
戶賚物二千三百段請必官封讓兄朝廷不許論者義之
高祖受禪拜曹州刺史曹士舊俗民多姦隱戶口簿帳恒
不實慧下車按察得戶數萬遷涼州總管先是突厥屢為

冠抄慧於是嚴警烽燧遠為斥候虜亦素憚其名竟不入
境歲餘轉齊州刺史得隱戶數千遷壽州總管其年左轉
杞州刺史在職數年遷徐州總管又領運桂二州諸
軍事其俗輕剽慧躬行樸素以矯之風化大洽曾見人以
篝捕魚者出絹買而放之其仁心如此百姓美之號其處
曰西河公篝轉秦州總管大業五
年征吐谷渾郡濱西境民苦勞役遇帝西巡坐為道不
整獻食踈薄帝大怒命左右斬之見其無髮乃釋除名為
仕不許俄轉荊州總管時年逾七十上表求致
民卒於家

張威

列傳二十　隋書五十五　八

張威不知何許人也父琛魏弘農太守威少倜儻有大志
善騎射膂力過人在周數從征伐位至柱國京兆尹封長
壽縣公邑千戶王謙作亂高祖以威為行軍總管從元帥
梁睿擊之軍次通谷謙守將李三王擁勁兵拒守庸以威
為先鋒威三王初閉壁不戰威令人罵侮以激怒之三王果
出陣威壯士奮擊趙儼衆十萬連營三十里威大戰威將中軍
餘人進至開遠謙將趙儼遂敗走追至成都與謙大戰威果
道自西領攻其背儼衆遂敗走追至成都與謙大戰威將中軍
及謙平進位上柱國拜瀘州總管高祖受禪歷幽洛二州

緫管改封晉熙郡公尋拜河北道行臺僕射後督晉王軍
府事數年拜青州緫管賜錢八十萬米五百石雜綵三百
段威在青州頗治產業家奴於民間鬻鹽嚴根其奴緣
此侵擾百姓上頗加譴責嘗厖於家後從上祠太山至洛
陽上謂威曰自朕之有天下每委公以重鎮可謂推赤心
矣何乃不循名行唯利是視豈直孤負朕心亦且累卿名
德因閒威曰公所執笏今安在威頓首曰臣負罪懀憲無
雖不遵法度功效實多朕不忘之今還公笏以見上曰公
復執謹藏於家上曰可持來威明日奉笏以見上曰公
州刺史後封睆城郡公尋轉相州刺史卒官有子植大業

中至武賁郎將

　和洪

和洪汝南人也少有武力勇列過人周武帝時數從征伐
以戰功累遷車騎大將軍儀同三司時龍州蠻任公忻李
國立等聚衆為亂刺史獨孤善不能禦朝議以洪有武畧
代善為刺史月餘擒公忻國立皆斬首梟之餘黨悉平從
帝攻河陰洪力戰陷其西門帝壯之賞物千段復從帝平
齊進位上儀同賜爵比平侯邑八百戶拜左勳曹下大夫
柱國王軌作亂相州以洪為行軍緫管從韋孝寬擊之軍
大夫尉迴作亂相州以洪為行軍緫管從韋孝寬擊之軍

至河陽迴遣兵圍懷州洪與緫管宇文述等擊走叉破尉
惇於武陟及平相州每戰有功拜柱國封廣武郡公邑二
千戶前後賜物萬段奴婢五十口金銀各百挺牛馬百四
時東夏初平物情尚梗高祖以洪有威名令領冀州事甚
得人和數歲徵入朝為漕渠緫管臨轉拜泗州刺史屬突
厥寇邊詔洪為北道行軍緫管擊走虜至磧而還後遷徐
州緫管卒時年六十四

　侯莫陳穎

侯莫陳穎字遵道代人也與魏南遷世為列將八世祖周
之際歷職顯要官至大司空穎少有器量風神警愼為時

革所推魏大統末以父軍功賜爵平侯累遷開府儀同
三司周武帝時從滕王逌擊龍泉文城叛胡與柱國豆廬
勣各帥兵分路而進穎懸軍五百餘里破其三柵先是稽
胡叛亂輒略邊人為奴婢至是詔胡敢有壓匿良人者誅
籍沒其妻子有人言為胡村所隱匿者勣將誅之穎謂勣
曰將在外君命有所不行諸胡固非悉反但相迫脅為亂
耳大兵臨之首亂者知懼恐為思降令漸加撫慰自可
不戰而定如即誅之轉相驚恐為難不細未若召其渠帥
以隱匿者付之令自歸首則群胡可安勣從之群胡感悅
爭來降附北土以安遷司武加振威中大夫高祖為丞相

拜昌州刺史會受禪竟不行加上開府進爵昇平郡公俄
拜延州刺史數年轉陳州刺史平陳之役以行軍總管從
秦王俊出魯山道屬陳將荀法尚陳紀降潁與行軍總管
段文振等工安集初尋拜饒州刺史未之官還瀛州刺
史甚有惠政在職數年坐與秦王俊交通免官百姓將送
者莫不流涕因相與立碑頌潁清德未幾授校汾州事俄
拜邢州刺史以潁嘗牛弘節巡撫山東以潁
為第一高祖甚嘉之頻揚時朝廷以嶺南刺史縣令多
貪鄙嶺表蠻夷怨妙簡清吏以鎮撫之於是徵潁入朝及進
見上與潁言及平生以為歡笑數日進位大將軍拜桂州

總管十七州諸軍事賜物而遣之及到官大崇恩信民夷
悅服溪洞生越多乘歸附煬帝即位潁兄梁國公芳坐事
徙邊潁恐懼不自安徵歸京師數年拜恒山太守其年
嶺南閩越多不附帝以潁前在桂州有惠政為南土所信
伏復拜南海太守後四歲卒官諡曰定于庚會最為名
史臣曰杜彥東夏南服屢有戰功作鎮朔乖胡塵不起高
勱死亡之際志氣慷慨然疾彼姦邪致茲餘慶企朱敞幼有
擢奇終能止足崇基墜而復構不亦智乎且智平周搖以資
實見知獨孤以恤人流譽乞伏慧能以國讓侯莫陳居
治理或知牧人之道或踐仁義之路皆有可稱焉慧雄帳

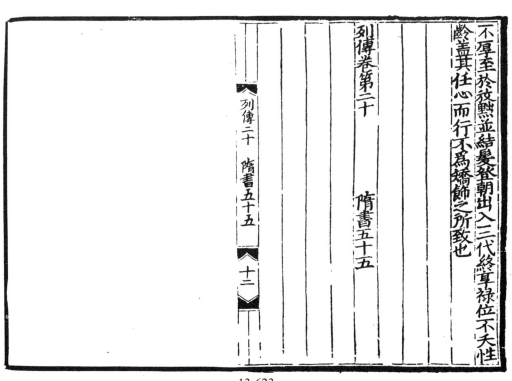

不厚至於矯黷並結蔓登朝出入二代終享祿位不夭性
齡蓋其任心而行不爲矯飾之所致也

列傳卷第二十

隋書五十五

盧愷

盧愷字長仁涿郡范陽人也父柔終於魏中書監愷性孝
友神情爽悟略涉書記頗解屬文周齊王憲引為記室其
後襲爵容城伯邑千一百戶從憲伐齊愷說柏杜鎮下之
選小吏部大夫增邑七百戶除工上士王神歡者嘗以賂
自進家宰宇文護擢為計部下大夫愷諫曰古者登高能
賦可為大夫求賢審官理須詳愼今神歡出自染工更無
殊異從以家富自通遂與搢紳並列實恐惟鵜之刺聞之
外境護竟寢其事建德中增邑二百戶歲餘轉內史下大
夫武帝在雲陽宮勑諸屯簡老牛欲以享士愷進諫曰
田方瞻老馬君子以為美其言而止轉禮部大夫為聘陳使副先是
有虧仁政帝美其言而止轉禮部大夫為聘陳使副先是
行人多從其國禮及愷為使一依本朝陳人賞能曰盧
愷文章辭翰開相崔儦命愷作露布陳帝讀之大悅四年
秋李穆後歸鎮命愷…
轉淅中大象元年徵拜東京吏部大夫開皇初加上儀司
三司除尚書吏部侍郎進爵為侯仍攝尚書左丞每有敷
奏流然正色雖逢喜怒不改其常帝嘉愷有吏幹賜錢二

《列傳二十一　隋書五十六》　【一】

十萬并賚雜綵三百匹加散騎常侍八年上親考百僚以
愷為上愷固讓不敢受高祖曰吏部勤幹舊所聞悉今者
上考僉議收同當仁不讓何愧之有皆在朕心無勞飾讓者
歲餘拜禮部尚書攝吏部尚書事會國子博士何妥與右
僕射蘇威不平奏威陰事愷坐與相連上以愷屬吏部徵
奏愷曰房恭懿者尉遲迥之黨不當仕進威故授
朝請郎愷之朋黨事其明白上大怒曰愷敢將天官以為
注色而遣威之從父弟徹肅二人並以卿正徵請皆不即授官
達奚轉為海州刺史又吏部預選者其多愷不即授官
文狀後至而先任用廲左足孿賽才用無算愷以威故
至所不知者便行朋附以愷擢之愷坐事其
幾卒于家自周氏以降選無清濁愷攝吏部與薛道衡
陸彥師等甄別士流故涉黨固之譖遂及於此子義恭嗣
藥節蘇威之子夔未當選固啓而止臣若與威有私
豈當如此上曰蘇威之子朝廷共知卿乃固執以為百姓未
私愚愷免冠頓首曰皇太子將以通事舍人蘇夔為舍人

《列傳二十一　隋書五十六》　【二】

令狐熙

令狐熙字長熙燉煌人也代為西州豪右父整仕周官至
大將軍熙始豐二州刺史熙性嚴重有雅量雖在秘室終日
儼然不妄通賓客凡所交結必一時名士博覽群書尤明

三禮善騎射頗知音律起家以通經為吏部上士尋授

帝都督輔國將軍轉夏官府都上士俱有能名以母憂去職

帝不勝喪毀其父誡之曰大孝在於安親義不絕嗣吾今見

存没又復立何得過爾毀頓賊吾暴也熙自是稍加饘粥

及武帝平齊以熙有留守之功進位儀同賜彭陽縣子

爵彭陽縣公邑二千一百戶及武帝平齊詔令墨縗從事尋除司徒左長史加

六百戶進位儀同壁司勳吏部二曹中大夫其有當時之譽

高祖受禪之際熙以本官行納言事尋除司徒左長史從元

上儀同進爵河南郡公時吐谷渾冠邊以行軍長史從元

帥元諧討之以功進位上開府會蜀王秀出鎮於蜀綱紀

之選咸屬蜀人以熙為益州總管長史未之官拜滄州刺

史時山東承齊餘弊戶口簿籍類不以實熙曉諭之令自

歸首至者萬餘戶在職數年風教大洽稱為良二千石開

皇四年上幸洛陽熙來朝吏民恐其遷易悲泣於道又熙

復遣百姓出境迎謁歡叫盈路在州獲白烏白麞甘

露降於庭前栁樹八年徵為河北道行臺度支尚書嘉其

追思相與立碑頌德及行臺廢授并州總管司馬後徵為

雍州別駕尋為長史遷鴻臚鄉後以本官兼吏部尚書住

判五曹尚書重號為明幹上甚任之及上祠太山還次不

州惡其散多有姦伪於是以熙為汴州刺史下車禁游

食抑工商民有向街開門者杜之之船客停於郭外星居者

勒為聚落僑人逐令歸本其有滯獄並決之令行禁止

稱為良政上聞而嘉之顧謂侍臣曰鄴都天下難理處也

勅相州刺史豆盧通以熙之法令習之其年來朝考績為天下

之最賜帛三百四頒告天下上以嶺南夷越數為反亂徵

拜桂州總管十七州諸軍事許以便宜從事刺史以下官

得承制補授給帳內五百人賜帛五百四發傳送其家累

改封武康郡公熙至部大弘恩信其溪洞渠帥更相謂曰

前時總管皆以威相脅今者乃以手教相諭我等可

遠乎於是相率歸附先是州縣生梗長吏多不得之官寄

政於總管府熙悉遣之為建城邑開設學校華夷感敬稱

為大化時有寧猛力者與陳後主同日生自言貌有貴相

在陳日已擁南海平陳後高祖因而撫之即拜安州刺史

然驕倨恃其阻險未嘗謁熙手書諭之申以交友之分

其母有疾熙復遺以藥物猛力感之詣謁請謁不敢為非

熙以州縣多有同名者於其所奏改安州為欽州黃州為峯

州利州為智州德州為驩州東寧州為融州上皆從之在職

數年上表曰臣忝寄嶺表四載于兹犬馬之年六十有一

才輕任重媿懼兼深常願收拙避賢稍免官謗然所管遐

瞻綏撫允難雖未能革夷風頗亦漸識皇化但臣屢患
消渴比更增其肋力精神就衰邁昔在壯齒猶不許以
況今年疾俱慢豈可猶當重寄請解所任優設不許賜以
醫藥奉詔令交州渠帥李佛子入朝佛子欲為亂託疾請至
仲冬上道熙意在羇縻遂從之有人詣闕訟佛子略受佛子賂
而捨之上聞而固疑之既而佛子及問至上大怒以為信
然遣使者鎖熙詣闕熙性素剛不得志行至永州憂
憤發病而卒時年六十三上怒不解於是沒其家財及行
是召其四子聽預仕為少子德䆁最知名
軍總管劉方擒佛子送於京師熙質無賊貨上乃悟於

辭曺

辭曺字紹玄河東汾陰人也父端周蔡州刺史曺少聰明
每覽異書便曉其義常歎訓注者不會聖人深旨輒竝忘
辯之諸儒莫不稱善性慷慨志立功名周明帝時龍䔩爵文
城郡公累遷上儀同尋拜司金大夫後加開府高祖受禪
擢拜魯州刺史未之官檢校盧州總管事尋除兗州刺史
及到官繁囚數百曺剖斷旬日便了圖圄空虛有陳州人
向道力偽作高平郡守將之官曺遇諸塗察其有異將
留詰之司馬王君馥固諫乃聽詣郡既而悔之即遣主簿
追禁道力有部人徐俱羅者嘗任海陵郡守先是已爲道

力偽代之比至秩滿公私不悟但俱羅遂語君馥曰向道力
以經代之俱羅為郡使君豈容疑之君馥以俱羅所言又固
請曺呵君馥曰吾已察知此人詐也司馬容姦當連其坐
君馥乃止遂往收之道力懼而引偽爲眞繇是皆此
類也時人謂爲神明先是兗州城東沂泗二水合而南流
汎溢大澤中曺遂積石堰之使決令西注陂澤盡爲良田
又通轉運利盡淮海百姓賴之爲曺豐兗州刺史前後俱
下太平登封告禪帝盛列遣傅士登太山觀古跡撰
封禪圖及儀上之高祖謙讓不許後轉鄭州刺史天
有惠政徵拜衞尉卿轉大理卿持法寬平名爲稱職後
遷刑部尚書時左僕射高頻稍被踈忌及王世積之誅
頻事與相連上因此欲成頻罪曺明雪之正議其獄由是
竹百城繫之父而得免檢校相州事其有能名會漢王諒
作亂并州遣偽將綦良東略地攻逼慈州刺史上官政請
援於曺曺畏諒兵鋒不敢拒良又引兵攻曺曺欲以計却
之遣親人曾世範說良曰天下事未可知曺爲人臣以就
祥所攻棄軍歸曺朝廷以曺懷貳心譖諂大理相州吏人
素懷其恩詣關理曺者百餘人曺竟坐除名配防嶺南道
病卒有子誼獻並知名

宇文㢸字公輔河南洛陽人也世先與周同出祖直力觀

魏鉅鹿太守父珍周宕州刺史㢸慷慨有大節博學多通

仕周為禮部上士嘗奉使鄧至國及黑水龍涸諸羌前後

降附三十餘部及還奉詔修定五禮書成奏之賜公田十

二頃粟百石累遷少吏部擢八人為縣令皆有異績時以

為知人轉內史都上士武帝將出兵河陽以伐齊謀及臣

下發進策曰齊氏建國于今累葉雖有道藩屏以臣

團恐難得志如臣所見彼汾之曲戌小山平攻之易拔用

有其人今之用兵須擇其地河陽衝要精兵所聚盡力攻

列傳二十一　隋書五十六　〈七〉

武之地莫過於此願陛下詳之帝不納師竟無功建德五

年大舉伐齊辛用㢸計㢸於是募二輔豪俠少年數百人

以為別隊從帝攻晉州身被三瘡若戰不息帝奇而壯

之後從帝平齊以功拜上儀同封武威縣公拔

賜物千五百段奴婢百五十口馬牛羊千餘頭拜司州總

管錄宣帝嗣位㢸遷左三守廟大夫時突厥寇甘州帝令總

莫陳昶率兵擊之㢸為監軍㢸謂昶曰點虜之勢求戰激

矣夫若絕綜若欲追躡良為難及且臣選精騎直趨下濕度

之西賊若收軍必自蒙泉之北此地險隘兼複下濕度其

人馬三日方度緩總追討何慮不及彼勞我逸破之必矣

若邀此路真上策也㢸不能用之西取合黎大軍行遲虜

已出塞其年㢸又率兵從梁士彥攻拔壽陽坡至安樂

縣公增邑六百戶賜物六百段加以口馬除滄州刺史俄

轉南司州刺史後司馬消難之奔陳也㢸追之不及遇陳

將樊毅戰於漳口自旦及午三捷虜獲三千人除黃

州刺史尋轉南定州刺史開皇初以前功封平昌縣公加

邑一千二百戶入為尚書右丞時西羌內附詔㢸持節安

集之置鹽澤蒲昌二郡而還遷尚書左丞元帥竇榮定擊

寮所憚二年突厥寇甘州以㢸從元帥寶正色為百

破之還除太僕少卿轉吏部侍郎陳平陳之役楊素出信州

列傳二十一　隋書五十六　〈八〉

道令㢸持節為諸軍節度仍領行軍總管劉仁恩之破

陳將呂仲肅也㢸有謀焉加開府權拜刑部尚書領太

子虞候率上嘗親臨釋奠㢸與博士論議詞致清遠觀

者屬目上大悅顧謂侍臣曰朕令㢸參定禮見宣尼

之論孝曹憲朕心於是頒賜各有差時朝廷以晉陽為重

鎮并州總管必屬親王其長史司馬亦一時高選前長史

王韶卒以㢸有文武幹用出為并州長史府司馬仍去職

尋詔起之十八年遼東之役授元帥漢王府司馬仍領

行軍總管軍還之後歷朝代其三州總管皆有能名煬帝

即位徵拜刑部尚書仍持節巡省河北還除泉州刺史歲

餘復拜刑部尚書轉禮部尚書旣以才能著稱歷職
顯要聲望甚重物議時談多見推許帝頗忌之時帝漸好
聲色尤勤遠署發謂高熲曰昔周天元好聲色而國亡以
今方之不亦甚乎又言長城之役幸非急務有人奏之竟
坐誅死時年六十二天下冤之所著辭賦二十餘萬言為
尚書孝經注行於時有子儼瑗

張衡

張衡字建平河內人也祖嶷魏河陽太守父光周萬州刺
史衡幼懷志尚有骨鯁之風年十五詣太學受業研精覃
思爲同輩所推周武帝居太后憂與左右出獵衡露髻輿
櫬扣馬切諫帝嘉焉賜衣一襲馬一匹權拜漢王侍讀衡
又就沈重受三禮畧究大旨累遷掌朝大夫高祖受禪拜
司門侍郎及晉王廣爲河北行臺衡歷刑部度支二曹郎
後以臺廢拜并州總管掾及王轉牧揚州衡復爲揚王甚
親任之衡亦竭慮盡誠事之奪宗之計多衡所建也以母
憂去職歲餘起授揚州總管司馬賜物三百段開皇中熈
州李英林聚眾及署置百官以衡爲行軍總管率步騎五
萬人討平之拜開府賜奴婢一百三十口物五百段金銀
雜畜稱是及王爲皇太子拜衡右庶子仍領給事黃門侍
郎煬帝嗣位除給事黃門侍郎進位銀青光祿大夫俄遷

四十一　列傳廿一　隋書五十六　【九】

御史大夫甚見親重大業三年帝幸榆林郡還至太原謂
衡曰朕欲過公宅可爲朕作主人衡於是馳至河內與宗
族具牛酒帝上太行開直道九十里以抵其宅帝悅其山
泉留宴三日因謂衡曰往從先皇拜太山之始逕洛陽
瞻望於此深恨不得相過今日得詣顧衡俯伏辭
謝奉觴上壽帝益歡賜其宅傍田三十頃良馬一匹金帶
練綵六百段衣一襲御食器一具衡固讓帝曰天子所至
稱幸者蓋爲此也不足爲辭衡後獻食於帝帝令頒賜公
卿下至衛士無不霑洽衡以藩邸之舊恩寵莫與爲比
自驕貴明年帝幸汾陽宮宴從官特賜絹五百匹帝欲大

四十四　列傳廿一　隋書五十六　【十】

汾陽宮令衡與紀弘整具圖奏之衡承間進諫曰比年勞
役繁多百姓疲敝伏願留神稍加折損帝意甚不平後嘗
目衡謂侍臣曰張衡自謂由其計畫令我有天下也時齊
王暕失愛於上帝密令人求暕罪失有人諸暕違制將伊
闕令皇甫詡從幸汾陽宮又録前幸涿郡及祠恒岳時父
老謁見者衣冠多不整帝謂衡以憲司皆不能舉正出爲
榆林太守明年帝復幸汾陽宮衡督役築樓煩城因而謁
帝帝惡衡不損瘦以爲不念谷因謂衡曰公其肥澤宜且
還郡衡復之榆林俄而勅衡督役江都宮有人詣衡訟宮
監者衡不爲理還以訟書付其人大爲監所困禮部尚

13-628

書楊玄感使至江都其人詣玄感稱玄感為不
可及與衞相見未有所言又先謂玄感曰薛道衡真為枉
死玄感具上其事江都丞王世充又奏衞頻減頓具帝於
其發怒鎖衞詣江都市將斬之父而乃釋除名為民放還
田里帝每令親人覘衞所為八年帝自遼東還都衞還言
衞怨望誹訕朝政竟賜死大言曰我為人作何
物事而望久活監刑者塞耳促令殺之義寧中以死非其
罪贈大將軍南陽郡公諡曰忠有子希玄

楊汪

楊汪字元度本弘農華陰人也曾祖順徙居河東父琛儀
同三司及汪貴追贈平鄉縣公汪少驍果好與人群鬬拳
所歐擊無不頑踣長更折節勤學專精左氏傳通三禮解
褐周冀王侍讀王甚重之每曰楊侍讀讀德業優深孤之穆
生也其後問禮於沈重受漢書於劉臻二人推許之曰吾
弗如也由是知名累遷夏官府都上士及高祖居相引知
兵事遷驃騎大夫高祖受禪賜爵平鄉縣伯邑二百戶
歷尚書司勳兵部二曹侍郎泰州總管長史名為明幹遷
尚書左丞坐事免後歷荊洛二州長史每聽政之暇必延
生徒講授時人稱之數年高祖謂諫議大夫王達曰卿為
我覓一好左丞達遂私於汪曰我當薦君為左丞若事東

當以良田相報也汪以達所言奏之達竟以獲罪卒拜汪
為尚書左丞汪明習法令東於剖斷當時號為稱職煬帝
即位守大理卿汪視事二日帝將親省囚徒其時繫囚四二
百餘人汪通宵究審詰朝而奏曲盡事情一無遺誤帝甚
嘉之歲餘汪拜國子祭酒帝令百寮就學與汪講論天下
儒碩學多萃焉論難鋒起皆不能屈帝令御史書其問答
奏之省而大悅賜良馬一疋大業中為銀青光祿大夫及

楊玄感反河南贊治裴弘策出師不利弘策還
遇汪而屏人交語既而留守樊子蓋斬之弘策出師禦
疑之出為梁郡通守後李密已逼東都其徒頻冠滎郡汪
勒兵拒之頻挫其銳煬帝崩王世充推越王侗為主徵拜
吏部尚書頗見親委及世充僭號汪復用事世充平以
黨誅死

史臣曰盧恺說可補令狐熙所居而治辭曹執憲平允
宇文弼聲望攸歸張衡以鯁正立名楊汪以學業自許然
皆有善始鮮克令終九仞之基俱傾於一匱惜哉夫忠為
令德施非其人尚或不可況託足邪徑而又不得其人者
歟語曰無為權首將受其咎又曰無始禍無召亂張衡既
召亂源實為權首動不以順其能不及於此乎

列傳卷第二十一

隋書五十六

盧思道　從父兄昌衡

特進臣魏　徵　上

盧思道字子行范陽人也祖陽烏魏祕書監父道亮隱居
不仕思道聰爽俊辯通侻不羈年十六遇中山劉松松為
人作碑銘以示思道思道讀之多所不解於是感激閉戶
讀書師事河間邢子才後思道復為文以示劉松松又不
能甚解思道乃喟然歎曰學之有益豈徒然哉因就魏收
借異書數年之間才學兼著然不持操行好輕侮人齊天
保中魏史未出思道先已誦之由是大被笞辱前後屢犯
因而不調其後左僕射楊遵彥薦之於朝解褐司空行參
軍長兼員外散騎侍郎直中書省武帝出朝當朝文士各
作挽歌十首擇其善者而用之魏收陽休之祖孝徵等不
過得一二首唯思道獨得八首故時人稱為八米盧郎後
漏泄省中語出為丞相西閤祭酒歷太子舍人司徒錄事
參軍每居官多被譴辱後以擅用庫錢免歸嘗於蓟北
悵然感慨為五言詩以見意人以為高齊王
薄歷圭客郎給事黃門侍郎待詔文林館周武帝平齊授
儀同三司追趠長安與同輩陽休之等數人作聽蟬鳴篇
思道所為詞追擅管清切為時人所重新野庾信徧覽諸
　　　　　　同作

者而深歎美之未幾以母疾還鄉遇同郡祖英伯及從兄
昌期宋護等舉兵作亂思道預焉迫柱國宇文神舉菜討
平之罪當法已在死中神舉素聞其名引出之令作露布
思道援筆立成文無加點神舉嘉而宥之後除掌教上士
高祖為丞相遷武陽太守非其好也為之後
卷年登弱冠就朝列談者過誤遂竊虛名通人揚令君
曰余志學之歲自鄉里遊京師便見識知音歷長其光價
邢特進已下皆分庭致禮倒徙相接識知音歷長其光價
而才本駑拙性實踈嬾勢利貨殖淡然不營雖籠絆朝市
且三十載而獨徃之心未始去懷抱也攝生乎和有少氣

疾分符坐嘯作守東原洪河之湄汶野彌望頗務既屏魚
鳥為鄰有離群之鴻為羅者所獲野人馴養貢之於余置
諸池庭朝夕賞翫既用銷憂兼以輕疾大易稱鴻漸于陸
羽儀盛也楊子賦曰鴻飛冥冥弋人何慕焉高也淮南云東歸碣石
違濠暑也平子賦曰鴻鵠高飛一舉千里陰偶影獨立哎
遠心高韻鷄鶩以降空見其儔而鍛翮牆
喋呲粹鮮驚為伍不亦傷乎余卅之年忽焉已至永言
身事慨然多緒乃為之賦聊以自慰其詞曰惟此孤鴻
擅奇羽蟲實稟異氣昂昂矯翅排空出島嶼之縣遠生遼碣之東毛將落和鳴
順風牡冰云厚矯翅排空出島嶼之縣遠犯霜露之淒淒

驚緡魚之密網畏落鴈之
乃遇集於寒門遂輕舉於
既嘯儔於淮浦亦弄吭於
威夷遡商颸之娟嬀歎於
理翮整翰群浮侶振雪羽而臨
湖之菁藻歟陽京之進運彭蠡方春洞庭初綠之
絜群國之冰紈皓原野之飛粟行離離而高逝響嚶嚶而候旭厲江
雲飛望美翮而為侶比朱鷺而相依倦天衢之已
諸之芳菲忽值羅人設網罦者縣機求辭家廓蹋迹重圍

列傳二十二　隋書五十七　三

始則窸窣東籠樊憂憚刀俎歷驅絕命恨失其所終乃馴狎
園庭託池藪稻粱為惠忿其容與於是翕羽紀頸弄其氣
銷聲滅煙霞之高想閟江海之幽情何時驤首奮翼凌上凌
太清舊為鼓舞逐薄屑城惡禽視而不貴小鳥顧而相輕
安控地而無恥豈沖天之復榮若夫圖南之羽偉而去美
棲睫之蟲微而不賤各遂性於天壤弗企懷必交戰不聽
咸睇之樂不饗犬牛之薦匹晨雖而共飲偶野鳧以同膳
匪揚聲以顯聞守校體而求見聊寓形乎沼沚且夷心於
澨濱齊榮辱以晏如承君子之餘眄開皇初母老表請
解職優詔許之思道自恃才地多所陵轢由是官塗淪滯

既而又著勞生論指切當時其詞曰莊子曰大塊勞我以
生誠哉斯言也余年五十有一罹老云至追惟曩昔勤矣黶生
乃著茲論因言時云爾寵郡屏君有容造余者少選之頃
盰衒而言曰生者天地之大德人者有生之最靈所以作
配兩儀稱貴群品妍蚩愚智辯天懸壤隔行己立身之
異入海登山今吾子生於右地九葉卿族天授俊才萬夫
所仰學綜流署慕孔門之游夏辭窮則擽仰漢目之卿雲
行藏有節進退以禮不諂不驕無慍無懌俛仰貴賤之間
從容語黙之際何其裕也下走所飲美焉為左右陳之夫人
未之恩乎何所言之過也子其清耳請為左右陳之夫人

列傳二十二　隋書五十七　四

之生也皆未若無生在余之生勞亦勤止繢綺之年伏膺教
義規行矩步從善而登巾冠之後灌纓受署繢鏤仁義籠
絆朝市失翔陸之本性喪江湖之遠情淪此風波溺於倒
躓憂勞總至事非一緒何則地胃身既致嫌於管庫才
識美茂亦受娭於馬庸篤學強記龍黂韜於焉側目清言河
瀉木訥所以疾出徒蠧惜春榮愾鼠相泣江都而求
歎傳長沙而不歸固亦魯愚慎瞞著樊逢斬尚趙壹爲之哀
歌張升於是慟哭有齊之季个遇休明申胣就戮畢迹無
地段珪張讓金貝其視賈謐郭淮腥臊可饜酖澧州以逞禍
近池魚耳聽惡來之讒兒踐龍逄之血周氏末葉仍遺辭

王歆笏升階汗流浹背莒客之蹟蹄焦原以茲非險齊人之手執馬尾方此木危若乃羊腸句注之為道擁鞍振策武落雞田之外櫛風沐雨三旬九食不敢稱斃此之為役蓋其小小者耳今泰運肇開四門以穆晃疏司契於上變龍佐命於下歧伯善卷耻徇幽憂卞隨務光悔從木石余年在秋方已迫知命情禮豈退不獲晏安一葉從風無損鄧林之攢植雙鳧飛不厲渤澥之游涑耕田鑿井晚息晨興候南山之朝雲臨牛坻之明月汜勝九穀之書觀其節制崔是四人之令奉以周旋晨荷簑笠白屋黃冠之伍文談穀稼露體塗兒之偏濁酒盈罇高歌滿席怳兮惚兮大地一指此野人之樂也子或以是美余乎客曰吾子之事覩聞之矣佗人有心又請論其梗槩余各曰雲飛泥沈平高異等圓行方止動息殊致是以摩霄運海輕尉羅於數澤五衢四照忽斤斧於山林余晚值昌辰遂其弱尚觀人車之隕藉視時路之遭危亥悄夜靜言長想可以為歎悼心流涕酸鼻人之百年脆促已其奔駒流電不可為斷顧纂周章數紀之內窮通榮辱事無足道而有識者鮮無識者多褊隘凡近輕險躁薄居家則人面獸心不孝不義出門則諂諛誣謾佞無愧無耻退身知足忘伯陽之炯戒力就列弃周任之格言悠悠遠古斯患已積迄於近代此

蠹尤深范卿撝讓之風搢紳不嗣夏書昏墊之罪執政所宜朝露未晞小車曷墨董石之巷夕陽且落皋壤羞填閭竇悉里昏如脂如韋附媵偏蠢嗷惡求媚言諂自親美言諂笑助其愉樂詐泣俟言衣袵其喪紀近通言酒遂貢文蛇艷姬羮女委如脫屣金銕玉華弃同遺跡及鄧通失路一簪之賄無餘梁冀五侯之貴將起向之門華轂晚謁晨趨刺促結侶弃廉公之第携手炎聖卿之夜客始則立親覦覥若牛兄之遇獸心戰色沮伊優上堂之魂客來視閭步結望塵雀舊遊甘山川未阻千變萬如激矢雀維轈設去等絕緒館密非其化鬼出神為此者皆衣冠士族或有藝能不耻不仁不畏不義靡愧友朋莫恤妻子外呈羞貌內蘊百心絲是則紆青佩紫牧州典郡冠冕百餘雖素論以為非而時宰不書撞鍾耳倦絲桐口飫珍膳人厚自封殖姸歌妙舞列聯官將數十載致笑輕生所以告勞真人御宇斷末俗乾沒心若死灰不管勢利家無儋石不費囊錢偶深畏官身息違時薄宦屏息窮君甚耻馬驅馳雕為朴人知榮辱時友誼風力上宰內敦文教方郡重臣外揚武節被之大道洽以淳風舉必以才爵無濫授栗斯首鼠不預衣裳阿黨比周掃地俱盡輕薄之傳臧影贙

迹礫石纍成瑜瓌豈爲良冶化爲之蘭，襄之翁俗攬時駭耳穢
目今忽不聞不見莫余取侮易曰晶芙人作而萬物覩斯之
謂乎歲餘被徵奉詔勞陳使頃之遭母憂未幾起爲散
騎侍郎奏內史侍郎事于時議置六卿將除之所朝臣犯筍爲
罪請以贖論上乘嘉納之是歲卒于京師時年五十二上
奏曰省有駕部寺留大僕省有刑部寺除大理斯則重畜
產而賤刑名誠爲未可又陳殿庭非杖罰之之朝臣犯筍
甚惜之遣使吊祭焉有集三十卷行於時子亦松大業中
官至河東長史

昌衡字子均父道廖魏尚書僕射昌衡小字龍子風神淡
雅容止可法博涉經史工草行書從弟思道小字釋奴宗
中俱稱英妙故幽州爲之語曰盧家千里釋奴龍子年十
七魏濟陰王元暉業召補太尉祭軍事兼外兵祭軍齊氏
受禪歷平恩令太子舍人尋爲僕射祖孝徵所薦尚書
金部郎孝徵每曰吾用盧子均爲尚書郎自謂無愧尚書
矣其後兼散騎侍郎迎周使武帝平齊授司王中士與
大宗伯斛斯徵修禮令開皇初拜尚書祠部侍郎高祖嘗
大集羣下令自陳功績人皆競進昌衡獨無所言左僕射
高頻目而異之陳使賀徹周瘍相繼來聘朝廷每令昌衡
接對之未幾出爲徐州總管長史甚有能名吏部尚書蘇

威考之曰德爲人表，行爲士則論者以爲美談嘗行至汝
儀所乘馬爲他牛所觸牛主陳謝求還價直昌衡
謂之曰六畜相觸自此類也胸因致死牛主人情也君何謝拒而不
受性寬厚不校皆此類也轉壽州總管長史總管宇文述
甚敬之委以州務歲餘遷金州刺史仁壽中奉詔持節爲
河南道黜陟大使及還以疾卒詔贈儀同三司賜物三
百段昌衡自以年在懸車表乞骸骨優詔不許大業初徵
爲太子左庶子行詣洛陽道卒時年七十二子寶素寶徹

李孝貞

李孝貞字元操趙郡柏人人也父希禮齊信州刺史世爲
著姓孝貞少好學能屬文在釋褐司徒府祭軍事簡靜
不妄通賓客與從兄儀曹郎中騷太子舍人李節博陵崔
子武范陽盧詢祖爲斷金之契後以射策申科拜舍人中
于時黃門侍郎高乾和親要用事求婚於孝貞孝貞拒之
由是有憾陰譖之出爲太尉府外兵祭軍後歷中書舍人
博陵大守司州別駕復兼散騎常侍聘周使副還除給事
黃門侍郎周武帝平齊授儀同三司少典祀下大夫宣帝
即位轉吏部下大夫高祖爲丞相尉迥作亂相州孝貞從
韋孝寬擊之以功授上儀同三司開皇初拜馮翊太守爲
犯廟諱擊之於是稱字後數歲遷蒙州刺史吏民安之自此不

復留意於文筆人間其故慨然歎曰五十之年悠焉而過
鬢垂素髮筋力已衰宦意文情一時盡矣夫然每暇日
輒引賓客絃歌對酒終日爲歡拜內史侍郎與內史李
德林參典文翰然孝貞無幹劇之用頗稱不理上讒怒之
勅御史劾其事由是出爲金州刺史卒官所著文集二十
卷行於世有子凡王孝貞弟孝威亦有雅望大業中官至

大理少卿

薛道衡

薛道衡字玄卿河東汾陰人也祖聰魏濟州刺史父孝通
常山太守道衡六歲而孤專精好學年十三講左氏傳見

列傳二十二　隋書五七　　九

子產相鄭之功作國僑贊頗有詞致見者奇之其後才名益
著齊司州牧彭城王浟引爲兵曹從事尚書左僕射弘農
楊遵彥一代偉人見而嗟賞授奉朝請吏部尚書隴西辛
術與語歎曰鄭公業不亡矣河東裴讞目之曰自鼎遷河
朔吾謂關西孔子罕值其人今復遇薛君矣武成作相召
爲記室及即位累遷太尉府主簿歲餘兼散騎常侍接對
周陳二使武平初詔與諸儒修定五禮除尚書左外兵郎
陳使傅縡聘齊以道衡兼主客郎接對之縡贈詩五十韻
道衡和之南北稱美魏收曰傅縡所謂以蚓投魚耳待詔
文林館與范陽盧思道安平李德林齊名友善後以本官

直中書省尋拜中書侍郎仍參太子侍讀後主之時漸見
親用子時頗有附會之譏後與待中斛律孝卿參預政事
道衡具陳周之籌策不能用及齊亡周武引爲御史
二命士後歸鄉里自州主簿入京爲司祿上士高祖作相從
元帥梁睿擊王謙攝陵州刺史大定中授儀同攝邛州刺
史高祖受禪坐事除名河間王弘北征突厥召典軍書還
除內史舍人其年兼散騎常侍聘陳尋加通議積有年祀陛
東蕃爾一隅偕擅遂名號雖姜安縞名自比祖尋朋劉石符
姚莒容赫連之輩妄在兼并所號自比祖尋朋劉石符
邊遠畧周齊兩立務在兼并所以江表通誅積有年祀

列傳二十三　隋書五七　　十

下聖德天挺光膺寶祚比隆三代平一九州豈容使區區
之陳久在天網之外勿以三辭請責少稱藩島祖曰朕且
含養賓之度外勿以三辭相折識朕意焉江東雅好篇
陳主无愛雕蟲蟲道衡每有所作南人無不吟誦焉又八年
伐陳授淮南道行臺尚書吏部郎兼掌文翰王師臨江高
頻夜坐幕下謂之曰今段之舉克定江東已不君試豆之
道衡答曰凡論大事成敗先須以理斷之禹貢所載九
州本是王者封域後漢之季群雄競起孫權見弟遂有其
楚之地晉武受命尋即吞并永嘉南遷重此分割自爾已
來戰爭不息否終斯泰天道之恒郭璞有云江東偏王三

百年還與中國合今數將滿矣以運數而言其必克一也
有德者昌無德者亡自古興戚皆由此道主上躬復恭儉
憂勞庶政叔寶峻宇雕牆酣酒荒色上下離心人神同憤
其必克二也爲國之體在於任寄彼之公卿備員而已技
小人施文慶委以政事令江總唯事詩酒本非經畧
之才蕭摩訶任蠻奴是其大將一夫之用且其必克
我有道而大彼無德而小皇其甲士不過十萬西自巫峽
東至滄海分之則勢縣而力弱聚之則守此而失彼其必
克四也席卷之勢其在不疑頻忻然曰君言成敗事理分
明吾今齡然矣本必才學相期不音籌畧爾還除吏部

侍郎後坐抽擢人物有言其黨蘇威任人有意故者除名
配防嶺表晉王廣時在楊州陰令人諷道衡從揚州路將
奏留之道衡不樂王附用漢王諒之計遂出江陵道而去
尋有詔徵還貞内史晉王由是銜之然愛其才猶頗見
禮後數歲授内史侍郎加上儀同三司道衡每至構文必
隱坐空齋蹋壁而臥聞戶外有人便怒其沉思如此高祖
每曰薛道衡作文書稱我意然誠之必迂誕說後高祖善其
稱職謂楊素牛弘曰道衡老矣驅使勤勞宜使其逸
戲於是進位上開府賜物百段道衡辭以無功高祖曰
久勞階陛國家大事皆爾宣行豈非爾功也道衡久當樞

要才名益顯太子諸王爭相與交高熲楊素雅相推重聲
名籍甚無競一時仁壽中楊素專掌朝政道衡既與素善
上不欲道衡久知機密因出檢校襄州總管道衡父家
策曰違離不勝悲戀言之哽咽爲出帝以道衡將
陰晚暮侍奉誠勞朕欲令爾還將攝兼撫萌俗今爾之去朕
至當以祕書監待之道衡既至上高祖文皇帝頌其詞曰
大始太素荒茫汪造化之初天皇地皇旨畫契之外其道
如斷一臂於是寶物三百段九環金帶并時服龍襲馬十
四尉勉遣之在任清簡吏民懷其惠煬帝嗣位轉潘州
刺史歲餘上表求致仕帝謂內史侍郎虞世基曰

絕其迹遠言談所不詣耳目所不追至於入究於冥居
驚飲不殊於羽族取類於毛羣亦何貴於人靈何用於心
識羲軒已降愛憎蜂起則乾象而施法度觀人文而化天
下然後帝王之位可重聖哲之道爲尊夏后殷周之國禹
湯文武之主濟生民聲流雅頌替於三五懿德於
干戈秦居閏位任刑名爲政本漢執靈圖雜覇道而爲業
當塗奐興而三方峙典午末而四海亂九州封域窟穴鯨鯢
之群五都遺穢跡路戎馬之足錐玄行定萬谷木連據崤
函未正滄海之流訕息覺山之燎千齡之旦暮當萬葉
之一朝者其在大隋乎粵若高祖文皇帝誕聖隆靈則赤

光照室韜神晦迹則紫氣騰天龍顏日角之奇玉理珠衡
之異著在圖籙彰乎儀表而帝系靈長神基崇峻類邠岐
之累德異豐沛之勃起俯膺歷試納揆賓門位長六卿望
高百辟猶重華之為太尉若文命之任司空蒼曆將盡率
土糜沸玉弩驚天金鉦照野姦雄挻禍據河朔而連海岱
猾長縱惡杜白馬而塞成皋庸蜀逆命憑銅梁之險郎黃
背誕引金陵之寇三川已震九鼎將飛高祖龍躍鳳翔濡
足授手應赤伏之符受玄狐之籙命百下百勝之將動九
天九地之師平共工而殄蚩尤翦梟獍而戮鯨鯢不煩二
十八將無假五十二征曾未踰時妖逆咸殄廓氛霧於區

宇出黎元於塗炭天柱傾而還正地維絕而更紐殊方稽
顙識牛馬之內向樂師伏地懼鍾石之變聲萬姓所以樂
推三靈於是改卜壇場已備猶弘五讓之心億兆難違方
從四海之請光臨寶祚展禮郊丘舞六代而降天神陳四
圭而饗上帝乾坤交泰品物咸亨酌前王之令典改易徽
號因庶萌之子來移創都邑天文上當朱鳥地理下據黑
龍正位辨方揆景於日月內宮外座取法於辰象懸政教
於魏闕朝群后於明堂除舊布新移風易俗天街之表地
脈之外獯獫孔熾其來自久橫行十萬樊噲於是失辭提
步五千李陵所以陷沒周齊兩盛競結旄頭娉狄后於漠

北未足息其侵擾傾珍藏於山東不能止其貪暴炎靈啟
祚聖皇馭寓運天策於帷扆播神威於沙朔柳室氈裘之
長皆為臣隸瀚海蹛林之地盡充池苑三吳百越九江五
湖地分南北天隔內外談黃旗紫蓋之氣恃龍蟠獸據之
嶮恒有僭偽之君妄竊帝王之號時經五代年移三百爰
降皇情永懷大道愍彼黎獻獨為匪人今上利建在唐則
哲居代地憑宸極天縱神武受脤出車一舉平定於是八
荒無外九服大同四海為家萬里為宅乃休牛散馬偃武
修文自華夏亂離綿積年代人造戰爭之具家習澆偽之
風聖人之遺訓莫存先王之舊典咸墜爰命秩宗刊定五

禮申敕太子改正六樂玉帛樽俎之儀節文乃備金石匏
革之奏雅俗始分而留心政術垂神聽覽早朝晏罷廢寢
忘食憂百姓之未安懼一物之失所行先王之道夜思待
旦革百王之弊朝不及夕見一善事喜彰於容言聞一愆
犯歎深於在予薄賦輕徭務農重穀倉廩有紅腐之積黎
萌無阻飢之慮天性弘慈聖心惻隱恩加禽獸胎卵於是
獲全仁霑草木牛羊所以勿踐至於憲章重典刑名大辟
申法而屈情決斷於俄頃故能彝倫攸敘上下齊肅左右
絕諂諛之路縉紳無勢力之門小心翼翼敬事於天地終
日乾乾誡慎於亢極陶黎萌於德化致風俗於太康公卿

庶尹遐邇岳牧僉以天平地成千載之嘉會登封降禪百
王之盛典宜其金泥玉檢展禮介丘飛聲騰實常為稱首
天子為而不恃成而不居冲百凝邈固辭弗許而雖稱勿
休上德不德更力潔誠似岳遜謝遂處方知六十四卦謙
摅之道為尊七十二君告成之義為小巍巍蕩蕩無得以
稱焉而深誠至德感達於穹壤和氣薰風充溢於宇宙二
儀隆福曼曼萬祉日月星象風雲草樹之祥山川玉石鱗介
羽毛之瑞咸見月彰不可勝紀至於振古所未有圖籍所
不載首所不見耳所未聞古語稱聖人作萬物觀神靈茲
百寶用此其效矣既而遊心姑射脫徙之志已深鑄鼎荊
山升天之〈駕遂兀在黎獻共惟帝臣慕深考姓哀纏号
和孤竹裡祀上帝尊極配天大孝也偃伯戢戈正禮裁樂
反正濟國寧人六合八絃同文共軌神功也玄酒陶匏雲
乃降精煥怒飛名帝錄開運握圖剏業垂統聖德也撥亂
剷塗山幽峻無復玉帛之禮長陵寂寞空見衣冠之遊若
納民壽域驅俗福林至政也張四維而臨萬寓伴三皇而
並五帝豈直錙銖周漢之麼魏晉而已雖五行之舞每陳
於清廟九德之歌無絕於樂府而玄功暢洽不局於形器
慈業遠大豈盡於揄揚臣輕生多幸命偶興趣事形蟻
驅馳丹陛一辭天闕奄隔鼎湖空有攀龍之心徒懷蓼莪

德迴生神謀獨斷蘿惡彰善夷凶靜難宗伯撰儀太史練
平亂離祀二百比祚前王江湖尚阻區域未康句吳閩越河
朔渭涘九縣爪分方鼎時詐不息干戈競起東夏錐
強載祀三象霧塞玄精啟曆發迹幽方并吞冠禫雄
嶽塵飛三象霧塞玄精啟曆發迹幽方并吞冠禫雄
夏群因縱應竊濟渡名十有餘國悽憂矣季世秋衛
王千帝三代之後其道逾替爰建金行不勝其弊戎秋禰
義不覺非然力作頌曰悠哉遂古邈達暴悖禮亂德五
之意憑臺翰敢希贊述昔埋海之禽不增於大地泣河
日孤竹之管雲和之瑟展禮上玄飛煙太一珪璧朝會山
川望秩占採星景移建邦畿下馮赤壤上叶紫微布政衢
室縣法象魏帝宅天府固本常氣匈河瀚海荒很望種
落陸梁時犯宜障皇威遠疆帝德遐暢稽顙歸誠稱臣內
向吳越占摄封十牛星象積有年代自稱君長大風未長
鯨漏網授戟大同復禹之跡成舜之功禮以安上樂以移風憂
被書軌大同復禹之跡成舜之功禮以安上樂以移風憂
勞庶績孳育黔首三面解羅萬方引各納民軌物臨時二
慈神化隆平生靈熙皇慶心恭已奉天事地愶氣橫流休
壽庶績化隆平生靈熙皇慶心恭已奉天事地愶氣橫流休
微紹至壇場埒幸云其虛位推而不居聖道彌粹孫跡姬

文登發嗣聖道類漢光傳莊實命知來藏往玄覽幽鏡鼎
業靈長洪基隆盛嵼岣間道汾射宦然御辯遐逝萊雲上
仙哀纏率土痛感穹玄流澤萬葉用教百年尚想嚴圖永
惟聖則道洽幽顯仁霑動植支象不陳乾坤將息微臣作
刺史房彥謙素相善知必及禍勸之杜絕賓客甲辭下氣
而道衡不能用會議新令不能決當父不能決殺之妻子徙
高潁不死令決當父行有人奏之帝怒曰汝憶高潁邪付
魚藻之義也於是拜司隸大夫將置之罪道衡不悟司隸
頌用申國極帝覽之不悅顧謂蘇威曰道衡致美先朝此
執法者勘之道衡自以非大過促憲司早斷暨於奏日異

帝敕之勅家人具饌以備賓客來候者及奏帝令自盡道
衡殊不意未能引訣憲司重奏縊而殺之妻子徙且末時
年七十天下冤之有集七十卷行於世有子五人收最知
名出繼族父孺孺清貞孤介不交流俗涉歷經史有才思
陽令襄城郡掾卒官所經並有惠政與道衡偏相友愛收
總管司功曹每以方直自處府寮多不便之及蕭轉清
雖不爲大文所有詩詠詞致清遠開皇中爲侍御史揚州
初生即與孺爲後養於孺宅至於成長殆不識本生太常
丞胡仲操曾在朝堂就孺借刀子割爪甲孺以仲操非雅
士竟不與之其不肯妄交清介獨行皆此類也道衡兄子

邁官至選部郎從　父弟道實官至禮部侍郎離石太守並
知名於世從子德音有雋才起家爲　游騎尉佐魏澹修魏
史史遷著作佐郎及越王侗制東都王世充之僭號
也軍書羽檄皆出其手世充平以罪伏誅所有文筆多行
於時

史臣曰二三子有齊之季皆以辭藻著聞愛歷周隋咸見
推重李若文雅縱橫金聲玉振靜言揚榷庶居二子之右
足以並驅一代俊偉薛則時之令望握靈蛇以俱眼騁逸
李薛紆青拖紫思道官途勢剉蹇窮通有命抑亦不護細
行之所致也

列傳卷第二十二　　隋書五十七

特進臣魏　徵　上

明克讓

明克讓字弘道平原鬲人也父父出賞梁侍中克讓少好儒
雅善談論博涉書史所覽將萬卷三禮禮論尤所研精龜
筮歷象咸得其妙年十四釋褐湘東王法曹參軍時舍人
朱異在儀賢堂講老子克讓預焉堂邊有偷竹異甚愛賞誰賞此負心
異甚奇之仕歷司徒祭酒尚書都官郎中散騎侍郎兼國
子博士中書侍郎梁滅歸于長安周明帝引為麟趾殿學
士俄授著作上士轉外史下大夫出為衛王友歷漢東南
陳二郡守武帝即位後徵為露門學士令與大史官屬正
定新歷拜儀同三司累遷司調大夫賜爵歷城縣伯邑五
百戶高祖受禪拜太子內舍人轉率更令進爵為戾太子
以師道處之恩禮甚厚每有四方珍味輒以賜之于時東
宮盛徵天下才學之士至於博物洽聞皆出其下詔與太
常牛弘等修禮議樂當朝典故多所裁正開皇十四年以
疾去官加通直散騎常侍卒年七十上甚傷惜焉贈物五
百段米三百石太子文贈絹布二千四錢十萬朝服一具
給棺槨著孝經義疏一部古今帝代記一卷文類四卷續

名僧記一卷集二十卷子餘慶官至司門郎越王侗舍制
為國子祭酒

魏澹

魏澹字彥深鉅鹿下曲陽人也祖繼魏光州刺史父季景
齊大司農卿稱為著姓世以文學自業澹年十五而孤專
精好學博涉經史善屬文詞采贍逸承博陵王濟聞其名
引為記室及琅邪王儼為京畿大都督以澹為鎧曹參軍
轉殿中郎中侍御史尋與尚書左僕射魏收諸人復除
國子博士能安生同修五禮文與諸學士撰御覽書成除
殿中郎中中書舍人復與李德林俱修國史周武帝平齊
授納言中士及高祖受禪出為行臺禮部侍郎尋為散騎
常侍聘陳王使還除太子舍人廢太子勇禮遇之屢加
優錫令注庾信集復撰笑苑詞林集世稱其博物數年遷
著作郎仍為太子學士高祖以魏收所撰書襃貶失實平
繪為中興書事不倫序詔別成魏史澹自道武下及恭
帝為十二紀七十八傳別為史論及例一卷并目錄合九
十二卷澹之義例迥與魏收所撰不同其不同其
繼天立極終始絕名故穀梁傳曰天上不名天子者
不言出諸侯尚不生名況天子乎若為太子
必須書名由子者對父生稱父前子名禮之意也是以

桓公六年九月丁卯子同生傳曰舉以太子之禮杜預注
云桓公子莊公也屯十二公唯子同是嫡夫人之長子備用
太子之禮故史書之於策即位之日尊成君而不名春秋
之義聖人之微旨也至如馬遷周之太子並皆言名漢之
儲兩俱没其諱目也如周臣子之意也竊謂雖立此理
恐非其義何者春秋禮記太子必書名天王不言出此仲
尼之褒貶皇王之稱漢之太子之謂非當時與異代而
范曄陳壽王隱之徒於撰史諱皇帝名書太
君之名書天子之字過文其甚焉今所撰史諱皇帝名書太
子字欲以尊君軍臣依春秋之義也其二曰五帝之聖三

【列傳十三　隋書五十八】【三】

代之英積德累功乃文乃武賢聖相承昊過周室名器不
及右稷追諡止於三王此即前代之茂實後人之龜鏡也
魏氏平文以前部落之君長耳太祖遠追二十八帝並極
崇高違奉舜憲章周公典道但武出自結繩未師典
諡當須南董直筆越而正之又更飾非也但力微未可免也
勃澥之水復去嗚防襄陵之災未可免也但力微
誕靈異絕世尊為始祖得禮之宜乎文昭成雄據塞表英
風漸盛圖南之業基自此始長孫斤之亂也兵交御坐太
子授命昭成大功大孝寔在獻明此之三世稱諡可也自茲以外未

之敢聞其三曰臣以為南巢桀亡牧野紂斬以黃鉞懸
首以旗幽王死於驪山厲王出奔於彘未嘗隱諱直書
之欲以勸善懲惡貽誡將來者也而太武獻文並皆非命
前史立紀不異天年言論之間頗露首尾殺主並皆君莫知
名姓逆臣賊子何所懼哉君子之過如日月之食圓首方
足孰不瞻仰復隔異代而致依違且隱桓之死閔昭明
陵遲不敢問九鼎親問隔異代而王屋而可隱没者乎今
所撰史分明直書不敢迴避且隱桓之死閔昭明
據實敘於經下況復懸隔異代而依違灼然乎今
實彰行路夫子刊經皆書曰卒自晉德不競宇宙分崩或

【列傳十三　隋書五十八】【四】

帝或王各自署置當其生日聘使往來畧如敵國及其終
書之曰死便同庶人存没頓殊能無懷愧今所撰史諸國
凡廁華夏之地者皆書曰卒同之楚其五曰靈遲發問
馬遷云之義已盡矣後之述者仍未領悟董仲舒司馬
之意本云尚書者隆平之典春秋者撥亂之法興衰理異
制作亦殊治定則直敘欽明世亂則辭兼顯晦分路命家
不相依放故云周道廢春秋作焉斯則聖德仍不能盡其是
漢興以來政比之春秋謬哉然則紀傳之體出自尚書所謂
學春秋明矣而范曄云春秋者文既總署好失事形今之
述故事而君比之春秋明矣而范曄云春秋者文既總

擬作所以為短紀傳者史班之所變也網羅一代事義周
悉適之後學此為優故繼而述之觀此言豈直非聖
人之無法又失馬遷之意曰孫盛自謂鎖仰具體而放之
魏收云魯史既修達者貽則子長自拘紀傳不存師表蓋
泉源所由地非企及雖後遞辭畏聖之才亦未思紀傳所由來
也澹又以為司馬遷割立紀傳以來述者非一人無善惡
言君子曰者無非其嘉其間尋常直書而已今所撰述篇
皆為立論計在身行迹具在正書事既無奇不足懲勸用
述乍同銘頌重敘唯覺繁文案丘明亞聖之才發揚聖言
有嘉焉可為勸戒者論其得失其無損益者所不論也澹

所著魏書甚簡要大橋收繪之失上覽而善之未幾卒時
年六十五有文集三十卷行於世子信言頗知名澹第弟

陸爽

玄有文學歷揚州總管府記室洞州司馬有子滿行

陸爽字開明魏郡臨漳人也祖順宗魏南青州刺史父髣
之齊霍州刺史爽少聰敏年九歲就學日誦二千餘言齊
尚書僕射楊遵彥見而異之曰陸氏代有人為年十七齊
司州牧清河王岳名為主簿翟殿中侍御史俄兼治書累
轉中書侍郎及齊戚周武帝聞其名與陽休之袁叔德等
十餘人俱徵入關諸人多將輜重爽獨載書數千卷至長

安授宣納上士高祖受禪轉太子內直監尋遷太子洗馬
與左庶子宇文愷等撰東宮典記七十卷朝廷以其博學
有口辯陳人至境常令迎勞開皇十一年卒官時年五十
三贈上儀同宣州刺史賜帛百匹子法言敏學有家風釋
褐承奉郎初爽之為洗馬嘗奏高祖云皇太子諸子未有
嘉名請依春秋之義更立名字上從之及太子廢上追怒
爽云我孫制名寧不自解陸爽乃爾重扇感於是男亦由
此人其身雖故子孫並坐除名

爽同郡侯白字君素好學有捷才性滑稽尤辯俊多智
為儒林郎通俗不恃威儀好為誹諧雜說人多愛狎之所

在之處觀者如市楊素甚狎之素嘗與牛弘退朝白謂素
曰日之夕矣素大笑曰以我為牛羊下來邪高祖聞其名
召與語甚悅之令於祕書修國史每將擢之高祖輒曰侯
白不勝官而止後給五品食月餘而死時人傷其薄命著
旌異記十五卷行於世

杜臺卿

杜臺卿字少山博陵曲陽人也父弼齊衛尉卿臺卿少好
學博覽書記解屬文社齊奉朝請歷司空西閣祭酒司徒
戶曹著作郎中書黃門侍郎性儒素每以雅道自居及周
武帝平齊歸于鄉里以禮記春秋講授于弟開皇初被徵

入朝臺鄉嘗采月令穰類而廣之爲書名玉燭寶典十二
卷至是奏之賜絹二百匹臺鄉雖不堪吏職請修國史
上許之拜著作郎十四年上表請致仕勅以本官還第數
載終於家有集十五卷撰齊記二十卷並行於世無子有
兄襲學業不如臺鄉而幹局過之仕至開州刺史子之松大業中爲起居
少好學有家風卒於安陽令公贍子之松大業中爲起居
舍人

辛德源

辛德源字孝基隴西狄道人也祖穆魏平原太守父子馥
尚書右丞德源沉靜好學年十四解屬文及長博覽書記
少有重名與尚書僕射楊遵彥殿中尚書辛術皆一時名
士見德源並虛襟禮敬因同鷹之於文宣帝起家奉朝請
後爲兼員外散騎侍郎聘梁使副後歷馮翊華山二王記
室中書侍郎劉逖上表薦德源曰弱齡好古晚節逾勵枕
籍六經漁獵百氏文章綺豔體調清華恭慎表於閨門謙
著於朋執實後進之領袖當今之雅器必能効節一官
攜足千里由是除員外散騎侍郎累遷比部郎中復兼通
直散騎常侍聘于陳及齊藏仕周爲宣納上士因取急詣相州會
轉中書舍人及齊藏仕周爲宣納上士因取急詣相州會
尉迴作亂以爲中郎德源辭不獲免遂亡去高祖受禪不

列傳二十二　隋書五十八　〈七〉

得調者父之隱於林慮山鬱鬱不得志著幽居賦以自寄
文多不載德源素與武陽太守盧思道友善時相往來魏
州刺史崔彥武奏德源與武陽太守盧思道友善時相往來恐其有姦計由是謫令
從軍討南寧歲餘而還秘書監牛弘以德源才學顯著奏
與著作郎王邵同修國史德源每於務隙撰集注春秋三
傳三十卷注揚子法言二十三卷屬王秀聞其名而引之
居數歲奏以爲撰後轉諮議參軍卒官有集二十卷又撰
政訓內訓各二十卷有子素臣正臣並學涉有文義

柳䛒

柳䛒字顧言本河東人也永嘉之亂從家襄陽祖惔梁侍
中父暉都官尚書䛒少聰敏解屬文好讀書所覽將萬卷
仕梁釋褐著作佐郎後蕭詧據荊州以䛒爲侍中領國子祭
酒吏部尚書及梁國廢明府通直散騎常侍尋遷內史
侍郎以無吏幹去職轉晉王諮議參軍王好文雅招引才
學之士諸葛潁虞世南王冑朱瑒等百餘人以充學士而
䛒爲之冠王以師友處之每有文什令䛒潤色然後示
人嘗朝京師還作歸藩賦命䛒爲序詞甚典麗初王屬文
爲庾信體及見䛒以後文體遂變仁壽初引䛒爲東宮學
士加通直散騎常侍檢校洗馬其見親待每召入臥內與
之宴謔䛒尤俊辯多在侍從有所顧問應若嚮荅性又嗜

列傳二十三　隋書七十八　〈八〉

13-642

酒言雜誹諧由是彌爲太子之所親狎以其好内典令式撰
法華玄宗爲二十卷奏之太子覽而大悅賞賜優洽儕輩
莫與爲比煬帝嗣位拜秘書監封漢南縣公帝退朝之後
便命入閤言宴諷讀終日而罷帝每與嬪后對酒時逢興
會輒遣命之至與同榻共席恩若友朋帝猶恨不能夜召
於是命匠刻木偶人施機關能坐起拜伏以像於誓帝每
在月下對酒輒令宫人置之於座與相酬酢而爲歡笑從
辛揚州遇疾卒年六十九帝傷惜者乆之贈大將軍諡曰
東撰晉王北伐記十五卷有集十卷行於世

許善心

許善心字務本高陽北新城人也祖茂梁太子中庶子始
平天門二郡守散騎常侍父亨仕梁至給事黄門侍郎在
陳歷羽林監太中大夫衞尉卿領大著作善心九歲而孤
爲毋范氏所鞠養幼聰明有思理所聞輒能誦記多聞默
識爲當世所稱家有舊書萬餘卷皆徧通涉十五解屬文
歲上父友徐陵大奇之謂人曰才調極高此神童也起
家除新安王法曹太子詹事江總舉秀才對策高第授
支郎中轉侍郎補撰史學士禎明二年加通直散騎常侍
及陳亡高祖遣使告之善心衰服號哭於西階之下藉草東

向經三日勅書唁焉明日有詔就館拜通直散騎常侍賜
衣一襲善心哭盡哀入房改服復出北面立垂涕再拜受
詔明日乃朝奉狀泣於殿下悲不復興上顧左右曰我平陳
國唯獲此人既能懷其舊君即是我誠臣也勅以本官直
門下省賜物千段草馬二十四從辛太山還授虞部侍郎
十六年有神雀降於含章闥高祖召百官賜讌告以此瑞
善心於座請紙筆製神雀頌其詞曰臣聞觀象則天乾元
合其德觀法審地域大表其尊施雲離之君紀鳶司鳳之后
川流岳立萬物於是裁成出震乘離之君四時所以生殺
玉錘玉斗而降金縢以傳並陶冶性靈含煦動植眇

玄珠於赤水寂明鏡乎虛堂莫不景福氤氳嘉貺雜集馳
聲南董越響雲韶粵我皇帝之君臨闡大方抗太極頁鳳
郎擭龍圖不言行馬攝提建指不廓清馬喉鈴啓閉括地
復夏截海翦商就望躬其尊貺咸昌其會緜區浹宇趨至
通安棲騰實飛聲真暢傍施無體之禮威儀布政之宫無聲
之樂綴兆惣章之觀上庠養老躬問百年下土字民心爲
百姓月棲日浴坂寒門吹鱗沒羽之荒赤蛇青馬之裔商
辭辯請吏削社承風豈止呼韓比場頓勒狼居之岫熄慎南
境近表不耐之城故使天弗受道地宙各寶川岳展異幽
明効靈狸素游頻圍膏漱醴羊景青赤藝歷廨盈足

懷仁般援義祥祚之來若此升隆之化如彼而登封盛
典去阜佇白撿之儀致治成功柴燎靡玄珪之告雖奉常
定禮武騎章文天子抑而未行推而不有允恭克讓其在
斯乎七十二君信羨如也故神禽顯黃玄應特昭白爵王
鐵家之奇赤爵街丹書之貴班固神爵之頌復武戴文曹
植嘉爵之篇樓庭集賦未或前聞福召且徵得之茲日歲次上
章律詣大呂玄枵會節玄英統時至尊未明求衣晨興於
含章之殿爰有瑞爵翔翔而載行載止當晨宇而徐前

〈隋列二十三　隋書五十八　十一〉

來集儀承軒墀而顧步夫瑞者符也明主之休徵者
爵也聖人之大寶謹案考異郵三軒轅有黃爵赤頭立曰
傍呂云王精之應文禮稽命徵云炎祀合其宜則黃爵集
昔漢集泰時之殿魏下文曰之宮一見雍立之祠二八平
東之府並旁觀迴臘重陌人微奚足稱矣抑又聞之不刻
止殺故郊則鸞鳳馴鳴不漉浸校原則蝹龍盤蜿是知陛下
胎剖卵則孿鳳馴鳴不漉浸校原則蝹龍盤蜿是知陛下
元休祥預承嘉宴不勝藻躍李虔僻麼西土陸機少長東
隅微臣憨於往賢逢時盛平囊代輟竭庸瑣敢獻頌云太
素式肇大德資生功玄不器道要無名贊文鼎革泓晉因

〈隋列二十三　隋書五十八　十二〉

成往詳圖瑞史赫赫明明天保大定於鑠我君武義通武文
教惟文橫塞宇宙凝射汾軒物重造姚風再薰煥發王
策昭彰帝道御地七神飛天五老山祇吐阿德忉靈孕寶黑
羽升壇青鱗伏阜舟烏流火白雉從風棲阿德忉歧政祚
隆未如神爵近賀百福攸同孔圖獻赤苟
文表白節奇音行行瑞跡化玉繼鹭素方流管絃頌
命明神所格經應在旆伊臣預焉永緝輦素方流管絃頌
歌不足蹈僄無宣臣拜稽首億萬年頌成奏之高祖甚
悅曰我見神爵共皇后觀之令曰召公等入適述此事善
心於座始知即能成頌文不加點筆不停豪常聞此言今
見其事因賜物二百段十七年除祕書丞于時祕藏圖籍尚
多淆亂善心放阮孝緒七錄更製七林各為總敘冠於篇首
又於部錄之下明作者之意區分其類例為文秦追李文傳
陸從典等學者十許人正定經史錯謬仁壽元年攝黃門
侍郎二年加攝太常少卿與牛弘等議定禮樂攝黃門
並如故四年留守京師高祖崩于仁壽宮煬帝祕喪不
發先易留守官人出除巖州刺史逢漢王諒反不之官
大業元年轉禮部侍郎奏薦儒者徐文遠為國子
博士包愷陸德明褚徽曾世達之輩並加品秩授為學官
其年副納言楊達為冀州道大使以稱旨賜物五百段左衛

大將軍宇文述每旦借本部兵數十人以供私役常半日
而罷攝御史大夫梁毗此奏劾之上方以腹心委述初付法
推千餘人皆稱被役經二十餘日法官候伺上意乃言役
不滿日其數雖多不合通計縱令有實亦當無罪諸兵士
聞之更云其初不被役上欲釋之付議盧實百寮咸議為虛
與常役所部情狀乃殊又兵多下番散還本府分道追至
不謀同辭今初一月方始翻覆姦狀分明此何可捨蘇威
楊汪等二十餘人同善心之議其餘皆議免罪煬帝可免
罪之奏後數月述諸善心曰陳叔寶卒善心與周羅睺虞世

基表充蒸徵等同往送葬善心為祭文謂為甚下敢於今
日加叔寶韓號召問有實自撰古例事得釋而帝甚惡之
又太史奏帝即位之年與堯時符合善心議以國哀用兩
不宜稱賀述諷御史劾之左遷給事郎二等四年撰
封事忤旨免官其年復徵為守給事郎九年攝左翊衛長
史從度遼授建節尉當言及高祖受命之符因問鬼神
之事劾善心與崔祖璿捏靈具記十卷初善心父撰梁
史未就而歿善心述成父志續家書其序傳末述制作
之意曰謹案大素將萌洪荒初判乾儀資始宸象所

以正時從載厚生品物於焉播氣含三才而有德肖二統
而降靈有人民焉樹之君長有貴賤矣為其宗極保上
天之睠命贈下土之樂推莫不執太方振長策感召風雲
驅馳英俊干戈揖讓取之也殊功非至龜符成之也致革
命剝制竹素之道稍彰紀事記言筆惠之官漸著炎農以
然可察及三郊遠龍五勝相沿俱稱百谷之王並以四海
國惡雖諱君舉必書故賊子亂臣天下大懼元龜明鏡昭
性仔其名而漏其迹黃軒以來晦其文而顯其迹登丘納
論時訓誥及典謨夏正與車擅一家之稱
麓具訓誥及典謨傳夏正與殷祀辯方正位

自任重光累德何世無哉逮有梁之君臨天下江左建國
莫斯為盛受命在於一君繼統傳平四王克昌四十八載
餘祚五十六年武皇帝出自諸生麥升寶曆拯百王之弊
救萬姓之危友境李之末流登上皇之獨道朝多君子野
無退賢禮樂必備憲章咸舉弘深慈於不殺濟大忍於無
刑湯湯魏魏可為稱首獨隆戎入潁羽胡侵洛沸騰磣三
季所未聞掃地淊天一元之巨厄鄘廟有序蕭有序禍之
場焦帛有儀碎夫大羊之手福善積而身禍仁義在而國
亡旦天道歟豈人事歟嘗別論之在乎論之卷先君昔在
前代早懷述作凡撰齊書為五十卷梁書紀傳

隨事勒成及關而未就者目錄准為二百八卷衆室交變
質籍銅盡家壁昏殘不准無所盜帷襄同發陳農何必求
素儒旣坑先王之道將墜漢臣徒請口授之文亦絕所撰
之書一時云散有陳初建詔爲史官補闕拾遺識口誦
先志而單宗宜宗之書徒聞其諛原顏退舁無所交遊榱遑不加
之初家授水任方顏蒙弗苟訪門廄記錄王隱之末頻抗表聞至德
以庸瑣流能孤晒末學恭職郎署兼撰陳史致此書延時
求進益假班嗣之書加修撰其
依舊目錄更加修撰其成百卷巳有六帙五十八卷上秘

太子錄一卷為一帙十卷帝紀八卷后妃一卷
列傳二帙二十卷外戚傳一卷宗室王侯列傳一帙十卷三
文苑傳一卷儒林傳二卷逸民傳一卷孝德傳一卷誠臣傳一卷
傳一卷合一帙十卷止臣傳一卷烈女傳一卷數術傳一卷權幸傳一卷藩臣
卷羯賊傳一卷逆臣傳二卷叛臣傳二卷叙傳論述一卷
合一帙十卷凡稱史臣者貴先君所言下稱名案者並善

行人失眹將命不復望都亭而長慟遷別館而懸董家史
舊書在後狀若海今止有六十八卷在又並缺落失次自入
京巳來隨見隨補葺晷成七十卷

心補關別為叙論一篇託干叙傳之末十年又從之至懷遠
鎮加授朝散大夫大厩圍鴈門攝左親衛武賁郎將領江
南兵宿衛殿省駕幸江郡者郡追叙前勤授通議大夫詔還
本品行給事郎十四年化及殺逆之日隋官云朋宇文智及
賀善心獨不至弘仁馳告之曰天子巳崩宇文將軍攝
政合朝文武莫不咸集天道人事自有代終何預於叔而
低徊若此善心怒之不肯隨去弘仁反走上馬泣而言曰
將軍於叔無惡意忽自求死豆不痛哉宜思令終善心不應
狀白化及遣人就宅執至朝堂化及令釋之善心不舞蹈
而出化及目送之曰此人大負氣我豈求命捉將來罵云我好欲
放你敢如此不遜其黨輒牽曳之善心怒云朝廷何
越王稱制贈左光祿大夫高陽縣公諡曰文節善心母范
氏梁太子中舍人孝才之女少寡養孤博學有高節高祖
知之賜宣勅於義每以婦時新常遺範年九十有二及
讀之勑尚食每臨喪不哭撫
樞曰能死國難我有兒矣因不食後十餘日亦終

李文博

傅陵李文博性貞介鯁直好學不倦至於教義名理特所
留心每讀書至治亂得失忠臣烈士未嘗不臨卷吟歎開
皇中為羽騎尉特爲吏部侍郎薛道衡所知恒令在聽事

帷中檢書省史并祭己行事若遇治政政善事即抄撰記錄

如選用涑諫即委之藏否道衡每得其語莫不欣然從之

後直秘書內省典校墳籍年道居貧素如也雖衣食之絕端

清操逾屬不妄通賓客恒以禮法自處儔輩莫不敬憚

為道衡知其貧每延于家給以資費文博商畧古今治

政得失如指諸掌然無更幹稍遷校書郎後出為縣丞遂

得下考數歲不調道衡為司隸大夫遇之於東都尚書省

甚嗟愍之遂奏為從事因為齊王司馬李綱曰今日遂遇

文博得奏用之以為從事

房玄齡相送於衢路玄齡謂之曰公生平志尚唯在正直

文博得奏用之以為從事玄齡謂之曰公生平志尚唯在正直

今既得為從事故應有會素心比來激濁揚清所為多少

文博遂曰天清其流者必繫其源正其末者須

端其本今治源混亂雖曰免十貪郡守亦何所益其聲直

疾惡不知忌諱皆此類也于時朝政浸壞人多賄賂唯文

博不改其操論者以此貴之遭亂播遷不知所終初文

博在內校書廬世基子亦在其內盛飾容服而未有所却

文博因從容問之年紀卷二十八文博乃謂之曰晉賈誼

當此之年議論何事君今徒事儀容故何為者又素孝王

妃生男乃云賞罰之設功過所歸今王妃生男於群官何事

其悅乃云賞罰之設功過所歸今王妃生男於群官何事

妃生男高祖大喜頒賚群官各有差文博家道屢空文謂

列傳卷第二十三　　隋書五十八

乃妄受賞也其徇名貪實錄過計功必使賞罰不濫功過

無隱者皆爾文博本為經學後讀史書於諸子又論尤所

該洽性長議論亦善屬文者治道集十卷大行於世

史臣曰明克讓魏澹等或博學治聞詞藻贍逸既稱燕趙之

俊寔曰東南之美所在見寶祿位雖無往非命盖亦

道有存焉澹之魏書時稱簡正條例詳密足傳於後此

外諸子各有記述雖道或小大皆志在立言美矣

煬三子　孫恭皇帝
越王侗　燕王侗

煬帝三男蕭皇后生元德太子昭齊王暕蕭嬪生趙王杲

○元德太子昭煬帝長子也生而高祖命養宮中三歲時
於玄武門弄石師子高祖與文獻皇后所昵適患腰痛
舉手憑昭因迴避去如此者再三高祖歎曰天生長者誰
復教乎由是大奇之高祖嘗謂曰當為爾取婦昭應聲而
泣高祖問其故對曰漢王未婚時恆在至尊所一朝娶婦
便則出外懼將違離是以啼耳上歎其有至性特鍾愛焉

年十二立為河南王仁壽初挑為晉王拜內史令兼左衛
大將軍後三年轉雍州牧煬帝即位便幸雒陽宮昭留守
京師大業元年帝遣使者立為皇太子昭有武力能引強
弩性謙沖言色恂恂未嘗忿怒有深嫌可責者但云大不
是所安乎歲時皆有惠賜未有老父母者必親
問其安否歲時皆有惠賜未有老父母者必親
數月將還京師願得少留帝不許拜請無數號素肥因
勞疾世基為奏視之云房陵王畏不許拜請無數體素肥因
日皇太子薨于行宮粵三年五月庚辰朔六日將遷座于

莊陵禮也蛻緒賓戴鶴關曉關蕭文物以具陳儀賓從其
如昔皇帝悼離方之云晦嗟震宮之霧象顧守器以長懷
臨登碧而興想先遠戒日占謀允從庭燧徹階陛陁收重
抗銘旌以啓路動徐輪於振容揆行度名男德彰諡爰詔
史冊式尊志俾湆清哲之微猷播長父乎天地其辭曰辰
基峻極帝緒會昌體元龍襲聖儀耀重光氣秀陸神華火
陽居周軼誦勳漢嘉莊有縱生知誕膺惟睿性道體日幾
深綺歲降迹大成俯情多藝櫛親建國命慈作藩威梁先
路烏奕渠門庸服有紀分器惟尊風高楚殿雅盛圍屬
后膺儲天人叶順本茂條遠基崇體峻改王參墟奉有唐

晉在貴能謙居沖益慎封畿千里閣闔九重神州王化禁
旅軍容瞻言偃草視折衝帷展清祕親賢代屬宮鳳
瀾飛華蠆王琿翰泉涌敷言藻縟式便煩思謀啓沃洪
性積德豐行繁祉舉目天孫光升元子綠車逮重轡繩奉
祀肅穆容儀形讓齒禮樂交暢愛深資優游養德恭
己承儀南山聘隱東亭尊師有粹神儀深穆其度顯顧觀
德溫溫審謝炯戒斆箴留連主賦入監出撫日就月將沖
情王裕令問金相宜綏紆景福永作元良神理貝漢天道難
宄亡不必壽善或徯祐遠瑤山之頹壞忽桂宮之毀構痛
結幽明悲纏宇宙慟皇情之深憫攀具徐其如救嗚呼哀

列傳二四　隋書五十九　一

列傳二四　隋書五十九　二

哉廻環氣朔徨再居諸沿零露於瑤圖下申霜於玉除汲
漏盡兮空階曙曉月懸兮帷殿虛鳴呼哀哉武將靈兩窴長
違鑾苑渡渭浹於造舟遵長平循坡望鶴駕而不追顧龍
樓而逐鳴呼哀哉求隔存沒長平分古今去榮華於人世
懷楚雜灌木之幽深霏夕煙而稍起慘落景而將沈聽哀挽之
哀哉九地黃泉千年白日雖金石之能久終天壤平長畢
敢圖芳於篆素永飛飈而騰實帝於諸孫中特所鍾靈帝
生恭皇帝大劉良娣生燕王倓小劉良娣生子三人韋妃
燕王倓字仁安敏慧美姿儀煬帝於諸孫中特所鍾愛帝

置左右性好讀書尤重儒素非造次所及有若成人良娣
早終每至忌日未嘗不流涕嗚咽帝由是益以奇之宇文
化及弑逆之際倓覺變欲入奏恐露其事因賄宦者藟鉅
千牛宇文晶等穿芳林門側水寳而入至玄武門說奏曰
臣卒中惡命縣俄頃請得面辭死無所恨冀以見帝為司
宮者所過竟不得聞俄而難作為賊所害時年十六
越王侗字仁謹美姿性寬厚大業二年立為越王侗每
從幸恆常留守東都楊玄感作亂之際與民部尚書樊子
蓋拒之及玄感平朝於高陽拜高陽太守俄以本官復留
守東都十三年帝幸江都復令侗與金紫光祿大夫段達

太府卿元文都攝民部尚書事津石武衛將軍皇甫無逸
等緫留臺軍宇文化及之弑逆也文都等議以侗元德太
子之子屬最為近於是乃共尊立之大赦改元曰皇泰諡帝
曰明廟號世祖追尊元德太子為孝成皇帝廟號世宗尊
其母劉良娣為皇太后以段達為納言右翊衛大將軍攝
禮部尚書王世充亦納言左翊衛大將軍元文都為內史
令左驍衛大將軍盧楚亦內史令皇甫無逸兵
部尚書右武衛大將軍郭文懿內史侍郎趙長文門下侍
郎委以機務為金書鐵券藏之宮掖于時雒陽稱段達等
為七貴未幾宇文化及立秦王子浩為天子來次彭城所經
城邑多從逆黨侗懼道使者蓋宗馬公政招懷李密密遂
遣使請降侗大悅禮其使甚厚即拜密為太尉尚書令魏
國公令拒化及下書曰我大隋之有天下於茲三十八載
高祖文皇帝聖畧客神功載造區夏世祖明皇帝則天法地
混一華戎東戮蟠木西通細柳前踰丹徼後越幽都日月
之所臨風雨之所至圓首方足稟氣食毛莫不屈膝入提封
皆為臣妾加以寳覘畢集靈瑞咸臻作樂制禮移風易俗
智周寰海萬物感受其賜道濟天下百姓用而不知世祖
往因歷試統臨南服自居皇極順葉望幸所以往歲省方
展禮肆覲望經駐蹕於茲洎乎清道八地如昔七卒不移豈意量

起拳非常遠於軒陛災生不意延及冕旒謇諱之日五情崩
隕舉號荼毒不能自勝且聞之自古代有屯剝賊臣逆子
無世無之至如宇文化及世傳庸品其父述性翻賊時來早
寇厚遇賜以婚媾置之公輔位尊九命祿重萬鍾禮極人
臣榮冠世表徒承海嶽之恩未有涓塵之益化及以此下
材風蒙顧眄出入外內奉望階墀昔陪藩國統領禁衛及
從亦皇祚陪列九卿但本性兇狠愆其貪穢或交結惡黨
或侵掠貲財每重刑篇狀盈獄簡在上不遺瑕舋復恩加章
齊應至死事每蒙恕免三經除解尋復本職再徙邊商仍
郎追逐生成之恩昊天罔極獎擢之義人事空聞化及梟

〈列傳二十四　隋書五十九〉〈五〉

獍為心禽獸不君縱毒興禍傾覆行宮諸王兄第一時殘
酷痛暴行路世不忍言豈有窮之在夏時大戎之於周代豐
厚之極亦未是過朕所以刻骨崩心飲膽嘗血瞻天視地
無厭容身今王公卿士庶蓉肯辭咸以大寶鴻名不可顛
墜元兇巨猾洹旱夷翼戴朕躬嗣守寶位額惟寡薄海志
不逮此今者出艑宸而杖旄鉞釋衰麻而擐甲胄衝冤誓
眾忍淚治兵指日遄征以平大盜且化及偽立泰王之子
幽遏比於囚拘其身自稱霸相專擅擬於九五復踐禁御
檬有宮闈昂首揚眉初無慚色衣冠朝望外懼克我志士
誠臣內皆憤怨以我義師順彼天道臭夷醜族匪夕伊朝

太尉尚書令魏公冊誠內發宏謀署外舉兵勤王之師討達
天之逆東毅爭先能罷競逐金鼓振龍晉若犬駃毛鋒刀縱
橫如湯決雪魏公志在匡濟投袂前驅御六軍星言
繼進以此眾戰以斯順舉磨山可以動射石可以入況攄
此人徒皆有離德京都侍衛西憶鄉家江左淳民南思邦
邑比來表書驛人信相尋若王師一臨摧彊蹔覿自
應解甲倒戈冰銷霧散且聞化及自恣天奪其心殺戮不
辜挫厚人士莫不道路以目號天踴地朕奪其心殺戮
輾者一人拯溺救焚所哀者唯天鑒孔毅祐我宗社
億兆感義俱會朕心梟戮元兇策勳飲至四海秦稱朕

〈列傳二十四　隋書五十九〉〈六〉

意焉兵術軍機並受魏公節度密見使者大悅北面拜伏
臣禮甚恭密遂東拒化及七貴頗不協陰有相圖之計未
幾元文都盧逸郭文懿趙長文等為世充所殺皇甫無逸
適歸長安世充詣侗陳謝辭情哀苦侗以為至誠命之
上殿被髮為盟誓無貳志自是侗無所關預侗心不能平
遂與記室陸士季謀圖世充事不果而止及世充破李密
眾望益歸之遂自為鄭王總百揆加九錫備法物侗不能
禁也段達雲定興等十人入見於侗曰天命不常鄭王功
德其盛願陛下揖讓告禪遵唐虞之迹侗聞之怒曰天下
者高祖之天下東都者世祖之東都若隋德未衰此言不

可發必天命有改亦何論於禪讓公等或先朝舊臣績宣
上代或勤王立節身服
色憬然待衛者莫不流汗既而退朝對良娣而泣世充更
使人謂侗曰今海內未定湏得長君以安復子明
辭必若前盟義不違負我不得已遂位於世充遂被幽於
含涼殿世充惜偽號封為潞國公邑五千戶月餘守文儒
禮佛呪曰從今以去願不生帝王尊貴之家於是仰藥不
願皇帝飲此酒侗知不免請與母相見不許遂布席焚香
曰
悼因勸皇充侗以絕民望世充復尊立侗事泄見害世充兄世
童裝仁基等謀誅世充復尊立侗事泄見害世充兄世

能時絕更以鼎縊之世充僞諡為恭皇帝
齊王睍字世肫小字阿孩美容儀踈眉目以為高祖所愛
開皇中立為豫章王邑千戶及長頗涉經史尤工騎射初
為內史令仁壽中拜揚州總管沿淮泝江諸軍事煬帝即
位進封齊王增邑四千戶大業二年帝初又東都盛陳鹵
薄睍為軍道子壽轉豫州牧俄而元德太子薨野注望咸
以睍當嗣帝又勑吏部尚書牛弘妙選官屬朝野由是多
進子年明年轉雍州牧尋徙河南尹開府儀同三司元德
太子左右二萬餘人恣涑於睍寵遇益隆自樂平公主及
諸咸爲競來致禮官稱謁填咽道路睍頗驕恣昵近小

人所行多不法遣喬令則劉虔安裝該皇甫謨庫狄仲錡
陳智偉等求聲色狗馬令則等因此放縱訪人家有女者
輒矯睍命呼之載入睍宅因緣藏隱恣行淫穢而後遣之
仲錡智僞二人詭言仲錡等詐言柳氏女美者帝未有所得又知之
於睍睍令還主仲錡等言柳氏女美者帝未有所得又知也
又樂平公主嘗奏帝言柳氏女美者歸於家睍不之知也
後以柳氏進於睍納之其後帝問主大撰詔睍以千
恒與帝相去數十里而含會帝於汾陽宮大撰詔睍以千
齊王所帝不悅睍於東都營第大門無故而崩聽事中
折識者以為不祥其後從帝幸榆林睍督後軍步騎五萬
騎入圍睍大獲麋鹿以獻而帝未有得也乃怒從官曰
為睍左右所過獸不得前帝於是發怒求睍罪失時制縣
陽宮又京兆人達奚通有妾王氏善歌貴遊宴聚多要數
令無故不得出境有伊闕令皇甫翔幸於睍達禁將之汾
於是展轉亦出入王家御史韋德裕希旨劾睍帝令甲士
十餘大索睍第因躺治其事睍妃韋氏者民部尚書沖之
女也早辛睍遂與妃姊元氏婦通逐產一女外人皆不得
知陰引喬令則於第內醼宴令則稱慶脫睍帽以為歡樂
召相工令徧視後庭相工指妃姊曰此產子者當為皇后
王貴不可言時國無儲副睍自謂次當得立又以元德太

子有三子內常不安陰挾左道爲厭勝之事至是事皆發帝大怒斬令則等數人妃姊賜死暕府僚皆斥之邊遠時趙王杲猶在孩孺帝謂侍臣曰朕唯有暕一子不然者當肆諸市朝以明國憲也暕自是恩寵日衰雖爲京尹不復關預時政帝恒令武賁郎將一人監其府事暕有微失武賁輒奏之帝亦常慮暕生變所給左右皆以老弱備員而已暕每懷危懼心不自安又帝在江都宮元會暕具法服將朝無故有血從裳中而下又坐齋中見群鼠數十至前而死視皆無頭暕意甚惡之俄而化及作亂兵將犯蹕帝聞顧謂蕭后曰得非阿孩邪其見疎忌如此化及復令人

捕暕暕時尚臥未起賊既進暕驚曰是何人莫有報者暕猶謂帝令捕之因曰詔使且緩兒不負國家賊於是曳至街而斬之及其二子亦遇害暕竟不知殺者爲誰時年三十四有遺腹子政道與蕭后同入突厥處羅可汗號爲隋王中國人沒入北蕃者悉配之以爲部落以定襄城處之及突厥滅歸于大唐授員外散騎侍郎

趙王杲小字季子年七歲以大業九年封趙王尋授光祿大夫拜河南尹從幸淮南詔行江都太守事杲聰令美容儀帝有所製詞賦杲多能誦之性至孝常見帝風動不進膳杲亦終日不食又蕭后當灸杲先請試炷后不許之杲泣請曰后所服藥皆蒙嘗之今灸願聽嘗炷悲咽不已後竟爲其停灸由是尤愛之後遇化及反杲在帝側號慟不已裴虔通使賊斬之於帝前血湔御服時年十二

史臣曰元德太子雅性謹重有君人之量降年不永哀哉齊王敏慧可稱志不及遠頗懷驕僭故煬帝疎而忌之心無父子之親貌展君臣之敬身非積善國有餘殃至令趙及燕越皆不得其死悲夫

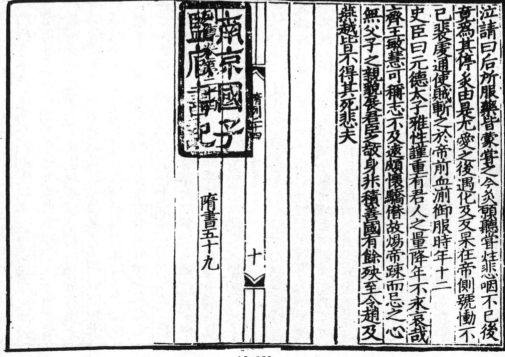

崔仲方　特進臣魏

崔仲方字不齊博陵安平人也祖孝芬魏荊州刺史父宣
猷周小司徒仲方少好讀書有文武才幹年十五周太祖
見而異之令與諸子就學時高祖亦在其中由是與高
祖少相款密後以明經爲晉公宇文護禮律後以軍功授平
遷司至大夫與斛斯徵柳敏等同修禮律後以軍功授平
東將軍銀青光祿大夫賜爵石城縣男邑三百戶武帝
陰有滅齊之志仲方獻二十策帝大奇之後與少內史趙

苻䄍定格式尋從帝攻晉州齊之亞將崔景嵩請爲內應
仲方與段文振等登城應接遂下晉州語在文振傳又令
仲方說齊翼城等四城下之授儀同進爵范陽縣侯後以行
軍長史從鄧公王軌禽陳將吳明徹於呂梁仲方計策多
軍長史從郯公王軌禽陳將吳明徹於呂梁仲方計策多
宣帝嗣位爲少內史奉使淮南而還會帝崩高祖爲丞相
與仲方相見握手極懽仲方亦歸心焉其夜上便宜十八
事高祖嘉納之及受禪上召仲方與高熲議正朔服色事
祖從之及受魏爲水周爲木皇家少火承木得天之統又
晉爲金行後魏爲木周爲火皇家以火承木得天命文
聖躬載誕之初有赤光之瑞車服旗牲並宜用赤文勳上

除六官請依漢魏之舊上奇從之進位上開府尋轉司
火鄉進爵安固縣公發丁三萬於朔方靈武築長城東
至黃河西拒綏州南至勃出嶺綿亘七百里明年上復令
仲方發十五萬丁於朔方以東緣邊險要築數十城以遏
胡寇丁父艱去職未幾起爲鄼州刺史上書論取陳之策
曰臣謹案晉太康元年歲在庚子晉武平吳至今開皇六年
歲次景午合三百七載春秋寶圖云二百七十年一蠲
法今三百之期可謂陰陽之忌昔史趙有言曰陳顓頊之族
又子午爲衝陰陽之忌昔史趙有言曰陳顓頊之族爲水
故歲在鶉火以滅又曰周武王克商封胡公滿於陳至魯
昭公九年陳災裨竈曰歲五及鶉火而後陳亡楚剋之楚
祝融之後也爲火正故復滅陳陳承舜後舜承顓頊太
歲左行歲右轉鶉火之歲陳族再三戊午之年嬀運
盡矣語迹雖殊考事無別皇朝五運相承感火德而王國親
爲隋與楚既同分楚是火正午爲鶉火未爲鶉首申爲實沈
酉爲大梁既當周秦趙之分若君當此分則兵將得歲之
助以今量古陳滅不疑臣謂午未申酉並是歲兵強國富動
時不如地利地利不如人和況主暗臣諂兵彊國富動植
廻心人神叶契陳既主昏於上民讟於下險無百二之固
衆非九國之師夏癸殷辛尚不能立獨此島夷而稽天討

崔仲方

伏度朝廷自有長謀，但竊善所見，冀申螢燭，今唯願武昌、
歡和、除方、吳海等州更帖精兵，密營渡計，益信襄、鄂、郢
等州速造舟楫，多張形勢，爲水戰之具。蜀漢二江是其上
流，水路衝要必爭之所，賊雖於流頭、荊門、延洲、公安、巴陵、
隱磯、夏首、歛口、盆城置艟艨，然終接者下流，諸將即須擇便。
若賊必以上流有軍令精兵赴接者下流水軍鼓行以前，鮮恃九江五湖之
橫渡如擁衆自衛，上江水軍鼓行以前，鮮恃九江五湖之
險，兆德無以爲固。從有三吳百越之兵，無恩不能自立。上
覽而大悅，轉基州刺史。徵入朝，仲方因面陳經畧，上善之，
賜以御袍并雜綵五百段，進位開府而遣之。及大舉伐
陳，以仲方爲行軍總管，率兵與秦王會。及陳平，坐事免，未
幾復位。後數載，轉會州總管。時諸羌猶未實附，詔令仲方
擊之，與賊三十餘戰，紫祖四郷望方涉題千碉小鐵圍山、
白男王弱水等諸部來平，賜奴婢一百三十口，黃金三十
斤，雜物彌是。仁壽初，授代州總管，在職數年，被徵入朝。會
上崩，漢王諒餘黨據幷州不下，煬帝令周羅睺攻之，中流
矢卒，乃令仲方代其衆，月餘拔之。進位大將軍，拜民部
尚書，尋轉禮部尚書。後三載坐事免，尋爲國子祭酒，轉太
常。御朝廷以其衰老，出拜上郡太守。未幾以母憂去職。歲
餘起爲信都太守，上表乞骸骨，優詔許之。尋卒於家，時年

七十六，子民壽官至定陶令。

于仲文　兄顗　從父第曇

于仲文字次武，建平公義之兄子，父寔，周大左輔、燕國公。
仲文少聰敏，髫齓就學，耽閱不倦，其父異之曰：「此兒必興
吾宗矣。」九歲，嘗於雲陽宮見周太祖，太祖問曰：「聞兒好讀
書，書有何事？」對曰：「資父事君，忠孝而已。」太祖甚嗟歎
之。其後就博士李祥受周易、三禮，畧通大義。及長，倜儻有
大志，氣調英拔，當時號爲名公子。起家爲趙王屬，尋遷安
固太守。有任、杜兩家各失牛，任氏得牛，兩家俱認，州郡
不能決。益州長史韓伯儁曰：「于安固少聰察，可令決之。」仲
文曰：「此易解耳。」於是令二家各驅牛群至，乃放所認者遂
向任氏群中，又陰使人微傷其牛，任氏嗟惋，杜家自若。仲
文於是詞詰杜氏，杜氏服罪而去。始州刺史屈突尚，宇文
護之黨也，先坐事下獄，無敢繩者，仲文至郡窮治，遂竟其
獄。蜀中爲之語曰：「明斷無雙有于公，不避強御有次武。」
幾徵爲御正下大夫，封延壽郡公，邑三千五百戶。尋從武
伐蜀，累勳授儀同三司。宣帝時，爲東郡太守。高祖爲丞相，尉
迥作亂，遣將檀讓收河南之地，復使人誘致仲文，仲文拒
之。迥怒其不同已，遣儀同宇文威攻之，仲文遣其將宇文曾渡石
衆，斬首五百餘級，以功授開府，迥文遣其將宇文胄大破威

濟宇文威鄉紹自白馬二道俱進復攻仲文賊勢逾盛人
情大駭鄉人赫連僧伽敬子哲率衆應迴仲文自度不能
支弁妻子將六十餘騎開城西門潰圍而迴為賊所追且
戰且行所從騎戰歿者十七八仲文僅而獲免達於京師
迴於是屠其三子一女高祖見之引入臥內為之下泣賜
綵五百段黃金二百兩進位大將軍領河南道行軍總管
給以鼓吹馳傳萌浴陽賚兵以討檀讓時亹孝寬拒於
永橋仲文詣孝寬有所計議時總管宇文忻頗有自疑之
心因謂仲文曰公新從京師來觀執政意何如也仲文懼忻生變因

不足平正恐事寧之後更有藏弓之慮仲文懼忻生變因
謂之曰丞相寬仁大度明識有餘茍能竭誠必心無貳忻曰
如何仲文曰有陳萬敵者新從賊中來即令其弟難敵召
象鄉曲從軍討賊此其有大度一也上士宋謙奉使勾檢
訪以戲大體此其不求人私二也言及仲文妻子未嘗不
潛泫此其有仁心三也忻自此遂安仲文軍至汴州之東
謙緣此別求忻罪丞相責之曰人綱者自可推求何須別
文在京三日頻見三善以此為觀非尋常人也仲
倪塢與迴將劉子昂浴德峯相遇進擊破之軍次蓼隄
去梁郡七里讓擁衆數萬仲文以羸師挑戰讓悉衆來拒
仲文偽北讓軍頗驕於是遣精兵左右異擊之大敗讓軍

生獲五十餘人斬首七百級進攻梁郡迴守將劉子寬弁
城邏避走仲文追擊禽斬數千人子寬以身免初仲文在
蓼隄諸將皆曰軍自遠來士馬疲弊不可決勝仲文令三
軍趣食列陳大戰既而破賊諸將皆請曰前兵士皆疲不可交
戰竟而赳其計安在仲文笑曰吾所部將士皆山東人
果於速進不宜持久乘勢擊之所以制勝諸將皆以為非
所及也進擊曹州獲迴所署刺史李仲康及上儀同房勸
檀讓以餘衆屯城武別將高士儒以萬人屯永昌仲文許
移書昌州縣曰大將軍至可多積粟粟讓謂仲文未能卒至方

槌牛享士仲文知其怠選精騎襲之一日便至遂拔城武
迴將席毗羅衆十萬屯於沛縣其妻子在金鄉
仲文遣人詐為毗羅使者謂金鄉城王徐善淨曰檀讓明
日午時到金鄉將宣蜀公令賞賜將士金鄉人謂為信然
皆喜仲文簡精兵偽建迴旗幟倍道而進善淨望見仲文
軍且至以為檀讓乃出迎謁仲文執之遂取金鄉諸將多
勸屠之仲文曰此城是毗羅起兵之所當寬其妻子以招
可自歸如即屠之彼望絕矣於是毗羅恃衆來
薄官軍仲文背城結陣去軍數里設伏於麻田中兩陣緣
合伏兵發俱曳柴鼓噪塵埃張天毗羅軍大潰仲文乘之
賊皆投洙水而死為之不流獲檀讓檻送京師河南悉平

毗羅厥滎陽人家執斬之傳首闕下勒石紀功樹於泗上
入朝京師高祖引入臥內宴言極歡賜雜綵千餘段妓女
十人拜柱國河南道大行臺屬高祖受禪不行未幾其叔
父太尉翼坐事下獄仲文亦為吏所薄於獄中上書曰臣
聞春生夏長天地平分之理仲文於國家開河地居人倫不易之道臣
誓以必死迴時購臣位大將軍邑萬戶臣不顧妻子不愛
身命冒白刃請重圍三男一女相繼淪沒被露肝膽馳赴
關庭蒙陛下授臣以高官委臣以兵革于時河南寇狼
顧鷗張臣以羸兵八千掃除氛祲摧劉賊衆染郡破檀讓

於是提平曹州復東郡安城武定永昌解亳州圍殄徐州
賊席毗羅十萬之眾一戰土崩河內蟻聚之徒應時武定當
群凶問鼎之際臣以元惡多辰臣翼先在幽州總
駈頷趙南鄰犇寇比捍兇頭內外安撫得免臣男第五叔
智建摧黑水與王謙為鄰式過蠻阪鎮綏蜀道臣兄頜作
牧淮南坐制勍敵秉機勤定傳首京師王謙窮蜀叛
換三蜀臣第三叔義受服廟庭龍鼎行之間或侍衛危難之側合門
誓當冑文武重寄或衝命危難之間或侍博之側合門
始録消滴之功則寒灰更然枯骨生肉不勝區區之至謹

冒死以聞上覽表并翼俱釋之未幾詔仲文率兵屯白狼
塞以備胡明年拜行軍元帥統十二總管以擊胡出塞遠
鎮遇虜破之斬首千餘級六畜巨萬計於是從金河出盛
道遣總管辛明瑾元滂賀蘭志呂興等二萬人出白
樂道趙那頡山至護軍川北與虜相遇可汗見仲文軍容
齊肅不戰而退仲文率精騎五千躡之追至山谷而還上
以嘗書文簿繁雜更多姦計令仲文勘省中事其不及而發
擒甚多上嘉其明斷厚加勞賞焉上每憂轉運不給仲文
請決渭水開漕渠上於之使仲文總其事及伐陳之役拜
行軍總管以舟師自章山出漢口陳鄖州刺史荀法尚舉

山城主誕法澄鄧沙彌等請降奏王俊甘令仲文以兵納
之高智慧等作亂江南後以行軍總管討之時三軍之食
米粟踊貴仲文私糶軍糧坐除名明年後以將領之才每當屬
邑以備胡數旬而能音王
意至晨奏之乃令晉王軍府事後突厥犯塞晉王為元
帥以仲文將前軍大破賊而還仁壽初拜太子右衛率煬
帝即位遷右翊衛大將軍參掌文武選事從帝討吐谷渾
進位光祿大夫甚見親幸遼東之役仲文率軍指樂浪道
軍次烏骨城仲文簡羸馬驢數千置於軍後既而率眾東
過高麗出兵掩襲輜重仲文迴擊大破之至鴨綠水高麗

將乙支文德詐降來入其營宇文述先奉密旨若遇高元及
文德者必禽之至是文德來宇文述欲執之時尚書右丞劉
士龍為慰撫使固止之述遂捨文德尋悔遣人紿文德
曰更有言議可復來也文德不從遂濟漆仲文選騎渡水追
之每戰破賊文德遺仲文詩曰神策究天文妙算窮地理
戰勝功既高知足願云止仲文答書諭之文德燒柵而遁
時宇文述以糧盡欲還仲文議以精銳追文德可以有功
述固止之仲文怒曰將軍仗十萬之衆不能破小賊何顏
以見帝且仲文此行也固無功矣述因厲聲曰何以知無
功仲文曰昔周亞夫之為將也見天子軍容不變此決在

列傳五五　隋書六十　九

一人所以功成名遂今者人各其心何以赴敵初帝以仲
文有計畫令諸軍諮禀節度故有此言由是述等不得已
而從之遂行東至薩水宇文述以兵餒退歸師遂敗績帝
以屬吏諸將皆委罪於仲文帝大怒釋諸將獨繫仲文仲
文憂恚發病困篤方出之卒於家時年六十八撰漢書刊
繁三十卷略覽三十卷有子九人欽明最知名

妻以奉女尋以父勳賜爵新野郡公邑三千戶授大都督
遷車騎大將軍儀同三司其後累以軍功授上開府歷左
右宮伯郪州刺史大象中以水軍總管從韋孝寬經略淮

南頗率開府元紹貴上儀同毛猛等以舟師自潁口入淮
陳防主潘深弃柵而走進與孝寬及廣州刺史尉遲迥圍破
石守將許約懼而降頗乃拜東廣州刺史尉遲迥之反也時
總管趙文表與頗素不協頗將圖之因卧閤內詐得心疾
謂左右曰我見兩三人至我刪削者輒大驚之不能
自制也其有賓客候問者皆令去左右頗漸危篤因詐得
下無敢動者時高祖以尉遲迥未平應率邊惠因勞
抽刀斫殺之因唱言高祖令斬之其麾
往候之令從者至大門而止文表獨至頗歘然而起
勉之即拜青州總管陳將錢茂和率數千人龍袞汪陽頗逆

列傳五五　隋書六十　十

擊走之陳復遣將陳紀周羅睺燕合兒等頓襄頗担之而
退賜綵數百段高祖受禪文表第詣關稱兄無罪上令案
其事大傅實燭等議頗當死上以門者勳績特原之聚為
開府後襲爵燕國公邑萬六千戶尋以疾免開皇七年拜
澤州刺史數年免職卒於家子世庚嗣
霤宇伯符父翼其仕周為上柱國幽州總管任國公高祖為
丞相尉迥作亂遺人誘翼翼鎖其使送之長安高祖甚悅
及高祖受禪翼入朝上為之降榻握手極歡數日祭為太
尉歲餘辛謐曰穆軍少有器幹仕周起家齊王憲府上士尋授
儀同領右羽林遷少卿附武帝時從齊王憲破齊師於洛

陽以功賜爵豐鼎縣子邑五百戶尋從帝平齊加開府改
封爵陽縣公邑十二百戶授職方中大夫及宣帝嗣位轉
右勳曹中大夫尋領右忠義高祖為丞相加上開府及受
禪進位大將軍璹沭州刺史甚有能名上聞而善之優詔
褒揚賜帛百匹尋加上大將軍進爵郡公轉邵州刺史在
州數年甚有惠政後檢校江陵綢管轉邵州刺史並有惠

洛州刺史復為熊州刺史並有惠政以疾徵還京師仁壽
詔關上表請留闕上嘉歡良久令還邵州父老相賀尋遷
末卒于家諡曰靜有子志本

段文振北海期原人也祖壽魏滄州刺史父威周洮河甘
渭四州刺史文振少有資力膽氣過人性剛直明達時務
初為宇文護親信護知其有幹用擢授中外府兵曹後武
帝攻齊海昌王尉相貴於晉州其亞將亭嵩為
內應文振枚頒登城與崔仲方等數十人先登文振隨景
嵩至相貴所枚佩刀劫之相貴不敢動城遂下帝大喜賜
物千段進拔文侯華谷高壁三城皆有力焉及攻并州陷
東門而入齊安德王延宗懼而出降動將拜高秩為
以說毀復讒譖因授上儀同賜爵襄國縣公邑千戶進平鄴別
都文賜綺羅二十四後從滕王迥擊稽胡破之歷稷州別

駕揚州綢管長史入為天官都上士從曹尋實經署淮南
俄而洞作亂時文振老毋妻子俱在鄴城洞遣人誘之
文振不顧歸於高祖高祖引為丞相掾領宿衛驃騎司馬
消難之奔陳也高祖令文振安集淮南還除衛尉少卿兼
內史侍郎尋以行軍長史從達奚震討叛蠻平之加上開
府歲餘遷鴻臚卿衛王爽比征突厥以文振坐事除名居
簿不實兔官後為石河二州刺史甚有威惠遷蘭州綢管
改尋龍岡縣公突厥犯塞以文振為行軍綢管擊破之逐比至居
延塞而還九年大舉伐陳以文振為元帥泰王俊司馬
行軍綢管及平江南授揚州綢管司馬尋轉并州綢管司

馬以母憂去職未幾起令視事固辭不許後數年拜雲州
總管尋為太僕卿十九年突厥犯塞文振以行軍綢管拒
之遇達頭可汗於沃野擊破之文振先與王世積有舊初
世積遺以馳馬比還世積以罪被誅文振坐與王世積交
交關功遂不錄明年率眾出靈州道以備胡無虜而還越
巂夷爰珍及文振擊平之賜奴婢二百口仁壽初嘉州獠作亂
文振以行軍綢管討之引軍山谷間為賊所襲前後阻險
不得相救軍遂大敗文振復收散兵擊其不意竟破之初
文振次益州謁蜀王秀秀貌頗不恭
振性素剛直無所降下及此奏文振師徒喪敗右僕射蘇威與文振有
秀其街之及此奏文振有

隙因而譖之坐是除名及秀廢黜文振上表自申理高祖
慰諭之授大將軍尋拜靈州總管賜帝即位徵為兵部尚
書待遇甚重從征吐谷渾文振督兵於覆袁川連營三百餘
里東接楊義臣西連張壽合圍渾主於雪山連營三百餘
右光祿大夫帝幸江都以文振行江都郡事文振以高祖
時容納突厥啓民居于塞內妻以公主賞賜重疊及大業
初閔澤彌厚文振以狼子野心恐為國患乃上表曰臣聞

古者遠不間近夷不亂華何則夷狄之性無親而貪弱
蓋遠圖良算弗可忘也竊見國家容受啓民資其兵食假
以地利如臣愚計竊又未安
則歸投強則反噬蓋其本心也臣學非博覽不能遠見且聞
晉朝劉曜梁代侯景近事之驗眾所共知以臣量之必為國
患如臣之計以時遣令出塞外然後明設烽候緣邊鎮防
務令嚴重此乃萬歲之長策也時兵曹郎斛斯政專掌兵
事文振知政險薄不可委以機要屢言於帝帝並弗納及
遼東之役授左候衛大將軍出南蘇道在道疾篤上表曰
臣以庸微幸逢聖世濫蒙榮冠儕伍而智能無取叨
竊已多言念國恩用志寢食劬其鳴吠以報萬分而
樵養乘方疾患遂篤抱此深愧永歸泉壤不勝餘恨但奧
管穴竊見遼東小醜未服嚴刑遠降六師親勞萬乘兼奧

狄多詐詭須擬防擬口陳降欵怨懷背叛詭伏多端勿得便
受水潦方降不可淹唯願嚴勒諸軍星馳速發水陸俱
前出其不意則平壤孤城勢可拔也若傾其本根餘城自
剋如不時定脫遇秋霖深為艱阻兵糧既竭強敵在前
父之贈光祿大夫尚書右僕射北平侯諡曰襄賜物一千
段粟麥二千石威儀鼓吹送至墓所有子十八人長子詮官
至武牙郎將性甚剛嚴帝令督祕書省學士時學頗存儒雅
文操輒鞭捶之前後或至十數時議者鄙之

史臣曰仲方兼資文武雅有籌算代陳之策信為深遠矣
聲績克舉夫豈徒言哉仲文博涉書記以英略自許迥
之亂遂立功名自茲厥後屢當推轂遼東之役實喪師徒
斯乃大樹將顛蓋亦非戰人之罪也文振少以膽略見重
終懷壯夫之志時進讜言頻稱諒直其取高位厚秩良有
以也

列傳卷第二十五

隋書六十

特進臣魏　徵　上

宇文述

宇文述字伯通代郡武川人也本姓破野頭役屬鮮卑後
豆歸後從其主為宇文氏父盛仕周上柱國述少驍銳便弓
馬年十一時有相者謂述曰公子善自愛後當位極人臣
周武帝時以父軍功起家拜開府述性恭謹沈密多機召為
牢宇文護親信及帝親總萬機改封濮陽郡
公高祖為丞相尉迥作亂相州述以行軍總管率步騎三

《列傳二十六　陳本十一　一》

左宮果遷英果中大夫賜爵濮陽郡公
千從豆孝寬擊之軍至河陽迥道將李儁攻懷州述別擊
雋軍破之述之父與諸將擊尉永橋述先鋒陷陳侯餤甚
衆平尉迥每戰有功超拜上柱國進爵褒國公賜縑三千
四開皇初拜右衛大將軍平陳之役復以行軍總管率眾
三萬自六合而濟時韓擒賀若弼兩軍趣丹陽述擁據石
頭以為聲援陳王既擒而蕭瓛蕭巖擄東吳之地擁兵拒
守述領行軍總管元契張默言等討之水陸兼進述進
撫以舟師自海至亦受述節度上下詔曰公鴻勳大業
名高望重本國之誠蕭巖蕭瓛並在其處公率將戎旅撫慰
會之地東路為選

彼方振揚國威宣布朝化以公明略乘勝而往性行軍情
自當稽服若使干戈不用黎庶獲安方副朕懷公之力也
陳永新俟陳君範自晉陵奔歙獻并軍令勢見述軍且至
懼立柵於晉城東文絕塘道阻兵拒述瓛自義軍潛入太
湖圍掩述後述進破其柵迴在擊瓛大敗之斬瓛司馬曹
勒義奉公俘陳君範等以餘眾保包山燕榮擊之述進
至奉公埭蕭瓛陳君範以會稽請降述許之二人面縛
路左自縣悉平以功拜一子開府賜物三千段
管時晉王廣鎮揚州甚善於述欲述近已因奏為壽州刺
史總管晉王時陰有奪宗之志請計於述述曰皇太子失愛

《列傳二十六　陳本十一　二》

已父令晉王不聞於天下大王仁孝著稱才能蓋世數經將
領深有大功主上與內宮咸所鍾愛四海之望實歸於
大王然廢立者國家之大事處人父子骨肉之間誠非
謀也然能移主上與之此者唯楊素耳素之謀者唯其弟約
知約議入關述數請約盛陳器玩與之約所得既多稍以
資述入關述與約相見朝夕同遊因而共圖廢立述謂約曰
不勝所費齎金寶曰輸之約大驚曰何為者述因曰此
王之賜令述與公為歡樂耳約所得既多稍以謝
王申意約然其說退言於素素亦從之於是素每與述謀
晉王與述情好益密命述子士及尚南陽公主述前後賞賜

不可勝計及齊王為皇太子以述為左衛率官第
四品上以述素貴逐進率品為第三其見重如此煬帝嗣
位拜左衛大將軍改封許國公大業三年加開府儀同三
司每正朝會輒給鼓吹一部從幸榆林時鐵勒契毖歌

稜攻敗吐谷渾其部携散逐遺使請降求救帝令述以兵
屯西平之臨羌城撫納降附吐谷渾見述擁強兵懼不敢
降遂西遁述領鷹揚郎將梁元禮張峻崔師等追之至曼
頭城攻拔之斬三千餘級乘勝至赤水城復拔之其餘黨
走屯丘尼川述進擊大破之獲其王公尚書將二百人
前後虜男女四十口而還渾主南走雪山其故地皆空帝
大悅明年從帝西幸巡至金山築燕支述每為斥候時渾
賊復寇張掖進擊走之還至江都宮勑述與蘇威常典選
舉歘預朝政述時貴重委任與蘇威等其親愛則過之帝
所得遠方貢獻及四時口味輒見班賜中使相望於道述
善於供奉俯仰折旋容止便辟侔者感取則焉又有巧
思九有所裝飾皆出人意表數以奇服異物進獻宮掖由
是帝彌悅焉時傾朝廷左衛將軍張
瑾與述連官骨有評議偶不中意述目叱之瑾惶懼而
走文武百僚莫敢違忤然性偶會鄣知人有珍異之物必求
取之富商大賈及隴右諸胡子弟述皆接以恩意呼之為

兒由是競加餽遺金寶累積後庭曳羅綺者數百家僮千
餘人皆控良馬被服金玉述之寵遇當時莫與為比及征
高麗述為扶餘道軍將臨發帝謂述曰禮七十者行役以
婦人從公宜以家累自隨古稱廣婦人不入軍故事述臨戰時會

至於營壘之間無所傷也項籍虞姬即其故事述又不與九軍
將度水追之時文德見述軍中多飢色欲疲述眾每鬭便
北述一日之中七戰皆捷既恃驟勝又內迫群議於是遂
乙支文德求詣其營文德復遺便偽
降請述曰若旋師者當奉高元朝行在所述見士卒疲弊
不可復戰又平壤城固亞難致力遂因其詐而還眾半濟
賊擊後軍於是大潰不可禁止九軍敗績一日一夜還至
鴨淥水行四百五十里初度遼九軍三十萬五千人及還
至遼東城唯二千七百人帝大怒以述等屬吏更
名為民明年帝有事遼東復述官爵待之如初從帝至遼東
與將軍楊義臣率兵復臨鴨淥水會楊玄感作亂帝召述
班師令述軍將馳驛赴河陽發諸郡兵以討玄感時玄感過東都
聞述軍將至懼而西遁將圖關中述與刑部尚書衛玄左

禦衛將軍來護兒武衛將軍屈突通等踊之至闗鄉皇天
原與玄感相及述與來護兒列陣當其前遣屈突通以奇
兵擊其後大破之遂斬玄感傳首行在所賜物數十段復
從東征至懷遠而還玄感之圍東都也帝懼述請圍而出
樊子蓋固諫不可帝乃止及圍解車駕次太原述請護帝親
帝意固勸幸江都之是歲至東都又觀望
向洛陽自潼闗而入可也帝大悅述遂遣司宮魏氏聞
臨視之羣臣苦諫乃止因奏曰從官妻子多在東都便道
帝還京師帝有難色述因奏曰從官妻子多在東都便道
欲何所言述二子化及智及時並得罪于家述因奏曰化

及臣之長子早頸藩邸願陛下哀憐之帝聞泫然曰吾不
志也及薨帝為之廢朝贈司徒高書令十郡太守班秩第四
十人輼輬車前後部詼吹音樂干述百是數
共交遊定興每時節必有賂遺并以音樂干述素好著
奇服炫燿時人定興為製馬鞭於後甬上缺方三寸以露
白色世輕薄者爭放學之謂為許公缺勢又遇天寒定興
曰入內宿衛必當耳冷述曰然乃製裌頭巾令深祜耳文

以太牢鴻臚監護喪事子化及別有傳
雲定興者附會於述初定興女為皇太子勇昭訓及勇廢
除名配少府定興先得明訓明珠絡帳私賂於述自是數

學之名為許公祜執述大悅曰雲兄所作必能變俗我聞
作事可法故不虛也後帝將幸東大造兵器述薦之因
勅少府工匠並取其節度述欲為之求官謂曰東
製縣伏為佳述從之述因奏曰房陵諸子年並
興曰此無用物何為仍遣閒使於帝從之因奏曰房陵
恐不可進退無由請早處分帝曰朕意已決候卿與文遣
戍立今欲動兵征討老將少則守鎮若留一勦又
下七弟分配領表仍遣閒使於路盡殺之五年大閱軍實
帝稱甲仗為少監轉衛尉少卿遷左禦衛將軍仍知少府事
代可稱為少監轉衛尉少卿遷左禦衛將軍仍知少府事

十一年授左屯衛大將軍凡述所薦達皆至大官趙行樞
以太常少卿戶家財億計述謂為兒多受其賂稱其驍勇起
家為折衝郎將

郭衍

郭衍字彥文自云太原介休人也父崇以舍人從魏武帝入
關其後官至侍中衍少驍武善騎射周陳王純引為左右
累遷大都督屯於陝城拜奉詔於天水募人以鎮東境三
得樂從十餘家屯於陝城拜使持節車騎大將軍儀同三
司每有寇至輒率所領禦之一歲數告捷頗為羌人所憚
王益親任之建德中周武帝出幸雲陽衍詞於行所時議

欲伐齊衍請爲前鋒攻河陰城授儀同大將軍武帝圍晉
州應淼兵來援命衍從陳王守千里徑又從武帝與齊主
大戰於晉州追淼師至高壁敗之仍從平并州以功加授
開府封武強縣公邑二千二百戶賜姓叱羅氏宣政元年
爲右中軍熊渠中大夫衍迴遣弟子勤爲青州揔管率青騎一
進戰於相州能祐於陣勤與衍子悖柘等欲東奔青州入
千追破之執祐於陣勤遂邈走而悖亦逃逸衍至濟州入
據其城文擊其餘衆然瀹比累戰破之執送京師超授上
柱國封武山郡公賞物七千段寮勸高祖殺周室諸王早

行禪代由是大破親昵開皇元年勅復舊姓爲耿氏突厥
犯塞以衍爲行軍揔管領兵屯於平涼數歲虜不入徵爲
開漕渠大監部率水工鑿渠引渭水經大興城比東至于
潼關漕運四百餘里關內賴之名之曰富民渠五年授瀛
州刺史遇秋霖大水其屬縣多漂沒民皆上高樹依大家
行親備船栰并齎糧拯救之民多獲濟衍先開倉賑邺後
始聞奏上大善乃選授朔州揔管所部有恒安鎮比接番
境常苦勞轉運乃選沃饒地置屯田歲剩粟萬餘石民
免轉輸之勞文築乾鎮皆稱百十年從晉王廣出嶺揚
州遇之江表備逆命衍爲揔管領精銳萬人先屯京口於眞

太子徵衍授左監門率轉左宗衛率高祖於仁壽宮將大漸
王乃奏衍行共討之由是大修甲仗衍陰養士卒及王入爲高
祖高聽託衍共討之妻瓊王妃蕭氏有術能療之訴
故來往託以衍妻瓊王妃蕭氏有術能療之衍詭稱妻反
謀事果自可託衍不諧亦滇海復梁陳之衍大喜曰若所
舊副君酒客可爲皇太子衍如我何因召衍陰共計議文恐人藝無
奪宗之謀託衍以情告之衍大喜曰若所
甚踞事上妄詣晉王愛暱之宴賜隆厚遷洪州揔管王有
討東陽永嘉宣城野歙諸洞盡平之授將州刺史衍臨下
洲南與賊戰敗之生擒毗帥大獲舟楫粮儲以充軍實乃

太子與楊素矯詔令衍守文述領東宮帖上臺宿衛門禁
並由之及上崩漢王起逆而京師空虛使衍馳還揔兵居
守大業元年拜左武衛大將軍衍統左軍改
授光祿大夫文從討吐谷渾出金山道納降二萬餘口衍
能揣上意阿諛順旨帝每讀人曰唯有耶衍心與朕同又
稱其孝順初新令行衍封爵從例除六年以恩倖封其定
侯七年從往江都卒贈左衛大將軍贈賜其厚諡曰襄長
子臻武牙郎將次子嗣本孝昌縣令
史臣曰寨蹇匪躬爲臣之高節和而不同事君之常道宇

文述郭行以水濟水如脂如韋便辟足恭柔顏取悅君所
謂可亦曰可爲君所謂不亦曰不焉無所是非不能輕重
默默苟容偷安高位甘素餐之責受彼已之譏此固君子
所不爲亦丘明之深恥也

列傳卷第二十六　　隋書六十一

王韶

王韶字子相自云太原晉陽人也世居京兆祖諧原州刺
史父諒早卒韶幼而方雅頗好奇節有識者異之在周累
以軍功官至車騎大將軍儀同三司復轉軍正武帝既拔
晉州意欲班師韶諫曰齊失紀綱於茲累世天獎王室一
戰而扼其喉加以主昏於上民懼於下取亂悔亡正在今
日方欲釋之而去以臣愚固深所未解願陛下圖之帝大
悅賜縑一百匹及平齊氏以功進位開府封晉陽縣公邑
五百戶賜口馬雜畜以萬計遷內史中大夫宣帝即位拜
豐州刺史政封昌樂縣公高祖受禪進爵項城郡公邑二
千戶轉靈州刺史加位大將軍晉王韶之鎮并州也除行
臺右僕射賜綠五百匹韶性剛直其後王穿池起三山韶
輒致之於法度韶嘗奉使檢行長城其後王憚之每事諮詢不
既還自鎖而諫王謝而罷之高祖聞而嘉歎賜金百兩并
後宮四人平陳之役以本官爲元帥府司馬師趣河陽
與大軍會既至壽陽與高熲支度軍機無所擁滯及剋金
陵韶即鎮焉高祖謂公卿曰晉王以幼稚出藩逐能剋平吳越
餘徵還高祖謂公卿曰晉

綏靜江湖子相之力也於是進位柱國賜奴婢三百口綿
絹五千段韶自朕至此公鬚髮盡白無乃憂勞所致柱石
之望唯在於公務力勉之韶辭謝曰臣比衰暮殊不解作
後上謂韶曰且日月何意也不解是未用心耳韶對曰臣昔在
昏李猶且用心況逢明聖敢不罄竭但神化精微非駑蹇
所逮加以今年六十有六恐以衰暮罔上乞骸骨帝不許
宣敢自寬以今年六十有六恐以衰暮罔上乞之
秦王俊爲并州總管仍爲長史歲餘馳驛入京勞獎而遣之
時年六十八高祖甚傷惜之謂秦王使者曰語兩王我前
今子相緩來如何乃遣馳驛殺我子相豈不由波邪言甚
悽愴使有司爲之立宅曰往者何用宅爲但以表章未極舍
我而死乎又曰子相受我委寄十有餘年終始不易寵章未嘗釋手
我而死乎發言流涕因命取子相封事數十紙傳示群臣
上曰其直言匡正裨益甚多吾每披尋未嘗釋手煬帝即
位追贈司徒尚書令靈幽等十州刺史魏國公子士隆嗣
士隆署知書計尤便弓馬慷慨有父風大業之世頗見親
重官至備身將軍改封耿國公數千兵自江淮計擊山賊性頗凶越
王侗稱帝士隆率數千兵自江淮間至會王世充偕號甚
禮重之署尚書右僕射士隆憂憤疽發背卒

元巖字君山河南洛陽人也父禎魏敷州刺史巖好讀書
不治章句剛鯁有器局以名節自許少與鄴勃海高頰太原
王韶同志友善仕周釋褐宣威將軍武賁給事累遷內史中大夫昌國縣伯
宣帝嗣位為政甚暴京兆郡丞樂運乃輿櫬詣朝堂陳帝
八失言其切至帝大怒將戮之朝臣皆恐懼莫有救者巖
謂人曰臧洪同日尚可俱死其況比干乎若樂運不免吾
將與之俱斃詣閤請見言於帝曰樂運知書奏必成其名落其
不顧身命者欲取後世之名陛下若殺之乃成其名
頓顙三拜三進帝曰汝欲黨軌邪為九軌邪巖曰臣非黨軌正
恐濫誅失天下之望帝怒使閤取將搏其面遂廢于家軌正
為丞相加位開府民部中大夫及受禪拜禮部尚書進爵
平昌郡公邑二千戶巖性嚴重明達世務每有奏議侃然
正色庭諍面折無所迴避上及公卿皆敬憚之時高祖初
即位每懲周代諸侯微弱以致滅亡由是分王諸子權侔
王室以為磐石之固遣晉王譯鎮幷州蜀王秀鎮益州二
王年並幼稚於是盛選貞良有重望者為之僚佐于時巖

與王韶俱以骨鯁知名物議稱二人才具俱於高頰由是
拜巖為益州總管長史韶為河北道行臺右僕射高頰謂
之曰公宰相大器今屈輔我兒如曹參相齊之意也及巖
到官法令明肅吏民稱焉蜀王性好奢侈後嘗欲取獠口以
為閹人又欲剖死囚取膽為藥巖貧不奉教切諫以
王輒謝而止憚巖每為人每循法度蜀中獄訟巖所裁斷莫
不悅服其有得罪者相謂曰平昌公與吾罪吾何怨焉上
其嘉之賞賜優洽十三年卒官上悼惜之益州父老莫
不頹于今思之巖卒之後蜀王竟行其志漸致非法造
渾天儀司南車記里鼓凡所被服擬於天子文共妃出獻
謁者北平通守

劉行本

劉行本沛人也父璪仕梁歷職清顯行本起家武陵國常
侍遇蕭侃以梁州北附遂與叔父璮同歸于周寓居京兆
之新豐每以諷讀為事精力忘疲雖衣食乏絕宴如也性
剛烈有不可奪之志周大冢宰宇文護引為中外府記室
武帝親總萬機轉御正中士兼領起居注累遷掌朝下大
夫周代故事天子臨軒掌朝典璽持至御坐則承御大

夫取以進之又行本爲掌將進筆於帝承御復欲取之

行本抗聲謂承御曰筆不可得帝驚視問之行本言於帝

曰臣聞設官分職各有司存臣既不得佩承御刀承御亦

爲得取臣筆帝曰然因令二司各行所職及宣帝嗣位多

失德行本切諫忤旨出爲河內太守高祖爲丞相尉迥作

亂進攻懷州行本率吏民拒之拜儀同賜爵文安縣子及

踐阼徵拜諫議大夫檢校台書侍御史幾遷黃門侍郎

上嘗怒一郎於殿前笞之行本進曰此人素清其過又小

願陛下少寬假之行本於是正當上前曰陛下不

以臣不肖置臣左右臣言若是陛下安得不聽臣言若非

當致之於理以明國法豈得輕臣而不顧也臣所言非私

因置笏於地而退上欲容謝之遂原所答者于時天下大

同四夷內附行本以党項羌密邇封域最爲後服上表勸

其使者曰臣聞南蠻遵校尉之統西域仞都護之威比見

西羌鼠竊狗盜不父不子無君無臣異類殊方於斯爲下

不悟羈縻之惠詎知含養之恩狼戾爲心獨乖正朔使人

近至請付推科上奇其志爲雍州別駕元肇言於上曰有

一州吏受人餽錢三百文依律合杖一百然臣下車之始

與其爲約此吏故違請加徒一年行本駁之曰律令之始

並發明詔與民約束今肇乃敢重其教命輕忽憲章欲申

己言之必行志朝廷之大信衛法取威非人臣之禮上嘉

之賜絹百匹在職數年拜太子左庶子太子領治書如故皇太

子憙禮敬憚時唐令則亦爲左庶子太子昵狎之每令以

絃歌教內人行本責之曰庶子當匡太子以正道何有

昵狎惟之閒哉令則甚慚而不能改時沛國劉臻平原

克讓魏郡陸爽並以文學爲太子所親行本怒其不能調

護每謂三人曰殿下春秋方盛志學之日左右侍侯至門

爲太子所昵嘗於閒內與太子戲福大笑聲聞於外行本

時在閒下聞之待其出閒因付執法者治之數日太子爲福

汝何物小人敢爲褻慢因解讀書耳

致請乃釋之太子甞得良馬令福乘而觀之太子甚悅因

欲令行本復乘之行本不從以正色而進曰至尊置臣於庶

子之位欲令輔導殿下以正道非爲殿下作弄臣也太

子慙而止復以本官領大興令權貴憚之莫敢至門

者由是請託路絕法令清肅吏民懷之未幾卒官上甚傷

惜之及太子廢上曰行本若在我寧至此

無子

梁毗

梁毗字景和安定烏氏人也祖越魏涇豫洛三州刺史部

陽縣公父茂周渭兖二州刺史毗性剛謇頗有學涉周武

帝時舉明經累遷布憲下大夫　平齊之役以毗為行軍總
管長史剋并州毗有力焉除為別駕加儀同三司宣政中
封易陽縣子邑四百戶遷武藏大夫高祖受禪進爵為侯
開皇初置御史官朝廷以毗鯁正拜治書侍御史名為稱
職尋轉大興令遷雍州贊治毗既出為西寧州刺史改毗
之後因諸曹長相率以金遺毗於是置金坐側對之慟哭
者為家儁由此遽相率以金遺毗於是置金坐側對之慟哭
即卽縣侯在州十一年先是蠻夷酋長皆服金冠以金多
而行無所廻避頻失權貴心由是出為西寧州刺史改封
而謂之曰此物飢不可食寒不可衣汝等以此相滅不可

勝數今將此來欲殺我邪一無所納悉以還之於是蠻夷
感悟遂不相攻擊高祖聞而善之徵為散騎常侍大理卿
處法平允時人稱之歲餘進位上開府毗見左僕射楊素
貴寵擅權百僚震慴懼以為國惠因上封事曰臣聞臣無
作威作福臣之作威福臣害于而家凶于而國昔季氏無
嚴霜夏零阿衡秉忠謹所進咸是親戚子弟布列兼州連縣
越國公素幸遇愈重權勢日隆搢紳之徒屬其脣吻皆興其意
指麾所稅皆非忠謹所進咸是親戚子弟布列兼州連縣
天下無事容息具圖四海稍虞必為禍始夫姦臣擅命有
漸而來王恭首之於積年相玄基之於易世而卒殄漢祀

終傾晉祚李孫由曾田氏篡齊皆載典誥非臣臆說也伏下
若以素為阿衡臣恐其心未必伊尹也伏願揆鑒古今量
為藝置俾洪基永固率土幸甚輕犯天顏伏聽斧鑕高祖
大怒命有司禁止親詰之毗極言曰素既擅權寵作威
作福將領之處殺戮無道又太子及蜀王罪廢之日素白
幸毗發言謇謇有誠亮之節高祖無以屈也乃釋之素自
此恩寵漸衰但是素任寄隆重多所折挫當時朝士無不懾
無不震悚惟素揚眉奮肘見於顏色此其罪也乃釋之素自
伏莫有敢踰相是非辭氣不撓者獨毗與柳彧及尚書右
丞李綱而已後上不復專委於素蓋由察毗之言也煬帝

即位遷刑部尚書兼御史大夫事奏劾宇文述役部
兵帝議免述罪毗固諍因忤旨遂令張衡代為大夫毗憂
憤數月而卒帝之世為大理令吏部尚書牛弘每之贈繡五百匹子敬
直大業之世為大理令敬真治其獄遂希旨陷之極刑未幾敬真有疾見
罪令敬真治其獄遂希旨陷之極刑未幾敬真有疾見
羅為之屬數日而死

柳彧

柳彧字幼文河東解人也七世祖卓隨晉南遷寓居襄陽
父仲禮為梁將敗歸周復家本土彧少好學頗涉經史周
大冢宰宇文護引為中外府記室又而出為寧州總錄

武帝親總萬機或詔關末試帝異之以為司武中士轉鄭

令平齊之後帝大賞從官留京者不預或上表曰今太平

告始信賞罰酬報勞務先有本屠城破邑出自聖規斬

將搴旗必由神略若有負戈擐甲征扞勤勞至於鎮撫國家

宿衛為重粟成籌策非專已能留守茅土先於平陽穆皇太

子以下實有守宗廟之功不勝管見奉表以聞於是留守並

加汎級高祖受禪累遷尚書虞部侍郎以毋憂去職未幾

起為屯田侍郎固讓弗許時制三品巳上門皆列戟左僕

射高熲子弘德封應國公申牒時制三品巳上門皆列戟左僕

之居中沒後猶家優策

不異居父之戰朔已列門外尊有懾甲之義子有避父之

禮豈容外門旣設內閤又施事竟不行頻聞歎伏後遷

治書侍御史當朝正色甚為百寮之所敬憚上嘉其婞直

謂或曰大丈夫當又名於世無容而巳賜錢十萬米百

石于時刺史多往往武將須任其才昔漢光武一代明哲起

平四海清謐共百姓仕見詔書以上柱國和平子為杞州刺史其

自布衣備知情僞與二十八將披荊棘定天下及功成之

後無所職任伏見詔書前住趙州聞於職務政由群小賄賂

人年垂八十鍾鳴漏盡書前住趙州聞於職務

公行百姓吁嗟歌謠滿道乃二老禾禾早殺餘種穢良田

古人有云當問奴婢此言各有所能也平子弓

馬武用是其所長治民蒞職非其所解至尊思治無惡寢

興如謂優老尚年自可厚賜金帛若令剗舉所損殊大臣

死而後已敢不竭誠上善之平子竟免有應州刺史唐君

明居母喪娶雅州長史庫狄士文之從女妹或勸之曰臣

聞天地之位旣分夫婦之禮斯著君親之義本國家刑

教攸設是以孝惟行本禮實身基君明臣由斯道雖

以愛敬之情因心至切喪紀之重人倫斯首命彼偷

政在文無變忽劬勞之痛成嬭爾之親冒此首緣命彼偷

翟不義不眠春秋載其將亡無禮無儀詩人欲其遄死士

文贊務神州名位通顯整齊風教四方是則弃二姓之重

四違六禮之軌儀請整鋼終身以懲風俗二人竟坐得罪

隋承喪亂之後風俗頹壞或多所矯正上甚嘉之文見上

勤於聽受百寮奏請多有煩碎因上疏諫曰臣聞自古聖

帝莫過唐虞震象地則天布政施化不為叢脞是謂欽明語

曰天何言哉四時行焉故知人君出令誠在煩數是以舜

任五臣竟各四岳設官分職各有司存垂拱無為天下以

治所謂勞於求賢逸於任使又云天子穆穆諸侯皇皇此

言君臣上下體裁有別比四海一家萬機務廣事無大

小咸關聖聽陛下留心治道無憚疲勞亦由群官懼罪不

能自決取判，天旨聞奏過多，乃至營造細小之事，出給輕
微之物，一日之內，酬答百司，至乃旰昃忘食，夜分未寢。動
以文薄憂勞聖躬，伏願思臣至言，少戒。志食夜分未寢，動
以養性怡懷，思武王安樂之義，念文王勤憂之理者，其經
國大事，非臣下裁斷者，伏願詳決。自餘細務，責成所司，則
聖體盡無疆之壽，臣下蒙覆育之賜也。上覽而嘉之。後以
有司免，未幾，復令視事。因謂之曰：柳彧正直士，國之寶也。其見重如此。
右僕射楊素嘗塗顯貴，百寮憚懼，無敢忤者，嘗以小譴勑
送南臺。素恃貴坐或，從外來，見素如此，於階下端笏

整谷謂素曰：奉勑治公之罪。素遽下或，按素而坐，立素於
庭，辨詰事狀，素由街之。或時方為上所信任，故素未有
抵之。戲遞相誇競，至於靡費財力，上奏請禁絕之曰：臣聞
昔者明王訓民治國，率履法度，動由禮典，非法不服，非道
不行，道路不同，男女有別，防其邪僻，納諸軌度。竊見京邑，
爰及外州，每以正月望夜，充街塞陌，聚戲朋遊，鳴鼓聒天，
燎炬照地，人戴獸面，男為女服，倡優雜伎，詭狀異形。
以穢嫚為歡娛，用鄙褻為笑樂，內外共觀，曾不相避，
高棚跨路，廣幕陵雲，袨服靚妝，車馬填噎，肴醑肆陳，絲竹繁會，竭貲

破產，競此一時，盡室并孥，無問貴賤，男女混雜，緇素不分。
穢行因此而生，盜賊由斯而起，浸以成俗，實有由來。因禁
收風，曾無先覺，非益於化，實損於民，請頒行天下，並即
斷除。有犯者，請以故違勑論。詔可其奏。是歲持節巡省河
北五十二州，奏免長吏贓汙不稱職者二百餘人，州縣肅
然，莫不震懼。上嘉之，賜絹二百匹、氈三十領，拜儀同三
司。歲餘，加員外散騎常侍，持節如故。仁壽初，復持節巡省
太原道十九州。及還，賜絹五百四十匹。嘗得博陵李文博
所撰治道集十卷，蜀王秀遣人求之，或送之於秀。秀復賜

或奴婢十口。及秀得罪，楊素奏或以內臣交通諸侯，除名
為民，配戍懷遠鎮。行達高陽，有詔徵還。至晉陽，值漢王諒
作亂，諒使馳召或。或將與計事，或為使所逼，初不知諒反，將
入城，而諒反形已露，或不得免，遂詐中惡，仆不食，自稱危
篤。諒怒，囚之。及諒敗，坐從誅。敦煌楊素奏或心懷兩端，以候事變，亦
不及心實同逆，坐徙敦煌。楊素卒後，乃自申理，有詔徵還
京師，卒於道。有子紹，為介休令。

趙綽

趙綽，河東人也。性質直剛毅，在周初為天官府史，以恭謹
恪勤，權授夏官府下士。稍以明幹見知，累轉內史中士。父

難去職哀毀骨立世稱其孝既免喪又爲掌教中士高祖
總管是云暉擊蠻以功拜儀同賜物千段高祖受禪授
大理丞勳法平允考績連最轉大理正尋遷尚書都官侍
郎未幾轉刑部侍郎治獄士彥等奏獄賜物三百段奴婢十
口馬二十匹每有奏讞正色侃然上嘉之漸見親重上以
盜賊不禁將重其法綽進諫曰陛下行堯舜之道多存覽
有况律令天下之大信其可失乎上忻然納之因謂綽曰
若更有聞見且數陳之也遷大理少卿故陳之因謂綽曰
子世룈在江南你亂摩訶當從坐上曰世룈年未二十亦

何能爲以其名將之子爲人所逼耳因叩摩訶詞綽固諫不
可上不能奪欲綽去而命綽退食綽曰臣未奏獄未
決不敢退朝上曰大理其爲朕特赦摩訶也因命左右釋
之刑部侍郎辛亶嘗衣緋褌俗云利於官上以爲厭蠱將
斬之綽曰據法不當死臣不敢奉詔上怒甚謂綽曰卿惜
辛亶而不自惜也命左僕射高熲將綽斬之綽曰陛下寧
可殺臣不得殺辛亶至朝堂解衣當斬上使人謂綽曰竟
何如對曰執法一心不敢惜死上拂衣而入良久乃釋之
明日謝綽勞勉之賜物三百段時上禁行惡錢有二人在
市以惡錢易好者武候執以聞上令悉斬之綽進諫曰此人

坐當杖殺之非法上曰不關卿事綽曰陛下下不以臣愚暗
置在法司欲妄殺人豈得不關臣事上曰撼大木不動者
當退對曰臣望感天心何論動木上復曰啜羹者熱則置
之天子之威欲柳或復上奏切諫上乃止上以綽有誠直之
心毎引入閤中或遇上與皇后同榻即呼綽坐評論得失
前後實賜萬計其後進位開府賜其父母平恕然嘗斷獄俱
爲稱職上毎謂綽曰朕於卿無所愛惜但卿骨相不當貴
耳仁壽中卒官時年六十三上爲之流涕中使平祭鴻臚

監護喪事有二子元方元襲

裴肅

裴肅字神封河東聞喜人也父俠周民部大夫蕭少剛正
有局度少與安定梁毗同志友善仕周釋褐給事中士累
遷御正下大夫以行軍長史從韋孝寬征淮南屬高祖爲
丞相蕭聞而歎曰武帝以雄才定六合墳土未乾而一朝
遷革豈天道歟高祖聞之甚不悅由是廢于家開皇五年
授膳部侍郎後二歲遷朔州總管長史轉貝州長史俱有
能名仁壽中蕭見皇太子勇蜀王秀左僕射高熲俱廢有
遣使上書曰臣聞事君之道有犯無隱夙夜在公所
懷敢不聞

奏竊見高熲以天挺良才元勲佐命陛下寵亦已優隆
但鬼瞰高明世疵俊異側目求其長短者豈可勝道哉願
陛下錄其大功越其小過臣又聞之古先聖帝教而不誅
陛下慈顧天性之義各封小國觀其所為若能遷善
弘君父之慈或不悛斯削非晚今者自新之路永絕愧悔
漸更增益如或不良豈不哀哉
之心莫見豈不哀哉書奏上謂楊素曰裴蕭憂我家事此
亦至誠也於是徵蕭入朝皇太子聞之謂左庶子張衡曰使
勇自新欲何為也衡曰觀蕭之意欲令如吳太伯漢東海
王耳皇太子甚不悅頃之蕭至京師見上于含章殿上謂

蕭曰吾貴為天子富有四海後宮寵幸不過數人自勇以
下並皆同母非為惜愛輕事廢立因言勇不可後收之意
既而罷遣之未幾上崩煬帝嗣位不得調者父之蕭亦甚
門不出後執政者以嶺表荒遠希百授蕭求平郡承甚
得民夷心歲餘卒時年六十二夷獠思之為立廟於郇江
之浦有子尚賢

史臣曰猛獸在山林藜藿為之不採正臣立朝廷姦邪
邪為之折謀貨志在匪躬義形于色豈惟綱紀由其隆替
柳亦社稷繫以存亡者也晉蜀二王帝之愛子擅以權寵
莫拘憲令求其恭肅不亦難乎二嚴王詔任當彼相並見

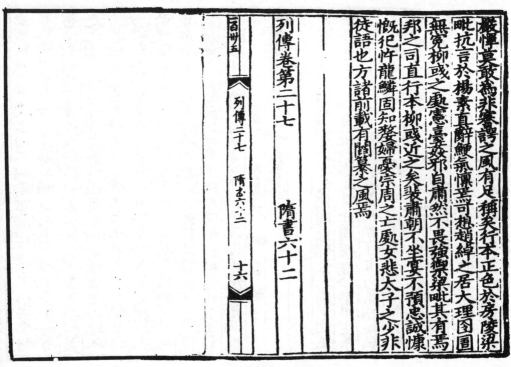

殷惮莫敢為非善譽之風有足稱矣行本正色於房陵梁
毗抗言於楊素真辭確氣懍焉可想趙綽之居大理固
無冤枉之處憲臺安敢自肅然不畏強禦豈其有焉
邦之司直行本柳或近之矣裴蕭然不坐棄不預忠誠懍
慨犯忤龍鱗固知婺婦憂宗周之士處女悲太子之少非
徒語也方諸削載有聞纂之風焉

列傳卷第二十七　隋書六十二

特進臣魏　徵　上

樊子蓋

樊子蓋字章宗廬江人也祖道則梁越州刺史父儒侯景
之亂奔于齊官至仁州刺史子蓋解褐武興王行參軍出
為慎縣令東汝北陳二郡太守員外散騎常侍封富陽縣
侯邑五百戶周武帝平齊授儀同三司治鄀州刺史高祖
受禪以儀同領鄉兵後除桃陽太守平陳之役以功加上
開府改封上蔡縣伯食邑七百戶賜物二千段粟九千斛
拜辰州刺史俄轉蒼州刺史母憂去職未幾起授晉州刺

《列傳卷三十八　隋書六十三》〈一〉

史固讓不許其年轉徇州總管許以便宜從事十八年入
朝奏嶺南地圖賜以良馬雜物加統四州令還任所遣光
祿少卿柳謇之饋於霸上煬帝即位徵還京師轉涼州刺
史子蓋言於帝曰臣一居領表十載於茲犬馬之情不勝
戀戀願趨走關庭萬死無恨帝聞大悅賜物三百段慰諭遣之授
銀青光祿大夫武威太守以善政聞大業三年入朝帝引
之內殿特蒙寵襲沒乃下詔曰設官之道必在用賢安人之
術莫如善政襲沒振德化於前張杜垂清風於後共治天
下實資良守子蓋幹局通敏復清潔自剖符四服愛惠為
先撫道有方寬猛得所　處脂膏不潤其賀豔泉皆渝其

性故能治績克彰課最之首凡厥在位莫匪王臣君能人
思奉職各展其効朕將晃旒垂拱何憂不治哉於是進位
金紫光祿大夫賜物千段太守如故五年車駕西巡將入
吐谷渾子蓋以彼多郡氣獻青木香以禦霧露又帝還謂
之曰人道公清定如此不子蓋謝曰臣安敢言清止具小
心不敢納賄耳由此賜之口味百餘斛又下詔曰導群

《列傳三十八　隋書六十三》〈二〉

禮寔惟共治懲惡勸善用明黜陟朕親巡河右紫省人風
所歷郡縣訪採治績軍導法度多蹐刑綱而金紫光祿大
夫武威太守樊子蓋執操清潔勵遒不渝立身雅正臨人
以簡威惠兼舉寬猛相資故能畏而愛之不嚴斯治實率
夫太守如故賜練千四粟麥二千斛子蓋又自陳曰臣自
南裔即適西垂常為外臣未居內職不得陪屬車奉冊陛
瀘死邊城沒有遺恨惟陛下容之帝曰公侍朕則一人而
已委以西方則萬人之敵宜加寵顯以弘獎勵可右光祿大
夫欲幸河西子蓋又領巡郡境帝知之下詔曰
又云卿風懷恭順深執誠心聞朕西巡欣然朝於江都宮帝謂之
有可嘉宜保此純誠克終其美是歲朝於江都宮帝謂之甚
曰富貴不還故鄉夜行耳勅廬江郡設三千人會
賜米麥六千石使弔祭墳墓宴姿老當時榮之還除民部尚

書時處羅可汗及高昌王款塞復遣子蓋檢校武威太守應
接二蕃遼東之役徵攝左武衛將軍出長岑道後以宿衛
不行進授左光祿大夫尚書如故其年帝還東都以子蓋
為涿郡留守九年車駕復幸遼東命子蓋為東都留守屬
楊玄感作逆來逼王城子蓋遣河南贊治裴弘策逆擊之
返為所敗遂斬弘策以徇會來護兒盡銳攻城子蓋每盡
破之汪不能克會來護兒盡銳攻城子蓋至玄感解去子蓋追詣行在
又將斬之汪拜頓首流血乃釋免於是三軍莫不戰
誅殺者數萬人又檢校河南內史車駕至高陽追詣行在

所既而引見帝慰勞之曰昔高祖留蕭何於關西光武委
冠恂以河內公其人也子蓋謝曰臣任重品小寧可穴穎
兩賢但以陛下威靈小盜不足除耳進位光祿大夫封建
安侯尚書如故賜縑三千四女樂五十人子蓋固讓優詔
不許帝顧謂子蓋曰朕遣越王留守東都示以皇枝盤石
社稷大事終以委公無賴不軌者便可誅鋤之凡可施行無勞
男天重閉之義也無賴不軌者便可誅鋤之凡可施行此亦
形跡令為公別造玉麟符以代銅獸文指越代二王曰今
以二孫委公與衛文昇其宜選員良宿德有方幅者教習
之動靜之節宜思其可於是賜以良田甲第十年冬車駕

還東都帝謂子蓋曰玄感之反神明故以殲公赤心耳析
珪進爵宜有令謨是日下詔進爵其功濟天下
特為立名無此郡國也賜縑三千四奴婢二十口後以與蘇
威宇文述陪宴積翠殿帝親以金杯屬子蓋酒曰良算嘉
謀侯公後動即以此杯賜公用為永久之瑞井綺羅百匹
十一年從駕汾陽宮至于鴈門車駕被圍頻戰不
利帝欲以精騎潰圍而出子蓋諫曰陛下萬乘之主豈宜
輕脫一朝狼狽雖悔不追未若守城以挫其銳四面徵兵
可立而待陛下亦何所慮乃欲身自突圍因垂泣願斬傳
遼東之役以慰塞望聖躬親出慰撫厚為勳格人心自舊

不足為憂帝從之其後援兵稍至虜乃引去納言蘇威追
論勳格太重宜在斟酌子蓋執奏不宜失信帝曰公欲收
物情邪子蓋默然不敢對從駕還至絳郡賊敬槃陀
柴保昌等阻兵數萬汾晉苦之詔令子蓋進討于時人物
殷阜子蓋善其有數萬首者無所分別汾水之比村墳盡
駁相率為盜其有歸首者無少長悉坑之擁數萬之衆
年不能破賊有詔徵還子蓋兵擊宜陽賊數萬之衆
第時年七十有二悲傷者父之顧謂黃門侍郎裴矩曰
而歎息令吾宮就有何語矩對曰子蓋病篤深恨鴈門之恥帝聞
子蓋臨終有何語矩對曰子蓋病篤深恨鴈門之恥帝聞
尋賜縑三百四米五百斛贈開府儀同

三司諡曰景會葬者萬餘人武威民吏聞其死莫不嗟痛
立碑頌德子盖無他權要在軍持重未嘗負敗臨民明察
下莫敢欺然嚴酷少恩果於殺戮臨終之日見斷頭兒前
後重沓為之屬云

史祥

史祥字世休朔方人也父寧周少司徒祥少有文武才幹
仕周太子車右中士襲爵武遂縣公高祖踐阼拜儀同領
交州事進爵陽城郡公祥在州頗有惠政後數年轉驃騎
將軍伐陳之役從宜陽公王世積以舟師出九江道先鋒
與陳人合戰破之進拔江州上聞而大悅下詔曰朕以陳叔
寶世為僭逆虐生民故命諸軍救彼塗炭小寇狼狽顧
恃江湖之險乃敢汎舟檝擬王師公親率所部應機奮
擊沉溺俘馘厥功甚茂又聞師旅進取江州行軍總管襄
邑公賀若弼既獲京口新義公韓擒虎剋姑孰驃騎既渡
江岸所在橫行晉王兵馬即入建業擒叔寶剋大賞使富貴功
驃騎高才壯志是朕所知善為經略以取名於竹帛也進位上
開府尋拜蘄州總管從晉王廣擊突厥於靈武破
之遷右衛將軍後以行軍總管從晉王廣擊突厥未幾徵拜左
領左右將軍後以行軍總管從晉王廣擊突厥於靈武破
名永亟屯弘化以備胡煬帝時在東
宮遣祥書曰將軍總戎安表胡虜消塵殪狡馬休兵循軍校

獵足使李廣懃勇魏尚姽能冠彼二賢獨在吾子昔余濫
舉推轂治兵振皇靈於塞外驅大平于大漠于時同行軍
鑒駕言旋上京本即述職南蕃宣條下國不悟皇鑒曲發
備位少陽戰戰兢兢如臨冰谷至如建節曲境征伐四方
襄帷位少陽戰撫百姓競如臨冰谷至如建節曲境是所
甘心仰慕前修無得自效諺其入守神器元良萬國是輕
世猛氣無前但物不遂心倜儻從事每一思此我勞如何
將軍宿心素志早同述職南蕃宣條下國不悟皇鑒曲
其重何以克堪所望故人匡其不逮比監國多暇養疾開
宮嚴此閣之端居罷南皮之馳射博望之苑旣乏名賢飛
蓋之園理乘終宴親朋逐矣琴書寂然相望吾賢盍如疾
首祥苔書曰行人所賜況恩紀綢繆形於文墨不
悟飛雲增米之地忽載三陽堯慌蕙韜之鄉俄聞九泰精
駁思越莫狎啟驚襄處襄少不學軍旅長遇羊幸以先人緒
餘備職宿衛懼驚襄之不致逐之用朽薄非折衝之材豈欲
追蹤古人語其優劣襄者王師薄伐天人受服絕漢揚旌
威震海外當此之時猛將如雲謀夫如雨至若祥者列於
卒伍預聞指蹤之規得免逗遛之責循分實忝
妥以情喻雷陳電方劉為信聖人之旨己非庸人之擬議

何則川澤之大汗潦歸松柏之高馬難斯託微忠眷眷
孟侯所知也仰惟體元良之德煥重離之暉三善克修萬
邦以正斯固道高周誦契甚在管蠡所能窺測伏
承監國多暇養德怡神咀嚼六經逍遙百氏追西園之愛
客眷南皮之遊暲晉之恩每至清風夕起朗月孤照想鳴
霞之啟路思託乘於後重襄京華山川悠遠瞻望浮雲
暑之魏闕無志造次祥自恭式暮載罹
其將蔡良自溢口徇黍賜墓曰馬津余公理自太行下河
伏增潛結太子甚親遇之煬帝即位漢王諒發兵作亂遣
內帝以祥為行軍總管軍於河陰久不得濟祥謂軍吏曰

余公理輕而無謀才用素不足稱又新得志謂其眾可恃
情報必驕且河北人先不習兵所謂擁市人而戰以吾等
之不足圖也乃令軍中修攻具公理使謀知之果屯兵於
河陽內城以備祥於是纖船南岸而走於東聚教陽討蔡良
乃簡精銳於下流潛渡公理軍眾拒之祥大潰之祥
等良之殺萬餘人進位上大將軍賜練絲七千段女妓十
兵乘之殺萬餘人待良棄軍而走於是其眾大潰祥縱
人良馬二十四轉太僕卿帝嘗賜祥詩曰伯奨朝寄重夏
侯親遇深貴年惟聞古賊目詎知今早擗勁草筮父有背淮
忠掃逆黎山列振旅河之陰功已書王府留情太僕歲祥上

於涿郡卒於塗有子義隆求年令祥兄雲字世高弟威官至
疾不視事及城陷開道其禮之會開道與羅藝通和送
光祿大夫拜左驍衛將軍及遼東之役出蹋頓道不利而
還由是除名為民俄拜燕郡太守時突厥所圍祥稱
虜破之俘男女千餘口賜奴婢六十人馬三百匹進位左
可汗請朝帝遣吐萬緒祥迎接之從征吐谷渾率眾出間道擊
之路擄會阻汴河百姓從人亦眾矣公竭誠舊男舉剋
定詩不云乎喪亂既平既安且寧非英才大奮其孰能與
表辭謝帝降手詔曰昔歲勞公問罪河朔賊爾曰塞兩關

郎將武當縣公
世武並有幹局雲官至萊州刺史武平縣公威官至武貢

元壽

元壽字長壽河南洛陽人也祖敦魏侍中邵陵王父寶周
涼州刺史壽少孤性仁孝九歲喪父哀毀骨立宗族鄉黨
咸異之事母以孝聞及長方直頗涉經史周武成初封隆
城縣侯邑千戶保定四年改封儀隴縣侯授儀同三司開
皇初議伐陳以壽有思理奉使於淮浦監修船艦以強濟
見稱四年除蒲潭之役授持節尚書主爵侍郎八年從晉王
伐陳除行臺左丞兼領元帥府屬及平陳拜尚書左丞高

祖母世死觀射文武並從為開府蕭摩訶妻患且死聞道
子尚江南收其家產御史見而不言壽奏劾之曰臣聞天道
不言功成四序聖躬垂拱任在百司御史之官義存糾繩
三司蕭摩訶幸厠朝行預觀盛禮奏楣親臨射苑開府儀同
繩是藥憲典誰寄今月五日鑾輿徙蹕義存糾直
一言緘縶名教頓盡而兼毀內侍御史臣韓微之等親所
遠念資財近忘四好又命其子捨危懷之毋為聚斂之行
此行緘以人倫之義忱儷為重貪愛之道烏烏典鸙摩訶
江南重收家產妻安遇患彌留曰安若長逝世畧不合
聞見竟不彈糾若知朱不舉事淡阿縱如不以為非豈關
理識謹按儀同三司太子左庶子檢校治書侍御史臣劉
行本出入宮省備蒙任遇攝憲臺時月稍父庶能整蕭
縯晃澄清風教而在法司驚失憲體瓶整罷恥何所逃
衒之等謙膺朝寄亦居左轄無容寢嘿謹以狀聞其行本
微之在任有公廉之稱入為大府少卿進位開府煬帝嗣
剌史謙漢王諒舉兵及左僕射楊素為行軍元帥壽為長史
位每遇賊為士卒先以功授大將軍遷太府卿四年拜內史
今從帝西討吐谷渾壽翠眾屯金山東西連營二百餘里
以圍渾主及還拜右祿大夫七年兼左翊衛將軍從征

遼東行至涿郡遇疾辛時年六十三帝悼惜焉哭之甚慟
贈尚書右僕射光祿大夫諡曰京子敏勝有才辯而輕險
多詐壽卒後帝追思之權敏為守內史舍人而交通博徒
數漏泄省中語化及之反也敏劍其謀偽授內史侍郎為
沈光所殺

楊義臣

楊義臣代人也本姓尉遲氏父仕周交儀同大將軍以
丘鎮恒山時高祖甚親待之及為丞相尉迴作亂崇以宗
族之故自囚於獄遣使請罪高祖下書慰諭之即令馳驛
入朝恒置左右開皇初封秦興縣公歲餘從行軍總管達
奚長儒擊突厥於周盤力戰而死贈大將軍豫州刺史以
義臣龍襲官爵時義臣尚幼養於宮中年未弱冠奉詔宿
衛如千牛者數年賞賜豐厚嘗從容言及恩舊顧義臣
嗟歎父之因下詔曰朕受命之初群凶未定明識之士有
足可懷尉義臣與尉迴本同骨肉既狂悖作亂識之
崇時在常山典司兵甲與迴鄰接又是至親知逆相府又
識天人之意即陳丹欵慮染惡徒自執有司請歸相府又
北夷內侵橫戈制敵輕生重義單車言旋操表存亡事貫
幽顯雖高官大賞延及於世未足　表松筠之志彰節義之
門荅我臣可賜姓楊氏賜錢三萬曾酒三十斛米麥各百斛

編之屬籍為皇族從捺未幾拜陝州刺史義臣性謹厚可汗馳
射有將領之才由是上甚重之其後突厥達頭可汗犯塞
以行軍總管率步騎三萬出白道與賊遇戰大破之明年
突厥又寇邊鴈門馬邑多被其患義臣擊之虜遂出塞因
而追之至大斤山與虜相遇時太平公史萬歲軍亦至義
臣與萬歲合軍擊虜大破之萬歲為漢王楊素所陷而死義
臣竟不錄并州時代州總管李景為漢王將喬鍾葵所圍記
諒作亂仁壽年初拜朔州總管以御甲楊帝嗣位漢王
義臣率馬步二萬夜出西陘遲明行數十里鍾葵覘見義
臣兵少悉眾拒之鍾葵亞將王拔驍勇善用箭射之者不

隋書卷三十一 ○列傳卅八 [四四六七] 十一

能中每以數騎陷陣義臣患之募能當拔者車騎將軍楊
思恩請當之義士見思恩氣貌雄勇顧之曰壯士也賜以
厄酒思恩望見拔立於陳後投觿於地策馬趍之冊獲不
義臣復選驍士十餘人從之思恩遂突陳殺數人直至
拔麾下短兵方接所従騎士退思恩氣貌雄勇顧而殺遂乘之
義臣軍比者十餘里拔於是購得思恩屍義臣哭之甚慟三
軍莫不泣而從驍士皆要斬義臣自以兵少悉耶軍中牛驢得數
千頭復令兵數百人持一鼓潛驅之澗谷間出其不意義臣
復麾鍾葵軍戰兵初合驅牛驢者疾進一時鳴鼓塵天鍾葵軍
不知急伏在塵因而大潰縱擊破之以功進位上大將軍賜物三千段雜綵

百段女妓十人良馬二十四尋授相州刺史後三歲徵為
宗正卿未幾轉太僕卿從征吐谷渾令義臣屯琵琶峽連
營八十里南接元壽比連段文振合圍渾至於覆袁川其
後復征遼東以軍將指薊慎道至鴨淥水與乙支文德戰
每為先鋒一日七捷後與諸軍俱敗竟坐免官俄而復位明
年以為軍副與大將軍宇文述趣平壤竟坐免官俄而復位左光
感作亂班師檢校趙郡太守妖賊向海公聚眾作亂寇扶
風安定間義臣奉詔擊平之尋從帝復征遼東進位左光
祿大夫時勃海高士達清河張金稱相聚為盜眾已數
萬攻陷郡縣帝遣將軍段達討之不能剋詔義臣率遼東

隋書卷六三 ○列傳卅八 [四四二] 〈十二〉 九

還兵數萬擊之大破士達斬金稱又收合降賊父子昆
討格謙擒之以狀聞奏帝惡其威名遂追入朝賊由是復
盛義臣以功進位光祿大夫尋拜禮部尚書未幾卒官

衛玄

衛玄字文昇河南洛陽人也祖悅魏司農卿父欑侍中左
武衛大將軍玄少有器識周武帝在藩引為記室遷給事
上士襲爵興勢公食邑四千戶轉宣納下大夫武帝親總
萬機拜益州總管長史賜以萬釘寶帶稍遷開府儀同三
司太府中大夫治內史事仍領京兆尹稱為彊濟宣帝時
復拜熊州刺史和州蠻及玄以行軍
以忤旨免官高祖作相檢校熊州事

総管撃平之及高

祖受禪遷淮州総管進封同軌郡公坐

軍免未幾拜嵐州刺史會起長城之役詔玄監督之俄檢

校朔州総管事後為衛尉少卿仁壽初山獠作亂出為資

州刺史以鎮撫之玄既到官時獠攻圍大牢鎮玄單騎造其

營謂群獠曰我是刺史銜天子詔安養汝等勿驚懼也

諸賊莫敢動於是說以利害渠帥感悅解兵而去前後歸

附者十餘萬口高祖大悅賜縑二千匹除遂州総管仍令

綏南安撫煬帝即位復徵為衛尉卿夷獠攀戀數百里

而去歲餘遷工部尚書其後拜魏郡太守尚書如故帝謂

絕玄曉之曰天子詔徵不可久住因與之

玄曰魏郡名都衝要之所民多姦宄是用煩公此郡去都

道里非遠宜數往来詢謀朝政賜物五百段而遣之未幾

拜右候衛大將軍檢校左候衛事大業八年車駕時諸軍多

遠東之役檢校右禦衛大將軍率師出遼時道多

不利玄獨全衆而還拜金紫光祿大夫

便玄與代王侑留守京師拜為京地内史尚書如故許以

便宜従事勅代王待以師傅之禮會楊玄感圍逼東都玄

率步騎七萬衆之至華陰捉楊素家於其骸骨夷其坐城

示士卒卒以必死既出潼關論議者恐幽囚有伏兵請於陝縣

泌流東下直趣河陽以攻其背玄曰以吾慮之此計非堅

子所及坐是鼓行而進既度幽谷卒如所量於是遣武賁

即將張峻為疑軍趣南道玄以大兵直趣城北玄感逆拒

之曰戰且行屯軍金谷柱軍中掃地而祭高祖文皇帝之靈自皇

書啓運三十餘年武功文德漸被海外楊玄感孤負聖恩

躬為蛇豕蜂飛蟻聚若社稷靈長臣等二世受恩一心事主董

卒率熊羆志集若社稷宜令醜徒決战氷碎時衆寡不

去夫葦使老臣先死傷太半玄感盡銳来攻玄苦戰賊稍

郤進屯比芒會宇文述来護兒等援兵至玄感懼而西遯

玄遣通議大夫斛斯萬善監門直閤龐玉虎賁前鋒追之及于

闕鄉與宇文述等合擊破之車駕至高陽徵詣行在所帝

勞之曰社稷之臣也使朕無西顧之憂乃下詔曰近者妖

氣充斥擾動關河文昇率勵義勇應機奮擊推

破党醜宜升榮命式弘賞典可右光祿大夫賜以良田甲

第賚物鉅萬還鎮京師帝謂之曰公率義勇

安社稷乃安公危出入頒有兵衛坐卧恒宜自

牢勇夫重閑此其義也今特給千兵以充侍従賜以玉麟

符十一年詔玄安撫關中時盗賊蜂起百姓饑饉玄竟不

能救恤而官方壞亂貨賄公行玄自以年老上表乞骸骨

帝使内史舍人封德彝馳諭之曰京師國本王業所基宗
廟園陵所在籍公舊臣卧以鎮之朕為國計義無相許故
遣德彝指意公乃止義師入關自知不能守憂懼稱
疾不知收軍城賂歸于家義寧中卒時年七十七子孝則
官至通事舍人兵部承務郎早卒

劉權

劉權字世略彭城豐人也祖軌齊羅州刺史權少有俠氣
重然諾藏亡匿死吏不敢過閭後更折節好學動循法度
初為州主簿仕齊釋褐奉朝請行臺郎中及齊亡周武帝
以為假淮州刺史高祖受禪以車騎將軍領鄉兵後從晉
王廣平陳以功進授開府儀同三司賜物三千段宋國公
賀若弼甚禮之開皇十二年拜蘇州刺史賜爵宗城縣公
于時江南初平物情尚擾權撫以恩信甚得民和煬帝嗣
位拜衛尉卿進位銀青光祿大夫大業五年從征吐谷渾
餘口乘勝至伏俟城復令權過曼頭赤水置河源郡積
石鎮大開屯田詔鎮西境往還五載諸羌懷附貢賦歲入
吐谷渾餘燼遠遁道路無壅徵拜司農卿加位金紫光祿
權率衆出伊吾道與賊相遇擊走之逐北至青海虜獲千
大夫尋為南海太守行至鄱陽會群盜起不得進詔令權
邑募討之權率兵與賊相遇不與戰先乘單舸詣賊營說

以利害群賊感悅一時降附帝聞而嘉之既至南海甚有
異政數歲遇盜賊群起攻郡縣權竟盡力固守以拒之子世徽又密遣人齎書諭權
竟盡力固守以拒之子世徽又密遣人齎書諭權對斬其
擾亂英雄並起時不可失諷令舉兵權召集僚佐斬其
使竟無異圖守之以死卒官時年七十子德威知名於世
多拘禁之後竟為宛州賊帥徐圓朗所殺權知名於世

史臣曰子蓋雅有幹局質性嚴敏見義而勇臨機能斷保
全都邑勤亦懋哉楊諒干紀史祥著獨克之効群盜侵擾
義臣致三捷之功此皆名重當年聲流後葉者也元壽彈
奏行本有意存大名教然其計功稱伐猶居義臣之後端
撰之贈不已優乎夫晷東郡解圍頗亦宣力西京居守政
以賄成鄙哉鄙哉夫何足數劉權淮楚舊族早著雄名屬
擾攘之辰居尉佗之地遂能拒子邪計無所覬覦維謝勤
王之謀足為守節之士矣

列傳卷第二十八

隋書六十三

李圓通　　特進臣魏　徵　上

本圓通京兆涇陽人也父景以軍士隸武元皇帝因與家僮黑女私生圓通景不之認由是孤賤給使高祖家及爲隋國公擢授叅軍事初高祖少時每懍賓客恒令圓通監廚圓通性嚴整左右婢僕咸所敬憚唯世子乳母恃寵輕之賓客未供每有干請圓通不許或輒持去圓通大怒叱之聲徹於閤內僚吏左右代其失色賓去之後高祖具知之召圓通命坐賜食從此獨善之以

爲堪當大任高祖作相賜爵懷昌男父之授帥都督進爵新安子委以心膂圓通多力勁捷長於武用周氏諸王素憚高祖每伺高祖之隙圖爲不利賴圓通保護獲免者數矣高祖深感之由是漸預政事授相國外兵曹仍領左親信尋授上儀同高祖受禪拜內史侍郎領左衛長史進爵爲伯歷左右庶子給事黃門侍郎尚書左丞攝刑部尚書深被任信後以左領軍將軍伐陳之役圓通以行軍總管從楊素出信州道以功進位大將軍進封萬安縣侯拜揚州總管長史尋轉井州總管長史秦孝王仁柔自善少斷決於府中事多決於圓通入爲司農卿治粟內史遷刑部尚書後數歲復爲井州長史孝王以奢後得罪圓通亦坐官尋檢校刑部尚書事仁壽中以勳舊進爵郡公煬帝嗣位拜兵部尚書帝幸揚州以圓通留守京師判宇文述田以還民述訴其受略帝怒而徵之見帝於雒陽坐是免官圓通憂懼發疾而卒贈柱國封爵悉如故子孝常大業末爲華陰令

陳茂

陳茂河東猗氏人也家世寒微質直恭謹爲州里所敬高祖爲隋國公引爲僚佐遇待與圓通等每令典家事未嘗不稱旨高祖與齊師戰於晉州賊其盛高

祖將挑戰茂固止不得因捉馬鞚高祖忿之拔刀斫其額流血被面詞氣不撓高祖感而謝之厚加禮敬其後官至上士高祖爲丞相委以心膂及受禪拜給事黃門侍郎封魏城縣男每典機密在官十餘年轉益州總管司馬遷太府鄉進爵爲伯後數載卒官子政嗣政字弘道偲儻有文武大畧善鍾律便弓馬少養宮中年十七爲太子千牛備身時京師大俠劉居士重政才氣數從之遊圓通子孝常與政相善並與居士交結及居士下獄誅政及孝常當從坐上以功臣子捷之二百而赦之由是不得調煬帝時授協律郎遷通事謁者兵曹承務郎帝美其才甚重之宇文

張定和

張定和字處諡京兆萬年人也少貧賤有志節初為侍官
會平陳之役定和當從征無以自給其妻有嫁時衣服之
和將罵之妻新固不興定和是遂行以功拜儀同賜帛
千四遂棄其妻是後數以軍功加上開府驃騎將軍頗有
桂國李充擊突厥先登陷陣虜刺之中頸定和以草塞瘡
而戰神氣自若虜遂敗走上聞而壯之遣使者齎藥馳詣
定和所勞問之進位柱國封武安縣侯
二匹金百兩煬帝嗣位拜宜州刺史尋轉河內太守頗有

◆列傳二十九 隋書六十四 三◆

惠政歲餘徵拜左屯衛大將軍從帝征吐谷渾至覆袁川
時吐谷渾主與數騎而遁其名王詐為渾主保軍我真山
帝命定和率師與之既與賊相遇輕其眾少呼之令降賊
中而斃其亞不被甲柳武建擊賊悉斬之帝為流涕贈光祿
大夫時擁舊爵例除杶是復封武安侯諡曰壯武贈縑千匹
米千石子世立嗣尋拜為光祿大夫

張祥

張祥字文懿目云清河人也家於淮陰好讀兵書九便刀
楯周世鄉人郭子與密引陳冠術父雙欲率子弟擊之猶

諫未決蕭贊成其謀竟以破賊由是以勇決知名起家州
主簿高頻作相授大都督領鄉兵賀若弼之鎮壽春也恒
為間諜平陳之役頗有功焉進位開府儀同三司封文安
縣子邑八百戶賜物二千五百段粟二千五百石歲餘率
水軍破逆賊管子游於京口辭子建於和州徵入朝拜大
將軍高祖逆命升御坐而宴之謂贊曰卿可為朕見朕為姐
父今日聚集示無外也其後賜綺羅千四綠沈甲獸文具
裝鷹從楊素征江表別破高智惠於稽
進位上大將軍賜奴婢六十口縑綵三百四歷撫顯齊三
州刺史俱有能名開皇十八年為行軍總管從漢王諒征

◆列傳二十九 隋書六十四 四◆

遼東諸軍多物故齎報獨全高祖善之賜物二百五十段
仁壽中遷潭州總管在職三年卒有子孝廉

麥鐵杖

麥鐵杖始興人也驍勇有膂力日行五百里走及奔馬性
疎誕使酒好交遊重信義每以漁獵為事不治產業陳大
建中結聚為群盜廣州刺史歐陽頠俘之以獻沒為官戶
配執御傘每罷朝後行百餘里走至南徐州蹳城而入行
光火劫盜旦還及時仍文軌傘如此者十餘度物主識之
州以狀奏朝士見鐵杖每旦恒在不之信也後數百變尚
書繫徵曰此可驗其於伏下時購以百金求人送詔書與

南徐州刺史鐵杖出應募齎粉而往明旦及奏事帝曰
信然為盜明矣惜其勇捷誠而釋之陳亡後從屯清流縣
遇江東及楊素遣鐵杖頭戴草束夕浮渡江峴賊中消息
其餐鐵杖取賊刀亂斬衛者殺之皆盡來割其餞解手以
其知還報後更往為賊所擒逆帥李稜遣兵仗三十人
衛之縛送還高智慧公子徹稱其驍武開皇十六年徵至
歸素大奇之每夜戰動不及鐵杖遇素馳驛歸于京師鐵
杖步追之後因朝集考功郎賞威嘲之曰秦是何姓鐵杖應口對
跡後因朝集考功郎賞威嘲之曰秦是何姓鐵杖應口對
尋除萊州刺史無治名後轉汝南太守稍習法令群盜屏
位漢王諒及於并州又從楊素擊之每戰先登進位柱國

尋除右屯衛大將軍帝待之逾密鐵杖自以荷恩深重每
懷竭命之志及遼東之役請為前鋒顧謂醫者其晷賢不
大丈夫性命自有所在當能艾炙瓜帶歙鼻黃不
差而即死兒女手中乎平度遼謂其三子曰阿奴當備淺
色黃衫吾荷國恩今是死日我既被殺爾富富貴唯誠與
孝爾其勉之及濟橋未成去東岸尚數丈賊大至鐵杖跳

上岸與賊戰死貫郎將 錢士雄孟金叉亦死之左右更
無及者帝為之流涕購得其屍下詔曰鐵杖志氣驍果凤
著勳庸暗庵問罪先登陷陣節高義烈身殞功存興言至
誠追懷傷悼且賚殊榮用彰飾德可贈光祿大夫宿國公
諡曰武烈子孟才嗣授光祿大夫右屯衛將軍武賁郎將
才俱拜正議大夫贈錢萬賜輜軿車繪彩
吹平壤道敗將宇文述贈百餘人皆為執緋後部羽葆鼓
至郊外士雄贈左光祿大夫右屯衛將軍武賁郎將及
子傑嗣金叉贈右光祿大夫子善誼龔官孟才字智稜果
烈有父風帝以孟才死節將子恩賜殊厚拜武賁郎將及

相謂曰吾等世荷國恩門者誠節今賊臣弒逆社稷淪亡
無節可紀何面目視息世間哉於是流涕扼腕遂相與謀
紉合恩舊欲於顯福宮激擊宇文化及軍臨發陳藩之子
謙知其謀而告之與其黨沈光俱為化及所害忠義之士
哀焉

江都之難慨然有復讎之志與武牙郎錢傑素交友二人

沈光

沈光字總持吳興人也父君道仕陳吏部侍郎陳滅家于
長安皇太子勇引署學士後為漢王諒府掾諒敗除名光
少驍捷善戲馬為天下之最具綜事記微有詞藻常慕立

功名不拘小節其貴賤耆兄並以傭書為事光獨跅弛
交通輕俠為京師惡少年之所朋附人多贍遺得以養親
每致甘食麗服未嘗困匱初建禪定寺其中幡竿高十餘
丈適遇繩絕非人力所及諸僧患之光見而謂僧曰可持
繩來乃遶絕繩重繫竿手足放透空而下以掌拒地
倒行數十步觀者駭悅莫不嗟異時人異之號為閣飛仙入業
中煬帝徵天下驍果之士以伐遼左光預焉同類數萬人
皆出其下光詣行在所賓客送至灞上者百餘騎光酣
酒而誓言曰是行也若不能建立功名當死於高麗不復與

諸君相見矣及從帝攻遼東以衝梯擊城竿長十五丈光
升其端臨城與賊戰短兵接殺十數人賊競擊之而墜未
及於地適遇竿有垂絙光接而復上帝望見之壯異之馳召
與語大悅即日拜朝請大夫賜寶刀良馬恒致左右親顧
漸密未幾以為折衝即將當遇優重帝每推食解衣以賜
之同輩莫與為比先自以荷恩深重思懷竭節及江都之
難潛構義勇將為帝復讎先是帝寵眤官奴名為給使于
文化及以光驍勇任之令其總統營於禁內時光錢及
傑等陰圖化及因謂光曰我等荷國厚恩不能死難以衛
社授斯則古人之所恥也今又欲直事懼受其驅率有顧

面目何用生為吾必欲殺之死無所恨公義士也肯從我
乎光泣曰是所望於將軍也僕領給使數百人並
荷先帝恩遇今在化及內營以此復讎如願願
萬世之功在此一舉願將軍勉之光為將軍領江淮之
眾數千人期以營將旦晨起龍化及光語洩陳謙告其
事化及大懼曰此與麥鐵杖子也及沈光者並勇決不可當
遣領兵馬逮捕光才出營外諜設知事發不及被甲即
潰避其鋒是夜即與腹心走出營外詣諸人告司馬德
龍化及營空無所獲值舍人元敏數而斬之遇德戡兵入
四面圍合光大呼潰圍給使齊奮斬首數十級賊皆披靡
德戡輒復遣騎持弓蝥翼而射光身無介冑遂為所害
麾下數百人皆鬥而死一無降者時年二十八壯士聞之
莫不為之隕涕

來護兒

來護兒字崇善江都人也幼而卓詭好奇節初讀詩至
擊鼓其鏜踴躍用兵羔裘豹飾孔武有力捨書而歎曰大
丈夫在世當如是會為國滅賊以取功名安能區區事
隴畝群書慨然其志護兒所住白土村密邇江岸千
時江南尚阻賀若弼之鎮壽州也常令護兒為間諜搜大
都督平陳之役護兒有功焉進位上開府從楊素擊高智

慧于浙江，而賊據岸為營，周亘百餘里，船艦被江，鼓譟而進。素令護兒率數百輕舸，徑登江岸，直掩其營破之。時賊前與素戰不勝，窮蹙遁走，閩越境界，護兒進擊破之。又從蒲追至泉州，智慧窮蹙，遁走閩越。進位大將軍，除泉州剌史。時有盛道延擁兵作亂，侵擾州境，護兒進擊破之。又從駕破汪文進於黟歙，進位柱國。仁壽三年，除瀛州剌史，賜爵黃縣公，邑三千戶。尋加上柱國。除右衛將軍。煬帝即位，遷右驍衛大將軍，帝甚親重之。大業六年，從駕江都，賜物千段，令上先人塚，宴父老，州里榮之。歲餘轉右翊衛大將軍。遼東之役，護兒率樓船，指滄海，入自浿水，去平壤六十里，與高麗相遇。進擊大破之，乘勝直造城下，破其郛郭。於是縱軍大掠，稍失部伍。高元弟建武募敢死士五百人邀擊之，護兒因却，屯營海浦，以待期會。後知宇文述等敗，遂班師。明年，又出滄海道，師次東萊，會楊玄感作逆黎陽，進逼鞏雒，護兒勒兵，與宇文述等擊破之，封榮國公，邑二千戶。十年，又師度海，至卑奢城，高麗舉國來戰，護兒大破之，斬首千餘級。將趣平壤，高元震懼，遣使執叛臣斛斯政，詣遼東城下，上表謝罪。許之，遣人持節詔護兒旋師。護兒集衆曰：遼東小醜，未能平賊，此還也，不可重來。今高麗困弊，野無青草，以我衆戰，不日剋之，吾欲進兵

徑圍平壤，取其偽主，獻捷而歸。苔表請行，不肯奉詔。長史崔君肅固爭不許，護兒曰：賊勢破矣，專以相任，自足辦之。吾在闇外，事合專決，苟利社稷，死生以之，豈容千里稟聽成規，俄頃之間，動失機會，坐在闇外，事合專決，千里稟聽，俄頃之間，動失成功，所以不能。君肅告衆曰：吾寧以身當之，萬不可開此，俱皆獲罪也。諸將懼而止。及還朝，帝方自征遼還，為左翊衛大將軍，進位開府儀同三司，任妻逾濫，前後賞賜不可勝計。長子楷，仕至散騎郎朝散大夫。楷弟弘，仕至果毅郎將金紫光祿大夫。弘弟整，武賁即右光祿大夫，整尤驍勇，善撫士衆，討擊群盜，所向皆捷。諸賊甚憚之，為作歌曰：長白山頭百戰場，十十五五把長槍，不畏官軍十萬眾，只畏榮公第六郎。及反皆遇害，唯少子恒濟獲免。

魚俱羅

魚俱羅，馮翊下邽人也。身長八尺，膂力絕人，聲氣雄壯，言聞數百步。弱冠為親衛，累遷大都督。從晉王廣平陳，以功拜開府，賜物一千五百段。未幾，以沉玄憺高智慧等作亂江南，楊素以俱羅壯勇，請與同行，每戰有功，加上開府高唐縣公，拜疊州總管。以母憂去職，還至扶風。會楊素率兵將出靈州道擊突厥，路逢俱羅，大悅，遂奏與同行。及遇賊，俱

羅與數騎奔擊，瞋目大呼，所當皆披靡，出左右往往若飛。以功進位柱國，拜豐州總管。初突厥數入境為寇，俱羅輒擒斬之，自是突厥畏懼，昇迹不敢畜牧於塞上。初煬帝在藩，俱羅弟贊以左右從，累遷大都督。及帝嗣位，拜車騎將軍。贊性凶暴，屢箠其部下，令左右炙肉而啗之。瞋其眼，有溫酒不適者，立斬其舌。帝以贊藩邸之舊，不忍加誅，謂近臣曰，此兄亦可知。因召俱羅以替藩邸之舊，不贅於獄。令贊為安州刺史，歲餘遷趙郡太守。後帝恐俱羅不自安，生憂患，轉為⋯都與將軍滎伯隱有舊，數相往來。又從郡多將雜物以貢。

獻帝不受。因遇權貴，御史劾俱羅與郡將交通內臣。帝大怒，與伯隱俱坐除名。未幾越巂飛山蠻作亂，侵掠郡境，詔重征高麗，以俱羅為碣石道軍將。及遼、江南劉元進作亂，俱羅白衣領將，并率蜀郡都尉段綸共討平之。大業九年，詔俱羅擊賊帥朱燮、管崇等，戰無不捷。然賊勢浸盛如市。俱羅擊賊帥，向會稽諸郡逐捕之。于時百姓思亂，從盜如復聚。俱羅擊賊，度路隔絕。于時東都饑饉，穀食踊貴，俱羅⋯飭終。恐俱羅度賊非歲月可平，諸子並在京洛，又見天下漸亂，將船米至東都。羅之益市財貨，潛迎諸子，朝廷俱羅遣家僕，其有異志。發使案驗，使者至，前後察問，不得其罪。帝復令大理司直柔敬真就鎖將詣東都。俱羅相表異人，目有重瞳，陰為帝之所忌。敬真希旨奏俱羅師徒敗衄，於是斬東都市，家口籍沒。

陳稜

陳稜，字長威，廬江襄安人也。祖碩，以漁釣自給。父峴，少驍勇，事章大寶為帳內部曲。告大寶反，授譙州刺史。陳滅，廢于家。高智慧、汪文進等作亂江南，豪傑亦與兵相應。峴⋯以峴舊將共推峴為主。峴然之。禍且己不如為從後計。峴然之，時柱國李徹軍至⋯當塗嶺，嶺潛使稜至徹所，請為內應。徹上其事，拜上大將軍。

宣州刺史，封譙郡公，邑一千戶。詔徵應接之。徹軍未至，謀洩，為其黨所殺。稜懼，以獲免。上以其父之故，拜開府。煬帝即位，授驃騎將軍。大業三年，拜武賁郎將。後三歲，與朝請大夫張鎮周發東陽兵萬餘人，自義安泛海擊流求國。月餘而至，流求人初見船艦，以為商旅，往往詣軍中貿易。稜率眾登岸，鎮周為先鋒。模率兵拒戰，稜遣鎮周頻擊破之。稜進至低沒檀洞，其小王歡斯老模率兵拒戰，稜擊敗之，斬其老模。其日霧雨晦冥，將士皆懼，稜刑白馬以祭海神。既而開霽，分為五軍，趣其都邑。歡斯渴剌稜率眾數千逆拒，稜道鎮周又先鋒擊走之。稜乘勝逐北⋯

至其柵剌堁背柵而陣稜盡銳擊之從辰至未苦闘不
息渇剌堁自以軍渡引入柵稜遽填塹攻破其柵斬剌
堁獲其子島槌虜男女數千而歸帝大悦進稜位右光祿
大夫武賁如故鎮周金陵光祿大夫遼東之役以宿衛遷
左光祿大夫明年帝復征遼稜為東萊留守楊玄感之
作亂也稜率衆萬餘人擊平黎陽斬玄感所署刺史元務
本奉詔於江南營戰艦至彭城賊帥亞讓據之稜進破
之以功進位光祿大夫賜爵信安侯後帝幸江都率兵襲讓破
都涼至江都賊帥亞讓留守江都帥史元
之以功進位光祿大夫賜爵信安侯後帝幸江都率兵襲讓破

李子通據海陵左才相掠淮比杜伏威屯六合衆各數萬
帝遣稜率宿衛兵擊之往往克捷超拜右禦衛將軍復慶
清江擊宣城賊俄而帝以私朋宇文化及引軍比上召稜
守江都稜集衆謀素為煬帝發喪備儀衛政弒於吳公臺
下襄杖送夜慟感行路論者深義之稜後為李子通所陷
奔杜伏威伏威忌之尋而見害

王辯

王辯字警略馮翊蒲城人也祖訓以行商致富魏世出粟
助給軍糧為假清河太守辯火冒兵書尤善騎射慷慨
大志在周以軍功授帥都督開皇初選大都督仁壽中遷
車騎將軍漢王諒之作亂也從楊素討平之賜爵武寧縣

〈列傳元 隋書六四 十三〉

男邑三百戶後三歲遷尚舍奉御從征吐谷渾拜朝請大
夫數年轉鷹揚郎將遼東之役以功加通議大夫尋遷武
賁郎將及山東盜賊起上谷魏刀兒自號歷山飛衆十餘
萬刧掠燕趙帝引辯扞御楊間以方略辯論取賊形勢帝
稱善曰誠如此計賊何足憂也於其發從行步騎三千擊
之又引兵令辯住信都經署李康寶建德魏刀
敗之及賜黃金二百兩明年渤海賊帥高士達自號東海公
衆以萬數復令辯擊之連其銳復戰破
之優詔褒顯時賊帥郝孝德宣雅時李康寶建德魏
兒等往往屯聚大至十萬小至數千冦掠河北辯進兵擊

之所往皆捷深為群賊所憚又崔讓冦徐豫辯進頻擊走
之讓尋與李密屯據洛口倉辯與王世充討密阻洛水相
持經年辯率諸將攻敗密因薄其營戰破外柵密諸營
有潰者乘勝將入城世充忽不知恐將士勢倦於是鳴角收
兵翻為密徒所乘官軍大潰不可救止辯至洛水橋已壞
不得度遂涉水至中流為溺人所引墜馬辯時身被重甲
敗兵前後相蹈籍不能復上馬覺溺死焉時年五十六三
軍莫不痛惜之河南郡斬萬善驍勇果毅
中從衛玄討楊玄感頻戰有功及玄感敗走萬善與數騎
追及之玄感窘迫自殺由是知名拜武賁郎將突厥始畢

〈列傳元 隋書六四 十四〉

之圍鴈門也萬善在轂之所向皆破每賊至輒出當其鋒
或下馬坐地引強弓射賊所中皆殪由是寇莫敢逼城
十許目竟日竟坐退萬善之力也其後頻討群盜累功至將軍時
有將軍麛塵愿范貴馮孝慈俱為將帥數從征討並有名於
世然事皆亡失故史官無所述焉

史臣曰楚漢采分絳灌所以宣力曹劉競逐關張所以立
名然則名立資草昧之初力宣候經綸之會攀附鱗翼世
有之矣圓通護文董定和鐵杖之倫皆一時之壯士困
於賀賤當其牆鬱抑未遇亦安知其有鴻鵠之志哉終能報
拔汙泥之中騰躍風雲之上符馬董之頹快生平之心非

列傳二十九　　隋書六十四　　〈十五〉

遇其時焉能至於此也倶羅欲加之罪非其咎豐王辯殞
身勍敵志實勤王陳稜縞素發喪哀感行路義之所動固
已深乎孟才錢傑沈光等感恩懷舊臨難忘生雖功無所
成其志有可稱矣

周羅睺

特進臣魏　徵　撰

上

周羅睺字公布九江尋陽人也父法高仕梁冠軍將軍始
興太守通直散騎常侍南康內史臨汝縣侯羅睺年十五
善騎射好鷹狗任俠放縱收聚亡命陰習兵書從祖景彥
誡之曰吾世荼謹汝獨放縱難以保家君不喪身必將滅
吾族羅睺終不改陳宣帝時以軍功授開遠將軍句容令
後從大都督吳明徹與齊師戰於江陽為流矢中其左目
齊師圍明徹於宿預也諸軍相顧莫有鬥心羅睺躍馬突

〈列傳三十　隋書六十五　一〉

進莫不披靡太僕卿蕭摩訶因而副之斬獲不可勝計進
師徐州與周將梁士彥戰於彭城摩訶臨陳隨馬羅睺進
救披摩訶於重圍之內勇冠三軍明徹之敗也羅睺全眾
而歸拜光遠將軍鍾離太守十一年授使持節都督霍州
諸軍事平山賊十二洞除右軍將軍始安縣邑四百戶
總管檢校揚州內外諸軍事賜金銀三千兩盡散之將士
分賞驍雄陳宣帝深歎美之出為豫章內史獄訟庭決不
封一千戶除太僕卿增封并前二千六百戶尋除雄信將
軍使持節都督豫章十郡諸軍事豫章內史除持節都督南川
關吏平民懷其惠立碑頌德焉至德中除持節都督南川

諸軍事江州司馬吳世興密奏羅睺其得人心擁眾領表
意在難測陳主感焉蕭摩訶曹廬達等保明之外有知者
咸勸其反及羅睺主還之軍還除太子左衛率任以心腹
祭宴席孔範對曰周羅睺執筆製詩每前戎文士何為後也都
人後自是益見親禮出督湘州諸軍事遷散騎常侍晉
官尚書孔範對曰周羅睺執筆製詩每前戎文士何為後也
遣陳主手書命之羅睺與諸軍事以拒秦王俊軍不
得度相持踰月遇開楊陷三日放兵士散然後王廣
王廣之伐陳也都督巴峽緣江諸軍事被擒上江猶不下晉

〈列傳三十　隋書六十五　二〉

厚遇本朝淪亡無節可紀陛下所賜獲全為幸當貴榮祿
非臣所望高祖甚器之賀若弼謂之曰聞公鄜漢捉兵即
知揚州可得王師利涉果如所量羅睺答曰君得與公周
旋勝負未可知也其年秋拜上儀同三司敬吹羽儀選之
族賓貧未可知也其年秋拜上儀同三司敬吹羽儀選之
于宅先是陳裡將羊翔歸降于我使為鄉導位至上開府
班在羅睺上韓擒於朝堂戲之曰不知機變立在羊翔之
下能無媿乎羅睺答曰昔在江南久承令問謂公天下節
士今日所言殊匪誠臣之論擒有媿色其後起授鄜州剌
史俄轉涇州剌史母憂去職未幾起授幽州剌史並有
能名十八年起遼東之役徵為水軍總管自東萊泛海趣

平壤城遭風船多飄沒無功而還十九年突厥達頭可汗
犯塞從楊素擊之虜衆甚盛羅睺白素曰賊陣未整請擊
之素許焉輿輕勇二十騎直衝廝陣從申至酉短兵屢接
大破之進位大將軍漢王諒及詔副楊素討之進授上大將軍其
寧郡公食邑一千五百戶俄轉右衛率賜爵義
帝許之襄經至
候大將軍漢王諒反詔副楊素討之進授上大將軍其
進兵圍之為流矢所中卒于師時年六十四遷樞還行
墓所荊絳晉等三州未卜葬帝其嘉尚世論稱其有禮時諒
歛畢輿晉絳等三州
數里無故輿馬自止策之不動有飄風旋遶焉絳州長史
郭雅稽顙呪曰公恨小寇未平邪尋即除殄無為戀恨於
是日風靜馬行見者莫不悲歎其年秋七月子仲隱護其柩
瞑曰我明日當戰其靈坐所有弓箭刀劍無故自動若人
帶持之狀絳州城陷是其日也贈柱國右翊衛大將軍諡
曰壯贈物千段子仲安官至上開府

周法尚

周法尚字德邁汝南安成人也祖靈起梁直閤將軍義陽
太守鷹揚二州刺史父及定州刺史平北將軍法尚以果
勁有風儀好讀兵書年十八為陳始興王中兵參軍尋加

伏波將軍其父卒後監定州軍督父本兵數有戰功遷使
持節貞毅將軍散騎常侍領齊昌郡事封山陰縣侯邑五
千戶以其兄武昌縣公法僧代為定州刺史法尚與長沙
王叔堅不相能叔堅言其將反陳宣帝執禁法僧發兵欲
取法尚其下將吏皆勸之歸比法尚猶豫未決長史殷文
則曰樂毅所以辭燕良由不獲已事勢如此請早裁之法
尚遂歸于周宣帝甚優寵之拜開府順州刺史封歸義縣
公邑千戶賜良馬五四女妓五人綵物五百段加以金帶
陳將樊猛濟江討之法尚遣部曲韓明詐為背已奔于
陳偽告猛曰法尚部兵不願降此人皆竊議欲叛還者
得軍來必無鬬者自當於陳倒戈耳猛以為然引師急進
法尚乃陽為畏懼自保於江曲猛兵挑戰法尚先伏
舸於浦中又伏精銳於古村之北自張旗幟迎流拒之戰
數合偽退登岸投古村猛捨舟逐之法尚又疾走其
與村北軍合復前擊猛猛退走赴船既而浦中伏舸取其
舟楫建周旗幟猛於是大敗僅以身免而浦中伏舸為助守因
欲奪其城法尚覺其詐閉門不納段珣遣上開府段珣率兵八千人高祖為
丞相司馬消難作亂陰遣上開府段珣率兵八千人為
散在外因率更士五百人守拒二十日外無救援家累三百
不能支遂按所領襄城遁走消難虜其母弟及家累三百

人歸于陳高祖受禪拜巴州刺史破三鵶叛蠻於鐵山復從桂國王誼擊走陳寇遷衡州總管四州諸軍事改封譙郡公邑二千戶後上幸洛陽召之及引見賜金鈿酒鍾一雙綵五百段良馬十五匹奴婢三百口給鼓吹一部法尚固辭上曰公也有大功於國特給鼓吹者欲令公鄉人知朕之寵公也固與之歲餘轉蔪州總管上降密詔使經畧江南伺候動靜及代陳之役以行軍總管隸秦孝王率舟師三萬出于樊口陳城州刺史熊門超出師拒戰擊破之擒超於陳轉鄂州刺史尋遷束州總管安集嶺南賜練五百段良馬五匹仍給蔪州兵三千五百人為帳內陳桂州刺史鐵季卿南康內史柳璟西儅州刺史鄧高陽山太守毛來等前後詣法尚降陳定州刺史呂子廓擁山洞及法尚引兵踰嶺子廓兵衆日散與千餘人走保巖嶺其左右斬之而降賜綵五百段奴婢五十口并銀甖寶帶良馬十四十年尋轉桂州總管仍為嶺南安撫大使後數年入朝以本官宿衛賜綵三百段米五百石絹五百四未幾桂州人李光仕舉兵作亂法尚與上桂國王積討之法尚馳往桂州餞領南兵世積此軍俱會于尹州光仕來逆戰擊走之世積所部多遇瘴不能進頓于衡州法尚獨討之光仕帥勁兵保白石洞法尚捕得其弟光畧光度

大獲家口其黨有來降附輒以妻子還之居旬日降者數千人法尚遣兵列陣以當光仕親率奇兵蔽林設伏兩陣始交法尚擊其柵柵中人皆走散光仕大潰追斬之賜奴婢百五十口黃金百五十兩銀百五十斤仁壽中遂州獠叛復以行軍總管討平之舊州烏蠻及攻陷州城詔令法尚便道擊之軍將至賊棄州城散走山谷間法尚選歩騎數千人嚴擊破之獲其渠帥數千人虜男女萬餘口賜奴舍潛遣人覘之知其首領盡聚飲相賀法尚遣使慰諭假以官號偽班師日行二十里軍能得扵是遣使慰諭假以官號偽班師日行二十里軍婢百口物三百段蜀馬二十四軍還檢校潞州事煬帝嗣

位轉雲州刺史後三歲轉之襄太守進位金紫光祿大夫時帝章榆林法尚朝于行宮内史令元壽言扵帝曰漢武出塞旍旗千里今御營之外請分為二十四軍日別遣一軍發相去三十里旍幟相望鉦鼓相聞首尾連注千里不絕此亦出師之盛者也法尚曰不然兵旦千里動間山川卒有不虞四分五裂腹心有事首尾未知道阻且長難以相救雖是故事此示法尚曰旍幟相望鉦鼓相聞首尾連注絕此亦出師之盛者也法尚曰不然兵旦千里動間山川何法尚曰結為方陣四面外距六宮及百官家口並住其間若有變起當頭分抗内引奇兵出外奮擊車為營壘重設鈎陳此與據城理亦何異若戰而捷抽騎追奔或戰不

利屯營自守臣謂牢固萬全之策也帝曰善因拜左武衛
將軍賜良馬一匹絹三百匹明年黔安夷向思多反殺將
軍鹿願圍太守蕭造法尚與將軍李景分路討之法尚出
思多于清江破之斬首三千級還從討吐谷渾法尚別出
松州道逐捕亡散至于青海賜奴婢一百口物二百段馬
指朝鮮道會楊玄感反及與將軍宇文述來護兒等破之以
功進右光祿大夫賜物九百段時有新郡人王薄孟讓等
舉兵為盜衆十餘萬保長白山頻戰每挫其銳賜奴婢百
口明年復臨滄海在軍疾甚其謂長史崔君肅曰吾再臨滄
海未能利涉時不我與將辭人世立志不果命也如何言
畢而終時年五十九贈武衛大將軍諡曰僖有子六人長

子紹基靈壽令少子紹範最知名

李景

李景字道興天水休官人也父超周應戎二州刺史景容
貌奇偉膂力過人美鬚髯驍勇善射平齊之役頗有力焉
授儀同三司以平尉迥進位開府賜爵平寇縣公邑千五
百戶開皇九年以行軍總管從王世積伐陳陷陣有功進
位上開府賜奴婢六十口物十五百段及高智慧等作亂
江南復以行軍總管從楊素擊之別平嶺還授鄮州刺

史十七年遼東之役為馬軍總管及靈配事漢王高祖奇
其壯武使祖觀之歎曰卿相表當位極人臣景榮從史萬歲
擊突厥於大斤山別路邀賊大破之後與上明公楊紀送
義成公主於突厥至恒安遇突厥來寇時代州總管韓洪
為廣所敗景率所領數百人援之景被七創戰三日殺賊
數百人景軍亦盡韓洪之官仁壽中檢校代
州總管漢王諒作亂井州景發兵拒之諒遣劉嵩嵩寶賜
於城東升樓射之無不應弦而倒殺二萬餘人諒自戰士不過
數千加以城池不固為賊衝擊鍾鼓朋毀相繼景自戰且築
諒復遣嵐州刺史喬鍾葵率勁勇三萬攻之景知
卒甘殊死鬪屢挫賊鋒司馬馮孝慈司法沈豹軍呂玉並驍
勇善戰儀同三司侯莫陳乂謀畫工拒守之術景知

士可用其後推誠於此三人無所關預唯在閣持重時出
撫循而已月餘朔州總管楊義臣以兵來援合擊大破之
先是景府內井中輙上生花如蓮井有龍見時變為鐵馬
甲士又有神人長數丈見於城下其跡長四尺五十景問
巫對曰此是不祥之物來食人血耳景大怒推出之旬日
而兵至死者數萬焉景氣被徵令京進位柱國拜右武衛
大將軍賜縑九千四女樂一部加以珍物景寵被其所長
而忠直為時所許帝甚信之擊叛蠻向思多智慧并所賜奴婢

八十口明年擊吐谷渾於青海破之進位光祿大夫賜奴
婢六口繼二十四五年車駕西巡至天水景獻食於帝
帝曰公主人也賜坐齊王暕之上至隴川宮帝將大獵景
與左武衛大將軍郭衍俱有難言之竟所奏帝大怒令左
右撾之竟以坐免歲餘復位與宇文述等掌選舉明年
改高麗武厲城破之賜爵苑丘縣公楊玄感之反也朝臣子弟
走之賚物三千段進爵滑國公楊玄感之反也朝臣子弟
多預焉而景獨無關涉帝曰公誠直天然我之梁棟也賜
以美女帝每呼李大將軍而不名其見重如此十二年帝

列傳三十　隋書六五　九

今景營造東戰具比平賜御馬一匹名師子駐會幽州
賊楊仲緒率衆萬餘人來攻比平景督兵擊破之斬仲緒
于時盜賊蜂起道路隔絕景遂召募以備不虞武賁即將
雖藝與景有隙遂詭其子尉益謂之曰縱人言
公關天關糠京師吾無畏也後為高開國所圍獨守孤城
外無聲援歲餘士卒患腫而死者十將六七景撫徇之
一無離叛遼東軍資多在其所粟帛山積既逢離亂景無
所私焉及帝崩於江都遼西太守鄧高率兵救之遂歸柳
城後將還幽州在道遇賊見害契丹靺鞨素感其恩聞之
莫不流涕幽燕人士于今傷惜之有子世謨

慕容三藏

慕容三藏燕人也父紹宗尚書左僕射東南道大行臺
三藏幼聰敏多武客頗有父風仕齊釋褐太尉府參軍事
尋遷備身都督武平初龍驤將軍燕郡公邑八百戶其年敗周
師於孝水文破陳師於壽陽轉武衛將軍文敗周師於河
陽授武衛大將軍文別封范陽縣公食邑千
戶周師入鄴也承光令三藏東道委三藏留守鄴宮齊
之主公以下皆降三藏猶率麾下抗拒周師及齊平武帝
引見恩禮其厚詔曰三藏父子誠節著聞宜加榮秩授開
府儀同大將軍其年稽胡叛詔三藏討平之開皇元年授

列傳三十　隋書六五　十

吳州刺史九年奉詔持節卹陝大使其年嶺南酋
長王仲宣反圍廣州詔令三藏以涼州道行軍總管
三藏為副至廣州與賊交戰洗為流矢所中卒詔令三藏
檢校廣州道行軍事十年賊衆四面攻圍三藏固守月餘
城中糧少矢盡三藏以為不可持久遂自率驍銳夜出突
圍擊之賊衆敗散廣州獲全以功授大將軍賜奴婢百口
加以金銀雜物十二年授鄧州刺史州極西界與吐谷渾
鄰接文苑犯法者甘遷配彼州流人多有逃逸及三藏至
招納綏撫百姓愛悅纔經旬日至更民歌頌之高祖聞其能
復有勞問其年當州蠶蓐繁孳獲釀醴奉獻高祖聞其

三年州界連雲山鄉樹萬年者三詔頒國仍遣使醮於
山所其日景雲浮於上一雉閒兔馴增側使還具以聞上大
悅十五年授疊州總管兗項羌時有叛羌三藏隨便討平
之部內夷夏咸得安輯仁壽元年改封項男大業元
年授和州刺史三年轉任淮南郡太守所在有惠政其年
改授金紫光祿大夫大業七年卒三藏從子遷為澶水丞

漢王反抗節不從以誠節聞

薛世雄

薛世雄字世英本河東汾陰人也其先寓居關中父回字
道弘仕周官至涇州刺史開皇初封舞陰郡公領漕渠監
以年老致事終於家世雄為兒童時與羣輩遊戲輒畫地
為城郭令諸兒為攻守之勢有不從令者世雄輒撻之諸
兒畏憚莫不整其父見而奇之謂人曰此兒當興吾家
矣年十七從周武帝平齊以功拜帥都督開皇時數有戰
功累遷儀同三司右親衛車騎將軍煬帝嗣位番禺夷獠
相聚為亂詔世雄討平之遷右監門郎將從帝征吐谷渾
進位通議大夫世雄性廉謹凡所行軍破敵之處秋毫無
犯由是嘉之帝嘗從容謂群臣曰我欲舉好人未知諸
君識不羣臣咸曰臣等何能測聖忿帝曰我欲舉者薛世
雄群臣皆稱善帝復曰世雄廉正節躁有古人之風於是

超拜右翊衛將軍歲餘以世雄為玉門道行軍大將與突
厥啟民可汗連兵擊伊吾師次玉門啟民可汗背約兵不
至世雄孤軍度磧伊吾初謂隋軍不能至皆不設備及聞
世雄兵已度磧大懼請降詣軍門上牛酒世雄遂於漢舊
伊吾城東築城號新伊吾留銀青光祿大夫王威以甲卒
千餘人戍之而還天子大悅進位正議大夫賜物二千段

遼東之役以世雄為沃沮道軍將與宇文述同敗績於平
壤還次白石山為賊所圍百餘重四面矢下如雨世雄以
贏師為方陣選勁騎二百先犯之賊稍卻因而縱擊遂破
之而還所亡失多竟坐免明年帝復征遼東拜為右禦衛

將軍兵指蹋頓道軍至烏骨城會楊玄感作亂班師帝至柳
城以世雄為東北道大使行燕郡太守鎮懷遠于時突厥
頗為寇盜緣邊諸郡多苦之詔世雄發十二郡士馬巡塞
守未幾李密逼東都中原擾動詔世雄率幽薊精兵將擊
之軍次河間營於郡城南河間諸縣並集兵依世雄大軍
為營欲討竇建德建德將家口遁自選精銳數百夜來襲
之先犯河間兵潰奔世雄營時遇霧曉冥莫相辨識遂
犯帝軍城邑志騰柵而走於是大敗世雄與左右數十騎
入河間城慙恚發病歸於涿郡未幾而卒時年六十二有

子萬述萬叚萬鈞萬微並以驍武知名

王仁恭

王仁恭字元實天水上邽人也祖建周鳳州刺史父猛郡
州刺史仁恭少剛毅循謹工騎射弱冠州補主簿秦孝王
引為記室轉長史令遷軍騎將軍從楊素擊突厥於靈武
以功拜上開府賜物三十段以驃騎將軍典蜀王軍事山
獠作亂從天命仁恭討破之賜奴婢三百口及蜀王以罪
廢官屬多離其患上以仁恭素質直置而不問煬帝嗣位
漢王諒舉兵反從楊素擊平之以功進位大將軍拜呂州
刺史賜帛四千女妓十人歲餘轉衛州刺史尋改為汲
郡太守有能名徵入朝帝呼上殿勞勉之賜雜綵六百段
良馬二匹遷信都太守汲郡吏民和馬號哭於道數日不
得出境其得人情如此遼東之役以仁恭為軍將及帝班
師仁恭為殿遇賊擊走之進授左光祿大夫賜絹六千段
馬四十四明年復以軍將指扶餘道仁恭率師道謂之曰往者諸軍
多不利公獨以一軍破賊古人云敗軍之將不可以言勇
諸將其可任乎仁恭於是勉以公為前軍當副所望也賜良馬十四
黃金百兩仁恭遂進軍至新城賊數萬背城結陣仁恭率
勁騎一千擊破之賊眾反城拒守仁恭四面攻圍帝聞而大悅
遣舍人詣軍勞問賜以珍物進授光祿大夫賜絹五千四

會楊玄感作亂其兄子武賁郎將仲伯預焉仁恭由是坐
免尋而突厥屢為寇患帝以仁恭宿將頗有戰功詔復本
官領馬邑太守其年始畢可汗率騎數萬來寇馬邑復令
二特勒將兵南過時郡兵不滿三千仁恭簡銳逆擊破
之其二特勒眾亦潰仁恭縱兵乘之獲數千級并斬二特
勒帝大悅賜縑三千四其後突厥復入定襄仁恭率兵四
千掩擊斬千餘級獲六畜而歸于時天下大亂百姓饑
餒道路隔絕仁恭頗改舊節受納賄賂又不敢輒開倉廩
賑邮百姓其麾下校尉劉武周與仁恭侍婢姦通恐事泄
將為亂每宣言郡中曰老妻子凍餒填委溝壑而王府
君開倉不救百姓是何理也以此激怒眾吏民頗怨之其
後仁恭正坐廳事武周率其徒數十人大呼而入因害之
時年六十武周於是開倉賑給郡內皆從之自稱天子署
置百官轉攻傍郡

權武

權武字武挺天水人也祖超魏秦州刺史父襲慶周開府
從武元皇帝與齊師戰于并州被圍百餘重龍襲慶力戰矢
盡短兵接戰殺傷其眾數萬皆背折脫胄擲地向賊大罵曰
何不來斫頭也賊遂殺之武以忠臣子起家拜開府襲爵
齊郡公邑千二百戶武少果勁勇力絕人能重甲上馬嘗

倒授於井未及泉復躍而出其舉捷如此後王謙破齊服

龍等五城增邑八百戶平齊之後攻陷鄴州別下六城以

功增邑三百戶宣帝時拜勁捷左旅上大夫進位上開府

高祖為丞相引置左右及受禪增邑五百戶後六歲拜浙

州刺史在職數年以創業之舊進位大將軍檢校潭州總管

刺史代陳之役以行軍總管從進位大將軍檢校潭州

其年桂州人李賢作亂武以行軍總管與武候大將軍

虞慶則擊平之復合以寶物武皆納之由是致富後

帶遺嶺南酋領其人慶則以罪誅功竟不錄復還于州多造金

武晚生一子與親客宴集酒酣擅敕徙部內獄四致武常

【列傳三十　隋書六十五　十五】

以南越邊遠治從其俗務適便宜不依律令而每言賞令

法急管不可為上令言其父以爲司察其事皆驗上大怒命斬之武

杖獄中上書言其父武元皇帝戰死於馬前以此求家

由是除名為民仁壽中復拜大將軍封邑如舊未幾授太

子右衛率煬帝即位拜右武衛大將軍坐事免授桂州刺

史俄轉始安太守父又之徵拜右屯衛大將軍尋坐事除名

卒于家有子弘

吐萬緒

吐萬緒字長緒代郡鮮卑人也父通周郢州刺史緒少有

武略在周起家撫軍將軍襲爵元壽縣公數從征代累遷

大將軍必武高祖受禪拜襄州總管進封穀城郡公邑

二千五百戶尋轉青州總管頗有治名歲餘突厥寇邊朝

廷以緒有威名令從行軍總管甚為北夷所憚其後從高祖

潛有吞陳之志轉徐州總管令修戰具及大舉濟江以緒

領行軍總管與西河公紇豆陵景屯兵江北及陳平拜

夏州總管煬帝嗣位漢王諒時鎮并州帝恐其為變遣緒馳傳拜為左

虞候率煬帝嗣位漢王諒之在藩時頗見親遇及為左

絳二州刺史馳傳之官緒未出關諒已遣兵擁蒲坂斷河

橋緒不得進詔緒率兵從楊素擊破之拜左武候大將

業初轉光祿卿賀若弼之遇讒也引緒為證緒明其無罪

【列傳三十　隋書六十五　十六】

由是免官歲餘守東平太守未幾帝幸江都路經其境迎

謁道傍帝命升龍舟緒因頓首陳謝往往帝大悅拜金紫

光祿大夫太守如故遼東之役請為先鋒帝嘉之拜左屯

衛大將軍率馬步數萬指蓋馬道及班師留鎮懷遠進位

左光祿大夫時劉元進作亂江南以兵攻潤州帝徵緒討

之緒率眾至楊子津為柵明旦元進自茅浦將渡大挫之

因濟江背水屯曲阿元進復結柵拒緒挑之元進出戰陣未

而去緒以濟江背水屯曲阿元進進來交大挫之賊解潤州圍

整緒以騎突之賊眾遂潰赴江水而死者數萬元進挺身

夜遁歸保其壘偽署僕射朱燮管崇等屯於毗陵連營百

餘里緒乘勢進擊復破之賊退保黃山緒進軍圍之賊窮
蹙請降元進獲朱燮雀以身免於陣斬管崇其將軍陸頭
等五千餘人收其子女三萬餘口送江都宮進解會稽圍
元進復據建安帝令求緒罪失有司奏緒怯懦違詔於是除
名爲民配防建安尋有詔徵詣行在所緒戰輒不得志還
來春帝不悅多令緒討之緒以士卒疲敝請於在所
至永嘉發疾而卒

董純

董純字德厚隴西成紀人也祖和魏太子左衛率父異周
柱國純少有膂力便弓馬在周仕歷司御上士駭下大
夫封固始縣男邑二百戶從武帝平齊以功拜儀同進爵
大興縣侯增邑通前八百戶高祖受禪進爵漢曲縣公累
遷驃騎將軍後以軍功進位上開府閭皇末以勞舊權拜
左衛將軍尋改封順政縣公漢王諒作亂并州以純爲行
軍總管河北道安撫副使從楊素擊平之以功拜柱國進
爵爲郡公增邑二千戶轉左備身將軍賜女妓十人錬
五千四數年轉左驍衛將軍彭城留守齊王暕之得罪也
純坐與交通帝庭譴之曰汝階緣宿衛以至大官何乃附
傍吾兒見欲相離間也純曰臣本微賤陛下過蒙獎權先帝
察臣小心龍蹕淮外陛下重加收採位至將軍欲竭餘年

《列傳卅 隋書六五 十七》

報國恩耳比數詣邸王者徒以先帝先后往在仁壽宮置
元德太子及齊王於膝上謂臣曰汝好看此二兒勿忘吾
言也臣奉詔之後每於休眠出入未嘗不詣王所臣誠不
敢忘先帝之言之後數日出爲汶山太守之會也彭
斯旨於是捨之後數日出爲汶山太守歲餘突厥寇掠徐
廷以純宿將轉爲榆林太守尋有至境純輒擊却之會爲
城賊帥張大彪宗世模等於昌慮大破之
帝令純討之純選精銳擊之合戰於
怯不設備縱兵大掠閭不與戰賊屢挑之不出賊以純爲
及帝征遼東後以純爲彭城留守東海賊彭孝才衆數
千掠懷仁縣轉入沂水保五不及山純以精兵擊之擒孝
才於陣車裂之餘黨各散時百姓思亂盜賊日益純雖頻
戰克捷所在蜂起有人諸純怯懦不能平賊帝大怒遣使
鎖純詣東都有司見帝怒甚遂希旨致純死罪見伏誅

《列傳卅 隋書六五 十八 附》

趙才

趙才字孝才張掖酒泉人也祖隗魏銀青光祿大夫樂浪
太守父壽周順政太守才少驍武便弓馬性粗悍無威儀
周世爲輿正上士高祖受禪屢以軍功遷上儀同三司配
晉王及王爲太子拜右虞候率以煬帝即位轉左備身驃
騎後遷右驍衛將軍帝以才藩邸舊臣漸見親待才亦恪

勤罪懶所在有聲歲餘轉右候衛將軍復征吐谷渾以為

行軍總管率衛尉卿劉權兵部侍郎明雅等出合河道與

賊相遇擊破之以功進位金紫光祿大夫及遼東之役再

出碣石道還授左候衛將軍伐遼進位右候衛大將軍時帝每

有巡幸才恒為斥候蕭瑀言軍非無所迴避在塗遇公卿妻

子有違禁者才輒醜言大罵多所捶撻非時人雖患其不遜

然才守正無如之何十年帝駕幸汾陽宮以才留守東都十

二年帝在洛陽將幸江都才見四海土崩恐為社稷之患

自以荷恩深重無容坐看成敗於是入諫曰今百姓疲勞

府藏空竭盜賊蜂起禁令不行願陛下還京師安地庶臣

雖愚敢敢以死請帝大怒以才屬吏旬日帝意頗解乃令

出之帝遂幸江都待遇踰昵時江都糧盡將士離心內史

侍郎虞世基祕書監袁充等多勸帝幸丹陽帝廷議其事

才極席陳入京之策莫基盛言度江之便帝默然無言才與

世基相忿而出宇文化及弒逆之際才時在死比化及遣

驍果席德方矯詔追之才聞詔而出德方命其徒執之以

詣化及化及謂才曰今日之事祗得如此幸勿為懷才嘿

然不對化及忿才不屈化及宴飲請勸其同謀逆者一八人

譖不得志才嘗對化及許之才執杯曰十八人止可一度作

楊士覽等酒化及許之才執杯曰十八人止可一度作

復餘處更為諸人默然不對行至聊城遇疾俄而化及為

竇建德所破才復見虜慮心彌不平數日而卒時年七十三

仁壽大業間有蘭與浴賀蘭番俱為武候將軍剛正直

不避強禦咸以稱職知名

史臣曰羅睺法尚李景世雄慕容三藏並以驍武之姿當

有事之日致效居馬邑以貪惏敗亡鮮克有終矣初在汲郡以

以立效當年取高秩緒請息兵見責純遭毀被誅大

業之季盜可盡平淫刑暴虐能不及為趙才雖人而無儀

志在強直固拒世基之議可謂不苟同矣權武素無行檢

《隋傳三十》

不拘刑憲終取黜辱宜哉

〈二十〉

李諤

特進臣魏　徵　上

李諤字士恢趙郡人也好學解屬文仕齊為中書舍人有口辯每接對陳使周武帝平齊拜天官都上士諤見高祖有奇表深自結納及高祖為丞相甚見親待訪以得失于時兵革屢動國用虛耗諤以為憂及高祖受禪歷比部考功二曹侍郎賜爵南和伯諤性公方明達世務為時論所推遷治書侍御史上謂群臣曰朕昔為大司馬每求外職李諤陳十二策苦勸不許朕遂决意在內今此

〈隋傳三十一　六六　一〉

膴仕諤之力也賜物二千段諤見禮教凋敝公卿薨亡其後妻或自嫁賣遂成風俗諤上書曰臣聞追遠慎終民德歸厚三年無改方稱為孝如聞朝臣之內有父祖二沒日月未久子孫無賴便分其妓妾嫁賣取財有一於此實損風化妾雖微賤親承衣履服斬三年古今通式豈容遽褫縗絰傷心況乎人子能堪斯忍復有朝廷重臣位望通貴平生交舊情若弟兄及其亡沒杳同行路朝聞其死夕規其妻方便求娶以得為限無廉恥之心棄友朋之義且居家理治可移於官既不正私何能贊務上覽而

嘉之五品以上妻妾不得改醮始於此也諤又以屬文之家體尚輕薄遞相師效流宕忘反於是上書曰臣聞古先哲王之化民也必變其視聽防其嗜欲塞其邪放之心示以淳和之路五教六行為訓民之本詩書禮易為道義之門故能家復孝慈人知禮讓正俗調風莫大於此其有上書獻賦制誄鐫銘皆以褒德序賢明勳證理苟非懲勸義不徒然降及後代風教漸落魏之三祖更尚文詞忽君人之大道好雕蟲之小藝下之從上有同影響競騁文華遂成風俗江左齊梁其弊彌甚貴賤賢愚唯務吟詠遂復遺理存異尋虛逐微競一韻之奇爭一字之巧連篇累牘

〈隋傳三十一　六六　二〉

不出月露之形積案盈箱唯是風雲之狀世俗以此相高朝廷據茲擢士祿利之路既開愛尚之情愈篤於是閭里童昏貴遊總丱未窺六甲先製五言至如羲皇舜禹之典伊傅周孔之說不復關心何嘗入耳以傲誕為清虛以緣情為勳績指儒素為古拙用詞賦為君子故文筆日繁其政日亂良由棄大聖之軌模構無用以為用也損本逐末流遍華壤遞相師祖久而愈扇及大隋受命聖道聿興屏黜輕浮遏止華偽自非懷經抱質志道依仁不得引預搢紳開皇四年普詔天下公私文翰並宜實錄其年九月泗州刺史司馬幼之文表華艷付所司治罪自是公

鄉大臣咸知正路莫不鑽仰墳集棄絕華綺擇先王之
典行大道於茲世如聞外州遠縣仍踵敝風選吏舉人未
導典則至有完黨稱孝鄉曲歸仁學必典誤交不苟合則
擯落私門不加收齒其學不稽占逐俗隨時作輕薄之篇
章結朋黨而求職舉送天朝盖由縣令刺史之
未行風教猶挾私情不存公道臣既不憲司職當糾察若
聞風即劾恐挂網者多請勤諸司普加搜訪有如此者貝
狀送臺譯又云君數斯厚矣朋友數斯疏矣此皆先哲之
云汝惟不矜天下莫與汝爭能汝惟不伐天下莫與汝爭
功言帷又云軍君數斯原矣朋友

格言後王之軌轍然則人臣之道陳力濟時雖勤比大禹
功如師望亦不得厚自矜伐上要君父況復功無足紀勤
不補過而敢自陳勳績輕于聽覽世之奔道極於周代下
無康耻上使之然用人雖信其口取士上觀其行於矜自
大便以幹濟家權謙恭靜退多以恬嘿見遺是以通表陳
誠先論已之功狀率顏數奏亦道臣最用心自衒自媒都
無漸耻之色強干橫請唯以乾沒為能自隕受命此風頻
改耕夫販婦無不革心沉乃大臣仍導敝俗如聞刺史入
京朝覲乃有自陳勿桉之功諠訴階墀之側言辭不遜高
自稱譽上顯眾旅特為難忍如此輩具狀送臺明加罪

黜以懲風軼上以譽前後所奏頌天下四海靡然向風
深革其弊譯在職數年務存大體不尚嚴猛由是無剛
之譽高潛有匡正之失邾公蘇威以臨道店舍乃求利
徒事業汗雜非敦本之義遂奏高祖約遣歸農有顧依舊
者所在州縣附市籍仍撤毀舊店並令遠道限以時日
正值冬寒莫敢陳譯因別使見行旅之所託望百古非同
各附所安逆旅之與旗亭自古非同一概即附市籍於理
不可且寒莫敢陳譯因別使見高祖善之曰為四民有業
宜遂專決之並依舊使老出拜通州刺史甚有惠政民
體國之臣當如此矣以年老出拜通州刺史甚有惠政
之遇卒

夷悦服後三歲卒官有子四人大體大鈞並官至尚書郎
世子大方襲爵最有材品大業初判內史舍人任

鮑宏

鮑宏字潤身東海郯人也父機以才學知名事梁官至洽
書侍御史宏七歲而孤為兄泉之所愛育年十二能屬文
當和湘東王繹詩繹賞之引為中記室遷鎮南府諮
議尚書水部郎轉通直散騎侍郎汪陵既平歸于周明帝
其禮之引為麟趾殿學士累遷遂伯下大夫帝嘗問宏取齊之策宏
陳謀伐齊世陳遂出兵江北以侵齊帝嘗問宏取齊之策宏

對云我強齊弱勢不相侔齊主昵近小人政刑日紊至尊
仁惠慈恕法令嚴明車等建餱何憂不剋但先皇往日出
師雍陽被有其備每一出剋捷如臣計者進兵汾潞直掩晉
陽出其不虞以為上策帝從文及定山東除少御正賜爵
平遙縣伯邑六百戶加上儀同高祖作相奏使山東除少御正賜爵
謙舉兵於蜀路次潼州為謙將達柰甚所執通送京時
加開府除利州刺史之後馳傳入京高祖嘉之賜以金帶及受禪
不屈節謙敗之後尉迴作亂轉印州刺史之賜以金帶上嘉之
有尉義臣者其父尉不從尉迴後復與突厥戰死上嘉之
將賜姓為金氏訪及群下宏對曰昔項伯不同項羽漢高

▲〈隋傳三十一 六六 五〉▼

賜姓劉氏春真父能死難魏武賜姓曹氏如臣愚見請賜
以皇族高祖曰善因賜義臣姓為楊氏後授均州刺史以
目疾免卒於家時年九十六初周武帝勅安修皇室譜一
部分為帝緒踤屬賜姓三篇有集十卷行於世

裴政

裴政字德表河東聞喜人也高祖壽孫從宋武帝徙家于
壽訢陽歷前軍長史廬江太守祖逐徙侍中左衛將軍豫州
大都督父之禮廷尉卿政幼明敏慱聞強記達於時政為
當時所稱年十五辭邵陵王法曹柰軍事轉起部郎枝
江令湘東王之臨荊州也召為宣惠府記室尋除通直散

騎侍郎侯景作亂加壯武將軍帥師隨建寧侯王琳進討
之檎賊率宋子仙獻于荊州及平侯景先鋒入建鄴以軍
功連最封夷陵侯徵授給事黃門侍郎復帥師副王琳拒
蕭紀破之於硤口加平越中郎將鎮南府長史及周師圍
荊州自桂州赴難至平長沙遣使間道先報元帝
至百里洲為周人所獲蕭詧誓謂政曰我武皇帝之孫也不可
為爾君平兩亦何煩殉身於七父若從我計則貴及子孫
如或不然分曹領妻矣政詭曰唯命是從答鍊之送至城中使
為帝曰王僧辯聞臺城被圍已自為帝王琳孤弱不復能
來政許之既而告城中曰援兵大至各思自勉吾以間使

▲〈隋傳三十一 六六 六〉▼

被摛當以碎身報國監者擊其口終不易辭詧怒命趨行
戮蔡大業諫曰此民望也若殺之則荊州不可下矣因得釋
會江陵陷與城中朝士俱送于京師周文帝聞其名授員
外散騎侍郎引事相府命與盧辯依周禮建六官設公卿
大夫士并撰次朝儀車服器用多遵古禮革漢魏之法事
並施行尋授刑部下大夫轉少司憲政明習故事慱定
周律能飲酒至數斗不亂簿案盈机剖決如流用法寬平
無有冤濫囚徒犯極刑者乃許其妻子入獄就之至冬將
行使皆曰裴大夫致我於死死無所恨其處幾詳平如此
又善鍾律嘗與長孫紹遠友論樂語在音律志宣帝時以忤

旨兒職高祖攝政名復本官開皇元年轉率更令加位上
儀同三司詔與蘇威等修定律令政採魏晉刑典下至齊
梁沿革輕重取其折衷同撰著者十有餘人凡疑滯不通
皆取決於政進位散騎常侍轉左庶子多所匡正見稱純
愨東宮凡有大事皆以委之右庶子劉榮性甚專固時武
職父奏通事令人趙元愷作辭見帳未及成太子有旨再
言於太子曰政欲陷榮推罪實太子召責之政奏曰凡
名帳安在元愷曰置爾日承劉榮不聽造帳榮
便拒諱云無此語太子付政推問未及奏狀有附榮者先
三催促榮語元愷一旦爾日政奏不須造帳及奏太子曰
推事有兩一察情一據證審其曲直以定是非臣察劉榮
位高任重縱令實語元愷豈肯承引之偏計理而論不須
隱諱又察元愷豐制於榮豈敢以無端之言妄相點累二
人之情理正相似元愷引左衞率崔蒨等為證情狀必
非虛太子亦不罪榮而榮政平直政好面折人短而退無
後言時竇定興數入侍太子為高服異晃進奉宮又緣
女寵來往無節政數劾諫太子不納政因謂定興曰公所
為者不合禮度文元妃暴斃道路籍此以告太子太子益疎
也願公自引退不然將及禍定興怒以告太子太子非令名

政由是出為襄州揔管妻子未之官所受秩素散給僚吏民
有犯罪者陰乎知之或歲不發至再三犯乃因都會時於
眾中召出親案其罪五人處死流從者其爽合境惕懼行
禁止小民蘇紫稱為神明爾後不再囹圄無爭訟率官年
八十九著承軍實錄十卷及太子廢高祖追憶之曰向遣裴
政劉行本在共匡弼之猶應不令至此子南金仕至膳部郎

柳莊

柳莊字思敬河東解人也祖李遠司徒從事中郎父遐
有重名於江左時為岳陽王蕭詧諮議見莊便歎曰襄陽
霍州刺史莊少有遠量博覽墳籍兼善辭令濟陽蔡大寶

水鏡後在於茲矣大寶遂以女妻之俄而詧辟為參軍轉
法曹及詧稱帝署中書令歷給事黃門侍郎吏部郎
中鴻臚卿及高祖輔政蕭歸奉書入關時三方搆難
高祖懼歸有異志及莊還謂莊曰孤昔開府從役江陵
深蒙梁主殊眷令主幼時覉蒙顧託中夜自省實懷惕
懼梁主亦華重光委誠朝廷而已後方見松筠之節君
還本國幸申孤此意於梁王也遂執莊手而別時梁之將
帥咸潛請興師與尉迴等為連衡疑為不可會莊至具申
氏退可以席卷山南唯歸疑為不可會莊至百姓安具申
高祖結託之意遂言於歸曰昔袁紹劉表王凌諸葛誕之

徒並一時之雄傑世及攝要塞之地擁哮闕之群功業莫
建而禍不旋踵若良由魏武晉氏挾天子保京都已甚大義
以為名故能取威定霸令尉迥曰攜將臣已甚消難
王謙常之才況出東庸蜀從化日近
周至之恩未洽在朝將相多為身計競劾節於楊氏之近
就戮歸蕭莊以近者若從眾人之言社稷授己不守矣高祖
其變身歸源以然眾議遂止未幾消難陳迥相次
料之迥等終當覆滅隋以從移周國未若保境息民之謙相
因是徃來四五及前後賜物數千段蕭琮嗣位遷天府卿
踐阼並父又朝高祖深慰勉之及為晉王廣納妃于梁莊
及梁國廢授開府儀同三司尋除給事黃門侍郎并賜以
田宅莊明晉舊章雅達政事凡所駮正帝莫不稱善蘇威
為納言重莊器識常奏帝云江南人有學業者多不習世
務晉世務者又無學業能兼之者不過於柳莊高頗亦與
莊甚厚莊與陳茂同官不能降意茂有攜曲被引召數
於莊心每不平常謂莊見輕已及上及朝臣多屬意
陳莊經歷數載讚頌頗行當書省管薦犯罪人依法合
而上愈以大辟莊奏曰臣聞張釋之有言法者天子所
與天下共也今法如是更重之是法不信於民心方今海
內一無軍士甚示信之時伏願陛下思釋之之言則天下幸

甚帝不從由是忤旨俄屬高祖進丸藥不稱旨戊因啟奏
莊不親臨帝帝遂怒十一年徐璒辜及於江南以行軍揔
管長史簡軍討之璒平即授饒州刺史其有治名後數載
卒官年六十二

源師

源師字踐言河南雒陽人也父文宗有重名於齊開皇初
終於荥州刺史師早有聲譽起家司空府參軍事稍遷尚
書左外兵郎中文攝祠部後屬五夏又龍見請書高阿
那肱為相請具龍出見大驚喜問龍所在師整容報曰此
是龍星初見依禮當雩祭郊增非謂真龍別有所降阿那
肱忿然作色曰何乃干知星宿竟不行師出而竊歎曰
國家大事在祀與戎禮既廢也何能久乎齊亡無日矣
年周武帝平齊授司賦上士高祖受禪除魏州長史入為
尚書考功侍郎攝吏部朝章國憲多所紏定十七年歷
尚書左右丞以明幹著稱時蜀王秀頗違法度乃以師為
益州揔管司馬俄而秀被徵秀恐京師有變將謀不軌
師數勸之不可遷命秀作色曰此自我家事何預卿也師
毎漸對曰師荷國厚恩敢不盡心但
比年以來國家多故奉孝王殞疾奄至薨組庶人二十年
太子又相次淪廢聖王之情何以堪處而有勅追王已薨時

月今乃遷延未去百姓不識王心懍生異議內外疑駭發
雷霆之詔降一介之使王何以自明願王自計之秀乃從
徵秀殿之後益州官屬多相連坐師以此獲免後加儀同
三司煬帝即位兼大理少卿帝在顯仁宮勑宿衛士不
得輒離所守有一主帥私令衛士出外帝付大理繩之師
據律奏徒帝令斬之師奏曰此人罪誠難恕若陛下初便
殺之自可不關文墨既付有司義歸恒典恕若陛下居職者
更有此犯將何以加之帝乃止轉刑部侍郎居職強明
有呂辯而無廉平之稱未幾卒官有子崿王

郎茂

《隋傳三十　六十六　十一》

郎茂字蔚之恒山新市人也父基齊潁川大守茂少敏慧
七歲誦騷雅日千餘言十五師事國子博士河間權會受
詩易三禮及玄象刑名之學文就國子助教長樂張率禮
受三傳群言至忘寢食家人恐茂成病恒節其燈燭及長
稱為學者頗解褐屬文傳繹來聘城令有能名百姓為立清德頌及
司空行祭軍會陳使傳繹來聘令茂接對之後奉詔於
秘書省刊定載籍選保城令有能名百姓為立清德頌及
周武平齊上柱國王誼薦之授陳州戶曹屬高祖為亳州
總管見而悅之命掌書記時周武帝為象經多科法將何
茂曰人主之所為也感天地動鬼神而象經多科法將何

以致治茂竊歎曰此豈常人所及也乃陰自結納高祖
亦親禮之後遂家焉茂為州主簿甚為汲相以書召之言及
疇昔其數勸衛州司錄有能名尋除衛國令時有繫囚
百茂親自究審數日釋免者百餘人歷年辭訟不詣州省及
魏州刺史元暉謂茂曰釋免百姓衛國民不敢申訴者畏
府君耳茂進曰民猶水也法令為隄防隄防不固必致奔突
苟無關茂睦丞尉請加嚴法茂曰元兄弟本相憎疾文
第思闕不睦丞尉請加嚴法茂曰元預兄弟本相憎疾又
坐得罪彌益其忿非化民之意也於是遣縣中者舊更往
敢謝道路不絕元預等各生感悔詣縣首請罪茂曉之

《隋傳三十一　六十六　十二》

以義遂相親睦稱為友悌茂自延州長史轉太常丞遷民
部侍郎時尚書右僕射蘇威立條章每歲責民間五品不
遜或長者乃二管內無五品之家不相應領類多如此文
為餘糧簿擬有無相贍茂必為繁紉不急皆奏罷之數歲
以母憂去職未幾起令視事茂又表身死王事者子不退田
品官年老不減地皆發於茂性明敏剖決無滯當時以
吏見稱仁壽初以本官領大興令煬帝即位遷雍州司
馬尋轉太常以卿後二歲拜尚書左丞恭掌選事茂工法
理為世所稱時工部尚書宇文愷右翊衛大將軍于仲文
競河東銀窟茂奏劾之曰臣聞貴賤殊禮士農異業所以

人知局分家識廉恥字文愷位望已隆祿賜優厚被奏去

繊寂爾無聞求利下交曾無愧色于仲文大將軍宿衛近臣

趨待階歷朝夕聞道震之風抑而不慕分銖之利知而

必爭何以貽範朝寮六民軌物若不繩將戮政教愷與

仲文竟坐得罪茂撰州郡圖經一百卷奏之賜帛三百段

以書付祕府于時帝每巡幸王綱已紊法令多失茂既先

朝舊臣明習世事然自謀身無塞諤之節見帝親征

遼東茂為晉陽宮留守其年老上表乞骸骨不許會帝

頻悟十年追還京兆歲餘而卒時年七十五有子知年

治之茂素與二人不平因深文巧詆成其罪狀帝大怒及

其弟司隸別駕楚之皆除名為民從且末郡茂怡然受命

不以為憂在途作登壠賦以自慰詞義可觀復附表自陳

高構

高構字孝基北海人也性滑稽多智辯給過人好讀書工

吏事弱冠補主薄仕齊河南王恭軍事歷徐州司馬高祖

陵平原二郡太守齊滅後周武帝以為許州司馬高祖受

禪轉冀州司馬其有能名徵拜比部侍郎尋轉民部時內

史侍郎晉平東與兄子長茂爭嫡尚書省不能斷朝臣三

議不決構判斷而合理上以為能召入內殿勞之曰我聞尚

書即上應列宿觀判數編詞理愜當意所不能及賜米百

石由是知名尋遷雍州司馬以明斷見

卽彌為稱職復徙雍州司馬坐事左轉吏部

尚書牛弘所重時人以構好劇談頗謂輕薄然其內懷方雅特為吏部

召令後位時尚書蘇威稱構最有能名前後典選之

上善之復拜雍州司馬又為吏部侍郎以公事必先草

問其司不可河東薛道衡才高當世每稱構有清鑒

輔論者稱構有知人之鑒開元中昌黎豆盧寔為黃門侍

即辭為慎密河東裴蘊術為右永多所糾正河東士爽平原

東方舉安定皇甫無逸俱為刑部並執法平允弘農劉士

龍清河房山基為才功河東裴鏡民為兵部並稱明幹京

世章烱為民曹屢進讜言南陽韓則為延州長史其有惠

政此等事行道關皆有吏幹為當時所稱

終于家時年七十二所舉杜如晦房玄齡等後皆自致公

張慶威

張慶威字元敬清河東武城人也父晏之齊比徐州刺史

虞威性聰敏涉獵群書其世父高之謂人曰虞威吾家千里駒也年十二州補主簿十八為太府中兵參軍後累遷太常丞及齊亡仕周為官納中士高祖得政引為相府典籤開皇初晉王廣世鎮并州盛選僚佐以虞威為刑獄參軍累遷為屬王甚美其才與河內張衡等見禮重晉邸稱拜謁者大夫從幸江都贊治稱為幹理虞尋帝即位授內史舍人儀同三司尋以藩邸舊加開府尋威嘗在塗見一遺襄恐其主求失因令左右員之而行後數日物主來認果以付之淮南太守楊綝嘗與十餘人同

來謁見帝問虞威曰其首立者為誰虞威對曰淮南太守楊綝帝謂虞威曰綝為謁者大夫而乃不識象見人何也虞威對曰臣非不識楊綝但慮不審所以敢輕對石建數焉足盡慎之至也帝其喜悅其廉慎皆此類也于時帝數巡幸百姓疲敝虞威因謁上封事以諫帝不悅自此見疎未幾卒官有子夔仕至蘭陵令虞威弟虞雄亦有才器奏王俊誤不持狀口對千餘人皆盡軍情同籌莫不察因徒虜雄誤選為泰州總管選為法曹參軍王甚親歡服後歷書春陽城二縣令俱有治績

榮毗

榮毗字子諶北平無終人也父權魏兵部尚書毗少剛鯁有局量涉獵群言仕周釋褐漢王記室轉內史下士開皇中累遷殿內監時以華陰多盜賊妙選長吏楊素薦毗為華州長史世號為能素之田宅多在華陰每令人密視京師法繩之無所寬貸毗因朝集素謂之曰素之舉卿適以自戲耳卿之毗奉法素之望迓時晉王在揚州每令人密京師消息遭張衡於路次往性置馬坊以畜牧為辭實百匹轉也毗答法奉法獨過絕其事上聞而嘉之賚絹百匹轉蒲州司馬漢王諒之反也河東豪傑以城應諒刺史丘和

覽道詔關中長史勃海高義明謂毗曰河東要害國之東門若失之則為難不細城中雖復惆惆非悉反也但收雜點者十餘人斬之自當立定耳毗然之義明馳馬追詣書與協計至城西門為及者所殺毗亦被執及諒平拜治書侍御史毗在朝品然正色為百察所憚後以毋憂去職歲餘敬之毗謂帝曰今日之舉馬坊之事也無改汝心帝亦起令視事尋卒官贈鴻臚少卿毗兄建緒性甚亮直兼有學業仕周為載師下大夫儀同三司及平齊之始留鎮鄴城因者紀三十卷建緒與高祖有權且為丞相加位開府拜息州刺史將之官時高祖陰有禪代之計因謂建緒

曰且蹉跎共取富貴建緒以周之大夫因義形於色
曰明公此言非僕所聞高祖不悅建緒遂行關皇初來朝
上謂之曰卿亦悔不建緒首曰臣位非徐廣情類楊虎
上笑曰朕雖不解書緒陳始興王行然軍後歷
上笑曰朕雖不解書語亦知卿此言不遜也歷始洪二州
刺史俱有能名

陸知命

陸知命字仲通吳郡富春人也父敳陳散騎常侍知命性
好學通識大體以貞介自持釋褐陳始興王行然軍後歷
太學博士南嶽正及陳滅歸于家會高智慧等作亂于江
左晉王廣鎮江都以其三吳久遣召令諷諭及者知命說
下賊十七城得其渠師陳正緒蕭思行等三百餘人以
拜儀同三司賜以田宅復用其弟恪為沂陽令知命以恪
非百里才上表陳讓朝廷許之時見天下一統知命以功
祖都洛陽因上表請使高麗曰臣聞聖人當衣物色巍四夫奔
朝堂上表請使高麗曰臣聞聖人當衣物色巍四夫奔
蹞或陳往賢伏願墾墾輟旒繼賢臣所謂昔軒轅馭歷既緩
風沙之誅實舜握圖猶稽有苗之伐但下當百代之末唇
千載之期四海廓清三邊底定唯高麗小豎狼顧燕垂王
慶含弘每懷遵養者良由惡殺好生欲訓之以德也臣請
以一節宣示皇風使彼君臣面縛闕下書奏天子異之歲

餘授普甯鎮將人或言其公正直者由是待詔於御史臺煬
帝嗣位拜治書侍御史偘然正色為百寮所憚帝甚敬之
後坐事免歲餘復職時齊王暕頗驕縱暕昵近小人知命奏
劾之暕竟得罪百寮震悚遼東之役為東萊道受降使者
卒於師時年六十七贈御史大夫

房彥謙

房彥謙字孝沖本清河人也七世祖諶仕燕太尉掾隨慕
容氏遷于齊子孫因家焉世為著姓高祖法壽魏青異二
州刺史壯武侯曾祖伯祖濟郡平原二郡太守祖翼宋安
太守並世襲爵壯武侯父熊釋褐揚州主簿行清河廣川二
郡守彥謙早孤不識父每因閱其天性穎悟每奇之
清晨以彥謙天性穎悟每奇之親教讀書年七歲誦數萬
言為宗黨所異十五出後叔父子貞事所繼母甚謹每旦
子貞哀之撫養甚厚後丁所繼母憂勺飲不入口者五日
期功之戚必疏食終禮宗從取則焉其後受學于博士尹
琳手不釋卷遂通五經解屬文草隷雅有詞辯風繋
高人年十八屬廣甯王孝珩為滄州刺史辟為主簿時禁
網疏闊州郡之職尤多縱弛及彥謙在職清簡守法州境
蕭然莫不敬憚及周師入鄴齊王東奔以彥謙為齊州治

【上欄】

中彥痛本朝傾覆將斜繕守忠義潛謀匡輔事不果而止
齊亡歸于家周帝遣柱國辛遵為蔡州刺史為賊帥輔帶
勅所執彥謙以書諭之帶劍斬送遵還州諸賊並各歸
首及高祖受禪之後遂優遊鄉曲誓無仕心開皇七年刺
史會藝固薦之不得已而應命吏部尚書盧愷一見重之
擢授承奉郎俄遷監察御史後屬陳平奉詔安撫泉括等
十州以衘命稱旨賜物百段米百石衣一襲奴婢七口遷
泰州總管錄事然軍當朝集時左僕射高熲寔考課彥
謙謂熲曰書稱三載考績黜陟幽明唐虞以降代有其法
黜陟合理褒貶無虧便是進必得賢退皆不肖如或舛謬

〈 列傳卌一　隋書卌六　十九 〉

法乃虛設比見諸州考校執見不同進退多少雜差不類
況復愛憎肆意致乖平坦清介孤直未必高名卑諂巧官
翩居上等直為其偽混淆是非貿亂宰貴既不精練斟酌
取捨又四方縣遠者多以蒙識後成未歷臺省者皆為不知
被退又四方縣遠者可詳悉唯量准人數半破半成徒計
官貟之必多莫顧善惡之殊賞欲求允當其道無由明公
鑒達幽微平心遇物今所考校必無阿枉脫有剟件數事
未審何以裁之唯願遠布耳目精加採訪褒秋毫之善貶
纖介之惡非直有光至治亦足標勸賢能詞氣慷然觀者
屬目頗為之動容深見嗟賞因歷問河西隴右官人景行

【下欄】

彥謙對之如響頗顧謂諸州總管刺史曰與公言不如獨
與泰州考使語後數日頗言於上上弗能用以秩滿遷長
葛令甚有惠化百姓歌為慈父仁壽中上令持節使者巡
行州縣察長吏能不以彥謙為天下第一超授鄳州司馬
吏民豗愕莫之測也房恭懿以去官為後百姓
思之立碑頌德帝嗣位道衡轉牧番州路經彥謙所留運數日
內史侍郎薛道衡一代文宗位望清顯所與交結皆海內
名賢重彥謙為人深加友敬及乘襄州總管辭翰生來交
錯道路熀帝嗣位道衡轉牧番州路經彥謙相善于時帝營東都
肩謙而別黃門侍郎張衡亦與彥謙相善于時帝營東都

〈 列傳卅一　隋書六十六　二十 〉

窮極侈麗天下失望文漢王構逆罹罪者多彥謙見而憫之當
塗而不能匡救以書諭之曰竊聞賞貴之所以勸善刑者所
以懲惡故賞賤之人有善必賞尊貴之戚犯惡必刑未有
罰則避親賞則遺賤者也今諸州刺史受委牧善惡之
間上達本朝慴懼憲章不敢怠慢國家祇承靈命文王二戎我
毋刑賞曲直升聞於天寅畏照臨亦宜謹肅承故文王二戎我
其風夜畏天之威以此而論雖州國有殊高下縣邈然憂
民慎法其理一也至如并州舉國有殊高下縣邈然憂
詔命不通懼宗社危逼徵兵聚衆非為干紀則當原其本
情議其刑罰應上副聖主友于之意下曉愚民疑惑之心若

審知內外無貳嗣之緒蒙統而好亂樂禍妄有覬覦則管蔡
之誅當在於諒同惡相濟無所逃罪鳥獸之戮國有常刑
其聞乃有情非慉同力不自固或被擁逼通淪陷凶威遂使
籍沒孥戮恐為寬監恢恢天網豈其然乎罪疑從輕斯義
安在昔叔向匄賢讞之死晉國所嘉君但以執法無私漢
文稱善羊古寧不愛乎廷尉非苟違君疑斷伹之刑漢義
容輕重且聖人大寶曰神器苟非天命不可妄得故虽
尤須籍之驍勇伹丑藿光之權勢李老孔丘之才智豈望
孫武之兵術具楚連磐石之據產祿承毋戶之其不應歷
運之兆終無帝王之位況乎蔂蔂一隅蜂扇蟻聚揚諒之

愚郵群小之凶愚而欲憑陵畿甸覬幸非望者哉開闢以
降書契云及帝皇之跡可得而詳曰非積德累仁豐功厚
利孰能道洽幽顯義感靈祇其以古之哲王昧旦不顯嗜
氷在念道冶競懷遠叔世驕荒曾無戒懼肆於民上騁嗜
本慈不可具載讀旻陳之襄者旻陳一國並居大位自謂
與天地合德日月齊明閟念憂虞不恤刑政近臣懷寵稱
善而隱惡史官曲筆揜瑕而錄美是以民庶呼嗟終閟稱
於視聽公卿虛譽日敷陳於左右法網嚴密刑辟日多徒
役煩興老幼疲苦昔鄭有子產齊有晏嬰裁有叔救晉有
士會凡此小國尚足名臣猱陳之彊豈無良佐但以執政

弔影撫心何嗟及矣故詩云殷之未喪師克配上帝宜鑒
河朔彊鹹富江湖險隔各保其業民不思亂泰山之固弗可
動也然而寢卧積薪新宴安鴆毒使未泰生廟霧露沾衣
上玄惠血鹹委任方直斥遠淫華甲兵為心惻陰為務
高聽里監其滛僻故揽收神器歸我大隋祗敬
在身所謂棟梁鯁鯁之村也戴確平不動棟之慶屋如骨之
豈繫邊家騰舉以此求賢何侵而至夫賢材者非尚賢力
幹持於巳非宜即加揭歷尚遇謫佞之輩行多穢匿衍我
有益遠家外同內忌詖有正直之士才堪
雍蔽懷私徇躬志國室家外同內忌詖有正直之士才堪

云就曰仁莠風彰錫社分廷太成規矩及統淮海盛德
日新當聳璧之符遄邇僉讚歷甫爾覽仁巳布率土養生
魁弖而喜井州之亂綬起倉卒職由楊諒詭惑誤吏民
非有構怨本朝弃德從賊者也而有司將眄稱其願友非
止謟餡良善亦思大黝皇獻巳下宿當重吝早預心齊粵
自藩邸柱石見知方當書名竹帛傳芳萬古稷契伊呂彼
獨何人既屬明時詎存賽誤立當世之大誠作將來之憲
範豈容曲順人主愛廢刑又使肹徒之後橫貽罪讟茶
蒙眷遇輕寫微誠野愚瞽不知忌諱儻得書黝息而不

士會凡此小國尚足名臣猱陳之彊豈無良佐但以執政

13-709

敢奏聞彦謙知王綱不振遂去官隱居不仕將結構蒙山之下以求其志會置司隸官盛選天下知名之士彦謙公方宿著時望所歸徵授司隸刺史彦謙亦慨然有澄清天下之志凡所薦舉皆人倫表式其有彈射當之者皆為之拜唯彦謙執志不撓九禮長揖有識嘉之炬亦不敢為恨大業九年從駕度遼監扶餘道軍其後隋政漸亂朝廷靡然莫不變節彦謙直道守常介然孤立頗為執政者之所嫉出為涇陽令未幾終于官時年六十九彦謙居家每子姪定省常為講說賢勉之靈塵不倦家有舊業資

產素殷又前後居官所得俸祿皆以周恤親友家無餘財車服器用務存素儉自火及長一言一行未嘗涉私雖致屢空怡然自得嘗從容顧謂其子玄齡曰人皆因祿富富我獨以官貧所遺子孫在於清白耳所有文筆恢廓閑雅有古人之深致文善草隸人有得其尺牘者皆寶玩之太原王邵北海高構循縣李綱河東柳或辭孺皆一時知名雅澹之士彦謙並與為友雖冠蓋成列而門無雜賓體資文雅深達政務有識者咸以遠大許之初開皇中平陳之後天下一統論者咸云將致太平彦謙私謂所親趙郡李少通曰主上性多忌刻不納諫爭太子卑弱諸王擅威

在朝唯行苛酷之政未施弘大之體天下雖安方憂危亂必通初謂不然及仁壽大業之際其言皆驗大唐撫運追贈徐州都督臨淄縣公諡曰定

史臣曰大夏云構非一木之枝帝王之功非一士之略長短殊用大小異宜柷棟梁莫可棄也本諸譖等或文能遵義或才足幹時識用顯於當年故事留於臺閣恭之有隋多士取其開物成務皆廊廟之榱桷亦北辰之衆皇也

列傳卷第三十一

隋書六十六

特進臣魏　徵　上

虞世基

虞世基字茂世會稽餘姚人也父荔陳太子中庶子世基
幼沉靜喜慍不形於色博學有高才兼善草隸陳中書令
孔奐見而歎曰南金之貴屬在斯人少傅徐陵聞其名召
之世基不往後因公會陵一見而奇之顧謂朝士曰當今
潘陸也因以弟女妻焉仕陳釋褐建安王法曹行參軍歷
祠部殿中二曹郎太子中舍人遷中庶子散騎常侍尚書
左丞陳主嘗於莫府山校獵令世基作講武賦於坐奏之

曰夫戲君常者未可論匡濟之功廊然後見帝王
之畧何則化有文質進讓殊風世或澆淳解張累務雖後
順紀合符之后望雲就日之君且修戰於版泉亦治兵於
丹浦是知文德武功蓋因時而並用經邦創制固與俗而
推移所以樹鴻名垂大訓拱揖百靈包舉六合其唯聖人
乎鶉火之歲皇王御宇之四年也萬物交泰九有乂安俗
躋仁壽民資日用然而足兵猶載懷於復薄可以可
大尚標乎於御朽至如昆吾遠書蕭督司際史不絕書府
無虛月貝冑雍弧之用犀渠翮筆之殷鑄名劔於尚方積
琱文於武庫能羆百萬貔豹千群利盡五材威加四海戈

於農隙有事春蒐含辭策勳觀使臣之以禮沮勸賞罰迺
示民以知禁盛矣哉信百王之不易十載之一時也昔上
林從幸相如於是頌德長楊校獵子雲退而為賦雖則體
物緣情不同年而語矣英聲甚實蓋可得而言焉其辭曰
惟則天以稽古統資始於群分膺圖而出震樹司牧以
為君旣澤寬而濟猛亦乃武比地勞乎殷復南伐
盛於唐勳彼周干與夏戚粵可得而前聞我大陳之創業
乃撥亂而為武旣定難平壹區宇從喋喋之樂推芟蕘蒼
蒼而再補故累仁以積德諒重規而襲矩惟皇帝之休烈
體徇齊之睿哲敷九疇而咸叙奄四海而有截旣搜揚於

帝難又文思之安安幽明請吏俊乂在官御璇璣而七政
辨朝五帛而萬國歡昧旦不顯思治道藏往而知來
功象天而兩地運聖人之上德盡生民之能事於是禮暢
樂和刑清政肅西泉析支東漸蟠木整圖諜而効祉漏川
泉而禔福在靈覬而必臻亦何思而不服雖至治之隆平
猶戒國而強兵選羽林於六郡詔蹻以因農隙而習戰
餘勇咸國重義而輕生迭羽林於六郡詔蹻以
命司馬以示法帥掌固而清囹導旬始以刪驅伏鈞陳而
後殿抗烏旟於析羽飾魚文於被練爾乃革軒按轡玉虹
齋軼屯左矩以啓行擊石鍾而傳賢交雲罕之掩映紛劒

騎而來往指撝提於斗極洞閶闔之弘啟跨玄武而東臨
歟黃山而北上隱圓闕之迢遰屆方澤之壇爽于斯時也
青春晚候朝陽明岫日月光華煙雲吐秀澄波瀾於江海
靜氛埃於宇宙乘輿御太一之王堂授軍令於紫房蘊
龍韜之妙筭武旅於戎場鋭金顏於庸蜀麗鐵騎於漁
陽發神弩而持蒲鞬天弧而並張曳虹旗之正正振鼙鼓
之鏜鏜八陳肅而成列六軍儼以相望拒飛梯於紫帶鞶
樓軍於武岡或掉鞍而直指乍交綏而佯傷裁鷹變而蛇
擊俄獲麕於下莊軒軒而鶴舉遂離離以鴈行振
於孟獲乃兩禽於

川谷而橫八表瀚海岳而耀三光諒窈冥之不測荒進退
而難常亦有投石扛鼎超乘挾軸衝冠聳劍鐵楯銅頭熊
渠殖兄勇操半雉任郵與貧育故無得而為仇九攻既
決三畧已周鳴鏑振響風卷電收於是勇爵班金奏設登
元凱而陪位命方邵而就列三獻式序八音未闋舞節方
而有豫聽鼓鞞而載忭俾挾纊而投醪感忘餐而殉節方
席卷而橫行見王師之有征登燕山而勒銘威封豕臨瀚
斬長鯨望云耳而言成寶皇王之神武信而
蕩蕩而難名者也陳玄嘉之賜馬四及陳滅歸國為通
直郎直內史省貧無產業每傭書養親怏怏不平嘗為五

言詩以見意情理懷切世以為工作者莫不吟詠未幾拜
內史舍人煬帝即位顧遇彌隆祕書監河東柳顧言博學
有才幹所推謝至是與世基相見歎曰海內當共推此一
人非吾儕所及也俄遷內史侍郎以母憂去職哀毀骨立
有詔起令視事拜見之日殆不能起帝令左扶之曰方相
委任當為國惜身前後敦勸者數矣不能下帝使謂之曰方相
專典機密與納言蘇威左翊衛大將軍宇文述黃門侍郎
裴矩御史大夫裴蘊等參掌朝政于時天下多事四方表
奏日有百數帝方凝重不親決入閤之後始乃世基口

授節度世基至是方為勑書日且百紙無所遺謬其精審
如是遼東之役進位金紫光祿大夫從幸鴈門帝為突
厥所圍戰士多敗世基勸帝重為賞格親自撫循又下詔
傅遼東之事帝從之師乃復振及圍解帝不行又以伐
遼之詔由是言其詐眾朝野離心帝幸江都次鞏縣世基
以盜賊日盛請發兵屯洛口倉以備不虞帝不從但云
卿是書生定猶恇怯于時天下大亂世基知帝惡聞數
又以高頗張衡等相繼誅戮懼禍及己雖居近侍唯諸取
容不敢忤意盜賊日甚郡縣多沒世基知帝惡數聞之後
有告敗者乃抑損表狀不以實聞是後外間有變帝弗之

知也甞遣太僕楊義臣捕盜於河比降賊數十萬列狀上
聞帝歎曰我初不聞賊何如此義臣捕盜如此義臣何多也世基對
曰鼠竊雖多未足爲慮義臣故此
最非宜帝曰卿言是也遽追義臣放其兵散天越王侗遣
太常丞元善達間行賊中詣江都奏軍稱李密有狼百萬
圍逼京都擄洛口倉城內無食若陛下速還烏合必散
不然者東都決沒因歔欷鳴咽帝爲之改容世基見帝色
憂進曰越王年小此輩誑之若所言善達何緣來至帝
乃勃然怒曰善達小人敢廷辱我如使經賊中向東陽催
運善達遂爲群盜所殺此後外人杜口莫敢以賊聞奏世

〈 列傳三十二　隋書六十七　五 〉

基貌沉審言多合意是以特見親愛朝臣無與爲比其
室孫氏性驕淫世基惑之恣其奢靡雕飾器服無復素士
之風孫復攜前夫子夏侯儼入世基舍而頑鄙無賴爲其
聚歛翼官賣獄賄賂公行其門如市金寶盈積其弟世南
素國士而清貧不立未曾有所贍由是爲論者所譏朝野
咸共疾怨宇文化及殺逆也世基乃見害焉爲長子蕭好學
多才藝時人稱有家風弱冠早没蕭弟熙大業末爲狩躍
郎次子柔晦宣義郎化及將亂之夕宗人虞伏威知而告
熙曰事勢以然吾將濟卿南度具得免禍同死何益熙謂
伋曰棄父背君求生何地感尊之懷自此訣矣及難作兄

弟竟請先死行刑人於是先世基殺之

裴蘊

裴蘊河東聞喜人也祖之平梁衛將軍父忌陳都官尚書
與吳明徹同没于周賜爵江夏郡公在陳十餘年而卒蘊
性明辯有吏幹在陳仕歷直閤將軍與寧令蘊以其父在
比陰奉表於高祖請爲內應及陳平上悅閱江南衣冠之
士次至蘊上以爲鳳有向化之心超授儀同左僕射高熲
不悟上旨進諫曰裴蘊無功於國寵踰倫輩臣未見其可
上又加蘊上儀同頵復進諫上曰可加開府頵乃不敢復
言即日拜開府儀同三司禮賜優洽歷淮直棣三州刺史

〈 列傳三十二　隋書六十七　六 〉

俱有能名大業初考績連最煬帝聞其善政徵爲太常少
卿初高祖不好聲技遣牛弘定樂非正聲清商及九部四
舞之色皆罷遣從人至是蘊揣知帝意括天下周齊梁
陳樂家子弟皆爲樂戶其六品巳下至于民庶有善音樂
及倡優百戲者皆直太常是後異技淫聲咸萃樂府皆置
博士弟子遞相教傳增益樂人至三萬餘人帝大悅遷民部
侍郎于時猶承高祖和平之後禁網疏闊戶口多漏或年
及成丁猶詐爲小未至於老已免租賦蘊歷爲刺史素知
其情因是條奏皆令貌閱若一人不實則官司解職鄉正
里長皆遠流配又許民相告若糾得一丁者令被糾之家

代輸賦役是歲大業五年也諸郡計帳進丁二十四萬三
千新附口六十四萬一千五百帝臨朝覽狀謂百官曰前
代無好人致此閭閻今進民戶口皆從實者全由裴蘊一
人用心古語云得賢而治驗之信矣由是漸見親委拜京
兆贊治發擿纖毫吏民懾憚未幾權授御史大夫與裴矩
虞世基參掌機密蘊善候伺人主微意若欲罪者則曲法
順情鍛成其罪所欲宥者則附從輕典因而釋之是後大
小之獄皆以付蘊憲部大理莫敢與奪必票承進止然後
決斷蘊亦機辯所論法理三君縣河或重或輕皆由其口
剖析明敏時人不能致詰楊玄感之反也帝遣蘊推其黨

與謂蘊曰玄感一呼而從者十萬益知天下人不欲多多
即相聚為盜耳不盡加誅則後無以勸蘊由是乃峻法治
之所殺者數萬人皆籍沒其家帝大悅善賜奴婢十五口
司隸大夫薛道衡以忤意獲譴蘊知帝惡之乃奏曰道衡
負才恃舊有無君之心見詔書毎下便腹非私議推惡於
國妄造禍端論其罪似如隱昧源其情意深為悖逆帝
曰然我少時與此人相隨行役輕我重我至高熲賀若弼
等外檀威權自知罪當誅謟及我即位懷不自安賴天下
無事未得及耳公論其逆謟妙體本心於是誅道衡又帝問
蘇威以討遼之策威不願帝復行且欲令帝知天下多賊

乃詭荅曰今者之役不願發兵但詔赦群盜自可得數十
萬遣關內奴賊及山東麻山飛張金稱等為一軍出
遼西道諸河南賊王薄孟讓等十餘頭並給舟楫浮滄海
道必喜於免罪競務立功一歲之間可滅高麗矣帝不懌
曰我去尚猶未克鼠竊安能濟乎威出後蘊奏之曰此大不
遜天下何處有許多賊帝悟曰老革多姦將我敢三
帝付蘊鞫之蘊知上意遣張行本奏威罪惡
其口但隱忍之誠極難耐蘊令虞世基更奏威罪父子及孫三
世並除名蘊又欲重已權勢令虞世基罷司隸刺史以
下官屬增置御史百餘人於是引致姦黠共為朋黨郡縣

有不附者陰中之于時軍國多務凡是興師動眾京都留
守及與諸蕃互市皆令御史監之實客附隸偏於郡國侵
擾百姓帝弗之知也以度遼之役進位銀青光祿大夫及
司馬德戡將為亂江陽長張惠紹夜馳告之蘊共惠紹謀
欲矯詔發郭下民盡取榮公來護兒節度收在外逆黨宇
文化及等仍發羽林殿脚遣范富婁等入自西苑取梁公
蕭鉅及燕王勗分扣門援帝謀議已定遣報虞世基世基
疑之者不實稱其計須更作蘊嘆曰謀及播郎竟懼人
事遂見害子惜為尚輦直長亦同日死

裴矩

裴矩字弘大，河東聞喜人也。祖他，魏都官尚書。父訥之，齊太子舍人。矩襁褓而孤，及長好學，頗愛文藻，有智數。世父讓之謂矩曰：「觀汝神識，足成才士，欲求官達，當資幹世之務。」矩始留情世事。矩北平王文宣爲司州牧，辟爲兵曹從事。轉高平王文學。及齊亡，不得調。高祖作相，聞見者馳召補記室，甚親敬之。及受禪，遷給事郎，奏舍人事。高頗收陳圖籍，明年奉詔府記室，飫破冊楊晉王廣，令矩與高頗收陳圖籍，領元帥記室撫嶺南。未行而高智慧、汪文進等相聚作亂，吳越道閉。上難遣矩行，矩請速進，上許之。行至南康，得兵數千人。時

俚帥王仲宣逼廣州，遣其所部將周師舉圍東衡州。矩與大將軍鹿愿赴之。賊立九柵屯大庾領，共爲聲援。矩進擊破之。賊懼，釋東衡州，據愿長嶺之柵。矩擊破之，遂斬師。與進軍自南海援廣州。仲宣懼而潰散。矩所綏集者二十餘州。又承制署其渠帥爲刺史縣令。及還報，上大悅，命升殿勞苦之，顧謂高頗、楊素曰：「裴矩洗將二萬兵不能早度領，每惠其兵。必裴矩以三千敝卒，徑至南康，有臣若此，朕亦何憂。」以功拜開府，賜爵聞喜縣公，賚物二千段，除民部侍郎，尋遷內史侍郎。時突厥強盛，都藍可汗妻大義公主，即宇文氏之女也。由是數爲邊患。後因公主與從胡私通，長孫晟

發其事，矩請出使說都藍，顯戮宇文氏。上從之，竟如其言。公主見殺。後都藍與突利可汗搆難，屢犯亭鄣。詔太平公史萬歲爲行軍總管，出定襄道，以矩爲行軍長史，破達頭可汗於塞外。萬歲被誅，功竟不錄。上以矩爲啓民可汗初附，令矩撫慰之。還爲尚書左丞。其年，文獻皇后崩，太常舊無儀注，矩與牛弘據齊禮參定之。轉吏部侍郎，名爲稱職，多至即位，營建東都，矩職俶府省之轉吏部侍郎，方勤遠署，諸商胡至者，矩誘令言其國俗、山川險易，撰西域圖記三卷，入朝奏之。其序曰：臣聞禹定九州，導河不踰積石，秦兼六國，

設防止及臨洮。故知西胡雜種，僻居遐裔，商禮教之所不及，書典之所罕傳。自漢氏興基，開拓河右，始稱都護，名號者有三十六國。其後分立，乃五十五王，仍置校尉、都護以存招撫。然叛服不恒，屢經征戰。後漢之世，頗歷廢興。此官雖大抵以來，署知戶數，而諸國山川，未有名目，至如姓氏風土，服物產全無纂錄，而弗聞復以春秋遞謝，年代久遠，兼并誅討，五有興亡，或地是故邦，改從今號，或人非舊類，因襲昔名，兼復部民交錯，封壇移改，戎狄音殊，事難窮驗。于闐之北，蔥嶺以東，考于前史三十餘國，其後更相屠滅，僅有十存，自餘淪沒，掃地俱盡，有丘墟不可記識。皇上應天育

物無隅華夷率土黔黎莫不慕化風行所及日入以來職
貢皆通無遠不至臣既因撫納監關市尋討書傳訪採
胡人或有所疑即譯衆口依其本國服飾儀形王及庶人
各顯容止即丹青摸寫爲西域圖記共成三卷合四十四
國仍別造地圖窮其要害從西頃以去北海之南縱橫所
亘將二萬里諒西域多産珍異其山居之屬
漢相踵西域圖富商大賈周遊經涉故諸國之事罔不
徧知復有幽荒遠地卒訪難驗不可憑虛是以致關而二
寶今者所編皆餘千戶利盡西海多産珍異其名號乃非其
非有國名及部落小者多亦不載發自敦煌至于西海凡

爲三道各有襟帶比道從伊吾經蒲類海鐵勒部突厥可
汗庭度比流河水至拂菻國達于西海其中道從高昌焉
耆龜茲疏勒度葱嶺又經鏺汗蘇對沙那國康國曹國何
國大小安國穆國至波斯達于西海其南道從鄯善于闐
朱俱波喝槃陀度葱嶺又經護密吐火羅挹怛忕延漕國
至北婆羅門達于西海其三道諸國亦各自有路南北交
通其東女國南婆羅門國等並隨其所往諸處得達故知
伊吾高昌鄯善並西域之門戶也總湊敦煌是其咽喉之
地以國家威德士驍雄沈漠汜而揚旌越崐崘而躍馬
易如反掌何往不至但突厥吐渾分領羌胡之國爲其擁

過故朝貢不通今並因商人密送誠款引領翹首願爲臣
妾聖情含養澤及普天服而撫之務存安輯故皇華遣使
弗動兵車諸蕃既從渾厥可滅混我夏其在茲乎不有
所記無以表威化之遠也帝大悅賜物五百段每日引矩
至御坐親問西方之事矩盛言胡中多諸寶物吐谷渾易
可并吞帝由是甘心將通西域四夷經略咸以委之轉民
部侍郎未視事遷黃門侍郎帝復令矩往敦煌矩遣使說
至者十餘國大業三年帝有事於恒岳咸來助祭帝將巡
河右復令矩往敦煌矩遣使說高昌王麴伯雅及伊吾吐
屯設等啗以厚利導使入朝及帝西巡次燕支山高昌王

伊吾設等及西蕃胡二十七國謁於道左皆令佩金玉被
錦罽焚香奏樂歌儛諠譟復令武威張掖士女盛飾縱觀
騎乘填咽周亘數十里以示中國之盛帝見而大悅竟破
吐谷渾拓地數千里並遣兵戍之每歲委輸巨億萬計諸
蕃懾懼朝貢相續帝謂矩有綏懷之畧進位銀青光祿大
夫其冬帝至東都矩以蠻夷朝貢者多諷帝令都下大戲
徵四方奇技異藝陳於端門街衣錦綺珥金翠者以十數
萬文勒百官及民士女列坐栅閣而縱觀焉皆被服鮮麗
終月乃罷又令三市店肆皆設帷帳盛列酒食遣掌蕃率
蠻夷與民貿易所至之處悉令邀延就坐醉飽而散蠻夷

嗟歎謂中國為神仙帝稱其至誠顧謂宇文述牛弘曰裴
矩大識朕意凡所陳奏皆朕之成算未發之頃矩輒以聞
自非奉國用心孰能若是帝遣將軍薛世雄城伊吾令矩
共往經略矩諷諭西域諸國曰天子為蕃人交易所
以之封于箕子漢世分為三郡晉氏亦統遼東今乃不臣
別為外域故先帝疾焉欲征之久矣但以楊諒不肖師出
無功當陛下之時安得不事此冠帶之境仍為蠻貊之
鄉乎今其使者朝於突厥親見啓民合國從化必懼皇靈
之遠暢慮後伏之先亡不貪入朝當可致也帝曰如何矩
曰請面詔其使放還本國遣語其王令速朝覲不然者當
率突厥即日誅之帝納焉高元不用命始建征遼之策王
師臨遼以本官領武賁郎將明年復從至遼東兵部侍郎
斛斯政亡入高麗帝令矩兼掌兵事以前後渡遼之役
位右光祿大夫時皇綱不振人皆變節矩爲世所稱
宇文述内史侍郎虞世基等用事文武多以賄聞唯矩守

以還賜錢四十萬矩又
白狀令文間射賣落狄語
所迫竟隨使者入朝帝大悅賜矩以貂裘及西域珍器從
帝巡于塞北幸啓民帳時高麗遣使先通于突厥啓民不
敢隱引之見帝矩因奏狀曰高麗之地本孤竹國也周代

常無贓穢之響以是為世所稱還至涿郡帝以楊玄感初
平令矩安集隴右因之會寧存問為薩那部落致富之後
設寇吐谷渾頻有虜獲部落致富而還帝大賞之蜀
從師分其勢詔護北蕃軍事矩以始畢可汗部衆漸盛
獻策分其勢將以宗女嫁其弟叱吉設拜為南面可汗叱
吉不敢受矩言於帝曰突厥本淳易可離間但由其内多
難間但由其内多有群胡盡皆桀黠教導之耳臣聞史蜀
胡悉尤多姧計幸於始畢誘諸胡令在馬邑欲共蕃内多作交關若
胡悉先多姧計誘殺之帝曰善矩因遣人告
前求者即得好物胡來貪利信之不生猜疑矩乃率其部落盡

驅六畜星馳爭進冀先互市矩伏兵馬邑下誘而斬之詔
報始畢曰史蜀胡悉忽領部落走來至此云背可汗請我
容納突厥既我臣彼有背叛我當為殺令已斬之故令
往報始畢亦知其狀由是不朝十一年帝比巡幸始畢率
騎數十萬圍帝於雁門詔令募人赴難矩與虞世基每宿朝堂以待
顧問及圍解從至東都屬李密逼東都諸
胡朝貢矩輒以奏狀可汗遣其猶子率西蕃諸
縣上奏者不可勝計矩言之帝怒遣矩詣京師接候蕃客
以疾不行及義兵入關帝令虞世基就宅問矩方畧矩曰
太原有變京畿不靜遙為處分恐失事機唯願鑾輿早還

方可平定矩復起視事俄而驍衛大將軍屈突通敗問至
矩以聞帝失色矩素勤謹未嘗忤物又見天下方亂恐為
身禍其待遇人多過其所望故雖至廝役皆得其歡心時
從駕驍果數有逃散帝憂之以問矩矩曰方今車駕留
此已經二年驍果之徒盡無家口人無匹合則不能久安
臣請聽兵士於此納室帝大喜曰公定多智此奇計也因
令矩檢校為將士等聚婦矩召江都境內寡婦及未嫁女
皆集宮監又召將帥及兵等恣其所取因聽自首先有姦
通婦女及尼女等並即配之由是驍果等感相謂曰
裴公之惠也宇文化及之亂矩晨起將朝至坊門遇逆黨

數人控矩詣孟景所賊皆曰不關裴黃門既而化及從
百餘騎至矩迎拜化及慰諭之令矩恭定儀注推秦王子
浩為帝以矩為侍內隨化及至河北及僭帝位以矩為尚
書右僕射加光祿大夫封蔡國公為河北道安撫大使及
宇文氏敗為竇建德所獲以矩隋代舊臣遇之甚厚復以
為吏部尚書尋轉尚書右僕射專掌選事建德起自群盜
未有節文矩為制定朝儀旬月之間憲章頗備擬於王者
建德大悅每諮訪焉及建德度河討孟海公矩與曹旦等
浩於洺州留守建德敗於武牢羣帥未知所屬曹旦長史李
公淹大唐使人魏徵等說旦及齊善行令歸順旦等從之

乃令矩與徵公淹領旦及八軍舉山東之地歸于大唐授
左庶子轉詹事民部尚書

史臣曰世基初以雅澄著名兼以文華見重亡國霸旅特
蒙任遇參機衡之職預帷幄之謀國危未嘗思安君昏不
能納諫方更阿諛苟悅求容自古幸臣鮮不爲禍唯是視
蘊素懷姦險巧於附會作威作福唯利是視滅亡之禍其
可免乎裴矩學涉經史頗有幹局至於恪勤匪懈夙夜在
公求諸古人殆未之有與聞政事多歷歲年雖廢危亂之
中未虧廉謹之節美矣然煬望風旨與時消息使高昌入
朝伊吾獻地聚粮且末師出玉門關右騷然頗亦矩之由
也

列傳卷第三十二

宇文愷字安樂祀國公忻之弟也在周以功臣子年三歲

賜爵雙泉伯七歲進封安平郡公邑二千戶愷少有器局

家世武將諸兄並以弓馬自達愷獨好學博覽書記解屬

文多伎藝號為名父公子初為千牛累遷御正中大夫儀

同三司高祖為丞相加上開府中大夫及踐阼誅宇文氏

愷初亦在殺中以其與周本別封邸副監太子左庶子廟成別封甄

之僅而得免後拜營宗廟副監太子左庶子廟成別封甄

山縣公邑千戶及遷都上以愷有巧思詔領營新都副監

高熲雖總大綱九所規畫皆出於愷後決渭水達河以通

運漕詔愷總督其事後拜萊州刺史甚有能名兄忻被誅

除名於家父不得調會朝廷以魯班故道久絕不行令愷

修復之既而上建仁壽宮訪可任者右僕射楊素言愷有

巧思上然之於是檢校將作大匠歲餘拜仁壽宮監授儀

同三司尋為將作少監文獻皇后崩愷與楊素營山陵事

上善之復爵安平郡公邑千戶煬帝即位遷都洛陽以愷

為營東都副監尋遷將作大匠愷揣帝心在奢麗於是東

京制度窮極壯麗帝大悅之進位開府拜工部尚書及長

城之役詔愷規度之時帝比巡欲誇戎狄令愷為大帳其

下坐數千人帝大悅賜物千段又造觀風行殿上容侍衛

者數百人離合為之下施輪軸推移倏忽有若神功戎狄

見之莫不驚駭帝彌悅焉前後賞賚不可勝紀自永嘉之

亂明堂廢絕隋有天下將復古制議者紛然皆不能決博

考群籍奏明堂議表曰臣聞在天成象房為布政之宮

九宮統人神之際金口木舌發令兆民五瑞黃琮式嚴宗

祀何嘗不紛莊展宇妙思於規摹凝睟晬於冠冕致子來於

在地成形景午居正陽之位觀雲告月順生殺之序五室

短褥伏惟皇帝陛下提挈埏埴御辯乘乾咸五登三復上

皇之化流凶去暴丕丕武之緒用百姓之異心驅一代以

同域康哉康哉民無能而名矣故使天符地實體飛甘

造物資生澄源反朴九圍清謐四表削平龍戎衣冠薦其

文軌莊汪上玄陳珪璧之敬肅肅清廟感霜露之誠正金

奏九韶六莖之樂定石渠五官三雍之禮乃卜瀍西爰謀

洛食辨方面勢仰覯神謀敷土濬川為民立極東墨遵先

言表置明堂愛詔下臣占星揆日於是採松山之祕簡披

汶水之靈圖訪通議於殘亡鳩冬官於散逸總集眾論勒

成一家昔張衡渾象以三分為一度裴秀輿地以二寸為

千里臣之此圖用一分為一尺推而演之草輪奐有序而

經構之旨議者殊途或以綺井為重屋或以圓楣為隆棟
各以臆說事不經見今錄其疑難為之通釋皆出證據以
相發明議曰臣愻謹案淮南子曰昔者有巢氏之治天下也
甘雨以時常五穀蕃植春生夏長秋收冬藏月省時考終歲
獻貢以時帝命驗曰帝者承天立五府以尊天重象赤
不能龍燥濕不能傷遷延而入之臣愻以為上古朴略綱
立典刑尚書帝命驗曰帝承天立五府以尊天重象赤
震之天府夏之世室殷之重屋周之明堂皆同矣尸子曰
日文祖黃曰神斗白曰顯紀黑曰玄矩蒼曰靈府注云唐
有虞氏曰總章周官考工記曰夏后氏世室堂脩二七博

四脩一注云脩南北之深也夏度以步今堂脩十四步其
博益以四分脩之一則明堂博十七步半也臣愻按三王
之世夏最為古從質尚文理應漸就寬大何因至夏室乃大
殷堂相形為論理恐不爾故記云今堂脩七博四脩以
步則應脩七步注云今堂脩十四步乃是增益殷周
二堂獨加無加字便是其義類例不同山東禮本輒加二七
之字何得殷無加字乃桑間俗儒信情加減或是
不然儱校古書並無一字此論堂之一面據此為準則三代堂其基
議曰夏后氏益其堂之大二百四十四尺周人明堂以為
兩桁間馬宮之言此論堂之一面據此為準則三代堂其基

並方得為上圓之制諸書所說並云下方鄭注周官獨為
此義非直與古違異亦乃乖背禮文尋文求理深恐未愜
尸子曰殷人陽館考工記曰殷人重屋堂脩七尋堂崇三
尺四阿重屋注云其脩七尋五丈六尺放夏周則其博九
尋七丈二尺又曰周人明堂度九尺之筵東西九筵南北
七筵堂崇一筵五室凡二筵注云此文明堂者明堂位曰
廟重簷鄭注云複廟重屋也注五灑云天子廟及露寢皆
如明堂制禮圖云於內室之上起通天之觀觀八十一尺
得宮之數其聲濁君之象也大戴禮曰明堂者古有之凡
九室一室有四戶八牖卅六戶七十二牖其宮方三百

綴戶白綴牖堂高三尺東西九筵其宮方三百
步凡人民疾六畜疫五穀災生於天道不順天道不順生
於明堂不飾故有天災則飾明堂周書明堂曰堂方一百
十二尺戶高八尺博四尺作洛曰明堂太廟露寢咸有四
十尺戶高八尺博四尺三寸室居內方六
於明堂九室十二階各有所居呂氏春秋有十二堂與月令
同並不論尺丈孔氏注云明堂雖不與禮合一月一階非
堂九重廊孔氏注云明堂雖不與禮合一月一階非
重九室十二階各有所居呂氏春秋有十二堂與月令
無理思黃圖曰堂方百四十四尺法坤之策也方象地屋圓
楣徑二百一十六尺法乾之策也圓象天室九宮法九州

太室方六丈法陰之變數十二堂法十二月三十六戶法
極陰之變數七十二牖法五行所行日數八達象八風法
八卦通天臺徑九尺法乾以九覆六高八十一尺法黃鍾
九九之數二十八柱象二十八宿堂高三尺土階三等法
三統堂四向五色法四時五行殿門去殿七十二步法五
行所行門堂長四丈取太室三之二堂室高並無所依此
六尺其外倍之殿填方在水內法地陰也水四周於外象
四海圓法陽也水闊二十四丈象二十四氣水內徑三丈
應觀禮經武帝封二年立明堂沒亡無室其外畧依此
制泰山通議云亡不可得而辨也初始四年八月起明堂

辟雍長安城南門制度如儀一殿壇四面門八觀水外周
堤壞高四尺和會築作三旬五年正月六日辛未始郊大
祖高皇帝以配天二十二日丁亥宗祀孝文皇帝於明堂
以配上帝及先賢百辟卿士有益者於是秩而祭之親扶
三老五更袒而割牲跪而進之因班時令宣恩澤諸侯王
宗室四夷君長各奉贄助祭禮圖曰建武
三十年作明堂明堂上圓下方上圓法天十二
堂法十二月九室法九州室八總八九七十二法一時之王
室有二戶二九十八戶法王三十八日內堂正壇高三尺
土階三等胡伯始注漢官云古清廟蓋以茅今蓋以瓦

下藉茅以存古制東京賦曰乃營宮室布政頒常複廟重
屋八達九房造舟清池惟水決決辭綜注云複重屋廟謂
屋平覆重棟也繢漢書郊祀志六明帝永平二年祀五帝
於明堂五帝坐各處其方黃帝在未皆如南郊之位光武
位在青帝之南少退西面一贊饗樂如南郊之位按詩武
云我將祀文王於明堂我將我其維牛維羊維此則備太
廟宗之制理攄顏曰晉以崇嚴祀其義明著
壁水一依本圖晉起居注裴頠曰宜為一殿以崇祖配一
牢之祭今云二犧恐與古殊自晉以前未有瑪尾其圖有
星辰象聖人則之辟雍之星既有圖狀晉
皆除之臣愭案天垂象聖人則之辟雍之星既有圖狀晉

堂方構不合天文既闕重樓又無辟水空堂章五室之義
直殿達九階之文非古欺天一何過其後魏於北臺城南
造圓牆在壁水外門在水內迥立不與牆相連甚堂上九
室三三相重不依古制室間通甚違戾政復改為九室遭亂
累極成褊陋後魏樂志曰孝昌二年立明堂議者或言九
室或言五室詔斷從五室後元義執政復改為九室其牆
不成起居注曰孝武帝大明五年立明堂其牆宇規範
擬則宋廟唯十二間以應朞數後漢以上圖儀設五帝位
太祖文皇帝對饗饗非祖嚴盤一依廟禮梁武即位之後移
宋時太極殿以為明堂無室十二間禮疑議云祭用純漆

俎豆樽文於郊質於廟止一獻用清酒平陳之後臣得目

觀遂量共數記其尺丈猶見殘柱毀研之餘

入地一丈儼然如舊柱下以樟木為跗長丈餘尺許

兩兩相並尾安數重宮城頻所乃往郏內雖淑陸甲陋未

合規摹祖宗之靈得崇祀周齊一代關而不修大饗之

典於是明堂圖惟有二本一是宗周熊阮說

劉昌宗等作三圖署同一是後漢建武三十年作禮圖有

本不許撰人臣遠尋經傳傍求于史研究殷說總撰今圖

其樣以木為之下為方堂堂有五室上為圓觀觀有四門

帝可其奏會遼東之役事不果行以庱遠之功進位金紫

光禄大夫其年辛官時年五十八帝甚惜之諡曰康撰東

都圖記二十卷明堂圖議二卷釋疑一卷見行於世子儒

童游騎尉以子溫起部承務郎

　　閻毗

〈列傳三十三　隋書六十八　七〉　方言

閻毗榆林盛樂人也祖進巍本郡太守父慶周上柱國寧

州總管毗七歲龍襲爵石保縣公邑千户及長儀貌矜嚴頗

好經史受漢書於蕭該略通大旨能篆書工草隸尤善畫

為當時之妙周武帝見而悅之命尚清都公主宣帝即位

拜儀同三司授千牛在右高祖受禪以技藝侍東宫數以

琱麗之物取悅於皇太子由是甚見親待每稱之於上尋

拜車騎宿衛東宮嘗遣高熲大閱於龍臺澤諸軍部伍

多不齊整唯毗一軍法制蕭然煩於上特蒙賜帛俄

兼太子宗衛率長史尋加上儀同太子服玩之物多毗所

為又太子廢毗坐杖一百配為官奴婢後二歲

放免為民煬帝嗣位盛脩軍器以毗性巧諳練舊事詔

其職尋授起部郎毗立議曰車輿多所增損語在輿服

志權拜起部郎帝嘗大備法駕嫌屬車太多顧謂毗曰

皇之日屬車十有二乘於事亦得今八十一乘以牛駕車

不足以益文物朕欲減之從何為可毗對曰臣初定數共

宇文愷參詳故實攎漢胡伯始說立此八十一乘

〈列傳三十三　隋書六十八　八〉

此起於秦遂為後式故張衡賦云屬車九九是也次及法

駕三分減一為三十六乘此漢制也又據宋孝建時有司

奏議兼晉遷江左惟設五乘尚書令建平王宏曰八十一乘

議兼九國三十六乘無所准憑江左五乘儉不中禮但帝

王文物旂旒之數爰及晃王皆同十二今宜准此設十二

乘開皇平陳因以為羞等帝曰何用秦法乎大駕依漢

小駕依宋以為差等帝曰憲章往古大駕宜三十六法

駕宜用十二小駕除之毗研精故事皆此類也長城之役

毗總其事及帝有事恒岳詔毗營立壇場尋轉殿內丞從

幸張掖郡高昌王朝于行所詔毗持節迎勞遂將護入東

都尋以母憂去職未幾起令視事將興遼東之役自洛口
開渠達於涿郡以通運漕毗督其役明年兼領右翊衛長
史營建臨朔宮及征遼東以本官領武賁郎將典宿衛時
衆軍圍遼東城令毗詣城下宣諭賊弓弩亂發所乘馬
中流矢毗顏色不變辭氣抑揚卒事而去尋拜朝請大夫
遷殿內少監後復從帝征遼東帝會楊玄
感作逆帝班師兵部侍郎斛斯政奔遼東帝令毗率騎二
千追之不及政據高麗栢崖城毗攻之二日有詔徵還從
至高陽暴卒時年五十帝甚悼惜之贈殿內監

何稠

何稠字桂林國子祭酒妥之兄子也父通善斲玉稠性絕
巧有智思用意精微年十餘歲遇江陵陷隨妥入長安仕
周御飾下士及高祖為丞相召補祭軍兼掌細作署開皇
初授都督累遷御府監歷大府丞稠博覽古圖多識舊物
波斯嘗獻金綿錦袍組織殊麗上命稠為之稠錦既成踰
所獻者上甚悅時中國久絕琉璃之作匠人無敢措意稠
以綠瓷為之與真不異尋加員外散騎侍郎開皇末桂州
俚李光仕聚衆為亂詔稠召募討之師次衡嶺遣使者論
其渠帥洞主莫崇解兵降款桂州長史王文同錄崇以詣
稠所稠詐宣言曰州縣不能綏養致邊民擾叛非崇之罪

也乃命釋之引崇共坐并從者四人為設酒食而遣之崇
大悅歸洞至五更掩入其洞悉發俚兵以臨餘
賊象州逆帥杜粲遼羅州逆帥龐靖等相繼降款分遣
益州開府梁昉討犵狚夷羅壽羅州刺史馮暄討賊帥李
並平之傳首闕下承制署首領為州縣官而還衆皆悅服
有欽州刺史寧猛力承制署首領為州縣官而還衆皆悅服
逆至是惶懼謂身又朝稠以其疾篤因示無猜貳遂放還
州與之約曰八九月間可詣京師相見稠還奏狀上意不
澤其年十月猛力卒上謂稠曰猛力共臣為約令身死當遣子入侍越人性直

夫稠曰猛力共臣為約令身死當遣子入侍越人性直
必來初猛力臨終誡其子長真曰我與大使為約不
可失信於國七汝葬我訖即宜上路長真如言入朝上大
悅曰何稠著信蠻夷乃至於此以勳授開府仁壽初文獻
皇后崩與宇文愷恭典山陵制度稠性少言善候上旨由
是漸見親昵及上疾篤謂稠曰汝既曾葬皇后今我方死
宜好安置屬此何益但不能忘懷耳我付以後事動靜當
地下上因攬太子頸謂曰何稠用心我付以後事動靜
共平章大業初煬帝將幸楊州謂稠曰今天下大定朕承
洪業服章文物闕署猶多卿可討閱圖籍營造輿服羽儀
送至江都也其日拜太府少卿稠於是營黃麾三萬六千

人伏及軍輿輅皇后國潭百官儀服依期而就送于江都所役工十萬餘人用金銀錢物鉅億計帝使兵部侍郎明雅選部郎薛邁等勾覈之數年方竟毫釐無舛稠會今古多所改創魏晉以來皮弁有纓而無筓稠導稠曰此古田獵之服也今服以入朝宜變其制故弁施象牙簪導首稠始也又從省之服初無佩綬稠曰此乃晦朔小朝之服安有人臣謁帝而去綬兼無佩乎乃加獸頭小綬及佩一隻舊制五輅於轅上起箱天子與乘同在箱內稠曰君臣同所過乃廣為盤輿別構欄楯侍臣立於其中於內復起稠平坐天子獨居其上自餘麾幢

文物壃損極多事見威儀志帝復令稠造戎車萬乘鈎陳八百連帝善之以稠守太府卿叅三歲兼領少府監源東之役攝右屯衛將軍領御營叅軍三萬人時工部尚書字文愷造觀橋不成師不得濟右屯衛大將軍叅職因而遇害帝遣稠造橋二日而就初稠制行殿及六合城至是帝於遼左與賊相對夜中施之其城周迴八里城及女牆合高十仭上布甲士立仗建旗四隅置闕面別一觀觀下三門遟明而畢高麗望見謂若神功是歲加金紫光祿大夫從幸江都攝左屯衛將軍從至遼左十二年加右光祿天從幸江都遇宇文化及作亂以為工部尚書化及敗陷

干寶建德建德復以為工部尚書舒國公建德敗歸于大唐授將作少匠卒開皇時有劉龍者河間人也性強明有巧思啟後主知之令修三爵臺甚稱旨因而歷職通顯及高祖踐阼大見親委拜右衛將軍兼將作大匠遷都之始與高頻叅掌制度代有黃亘者不知何許人也及其弟衮俱巧思絕人煬帝每令其兄弟直少府將作之時改創多務亘衮每參典其事凡有所損益亘官至朝散大夫官至散騎侍郎

史臣曰宇文愷學藝兼該思理通贍規矩之妙叅蹤班爾

當時制度咸取則焉其起仁壽宮營建洛邑要求時幸窮後極麗使文皇失德煬帝亡身危亂之源抑亦此之由至於考覽書傳定明堂圖意雖過其通有足觀者毗稠巧思過人頗習舊事稽前王之采章成二代之文物雖失之於華盛亦有可傳於後焉

列傳卷第三十三

隋書六八

隋書六十九

特進臣魏　徵　上

王劭

王劭字君懋太原晉陽人也父松年齊通直散騎侍郎劭
少沈嘿好讀書弱冠齊尚書僕射魏收辟參開府軍事累
遷太子舍人待詔文林館時祖孝徵魏收陽休之等嘗論
古事有所遺忘討閱不能得劭具論所出取
書驗之一無舛誤自是大為時人所許稱其博物後遷中
書舍人齊滅入周不得調高祖受禪授著作佐郎以母憂
去職在家著齊誌書時制禁私撰史為內史侍郎李元操所

【列傳三十四　隋書六十九　〈一〉】

奏上怒遣使收其書覽而悅之於是起為負外散騎侍郎
修起居注劭以古有鑽燧改火之義近代廢絕於是上表
請變火曰臣謹案周官四時變火以救時疾明火不數變
時疾必興聖人作法豈徒然也在晉時有以洛陽火度江
者人齋滅火不滅也相續不滅火色變青昔師曠食飯云是勞薪
所爨晉平公使視之果然軍輒令溫酒及炙肉用石炭柴
火竹火草火麻荄火氣味各不同以此推之新火舊火理
應有異伏願遠遵先聖於五時取五木以變火用功甚少
救益方大縱使百姓不能頓同尚食內廚及東宮諸
主食廚不可不依古法上從之劭又言古有龍頮戴干之

表指示群臣上大悅賜物數百段拜著作郎劭上表言符
命曰昔周保定二年歲在壬午五月五日青州黃河變清
十里鏡徹群氏以為己瑞改元曰河清是月至尊以大興
公始作隋州刺史歷年二十隋果大興臣謹案易坤靈圖
曰聖人受命瑞先見於河首隋屬大隋午為鶉火以明火德
休祥理無虛發河清啟聖實屬大隋午為鶉火以明火德
仲夏火王亦明火德月五日五合天數既得青石圖之
辰兄嘗先見之兆開皇初邵州人楊令悊近河得青石圖
一紫石圖一皆隱起成文有至尊名下云八方天心求

【列傳三十四　隋書六十九　〈二〉】

又得石圖剖為兩段有楊樹之形黃根紫葉波水得神龜
腹下有文曰天下楊興安邑抵地得古鐵版文曰皇始天
年齎楊鐵券王與同州得石龜文曰天子延千年大吉臣
以前之三石不異龍圖何以用石石體久固義與玉名符
合龜腹七字何以著龜龜亦久固兼臬神靈之物孔子歎
河不出圖洛不出書今於大隋聖世圖書屢出建德六年
亳州大周村有龍鬭初見白龍與黑龍屬天自東方歷陽汴
水北有龍鬭白者勝里耆舊歷陽武而來及至白
龍也長十許丈有黑氣屬天而至兩相薄作合乍離自午
至申白龍升天黑龍隧地謹案龍君象也前鬭於亳州周
村者蓋象奎尊以龍鬭之歲為亳州總管遂代周有天下

後閣於焚陽者焚字三火〔
明火德之盛也白龍從東方來
歷陽武者蕎蒙至尊將登
帝位從東入自崇陽門也西
北升天者當乾位天門坤
殺皆盛氣也又曰泰姓商
以正月辰見白龍與五黑龍
闘白龍陵故泰以白者為宮
者武元皇帝諱於五聲為宮
者皇家於五姓為商名宮黃色長八尺六十世河龍
此言皆為大隋而發也五黑龍
黃色者隋色當黃長八尺者武元皇帝身長八尺六十世河龍
正月辰見者泰正月卦坤靈
黑龍闘者亳州焚陽龍闘是也勝龍所以白者楊姓納音

〔列傳三四　隋書六九〕 三

為商至尊文辛酉歲生位皆在西方西方色白也死龍所
以黑者周色黑所以耕五者周閔明武宣靖凡五帝趙陳
越當五王一時伏法亦當五數白龍陵者陵猶勝也鄭
代越當五王一時伏法亦當五數白龍陵者陵猶勝也鄭
玄說當為除九闘能去敵曰除臣以泰人有命者泰之
為言通也大也明其人道通德大有天命也乾鑒度曰泰
表戴千鄭玄注〔表者人形體之彰識也泰千盾也泰人之
表戴千臣伏見至尊首戴千之表不菱毫
則知六十世亦必然矣昔宗周卜世三十〇今則倍之稽覽
圖云太平時陰陽和合風雨咸同海內不偏地有阻險故

風有遲疾雖太平之政猶有不能均同唯平均乃乃不鳴條
故欲風於亳亳者陳留也謹案此言蓋明至尊為陳留
公世子於亳州總管遂受天命封陳留入之時
平之風化也在大統十六年武元皇帝改封陳留
齊國有祕記云天王陳留入并州齊王高洋為是時
之文陳留果將兵入并州周武豆陵泰至尊從代
之文陳留果將兵入并州周武豆陵泰至尊從代
雲亳州有枯柏世傳云老子將慶世六待枯柏為
生東南枝廻指當有聖人出吾道復行至枯柏枝東
生東南枝廻指夜有三童子相與歌曰老子廟前古枯樹東
枝東南上指夜有三童子相與歌曰老子廟前古枯樹東

〔列傳三四　隋書六九〕 四

南狀如纖聖主從此去及至尊牧亳州親至祠樹
是柏枝廻抱其枯枝漸指西北道教果行校殷事太平
主出於亳州陳留之地皆如所言稽覽圖又云治道得則
陰物變為陽物鄭玄注〇恣變變為非亦是謹案貞六年以
來遠近山石多變為玉石為陰王為陽又左衛園中蔥皆
變為韭上覽之大悅賜物五百段未幾勃後上書白易乾
鑒度曰隨施行潘決難解萬物隨陽而出故上六陽隨者
月卦陽德施行潘決難解萬物隨陽而出故上六陽隨者
月卦陽德施行潘決難解萬物隨陽而出故上六欲九五
拘係之維持之明被陽化而陰隨從之也馬易稽覽圖坤六
拘係之維持之明被陽化而陰隨從之也馬易稽覽圖坤六
月有子女任政一年傳為復五月貞之從東北來立大起

土邑西北地動星隊陽衛屯十月神人從中山出趙地
動比方三十日千里馬數至謹案凡此易緯所言皆是大
隋符命隨者二月之卦明大隋以二月即皇帝位也陽德
施行者明楊氏之德教施行於天下也藩郭皆是通決險難皆解散也萬物隨陽而出者明當
時藩郭皆是通決險難皆解散也萬物隨陽而出者明
地間萬物盡隨楊氏而出見也上六欲九五拘係之者五
爲王六爲宗廟明宗廟神靈欲登九五之位亦帝王拘民
以禮係民以義也拘民以禮係民以義此二句亦足乾鑒
度之言維持之者明能以綱維持正天下也被陽化而欲
陰隨之者明陰類被服楊氏之風化莫不隨從陰謂臣下

【 列傳三四 隋書六九 五 】▽

也王用亨于西山者蓋明至尊常以歲二月辛酉至山仁壽
宮也凡四稱隨三稱陽欲美隋楊丁寧之至也坤六月者
坤位在未六月建未言至尊以六月生也有子女任政者
言樂平公主皇帝子女而爲周后任理內政也一年傳
爲復位與楊氏也五月貧之一世卦陽氣初起言周宣帝以五月崩後至尊
傳位與楊氏也五月貧之從東北來立周宣帝以五月崩後至尊
字之誤也言周宣帝以五月崩真人革命當在此時至尊
謙讓而逆天意故踰年乃音普爲定州總管在京師東北
本而言之故曰真人從東北來立大起即大
興言營大興城邑也西北地動星隊者蓋天意去周授隋

故變動也陽衛者言楊氏得天衛助屯十月神人從中
山出者此卦動而大耳作故至尊以十一月被授亳州總
管將從中山而出也趙地動者也中山爲趙北方將往亳州之時
故變動也比方三十日也千里馬者蓋至尊從北方乘驪騮馬也此卦
停留三十日也比方千里馬者蓋至尊從北方乘驪騮馬屯有
震下坎上震於馬作足坎上爲泵是故驪騮馬屯有
肉鞍行則形瑞隨協露晝曰河圖皇豢持曰皇辟
紀曰形瑞出變矩衡赤應隨協露晝曰河圖皇豢
出承元訖道無爲治率被遂矩衡戲作術開皇色帝
輔提象不絕立皇後翼不格道終始德優劣帝任政河曲

【 列傳三四 隋書六九 六 】▽

出叶輔嬉爛可述謹案凡此河圖所言亦足定大隋符命形
瑞出變矩衡者矩衡者矩法也衡比斗星名所謂璿璣至衡者也
大隋受命形兆之瑞始出天象則爲之變動比斗主衡之
法度故曰矩衡易德伏戲矩衡神鄭玄注亦以爲法王衡
之神與此河圖矩衡義同赤應隨者言赤帝降精感應而
生隋也故隋以火德爲赤帝天子也又年號開皇皇與靈寶經之開皇
隋德合上靈天皇大帝爲赤帝天子也又年號開皇皇
年相合故曰叶靈天皇者叄辟出者皇太也辟君也大君出盖
謂至尊受命出爲天子也承元訖者言承周天元終訖之
運也道無爲治率者治下脫一字言大道無爲治定天下

〈 列傳三西　　隋書六九　　七 〉

奉從被迷矩戲作術者矩法也昔逯皇握機矩伏戲作八
卦之術言大隋被服□皇之法術也逯皇機矩語見易緯
開皇色者言開皇年易服色也握神日者握持群神明照
如日也文開皇以來日漸長亦其義授神攝持群神明照
車於輔佐而象不廢絕者言立君而立其輔
翼不格者格至也言本立太子以為皇家後嗣而其輔翼
德劣令皇太子道始而德優也帝任政河曲出者言皇帝
親任政事而邵州河濱得石圖也叶合
也嬉興也言群臣念輔佐以與政治爛然可紀述也所

以於皇紊持帝通紀二篇陳大隋符命者明皇道帝德盡
在隋也上大悅以劭為至誠寵錫日隆時有人於黃鳳泉
浴得二白石頗有文理遂附致其文以為字復言有諸物
象而上奏曰其大王有日月星辰八卦五岳及二麟雙鳳
青龍朱雀騶驥玄武各當其方位又有五行十日十二辰
之名凡二十七字文有天門地戶人門鬼門閉九字又有
郊非及二鳥其鳥皆人面則抱朴子所謂千秋萬歲也其
小王亦有五嶽郊非蚪犀之象二王俱有仙人玉女乘雲
控鶴之象別有異狀諸神不可盡識蓋是風伯雨師山精
海若之類又有天皇大帝皇帝及四帝坐鉤陳北斗三公

〈 列傳三四　　隋書六九　　八 〉

天將軍土司空老人天倉南河北河五星二十八宿凡四
十五宮諸字本無行伍然往往偶對於大王則有皇帝姓
名並臨南面與日字正鼎足復有老人皇帝蓋明南面象
而長壽也皇帝與九千字次比兩揚字與萬年字作詩二百八十
字正並盖明長久吉慶也於其字次比隋與吉
則皇帝名與日字正並在西上有月形蓋明象月也於次吉
篇奏之上以為誠賜帛十匹劭於是採民間歌謠引圖書
讖緯依約符命捃撫為開皇隋靈感誌合三十卷而
奏之上令宣示天下劭集諸州朝使洗手焚香閉目而
讀之曲折其聲有如歌詠經涉旬朔徧而後罷上益喜賞

賜優洽仁壽中文獻皇后朋劭復上言曰佛說人應生天
上及上品上生無量壽國之時天佛放大光明以香花效
樂來迎之如來以明星出時入涅槃善薩臣謹案八月
仁慈福善禎符備諸秘記皆云是妙善普薩臣謹案八月
二十二日仁壽宮內再雨金銀之花二十三日大寶殿後
夜有神光二十四日卯時求安宮比有自然種種音樂震
蒲虛空至夜五更中宛然如睞便即升遐與經文所說事
背符驗臣又以為意豈之皇后遷化不在仁壽大興宮者盖
避至尊常居正寢也在求安宮者象京師之求安門平生
所出入也后升遐後二日苑內夜有鍾聲三百餘處此則

生天之應顯然也上覽而且悲且喜時蜀王秀以罪廢上
顧謂勔曰嗟乎吾有五子三子不才勔進曰自古聖帝明
王皆不能移不肖之子黃帝有二十五子同姓者二餘各
異德堯十子舜九子皆不肖夏有五觀周有三監上然其
言其後上夢欲上高山而不能得崔彭捧腳李盛扶肘得
上因謂彭曰死生當與爾俱勔曰此夢大吉上高山者明
高宗大安永如山也彭猶祖李猶李老二人扶侍實爲
長壽之徵上聞之喜見容色其年上崩未幾崔彭亦卒煬
帝嗣位漢王諒作亂勔不忍加誅勔上書曰臣聞黃帝滅
炎蓋云母弟周公誅管信亦天倫叔向殺叔魚仲尼謂之

遺直石碏殺石厚丘明以爲大義此皆經籍明文帝王常法
今陛下置此逆賊度越前聖含弘寬大未有以謝天下謹
案賊諒毒被生民者也是知古者同德則同姓異德則異
姓故黃帝有二十五子其得姓者十有四人唯青陽夷鼓
與黃帝同爲姬姓諒既自絕請改其氏勔以此求媚帝依
違不從遷祕書少監數載卒官勔在著作將二十年專典
國史撰隋書八十卷多錄舊辭義繁雜題目勑又採迁怪不經之語及委
巷之言以類相從爲其題目辭義繁雜無足稱者遂使隋
代文武名臣列將善惡之迹堙沒無聞初撰齊誌爲編年
體二十卷復爲齊書紀傳一百卷及平賊記三卷或文詞

鄙野或不軌不物駁火視聽大爲有識所嗤鄙然其採摘
經史謬誤爲讀書記三十卷時人服其精博爰自志學暨
于暮齒篤好墳典遺落世事用思既專性頗悅忽每至對
食閉目疑思盤中之肉輒爲僕從所噉勔之覺唯責厨人
少數罰厨人厨人以情白勔勔依前閉目伺而獲之厨人
方免笞辱其專固如此

袁充

袁充字德符本陳郡陽夏人也其後寓居丹楊祖昂父君
正俱爲梁侍中充少警悟年十餘歲其父黨至門時冬初
充尚衣葛衫裙戲充曰袁郎子緣弓緣弓淒其以風充應
聲荅曰唯絺與綌服之無斁少是大見嗟賞仕陳年十七
爲秘書郎歷太子舍人晉安王文學吏部侍郎散騎常侍
及陳滅歸國歷蒙鄖二州司馬充性好道術頗解占候由
是領太史令時上將廢皇太子正窮治東宮官屬充見上
雅信符應因希旨進曰比觀玄象皇太子當廢上然之充
復表奏隋興以後日景漸長開皇元年冬至日影一丈

二尺七寸二分自爾漸短至十七年冬至日影一丈二尺六
十三分四寸二分自在洛陽測影一丈四寸八分自爾漸二年
夏至影一尺四寸八分自爾漸短至十六年夏至影一尺
四寸五分周官以土圭之法正日至之影尺有五寸鄭玄

冬至之影一丈三尺二寸今十六年夏至之影短於舊影五
分十七年冬至之影短於舊影三寸七分日去極近則影短而
日去極遠則影長而日短星昴以正仲冬攝昴星昏中則知堯時
堯典云日短星昴以正仲冬攝昴星昏中則知堯時
日行上道琁璣得常天帝崇靈聖至祖功京房別對日太平
仲冬日在須女十度去以歷數推之開皇已來冬至日在斗
十一度日在須女十度去以歷數推之開皇已來冬至日在斗
出内道升平行次道霸世聖至祖功京房別對日太平
因加程課丁匠苦之仁壽初充言上本命與陰陽律呂合
乾元影短日長振古未之有也上大悅告天下將作役
者六十餘條而奏之因上表曰皇帝載誕之初非止神光
瑞氣嘉祥應感至於本命行年生月並與天地日月
陰陽律呂運轉相符表裹會合此誕聖之時並同明
與物更新改年仁壽歲月子還誕聖之異寶曆之元今
天地之心得仁壽之理故知洪基長祚永永無窮大悅
賞賜優其儕輩莫之比仁壽四年甲子歲煬帝初即
及太史丞高智寶奏去歲冬至日景逾長今歲至上元第一
位與竟受命年合昔唐堯受命四十九年到上元第一
甲子天正十一月庚戌冬至下即位其年即當上元第一
一紀甲子天正十一月庚戌冬至正與唐堯同自放勳以

來凡經八上元其間緜代未有仁壽甲子之合謹案第一
紀甲子太一在一宮天目居武德陰陽曆數並得符同唐
堯甲子景生景子年受命止命二五未若已丑甲子支干並
當六合允一元三統之期合五紀九章之會其帝堯同並
數與皇庸此兆信所詣皇哉唐虞哉皇哉者矣仍諷
有所爲便奏稱天文見象有改作以是取媚於上大紫
齊王暕率百官拜表奉賀其後獎感退舍百官欲
繕治宮室征役繁重充候帝意欲
里賀帝大喜前後賞賜將軍國多務充候帝意欲
六年選内史舍人從征遼東拜朝請大夫祕書以監其後
天下亂帝初惟應門之厄又盜賊益起帝忿不自安充復
假託天文上表陳嘉瑞以媚於上曰臣聞皇天輔德皇天
福謙七政斯齊三辰告應伏惟陛下握圖而馭黔首提
萬善而化八絃百姓爲心匪一人受慶先天弗違所
欲後天必奉其時是以初應寶曆正當上元之紀乾之初
九文與天命符會斯則聖人與故能動合天經謹按去
年已來玄象星辰瑞氣雲露無爽謹錄先異上天降祥破突厥
等狀七事其一去八月二十八日夜大流星如斗出壬辰
北正光落突厥營旬聲聲如崩牆其二月二十九日夜後有大
流星如斗出羽林向北流正當北方依占頻二夜流星隆

賊所賊必敗散其三九月四日夜頻有兩星天如斗出比
斗魁向東比流依占比斗主殺代賊必敗其四歲星主福德
頻行京都二奧分野校占國家之福其五七月內熒惑守
羽林九月七日巳退舍依占不出三日賊必敗散其六去
年十一月二十日夜有流星赤如火從東比向西南落賊
帥盧明月營破其橦車其七十二月十五日夜通漢義比
當甲子與乾元初九父及上元甲子符合此是福地永無
有赤氣亘比方突厥將亡之應也依勘城錄河南洛陽並
所應族觀佳政側聞前古彼則異時間出今則一朝總萃
豈非天贊有道助殲党薛方清九燾東籍沉五狄於比淈

告成岱岳無為汾水書奏帝大悦超拜秘書令親待逾昵
帝每欲征討充皆預知之乃假託星象獎成帝意在位者
皆切惠之字文化及殺逆之際并誅充時年七十五
史臣曰王劭爰自幼童迄乎白首好學不倦究極臺書撮
紳洽聞之士無不推其博物雅好著述又在史官旣撰齊
書兼修隋典好詭怪之說尚恭卷之談文詞鄙穢體統繁
雜直愲南董才無遷固徒煩翰墨不足觀採袠充少在江
左初以警晤見稱委質隋朝更以玄象自命並要求時幸
千進務入劭經營符瑞雜以妖訛充變動星占謬增景
厚誣天道酈常侮衆刑兹勿捨其在斯乎且劭為河朔清

息

流充乃江南望族乾没榮利得不以道賴其家聲良可歎

楊玄感，司徒素之子也。體貌雄偉，美鬚眉。少時晚成，人多謂之癡，其父每謂所親曰：此兒不癡也。及長，好讀書，便騎射。以父軍功，位至柱國，與其父俱為第二品，朝會則齊列。射

其後高祖命玄感降一等。玄感拜謝曰：不意陛下寵臣之甚，許以公廷獲展私敬。初拜郢州刺史，到官潛布耳目，察長吏能不，其有善政及贓汙者，纖介必知，往往發其事，由是吏民敬服，皆稱其能。後轉宋州刺史，父憂去職。

莫敢欺隱。吏民敬服

歲餘，起拜鴻臚卿，襲爵楚國公，遷禮部尚書。性雖驕倨，而愛重文學，四海知名之士多趨其門。自以累世尊顯，有盛名於天下，在朝文武多是父之將吏，復見朝綱漸紊，帝又猜忌日甚。內不自安，遂與諸弟潛謀廢帝，立秦王浩。及從征吐谷渾還，至大斗拔谷，時從官狼狽，玄感欲襲擊行宮。

其叔慎謂玄感曰：士心尚一，國未有釁，不可圖也。玄感乃止。

時帝好征伐，玄感欲立威名，陰求將領，謂兵部尚書段文振曰：玄感世荷國恩，寵踰涯分，自非立效邊陲，何以塞責。若方隅有風塵之警，庶得執鞭行陣，必展絲髮之功，明公方是司。敢布心腹。文振因言於帝。帝嘉之，顧謂群臣

公卿曰：將門必有將，相門必有相，故不虛也。於是賚物千段，禮遇益隆，頗預朝政。帝征遼東，命玄感於黎陽督運。于時百姓苦役，天下思亂。玄感遂與武賁郎將王仲伯、汲郡贊治趙懷義等謀議，欲令帝所軍眾飢餒，每為逗遛，不時進發。

玄感言曰：水路多盜賊，不可前進趣。帝遲之，遣使者逼玄感令發。玄感縱酒，揚言曰：東萊賊

而發其弟武賁郎將玄縱、鷹揚郎將萬碩並從幸遼東，玄感潛遣人召之。

之時將軍來護兒以舟師自東萊將入海，趣平壤城。軍未發，玄感無以動眾，乃遣家奴偽為使者從東方來，詐稱護兒反。玄感於是取驍勇者，布為牙甲。署置官屬，皆準開皇之舊。移書傍

郡，以討護兒為名，各令發兵會於倉所，以東北縣尉元務本為黎陽令。本為黎州刺史趙懷義為衛州刺史，河內郡主簿唐禕為懷州刺史。有眾且一萬，將襲雒陽。遣子蓋等

告之越王侗、民部尚書樊子蓋等大懼，勒兵備禦，俯伏武。告之越王侗，民部尚書樊子蓋令河南贊治裴弘策拒之。弘策戰敗，盡銳

民相率守臨清關，玄感不得濟，遂於汲郡南渡河。屯兵尚

如市，數日眾至十餘萬。子蓋令河南屯兵尚書

弘策拒之。弘策戰敗，盡銳。父老競致牛酒，玄感屯兵富貴無所

省，每誓眾曰：我身為上柱國，家累鉅萬金，至於富貴無所

求也。今者不顧破家滅族者，但為天下解倒懸之急，救黎

元之命耳。眾皆悅，詣轅門請自效者，日有數千，與樊子蓋

書曰夫建忠立義事有多途見機而作蓋非一揆昔伊尹
放太甲於桐宮霍光廢劉賀於昌邑此並公廕內不能一
二披陳髙祖文皇帝誕膺天命造玆區宇在璪璵以蒞七
政握金鏡以馭六龍無為而至化流德垂拱而天下治今上
篡承寶曆固洪基乃自絕於天殄民敗德頻年肆菁盜
賊松是滋多所在偹治民力為之凋盡羣荒貨賄公行納
邪佞之言杜正直之口加以轉輸不息徭役無期士卒填
溝壑骸骨蔽原野黄河之北則千里無煙江淮之間則
為之草玄感世荷國恩位居上將先公奉遺詔曰好子孫

為我輔弼之惡子孫為我屏黜之所以上稟先旨下順民
心發此滔昏更立明哲四海同心九州嚮應士卒用命如
赴松爐民庶相趨義形公道天意人事皦然可知公獨守
孤城勢何支久頃以黔黎在念社稷為心勿拘小禮自貽
伊戚誰謂國家一旦至此執筆潸泫言無所具凜然可
城刑部尚書衛玄率眾數萬自關中來援東都以步騎二
萬渡澄澗挑戰玄感偽北玄逐之伏兵發前軍盡沒後數
日玄復與玄感戰兵始合玄感詐令人大呼曰官軍已得
玄感矣玄感驍勇多力每戰親運長矛身先士卒喑嗚叱
人而去玄感驍勇多力每戰親運長矛身先士卒喑嗚叱

咤所當者莫不震慴論者方之項羽又善撫馭士樂致死
由是戰無不捷合玄感日夜攻掠乃悉眾決戰陣於北邙
一日之間戰十餘合玄感挺中流矢而斃玄感稍卻
樊子蓋復遣兵攻殺數百人帝遣武賁郎將陳
稜攻元務本於黎陽武衛將軍屈突通屯河陽左翊衛大
將軍宇文述發兵繼進右驍衛大將軍來護見赴援
玄感然之將拒通子雄曰屈突通曉習兵
事若一渡河則勝負難決不如分兵拒之通不能濟則樊
衛進通逐濟河軍於破陵玄感為兩軍西拒衛東拒屈
果進通逐濟河軍於破陵玄感為兩軍西拒衛東拒屈

突通子蓋復出兵於是大戰玄感軍頻北復請計於子雄
子雄曰東都援軍益至我師屢敗不可久留不如直入關
中開永豐倉以振貧乏三輔可指麾而定樓有府庫東面
而爭天下此亦霸王之業會華陰諸楊請為鄉導玄感
釋洛陽西圖關中宣言曰我已破東都取關西矢宇文述
等諸軍躡之至弘農宮父老遮訴玄感曰宮城空虛又多
積粟攻之易下進可絕敵人之食退可割宜陽之地玄感
以為然留攻之三日城不下追兵遂至玄感西至閿鄉上
槃豆布陣五十里與官軍且戰且行一日三敗復陣於
董杜原諸軍擊之玄感大敗獨與十餘騎竄林木間將奔

上洛追騎至，玄感叱之，皆懼而反走。至段薦戍，玄感窘迫，獨與弟積善步行。自知不免，謂積善曰：「事敗矣，我不能受人戮辱，汝可殺我。」行殺我。積善抽刀斫殺玄感，因自刺，不死，為追兵所執，與玄感首俱送行在所。磔其尸於東都市三日，後臠而焚之。餘黨梟戮殆盡。玄感弟玄獎，為義陽太守，將歸玄感，為郡丞周珽所殺。弟萬碩自帝所逃歸，至高陽，止傳舍。

初，玄感圍東都也，梁郡人韓相國舉兵應之，玄感以為河南道元帥。旬月間，眾十餘萬，攻剽郡縣，至于襄城，遇玄感敗，兵漸潰散，為吏所執，傳首東都。

李子雄

李子雄，渤海脩人也。祖伯貴，魏諫議大夫。父桃枝，東平太守。臨鄉人高仲密同歸於周，官至泉州刺史。子雄少懷慨，有壯志。弱冠從周武帝平齊，以功授帥都督。高祖作相，從韋孝寬破尉迥於相州，拜上開府，賜爵建昌縣公。高祖受禪，為驃騎將軍。伐陳之役，以功進位大將軍，歷郴、江二州刺史，並有能名。仁壽中，坐事免。漢王諒作亂也，煬帝將發幽州兵以討之，時竇抗為幽州總管，恐其有二心，問可任者於楊素，素進子雄。授大將軍，拜廣州刺史，馳至幽

州，止傳舍，召募得千餘人。抗恃素貴，不時相見，子雄遣人諭之。後一日，抗從鐵騎二千來詣子雄所。子雄伏甲請與相見，因禽抗。遂發幽州兵步騎三萬，自井陘以討諒。時諒遣大將劉建略地燕、趙，遣使徵子雄，與建相遇於抱犢山下，力戰破之。遷幽州總管。尋徵拜民部尚書。

子雄明辯有器幹，帝甚悅之……制所由……其使者曰：「皮弁冠……」子雄因曰：「中國無禮，求諸四夷。」使者曰：「自古來此言也，君子而不識皮弁之外，未見無禮。」以仗衛不整，不顧象，安有大國君子……竟坐子雄立語而免，俄而復職，從幸江都。帝以子雄失詞，諸夷使者在列……

麾六軍蕭然。帝大悅，曰：「公真武候才也。」尋轉武候大將軍。遼東之役，帝令子雄從軍自效，因從來護兒。自東平將指滄海，會楊玄感反於黎陽，帝疑之，詔鎖子雄詣行在所。子雄殺使者，亡歸玄感。及玄感敗，伏誅，籍沒其家。

趙元淑

趙元淑，父世模，初事高寶寧，後以眾歸周，授上開府，寓居京兆之雲陽。高祖踐阼，恒典宿衛。後從晉王伐陳，先鋒遇賊，力戰而死。朝廷以其身死王事，以元淑襲父本官，賜物二千段。元淑性疏誕，不治產業，家徒壁立，後數歲，授驃騎

為三原令有季女慧而有色連獨奇之每求賢夫聞元淑
如是請與相見有風儀美談咲元淑亦異之及至其家
服翫居處擬於將相酒醯奏女樂元淑所未見也元淑辭
出連曰公子有暇可復來也後數日復造之宴樂更後如
此者再三因謂元淑曰知公子素貧老夫當相濟因問元
淑所須盡買與之臨別元淑再拜致謝連復拜曰郎人縑
縑帛錦綺及金寶珍玩元淑遂為富人煬帝嗣位漢王

【列傳三五】　隋書七十　【七】

諒作亂元淑從楊素擊平之以功進位柱國拜德州刺史
尋轉潁川太守並有威惠因入朝會司農不時納諸郡租
穀元淑奏之帝謂元淑曰如卿意者幾日當了元淑曰如
臣意不過十日帝即日拜元淑為司農卿卿納天下租如
而了帝忧潛有異志以元淑可與共言
臣遂與結交多遺金寶遼東之役領將軍典宿衛加授光
祿大夫封蒿公明年帝復征高麗兴元淑鎮臨渝及玄感
亂遂見其弟玄縱自帝所逃歸路經臨渝元淑出其小妻魏
氏見玄縱對宴極歡因與通謀升授玄縱略遺及所得金寶
人有告其事者帝以為吏元淑言與玄感結婚所得金寶

則為娉實無他故魏氏復言初不受金帝親臨閭卒無
異辭帝大怒謂侍臣曰此則反狀何勞重問元淑及魏氏
俱斬於涿郡籍沒其家

斛斯政

河南斛斯政祖椿魏太保尚書令父恢散騎
常侍新蔡郡公政明悟有器幹初為親衛後以軍功授儀
同其後為楊素所禮大業中為尚書兵曹郎政有風神每奏
事未嘗不稱旨漸見信委楊玄感兄弟俱與之
交遼東之役兵部尚書段文振侍郎明雅復以罪譴帝
彌屬意焉尋遷兵部侍郎于時外事四夷軍國多務政處斷

【列傳三五】　隋書七十一　【八】

辯速稱為幹理玄感之反也政與通謀及玄縱等亡歸亦
政之計也帝在遼東將班師窮治縱黨與內不自安遂
亡奔高麗明年帝復東征高麗謂曰隆求執送政之遂
鎖政而還至京師以政告廟左翊衛大將軍宇文述奏曰
斛斯政之罪天地所不容人神所同忿若同常刑賊臣逆
子何以懲肅請縷常法帝許之於是將政出金光門縛
於柱公卿百僚並親擊射臠割其肉多有噉者噉後烹
收其餘骨焚而揚之

劉元進

餘杭劉元進少好任俠為州里所宗兩手各長尺餘髀垂

過滕煬帝興遼東之役百姓騷動元進自以相夷非常陰
有異志遂聚眾合亡命會帝復征遼東徵兵吳會士卒皆
相謂曰去年吾輩父兄從帝征者當余盛之時猶死亡太
半骸骨不歸今天下已罷敝是行也吾屬其無遺類矣
於是多有亡叛於是興兵應之三吳苦役者莫不響至旬月
有眾七萬共迎元進奉以為主據吳郡朱燮晉陵管崇亦舉兵
為僕射署置百官帝令將軍吐萬緒
光祿大夫魚俱羅率兵討焉元進西

屯草浦以抗官軍頻戰互有勝負元進保曲阿與朱燮管
崇合軍頓至十萬緒進軍逼之相持百餘日為緒所敗保
於黃山緒復破之燮引趣建安休兵養士二將
亦以師老頓軍自守俄而二將俱得罪帝令江都郡丞王
世充發淮南兵擊之有大流星墜於江都未及地而南逝
磨拂竹木皆有聲至其郡而落于地元惡之令掘地入
二丈得一石徑丈餘後數日失石所在世充既渡江元進遣兵
將兵拒戰殺千餘人世充大懼斂兵急退保延陵柵元進遣兵
各持茅葦因風縱火世充大懼斂兵急退遇反風火轉元
進之眾懼燒而退世充簡銳卒擊大破之殺傷太半自

是頻戰輒敗元進謂管崇曰事急矣當以死決之於是出
挑戰俱為世充所殺其黨悉降世充坑之於黃亭澗死者
三萬人其餘黨往往保險為盜其後重道沖沈法興李子
通等乘此而起戰爭不息逮於隋亡

李密

李密字玄邃真鄉公衍之從孫也祖耀周邢國公父寬驍
勇善戰幹略過人周及隋數經將領至柱國蒲山郡公
號為名將密多籌算才兼文武志氣雄遠常以濟物為已
任開皇中襲父爵蒲山公乃散家產賙贈親故養客禮賢
無所愛惜與楊玄感為刎頸之交後更折節下帷耽學尤

好兵書誦皆在口師事國子助教包愷受史記漢書勵精
忘勌愷門徒皆出其下大業初授親衛大都督非其所好
稱疾而歸及楊玄感舉兵黎陽玄感素與密善遣人邀之
密令親弟玄挺等同赴黎陽玄感大喜
以為謀主玄感計於密曰子出征遠在遼外地去幽州
懸隔千里北有巨海之限南有
有胡戎之患中間一道理極艱危今公擁兵出其不意長
驅入薊直扼其喉前有高麗退無歸路不過旬月齎糧必
盡舉麾一召其眾自降不戰而擒此計之上也又關中四
塞天府之國有衛文昇不足為意今宜率眾經城勿攻輕

齋鼓行務早西入天子雖還失其襟帶據險臨之故當必
剋萬全之勢此計之中也若隨近歲月逐勝負殊未可知此計
之下也玄感曰不然公之下計乃上策矣今百官家口並在
東都若不取之安能動物且經城不拔何以示威密計遂
不行玄感既至東都皆捷自謂天下響應功在朝夕及獲
韋福嗣又委以腹心是以軍旅之事不專歸密福嗣既非
同謀因謂玄感曰福嗣元非同盟實懷觀
望明公初起大事而姦人在側聽其是非必為所誤矣請

斬謝衆方可安輯玄感曰何至於此密知之不用退謂
所親曰楚公好反而不欲勝如何吾屬今為虜矣後玄感
將西入福嗣竟亡歸東都時李子雄勸玄感速稱尊號玄
感以問於密密曰昔陳勝自欲稱王張耳諫而被外魏武
將求九錫荀彧止而見蹤今者兵起已來社益至公當身先
阿諛順意文非公好及密之本圖何者兵起已來雖復頻捷至於
郡縣未有從者東都守禦尚強天下救兵益至公當身先
士衆早定關中迴欲急自尊崇何示不廣也至玄感哂而止
及宇文述來護兒等軍且至玄感哭而止
元弘嗣統強兵於隴　右今可揚言其反遣使迎公因此入

關可得給衆令玄感遂以密謀號令其衆因引西入至陝縣
欲圍弘農宮密諫之曰公今詐衆入西軍事在速況乃
兵將至安可稽留若此不得攻關而退無所守大軍一散何
以自全玄感不從遂圍之三日攻不能拔方引而西至於
閿鄉追兵遂及玄感敗密間行入關為隸人所告遂捕獲因
繫於馮翊訊問妻之舍尋為鄰人所告遂捕獲因繫於叔獄
是時煬帝在高陽與其黨俱送帝所在途中謂其徒曰吾等
之命同於朝露若至高陽必為葅醢令道多有金密令為出
之得行就鼎鑊不規逃避也衆咸然之其徒多有金密令出
示使者曰吾等死日此金並留付公辛用相瘞其餘即皆

報德使者利其金遂相然許及出關外防禁漸弛密請通
市酒食每醉飲喧譁竟夕使者不以為意行次邯鄲夜宿
村中密等七人皆穿牆而遁與王仲伯等潛歸
孝德孝德不甚禮之備遭饑饉至削樹皮而食仲伯潛歸
天水密詣淮陽舍於村中變姓名稱劉智遠聚徒教授經
數月欝欝不得志為五言詩曰金風蕩初節玉露凋晚
林此夕窮途士欝陶傷寸心眺聽良多感慷慨獨霑襟
襟何所為悵然懷古意秦俗猶未平漢道將何冀樊噲市
井徒蕭何刀筆更一朝時運合萬古傳名器寄言世上雄
虛生真可愧詩成而泣下數行時人有怪之者以告太守

13-737

趙他縣捕之密乃亡去抵其妹夫雍丘令丘君明後君明從子懷義以告帝令捕密密得逃去君明竟坐死會東郡賊帥翟讓聚黨萬餘人密往歸之其中有知密是亡將潛勸讓殺之密大懼讓乃敬焉密因王伯當以策干讓讓遣說諸小賊所至輒降下讓大懼乃召與計事密謂讓曰今兵眾既多糧無所出若曠日持久則人馬困敝多為須陀所敗聞讓從之於是破金堤關掠滎陽諸縣城保多下之滎陽太守郇王慶及通守張須陀以兵討讓讓數為須陀所敗聞其來大懼將遠避之密曰須陀勇而無謀兵又驟勝既驕

且狠可一戰而禽公但列陣以待保為公破之讓不得已勒兵將戰密分兵千餘人於林木間設伏讓與戰不利稍卻密發伏自後掩之須陀眾潰與讓合擊大破之遂斬須陀於陣讓於是令密建牙別統所部密復說讓曰昏主蒙塵播揚吳越蠣毒競起海內飢荒明公以英傑之才而統驍雄之旅宜當廓清天下誅剪群凶豈可求食草間常為小盜而已今東都士庶中外離心留守諸官政令不一明公親率大眾直掩興洛倉發粟以賑窮乏遠近孰不歸附百萬之眾一朝可集先發制人此機不可失也讓曰僕起隴畝之間望不至此必如所圖請君先發僕領諸軍便

為後殿得倉之日當別議之密與讓領精兵七千人以大業十三年春出陽城北踰方山自羅口襲興洛倉破之開倉恣民所取老弱繈負道路不絕越王侗遣武賁郎將劉長恭率步騎二萬五千討密一戰破之長恭僅以身免讓於是推密為主密號為魏公密初辭不受諸將等固請乃從之設壇場即位稱元年置官屬以房彥藻為左長史邴元真右長史楊德方左司馬鄭德韜右司馬拜讓司徒封東郡公其將帥各有差白山賊孟讓掠東下豫州東都大懼讓上密號為魏公密郡燒豐都市而歸密攻下鞏縣獲縣長柴孝和拜為護軍

武賁郎將裴仁基以武牢歸密因遣仁基與孟讓率兵二萬餘人襲廻洛倉破之燒天津橋遂縱兵大掠東都乃將乘仁基等大敗以身免密復親率兵三萬拒之戰於故軍段達武賁郎將高毗劉長恭等出兵七萬拒之德韜戰死都官軍敗走密復下廻洛倉而據之俄而德韜方俱死復以鄭頲為左司馬鄭慶象為右司馬柴孝和說密曰秦地阻山帶河西襟背之而亡漢高都之而霸如巂音苔百姓仁基守廻洛翟讓守洛口明公親簡精銳西襲長安更執而郊迎必當有征無戰既剋京邑業固兵強方更長驅崤函掃蕩京洛傳檄指撝天下可定但今英雄競起實恐

他人我先一朝失之噬臍何及密曰君之所圖僕亦思之
久矣誠為上策但昏主尚在從兵猶眾我之所及並山東
人既見未下洛陽何肯相隨西入諸將出自誠如公言非所及也大
競雌雄若然者殆將敗矣世充
軍既未可西出請間行觀隙密時兵鋒甚銳每入死與數十騎至陝
縣山賊帥歸密之者萬餘人密歸洛口於後數日東都出兵擊之密遣
戰會密為流矢所中卧於營內後數日東都出兵擊之密通
衆大潰棄廻洛倉歸密帝遣王世充率
孝和輕騎歸密帝遣王世充率江淮勁卒五萬來討密密傷之世充軍於洛
拒之戰不利柴孝和溺死於洛水密甚傷之世充進於洛

西顧密相拒百餘日武陽郡丞元寶藏黎陽賊帥李文相
洹水賊帥張昇清河賊帥趙君德平原賊帥郝孝德並歸
於密共龔破黎陽倉據之周法明舉江黃之地以附密齊
郡賊帥徐圓朗任城大俠徐師仁淮陽太守趙他等前後
君賊帥徐圓朗任城大俠徐師仁淮陽太守趙他等前後
務以奪密權讓兄寬復謂讓曰天子止一可自作安得與人
汝若不能你我當為之密聞其言有圖讓之計會讓單雄信
陣而至讓出拒之為世充所擊讓者數百步密臨單雄信
固止之明日讓與數百人至王密所欲為宴樂與其饌以待之
等率精銳赴之世充敗走讓欲乘勝進破其營會日暮密

其所將左右各分令就食諸門並設備讓不之覺也密引
讓入坐有好弓出示讓遂令讓引蒲將鐶密遺壯士
蔡建自後斬之讓所部將徐世勣為亂兵所斫中重瘡密遽
止之僅而得免讓之殽單雄信等皆叩頭求哀密並釋而慰諭之
者亦有死焉讓之殽於淋下遂殺其兄寬及王儒信於
於是率左右數百人詣讓本營王伯當密與千騎拒之不利而退世充因薄
入營舍以殺讓密眾無敢動者乃令徐世勣單雄信王
伯當分統其眾讓未幾世充夜襲倉城密逆拒破之斬於武
郎將費青奴世充移營洛北對斃縣其後移營於洛水
造浮橋悉其眾以擊密密與千騎拒之不利世充因薄
相陷溺死者數萬人武賁郎將楊威王辨霍世舉劉長恭
其城下密簡銳卒數百人分為三隊出擊之官軍稍卻自
還東都遂走河陽其夜雨雪尺餘眾隨之者死亡殆盡
梁德重重智通等諸將率皆沒于陣世充僅而獲免不敢
許及義師圍東都密出軍爭之交綏而退俄而宇文化及
韋津出拒戰密敗之執津於陣甚薰勳密即尊號密不
殺逆率眾自江都北指黎陽以兵二千餘人及
萬拒之會越王侗稱尊號遣使者授密大尉尚書令東南
道大行臺行軍元帥魏國公令先平化及然後入朝輔政

密遣使報謝爲化及與密相遇密知其軍少食利在急戰
故不與交鋒又遏其歸路使不得西密遣徐世勣守倉城
化及攻之不能下密與化及隔水而語密數之曰卿本匈
奴皂隸破野頭耳父兄子弟並受隋室厚恩富貴累世至
妻公主光榮隆顯與朝莫二荷國士之遇者當須守倉城報
之宣公主上失德不能死諫及因衆叛汙尾行殺虐誅及子
孫傍立支庶擅自尊崇規襲奪天地所妃后姬妾不
莫祐擁逼良善將欲何之今若速來歸我尚可得全後嗣
追諸萬惡之極霍篤之惡逆天地所不容人神所
化及默然俯視良久乃瞋目大言曰共你論相殺事何須
作書語邪密謂從者曰化及庸懦如此忽欲圖爲帝王斯
乃趙高聖公之流吾當折杖驅之耳化及盛修攻具以逼
黎陽倉城密領輕騎五百馳赴之倉城兵又出相應赧其
玫屢經夜火不滅密知化及糧且盡因僞與和以敝其衆
化及不之悟其兵衆情化及大怒其衆食盡乃度有人獲罪
亡投化及具言衆情化及大怒其衆食盡乃度有人獲
密戰于童山之下自辰達酉密爲流矢所中頓於汲縣與
攻及掠汲郡比趣魏縣其將陳智略張童仁等所部兵歸于
密者前後相繼初化及以輜重留於東郡遣其所署刑部
尚書王軌守之至是軌舉郡降密以軌爲滑州總管密引

兵而西遂記室參軍本微朝於東都執殺煬帝人千弘達
以獻越王侗侗以爲司農少卿使之反命召密入朝密
至溫縣聞世勣已殺元文都盧楚等乃歸金墉世既得
擅權乃厚賜將士繕治器械人心漸銳然密遣衣世充
乏食乃請交易密初難之邴元真等各求私利密曰不殺元
真必難未巳密不答而元真知之陰謀叛密揚慶聞而告
密密雖起自微賤性又貪鄙每謂人有數百曰此得食而
已厚撫初附之兵於是衆心漸怠時遣邴謂興洛倉
元真起自微賤性又貪鄙於是衆心漸怠時遣邴謂興洛倉
降人益少密方欲圖世充而絕糧宇文溫求歸密者曰
密遂許焉初東都密初難之邴元真爲無府庫兵數戰不獲賞
多食乃請交易密留王伯當守金墉自
引精兵就偃師北阻邙山以待之世充夜軍至今數百騎度
御河密遣裴行儼率衆迎之會已昏暫交而退行儼孫長
樂程飆金等騎將十數人皆遇重瘡矣其惡之世充夜潛
濟師詰朝而陣密方覺之狼狽出戰於是敗績與萬餘人
馳向洛口世充將入洛口密自將鄭頲爲之守部下所翻以城
降世充密將入洛口君城守將鄭頲已遣人潛引世充之
知之而不發其事因與衆謀待世充之兵半濟洛水然後
擊之及世充自度不能支引騎而遁元真竟以城降於世充密
瀋矢密自度不能支引騎而遁元真竟以城降於世充密

眾漸離將如黎陽人或謂密曰殺翟讓之際徐世勣幾至
於死今瘡猶未復其心安可保乎時王伯當兵襄金
墉保河陽密以輕騎自武牢度
安宗族有嘗畜豈之遇雖不暗起義然而唱東都斷隋歸路
富貴其府掾柳燮對曰昔盆子歸漢顗食均輸明公頓長
矢父苦諸君我今自刎請以謝眾眾皆泣莫能仰視密復
曰諸君幸不相棄當共歸關中密身雖無功諸君必保
使唐國不戰而據京師此亦公之功也世眾咸曰然密遂歸
大唐封邢國公拜光祿卿

裴仁基

河東裴仁基其字德本相伯鳳汾州刺史父定上儀同仁
基驍武便弓馬開皇初為親衛平陳之役先登陷陣拜
儀同賜物千段以本官領漢王諒府親信煬帝嗣位諒舉
兵作亂仁基苦諫諒大怒囚之於獄及諒敗帝嘉之超拜
護軍數歲授武賁郎將從將軍李景討叛蠻向思多於
黔安以功進位銀青光祿大夫賜奴婢百口絹五百匹擊
吐谷渾於張掖破之加授金紫光祿大夫帝幸江都李密
拜左光祿大夫從征高麗進位光祿大夫大使據武牢以拒
陽通守張須陀為密所殺仁基來收其眾每與密戰多所
據洛口令仁基為河南道討捕大使

斬獲時隋大亂有功者不錄仁基見強寇在前志幸多敵
所得軍資即用分賞監軍御史蕭懷靜每抑止之眾咸怨
怒懷靜又陰持仁基短欲有所奏劾仁基懼遂殺懷靜
以其眾歸密密以為河東郡公其子行儼驍勇善戰眾復
以為絳郡公其相委昵王世充以東都食盡眾叛諸帥
與密決戰密問計於諸將仁基對曰世充盡銳而至洛下
必虛可分兵守其要路令不得東簡精兵三萬傍河西出
以逼東都世充却還我且按甲世充重出我又逼之如此
則此有餘力彼疲勞奔命兵法所謂彼煩我佚出此數
戰以疲之多方以誤之者也密曰公知其一不知其二東
都兵馬有三不可當器械精一也決計而來二也食盡求
闘三也我欲養力以觀其敝彼求闘不得從走無路不
過十日世充之首可懸於麾下單雄信等諸將輕世充皆
請戰仁基苦爭不得密難違諸將之言戰遂大敗仁基為
世充所虜世充以其父子並驍銳深禮之以兄女妻行儼
及僣尊號署仁基為禮部尚書行儼為左輔大將軍行儼
每有攻戰所當皆披靡世充憚其威名頗加
猜防仁基知其意不自安遂與其所署尚書左丞宇文
儒童尚食直長陳謙祕書丞崔德本等謀反令陳謙於上
食之際持匕首以劫世充行儼以兵應於階下指麾事定

然後出越王侗以輔之事臨發將軍張童仁知其謀而告
之俱為世充所殺

史臣曰古先帝王之興也非夫至德深仁格於天地有豐
功博利弘濟艱難不然則其道無由矣自周邦不競隋運
將隆武元高祖孟著大功於王室平南國攘東夏總百揆
定三方然後變謳歌遷寶鼎于時閩奴驕倨吳不朝既
爭長於黃池亦飲馬於清渭高祖內綏外禦曰不服給委
心齎於俊傑寄折衝於爪牙文武爭馳群策畢舉服猾夏
之虜掃黃旗之寇於殊俗煬帝蒙故業踐不基阻伊洛而固
於域中餘威震於

崤函跨兩都而總萬國珍曆數之柱己忽王業之艱難不
務以道恤人將以甲威海外運拒諫之智騁飾非之辯恥
輶軒之未遠忘德義之不修於是繁通渠開馳道樹以柳
杞隱以金槌西出玉門東踰碣石濬山堙谷浮河達海民力
凋盡徭戍無期率土之心烏驚魚潰方規奄蔡南討流
求親總八狄之師屢踐三韓之域自以威行萬物顧指無
違文躬為長君功高暴列寵不假於外戚權不逮於群下
足以輔軒唐奄吞周漢子孫萬代人莫能窺古以來
一君而已遂乃外疏猛士內忌忠良恥有露稿之聲惡聞
喪亂之事出師命將不料報寡兵少力屈者以畏懷受顯

誅塲誠克勝者以功高蒙隱我或鋒刃之下或殞鴆毒
之中賞不可以有功求刑不可以無罪免畏首進退
維谷彼山東之群盜多出廝役之中無尺土之資十家之
産豈有陳涉亡秦之志張角亂漢莫識旌什伍之容安
厭下不堪命飢寒交切救死蒲蒲難犯故攻無完城野
知行師用兵之勢但人自為戰眾怒難基
無橫陣皇星離基布以千百數豪傑乘其勢
而用之雖有勇敢之士明智之將連蹤覆沒無能禦煬
帝魂褫氣懾逃竄絕兩京謀竄身於江湖龍永嘉之舊迹既
而禍生轂下釁起舟中思早告而莫追唯請死而獲可身

棄南巢之野首懸白旗之上子孫勤絕宗廟為墟夫以開
皇之初比於大業之盛庶土地之廣狹料戶口之眾寡筭
甲兵之多校彊廬之虛實九鼎之彊鴻毛未喻輕培壞
之方萬岾曾何等級論地險則遼隊未擬於長江語人謀
則勾麗不侔於陳國高祖掃江南以清六合煬帝事遼東
而喪天下其故何哉所為之迹同所用之心異也高祖比
郤強胡南并百越十有餘載戎車屢動民亦勞止不為無
事然其動也思以安之其勞也思以逸之是以民致時雍
師無怨讟誠在於愛利故其興也勃焉煬帝嗣承平之基
守已安之業肆其淫放虐用其民視億兆如草芥顧群臣

如冠讎勞近以事速求名而我實氏纏覲闕峙危弗圖圉
解循門慢遊不息天奪之魄人益其炎群益並興百姎俱
起自絕民神之望故其亡也忽焉訊之古老考其行事此
高祖之得失存亡大較與秦相類始皇并呑六國高祖統一九
之得失存亡大較而煬帝之所以殄者也可不謂然乎其隋
州二世虐用威刑煬帝肆行猶畫二皆禍起於群盜而身殞
於匹夫原始要終若合符契矣玄感宰相之子荷國重恩
君之失得當竭股肱未議致身先圖問鼎遂假伊霍之事
將疆兼草之心人神同疾敗不旋踵兄弟就殖臨之誅先
人受炎如之酷不亦甚乎本密遭會風雲奮其鱗翼恩封

列傳三十五　隋書七十　二十三

函谷將割鴻溝莽月之間衆數十萬破化及摧世充聲動
四方威行萬里雖運乖天眷事迍王而義愍人謀雄名
克振壯矢然志性輕狡終致顛覆其慶長翟大抐陳項之
季孟歟

誠節

特進臣魏　徵　上

易稱聖人大寶曰位何以守位曰仁又云立人之道曰仁
與義然則士之立身成名在乎仁義而已故仁道不遠則
殺身以成仁義重則捐生而取義是以龍逢投軀於
夏癸比干竭節於商辛申胥瀝膽於秦庭紀信蒙紹於滎
不庶幾焉至於臨難忘身見危授命雖在立名而行之
懿矣逮漢之紀信欒布田疇之向雄諸弘演納肝於衛
蓋嘗固知士之所重信在茲乎非夫內懷鐵石之心外
凌霜之節孰能安之若命赴蹈如歸者也皇甫誕等當擾
攘之際踐必死之機白刃臨頸確乎不拔可謂歲寒貞栢
疾風勁草千載之後標如生豈獨聞彼伯夷慷天立志
亦冀將來君子有所庶幾故援採所聞為誠節傳

劉弘

劉弘字仲遠譙城叢亭里人魏太常卿芳之孫也少好學
有行撿重節歷仕齊行臺郎中襄城沛郡穀陽三郡太守
西楚州刺史及齊一周武帝以為本郡太守尉迥之亂也
遺其將席毗掠徐兖弘勒兵拒之以功授儀同永昌旦太守
齊州長史志在立功不安佐職平陳之役表請從軍以行

軍長史從總管吐萬緒度江以功加上儀同封漢澤縣公
拜泉州刺史會高智慧作亂以兵攻城守百餘日救
兵不至前後出戰死亡太半糧盡無所食者解衣帶及
剝襦皮而食之一無叛賊知其飢餓欲
降之弘抗節彌厲賊悉眾來攻城陷為賊所害聞而嘉
歎者父之賜物二千段子長信襲其官爵

皇甫誕

皇甫誕字玄應安定烏氏人也祖和魏胡州刺史父璠周
隋州刺史誕少剛毅有器局周畢王引為倉曹參軍高祖
受禪為兵部侍郎數年出為魯州長史開皇中後入為比
部刑部二曹侍郎俱有能名遷治書侍御史朝臣無不肅
憚上以百姓多流亡令誕為河南道大使以檢括之及還
素事稱旨上甚悅令大理少卿遷尚書左丞時漢王諒為并
州總管朝廷盛選僚佐前後長史司馬皆一時名士上以
誕公方著稱拜并州總管司馬諒之謀逆也以諒之為
敬焉及煬帝即位徵諒入朝諒用諮議王頠之謀發兵作
亂誕數諫諒止納誕因流涕曰竊料大王兵資無敵京
師者加以君臣位定逆順勢殊士馬雖精難以取勝願王
奉詔入朝守臣子之節必有松喬之壽累代之榮如更遷

延階身叛逆一挂刑辟責為布衣黔首不可得也願察區區
之心思萬全之計敢以死請諒怒而囚之及楊素將至諒
屯請源以拒之諒主簿豆盧毓出諜相與協謀閉城
拒諒諒襲擊破之亚抗節而遇害帝以誕亡身拘國哀悼
者父之下詔曰襄顯名節有國通規加等飾終抑惟令典
并州總管司馬皇甫誕性理淹通志懷審正效官賁務為
績克宣值任悖構禍凶威孔熾確殉單城抗衆寡不敵奄
藝惹于而雅志彌厲潛懷徒捒殉身拒衆妖逆雖幽
致非命可贈柱國封弘義公諡曰明子無逸嗣無逸尋為
湏陽太守政有聲績舊例除以無逸誠義之

【列傳三天，隋書七十一】〈三〉

抗節不從

陶模

之反也州縣莫不響應有嵐州司馬陶模繁時令敬釗並
後賜爵平興侯〈〉為刑部侍郎守右武衛將軍初漢王諒

陶模京兆人也性明敏有器幹仁壽初為嵐州司馬諒既
作亂刺史喬鍾葵發兵將赴迸模拒之曰漢王所圖豈不軌
公荷國厚恩致位方伯謂當唱誠效命以荅慈造豈有大
行皇帝梓宮未掩翻為屬階鍾葵色曰司馬及邪臨之
以兵鑰氣不撓葵義而釋之曰若不斬模何以壓
衆心於是因之於獄悉掠取資財分賜黨與及諒平煬帝

嘉之拜開府授大興令楊玄感之反也率兵從衛玄擊之

以功進位銀青光禄大夫卒官

敬釗

敬釗字積善河東蒲坂人也父元約周布憲中大夫釗仁
壽中為其有能名及賊不撓弼義而止之執送於偽
將喬鍾葵所鍾葵釋之署為代州總管司馬釗正色拒之
至於再三鍾葵怒然曰受官則可不然當斬釗若曰亦為
縣宰遭逢迊亂進不能保境退不能死節為辱已多何乃
復以偽官相迫也死生唯命餘非所聞鍾葵怒其驍視釗
曰卿不畏死邪復將殺之會楊義臣軍至鍾葵遂出戰因
而大敗釗遂得免大業三年煬帝避暑汾陽宮代州長史
柳鍠司馬崔賾山上其狀付有司將加褒賞會世基奏格
而止後遷朝邑令未幾終

【列傳三六，隋書七十一】〈四〉

游元

游元字楚客廣平任城人魏五更明根之玄孫也父寶藏
位至太守元少聰敏年十六舉司徒徐顯秀引為參軍事
周武帝平齊之後歷相州主簿譙州司馬俱有能名開皇
中為殿內侍御史晉王廣為揚州總管引元為法曹参軍交
為毅去職後為內直監煬帝嗣位遷尚書虞支郎遼東之役
憂去職

領左驍衛長史為甚牟道監軍拜朝請大夫兼治書侍御
史宇文述等九軍敗績帝令元按其獄述時貴俸其子士
及又尚南陽公主執傾朝道家僅造元有所請屬元不
之見他日數述曰公地屬親覩腹心是寄當殺身盡已以
勸事君乃遣人相造欲何所道按之俞急仍以狀劾之帝
逆乃謂元曰獨夫肆虐天下士六大夫肝腦塗地加以陷身
嘉其公正賜朝服一襲九年奉使於秘陽督運楊玄感作
無道鄉意如何並色咨曰尊公荷國龍靈功參佐命高官
絕域之所軍糧斷絕此亦天亡之時也我今親董義成誅
重祿近古莫儔公之弟兄青紫交映當謂竭誠盡節上荅
四拜其子仁宗為正議大夫弋陽郡通守

鴻恩豈意增主未乾親圖反噬深為明公不取願思禍福
之端僕有死而已不敢聞命玄感怒而囚之屢責以兵竟
不屈節於是嘉歎贈銀青光祿大夫賜縑五百

馮慈明

馮慈明字無休信都長樂人也父子琮仕齊官至尚書右
僕射慈明在齊以戚屬之故年十四為淮陽王開府參軍
事尋補司州主簿進除中書舍人周武平齊授師都督高
祖受禪開三府官除司空司倉參軍事累遷行臺禮部侍
郎晉王廣為幷州總管盛選僚屬以慈明為司士後歷更

列傳三六　隋書七士　五

部員外郎兼內史舍人煬帝即位以母憂去職帝以慈明
始事藩邸後更在臺省其衝之至是謫為伊吾鎮副未之
官轉交阯郡丞大業九年被徵入朝時兵部侍郎斛斯政
亡奔高麗帝見慈明深慰勉之俄拜尚書兵曹郎加位朝
請大夫十二年攝江都郡丞本寧詔令慈
明安集涇洛追立擊寇至鄢陵為密黨崔樞所執密延慈
明於坐勞苦之因而謂曰隋事人有死而已
兵所向無敵東都危急計日將下今欲率四方之眾問罪
於江都鄉以為何如慈明荅曰隋直道事人
不義之言非所敢對密不悅冀其後叚厚加禮焉慈明潛

列傳三六　隋書七士　六

使人奉表江都及致書東都留守論賊形勢密知其狀又
義而釋之出至營門賊帥翟讓怒曰爾為我所執
魏公相待至厚曾無感戴寧有畏乎慈明勃然曰天子使
我來正欲除爾輩不圖為賊黨所獲我豈從汝求活耶欲
殺但殺何須罵讓因謂翟賊曰汝等本無惡心因飢饉逐
食至此官軍且至早為身計讓益怒於是亂刀斬之時年
六十八梁郡通守楊汪上狀帝歎惜之贈銀青光祿大夫
拜其二子悰怦俱為尚書承務郎王充推越王侗為主重
贈柱國戶部尚書昌教郡公謚曰壯武長子悰先在東都
王充破李密悰亦在軍中遂遣奴賷父屍柩詣東都身不

自送未幾又盛裝花燭納室時論醜之

張須陀

張須陀弘農閱鄉人也性剛烈有勇略弱冠從史萬歲討
西爨以功授儀同賜物三百段煬帝嗣位漢王諒作亂并
州從楊素擊平之加開府大業中爲齊郡丞會興遼東之
役百姓失業又屬歲饑穀米踊貴須陀將開倉賑給官屬
咸曰須待詔勑不可擅與須陀曰今帝在遠遣使往來必
歷歲序百姓有倒懸之急如待報至當委溝壑矣吾若以
此獲罪死無所恨先開倉而後上狀帝知之而不責也明
年賊帥王薄聚衆結天命數萬人寇掠郡境官軍擊之多不
利須陀發兵拒之薄遂引軍南轉掠魯郡須陀蹑之及于
岱山之下薄恃驟勝不設備須陀選精銳出其不意擊之
薄衆大潰因乘勝斬首數千級薄收合亡散得萬餘人將
北度河須陀追之至臨邑復破之斬五千餘級獲六畜萬
計時天下承平日久不習兵須陀獨勇決善戰長於
撫馭得士卒心論者號爲名將薄復比戰連豆子䶅賊孫
宣雅石秖闍郝孝德等衆十餘萬攻章丘須陀遣舟師斷
其津濟親率馬步二萬龑擊大破之賊徒散走既至津梁
復爲舟師所拒前後狼狽獲其家累輜重不可勝計露布
以聞帝大悅優詔褒揚令使者圖畫其形容而奏之其年

賊裴長才石子河等衆二萬奄至城下縱兵大掠須陀未
眼集兵親率五騎與戰賊競赴之圍百餘重身中數瘡勇
氣彌厲會城中兵至賊稍却須陀督軍復戰長才敗走後
數旬賊帥裴弘策方預令合軍圍城比海兵錯其銃須陀
謂官屬曰賊自恃強郭我不能救吾速去破之必矣於
是簡精兵倍道而進賊果無備擊大破之斬數萬級獲大
重三千兩司隸刺史裴操之上狀帝遣使勞問之二十年賊
左孝友衆十萬屯於蹲狗山須陀列八風營以厭之復
分兵扼其要害賊來降其將秦君弘郭方預合軍圍大
海須陀潛討平之威振東夏以功遷齊
郡通守領河南道十二郡黜陟討捕大使俄而賊盧明月
衆十餘萬將寇河北次祝阿須陀邀擊殺數千人賊呂明
星帥仁泰霍小漢等衆各萬餘擾濟此須陀進軍擊走之
通守時李密說讓取洛口倉讓憚須陀不敢進密勸之讓
遂與密率兵徧襲陽須陀拒之讓懼而退須陀乘之逐北
十餘里時李密先伏數千人於林木間邀擊須陀須陀敗
績密與讓合軍圍之須陀潰圍輒出左右不能盡出須陀
躍馬入救之來往數四衆皆敗散乃仰天曰兵敗如此何
面見天子乎乃下馬戰死時年五十二其所部兵晝夜號

哭數日不止越王侗遣左光禄大夫裴二基招撫其衆移
鎮武牢帝令其子元備總父兵元備時在齊郡遇賊竟不
果行

楊善會

楊善會字敬仁弘農華陰人也父初官至毗陵太守善會
大業中為鄃令以清正聞俄而山東飢饉百姓相聚為盜
善會以左右數百人逐捕之往往克捷其後賊帥張金稱
衆數萬屯于縣界善會率勵所領與賊戰或日有數挫其
鋒燔帝遣將軍段達來討金稱善會進計於達達不能用
軍吏敗為達深謝善會後與賊戰進止一以謀之於其大
克金稱復引勃海賊孫宣雅高士達等衆數十萬破黎陽
而還善會以勁兵千人邀擊破之擢拜朝請大夫清河郡
丞楊元弘檢校郡平原通守楊元弘步騎數萬
屯聚以輕兵掠冠氏善會與平原通守楊元弘數萬
與戰其本營武貴郎將王辯軍亦至金稱釋冠氏來援因
衆敗襲其本營武貴郎將王辯軍亦至金稱釋冠氏來援因
賊退守本營不利善會選精銳五百赴之所當皆潰釋軍復
振雅高士達等衆數十萬破黎陽之所當皆潰釋軍復
屯兵千人邀擊破之擢拜朝請大夫清河郡丞楊元
弱陷没相繼能抗賊者唯善會也前後七百餘陣未嘗
負敗每恨衆寡懸殊未能滅賊會楊義臣討金稱復
為賊所敗退保臨清取善會之衆頻與決戰賊乃退走乘

集餘黨善會復遣捕斬之傳首行在所帝賜以尚方甲稍弓
劍進拜清河通守賊帥楊義臣斬漳南賊師高士達傳
首江都官帝下詔褒揚之士達所部將竇建德自號長樂
王來攻信都臨清賊王安阻兵數千與善會逆拒之及為所
敗顯城固守賊圍之四旬城陷為賊所執建德釋而禮之
用為貝州刺史善會罵之曰老賊何敢擬國士恨吾力
少不能擒汝我且是汝屠兒董敢欲更相更邪臨之
以兵辭氣不撓建德猶欲活之為其部下所請又知終不
為已用於是害之清河士庶莫不傷痛焉

獨孤盛

獨孤盛上柱國楷之弟也性剛烈有膽氣煬帝在藩盛以
左右從帝遷為車騎將軍及帝嗣位以藩邸之舊漸見親
待累轉為右屯衛將軍宇文化及之作亂也裴虔通引兵
至成象殿宿衛者皆釋仗而走盛謂虔通曰何物兵若此
太異也虔通曰事勢已然不預將軍事慎無動盛大
罵曰老賊是何物語不及被甲與左右十餘人逆拒之為
亂兵所殺越王侗稱制贈光禄大夫紀國公諡曰武節

元文都

元文都洵陽公孝矩之兄子也父則周小冢宰江陵總
管文都性鯁直明辯有器幹仕周為右侍上士開皇初授
內史舍人歷庫部考功二曹郎俱有能名擢為尚書左丞
轉太府少卿煬帝嗣位轉司農少卿俱有能名擢為尚書左丞
大夫坐事免未幾授太府卿帝漸任之其有當時之譽大
業十三年帝幸江都宮詔文都與段達逵皇甫無逸韋津等
同為東都留守及帝崩文都與達逵等共推越王侗為帝
侗署文都為內史令開府儀同三司光祿大夫驍衛大
將軍攝右翊衛將軍魯國公既而宇文化及立秦王浩為
帝擁兵至彭城所在響震文都諷侗遣使通於李密密於是
而止盧楚說文都曰王充外軍一將耳本非留守之徒何
得預吾事且洛口之敗罪不容誅今者敢懷跋扈宰制時
制此而不除方為國患文都然之遂懷奏入殿將發有
人以告充充時在朝堂懼而馳還含嘉城謀作亂文都頻
遣呼之充稱疾不赴至夜作亂攻東太陽門而入拜於紫
微觀下侗遣人謂之曰何為者充曰元文都盧楚謀相殺
害請斬文都歸罪司寇侗見兵勢漸盛度終不免謂文都
曰公見王將軍也文都遷延而泣侗遣其署將軍黃桃樹

執文都以出文都顧謂侗曰臣今朝亡陛下亦當夕及侗
慟哭而遣之之左右莫不慟默出至闥教門充令左右亂斬
之諸子並見害

盧楚

盧楚涿郡范陽人也祖景祚魏司空操楚少有才學鯁戇
口吃言語澀難大業中為尚書右司郎當朝正色甚為公
卿所憚及帝幸江都東都官寮多不奉法楚每存糾舉無
所迴避王侗稱尊號以楚為內史令兼右武衛將軍
書左丞右光祿大夫封涿郡公與元文都等同心勠力以
輔幼主及王充作亂兵攻太陽門武衛將軍皇甫無逸斬
關逃難呼楚同去楚謂之曰僕與元公有約若社稷有難

誓以俱死今捨去不義及兵入楚匿於太官署賊黨執之
送於充所充令斬之於身鋒刃交下支體麋碎

劉子翊

劉子翊彭城叢亭里人也父儼齊徐州司馬子翊少好學
頗解屬文性剛耿直仕齊殿中將軍開皇初為南和
丞累轉泰州司法參軍事十八年入考功尚書省僕射楊
素見而異之奏為待御史時求寧令李公孝四歲喪母九
歲然繼主後父更別娶後妻至是而亡河間劉炫以無撫
育之恩議不解任子翊駁之曰傳云繼母如母與母同也

當以配父之尊居母之位齊杖之制皆如親母文爲人後
者爲其父母報其毓養者自以本生非殊親之與繼也父雖
自處傍尊之地於子之情猶須報其父母並解官申其心喪
不服亦申其心喪其繼母嫁不解官申其心喪父卒母嫁爲父後者雖
知繼母在父之室則制同親母若謂非專據有撫育者生文
行路何異何其謬且後人者爲其父母出
義既明今言令許不解何其謬且後人者爲其父母出
則爲繼母之黨服豈不以出母族絕推而遠之繼母配父
引而親之乎子思曰爲伋也妻是爲白也母不爲伋也妻
是不爲白也母定知服以名重情因父親所以聖人敦之
以孝慈弘之以名義是使子以名服同之親母繼以義報
等之己生如謂繼母之來在子出之後制有淺深者考之
經傳未見其文譬出後之人所後者初亡後之者始至此
復可以無撫育之恩而不服重乎昔長沙人王毖漢末爲
上計詣京師既而吳魏隔絕毖於內國更娶生子昌毖死
後妻東平相前妻之母亡便繫焉於重不攝職事于時
議者不以爲非然則繼母之與前母於情無別若要以撫
育始生服制王昌復何足云平文皆鎮南將軍羊祐無子

取弟子伊爲子祜薨伊不服重祜妻聞伊辭曰伯生存
養己伊不敢遽然無父命故還本生尚書彭伊禮議子之出
養必由父命無命而出是爲叛子於是下詔從之禮者子之心
服之制不得緣恩而立文仗義而然則心
服還以此義諭彼生之情云禮者稱情而立文仗義者伏
爲子之義名義分定然後能尊父順名崇禮篤敬苟以母
養之恩成母子則恩由彼來則慈母如母何
若如斯言子不由父縱有恩育得如平其慈繼母雖在三
年之下而居齊杖之上禮有倫例服以稱情繼母本以名
服豈藉恩之厚薄也至於兄弟之子猶子也私昵之心實
殊禮服之制無二彼言以輕如重自以不同此謂如重
辭即同重法若使輕重不等何得爲如律云准枉法者但
准其罪以枉法論者即同眞法律以弊刑禮以設教准者
准擬之名以者即眞之稱如以二字義用不殊禮律兩文
所防是一將此明彼足見其義取譬伐柯何遠之有又論
云取子爲後者將以供承桃廟奉養已身不得使宗子歸
其故宅以子道事本父之後妻也然本父亦可無心喪乎
母稱若如來旨本父亦可無心喪乎何直父之後妻因父而得
議者言舊君其尊豈復君乎已去其位非後絕臣須言舊又
云禮言舊君其尊豈復君乎已去其位非後絕臣須言舊

以殊之別有所重非復純孝故言其已見之目以其父之
文定名曰異世此文非通論何以言之其舊訓殊所用亦別
舊者易新之稱其者因彼之辭安得以相類哉至如禮云
而有異其君復有異乎斯不然矣斯不然矣君在焉君父
其父抒新其子不克負荷傳云彼雖小其君
乖令侮聖王法使出後之子無情於本生名義之分有勸
於風俗徇飾非於明世彊媒辭於禮經雖欲揚已露才不
覺言之傷理曹秦竟從子翊為之辯析多出眾人意表從幸江都值
名大業三年除大理正其有當時之譽擢授治書侍御史
每朝廷疑議子翊為之辯析多出眾人意表從幸江都值

天下大亂帝猶不悟子翊因侍切諫由是忤旨令子翊為
朏陽留守尋遣於上江智運為賊呉某子所虜子翊說之
因以眾首後遣領首賊清江遇煬帝被殺賊知而告之
翊弗信斬所言者賊文欲請以為主子翊不從眾賊執子
翊至臨川城下使告城中云帝已崩子翊叉其言於是見

害時年七十

堯君素

堯君素魏郡湯陰人也煬帝為晉王時君素以左右從及
嗣位累遷鷹擊郎將大業之末盜賊蜂起人多流亡君素
所部獨全後從驍衛大將軍屈突通拒義兵於河東俄而

通引兵南遁以君素有膽略署領河東通守義師遣將呂
紹宗章義節等攻之不克及通軍敗至城下呼之君素見
通歔欷流涕不自勝左右皆哽咽通亦泣下霑衿因謂
君素曰吾軍已敗義旗所指莫不響雁事勢如此卿當早
降以取富貴君素曰公以社稷國祚隆替委公一人所
公以關中代王付公以社稷國祚隆替委公一人所
思報效以至於此縱不能遂斬而退時圍甚急行李斷絕
賜也公何面目乖之哉通曰吁君素我力屈而來君素曰
方今力猶未屈何用多言通慚而退君素乃呼即代王所
君素乃為木鵝置表於頸具論事勢浮之黃河流而下
河陽守者得之達于東都越王侗見而歎息於是承制拜
君素為金紫光祿大夫蜜遣行人贛告之監門直閤龐玉
武衛將軍皇甫無逸前後自東都歸義遣造城下為陳利
害大唐文賜金券待以不死君素卒無降心其妻又至城
下謂之曰隋室已亡天命有屬君何自苦身取禍敗君素
曰天下事非婦人所知引弓射之應弦而倒君素亦知事
必不濟然要在守死不易每言及國家未嘗不歔欷嘗謂
將士曰吾是蒲郵舊臣累蒙獎擢至於大義不得不死今
穀支數年食盡此穀足知天下之事必若隋室傾敗天命
有歸吾當斷頭以付諸君也時百姓苦隋日久及逢義舉

人有息肩之望然君素善於統領下不能叛歲餘頗得外
生口城中微知江都閴覆又粮食多絕人不聊生男女相
食怨恚離駁白虹降於府門兵器之端夜皆光見月餘君
妻妾為左右所害

陳孝意

河東陳孝意少有志尚鶤冠以貞介知名大業初為魯郡
司法書佐郡內號為廉平太守蘇威嘗欲殺一囚孝意固
諫至於再三威不許孝意因解衣請先受死及威為納言
解謝而道之漸加禮敬及威為納言奏孝意為待御史後
以父憂去職居喪過禮有曰鹿馴擾其廬時人以為孝感
之應末幾起授鴈門郡丞在郡萊食齋居朝夕臨每一
發聲未嘗不絕倒柴毀骨立見者名之子時政刑日紊長
吏多贓汙孝意清節彌屬發姦摘伏動若有神吏民稱之
煬帝幸江都馬邑劉武周殺太守王仁恭舉兵作亂孝意
率兵與武賁郎將王智辯討之戰於下館城又為所敗武
周遂轉攻傍郡百姓兇兇將懷叛逆前郡丞楊長仁鴈門
令王確等並桀黠為無賴所歸謀應武周孝意陰知之族
滅其家郡中戰慄莫敢異志俄而武周引兵來攻志以必
之每致克捷但孤城獨守外無聲援孝意亦知帝必不反每
每遣使江都道路隔絕竟無報命孝意誓以必死

每旦暮向詔敕庫俯伏流涕悲動左右圍城百餘日粮盡
為校尉張倫所殺以城歸武周

張季珣

京兆張季珣父祥以為高祖所知後引為丞相參軍事
開皇中累遷并州司馬仁壽末漢王諒舉兵反遣其將劉
建略地趙至井陘勒兵拒守建攻之再拜
下祥見百姓驚駁其城側有西王母廟祥登城望之再拜
號泣而言曰百姓何罪致此枉燒神其有靈可降雨相救
言訖廟上雲起須臾驟雨其火遂滅士卒感其至誠莫不
用命城圍月餘李雄援軍至賊遂退走以功授開府歷汝
州刺史靈武太守入為都水監卒季珣火慷慨有志節
大業末為鷹擊郎將其府摠管山為固與洛口密口連接及孕
賓寵讓攻陷倉城遣人呼之季珣罵密極口密怒遣兵攻
之連年不能克時密眾數十萬在其城下四面阻絕
所領不過數百人而執志彌固誓以必死經三年資用盡
樵蘇無所贏病不能拒戰遂為所陷季珣坐聽事顏色自
粮盡士卒羸病不能拒戰遂為所陷季珣令坐拜季珣撫然
若密遣兵劫送之羣賊皆欲季珣令拜季珣曰吾雖為敗
軍之將猶是天子爪牙之臣何容拜賊也密壯而釋之羅
讓從之求金不得遂㲋殺之時年二十八其弟仲琰大業末

為上洛令及義兵起率吏人城守部下殺之以歸義仲琰
第琮為千牛左右宇文化及之亂遇害李珣家素忠列兄
第俱死國難論者賢之

松贇

北海松贇性剛烈重名義為石門府隊正大業末有賊楊
厚擁徒作亂來攻北海縣贇從郡兵討之贇輕騎觜賊為
厚所獲厚令贇語城中云郡兵已破宜早歸降贇偽許之
既至城下大呼曰我是松贇為官軍胡賊所近被執非力
彊也今令官軍大來並已至矣賊徒寡弱日暮擒勦不足為
憂賊以刀築贇口引之而去毆擊交下贇罵曰老賊何
〔九〕

敢致厚賢良禍自及也言未卒賊巳斬斷其腰城中望之
莫不流涕扼腕益氣倍比海卒完煬帝遣戶曹郎郭子
賤討厚贇亡身殉節嗟悼不巳上表奏之優詔褒
揚贈朝散大夫本郡通守

史臣曰古人以天下至大方身則小生為重矣比義則輕
然則死有重於太山生以理全者也生有輕於鴻毛死與
義合者也然死不可追生無用得故勉勵不失節所以為難
矢楊諒玄感李密反形巳成凶威方熾皇甫誕游元文都
明臨危不顧視死如歸可謂勇於蹈義矣獨孤盛元文慈
盧楚堯君素豈不知天之所廢人不能興甘就葅醢之誅

以徇忠貞之節雖功未存於社稷力無救於顛危然視彼
苟免之徒貫三光而洞九泉矣須哂善會有溫序之風子
翊松贇踣解楊之列國家昏亂有忠臣誠哉斯言也

列傳卷第三十六

孝義

孝經云夫孝天之經也地之義也人之行也論語云君子
務本本立而道生孝悌者其為仁之本與呂覽云夫孝
三皇五帝之本務萬事之綱紀也執一術而百善至百邪
去天下順者其唯孝乎然則孝之為德至矣其為道遠矣
其化人深矣故聖帝明王行之於四海則與天地合其德
與日月齊其明諸侯卿大夫行之於國家則永保其宗社
長守其祿位匹夫匹婦行之於閭閻閭則播徽烈於當年揚
休名於千載此皆資純至以感物故聖哲之所重
方貴等闕稽古之學無後傳之才並能任其自然情無矯
飾篤於天性勤其四體竭股肱之力盡愛敬之心自足膝
下之歡忘懷軒冕之貴不言之化人神通感雖或位登台
輔爵列王族祿積萬鍾馬踰千駟矣之日曾不得與斯人
之徒隸齒閭孝之大也不其然乎故述其所行為孝義傳

陸彥師

陸彥師字雲房魏郡臨漳人祖希道魏定州刺史父彰
中書監彥師少有行檢為邢族所稱長而好學解屬文魏
襄城王元旭引為參軍事以　父難去職哀毀殆不勝喪踰

兄印廬於墓次負土成墳　公卿重之多就墓側存問晦朔
之際車馬不絕齊文宣聞而嘉歎旌表其閭甄其所佳為
孝終里中書令河間邢邵　東閣祭酒兄印當襲父始為司州
牧召補主簿後歷中外府　委薦之未報彭城王　為平族
以彥師昆弟中最幼　讓封為彥師固辭而止時楫友悌為
孝義緫粹一門遷中書舍人尋轉通直散騎侍郎每陳
至必令高選主麥彥師所接對者前後一輩歷中書黃門
侍郎以不阿宦者遇謫出為中山太守有惠政時轉少納言賜
吏部郎中周武平齊授載師下大夫宣帝時轉少納言賜
爵臨水縣男奉使幽劑俄而高祖為丞相彥師遇疾請假

還鄴尉迥將為亂彥師微知之遂委妻子潛歸長安高祖
嘉之授內史下大夫拜上儀同高祖受禪拜尚書左丞進
爵為子彥師素多病未幾以務劇疾動乞解所職有詔聽
以本官就第歲餘轉吏部侍郎隋承周制官無清濁彥師
在職凡所任人頗甄別於士庶論者美之後復以病出為
汾州刺史卒官

田德懋

田德懋觀國公仁恭之子也少以孝友著名開皇初以父
軍功賜爵平原郡公授太子千牛備身父難哀毀骨立
廬於墓側負土成墳上聞而嘉之遣貞外散騎侍郎元志

就吊焉後璽書曰皇帝謝田德懋知在窮疾哀毀過禮
倚廬墓所負土成墳朕思弘名教復與汝通家
情義素重有聞孝感朕歡兼深春日暄和氣力何似宜自
抑割以禮自存也異賜練二百匹米百石復下詔表其門
閭後歷太子舍人義州司馬大業中為給事郎尚書駕部
郎卒官

薛濬

薛濬字道贖刑部尚書內陽公冑之從祖弟也父琰涓
南太守濬少喪父早孤養母以孝聞幼好學有志行尋師
於長安時初平江陵何妥歸國見而異之授以經業周天
和中襲爵虜城矦歷納言上士新豐令開皇初擢拜尚書
虞部侍郎尋轉考功侍郎帝聞濬事毋至孝以其毋老賜
輿服机杖四時珍味當時榮之後其母疾濬貌甚憂慼親
故弗之識也暨丁毋艱詔鴻臚監護喪事歸葬夏陽千時
隆又極寒濬衰絰跣冒犯霜雪百京及鄉五百餘里足
凍隋指瘡血流離朝野為之傷痛州里歸助一無所受尋
起令視事濬屢陳誠欵請終喪制優詔不許及至京上見
其毀瘠傷懷嗟異父之濬竟不勝喪病且卒其弟謨時為晉
悲感傷懷嗟異父之改谷顧謂羣臣曰吾見薛濬及毀不覺
王府兵曹參軍事在揚州濬遺書與謨曰吾以不造幼丁

艱酷窮將遊約虧屢絕筆瓠晚生早孤不聞詩禮頼奉先人
貽厥之訓毋氏聖善之規貞笈裹糧不憚艱遠從師
就業欲罷不能砥行厲心困而彌篤服膺教義愛至長成
自釋未登朝于茲二十三年雖官非聞達而祿喜逮親
庶保期頤得終色養何圖精誠無感禍酷荐臻兄弟俱被
奪情苫廬靡申哀訴是用扣心泣血氣摧魂者也既而
瘡巨釁深不勝荼毒啓手啓足幸及全歸使夫死而有知
得從先人於地下矣豈非至願哉但伶傳孤窮遠在
邊服顧此恨恨如何可言適已有書翼得與汝面訣忍死
待汝已歷一旬汝既未來便成今古緬然求別為恨何言

勉之哉勉之哉書成時年四十二有司以聞高祖為之屑
涕降使齎冊書平祭曰皇帝咨故考功侍郎薛濬於戲惟
爾操履貞和器業詳敏允厘勤務克章及遘私艱奄
從殞滅嘉爾誠孝感于朕懷莫不加抑惟朝典故遣使
弔毀嘉茲榮渥嗚呼哀哉濬性清儉死
之日家無遺資濬初為童兒時與宗人諸見遊戲千澗濱
見一黃蛇有角及足召羣兒共視了無見者濬以為不祥
歸大憂悴毋遍問之濬以實對時有胡僧詣宅乞食濬
母怖而告之僧曰此乃兒之吉應且是兒也早有名位然
壽不過六七耳言終而出忽然不見時咸異之既而終於

王頒

王頒字景彥太原祁人也祖神念梁左衛將軍父僧辯太
尉頒少倜儻有文武幹局其父平蠻功加開府封蛇丘縣公獻
元帝為周師所陷頒因入關聞其父為陳武帝所殺號慟
而絕食頃乃蘇哭泣不絕聲毀瘠骨立至服闋常布衣蔬
取陳之策上覽而異之召與相見言畢而歔欷上為之改
尋拜儀同三司開皇初以平蠻功加上士累遷漢中太守
容及大舉代陳頒自請行率徒數百人從韓擒先鋒夜濟

列傳三毛　隋書十二　〈五〉

力戰被傷恐不堪復鬪悲感嗚咽夜中因睡夢有人授藥
比寤而瘡不痛時人以為孝感及陳滅頒密召父時士卒
得千餘人對之泫泣其間壯士或問頒曰郎君來破陳國
滅其社稷備讎恥巳雪而悲不止者將為霸先早死不得
手刃之邪請發其兵龍斬櫬焚骨亦可申孝心矣頒頓顙
陳謝領盡流血者之曰其為帝壤墾其大恐一宵發掘
不及其屍更至明朝事乃彰露若之何諸人請具鍬鋪一
是皆辜於自夜發其陵剖棺見陳武帝鬚並不落取其本皆
出自骨中頒遂㷀蔁取灰投水而飲之既而自縛歸罪於
晉王王表其狀高祖曰朕以義平陳王頒所為亦孝義之

道也朕何忍罪之含而不問有司錄其戰功將加柱國賜
物五千段頒固辭曰臣緣國威靈得雪私恥本心徇私非
是為國所加官賞終不敢當高祖從之拜代州刺史其有
惠政母憂去職後為齊州刺史卒官時年五十二弟頒見

文學傳

楊慶

楊慶字伯悅河間人也祖交父剛並以至孝知名慶美姿
儀性辯慧年十六齊國子博士徐遵明見而異之及長頒
涉書記年二十五郡察孝廉以待養不行其母有疾不解
襟帶者七旬及居母憂毀瘠骨立負主成墳齊文宣帝表
其門閭賜帛三十四段十屯粟五十石高祖受禪慶加褒
賞擢授儀同三司授平陽太守年八十五終於家

列傳三毛　隋書十二　〈六〉

郭儁

郭儁字弘又太原文水人也家門雍睦七葉共居大家同
乳烏鵲通巢時人以為義感之應州縣上其事遭平昌
公宇文敬諸其家勞問之治書御史柳或巡省河北表其
門閭漢王諒為并州總管聞而嘉歎賜兄弟二十餘人衣
各一襲

田翼

田翼不知何許人也性至孝養母以孝聞其後母臥疾歲

餘冀易易燥濕母食則食不食母患毒暴痢冀謂
中毒遂親嘗惡又母終冀一慟而絕其妻亦不勝哀而死

鄉人厚共葬之

紐回

紐回字孝政河東安邑人也性至孝周武成中父喪廬
於墓側貧土成墳廬前生麻一株高丈許圍之合拱枝葉
鬱茂冬夏恒青有烏棲其上回舉聲哭烏即悲鳴時人異
之周武帝表其閭擢授甘棠令開皇初卒子士雄少質直
孝友喪父復廬於墓側貧土成墳其庭前有一槐樹先甚
鬱茂及士雄居喪樹遂枯死服闋閭宅死樹復榮高祖聞
之歎其至孝下詔錄揚號其所居為累德里

三〇六六

列傳三十七　隋書七十二　七

劉士儁

劉士儁彭城人也性至孝丁母喪絕而復蘇者數矣勺飲
不入口者七日廬於墓側貧土成墳列植松柏孤狼馴擾
為之取食高祖受禪表其門閭

郎方貴

郎方貴淮南人也以有志尚與從父爭雙貴同居開皇中
方貴嘗因出行遇兩淮水沈長於津所寄渡船人怒之遏
方貴臂折至家其弟雙貴驚問所由方貴具言之雙貴忿
恨遂向津毆擊船人致死守津者執送之縣官案問其狀

以方貴為首當死雙貴從坐當流兄弟二人爭為首坐二縣
司不能斷送詣州兄弟各引咎州不能定二人爭欲赴水
而死州狀以聞上聞而異之特原其罪表其門閭賜物百

段後為州主簿

翟普林

翟普林楚丘人也性仁孝事親以孝聞州郡辟命皆固辭
不就躬耕色養鄉鄰謂為楚丘先生後父母疾親易燥濕
不解衣者七旬大業初父母俱終哀毀殆將滅性廬於墓
側貧土為墳盛冬不衣繒絮唯著單縷而已家有二烏犬
隨其在墓若普林臨哭烏犬亦悲號見者嗟異焉有二鵲
巢其廬豐前柏樹每入其廬馴狎無所驚懼大業七年縣令
奏其孝感擢授孝陽令

三〇七七

列傳三十七　隋書七十二　八

李德饒

李德饒趙郡柏人也聰敏好學至性宗黨咸敬之弱冠為
介州長史趙德饒必祖徹魏尚書右丞父絢開皇中為
校書郎仍直內史省參掌文翰轉監察御史科正不避貴
戚大業末通其德行為當時所重凡與交結皆海內髦彥
雖位秩未通其德行終日不食十旬不解衣及丁憂水漿
性至孝父母寢疾輒終日不食十旬不解衣及丁憂水漿
不入口五日哀慟歐血數升及送葬之日會仲冬積雪行

四十餘里單繼徒跣號踴幾絕會葬者千餘人莫不為之
流涕後甘露降於庭樹有鳩巢其廬其郡界言楊達巡省河北
詣其廬弔慰焉因改所居村名為敬村里為和順里後為
金河長未之官值羣盜蜂起賊帥格謙孫宣雅等十餘頭
聚眾於渤海時有敕許其歸首謙等懼不敢降帝於是遣
行有聞遣使奏曰若使德饒來即相率歸首以德饒信
德饒往勃海宣慰諭諸賊行至冠氏會他盜攻陷縣城德
見害其弟德佻性重然諾大業末為離石郡司法書佐太
守楊子崇特禮之及義兵起子崇遇害棄尸城下德佻赴
哭盡哀收瘞之芊介休詣義師請葬子崇大將軍嘉之因
贈子崇官令德佻為使者往離石禮葬子崇焉

華秋

華秋汲郡臨河人也幼喪父事母以孝聞家貧備貧為養
其母遇患秋容貌毀悴讀書頓改州里咸嗟異之及母終
之後遂絕櫛沐髮盡落廬於墓側負土成墳有人欲助
之者秋輒拜而止之大業初調狐皮郡縣大獵有一兔人
逐之奔入秋廬中匿秋膝下獵人至廬所異之及母終
此免常宿廬中匿秋左右郡縣嘉其孝感具以狀聞煬帝
降使勞問表其門閭後羣盜起常往來廬之左右咸相誡
曰勿犯孝子鄉人賴秋而全者甚眾

徐孝肅

徐孝肅汲郡人也宗族數千家多以豪後相尚唯孝肅性
儉約事親以孝聞雖在幼齓宗黨間每有爭訟皆至孝肅
所平論之為孝肅所短者無不引退而自爭訟不識
父又長問其母狀因求盡圖其形像構廟置之而定
色及母老疾孝肅親易燥濕寒泉奉盥沐見者無不悲悼
終孝肅無疏飲水盛冬單繼毀瘠被髮徒跣絕其弟
貧土成墳廬於墓所四十餘載被髮徒跣絕其弟
德備聰敏通涉五經河朔間稱為儒者德備終子奧默父
廬於墓側弈葉稱孝焉

史臣曰昔者弘愛敬之理必藉王公大人近古敦孝友之
情多委茅屋之下而彥師道隤或家傳纓冕或身誓山河遂
乃負土成墳致毀滅性雖乘先王之制示觀過以知仁矣
郎貴昆弟爭死而身全田翼夫妻俱喪而名立德饒仁懷
蓋盜假義與王亦足稱也紐回劉僧之倫翟林華秋之
董或茂章嘉樹榮枯於庭宇或走獸翔禽馴狎於廬墓非
夫孝悌之至通於神明者乎

列傳第三十七

隋書七二

循吏

特進臣魏　徵　上

古之善牧人者養之以仁使之以義教之以禮隨其所便
而勉之因其所欲而與之從其所好而勸之如父母之愛
子如兄之愛弟聞其飢寒為之哀見其勞苦為之悲故人
敬而悅之愛而親之若子產之理鄭國子賤之居單父貫
琮之牧冀州文翁之蜀郡皆可以恤其災患導以忠厚
因而利之惠而不費其暉映千祀聲流不絕夫何為哉
此道也然則五帝三王不易人而化皆在所由化之而已
故有無能之吏無不可化之人高祖膺運撫圖除凶靜亂
日昃忘食思邁前王然不敢詩書不尚道德專任法令嚴
察臨下吏存苟免寬惠乘時射利者多以一切求名
暨煬帝嗣興與志存遠略車轍馬跡徧天下綱紀弛紊四
維不張其或善於侵漁彊於剝割絕億兆之命遂一人之
求者謂之奉公即時升擢其或顧名節存綱紀抑敛擾之
心以從百姓之欲者則謂之附下旋及誅夷夫吏之侵漁
得其所欲雖或不為況於上賞其效下得其欲求其廉潔不
難乎彥光等立嚴察之朝屬昏狂之上執心平允終行仁

恕餘風遺愛沒而不忘寬惠之音足以傳於來葉故列其
行事以繫循吏之篇云

梁彥光

梁彥光字修芝安定烏氏人也祖茂秦華二州刺史父
顯周荊州刺史彥光少岐嶷有至性六歲父每謂所親曰此
兒有風骨當興吾宗彥光七歲時父遇篤疾醫云餌五石可愈
時求紫石英不得彥光憂瘁不知所為忽於園中見一物
宛若鐘乳彥光所不識親屬咸異之以為至
孝所感親大統末入太學略涉經史有親捨造次必以禮
解褐祕書郎時年十七周受禪遷奉車士武帝時累遷
小馭下大夫毋憂去職毀瘠過禮未幾起令視事帝見其
毀甚嗟歎父之煩家慰諭後轉小內史下大夫建德中為
御正下大夫從帝平齊以功授開府陽城縣公邑千戶宣
帝即位拜華州刺史進封華陽郡公增邑五百戶以陽城
公轉封一子尋進位上大將軍俄拜柱國
青州刺史屬帝崩不之官及高祖受禪以為岐州刺史兼
領岐州宮監增邑五百戶通前二千戶甚有惠政嘉禾連
理出於州境開皇二年上幸岐州悅其能乃下詔曰賞以
勸善義兼訓物彥光操履平直識用凝遠布政岐下威惠
在人廉慎之譽聞於天下三載之後自當遷陟恐其

且宜雄司賜粟五百斛物三百段御傘一枚庶使有感

朕心日增其羞四海之内凡曰官人慕高山而仰止聞清

風而自勵未幾又賜錢五萬後數歲轉相州刺史彦光前

在岐州其俗頗質以靜鎮之合境大化奏課連最為天下

第一及居相部如岐州法鄴都雜俗多變詐為之作歌

光言於上曰臣前待罪相州百姓呼為戴帽餳賜臣自分廢

黜無復冠冕之望不謂天恩復垂收採請復為相州改絃

易調庶有以變其風俗上答隆恩上從之復為相州刺史彦

豪猾者聞其光自請而來莫不嗟歎彦光下車發摘姦隱

有若神明於是狡猾之徒莫不潛竄合境大駭初彦光後

衣冠士人多遷關內唯技巧商販及樂戶之家移實州郭

由是人情險詖妄起訟官人萬端千變彦光欲革

其弊乃用秩俸之物招致山東大儒每鄉立學非聖哲之

書不得教授常以季月召集之親臨策試有勤學異等聰

令有聞者并堂中設饌其餘並坐廊下有好諍訟情業無成

者坐之庭中設以草具及大比當舉行賓貢之禮又於郊

外祖道并以財物資之於是人皆剋勵風俗大改有滏陽

人焦通性酗酒事親禮闕為從弟所訟彦光弗之罪將至

州孝令觀於孔子廟中有韓伯瑜母杖不痛哀母

力弱對母悲泣之像通遂感悟既悲且媿若無自容彦光

訓諭而遣之改過勵行卒為善士以德化人皆此類也

吏人感悅略無諍訟後數歲卒官時年六十贈冀定青瀛

四州刺史諡曰襄子文謙嗣文謙弘雅有父風以上柱國

嫡子例授儀同開皇十五年拜上州刺史煬帝即位轉饒

州刺史歲餘為鄱陽太守稱為天下之最徵拜戶部侍郎

遼東之役領武賁郎將為盧龍道軍副會楊玄感作亂其

弟武賁郎將玄縱先隸文謙玄感友問未至而玄縱逃走

卿明年文謙即領武賁郎將為屯衛將軍玄感

文謙不之覺坐是配防桂林而卒時年五十六少子文讓

初封陽城縣公後為鷹揚郎將從衛玄擊楊玄感於東都

力戰而死贈通議大夫

樊叔略

樊叔略陳留人也父歡仕魏為南兗州刺史阿陽侯屬高

氏專權謀興復之計為高氏所誅叔略時在髫齔遂被

腐刑給使殿省身長九尺志氣不凡頗為高氏所忌內不

自安遂奔關西周太祖見而器之引置左右尋授都督襲

爵為侯大冢宰宇文護執政引為中尉叔略多計數曉習

時事護漸委信之其後齊王憲引為驃騎大將軍開府儀同

三司護誅後齊王憲引為園死監時憲素有吞關東之志

叔略因事數進兵謀憲其奇之建德五年從武帝伐齊叔
略部率精銳每戰與先士卒以功加上開府進封清鄉縣
公邑千四百戶拜汴州刺史仍為明決宣帝時於洛陽營
建東京以叔略有巧思拜營構監宮室制度皆叔略所定
功未就而帝崩尉迴之亂高祖令叔略鎮大泉迴將宇文
威求冠叔略擊走之以功拜大將軍復為汴州刺史高祖
受禪加位上大將軍進爵安定郡公在州數年甚有聲
鄰郡俗薄號曰難化朝廷
政為當時第一上降璽書褒美之叔略

班示天下百姓為之語曰智無窮清鄉公上下正樊安定
徵拜司農卿吏人莫不流涕相與立碑頌其德政自為司
農凡種植叔略別為條制皆出人意表朝廷有疑滯公卿
所未能決者叔略輒為評理雖無學術有所依據渙然師心
獨見闇與理合其為上所親要高熲楊素亦禮遇之叔略
雖為司農往往兼督九卿事性頗嚴素後每食必方丈備
陸十四年從祠太山行至洛陽上令錄囚徒其狀將奏晨
起至獄門於馬上暴卒時年五十九上悼惜之贈亳州
刺史諡曰襄

趙軌

趙軌河南雒陽人也父肅魏廷尉卿軌少好學有行檢周

蔡王引為記室以清苦聞遷衡州治中高祖受禪轉齊州
別駕有能名其東鄰有桑葚落其家軌遣人悉拾還其主
誡其諸子曰吾非以此求名意者非機杼之物不願侵人
汝等宜以為誡在州四年考績連最持節使者郇公梁
子恭狀上高祖嘉之賜物三百段米三百石徵軌入朝父
老相送者各揮淚曰公清若水請酌一杯水奉餞軌受而
敢以壺酒相送公清若水請酌一杯水奉餞軌受而飲
既至京師詔與奇章公牛弘撰定律令格式時衛王爽為

原州總管上見爽年少以軌所在有聲授原州總管司馬
在道夜行其左右馬逸入田中暴人禾軌駐馬待明訪禾
主酬直而去原州人吏聞之莫不改操後數年遷硤州刺
史撫緝萌夷甚有恩惠轉壽州總管長史為陂有五
門堰廢不修軌於是勸課人吏更開三十六門灌田五
千餘頃人賴其利秩滿歸鄉里卒于家時年六十二子弘
安弘智並知名

房恭懿

房恭懿字慎言河南洛陽人也父謨齊吏部尚書恭懿性
沉深寡言有局量達於從政仕齊釋褐開府參軍事歷平恩令
濟陰守並有能名會齊亡不得調尉迴之亂恭懿預焉迴
敗廢于家開皇初吏部尚書蘇威薦之授新豐令政為三

之最上聞而嘉之賜物四百段恭懿以所得賜分給窮
乏未幾復賜米三百石恭懿又以賑貧人上聞而止之時
雍州諸縣令每朝朝謁上見恭懿必呼至榻前訪以理人
之術蘇威重薦之超授澤州司馬有異績賜物百段馬
一匹遷德州司馬在職歲餘屬禮復奏恭懿政為天下之
最上甚異之復賜百段因謂諸州朝集使曰房恭懿志
存體國愛養我百姓所在之勳助宣朕意朕視之
範之卿等宜師敬之而上天宗廟其富貴我內外官人
能致之乎朕即拜為刺史豈止為一州而已當令天下模
如父母朕若置之而不賞上天宗廟

列傳三十八　隋書七十三　〈七〉

宜知我意於是下詔曰德州司馬房恭懿出宰百里毗贊
二藩善政能官標映倫伍班條按部寔允僉屬委以方岳
聲實俱美可使持節海州諸軍事海州刺史未幾會國子
博士何妥奏恭懿等迴之黨不當仕進威愷二人朋黨曲
相薦舉上大怒恭懿竟得罪配防嶺南未幾徵還京師行
至洪州遇患卒論者千今冤之

公孫景茂

公孫景茂字元蔚河間阜城人也容貌魁梧少好學博涉
經史在魏察孝廉射策甲科為襄城王長史兼行參軍遷
太常博士多所損益時人稱為書庫後歷高唐令大理正

俱有能名及齊戚周武帝聞而召見與語器之授濟北太
守以母憂去職開皇初詔徵入朝訪以政術拜汝南太守
郡發轉曹州司馬在職數年以老病乞骸骨優詔不許俄
遷息州刺史法令清靜德化大行時屬平陳之役征人在
路有疾病者景茂撤減俸祿為饘粥湯藥分賑濟之賴全
活者以千數上聞而嘉之詔宣告天下十五年上幸洛陽
景茂謁見時年七十七命升殿坐問其年幾景茂俯身
對上哀其老嗟嘆久之景茂再拜曰呂望八十而遇文王
臣踰七十而逢陛下甚悅賜物三百段
絜己著宿不斷作牧化人聲績顯著年終考校擢為稱首

列傳三十八　隋書七十三　〈八〉

宜升戎秩兼進藩條可上儀同三司伊州刺史明年以疾
徵更人號泣於道及疾愈復乞骸骨又不許轉道州刺史
悉以秩俸買牛犢雞豬散惠孤弱不自存者好單騎巡人
家至戶入閱視百姓產業有脩理者於都會時乃褒揚稱
述如有過惡者即隨而訓導而不章也由是人行義讓有
通男子相助耕耘婦人相從紡績大村或數百戶皆如一
家之務其後請致事優詔聽之壽中上明公楊紀出
使河北見景茂神力不衰還以狀奏於是就拜淄州刺史
賜以馬輿便道之官前後歷職皆有德政論者稱為良牧
大業初卒官年八十七諡曰康身死之日諸州人吏赴喪

者數千人或不及莊皆望墳慟哭野祭而去

辛公義

〈列傳三十八　隋書七十三　九〉

辛公義隴西狄道人也祖微魏徐州刺史父季慶青州刺史公義早孤為母氏所養親授書傳周天和中選良家子任太學生以勤苦著稱武帝時召入露門學令受道義每月集諸生令弘儒講論數被嗟異時輩慕之建德初授宣納中士從平齊之役獲功賜爵安陽縣男邑二百戶每陳使來朝常奉詔接宴轉駕部侍郎使往江陵安輯邊境轉授內史上士開皇元年除主客侍郎攝內史舍人相授諸馬牧所獲十餘萬四萬祖喜曰唯我公義奉國罄心從軍平陳以功除岷州刺史士俗畏病若一人有疾即合家避之父子夫妻不相看養孝義道絕由是病者多死公義患之欲變其俗因分遣官人巡檢部內凡有疾病皆以床輿來安置廳事暑月疫時病人或至數百廳廊悉滿公義親設一榻獨坐其間終日連夕對之理事所得秩俸盡用市藥為迎醫療之躬勸其飲食於是悉差方召其親戚而諭之曰死生由命不關相看前汝所以死耳今我聚病者坐臥其間若言相染那得不死兒復差並等勿復病者坐其間終日子孫漸謝而去後人有遇病者爭就使君其家無親屬因

留養病者始相慈愛此風遂革合境之內呼為慈母後遷牟州刺史下車先至獄中因露坐牢側親自驗問十餘日間決斷咸盡方還大聽受領新訟皆不立文案遣當直佐寮一人側坐訊問事若不盡應須禁者公義即宿廳事終不還閣人或諫之曰此事有程使君何自苦也荅曰刺史無德可以導人尚令百姓系於囹圄豈有禁人在獄而心自安乎罪人聞之咸自款服後有欲諍訟者其鄉閭父老遽相曉曰此蓋小事何忍勤勞使君訟者多兩讓而止時山東霖雨自陳汝至于滄海皆多水災境內大牙獨無所損山出黃銀獲之以獻詔水部郎妻剽就公義禱焉乃聞

〈列傳三十八　隋書七十三　十〉

空中有金石絲竹之響仁壽元年追充揚州道黜陟大使豫章王暕恐其部內官察犯法未入州境預令屬蜀公義義荅曰奉詔不敢有私及至揚州皆無所縱捨陳其之又煬帝即位揚州長史王弘入為黃門侍郎因言公義之短竟去官吏人守闕訟冤相繼不絕後數歲帝悟除內史侍郎毋憂未幾起為司隸大夫檢校右御衛武賁郎將從征至柳城郡卒時年六十二子融

柳儉

柳儉字道約河東解人也祖元璋魏司州大中正相華二州刺史父裕周聞喜令儉有局量立行清苦為州里所敬

雖至親昵無敢狎侮每代宣納上士識伯大夫及高祖
受禪擢拜水部侍郎封率道縣伯未幾出為鷹揚大夫及其
有能名俄而郡廢時高祖勵精思政妙簡良能
出為牧宰以俊二明著柵擢拜達州刺史獄訟著庭遣不
為文書約束佐史從容而已獄無繫囚蜀王秀時鎮益州不
得罪也俊坐與交通免職及還鄉里萌夷悅服蜀王秀之
食不贍見者咸歎服焉煬帝嗣位徵之于時以功臣任朝
牧州領郡者並帶戎資唯俊自良吏帝嘉其績用特授朝
散大夫拜弘化太守賜物一百段而道之俊清卲逾勵大
其中清名天下第一者為誰威等以俊對帝又問其次弘曰
業五年入朝郡國畢集帝謂納言蘇威吏部尚書牛弘曰

以涿郡丞郭絢潁川郡丞敬肅等二人對帝賜俊帛二百
四約肅名一百四令天下朝集使送至郡邸以為異焉論
者美之及大業末盜賊蜂起數被攻逼俊撫結人夷卒無
離叛竟以保全及義兵至長安尊奉恭帝俄而歸京師相
國賜俊物三百段就
拜上大夫將軍歲餘卒于家時年八十九

郭絢

郭絢河東安邑人也家素寒微初為尚書令史後以軍功

拜儀同歷數州司馬長史皆有能名大業初刑部尚書宇
文敞巡省河北引絢為副煬帝將有事於遼東以涿郡為
衝要訪可任者聞絢有幹局拜涿郡丞吏人悅服數載遷
為通守兼領留守及山東盜賊起絢逐捕之多所剋獲時
諸郡無復完者唯涿郡獨全後將兵擊竇建德於河間戰
死吏哭之數月不息

敬肅

敬肅字弘儉河東蒲坂人也少以貞介知名釋褐州主簿
開皇初為安陵令有能名擢拜秦州司馬轉幽州長史仁
壽中為衛州司馬俱有異績煬帝嗣位遷潁川郡丞大業

五年朝東都帝令司隸大夫薛道衡為天下群官之狀道
衡以肅為第一帝以其老有治名將擢為太守未幾以忤
旨出為襄武令時在翊衛大將軍宇文
述之八年朝於涿郡帝以肅屬蕭蕭未嘗開封輒令
使者持去賓客有放縱者以法繩之無所寬貸由是述
銜之當路用事其邑在潁川每以書屬肅有所營託肅未
數輒為之所毀不行大業末乞骸骨優詔許之去官之
日家無餘財歲餘終于家時年八十

劉曠

劉曠不知何許人也性謹厚每以誠恕應物開皇初為平
鄉令單騎之官人有諍訟者輒丁寧曉以義理不加繩劾

各自引欲而去，所得俸祿，賑贍窮乏之。百姓感其德化，更相
篤勸曰：「有君如此，何得為非！」在職七年，風教大洽，獄中無
繫囚，爭訟絕息，囹圄盡皆生草，庭可張羅。及去官，吏人無
老幼，號泣於路，將送數百里不絕。遷雍州別駕，令清名善政，
為天下第一。尚書左僕射高熲言其狀，上召之，又引見勞
勉。良久，美也。顧謂侍臣曰：「君不殊奬，何以為勸？」於是下優詔，擢拜莒州刺史。

王伽

王伽，河間章武人也。開皇末，為齊州行參軍，初無足稱。後
被州使送流囚李參等七十餘人詣京師。時制，流人皆枷
鎖傳送。伽行次滎陽，哀其辛苦，悉呼而謂之曰：「卿輩既犯
國刑，憲損名教，身嬰縲絏，此其職也，今復重勞援卒，豈獨
不愧於心哉？」眾等辭謝。伽曰：「汝等雖犯憲法，枷鎖亦大辛
苦。吾欲與汝等脫去行至京師總集，能不違期不？」皆拜謝
曰：「必不敢違。」伽於是悉脫其枷，停援卒，與期曰：「某日當至
京師，如致前卻，吾當為汝受死。」乃捨之而去。流人感恩，至
而至，一無離叛。上聞而驚異之，召見與語，稱善久之。於是
悉召流人，並令攜負妻子俱入，賜宴於殿庭而赦之。乃下
詔曰：「凡在有生，含靈稟性，鹹知好惡，識是非，若臨以至
誠，明加勸導，則俗必從化，人皆遷善避惡，以海內亂離，德教

列傳三十八　隋書七十三　〈十三〉

魏德深

魏德深，本鉅鹿人也。祖沖，仕周為刑部大夫、建州刺史，因
家弘農。父毗，郁林令。德深初為文帝挽郎，後屬馮翊書佐、
武陽司戶書佐，以能遷貴鄉長，為政清淨，不嚴而治，會興
遼東之役，徵稅百端，使人往來，責成郡縣。於時王綱弛紊，
吏多贓賄，所在徵斂，下不堪命。唯德深一縣，有無相通，不
竭其力，所求皆給，百姓不擾，稱為大治。于時盜賊群起，武
陽諸城多被淪陷，唯貴鄉獨全。郡丞元寶藏受詔逐捕盜
賊，每戰不利，則器械必盡，輒徵發於人，動以軍法從事，如
此者數矣。其鄰城營造，皆聚於聽事，人遞相督責，晝夜
喧囂，猶不能濟；德深各問其所欲，任隨便修營，官府寂然，
恆若無事。唯約束長吏，所修不須過勝餘縣，使百姓勞苦。
然在下各自竭心，常為諸縣之最。轉館陶長，貴鄉吏人
聞之相與言，及其事于皆歔欷流涕，不成聲。及將赴任，傾

列傳三十八　隋書七十三　〈十四〉

城送之號泣之聲道路不絕旣至館陶闔境老幼皆見
其父母有婿人貟外郎趙君實與郡丞元寶藏相交結
前後令長未有不受其指麾者自德深至縣君實遂於
室來嘗輒敢出門逃竄之徒歸來如市貴鄉父老昆波艱於
險詣闕請留德深有詔許之館陶父老復詣郡相訟以貴
鄉文書為詐郡不能決曾持節使者至臨檢杜整等至兩縣
詣使訟之乃斷從貴鄉貴鄉吏人歌呼蒲道互相稱慶館
陶慇庶合境悲哭因而居住者數百家寶藏遷令德深率兵人赴東都俄而
越王侗徵兵於郡寶藏遣德深所領皆武陽人也以本土從賊
寶藏以武陽歸李密德深兵

念其親戚輒出都門東向慟哭而又人或謂之曰李密兵
馬近在金墉去此二十餘里汝必欲歸誰能相禁何為自
苦如此其人皆垂泣曰我與魏明府同來不忍弃去豈以
道路艱難乎其得人心如此後與賊戰没於陣貴鄉館陶
人庶至今懷之時有櫟陽令渤海髙世衡蕭令彭城劉髙
城臯令弘農馮翊俱有恩惠夫業之末長吏多贓汙衡髙
及慇清節逾厲風教大洽獄無繫因為吏人所稱
史臣曰古語云善為水者引之使平善化人者撫之使靜
水平則無損於隄防人靜則不犯於憲章然則易俗移風
服教從義不資於明察必藉於循良者也彥光等皆内懷

直道至誠待物故得所居而化所去見思至於景茂之過
惡揚善公義之撫視疾病劉曠之化行所部德深之愛結
人心雖信臣杜詩豈恭懿所在无異屬簡帝心追旣往之
之父母豈徒言哉鄭渾朱邑不能繼也詩云愷悌君子人
害逐流亡於道路惜乎柳儉去官妻子不贍趙軏秩蒲酤
水餼離清矣

酷吏

夫為國之體有四焉一曰仁義二曰禮制三曰法令四曰
刑罰仁義禮制政之本也法令刑罰政之末也無本不立
無末不成然教化遠而刑罰近可以助化而不可以專行
可以立威而不可以繁用老子曰其政察察其人缺缺又
曰法令滋章盜賊多有然則令之煩苛吏之嚴酷不能致
理百代可知考覽前載有時而用之夫昔秦任獄吏趙衣
蕩道漢革其風矯枉過正禁網踈闊漏吞舟大姦巨猾

三九〇
【列傳三十九　隋書七十四】　一

犯義侵禮故剛克之吏權拉凶邪一切禁姦以救時弊雖
乖教義或有所取焉高祖隋期平一江左四海九州服教
從義至於威行郡國力折公侯乘傳賦人探九府吏者所
在威聞為無暴時之弊亦已明矣士文等功不足紀才行
無聞遭遇時來叨竊非據肆其褊性多行無禮君子小人
咸罹其毒几聯所莅昊不懍然者其下者視之如蛇虺過
其境者逃之如冠讎與人之恩心非好善加人之罪事非
疾惡其所以蒼蒼多在無辜察其所為豺狼之不若也無禁
姦除猾之志肆殘虐戕賊之心君子惡之故編為酷吏傳
也

庫狄士文

庫狄士文代人也祖干齊左承相父敬武帝將肆州刺
史士文性孤直雖鄰里至親莫與通狎必讀書在南龍舍對
章武郡王王罕至領軍將軍周武帝平齊山東衣冠多迎周
師唯士文閉門自守帝嘉之授開府儀同三司隨州刺史性清苦
高祖受禪加上開府封湖陂縣子尋拜貝州刺史性清者
不受公料家無餘財其子常啜官厨餅士文枷之於獄累
日杖之一百步送還京僮隸無敢出門所買蔬菜必於外
境几有出入皆封署其門親舊絕跡慶弟不通法令殷
吏人股戰道不拾遺有細過必深文陷害嘗入朝遇上置

三九一
【列傳三九　隋書七十四】　二

酒高會賜公卿入左藏任多少自取皆極重士文獨口銜
絹一匹兩手各持一匹上問其故士文曰臣口手俱飽餘
無所須上異之別加賞物勞而遣之士文至州發摘姦隱
長吏尺布升粟之贓無所寬貸得千餘人而表之上悉配
防嶺南親戚相送哭泣之聲遍於州境至嶺南遇瘴癘死
者十八九於是父母妻子唯哭士文士文聞之令人捕捉
桁捶盈前而哭者彌甚有京兆韋焜為貝州司馬河東趙
達為清河令二人並苛刻蛇鼠頭長史有惠政時人為之語曰
刺史羅剎政司馬蜣蜋蛆清河生喫人一間
而歎曰士文之暴過於猛獸覽此兔未幾以為雍州長史

士文謂人曰我向法深不能親候要貴必死此官矣及下
車執法嚴正不避貴戚賓客莫敢至門人多怨之至文
父妹為燕氏嬪以帝戚故賜國公長孫覽寫妾覽
妻鄭氏性妬譖之於文獻后后令覽離絕士文恥之不與
相見後雍州刺史唐君明母憂娉以為妻由是士文君
明並為御史所劾士文性剛在獄數日憤恚而死家無餘財
有子三人朝夕不繼親友無內之者

田式

田式字顯標馮翊下邽人也祖安興父長樂仕魏俱為本
郡太守式性剛果多武藝拳勇絕人周明帝時年十八授
都督領鄉兵後數載拜渭南太守政尚嚴猛吏人重足而
立無敢違法者遷本郡太守親故屏跡請託不行武帝閒
而善之進位儀同三司賜爵信都縣公改封梁泉縣公高
帝平齊以功迴作亂鄴城從荳孟寬擊之以功拜大將軍
祖總百揆以功加上開府徙爵襄州總管以威為務每
於外必盛氣以待其下官屬懍懍無敢仰視有犯禁者雖
至親暱無所容貸其女婿京兆杜寧自長安省之式知之
無出外寧又之不得還竊上比樓以暢思式知之笞寧
五十其所愛奴嘗詣式白事有蟲上其衣袂撝袖拂去之

式以為慢己立榜殺之或奈吏姦贓部內課益者無問輕
重咸黥面黜為令史其或逃亡身死終不得出
每赦書到州式未暇讀先召獄卒殺重囚然後宣示百姓
其刻暴如此由是為上所譴除名為百姓式斬憲不食妻
子至其所輒怒恚唯侍僮二人給使左右從家中取椒欲以
自殺家人不與陰遣所侍僮詣市買毒藥置之奪而弃
之式臥其子信時為儀同至式前流涕曰大人既是朝
廷舊臣又無大過比見公卿放逐者多矣旋復升用大人
何能父乎乃至於此式歘然而起抽刀斫信信遽走避之
刀中於閫上知之以式為罪已之深復其官爵尋拜廣州

總管卒官

燕榮

燕榮字貴公華陰弘農人也父偘周上士從武帝伐齊以功授
武藝仕周為內侍上士從武帝伐齊以功授開府儀同三
司封高邑縣公高祖受禪進位大將軍封落叢郡公拜晉
州刺史從河間王弘擊突厥以功進青州總管
榮在州選絕有力者為伍伯吏人過之者必加詰問輒楚
撻之劍戟見骨猶益屏迹他州縣人行經其界
者畏若寇讎不敢休息上甚善之後因入朝觀特加勞勉
榮以母老請每歲入朝上許之及辭上賜宴于內殿詔王

公作詩以譏之伐陳之役以爲行軍總管率水軍自東萊
傍海入大湖取吳郡既破丹陽吳人共立蕭瓛爲主阻兵
於晉陵爲宇文述所敗退保包山榮逐精甲五千躡之瓛
敗走爲榮所執晉陵會稽平檢校揚州總管尋憂去職明
武候將軍突厥冠邊以爲行軍總管屯幽州毋憂去徵爲右
年起爲幽州總管榮性嚴酷有威容長史見者莫不惶懼
自失范陽盧氏代爲著姓榮皆署爲吏卒以屈辱之鞭笞
左右動至千數流血盈前榮或自陳無咎榮曰後若有
堪爲笞捶命取之輒以試人人曰前日被杖使君許有
罪當冤爾及後犯細過將榻之人曰前日被杖使君若有

罪有之榮曰無過尚爾況有過邪榜棰如舊榮毋怒省管
內間官人及百姓妻女有美色輒舍其室而淫之會暴放
縱日甚是時元弘嗣被除爲幽州長史懼爲榮所辱固辭
上知之勑榮曰弘嗣杖十巳上罪皆須奏聞榮怨曰堅子
何敢弄我於是道弘嗣監納倉粟颺得一槩一批輒罰之
每笞雖不滿十然一日之中或至三數如是歷年怨隙日
構榮遂收付獄甚絕其糧弘嗣飢餒抽衣絮雜水咽之其
妻詣闕神冤上道考功侍郎劉士龍馳驛鞠問奏榮虐毒
非虛又贓穢狼籍遂徵還京師賜死於蚰出先是榮家寢室
有蛆數斛俄而從地墳出未幾榮死於蚰出之慮有子詢

趙仲卿

趙仲卿天水隴西人也父綱周大將軍仲卿性麤麤暴有膂
力周齊王憲甚禮之從擊齊於姚襄城苦戰連日破
等五城盡平之又擊稽胡劉沒鐸及守平齊伐陳之役以功遷上儀同兼
之以功授大都督尋典宿衛平齊之役以功遷上儀同破
趙郡太守入爲畿伯中大夫王謙作亂仲卿使在利州即
與總管豆盧勣發兵拒守謙所攻塞以功進位大將軍封
一十七陣及謙進位大將軍封長垣縣公邑千戶高祖
受禪進爵河比郡公開皇三年突厥犯塞仲卿督兵出戰前後
河間王弘出賀蘭山仲卿別道俱進無虜而還復鎮平源

尋拜石州刺史法令嚴猛纖微之失無所容捨鞭笞長吏
輒至二百官人戰慄無敢違犯盜賊屏息皆稱其能遷兗
州刺史未之官拜朔州總管于時塞北盛興屯田仲卿總
統之微有不理者仲卿輒召主掌撻其胸背或解衣倒曳
於荊棘中時人謂之猛獸事多克濟由是收穫歲廣邊戍
無餽運之憂會啟民可汗求婚於國上許之仲卿因
是間其骨肉遂相攻擊十七年啟民窘迫與隋使長孫晟
投通漢鎮仲卿率騎千餘馳援之達頭不敢逼潛遣人誘
致啟民所部至者二萬餘家其年從高熲指白道以擊達
頭仲卿率兵三千爲前鋒至族蠡山與虜相遇交戰七日

大破之追奔至乞伏泊復破之虜千餘口雜畜萬計突厥
惡敦而至仲卿爲方陣四面拒戰經五日會高頴大兵至
合擊之虜乃敗走仲卿追度白道踰秦山七百餘里時突厥
者萬餘家乃命仲卿馳之恒安愼令屯兵以功進位上柱國賜物三
千段朝廷嘉韓洪達頭播襲之恒安民令仲卿自樂安鎮
州總管韓洪達頭公至燕榮王韶州刺史劉隆等將并騎一
民時有表言仲卿酷暴者上令御史王偉按之並實惜其
功不罪也因勞之曰知公淸正爲下所惡賜物五百段仲

《列傳三九　隋書七十四　七》

鄉益恣由是免官仁壽中檢校司農卿蜀王秀之得罪奉
詔往益州窮按之秀賓客經過之處仲卿必深文致法州
縣長吏坐者大半上以爲能賞婢奴五十口黃金二百兩
米粟五千石奇寶雜物稱是煬帝嗣位判兵部工部二曹
尚書事其年卒時年六十四諡曰肅贈物五百段子弘嗣

崔弘度　弟弘昇

崔弘度字摩訶衍博陵安平人也祖楷魏司空父說周敷
州刺史弘度膂力絕人儀貌魁岸鬚面其偉性嚴酷年十
七周大冢宰宇文護引爲親信尋授都督累轉大都督時
護子中山公訓爲蒲州刺史令弘度從焉嘗與訓登樓至

《列傳三九　隋書七十四　八》

上層去地四五丈俯臨之訓曰可畏也弘度曰此有何足畏
歘然擲下至也無損傷訓以其拳捷大奇之後以戰勳授
儀同從武帝滅齊進位上開府尋從鄴縣公賜物三千段粟麥
三千石奴婢百口雜畜千計尋從汝南公宇文神舉破盧
昌期於范陽宣帝嗣位從鄖國公韋孝寬經略淮南弘度
與化政公宇文忻司水賀婁子幹至肥口陳將潘琛率兵
數千來拒戰隔水而陣忻遣弘度諭以禍福琛至夕而遁
進攻壽陽降陳守吳文立弘度攻取最以前後勳進位上
大將軍龍夌父爵安平縣公及尉遲迥作亂以弘度爲行軍總
管從韋孝寬計之弘度募長安驍雄數百人爲別隊所當
無不披靡弘度妹先適迥子爲妻及破鄴城迥窘迫升樓
弘度直上龍尾追之迥彎弓將射弘度脫兜鍪謂迥
曰相識不今日各圖國事不得顧私以親戚之情謹過亂
兵不許侵辱事勢如此早爲身計何所待也迥擲弓於地
罵大丞相極口而自殺弘度顧其弟弘昇曰汝可取迥首
弘昇遂斬之進位上柱國時行軍總管例封國公弘度不
時殺迥致縱惡言由是降爵一等爲武鄉郡公開皇初突
厥入寇弘度以行軍總管出原州以拒之虜退弘度進屯
靈武月餘而還拜華州刺史納其妹爲秦孝王妃尋遷襄
州總管弘度素貴御下嚴急動行捶罰吏人龍懾氣聞其聲

莫不戰慄所在之處令行禁止盜賊屏跡梁王蕭琮叔父巖擁

上以弘度爲江陵總管鎮荊州弘度未至而琮

居人以叛弘度追之不及陳人憚弘度亦不敢窺荊州平

陳之役弘度以行軍總管從秦孝王出襄陽道及陳平賜物五

千段高智慧作亂復以行軍總管出泉門道隸素意甚不平

素言多不用素亦優容之及還檢校原州事仍領行軍總

弘度與素品同而年長素每屈下之一旦隸素意甚不平

管以備胡無虞而還上其禮之復以其弟弘昇女爲河南

王妃仁壽中檢校太府卿自以門二妃無所降下每誡

其弟更曰人當誠恕無得欺誑諸後嘗食鼈待者八

九人弘度一問之曰鼈美乎人懼之皆云鼈美弘度天

罵曰僞奴何敢誑我汝初未食鼈安知其美俱杖八十官

屬百王見之者莫不流汗無敢欺隱時有屈突蓋爲武候

驃騎亦嚴刻長安爲之語曰寧飲三升酢不見屈突寧

茹三升艾不逢屈突蓋然弘度理家如官子弟班白動行

棰楚閨門整肅爲當時所稱未幾秦王妃以罪誅河南

妃復被廢黜弘度憂恚謝病於家諸弟及與之別居彌不

得志煬帝即位河南王爲太子帝復立崔妃遣中使就

第宣旨使者詣弘昇家弘度之知也使者返帝曰弘度

有何言使者曰弘度稱有疾不起帝默然其事竟寢弘度

憂恚未幾卒

弘昇字上客在周爲右侍上士迥作亂相州與兄弘度

擊之以功拜上儀同尋加上開府封黃臺縣疾邑八百

高祖受禪進爵爲公授驃騎將軍宿衛十餘年以勳舊遷

慈州刺史數歲轉鄭州刺史後以威屬之故待遇愈隆選

襄州總管及河南王妃罷弘昇小兒煬帝即位歷遷翼

州刺史信都太守進位金紫光祿大夫轉涿郡太守遼東

之役檢校左武衛大將軍事指平壤與宇文述等同殿績

奔還發病而卒時年六十

元弘嗣

元弘嗣河南洛陽人也祖剛魏漁陽王父經周漁陽郡公

弘嗣必襲爵十八爲左親衛開皇九年從晉王平陳以功

授上儀同十四年除觀州總管長史在州專以嚴峻任事

吏人多怨之二十年轉幽州總管長史于時燕榮爲總管

肆暴於弘嗣每被答辱弘嗣心不伏榮遂禁弘嗣於獄將

殺之及榮誅死弘嗣爲政酷又甚之每推鞠囚徒多以酢

灌鼻或椽弋其下毅無敢隱情煬帝嗣位授木工

監慘管東都大業初煬帝潛有取遼東之意遣弘嗣往東

萊海口監造船諸州役丁苦其捶楚官人督役晝夜立於

水中略不敢息自腰以下無不生蛆死者十三四尋遷黃

門侍郎薄殿内火監遼東之役進位金紫光祿大夫明年
帝復征遼東會及賊惡隴右詔弘嗣擊之又玄感作亂遍
東都弘嗣屯兵安定或告之謀進元玄感者代王謪遣使執
之送行在所以無反形當釋帝疑不解除名徙日南道死
時年四十九有子仁觀

王文同

王文同京兆頴陽人也性明辯有幹用開皇中以軍功拜
儀同尋授桂州司馬煬帝嗣位徵爲光祿少卿以忤旨出
爲恒山郡丞有一人豪猾每持長吏短前後守令咸憚
之文同下車開其名召而數之因令左右刻木爲犬楲埋

列傳羊九　陳肯十四　〈十一〉

之於庭出尺餘四角各埋小楲令其人蹈心於木楲上縛四
支於小楲以棒歐其背應時潰爛郡中大駭更相視懼
氣又帝征遼東令文同巡察河北諸郡文同見沙門齋戒
菜食者以爲妖妄皆收繫又縣人小有
過違者輒甘覆面於地而撻殺之求沙門相聚講論及長
老共爲佛會者數百人又以爲聚結妖惑悉斬之又惡
裸僧坐驗有濫狀非童男女者復將殺之郡中士
女歎哭然帝征遼東郡訴諸郡文同無事帝聞而大怒遣使
而噉之斯須感盡

史臣曰御之良者不在於煩策政之善者無取於嚴刑故
雖寬猛相資德互設然不嚴而化前哲所重士文等運
屬欽明時無黥剕未聞道德懷忍賊人肌體同諸木石
輕人性命甚於鍋狗長惡不悛鮮有不及故或身嬰罪戮
或憂恚顛隕几百君子以爲有天道焉嗚呼後來之士立
身從政縱不能爲孝高門以待封其可令毋掃墓而望喪乎

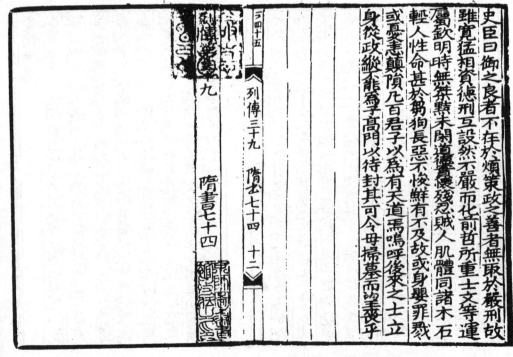

九

儒林

特進臣魏　徵　上

隋書七十五

儒之為教大矣，其利物博矣，篤父子，正君臣，尚忠節，重仁義，貴廉讓，賤貪鄙，開政化之本源，鑒生民之耳目，百王損益，一以貫之。雖世或汙隆，而斯文不墜，經邦致治，非一時也。涉其流者無祿而富，懷其道者無位而尊，故仲尼頓挫於魯君，孟軻抑揚於齊后，奄見珍於彊楚，叔孫取貴於隆漢。其餘勤壞堵以驕富貴，買安陋巷而輕王公者，可勝數哉。自晉室分崩，中原喪亂，五胡交爭，經籍道盡。魏氏發迹

【列傳四十　隋書七十五　一】

代陰，經營河朔，得之於馬上，及道末弘，暨夫太和之後，盛修文教，搢紳碩學，濟濟盈朝，縫掖巨儒，往往傑出。其雅誥與義，宋及齊梁，不能尚也。南北所治章句，好尚互有不同。江左，周易則王輔嗣，尚書則孔安國，左傳則杜元凱。河洛，左傳則服子慎，尚書周易則鄭康成，詩則並主於毛公，禮則同遵於鄭氏。大抵南人約簡，得其英華，北學深無窮，其枝葉。考其終始，要其會歸，其音身成名殊，方同致矣。河漢魏碩學，多清通速平近古，儒必鄃俗，文武不墜，弘之在人，豈獨愚敵於當今，而甘明哲於往昔。在平用與不用，知與不知耳，然喪之弊諧庶續必舉，德於鴻儒，近代左右邦

家咸取士於刀筆，縱有學優入室，勤蹈剌股，名高海內，權第甲科，若命偶時來，未有望於青紫，或數將運外必委於草澤。然則中介之學者困於貧賤明達之人，志識之士，安肯滯於所習，以求貧賤者哉。此所以儒罕通人，學多鄙俗者也。昔齊列康莊之第，多士如林，燕起碣石之宮，群英碩雅，振斯頹俗，亦無以知俗易風移，必由上之所好，非夫聖明御世，亦無以振斯頹俗矣。自正朔不一，將三百年，師說紛綸，無所取正。高祖膺期纂歷，平一寰宇，頓天網以掩之，貫旌帛以禮之，設好爵以縻之。於是四海九州強學待問之士，靡不畢集焉。天子乃整萬乘，率百寮，導開道之

【列傳四十　隋書七十五　二】

儀，觀釋奠之禮，博士罄懸河之辯，侍中竭重席之奧，考正亡逸，研覈異同，積滯群疑，渙然冰釋。於是超擢奇雋，厚賞諸儒，京邑達乎四方，皆啟黌校，齊魯趙魏，學者尤多，負笈追師，不遠千里，講誦之聲，道路不絕，中州儒雅之盛，自漢魏以來，一時而已。及高祖暮年，精華稍竭，不悅儒術，專尚刑名，執政之徒，咸非篤好。暨仁壽間，遂廢天下之學，唯存國子一所，弟子七十二人。煬帝即位，復開庠序，國子郡縣之學，盛於開皇之初。徵辟儒生，遠近畢至，使相與講論得失於東都之下，納言定其差次，一以聞奏，為時賢儁儒多已週亡。二劉拔萃出類，學通南北，博極今古，後生鑽仰，莫

之能測所製諸經義疏搢紳咸師宗之既而外車四夷戎
馬不息師徒息散盜羣起禮義不足以防君子刑罰不
足以威小人空有建學之名而無弘道之實其風漸墜以
至滅亡方領矩步之徒亦多轉死溝壑凡有經籍自此皆
湮沒於煨塵矣遂使後進之士不復聞詩書之言甘懷擾
冠之心相與陷於不義傳曰學者將植不學者將落然則
盛衰是繫興亡攸在有國有家者可不慎歟諸儒有身没
道存遺風可想者皆採其餘論綴之於此篇云

元善

元善河南雒陽人也祖義魏待中父羅初為梁州刺史及
父被誅奔於梁官至征北大將軍青異二州刺史善必隨
父至江南性好學遂通涉五經尤明左氏傳及侯景之亂善
歸於周武帝開皇初禮之以為太子宮尹賜爵江陽縣公每輙
經以授太子開皇初拜內史侍郎上每望之曰人倫儀表
也凡有敷奏詞氣抑揚觀者屬目陳使袁雅來聘上令善
就館受書雅出門不拜善論舊事有拜之儀雅不能對遂
拜成禮而去後遷國子祭酒善之通博在何妥之下然以風流
於是敷陳義理兼之以諷諫上大悅曰聞江陽之說更起
朕心曩者雅得禮容清朗聽者忘倦由是為後進所歸安
醖雜俯仰可觀音韻清朗聽者志倦由是為後進所歸安

〔列傳平 隋書七五 三〕
〔二〕

每懷不平心欲屈善因善講春秋初發題諸儒畢集善私
謂安曰名望已定辛無苦妥然也及就講肆妥遂引古
今滯義以難善多不能對善深銜之及楊素蘇威之二人由是有隙善以
高熲有宰相之具嘗言於上曰楊素麤踈蘇威怯懦元冑
得罪上以善之言為熲游說深責戲之善憂懼先患消渴
元冑正似鴨耳可以付社稷者唯獨高熲上初然之及熲
於是疾動而卒時年六十

辛彦之

辛彦之隴西狄道人也祖世叔魏涼州刺史父靈輔周渭
州刺史彦之九歲而孤不交非類博涉經史與天水牛弘
同志好學後入關遂家京兆周太祖見而器之引為中外
府禮曹賜以衣馬珠玉時國家草創百度伊始朝貴多出
武人修定儀注唯彦之而已尋拜中書侍郎及周閔帝受
禪彦之與少宗伯盧辯專掌儀制明武時歷職典祀太祝
樂部御正四曹大夫開府儀同三司奉使迎突厥皇后還
邑千戶宣帝即位拜少宗伯尋轉高祖受禪除太常少卿改封
寶馬二百四賜爵龍門縣公加邑千戶尋進爵五原郡公加
任城郡公進位上開府尋轉國子祭酒歲餘拜禮部尚書
與祕書監牛弘撰新禮六與沈重名為碩學高祖嘗令彦
之與重論議重不能抗於是避席而謝曰辛君所謂金城

〔列傳平 隋書七五 四〕

湯池無可攻之勢高祖大悅後拜隨州刺史于時州牧多
貢珍玩唯彥之所貢並供祭之物高祖善之顧謂朝臣曰
人安得無學彥之所貢古之刀也高祖善之顧謂朝臣曰
有惠政彥之文崇信佛道於城內立浮圖二所並十五層
開皇十一年州人張元暴死數日乃蘇云遊天上見新構
造此堂制極崇麗元閻其故人云潞州刺史辛彥之有功德
一堂制以待之彥之聞而不悅其年卒官諡曰宣著之撰
壇典一部六官一部祝文一部禮要一部新禮一部五經
異義一部並行於世有子仲龍官至褘氏令

何妥

何妥字栖鳳西城人也父細胡通商入蜀遂家郫縣事梁
武陵王紀主知金帛因致巨富號為西州大賈妥之機警
八歲遊國子學助教顧良戲曰汝既姓何是荷葉之荷
為是河水之河應聲荅曰先生姓顧是眷顧之顧是新故
之故衆咸異之十七以技巧事湘東王後知其聰明召為
誦書左右時蘭陵蕭眘亦有儁才住青楊巷妥住白楊頭
時人為之語曰世有兩儁白楊何妥青楊蕭眘妥少年就
學江陵隨周武帝尤重之授太學博士宣帝初欲立五后
以問儒者辛彥之對曰與大子四體齊尊不宜有五妥
駮曰帝嚳四妃舜又二妃亦何常數由是封襄城縣伯高

祖受禪除國子博士加通直散騎常待進爵為公妥性勁
急有口才好是非人物時納言蘇威嘗言於上曰臣先人
每誡臣云唯讀孝經一卷足可立身治國何用多為上亦
然之妥進曰蘇威所學非止孝經厥父若信有此言威不
從訓安見其不孝若誠不誠何用多為又不孝
何以事君且夫子有云不讀詩無以言不讀禮無以立豈
容蘇綽教子獨反聖人之訓乎威時兼領五職安又奏曰
之安因奏威不可信任又以掌天文律度甚領五職安
直錯諸枉則民服舉枉錯諸直則民不服由此言之政
八事以諫其一事曰臣聞知人則哲惟帝難之孔子曰舉

治亂必慎所舉故進賢受上賞進賢黜家顯戮察今之舉人
良異于此無論誑直莫擇賢愚欲崇高則起家喉舌之
任意須抑屈必曰郎署之不服實由於此臣聞
爵人於朝與士共之刑人於市與衆弃之伏見留心獄訟
愛人如子每應決獄無不詢訪公卿刑之不濫君之明也
刑既如此爵亦宜然若有懋功簡在帝心者便可擢用自
斯以降若選重官必須參以眾議勿信一人之舉則上不
偏私下無怨望其二曰孔子云是察阿黨則罪無掩蔽
又曰君子周而不比小人比而不周所謂比者即阿黨也
謂心之所愛既已光華榮顯猶加提拔心之所惡既已沈

滯風屢薄，言必怒，掉聲既成，必相撲蔽，則故上之心生矣。毆辱既加，則有忿恨誹讟之言出矣。伏願廣加訪，勿使朋黨路開，威風自任，於國之患，莫大於此。其三事曰：臣聞舜舉十六族，所謂八元八愷也。計其賢明理優，今日猶復擇才授任，不相侵濫，故得四門雍穆，庶績咸熙。今官貢極多，用人甚少。今萬乘大國，毫彥不必，縱有明哲，旦無由自達。東人不善也。

氣不慮憂深責重，唯畏總領，不多安斯寵任，輕彼權軸好。

其任也，臣聞窮力舉重，不能為用，伏願更任賢良，分才參掌，使各行有餘力，則庶事康哉。其四事曰：臣聞禮云舊貴，云析言破律亂名，政作執左道以亂政者殺。孔子曰：臣聞禮云舊貴，何必方朔言曰：尊之則為將，甲之則為虜。斯言信矣。今當官之致顛蹶，寶此之由。易曰：鼎折足，覆公餗，其形渥凶，言不勝其任也。

成趙翊尺稱七年方決，公孫淅迂誕，醫方費逾巨萬。徐道慶迥互子午，蘼耗飲食，常明破律，多歷歲時。王渥亂名曹無紀極，張山居未知星倍，前已蹂藉。太常曹魏祖不識北辰，今復輯樂，太史莫不用其短見，便自矜昭，邀射名譽厚。

改作伏見比年以來，必改作者多矣。至如范威漏刻十載破律亂名，政作執左道以亂政者。

相謂閧請，今日已後有如此者，若其言不驗，必加重副庶。

今有所畏忌，不敢輕奏，狂簡之徒，又多不載。時蘇威權兼數司，先嘗隱武功，故妾言自負，博雅滋水之氣，以此激上。書奏威大衒之。十二年，威定考文學，文與吳更相訶詆，威勃然曰：何妾不應聲？無蘇威，亦何憂無⋯⋯曰臣執事由是威有隙。後上令妾考定鍾律，妾又上表曰：臣聞明則有禮樂，幽則有鬼神，然則動天地感鬼神，莫近於禮樂。又云樂至則無怨，禮至則不爭，揖讓而治天下者，禮樂之謂也。臣聞樂有二：一曰姦聲，二曰正聲。夫姦聲感人而逆氣應之，順氣成象，故樂行而倫清，耳目聰明，血氣和平，移風易俗，天下皆寧。孔子曰：放鄭聲，遠佞人。故鄭衛宋

趙之聲，出內則發疾，外則傷人。是以宮亂則荒，其君驕；商亂則陂，其官壞；角亂則憂，其人怨；徵亂則哀，其事勤；羽亂則危，其財匱。五者皆亂，則國亡無日矣。魏文侯問子夏曰：吾端晃而聽古樂，則欲寐；聽鄭衛之音，則不知倦，何也？子夏對曰：夫古樂者，始奏以文，復亂以武，修身及家，平均天下；鄭衛之音者，姦聲以亂，溺而不止，憂雜子女，不知父子。今君所問者樂也，所愛者音也。夫樂之與音，相近而不同。為人君者，謹審其好惡，案聖人之作樂也，非止苟悅耳目而已矣。欲使在宗廟之內，君臣同聽之，則莫不和敬；在鄉里之內，長幼同聽之，則莫不和順；在閨門之內，父子同聽

之則莫不和親此先王立樂之方也故知聲而不知音者
禽獸是也知音而不知樂者眾庶是也故黃鐘大呂弦歌
干戚僮子皆能知樂者其唯君子不可
與言音不知音者不可與言樂知樂則幾於道矣紂者不可
之時未有音樂在其間易曰先王作樂崇德
殷薦之上帝以配祖考至于黃帝作咸池顓頊作六莖帝
嚳作五英堯作大章舜作大韶禹作大夏湯作大濩武王
作大武從夏以來年代久遠唯有名字其聲不可得聞自
殷至周備于詩頌故自聖賢已下多習樂者至如伏羲減

瑟文王足琴仲尼擊磬子路鼓瑟漢高擊筑元帝吹簫漢
高祖之初叔孫通因秦樂人制宗廟之樂迎神于廟門奏
嘉至之樂迎神于廟門奏嘉至之樂猶古降神之樂也登
之樂美神饗也皇帝就東廂坐定奏永安之樂美禮成也
旦上薦奏登歌之樂猶古清廟之歌也登歌再終奏休成
其休成永至三曲也漢高祖廟奏武德文始
五行之舞嘉至至二曲是也秦始皇滅齊得
樂孔子在齊聞韶三月不知肉味是也秦始皇滅齊得韶
詔樂漢高祖滅秦韶傳於漢高祖改名文始以采相襲

也五行僮者本周大武樂也始皇改曰五行及于孝文復
作四時之僮以示天下安和四時順也孝景采武德僮以
為昭德孝宣又采昭德以為盛德雖變其名大抵皆因秦
舊事至於魏晉樂府皆用古樂魏之三祖並制樂辭自求嘉播
代所行樂事猶皆傳古三雍四始實稱大盛及侯景篡逆
越五都傾蕩樂聲南度是以大備江東末齊梁之間雖著頗
樂師分散其四僮三調悉度訪甚江東末云是梁人所
不用之於宗廟朝廷也臣以悉返訪甚道遲遲累年雖著老而
皆記憶及東土剋定樂人所得曲而
教今三調四僮並皆有手雖不能精熟亦頗具雅聲若令

教習傳授庶得流傳古樂然後取其會歸撮其指要因循
損益更制嘉名歌盛德於當今傳雅正於來葉豈不美歟
謹具錄三調四僮曲名又製歌辭如別其有聲曲流宕不
可以陳於殿庭者亦悉附之於後書奏勅太常取妥節
度於是作清平瑟三調聲文作八佾鞞鐸巾拂四舞先是
太常所傳宗廟雅樂數十年唯作大呂廢黃鐘妥又以深
秕古意乃奏請用黃鐘詔下公卿議從之俄而安子辭為
秘書郎有罪當刑上哀之減死論是後恩禮漸薄六年出
為龍州刺史時有負笈遊學者蓋鮮妥遂教授之復知學事
史筴勤于州門外在職三年以疾請還詔許之

時上方使蘇夔在太常參議鍾律樂有所建議朝士多從
之夔獨不同每言夔之短高祖下其議朝臣多排毀夔復
上封事指陳得失大抵論時政損益并斥左當世朋黨於
是蘇威及吏部尚書盧愷侍郎薛道衡等甘坐得罪除伊
州刺史元行尋為國子祭酒卒官諡曰蕭撰周易講疏十
三卷孝經義疏三卷莊子義疏四卷及與沈玄重等撰三十
六科鬼神感應等六義九卷封禪書一卷樂要一卷文集
十卷並行於世

蕭該

蘭陵蕭該者梁鄱陽王恢之孫也火封收佚梁荊州陷與
何妥同至長安性篤學詩書春秋禮記並通大義尤精漢
書其為賣遊所禮開皇初賜爵山陰縣公拜國子博士奉
詔與包愷正定經史然各執所見遞相是非父而不能就
上譴而罷之該後撰漢書及文選音義咸為當時所貴

包愷

東海包愷字和樂其兄愉明五經儕忠傳其業文從王仲
通受史記漢書尤稱精究大業中為國子助教千時漢書
學者以蕭包二人為宗匠聚徒教授著錄者數千人卒門
人為起墳立碣焉

房暉遠

房暉遠字崇儒恒山真定人也世傳儒學暉遠幼有志行
治三禮春秋三傳詩書周易緯恒以教授為務遠
方負笈而從者動以千計羸南陽王紹為定州刺史聞其
名召為博士周武帝平齊搜訪儒俊暉遠首應辟命授小
學下士及高祖受禪遷太常博士尋與沛公鄭譯
經庫更部尚書韋世康薦之為太學博士太常卿牛弘每稱為五
經庫其後數歲遷國子博士會上令國子生通一經者並悉薦舉
士未幾暉遠擢為國子博士生通一經者並悉薦舉
問之暉遠曰江南河北義例不同博士不能徧涉學生皆
樂將擢用之既策問訖博士不能時定藏否祭酒怪
其所短稱已所長博士各各自疑所以久而不決也祭酒
因令暉遠考定之暉遠覽筆便下初無疑滯或有不服者暉
遠問其所傳義疏輒為始末誦之然後出其所短自是無
敢飾非者所試四五百人數日便決諸儒莫不推其通博
背自以為不能測也又奏詔預修令式高祖嘗謂羣臣曰
自古天子有女樂乎楊素以下莫知所出遂言無女樂暉
遠進曰臣聞窈窕淑女鍾鼓樂之此即王者房中之樂著
於雅頌不得言無高祖大悅仁壽中卒官時年七十二朝
廷嗟惜焉贈員外散騎常侍

馬光

馬光字榮伯武安人也少好學從師數十年晝夜不息圖
書讖緯莫不畢覽先明三禮為儒者所宗開皇初高祖徵
山東義學之士光與張仲讓孔籠竇士榮張黑奴劉祖仁
等俱至並授太學博士時人號為六儒然皆鄙野無儀範
朝廷不之貴也士榮尋病死仲讓未幾言歸鄉里著書十
卷自云此書若奏我必為宰相又數言玄象事州縣列上
其狀貌因釋奠高祖親幸國子學王公畢集光升座講
禮啟發章門已而諸儒生以次論難者十餘人皆當時碩
學光譬析疑滯雖辭非俊辯而理義弘贍論者莫測其淺
深咸共推服上嘉而勞焉山東三禮學者自熊安生後唯
宗光一人初教授瀛博間門徒千數至是多負笈從入長
安後數年遇母憂歸鄉里遂有終焉之志以疾卒於家時
年七十三

劉焯

劉焯字士元信都昌亭人也父洽郡功曹焯犀額龜背望
高視遠聰敏沈深不好弄少與河間劉炫結盟為友同
受詩於同郡劉軌思受左傳於廣平郭懋當問禮於阜城
熊安生皆不卒業而去武強交津橋劉智海家素多墳籍
焯與炫就之讀書向十載雖衣食不繼晏如也遂以儒

學知名為州博士刺史趙煚引為從事暨引為秀才射策甲科
與著作郎王劭同應詔令修國史兼參議律曆仍直門下省以待
顧問俄除員外將軍後與諸儒於秘書省考定羣言因假
還鄉縣令韋之業引為功曹後入京與左僕射楊素
吏部尚書牛弘國子祭酒蘇威祭酒元善博士蕭該
何妥太學博士房暉遠崔宗德晉王文學崔賾等於國子
共論古今滯義前賢所不通者每升座論難鋒起皆不能
屈楊素等莫不服其精博六年運洛陽石經至京師文字
磨滅莫能知者奉敕與劉炫等考定後因國子釋奠諸儒
感惜遂為飛章所謗除名為民
於是優遊鄉里專以教授著述為務孜孜不倦賈馬王鄭
所傳章句多所是非九章算術周髀七曜歷書十餘部推
步日月之經量度山海之術莫不窮其根本窮其奧秘者
儒無能出其右者然懷抱不曠又嗇於財不行束脩者未
嘗有所教誨時人以此少之譬太子勇聞而召之未及進
謁詔令事蜀王非其好也又之蜀王以罪廢焯又與諸儒
送於蜀配之軍防其後典校書籍王以罪廢焯又與諸儒

脩定禮律除雲騎尉煬帝即位遷太學博士俄以疾去職
數年復被徵以待顧問因上所著歷書與大史令張胄玄
多不同被駁不用大業六年卒時年六十七劉焯為之請
謚朝廷不許

劉炫

劉炫字光伯河間景城人也少以聰敏見稱與信都劉焯
閉戶讀書十年不出炫眸子精明視日不眩強記默識莫
與為儔左畫方右畫圓口誦耳聽五事同舉無有遺
失周武帝平齊瀛州刺史宇文亢引為戶曹從事後刺史
李繪署禮曹從事以吏幹知名歲餘奉勅與著作郎王劭
同修國史俄直門下省以待顧問又與諸術者修天文律
歷兼於內史考定羣言內史令博陵李德林甚禮之炫
雖編直三省竟不得官為縣司責其賦役炫自陳於內史
內史送詣吏部尚書韋世康問其所能炫自為狀曰
周禮禮記毛詩尚書公羊左傳孝經論語孔鄭王何服杜
等注凡十三家雖義有精粗並堪講授周易儀禮穀梁用
功差少史子文集嘉言美事咸誦於心天文律曆窮覈微
妙至於公私文翰未嘗假手吏部竟不詳試然在朝知名
之士七十餘人保明炫所陳不謬於是除殿內將軍時牛弘
奏請購求天下遺逸之書炫遂偽造書百餘卷題為連山

易魯史記等錄上送官取賞而去後有人訟之經赦免死
坐除名歸于家以教授為務俄而蜀王秀聞而召之既至京師
勅令事蜀王秀遷延不住蜀王發怒枷送益州既而配為
帳內每使執杖為門衛俄而釋之典校書史炫因擬屈原
卜居為筮坐以自寄又與諸儒修定五禮授旅騎
尉吏部尚書牛弘建議以為禮諸侯絕傍朞大夫降一等
今之上柱國雖不同古諸侯比大夫可也官在第二品宜
降傍親一等議者多以為然炫駁之曰古之仕者宗一人
而已庶子不得進由是先王重適其有分祿之義族
人與宗子雖踈遠猶服緦三月良由受其恩也今之仕者
位以才升不限適庶與古既異何降之有今之貴者多
忽近親若或降之民德之踈自此始矣遂寢其事開皇
十年廢國子四門及州縣學唯置太學博士二人學生七
十二人炫上表言學校不宜廢情理甚切高祖不納開皇
之末國家殷盛朝野皆以遼東為意炫以為遼東不可伐
作撫夷論以諷焉當時莫有悟者及大業之世三征不克
炫言方驗煬帝即位牛弘引炫修律令高祖之世以刀筆
吏類多小人年父長歎數使然也又以風俗陵遲婦人無
節於是立格州縣佐史三年而代之九品妻女無得再醮
炫著論以為不可弘竟從之諸郡置學官及流外給廩皆

自於炫弘嘗從容閒炫曰案周禮士多而府史少今史
百倍於前判官減則不齊其故何也炫對曰古人委任責
成歲終考其殿最案不重校交不繁承府史之任掌要目
而已今之文牘恒慮覆治銖兩若其不密萬里追證百年
舊案故諍云老吏抱案死古今不同若此之相懸也事繁
政弊職此之由弘又問魏郡之時今史從容而已今則不
遷相統領文書行下不過十條今州三百其繁一也往者
遣置綱紀郡置守丞縣令不過數十今則不然大小之官悉由吏部
受詔赴任每州不過數十今則不然

〈列傳卌 隋書七十五 十七〉

纖介之迹皆屬考功其繁二也省官不如省事省事不如
清心官事不省而望從容其可得乎弘甚善其言而不能
用納言楊達舉炫博學有文章射策高第除太學博士歲
餘以品甲去任還至長平奉勑追詰行在所或言其無行
帝遂罷之歸于河間于時羣盜蜂起穀食踴貴慈籍道息
教授不行炫與妻子相去百里聲問斷絕鬱鬱不得志乃
自為賦以通志司馬相如楊子雲馬季長鄭康成等甘自
叙風徽傳芳來葉余豈敢仰均先達貽笑從昆徒以日迫
桑榆大命將近故友飄零門徒兩散遙死朝露埋魂朔野
親故莫照其心後人不見其迹殆及餘喘薄言胸臆貽及

行邁傳示州里使夫來俊世知余從縮髮以
來迄於白首嬰孩為慈親所恕撻楚未嘗加從學為明師
所衿撲楚弗之及暨平敦叙邦族交結等夷重物輕身先
人後己昔在幼弱樂茶長者愛及著艾數接後生學則服
而不厭誨則不倦幽情寡適內省生平顧
於立園盧名聞於邦國其幸一也隱顯人間沈浮世俗於丹
黍徒勞之職多執城旦之書名不挂於白簡事不染於丹
筆立身立行慚恧實多啟手啟足庶幾可免其幸二也以
此庸虛屢動神眷以此卑賤每升天府齊鑣騄驥比翼鴛
鴻整緗素於鳳池記言動於麟閣參謀宰輔造請羣公厚
禮殊恩增榮改價其幸三也書漏方盡天壽已嗟退反初
服歸骸故里覿文史以怡神閱魚鳥而散慮觀省野物登
臨園沼緩步代車無罪以貴其幸四也仰休明之盛世慨
道教之陵遲蹈先儒之逸軌傷聖言之無福馳騖墳典聿
改僻謬修撰始畢圖通成天遵人顧途不我與世路未夷
學校盡廢庠序不備於當時業不傳於身後街恨泉壤實在
兹乎其深恨一也時在郡城下索炫郡官乃出炫與之炫為賊所將
哀炫窮乏之詣郡城下索炫郡官乃出炫與之炫為賊所將

〈列傳卌 隋書七十五 十八〉

過城下堡未幾賊為官軍所破炫飢餓無所依復投縣城
長吏意炫與賊相知恐為變遂閉門不納是時夜冰寒
因此凍餒而死時年六十八其後門人謚曰宣德先生炫
性躁競頗俳諧多自矜伐好輕侮當世為執政所醜由是
官途不遂著論語述議十卷春秋攻昧十卷尚書述議二十卷
二卷孝經述議五卷春秋述議四十卷尚書述議二十卷
毛詩述議四十卷注詩序一卷算術一卷並行於世

褚輝

吳郡褚輝字高明以三禮學稱於江南煬帝時徵天下儒
術之士柔集內史省相次講論輝傳辯無能屈者由是權
為太學博士撰禮疏一百卷

顧彪

餘杭顧彪字仲文明尚書春秋煬帝時為祕書學士撰古
文尚書疏二十卷

魯世達

餘杭魯世達煬帝時為國子助教撰毛詩章句義疏四十
一卷行於世

張仲

吳郡張仲字叔玄仕陳為左中郎將非其好也乃單惠經
典撰春秋義略異於杜氏七十餘事喪服義三卷孝經義

三卷論語義十卷前漢音義十二卷官至漢王侍讀

王孝籍

平原王孝籍少好學博覽群言偏治五經頗有文翰與河
間劉炫同志友善開皇中召入祕書助王劭修國史劭不
之禮在省多年而不免輸稅著書自序以見其情辭亦
部尚書牛弘曰竊以毒蠚慘膚則申旦不寐飢寒切體亦
終歲無聊何則痛苦難以安貧窮易為感激夫蓄積切於
火鑽脂膏臊於腸胃理之間風霜侵骨髓安可藏舌吞聲
氣惡呻吟之響忍酸辛之酷哉伏惟明尚書公動哀矜之
色開寬裕之懷咳唾足以活枯鱗吹噓可用飛窮羽然

蘭之氣暖布昂之詞許小人之請聞大君之聽雖復山川
不遠鬼神在茲而有徵言無不復猶恐溺遲於援手
教經緩於扶足越人之舟楫求魯匠之雲梯則必懸於
橋樹之枝沒於深淵之底矣夫以一介貧人七年真省課
役不免慶賞不霑貢禹之田供釋之費有弱子之累
多強兄之產叨以老母在堂光陰晼晚嗟達關關山超
遠謁闕為期前塗遂邈倚間之望朝夕已勤謝相如之
無官可以免發梅福之狂非仙所能避愁疾其于萬鬼人
生異夫金石營魂且散恐筮干無徵齋恨入冥則虛緣恩
顧此乃王稽所以致呂應侯為之不樂也潛賴髮之內居

肩睫之間子野未曾聞離朱所不見沈淪東觀留滯南史
終無薦引永同埋殉三世不移雖由寂寞十年不調實之
知己夫不世出而逢不萬一此小人所以為明尚書幸也坐人
夫不世出而遇不萬一者聖明之君也不萬一者誠賢之臣也以
物之源運銓衡之柄及披狐白不好緇衣此小人為明尚
書不取也昔荊玉未剖削卞和之足百里未用碎奮息之
首苦得言之地有能用之資增耳目之明無羊足之變悍
而弗為孰知其解大官或不稱其能士或未申其屈一夫
籥義語流天下勞不見圖安能無望覆懂病未及死狂還克
念汗窮愁之簡屬離憂之詞記志於前修通心於來哲使
千載之下哀其不遇

史臣曰古語云容體不足觀勇力不足恃族姓不足道先
祖不足稱然而顯聞四方流聲後胤者其唯學乎信哉斯
言也暉遠榮伯之徒篤志不倦自求諸已遂能聞道下風
知其有學業而竟不得調後歸鄉里以教授為業終于家
稱珍席上或聚徒千百或服冕乘軒見重明時實惟稽古
之力也江陽從谷雅望風韻閒遠清談高論藉其當年彥
之敏經悅史砥身礪行志存典制勖蹈規矩何安通涉雋

小人之罪萬且未剖願必加怜愍留心無忽弘亦

爽神情警悟雅有才兼擅詞筆然許以為直失儒者之
風焉劉焯道冠縉紳數窮天象殫精畢博洞究微鉤深
致遠源流不測數百年來斯人而已劉炫學實通儒居
成務九流七略無不該覽雖探賾隱不逮於焯裁成義
說於雅過之並道亞生知時不我與或繞登於下士或餒
兼於溝數惜矣子夏有言死生有命富貴在天天之所與
者聰明所不與者貴任上聖且猶不免焯炫其如命何

列傳第四十一

特進　臣魏徵上

文學

易曰觀乎天文以察時變觀乎人文以化成天下傳曰言身之文也言而不文行之不遠故堯曰則天表文明之稱周云盛德著煥乎之美然則文之為用其大矣哉上所以敷德教於下下所以達情志於上大則經緯天地作訓垂範次則風謠歌頌匡主和民或離讒放逐之臣途窮後門之士道軻而未遇志鬱抑而不申憤激委約之中飛文魏闕之下奮迅泥滓自致青雲振沈溺於一朝流風聲於

〔列傳四十一〕　隋書七十六　〔一〕

千載性性而有是以凡百君子莫不用心焉自漢魏以來迄乎晉宋其體屢變前哲論之詳矣暨永明天監之際太和天保之間洛陽江左文雅尤盛於時作者濟陽江揔弘農楊素河間邢子才鉅鹿魏伯起等並學窮書圃思極人文縟綵鬱於雲霞逸響振於金石英華秀發波瀾浩蕩筆有餘力詞無竭源方諸張蔡曹王亦各一時之選也聞其風者聲馳景慕然彼此好尚互有異同江左宮商發越貴於清綺河朔詞義貞剛重乎氣質氣質則理勝其詞清綺則文過其意理深者便於時用文華者宜於詠歌此其南北詞人得失之大較也若能掇彼

清音簡茲累句各去所短合其兩長則文質斌斌盡善盡美矣梁自大同之後雅道淪缺漸乖典則爭馳新巧簡文湘東啟其淫放徐陵庾信分路揚鑣其意淺而繁其文匿而彩詞尚輕險情多哀思格以延陵之聽蓋亦亡國之音乎周氏吞併梁荊此風扇於關右狂簡斐然成俗流宕忘反無所取裁高祖初統萬機每念斫雕為樸發號施令咸去浮華然時俗詞藻猶多淫麗故憲臺執法屢飛霜簡書建東都詔冬至受朝詩及擬飲馬長城窟並存雅體歸於典制雖意在驕淫而詞無浮蕩故當時綴文之士遂

〔隋傳四十〕　〔二〕　閩

得依而取正焉所謂能言者未必能行蓋亦君子不以人廢言也江漢英靈燕趙奇俊並該天網之中俱為大國之寶言刈其楚片善無遺潤木圓流不能十數才之難也其有朔時之文人見稱當世則范陽盧思道安平李德林河東薛道衡趙郡李元操鉅鹿魏澹會稽虞世基河東柳䛒高陽許善心等或鷹揚河朔或獨步漢南俱驤龍光並驅雲路各有本傳論而敘之其潘徽萬壽之徒或學優而不切或才高而無貴仕其位可得而甲其名不可

〔隋傳四十〕　〔三〕

埋沒今總之於此為文學傳云

13-784

劉臻

劉臻字宣摯沛國相人也父顯梁尋陽太守臻年十八
舉秀才為邵陵王東閤祭酒元帝時遷中書舍人
江陵陷沒後歸蕭詧以為中書侍郎周家宰宇文護
辟為中外府記室軍書羽檄多成其手後為露門學
士授大都督封饒陽縣子歷藍田令畿伯下大夫高祖授
翰進位儀同三司左僕射高熲之伐陳也以臻隨軍典文
幹又性恍惚耽悅經史終日罩思至於世事多所遺忘志
有劉訥者亦任儀同俱為太子學士情好甚密臻佳城

卷二十一 　隋傳四十一 　〈三〉 　陶

南訥住城東臻常詣訥謂從者曰汝知劉儀同家乎從
者不知尋訥謂臻還家咨曰知於是引之而去既扣門臻
尚未悟謂至訥家其子
迎門臻驚曰此汝亦來耶據按大呼曰劉儀同可出矣其子
眄之乃悟此叱從者曰汝大無意吾欲造劉訥耳性好噉
蜆音同父諱呼為扁螺其疎放多此類也精於兩漢書時
人稱為漢聖開皇十八年卒年七十二有集十卷行於世

王頍

王頍字景文齊州刺史頍之弟也年數歲值江陵陷隨
諸兄入關少好遊俠年二十尚不知書為其兄顒所責怒

於是感激始讀孝經論語書復不倦讀左傳禮易詩書
乃歎曰書無不可讀者勤勠彙載遂遍通五經究其旨趣
大為儒者所稱解綴文善談論年二十二周武帝引為露
門學士每有疑決多頍所為而頍性識甄明精力不倦好
讀諸子偏記異書當代稱為博物又晚年著作伍即尋
令於國子講授曾高祖親臨釋奠國子祭酒元善講孝經
頍與相論難詞義鋒起高祖善之性見屈高祖大奇之起授國
子博士後坐事解職配防嶺南數載授漢王諒府諮議參
軍王甚禮之時諒見房陵及秦蜀二王相次廢黜潛有異

卷二十一 　隋士七十六 　〈四〉

志頍遂陰勸諒繕治兵甲及高祖崩諒遂舉兵夌多頍之
計也頍後數進奇策諒不能用楊素至高澤將戰頍謂其
子曰氣候殊不佳兵必敗汝可隨我而兵敗頍將歸
突厥至山中徑路斷絕知必不免謂其子曰吾之計數不減楊
素徒坐言不見從遂至於此不能坐受擒執以成豎子名
也吾死之後汝慎勿過親故於是自殺瘞之石窟中其子
數日不得食遂過其故人竟為所擒楊素求頍屍得之斬
首梟於太原時年五十四撰五經大義三十卷有集十卷
並因兵亂無復存者

崔廓

崔儦字岐叔清河武城人也祖休魏青州刺史父仲文齊
高陽太守世爲著姓儦年十六太守請爲功曹不就少與
范陽盧思道隴西辛德源同志友善每以讀書爲務負恃
才地忽略世人大署其戶曰不讀五千卷書者無得入此
室數年之間遂博覽羣言多所通涉解屬文在鄴下與
爲貞外散騎侍郎遷殿中侍御史尋與熊安生馬敬德等
議五禮兼脩律令尋兼散騎侍郎聘于陳使還待詔文林
館歷殿中膳部員外三曹郎中儦與頓丘李若皆以才學
時人爲之語曰京師灼灼崔儦李若齊亡歸鄉里仕郡爲
功曹州補主簿開皇四年徵授給事郎尋兼內史舍人後

【列傳四十一　隋書七十六　五　▶】

數年兼通直散騎侍郎貟外散騎侍郎越國
公楊素時方貴倖重儦門地爲子玄縱娶其女爲妻聘禮
其厚親迎之始公卿蒲座嘉令騎迎儦儦故敝其履言又不遜素
甚然拂衣而起竟罷座後數日儦方來謝素待之如初仁
壽中卒於京師時年七十二子世濟

諸葛穎

諸葛穎字漢丹陽建康人也祖銓梁零陵太守父規義陽
太守穎年八歲能屬文起家梁邵陵王參軍轉記室
景之亂奔齊待詔文林館歷太學博士太子舍人周武平

齊不得調杜門不出者十餘年齊周易圖緯倉雅莊子頗得
其要清辯有後才晉王廣素聞其名引爲參軍事轉記室
及王爲太子除藥藏監煬帝即位遷著作郎甚見親倖出
入卧內帝每賜之曲宴輒與皇后嬪御連席共榻頗因間
隙多所諫毀是以時人謂之淫長洲苑侍講蘭成門名理窮
研覈英華沉討論實録資平父傳秀導後昆於道年七十
此從征吐谷渾加正議大夫後從駕北巡卒於道年七十
七穎性褊急與柳䚖每相忿閱帝屬貴怒之而猶不止於
後帝水薄之有集二十卷撰鑾駕北巡記三卷並

【列傳四十一　隋書七十六　六　▶】

里記一卷洛陽古今記一卷馬名錄二卷並行於世有子
嘉會

孫萬壽

孫萬壽字仙期信都武強人也祖寶魏散騎常侍父靈暉
齊國子博士萬壽年十四就阜城熊安生受五經略通大
義兼博涉子史善屬文美談笑博陵李德林見而奇之在
齊年十七奉朝請高祖屬文學見知而奇之在
從容文雅一旦從軍擁管牛文述召典軍書萬壽本自書
友曰賈誼長沙國屈平湘水濱江南瘴癘地從來三逐臣

粵余非巧宦少小拙謀身欲飛無假翼思鳴不值晨如何
載筆士翻作賀戈人飄飄如木偶弃置同芻狗失路乃西
浮非狂亦東走晚歲出函關万春度京口石城臨獸擄天
津望牛斗牛斗盛妖氛烏境成奉祁超初入幕王聚始從軍
裹糧楚山際披甲吳江潰吳江一浩蕩楚山何紛紛饑渡
惠吾并矛爭動轕遊歲月久歸思常搔首非關不樹萱豈
為無杯酒數載辭鄉縣三秋別親友牡志後風雲衰鬢兄
蒲柳心緒亂如絲空懷疇昔時昔時遊帝里弱歲逢知已
衆食南館中飛蓋西園重河間本好書東平唯愛士英辯

列傳四十一　陳書十六　七▼

接天人清言洞名理鳳池時寓直麟閣常遊止勝地盛賞
僚麗景相携招舟沉昆明水騎拍渭津橋袂除臨瀾岸供
帳出東郊宜城醞始熟陽翟曲新調繞樹烏啼夜雖麥雉
飛朝細塵梁下落長柚掌中嬌懽娛三樂至懷抱百憂銷
夢想猶如昨尋思寂寞一朝牽世網萬里逐波潮廻首望孤
常自轉懸旍不堪搖登高視衿帶鄉關白雲外斷絕總難續
城愁人益不平華亭鶴唳幽谷早鶯鳴時能訪
恍魂夢驚鶩舉紀通家好鄉曾故鄉情若值南飛鴈時能訪
死生此詩至京盛為當時之所吟誦天下好事者多書壁
而靚之後歸鄉里十餘年不得調仁壽初徵拜豫章王長

史非其好也王轉封于豰即為齊王文學當時諸王官屬
多被寒滅由是彌不自安因謝病克乆之授大理司直卒
於官時年五十二有集十卷行於世

王貞

王貞字孝逸梁郡陳留人也少聰敏七歲好學善筆礼
記左氏傳周易諸子百家無不畢覽善屬文詞不治產業
每以諷讀為娛開皇初汴州刺史樊叔略引為主簿後舉
秀才授縣尉非其好也謝病即位齊王暕鎮江
都聞其名以書召之曰夫山藏美玉光照廊廡之間地蘊
神劍氣浮星漢之表是知毛遂穎脫義感平原孫慧文詞

列傳四十一　陳書十六　八▼

來迁東海顧循募薄有懷毛羽之蓄甚清風為日久矣未獲
被覿良深行邁比高天流火早應涼風陵雲仙筆方承清
露想撫衛收宜與時休過前園後圃從容丘窒之情左琴
右書蕭散煙霞之外歲陵謝病非無封禪之文彭澤遺榮
先有歸來之作優游儒雅何樂如之
越坐棠聽訟事絕詠歌攀桂摛詞眷言高遊至於揚旌北
渚飛盖西園託乘多應劉置醴關申穆背淮之宴高鳳畢
詞章苑囿之客罕值其人鄉道冠鷹揚聲高鳳畢儒墨泉海
語趨燕蓋道冠鷹揚揚聲獨善良以於邑今遣
行人具宣往意惻望起予甚於飢渴想便輕舉副此虛心

至王以客禮待之朝夕遣問安不又索文集貞啟謝曰屬
賀德仁宣教須少來所有拙文昔公旦之才藝能事鬼神
夫子之文章性與天道雅志後聖代相師祖覺餘波鼓於沂宋雕
分路變清音於正始體高致於元康感言逐時移出門
獨爲麟用孝逸於戰爭之季長於風塵之世每懷貧賤
才不逮人性屬休明寸陰已晏雖居可封之屋無懷貧賤
吾謂橫議過實虞麁秀見柱高車以載嚴實明珠以彈崔

列傳四十一　隋五十六　九

遂得裹糧三月重高門之餘地持準十里望章臺之後塵坐
與懸黎結而並肆將駿驥而同皁終朝擊茊匪黃鍾之所諧
日暮趣行何削人之能及顧想平生觸塗多感但以積年
沈痼遺志日久拙思所存綴成三十三卷仰而不至方見
學仙之遠窺而不覩始知游聖之難思尺天人周章不暇
怖甚真龍之降斯過白水之歸伏紙陳情形神悸越齊王
覽所上集善之賜良馬四匹貞後上江都賦王賜錢十萬
賈馬二匹未幾以疾其還鄉里終于家

　　　　　　　　虞綽

虞綽字士裕會稽餘姚人也父孝曾陳始興王諮議綽身

長八尺姿儀甚偉博學有俊才尤工草隸陳左衞將軍傅
綽有盛名於世見綽詞賦歎謂人曰頃郎之文無以尚也
仕陳爲太學博士遷永陽王記室及陳亡晉王廣著作佐
士大業初轉爲祕書學士奉詔與祕書郎虞世南著作佐
郎庾自直等撰長洲玉鏡等書十餘部綰所筆削帝未嘗
不稱善而官竟不遷初爲校書郎以藩邸左右加宣惠尉
遷著作佐郎與虞世南庾自直蔡允恭等四人常居禁中
以文翰待詔恩盼隆洽從征遼東帝舍臨海見大鳥異
之詔綽爲銘其辭曰維大業八年歲在壬申夏四月景子
皇帝底定遼碣師振旅龍駕南轅鸞旗西邁行宮次

列傳四十一　隋五十六　十

于柳城縣之臨海頻焉山川明秀寔仙都也旌門外設欵
跨重臯帳殿周施降望大鑿息清蹕下輕輿啟百靈綏萬
福踐素砂步碧沚同軒皇之襄野遇漢宗於河上想汾射
以開襟望逢瀛而載行肰齊肅貌屬殊庭兼以聖德遐
宣息別風與淮雨休符潛感表重潤於夷波璧日曜卿
雲舒彩六合開朗十洲澄鏡少選之間慺焉靈感有祥
禽皎彼同鶴蔫出自雲漢翻然雙下高逾一丈長乃盈尋
霜暉於羽翮激丹華於咮距翾翔鳳跱鶖起鴻騫或蹲或
吷載飛載止徘徊馴擾足乘輿不藉揮琴非因拊石樂
我君德是用來儀斯固類仙人之騑驂冠羽族之宗長西

王青鳥東海赤鴈豈可同年而語哉竊以銘基華岳事非
靈異紀迹鄒山義非盡美猶方冊不泯遺文可觀况盛德
成功若斯懿鑠懷真味道加此感通不鑴名山安用銘翼
臣拜稽首敢勒云來蘇興怨帝自東征言復禹績乃御
軒營六師薄伐三韓肅清龍行天罰赫赫明明文德上暢
還軒遵林並馨停輿海滋耀駟凱歌載路遐成功允鑠翼千里
金臺銀闕雲浮岳峙有感斯應靈禽效祉飛來清漢俱集
華泉好音玉響皓質氷鮮狎仁馴德習習翩翩絕迹無泯
於萬斯年帝覽而羙之命有司勒於海上以度遼功授建

【列傳卌】　隋書七十六　【十二】

鄭譯緯恃才任氣無所降下著作郎諸葛潁以學業倖於
帝緯每輕侮之由是有隙帝嘗問緯於潁潁曰虞綽戇人
也帝領之時禮部尚書楊玄感稱為貴倨襟禮之與結
布衣之友緯數從之遊其族人虞世南誡之曰上性猜忌
而君過厚玄感若與絕交者帝知君改悔可以無咎不然
終當見禍緯不從尋有告緯以禁內兵書借玄感帝甚銜
之及玄感敗後籍沒其家妓妾並入宮帝因問之玄感平
常時與何人交往妾以虞緯對帝令大理卿鄭善果窮
治其事緯曰羈旅薄遊與玄感交酒談欵審具無他謀帝怒
不解徙緯且末緯至長安而亡吏逐之急於是蒼度江變姓

名自稱其卓遊東陽抵信安令天水辛大德大德舍之歲
餘緯與人爭田相訟有識緯者而告之竟為吏所執坐斬江
都時年五十四所有詞賦並行於世大德飛狗令所執翦群益
其得民和與緯俱為使者所執其妻近曰每諫君無匿學
告之吾罪也當死罪死罪得以擊賊自効信
十今日之事豈不哀哉辛君身叩頭曰辛君人命所懸得以擊賊自効信
安吏民詣使者叩頭曰辛君若去亦無信
安矣使者留之以討賊帝怒斬使者大德獲全

王冑

王冑字承基琅邪臨沂人也祖筠梁太子詹事父祥陳黃

【列傳卌二】　隋書七十六　【十二】

門侍郎冑少有逸才仕陳起家鄱陽王法曹參軍歷太子
舍人東陽王文學及陳滅晉王廣引為學士仁壽末從劉
方擊林邑以功授帥都督大業初為著作佐郎以文詞為
煬帝所重帝常自東都還京師賜天下大酺冑因為五言詩
詔冑和之其詞曰河洛稱朝市崤函實奧區周營曲阜
廷西驅展輪齊王軾式道耀金吾千門駐蹕羽衛四達儼
徒是節春之暮神皐華實敷皇情感時物春思屬榆詔
漢建奉春謀大君苞二代皇鑾盛兩都招搖正東指天馬
問百年老恩隆五日酺小人荷寵鑄何申吾大鑪帝覽而
善之因謂侍臣曰氣高致遠歸之於冑詞清體潤其在

世基意密理庚自過此者未可必言詩也帝所有
篇什多令自繼和與虞綽齊名同志友善于時後進之士咸
以二人爲准的從征遼東進授朝散大夫甚性踈率不倫
自恃才大輕鄙朝臣每負氣陵傲忽略時人爲諸寫
所嫉屬譔之於帝帝愛其才而不罪禮部尚書楊玄感
襟與交數遊其第及玄感敗與虞綽俱徙邊青遂亡匿潛
還江左在爲吏所捕坐誅時年五十六所著詞賦多行於世
胄兄睿字元恭博學多通少有盛名於江左仕陳歷太子
洗馬中舍人陳亡與曹俱寫學士煬帝即位授祕書郎卒

■列傳罕 隋書十六 十三■

庚自直

庚自直潁川人也父持陳羽林監自直少好學沉靜寡欲
仕陳歷豫章王府外兵參軍宣惠記室陳亡入關不得調
晉王廣聞之引爲學士大業初授著作佐即自直解屬文
於五言詩尤善性恭慎不妄交遊特爲帝所愛帝有篇章
必先示自直令其詆訶自直所難毀改之或至於再三
俟其稱善然後方出其見親禮如此後以本官知起居舍
人事化及作逆以之北上自載露車中感激發病卒有文
集十卷行於世

潘徽

潘徽字伯彥吳郡人也性聰敏少受禮於鄭灼受毛詩於
施公受書於張沖講莊老於張譏並通大義尤精三史善
屬文能持論陳尚書令江摠引致爲客館令隋遣魏澹聘于
其敬之釋褐新蔡王國侍郎選爲客館令隋遣魏澹聘于
陳陳人使徽接對之澹將反命爲啓於陳主曰敬奉弘慈
曲宗廟致敬又曰禮主於敬詩曰維桑與梓必恭敬止孝
經曰宗廟極重其親謂之悖禮孔子極尊君極貴四者
立議曰禮注曰禮主於敬奉爲重輕卻其啓必恭而不奏孝
成湯餞送日蹕於敬上天極高父極尊君極貴四者
咸同一敬五經未有異文不知以敬爲輕竟何所據徽難

■列傳罕 隋書十六 十四■

之曰向所論敬字本不全以敬人敬其別
禮主於敬此是通言猶如男子冠既施用處殊義成通
名也春秋有纂缺夫妻亦云相敬既於子則有敬名之義其
在夫亦有敬妻之說此可後並謂極重乎至若謝諸公固
非尊地公子敬愛止施賓友敬問敬報彌見雷同敬聽敬
酬何關貴賤當知敬之爲義雖是不輕但敬之於語則有
時混漫今云敬奉所以成疑聊舉一偶未爲深據澹不能
對遂從而改焉及陳滅爲州博士秦孝王俊聞其名召爲
學士嘗從後朝京師在塗令徽於馬上爲賦行一驛而成
名曰述思賦俊覽而善之復令爲萬字文并遣撰集字書

名為韻纂為序白文字之來尚矣初則羲皇出震觀象
緯以法天次則史頡佐軒察蹄迹而取地於是八卦炎始
文文斯作繩用既息墻籍生焉至如龍筴授河龜威出洛
緣絲白檢述勛華之運金繩玉字表堯夏之符街甲於
修文德飛英聲而勒尚似彰大定而銘鍾鼎春秋羽盛
篆素暨天隋之受命也追戰三五並曜參辰外振武功內
俯照人事其制作也如彼其理後王之模範頌美形容垂
正名百物為生民之耳目作後王之模範頌美形容垂
姬壇吐卷徵於孔室莫之理而勤高似彰大定而
趨蓁於腰年肖俗觀風採歌謠於唐衛我秦王殿下降靈

言志沛先天機賀潤珪璋文兼藻繢楚詩早習頗屬懷於
博物多能百家之工彌洽遊少名教漁獵圖史加以
務隊靈光意靜削臨竹沼邾倚桂敷泉石堂仁智之心煙
珠璧俱報稻粱各施鳴吠于時歲次鷃火月躍夷則驂駕
霞殺文彩之致肩傍霧集義風麻乃討論羣藝於商略衆
書以為小學之家尤多舛雜雖復周禮漢律務在貫通而
巧說邪辭澒生同異且文訛篆隸音謬楚夏三蒼急就之

流微存章句說文字林之屬唯別體形至於尋聲推韻良
為疑混酌古會今未臻功呂靜韻集始
判清濁繞分宮羽而全無引據過傷淺局詩賦所須卒難為
用遂躬紆庖音摽摘是非撮粹宏綱裁斷篇部揔會舊轍
驅雅博牽子集汗簡之畢題為韻纂凡三十卷勒成一家
創立新意聲別相從即隨注釋之詁訓證以經史備包
褧生氣徒以犬馬識養飛走懷仁敢執顛沛之辭遂操狂
方可藏彼名山副諸石室見蒼玉之為淺郵懸金若死灰文
蘭之筆而泳曾富經學焚素鄭多良士西河之彥幸不謝於

索居東里之才請能加於潤色未幾俄晉王諱後引為
楊州博士令與諸儒撰江都集禮一部復令徵作序白禮
之為用至矣大與天地同節明與日月齊照源開三本體
合四端累居穴廠之前即萌其理龜文鳥迹以後稍顯其
事雖情存簡易意非玉帛而夏造殷因可得知也至如秩
宗三禮之職司徒五禮之官邦國以和人神惟敬道德仁
義非此莫成進退俯仰去茲安適君匪印途猶防止水豈
直譬彼耕耘均斯粉澤而已或自世屬坑焚時移漢魏叔
孫通之碩儒解為堂陞之博識專門者霧集制作者風馳節
文頗備枝條互起皇帝負衮垂旒辨方正位篆勛華之歷

象綴文武之憲章書之所會通觸境斯應雲雨之所霈
潤無思不贍東探石質之符西翫羽陵之策鳴鑾太室復
伯靈臺與之備五帝禮兼八代上柱國太尉楊州摠管晉王
握璣璋之寶復神明之德隆化讚傑衣而籠關寒朝服而掃
業冠何楚兄文武多才多藝戎衣而籠關寒朝服而掃
繼稷下之絕軌弘泗上之淪風續無讓而不探事有難而
必綜至於采標綠錯華毋丹篆刑名長短儒墨是非書圖
翰林之域理窮冊談業之內謁者所求之餘佳醫所校之逸
莫不澄涇辨渭拾珠翠蚌以為質文遞政損益不同明堂
曲臺之記南宮東觀之說鄭王徐賀之苦崔誰何庾之論
簡牒雜盈青華蓋乃以宣條暇日聽訟餘晨娛情殖寶
之鄉凝相觀濤之岸揔括油素賦披緗縹芟無刈楚振領
提綱去其繁雜撮其指要勒成一家各曰江都集禮凡十
二帙一百二十卷取方月數用比星周軍國之義存焉人
倫之紀備矣昔者龜蒙令巴睢渙名藩誠復揖警入蹕
擬乘輿之制度建翵載旒用天子之禮樂求諸述作未聞
茲典尤可韜之頻水副彼名山見刻石之非工唯懸金之
巳陋是知沛王通論不獨擅於前脩豈朔新書更道勳於
往冊徼幸棲仁岳亭游聖海謨建固將大敢叙談博之致云

煬帝嗣位詔徵與著作佐郎陸從典褚亮歐陽
詢等助公楊素撰魏書會素薨而止授京兆郡博士楊
玄感兄弟甚重之數相來往及玄感敗凡交關多羅其惠
徽以玄感故人為帝所不悅有司希旨出徽為西海郡威
定縣主簿意甚不平行至隴西發病卒

杜正玄　弟正藏

杜正玄字慎徽其先本京兆人八世祖曼為石趙從事中
郎因家於鄴自曼至正玄世以文學相授正玄九聰敏博
洽多通兄弟數人俱未弱冠並以文章才辯籍甚三河之
間開皇末舉秀才當試方略正玄應對如響下筆成章
僕射楊素負才傲物正弄辭酬對無所屈撓素甚不悅久
之會林邑獻白鸚鵡素見文不加點始異之因令
賦正玄倉卒之際援筆立成素見文不加點始異之因令
更擬諸雜文筆十餘條文皆立成而辭理華贍素乃嘆曰
此真秀才吾不及也授晉王行參軍轉豫章王記室卒官

杜正藏

杜正藏字為善好學善屬文弱冠舉秀才授純州行參
軍歷下邑正大業中學業該通選記舉秀才兄弟三人俱
以文章一時詣闕論者榮之著碑誄銘頌詩賦百餘篇
著文章體式大為後進所寶時人號為文軌乃至海外高

麗胥濟亦共傳習稱為杜家新書

常得志

京兆常得志博學善屬文官至奉車記室及王嘗過故宮
為五言詩辭理悲壯甚為時人所重復為兄弟論義理可
稱

尹式

河間尹式博學解屬丞有令聞仁壽中官至漢王記室
王甚重之及漢王敗式自殺其族人正卿彥卿俱有傳才
名顯於世

劉善經
世

河間劉善經博物洽聞尤善詞筆歷仕著作佐郎太子舍
人著酬德傳三十卷諸劉譜三十卷四聲指歸一卷行於

【列傳四十一　隋七七六】【十九】

祖君彥

范陽祖君彥孤尚書僕射孝徵之子也容貌短小言辭訥
澀有才學大業末官至東平郡書佐郡陷於翟讓因為李
密所得密其禮之署為記室軍書羽檄皆成於其手及密
敗為王世充所殺

孔德紹

會稽孔德紹有清才官至景城縣丞竇建德稱王署為中

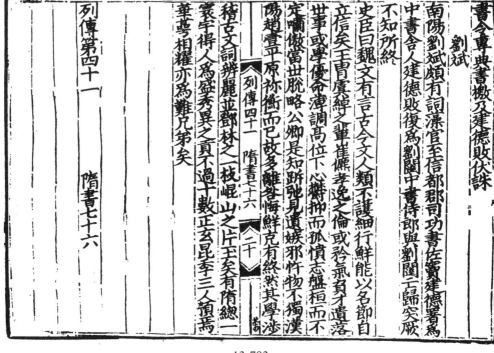

書令專典書機及建德敗伏誅

劉斌

南陽劉斌頗有詞藻官至信都郡司功書佐竇建德署為
中書舍人建德敗復為劉闥中書侍郎與劉闥一歸竇嚴

不知所終

史臣曰魏文有言古今文人類不護細行鮮能以名節自
立信矣王胄虞綽之輩摧儻逸之倫或矜氣負才遺落
世事或學優命屈調高位下心鬱抑而孤憤志盤桓而不
定嘲傲當世脫略公卿是知跅弛見遺嫉邪忤物不獨漢
陽趙壹平原禰衡而已故多離咎悔鮮克有終然其學涉

【列傳四十一　隋書七六】【二十】

稽古文詞辨麗並鄧林之一枝崑山之片玉矣有隋總一
寰宇得人為盛秀異之貢不過十數正玄昆季三人預焉
華萼相輝亦為難兄難弟矣

列傳第四十一　　　　隋書七十六

隱逸　特進臣魏　徵　上

自軒轅有畫莫編羅百王雖時有盛衰未嘗無隱逸之士故
易稱遯世無悶又曰不事王侯詩云皎皎白駒在彼空谷
禮云儒有上不臣天子下不事王侯語曰舉逸民天下之
人歸心焉斯蓋甘賤貧或與世同塵隨波瀾以俱逝或違時矯
也洪崖兆其始箕山扇其風七人作乎周末四皓光乎漢
日魏晉以降其流逾廣其大者則輕天下細萬物其小者
則安苦節甘賤貧異塗語默異用各言其志皆君子之道

《列傳四二　隋書七七　一》

俗望江湖而獨往狎玩魚鳥左右琴書拾遺粒而織落毛
飲石泉而蔭松柏放情宇宙之外自足懷抱之中然皆貧
欣於獨善鮮汲汲於兼濟而受命哲王守文令主莫不束
帛交馳軺輪結轍奔委巖穴之唯恐不逮有賢貞之操足以立懦
未弘志不可奪縱無軒冕之功終有賢貞之操足以立懦
夫之志息貪競之風與夫苟得之徒不可同年共日所謂
無用以為用無為而無不為者也故敘其人列其行以備

隱逸篇云

李士謙

李士謙字子約趙郡平棘人也髫齓喪父事母以孝聞母

曾歐吐疑為中毒跪而嘗之伯父魏岐州刺史瑒深所
嗟尚每稱曰此兒吾家之顏子也年十二魏廣平王贊辟
開府參軍事後丁母憂居喪骨立有姊適宋氏不勝哀而
死士謙服闋捨宅為伽藍脫身而出詣學請業研精不倦
遂博覽群籍兼善天文術數皆稱疾不就和士開亦重其名將
郎趙郡王叡舉德行皆稱疾不就和士開亦重其名將
朝廷擢為國子祭酒士謙知而固辭得免隋有天下畢志
不仕自以少孤未嘗飲酒食肉口無殺害之言至於親賓
來萃二社必高會極歡無不沉醉諠亂唯士謙所盛饌

《列傳四二　隋書七七　二》

春秋二社必高會陳俎對
盈前而先為設黍稷古人所尚容可遠乎少長咸
亦云食先黍稷不敢弛情曰孔子稱黍為五穀之長荀卿
退而相謂曰既見君子方覺吾徒之不德也士謙聞而
責曰何乃為人所疎頓至於此家富於財躬處約節客或嘆美之士謙曰
振施為務州里有喪事不辦者至於葬事不辦者輒奔走赴之隨乏供
濟有兄弟分財不均至相閱訟士謙聞而出財補其少者
令與多者相埒兄弟慚而感悔更相推讓卒為善士有牛犯
田者士謙牽置涼處飼之過於本主望見盜刈其禾黍者
默而避之其家僮嘗執盜粟者士謙喻之曰禾未熟
義無相責遽令放之其奴輩與鄉人董震因醉用力震抱

其喉斃於手下震惶懼請罪士謙謂之曰郷本無殺心何
為相謝然可遠去無為吏之所拘性寬厚皆以類也其後
出粟數千石以賑郷人為設酒食對之燔契曰債了矣幸勿為念也於是悉召債家
謝士謙曰吾家餘粟本圖振贈豈求利哉於是悉召債家
年大熟債家爭來償謙拒不受彼此一無所受佗年又大飢多
有死者士謙罄竭家資為之糜粥賴以全活者將萬計收
埋骸骨所見無遺至春又出粮種分給貧乏趙郡農民德
之撫其子孫曰此乃李參軍遺惠也或謂士謙曰子多陰
德士謙曰所謂陰德者何猶耳鳴已獨聞之人無知者今

吾所作吾子皆知何陰德之有士謙善談玄理嘗有一客
在坐不信佛家應報之義以為外典無聞焉士謙喻之曰
積善餘慶積惡餘殃高門待封掃墓望喪豈非休各之應
邪佛經云輪轉五道無復窮已此則賈誼所言千變萬化
未始有極忽然為人之謂也佛道未東而賢者已知其然
矣至若鯀為黃熊杜宇為鶗鴂褰君為龍牛哀為獸君子
為鵠小人為猿彭生為豕如意為犬黃母為黿宣武為龞
鄧艾為牛徐伯為魚鈴下為烏書生為蛇羊祜前身本氏
之子此非佛家變受異形之謂邪邢子才云嘗有松
相後身化為樗櫟僕以為然士謙曰此不類之談也變化

皆由心而作木豈有心乎客又問三教優劣士謙曰佛日也
世道月也儒五星也客亦不能難而止士謙平生時為詠
懷詩輒毀弃其本不以示人又嘗論刑罰遺文不具其略
曰帝王制法殊革不同自可損益無為煩改今之贓重者
死是酷而不懲也語曰人不畏死不可以死恐之愚謂此
罪宜從肉刑刖其一趾再犯者斷其右腕流刑刖去右手
三指又犯者下其腕小盜宜黥又犯黥則落其所用三指
不悛下其腕無不止也無賴之人竄之邊裔職為亂階適
所以召戎矣非求治之道也博奕遊盜之萌也禁而
止黥之則可有識者頗以為得治體開皇八年終於家時
年六十六趙郡士女聞之莫不流涕曰我曹不死而令李
參軍死乎會葬者萬餘人郷人李景伯等以士謙道著
園條其行狀詣尚書省請先生之諡事寢不行遂相與樹
碑於墓其妻范陽盧氏亦有婦德及夫終後所有賻贈一
無所受謂州里父老曰參軍平生好施今雖殞歿安可奪
其志哉於是散粟五百石以振窮乏

崔廓　子賾

崔廓字士玄博陵安平人也父子元齊魏州司馬廓少孤
貧而母賤由是不為邦族所齒初為里佐屢屈辱於
感激逃入山中遂博覽書籍多所通涉山東學者皆宗之

既還鄉里不應辟命與趙郡李士謙為忘年之友每相往
來時稱崔李及士謙死鄆哭慟為之作傳輸之秘府士
謙妻盧氏募居每有家事輒令人諮廓取定廓嘗著論言
列名之理其義甚精文多不載大業中終于家時年八十

有子曰贖贖字祖濬七歲能屬文容貌短小有口才開皇
初秦孝王薦之射策高第詔與諸儒定禮樂授校書郎尋
轉協律郎太常蘇威雅重之母憂去職每一至孝水漿不
入口者五日徵為河南豫童二王侍讀每日來往二王不
之第及河南為晉王轉記室參軍自此讀
巳遺贖曰首漢氏西京梁王建國平臺東苑嘉義如林

馬卿辭武騎之官枚乘龍弘農之守每覽史傳賞切怪之
何乃脫略官榮棲遲藩邸以今望古方知雅志彼二子者
豈徒然哉以下博聞強記鈎深致遠視漢臣之三篋似沙
蒙山對漆相之五車若吞雲夢吾兄欲賢重士更哲山河
先築郭隗之宮常窒程生之醴今者重開士宇更哲山河
地方七百牢龍曲阜城兼十包舉臨淄大啓南陽方開
東閣想得奉飛蓋申良樂籍況芝珠履歌山桂之偃蹇
賦池竹之檀欒其榮貴如彼其風流也如此幸其幸甚
何樂如之高視上京有懷德祖才謙天人多慙子建畫不
盡意寧俟敏辭贖卷曰一昨伏表今教書榮睨非恨寧自

失若乃理高象繁管弦思而不解事富山海郭璞注而未
詳至於五色相宣八音繁會鳳鳴不足喻龍章莫之比具
札之論周頌詎盡揄揚郢客之奏陽春誰堪伏惟令
王殿下稟潤天演承輝日觀雅道貴於東平文藝高於此
我清塵悠然祖濬燕贄容河惰遊本無意於希
海漢則馬遷蕭望晉川裴楷張華雜樹聲鶬池搖美望
顏豈有心於慕蘭未嘗聚螢映雪懸頭刺股讀論唯取一
篇披疏莛不過盈尺復況桑榆漸暮聚螢雞鳴謬琶鴻儀虛斑駁卓挾
揚塵弃但以燕求馬首薜養雞鳴謬琶鴻儀虛斑駁卓挾
太山而超比海比報德而非難埋崑崙以為池匹酬恩而
反易忽屬周桐錫瑞唐虞水承家門有將相樹宜桃李真龍
靷下誰好有名濫吹先逃別聽但慈旨抑揚損上益
下江海所淥稱王丘陵為之不逮曹植憶預聞高論則不
頹令名揚修若切在下風亦詎衡淳德無任荷戴之至謹
奉啓以聞豫章得書資來五十石并衣服錢常時晉郎文
翰多成其千王入東宮除太子齋帥俄遷舍人及元德太
子薨以疾歸于家後徵授起居舍人大業四年從駕汾陽
宮次河陽鎮藍田令王曇於藍田山得玉一人長三尺四
寸著大領衣冠幘表之詔問羣臣真有識者贖答曰謹按
漢文巳前未有冠幘即其文帝以來所制作也臣見魏大

司農盧元明撰萬高山廟記云有神人以玉為形像長數

寸或出或隱出則令世延長伏惟陛下應高

雄岳神自見臣敢稱慶因冊拜百官畢賀天子大悅賜縑

二百匹從駕登太行山詔問瞋目何勳有羊腸坂帝曰是

臣撰漢書地理志上嘗虛關縣有羊腸坂帝曰不是又咎

曰臣按皇甫士安撰地理志云太原北九十里有羊腸坂

役授鷹揚長史置遼東郡縣名甘瞋之議也奉部作東征

諸儒撰匿午圖志二百五十卷以父憂去職尋起令視事遼東之

基詩書心衍爲六百卷所謂一知二五年受詔典世

記九年除越王長史于時山東盜賊蜂起帝令撫慰高陽

襄國歸首者八百餘人十二年從駕江都宇文化及之弒

帝也引為著作郎稱疾不起在路發疾卒於彭城時年六

十九瞋與洛陽元善河東柳䛒太原王邵吳興姚察琅邪

諸葛穎信都劉焯河間劉炫相善每因休假清談竟日所

著詞賦碑誌十餘萬言撰洽聞志七卷八代四科志三十

卷未及施行江都傾覆咸為煨燼

　　徐則

徐則東海郯人也幼沉靜寡嗜欲受業於周弘正善三玄

精於議論聲禮都邑則歎曰名者實之賓吾其為賓乎遂

懷棲隱之操杖策入縉雲山後學數百人苦請教授則謝

而遣之不聚妻常服巾褐陳大建時應召來至真觀

晉月又辭入天台山因絕穀養性所資唯松水而已雖隆

冬沍寒不服綿絮大傳徐陵為之刊山立頌初在縉雲山

太極真人徐君降之曰汝年出八十當為王者師然後得

道也晉王諱鎮揚州知其名手書召之曰夫道得妙法

體自然包涵二儀混成萬物人能弘道不虛行先生履

德養空宗玄齊物深明義味曉達希夷悅性沖玄怡神虛

白餐松餌木棲息煙霞望赤城而待風雲遊王堂而駕龍

鳳雖復藏名台岳猶冀騰賞汪淮藉甚嘉猷有勞寤寐歡

承素道欠積虛襟側席幽人婁想巖崿霜風已冷海氣將

寒惆息茂林道體休佚昔商山四皓輕舉漢庭淮南八公

來儀潘邸古今雖異山谷不殊市朝之隱前賢已說道凡

述聖非先生而誰故遣使人徃彼延請想無勞束帶幽人

來思不待蒲輪去彼空谷希能屈已屣望披雲則謂門人

曰吾今年八十一王來召我徐君之旨信而有徵於是遂

詣揚州晉王將請受道法則辭以時日不便其後久之命

侍者取香火如平常朝禮之儀至於五更而死支體柔弱

如生傳留數旬顏色無變晉王下書曰天台真隱東海徐

先生虛懷確志宗玄成德齊物勳外樢行安身草褐浦衣

餐松餌木棲隱靈岳五十餘年卓矣仙才飄然勝氣千尋
萬頃莫測其涯寡人欽承道風久餐素風頃遣使遠此
羽化及其靈府身體柔軟顏色不變經方所謂尸解地仙
者哉誠後師禮未申而心許有在雖忘恒化猶愴予懷炎
事所貧隨供給翼翼羽蓋既且騰雲樽空榑餘衣詎籍境
龕但杖爲猶行亦同俗法宜遣使人送還天台定葬是時
自江都至於天台在道多見則徒步云得放還至其舊居
取經書道法分遺弟子仍令淨掃

之於此然後跨石梁而去不知所之須史屍柩至方知其

【列傳室一】 【隋書七七】 【九】

靈化時年八十二[晉王聞而益異之]贈物千段遣畫工圖
其狀貌令柳䛒爲之讚曰可道非道常道無名上德不德
至德無盈玄風素扇而有先生風鍊金夜怡神王清石髓
方軟雲舟欲成言追萬將偈掣得我王過屬家感靈誠
挂下暫啓河上沉精神符言信化杖飛聲未思靈迹局用
擒情時披素繪如臨赤城時有建安宋玉泉會稽孔道茂
丹陽王遠知等亦行辟穀以松水自給皆爲煬帝所重

　　張文詡
張文詡河東人也父據開皇中爲淮水令以清正聞有書
數千卷教訓子姪皆以明經自達　文詡博覽文籍特精三

禮其周易詩書及春秋三傳並通習每好鄭玄注解以
爲通博其諸儒異說亦皆詳究焉高祖引致天下名碩
學之士其有盧景暉遠張仲讓孔籠之徒並延之於博士之位
文詡時遊太學暉遠等莫不推伏之學內翕然共宗仰
文詡讀賈逵疑滯文詡輒引證據辨說無不
唯其門生多請業文詡瓢博引證辨說無德
適至南臺遽師所乘馬步就學邀屈其名而召之與語大悅
不因人以自致也右僕射蘇威聞其名而召之與語大悅
勸令從官文詡意不在仕固辭焉仁壽末學業既
而歸灌園爲業文詡頻興皆不應命毋以孝聞每以德

【列傳室二】 【隋書七七】 【十】

化人鄉黨頗後風俗邑有人夜中竊刈其稼者見而避之
益因感悟弃麥而謝文詡慰諭之自誓不言固令持去
數年益著向鄉人說之始爲遠近所悉鄉家築墻
文詡因毀舊爲填之說之文詡當有腰疾會醫者自言善禁
文詡令禁之逐爲所傷至於頓伏牀枕會醫者叩頭請罪
每閑居無事從容長歎曰老牛舟而将至恐惰名之不立
掩人之短皆此類也州縣以其貧素將加振贍輒辭不受
以契意擊九皆有勳所時人方之閔子騫原憲終於家
年四十鄉人爲立碑頌號曰張先生〇史臣曰古之所謂

隱逸者非伏其身而不見也非閉其言而不出也非藏其
智而不發也蓋以恬淡爲心不皦不昧安時處順與物無
私者也士謙等忘懷纓冕畢志丘園隱不遠貞不絕俗
不教而勸虛往實歸愛之如父母懷之如親戚非有自然
之純德其孰能至於斯乎然士謙聞謗不喜文詡見傷無
慍徐則志在沉冥不可親疎莫能貴賤皆抱樸之士矣崔
廓感於屈辱遂以肥遯見補祖濬文籍之美足以克隆先
構父子雖動靜殊方其於成名一也美哉

列傳卷第四十二　　　隋書七七

藝術

夫陰陽所以正時日順氣序者也卜筮所以決嫌疑猶
豫者也醫巫所以禦妖邪養性命者也此皆聖人
節樂者也相術所以辯貴賤明分理者也技巧所以利
器用濟難者也此皆聖人無心因民設教救恤災患禁
止淫邪自三五哲王其所申束以笑然昔之言陰陽者則
有箕子裨竈梓慎子韋君平司馬季主論相術則內史叔
服姑布子卿唐舉許負語醫則文摯扁鵲秦咸華陀其巧
則奚仲墨翟張平子馬德衡凡此諸君者仰觀俯察探
賾索隱詭託幽微思入其妙殊才絕技或弘道
以濟時或隱身以利物一多肆其淫僻造令時俗或變亂
陰陽曲成君欲或假託神怪炎惑民心逐令時俗或訛不
獲返其真性身爲權詐苟得壽終而死矣以斯術者鮮有
平斯術者鮮有存夫貞
其迁誕非徒用廣異聞將以明乎勸戒是以後來作者或
相祖述故今亦採其尤著者劉爲藝術篇云

〈列傳四三　隋書七八　〈一〉〉

庾季才　子質

庾季才字叔奕新野人也八世祖滔随晉元帝過江官至
散騎常侍封遂昌侯因家于南郡江陵縣祖詵梁處士與
宗人易齊名父曼倩光祿卿季才幼穎悟八歲誦尚書十
二通周易好占玄象居喪以孝聞梁廬陵王續辟荊州主
薄湘東王繹重其術藝引授外兵參軍西昌侯蕭淵遵中書
即領太史封宜昌縣伯季才固辭太史元帝曰朕漢司馬遷
歷世尸掌魏高堂隆猶應禍起蕭牆遷重臣作
頗明星歷因卿仰觀從容謂季才曰
方可息季才曰頊天象告變將入郢陛下宜留重臣

〈列傳四三　隋書七八　〈二〉〉

鎮荊陝整旆還都以避其患假令羯寇儻止失荊湘在
於社稷可得無慮必久傳留恐非天意也帝初然之後與
祖一見季才深加優禮令參掌大史每有征討恆預侍從
賜宅一區水田十頃并奴婢牛羊什物等議乃止俄而江
南人未安址土故有此賜者欲絕卿南望之心宜盡誠事
我當以富貴相答初郢都之陷也衣冠士人多沒爲賤隸
才散所賜物購求親故故支帝問何能若此季才曰僕聞魏
克襄陽先昭異度晉平建業喜得士衡伐國求賢豈道也
今郢都覆敗君信有罪搢紳何咎皆爲賤隸鄙人竊於

敬獻言誠切哀之故贖耳且太祖乃悟曰吾之過也微君

遂失天下之望因出令免梁俘為奴婢者數千口武成二

年與王褒庾信同補麟趾學士累遷稍伯大夫車騎大將

軍儀同三司其後大冢宰宇文護執政謂李才曰比日天

道有變不利宰輔公冝歸政天子請若不盡言便同木石頃

復所知護沈吟久之謂李才曰吾本意如此但辭未獲免

耳公既可依朝例無煩別參募人也自是漸踈不復

期顧而受旦興之美子孫藩昇終保維城之固不然者非

別見及護滅之後閱其書記武帝親自臨檢有假託符命

撰靈臺秘苑加上儀同封臨潁伯邑三百户及高祖為丞相

驃騎大將軍開府儀同三司增邑六百户遷太史中大夫詔

當夜召李才而問曰吾以庸虚受茲顧命天時人事卿以

為何如李才對曰天道精微難可意察垙以人事卜之符兆

已定李才縱言不可公豈復得為箕穎之事乎高祖默然

久之因舉首曰吾今誓猶騏獸誠不得下矣因賜雜綵五

十四綵二百段曰愧公此意宜善為思之大定元年正月

李才言曰今月戊戌平旦青氣如樓闕見於國城之上俄

而變紫逆風西行氣經二天不能無雲而兩皇王不能無

氣而立今王家已見須即應之二月日出於卯入酉居天之

正位謂之二八之門日者人君之象人君正位之時昔

其月十三日甲子甲為六甲之始子為十二辰數

九子數又九九為天數其日即是驚蟄陽氣壯發之時數

周武王以二月甲子定天下享年八百漢高帝以二月甲

午即帝位享年四百故知甲子甲午為得天數今二月甲

子冝應天受命上從之開皇元年授直散騎常侍高祖

玄象術密圖記龜兆久襲有遷都之計高

土是知帝王居止世代不同且漢營此城經今將八百歲

水皆鹹鹵不甚宜人願陛下協天人之心為遷徙之計高

祖愕然謂李才曰公與其子質垂象地形等志上謂李才曰朕自

今李才與其子質垂象地形等志上謂李才曰朕

兩疋進爵為公謂李才曰聯今已後信有天道矣於是

奧推測多途就見不同或致差舛朕不欲外人干預此事

故使公父子共為之也及書成奏之賜米千石絹六百段九

月出為均州刺史策書始降將就藩時議以李才術藝精

通有詔還委舊任李才以年老頻表去職每降優旨不許會

（上欄）

張曹玄厲行及素充言曰景長上以問李才李才因言亢
諛上大怒由是免職給半祿歸第所有祥異常使人就家
訪焉仁壽三年卒時年八十八李才局量實弘術業偉博
篤於信義志好窺覽常與琅琊王襃彭城劉瑨明克讓柳
河東裴政及宗人信等為文酒之會次有劉臻明克讓柳
謨歷鄴陵令選隴州司馬大業初授太史令撰靈臺祕苑
志一百四十二卷地形志八十七卷並行於世
庾質字行脩少而明敏早有志尚八歲誦梁世祖玄覽言

〈列傳四十三　　隋七十七　　五〉

志忠鯁每有災異必指事面陳而煬帝性多忌刻齊王暕
亦被猜嫌質子儉時為齊王屬帝謂質曰汝不能剋齊王
我乃使兒軍齊王何背如此邪質曰臣實陛下子儉豈非
王實是一心不敢有二帝怒不解由是出為合水令年
帝親伐遼東徵其土地人民繞彊我一郡卿以為剋不質
對曰以臣竊窺代之可剋矣見愚見不願陛下親行帝作
色曰朕以管窺兵至此豈可未見賊而自退也質又曰陛下
若行憲指軍威臣猶顧安危此命驍將勇士指授規模
倍迺兼行出其不意事宜在速緩必無功帝不悅曰汝既

（下欄）

難行可住此也及師還授太史令九年復征高麗又閱質
曰今段復何如對曰臣愚戇猶執前見陛下若親動靈
乘輿費實多帝怒曰我自行尚不能剋直遣人去豈得成
功也帝遂行既而禮部尚書楊玄感據黎陽及兵部侍郎
斛斯政奔高麗帝大懼遽而西還謂質曰卿前不許我行
當為此耳今全者玄感地勢雖隆終當殄滅質曰玄感地
非素因百姓之勞苦冀侥倖而成功今天下一家未易可
動帝曰然如何對曰斗如何對曰願陛下鎮撫關內使百姓畢力歸農三
火色衰謝終必無成十年帝自西京將往東都質諫曰比
歲伐遼民實勞敝陛下宜鎮撫關內使百姓畢力歸農三
歲代遼民實勞敝陛下宜鎮撫關內使百姓畢力歸農三
至東都詔令下獄竟死獄中子儉亦傳父業兼有學識仕
歷襄武令元德太子學士齊王屬義寧初為太史令時有
盧太翼耿詢並以星曆知名

盧太翼

盧太翼字協昭河間人也本姓章仇氏七歲詣學日誦數
千言州里號曰神童及長閒石味道不求榮利傳綜群書
尤多所曉解諸伎術莫不窮微尤善占候筭曆之術隱於白鹿山
數年徙居林慮山茱黃嶺諸業者自遠而至初無所拒後

憚其煩逃於五臺山地多藥物與弟子數人盧於巖下蕭
然絕世以為神仙可致皇太子勇聞而召之太翼和太子
必不為偏謂所親曰吾拘逼而來不知所稅駕也及太子
發生法當死而高祖怒繫之于理再三太翼自言愚戇不敢飾辭但恐是
章仇太翼仁壽末高祖將避暑仁壽
宮寢疾臨崩謂皇太子曰章仇太翼非常人也前後言事未
嘗不中吾不及自道當不反令果至此爾宜釋之及煬帝即
位漢王諒反帝以問之答曰上稽玄象下參人事何所能

列傳四十三　隋書七十　〈七〉

為未幾諒果敗帝常從容言及天下氏族謂太翼曰卿姓
章仇四岳之冑與盧同源於是賜姓為盧氏大業九年從
駕至遼東太翼言於帝曰初築陽有兵氣後數曰而楊感反
書聞帝甚異之數加賞賜太翼所言天文之事不可稱數
閣諸祕密世莫得聞後數載卒於雒陽

耿詢

耿詢字敦信丹楊人也滑稽辯給俟絕人陳後主之世
以客從東衡州刺史王勇於嶺南勇卒詢不歸遂與諸越
相結皆得其歡心會郡便反叛推詢為主柱國王世積討
禽之雅當誅自言有巧思世積釋之以為家奴久之見其

造渾天儀不假人力以水轉之施於闇室中使智寶外候
天時合如符契世積知而奏之高祖配詢為官奴給使太
史局後賜蜀王秀從佳益州秀之高祖配詢為官奴何
稠言於高祖曰耿詢誠之及秀廢復當誅歌
於是特原其罪詢作馬上刻漏尚方署監事七年車駕東
巡詢上書曰遼東不可討師必無功帝大怒命左右斬之
何稠苦諫得免及平壤之敗從至黎陽詢謂言近觀人事遠
察天文字文必敗李氏當王吾知所歸矣詢欲去之為化
及所殺著鳥情占一卷行於世

韋鼎

韋鼎字超盛京兆杜陵人也高祖玄隱於商山因而歸家
祖叡梁開府儀同三司父正黃門侍郎鼎少通悅博涉經
史明陰陽逆剌尤善相術仕梁起家湘東王法曹參軍遭
父愛水漿不入口者五日哀毀過禮殆將滅性服闋為邵
陵王主簿族景之亂鼎兄昂卒於京城鼎身屍出寄于
興寺主簿無所得鼎哀慟哭忽見江中有物流至鼎所
鼎寺求棺無所得乃新棺也因以充殮元帝聞之以為精誠

所咸族景平司徒王僧辯以
從軍中書侍郎陳武帝在南
輕焉因謂陳武帝曰明年有
天之曆數當歸舜後昔周滅
孫尚為陳氏滅殺氏封媯于宛丘
帝陰有圖僧辯意聞其言大喜因而定策及受禪拜黃門
侍郎俄還為祕書監宣遠將軍轉廷尉卿大建中為聘周主使加散騎常
長史行付國事轉廷尉卿大建中為聘周主使加散騎常

為太府卿至德初鼎盡質貨田宅寓省僧寺交人大匠卿

【列傳四十三 隋書七十八 (九)】

毛髮問其故咨曰江東王氣盡於此矣吾與爾當葬非長安期
運將及故破產耳初鼎之聘周也嘗與高祖相遇鼎謂高
祖曰觀公姿貌故非常人而神監深遠亦非墓賢所逮也高
祖曰必大貴貴則天下一家歲一周天老夫當委貴公相
不久行付顏深自愛及陳平上馳召之校上儀同三司待遇
甚厚上每與公宴賞鼎恒預焉高祖嘗從容謂之曰韋
世康與公相去遠近鼎對曰臣宗族分派南北孤絕自生
以來未嘗訪問帝曰公百世卿族何得爾也乃命官給酒
有遺世康與鼎還杜陵樂飲十餘日鼎乃考校昭穆自楚
天傳孟以下二十餘世作韋氏譜七卷時蘭陵公主寡上

為之求夫選親衛柳述及蕭瑒等以示於鼎鼎曰瑒當封
疾而貴妻之相述亦通顯而守位不終上曰位由我耳
遂以主降述上又問鼎諸兒誰得嗣答曰至尊皇后所最
愛者即當之非臣敢預知也上笑曰不肯顯言乎開皇
十二年除光州刺史以非臣教導務弘清靜州中有土豪
是好人那忽作賊而內行不軌常為刼盜非於都會時謂之曰
亡叒於草中為人所殺客知客與安通姦盜物於縣
首伏又有人客遊主家之妻及其徒黨謀議於鼎前覽之曰此客
司鞫問具得姦狀因斷客宛獄成上於鼎所覽之曰此客
實姦而殺非也乃其寺僧該妾盜物令奴殺之贓在其處
即放此客遣掩僧并獲贓物自是部內肅然不言咸稱其
有神道無拾遺鼎追入京以年老多病累加優賜項之卒
年七十九

來和

來和字弘順京兆長安人也少好相術所言多驗大象末
宇文護引之左右由是出入公卿之門初為夏官府下士
累遷少卜上士賜爵安定鄉男遷緫伯下大夫進封洹水
縣男及高祖微時來詣和相謂高祖曰公當王有
四海及為丞相拜儀同既受禪進爵為子開皇末和上表

自陳曰臣早奉龍顏自周代天和三年巳來數蒙陛下顧
問當時其言至尊膺圖受命光宅區宇此乃天授非由人
事所及臣無勞效坐致五品二十餘年臣是何人敢不懇
懇愚臣不任區區之至謹錄陛下龍潛之時臣有所言一
得書之秘府死無所恨昔陛下在周嘗與臣語公眼如曙星
語臣曰我聞有行聲即識其人臣當時即言公貌舉定
帝曰隋公止是守節人可鎮一方若為將領陣無不破臣
即於宮東南奏聞陛下所謂臣此語不忘明年烏丸軌言於

無所不照當王有天下願忍誅殺建德四年五月周武帝
在雲陽宮奏聞陛下所識隋公相貌何如臣報武
武帝曰隋公非人臣帝尋以問臣臣知帝有疑臣詭報曰
是節臣更無異相于時王誼梁彥光等知臣此語大象二
年五月至尊從永巷東門入臣在朱雀門下謂臣曰昌
人初不知所謂則至開皇十五年五月而終人問其故和
十頃和同郡韓則嘗詣和相謂之曰後四五當得太官
惚百揆上覽之大悅進位開府賜物五百段米三百石地
日十五年為三五加以五月為四五大官樽也和言多和
人富高祖龍潛時亞私謂高祖曰公當為天子善自愛及
類著相經四十卷道士張賓焦子順董子華善自愛及

蕭吉

蕭吉字文休梁武帝兄長沙宣武王懿之孫也博學多通
尤精陰陽算術江陵陷遂歸于周為儀同宣帝時吉以
政日亂上書切諫帝不納及隋受禪進上儀同以本官太
常考定古今陰陽書吉性孤峭不與公卿相沉浮又與楊
素不恊由是擯落於世鬱鬱不得志見上好徵祥之說欲
乾沒自進遂矯其迹為悅媚焉開皇十四年上書曰今年
歲在甲寅十一月朔旦以辛酉為冬至來年乙卯正月
旦以庚申為元旦此則甲寅之日即在朝旦樂汁圖徵云天元

十一月朔旦冬至聖王受享祚今聖主在位居天元之首甫
昊至此慶（也）辛酉之日即是至尊本命辛酉十一月
建景子酉德在寅正月建寅為本命與月德合而居元朔之
首此慶二也庚申之日即是行年乙德在庚卯德在申來年乙卯
是行年與歲合德而在元旦之朝此慶三也（朝旦）朝旦王者經
月合德者必有福慶洪範傳曰歲之朝曰三朝此慶（三朝之朝）始朝
書並謂三長應之者延年福況乃甲寅歲首十一月（陽之）始朝
昊至是聖王元辰正陽之月歲之首月乃朝旦之先朔旦是歲
歲之元月之朝日之先並與歲月合會而本命納音云角音龍精
年為三長之首並與歲辰之會所以靈寶經云角音龍精

其稱月強來歲年命納紿立自俱角曆之與經如合符契又甲
寅乙卯天地合也甲寅之年以辛酉冬至求年乙卯以甲
子夏至冬至陽始郊天之日即是皇后本命此慶五也至尊德並乾
至陰始祀地之辰即是皇后本命之日即是皇后本命此慶四也夏
之覆育皇后仁同地之載養門以二儀元氣並會本辰乾
覽之大悅賜物五百段勞陵王時為太子言東宮多鬼魅上
鼠妖見上令詰東宮禳邪氣於慈宴殿設神坐有廻
風從艮地鬼門來掃太子坐以桃湯葦火驅逐之風出
門而止又謝土亦來入地設壇為四門置五帝坐于時至寒
有蝦蟇從西南來入人門升赤帝坐還從人門而出行數

步忽然不見上大奪之賞賜優洽上言太子當不安位時
上陰欲廢立得其言是之由此每被顧問及獻皇后上
令吉卜擇葬所吉歷筮山原至一處六卜年二十卜世二
百具圖而奏之曰吉凶由人不在於地高緯父葬豈
不凶我弟不當戰沒然竟從吉言吉表曰去月十六日
平國數滅亡正如我家暴田若云吉言吉表曰去月十六日
皇后山陵西比雞未鳴前有黑雲方圓五六百步并有屬
天東南又有旄旗軍馬帳幕布涌七八里并有人從來檢
校部伍其軍整十餘人謹案葬書畫云氣王
與姓相生大吉令黑氣當冬王與姓相生是大吉利子孫

無疆之候也上大悅其後上將親臨發嬪吉復奏曰至
尊本命辛酉今歲斗魁及天岡臨卯酉謹按陰陽書不得
臨喪上不納退而告族人蕭平仲曰皇太子遺宇文左率深
謝吾云公前捆我當為太子竟有其驗終不志也今山陵
務令我早立我立之後當以貴相報吾記之曰後四載
太子御天下今山陵氣應上文臨喪兆見矣且太子得
是三十字也卜世二百者取三十二運也吾言信矣汝其
政隋其言也吾卜年二十者謂運
誌之及煬帝嗣位拜太府少卿加位開府嘗行經華陰
楊素家上有白氣屬天密言於帝帝問其故吉曰其候素
家當有兵禍滅門之象改葬彗星者庶可免乎帝後從容謂楊
素曰公家宜早改葬玄感亦微知其故以為吉祥託以
遼東未滅不遑私門之事未幾而玄感信
之後歲餘卒官著有金海三十卷相經要錄一卷宅經八卷
葬經一卷樂譜二十卷及帝王養生方二卷相手版要決
一卷太一立成一卷並行於世時有楊伯醜臨孝恭劉祐
俱以陰陽術數知名

楊伯醜

楊伯醜馮翊武鄉人也好讀易隱於華山開皇初被徵入
朝見公卿不為禮無貴賤皆汝之人不能測也高祖召與

語竟無所谷上賜之衣服至朝堂捨之而去於是被髮陽
狂遊行市里形體垢穢未嘗櫛沐嘗有張永樂者賣卜京
師伯醜每從之遊永樂為卦有死能法者伯醜輒為分析
色象尋幽入微永樂嘆服自以為非所及也伯醜亦開肆賣
卜有人嘗失子就伯醜筮之卦成伯醜曰汝子在懷遠坊
南門道東北壁上有青帬女子抱之可徃取也如言果得
或者有金數兩夫妻共藏之於後失金其夫意妻有異志
將遂之其妻稱究以詣伯醜為筮之曰金在矣悉呼其家
人指一人曰可取金來其人赧然應聲而取之曰金汝子取之
常諳伯醜問吉凶伯醜曰汝勿東北行必不得已當早還
不然者楊素斬汝頭未幾上令知常事漢王諒俄而上崩
諒舉兵又知常逃歸京師知常先與楊素有隙及素平并
州先訪知常將斬之賴此獲免又人有失馬來詣伯醜卜
者時伯醜為皇太子所召在塗遇之立為作卦卦成曰我
不還為卿之卿且向西市東壁門南第三店為我買魚
遂擒之崔州常獻經寸珠其使者陰易之以言湏更有一人牽所失馬而至
醜令筮伯醜曰有物出自水中質圓而色光是大珠也今
為人所隱其言隱者姓名容狀上如言簿責之果得本珠
上奇之賜帛二十四國子祭酒何妥詣之論易闡奧之

言後然而笑曰何用鄭玄王弼之言乎之微有辯者所
說辭義皆異先儒之旨而思理玄妙故論者以為天然獨
得非常人所及也竟以壽終

臨孝恭

臨孝恭京兆人也明天文算術高祖甚親遇之每言災祥
之事未嘗不中上因令考定陰陽官至上儀同著歷器圖
三卷地動銅儀經一卷九宮五墓一卷遁甲月令十卷元
辰經十卷元辰厄一百九卷百怪書十八卷祿命書二十
卷九宮龜經一百一十卷太一式經三十卷孔子馬頭易
卜書一卷並行於世

劉祐

劉祐滎陽人也開皇初為大都督封索盧縣公其所占候
合如符契高祖甚親之初與張賓劉暉馬顯定曆後奉詔撰
兵書十卷名曰金韜上善之復著陰策二十卷觀臺飛候
六卷玄象要記五卷產乳書三卷式經四卷四時立成法
二卷式經四卷婚姻志三卷產乳書三卷歸正易
十卷並行於世

張胄玄

張胄玄勃海脩人也博學多通尤精術數冀州刺史趙煚
薦之高祖徵授雲騎尉直太史參議律曆事時輩多出其

下由是太史令劉暉等甚怨之然言多不中胄玄所推
步其精密上異之今楊素與術數人立議六十一事皆舊
法久難通者令暉與胄玄等辯折之暉與杜口一無所荅胄
玄通者五十四焉由是擢拜員外散騎侍郎兼太史令賜
物千段曄又嘗與八八皆年逐二改定新曆豈前曆差一
日內史通事顏敏楚上言曰漢時洛下閎改顓頊曆作太
見親用胄玄所爲曆法與古不同者有三事其一宋祖冲之
百一十年術者舉其成數聖者之謂其在今乎上大恱漸
初曆云後當差一日八百年當有聖者定之計今相去七
於歲周之末創設差分冬至漸移不循舊軌每四十六年

【列傳四十三　隋書七十八　十七

却差一度至梁虞鄺曆法嫌冲之所差太多因以百八十
六年冬至移一度此二術年限懸隔追檢古注所
失極多遂折中兩家以爲度法至所宿歲別漸移八十
三年却行一度則上合堯時日永星火次符漢曆宿起牛
初明其前後並皆當其一周馬顯造景寅元曆有陰陽
轉法加減章分進退蝕餘乃推定日劉開此數當時術者
多不能曉張賓因而用之莫能考正胄玄以爲加時先後
逐氣參差就月行遲則月逐日爲斷於理末可乃因胄玄以爲加時
所出賓由日行運令合朔加時早晚撿前代加時早晚以爲撙益之
則月逐見運令合朔加時晚撿前代加時早日行速

率日行自秋分已後至春分其勢速計一百八十二日而行
一百八十度自春分已後至秋分日行遲計二百八十二
日而行一百七十六度每氣之下即其率也其三日有諸黃
曆朔望值交不問內外入限便食張賓立法創有外限應
食不食猶未能明胄玄以日行黃道歲一周天月行月道
行內道則在黃道之北食多有驗若月行外道在黃道之南
也雖遇正交無由掩映食多不驗遂因前法別立限隨

【列傳四十三　隋書七十八　十八

交遠近逐氣求差撙益食分乎皆明者其超古獨異者有
七事其一古歷五星行度皆守恒率見伏盈縮悉無格准
胄玄推之各得其真率合見之數與古不同其差多者至加
減三十許日即如熒惑平見在雨水氣即加二十九
見在小雪氣則均減二十五日加減平見以爲定見諸星
各有盈縮之數皆如此例但差數不同特其積候所知時
人不能原其意言二返星舊率一終幷見几者右曆皆以
爲然應見不見人未能測胄玄積候知即如辰星平晨見
時一見及同類感召相隨而出即如辰星平晨見在雨水
氣者應見即不見若平晨見在啟蟄氣者去日十八度外

13-808

三十六度內晨有木火土金一星者亦相隨見其三古曆

步術行有定限自見已後依率而推進退之期莫知多少

胄玄積候知五星運速留逆真數皆與古法不同多者至

差八十餘日留廻所在亦羞八十餘度即如熒惑前疾初

見在立冬初則二百五十日行一百七十七度定見在夏

至初則一百七十日行九十二度追步天驗胄玄積候知

四古歷食食分依平即用推驗多少實數空術胄玄積候知

月從木火土金四星行有向背月向四星即速背之則遲

皆十五度外乃循本率遂於交分限其多少其五古曆加

時朔望同術胄玄積候知日食所在隨方改變傍正高下

每嬴不同交有淺深遲疾紆時立差甘會天象其六古

曆交分即為食數去交十四度者食　分去交十三度食二

分去交十度食三分每近一度漸交即食既其

應少反多應反少自古諸曆未悉其原胄玄積候知當

交之中月掩日不能畢盡其食反少去交五六時月在日

內掩日便盡故食乃既自此已後更遠者其食又少交之

前後在冬至皆近夏至其率文羞所立食分最為詳

密其七古曆二分晝夜皆等胄玄積候知其有羞春秋二

分晝夜多夜漏半刻皆由日行運疾盈縮使其然也凡此胄

玄獨得於心論者服其精密大業中卒官

許智藏

許智藏高陽人也祖道幼嘗以母疾遂覽醫方因而究極

世號名醫誡其諸子曰為人子者嘗膳視藥不知方術豈

謂孝乎由是世相傳授皆為醫官至貞外散騎侍郎父景武

陵王諮議參軍智藏少以醫術自達仕陳為散騎侍郎及

陳滅高祖以為員外散騎侍郎使詣揚州會秦孝王俊有

疾上馳召之其後智藏至其人若到當必相苦為之奈何明夜俊夢

許智藏將至其人若到當必相苦為之奈何及智藏至為診

崔氏曰妾之後當入靈府中以相苦為之奈何及智藏至為診

脈曰疾已入心即當發漏不可救也果如言俊數日而薨

上奇其妙賚物百段煬帝即位智藏時致仕於家帝每有

所苦輒令中使就詢訪或以象迎入殿扶登御床智藏為

方奏之用無不效年八十卒于家宗人許澄亦以醫術顯

父奭仕梁太常丞中軍長史隨父入長安與姚僧坦

齊名拜上儀同三司澄有學識傳父業尤盡其妙歷尚藥

典御諫議大夫封賀川縣伯父子俱以藝術名重於周隋

二代史失事故附見云

萬寶常

萬寶常不知何許人也父大通從梁將王琳歸子齊後複

謀還江南事泄伏誅由是寶常被配為樂戶而妙達鍾

律遍工八音造王頍名以獻于齊又會與人方食論及聲調時無樂器常因取前食器及雜物以著如之品其高下宮商畢備諸於絲竹大為時人所賞然歷周洎隋俱不得調開皇初沛諸國公卿譯等定樂初為黃鍾調賞常雖高伶人譯等每以與議然言多不用後譯樂成奏之上召賞常問其可不賞帝曰此亡國之音豈陛下之所且聞上不悅賞常因極言樂聲哀怨淫放非雅正之音請以水又為律以調樂器上從之賞常奉詔遂造諸樂器命其聲率下鄭譯調二律并撰樂譜六十四卷具論八音旋相為宮之法改絃移

柱之變為八十四調一百四十四律緣化終於一千八百

聲 時人以周禮有旋宮之義自漢魏已來知音者皆不能通見賞常特創其事皆晒之至是試令為之應手成曲無所凝滯見者莫不嗟異於是損益樂器不可勝紀其聲雅淡不為時人所好太常善聲者多排毀之又試太子洗馬蘇夔亦素善聲其父威方用事先言樂者皆附之而短賞常數詰公卿怨詈蘇威因謂賞常所為何所能通見賞常特創其事皆晒

附之而短賞常數詰公卿怨詈蘇威因謂賞常所為何所

蘇夔亦議論嘗曰上雅好符瑞有言徵祥者上皆悅之先生就就胡僧受學云見佛家音薩所傳音律則

傳愛有一沙門謂賞帝曰上雅好符瑞有言徵祥者上皆

悅之先生就就胡僧受學云見佛家音薩所傳音律則

上必悅先生所為可以行矣賞然之遂如其言以啟威

威愈曰胡僧所傳乃是四夷之樂非中國所宜行也其事

《列傳四十三 隋五七十八 二十一》

竟寢賞常崔聽太常所奏樂法然而泣人問其故賞常曰樂聲淫厲而哀天下不久相殺將盡時四海全盛聞其言者皆以為不然大業之末其言卒驗賞常資物而逃藏無人賙遺竟餓而死其臥疾遂斷食數日其妻饋之而死將死也取其所著書而焚之曰何用此為見者於火中探得數卷見行於世時論哀之開皇之世有鄭譯何妥盧責蘇夔蕭吉並討論音樂晉書具傳其事賞常所為皆歸於雅正然歷周洎隋積年議論竟不能通知音在當世何安焉後世有鄭譯得知音者至於天下不久相殺將盡於雅等能造曲為一時之妙又賞同鄭聲而賞常非之雖公議不附賞常然皆心服謂以為神時有樂人王令非董雖公議不附賞常然皆心服謂以為神時有樂人王令

《列傳四十三 隋書七十八 二十二》

言亦妙達音律大業末煬帝將幸江都令言之子嘗從於戶外彈胡琵琶作翻調安公子曲令言時臥室中聞之大驚蹶然而起曰變變急呼其子曰此曲興自早晚其子曰頃來有之令言歔欷流涕謂其子曰汝慎無從行帝必不反其子問其故令言曰此曲宮聲往而不反宮君也吾所以知之帝遂被殺於江都史臣曰陰陽卜祝之事聖人能弘道則博利時俗行非其義則怨悔及之身故昔之君子所以戒乎妄作今章求之骨法莫不悔不可得而廢也人能弘道則博利時俗行非其義則怨悔及之身故昔之君子所以戒乎妄作今章求之骨法張之推步盈虛雖落下高堂許負朱建不能尚也伯醜龜

策近知鬼神之情耿詢渾儀不差辰象之度寶常聲律動
應宮商之和雖不足遠擬古人皆一時之妙也許氏之運
鍼石世載可猵蕭吉之言陰陽近於誣誕矣

列傳第四十三　　　　隋書七十八

外戚

特進臣魏徵上 隋書七十九

歷觀前代外戚之家，乘母后之權，以取高位厚秩者多矣。然而鮮有克終之美，必雜顛覆之患，何哉？皆由乎無德而尊，不知紀極，忽於滿盈之戒，罔念高危之容，故鬼瞰其室，而憂及之。夫其誠著艱難，功宣社稷，不以謙沖自牧，未免顛躓之禍，而況以富貴驕人者乎！此呂霍上官闔梁竇鄧所以繼踵而亡滅者也。昔文皇潛躍之際，獻后便相推轂，煬帝大橫方兆，蕭妃密勿經綸，始終不易。然內外親戚，莫頊朝權，昆弟在位，亦無殊寵，至於居尊擅寵，王堂家稱金穴，暉光戚里，重煬四方，將三司以比儀，命五侯而同拜者，終始一代，寂無聞焉。考之前王，可謂矯其弊矣。故雖時經擾攘，無有陷於不義，市朝遷貿，而皆得以保全。比夫憑籍寵私，階緣恩澤，乘其非據，就顛隕者，豈可同日而言哉！此所謂愛之以禮，能啟覆車，輒叙其事，為外戚傳云。

【列四十四　隋七十九　一】

高祖外家呂氏

高祖外家呂氏，其族蓋微。平齊之後，求訪不知所在。至開皇初，濟南郡上言有男子呂永吉，自稱有姑字苦桃，為楊

妻，勳驗知是舅子，始追贈外祖雙周為上柱國太尉八州諸軍事青州刺史，封齊郡公，諡曰敬。外祖母姚氏為齊敬公夫人，詔並改葬於齊州，立廟置守十家。以永吉襲爵，留在京師。大業中，授上黨郡太守，性識庸劣，職務不理，後坐官不知所終。永吉從父道貴，性尤頑騃，言詞鄙陋。初自鄉里徵入長安，見之，高祖甚悲泣，道貴略無戚容，但連呼高祖名云：種未定，不可偷，大似苦桃姊。後數犯忌諱，動致違忤。上甚恥之，乃命高頻厚加供給，不許接對朝士，拜上儀同三司，出為濟南太守，令數將人入朝道貴，還至本郡，高自崇重，每與人言，自稱皇舅，數將軍出入閭里，

從故人遊宴官民咸苦之，後郡廢，終於家，子孫無聞焉。

【列四十四　隋七十九　二】

獨孤羅弟陁

獨孤羅字羅仁，雲中人也。父信，周大司馬。及信為宇文護所誅，羅之入關也，信棄父母妻子西歸長安，歷仕周為荊州刺史。武帝為高氏所囚，信後仕周為大司馬，及信為宇文護所誅，羅始見釋。寓居中山，孤貧無以自給，嘗為人傭保，以自給。將之故見釋，寓居中山，孤貧，無以自給，嘗為人傭保，以自給。二妻郭氏生子六人，善稽藏順陁整，佳氏生獻皇后及齊。亡，高祖為定州楊管，獻皇后遣人尋羅，得之相見，悲不自勝，侍御者皆泣。於是厚遺車馬財物，未幾，周武帝以羅功

臣子以淪異域微拜楚安郡太守以疾去官歸于京師諸
弟見羅少長貧賤每輕侮之不以兄禮事也然性長者亦
不興諸弟校競長短后既受禪下詔追贈羅父信官爵曰謀德累行性
嘗置左右諸弟以羅母沒齊先無夫人之寵不
史蒲國公邑萬戶其諸弟以羅母沒齊先無夫人之寵不
山之義無忘襁紀之典可贈太師上柱國冀定等十州刺
弟賞睠言令範事切於心今景運初開椒闈肅建載懷生
民獻哲君宗清映世宏謀長策道著於弼諧緯義經仁
事深於秘浙方當宣風廊廟采台階而運屬艱難危功高
代道規追遠慎終前王盛典故柱國信風宇高曠獨秀生
當承襲上以問后后曰羅誠嫡長不可誣也於是龍襲爵道
國公以其弟善為河內郡公穆為金泉縣公藏為武平縣公
陀為武喜縣公整為千牛備身權拜羅為左領左右將軍
尋遷左衛將軍前後賞賜不可勝計而出為梁州總管
進位上柱國仁壽中徵拜左武衛大將軍煬帝嗣位改封
蜀國公未幾卒官諡曰恭子纂嗣仕至河陽郡尉纂累
武都大業末亦為河陽郡尉子開遠宇文化及之弒
迎也裹戾通率賊入成象殿宿衛兵士皆從逆開遠時為
千牛與獨孤盛力戰於閤下為賊所執賊義而捨之壽後
宜皇柱國卒子覽嗣仕至左候衛將軍亦業末卒

獨孤陀字黎邪邢宵附上士坐父徙蜀郡十餘年字文
護被誅始歸長安高祖受禪拜上開府右領左領右將軍久
之出為鄧州刺史進位上大將軍累轉延州刺史左道
其妻母先事猫鬼因轉入其家上微聞而不之信也會獻
皇后及楊素妻鄭氏俱有疾召醫者視之皆曰此猫鬼疾也
上以陀后之異母弟陀妻楊素之異母妹由是意陀所為
陰令其兄穆以情喻之上又避左右諷陀陀言無有上不
悅左轉遷州刺史出怨言上令左僕射高頻納言蘇威大
理正皇甫孝緒大理丞楊遠等雜治之陀婢徐阿尼言本
從陀母家來常事猫鬼每以子日夜祀之子者鼠也其
猫鬼每殺人者所死家財物潛移於畜猫鬼家陀嘗從家
中素酒其妻曰無錢可酤陀因謂阿尼曰可令猫鬼向越
公家使我足錢也阿尼便呪之遂入越公楊素家十一
年上初從并州還陀於園中謂阿尼曰可令猫鬼向皇后
所使多賜吾物阿尼復呪之於是夜中置香粥一盆以匙扣而
呼之曰猫女可來無住宮中久之阿尼色正青若被牽曳
者云猫鬼已至上以其軍下公卿奇章公牛弘曰妖由人
殺其人可以絕矣上令以犢車載陀夫妻將死賜死於其
家阤第司勳侍中整詣闕求哀於是免陀死除名為民

以其妻楊氏為尼先是有人訟其母為人猫鬼所殺者上
以為妖妄怒而遣之又此詔誅被訟行猫鬼家
卒煬帝即位追念舅氏聽以禮葬乃下詔曰外氏衰禍獨
孤他命兄備哀榮可贈正議大夫意猶不已復下詔曰舅
禮秩復備贈銀青光祿大夫而降年弗永凋落相繼緬惟先往崇
氏之尊戚屬斯重贈金紫光祿大夫平鄉侯

幽州刺史大業初卒贈金紫光祿大夫平鄉侯

蕭巋傳

蕭巋字仁遠梁昭明太子統之孫也父詧初封岳陽王鎮

【列傳四四　隋七九　五　】

襄陽侯景之亂其兄河東王譽與其叔父湘東王繹不恊
為繹所害及繹嗣位詧稱藩于西魏乙師請討繹繹遂都
以詧為梁主遣柱國于謹筆率騎五萬襲繹滅之詧遂都
江陵有荊郡其西平州延袤三百里之地稱皇帝於其國
車服節文一同王者仍置江陵揔管以兵戍之詧薨嗣嗣
立年號天保巋俊辯有才學兼好內典周武帝平齊之後
巋來賀帝其之甚歡親彈琵琶今歸起舞既歸下詔親御
五兹臣敢不同百獸高祖受禪恩禮彌厚遣使賜金五百
兩銀千兩布帛萬匹馬五百匹巋來朝上其敬焉詔巋位
在王公之上巋被服端麗進退開雅天子矚目百僚傾慕

賞賜以億計月餘巋歸藩帝親餞於滻水之上後備禮納其
女為晉王妃又欲以其子瑒尚蘭陵公主由是漸見親待
獻皇后言於上曰梁主通家歲餘何勞猜防也上然之
於是罷江陵揔管專制其國歲餘荊蜀來朝賜繒萬匹
珍玩稱是及還上親執手曰梁主久滯荊禁未復書都故
鄉之念良軫懷抱朕當振旅長江相送旋反且屬暮未
去其年五月寢疾臨終上表曰臣以庸闇曲荷天慈寵冠
外藩恩踰連山矣及子女尚主每顧身非先辰
士卒掃蕩寇讐違聖世感戀陽咽遺嗣孤竆特乞降慈
顧陰待謝長違聖世感戀陽咽遺嗣孤竆特乞降慈願

【列傳四四　隋七九　六　】

聖躬與山岳同固皇甚等天月俱永臣雖九泉實無遺恨
并厥所服金裝劒上上覽而嗟悼焉巋在位二十三年年四
十四薨梁之臣子諡曰孝明皇帝廟號世宗子琮嗣爰著
孝經周易義記及大小乘幽微十四卷行於世
琮字溫文性質直有大度倜儻不羈博學有文義兼善弓
馬遣人伏地著　　　　　琮馳馬射之十發中持帖者亦不懼
初封東陽王尋立為梁太子及嗣位上賜輿書曰且其何堂
構其事甚重雖箕裘嗣業常演自力輯諧內外親任才良事
遵世業是所望也彼之疆守尽及陳人水潦之時特宜警
備陳氏比日雖復朝聘相尋疆場之間猶未清甯唯當特

我不可干勿得輕人而不設備朕與梁國積世相知重
以親婣情義彌厚江陵之地朝寄非輕為國為民深宜抑
割汪加饋弱以禮自存賜梁之大臣璽書誡勉之時琮
年號廣運有識者曰運之為言軍走也吾君將奔走于其
年琮遣大將軍戚昕以舟師襲陳公安不克而還徵琮叔
父岑入朝琮所署大將軍許世武密以城召陳將宜黃羅
陳紀謀洩琮誅之後二歲上徵琮入朝率士二百餘

上以琮來朝遣武鄉公崔弘度將兵戍之琮至郢州琮叔

【列四四】　　　隋七十九　　　七　〉

父嚴及弟瓛等懼弘度掩襲之遂引陳人至城下虜吾民
而頹於是廢梁國上遣左僕射高熲安集之曲赦江陵死
罪給民復十年梁二主各給守墓十戶拜琮為柱國賜爵
莒國公煬帝嗣位以皇后之故甚見親重拜內史令改封
梁公琮之宗族總麻以上並隨才擢用於是諸蕭昆弟布
列朝廷琮性澹雅不以職務自嬰退朝縱酒而已內史令
楊約與琮同列帝令宣昌誡勵約兄弟素約笑而退
曰琮若復軍事則何異於此約約喻之琮咨
責令見琮嫁從父妹於鉗耳氏因謂琮曰公帝王之族望
高戚美何乃適妹鉗耳氏乎琮曰前已嫁妹於此莫陳氏

此復何疑系曰鉗耳羌也羌夷竟陳虜也何得相比素意以
震優羌劣琮曰以羌異虜未之前聞素慚而止琮雖羈旅
見此間豪貴無所降下曾臨賀君弼深相交善弼既被誅
復有童謠曰蕭蕭亦復起由是忌之遂廢於宮中多行淫穢
辛贈左光祿大夫銓襄城通守復以琮弟子鉅為梁公
鉅小名藏煬帝甚眵之以為千牛與文帝出入宮掖同
察內外帝每有遊宴鉅未嘗不從為
江都之變為亂兵所殺

瓛字歆文少聰敏解屬文在梁為荊州刺史頗有能名
弘度以兵至郢州瓛懼與其叔父嚴奔于陳陳主以為侍

【列傳四四】　　隋七十九　　八　〉

中宣東將軍吳州刺史瓛甚得物情三吳父老皆曰吾君子
也及陳亡吳人推瓛為主吳人見梁武簡文及啟昏歸等兄
年並第三子踐尊位以歸之第三子也深自矜負有
謝異者頗知廢興梁陳之際言無不驗江南人甚敬信之
及陳主被擒異奔於瓛由是益為眾所歸瓛與國公宇文述
以兵討之瓛遣王晟守吳州自將拒述述遣兵別道襲其
州哀懼太道士服棄城而遁瓛衆聞之悲無鬬志與述一
戰而敗瓛將左右數人逃于太湖匿於民家為人所執送
於述所斬之長安時年二十一弟琮為朝請大夫尚衣奉
御瑒歷衛尉卿祕書監瑑丙史侍郎河池太守

史臣曰三五哲王防深慮遠甸甥之國罕執鈞衡毌后之
家無聞傾殆爰及漢晉顛覆繼軌皆由乎進不以禮故其
覽亦遠若使獨孤權侔呂霍必敗於仁壽之前蕭氏勢均
梁竇豈全於大業之後令或不隕舊基或更隆先構豈非
勲之以道不預權寵之所致乎

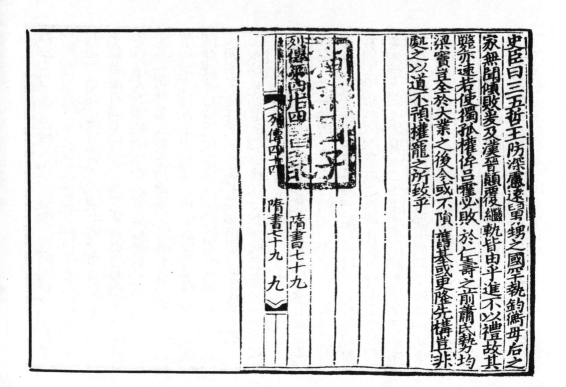

列傳四十四

隋書七十九　九

列女

特進臣魏　徵上

自昔賢妃助國淑媛行布在方策者多矣婦人之德雖非
立節垂名咸資於員烈溫柔之本也
溫柔無以成其仁非貞烈無以顯其義是以詩書所記風
俗所在圖像丹青流聲竹素莫不以居正殺身以成
高行衛君靈妻之妾甚侯文寧之女或抱信以徇
一言也若文伯王陵之母白公杞植之妻或正殺身以成
忠於政義不以存亡易心不以盛衰改節其修名著於
往策音傳於不朽不亦休乎或有王公大人之妃偶肆情
於淫僻之俗雖衣繡衣食珍膳坐金屋乘重軒不入彤管
之書不污良史之筆將草木以俱落與麋鹿而同死可勝
道哉求言載思實庶姐之恥也觀夫今之靜女各勵松筠
之操甘於玉折蘭摧足以無絶今古故述其雅志以纂前
代之列女云

蘭陵公主

蘭陵公主字阿五高祖第五女也美姿性婉順好讀書
高祖於諸女中特所鍾愛初嫁儀同王奉孝卒適河東柳
述時年十八諸姊並驕貴主獨折節導於婦道事舅姑盡

南陽公主

南陽公主者煬帝之長女也美風儀有志節造次必以禮
年十四嫁於許國公宇文述子士及以謹肅聞及述病且
卒主親調飲食手自奉上世以此稱之及宇文化及殺逆
主匪至聊城而化及為竇建德所敗士及自濟北西歸大
唐時隋代衣冠並在其所建德引見之莫不惶懼失常唯
主神色自若建德與語主自陳國破家亡不能報怨雪耻
淚下沾襟辭情哀切至建德及觀聽者莫不為之
動容隋潔咸蕭然敬異焉及時主有一子名
禪師年且十歲建德遣武賁郎將於士澄謂主曰宇文化

及躬行逆人神所不容今將族滅其家公主之子法當
從坐若不能割愛亦懇留之主泣曰武首既是隋室責臣此
事何須見問建德竟殺之主尋請建德削髮爲尼及建德
敗將歸西京復與士及遇於東都之下主不與相見士及
就之乞於戶外請復爲夫妻主拒之曰我與君讎家今恨
不能手刃君者但謀逆之日察君不預知耳因與告絕詞
今速去士及固請之主怒曰必欲就死可相見也士及見
其言切知不可屈乃拜辭而去

襄城王恪妃

華陽王楷妃

襄城王恪妃者河東柳氏女也父旦循州刺史妃安儀端
麗年十餘以良家子合法相娉以爲妃未幾而恪被廢妃
修婦道怡辭訣妃曰君王死妾誓不獨生於是相對慟哭恪
既死棺斂訖妃謂使者曰妾誓與穆氏同穴若身死
之後得不別埋君之惠也遂撫棺號慟目經而卒見者莫
不爲之涕流

華陽王楷妃

華陽王楷妃者河南元氏之女也父敏性明敏有氣幹
壽中爲黃門侍郎封龍涸縣公煬帝嗣位坐與柳述連事
除名爲民徙南海後會赦還長安有人譖嚴逃歸收而殺

之妃有姿色性婉順初以選爲妃未幾而楷被幽廢妃事
楷踰謹每見楷有憂懼之色輒陳義理以慰諭之楷甚敬
焉及江都之亂楷遇弒以宗族之禮置之別舍後因醉而過之妃自哲不
屈武達怒撻之一百餘辭色彌厲因取鏡自毀其面血淚交
下武達釋之妃謂其從曰我不能早死致令將見侵辱我
之罪也因不食而卒

譙國夫人

譙國夫人者高涼洗氏之女也世爲南越首領跨據山洞
部落十餘萬家夫人幼賢明多籌略在父母家撫循部眾
能行軍用師壓服諸越每勸親族爲善由是信義結於本
鄉越人之俗好相攻擊夫人兄南梁州刺史挺恃其富強
侵掠傍郡嶺表苦之夫人多所規諫由是怨隙止息海南
儋耳歸附者千餘洞初羅州刺史馮融聞夫人有
志行爲其子高涼太守寶娉以爲妻融本北燕苗裔初馮
弘之投高麗也遣融大父業以三百人浮海歸宋因留于
新會自業及融三世爲守牧他鄉羈旅號令不行至是夫
人誠約本宗使從民禮每共寶參決辭訟首領有犯法者
雖是親族無所舍縱自此政令有序人莫敢違遇族景歲
廣州都督蕭勃徵兵援其高州刺史李遷仕據大皁口遣

召寶，寶欲往，夫人止之曰：「刺史無故不合召太守，必欲詐
君共為反耳。」寶曰：「何以知之？」夫人曰：「刺史被召援臺，乃稱
有疾，鑄兵聚眾而後喚君。今若往，必留質，追君兵眾。此
意可見，願且無行，以觀其勢。」數日，遷仕果反，遣主帥杜平
虜率兵入灨石。寶知之，遽告夫人。夫人曰：「平虜，驍將也，領兵入
灨石，即與官兵相拒，勢未得還，遷仕在州，無能為也。若君
自往，必有戰鬥，宜遣使詐之，卑辭厚禮，云身未敢出，欲遣
婦往。彼聞之喜，必無防慮，於是我將千餘人，步擔雜物，
唱言輸賧，得至柵下，賊必可圖。」寶從之，遷仕聞夫人來，
人眾皆擔物不設備，夫人擊之，大捷，遷仕遂走，保於寧都。

夫人挾兵與長城侯陳霸先會于灨石，還謂寶曰：「陳都督
大可畏，極得眾心，我觀此人必能平賊，君宜厚資之。」及寶
卒，嶺表大亂，夫人懷集百越，數州晏然。至陳永定二年，其
子僕年九歲，遣帥諸首領朝于丹陽，起家拜陽春郡守。後
廣州刺史歐陽紇謀反，召僕至高安，誘與為亂，僕遣使歸
告夫人。夫人曰：「我為忠貞，經今兩代，不能惜汝報負國家。」
遂發兵拒境，帥百越酋長迎章昭達，內外逼之，紇徒潰散。
僕以夫人之功，封信都侯，加平越中郎將，轉石龍太守。詔
使持節冊夫人為中郎將、石龍太夫人，賚繡幰油絡駟馬
安車一乘，給鼓吹一部，并麾幢旌節，其鹵簿一如刺史之

儀。至德中，僕卒。後遇陳國亡，嶺南未有所附，數郡共奉夫
人，號為聖母，保境安民。高祖遣總管韋洸安撫嶺外，陳將
徐璒以南康拒守，洸至嶺下，逡巡不敢進。初，夫人以扶南
犀杖獻于陳主，至此，晉王廣遣陳主遺夫人書，諭以國亡，
令其歸化，并以犀杖及兵符為信。夫人見杖，驗知陳亡，集
首領數千，盡日慟哭。遣其孫魂帥眾迎洸，入至廣州，嶺南
悉定。表魂為儀同三司，冊夫人為宋康郡夫人。未幾，番禺
人王仲宣反，首領皆應之，圍洸於州城，進兵屯衡嶺。夫人
遣孫暄帥師救洸，暄與逆黨陳佛智素相友善，故遲留不
進。夫人知之，大怒，遣使執暄，繫於州獄。又遣孫盎出討佛

智，戰克斬之，進兵至南海，與鹿願軍會，共敗仲宣。夫人親
被甲，乘介馬，張錦傘，領彀騎，衛詔使裴矩巡撫諸州，其蒼
梧首領陳坦、岡州馮岑翁、梁化鄧馬頭、藤州李光略、羅州
龐靖等皆來參謁，還令統其部落，嶺表遂定。高祖異之，拜
盎為高州刺史，仍赦出暄，拜羅州刺史，追贈寶為廣州總
管、譙國公，冊夫人為譙國夫人。以宋康邑回授僕妻洗氏。
仍開譙國夫人幕府，置長史以下官屬，給印章，聽發部落
六州兵馬，若有機急，便宜行事。降敕書曰：「朕撫育蒼生，情
均父母，欲使率土清淨，咸樂安樂，而王仲宣等輒相聚結，
擾亂良民，所以遣往誅翦，為百姓除害。夫人情在奉國，深

13-819

識正理遂令孫盎斬獲陳佛智竟破群賊甚有大功今賜夫
人物五千段暄不進愆合罪以夫人立此誠效故特
原免夫人宜訓導子孫敦崇禮教邊奉朝化以副朕皇
右以首飾及宴服一襲賜之夫人並盛於金篋并梁陳賜
物各藏于一庫毎歲時大會皆陳於庭以示子孫曰汝等
宜盡赤心向天子我事三代主唯用一好心今賜物具存
此忠孝之報也願汝皆思念之時番州總管趙訥貪諸
俚獠多有亡叛夫人遣長史張融上封事論安撫之宜并言
讞罪狀不可以招慰遠人上遣讓訥得其贓賄竟坐於法
降勑委夫人招慰亡叛夫人親載詔書自稱使者歷十餘

州宣述上意諭諸俚獠所至皆降高祖嘉之賜夫人臨振
縣湯沐邑一千五百戶　贈僕為崖州總管平原郡公仁壽
初卒賻物一千段謚為誠敬夫人

鄭善果母

鄭善果母者清河崔氏之女也年十三出適鄭誠生善果
而誠討尉迥力戰死于陳母年二十而寡父彥穆欲奪其
志毋抱善果謂彥穆曰婦人無再見男子之義且鄭君雖
死幸有此兒棄兒為不慈背死為無禮寧當割耳截髮以
明素心違禮滅慈非敢聞命善果以父死王事年數歲拜
使持節大將軍襲爵開封縣公邑一千戶　開皇初進封武

德郡公年十四授沂州刺史轉景州刺史尋為當郡太守
母性賢明有節操博涉書史通曉治方毎善果出聽事母
恒坐胡床於鄣後察之聞其剖斷合理歸則大悅即賜之
坐相對談笑若行事不允或妄嗔怒母乃還堂蒙被而泣
終日不食善果伏於牀前亦不敢起母方起謂之曰吾非
怒汝乃愧汝家耳吾為汝家婦獲奉灑掃如汝先君忠勤
之士也在官清恪未嘗問私以身徇國繼之以死吾亦望
汝副其此心汝既年小而孤吾寡婦耳有慈無威使汝不
知禮訓何可負荷忠臣之業乎汝自童子承襲位至
方伯豈汝身致之邪安可不思此事而妄加嗔怒心緣驕

樂墮於公政內則墜爾家風或亡失官爵外則虧天子之
法以取罪戾吾死之日亦何面目見汝先人於地下乎母
恒自紡績夜分而寐善果曰兒封侯開國位居三品秩俸
幸足母何自勤如是邪吾曰嗚呼汝年已長吾謂汝知天
下之理令聞此言故猶未也至於公事何由濟乎今此秩
俸乃是天子報爾先人之徇命也當須散贍六姻為先君
之惠妻子奈何獨擅其利以為富貴又絲枲紡織婦人
之務上自王后下至大夫士妻各有所製若墮業者是為
驕逸吾雖不知禮其可自敗名乎自初寡便不御脂粉常
服大練性又節儉非祭祀賓客之事酒肉不妄陳於前靜

室端果嘗輦出門閭內外姻戚有吉凶事但厚加贈遺
皆不與其家非自手作及莊園祿賜所得雖親族禮遺
不許入門善果歷任州郡唯內自出饌
所供貧不許受豈用脩治解宇及分給寮佐食之耆為天下最
克己魏為清吏煬帝遣御史大夫張衡勞之善果亦由此
微授先祿卿其母卒後善果為大理卿漸驕恣清公平允
遂不娉晴昔焉

孝女王舜

屬齊滅之際長忻與其妻同謀殺子春舜時年七歲有二
孝女王舜者趙郡王子春之女也子春與從兄忻不恊

妹粲年五歲瑶年二歲並孤苦寄食親戚舜撫育二妹恩
義甚篤而舜陰有復讎之心長忻殊不為備姊妹俱長親戚欲嫁
之輒拒不從乃密謂其二妹曰我無兄弟致父讎不復
五年雖是女子何用生為我欲共汝報復汝意如何二妹
皆垂泣曰唯姊所命是夜姊妹各持刀踰墻而入手殺長
忻夫妻以告父墓因詣縣請罪姊妹爭為謀首州縣不能
決高祖聞而嘉歎特原其罪

韓覬妻

韓覬妻者洛陽于氏女也字茂德父實周大左輔于氏年
十四適于覬雖生長膏腴家門鼎盛而動遵禮度躬自儉

約宗黨敬之年十八覬從軍戰没于氏哀毁骨立慟感行
路每至朝夕奠祭皆手自捧持以其幼少無
子將嫁之誓無異志復令家人敦喻于氏晝夜涕泣翦髮
自誓其父哀然傷感遂不奪其志焉因養夫之孽子世隆
為嗣身自撫愛有同己生訓導有方卒能成立自孀居已
後唯時或歸寧至於親族之家絶不來往有尊甲就省謁
者送迎皆不出戶庭蔬食布衣不聽聲樂以此終身高祖
閭而嘉歎下詔襃美其門閭長安中號為節婦關終于
家年七十二

陸讓母

陸讓母者上黨馮氏女也性仁愛有母儀讓即其孽子也
仁壽中為番州刺史數有聚斂贓貨狼籍為司馬所奏上
遣使按之皆驗於是馮詣長安親閭讓稱冤上復令治
書侍御史撫按之狀不易前乃命公卿百寮議之咸曰讓
罪當死詔可其奏讓將就刑馮氏蓬頭垢面詣朝堂數讓
曰無汗馬之勞致位方伯不能盡誠奉國以替鴻恩而反
違犯憲章贓貨狼籍若言司馬誣汝百姓不應亦皆
誣汝若言至尊不憐愍汝何故治書覆汝豈誠臣孝子
不誠不孝何以為人於是流涕嗚咽親持瓦粥勸讓令食
既而上表求哀詞情甚切上愍然為之改容獻皇后亦奇其

意致請於上治書侍御史柳或進曰馮氏毋德之至有感
行路如或殺之何以為勸上於是集京城士庶於朱雀門遣
舍人宣詔曰馮氏以嫡母之德足於世範慈愛之道義感
人神特宜矜免用獎風俗讓可減死為民復下詔曰
馮氏體備仁慈凡開禮度醇讓汙其所生往犯憲章宜從
極法躬自頓顙雍睦風俗和平朕每嘉歎其義特免死辜
使天下婦人皆如馮者豈不閨門雍睦頰頰除名為民復之
歎不能已宜標揚優賞用章有德可賜物五百段集諸命
婦與馮相識以寵異之

劉昶女

《列傳四五 隋書八十 （十）》

劉昶女者河南長孫氏之婦也昶在周尚公主官至往國
懿國公數為將帥位空隆顯與高祖有舊及受禪甚親
住歷左武衛大將軍慶州總管其子居士為太子千牛備
身聚徒往俠不遵法度數得罪以昶故每輒原宥之居士
轉恣毋大言曰男兒要當辦頭反縛籬條上作獠儺聚鄉
子弟贅力雄健者輒將至家以車輪括其頸而棒之始能
不屈者柟為壯士釋而與交黨與三百人其驍捷者號為
餓鶻隊武力者號為蓬轉隊每鞴鷹絏犬連騎道中歐
擊路人多所侵奪長安市里無貴賤見之皆辟易至於公
卿妻妾莫敢與校者其妾則居士之姊也每垂泣諫之殺勤

懇惻居士不改至破家產昶年老奉養甚薄其女時奉寡居
哀昶如此每歸寧于家躬勤紡績以致其脆有人告昶
士與其徒遊長安城登故未央殿甚南向坐昶前後列隊意
有不遜每相約曰當昶曰黑白在今日之事當使俊如
突厥令南冠富於京師矣一死其又時有人言居士當為一
女知昶猶侍舊恩不自引跋真前曰謂昶曰今日之事當坐
下昶捕居士黨與治之其急憲司又奏昶事毋不孝其
何飾其父見獄卒長跪以進歔欷鳴咽見者傷之居士坐
理昶飼其父見獄卒長跪以進時其女絕而後蘇者數矣
斬昶竟賜死于家詔百寮臨視時其女絕而後蘇者數矣

《列傳四五 隋書八十 （十二）》

公鄉慰諭之甚安言父無罪坐子以及於禍詞情哀切人皆
不忍聞見逐市哀疏食以終其身上聞而歎曰五聞衰門
之女興門之男固不虛也
鍾士雄母者臨賀蔣氏女也士雄仕陳為伏波將軍陳既
平廣平江南陳郡晉王作亂與兵戈城遂入京下及晉王
以士雄嶺南酋帥慮其反覆母質蔣氏於都下召士雄主
而同郡豪士蔣氏謂其子六鍾文華等作亂與兵戈城遂入
將應之蔣氏謂士雄曰我前在揚都備嘗辛苦今逢聖化
母子聚集沒身不能上報為得為迎哉汝若稱戈歟其心
背德忘義者我當自殺於汝前士雄於是遂止蔣氏後為

書與子茂等論以禍福子茂不從卒為官軍所敗上聞蔣
氏甚異之封為安樂縣君時尹州寡婦胡氏者不知何氏
妻也甚有志郎為邦族所重當江南之亂諷諭宗黨皆
守險不從叛封為密陵郡君

孝婦單氏

孝婦單氏者上郡鍾氏婦也與其夫相見未幾而夫死時
年十八事姑以孝聞數年之間姑及伯叔皆相繼而死
單氏家貧無以葬於是躬自即傭書夜紡績積財十年
而葬八喪為州里所敬上聞而賜米百石表其門閭

元務光母

元務光母者范陽盧氏女也少好讀書造次以禮嘗年募
居諸子幼弱家貧不能就學盧氏每親自教授勖以義方
世以此稱之仁壽末漢王諒舉兵反遣將綦良往山東略
地良以務光為記室及良敗慈州刺史上官政薄籍務光
之家見盧氏悦而過之盧氏以死自晢政為人尤悍怒甚以
燭燒其身盧氏執志彌固竟不屈節

裴倫妻

裴倫妻河東柳氏女也少有風訓大業末倫為渭源令屬
薛舉之亂縣城為賊所陷倫遇害柳時年四十有二女
及兒婦三人皆有羙色柳氏謂之曰我輩遭逢禍亂汝父

已死我自念不能全汝我門風有素義不受辱於群賊我
將與汝等同死如何其女及婦相繼而下皆垂泣曰唯母所命柳氏遂
自投于井其女及婦相繼而下皆垂泣曰唯母所命柳氏遂

趙元楷妻

趙元楷妻者清河崔氏之女也父為僕儐在文學傳家有素
範子女皆遵禮度元楷為僕射家富於射重其門望厚
禮以聘之元楷甚敬崔氏雖莊宴私不妄言英進止容服
動合禮儀化及之及也元楷隨任河北將歸安至溢口
遇盜政掠元楷以身免崔氏為賊所拘賊請以為妻崔
氏謂賊曰我士夫女為僕射子妻今日破亡自可即死

遣為賊婦終必不能舉賊毀裂其衣形體悲露縛於牀賣
之上將凌之崔氏懼為所辱訴之曰今力已屈當聽處分
不敢相違請解縛賊因著衣取佩刀倚樹而
立曰欲殺我任加刀鋸若見死不來相逼賊大怒亂射殺
之元楷後得殺妻者支解之以祭崔之柩
史臣曰夫稱婦人之德皆以柔順為先斯乃舉其中庸未
臻其極者也至於明識遠圖貞心峻節志不可奪唯義所
在考之圖史亦何世而無哉蘭陵主遇寒松南陽主心
踰匪石洗媼孝女之忠壯崔為一母之誠懇足使義勇
懔其志烈蘭王謝其貞勇襄城華陽之妃裴倫元楷之婦

時逢艱阻事乖好合甘心同穴顧沛靡它志勵冰霜言踰皎日雖詩詠共姜之自誓傳述伯姬之守死其將復何以加焉

高麗

高麗之先出自夫餘夫餘王嘗得河伯女因閉於室內為日光隨而照之感而遂孕生一大卵有一男子破殼而出名曰朱蒙夫餘之臣以朱蒙非人所生咸請殺之王不聽及壯因從獵所獲居多又請殺之其母以告朱蒙朱蒙棄夫餘東南走遇一大水深不可越朱蒙曰我是河伯外孫日之子也今有難而追兵且及如何得度於是魚鼈積而成橋朱蒙遂度追騎不得濟而還朱蒙建國自號高句麗

【列傳四十六　隋書八十一　一】

以高為氏朱蒙死子閭達嗣至其孫莫來興兵遂并夫餘至裔孫位宮以魏正始中入寇西安平毌丘儉拒破之位宮玄孫之子曰昭列帝後為慕容氏所破遂入九都焚其宮室大掠而還昭列帝後為百濟所殺其曾孫璉遣使後魏璉六世孫湯在周遣使朝貢武帝拜湯上開府遼東郡公遼東王高祖受禪湯復遣使詣闕進授大將軍改封高麗公王歲遣使朝貢不絕其國東西二千里南北千餘里都於平壤城亦曰長安城東西六里隨山屈曲南臨浿水復有國內城漢城並其都會之所其國中呼為三京與新羅每相侵奪戰爭不息官有太大兄次大兄次小兄次對盧次

意侯奢次烏拙次太大使者次大使者次小使者次褥奢次翳屬次仙人凡十二等復有內評外評五部褥薩人皆皮冠使人加插鳥羽貴者冠用紫羅飾以金銀服大袖衫大口袴素皮帶黃革屨婦人裙襦加襈兵器與中國略同每春秋校獵王親臨之人稅布五匹穀五石遊人則三年一稅十人共細布一匹租戶一石次七斗下五斗人有縛之於柱爇而斬之籍沒其家盜則償十倍用刑既峻罕有犯者樂有五絃琴箏筚篥橫吹簫鼓之屬吹蘆以和曲每年初聚戲於浿水之上王乘腰輿列羽儀以觀之事畢王以衣服入水分左右為二部以水石相濺擲諠呼馳

【列傳四十六　隋書八十一　二】

逐再三而止俗好蹲踞絜淨自喜以趨走為敬拜則曳一脚立各反拱行必搖手性多詭伏父子同川而浴共室而寢婦人淫奔俗多遊女有婚嫁者取男女相悅然即為之男家送豬酒而已無財聘之禮或有受財者人共恥之死者殯於屋內經三年擇吉日而葬居父母及夫之喪服皆三年兄弟三月初終哭泣葬則鼓儛作樂以送之埋訖悉取死者生時服玩車馬置於墓側會葬者爭取而去敬鬼神多淫祠開皇初頻有使人朝及平陳之後湯大懼治兵積穀為守拒之策十七年上賜湯璽書曰朕受天命愛育率土委王海隅宣揚朝化欲使圓首方足各遂其心王每遣

使人歲常朝貢雖稱藩附誠節未盡王既入臣須同朕
德而乃驅逼靺鞨固禁契丹諸藩頓顙為我臣妾恐善人
之眾義何毒害之情深乎太府工人其數不少王必須人
自可聞奏昔年潛行財貨利動小人私將姧謀動作邪
嘗共修理兵器意欲不臧恐有外聞故為盜竊時命使者
撫慰王藩本欲問彼人情教彼政術王乃坐之空館嚴加
防守使其閉目塞耳永無聞見有何陰惡弗欲人知禁制
官司畏其訪察文數遣馬騎殺害邊人多遣使人密覘
心在不賓朕於蒼生悉如赤子賜王土宇授王官爵深
恩殊澤彰著遐邇王專懷不信恆自猜疑常遣使人密覘

消息純臣之義當若是也蓋當由朕訓道未明王之愆遣
一已寬恕今日以後必須改革守藩臣之節奉朝正之典
自化爾藩勿忤他國則長享富貴實稱朕心彼之一方雖
地狹人少然普天之下皆為朕臣今若黜王不可虛置終
須更選官屬就彼安撫王若洒心易行率由憲章即是朕
之良臣何勞別遣才彦也昔帝王作法仁信為先有善必
賞有惡必罰四海之內闻朕言王若無罪朕忽加兵自
餘藩國謂朕何也王必虛心納朕此意慎勿疑惑更懷異
圍往者陳叔寶代在江陰殘害人庶驚動我烽候抄掠我
邊境朕前後誡勅經歷十年彼則恃長江之外聚一隅之

狼悷狂驕傲不從朕言故命將出師除彼凶逆往往不盈
旬月兵騎不過數千歷代逋寇一朝清蕩通交人神
胥悦聞王歎恨致悲傷黯然幽明有司是職罪王不為
陳滅賞王不為獨致悲傷黯黯好亂何為爾也王謂遼水之
廣何如長江高麗之人多少陳國朕若不存養育責王之
往命一將軍何待多力陳存育勤曉示許王自新耳宜得朕懷
自求多福湯得書慚恐將表陳謝會自病亡辛亥一
相使使拜元為上開府儀同三司龍驤
龍驤元本表謝恩并賀祥瑞因請封王高祖優冊元為王
年元率靺鞨之眾萬餘騎寇遼西營州總管韋沖擊走之

高祖聞而大怒命漢王諒為元帥總水陸討之下詔黜其
爵位時饋運不繼六軍乏食師出臨渝關復遇疾疫王師
不振及次遼水元亦惶懼遣使謝罪上表稱遼東糞土臣
元云云上於是罷兵待之如初元亦歲遣朝貢帝嗣位
天下全盛高昌王突厥啓人可汗並親詣闕獻帝嗣位
元入朝元懼藩禮頗闕大業七年帝將討元之罪車駕度
遼水上營於遼東城分道出師各頓兵於其城下高
麗率兵出拒戰多不利於是皆嬰城固守帝令諸軍攻之
又勑諸將高麗若降者即宜撫納不得縱兵城將陷賊輒
言請降諸將奉旨不敢赴機先令馳奏比報至賊守禦亦

備隋出拒戰如此者再三帝不悟由是食盡師老轉輸不
繼諸軍多敗績於是班師是行也唯於遼水西拔賊武屬
邏置遼東郡及通定鎮高麗還九年帝復親征之乃勑諸軍
以便宜從事諸將分道攻城賊勢日蹙會楊玄感作亂反
書至帝大懼即日六軍並還兵部侍郎斛斯政亡入高麗
高麗具知事實悉銳來追殿軍多失亡十年又發天下兵會
盜賊蜂起人多流亡所在阻絕軍勢頓於懷遠鎮
因弊遣使乞降囚送斛斯政以贖罪帝許之頻於懷遠鎮
受其降款仍以俘虜元入朝元竟不至帝勑諸軍嚴裝更
太廟因拘留之仍徵元入朝元竟不至帝勑諸軍嚴裝更

圖後舉會天下大亂遂（不克復行）

百濟

百濟之先出自高麗國其國王有一侍婢忽懷孕王欲殺
之婢云有物狀如雞子來感於我故有娠也王捨之後遂
生一男棄之廁溷久而不死以為神命養之名曰東明及
長高麗忌之東明懼逃至淹水夫餘人共奉之東明之後
有仇台者篤於仁信始立其國于帶方故地漢遼東太守
公孫度以女妻之漸以昌盛為東夷強國初以百家濟海
因號百濟歷十餘代代臣中國前史載之詳矣百濟王其
王餘昌遣使貢方物拜昌為上開府帶方郡公百濟王其

國東西四百五十里南北九百餘里南接新羅北拒高麗
其都曰居拔城官有十六品長曰左平次大率次恩率次
德率次扞率次奈率次將德次施德次固德次
赤帶次德率次青帶次對德以下皆用黃帶次文督次武督
佐軍次振武次克虞皆用白其冠制並同唯奈率以上
縣以銀花長史三年一交代畿內為五部部有五卷士人
居焉五方各有方領一人方佐貳之方有十郡郡有將其
人雜有新羅高麗倭等亦有中國人其衣服與高麗略同
婦人不加粉黛女辮髮垂後已出嫁則分為兩道盤於頭
上俗尚騎射讀書史能吏事亦知醫藥蓍龜占相之術以
兩手據地為敬有僧尼多寺塔有鼓角用樂簨簴箜篌
樂投壺圍棊樗蒲握槊弄珠之戲行宋元嘉曆以建寅月
為歲首國中大姓有八族沙氏燕氏劦氏解氏貞氏國氏
木氏苗氏婚娶之禮略同於華俗有五穀牛豬雞多不火食
雜多不火食厥田下濕人皆山居有巨栗每以四仲之月
王祭天及五帝之神立其始祖仇台廟於國城歲四祠之
國西南人島居者十五所皆有城邑平陳之歲有一戰船
漂至海東牟羅國其船得還經于百濟昌資送之甚厚
并遣使奉表賀平陳昌甚善之下詔曰百濟王既聞平陳
遠令奉表往復至難若逢風浪便致傷損百濟王心迹淳

至朕已委知相去雖遠軍同言面何必數遣使來相體悉
自今以後不須年別入貢朕亦不遣使往王宜知之使者
舞蹈而去開皇十八年昌使其長史王辯那來獻方物屬
興遼東之役遣使奉表請為軍導帝下詔曰往歲為高麗
不供職貢無人臣禮故命將討之高元君臣恐懼畏服歸
罪朕已赦之不可致伐厚其使而遣之高麗頗知其事以
兵復掠其境昌死子餘宣立死子餘璋立大業三年璋遣
使者燕文進朝貢其年又遣使者王孝鄰入獻請討高麗
煬帝許之令覘高麗動靜璋内與高麗通和挾詐以窺
中國七年帝親征高麗璋使其臣國智牟來請軍期帝大

【列傳四六　隋書八十　〔七〕】

悅厚加賞錫遣尚書起部郎席律詣百濟與相知明年六
軍度遼璋亦嚴兵於境聲言助軍實兩端尋與新羅有
隙每相戰爭十年復遣使朝貢後天下亂使命遂絕其南
海行三月有牂牁國南北千餘里東西數百里土多麞
鹿附庸於百濟百濟自西行三日至貊國云

新羅

新羅國在高麗東南居漢時樂浪之地或稱斯羅魏將毋
丘儉討高麗破之奔沃沮其後復歸故國留者遂為新羅
焉故其人雜有華夏高麗百濟之屬兼有沃沮不耐韓獩
之地其王本百濟人自海逃入新羅遂王其國傳祚至金

真平開皇十四年遣使貢方物高祖拜真平為上開府樂
浪郡公新羅王其先附庸於百濟後因百濟征高麗高麗
人不堪戎役相率歸之遂致強盛因襲百濟附庸於迦羅
國其官有十七等其一曰伊罰干貴如相國次伊尺干次
迎干次破彌干次大阿尺干次阿尺干次乙吉干次沙咄
干次及伏干次大奈摩干次奈摩次大舍次小舍次吉土
次大烏次小烏次造位外有郡縣其文字甲兵同於中國
選人壯健者悉入軍烽戍邏俱有屯管部伍風俗刑政衣
服畧與高麗百濟同每正月旦相賀王設宴會班賚群官
其日拜日月神至八月十五日設樂令官人射賞以馬布

【列傳四六　隋書八十一　〔八〕】

其有大事則聚群官詳議而定之服色尚素婦人辮髮繞
頭以雜綵及珠為飾婚嫁之禮唯酒食而已輕重隨貧富
新婚之夕女先拜舅姑次即拜夫死有棺斂起墳陵王
及父母妻子喪服一年田甚良沃水陸兼種其五穀果
菜鳥獸物產畧與華同大業以來歲遣朝貢新羅地多山
險雖與百濟構隙百濟亦不能圖之

靺鞨

靺鞨在高麗之北邑落俱有酋長不相摠一凡有七種其
一號粟末部與高麗相接勝兵數千多驍武每寇高麗中
其二曰伯咄部在粟末之北勝兵七千其三曰安車骨部

在伯咄東其四曰拂涅部在伯咄東其五曰號室部在
拂涅東其六曰黑水部在安車骨西北其七曰白山部在
栗末東南勝兵並不過三千而黑水部尤為勁健自拂
涅以東矢皆石鏃即古之肅慎氏也所居多依山水漅帥
有能熊豹狼皆不害人人亦不敢殺地多粟麥穄水氣
鹹生鹽於木皮之上其畜多猪嚼米為酒飲之亦醉婦人
服布男子衣猪狗皮俗以溺洗手面於諸夷最為不潔其
俗婬而妬其妻外婬人有告其夫者夫輒殺妻殺而後悔
必殺告者由是姦婬之事終不發揚人皆射獵為業角弓
長三尺箭長尺有二寸常以七八月造毒藥傅矢以射禽
獸中者立死開皇初相率遣使貢獻高祖詔其使曰朕聞
彼土人庶多能勇捷今來相見實副朕懷朕視爾等如子
爾等宜敬朕如父對曰臣等僻處一方道路悠遠聞內國
有聖人故來朝拜既蒙勞賜親奉聖顏下情不勝懽喜願
得長為奴僕也其國西北與契丹相接每相劫掠後因其
使來高祖誡之曰我憐念契丹與爾無異宜各守土境豈
不安樂何為輒相攻擊甚乖我意使者謝罪高祖因厚勞
之令宴飲於前使者與其徒皆起舞其曲折多戰鬥之容

上顧謂侍臣曰天地間乃有此物常作用兵意何其遠也
然其國與隋懸隔唯栗末白山為近煬帝初與高麗戰
敗其衆渠帥度稽率其部來降拜為右光祿大夫居之
柳城與邊人來往悅中國風俗請被冠帶帝嘉之賜以錦
綺而褒寵之及遼東之役度稽率其徒以從每有戰功
賞賜優厚十三年從帝幸江都尋放歸柳城在塗遇李密
之亂密遣兵邀之前後十餘戰僅而得免至高陽復沒於
王須拔未幾遁歸羅藝

流求國

流求國居海島之中當建安郡東水行五日而至土多山
洞其王姓歡斯氏名渴剌兜不知其由來有國代數也彼
土人呼之為可老妻曰多拔荼所居曰波羅檀洞塹柵
三重環以流水樹棘為藩王所居其大一十六間琱刻
禽獸多鬥鏤樹似橘而葉密條纖如髮然下垂國有四五
帥統諸洞洞有小王往往有村村有鳥了帥並以善戰者
為之自相樹立理一村之事男女皆以白紵繩纏髮從項
後盤繞至額其男子用鳥羽為冠裝以珠貝飾以赤毛形
制不同婦人以羅紋白布為帽其形正方織鬥鏤皮并雜
色紵及雜毛以為衣製裁皆不一綴毛垂螺為飾雜色相間
下垂小貝其聲如珮綴鐺施釧懸珠於頸織藤為笠飾以

毛羽有刀稍弓箭嫻鈹之屬其胸少鐵刃皆薄小多以骨
角輔助之編紵為甲或用熊豹皮王乘木獸令左右軰之
而行導從不過數十人小王乘机鏤為獸形國人好相攻
擊人皆驍健善走難死而耐瘡諸洞各為部隊不相救助
兩陣相當男者三五人出前跳噪交言相罵因相擊射如
其不勝一軍皆走遣人致謝即共和解收取鬬死者共聚
而食之仍以髑髏將向王所王則賜之以冠使為隊帥無
賦歛有事則均稅用刑亦無常准皆臨事科決犯罪皆斷
於為了帥不伏則上請於王王令臣下共議定之獄無枷
鏁唯用繩縛决死刑以鐵錐大如筋長尺餘鑽頂而殺之

〖列傳四十六　隋書八十〗　十一　▼

輕罪用杖俗無文字望月虧盈以紀時節候草藥枯以為
年歲人深目長鼻頗類於胡亦有小慧無君臣上下之節
拜伏之禮父子同牀而寢男子技去髭髻賚身上有毛之
毆皆除去婦人以墨黥手為蟲蛇之文嫁娶以酒肴珠
貝為娉或男女相悅便相匹偶婦人產乳必食子衣產後
以火自炙令汗出五日便平復以木槽中暴海水為鹽木
汁為酢釀米麴為酒其味甚薄食皆用手偶得異味先進
尊者尤有宴會執酒者必待呼名而後飲上王酒者亦呼
王名街杯共飲頗同突厥歌呼蹋蹄一人唱眾皆和音頗
哀怨扶女子上牌搖手而舞其死者氣將絕舉至庭親賓

戶上必安獸頭骨角大業元年海師何蠻等每春秋二時
神或依茂樹山海之神祭之所居壁下多聚髑髏以為佳人間門
類俗事山樹起小屋或懸髑髏於樹上以箭射之或累石
樟松梗楠杉梓竹藤果藥同於江表風土氣候與嶺南相
而釀之土宜稻粱床秦麻豆胡豆黑豆等木有楓桔
先以火燒而引水灌之持一插以石為刃長尺徐闊數寸
里共食之有熊羆豺狼尤多猪雞無牛羊驢馬歌田良沃
起墳子為父者數月不食肉南境風俗少異人有死者邑
哭泣相弔浴其死以布帛纒之裹以葦草親土而殯上不

〖列傳四六　隋書八十〗　十二　▼

天清風靜東望依希似有煙霧之氣亦不知幾千里三年
煬帝令羽騎尉朱寬人海求訪異俗何蠻言之遂與蠻俱
性因到流求國言不相通掠一人而返明年帝復令寬慰
撫之流求不從寬取其布甲而還時倭國使來朝見之曰
此夷邪久國人所用也帝遣武賁郎將陳稜朝請大夫張
鎮州率兵自義安浮海擊之至高華嶼又東行二日至𪚔
鼊嶼又一日便至流求初稜將南方諸國人從軍有崐崘人
頗解其語遣人慰諭之流求不從拒逆官軍稜擊走之進
至其都頻戰皆敗焚其宮室虜其男女數千人載軍實而
還自爾遂絕

倭國在百濟新羅東南水陸三千里於大海之中依山島
而居魏時譯通中國三十餘國皆自稱王夷人不知里數
但計以日其國境東西五月行南北三月行各至於海其
地勢東高西下都於邪靡堆則魏志所謂邪馬臺者也古
云去樂浪郡境及帶方郡並一萬二千里在會稽之東與
儋耳相近漢光武時遣使入朝自稱大夫安帝時又遣使
朝貢謂之俀奴國靈帝光和中其國大亂遞相攻伐歷年無
主有女子名卑彌呼能以鬼道惑衆於是國人共立為王
有男弟佐卑彌理國其王有侍婢千人罕有見其面者

四二千四

【列傳四六 隋書八十一】 〔十三〕

男子二人給王飲食通傳言語其王有宮室樓觀城柵皆
持兵守衛為法甚嚴自魏至于齊梁代與中國相通開皇
二十年俀王姓阿每字多利思比孤號阿輩雞彌遣使詣
闕上令所司訪其風俗使者言倭王以天為兄以日為弟
天未明時出聽政跏趺坐日出便停理務云委我弟高祖
曰此太無義理於是訓令改之王妻號雞彌後宮有女六
七百人名太子為利歌彌多弗利無城郭內官有十二等
一曰大德次小德次大仁次小仁次大義次小義次大禮
次小禮次大智次小智次大信次小信員無定數有軍尼
一百二十人猶中國牧宰八十戶置一伊尼翼如今里長

【列傳四六 隋書八十一】 〔十四〕

也伊尼翼屬一軍尼其服飾男子衣裙襦其袖微小履
如屨形漆其上繫之於腳人庶多跣足不得用金銀為
飾故時衣橫幅結束相連而無縫頭亦無冠但垂髮於兩
耳上至隋其王始制冠以錦綵為之以金銀鏤花為飾婦
人束髮於後亦衣裙襦裳皆有襈攕竹為梳編草為薦雜
皮為表緣以文皮有弓矢刀矟弩矟斧漆皮為甲骨為矢
鏑雖有兵無征戰其王朝會必陳設儀仗奏其國樂戶可
十萬其俗殺人強盜及姦皆死盜者計贓酬物無財者沒
身為奴自餘輕重或流或杖每訊究獄訟不承引者以木
壓膝或張強弓以弦鋸其項或置小石於沸湯中令所競
者探之云理曲者即手爛或置蛇甕中令取之云曲者即
螫手矣人頗恬靜爭訟稀少盜賊亦鮮樂有五弦琴笛男女多
黥臂點面文身沒水捕魚無文字唯刻木結繩敬佛法於
百濟求得佛經始有文字知卜筮尤信巫覡每至正月一
日必射戲飲酒其餘節略與華同好棋博握槊樗蒲之戲
氣候溫暖草木冬青土地膏腴水多陸少以小環挂鸕鷀
項令入水捕魚日得百餘頭俗無盤俎藉以檞葉食用手
餔之性質直有雅風女多男少婚嫁不取同姓男女相悅
者即為婚婦人夫家必先跨犬乃與夫相見婦人不婬妬
死者斂以棺槨親賓就屍歌舞妻子兄弟以白布製服貴

人三年殯於外廬人卜日而瘞及葬置屍舡上陸地牽之
或以小轝有阿蘇山其石無故火起接天者俗以為異因
行禱祭有如意寶珠其色青大如雞卵夜則有光云魚眼
精也新羅百濟皆以俀為大國多珍物並敬仰之恒通使
往來大業三年其王多利思北孤遣使朝貢使者曰聞海
西菩薩天子重興佛法故遣朝拜兼沙門數十人來學佛
法其國書曰日出處天子致書日沒處天子無恙云云帝
覽之不悅謂鴻臚卿曰蠻夷書有無禮者勿復以聞明年
上遣文林郎裴清使於俀國度百濟行至竹島南望𨈭羅
國經都斯麻國迥在大海中又東至一支國又至竹斯國

又東至秦王國其人同於華夏以為夷洲疑不能明也又
經十餘國達於海岸自竹斯國以東皆附庸於俀俀王遣
小德阿輩臺從數百人設儀仗鳴鼓角來迎後十日又遣
大禮哥多毗從二百餘騎郊勞既至彼都其王與清相見
大悅曰我聞海西有大隋禮義之國故遣朝貢我夷人僻
在海隅不聞禮義是以稽留境內不即相見今故清道飾
館以待大使冀聞大國惟新之化清荅曰皇帝德並二儀
澤流四海以王慕化故遣行人來此宣諭既而引清就
館以後清遣人謂其王曰朝命既達請即戒塗於是設宴享
以遣清復令使者隨清來貢方物此後遂絕

史臣曰廣谷大川異制人生其間異俗嗜欲不同言語不
通聖人因時設教所以達其志而通其俗也九夷所居與
中夏懸隔然天性柔順無獷暴之風雖山海阻絕易以
道御夏殷之代時或來王既與箕子避地朝鮮始有八條之遺
禁踈而不漏簡而可久化之所感千載不絕今辰韓諸國
或衣服於冠晃之容或飲食有俎豆之器好尚經術愛樂
文史遊學於京都者往來繼路豈徒楛矢之貢而已乎
邦行矢誠哉斯言其俗也故孔子曰言忠信行篤敬雖蠻貊之
自高祖撫有周餘惠此中國開皇之末方事遼左天時不

利師逐無功二代承基包宇宙頻踐三韓之域疊發千
鈞之弩小國懼亡敢同困獸兵連不戢四海騷然遂以土
崩喪身滅國兵志有之曰務廣德者昌務廣地者亡然遼
東之地不列於郡縣久矣諸國朝正奉貢無闕於歲時二
代襄強外思廣地以為人莫與已不能懷以文德遠動干戈內
恃富強外思廣地以驕取怨興師若此而不亡自古
未之聞也然則四夷之戒安可不深念哉

列傳卷第四十六

隋書八十一

特進臣魏　徵　上

南蠻雜類與華人錯居曰蜒曰獽曰俚曰獠曰也俱無君
長隨山洞而居古先所謂百越是也其俗斷髮文身好相
攻討漫以微弱稍屬於中國皆列為郡縣同之齊人不復
詳載大業中南荒朝貢者十餘國其事迹多湮滅而無聞
今所存錄四國而已

林邑

林邑之先因漢末交阯女子徵側之亂內縣功曹子區連
殺縣令自號為王無子其甥范熊代立死子逸立日南人
范文因亂為逸僕隸後遂教之築宮室造器械逸甚悑任使
文因間其子弟或奔或徙及逸死國無
嗣文自立為王其後范佛為揚威將軍戴桓所破宋交
州刺史檀和之將兵擊之深入其境至梁亦通使往來
其國延袤數千里王多香木金寶物產大抵與交阯同以
塼為城屋壁尾塗之東向戶軍官有二其一曰西那婆帝其
二曰薩婆地歌其屬官三等其一曰倫多姓次歌倫致其
次乙他伽蘭外官分為二百餘部其長官曰弗羅次曰可
輪如牧宰之差也王戴金花冠形如章甫衣朝霞布珠璣
瓔珞足躡革履時復錦袍良家子侍衛者二百許人皆執

【列傳四十七　隋書八十二　一】

金裝力有弓箭刀槊以竹為弩傳毒於矢樂有琴笛琵琶
五絃頗與中國同每擊鼓以警衆吹蠡以即戎其人深目
高鼻髮拳色黑俗皆徒跣以幅布纏身冬月衣袍婦人椎
髻施椰葉席每有婚媾令媒者齎金銀釧酒一壺思數頭
至女家於是擇日夫家會親賓歌儛相對女家請一婆羅
門送女至男家壻盥手因牽女授之王死七日而殯有官
者三日庶人一日皆以函盛屍鼓儛導從輿至水次積薪
焚之收其餘骨王則內金罌中沈之於海庶人以瓦送之
於江男女皆截髮隨喪至水次盡哀而止歸則不哭每七
日然香散花復哭盡哀而止如此者三月而罷至二百日
三年亦如之人皆以檳榔乎客其後朝貢遂絕時天下無
事群臣言林邑多奇寶者仁壽末遣大將軍劉方為驩
州道行軍總管率欽州刺史寧長眞驩州刺史李暈上開府秦
雄步騎萬餘及犯罪者數千人擊之其王梵志率其徒
乘巨象而戰方不利於是多掘小坑草覆其上因以兵
立挑之梵志悉衆而陣方與戰僞北梵志逐之至坑所
衆多陷轉相驚駭軍遂亂方縱兵擊之大破之頻戰輒敗
遂棄城而走方入其都獲其廟主十八枚皆鑄金為之蓋
其有國十八葉矣方班師梵志復其故地遣使謝罪於是朝貢不絕

【列傳四十七　隋書八十二　二】

赤土國扶南之別種也在南海中水行百餘日而達所都
土色多赤因以為號東波羅剌國西波羅娑國南訶羅旦
國北拒大海地方數千里其王姓瞿曇氏名利富多塞不
知有國近遠稱其父釋王位出家為道傳位於利富多塞
在位十六年矣有三妻並鄰國王之女也居僧祇城有門
三重相去各百許步每門圖畫飛仙仙人菩薩之像縣金
花鈴毦婦女數十人或奏樂或捧金花又飾四婦人容飾
如佛塔邊金剛力士之狀夾門而立門外者持兵仗門內
者執白拂夾道垂素網綴花王宮諸屋悉是重閣北戶

面而坐三重之榻衣朝霞布冠金花冠垂雜寶纓絡四
女子立侍左右兵衛百餘人王榻後作一木龕以金銀五
香木雜鈿之龕後懸一金光燄夾榻又樹二金鏡前並
陳金甕甕前各有金香爐當前置一金伏牛牛前樹壹
寶蓋羅左右皆有寶扇婆羅門等數百人東西重行
相向而坐其官有薩陀迦羅一人陀拏達叉二人迦利蜜
迦三人共掌政事俱羅末帝一人掌刑法每城置那邪迦
一人鉢帝十人其俗皆穿耳剪髮無跪拜之禮以香
塗身其俗敬佛尤重婆羅門婦人作髻於項後男女通
以朝霞朝雲雜色布為衣豪富之室恣意華靡唯金鎖非

王賜不得服用每婚嫁擇吉日女家先期五日作樂飲酒
父執女手以授壻七日乃配焉既嫁則分財別居唯幼子
與父母同居父母兄弟死則剔髮素服就水上構竹木為棚
棚內積薪以屍置上燒香建幡吹蠡擊鼓以送之縱火焚
燒遂落於水貴賤皆同唯國王燒訖收灰貯以金瓶藏於
廟屋冬夏常溫雨多霽少種植無時特宜稻穄白豆黑麻
自餘物產多同於交趾以甘蔗作酒雜以紫瓜根酒色黃
赤味亦香美名椰漿為酒帝即位建節慿能通絕域者大
業三年屯田主事常駿虞部主事王君政等請使赤土
帝大悅賜駿等帛各百匹時服一襲而遣齎物五千段以

賜赤土王其年十月駿等自南海郡乘舟晝夜二旬每值
便風至焦石山而過東南泊陵伽鉢拔多洲西與林邑相
對上有神祠焉又南行至師子石自是島嶼連接又行二
三日西望見狼牙須國之山於是南達雞籠島至於赤土
之界其王遣婆羅門鳩摩羅以舶三十艘來迎吹蠡擊鼓
樂隋使進金鎖以纜駿舶月餘至其都王遣其子那邪
迦請與駿等禮見先遣人送金盤貯香花并鏡鑷金合
二枚貯香油金瓶八枚貯香水白毛布四條以擬供使者
既洗日未時那邪迦又將象二頭持孔雀蓋以迎使人
并致金花金盤以籍詔函男女百人奏蠡鼓婆羅門二

人導路至王宮駿等奏詔書上閣王以下皆坐宣詔訖引
駿等坐奏天竺樂事畢駿等還館又遣婆羅門就館送食
以草葉為盤其大方丈因謂駿曰今是大國中人非復小
國矣飲食踈薄願為大國意而食之後數日請駿等
入宣儀擇道從者坐於地席各以金鍾置酒
盤方一丈五尺上有黃白紫赤四色之餅牛羊魚鱉猪蝅
之肉百餘品延駿升牀從者坐於牀下并設草華
女樂迭奏禮遺其尊尋遣那邪迦隨駿貢方物并獻金
芙蓉冠龍腦香等鑄金為多羅葉隱起成文以為表
王報之令婆羅門以香花奏蠡鼓而送之既入海見綠魚

競守 四州

真臘

《列傳四七 隋書十二 【五】》

群飛水上浮海十餘日至林邑東南並山而行其海水闊
千餘里黃氣腥涌舟行一日不絕云是大魚糞也循海北岸
達于交趾駿以六年春與那邪迦於弘農謁帝大悅賜駿
等物二百段俱授東義尉那邪迦等官賞各有差

真臘國在林邑西南本扶南之屬國也去日南郡舟行
六十日而南接車渠國西有朱江國其王姓剎利氏名
質多斯那自其祖漸已強盛至質多斯那遂兼扶南
而有之死子伊奢那先代立居伊奢那城其下二萬餘家
城中有一大堂是王聽政之所總大城三十城有數千家各有部

帥官名與林邑同其王三日一聽朝坐五香七寶牀上施
寶帳其帳以文木為竿象牙金鈿為壁狀如小屋懸金光
燄有同於赤土前有金香鑪二人侍側王著朝霞吉貝
絡臂腰下垂至脛頭戴金寶花冠被真珠瓔珞足履革
展其且懸金瓔常服白疊以象牙為屩若露髮則不加瓔
珞臣人服制大抵相類有五大臣一曰孤落支二曰高相
憑三曰婆何多陵四曰舍摩陵五曰髯多婁等諸小臣朝
於王者輒以階下三稽首王喚上階則跪以兩手抱膊遶
王環坐議政事訖跪伏而去階庭門閤侍衛有千餘人被
甲持仗其國與參半朱江二國和親數與林邑陀桓二國

《列傳四七 隋書八十二 【六】》

戰爭其人行止皆持甲仗若有征伐因而用之其俗非王
正妻子不得為嗣王初立之日所有兄弟並刑殘之或去
一指或劓其鼻別處供給不得仕進人形小而色黑婦人亦有
白者皆拳髮垂耳性氣捷勁居處器物頗類赤土以右手
為淨左手為穢每旦澡洗以楊枝淨齒讀經呪又澡洗
乃食罷還用楊枝淨齒又讀經呪飲食多蘇酪沙糖秔
米餅餌之時先取雜米麨與餅相和手摶而食娶妻
者唯送衣一具擇日遣媒人迎婦男女
晝夜燃燈不息男婚禮畢即與父母分財別居父母
小兒未婚者以餘財與之若婚畢財物入官其死喪兒女

七日不食剔髮而哭僧尼道士親賓皆來聚會音樂送
之以五香木燒屍收灰以金銀瓶盛送于大水之内貧者
或用瓦而以彩色畫之亦以金銀瓶盛送于大水之内貧者
其國北多山南有水澤地氣尤熱無霜雪饒瘴癘毒蟲
土宜粱稻少黍粟東菜與日南九真相類異者有波那
娑樹無花葉似柿實似杏實似冬瓜菴羅樹花葉似棗實似
李毗野樹花似木瓜葉似杏實似楮婆田羅樹花葉似
東而小異歌羅婆樹花似林檎葉似榆而子大實似平
大升自餘多同九真海中有魚名建同四足無鱗其鼻
如象吸水上噴高五六十尺有浮胡魚其形似魟嘴如鸚
鵡有八足多大魚平旦出水望之如山每五六月中有毒氣
流行即以白腊朝早於城西門外祠之不然者五穀
不登六畜多死人衆疾疫近都有陵伽鉢婆山上有神祠
每以兵五千人守衞之城東有神名婆多利用人祠其
王年別殺人以祭祠禱亦有守衞者千人其敬鬼如此多奉
佛法尤信道士佛及道士並立像於館大業十三年遣使
貢獻帝禮之甚厚其後亦絕

【列傳四七　隋書八十二　七】

波利國自交阯浮海南過赤土丹丹乃至其國界東西

波利

四月行南北四十五日行王姓剎利邪伽名護濫那婆多官

曰獨訶邪聖次曰獨訶氏聖國金善役輪刀其大如鏡甲有
窮外鋒如錦遠以投人無不中其餘兵器與中國畧同俗
類真臘物産同於林邑其殺人及盜賊其手皆鏬其足
甚年而止祭祀必以月晦有浮之流水每冬十月
必設大祭海出珊瑚有鳥名舍利解人語大業十二年遣
使朝貢後遂絕干時南荒有丹丹盤盤二國亦來貢方
物其風俗物産大抵相類云

史臣曰禮云南方曰蠻有不火食者矣書稱蠻夷猾夏
詩曰蠢爾蠻荊種類寔繁代為紛梗自秦并二楚漢
平百越地窮丹徼景極日南水陸可居咸為郡縣曁
平境分其蜀時經營宋道有汙隆服叛不一高祖受命
克平九宇煬帝篡業威加八荒甘心遠夷志求珍異故師
出於流求兵加於林邑威振殊俗過於秦漢遠矣雖有荒外
之招救域中之敗傳曰非聖人外寧必内憂誠哉斯言也

【列傳四七　隋書八十二　八】

列傳卷第四十七

隋書八十二

漢氏初開西域有三十六國其後分立五十五至置校尉
都護以撫納之王莽篡位西域遂絕至於後漢班超所通
者五十餘國西至西海東西四萬里皆來朝貢復置都護
校尉以相統攝其後或絕或通漢朝以為勞費中國其官
時廢時置暨魏晉後相吞滅不可詳焉煬帝時遣侍
御史韋節司隷從事杜行滿使於西蕃諸國至罽賓得碼
碯杯王舍城得佛經史國得十舞女師子皮火鼠毛而還
帝復令聞喜公裴矩於武威張掖間往來以引致之其有
君長者四十四國矩因其使入朝啗以厚利令其轉相
諷諭大業年中相率而來朝者三十餘國帝因置西域校

【列傳卌八　隋書全三】　一

尉以應接之尋屬中國大亂朝貢遂絕然事多亡失今
所存錄者二十國焉

吐谷渾

吐谷渾本遼西鮮卑徒河涉歸子也初涉歸有二子庶長
曰吐谷渾少曰若洛廆涉歸死若洛廆代統部落是為慕
容氏吐谷渾與若洛廆不恊遂西度隴止于甘松之南洮
水之西南極白蘭山數千里之地其後遂以吐谷渾為國
氏焉當魏周之際始稱可汗都伏俟城在青海西十五里

有城郭而不居隨逐水草官有王公僕射尚書郎中將軍
其主姓草為帽妻戴金花其器械衣服略與中國同其王
公貴人多戴羃䍦婦人帔髮辮綴以珠貝國無常
稅殺人及盜馬者死餘坐則徵物以贖罪風俗頗同突
厭喪有服制葬訖而除性貪忍有大麥粟青稞
周廻千餘里中有小山其俗至冬輒放牝馬於其上言得
龍種吐谷渾嘗得波斯草馬放入海因生驄駒能日行千
里故時稱青海驄多善馬未
西比有流沙數百里夏有熱風傷行旅風之將至老駝
頷知之則引頸鳴而聚立以口鼻埋沙中人見則知之以

【列傳卌八　隋書全三】　二

氈擁蔽口鼻而避其患其主吕夸在周蓋為邊寇及開皇
初以兵侵弘州高祖以弘州地曠人梗因而廢之遣上柱
國元諧率步騎數萬擊之賊悉發國中兵自曼頭至
於樹敦甲騎不絕其所署河西擁罕定城王鍾利房及其
太子可博汗前後來拒戰諧詭道頻擊破之俘斬其眾呂夸
懼率其親兵遠遁其名王十三人各率部落而降上以
其高寧王移茲裒素得眾心拜為大將軍封河南王以
統降眾自餘官賞各有差未幾復來寇邊旭州刺史皮
子信出兵拒戰為賊所敗子信死之汶州擁罕梁遠以銳
卒擊之斬千餘級奔退俄而入寇廓州州兵擊走之吕夸

在位百年屢困喜怒發其太子而殺之其後太子懼見廢遂謀執呂苟而降兵於邊吉秦州總管河間王弘請將兵應之不許太子謀洩洩為其父所殺後立少子鬼王訶為太子豐州刺史杜粲請因其部落亂五千八戶許六歲鬼王訶復懼其父誅之謀迎接上謂侍臣曰渾賊風俗特異將歸國道使詣關請兵何有成其惡逆也人倫父既不慈子復不孝朕以德訓人撫育四海吾富教之必義方耳乃謂使者曰朕受命於天何得不相親愛此一切生人皆以仁義相向況父子天性望便一

有不是子淘陳諫若諫而不從當令近臣親戚內外諷諭必不可浮湯而道之父皆有情必當感悟不可潛謀非法受不孝之名淘天之下皆具朕臣妾各為善事即稱朕心鬼王既有好意欲來投朕朕唯教鬼王為臣子之法不可遠遣兵馬助為惡事鬼王乃止八年其名王拓拔木弭請以千餘家歸化曰淘天下皆曰朕惟恐狂妻荒選來識風教朕之撫育俱以仁孝為本渾賊狂妻子懷怖並避死若今遣兵拒又復不仁背父有意信但宜慰撫往自投不須出兵馬應接之其妹夫及甥欲來亦往其意不勞

伏允為主使陳廢立之事并謝專命之罪且請伏俟尚稱公主為天后上不許明年其國大亂國人殺伏允立其弟許一塞是謂不平若並許之文非好法朕情存安養欲一遂性豈可歟令女以實女平竟不許十二年遣刑部尚書牛文敳撫之十六年以光化公主妻伏上表朕知渾王欲令女備庭後上謂勝王曰此非至誠但急計耳乃謂相學一女卒子伏立其兄無素奉表榊藩并獻方物請以其眾平陳之後呂夸大懼遁逃保險不敢為寇十一年呂夸勤誘也歲河南王後茲褒死高祖令其弟樹歸襲統

王上從之自是朝貢歲至帝常訪國家消息上甚惡之煬帝即位伏允遣其子順來朝時鐵勒犯塞帝遣將軍馮孝慈出敦煌以御之其子順不利鐵勒道便謝罪降帝遣道即勒兵襲吐谷渾大敗之伏允東走西平帝復令觀王雄出澆河許公宇文述出西平以掩之伏允以自效鐵遁逃部落來降者十萬餘口六畜三十餘萬遂伏黃門侍郎裴矩慰撫之諷令擊吐谷渾以自效鐵勒允懼南奔於山谷間其故地皆空西平臨羌城以西且末以東祁連以南雪山以北東西四千里南北二千里皆為隋有置郡縣鎮戍發天下輕罪徙居之於是留順不之

党項

遣伏允無以自資率其徒數千騎客於黨項帝立順為主
送出玉門令統餘衆以其大寶王尼洛周為輔至西平其
部下殺洛周順不果入而還大業末天下亂伏允復其故
地屢寇河右郡縣不能禦焉

党項

党項羌者三苗之後也其種有宕昌白狼皆自稱獼猴種
東接臨洮西平西拒葉護南北數千里處山谷間每姓別
為部落大者五千餘騎小者千餘騎織犛牛尾及𦍩毛
以為屋服索裼披氈以為上飾俗尚武力無法令各為生
業有戰陣則相屯聚無徭賦不相往來牧養犛牛羊豬

以供食不知稼穡其俗婬穢蒸報於諸夷中最為甚無文
字但候草木以記歲時三年一聚會殺牛羊以祭天人年
八十以上死者以為令終親戚不哭少而死者則云夭拄
共悲哭之有琵琶橫吹擊缶為節親舊之際歡聚來擾邊高
祖為丞相時中原多故因此大為寇掠將公渠香既平王
謙請因邊師以討之高祖不許開皇四年有千餘家歸化
五年拓拔寧叢等各率衆詣旭州內附授大將軍其部
下各有差十六年復寇會州詔發隴西兵以討之大破
其衆又相率請降願為臣妾遺子弟入朝謝罪高祖謂
之曰還語爾父兄人生有定居養老辰紀而乃作

高昌

走不羞鄉里邪自是朝貢不絕

高昌

高昌國者則漢車師前王庭也去敦煌十三日行其境東
西三百里南北五百里四面多大山菅漢武帝遣兵西討
師旅頻歲其中尤困者因往焉漢將高昌壘故以為
為國號初蠕蠕立闞伯周為高昌王其子義成立為
從兄首歸所殺首歸自立為高昌王又為高車阿伏至羅
所殺以敦煌人張孟明為主孟明為國人所殺更以馬儒
為王以巉頤頠嘉二人為左右長史儒又通使後親請內
屬內之蜀人皆戀土不願東遷相與殺儒立嘉為王嘉字

鳳金城揄人既立文臣于茹茹及茹茹主為高車所殺
二人次左右衛次八長史次五將軍次八司馬次公
郎主簿從事軍省事大事決之於王小事長史及公評斷不
公問政於孔子之像國內有城十八官有令尹一人次公
死子堅立其都城周迴一千八百四十步於坐
嘉文記男子胡服婦人裙襦頭上作髻其風俗政令與華
夏畧同地多石磧氣候溫暖穀麥再熟宜蠶多五果有
草名羊刺其上生蜜而味甚佳唯出赤鹽如朱自鹽盡

多蒲陶酒俗事天神兼信佛法國中羊馬牧於隱僻之處
以避外寇非貴人不知其所北有赤石山山北七十里有
貪汚山夏有積雪此山之北鐵勒界也從武威西北有捷
路度沙磧千餘里四面茫然無有蹊徑欲往者尋有人畜
骸骨而去路中或聞歌哭之聲行人尋之多致亡失蓋魑
魅魍魎也故商客往來多取伊吾路開皇十年突厥破其
之不得已而從煬帝嗣位引致諸蕃大業四年遣使貢獻
帝待其使甚厚明年伯雅來朝因從擊高麗還尚宗女華

〈列傳四十八 隋書八十三 〈七〉〉

四城有二千人來歸中國聚死子伯雅立并大母本突厥
可汗女其父死突厥令依其俗伯雅不從者父之突厥逼
貴寧邦緝政以全濟焉大先者以國屬邊荒境連猛
狄同人無咎被髮左社令大隋統御宇宙平一晉天平土
莫不齊向孤既沐浴和風庶均大化其庶人以上皆宜解
辮削祖祢帝聞而其善之下詔曰彰德嘉善聖哲所隆顯誠
遂民典謨則光祿大夫并國公高昌王伯雅識量經遠
器懷溫裕丹款鳳者昆節退宣本自諸華歷仿四壞昔
因多難淪迫獯戎數窮毀兄弱為胡服自我皇隋平一宇
宙化偃九圍德加四表伯雅踰踰沙志阻奉書貴來庭觀禮
容於傳章景威儀之盛典於是解纓縷解辮削衽曳裾變

夷從夏義光前載可賜衣冠之具仍班製造之式并遣使
人部領將送被以采童復見車服之美華臣在高昌國有
帶之國然伯雅先臣鐵勒而鐵勒雖有此令取悅中華然竟
商胡往來者則稅之送於鐵勒
畏鐵勒而不敢敗也自是歲令使人貢其方物

康國

康國者康居之後也遷徙無常不恒故地然自漢以來相
承不絕其王本姓溫月氏人也舊居祁連山北昭武城因
被匈奴所破西踰葱嶺遂有其國支庶各分王故康國左
右諸國並以昭武為姓示不忘本也王字代失畢為人寬

〈列傳四六 隋書八三 〈八〉〉

厚其得衆心其妻突厥達度可汗女也都於薩寶水上阿
祿迪城城多人居大臣三人共掌國事其王索髮冠七寶
金花衣綾羅錦繡白疊其妻有髻冪以皂巾丈夫翦髮錦
袍名為強國而西域諸國多歸之米國史國曹國何國安
國小安國那色波國烏那曷國穆國皆歸附之有胡律置
於祆祠決罰則取而斷之重罪者族次重者死賊盜截其
足人皆深目高鼻多鬚髯善於商賈諸夷交易多湊其
國有大小鼓琵琶五絃箜篌笛俗奉佛為胡書氣候溫
祖廟以六月祭之諸國皆來助祭俗奉佛為胡書同國立
國五穀勤修園疏樹木滋茂出馬駝騾驢封牛黃金鍮砂

安國

萠向薩那奢慧珠慶珠賝鈿鷫鸘多浦陶酒甕裝或
致千石連年不敗大業中始遣使貢方物後遂絕焉

安國漢時安息國也王姓昭武氏與康國王同族字設力登
妻康國王女也都在那密水南城有五重環以流水宮殿
皆為平頭王坐金駝座高七八尺每聽政與妻相對大臣
三人評理國事風俗同於康國唯妻與姊妹及母子遞相
禽獸此為異也煬帝即位之後遣司隸從事杜行滿使於
西域至其國得五色鹽而返國之西四百餘里有畢國可千
餘家其國無君長安國統之大業五年遣使貢獻後遂絕

石國

馬

石國居於藥殺水都城方十餘里其王姓石名涅國城之
東南立屋置座於中正月六日七月十五日以王父母燒
餘之骨金甕盛之置於床上巡遶而行散以花香雜果王
率臣下設筵焉禮終王與夫人出就別帳散以次列坐
匹可汗興兵滅之令特勤甸職攝其國事南去鏺汗六百
享宴而罷有粟麥多良馬其俗善戰曾貳於突厥射
里東南去瓜州六千里甸職以大業五年遣使朝貢其後
不復至

女國

女國在蔥嶺之南其國代以女為王姓蘇毗字末羯在
位二十年女王之夫號曰金聚不知政事國內丈夫唯以
征伐為務山上為城方五六里人有萬家王居九層之樓
侍女數百人五日一聽朝復有小女王共知國政其俗婦
人輕丈夫而性不妬忌男女皆以彩色塗面一日之中或數
度變改之人皆被髮以皮為鞋課稅無常氣候多寒以射
獵為業出輸石朱砂麝香犛牛駿馬蜀馬尤多鹽恆
將鹽向天竺興販其利數倍亦數與天竺及党項戰爭其
女王死國中則厚斂金錢求死者族中之賢女二人為
女王次為小王貴人死剝取皮以金屑和骨肉置於瓶內
而埋之經一年又以其皮內於鐵器埋之俗事阿修羅神
又有樹神歲初以人祭或用獮猴祭畢入山祝之有一鳥
如雌雉來集掌上破其腹而視之有粟則年豐沙石則有
災謂之鳥卜開皇六年遣使朝貢其後遂絕○焉耆國都
山之南七十里漢時舊國也其王姓龍字突騎都城方
二里國內有九城勝兵千餘人國無綱維其俗奉佛書類
婆羅門婚姻之禮有同華夏死者皆焚而後服七日男子剪髮
有魚鹽蒲葦之利東去高昌九百里西去龜茲九百里皆
沙磧東南去瓜州二千二百里大業中遣使貢方物

龜茲

龜茲國都白山之南百七十里漢時舊國也其王姓白字蘇尼咥都城方六里勝兵者數千俗殺人者死劫賊斷其一臂并刖一足俗與焉耆同王頭繫綵維帶垂之於後坐金師子座土多稻粟菽麥銅鐵鉛錫麖皮氍毹鐃沙鹽綠雌黃胡粉安息香良馬封牛東去焉耆九百里南去于闐千四百里西去疏勒千五百里西北去突厥牙六百餘里東去南瓜州三千一百里大業中遣使貢方物

疏勒

疏勒國都白山南百餘里漢時舊國也其王字阿彌厥手足皆六指產子非六指者即不育都城方五里國內有大城十二小城數十勝兵者二千人王戴金師子冠土多稻粟麻麥銅鐵錦雌黃每歲常供送於突厥南有黃河西帶蔥嶺東去龜茲千五百里西去鏺汗國千里南去朱俱波八九百里東北去突厥牙千餘里東南去瓜州四千六百里大業中遣使貢方物

于闐

于闐國都蔥嶺之北二百餘里其王姓王字示閞練都城方八九里國中大城有五小城數十勝兵者數千人俗崇佛多僧尼王每持齋戒城南五十里有贊摩寺者云是羅漢比丘盧栴所造石上有辟支佛徒跣之跡于闐西五百里有比摩寺云是老子化胡成佛之所俗無禮義多賊盜濫縱王錦帽金鼠冠妻戴金花其王髮不令人見俗云若見王髮年必儉王多麻麥粟稻五果多園林山多美玉東去鄯善千五百里南去女國三千里西去朱俱波千里北去龜茲千四百里東北去瓜州二千八百里大業中頻遣使朝貢

鏺汗

鏺汗國都蔥嶺之西五百餘里古渠搜國也王姓昭武字阿利柒都城方四里勝兵者數千人王坐金羊牀妻戴金花俗多朱砂金鐵東去疏勒千里西去蘇對沙那國五百里西北去石國五百里東北去突厥牙二千餘里東去瓜州五千五百里大業中遣使貢方物

○吐火羅國都蔥嶺西五百里與挹怛雜居都城方二里勝兵者十萬人皆習戰俗奉佛兄弟同妻迭寢焉婦人一夫則戴一角帽夫兄弟多者依其次第之多少更加其角焉為婬生子屬其長兄其山穴中有神馬每歲牧牝馬於穴側必產名駒南去漕國千七百里東去瓜州五千八百里

挹怛

挹怛國都烏滸水南二百餘里大月氏之種類也勝兵者

五六千人俗善戰先時國亂突厥遣通設字詰強領其國
都城方十餘里多寺塔皆飾以金兄弟同妻婦人有一夫
者冠一角帽夫兄弟多者依其數為角南漕國十五百里
東去瓜州六千五百里大業中遣使貢方物

米國

米國都那密水西舊康居之地也無王其城主姓昭武康
國王之支庶字開拙都城方二里勝兵數百人西比去康
國百里東去蘇對沙那國五百里西南去史國二百里東
去瓜州六千五百里大業中頻貢方物

史國

史國都獨莫水南十里舊康居之地也其王姓昭武字迪
遮亦康國王之支庶也都城方二里勝兵千餘人俗同康
國比去康國二百四十里南去吐火羅五百里西去那色
波國二百里東去瓜州六千五百里
大業中遣使貢方物

曹國

曹國都那密水南數里舊是康居之地也國無王康國
王令子烏建領之都城方三里勝兵千餘人國中有得悉
神自西海以東諸國並敬事之其神有金人焉金破羅闊
丈有五尺高下相稱每日以駝五頭馬十匹羊一百口祭

之常有千人食之不盡東南去康國百里西去何國百五
十里東去瓜州六千六百里大業中遣使貢方物

何國

何國都那密水南數里舊是康居之地也其王姓昭武亦
康國王之族類字敦都城方二里勝兵千人王坐金羊
座東去曹國百五十里西去小安國三百里東去瓜州六
千七百五十里大業中遣使貢方物

烏那曷

烏那曷國都烏滸水西舊安息之地也王姓昭武亦康
國種類字佛食都城方二里勝兵數百人王坐金羊座東

比去安國四百里西南去穆國二百餘里東去瓜州七
千五百里大業中遣使貢方物

穆國

穆國都烏滸河之西亦安息之故地與烏那曷為鄰其
王姓昭武亦康國王之種類字阿濫密都城方三里勝
兵二千人東去烏那曷二百餘里西去波斯國四千
餘里東去瓜州七千七百里大業中遣使貢方物

波斯

波斯國都達曷水之西蘇藺城即條支之故地也其王字
庫薩和都城方十餘里勝兵二萬餘人乘象而戰國無死
刑或斷手刖足沒家財或剔去其鬚鬢戮毫排於項以為標異

八年三歲巳上出口錢四文妻其姊妹人死者奔屍于山

持服一月王著金花冠坐金師子座傅金脣於鬚頂以為

飾衣錦袍加瓔珞於其上士多良馬大驢師子白象大鳥

卵真珠頗黎獸魄珊瑚瑠璃碼碯水精瑟瑟呼洛羯呂騰

火齊金剛金瑜石銅鑌鐵錫錦疊細布氍毹氈金縷合青

越諾布檀金縷織成赤麞皮朱沙水銀薰陸鬱金蘇合青

木等諸香胡椒蓽撥石蜜半蜜千年棗東附子訶黎勒無食

子臨西去海數百里東去波斯每遣使貢

獻馬去海數百里東去穆國四千餘里西北去拂林四千

五百里東去瓜州萬一千七百里煬帝遣雲騎尉李昱使

通波斯尋遣使隨昱貢方物

漕國

漕國在葱嶺之北漢時罽賓國也其王姓昭武字順達

康國王之宗族都城方四里勝兵者萬餘人國法嚴整殺

人及賊盜皆死其俗淫祠葱嶺山有順天神者儀制極華

金銀鑌鐵為屋以銀為地王戴金魚頭冠坐金馬座多

骨其孔中通馬騎出入國王戴金魚頭冠坐金馬座多

槽墨豆蓑饒象馬封牛金銀頗鑌朱沙青黛安息

青木等香石家羊蜜黑鹽阿魏菜白附子比去瓜州

百里東比刼國六百里東比去瓜州六千六百里去大業七

遣使貢方物

附國

附國者蜀郡西北二千餘里即漢之西南夷也有嘉良夷

即其東部所居種姓自相率領土俗與附國同言語少殊

不相統一其人並無姓氏附國王字宜繒其國南北八百

里東南十五百里無城柵近川谷傍山險俗好復讎故壘

石為碉而居以避其患其碉高至十餘丈下至五六丈每

級文餘以木隔之基方三四步碉上方二三步狀似浮圖

於下級開小門從內上通夜必關閉以防賊盜國有萬餘

家號令自王出嘉良夷政令繫之酋帥重罪者死輕刑罰

牛人皆輕捷便於輕剽漆皮為牟甲弓長六尺以竹為弦

妻其群母及嫂兒弟死父兄亦納其妻好歌儛鼓簧吹長

笛有死者無服制置屍高床之上沐浴衣服被以牟甲覆

以獸皮子孫不哭帶甲儛劍而呼云我父為鬼所取我欲

報冤殺鬼自餘親戚哭三聲而止婦人哭必以兩手掩面

死家殺牛親屬以酒脯相遺共飲嚼而瘞之死後十年而

太非其罪必集親賓殺馬動至數十四立其門如祀人神而

之其俗以皮為帽形圓如鉢或帶羃蘺全身鐵鎧手貫鐵

金剥牛脚皮為靴項著鐵鎖手貫鐵釧王與酋帥金為首

飾胷前懸一金花徑三寸其土高飛候涼多風少雨

土宜小麥青稞出金銀多白雉水有嘉魚鱗細大業四年其王遣使素福等八人入朝明年又遣其
子其林率嘉良夷六十人朝貢欲獻良馬以路險不通
請開山道以修職貢煬帝以勞人不許嘉良夷並在南流甲皮爲舟而濟附國南
十丈附國有水闊百餘丈西有女國其東北連山縣豆數千里
有薄緣夷風俗亦同西流
接於党項往往有羌大小左封昔衛蹇延白狗向人望族
於党項或役屬吐谷渾或附國大業中來朝貢緣西南
當遂渠步桑悟千碉並在深山窮谷無大君長其風俗畧同
林臺春桑利豆㝷桑婢藥大硤白蘭比利模徒郍鄂

邊置諸道惣管以遙管之

史臣曰自古開遠夷通絕域必因宏放之主皆起好事之
臣張騫鑿空於前班超投筆於後或結之以重寶或懼之
以利劍投軀萬死之地以要一旦之功皆由主尚來遠之
名臣殉輕生之節是知上之所好下必有甚者也煬帝規
摹宇宙掩吞秦漢裒長矩方進西域圖記以希湯其心故
乘親出玉門關置伊吾旦末而關右暨於流沙騷然無聊
生業若使此狄無厭東來苦捷必将修輪臺之戍築烏壘
之城求大秦之明珠致條支之馬刄往來轉輸將何以堪
其襲哉亡者哲王之制方五千里務安諸夏不事荒遠

威不能加德不能被蓋不以四夷勞中國不以無用害有
用也是以秦戍五嶺漢軍三邊或道殣相望或戶口減半
隋室恃其強盛亦狼狽於清海此皆一人失其道故億兆
懼其毒若深思即叙之義固辭都護之請遠其千里之馬
不求白狼之貢則七戎九夷候風重譯雖無遠東之捷豈
及江都之禍乎

列傳卷第四十八

特進臣魏　徵上

突厥

突厥之先平涼雜胡也姓阿史那氏後魏太武滅沮渠氏
阿史那以五百家奔茹茹世居金山工於鐵作金山狀如
兜鍪俗呼兜鍪爲突厥因以爲號或云其先國於西海之
上爲鄰國所滅男女無少長盡殺之至一兒不忍殺則
足斷其臂棄於大澤中有一牝狼每啣肉至其所此兒因食
之得以不死其後遂與狼交狼有孕焉後鄰國者復令人
殺此兒而狼在其側使者將殺之其狼若爲神所憑歘然

列傳四十九　隋書八十四　一

至於海東止於山上其山在高昌西北下有洞穴狼入其
中遇得平壤茂草地方二百餘里其後狼生十男其一姓
阿史那氏最賢故爲君長故牙門建狼頭纛示不忘本也
有阿賢設者率部落出於穴中世臣茹茹至大葉護種類
漸強當使魏之末有伊利可汗以兵擊鐵勒大敗之降五
萬餘家遂求婚於茹茹茹主阿那瓌大怒遣使罵之伊
利斬其使率衆龍茄茹茹破之辛第逮可汗木杆而
且卒捨其子攝圖立其弟俟斗稱爲木杆可汗木杆而
多智遂擊茹茹滅之西破挹怛東走契丹北比方戎狄悉歸之
杭衡中夏後與西魏師入侵東魏至于太原其俗畜牧爲

車隨逐水草不恒厥慮弩旗纛被髮左衽食肉飲酪
身衣裘褐賤老貴壯其官有葉護次設特勒次俟利發次吐屯
發下至小官凡二十八等皆世爲之有角弓鳴鏑甲矟刀
矟善騎射性殘忍無文字刻木爲契候月將滿則將抄
謀反叛殺人者皆死淫者割勢而刻馬盜者則償贓十倍
之以女無女則輸婦財折支體者輸馬傷人目者償
有死者停屍帳中家人親屬多殺牛馬而祭之遶帳號呼
以刀劃面血淚交下七度而止於是擇日置屍馬而焚
之取灰亞弈表本爲塋立屋其中圖畫死者形儀及其生
時所經戰陣之狀嘗殺一人則立一石有至千百者父兄

列傳四十九　隋書八十四　二

死子弟妻其群母及嫂五月中多殺羊馬以祭天男子好
樗蒲女子踏鞠飲馬酪取醉歌呼相對敬鬼神信巫覡重
兵死而恥病終大抵與匈奴同俗木杆在位二十年卒復
捨其子大邏便而立其弟是爲佗鉢可汗佗鉢以攝圖爲
爾伏可汗統其東面又以其弟褥但可汗子爲步離可汗
居西方時佗鉢控弦數十萬中國憚之周齊爭結姻好傾
府藏以事之佗鉢益驕每謂其下曰我在南兩兒常孝順
何患貧也齊有沙門惠琳被掠入突厥中因謂佗鉢曰齊
國富強者爲有佛法耳遂說以因緣果報之事佗鉢聞而
信之建一伽藍遣使聘于齊氏求淨名涅槃華嚴等經并

十誦律佗鉢亦躬自齋戒遶塔行道恨不生內地在位十

年病且卒謂其子菴羅曰吾聞親莫過於父子兄弟之親

其子委地於我我死汝當避大邏便以其母賤不肯服菴

立大邏便以其母賤衆不服及佗鉢卒國中將

最後至謂國中曰若立菴羅者我當率兄弟以事之如立

大邏便我必守境利刃長弓以相待矣攝圖國長國中相

人皆憚莫敢拒者竟立菴羅為嗣大邏便不得立忿且雄

菴羅每遣人罵之菴羅不能制因以國讓攝圖國中相

與議曰四可汗子攝圖最賢因迎立之號沙鉢略治都斤山

莫何始波羅可汗一號沙鉢略菴羅降居獨洛

水柵第二可汗大邏便乃請沙鉢略曰我與爾俱可汗子

各承父後爾今極尊我獨無位何也沙鉢略患之以為阿

波可汗遠領所部沙鉢略勇而得衆北夷皆歸附之及高

祖受禪待之甚薄北夷大怨會營州刺史高寶寧作亂沙

鉢略與之合軍攻陷臨渝鎮上勑緣邊修保鄣峻長城以

備之仍命重將出鎮幷沙鉢略妻宇文氏之女曰千金

公主自傷宗祀絕滅每懷復隋之志日夜言之於沙鉢略

由是悉衆為寇控弦之士四十萬上令柱國李崇屯幽州達奚

泊蘭州總管叱李長义守臨洮上柱國馮昱屯乙弗

長儒據周槃皆為虜所敗於是縱兵自木硤石門兩道來

冠武威天水安定金城上郡弘化延安六郡咸盡天子震

怒下詔曰往者羯道負恩親尋殄滅分割諸夏

突厥多屬俱通二國周人東慮恐齊好之深齊氏西虞懼

周交之厚謂虜意輕重國逐安危非徒並有大敵故勞費

減之邊急之地竭生民之力供其來往傾府庫之財棄於沙

漠華夏之防竭生民之力供其來往傾府庫之財棄於沙

恩資而為賊違天地之意節不為虜

貫盈薄賦國用有餘因入賊之恚加賜將士息道路

臣下之勞除既往之釁以為厚歛烽戍殺害吏民無歲月

而不有也惡積禍盈非止今日朕受天明命子育萬姓豈

民務於耕織清邊制勝成策在心凶醜愚闇未知漸身將

大定之日比戰國之時秉昔世之驕結今時之恨近者盡

其集密加犯比邊朕布置重狼所在遮截望其深入一舉

滅之而遠鎮偏師逢而權剿未及南上運已畢徵父叔相猜

示其便違頭前攻酒泉其後內薄延袤紐控弦東夷諸國盡挾私

雖西戎達頭長皆有宿怨厥之比契之比契家法殘忍東夷諸國

叛沙鉢略近趣周槃其部內薄延袤紐羅把恆三國一時郎

利祭大為高麗靺鞨所破毗設文為紇支可汗所殺與

其為鄰皆頓顙謝部落之下盡異純氏千種萬類侉敵怨
偶涇舟拊心街悲積恨圓首力足皆人類也於此更切
朕懷彼彼地必徵袄作年將一紀乃獸為人語人作神言云
其國亡訖而不見每冬雷震觸地火生種類資給維藉水
畜相半舊居之所亦地無遷徙溪南偷存貶刻斯籍上
草去歲四時竟無雨雪川枯蝗暴卉木燒盡飢疫死亡人
天所忿驅就殺氣發壯夫肆憤領取名王之首思撻單于之肖
聚甲義士
雲歸霧集不可數也東極滄海西盡流沙縱百勝之兵橫
萬里之眾旦朝野之追踟望天崖而一掃此則王恢所說
其猶射癰何敵能當何遠不服但皇王舊跡比止幽都荒
趨之表文軌所棄其地不可而若得其民不忍皆殺無
勞兵革遠規滇海諸將令行義兼食旨有降者納有遠者
死異域殊方被其威刑卧鼓息烽斬勞終逸制御夷狄
使其不敢南望求服威抑放聽復舊廣闢邊境嚴治關塞
義在斯平何用侍子之朝寧勞渭橋之拜音告海內知朕
意焉於是以河間王弘上柱國豆盧勣賁柴定左僕射
高頻右僕射虞慶則並為元帥出塞擊之沙鉢略率阿波
貪汗二可汗等來拒戰皆敗走遁去時虜既而飢甚不能得食
於是粉骨為糧又多災疫死者極眾既而沙鉢略以阿波

驍悍忌之因其先歸襲擊其部大破之殺阿波之母阿
波還無所歸西奔達頭可汗者名玷厥沙鉢略之從
父也舊為西面可汗達頭大怒遣阿波率兵而東其部落
歸之者舊十萬騎遂與沙鉢略戰廢之貪汗可汗素
於阿波沙鉢略奪其眾而廢之貪汗亡奔達頭沙鉢略晉王
弟地勤察別統部落與沙鉢略有隙復以眾叛歸阿波連
兵不已各遣使詣闕請和求援上皆不許沙鉢略遣使致書
請為一子之例高祖遣開府徐平和
廣時鎮并州請因其豐而乘之上不許許曾千金公主上
書請為
盧設莫何始波羅可汗致書大隋皇帝大突厥天下賢聖天子伊利俱
至原告言語具開也皇帝是婦父郎是女夫郎是
兒例兩境雖殊情義是一全重疊親舊子子孫孫乃至萬
世不斷上天為證終不違負所有羊馬都是皇帝畜
生彼有繒綵都是此物彼此有何異也高祖報書曰大隋
天子貽書大突厥伊利俱盧設莫何始波羅可汗得書知
大有好心向此也既是沙鉢略可汗婦翁今特別遣大臣虞慶則
子不異既以親舊厚意常使之外今特別遣大臣虞慶則
稱病不能起且曰我父伯以來不向人拜慶則責而喻之千
彼看女復看沙鉢略陳兵列其寶物坐見慶則

金公主私謂慶則曰可汗豺狼性過與爭將翻噬人長孫晟
說諭之攝圖辭屈乃頓顙跪受璽書以戴於首既而大慙
其群下因相聚慟哭慶則又遣稱臣何
名爲臣報曰隋國稱臣猶此稱奴耳沙鉢略謂其屬曰何
天子奴虜僕射之力也慶則又遺
沙鉢略既爲達頭所困又東畏契丹遣使告急請將部落
度漠南寄居白道川內有詔許之詔晉王廣以兵援之給
以衣食賜以車服鼓吹沙鉢略因西擊阿波破擒之而阿
拔國部落乘虛掠其妻子官軍爲擊阿拔敗之所獲悉與
沙鉢略沙鉢略由是遂強勢盛其年沙鉢略上表曰大突厥

伊利俱盧設始波羅莫何可汗臣攝圖言大使尚書右僕
射虞慶則至伏奉詔書兼宣慈旨仰惟恩信之著逾久愈
明徒知負何不能荅謝伏惟大隋皇帝之有四海上契天
心下順民望二儀之所覆載七曜之所照臨莫不委質來
賓回首面內實萬世之一期求之古昔書未始
聞也突厥自天置以來五十餘載保有沙漠自王蕃隅地
過萬里士馬億數恒力兼戎夷抗禮華夏在於北狄宗與
爲大項者氣候清和風雲順序以華夏其有大聖興焉
況今被露德義仁化所及禮讓之風自朔漠野稽以天無
二日土無二王伏惟大隋皇帝真皇帝也豈敢阻兵恃險

偷竊名號令便感慕淳風歸心有道屈膝稽顙求爲藩附
雖復南瞻魏闕山川悠遠北面之禮不敢廢闕當今待子
入朝神馬歲貢朝夕恭承唯命是視至於削袵解辮革音
從律者俗已久未能改變闔國同心無不銜荷不任下情
曰沙鉢略稱雄漠北多歷世年自云豪盛每懷輕慢朕以
和猶是二國會作君臣便成一體情深義厚朕嘉之何已
天之休海外有截豈使朕自是賜誥諸事並不稱其名以
異之其妻可賀敦周千金公主賜姓楊氏編之屬籍改封

大義公主策拜庫合真爲柱國封安國公宴於內殿引見
皇后賞勞甚厚沙鉢略大悅於是歲時貢獻不絕七年正
月沙鉢略遣其子入貢方物因請獵於恒代之間又許之
仍遣人賜其酒食沙鉢略率部落再拜受賜賜沙鉢略一
手殺鹿十八頭齎尾舌以獻還至紫河鎮其牙帳爲火所
燒沙鉢略惡之月餘而卒上爲發哀三日遣太常弔祭焉
贈物五千段初攝圖以其子雍閭性懦遺令立其弟葉
護處羅侯雍閭閭遣使迎處羅侯將立之處羅侯曰我突
厥自木杆可汗以來多以弟代兄以庶奪嫡失先祖之法
不相敬畏汝當嗣位我不憚拜汝也雍閭間又遣使謂處

羅侯曰叔與我父共根連體我是校葉蜜有我作主令根
本及同校葉令叔父父之尊下我單稚又亡父之命令根發
平願叔勿疑相謀者五六輩維侯竟立是為葉護可汗以
雍虞閭為葉護遣使上表言狀上賜之鼓吹幡旗羅侯
雍虞閭背旨目蝀朗勇而有謀以逃生捿阿波既而上書
敵人以為得隋兵所助多而有降
請阿波死為愛憐念遠窮北海比為臣妾此之盛事振古
之盡也羅虞閭進曰頡伽施多那都藍可汗雍虞閭道
未聞臣敢再拜上壽其後處羅侯又西征中流矢而卒其

眾奉雍虞閭為王是為頡伽施多那都藍可汗每歲遣
使諸關賜賜物三千段每歲朝貢時有流人楊欽亡入
突厥中謬云彭國公劉昶與宇文氏謀及令大義公主發
兵擾邊都藍忌而執欽以聞并貢其第福但設部落
強盛都藍忌而執欽以聞斬其首於陣其年遣其福但特勤
獻于闐王杖上拜褥但為柱國康國公明年突厥部落大
人相率遣使貢馬萬匹羊二萬口駝牛各五百頭尋遣使
請緣邊置市與中國貿易詔許之平陳之後上以陳之
風賜大義公主心怃不平因書屏風為詩叙陳亡自
寄其辭曰盛衰等朝暮世道若浮萍榮實難叙中池臺終

自平富貴令何在空事寫冊青盃酒恒無樂弦歌詎有聲
余本皇家子飄流入虜庭一朝睹成敗懷抱忽縱橫古來
共如此非我獨申名唯有明君曲偏傷遠嫁情上聞而惡
之賜賚藩薄公主復與西面突厥泥利可汗連結上恐其
恐都藍不從遣奇章公牛弘蘇威斛律孝卿相繼為使
為藏將圖之會王弘美娥四人以嬙之時沙鉢
發怒遂殺大義公主者方於帳都藍達頭可汗有隙數相征伐上和
解之各引兵而去十七年突利遣使來逆女上舍之太常
禮遣牛弘蘇威斛律孝卿相繼為使人朝

教諭其禮妻以宗女安義公主上欲離間北夷故特厚其
禮遣牛弘蘇威斛律孝卿相繼為使人朝
三百七十輩實本居北方以尚主之故南徙度斤舊鎮
貢遂絕雍虞閭怒曰我大可汗也反不如染干於是朝
年文遣漢王諒並出朔州道右僕射高熲率將軍李徹韓僧壽出
趙仲卿並出朔州道右僕射楊素率柱國李徹韓僧壽出
靈州上柱國燕榮出幽州道僕射以擊之明
涼州盡殺其兄弟子姪遂度河入蔚州染干夜以五騎與
隋使長孫晟歸朝上令染干與雍虞閭使者因頭特勤相

13-850

辯詰淩牟辭直上乃厚待之雍虞間弟都速公葉其妻子
與突利歸朝土嘉之敕染干與都速六擭蒱稍稍輸以賞
物用慰其心夏六月高熲楊素擊砧嚴大破之拜染干為
意利珍豆啓民可汗華言意智健也啓民上表謝恩曰臣
既蒙堅立復改官名昔日敢公父恣除去奉事至尊不敢
違法上於朔州築大利城以居之是時安義主已卒上以
宗女義成公主妻之部落歸者甚眾雍虞間又擊之上以
復令入塞雍虞間侵掠不已遷於河南在夏勝二州之間

越國公楊素出靈州行軍摠管韓僧壽出慶州太平公史
發拃塑數百里東西拒河盡為啓民畜牧之地於是遣
萬歲出燕州大將軍姚辯出河州以擊都藍師未出塞而
都藍為其麾下所殺達頭自立為步迦可汗其國大亂遣
太平公史萬歲以朔州擊之遇達頭於大斤山虜不戰而
遁追斬首屬二千餘人晉王讓出靈州達頭逃而去尋而
遣其弟子俟利伐從磧東攻啓民上表陳謝曰大隋聖人莫緣可
路俟利伐退走入磧啓民上表發兵助啓民守要
汗懷義百姓如天無不覆也地無不載也諸姓蒙威恩可
赤心歸服並州部落歸聖人蒙威恩
住白道人民羊馬世長與大隋典羊馬也仁壽元年代州摠
晉重圍皮肉子萬世長與大隋典羊馬也或南入長城或

管韓洪為虜所敗於恆安詔楊素為雲州道行
軍元帥率啓民北征斛薛等諸姓初附于啓民至是而數
素軍河北值突厥阿勿思力俟斤等南度掠啓民男女六
千口雜畜二十餘萬而去素率上將軍梁默輕騎追之轉
戰六十餘里大破俟斤悉得人畜以歸啓民素又遣柱國
張定和領軍大將軍劉昇別路邀擊並多斬獲而還既
度河賊復掠啓民部落率騎范貴於磧谷東南奮
擊復破之追奔八十餘里是歲泥利可汗及華讓俱被鐵
勒所敗步迦尋亦大亂煬帝五部內從步迦舞吐谷渾啓
民遂有其眾歲遣朝貢大業三年四月煬帝幸榆林啓民

及義成公主來朝行宮前後獻馬三千四帝大悅賜物萬
二千段啓民上表曰已前聖人先帝莫緣可汗存在之日
憐臣賜臣安義公主種種無少短臣種末為聖人先帝憐
養臣兄弟姊妹臣相共殺臣臣當時無慮去向上看只見天
下看只見地實憶聖人先帝言語投命去來聖人先帝見
臣大憐臣死命養活勝於往前遣臣作大可汗坐著也其
突厥百姓死者以外還聚作百姓也至尊今還如聖人先
帝捉天下四方坐時百姓也至尊養活臣及突厥百姓實
今憶想聖人先帝養活事具奏不可盡並至尊臣民至尊
在臣今非是舊日突厥可汗臣即是至尊臣民至尊憐臣

將臣時乞依大國服飾法用
上聞伏願天慈不違所請表奏
帝以為不可乃下詔曰先王建
國夷夏殊風君子教民不求
變俗斷髮文身咸安其性卉服
其道弘矣何必變衣服削衽柱以長纓豈遂性
之情仍冀衣書若啓民以為磧
含之遠度衣服不同既辨要荒之叙庶類區別見天地
其部落酋長二十五百人賜物二十萬段其下各有差復下
詔曰德合天地覆載所以弗遺功格區宇聲教所以咸洎
至於挾山航海請受正朔襲冠解辮同彼臣民是故王會
納貢義彰前冊叫吽韓入臣待以殊禮突厥意利珍寶啓民
可汗志懷沈毅世修藩職性者挺年違難披足歸仁先朝
嘉此款誠授以徽號溟其甲兵之敖奴其破滅之餘復祀
於既亡之國繼絕於不存之地斯固施均旱苗澤漸要荒
者矣朕以薄德祇奉靈命播遠獸光融令緒是以親巡
朝野撫安藩服啓民深委誠心入奉朝觀率其種落拜首
斬獮言念冊勳良以君尚降璽敕式優悃典可賜路車
乘馬鼓吹幡旗賚拜不名位在諸侯王上帝親巡雲內近
金河而東北奉啓民所居啓民妻用上壽跪伏甚恭帝大悅

賦詩曰鹿塞鴻旗駐龍庭帳望風舉穹廬向日
開呼韓頓顙至屠耆接踵辭辯鑒璮韋韝獻酒梐
如漢天子空上單于臺帝賜啓民及主金甕各一及衣服
被褥錦綵特勒以下各有差先是高麗私通使啓民所
民推誠奉國不敢隱境外之交是日將高麗使人見勅令啓
牛弘宣旨謂之曰朕以啓民誠心奉國故親至其所禮
當性涿郡爾還之曰語高麗王知早來朝勿自竝懼存育
之禮當同於啓民如或不朝必將啓民巡行彼土使人
懼啓民仍怵從入塞詔令歸藩明年朝於東都禮
賜益厚具歲疾終上為之廢朝三日立其子咄吉世是為
始畢可汗表請尚公主詔從其俗十一年來朝於東都其
年車駕避暑汾陽宮八月始畢率其種落入冠圍帝於雁
門詔諸郡發兵赴行在所援軍方至始畢引去由是朝貢
逐絕明年復冠馬邑唐公以兵擊走之隋末亂離中國人
歸之者無數遂大強盛勢陵中夏迎蕭皇后置於定襄薛
與竇建德王世充劉武周梁師都本軹高開道之徒雖稱
尊號皆北面稱臣受其可汗之號使者往來相望於道也

突厥

西突厥

西突厥者木杆可汗之子大邏便也與沙鉢略有隙因分
為二漸以強盛東拒都斤西越金山龜茲鐵勒伊吾及西

域諸胡羣附之大邏便為處羅侯所執其國立軷素特勤
之子身為泥利可汗達漫立號泥撅處羅庈其毋
向氏本中國人生達漫立號泥撅處羅遇達頭亂遂留京師毋舍之
鴻臚寺處羅庈無恒處然多在烏孫故地復立二小
可汗分統所部一在石國北以制諸胡國一居龜茲北其
地名應娑官有俟發闥洪達以評議國事自餘與東國同
廿五月八日相聚祭神歲遣重臣向其先世所居之窟致
祭焉當大業初處羅可汗撫御無道其國多叛與鐵勒羣
相攻大為鐵勒所敗時黃門侍郎裴矩在敦煌引致西域

聞國亂復知處羅思其毋氏因奏之煬帝遣司朝謁者崔
君肅齎書慰諭之處羅甚踞受詔不肯起君肅謂處羅曰
突厥本一國也中分為二自相仇敵每歲交兵積數十年
而莫能相滅者明知啟民天子與處羅國其勢敵耳今啟民舉
其部落兵且百萬入臣天子甚有冊誠者何也但以惜漢
可汗而不能獨制故軍事未夫子以惜漢兵連二大國欲滅
可汗耳百官兆庶咸請許之天子弗違師出有日矣顧可
汗毋向氏本中國人歸在京師處于賓館聞天子之詔懼
可汗之滅旦夕守闕哭泣悲哀具以天子憐焉為其輟策
向夫人又匍匐謝罪因請發使以召可汗令入內屬竇乙加

因禮同於啟民天子從之故遣使到此可汗若稱藩拜詔
國乃求安而得延壽不然者則向夫人為詐天子之威而與之
取數而傳其首竇庭發大隋之兵資比番之衆左摶右挈以
擊可汗死亡何惜兩拜之禮剝慈毋之命慷
一句稱臣喪國也處羅曰處羅聞之然而起流涕再拜跪
受詔書既以道遠未得朝覲宜立一功以明臣節處羅曰
表至誠既以道遠未得朝覲宜立一功以明臣節處羅曰
故致兵強國富今可汗後附與之爭籠澒結怨於天子自
如何君肅曰吐谷渾者啟民少子莫賀咄設之毋家也今
天子又以義成公主妻於啟民畏天子之威而與之

絕吐谷渾亦因感漢故職貢不脩可汗若共謀誅之天子必
許漢擊其內可汗攻其外破之必矣然後身自入朝頁道路
無阻因見老毋不亦千乎處羅大喜遂遣使朝頁帝大悅西
狩六年遣待御史韋節召處羅令與車駕會於大斗拔谷
其國酋長射匱遣使來求婚裴矩因奏曰處羅不朝恃強
大且臣酋長請以計弱之分裂其國即易制也帝大怒無如之何適
子達頭之孫世為可汗君臨西面今聞其失職附隸於處
羅故遣使來以結援耳願厚禮其使拜為大可汗則突厥
勢分兩從我奏帝曰公言是也因遣裴矩朝夕至館微諷

13-853

諭之帝於仁風殿召其使者言處羅不順之意稱射匱有
好心吾將立為大可汗令發兵誅處羅然後當為婚也帝
取桃竹白羽箭二枚以賜射匱因謂之曰此事宜速使也得
前也使者返路經處羅所被劫掠適向高昌東保時羅漫山
免射匱聞而大喜興兵襲處羅處羅大敗棄妻子將左
右數千騎東走在路又被劫將向高昌東保時羅漫山
高昌王麹伯雅上狀帝遣裴矩將左右馳至王
門闕與昌城詎遣向氏使詣處羅所論朝廷弘養之義丁
帝曉諭之遂入朝羅稽首謝曰臣撫西面諸番不得早來
臨朝宮邑帝享之之處羅稽首謝曰臣撫西面諸番以七年冬諸番不得早來

朝拜今恭見遲晚罪責極深臣心裏悚懼不能道盡帝曰
往者與突厥相侵模不得安寧今四海既清與一家無異
朕旨飲存養遂性靈豈有如天上止有一箇日照臨莫不
安帖若有兩箇三箇日萬物何以得安比者亦知處羅懷
抱攜事故未不得早來相見今日見處羅懷抱歡喜吾處羅
亦當欣然不煩在意明年元會處羅上壽曰自天以下地
以上日月所照唯有聖人可汗今是大日願聖人可汗千
歲萬歲常如今日也詔留其累弱萬餘口令其處羅
關內居會寧郡處羅從征高麗賜號為曷薩那可汗賞賜
賜其厚十年正月以信義公主嫁焉賜錦綵袍千具綵萬

四帝將復其故地以遼東之役故未遑也每從巡幸江都
之亂隨化及至河北化及將敗奔歸京師為北蕃突厥所
害

鐵勒

鐵勒之先匈奴之苗裔也種類最多自西海之東依據山
谷往往不絕獨洛河北有僕骨同羅韋紇拔野古覆羅並
號俟斤蒙陳吐如紇斯結渾斛薛諸姓勝兵可二萬伊
吾以西焉耆之北傍白山則有契弊薄落職乙咥蘇婆那
曷烏讙紇骨也咥於尼護等勝兵二萬金山西南有薛
延陁咥勒兒泥繄達拽等一萬餘兵康國北傍阿得水則
有訶咥昌嶬撥忽比千具海曷比悉何嵯蘇拔也末渴達
等有三萬許兵得嶷海東西有蘇路羯三索咽蔑促隆忽
等諸姓八千餘兵拂林東則有恩屈阿蘭北褥九離伏嗢昏
等近二萬人北海南則有都波雖姓氏各別總謂為鐵勒
並無君長分屬東西兩突厥居無恒所隨水草流移人性
凶忍善於騎射貪婪尤甚以寇抄為生近西邊者頗為種
植多牛羊而少馬自突厥有國東西征討皆資其用以制
北荒開皇末晉王廣之征突厥處羅可汗擊鐵勒於是
分散大業元年突厥處羅可汗擊鐵勒諸部厚斂其物
又猜忌薛延陁等恐為變逆集其魁師數百盡誅之由

是一時反叛拒戰羅途立俟利發俟斤勤略歌榜為肋勿
真莫何可汗居污污山復立薛延陀內俟斤字也哑為小
可汗處羅可汗敗莫何可汗始太莫何可汗為勇毅絕倫其得
眾心為鄰國所憚伊吾高昌為著諸國恥附之其俗大抵
與突厥同唯丈夫婚畢便就妻家待產乳男女然後歸合
死者埋殯之此其異也大業三年遣使貢方物自是不絕

奚

奚本曰庫莫奚東部胡之種也為慕容氏所破遺落者竄
匿松漠之間其俗甚為不潔而善射獵好為寇鈔初臣於
突厥後稍強盛分為五部一曰辱紇王二曰莫賀弗三曰
羿箇四曰木昆五曰室得每部俟斤一人為其帥隨逐水
草頗同突厥有阿會氏五部中為盛諸部皆歸之每與奚
冊相攻擊虜獲射畜因而得實死者以葦薄裹屍懸之樹
上自突厥稱藩之後亦遣使人朝或通或絕最為無信大
業時歲遣使貢方物

契丹

契丹之先與庫莫奚異種而同類並為慕容氏所破俱竄
於松漠之間其後稍大君長龍之比數百里其俗頗與靺
鞨同好為寇盜父母死而悲哭者以為不壯但以其屍置

列傳先 隋志 八四 十九

於山樹之上經三年之後乃收其骨而焚之因酹而祝曰
冬月時向陽食若我射獵時使我多得豬鹿其無禮頑嚚於
諸夷最甚當後魏時為高麗所侵部落萬餘口求內附止
于白貔河其後為突厥所逼又以萬家寄於高麗開皇四
年率諸部落內附詔令居於渴奚那頡之北開皇
故地六年其諸部相攻擊久不止又與突厥相侵高祖使
使責讓之其國遣使詣闕頓顙謝罪高祖納之撫納之
等皆高麗率眾內附高祖納之安置於渴奚那頡之北開
皇末其別部四千餘家背突厥來降上方典突厥和好重
失遠人之心悉令給糧還本勑突厥撫納之固辭不弓部

列傳先九 隋志八四 二十

落漸眾逐比從逐水草當遼西正北二百里依託紇臣水
而居東西亘五百里南北三百里分為十部兵多者三千
少者千餘逐寒暑隨水草畜牧有征伐則酋帥相與議之
興兵動眾合符契契丹沙鉢客可汗遣吐屯潘垤統之
冊之類也其南者為契丹在北者號室韋分為五部不相
統攝所謂南室韋北室韋鉢室韋深末怛室韋大室韋並
無君長人民貧弱突厥常以三吐屯摠領之南室韋在突
厥北三千里土地卑濕至夏則移向西北貸勃欠對二山多
草木饒禽獸又多蚊蚋人皆巢居以避其患漸分為二十
五部每部有餘莫弗瞞咄猶酋長也死則子弟代立嗣絕

則擇賢豪而立之其俗丈夫皆被髮婦人槃髮衣服與契
丹同乘牛車纏裙為屋如突厥氈車之狀度水則束薪為
栰或以皮為舟者馬則織草為鞦編木為轡寢則屈木以
蘧蒢上馬則載行以豬皮為席編木為藉婦人將去然後送牛
而坐氣候多寒田收甚薄無羊少馬多豬牛造酒食噉與
靺鞨同俗婚嫁之法二家相許婚輒盜婦女將去然後送牛
馬為娉更將歸舍待有娠乃相隨還家婦人不再嫁以為
死人之妻難以共居部落共為大棚人死則置屍其上居
喪三年年唯四哭其國分為九部落繞吐紇山而居其部落
行十一日至北室韋分為九部落

深帥號乞引莫賀咄每部有莫何弗三人以貳之氣候最
塞雪深没冬則入山居土穴中牛畜多凍死饒麋鹿
射獵為務食肉衣皮鑿氷没水中而網射魚鼈地多積雪
懼陷坑穽騎木而行俗皆捕貂為業冠以狐狢衣以魚皮
又比行十里至鉢室韋依胡布山而住人衆多於北室韋不
知為幾部落用樺皮蓋屋其餘同北室韋室韋西南
四日行至深末怛室韋因水為號也冬月穴居以避太陰
之氣又西北數千里至大室韋徑路險阻語言不通尤多
貂及青鼠比室韋時遣使貢獻餘無至者
史臣曰四夷之為中國患也久矣又突比狄尤甚焉種落寔繁

送雄邊塞年代遷邈非一時也五帝之世則有獯粥焉其
在三代則獫狁焉逮乎兩漢則匈奴焉當塗典午則烏九
鮮卑為後魏及周則蠕蠕突厥為厲其曹豪相繼互為君
長者也皆以畜牧為業侵鈔為資候來忽往雲飛鳥集之
謀之士也和親於廟堂之上折衝之臣論舊情擊於塞垣之
下然則事無恒規權無定勢親疎服叛在其盛衰之
衰則欵塞頻顙盛則驕鶱卷攘掠申異態強弱相形莫相
所不及冠帶所不加唯利是視不顧盟誓至於莫相救謀
驕黠憑陵和親約結之謀行師用兵之事前史論之備矣
故不詳而究焉及蠕蠕衰微突厥始大至於木扞逐雄翳

野東極東胡舊境西盡
陰南向以臨周殊二國莫之能抗爭請盟好求結和親與
周合從終于齊國高祖遷鼎達頭可汗厥庭徙孔熾員民保塞下
秦郊內自相圖遂以乖達頭可汗遠道啓民願保塞下
於是推工固存返其舊地助討餘燼部眾逐強卒於仁壽
不侵不叛暨平始申禮防帝撫之非道雖建名號莫不
之圍俄羣塞並興於此後浸雄盛豪傑雖建名號莫不
請好息民屬之分置官司總統中國子女玉帛相繼於道
使者之車往來結轍自古蕃夷驕慆未有若斯之甚也又
聖哲膺期掃除氛祲暗於時孌酒懷旅拒率其群醜屢

隋亭鄰殘毀我雲代搖蕩我太原肆掠於淫陽飲馬於
渭汭聖上奇謀潛運神機密動遂使百世不羈之虜一舉而
戚瀚海龍庭之地畫為九州幽都窮髮文民隸於編戶實
帝皇所不及書契所未聞申此言之雖天道有盛衰亦人
事之工拙也加以為而弗恃有而弗居類天地之含容同
陰陽之化育斯乃大道之行也固無得而稱焉

夫肖形天地人稱最靈取其知父子之道識君臣之義異
夫禽獸者也傳曰人生在三事之如一然則君臣父子其
道不殊父不可以不父子不可以不子臣不可以不臣君
不可以不臣故曰君猶天也天可讎乎是以有罪歸荆
見危授命竭忠貞以立節不臨難而苟免故聞其風者懷
夫慷慨千載之後莫不願以為臣此其所以生榮死哀
貴惟哲者矣至於委質策名忝世祿出受榮寵行弑
衆惟恇惶之謀詭辭機衡肆趙高之姦亢世荷權寵行弑
之姦逆生靈塗炭所雖疾大家不食其餘雖荐社汙宮轘必
誅之置斷棺梟骨明篆殺之必可以懲夫既往未足深誠
將來昔孔子脩春秋而亂臣賊子知懼柳使之求名不得
欲蓋而章者也參故正其罪名以冠於篇首庶後之君子
見作者之意焉

宇文化及　弟智及

宇文化及及左翊衛大將軍述之子也性兇險不循法度
好乘肥挾彈馳騖道中由是長安謂之輕薄公子煬帝為
太子時常領千牛出入卽內累遷至太子僕數以受納貨賄
再三免官太子嬖昵之俄而後職又以其弟士及尚南陽

公主化及由此益驕縱公卿間言辭輒見侮人
子女狗馬玩珍必請託求之常與屠貨者遊以規其利煬
帝即位拜太僕少卿益恃舊恩貪冒彌甚大業初煬
幸榆林化及與弟智及違禁與突厥市易帝大怒將斬
之乃釋并智及並賜述為奴述既後漸解衣辮髮以公主故
月還至青門外欲斬之而後入城煬帝追憶之遂起化
及為右屯衛將軍智及為將作少監是時李密據洛煬
帝懼留淮左不敢還都時李密據洛問驍
見帝無西意謀叛歸時武賁郎將司馬德戡領驍果
屯於東城風聞六七欲叛未之審遣校尉元武達陰問驍
果知其情因謀構逆共所善武賁郎將元禮直閣裴虔通
互相扇惑曰今聞陛下欲築宮丹楊勢不還矣所部驍果
莫不思歸人人耦語並謀逃去我輩雖欲告之性命忌聞
兵走即恐先事見誅今知而不言其後軍發又當族滅我
矣進退為戮將如之何虔通曰上實爾誠為公憂之德
戡謂兩人曰我聞關中陷沒李孝常以華陰叛陛下收其
二弟將盡殺之吾等家屬並在西安得無此慮且虔通司
子弟已世誠不自保正恐旦暮及誅計無所出德戡曰同
憂當異為言計取驍果若亡去庶可與俱去虔通等曰誠如相
求生之計無以易此因遞相招誘又轉告內史舍人元敏

鷹揚即將孟秉符璽即李覆牛方裕直長許弘仁薛良城
門即唐奉義醫正張慎等目夜聚博約為刎頸之交情相
歡昵言無迴避於座中輒論叛計並夜驟
禁令驍果守之中外交通所謀益急趙行樞者李孝實在
其家產巨萬先交智及勤待楊士覽者樂人之子
叛劫十二衛武馬虜掠居人財物結黨西歸智及曰不
智及素往悍聞之喜即共見德戚期以三月十五日舉兵同
事此帝王業也德戚然之行撝薛良請以化及為主相約
既定方告化及化及性本駑怯初聞大懼色動流汗久

之乃定義寧二年三月一日德戚欲宣言告衆恐以人心
未一更誦詐以脅驍果謂許弘仁張慎曰君是良醫
國家任使出言誣衆必信君可入備身府告識者言陛
下聞說驍果欲叛多醞毒酒因亨會盡鴆殺之獨與南
人留此弘仁等宣布此言驍果聞之遞相告語謀叛逾
急德戚知計既行遂以十日揔名故人諭以所為衆皆
伏曰唯將軍命至夜三更德戚於東城內集兵得數萬人舉
門皆不下鑰至夜三更德戚奉義主開城門乃與虔通相知諸
人與城外相應帝聞有聲問是何事虔通偽曰草坊被
火與城外救火故譫覽耳中外隔絕帝以為然孟秉智及於
燒外人救火故譫覽耳中外隔絕帝以為然孟秉智及於

城外得千餘人劫俠衛武賁馮普樂共布分捉郲
下街巷至五更中德戚授甲以換諸門律士虔通
因自開門領數百騎至成象殿殺將軍獨孤盛武賁郎
將元禮遂引兵進殿將虔通兵以換諸門馳令永
巷間陛下不安在有美人出方指云在西閣從往執帝謂
慶通曰卿非我故人乎何恨而反慶通不敢反但將
士思歸奉陛下還京師耳帝曰與汝歸慶通因勒兵守
之至旦孟秉以甲騎迎化及至未知事果戰慄不能言
人有謁之者但低頭據鞍答云罪過罪過時士及在公主第弗
之知也智及遣家僮莊桃樹就第殺之桃樹不忍執諸

智及父之乃見釋化及至城門德戚迎謁引入朝堂號為
丞相令將帝出江都門以示群賊因復將入遣令狐達
弒帝於宮中又執朝臣不同已者數十人及諸外戚無少
長害之唯留秦孝王子浩立以為帝十餘目尋江都人舟
楫從化及反西歸至顯福宮宿公蔡孟才折衝即將沈光等
慨然時方收取狀每於帳中南面端坐大有自事者嘿然不對
謀擊化及及反為所害化及於是入據六宮其自奉養一如
煬帝故事每於帳中南面端坐大有自事者嘿然不對
下牙時方收取狀共奉義方裕良慎等於決之行至
徐州水路不通復差人車牛得二千兩並載宮人珍寶其
戈甲戎器悉令軍士負之道遠疲極三軍始怨德戚失望

竊謂行樞曰君大謬誤我嘗令撥亂必藉英賢化及庸暗
看羊小在側事將必敗富君之何行樞曰在我等爾廢之
何難因共本宇文道師尹正卿等謀以後軍萬餘兵襲
殺化及更立德戡爲主弘仁知之密告化及盡收捕德戡
及其支黨十餘人皆殺之引兵向東郡通守王軌以城降
之元文都推越王侗爲主遣使李密爲太尉令擊王軌以城道
與勅以烽火相應化及度河保黎陽倉及數戰
不利其將軍千弘達爲密所擒送於侗所鏃烹之化及糧
盡慶永濟渠與密決戰於童山遂入汲郡求軍糧又遣使
徐勅擄黎陽倉化及度河保黎陽縣分兵圍壁清淇
大懼自汲郡將率衆圖以北諸州其將陳智略率嶺南驍
果萬餘人張童兒率江東驍果數千人皆叛歸李密化及
當有衆二萬比走魏縣張愷等與其將陳伯謀去之事
覺爲化及所殺腹心稍盡勢日蹙化及自知事已去計但相
聚酣宴奏女樂醉後因兀智及曰我初不知由汝爲計強
來立我今所向無成豈不由汝乎持其兩子而泣智及怒曰事捷之
日都不賜尤及其將敗乃欲歸罪何不殺我以降建德兄
弟數相闘閱言無長幼醒而後飲以此爲恒其衆多亡
今者滅族豈不由汝平持其兩子而泣智及怒曰事捷之

自知必敗化及歎曰人生故當死豈不一日爲帝乎於是
鴆殺浩偕皇帝位於魏縣國號許建元爲天壽署置百
官攻元寶藏於魏州不剋又爲所敗亡失千餘人乃東
北趣聊城將招撫海曲諸賊時遣士及徇濟北求餽餉大
唐遣淮安王神通安撫山東并招化及不從神通進兵圍之
十餘日不剋而退寶建德先事之與共居守至是薄
薄聞其多寶物詐來投附化及悉露其衆先執智及武
引建德入城生禽化及及悉霧其衆先就智及元武幸孟
東楊士覽許弘仁皆斬之乃以檻車載化及之河間數以
殺君之罪并二子承基承趾皆斬之傳首於突厥義成
公主梟於虜庭士及自濟北西歸長安智及幼頑兇好與
人君皇聞所共遊處皆不逞之徒相聚鬬雞晉放鷹狗初
以父功賜爵漢陽郡公燕淫醜穢無所不爲其妻長孫妬
而告述述雖爲隱而大忿之纖芥之讎必加鞭笞弟士及
特尚主文輕忽之唯化及每事營護父再三欲殺事輒死免
之甚頗相親眤遂勸化及及遣人入番命帝作少監其抗
誅述獨證智及罪惡而爲化及請命帝因兩釋述將死當
表言其凶勅必且破家帝後愍之授智及將軍少監其江
都殺逆之事智及與之謀也化及爲丞相以爲左僕射領
十二衛大將軍化及借號封齊王寶建德破聊城獲而

斬之并其黨下餘人皆暴屍梟首

司馬德戡

司馬德戡扶風雍人也父元謙仕周為都督德戡幼孤
以屠豕自給有善門釋粲通德戡毋和氏遂撫教之因解
書計開皇中為侍官漸遷至大都督從楊素出討漢王
諒充內營左右進止便僻俊辯多數計素太善之以勳
授儀同三司大業三年為鷹揚郎將從遼在進位正
驍果萬餘營於城內因隋末大亂乃率驍果謀及語在化
議大夫遷武賁郎將從至江都領左右備身
及事中竊復煬帝與其黨黑亞秦等推化及為丞相化及

【列傳三十 南志六十五 七】

首封德戡為溫國公邑三千戶加光祿大夫仍統本兵化
及意甚忌之後數日化及署諸將分配士卒乃以德戡
為禮部尚書外示美遷實奪其兵也由是憤怨所獲賞
物皆略於智及智及為之言行至徐州捨舟登陸令德戡
將後軍乃與趙行樞本本尹正卿宇文導師等謀襲化及
遣人使于孟海公結為外助遷延未發以待報許弘仁
張愷戡不知事露出營於謂因命執之并其黨與化及
責之曰與公勠力共定海內世於馬死今始軍成纔得同
守之富貴公文何為反也德戡曰本殺昏主苦其毒害

推立足下而又甚之逼於物情不獲已也化及不對命送
幕下縊而殺之時年三十九

裴虔通

裴虔通河東人也初煬帝為晉王以親信從稍遷至臨門
校尉煬帝即位擢舊左右授宣惠尉遷監門直閣累從
征役至通議大夫與司馬德戡同謀作亂先開宮門騎至
成象殿殺將軍獨孤盛擒帝于西閣化及以虔通為光
祿大夫苦國公化及引兵之北也令鎮徐州化及敗後歸
於大唐即授徐州惣管轉辰州刺史封長蛇男尋以隋朝
殺逆之罪除名徙於嶺表而死

【列傳五十 隋志八十五 八】

王充

王充字行滿本西域人也祖支頹耨從居新豐頹耨死
其妻少寡與儀同王粲野合生子曰瓊粲愛而養之因姓王氏官
至懷汴二州長史充捲髮豺聲沉猜多詭詐頗窺書
傳尤好兵法曉龜策推步盈虛然未嘗為人言也閉
中為左翊衛後以軍功拜儀同授兵部員外善候人主顏色
習法律而舞弄文墨高下其心或有駮難知其不可莫能屈稍為明辯煬帝
飾非辭義銳起眾雖知其不可莫能屈稍為明辯煬帝
時累遷至江都郡丞時帝數幸江都充善候人主顏色阿

13-861

諛順百每入言事帝善之又以郡丞領江都官監乃雕飾
池臺陰奏遠方珍物以媚於帝由是益昵之大業八年
隋始亂充內懷徼倖甲身禮去陰結豪俊多收眾心江
淮間人素輕悍又屬盜賊蠭起人多犯法有繫獄抵
罪者充皆枉法出之以樹私恩及楊玄感反吳人朱燮晉
陵人管崇起兵江南以應之自稱將軍擁眾十餘萬帝遣
將軍吐萬緒魚俱羅討之不能剋充募江都萬餘人擊
頻破之每有剋捷必歸功於下所殺獲多十年齊郡賊王
無所受由此人爭為用功最多帝以兵拒之而贏
長白山寇諸郡至盱眙有眾十餘萬充以

師示弱保梁山為五柵相持不戰後因其懈弛出兵奮
擊大破之乘勝盡滅賊讓以數十騎遁去斬首萬八千
軍資莫不盡獲帝以充有將帥才略始遣領兵討諸小盜
所向皆破之然性矯偽詐為善能自勤苦以驍為愛
年突厥圍帝於鴈門充盡發江都人將往赴難在軍中反
首坦面悲泣無度曉夜不解甲藉草而臥帝聞之以為愛
已益信任之十二年選為江都通守時散次之格謙為盜
數年兵十餘萬在豆子䴚中文師破斬之威振群賊文明自
月破之於南陽斬首數萬虜獲極多後還江都帝大悅自
執杯酒以賜之時充又結好內乃言江淮良家有美女亞顧備

溺死者萬餘人時天寒大雪兵士既度水衣皆霑濕在道
有勝負充乃引軍度洛水逼倉城李密與戰充敗績赴水
討馬發中詔遣充為將軍於洛口以拒密前後百餘戰互
數卻光祿大夫裴仁基以武牢降于密帝惡之大發兵將
供進是後益見親昵遇李密陷興洛倉進逼東都官軍
沉舩溺之者前後十數或有發露充起使者苦後於淮泗中
資之後令以舩送東京而道路賊起使充苦後於淮泗中
云勅別用不顯其實有合意者則厚賞充或不中者又以
相者取正庫及應入京物以娉納之所用不可勝計帳上
後庭無由自進帝逾喜因密令閱視諸女姿質端麗合法

凍死者又數萬人比至河陽纔以千數充自繫獄請罪越
王侗遣使赦之名令還都收合亡散後得萬餘人屯於含
嘉城中不敢復出宇文化及殺帝於江都充與元
文都將軍皇甫無逸右司郎盧楚侗奉侗為主充以充為太
尉尚書令密遣使以兵拒化及於黎陽道使告捷報
皆悅充獨謂其黨下諸將曰文都之輩刀筆吏耳吾觀
其勢必為李密所擒吾屬無類矣出此言以激怒其眾
前後已多一旦為之下吾屬無類矣出此言以激怒其眾
文都知而大懼與楚等謀將因充入內伏甲而殺之期有日

矣將軍段達遣其女婿張志以
楚謀告之充夜勒兵圍宮城
將軍費曜田闡等與戰於東大陽門外曜軍敗充遂攻
門而入無逃以單騎道走獲曜於東大陽門外曜軍敗充令和
門言於侗曰元文都等欲執皇帝降于本密遣充以
告臣非敢謀反誅反者其欲執皇帝變之將宮門尚閉充令以
陳兵衛之令將帥乘城拒難兵敗文都獲文都以
門以納充充恐走者乃入謁頓首流涕而言曰
侗等無狀謀相居害急為此不敢背國與之盟曰
尋遣韋節等詣侗令拜為尚書左僕射撓督內外諸軍事
又校其兄慣為內史令入居禁中未幾牽密帝破化及還其

《列傳半　隋傳八十五　〈十一〉》

勁兵良馬多戰死士卒皆勤充欲乘其敝而擊之恐人不
[乃假託鬼神言周公令立祠於洛水之上遣巫宣
言周公欲令僕射急討李密當有大功不則兵皆疫死
充兵多楚人俗信妖妄故出此言以惑之眾皆請戰充
簡練精勇得[萬餘人馬亦數千]陳於洛水南岸軍偃師比
出時營新得志於化及有輕充之心不設壁壘充夜遣
二百餘騎潛入比山伏溪谷中令軍林馬裝于俊既而宵
源人奔馬馳還明而蔣密密寇出比原東高下馳壓密營
中亂無能拒者即縱火寮軍大驚而潰降其將張童兒
令戰其伏兵破山而上楷登比原東高下馳壓密營

《列傳半　隋傳八十五　〈十二〉》

陳智昱進下慢師初充兄偉及子玄應隨化及至是盡無獲之又執密密長史郅元真妻子
而四之於城中至慢師初
司馬鄭慶象之母及諸將子弟皆撫慰之令潛呼其妻子
兄兵次洛口邴元真鄭慶象等與倉城以應之數
充父亂逸充案收其眾而東盡于于海南以歸附
十騎道逸充案收其眾而東盡于于海南以歸附
充父節飄侗拜為太尉置官屬以尚書省為其
府尋自稱鄭王遺其將高略師攻壽安不利而旋乃
師攻圍穀州三日而退明年自稱相國授安九錫備物足後
不朝侗兵有道士桓法嗣者自言解圖讖以孔子閉房記畫作丈夫持一干以驅羊法嗣去楊隋姓也

干一者王字也居羊後明相國代隋為帝也
間世德充符[一篇上之法嗣釋曰上篇言此即
相國名兵明當德被人間而應符命為天子也充大悅曰
此天命也用拜受之即以法嗣為諫議大夫充又羅取雜鳥
書帛繫其頸而散放之或有弓射得鳥而來獻者
亦拜官蹢既而廢侗於別宮僭即皇帝位建元曰開明國
雍鄭大唐遣秦王來圍之充頻出兵戰輒不利都外
諸城相繼降款於是秦王所破竇建德以詣城下充將
精兵援之師至武牢為秦王所敗遣使請救於竇建德
圍之而出諸將莫有應之者自知有眾無所於是出降至

段達

段達武威姑臧人也父嚴周朔州刺史達在周年始三歲
襲爵襄垣縣公及長身長八尺美鬢須便弓馬高祖
為丞相以大都督領親信兵常置左右及踐阼便為左直
齋累遷車騎將軍兼晉王恭軍事王賜奴婢五十口縑千段遷之作
進位上開府賜奴婢五十口縑千段遷儀同又破汶
州賜縑千段遷儀同又破汶
進位金紫光祿大夫帝征遼東以達為左翊衛將軍征吐谷渾
亂也達率大都督之舊拜左翊衛將軍征吐谷渾
左衛副率大業初番禺為金稱等所挫亡失甚多諸賊輕之號為段姥
進等於晉州加開府賜奴婢五十口縑四千段行壽初
進位金紫光祿大夫帝征遼東百姓苦役平原祁孝德清

河張金稱等並聚眾為群盜攻陷城邑郡縣不能禦帝令
達擊之數為金稱等所挫亡失甚多諸賊輕之號為段姥
後用郗令楊善會之計更與賊戰方致尅捷還京師以
公事坐免明年常征遼以達留守涿郡俄拜左翊衛
將軍高陽魏刀兒聚眾十餘萬自號歷山飛寇掠燕趙達
能因機決勝唯持重自守頓兵饋糧多無尅獲時皆謂之
為怯懷二年帝幸江都詔達與大府卿元文
東都李密擁眾侵掠城下達與監門郎將龐玉武
牙郎將霍世率內兵出禦之頗有功遷左驍衛大將軍

《列傳五十　隋書八十五　十三》

《列傳五十　隋書八十五　十四》

充之敗也家復進據止亡來至上春門達與判左丞郭大
懲尚書臺津出兵拒之達見賊勢益盛不陣而走為密軍
大潰津沒於陣由是賊勢日盛及帝崩於江都達與元文
都等推越王侗為主署開府儀同三司兼納言封陳國公
元文都等謀誅王充也達陰告充充於達特見崇重既破本密達等勸
侗執文都於充其德於達特見崇重既破本密達等勸
越王加充九錫備物尋調令禪讓充惟崇尊號以達為司徒
及東都平坐誅妻子籍沒
史臣曰化及庸懦下才負恩累葉舉充斗筲小器遭逢時
幸俱蒙獎擢禮越舊臣既屬崩剝之期不能致身竭命乃
因利乘便先圖千紀率群不逞職為亂階拔本塞源烈冠
段晃或賊為戎首或親行鴆毒豐指鹿事切食蹠天地
所不容人神所同憤故梟鏡凶歬相尋虺蜴裁蛇豕醜類繼
踵誅夷快忠義於當年垂炯戒於來葉嗚呼為人臣者可
不殷鑒哉可不殷鑒哉

列傳卷第五十

隋書八十五

《列傳五十　隋書八十五　十四》

《列傳五十　隋書八十五　十五》

隋書八十五

隋書自開皇仁壽時王劭為書八十卷以數相從定為篇
目至於編乎紀傳並闕其體唐武德五年起居舍人令狐
德棻表請修五代史〔五代謂梁陳周隋也〕十二月詔中書令德
棻舍人顏師古偹隋史左僕射蕭瑀摠監數載不就而罷正觀二年續詔
秘書監魏徵偹隋史左僕射房喬摠監徵又奏於中書省
置秘書內省偹隋史左僕射房喬摠監徵又奏秘書省
郎許恭宗撰隋史徵摠知其務多所損益務存簡正序論
皆徵所作凡成帝紀五列傳五十七年正月壬子徵等詣
闕上之十五年文詔左僕射于志寧大史令李淳風著作
郎韋安仁符聖郎李延壽同修五代史志凡勒成十志三

十卷顯慶元年五月巳卯太尉長孫無忌等詣明堂左進
記藏秘閣後又編第又隋書其實別行外呼為五代史志

案魏徵本傳正觀七年為侍中
夫進封鄭國公正觀請進位拜特進今諸五代史成加光祿大
籍正觀三年與顏師古同偹隋史其年以內進今紀傳以徵三
年始受詔偹以徵志以无忌從本云今紀傳以徵三
傳題以徵志以无忌作案以无忌因成書而進今成書而徵三
師許恭宗撰案入年除著作郎奥
書郎十年在洪州司馬龍朔三年始拜太師奥
李延壽云按詔與著作佐郎恭播同偹隋史其年以內
壽正觀年位不載時先輩古同勅偹隋史其年以內
今諸本並不載喬等各位天文律曆五行三志皆淳
作五行志序諸本云楷遂良作案本傳未嘗受詔撰述疑
為一序今故
畢其各氏

天聖三年五月十日上　御藥供奉藍元用奉傳

聖旨齋
禁中隋書部付崇文院至六月五日
勒差官校勘　時命臣綾臣燁撰點左正言直史館張觀等
仍　校勘觀尋為慶支判官續命黃鑑代之
内出版式雕造

跋

此元大德九路刊本也明黃佐南廱志二元江東
建康道肅政廉訪使以十七史覯得善本從太
平路學官之請編牒九路以兩漢書率
先諸路咸取而式之按元史建康道所轄九路
一寧國二徽州三饒州四集慶五太平六池州
七信州八廣德其九為鉛山州不稱路然直隸
行省奧路同是本版心有堯學路學番泮浮學
即饒州路學番泮即鄱陽縣學樂平卽浮學
樂平二州學蓋某路某史又與其所屬
梁縣分任之至錦江初菴皆書書院名錦江在安
州倪珫講學之所初菴在德興縣為邑
仁縣為宋倪珫講學之所初菴在安

〔隋跋〕
一

人傳立號初菴者所設元制書院設山長亦為
朝廷命官故與州縣學同任刊刻之役也殿本
是書據宋刻故訛脫覕視他史為少然校刊
官張映斗識語謂宋本殘缺乃以監本為底本
故有時不免為監本所誤即以地名人名官名
物名言之如高祖紀下開皇十年六月癸亥以
浙州刺史元胄為靈州總管監本浙州當時
江本書地理志下餘杭郡注平陳置杭州乃作
並無浙州之名至明洪武時始有之
而地理志中有淅陽郡注西魏置淅州隋初未
改郡當仍其稱此淅字必浙字之訛監本不知
改浙為浙而反沿此浙字之訛殿本不知
志上西城郡統縣黃土注西魏置清陽郡後周

跋

改郡置縣曰黃土監本清陽乃作涓陽本書地
理志中清陽郡注西魏置蒙州仁壽中改曰清
州寰宇記清水在廢清陽縣西一百步自商州
上津縣來東流注於漢是清陽實以清水得名
殿本沿監本作涓陽二又張賨傳涓河間人也
監本鄭乃作鄭本書地理志中河間郡統縣十
三有鄭縣隋有鄭陽縣有鄭本地理志河北道
瀛州之鄭縣開元十三年以鄭字類殿本亦然
本郡去河間均甚遠舊唐書地理志河北道莫
郡有鄭縣隋開元元十三年以鄭字改
誤莫是鄭之訛鄭由來已久監本然然殿本亦
誤三又李密傳王世充引兵就偃師以
王伯當守金墉自引精兵就偃師北阻邙山以
待之舊唐書紀此事亦作邙山監本邙山乃作

〔隋跋〕
二

邙山元和郡縣志北邙山在偃師縣北二里此
云就偃師必為邙山無疑監本作邙山者誤於形
似也殿本仍之誤四又律曆志改曆劉
孝孫等歆言其失謂漢書武帝太初元年丁丑
歲落下閎等考定太初曆又天文志渾天儀篇
本落下閎為漢孝武帝於地中轉渾天定時節
落下乃均作洛下漢書律曆志唐都巴郡落下
閎本議造漢歷治曆者方士唐都巴郡落下閎
年議造漢歷治曆者方士唐都巴郡落下閎
又與為落下不作洛下監本妄改殿本從之誤五
又王充傳有道士桓譚
桓乃作相此史兩唐書世充者自言解圖讖末筆
法嗣不作相法嗣蓋桓為宋諱避缺末筆元本
亦往往沿之監本不察誤認為相殿本循之誤

六又禮儀志六紀文武冠服尚書都令史節謁
都水令史監本乃作謁都令史按謁上文有謁者臺
都水爲都水臺令史爲二臺屬官且上文有尚
書都令史謁者位卑不當有都令史必爲都水
無疑監本既脫謁殿本不予補正誤七又史祥傳
進位上開府尋拜蘄州總管未幾徵拜左將
軍矣且獨孤陁傳亦有拜上開府右領左右將
軍之語此可證左字有謂故改其一殿本因之誤八又
一人二人者必有左領或右領左右將軍一人將將
左右將軍監本乃作左領軍右將軍右領左
右將軍監本左右府各大將軍二人曰各
軍一人將軍二人曰各本因之誤八又
疑叠見左字有謂故改其一殿本因之誤八又
裴矩傳祖他魏都官尚書監本乃作郡官尚書

〔隋跋〕 三

魏書官氏志有列曹尚書都官爲列曹之一魏
書北史本傳雖不言其曾官此職然若以郡上
勤之子封爲特勤字乃均作特勤耶律鑄雙
屬魏字官下屬尚書字爲句則更不成詞且魏
官名無獨用尚書二字者監本失於前殿本踵
於後誤九又李崇傳突厥欲降崇遣使謂之曰
若來降者封爲特勤西突厥傳其國立嗣素特
溪醉隱集自注和林城東北有唐明皇開元王
申御製御書闕特勤碑其額及碑文皆股之勤
勤之勤字闕特勤碑皆作特勤是股
字誤也諸突厥部之遺俗猶呼可汗之子爲特
勤特蘆字也近人在三音諾顏之哲里夢獲觀
是碑拓以示人釋之者謂今蒙古呼王之子弟

皆爲台吉即特勤特謹之轉音且據此以駁顧
亭林畢秋帆之言而伸錢竹汀之說又突厥傳
都藍可汗遺其母弟褥但特勤獻于闕玉杖矣是
本亦已誤勤爲勒監殿二本但特勒爲持勤服
是特勤二字誤勤監殿二本豈非碩果之遺殿
鴀衣注黄色其下諸公夫人諸伯夫人諸子夫
志六皇后衣十二等節其翟衣有六采桑則服
人三妃三公夫人均服注忄旁自呼與本書注正
本襲監本之謬誤作忄旁此衣故鴀字凡七見是
畫之微亦正惟其微而愈徵舊本之足貴貴則是
本惟諸公夫人節誤作忄旁此衣諸伯夫人諸子夫
雅釋鳥鳴雉注黄色鳴雉自呼與本書注正
同鴀衣外尚有鷐衣褕衣鷩衣鵯衣翟衣五者

〔隋跋〕 四

皆以雉文爲色故稱翟衣亦正與爾雅鷩雉秋
秩海雉鷐雉翬鷂各注色澤相合是鴀之當從
卜旁亳無可疑義是本誤者一而未誤者六校刊
監本者見舊本互有異同以卜旁之字罕見遂
不問上下文之意義及其字之有無而昧然盡
改爲忄旁上下諸臣一仍舊貫更無所
容心於其間而鴀字遂從此湮滅刊書之人愈
多而識字之人愈少豈非事之可哀者乎儀顧
堂題跋謂是本百官志上董純傳各有關文證
之是本所脫正同古籍日稀奚能姑舍美猶有
憾吾無諱焉海鹽張元濟

百衲本二十四史

隋書

撰者◆魏徵 等

發行人◆王春申

編輯指導◆林明昌

營業部兼任
編輯部經理◆高珊

編印者◆本館古籍重印小組

出版發行：臺灣商務印書館股份有限公司
地　　址：23150 新北市新店區復興路 43 號 8 樓
電　　話：(02)8667-3712　傳真：(02)8667-3709
讀者服務專線：0800-056-196
郵撥：0000165-1
E-mail：ecptw@cptw.com.tw
網路書店網址：www.cptw.com.tw
網路書店臉書：facebook.com.tw/ecptwdoing
臉書：facebook.com.tw/ecptw
部落格：blog.yam.com/ecptw

局版北市業字第 993 號
初版一刷：1937 年 1 月
臺一版一刷：1970 年 1 月
POD 版一刷：2008 年 5 月
臺二版一刷：2010 年 7 月
臺二版二刷：2016 年 5 月
定價：新台幣 1600 元

隋書 ／ 魏徵等撰. --臺二版. -- 臺北市 ： 臺
灣商務， 2010. 07
　　面 ； 公分. --（百衲本二十四史）

　ISBN 978-957-05-2499-4（精裝）

1. 隋史

623. 701　　　　　　　　　　　　99008656